SAPIX YOZEMI GROUP
SAPIX サピックス

中学受験ガイド 2025年度入試用

●刊行にあたって

サピックス小学部が総力を挙げて編集したこの『中学受験ガイド』は、首都圏、関西、その他の地域の主要校296校の情報を網羅した「スクールデータ」のほか、2025年度入試の展望と戦略、出題傾向と学習法、サピックス生の入試結果をもとに作成した偏差値一覧など、中学受験に必要な情報・資料が満載となっております。中学受験をお考えのお子さま、保護者の皆さまには必須の案内書です。本書を志望校選びなどにご活用いただき、来春以降、栄冠を勝ち取られることを心より祈念します。

サピックス小学部

CONTENTS

2024年度 中学受験ドキュメント 首都圏 関西圏

大雪に見舞われることも、強い冷え込みもなく、比較的天候に恵まれた2024年度中学入試。受験生はもちろん、保護者も、平常心で試験会場に向かうことができたのではないでしょうか。
そんな2024年度中学入試の当日と合格発表の様子を写真で振り返ります。

撮影＝石丸孝二、知久聡史、中野和志、宮田勝道

今や幕張メッセでの入試は、すっかりおなじみの光景に（市川中）

寒いなか、後輩のためならばと、さいたまスーパーアリーナ（さいたま新都心会場）で行われる入試をサポートする在校生有志（開智中）

「最後までがんばって」と、わが子を見送る保護者（海城中）

毎年12月1日に行われる推薦入試。イチョウがまだ黄葉しています（東邦大学付属東邦中）

2024年度
中学受験ドキュメント
入試
首都圏

誰もが全力を尽くす一日に

例年、1都3県では11月の帰国生入試に始まり、推薦入試、寮制学校の首都圏入試などを経て、1月に埼玉・千葉の各校の一般入試、2月に東京・神奈川の各校の一般入試が、それぞれ行われます。ここでは東邦大学付属東邦中の推薦入試と、埼玉・千葉・東京・神奈川計10校の一般入試の模様をレポートします。

保護者控室となった食堂。試験終了までここで待機する保護者もいます（駒場東邦中）

試験開始まではもう間もなく。教室内の緊張感はピークに達しているのではないでしょうか（栄東中）

試験開始直前の恒例となっている「リラックス体操」。身も心もほぐしておきましょう
（渋谷教育学園渋谷中）

整然と列を作り、入試会場に向かう受験生親子
（鷗友学園女子中）

紅白の梅が受験生を出迎えます（聖光学院中）

春からはこの「栄光坂」を通学路に（栄光学園中）

万感の思いを込めて
わが子を励まします
（雙葉中）

関西圏

毎年1月中旬の土曜日の「統一入試解禁日」にスタートするのが、関西圏2府4県の中学入試です。今年は1月13日がその日でした。ここでは大阪・兵庫・奈良計5校の入試の様子を紹介します。

趣のある正門から、いざ試験教室へ（東大寺学園中）

14日午後に行われた本校入試。終了は午後7時近くです（西大和学園中）

凛とした空気の下、構内へと歩みを進める受験生親子（甲陽学院中）

例年、大学入学共通テストの会場ともなっています（神戸女学院中）

荘厳な雰囲気に満ちた「和光館」が保護者控室に（四天王寺中）

幕が開けば、そこには合格者の受験番号が（渋谷教育学園渋谷中）

さあ、いよいよです（女子学院中）

自分の番号とともに記念撮影。喜びの極致でしょう（鷗友学園女子中）

2024年度
中学受験ドキュメント
合格発表
首都圏

今まさに努力の結実のとき

インターネットでの発表が主流になるなか、合格者の受験番号を掲示する学校もまだあります。各校の発表会場には笑顔があふれていました。

一生の思い出になる一枚を（栄光学園中）

関西圏

1・2：待ちきれず、幕が動く前からスマホを構える保護者も。親子一緒に番号を確認（甲陽学院中）

3・4：合格発表日はあいにくの雨。インターネットでの発表よりも校内掲示が先のため、多くの受験生親子が詰めかけました（四天王寺中）

わが家の受験・合格体験記 特別編

見事に夢をかなえた ご家庭を訪ねました

第一志望校への合格を果たした受験生たちはこの春から、あこがれていた学校に日々元気に通っています。ここに登場する5組のサピックス卒業生もそんな新中1生です。来年以降の受験生が知りたい、効率的な学習法やスランプからの脱出法、息抜きの仕方、ご家族のサポートのあり方まで、存分に語っていただきました。

取材・文＝内多千春、大場香子、貝沼彩子、高橋朋代　撮影＝鬼久保智裕、中野和志、宮田勝通

楽しかったのは、難しい問題が解けたときと1位を取ったとき。入試本番は模試気分で臨んだので緊張しませんでした

筑波大学附属駒場中学校

雨村 桜希さん

AMEMURA Oki

FILE 01

家族は平常心で見守り
本人は主体的に学んで最難関に合格

桜蔭中学校

品田 栞さん

SHINADA Shiori

FILE 02

間違ったところをこつこつとノートにまとめ、知識の穴を埋めるように地道に日々の学習に取り組みました

最後まであきらめない強い心と
家族の支えで実力を磨き、桜蔭へ

渋幕の過去問は内容が濃くて解くのが楽しかったです。きっと自分に向いている学校だと感じました

渋谷教育学園幕張中学校

小川 文寧さん

OGAWA Ayane

FILE 03

サピックスに通う日々と
受験生活を楽しんでつかんだ合格！

女子学院中学校

江原 しおりさん

EHARA Shiori

FILE 04

一緒に通塾する友だちが心の支えに! 苦手な社会の復習に取り組んだことで、入試本番では手応えを感じました

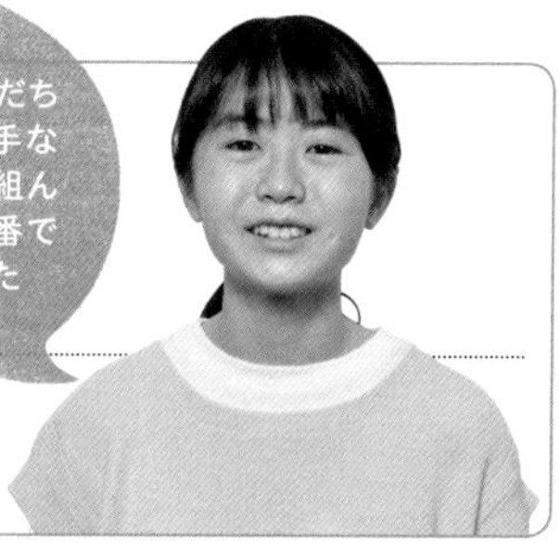

貴重な3年間を有意義に過ごし
自立した学びで合格をつかむ

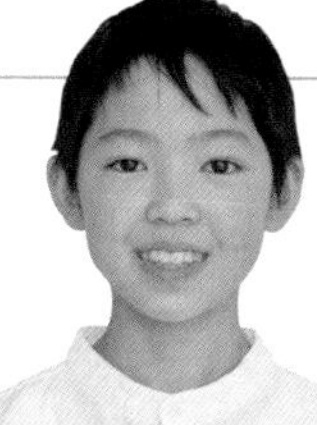

いつまでに何をするか、計画を立てて実行。そんな毎日の積み重ねが合格につながりました

灘中学校

大槻 一喜さん

OTSUKI Itsuki

FILE 05

家族を応援団に灘へ一直線
大好きな算数を武器に合格を勝ち取る

※SS特訓：サピックスが6年生の秋以降の日曜日に行う特別授業で、志望校別講座と単科講座がある

わが家の
受験・合格体験記
FILE 01

家族は平常心で見守り 本人は主体的に学んで最難関に合格

筑波大学附属駒場中学校　雨村 桜希さん

みずから選んだ志望校は なんと東西の難関3校

この春、筑波大学附属駒場中（筑駒中）に進学した雨村桜希さんは、自分の考えをしっかり持ち、いろいろなことを「なぜ?」と深く知りたがる性格です。「わかることはわたしたちが答えますが、わからないことは参考になる本などを探してきて、本人の好奇心に応えるようにしています」と、ご両親は話します。

そんな桜希さんがサピックスに入室したのは新4年生の2月でした。本人の意思を尊重したいと考えたご両親は翌月、塾を続けるかどうか、「嫌ならやめてもいいんだよ。どうする?」と、桜希さん自身に確認しました。この時、桜希さんは「続けたい」と答えたのですが、その理由は「できる人がいて、負けたくなかったから」でした。塾で出会った優秀な生徒の存在が、持ち前の負けん気に火をつけたようです。

中学受験に挑戦することもみずから決断しました。志望校は筑駒に加え、開成に灘と、東西の難関校が顔をそろえます。このうち筑駒中と開成中は文化祭も見学し、学校の雰囲気も気に入りました。ご両親は、合格した学校のなかから行きたい学校に行っていいと、約束してくれたそうです。

6年生になると、家庭学習にも主体的に取り組むようになりましたが、当初はペースを作るのに苦労したとのこと。「わたしが大まかなスケジュール作りを手伝いましたが、一方的に押しつけるのではなく、本人と相談しながら決めました」と、お母さんの依里さんは振り返ります。そのスケジュールとは、塾のない日は学校から帰宅後に、主として前日の塾の授業の復習をするというものです。

一方、お父さんの樹暁さんは、桜希さんが運動不足にならないよう、体力づくりをサポート。塾から家ま

左：桜希さんが勉強に集中しているときは、静かに本を読んだり勉強したりしていたという弟の隼杜さん（右）。兄弟そろって鉱物が好きで、一緒に図鑑や標本を見ることもあるとか
下：夏期講習で使った社会のデータブックは、桜希さんが学んだ知識の書き込みでいっぱいに。通塾用のバッグは合格校の入試の日も使った縁起物なので、次に中学受験をする隼杜さんが受け継ぎました

落書き用としてお父さんが買ったホワイトボード。初めはアニメの絵などを描いていましたが、5年生くらいからお父さんに出す問題を書くようになりました

での3kmほどの道のりを一緒にジョギングして帰ることもよくありました。小学校の校庭開放も積極的に利用し、弟の隼杜さん（新4年生）も交えてサッカーをしていました。

算数のおもしろい問題をホワイトボードに書いてお父さんに出題

算数が大好きで、得意科目でもある桜希さんは、家庭では先生から言われた課題以外の受験勉強はしませんでしたが、塾でおもしろい問題を学ぶと、それを壁に掛けたホワイトボードに書き、「解ける?」とお父さんに挑戦状をつきつけます。解けないときは桜希さんが解説するのですが、解けてもそれで終わらないのがこの勝負。より手ごわい難問が次々と出されるので、お父さんも気が抜けません。

一方、国語の記述問題は苦手でしたが、6年生の秋以降に始まるSS特訓※で力をつけ、入試直前期には逆に得点源になりました。理科は単元によって得手・不得手があり、物理や化学の計算は大好きでしたが、生物は覚えなければならない知識が多いので少し苦労したそうです。

桜希さんの成績は常にトップクラスで、一番上のクラスで学ぶことがほとんどでしたが、テストの出題範囲に理科の不得手な単元があると、成績は微妙に落ちることもありました。しかし、本人は悔しがっても、ご両親が一喜一憂することはありませんでした。

「受験期間を通して努めたのは、平常心で見守ることです。受験生である息子が自分の力を存分に発揮できるよう、サポートしようと心がけました」と、お母さんは振り返ります。直前期の1月も、入試の開始時間に合わせて少し早起きを心がけたくらいで、ふだんと変わらない平常心で過ごしていました。

小学校の校庭開放の日にはサッカーでストレス発散。受験を健康で乗り切るためには、体力づくりも大切です

こうして迎えた入試本番。見事に受験校すべてに合格しました。模試で80％の志望校判定が出ることが多かった開成のみ、得意の算数でケアレスミスをしたためか、正規合格はかなわず、ショックを受けました。しかし、追加合格を信じて待っていたら、その知らせが後日届いたとのこと。結局、入試問題の好みなども考慮し、筑駒に進学することを決めたのです。

ご両親は桜希さんの中学受験について次のように振り返りました。「家族みんなで応援したので、イベントとして楽しかったです」とお父さんが笑顔を見せれば、お母さんは「本人の主体性が育ったと思います。やりたいことを、親の力ではなく、自分の力でかなえたことで、自信もついたのではないでしょうか」。

筑駒では囲碁部に入り、算数オリンピックの中学生部門「広中杯」で好成績を残したいという桜希さん。将来について尋ねると、「化学者になって元素について研究したいです」と語ってくれました。

雨村家の
合格への五か条

一、本人が主体的に。親兄弟はサポーター

一、家族全員が心に余裕を持つ

一、運動でストレス発散

一、小学校生活を大事に

一、健康第一、睡眠9時間

最後まであきらめない強い心と家族の支えで実力を磨き、桜蔭へ

桜蔭中学校　品田 栞さん

兄の影響でサピックスに入室 家庭学習をこつこつと続ける

品田栞さんがサピックスに入室したのは、1年生のときです。現在は開成高校に通うお兄さんが、当時サピックスに通っていたことがきっかけでした。お母さんと一緒にサピックスまでお兄さんを迎えに行っていた栞さんは、志望校をめざしてがんばっている姿を幼いころから見てきました。そんな栞さんにとって、サピックスに通うことは「自然の流れ」だったそうです。

家庭学習にも前向きな姿勢で取り組み、低学年のころはサピックスの問題集『きらめき算数脳』を活用しました。パズル遊びなどを楽しみながら、学ぶ楽しさを実感するようになった栞さんの得意科目は、もちろん算数です。栞さんは「答えが一つで、解けたときの手応えを感じられるのがうれしい」と笑顔で話します。

左：リビングの天井の高さまである本棚には、図鑑など学習に役立つ書籍がたくさんそろっています
下：理科と社会の「まとめノート」。間違った箇所が一目瞭然になり、復習に役立ちました

一方、苦手に感じていた理科と社会は『コアプラス』を何度も繰り返し、間違ったところをこつこつとノートにまとめました。知識の穴を埋めるように地道に日々の学習に取り組んだところ、少しずつ成績が上向いていったそうです。

高学年になってからは、毎朝6時に起きて「基礎力トレーニング」などの計算問題を中心に解き、『漢字の要』で正しい漢字を頭に入れてから登校するのが習慣となりました。このようにスムーズに学習を進めていくうえで、特に心がけていたのは「規則正しい生活を維持すること」です。お父さんは「サピックスから帰宅した後も、『夜更かしをせず、早く寝なさい』とよく言っていました」と笑います。

桜蔭を第一志望に決めたのは5年生のときでした。訪れた文化祭で理数系クラブの展示フロア「サイエンスストリート」や、文化系クラブの「文化横丁」などの工夫を凝らした展示・発表を目の当たりにして桜蔭生の独創性に触れた栞さん

は、「桜蔭に行きたい!」という気持ちを強くしたそうです。

「桜蔭の国語は記述問題が中心となっているため、重点的に演習しました」と話す栞さん。6年生9月からSS特訓※が始まると、志望校対策プリントを活用し、「要点をまとめる力」「自分のことばで表現する力」を磨きました。そんな姿をずっと見守ってきたお母さんは「直前期にはテストで間違った問題や漢字を復習し、定着させました。冬期講習や正月特訓のテキストは、4教科すべて一度解いたら解答欄を消しゴムで消し、それをコピーして一から解き直しをしました」と話します。お父さんとは社会のテキストやテストの問題を一緒に解いたそうです。そして、中学受験の先輩として常に的確なアドバイスをしてくれたお兄さんも、栞さんにとってとても心強い存在でした。このように品田家では、家族みんなで栞さんの受験をサポートしたのです。

入試直前に成績が低下したが冷静な分析で弱点を克服

一貫して順調だった栞さんですが、12月に受けた第4回合格力判定サピックスオープンで成績が下がってしまいました。得意の算数でミスをして、ほかの教科の結果も思わしくなかったため、「桜蔭をあきらめてしまおうか」と思い詰めるほど大きなショックを受けたそうです。

その時点で入試まで残り約2か月。それ以降は学習の成果が確認できるテストがないまま本番を迎えることになるため、お母さんも不安でいっぱいになりました。そんなとき、「問題文をきちんと読んでから解き始める」といった実戦的なアドバイスをお兄さんから受けた栞さんは、気持ちを切り替え、落ち着きを取り戻しました。それまで以上に授業に集中し、復習に注力するとともに、SS特訓の総復習や、理科・社会の基礎固めに時間を費やしました。その結果、基礎力・応用力・実戦力がさらに鍛えられ、見事、第一志望の桜蔭中に合格したのです。

疲れたときは大好きな洋楽を聴いて気分転換。受験を終え、大好きなテイラー・スウィフトのライブに行きました

落ち込んだときに支えてくれたお兄さん。学習机もお兄さんのアドバイスでリビングに移動し、成績がアップしました

入試の前日はホテルに宿泊し、知識分野の復習をした後は、早く寝るように心がけました。ホテルにはお母さんと2人で泊まりましたが、試験当日の朝は、お父さんと学校が休みだったお兄さんがホテルまで駆けつけ、家族4人で校門の前まで行くことができました。栞さんは「心強い応援を得て、リラックスして試験に臨めました」と話します。

栞さんが通う小学校では、中学受験をする友だちが少なく、遊びの誘いを断るのがつらいと感じることもあったそうです。それでも、桜蔭の文化祭のパンフレットを見て「絶対に合格する!」という強い気持ちで乗り越えました。「受験する前までは、できないとすぐにあきらめてしまう性格でしたが、受験勉強を終えて、最後までがんばる力が身についたと思います」と栞さんは笑顔で話します。一方、お父さんは受験生活を振り返り、「娘の目標を達成するために、家族全員が同じ目標に向かって一丸となり、充実した時間を過ごせました」と振り返ります。お母さんは「わが子の成績に一喜一憂してしまうのは、保護者にとって仕方のないことです。あまり自分を責めず、子どもを信じることが大切です」と語りました。

最後に、受験生に向けて栞さんは「成績が下がり、自信を失って気持ちが落ち込んだときもありましたが、『なぜその問題を間違えたか』を冷静に分析し、克服しました。皆さんも自分の力を信じ、あきらめずに努力を続けてください」とエールを送ってくれました。

品田家の
合格への三か条

一、健康第一、睡眠時間は8時間以上を確保する

一、自分の努力を信じて最後まであきらめない

一、毎日、全教科を勉強する

わが家の
受験・合格体験記
FILE 03

サピックスに通う日々と受験生活を楽しんでつかんだ合格！

渋谷教育学園幕張中学校　小川 文寧さん

優秀な仲間たちと楽しみながら学び メダルと表彰状でやる気がアップ

読書が好きで、好奇心旺盛な小川文寧さん。知識の豊富な仲間たちと学びたいという気持ちがきっかけとなり、新4年生のときにサピックスに入室しました。実は1年生のときから、「もっといろいろなことを知りたいから塾に行きたい！」と言われていたそうですが、お母さんは、「校舎がやや遠いことや、新4年生から3年間しっかり取り組めば大丈夫だろうと考え、入室は新4年生まで待ってもらいました」と話します。サピックスに入室したとき、クラスに女子は文寧さん1人。それでも、生徒たちや先生が優しく話しかけてくれて、楽しく学べたためすぐになじめたそうです。

初回のテストからメダルと表彰状を獲得した文寧さんは、常にそれを目標に勉強のやる気につなげていきました。「順位が明確化されるのはうれしかった」と話す文寧さん。6年生になり、それまでのようには表彰状がもらえなくなったことで、仲間がペースを上げてきたことを実感。それでも1枚くらいはもらいたいとがんばり、10月にやっと獲得できたときは大喜びだったそうです。

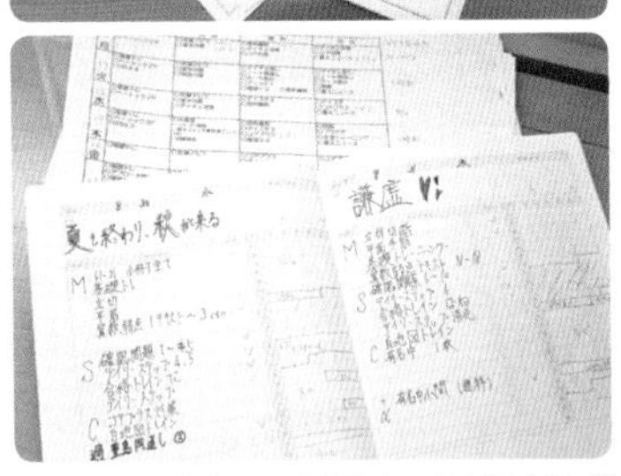

上：マンスリー実力テストや組分けテストの優秀者に贈られる表彰状やメダルは宝物。今でもリビングに飾っています
下：お母さんと次週の勉強の予定や目標を決めて予定表に書き込みました

好きな科目は理論を組み立てて答えを導く算数です。逆に、理科のようにこつこつと知識を頭に入れる科目は苦手でした。文寧さんは、授業中のわからないことは、そのままにせず、その場で先生に質問をして克服したそうです。わからないまま持ち帰っても復習ができないので授業中に積極的に質問をして理解するように努めました。「授業中に質問をすると『ほかの人に迷惑がかかる』と思い、ためらう人もいると思いますが、わたしの質問を聞いて理解する人もいるはずと思い、ためらわずに質問しました」と話します。毎日『コアプラス』やデイリーステップで知識をつける努力もしましたが、難しい授業の内容にはついていけないことも多く、家庭での復習でも理科には多くの時間

文寧さんの趣味は読書。大好きな『ハリー・ポッター』は勉強の息抜きになりました。今後は英語の原文で読むのが目標！

を割きました。家で復習してもやっぱりわからないところは質問教室へ行き、わからないままにしておくことのないようにしました。

家庭学習は塾の復習をきちんとすることを基本として、毎週日曜日の夜には、次週の勉強の予定をお母さんと相談しながら決めて実践しました。また、夜に勉強がはかどり、夜更かしをしそうになると、睡眠時間が大切だと感じていたご両親から「早く寝なさい！」と声を掛けられていたそうです。

成績が悪化することはなかった文寧さんですが、勉強のやる気が下がったことは何度かありました。そのようなときは「切磋琢磨し合える仲間と学校生活を送りたいから中学受験をすると自分で決めたんじゃないの？」とお母さんは問い掛けたそうです。すると文寧さんは、

勉強の合間にブレイブボードでリフレッシュ。お父さんは、受験前にけがをしないか心配していたそうです

受験を決意した初心を思い出して勉強に戻ることができました。

第一志望の決定は6年生の11月 直感を信じて見事合格！

スランプに陥ることがなかった一方で、第一志望の学校がなかなか決まらなかった文寧さん。ようやく決まったのは6年生の11月と、少し遅くなりました。「サピックスが大好き、中学は私立に行きたい、同じレベルの仲間たちとがんばりたい」という気持ちが強まるなか、最終的に渋谷教育学園渋谷と豊島岡女子学園の2校に絞りました。両校とも過去問を10年分解き終えていましたが、それでも1日単位で志望校が変わったといいます。

そんななか、感染症にかかった場合のリスクを考え、入試日の早い栄東に加えて渋谷教育学園幕張も受験しようということになりました。試しに過去問を解いたところ「内容が濃くて、解くのが楽しかった。問題がおもしろいと感じられたのは初めてのことで、知的好奇心が満たされました」と文寧さんは話します。入試問題を解くのが楽しく感じられたということは自分に向いている学校だと直感。その時点で第一志望を渋幕に定め、それからは合格をめざしてまっしぐらでした。算数の作図問題を重点的に解くなどの対策を強化したのです。より偏差値の高い学校への変更だったので、ご両親は不安も感じましたが、文寧さんが心から行きたいと思える学校をやっと見つけて、ほっとした気持ちもあったそうです。

また、どの学校の受験も入試前日はホテルに前泊することを予定し、模試のときから前泊してシミュレーションをしました。文寧さんは外食が苦手なため、キッチン付きのホテルに宿泊したり、家から持ち込む食料、リラックスグッズなどをいろいろ試したりして、いつも通りのパフォーマンスを発揮できるように工夫を重ねました。そのおかげで、文寧さんは弱点ノートを見直したり、先生の入試応援動画を見たりするなどリラックスして過ごし、試験に臨むことができたそうです。

文寧さんは「とにかくサピックスの授業も、仲間たちと話す帰り道も楽しかった」と振り返ります。お父さんは「仲間と切磋琢磨して努力することの大切さをあらためて娘から学びました。仮に失敗したとしても、努力したことは無駄にならないと思いました」と話します。お母さんは「昔から、楽しんだことこそ娘の成長につながると思って育ててきたので、いかに受験勉強を楽しめるかを心がけてきました。娘がそうした時間を過ごしてくれたからこそ、合格できたのだと感じています」と言います。文寧さんは最後に、「サピックスの授業に主体的、積極的にかかわって集中し、わからないことは授業中に解決することが大切」とアドバイスを送ってくれました。

渋幕のクラスメートには帰国生が多く、いい意味で驚くことの連続です。英語をがんばって、いろいろな行事にも主体的に取り組んで学校生活を満喫したいとのこと。「今までは塾で切磋琢磨してきたけれど、これからは学校でそうしていきます！」と締めくくってくれました。

小川家の
合格への三か条

一、睡眠時間を確保する

一、一緒に切磋琢磨する仲間を大切にする

一、自分の意志で受験を決める

わが家の
受験・合格体験記
FILE 04

貴重な3年間を有意義に過ごし自立した学びで合格をつかむ

女子学院中学校 **江原 しおり**さん

社会の知識事項に苦戦 SS特訓※で基礎を固める

江原しおりさんがサピックスに入室したのは、新4年生の2月のことでした。中学受験に挑戦したお姉さんが生き生きと学校生活を送る姿を見て、ご両親も「本人が望めば、受験の機会を与えてあげたい」と考えていました。そのため、自然にお姉さんと同じサピックスに通うことになったのです。

第一志望校を選ぶうえで、決め手となったのは5年生のときに訪れた女子学院のマグノリア祭（文化祭）です。実際に足を運んでみて、明るい校舎と魅力ある催し物や展示にひかれ、同校をめざすようになりました。

そんなしおりさんの趣味は絵を描くこと。YouTubeの動画視聴をきっかけに漫画やアニメのキャラクターの模写を始め、それが受験勉強の

マグノリア祭のパンフレットとお土産の景品。活気あふれる学校の雰囲気に触れ、志望校選びの参考になりました

息抜きにもなっていました。仕事で海外に滞在することが多く留守がちだったお父さんと、ビデオ通話でお互いに描いた絵を見せ合ったこともあるそうです。

穏やかで控えめな印象のしおりさんですが、自分の意見をはっきりと言える芯の強さも持ち合わせています。学習面でも自己管理能力の高さを発揮し、サピックスに通い始めた当初より、みずから計画を立てて家庭学習を進めていました。塾のある日は1時間、それ以外の日は3～4時間の学習時間で課題をきちんとこなし、「基礎力トレーニング」に毎朝取り組む習慣も、3年間にわたって継続。「基本的にわたしの役目は、丸つけと理科・社会の直しの確認、あとはプリントの整理ぐらいでした」とお母さんは笑います。

得意科目の算数では、「平面図形の問題や、ダイヤグラムをかくのが好き」というしおりさん。6年生のSS特訓では、成績によって変わる席順をクラスメートと競うことも楽しんでいました。物理分野が得意な理科はもちろん、読書好きということもあって国語も安定していましたが、受験期間を通して苦労したのが社会です。頭に入れるのが苦手で、特に歴史と地理には苦しみました。5年生の夏と12月には、社会が足を引っ張り、2度のクラス落ちを経験。いずれもすぐに元のクラスに戻れたものの、テスト前には社会に最も力を入れて勉強していただ

けに、気持ちがかなり落ち込んだそうです。

とはいえ、社会の授業自体が苦手だったわけではありません。「社会の先生は、話がおもしろくて絵もすごく上手。SS特訓の最後の授業のときには、校舎の先生たちをデフォルメして、受験を応援する黒板アートを描いてくれました」と振り返ります。

「社会は6年生のSS特訓で鍛えます!」という先生のことばを信じて、「直しノート」を活用しつつ、SS特訓の復習に重点的に取り組み、基礎知識を固めました。

右：幼稚園から5年生の1月までバレエを習っていたしおりさん。コロナ禍には勉強の合間にリビングでストレッチをして運動不足を解消
下：過去問の添削時に先生からもらった付箋のコメントを、社会の「直しノート」に貼って何度も見直しました

やりたいことはあきらめない 学校行事にも積極的に挑戦

しおりさんは、勉強と両立させて5年生の途中までバレエを、6年生の途中まで習字を続け、学校行事にも前向きに参加していました。5年生から2年連続で運動会の応援団に入り、6年生では副団長にも立候補したというから驚きです。しかも本番は、受験勉強が佳境に入る10月。「さすがに疲れて、運動会の翌日には熱を出してしまった」そうですが、多忙でも毎日が充実していたと言います。その理由は、「学校も習い事も、それぞれの場所に友だちがいたから」。サピックスでも、一緒に通塾する友だちが何人もいたことが、心の支えになりました。

いよいよ迎えた入試当日。「前日はあまり眠れませんでしたが、1月の学校も含めると3校目だったため、当日は緊張せずに試験に臨むことができました」。それまでの努力の成果が表れ、社会では手応えを感じる一方で、得意な算数が難しく、解ききれない問題もありました。しかし、「自分に解けない問題は周りの人も解けていない」という算数の先生のことばを思い出して気持ちを切り替え、見事合格を果たしました。

受験を終えた今、かつての自分と比べて積極的になり、交友関係の幅も広がったと、しおりさんは実感しています。「さまざまな人とのかかわり合いのなかで、コミュニケーション能力が本当に高くなりました」とお父さん。毎晩寝る前にしおりさんの話に耳を傾け、精神面でのフォローを心がけていたお母さんは、「受験を通して得た最も大きなものは、一つの目標に向かって努力する娘の姿を見られたこと」と話します。

何よりもしおりさんのペースを尊重し、やりたいことを応援し続けた江原家の中学受験。それは笑顔に包まれた3年間でした。

しおりさんの将来の夢はまだはっきりとは決まっていませんが、漫画にかかわる編集の仕事に興味を持っているそう。「中学では、漫画研究班とチームスポーツの部活に入り、英語の勉強もがんばるつもりです」と語ってくれました。

新たな環境でもたくさんの友人に囲まれ、家族に温かく見守られながら、しおりさんはさらに大きく成長していくことでしょう。

「勉強はがんばり過ぎないことも大事」。休憩も挟みながら、無理せず効率のよい学習を心がけました

江原家の 合格への三か条

一、朝の「基礎力トレーニング」は欠かさない

一、適度に息抜きし、めりはりをつける

一、勉強だけでなく、学校生活も楽しむ

家族を応援団に灘へ一直線 大好きな算数を武器に合格を勝ち取る

灘中学校　大槻 一喜さん

中長期の計画を両親が立て 毎日の学習内容はみずから調整

3人きょうだいの長男、大槻一喜さんは4年生の冬期講習からサピックスに入室しました。中学受験を見据えて他塾に通い始めたものの、「自分自身でもっと自由に学びたい」という気持ちが強くなり、転塾を決めたと言います。「冬期講習を受けてみたら授業がおもしろかったし、自分で考えながら家庭学習に取り組む時間がほしかったので、通塾日数が少ないところも気に入った」のだそうです。そのころにはすでに、「第一志望校は灘」と決めていました。4年生の5月に初めて訪れた文化祭で、自由な校風と趣向を凝らした展示に魅了されたからです。

5・6年生のときも文化祭に足を運び、数学研究部やLEGO®同好会の作品の完成度に驚いたり、地学部で砂金採りに挑戦したりしました。夢中になって楽しむうちに「灘に行きたい」という気持ちはますます強くなりました。それ以来、灘をめざし続け、合格へと突き進んでいったそうです。

上：雨の日は、きょうだいでけん玉の練習をしたり、独りでオセロを楽しんだりしながら、めりはりをつけて受験勉強に励みました
左：勉強の合間の休憩時間も大事にしていた一喜さん。庭で妹や弟とサッカーや野球をするのが良い気分転換になりました

とはいえ、成績はけっして安定していたわけではなく、お父さんは「大丈夫だと思ったことは一度もありません」と苦笑いします。他校を薦めたこともありましたが、本人は「ぼくが行きたい学校に行く」と一切ぶれなかったそうです。

そんな一喜さんの日々の学習を支えたのは、ご両親が立てた全体計画でした。「この時期にこれができるように」「ここまでにこういう学習をしておこう」という中長期の計画を立てたうえで、具体的な学習内容は本人に任せました。全体計画はいつでも見られるように手元に置き、それを確認しながら一喜さん

が毎日の学習に落とし込んでいくという方法です。一喜さんは「いつまでに何をやるべきかがはっきりしていたので、学習を進めやすかった」と振り返ります。自分で作った時間割とタイマーつき時計を相棒に、こつこつと取り組みました。休憩時間も確保しながら、どの科目もバランスよく学習するよう心がけたそうです。気分転換に、妹の紗夕さんや弟の碧士さんと一緒に遊ぶのも楽しいひとときとなりました。

苦手な国語も逃げずに対策
算数の過去問は20年分を解く

一喜さんの得意科目は算数です。小さいころからパズルやブロック、積み木やLEGO®が好きだったためか、とりわけ立体問題は得意中の得意でした。サピックスに入室してからは理科もおもしろいと思うようになり、得意科目になりました。

一方、苦手だったのは国語です。語句を頭に入れようとすると頭がパンクしそうになり、読解問題は「読めない、わからない」と手が止まりがちでした。対策として、間違えた語句や知識の問題をコピーして解答を赤字で書き入れ、いつでも見直せるようにまとめることにしました。それを隙間時間に確認したり、繰り返し書いたりして、少しずつ知識分野を攻略していったのです。行き詰まったときは、算数の問題を解いて息抜きをしていたそうです。

6年生の夏からは灘の過去問にも取り組み、算数は20年分をやり遂げました。初めて解いたときは「難しい」と感じたものの、同時におもしろさも実感した一喜さんにとって、膨大な過去問対策も算数に限っては大変ではなかったそうです。ただ、国語はやはり四苦八苦しました。「灘は国語も難しいです。国語に関してはずっとスランプでした」と一喜さん。それでも何度も何度も解くうちに、少しずつ問題に慣れていきました。お父さんやお母さんが勉強を教えることはありませんでしたが、国語だけはお母さんが隣に座って一緒に問題文を読んだり、考えたりすることもあったそうです。

苦手な国語からも逃げずに向き合い続けた努力が実り、入試本番ではしっかりと実力を発揮できました。「算数と理科はよくできたし、国語もいつもよりはできました。2日目の試験が終わった時点で『いけた』という手応えがありました」(一喜さん)。結果は見事合格。初志貫徹で第一志望校への入学をかなえました。

今回の中学受験を振り返って、お母さんは「自分で目標を決め、自分でがんばる経験ができたことがよかったと思います。わたしたちと違って、本人は成績の波に動じることもなく取り組み続けていたので、信じて応援するだけでした」と言います。一方、お父さんは「転塾も志望校も、大事なことは自分で決めてがんばっていました。子どもの人生は子どもが決めてほしいと考えていたので、サピックスで灘志望を反対されなかったのもありがたかったです」と話します。

家庭学習はいつもダイニングテーブルで。すぐ横にキッチンがあり、苦手な国語はお母さんが隣に座って一緒に考えることもありました

愛用のシャープペンシルと大切なお守り。勝ちダルマで知られる勝尾寺には両親が参拝し合格祈願しました。灘出身のお父さんの制帽も合格を後押ししてくれました

あこがれの学校での新生活が始まり、一喜さんは「灘には数学が得意な子が多いので、ぼくも負けないように日々がんばっていきたいです。受験生のころの生活リズムを崩さず、中学校でもしっかり学習しようと思っています」と決意を新たにしています。クラブは見学に行って楽しかったサッカー部に決めました。めざすはレギュラー選手です。さらに囲碁部にも入部しようかと思案中です。

志望校への強い思いと、家族全員の応援で勝ち取った合格。一喜さんは「本当に自由な学校で、想像していたよりもずっと楽しいです」と笑顔で話してくれました。

大槻家の合格への三か条

一、中長期の目標を立てて学習を進める

一、自分自身で考えて解く(すぐに答えを見たり質問したりしない)

一、苦手な分野や単元は何度も繰り返し学習する

これだけは
知っておきたい！

今さら聞けない中学受験
基礎の基礎

2024年度の中学受験も、少子化の進展にも関わらず厳しい入試となりました。難関大学への高い合格実績、お子様の個性に合わせた、あるいは各ご家庭の教育方針に合った個性的な中高一貫校は、根強い人気を維持しています。中学受験に人気が集まる背景には何があるのでしょうか。ここでは中高一貫校の校風や教育理念、志望校選び、入試に至るまでの注意点などを紹介します。

1 将来を見据えた、高水準の魅力ある学習環境
高い意識を持った生徒が集い、中高一貫校で難関大学合格をめざす

中学受験者数は昨年並みも首都圏の受験率は上昇し15%台前半に

高い人気を維持している中高一貫校。その背景には、毎年、難関大学に多数の合格者を出していることが挙げられます。たとえば、2024年度の東京大学への高校別の合格者数ランキング（表1）を見ても、上位10校のうち9校を中高一貫校が占めています。難関大学に進むには、その第一歩として中高一貫校に進学しようということが、中学受験を志す動機の一つになって

表1　2024年 東大合格者数・高校別

順位	学校名	合格者数（現役合格者数）
1	開成	149(117)
2	聖光学院	100(86)
3	灘	94(71)
4	筑波大学附属駒場	90(69)
5	西大和学園	71(53)
6	渋谷教育学園幕張	64(51)
7	桜蔭	63(52)
8	都立日比谷	60(52)
9	麻布	55(38)
10	海城	49(42)

いると思われます。このスタート地点に立とうとする受験生は増加傾向にあり、2024年度の中学入試も激戦となりました。首都圏において、2月1日午前に入試を行った学校の受験者数の合計は約4万3000人でしたが、1都3県の公立小学校に在籍する6年生の人数で割った「2月1日午前校の受験率」は約15.3%でした（グラフ①参照）。

一方、関西圏2府4県（滋賀県・京都府・大阪府・兵庫県・奈良県・和歌山県）では、関西の中学入試の解禁日である1月中旬の土曜日（2024年度は13日）の午前中に入試を行った学校の志望者数の合計は1万7975人でした。これを同エリアの小学校に在籍する6年生の人数で割ると、およそ9.5人に1人が解禁日午前に中学受験をしたことになります（グラフ②参照）。

大学受験を見据え 6年一貫のカリキュラムで学ぶ

では、なぜ中高一貫校は難関大学に多数の合格者を出せるのでしょうか。その理由を考えてみましょう。

まず一つめは、大学受験を見据えた、中学から高校までの6年間を見通したカリキュラムがあることです。ほとんどの中高一貫の進学校では中1から高2までの5年間で高校3年生までの内容を一通り学習し、高3では大学受験対策をします（国立大学の附属中学校や、大学附属校の場合は、基本的には学習指導要領に沿った学習となります。他大学受験が多い大学附属校では前述の進学校型のカリキュラムを採用している学校もあります）。

また、最近では大学附属校以外でも高

①首都圏1都3県の公立小学校6年在籍者数と2月1日午前受験率の推移

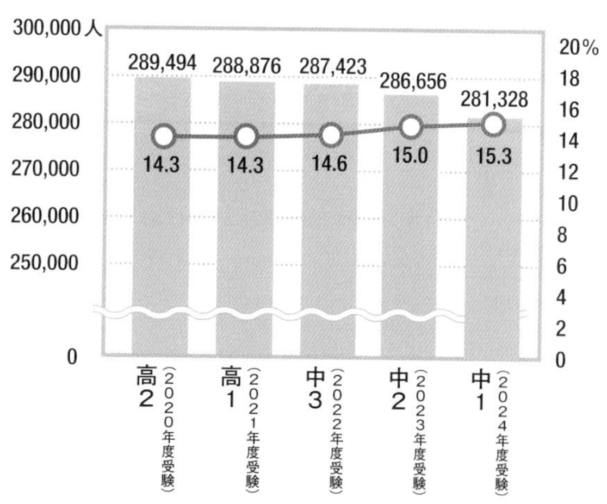

②関西圏2府4県の小学校6年在籍者数と解禁日午前出願率の推移

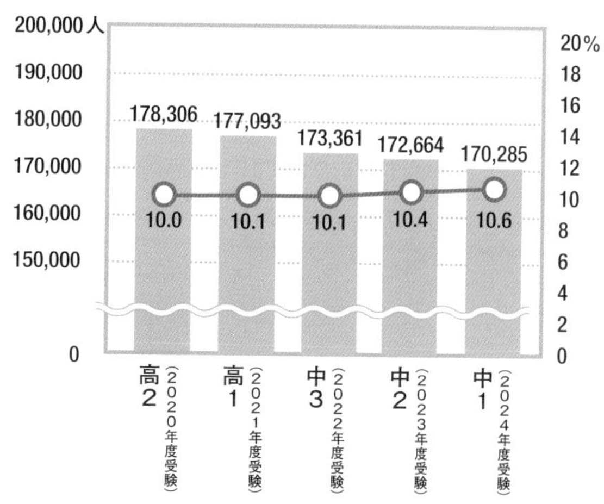

大連携教育の一環として、大学の教授などが中高に出向く出張授業や、生徒が大学の講義を受けられる制度などが、実施されていることもあります。大学付属校・系属校ではさらに大学独自のその学校向けの学部・学科説明会やキャンパスツアー、高校在学中での大学の講義の聴講や単位の取得などがある場合もあり、大きな魅力となっています。

昨今では、大学入学後、あるいは社会に出た後を見据えたキャリア教育も盛んで、特に伝統校ではOB・OGの講演会なども多く実施されています。

生徒同士で意識を高め合って成長
活躍する先輩の姿にも刺激を受ける

中高一貫校が難関大学への合格実績をあげている二つめのポイントとして、優秀な仲間たちと切磋琢磨できる環境があることがあげられます。特に、東京大学をはじめとする最難関大学に多くの合格者を輩出する中高一貫校では、進学に対する高い意識を持った生徒たちが、励まし合い、刺激し合いながら大学入試に向かう雰囲気が伝統的に受け継がれています。

また、最近では生徒の興味や関心に合わせた大学レベルの高度な授業やゼミナール、特別講座を開講している学校もあります。前述の高大連携制度を利用して、大学の研究室で研究するような生徒もいます。これにより、生徒たちの「もっと学びを深めたい」という学習意欲を後押しし、希望進路の実現にもつながっているのです。

最近では、図書館や自習室などを活用し、校内で放課後も学習できる学校も増加

>>>>>> 中学受験の選択肢の一つとして注目

新設が相次いだ公立中高一貫校
学費の安さと充実した一貫教育で人気

私立中高一貫校のカリキュラムが社会で高く評価されるようになったことから、公立の中高一貫校が首都圏には多数あります。都立の伝統校、小石川高校を一貫校に改組した小石川中等教育学校の卒業生たちが優秀な進学実績を残していることなどから、中学受験での新たな選択肢の一つとして注目されています。この公立中高一貫校は、学校教育法などの改正によって制度化され、1999年以降、全国に100校以上設置されています。現在、首都圏1都3県の公立中高一貫校は23校になりました。また、茨城県では2020年から2022年までの3年間で10校が新設され、13校と全国最多になりました。一方、関西2府4県にも、現在22校の公立中高一貫校があります。これらは、私立校に引けを取らない大学合格実績を残しています。そのためか、競争率が全体的に高く、2024年度の千葉県立東葛飾中は9.5倍、県立千葉中は6.9倍、都立三鷹中等教育学校は4.8倍などとなっています。歴史が浅い、合格実績が未知数、倍率が高い、合否が予想しにくいなど、不安要素も少なくない公立中高一貫校。しかし、経済的負担が軽く、私立と同じような中高一貫教育を受けることができるという点は、大きなメリットといえるでしょう。

しています。学校のOB・OGを中心とした大学生などが生徒の質問対応や相談可能な学校も増えています。またインターネットを活用した学習アプリやオンライン英会話などのICTを活用したフォローも充実している学校も増えており、学校選びの一つのポイントになっています。

多彩な学校行事やクラブ活動、生徒会などで一人ひとりが個性を発揮

それぞれの生徒が持っている個性や才能を存分に伸ばせる学校行事・修学旅行・海外研修制度などが充実していることも、中高一貫校の大きな魅力です。中学・高校の6年間は、学力を伸ばすだけではなく、心身ともに大きな成長を遂げる時期です。好奇心を刺激するさまざまなイベントを経験し、生徒たちは将来の目標に向かう意欲を高めることができます。特に最近は生徒の自主性に任せてさまざまな企画を立案・計画・実行させる学校も増えています。

クラブや同好会活動が盛んな学校も多いのが中高一貫校の魅力です。数年以上にわたり、運動や文化研究、芸術などに打ち込めます。中学生と高校生が一緒に活動する場面も多くある中高一貫校では、歳の離れた先輩たちと日常的に接することで大いに刺激を受けられ、コミュニケーション力や社会性も高まると思われます。

英語教育や国際交流に力を入れている学校も少なくありません。学んだ英語を実際に使う海外研修、海外留学などを通じて、生徒は「英語をもっとうまく話せるようになりたい」「将来は海外で働きたい」と考え始めるようです。また帰国生や留学生を多く受け入れる学校では日常的に英語が校内に飛び交います。「視野を広げ、世界にも目を向けてほしい」と考えるご家庭にとっては、その学校の国際教育が充実しているかも確認しておきたいポイントです。

そのほか、文化祭や体育祭などの行事に力を入れている学校では、実行委員などを務めれば、リーダーシップやフォロワーシップ、協調性などを育むこともできます。こうした行事は学校によって大きく異なるので、参加・見学できるものには積極的に足を運び、生徒の様子を確認することで、受験生本人と保護者の両方の希望に沿った学校選びができるでしょう。

校風・教育内容・進学実績の確認は必須
学校ごとの特徴・雰囲気を知り、わが子に合った志望校を選ぶ

教育理念や校風が個性的な私立 レベルが高く学費が安い国公立

私立の学校には、教育理念や校風、カリキュラムなどにその個性がはっきり表れています。受験対策よりもアカデミックな授業を重視するところもあれば、大胆な先取り学習を行って大学受験に備えるところもあります。そのため、本人の「このような環境で学びたい」という思いと、保護者の「子どもにこんな教育を受けさせたい」という教育方針が一致しているご家庭ほど、わが子に合った学校を選びやすくなります。

一方、国立校の多くは国立大学の教育系学部の付属校として設置されています。経済的負担が軽いだけでなく、学校によっ

ては、かなりレベルの高い授業が行われており、難関大学への進学実績が高いことで人気を博しています。ただし、筑波大学附属のように、高校に進学するための内部試験が実施され、必ずしも中学卒業生全員が併設高校に進学できるわけではないという学校も多いですし、また、千葉大学や埼玉大学の教育学部の附属中学など、そもそも併設高校を持たない学校もあるので、高校進学についての情報をしっかり確認しておくことが必要です。

都道府県立、市立・区立の中高一貫校は、経済的な負担の軽さから安定した人気が続いています。私立の中高一貫校と同様に、6年間を見据えたカリキュラムが組まれています。

付属校・系属校か進学校か 大学進学を見据えた選択を

併設された大学に無試験で、あるいは有利な条件で進学できるのが付属校（半付属校・系属校）です。ただし、最近では系列大学にない学部や国公立大学を受験する際には推薦権を保持したまま受験できる制度を導入する高校が増えている反面、大学の推薦に際しては英語力などでやや厳しい資格を設けるなどして、無条件では推薦されない高校も増えていますので、注意が必要です。とはいえ、大学受験をあまり気にせず伸び伸びと中高6年間を過ごせるため、興味のある学問に打ち込んだり、部活動や学校行事に熱中したりしながら、ゆとりのある学校生活を送ることができます。学習面でも、高校生になると大学の一部の講義が受けられ、単位を取得すればそれが大学卒業に必要な単位の一部として認められるケースは多いです。大学の施設を利用できたり、大学と連携したプログラムに参加できたりすることなどもメリットです。

付属校を選ぶ際に大切なのは、併設大学に本人の希望する学部・学科があるかという点です。仮にめざす学部があったとしても、そこに進学できるかどうかは本人の成績次第。人気の学部に進むには、学年で上位の成績を収めなければならないので、厳しい競争になることもあります。

また、形式的には付属校でありながら、他大学への進学にも力を入れている、いわば「半付属校」もあります。こうした学校では、難関大学進学をめざすコースが設置され、それに対応したカリキュラムが組まれているので、中学・高校に進学してからも柔軟に進路変更ができます。

一方、大学と提携関係を結んでいる学校を「系属校」といいます。付属校と異なるのは、別の学校法人が運営しているという点です。早稲田実業学校のように、事実上は付属校のような学校もあります。提携している大学に推薦で進学できる割合は、学校によってさまざまなので、この点も確認しておく必要があります。

これに対して、併設大学はありますが併設大学への進学者がほとんどいない付属校もあります。大学受験指導に特に力を入れ、高い進学実績をあげている学校も少なくありません。国公立大学や医学部に進学させたい、あるいは、中高での学びを通してじっくり進路を考えたいというご家庭には、進学先に制約がなく、自由に選択できる進学校が向いているといえます。

伝統的な男子校・女子校か 新興の共学校か

男子校は、戦前に設立された旧制中学校が前身の学校が少なからずあります。また女子校も、戦前に設立された高等女学校が前身の学校がかなりあります。そのため、伝統的な教育内容や行事を今でも受け継いでいる学校も多いです。

共学校では、どうしても一般社会の性別による分業意識が持ち込まれてしまいがちです。「男子校・女子校だからこそ、学校の中では性別にとらわれることがない」というのが最大のメリットだともいえるのです。

戦後に設立された学校の多くは、共学校ですが、それに加えて近年では、従来は男子校・女子校だった学校が共学校になる例が、ほぼ毎年のようにあります。特に女子校からの共学化が目立ち、なかには、まったく新しい学校をつくるくらいの意気込みで大胆な改革を行い、飛躍的に大学合格実績などを伸ばしたところもあります。

國學院久我山や桐光学園などの男女「別学」の学校もあります。授業は男女別に、それぞれの性別にふさわしい指導法で実施するが、行事などは男女が協力し合って一緒に行うという、いわば、男子校・女子校の良い点を両方取り入れた学校といえます。

宗教を人間教育の基盤とする学校も信仰が強制されることはない

私立校のなかには、キリスト教系（カトリック、プロテスタント）や仏教系の学校もあり、宗教が人間教育の基盤にされています。宗教を学ぶ授業や、礼拝や座禅などが実施されている例も見られます。ただし、これらはあくまでも教育の一環として取り入れられているのであって、生徒や保護者の方に信仰を強制しているわけではありません。実際に、その宗教・宗派とは無関係な生徒もたくさん在籍しています。また、キリスト教系の学校では、英語やフランス語などを中心に、語学教育を重視している学校が多いのが特徴です。

>>>>>>> 一般入試とは異なる選抜方法も

学校によってさまざまな「帰国生入試」の受験資格

国際理解教育の一環として、異文化を体験した帰国生を積極的に受け入れる学校が増えてきています。帰国生に対する受け入れ態勢は以前よりも充実してきたといえるでしょう。しかし、海外で生活し、現地の教育を受けてきた子どもにとって、国内の一般受験生と同じ選抜方法で選考されてしまうと、不利になることも少なくありません。

そこで、一般入試とは別枠で帰国生入試を行っている学校があります。その大きな特徴は、入試科目が少ないことです。国語・算数・面接の学校が多いですが、最近は英語を試験科目に加える学校も多いです。筆記試験とは別に「海外生活」や「海外での体験」などをテーマにした作文を課す例も見られます。一般入試の枠内で試験を実施する場合は、帰国生への配慮として、学力試験の合計点に5～10点加点するケースもあります。なお、帰国生入試は学校によって実施時期が異なり、11月から2月までの長期間にわたって行われるため、いろいろな併願パターンを組める点も魅力といえます。帰国生入試において、受験資格が与えられる海外在留年数、帰国してからの年数は学校によってさまざまですが、近年は緩和される傾向にあります。その条件についても、説明会や募集要項などで確認しておきましょう。

3 実際に学校に足を運び、自分の目や耳で確認
説明会・相談会などに参加して学校を知り、さまざまな角度から志望校を考える

多方面から情報を集め必要なものを「取捨選択」

多くの中高一貫校のなかから、わが子の適性を見極め、その力を最大限に伸ばしてくれる学校を探すには、どのような点に注意すればよいのでしょうか。

志望校を選ぶ際に大切なのは、集めた情報を「取捨選択」して、学校説明会や行事に積極的に「参加」することです。学校の校風や雰囲気は、自分の目で見て話を聞いて、ようやく感じ取れるものだからです。情報の「取捨選択」に関しては、インターネットを中心に集めていると、なかには真偽の不明な情報も見受けられます。また、数年前に子どもが受験したという保護者による体験談などは心に響きやすいものですが、中学受験の状況は毎年変化するため、あまり参考にならないこともあります。最近では共学化や大学の系列校化などにより、短期間で受験方式やその難度などが一変した学校も少なくないため、保護者の方は「わが子の個性を最大限に伸ばせる学校はどこなのか」「口コミも人によって言っていることが違う」「何から考えていいのか見当がつかない」といった不安に駆られるかもしれません。

そこで、まずは取捨選択の第一歩として、確実な情報を集めることから始めましょう。それは学校が発信する公式情報です。学校のホームページや学校案内パンフレット、公式SNSなどから、その学校の情報をかなり正確に知ることができます。こうした公式情報には、学校の教育方針やカリキュラム、進学実績に加えて、説明会や外部に公開予定の行事の日程などが載っています。学校案内パンフレットは学校説明会で配布されるほか、インターネットでも見ることができる学校もあります。

また、合同説明会などに参加すれば、複数の学校について、情報を一度に効率良く得ることができます。これまで注目していなかった学校でも、そのブースにふと立ち寄ったことがきっかけで、「わが子に合っているかもしれない」と新たな魅力に気づくかもしれません。「そもそも自宅から通える範囲にどんな学校があるのかわからない」という場合は、塾が配布している情報誌や、本書後半の「スクールデータ」をご覧になるとよいでしょう。

説明会や公開行事に足を運び学校の雰囲気を肌で感じよう

学校のホームページや学校案内のパンフレット、公式SNSなどから情報を収集するなかで、「わが子に受験させてみたい」と思えるところがあれば、各学校が開催する説明会に足を運びましょう。説明会では、校長先生をはじめとする複数の先生から、その学校の校風や教育方針、カリキュラム、進学実績、部活動の様子などについて、直接話を聞くことができます。また、教職員の方々や在校生と接する機会があれば、積極的に話しかけて、学校の雰囲気を直接感じ取るようにしましょう。

なかには、説明会終了後に、個別相談会や授業見学、校内見学を実施している学校もあります。個別相談会では、具体的な生活指導や進路指導の方針、成績不振

者への対応、先生と生徒との心温まるエピソードなど、ホームページや学校案内パンフレットには載っていなかった情報が得られるかもしれません。

学校のなかには入試問題説明会や体験会を実施して、出題傾向や注意点、答案作成上のポイントを話してくれるところもあります。志望校として、「少しでも入試のポイントを押さえておきたい」という受験生や保護者の方は、参加してみるとよいでしょう。

もう一歩踏み込んで、在校生の様子を知りたいという場合は、学校説明会に加え、文化祭や体育祭を見学してみるのも良い方法です。6年生になると、土日も塾や模試が予定されることも多く、忙しくなりますので、できれば3 ～ 4年生のころから見学を始めることをお勧めします。こうした公開行事では、先生や在校生の雰囲気を肌で感じられます。受験生本人が行事に参加し、在校生と話をすることで、「この学校に入りたい」と気持ちが固まる例も多いため、志望校決定の大きなきっかけになるかもしれません。特に、文化祭は、在校生と触れ合うことのできる貴重な機会です。興味のあるクラブの展示だけでなく、クラスの催し・企画など全体を見るようにしましょう。にぎやかな雰囲気のなか、在校生がふだんどのような活動に取り組んでいるかを知ることができます。来校者に対する「こんにちは！」というあいさつや態度からも、その学校の教育方針が伝わってくるものです。また、開催中に入試相談コーナーを設けている学校もあるので、積極的に利用してみましょう。学校によっては体験授業やオープンスクールを開催しているところもあります。さらに、合唱祭や演劇祭などが受験生向けに公開されていることもあるので、志望順位の高い学校については、ぜひチェックしてみてください。

「この学校に入りたい」本人の思いを尊重し家族で相談

中学受験を納得のいく形で終えるために最も大切なのは、受験生自身の「この学校に入りたい」という強い気持ちです。実際に自分の目で学校の様子を見て、本人の意思で受験する学校を決めることは、中学受験を乗り越える大きな原動力になります。話し合いは保護者の方がリードし、そのうえでお子さんの意思を尊重する形がよいでしょう。

たくさんの学校を見ているうちに、志望校を絞り切れなくなることもあるようですが、そんなときは通っている塾の先生に相談してみてください。塾の先生は「この学校の校風は君に合っている」「入試問題との相性がいい」「本人も気づいていない良い面を育ててくれそう」など、お子さんの適性に合った学校を勧めてくれるでしょう。受験直前は忙しく、時間があまりなくなってしまうので、早い段階から多くの学校を比較し、研究することが望まれます。

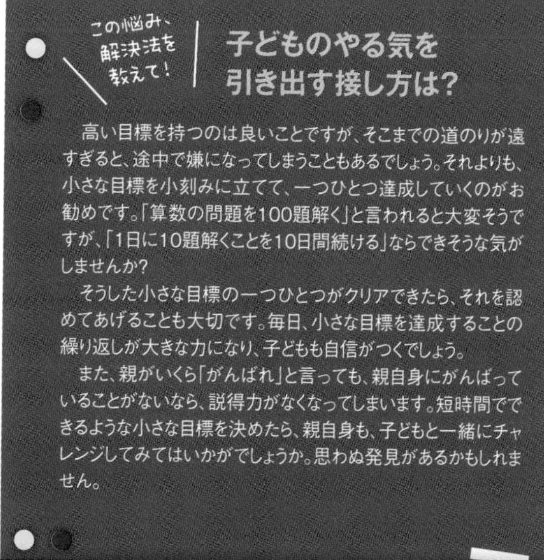

この悩み、解決法を教えて！
子どものやる気を引き出す接し方は？
高い目標を持つのは良いことですが、そこまでの道のりが遠すぎると、途中で嫌になってしまうこともあるでしょう。それよりも、小さな目標を小刻みに立てて、一つひとつ達成していくのがお勧めです。「算数の問題を100題解く」と言われると大変そうですが、「1日に10題解くことを10日間続ける」ならできそうな気がしませんか？
そうした小さな目標の一つひとつがクリアできたら、それを認めてあげることも大切です。毎日、小さな目標を達成することの繰り返しが大きな力になり、子どもも自信がつくでしょう。
また、親がいくら「がんばれ」と言っても、親自身にがんばっていることがないなら、説得力がなくなってしまいます。短時間でできるような小さな目標を決めたら、親自身も、子どもと一緒にチャレンジしてみてはいかがでしょうか。思わぬ発見があるかもしれません。

4

「1科目」「英語型」「思考力型」など多様化する入試

志望校の入試形式をしっかり把握 判定方法も学校ごとに異なるので要注意

筆記試験は4科が主流だが そのほかの形式もチェック

さて、志望校選びとともに、効率的に学習を進めるためには、入試形式も把握しておくことが必要です。中学受験で合否を分ける最大のポイントは、いうまでもなく筆記試験です。多くの学校が、筆記試験のみで合格者を選抜しています。また、面接を実施する学校や報告書の提出を求める学校でも、筆記試験の比重が大きいのが一般的です。

筆記試験の科目については、首都圏の難関校のほとんどが算数・国語・理科・社会の4科です。最近では、教科の枠を超えて総合的な力を見る「適性検査型」や「思考力型」など、思考力・判断力・表現力などを問う試験も見られます。また、午後入試では算国2科目の学校が多いですが、最近では算数や国語などの「1科目入試」を導入する学校も増えています。

一方、関西では、首都圏と同様に4科を課す学校もありますが、灘のように社会を外して、算数・国語・理科の3科で入試を行う学校も少なくありません。4科・3科のいずれかを選択する方式の試験もあるため、4科入試に挑むつもりで受験の準備をしておくと、さまざまな形式に対応することができ、志望校の選択肢も広がるでしょう。

各科目の配点にも注意が必要です。4科目の配点が同じ学校もあれば、算数と国語の配点が高い学校もあります。

さらに、最近では入試の選択科目に「英語」を追加する学校や英検®などの資格を利用する入試もあります。

女子校や付属校に多い面接試験 形式や内容を事前に把握し対策

女子校や大学付属校を中心に、面接試験を実施する学校もあります。筆記試験に加えて面接試験を実施する学校の狙いは、次の五つが考えられます。

①受験生の人柄（協調性・積極性など）を見る
②報告書の不明点・疑問点を確認する
③入学の意思や入学後の学習意欲を確認する
④保護者が学校の教育方針や校風・宗教などを理解しているかどうかを見る
⑤合格者をどのくらい出すかを決めるための参考に、受験生の併願校を調査する

では、こうしたポイントを確認する面接試

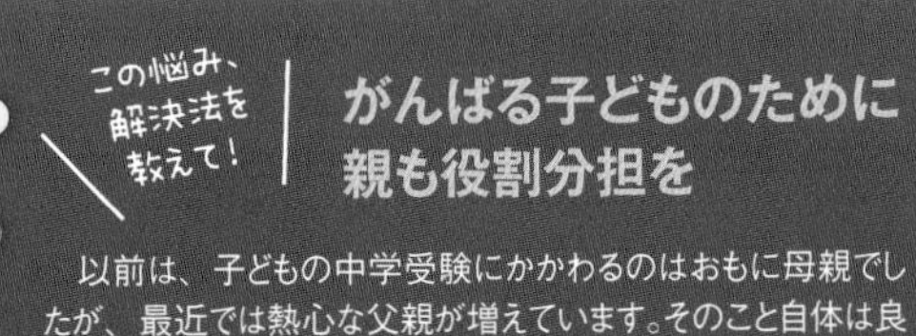
この悩み、
解決法を
教えて！
がんばる子どものために
親も役割分担を

以前は、子どもの中学受験にかかわるのはおもに母親でしたが、最近では熱心な父親が増えています。そのこと自体は良いのですが、両親が二人とも干渉しすぎると、子どもは逃げ場がなくなってしまうというデメリットもあります。

そこで、ある程度、役割分担をして、どちらか一方の親は一歩引いた立場から見守るというのも一つの方法でしょう。たとえば、自分自身の受験について、気軽に話してみてはどうでしょうか。中学受験、高校受験、大学受験のうちどれか一つでも経験しているなら、成功したこともあれば、失敗したこともあり、何らかのエピソードは持っているでしょう。「それでもくじけずに努力し続けたから、今の自分がある」というような話を聞けば、子どもは自分もがんばろうという気になれるかもしれません。

面接の形式

①受験生のみの個人面接	②受験生のみのグループ面接

最も多いのがこの形式。受験生1人に対して面接官1〜3人で行われます。	受験生4〜6人で実施。協調性や積極性を見るため、受験生同士で討論させることもあります。
③受験生に保護者を同伴させて行う面接	④保護者のみの面接

面接官の同じ質問に対して親子で答えが食い違わないよう、事前に話し合っておきましょう。	学校の教育方針を、十分に理解しているかを見極めるのがおもな狙いです。

験とは、どのように実施されるのでしょうか。実際の面接試験は学校によってさまざまですが、大きく四つの形式に分けられます。「受験生のみの個人面接」「受験生のみのグループ面接」「受験生に保護者を同伴させて行う面接」「保護者のみの面接（多くの場合、受験生のみの面接も別に行う）」です。

面接の準備で大切なことは、出願時に申告した願書の内容の確認です。面接はそれをもとに行われるため、食い違いが出ないようにすることが重要です。インターネット出願の学校がほとんどなので、入力した内容は保存しておきましょう。志望する学校の面接について詳しく調べたうえで、「自然な姿を見てもらう」という気持ちで臨みましょう。

また、筆記試験や面接だけでなく、実技試験を課している学校もあります。たとえば、慶應や神戸女学院などは、体育を実施しています。どのような体育実技を実施しているかは、お通いの塾の先生に確認しましょう。

学校によって異なる報告書の位置づけ

報告書（調査書）や通知表のコピーを提出させる学校もあります。多くの国公立校では報告書の内容を点数化して配点に加えています。

面接試験での質疑応答の材料として報告書を使う学校もあります。また、複数の受験生がボーダーライン上に並んだ場合に、合否判定の参考にする学校もあるようです。いずれにせよ、報告書の提出を義務づけている学校を志望する場合は、学校説明会や個別相談会を通じて、その「位置づけ」について確認しておくとよいでしょう。

入学時・6年間、費用面を確認

受験料や入学金はいつまでにいくら必要？かかる費用と手続き期日も押さえておく

受験料は1回につき2～3万円 合わせて約10万円が目安に

中学受験に関して無視できないのが、経済的な負担です。いつから、どんなことに、どれくらいの費用がかかるかを計算したうえで、入試の前に準備を万全にしておく必要があります。

まず、私立中学校の受験料は、1回の受験につき2 ～ 3万円です。出願校数については、首都圏では1月に埼玉県や千葉県の学校を2校程度、2月に東京都や神奈川県の学校を3校程度受験するのが一般的です。出願校数はご家庭の方針により大きく異なりますが、4～5校に出願すると、受験料だけで合計10数万円かかる計算になります。また、当日の体調やそれまでの合否結果によって受験校を変更できるよう、同じ日の同じ時間帯に入試を行う複数の学校に出願しておく「ダブル出願」をする場合は、さらに多くの受験料がかかる場合もあります。もっとも、同じ学校を複数回受験する場合、同時に出願すれば受験料が軽減されるケースは少なくありません。さらに、1回でも受験すれば、それ以降、その学校を何回受けても追加の受験料はかからないところもあります。最近ではインターネットの出願がほとんどですので、受験前日にその日までの入試結果を踏まえて出願するケースが増加しています。ただし、学校により締め切り時間はまちまちですし、出願にはそれなりに時間がかかりますので、余裕をもって行動することが大切です。

入学金の納入期限をチェック 授業料以外の費用も要確認

合格後は入学手続きとして、数十万円の入学金を納める必要があります。もし、第一志望校の合格発表前に合格済みの併願校が入学手続きを締め切る場合は、念のためにその入学金も納めなければなりません。学校によっては、入学手続きの締め切りにかなりゆとりを持たせているところや、延納手続きが可能な学校、数万円の延納金を納めれば、入学手続きの締め切りを延ばしてくれるところもあります。

そして入学が決まれば、授業料などを納めることになります。授業料は学校によって年間で数十万円もの大きな開きがあるので、本書の「スクールデータ」や学校のホームページ、パンフレットなどを参考に、事前に準備しておきましょう。

授業料以外にも、修学旅行積立金・制服代・教材費などの諸経費も納める必要があります。また、私立校では「任意の額で」「1口10万円を3口以上」といったように、寄付金を求められる場合もあります。いずれにせよ、初年度はそれなりの費用がかかることを念頭に置き、いつまでにいくら必要なのかを確認しておいてください。

特集 サピックスが注目！

伸びゆく中高一貫校

SCHOOL FOCUS スクールフォーカス

中高一貫校の魅力は、難関大学や医学部などへの進学指導に特化した学校、グローバル感覚の養成に力を注ぐ学校、理数教育に注力する学校、豊かな人間性を育むことを第一義にしている学校など、さまざまなタイプがあることです。どのような学校を選ぶにせよ、人格形成にとても大切な中学・高校の6年間を任せることになので、悔いのない学校選択をしたいところです。ここでは、これからの飛躍が大いに期待できる、サピックス注目の中高一貫校を紹介します。

掲載校

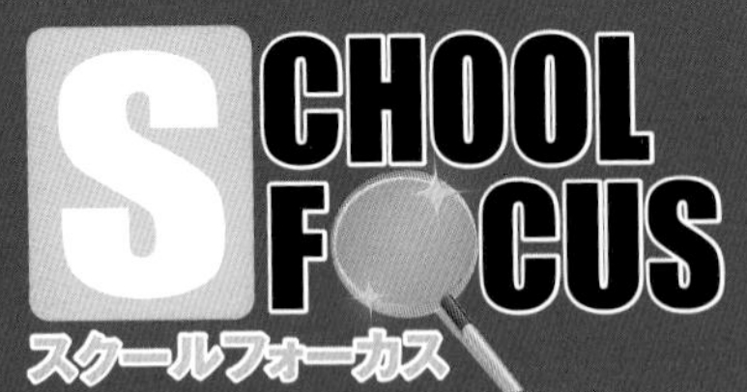

鷗友学園女子中学高等学校

「本物を見せる」を主眼に置いた理科教育 科学的思考を養い、探究心を高める

キリスト教精神に基づく「慈愛と誠実と創造」を校訓に掲げる鷗友学園女子中学高等学校では、生徒一人ひとりの能力を最大限に伸ばす教育を実践するため、主体的・能動的な活動を重視した学習指導を行っています。その一環である、みずから課題を見つけて探究する力を養成する理科の実験授業について、入試広報部部長で理科教諭の若井由佳先生に話を伺いました。

プロフィール
〒156-8551
東京都世田谷区宮坂1-5-30
TEL.03-3420-0136
小田急線「経堂」駅より徒歩8分、東急世田谷線「宮の坂」駅より徒歩4分
www.ohyu.jp

試行錯誤するからこそ科学のおもしろさがわかる

1935年に創立された鷗友学園女子中学高等学校は、「アクティブ・ラーニング」ということばが浸透する前から、生徒が主体的・能動的に学ぶ授業を実践してきました。理科もその一つで、実験を積極的に行い、実体験に基づいた自然への正しい認識と理解を得ることをめざしています。なかには実験が多いことを魅力に感じ、志望理由に挙げる受験生も少なくないといいます。

中学の理科の授業は、週に中1で3時間、中2で5時間、中3で4時間あり、そのなかで2時間連続の授業を設けて、集中的に実験を行っています。「本校が大切にしているのは、生徒に『本物を見せる』ことです。たとえ実験をしなくても、知識は得られるかもしれません。しかし、実際に実験をすると教科書に載っているとおりのデータを得ることはできません。その結果、なぜだろうという疑問とどうしたらうまくいくのだろうという好奇心が生まれます。それこそが科学のおもしろさなのです」と若井先生は話します。

実験を有意義なものにするには、環境の整備も欠かせません。同校では、化学室二つ、物理室、生物室、地学室の合計五つの実験教室を完備。多くの実験に対応できるように、実験器具も充実しています。また、学校が制作したオリジナルの実験書があることも特徴で、実験の目的や方法などの詳細が書かれているほか、実験結果を記録する欄もあり、より理解を深められる内容となっています。

「まずは低学年のうちに、基本的な実験操作をしっかりと身につけます。ガスバーナーや電流計・電圧計、顕微鏡の使い方などの実技テストも実施しています」。生徒たちが基礎知識を十分に習得しているからこそ、次のステップである「仮説検証型実験」へとスムーズに進むことができるのだといいます。

生徒みずからが仮説を立て科学的な根拠をもとに実験で検証

「仮説検証型実験」とは、生徒自身で仮説を立てて検証実験を行い、科学的プロセスで謎を解き明かすというものです。同校では、中2から高1までの探究的授業において、中2は物理、中3は化学、高1は生

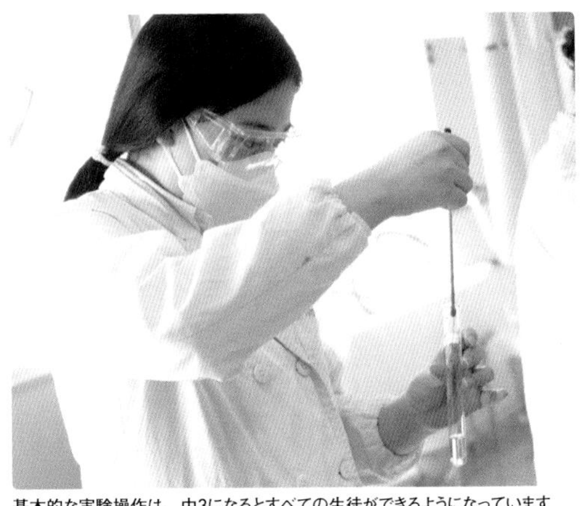
基本的な実験操作は、中3になるとすべての生徒ができるようになっています

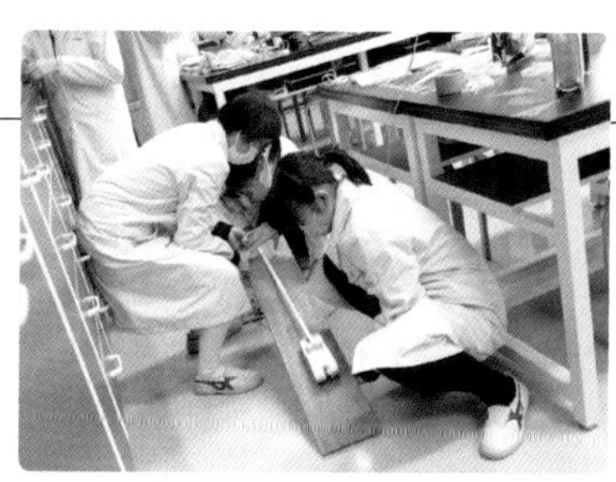
中2物理の「①物体の運動について」は、物体の運動の法則を調べて、その理由を探ります

「②跳ね返るボールについて」は、発射したスーパーボールが何度やってもスムーズに着地する設置台を作成します

「③転がる缶について」は、おもり（乾電池）の数と缶の運動の関係性について検証します

物で、1～2か月かけて仮説検証型実験を実施しています。

中2物理の仮説検証型実験のタイトルは、「それはなぜか」。2時間の授業を5週かけて行い、合計10時間を使います。生徒たちは、「①物体の運動について」「②跳ね返るボールについて」「③転がる缶について」という三つの実験テーマから興味のあるものを選び、それぞれの課題に取り組んでいきます。

1週目に個人で仮説を立てた後、2週目にグループ内で話し合って考えをまとめ、実験したい内容を教員にプレゼンして許可が出たら、いよいよ検証実験のスタートです。

取材に訪れた日は、検証実験の真っ最中で、実験室は活気にあふれていました。実験がうまくいくとグループ全員で大喜びし、失敗すると「なぜだろう?」「もっとこうしてみては?」など、活発な意見が飛び交います。若井先生は、「この授業では、科学的な根拠をもとに、3～4名ずつに分かれたグループで議論をしながら進めていく必要があるため、グループ内のコミュニケーションがとても大切です。そういう意味では、3日に1度クラスで席替えをし、多くの仲間とコミュニケーションをとっている本校の生徒たちは、日ごろからその土台が築かれていると思います」と話します。

毎回授業の最後には、学習目標や達成度合いを判断するためのルーブリック評価を行っており、客観的に良かったところや悪かったところを振り返り、次回の授業に生かしていきます。

実験の積み重ねにより研究職に興味を持つ生徒も

一方、中3化学の探究的授業のテーマは、「これは何か」です。こちらも2時間の授業を5週かけて行うもので、10種類の白い粉末の正体を突き止めていきます。10種類の物質名は事前に明かされていますが、どの粉末がどの物質かはわかりません。生徒たちはグループに分かれ、実験方法を考えます。1～2週目で調べ学習をしながら実験計画書を作成し、教員から許可が下りれば、3～4週目で実験を行い、5週目に報告書を作成します。使用する薬品や器具も含めて、どのような実験をするのかを事前に申告するのは、実験の時間を有効に使う目的のほか、安全性を確保するためでもあります。

今まで学んできた知識だけではできない実験もあるため、生徒たちは事前に調べ学習を行います。司書教諭と連携し、図書館ではその時期に学んでいる内容に関する本の特設コーナーをつくるなど、調べ学習のサポートも万全です。

実験の様子をのぞいてみると、生徒たちはとても真剣な表情で検証を行っていました。早い段階で9種類の白い粉末の正体を解明したグループもありましたが、「最後の1種類は、消去法で答えを出すのではなく、きちんと実験で証明したい」と、目を輝かせて実験を続けていたのが印象的でした。

「科学は仮説を立てて、それを検証していくことの積み重ねです。その過程を経験することは、研究者への第一歩でもあります。これらの実験の授業がきっかけで、研究職を志すようになった生徒もいます。これからも理科が楽しいと思う生徒を増やしたいと考えています」

科学的な考え方を実践的に身につける鷗友学園ならではの実験授業は、生徒の「もっと知りたい」という探究心をかき立て、将来への視野も広げています。

サピックスの One Point Check!

アットホームな校風で知られる鷗友学園では、恒例イベントの一つとして、校長先生が開く誕生日会があります。これは誕生月の中1生を校長室に招いて、紅茶とお菓子で談笑する会です。校長先生からお祝いのメッセージが送られるほか、クラスを超えておしゃべりする和やかな集まりは、心に残るひとときになります。

スクールデータ▶P.282-283

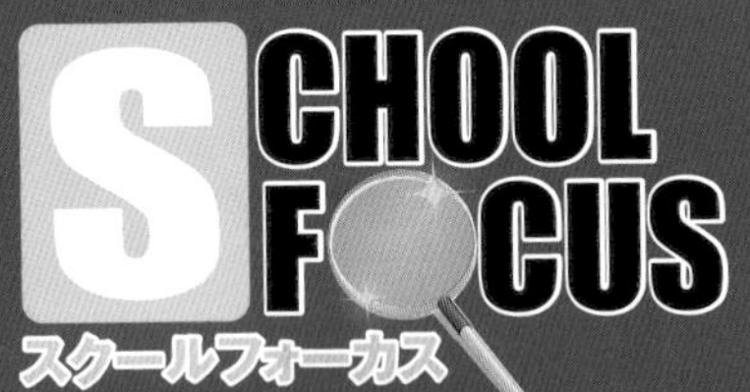

➔サレジアン国際学園中学校高等学校

英語教育とPBL型授業で「21世紀に活躍できる世界市民」を育成

開校3年目を迎えた、サレジアン国際学園中学校高等学校。英語力の高い帰国生を交えた校内環境や、論理的思考力を養うPBL型授業など、同校での学びはさらに活気づいています。2027年度には、専門的な研究活動を支援するサイエンスラボを備えた新校舎も完成する予定です。同校での学びについて、募集広報部部長の尾﨑正靖先生に伺いました。

プロフィール

〒115-8524
東京都北区赤羽台4-2-14
TEL. 03-3976-7551（募集広報部直通）
JR「赤羽」駅より徒歩10分、東京メトロ南北線・埼玉高速鉄道「赤羽岩淵」駅より徒歩8分
www.salesian.international.seibi.ac.jp/

インターと本科の2クラス制 新たにハイブリッドクラスも

サレジアン国際学園は、「21世紀に活躍できる世界市民の育成」を教育目標に掲げており、その実現に向けて、さまざまな教育改革を実施していることで注目を集めています。

同校は、インターナショナルクラスと本科クラスの2クラス制を導入しています。インターでは、英語が堪能な「アドバンスドグループ（以下AG）」と、意欲があれば入学時の英語力は問わない「スタンダードグループ（以下SG）」に分かれ、いずれも週10時間の英語の授業を受けます。AGでは、英語・数学・理科・社会の4教科をオールイングリッシュで学び、SGでも、週10時間ある英語の授業の全てがオールイングリッシュとなっています。

ホームルームと、美術や音楽といった一部の授業はAGとSGの混合クラスとなっているため、日常的に英語が飛び交う空間に身を置くことができます。「SGの生徒は特に刺激を受けており、英語力の向上にもつながっています。入学時と中2進級時のGTEC®のスコアを比べると、SGの生徒は平均で約200ポイントも上昇していました」と、募集広報部部長の尾﨑正靖先生は手応えを感じています。

一方の本科では、各自が興味・関心のあるゼミナール（以下ゼミ）を選び、テーマを決めて探究活動を行う「個人研究」が大きな特色となっています。中1では研究の基礎となるアカデミックスキルを学び、中2からゼミに所属して、高2で論文を書き上げるという流れです。現在は、環境問題を扱うゼミや、歴史の謎に迫るゼミなど、8つのテーマで開講されているとのこと。複数学年が同じゼミで共に学ぶため、先輩と後輩とで互いに刺激し合える環境となっています。

インターと本科は原則として別々のクラスですが、異なる強みや長所を持つ生徒の交流をより活発にしていくために、2024年度から、中1のみインターと本科を混ぜたハイブリッドクラスを導入しました。AG・SG・本科の生徒が3分の1ずつ在籍し、外国人教員と日本人教員が担任を務めます。朝終礼も英語で行われるなど、本科の生徒も日々英語に触れられる環境を実現しています。「生徒たちが互いの良さを生かし合い、相乗効果を加速させることが狙いです。インターの生徒は英語力に秀でていますが、本科には、数学や理科が突出している生徒もいま

募集広報部部長の尾﨑正靖先生

専門性を持ったインターナショナルスタッフが、生徒たちをきめ細かく指導します

2027年度に完成予定の新校舎。ラウンジや共同学習スペースも設置される予定です

新校舎に設置予定の「データサイエンス室」は、プログラミングなどの活動に特化した場となる計画です

す。異なる強みを持つグループが同じクラスで学ぶことで、相乗効果が生まれると考えています」と尾﨑先生は説明します。

PBL型授業で論理的思考力を養う

同校では、能動的に学ぶ問題解決型の学習法「PBL（Project Based Learning）型授業」が、全教科で取り入れられています。

PBL型授業とは、与えられた知識を覚えるだけの授業と違い、教員が正解のない問いを提示し、グループディスカッションやプレゼンテーションといった相互通行の学習を通じて、論理的思考力を養うというものです。「変化の多い時代だからこそ、単に知識を覚えるだけではなく、自分の考えを持ち、それを相手に論理的に説明する力が必要です。本校では、『5つの教育重点項目』として、心の教育を中心に、言語活用力、数学・科学リテラシー、コミュニケーション力、考え続ける力の育成を掲げています」と、尾﨑先生は説明します。

PBL型授業は、各教科で新しい単元が始まる際に、生徒たちの興味・関心を刺激する導火線として実践しています。そこで重要となるのが、授業の最初に生徒に投げかけられる「トリガークエスチョン」。これは概念的な問い掛けが多く、特定の知識がなくても考えられるものを設定しているとのこと。正解のない課題に直面し、探究心を刺激するところから同校の学びは始まっていくのです。

同級生とのグループブレストや、優れたプレゼンテーションを聞くことも刺激となっています。「生徒たちは、『あの子のように論理的に説明するには、どのような知識が必要か』を考え、みずからのアンテナを広げて、教科書の内容はもちろん、ニュースや新聞から積極的に知識を吸収するようになります」と尾﨑先生。PBL型授業で主体的な学びを促し、知識を定着させ、思考を深め、論理的に説明する。このサイクルを繰り返すことで、生徒たちの学ぶ力は着実に成長しています。

2027年度には新校舎が完成 教育環境がさらに充実

思い切った改革が内外の注目を集めていますが、それらの学びの根幹にあるのは、カトリック・ミッションスクールとして受け継いできた「心の教育」です。自他の幸せを築くことができる人を育てるための理性・宗教・慈愛に重点を置いた全人間教育として、ボランティア活動などを行っていますが、ふだんの授業でも重要な役割を果たしています。

「サレジオ会の創立者であるドン・ボスコの言葉で、『生徒が主体的に善を選ぶ』というものがあります。ふだんの学校生活やPBL型授業でも、教員がただ答えを与えるのではなく、生徒自身が考え、自分で判断して、良い行動ができるように導いていく。わたしたち教員も、日々その言葉を意識しています」

2027年度には、地下1階、地上5階の新校舎が完成する予定です。食堂のほか、物理・科学・生物の教室と、専門的な研究活動を支援するサイエンスラボなども設置され、教育環境が大幅に強化されるとのこと。同校の学びは、今後も進化し続けます。

サピックスの One Point Check!

インターでは、進路選択の一つとして海外大学への進学も想定されており、海外にチャレンジしたいという生徒たちを後押しするため、「デュアル・ディプロマ・プログラム（D・D・P）」が導入される予定です。これは同プログラムを履修することで、同校の卒業資格だけではなく、西オーストラリア州の高校卒業資格も同時に取得できるというもの。海外大学での学びに対応できる能力が身につき、進学も容易となるため、進路選択の幅が広がります。

スクールデータ ▶ P.380-381

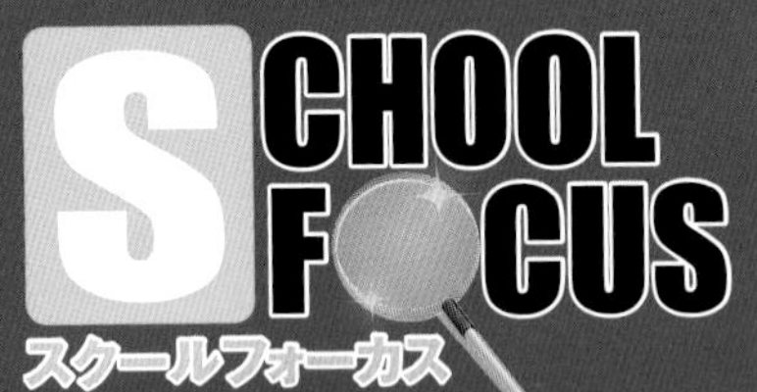

芝国際中学校・高等学校

挑戦・行動・突破そして貢献 世界標準の教育×確かな学力

三田駅・田町駅からすぐの場所に最新の設備を備えた新しい校舎

プロフィール
〒108-0014
東京都港区芝4-1-30
TEL.03-3451-0912
JR山手線・京浜東北線「田町」駅より徒歩5分、都営浅草線・三田線「三田」駅より徒歩2分、都営大江戸線「赤羽橋」駅より徒歩10分
www.shiba-kokusai.ed.jp

グローバル社会で活躍する人材の育成を掲げ、2023年4月に開校した芝国際中学校・高等学校は、「本科」「国際」の2コースを設置する共学校です。2年目を迎える2024年4月に、鷗友学園でも校長を務められていた吉野明先生が新たに校長に就任。生徒一人ひとりの目標の実現をめざす教育理念をはじめ、先進的なさまざまな取り組みについて伺いました。

世界で活躍するための 次代を意識した先端プログラム

芝国際中学校・高等学校は、文系・理系、さらには医学部進学も意識しながらハイレベルな教育をバランス良く行う「本科コース」と、十分な英語力を持つ生徒を対象に、海外大学や英語力を使って難関大学進学をめざす「国際コース」の2コースを設置しています。いずれも最新の海外メソッドを取り入れながら、新時代のグローバル人材の育成をめざしています。

目標として掲げているのは、「希望進路を実現させるための確かな学力」「世界で活躍することができる力」の育成です。校長の吉野明先生は、「両コースともに、一人ひとりの可能性を広げ、夢を実現させる力を育てていくのが基本スタンスです」と、生徒の希望する進路をサポートしていきたいと話します。通常の教科学習はもちろんのこと、文理融合のデータサイエンス・AI教育、教科横断型のSTEAM教育、起業にも通じるアントレプレナーシップ教育など、次代を意識した先端の学びをカリキュラムに組み込んでいるのも、そうした力がこれから世界で活躍するためには必要だと考えているからです。

校長　吉野 明 先生

先を見据えた取り組みは、授業の手法においても同様です。たとえば、ロボット教育やAIバイリンガル教育のパイオニアである海外大学で採用されている対話形式の授業など、先進的なメソッドも積極的に導入しています。

国際色豊かな環境で 充実したグローバル教育を実践

同校の大きな柱として挙げられるのは、やはり充実した「国際教育」でしょう。英語は標準を上回るコマ数が設定され、たとえば国際コースでは、数学や理科のほか、今年度からは世界史の授業も英語で行っています。同コースにはいろいろな国や地域から、多様なバックボーンを持った生徒が集まっています。「グローバル社会で活躍するためには、さまざまな価値観を持つ人たちと共生していかなければなりません。学校生活が、国際交流という意味でも学びの場になることを期待しています」と、国際色豊かな教育環境がもたらすメリットに言及します。吉野先生が作成に深くかかわった科目「コスモ（道徳）」の授業内容からも、

国際クラスは、数学や理科の授業も専門性を持ったInternational Educatorが英語で授業を実施

オーストラリア研修など、多様で充実した海外での教育プログラムが取りそろえられています

学校行事はすべて生徒がゼロから立ち上げ、こうした挑戦と行動がこれから必要とされるコンピテンシーを育みます

国の枠を超えて、人と人とのつながりを重視する姿勢が伺えます。

海外研修プログラムも多彩で、希望制のオーストラリアやニュージーランドなどへの短期留学のほか、フィリピン・セブ島での語学研修、体験型のマレーシアキャンプ、高校でのアメリカ修学旅行後に希望制で現地の学生と学ぶ研修プログラムなどが用意されています。「生徒の希望も多様化しています。すべてに応えるわけにはいきませんが、できるだけ対応していく方向で検討していきます」と吉野先生が語るように、研修先やプログラムはさらに充実していくでしょう。

目標実現のために欠かせない「コンピテンシー」を重視

先進的な「コンテンツ」が注目を集める同校ですが、吉野先生が意識しているのは、「コンピテンシー(優れた成果の創出につながる考え方や行動特性)」です。「わたしたちが重視しているのは、コンテンツそのものというよりも、それらを通じていかにこれからの人生に必要な力を身につけるか、ということです。リーダーシップ、コミュニケーション力、批判的思考力、課題設定あるいはその解決能力をはじめ、これからの社会で必要とされる力を、さまざまなコンテンツを通じて伸ばしていきたいと考えています」

校舎に入ってすぐにある多目的ホール・ステラシアター。プレゼンテーションなどの際に使用されます

一方、生徒たちが目標を実現するためには「確かな学力」も欠かせません。通常の授業以外の取り組みの一つが、知識の定着と深化を促す「チェック&フォロー」です。始業前に小テストを行って理解度をチェックし、間違えた箇所があれば放課後にフォロー。理解の先延ばしを防ぎます。また、通常の正課授業1～6時限目の後の7～10時限目に、中学では「芝国際(芝国)塾」、高校では「芝国際(芝国)予備校」という学校独自の学習機会を設けています。

中学の「芝国塾」では、授業内容のサポートのほか、範囲を広げて理解を深化させます。一方、高校の「芝国予備校」では、難関大学合格を見据えた受験対策を徹底的に行います。ほかにも東大セミナーや総合型選抜対策に加えて、アメリカの大学の共通試験であるSAT対策講座など、海外大学進学へのサポート体制も整っています。

「国内や海外の大学への進学、あるいは起業を志す生徒もいるかもしれません。そうした多様な進路をサポートするには、現在の状況で十分だとは思っていません。しっかりと体制を整えて、生徒たちのチャレンジを後押ししていきたい」と熱く語る吉野先生。既存の枠組みにとらわれることなく、大学受験に対応できる確かな学びと、これからの社会で生きる新しい学びの両面を6年間で育てていきたいとのことです。

都心の立地ゆえに広いグラウンドがなかった同校ですが、千葉県内に運動場を確保したとのこと。開校2年目の新しい学校ということもあり、教育プログラムを含め、日々進化を続けているところも魅力の一つといえるかもしれません。

サピックスの One Point Check!

2023年秋、クラブ活動の宇宙プロジェクトとして、自分たちで作った観測器を載せたバルーンを成層圏まで打ち上げることに成功し、データ分析を行いました。打ち上げにかかった費用の一部は、生徒たちが企業と交渉して広告を掲載することで賄いました。探究学習・データサイエンス・アントレプレナーシップなど、同校の教育が具現化した一つのケースです。

スクールデータ ▶ P.388-389

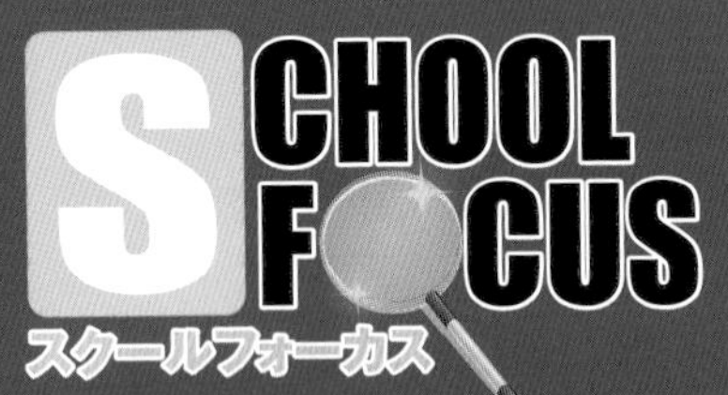

城北中学校・高等学校

研究や発表で課題解決能力を培い、「人間形成と大学進学」につなげる

「人間形成と大学進学」を教育目標に掲げる城北中学校・高等学校では、身の回りの課題について発信する機会を積極的に教育に取り入れています。そこで培われた課題解決能力は、大学入試や学外のコンクールでも高く評価され、生徒の希望進路の実現につながっています。その具体的な取り組みについて、校長の小俣力先生と教頭の清水団先生に伺いました。

プロフィール
〒174-8711
東京都板橋区東新町2-28-1
TEL.03-3956-3157
東武東上線「上板橋」駅より徒歩10分、東京メトロ有楽町線・副都心線「小竹向原」駅より徒歩20分
www.johoku.ac.jp

大切なのは課題発見能力 身近な疑問をテーマに研究

城北中学校・高等学校では、生徒の主体的な学習姿勢を養うため、身の回りの課題に対して研究、発表する機会を教育活動のなかに数多く取り入れています。中1・2が参加する弁論大会「私の主張コンクール」や、ネイティブとディスカッションを行い、そこで得た考察を英語で発表する「イングリッシュシャワー」など、論拠を押さえたわかりやすい表現方法や発信方法について学ぶ場をたくさん用意しています。

なかでも特徴的な取り組みが、40年近く続く中1・2の「理科自由研究」です。生徒みずから研究テーマを設定し、実験やデータ分析、プレゼンまでを行います。校内審査によって選ばれた研究は、文化祭で発表されます。そのなかでも優秀な研究は、「理科自由研究発表会」で生徒によるプレゼンテーションが行われ、ほかの生徒にとっても探究心への刺激につながっていきます。学外のコンクールで表彰される研究も多く、2022年と2023年には日本学生科学賞東京都大会で2年連続最優秀賞を受賞しています。

そして、中3になると、中学生活の集大成として「卒業研究（制作）」に取り組みます。

「自由研究でいちばん難しいのは、テーマを見つけること」と話すのは、理科の教員でもある校長の小俣力先生です。「登下校の途中や、出かけた先々で『なぜだろう』と思った経験が、テーマ設定のヒントになります。身の回りの小さな疑問を見逃さないためにも、生徒たちには、日常的にアンテナを高く張っていてほしいと思っています」

校長　小俣 力先生

興味関心を突き詰めて 進路を切り開いていく

昨年、中2の生徒による「風をよむ橋の構造」という研究が、第67回日本学生科学賞都大会で最優秀賞を受賞しました。この研究は、乾燥パスタで作った橋の模型と扇風機を使い、橋の耐荷重に風の強さが影響することを証明したものです。きっかけは、祖父母が住む静岡県に出かけた際に、世界一長い木造歩道橋として知られる蓬莱橋（ほうらい）を渡ったことでした。まさに、日常のなかから研究テーマを見つけた好例といえるでしょう。

また、ある卒業生は、「セミの鳴き声にどのような目的があるのかを知りたい」という理由から、「アブラゼミの呼び交わし音の生態」という研究を行いました。その生徒は、公園でアブラゼミの鳴き声を収録し、時間や気温、人の動きなどによって

伝統の「理科自由研究」の30周年記念誌と、研究内容をまとめた冊子

理科自由研究発表会の代表生徒。ICTの機器も活用し、講堂の壇上で堂々とプレゼンテーションを行います

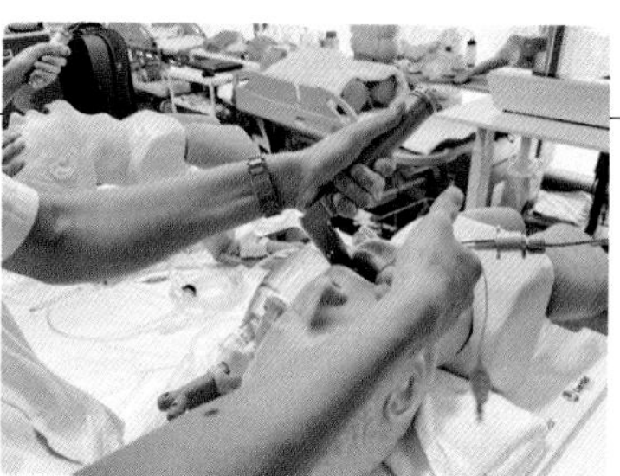
順天堂大学での医療機器の操作練習の体験。生徒たちは楽しみつつ緊張感を持って、真剣に取り組みます

変化がないかを徹底的に調査。もともとは「理科自由研究」で調査を始めた取り組みでしたが、さらに深めていきたいという思いから、生物部の個人研究のテーマとして継続して研究を実施。そうして6年間かけて調べ続けた研究内容が評価され、その生徒は、京都大学の特色入試に合格したそうです。

それ以外にも、廃チョークを再利用し、銅廃液として活用できないかを探った研究で東京大学の推薦入試で合格した生徒、メダカの研究に6年間を費やし、その興味が高じて筑波大学から酒造会社の研究所に就職した生徒などがいます。

「昨今の大学入試は、ペーパーテストだけでなく、さまざまな角度から学生を評価しようという方向に舵を切っています。本校が大事にしているのは、自分の興味関心をとことん突き詰める姿勢です。それは大学が求める学生像にも合致していると思います。これからも、自由研究を通して、一人でも多くの生徒が、各々の興味を満たす大学にアプローチしていってくれることを期待しています」と、小俣先生は展望を語ります。

教頭　清水 団先生

「挑戦したい生徒」を支える熱心な教員と充実した施設

同校では、ICTの機器を自由に使える環境が大切であると考えています。生徒は1人1台のデジタル端末を所有しており、中学生は週1時間の総合的な学習の時間を「情報」の授業として設定。「リテラシー」「クリエイティブ」「プログラミング」「プレゼンテーション」「PBL」の5要素をまんべんなく学んでいます。

教頭の清水団先生は、「ICTの機器を自由に使える環境が、生徒の『やってみようかな』という気持ちを後押ししている」と話します。以前のグループ発表などでは、積極的に発表する生徒とそうでない生徒に分かれてしまうという課題がありました。しかし、「ICTの機器の環境整備が進み、生徒全員が自分の発表を周りの友だちと共有できるようになり、それが生徒の意欲向上にもつながっている」とのことです。

これらのICT教育が奏功してか、昨年実施された第23回日本情報オリンピックでは、中3から高2の生徒5名が、優秀賞および敢闘賞を受賞しました。

「情報は、2025年度から大学入学共通テストの科目に加わります。時代に即した対応力が育ってきているという点でも、非常に頼もしく感じます」

学内外を問わず、めざましい活躍を見せる城北生ですが、清水先生は「生徒一人ひとりが課題意識を持ち、解決に導きたいという強い思いを持っていることが大きな要因の一つ」と分析します。続けて小俣先生も、「生徒が何かを『やりたい』と思ったときに、サポートを惜しまない教員の存在や、充実した施設がそろっていることも、果敢な挑戦を後押ししています」と胸を張ります。

研究や発表を通じて培った課題解決能力を、まさに「人間形成と大学進学」につなげている同校。生徒たちの活躍に今後も注目が集まります。

サピックスの One Point Check!

昨年から、順天堂大学との高大連携が始まりました。教員・生徒間の意見交換や、大学の保有施設での実習体験や見学、大学教員による出張授業など、さまざまな教育交流が行われています。今後は、医学部の学生と高校生が共同で行う模擬手術体験などが検討されているとのこと。今後の城北生のキャリアビジョンの構築に大きく役立ちそうです。

スクールデータ▶P.242-243

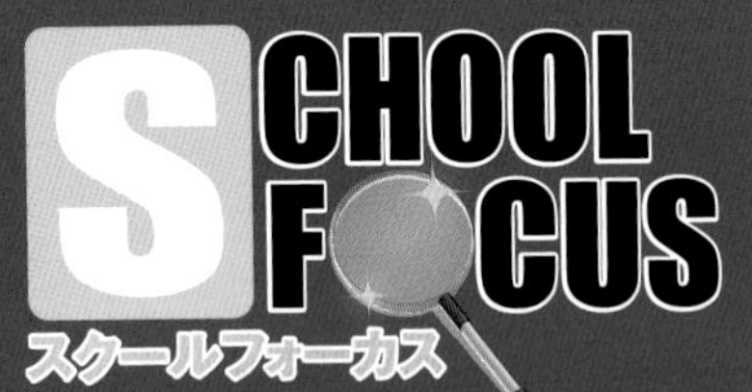

成蹊中学・高等学校

探究学習で“0 to 1”の精神を磨き みずから考え「蹊を成す」人に

成蹊学園は創立以来、「個性の尊重」「品性の陶冶」「勤労の実践」という建学の精神の下、リベラルアーツに根ざした教育を実践してきました。校名は「桃李不言下自成蹊（徳のある人には、その徳を慕って人々が集まってくる）」という中国に古くから伝わることわざに由来しています。その具体的な教育内容について、自身も同校の卒業生である校長の仙田直人先生に伺いました。

プロフィール
〒180-8633
東京都武蔵野市吉祥寺北町3-10-13
TEL. 0422-37-3818
JR・京王井の頭線「吉祥寺」駅より徒歩20分、またはバス5分
www.seikei.ac.jp/jsh/

0から1を生み出す力を養う 全学年で探究学習を推進

成蹊学園の創立者・中村春二は、明治末期から大正期にかけて活躍した教育者です。当時の画一的な教育の在り方に疑問を持ち、「知育偏重ではなく、人格、学問、心身にバランスの取れた人間教育の実践」を実現すべく、1912年に前身となる成蹊実務学校を開校しました。1924年には、池袋から吉祥寺へキャンパスを移転。自然豊かな吉祥寺の地に学び舎を構えて、今年で100周年を迎えます。

そんな創立者の思いを受け継ぎ、中高で特に力を入れているのが、探究学習です。「受験競争を勝ち抜くことを目的とした従来の詰め込み教育は、創立者の中村が疑問を呈した明治の教育と同じです。大事なのは生徒一人ひとりの思いを、問題解決のためのアイデアや行動に変えること。つまり、ゼロからイチを生み出す力です。本校では、探究学習を“0 to 1”の精神を育む機会として、すべての学年で大切にしています」と校長の仙田直人先生は話します。

中学では、週1回の「桃李の時間（道徳の時間）」を探究学習に充て、学齢に応じた取り組みを行っています。たとえば、2023年度の中1は、前半では社会問題を投影した“怪獣”を考案し、後半は企業インターンを通して、調査や意見集約、プレゼンの仕方など、探究学習の基礎を学んでいきました。

校長　仙田 直人先生

続いて中2になると、「セカイをChange！」をテーマに、成蹊のホームタウンである吉祥寺をより良くするためのアイデアを地元の街をつくる人々に提案する「TORITOWN KICHIJOJI project」を行いました。「通りに休憩できるベンチを設置する」「オリジナルキャラクターを作成する」「移動自販機で吉祥寺グッズを販売する」など、綿密なフィールドワークから導き出されたアイデアは、どれも生徒の柔軟な視点が生きたものばかり。このプロジェクトをきっかけに、「社会に自主的にコミットする姿勢を身につけてくれたらうれしいですね」と仙田先生。

探究学習の発展形として 希望制のPBL型研修を展開

さらに意欲のある生徒に対しては、中3から高2までの希望者を対象に、PBL（Project Based Learning）型の探究活動も用意しています。内

中2の探究学習では吉祥寺の街を舞台にフィールドワーク。街をつくる人々に取材を敢行

五島高校の探究の授業にも参加。ホテルではブレストも一緒に行い、意見交換や交流をしました

留学生を常時受け入れているため、国際交流の機会が日常的にあります

容は大きく分けて、①企業とのコーポレートPBL、②SDGs PBL、③スタートアップPBLの三つがあります。そのうち、③スタートアップPBLの「スタートアップキャンプ in GOTO」では、長崎・五島高校の生徒とともに地域課題を解決する方法を考えます。地元の人々にヒアリングをしたり、生徒同士でブレーンストーミングをしたりしながら、過疎地域の抱える社会課題とその解決方法を探っていきます。

前年度に非常に好評だったのが、「冬こそ五島へ」という提案です。五島列島を訪れる観光客は夏をピークとして、冬に向けて減少することに目をつけた生徒が、「五島の良さを伝えるフェス」の開催を提案。この提案がある企業の目に留まり、五島の魅力がいちばん伝わる夏の開催にはなってしまいましたが、海外大学の教授や各領域の先駆者を集めた「五島、ひと夏の大学」というイベントが今夏に開催されるとのことです。ゆくゆくはこれらのPBL型学習をさらに外に広げ、「今後は海外で展開することを考えています」と仙田先生は期待を込めます。

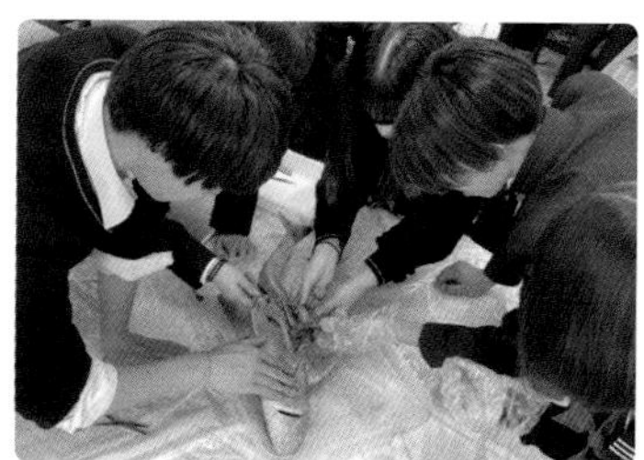
実験や実習を数多く取り入れ、「本物に触れる」学習も重視し、リベラルアーツを実践

日豪友好の歴史を支える国際理解教育プログラムも充実

同校は戦前より全国に先駆けて帰国生の受け入れを開始するなど、早くから国際理解教育に力を入れてきたことでも知られます。現在は、アメリカの名門セントポールズ校やチョート校への交換留学を筆頭に、短期から長期まで、多様な国際プログラムが充実しています。

なかでも特徴的なのは、今年54年を迎えるオーストラリアのカウラ市との交流です。同市は人口1万5000人ほどの街で、1944年8月、同市の捕虜収容所で、日本兵が集団脱走を図る「カウラ事件」が発生。その結果、日本とオーストラリアの多くの兵士が亡くなりました。終戦を経て、日本人のことをもっと理解し、こうした悲劇が再び起きないようにと、後年のカウラ市長が「日本との間で交換留学を行いたい」と希望し、真っ先に手を挙げたのが成蹊だったのです。

こうして1970年から成蹊高校とカウラ高校との間で交換留学制度が始まり、これまでに両国合わせて約180人の生徒が交流し、友好親善に大きく貢献しました。今年度からは同市の私立セント・ラファエルズ・カソリックスクールと新たに協定を締結し、短期留学プログラムが始まる予定です。

最後に仙田先生は、受験生とその保護者に向けて、次のようなメッセージを送りました。「これからの時代に求められるのは、先人の知恵を学ぶこと、世界に旅立ちふだんの生活圏から離れた暮らしや違ったものの考え方があることを知ること、そしてデータを読み解く力を身につけることです。本校には蔵書16万冊を誇る図書室もあれば、国内外のさまざまな場所に出向く研修プログラムもあるうえ、データを活用する探究学習もそろっています。それらの機会を活用して、次世代に活躍する人になってほしい。それがわたしの願いです」

サピックスの One Point Check!

仙田先生が心がけているのは、高校の学習旅行や国際交流の派遣先に実際に足を運び、学校の取り組みについて身をもって体験すること。校長みずから"良さを語れる"ことが大事だと考えているのです。また、部活動の大会に積極的に応援に出向いては、生徒の活躍をブログで発信するなど、多方面から「個性の尊重」を実践しているのも特色の一つです。

スクールデータ▶P.398-399

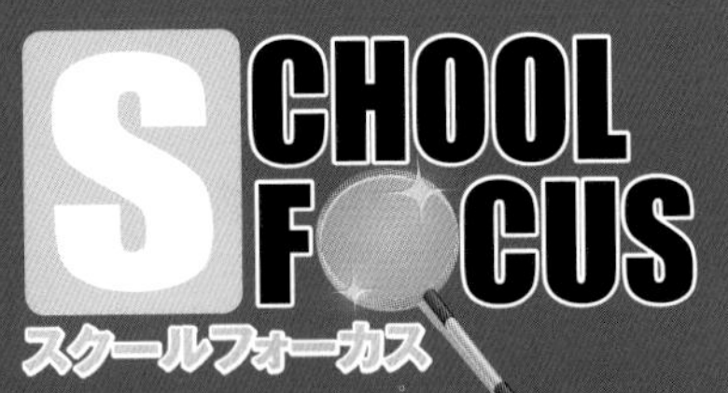

広尾学園中学校・高等学校

3コース制で生徒の希望進路を実現 海外大学進学に向けた指導も強化

2007年に校名変更と共学化して以降、さまざまな改革に取り組んできた広尾学園中学校・高等学校。多様な進路選択を可能とする3コース制と魅力ある教育プログラムにより、国内の最難関大学や医学部だけでなく、海外大学への進学実績を伸ばし続けています。注目を集める同校の教育と新たな取り組みについて、東京大学名誉教授である校長の南風原（はえばら）朝和先生に伺いました。

プロフィール

〒106-0047
東京都港区南麻布5-1-14
TEL.03-3444-7272
東京メトロ日比谷線「広尾」駅すぐ
www.hiroogakuen.ed.jp

充実した海外への進路指導 海外大学にのべ196名が合格

広尾学園中学校・高等学校には高度で幅広い学びを実現できる充実した環境が整っています。国内難関大学をめざす「本科コース」、医学部や理工系学部をめざす「医進・サイエンスコース」、高い語学力を武器に国内外の難関大学への進学をめざす「インターナショナルコース」の3コース制を導入し、その教育の成果は高い合格実績にも表れています。2024年度は東大9名、京大5名を含む87名が国公立大学に、68名が医学部医学科に、425名が早慶上理に合格。なかでも、海外大学への実績は国内の高校ではトップクラスで、延べ196名が合格しています。

海外大学への合格者を多数輩出しているのが、2007年に誕生した「インターナショナルコース」です。中学3年間は、帰国生など英語力の高い生徒を対象とする「アドバンストグループ（AG）」と、英語学習に意欲的な生徒が集まる「スタンダードグループ（SG）」に分かれ、英語・国語・数学などの主要教科はそれぞれに適したカリキュラムで学びます。その一方で、ホームルームや道徳、美術、ITの授業はAGとSGの合同で行われるため、「英語が堪能なAGの生徒と、日本語の豊富な知識を持つ生徒が協力し、教え合いながら学校生活を送っています」と、校長の南風原朝和先生は説明します。

校長　南風原 朝和先生

海外大学受験に向けたサポート体制も万全です。これまでも高度な指導力を持つ25名の外国人教員が手厚く進学指導を行っていましたが、年々複雑化する入試状況に対応するため、今年度から、海外大学進学塾「Route H」の前塾長を海外大学担当として招へい。「豊富な経験と知識を持つメンバーが加わったことで、生徒の学力向上と進学サポート両面のさらなる強化が確保できる」と南風原先生も期待を寄せています。

中高6年間かけて取り組む研究活動 大学レベルの高度な内容に

医進・サイエンスコースも、最難関大学や医学部への高い進学実績で注目を集めています。同コースは、けっして医学部進学希望者を集めたクラスではなく、メインとなるのはサイエンスの研究活動です。中学段階では「理数研究」として授業のなかで取り組み、高校から

広尾学園での海外大学フェア。2024年の海外大学合格者は延べ196名に上りました

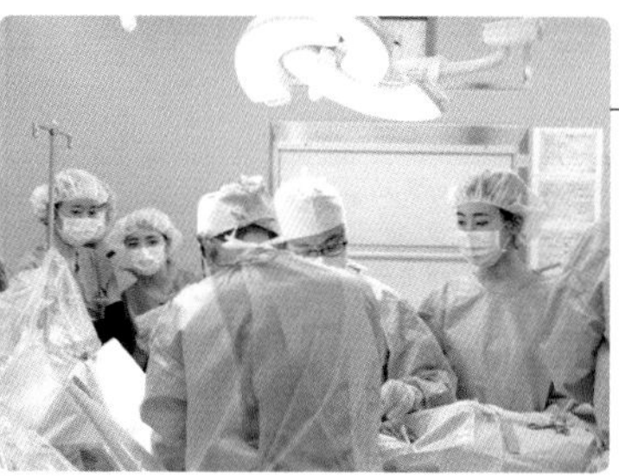
医療系学部への進学希望者を対象にした病理診断講座で、実際の手術に立ち会う生徒たち

年間を通じて本物と出会うキャリアプログラム。NASAの元宇宙飛行士が同校を訪問したことも

は任意の活動として、一人ひとりが興味を持ったテーマについて本格的な研究を進めていきます。研究領域は6～7つ設定されていますが、南風原先生は「大学のゼミのように、ある程度領域を絞って取り組むのが発展の秘訣」と言います。これまで先輩たちが積み上げてきた研究材料や成果があるので、それを下地にして、さらに深めていけるというわけです。

研究テーマは「うつ病関連遺伝子の機能解析」「プラナリアのアストロサイトの機能解析」「フラクタル構造と津波の相互関係の解明」などさまざま。高校進学時に医進・サイエンスコースからインターナショナルコースに移りながらも、東大の研究室に通って植物の葉緑体についての研究を続け、合成生物学の国際大会に出場した生徒もいます。「このように、自由な活動に没頭できる環境があるのが本校の魅力であり、強みでもある」と南風原先生。年1回の研究成果報告会に招待した大学の先生方も、「本当に中高生の研究内容なのか」とレベルの高さに驚くそうです。これがきっかけとなり、前述の生徒のように、大学の研究室と連携した活動に参加するケースも少なくありません。南風原先生も「ほとんどその大学の研究室レベルで研究している生徒たちもいます」と言います。

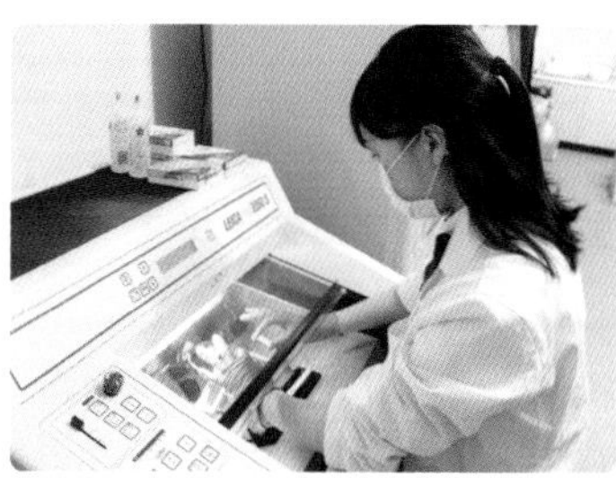
広尾学園ではサイエンスへの興味・関心を軸に、高度な研究活動が可能な研究設備が整っています

本科の生徒全員が取り組む論文と文化祭での発表

もちろん、本科コースでの学びも充実しています。ほかの2コースと違って、将来の方向性をこれから決める生徒も多いため、幅広い進路を実現できるカリキュラムが組まれています。なかでも特徴的なのが、中3で取り組む「探究論文」です。その過程では、自分の興味・関心のあることを調べて、けやき祭（文化祭）で発表することを生徒全員が経験します。そして、中2の終わりから中3にかけての約1年間で論文を作成。全員の論文は冊子にまとめられ、優秀論文賞も設けられています。これらの活動は、「自分は何が好きなのか」「何をやりたいのか」を考えるよい機会になっています。「多様な進路を選択できるのが本科の強みと言えます。芸術系の大学・学部に進む生徒もいれば、海外大学に進学する生徒もいます」とのことです。

校長に就任して今年で6年目を迎える南風原先生は、毎学期の教員研修で、専門の教育心理学や東京大学での学びについて話す機会があるそうですが、「先生方の意識とともに生徒たちも変わってきている」と感じています。「目に見えない形ではありますが、より高みをめざす意識が学校全体に浸透してきています。入試ではたくさんの受験生に来ていただいているので、本校の魅力は伝わっていると思いますが、ぜひ文化祭などに直接足を運び、生徒たちが生き生きと学校生活を送っている姿を確かめてください」とメッセージを送りました。

サピックスの One Point Check!

キャリア教育・中高大連携プログラムの一環として、各分野のトップで活躍する研究者や医師、アーティスト、NASAやJAXAの元宇宙飛行士などによる講演・講座や、インターンシッププログラムなどを精力的に実施しています。そのなかでも、キャリア教育の総決算として毎年3月に開催される「スーパーアカデミア 最先端と最前線の超一級講座」では、最先端研究に携わる研究者やエンジニアや注目企業の経営者などによる講義が行われ、学問へのあこがれを育み、将来を考える絶好の機会となっています。

スクールデータ ▶ P.436-437

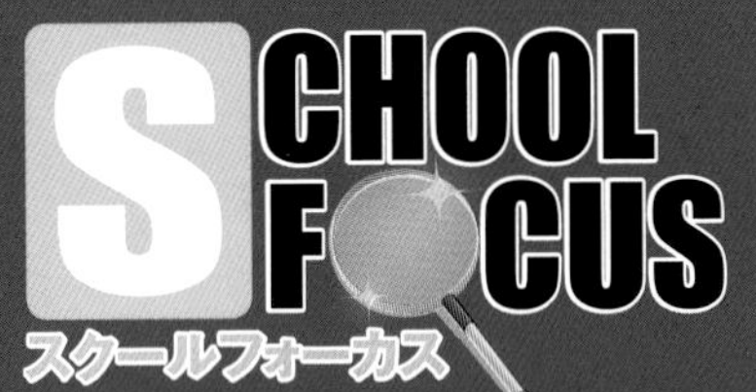

広尾学園小石川中学校・高等学校

多様性に富む環境を生かして幅広い経験を積み、高みをめざす

広尾学園中学校・高等学校と教育連携を結び、共学の中高一貫校として2021年に開校した広尾学園小石川中学校・高等学校。この春に卒業した高校入学1期生から、国公立大学をはじめ、早慶上理、GMARCHなどの難関大学に多数の合格者を送り出しました。開校4年目を迎えた活気ある学校の様子や教育内容について、校長の松尾廣茂先生に伺いました。

プロフィール

〒113-8665
東京都文京区本駒込2-29-1
TEL. 03-5940-4187
都営地下鉄三田線「千石」駅徒歩2分、JR山手線・都営地下鉄三田線「巣鴨」駅徒歩13分、JR山手線・東京メトロ南北線「駒込」駅徒歩13分
hiroo-koishikawa.ed.jp

帰国生と国内生が刺激し合い あきらめずに挑戦していく

――今春は高校入学1期生が卒業しましたね。

松尾　卒業生124名のうち、国公立大学に9名、早慶上理に28名、GMARCHに70名、さらに医学部医学科にも合格者が出ました。教員が一丸となって「あきらめずに最後までがんばろう」と言い続け、生徒たちも粘り強く努力し続けた結果、高2～3で一気に伸びました。

――中高一貫生が卒業する3年後は、さらに期待できそうです。海外大学への合格者も多いのですか。

松尾　海外大学には延べ20名の合格者が出ました。そのうちの1人は、本科コースの生徒です。インターナショナルコースの生徒に刺激を受けたことが、海外大学挑戦の大きなきっかけになったようです。

――本科コースとインターナショナルコースについて教えてください。

松尾　国内難関大学進学をめざす本科コースを1クラス、海外大学受験をめざすインターナショナルコースを2クラス設けています。インターナショナルコースは、帰国生を中心とした「アドバンストグループ（AG）」と、基礎から英語力を伸ばす「スタンダードグループ(SG)」が同じクラスで活動します。SGとAGの生徒が、互いに自分の得意な分野を生かして学び合う光景がよく見られます。インターナショナルコースでは、日本人教員と外国人教員の2人担任制を敷いているので、SGの生徒がわからないことがあれば、日本人教員が手厚くサポートします。

校長　松尾 廣茂先生

――AGの生徒たちには、どのような特徴がありますか。

松尾　育ってきた国や地域はばらばらですが、共通するのは総じて積極的で、自己主張が強いということです。こちらから質問を投げ掛けると、物おじせず、勢いよく手を挙げて答えますし、自分の意見をオープンにすることに対して何ら抵抗がありません。日本の小学校を卒業したばかりの12歳が、帰国生から受ける刺激は、われわれが想像する以上に大きいのではないかと思います。

将来のキャリアにつながる多種多様なプログラム

――キャリア教育も魅力ですね。

松尾　代表的なのが、広尾学園と合同で行う「広学スーパーアカデミア」です。業界の最前線で活躍す

SGの生徒も全編英語でプレゼンテーションを行ういちょう祭の研究発表は、英語力を披露する良い機会です

4月に行う新入生オリエンテーション合宿。「自律」と「共生」の教育理念を理解し、自己目標とクラス目標を発表

広尾学園と合同で毎年春休みに行う海外キャンパスツアー。今年はアメリカ西海岸の大学を巡りました

る科学者やジャーナリストを全国から30名以上お招きし、生徒は自分の興味に合わせて講義を受講します。また、本校独自で行っている「特別講演会」でも、さまざまな職業の方に、自身のキャリアについて講演していただきます。この講演会では、成功体験だけでなく、挫折した経験もお話しいただくようお願いしています。たとえ今、何か困難に直面していたとしても、未来には希望があると感じ取ってほしいからです。

――海外大学受験を希望する生徒へのサポート体制はいかがですか。

松尾　長期休みを利用したキャンパスツアーを実施しています。昨年度は本校から15名、広尾学園から25名の希望者が、春休みの6日間で、アメリカの10大学を見学しました。現地では広尾学園の卒業生が案内してくれて、有意義な時間となりました。海外大学に進学した広尾学園の卒業生との交流として、校内で行う「海外大学説明会」もあります。実際の大学生活や奨学金についてなど、実体験に基づく有益なアドバイスに、生徒たちは興味深く耳を傾けています。

2024年12月完成予定の新校舎。アカデミーコモンや講堂、カフェテリアなどが入り、ますます教育活動が充実

東大生がチューターとして常駐 英語を生かしたボランティアも

――文教地区という地の利を生かした取り組みも多いと聞きました。

松尾　東京大学の本郷キャンパスが近いので、現役の東大生が放課後自習のチューターとして常駐しています。生徒たちは大学生活についてもよく質問をしているようです。また、日本最古にして最大の東洋学専門図書館・研究機関である東洋文庫と連携協定を結び、狂言のワークショップなどを行っています。近所の小石川植物園では、生徒が外国人観光客向けのガイドボランティアを行う機会もあります。得意の英語を生かした案内は、観光客にたいへん喜ばれるようです。海外大学の受験では、ボランティアの実績も合否を左右する材料となるので、今後もいろいろな機会を提供したいと考えています。

――新校舎の完成も楽しみですね。

松尾　地下1階、地上4階建ての新校舎が、今年12月に完成予定です。地下には、学年全員が収容できるホールが入るほか、自習室を備えたラーニングコモンズも出来上がります。また本校は、広尾学園と同様、SAT（アメリカの大学進学希望者を対象とした統一学力テスト）の試験会場に認定されています。新校舎が完成した暁には、そのスペースを地域の受験施設として利用してもらえたらと思っています。

――最後に、受験生と保護者の方にメッセージをお願いします。

松尾　保護者の方には、「中学受験にチャレンジする」と決めたお子さんのことを、どうか温かく、前向きに見守っていただきたいと思います。つらいとき、苦しいときに大事なのは、その経験を次にどうつなげるかです。あきらめず最後までがんばった人が、真の“勝者”です。どうかそのことを忘れず、努力を積み重ねてほしいと思います。

サピックスの One Point Check!

同校の教育理念は「自律」と「共生」。特に「共生」については、学校行事のなかで相手を理解し、尊重することの大切さを学ぶ機会を多く設けています。中学生は入学してすぐに、2泊3日のオリエンテーション合宿に出掛けます。チーム対抗のスポーツアクティビティーや、自分の将来の夢を発表する「夢宣言」を行うことで、心を裸にし、友だちの目標を一緒に応援できるような「共生」の力を磨いていきます。

スクールデータ▶P.438-439

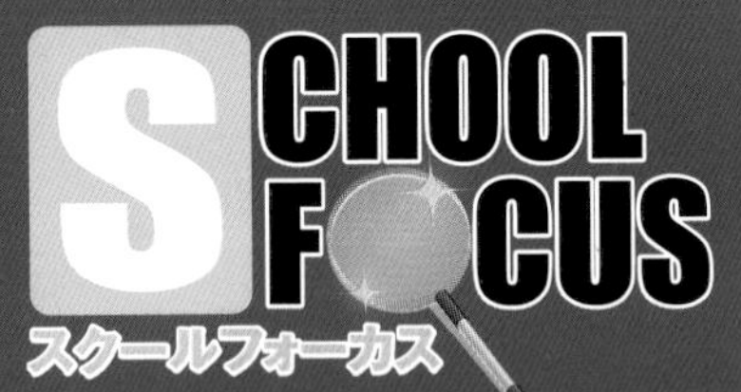

普連土学園中学校・高等学校

異文化交流研修、高大連携など新プログラムでより深い学びを実践

普連土学園は、アメリカのキリスト教フレンド派（クエーカー）の婦人伝道会の人々によって創立された女子中高一貫校です。生徒一人ひとりのなかにある無限の可能性を育む教育を実践しており、主体性の発揮を促す取り組みや、特色ある異文化交流研修を積極的に実施しています。その内容について、校長の青木直人先生に伺いました。

プロフィール
〒108-0073
東京都港区三田4-14-16
TEL.03-3451-4616
JR「田町」駅より徒歩8分、都営各線「三田」駅より徒歩7分、東京メトロ南北線・都営三田線「白金高輪」駅より徒歩10分
www.friends.ac.jp

デザインから使用ルールまで生徒たちが決めた新自習室

普連土学園は、日本で唯一のフレンド派の学校として、130余年にわたってキリスト教教育を基盤とした女子教育を実践しています。

なかでも重視しているのが、生徒の主体性の育成です。その取り組みの一つとして、2023年度は「第3の自主学習スペースプロジェクト」を実施しました。以前から自習室自体はあり、図書館にも自習スペースが設けられていましたが、それらは基本的に独りで勉強する場所です。生徒たちは、コロナ禍での対面活動の自粛を経験したことで、仲間と一緒に学べる場所の重要性をあらためて実感。「飲食もできて、仲間と教え合いながら自習できるスペースがほしい」という要望を出していました。

そうした生徒たちの声を受けて発足したのが、この「第3の自主学習スペースプロジェクト」です。中高生からメンバーを募り、机や椅子の選択と配置、内装や照明のデザインまで生徒自身の手で取り組みました。内装のイメージ図の作成や、業者との打ち合わせも生徒が行ったというから驚きです。そうした努力のかいもあり、2023年9月に、無事に自主学習スペースをオープンさせることができました。

「教員は一切口を出さず、すべて生徒に任せました。内心不安でしたが、想像以上に落ち着きのある学びの空間ができあがりました。飲食可能な学習空間は本校初ですが、使用ルールも自分たちで決め、和やかに学び合っています。本校が重視する生徒の自主性が、遺憾なく発揮されたケースの一つといえるでしょう」と、校長の青木直人先生は生徒たちの取り組みを評価しました。

異文化交流研修では徹底的な対話による振り返りを重視

コロナ禍では中断を余儀なくされていた異文化交流研修も、順調に再開しています。建学のルーツを訪ねる「George Fox Tour」は2023年度から復活。このツアーは、フレンド派が誕生したイギリス湖水地方を基点に、フレンド派の教会や施設を巡り、建学の理念や教育方針の基本的な精神を学ぶことで、自分たちの学びの方向を再認識していくというものです。夏休み中の12日間、高校生の希望者を対象に実施され、英国の文化に触れながら、現地のフレンド派の方々と交流します。英語力の向上にもつながっており、生徒たちにとって貴

校長　青木直人先生

同校の教育の精神が凝縮されたことば「LET YOUR LIVES SPEAK（あなたの生き方をもって示しなさい）」

高1生を対象に行う「エンパワーメントプログラム」。留学生を招いて英語で議論やプレゼンを体験します

高1までの4年間で、全員が約140回の実験・観察に挑戦。理系選択者には高2・3で20～30回追加されます

重な学びの機会となっています。

さらに、新しい海外研修として「セルフディベロップメント プログラム」もスタートしました。これは、アメリカのマサチューセッツ州ノーサンプトンにある名門女子大学、スミス大学で実施される女子校企画で、学生との濃密な対話に加え、夏の音楽祭で有名なタングルウッド、ボストン美術館、ハーバード大学キャンパスツアーなどの多彩なアクティビティーを行う9日間のプログラムとなっています。今年はアメリカ最古の女子大マウントホリヨーク大学が会場です。

「体験を自分の力に変えるために、事前・事後も含め、異文化との出合いを内省的に消化していく作業も徹底しています。いろいろな女子校の生徒と寮生活を送ることも、生徒の成長に大きく寄与するはずです」と青木先生は期待します。参加した生徒からも、「自分の常識を疑うことの大切さに気づいた」という声が集まっているようです。

また、「カンボジア アキ・ラー プロジェクト」も実施しています。これは高校2年生を対象としたプログラムで、長年献金による支援を続けてきたカンボジアでの地雷撤去活動を代表生徒が視察するというもの。1週間カンボジアに滞在し、地雷撤去を主導するアキ・ラー氏との連携の下、地雷原での撤去作業の視察や、カンボジアの小学生や農業従事者との交流を行います。

「いずれの異文化交流研修も、通常の観光旅行では絶対に出会うことのない人々との交流が中心です。そのため、事前にしっかりと学習し、帰国後は徹底して振り返ることを条件に参加を認めています。生徒にも教員にも負担がかかりますが、だからこそ参加する生徒にとって意味があるものになるのだと思っています」と、青木校長はプログラムに込めた思いを語りました。

今後も、同校では多様な学びの機会を充実させていくとのこと。「異文化交流研修を希望する生徒のために、アメリカのマサチューセッツ州アマーストにある名門リベラルアーツカレッジ、アマースト大学の日本人教授を特別アドバイザーとして、生徒たちを直接指導していただいています」と青木校長。これからの展開がますます楽しみです。

東京理科大学などと連携し視野を広げる機会を増やす

大学との連携強化にも力を入れています。同校では、高1の終わりまでの4年間に、バリエーションに富んだ理科実験に約140回も取り組んでいることもあり、理系学部への進学者が4割を占めています。そこで、2022年度には東京理科大学でのキャンパスツアーを実施。さらに2023年度からは同大学と連携協定を結び、教職志望の大学生が同校の教育活動に参加するなど、さまざまな形での高大連携を進めています。このほか、東京女子大学や上智大学、東京農業大学との交流もスタートしました。

青木校長は、多くの生徒に刺激を与え、視野の拡張につながるようなプログラム作りを今後も続けていくと言います。「大規模校のように教育プログラムの数で勝負することはできません。しかし、本校の規模だからできる、考え抜かれた質の高いプログラムを通して、深い知的探究ができるような学校づくりをめざしていきたいと思っています」

サピックスの One Point Check!

同校では、国内にいながら「生きた英語」に触れられる機会を数多く設けています。たとえば、ネイティブ教員が指導する英会話では、中学1年時より1クラスを3分割して、英語で話せる機会を増やすとともに、ペアワークなどのアクティビティーを充実させて「生きた英語力」を養います。ほかにも、海外の大学生を招いて英語で議論やプレゼンを行う「エンパワーメントプログラム」、ネイティブの教員とお弁当を食べながら英語で話す「イングリッシュ・ランチ」などのイベントも充実しています。

スクールデータ ▶ P.350-351

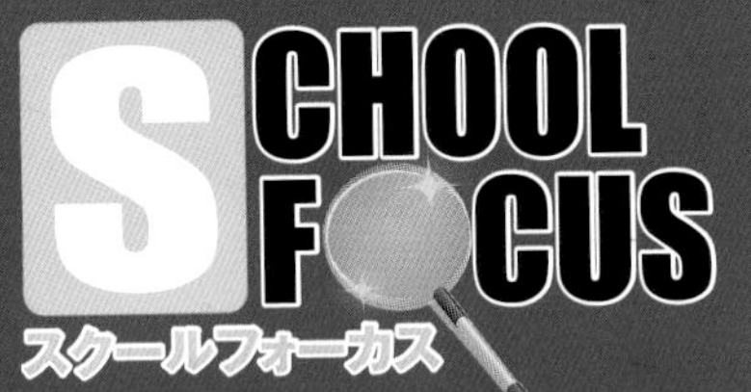

➔北嶺中・高等学校

少数精鋭の“真のリーダー教育”で確かな学力と強い精神力を養う

1986年設立の北嶺中・高等学校は1期生の卒業以来、途切れることなく東大合格者を輩出している北海道屈指の男子進学校です。「医学部・難関大学に強い中高一貫校」として知られ、全国各地の受験生から注目を集めています。そんな同校が注力する“真のリーダー教育”と、学習支援体制が充実した「青雲寮」での生徒の様子について、寮監長を兼務する校長の谷地田穣先生に伺いました。

プロフィール
〒004-0839 札幌市清田区真栄448-1
TEL.011-883-4651
地下鉄東豊線「福住」駅より中央バス（福87番）「アンデルセン福祉村」下車、徒歩10分。地下鉄東西線「大谷地」駅、地下鉄東豊線「福住」駅よりタクシーで20分。
www.kibou.ac.jp/hokurei

1学年120名の少人数体制の下個々の能力に合わせて指導

北嶺中・高等学校は、文武両道の多角的な全人教育を実践し、次世代のグローバルリーダーを養成する中高一貫の男子校です。柔道とラグビーを体育の授業で必修とし、柔道では90％以上の生徒が在学中に初段を取得。中1～高2で「全校登山」を実施するなど、チームワークや目標達成力を重視したリーダー教育に定評があります。

その成果は大学進学実績にも表れ、2024年春の大学入試では、東京大学7名、京都大学3名を含む難関国立10大学に44名が合格。さらに、国公立医学部医学科に40名が合格し、現役での合格占有率は2022年以来2度目となる全国1位※となりました。

高い実績を支える土壌として、谷地田先生が挙げたのが、「きめ細かい指導体制」「生徒たちの学習意欲を刺激する多彩な探究プログラム」「切磋琢磨しながら学習に集中できる環境」の三つです。

一つ目の「きめ細かい指導体制」としては、豊富な授業時間と充実した受験対策が挙げられます。中1から週37時間の授業時数を確保し、生徒たちの学習の理解度をしっかりと確認するとともに、習熟度別授業、放課後講習、長期休暇を利用した講習など、個々の能力に合わせた指導により、難関大学進学を見据えた学力を養います。高3向けには、「東大理系数学」「医進英語」などの超難関大学講座を放課後に開講し、面接試験対策や小論文の添削指導も行います。

サイエンスプロジェクトでは、NASAケネディ宇宙センターで研修を実施

探究プログラムが学習意欲を刺激医師の職業観に触れる機会も豊富

探究プログラムは、最先端の医療を知る「メディカルスクール」、法学への理解を深める「ロースクール」、グローバルリーダーの育成をめざす「G（グローバル）プロジェクト」、科学分野の見聞を広める「S（サイエンス）プロジェクト」、マーケティングやファイナンスに触れる「ビジネススクール」、北海道のメインバンク・北洋銀行が全面協力の投資や資産について学ぶ「ファイナンススクール」、コンピュータ・サイエンス教育を行う「プログラミングアカデミー」、北海道の自然や歴史について学ぶ「HOKKAIDOプロジェクト」などがあり、どれも生徒たちが「本物に触れる」ことに主眼を置いています。

なかでも代表的なのは、医学界で活躍する卒業生のネットワークを生かした「メディカルスクール」です。一日医療探検、医師を招いたセミナー、ワークショップ、ディスカッションのほか、学年全員でハーバード大学メディカルセンターを視察し、授業を受けます。さらに、大学病院の見学や訪問診療研修、離島（Dr.コ

※サンデー毎日2024年4月28日号より

学校併設の青雲寮は通学時間0分。入り口ホールには暖炉があり、寮生がゆっくりとくつろげる空間が広がっています

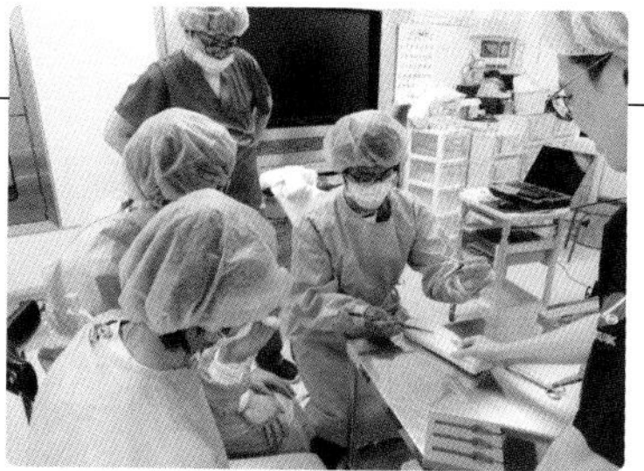
各医療機関と連携した「ブラックジャックセミナー」を多数開催。本気で医師をめざします

高1では、ハーバード大学&マサチューセッツ工科大学を訪問し「英語特別研修」を受講します

トーキャンプ）、へき地での医療研修（赤ひげツアー）も実施。これらの機会を通して、生徒たちは医療の現場を体感し、医師という仕事の意義をさまざまな角度から学びます。

また、「Gプロジェクト」では高1全員がボストン、ニューヨークで学ぶ全12日間のグローバルリーダー養成プログラムを体験します。事前準備学習として1月にハーバード大学の学生を招き、「北嶺ハーバードキャンプ」（中3・高1対象）を実施。生徒はワークショップを通じて英語でのコミュニケーション能力・プレゼンテーション能力を高めます。そして3月にハーバード大学とマサチューセッツ工科大学（MIT）を訪れ、大学教授や大学院生による特別講義を受講するほか、現役の学生たちとのワークショップに臨むという充実した内容です。

谷地田先生は「全員が6年間で本物の芸術・音楽・美術の世界に触れる『北嶺カルチェラタン』もあります。領域にとらわれない多彩な取り組みにみんなで参加すると、知的好奇心や学習意欲が刺激され、おのずと高みをめざすようになるのです」と語りました。

2024年8月末、蔵書約7万冊の新図書館が完成します（40周年記念事業）

アットホームな雰囲気の青雲寮 学習・生活を手厚くサポート

三つ目の「切磋琢磨しながら学習に集中できる環境」を象徴するのは、併設の「青雲寮」です。全校生徒の半数が寮生で、その出身地は北海道が3分の1、道外が3分の2という割合。中1～高2は2人部屋、高3は個室で生活しています。2021年にはボルダリングウォールやサウナ、大展望風呂などを備えた新寮棟と、ルーフトップテラスがある食堂棟が完成し、寮生の生活環境がさらに充実しました。

寮での学習時間は夜7時から9時、および9時30分から11時の間です。12名の寮教諭や学校の教員が学習サポートに当たり、中学生は全員を対象に、英語・数学・国語の3教科を、高校生には、理科・社会を含む5教科の夜間講習を開講しています。また、北大医学部生や札幌医大生など30名の卒業生チューターがシフトを組み、毎日3～4名体制で巡回指導を行うほか、個別指導を担当する専属のスタッフなど26名の職員が常駐。さらに、低学年を対象とした外国人講師による英会話教室も開催しています。

生活面でのサポート体制も万全で、食事は朝・昼・夕食に夜食を加えた栄養バランスのとれた4食を提供。また、決められた学習時間以外はグラウンドや体育館で運動するなど、自由に過ごせます。休日にはボウリング大会や温泉プール遠足、野球観戦など、寮生向けのレクリエーション行事を毎月開催。寮生同士で学年を超えた交流を深めています。谷地田先生は、「青雲寮は“もう一つの学び舎”です。ぜひ、本校に足を運び、充実した学習環境を実際に確かめてください。集団生活で人間性を磨いていこうという強い志を持ち、将来の夢に向かって努力を惜しまない子どもたちの入学を心待ちにしています」と結びました。

サピックスの One Point Check!

同校は2023年度から「特待選抜入試」を設け、北海道内の5都市のほか、仙台・東京・名古屋・大阪で試験を実施しています。この「特待選抜入試」では、入試成績上位合格者を対象に入学金と授業料を免除すると同時に、返還不要の「奨励金」が月額1万円給付されます。また、この入試の合格者は、学習支援体制を整えた生徒寮「青雲寮」に入寮できる「青雲寮コース」にも自動的に合格となります。

スクールデータ▶P.712-713

SCHOOL FOCUS スクールフォーカス

プロフィール
〒113-0023
東京都文京区向丘2-19-1
TEL.03-3828-2206
東京メトロ南北線「東大前」より徒歩5分、東京メトロ千代田線「根津」「千駄木」駅より徒歩10分、都営三田線「白山」駅より徒歩10分
www.ikubunkan.ed.jp/

サピックスが注目! 伸びゆく中高一貫校特集

郁文館中学校・高等学校

総力を挙げた「本気」の教育で2029年度の東大合格者30名へ!

「生徒の幸せのためだけに学校がある」という教育理念の下、学力・人間力・グローバル力を育む「夢教育」を掲げ、次々に改革を打ち出してきた郁文館中学校・高等学校。2023年度には新プロジェクト「学力プレミア」が始動し、独自の教育がパワーアップしました。進路指導部部長の近藤明夫先生と数学科主任の渡邉翼先生に、その内容を伺いました。

東大合格を力強くサポートする「学力プレミア」プロジェクト

郁文館中学校・高等学校は、東京大学に最も近い場所に位置する中高一貫校で、最寄り駅も「東大前」です。近年では、進学先としても「東大直結」をめざし、東大への現役合格を強力にサポートする仕組みづくりを充実させています。

その象徴が、「世界人財の育成」を掲げ、東大や海外大学への現役合格をめざすべく、2021年度に創設された20名限定の特待生クラス「iP class」です。2023年度には、「2029年度の東大合格者30名」を宣言し、授業の質の向上と個別最適化を進める新プロジェクト「学力プレミア」が始動。同時に、難関国立大学を視野に入れた「国立選抜クラス」も新設し、希望進路と習熟度に沿った、よりきめ細かい教育が可能となりました。

限界に挑戦できる環境で自分の夢に近づく6年間

「本気で生徒一人ひとりの夢をかなえるために、ありとあらゆるリソースを全投入しています」と力強く語るのは、進路指導を統括する近藤先生です。これら一連の改革は、実業家としても名をはせる渡邉美樹理事長・校長がみずから先頭に立って進めてきました。

教員の布陣も年々充実しています。2024年度からは、英語・数学・国語の教科主任に、東大生を輩出した経験のある強力な人員を配置。iP classの生徒一人ひとりに教科ごとの担当教員をつけて、最後まで伴走する体制を構築しました。

さらに、医学部受験専門予備校「慧修会」と提携し、iP classの高2・3の数学を中心に、百戦錬磨の講師陣による8名以下の超少人数授業を行うなど、前例のない取り組みを次々に実践しています。学校の「本気」に応えて、生徒たちのやる気もぐんと上がっており、「授業が楽しすぎて帰りたくない」という声が上がるほどといいます。

iP classの1期生(現高1)の担任を務める、数学科主任の渡邉翼先生は、「とにかく生徒たちに熱意があり、学習だけでなくホームルームや行事も非常に白熱します。中高時代というと、一般的に見た目や周囲の評価が気になる年ごろですが、しっかりと自分の内面に目を向けて、限界に挑戦しています。仲間と切磋琢磨しながら可能性を広げたい人にとって、これ以上の環境はないと思います」と語りました。

進路指導部部長の近藤明夫先生(左)と、数学科主任の渡邉翼先生(右)

東大・医学部合格者を多数輩出する、「慧修会」による少人数制授業の様子

サピックスの One Point Check!

同校独自のクラブとして、「東大クラブ」があります。真剣に東大合格をめざす生徒たちが集まり、共に成長していくクラブです。現在は約70名のメンバーがおり、先生の個別指導を受けながら、日々の学習や成績推移をデータ化して分析しているとのこと。勉強合宿や東大の研究室訪問などのイベントも活発に行っています。

スクールデータ ▶P.362-363

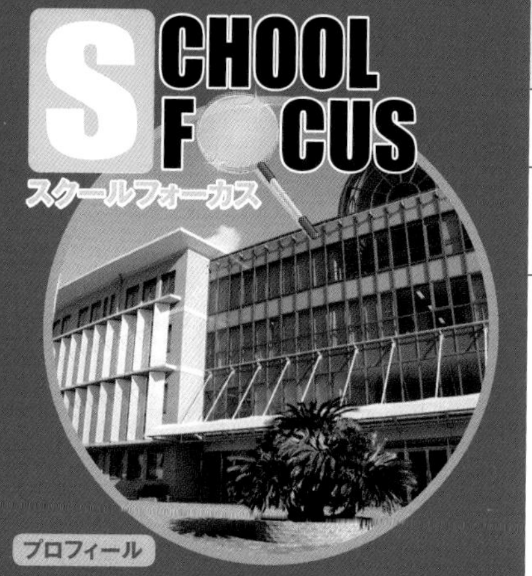

プロフィール
〒272-0816 千葉県市川市本北方2-38-1
TEL.047-339-2681
JR総武線・都営新宿線「本八幡」駅、JR武蔵野線「市川大野」駅よりバスで各11分、「市川学園」下車。JRほか「西船橋」駅より直通バス20分（登下校時のみ運行）。京成本線「鬼越」駅より徒歩20分
www.ichigaku.ac.jp

サピックスが注目！ 伸びゆく中高一貫校特集

市川中学校・高等学校

教科にとらわれない多彩な講習で学びに対する興味・関心を広げる

「個性の尊重と自主自立」を教育方針に、生徒みずからが考え、行動する力を身につける教育を実践している、市川中学校・高等学校。長期休暇中の講習も充実しており、教養を深める教科横断型のプログラムなどで生徒たちの力を伸ばしています。その具体的な内容について、数学科の松本昌也先生、社会科の本川梨英先生に伺いました。

「第三教育」にふさわしい長期休暇中の講習が充実

市川中学校・高等学校は、家庭での「第一教育」、学校で受ける「第二教育」に対して、「自分で自分を教育すること」を「第三教育」と名づけ、教育の柱としています。

その象徴といえるのが、長期休暇中に行われる自由選択制の講習です。中1から高3までのすべての学年を対象に開かれており、中1～高2は、1ターム原則5日間の講習を、最大5テーマまで自由に組み合わせることができます。さらに、高3は午後も受講できるので、より多彩な組み合わせが可能です。

基本事項の確認や問題演習を重点的に行う教科ごとの講習だけではなく、教科の枠を越えた教養を深めるための講習もあり、通常授業ではカバーできない深いテーマに取り組めることも大きな特徴です。

「歴史×数学＝魅惑の京都」は、歴史と数学という珍しい組み合わせに興味を持った生徒も多かったようです

歴史と算数を組み合わせた教科横断型の異色の講習も

教養を深めるための講習の一つとして開かれたのが、中2を対象とした「歴史×数学＝魅惑の京都」です。生徒たちは、江戸時代の和算の歴史を学び、北野天満宮など京都にある神社・寺院に奉納された、数学の問題が書かれた絵馬「算額」から、図形や代数などの問題に挑戦しました。この講習を企画した理由について、数学科の松本昌也先生は、「中2は毎年11月に宿泊研修で京都に行くので、その事前学習を兼ねて、数学と歴史のさまざまな側面から京都の文化に触れたいと考えました。『問題を解いて終わり』ではなく、その先につながるような授業展開を心がけました」と話します。

一方、中3を対象にした講習では、「戦争プロパガンダを知る～戦争ビラを素材として～」が開講されました。これは、太平洋戦争時、軍がどういう宣伝をして民衆を戦争に巻き込んだかを分析する内容で、生徒たちはグループごとに振り分けられたビラの内容を読み解き、全員の前で発表しました。「ここで扱う伝単（宣伝ビラ）は、日本軍が東南アジアにまいたものであったり、米軍が日本国内にまいたものであったりとさまざまです。その立場や背景の違いを読み解いてもらおうというのが目的の一つでした」と、社会科の本川梨英先生は説明します。

これらの講習によって、生徒たちは多角的なものの見方や情報をまとめる力などを身につけ、より深く学ぶおもしろさを実感しています。

「戦争プロパガンダを知る～戦争ビラを素材として～」では、日本語以外のビラを読み解くこともありました

サピックスの One Point Check!

「進学の市川」として知られる同校では、2024年は27名が東京大学に現役で合格。147名の生徒が国公立大学に現役合格したほか、難関私立大学への現役合格者を多数輩出しました。進路指導にも力を入れており、医学部進学をめざす生徒を対象とした「医進ゼミ」などもあります。

スクールデータ▶P.556-557

茨城・共学

サピックスが注目！ 伸びゆく中高一貫校特集

江戸川学園取手中・高等学校

希望進路に合わせた3コース制で「心豊かなリーダーの育成」をめざす

江戸川学園取手中・高等学校は、「心豊かなリーダーの育成」を教育理念とする進学校です。中学段階から3コースに分かれた教育を展開し、なかでも「医科コース」は設置から約30年の歴史があり、医学部に多くの進学者を輩出しています。校長の山本宏之先生と医科コース長の熊代淳先生に、その教育内容について伺いました。

プロフィール

〒302-0025
茨城県取手市西1-37-1
TEL.0297-74-8771
JR常磐線「取手」駅より徒歩25分・バス10分、関東鉄道常総線「寺原」駅より徒歩25分、つくばエクスプレス「守谷」駅よりバス20分
www.e-t.ed.jp

失敗を許容する校風が生徒の主体性を伸ばす

江戸川学園取手中・高等学校では、「心力・学力・体力」の三位一体の教育を通して、バランスの取れた人材の育成を行っています。

教育理念に掲げる「心豊かなリーダーの育成」をめざすうえで特に重視しているのが、「失敗を恐れず、みずから考えて行動する姿勢」と話すのは校長の山本宏之先生です。「誰かの指示に従うだけでは、真のリーダーシップは磨かれません。必要だと思うことを自発的に考えて動く。そうした行動を促す工夫を、学校生活のさまざまなシーンにちりばめています」

たとえば、体育祭や文化祭といった学校行事の種目決めをはじめ、ルール設定、パンフレット作りなど、運営のメインの仕事を担うのはすべて生徒たちです。「失敗してもいいから、挑戦してみよう」という学校全体の風土が、生徒たちの主体性を大きく伸ばしているのです。

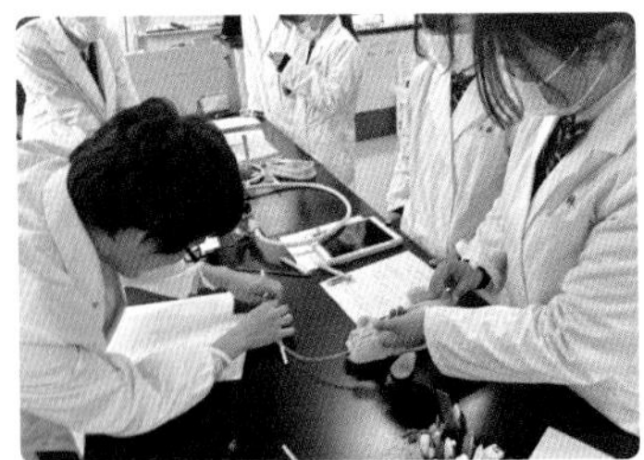
学年の枠を超えた「メディカルサイエンス」という独自の授業では、実験や医学部入試を意識した対策を実施

小手先の受験対策ではない総合力の養成が最大の特徴

中等部から医科・東大・難関大の各ジュニアコースに分け、生徒一人ひとりの希望進路に合わせた手厚い指導を展開している同校。なかでも特徴的なのは、6年間を通じて、医療人に必要な心構えを身につけていく「医科ジュニアコース」です。医学部受験では、すべての大学で面接が課されますが、そこで問われるのは「どのような医師になりたいか」という明確なビジョンです。「本コースでは、現役医師による月1回の『医科講話』や病院見学などの機会を通じて、理想の医師像の確立につなげています。それらの経験は、面接や小論文においても有利にはたらくと考えています」と医科コース長の熊代淳先生は話します。

また、医科コースの「メディカルサイエンス」の授業では、医療分野の高度な英語論文を、ネイティブ教員と精読する時間も設けています。いずれのコースも小手先の受験対策ではない、総合力の養成に力を入れているのが特色です。

最後に山本先生は、「受験勉強に取り組む過程では、つらいことも多いと思います。しかし、その経験が報われる日が必ずきます。その日を信じて、ぜひがんばってください」と受験生にエールを送りました。

第一線で活躍されている医師を招き、貴重な話を聞く「医科講話」を毎月開催しています

サピックスの One Point Check!

学力一辺倒ではない、バランスの取れた教育を実践する同校では、部活動も奨励しています。2023年度は陸上部、チアリーダー部、模擬国連同好会が全国大会に出場しました。活動時間は、一律18時まででですが、「限られた時間のなかで結果を出す」という姿勢は、学習にも応用できる、タイムマネジメント力の養成に役立っています。

スクールデータ ▶P.558-559

プロフィール
〒133-8552
東京都江戸川区東小岩5-22-1
TEL.03-3659-1241
JR「小岩」駅より徒歩10分、京成線「江戸川」駅より徒歩15分
www.edojo.jp

サピックスが注目! 伸びゆく中高一貫校特集

江戸川女子中学校・高等学校

主体的な取り組み方・行動力が学校行事のなかで生かされる

「教養ある堅実な女性」の育成をめざす江戸川女子中学校・高等学校は、90年以上の歴史を積み重ねた伝統校です。中学校に新設された「国際コース」の1期生は今年度高校へ進級しました。かたばみ祭(文化祭)、修学旅行といった学校行事に主体的に取り組む生徒たちの行動力について、中学入試対策委員の水嶋瞳先生に伺いました。

自分たちでつくる行事 熱意が受け継がれる「かたばみ祭」

江戸川女子中学校・高等学校の校章にかたどられているかたばみの葉から、同校の文化祭は「かたばみ祭」と名付けられ、親しまれています。中高合同で開催され、クラスやクラブが一丸となって日ごろの成果を発表する、同校最大の催しです。

かたばみ祭の特徴の一つは、生徒会の実行委員が中心となり、すべて生徒主体で企画・運営されること。入試対策委員の水嶋瞳先生は、「生徒たちは、『こうすればもっとおもしろくなる、もっと来場者に楽しんでもらえる』という意見を出し合い、そのためにすべきことをまとめて、校長先生に企画書として提案することもあります。『自分たちでつくる行事』という熱意を強く感じます」と話します。

部活動の発表も盛大に実施されます。江戸女の華であるバトン部が舞台を盛り上げます

生徒会に立候補した生徒たちの多くは、小学生のときに訪れたかたばみ祭で、主体的に取り組む先輩たちの姿にあこがれ、「あの生徒会のユニフォームを着て、自分もこのイベントを作り上げたい」という思いで入学したそうです。

国際コースに中学3学年がそろった昨年は、国際コースの生徒と受験生がお茶を飲みながら交流できるグローバルカフェも誕生しました。

修学旅行先で語学力を発揮 日本の文化を伝える

中3の関西修学旅行においても、生徒たちの主体的な行動力が発揮されています。水嶋先生は、「本校では中1から校外学習の機会が豊富です。たとえば想定外の悪天候だった場合も、どう楽しむかを考えたりするなど、どんなときでも臨機応援に対応できる力が身についていると感じます」と話します。

また近年、修学旅行先の京都・奈良には多くの外国人観光客が訪れています。「国際コースの生徒は、外国人観光客に何かを質問されても難なく返答しています。一般コースの生徒も、英語で説明する実践の場という意識で対応する場面もありました」

同校は、伝統的に英語教育に力を入れてきた一方で、茶道や華道、箏曲など日本文化への造詣を深める教育も重視しています。修学旅行は、語学力とともに、自国の文化をきちんと説明できるかどうかを試す場ともなっています。

中学生は週に1回特別活動があります

サピックスのOne Point Check!

国際コースの1期生が高1となり、どのような進路を希望していくのかが注目されるなか、海外大学進学を実現するデュアル・ディプロマ・プログラムが導入されました。これはアメリカの名門高校卒業資格を取得できるオンラインプログラムで、資格を取得すると提携大学への推薦進学が認められます。海外大学進学を視野に入れた生徒は計画的に取り組み始めています。

スクールデータ ▶ P.278-279

SCHOOL FOCUS スクールフォーカス

プロフィール

〒443-8588
愛知県蒲郡市海陽町3-12-1
TEL.0533-58-2406
JR東海道本線「三河大塚」駅より徒歩20分
www.kaiyo.ac.jp

サピックスが注目! 伸びゆく中高一貫校特集

海陽中等教育学校

「海陽版ディスカバリーメソッド」で「非認知能力を見える化」する

海陽中等教育学校は、エリートを養成するイギリスのイートン校を参考にした全寮制の男子中高一貫校。寮生活を通じて、みずから学ぶ姿勢を身につけ、心身の修養を図ることをめざしています。2021年度から中1生全員を対象にスタートした「海陽版ディスカバリーメソッド」は、新たな試みとして注目されています。

ハウス生活で協調性や自主性を育む 社会人のフロアマスターが支援

海陽中等教育学校は2006年、トヨタ自動車、JR東海、中部電力など、日本を代表する企業約80社の賛同を得て創立されました。その最大の特徴は、「ハウス」と呼ばれる寮で1フロア約20名の共同生活を行い、心身を養いながら、仲間と競い合い、励まし合って学習していくこと。寮内では「ハウスマスター」と呼ばれる経験豊かな先生が、日常生活をはじめとして、学習面・精神面でも生徒をサポートします。また、富士登山や餅つきなど、日ごろの生活では得られない体験ができるハウスイベントも開催されるなど、協調性や自主性、行動力やリーダーシップを育む機会が豊富に用意されています。

さらに、世界で唯一という「フロアマスター」制度も設けています。東京海上日動や伊藤園など、各分野の企業から派遣された20代の社会人たちが、約1年の間、生徒と寝食を共にし、学習の進め方や学校生活に関する相談に応えていきます。フロアマスターは、少し年の離れた「兄」のような存在として、また社会人の先輩として、生徒の成長を幅広く支援しています。

ハウスイベントの企画会議で、アドバイスするフロアマスター

全寮制のメリットを どうやって見える化するのか

全寮制を採用する海陽学園では、24時間仲間と過ごすミニ社会のなかで、対人関係やリーダーシップを学べることが、大きなメリットになっています。卒業生を見ても、対人能力・問題解決力・自己管理能力といった「非認知能力」が伸びているそうです。ただ、これらを客観的に評価・提示する手立てがありませんでした。そこで、非認知能力を見える化するために、ある教育機関の可視化・育成ツールを海陽版にアレンジした「海陽版ディスカバリーメソッド」を導入しました。

このメソッドでは、まず行動マーカーという指標を生徒自身のなかに浸透させます。そして、教職員が適切に解説することで、それらを正しく理解し、「この行動マーカーはこの場面に役立つ」という気づきを自身の成長へとつなげていきます。ある生徒は「人前で話すのが苦手でしたが、仲間への声掛けで行動マーカーのコミュニケーション項目を意識して振る舞ったところ、うまく話せるようになったので自信がもてました」と話しています。

「海陽版ディスカバリーメソッド」に取り組む中1生

サピックスの One Point Check!

多様性を受け入れるグローバル化の動きも進んでいます。新たな取り組みとして、2021年度より上海とシンガポールで海外入試を実施。また、海外大学受験を視野に入れた「Advanced English Class」(特別英語クラス)の設置や、外国人留学生と英語でプロジェクトに取り組むイングリッシュサマーキャンプなど、多彩なプログラムもそろっています。

スクールデータ▶P.716-717

SCHOOL FOCUS
スクールフォーカス

サピックスが注目！ 伸びゆく中高一貫校特集

淑徳与野中学・高等学校

2024年度から「医進コース」が新設 大学と連携したプログラムに注目

淑徳与野中学・高等学校は、埼玉県内有数の女子進学校として知られています。理系学部への進学実績の高さでも注目されており、2024年度は理系の進学率がほぼ半数でした。そこで同校では、2024年度より医療系・理系学部への進学に特化した「医進コース」を設置。同コースの学びの内容について、校長の黒田貴先生に伺いました。

プロフィール
〒338-0001
埼玉県さいたま市中央区上落合5-19-18
TEL.048-840-1035
JR埼京線「北与野」駅、JR京浜東北線ほか「さいたま新都心」駅より徒歩7分、JRほか「大宮」駅より徒歩15分
www.shukutoku.yono.saitama.jp

大学と連携した理科実験プログラム OGから「生の声」を聞く機会も

淑徳与野中学・高等学校は、4年制大学への現役進学率が非常に高く、今春に卒業した中高一貫生は93.5%という数字を記録しました。卒業生総数108人のうち、23人が国公立大に、68人が早慶上理に、33人が医歯薬獣医系学部に、それぞれ合格しています。

「本校の生徒は理系に進もうという意識が強く、進学先は文系学部と理系学部でほぼ半々。そういった理系志望の生徒たちをより後押ししたいと考えて、2024年度から医療系・理系学部への進学に特化した医進コースを設置しました」と話すのは、校長の黒田貴先生です。

医進コースの最大の特徴は、お茶の水女子大学サイエンス＆エデュケーション研究所と連携した「理科実験プログラム」に参加できることです。年間8回、土曜日に行われるプログラムで、実験器具の使い方からスタートし、最終的にはみずから探究テーマを決めて、どのような実験をすればいいのかを判断できるレベルにまで育てる計画です。

「6月には、本校を卒業した現役の医師を招いて、お話を聞く会も予定しています。淑徳与野で学んでおくべきことや、進学した大学の強みや弱みといった生の声を通して、モチベーションアップにつなげたいと考えています」と黒田校長。さらに高大連携の一環として、キャンパスツアーや医学部訪問も計画しているとのことです。

医進コース特別入試の実施日が 1月10日午後に変更

医進コースと従来の特進コースのカリキュラムは、基本的に違いはありません。1年ごとに希望者を対象としたコースの入れ替えを行うため、授業の足並みをそろえています。

「入学時は、自分が本当に理系志望なのかはっきりしない生徒も多いため、1年ごとに入れ替えを行い、多くの生徒の希望に応えたいと思います。なお、コース変更の可否は、本人の希望やテストの成績などで判断します」

2025年度入試は、「医進コース特別入試」で大きな変更があります。2024年度は1月11日午後に実施されましたが、1月10日午後に変更するとのこと。当日は埼玉県の中学入試解禁日でもあるため、出願者数がどの程度変わるのか、今年度も注目したいところです。

2023年の新入生オリエンテーション合宿の様子。山梨県の富士青木ヶ原樹海で洞窟探検をしました

2月に行われる芸術研究発表会の様子。1年間かけて取り組んだ「創作・研究」の成果を発表します

サピックスの One Point Check!

医進コース設置の理由として、「ジェンダーバイアスを感じることなく、伸び伸びと理系教科を学んでほしいという思いがありました」と黒田校長は言います。「たとえば共学校では、男子が物を作り、女子がレポートをまとめるといった無意識のジェンダーバイアスがはたらくことも少なくありません。異性に遠慮せずに理系教科を学べるのは、本校の医進コースの利点の一つです」

スクールデータ ▶ P.600-601

プロフィール

〒261-0014
千葉県千葉市美浜区若葉1-2
TEL. 043-272-2481
JR総武線「幕張」駅・京成千葉線「京成幕張」駅より徒歩15分、JR京葉線「海浜幕張」駅より徒歩10分
showa-shuei.ed.jp

サピックスが注目！ 伸びゆく中高一貫校特集

昭和学院秀英中学校・高等学校

国際教育と理系教育を強化し将来への自己実現を支える

海浜幕張の文教地区に立地する昭和学院秀英中学校・高等学校は、昨年、創立40周年を迎えました。「明朗謙虚」「勤勉向上」という建学の精神を受け継ぎながら、「21世紀を支えリードする人間づくり」をめざして、さまざまな取り組みを実践しています。さらに強化していく教育内容や、将来を見据えた展望について、校長の田中尚子先生に伺いました。

「教養主義」のカリキュラム 学外のコンテストでも生徒が活躍

昭和学院秀英は建学の精神「明朗謙虚」「勤勉向上」の下、「自律した自己」の確立と、次世代を担うにふさわしい学力・教養を身につける「骨太な資質」を育てるための「豊かな学び」の場として、生徒の「自己実現」を支えていきます。「3年前に中高一貫カリキュラムを刷新し、『教養主義』に重きを置いた文系・理系のどちらかに偏らないものにしました。これから社会で活躍するためには、文系・理系両方の教養が必要だからです」と田中先生は話します。

このような教育の成果は、学校外のコンテストの実績にも表れています。化学オリンピック、数学オリンピックで入賞者を輩出したほか、日経STOCKリーグでは2年連続入賞。千葉大学のグローバルな理系人材を育てるASCENTプログラムにも、毎年選考に合格した生徒が参加しています。田中先生は「学校の外で学び、実績を上げると、それが校内に蓄積され、次につながっていく流れができています」と説明します。

AWSによるSTEAM教育プログラム「Cloud Camp for Builders!」。多くの高1・2の希望者が参加

仲間と励まし合って取り組み 希望の進路の実現へ

同校は次の10年に向けて、グローバル教育と理系教育を充実させています。グローバル教育では、近隣の神田外語大学との共催で、マレーシア・スウィンバーン工科大学への短期研修（高1・2対象）を開始。昨年は中3を対象に、アメリカ・カナダ西海岸のポートランド、バンクーバー、ビクトリアの3コースから行き先を選択できる海外語学研修（ホームステイ）を実施しました。今年からカリフォルニア州立大学イーストベイ校での短期研修（高1・2対象）も同時に実施。この研修には、スタンフォード大学訪問やアントレプレナーシップ研修が組み込まれます。また、神田外語大学のネイティブ教員による「アカデミックR&W」講義を高1・2対象に始め、海外大学進学者向けのプログラムも連携して行います。

この10年間で理系志望者、特に医学部志望者が大きく増加したため、医学部志望者へのサポート強化とSTEAM教育にも力を入れています。「なぜ医師になりたいのか」という目的意識を持たせることを重視し、面接対策講座や個別の小論文添削などのフォローを行います。

大学合格実績も好調で、今年3月の卒業生は東京大学に5名、京都大学に3名が現役で合格。一橋大学10名、東京工業大学8名の現役合格は過去最多です。高い志を持つ仲間と励まし合いながら一緒にがんばれることが、同校の良さだといえるでしょう。

最後に田中先生は、「本校は生徒の自己実現を支える学校です。自分の夢を果敢に追い求め、それを実現したいという強い気持ちのある人にぜひ入学してもらいたいと思います」とメッセージを送りました。

サピックスの One Point Check!

今後は医学部対策に特化した教員による「チームメディカル」を組織して、支援体制をさらに強化していきます。医学部に進学した卒業生や、すでに医師として働いている卒業生にも協力を仰ぎ、進路座談会や講演会も開く予定です。

スクールデータ▶P.570-571

プロフィール

〒102-8185
東京都千代田区九段北2-4-1
TEL.03-3234-6661
JRほか「飯田橋」駅より徒歩10分、東京メトロ東西線・半蔵門線、都営地下鉄「九段下」より徒歩10分
www.shirayuri.ed.jp

サピックスが注目！ 伸びゆく中高一貫校特集

白百合学園中学高等学校

ボランティア活動や国際教育を通して豊かな感性と知性を持つ女性を育成

17世紀のフランスに誕生したシャルトル聖パウロ修道女会を母体とし、1881年に設立された白百合学園。「人を想い、未来を想う心を育てる」という目標を掲げており、カトリックの精神に基づく教育を通して、国際社会で活躍できる豊かな感性と知性を持つ女性の育成をめざしています。

カトリックの精神に基づく教育で「人を想う心」を育てる

白百合学園では、創立以来、カトリックの精神に根差した価値観の下で、社会に貢献できる女性の育成に取り組んできました。日々の祈りや聖書のことばを通じて、神に愛されている自分を感じ、同じように他者を愛し、大切にすることを学びます。

困難な状況にある人々の思いを知り、行動に移すという奉仕の精神は、創立以来受け継がれています。全校生徒が参加するクリスマス奉仕活動では、寄贈品を収集・整理したり、施設を訪問して清掃や音楽奉仕をしたりします。また、毎年夏休みに、東日本大震災の被災地を訪問し、被災地の今を知り、自分たちにできることは何かを考える有志のグループもあります。こうした活動を通じて、社会の中で自分を生かし貢献できる道を探すようになります。相手の立場や気持ちを想像することから生まれるのが優しさです。そのため、生命（いのち）を直接守る仕事に携わりたいと、医療系の大学に進む生徒が増えています。

英仏2か国語を学び豊かな国際感覚を身につける

中学で英語・フランス語の2か国語を学ぶ点も、同校の大きな特徴といえるでしょう。英語は週に5時間、フランス語は週に1時間、いずれも日本人とネイティブの教員が連携して授業を行います。2か国語を学ぶことで、生徒は2つの言語のルーツや、背後にある歴史や文化に関心を持つようになります。

英語の授業では、自己表現する機会を多く設け、生きた英語を使う力を養います。ネイティブの教員による授業が週2時間あり、1クラス20名程度の少人数授業で、きめ細かい指導を行っています。

フランス語の授業では、中学3年間、3回に1回の割合で日本人とネイティブの教員とのチームティーチングで授業が行われ、フランス語の聞く力・話す力を伸ばします。

学んだ言語を生かす機会として、国際教育プログラムも充実しています。たとえば、中3生全員が参加する「グローバルヴィレッジ」では、日本に留学中の大学生を招き、英語で意見交換をしながら、世界で起きている問題について考えます。そのほか、中3ではニュージーランドへ、高1・2ではアメリカへ、希望者対象に短期留学プログラムが用意されています。生徒はこれらの経験を通して、語学力だけでなく、広い視野から物事や将来について考える力を培います。

サピックスの One Point Check!

英語・数学・国語では、習熟度別授業を行い、生徒それぞれの学力を伸ばす指導をしています。小テストや課題などを通して学習内容の定着を図り、理解が不十分なまま次の段階に進むことがないよう、補習や追試などを実施。中高の6年間を通して、一人ひとりに与えられた能力が開花できるように、きめ細かくサポートしています。

スクールデータ ▶ P.322-323

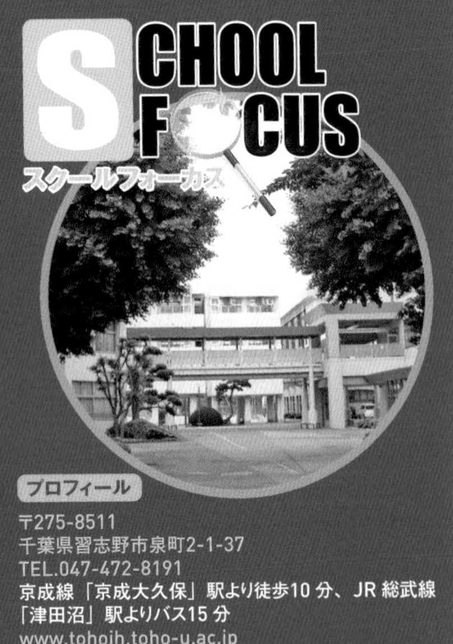

プロフィール
〒275-8511
千葉県習志野市泉町2-1-37
TEL.047-472-8191
京成線「京成大久保」駅より徒歩10分、JR総武線「津田沼」駅よりバス15分
www.tohojh.toho-u.ac.jp

サピックスが注目！ 伸びゆく中高一貫校特集

東邦大学付属東邦中学校・高等学校

卒業生の3分の1が国公立大へ「自分探し」をサポートする教育

「自然・生命・人間の尊重」を教育理念とする東邦大学付属東邦中学校・高等学校は、生徒の7割以上が理系志望という千葉県屈指の進学校です。そのカリキュラムは、文系・理系を問わず、幅広い教養を身につけるリベラルアーツ型である点が大きな特徴です。授業以外でも、「自分探し」プログラムを導入しています。

生徒の7割以上が理系志望 医歯薬系に高い進学実績

2017年度より高校募集を停止し、完全中高一貫校へと移行した同校では、それと同時に、中学の一般入試に加えて推薦入試（12月1日）を新設。その募集人員が男女合わせて40名のところ、2024年度も610名もの応募者が集まるという狭き門になりました。

完全中高一貫化に伴い、それまで高3進級時に行ってきた文系・理系選択も、高2進級時に前倒ししました。これは、大学入試対策のためではなく、中高一貫型のカリキュラムにすることで、従来のリベラルアーツ教育を削減せず、高2より専門的に深く学ぶ学問を並立させることが可能になったからです。

リベラルアーツ型教育は 高い専門性を支える広い裾野

同校は医学部・薬学部・理学部・看護学部・健康科学部を擁する東邦大学の付属校ですが、その進学先は幅広く、国公立大や難関私立大への高い進学率で知られています。伝統的に生徒の7割以上が理系志望者で、その教育は文系・理系を問わず、幅広い教養を身につけるリベラルアーツ型である点が大きな特徴です。生徒が将来、高い専門性のある職業に就くには、それを支える土台として、裾野の広い教養・知識が必要になると考えるからです。

中3生の希望者全員参加で実施される、オーストラリア・ブリスベーンの姉妹校との交流

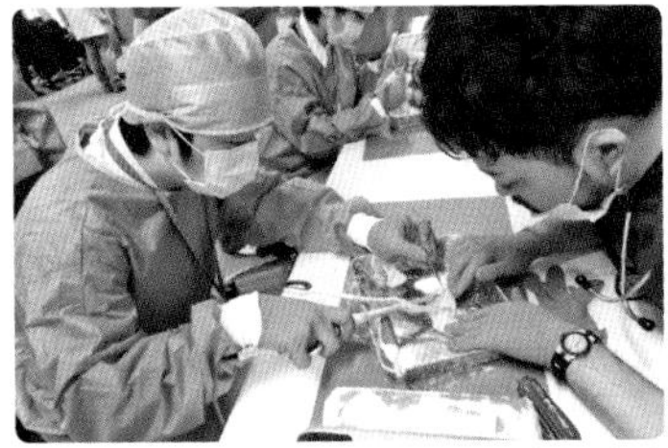

東邦大学医療センター佐倉病院での外科手術体験「ブラックジャック・セミナー」に参加した生徒

そんな同校では、中等教育の6年間を「自分探し」の期間と位置づけています。授業では「問題解決型」の学習を多く取り入れ、物事の本質を理解し、みずから問題を探し、解決していく能力を育てています。

授業以外でも各教科で「自分探し学習」プログラムを導入し、教科学習の幅を広げています。たとえば、英語では学年別のスピーチコンテストを開催するほか、数学では希望者を対象に、毎日の継続した問題演習の場となる「数学トレーニングマラソン」を実施。とはいえ、こうした「自分探し学習」プログラムの成果を、各教科の成績評価の対象にはしていません。まさに広い裾野を持つ教養・知識を身につけるための学習と位置づけ、そのなかから生徒自身が本当に打ち込める専門分野が育っていくことを願っているのです。

サピックスの One Point Check!

付属校ならではの高大接続プログラムも豊富です。隣接する東邦大学で行われる「学問体験講座」には、「薬学部における鎮痛解熱剤の合成」「ロボット製作プログラミング」などといった多彩な講座が用意されていて、中学生から受講が可能です。なかでも、医学部進学希望者を対象に東邦大学の系列病院で行う「ブラックジャック・セミナー」は人気のプログラムです。

スクールデータ▶P.580-581

プロフィール

〒153-8508
東京都目黒区駒場1-35-32
TEL.03-3467-2130
京王井の頭線「駒場東大前」駅より徒歩3分、
東急田園都市線「池尻大橋」駅より徒歩15分
www.nit-komaba.ed.jp/j/

サピックスが注目！ 伸びゆく中高一貫校特集

日本工業大学駒場中学校・高等学校

難関大学突破をめざし、独自の学習プログラム「光風塾」を展開

2023年3月、創立以来115年間続けてきた工業科の教育を終え、全学年普通科に移行した日本工業大学駒場中学校・高等学校。工業科の長い歴史のなかで培われた教員の熱意あふれる指導や面倒見の良さを継承しながら、進学校としてさらなる高みをめざしています。今回は難関大学支援プログラム「光風塾」について、2人の先生に伺いました。

学校直属の学習塾のような存在 現役東大生も講師として活躍

日本工業大学駒場中学校・高等学校では、高校生を対象に難関大学に特化した受験対策プログラム「光風塾」を設置しています。高校教務部長の竹内真先生は「これは学校直属の校内学習塾のようなものですが、教材費などの一部を除き、受講料は無料です。一般の塾と異なり、授業の進度を考慮しながら柔軟に対応できる点も魅力です」とアピールします。

講座は放課後、学年ごとに週3～4回実施されています。受講対象者は、模擬試験や校内の選抜試験で優秀な成績を収め、面接に通った各学年25～30名の生徒。日本工業大学の教授も務める、京大出身の橋本秀一塾頭をはじめ、同校の教員や約15名の現役東大生、卒業生を講師陣にそろえ、小テストなどをこまめに行いながら戦略的に指導しています。入試広報主任の堀口博行先生は「光風塾は7年前から続くプログラム。徹底したノウハウも受け継ぎながら、毎年、入試の傾向や対策もきちんとアップデートしています」と強調します。また、光風塾では連帯感が生まれるため、受験時特有の孤独感を感じることなく、生徒同士の士気を高めることにもつながっているそうです。

勉強を楽しむことを重視した 中学生向けの「光風塾」も設置

2022年からは、中学生向けの「光風塾ジュニア」も開設されました。「高校生向けよりもハードルを低くし、『楽しく、わかりやすい授業を』がコンセプトです」と竹内先生。光風塾の特徴である独自のテキストや、東大生などの講師による指導はそのままに、基礎学力と学習習慣を定着させることを目的としています。また、工業科の教育は終了しましたが、同校には工業教育で培われた技術者育成メソッドや「ものつくり」を行うための「真面目さ」「面倒見の良さ」「生徒と向き合う教員の熱意」が今に受け継がれ、生徒一人ひとりにきめ細かく指導する風潮が息づいています。成績が伸び悩んでいる生徒へのフォローや、学習動画配信サービスの活用、卒業生をチューターとした放課後学習なども充実させ、全生徒に寄り添ったプログラムを展開しています。

基礎学力の積み重ねを重視する「光風塾」での授業。親身な対応で生徒たちとの信頼関係も築いています

学校からも駒場東大前駅からも近く、安心して通える「光風塾」

サピックスの One Point Check!

きめ細かく生徒をサポートするシステムの一つとして、たとえば、中1・2では「ファイトノート」を導入。これは、主に学習習慣を定着させることを目的にしたノートで、学習課題、1日の学習や世の中のニュースについての振り返り、放課後のスケジュールなどを記入するものです。保護者もコメントを書き込み、毎日提出するので、家庭と学校をつなぐツールにもなっています。

プロフィール

〒041-8765
北海道函館市日吉町1-12-1
TEL.0138-52-0365
JR函館本線「函館」駅よりバス30分、函館空港よりバス15分
www.h-lasalle.ed.jp

サピックスが注目！ 伸びゆく中高一貫校特集

函館ラ・サール中学校・高等学校

大部屋での寮生活を通して たくましい人間力や協調性を養う

豊かな自然に囲まれた函館ラ・サール学園が単なる進学校と一線を画すのは、世のため人のために尽くす能力と精神を持った人間の育成に重きを置いているからでしょう。その中核を成しているのが、キリスト教教育と全国から生徒が集まる大部屋寮での生活です。

学力だけを磨くのではなく 心を育てる教育にも注力

函館ラ・サール学園は、ラ・サール修道会によって設立されたカトリック系の男子校です。高校は1960年に、中学は1999年にそれぞれ開校しました。難関大学への高い進学実績でも知られる進学校ですが、キリスト教に基づく情操教育にも力を入れており、中1から高3まで宗教の授業が設けられています。

「宗教の授業は、信者になるためではなく、心を育てることを目的としており、話題になっているニュースなどを取り上げ、ディスカッション形式で行われます。それが多様な現代社会の問題について考える契機になるほか、大学受験で必要とされることもある小論文を書くときの助けにもなるのです」と、校長のロドリゴ・テレビニョ先生は説明します。

1学年60名が1室で生活 大部屋寮で自律と協調を学ぶ

同校が教育理念に掲げるのは、学校を一つの家族のように考えるという「ファミリー・スピリット（家族的精神）」。その象徴ともいえるのが、中高合わせて約600名（中学生の約7割、高校生の約6割）が生活を共にする学園寮です。寮生は東京・大阪・名古屋の各圏内をはじめ、全国から集まっています。しかも、中学生は1学年60名ほどが1室で寝起きするという、他校にはない大部屋生活が特徴です。

こうした寮生活では、さまざまな個性がぶつかり合うため、ストレスを感じることもあるでしょう。しかし、そうであるからこそ、生徒たちは今の子どもに欠けている人間関係力やコミュニケーション力を養うことができるのです。テレビニョ先生は、「グローバル時代には英語力だけでなく、多様な価値観に対する理解力が求められます。さまざまな人たちと触れ合うことができる寮生活は、その力を育む土台ともなります」と話します。

また、学校の教員とは別に、寮専門の教員免許を持った約15名の寮教員と寮母が寮生活をサポート。さらに、先輩が新入寮生に寮生活を指導するチューター制度も設けられています。

寮生活では携帯電話やゲーム機の使用は禁止。仲間たちとじかに向き合い、人間関係力を培います

寮では、土曜日以外の夕食後に、15分の休憩を挟んで2時間30分の自習が義務づけられているので、中学生のうちから毎日、机に向かう習慣が身につきます。こうした寮生活を通じ、同校の生徒たちは真のエリートとしての能力や精神力を育んでいくのです。

名物行事の一つ、毎年2月に行われる雪中運動会。寒さをも吹き飛ばす、熱い戦いが繰り広げられます

サピックスの One Point Check!

進学校でありながら、クラブ活動も盛んな同校。運動部員の多くは高3のインターハイまで活動を続けます。バスケットボールのコートが2面取れる体育館2棟や広いグラウンドなど、施設面も充実しています。また、学校行事もユニーク。毎年2月に雪中運動会があるほか、学園祭では、全国11か所にあるPTA各支部も模擬店を出すなど、保護者の方とのかかわりも密です。

スクールデータ▶P.710-711

プロフィール

〒176-0023
東京都練馬区中村北4-8-26
TEL.03-3999-2136
西武池袋線「中村橋」駅より徒歩3分、関東バス「中村橋」バス停より徒歩2分【鷺ノ宮、阿佐ヶ谷、荻窪の各駅から運行】
www.fujimi.ac.jp

サピックスが注目！　伸びゆく中高一貫校特集

富士見中学校高等学校

富士見ならではの取り組みで新しい時代を生き抜く力を養う

学校創設以来、「社会に貢献できる自立した女性の育成」を教育目標に掲げてきた富士見中学校高等学校。その特徴の一つは探究学習に力を入れてきたことで、今後新たな教育プログラムも導入される予定です。今年度から校長に着任された善本久子先生に、同校の強みと今後の取り組みなどについて伺いました。

専門性の高いグループ企業と連携　世界の視点で食や金融を学ぶ

今年度から校長に着任した善本久子先生は、都立高校教諭や東京都教育委員会を経て、都立白鷗高等学校・同附属中学校統括校長や鎌倉女子大学教授を歴任。多くの教育現場を見てきた経験から、富士見にはいくつもの魅力を感じているといいます。

「最初に驚いたのは、校内の至るところに貴重な絵画が飾ってあることです。富士見の創設者である山崎種二は、全国初の日本画専門の美術館『山種美術館』の創立者でもあります。学校には約400点もの美術品があり、これらは思春期の生徒たちの情操教育の視点で良い影響があると感じています」

そして善本先生は、「創設者の山種グループの『米・金融・美術』を学校の特色化に生かしたい」と話します。米を中心に第一次産業にスポットを当て、単なる机上の探究ではなく、実際に稲作にかかわり「富士見米」として米を販売し、地球環境問題にもつながる食料問題をグローバルな視点で解決する力を養うほか、先進的な金融教育にも取り組む予定です。「食とお金は自立して生きていくために欠かせないもの。これは、本校の教育目標である『社会に貢献できる自立した女性の育成』にもつながります。富士見ならではの取り組みを今後も行っていきたいと思います」

校長　善本久子先生

ポジティブにとらえて前進する　学校全体でその環境を作り出す

同校では、社会に貢献できる自立した女性の育成のために、「自分と向き合う力」「人と向き合う力」「課題と向き合う力」を細分化した「17の力」を掲げています。それらの力を育むために、まず生徒には「何事もポジティブにとらえて前進する気持ちを大切にしてほしい」と善本先生。

「環境の影響は大きいので、学校全体がポジティブな空気であることが大切です。受験を控えた高3の生徒には、わたしが一人ひとりと面談を行い、激励する予定です。ふだんから生徒たちに伝えているのは、『スモールステップで目標を達成しながら自分をほめて前へ進む』こと。そうすれば、大きな壁を乗り越えようとするときも、恐れずに挑戦できると思います」。富士見で過ごす6年間は、新しい時代を生き抜くスキルやマインドを身につける貴重な時間となるでしょう。

山種美術館での教員研修の様子。今後は、学校の美術品を使った探究的な学びも予定しています

サピックスの One Point Check!

理系を志望する生徒が増えたことから、2020年度より東京理科大学との教育提携協定を締結。キャンパスツアーや研究室訪問、模擬実験講座などを定期的に行っています。昨年度は大学生の助言を受けながら、生徒が主催するサイエンス教室を実施しました。

スクールデータ▶P.344-345

サピックスが注目! 伸びゆく中高一貫校特集

明治大学付属明治高等学校・明治中学校

プロフィール

〒182-0033
東京都調布市富士見町4-23-25
TEL.042-444-9100（代）
JR中央線「三鷹」駅よりスクールバス25分、京王線「調布」「飛田給」駅よりスクールバス15分、JR南武線「矢野口」駅よりスクールバス25分
www.meiji.ac.jp/ko_chu

付属校だからこそできる教育で 10年とその先を見据えた力を伸ばす

明治大学の中枢を担う人材を育成する明治大学付属明治高等学校・明治中学校は2022年に創立110周年を迎えました。グローバル社会を担う「生きる力」を養うべく、さらなる教育の充実を図っています。教員と生徒との距離が近く、面倒見の良い校風も魅力です。

徹底して「基礎学力」を鍛え、全員の「個」を磨く

明治大学直系の付属校として、1912年に神田駿河台に誕生した明治大学付属明治高等学校・明治中学校が調布に移転し、男女共学に移行したのは2008年。新たな教育体制が整い、中学校から大学までつながる中・高・大の10年一貫教育の充実、飛躍をめざしています。

その柱の1つが「基礎学力の徹底」です。「エスカレーター式」や「ぬるま湯」とやゆされがちな付属校ですが、中・高とも週6日制、特に中学英語では週7時間配当し学力を定着させます。毎回の定期考査が進級・進学基準につながるため、考査期間には緊張感が高まります。また定期考査で不振だった生徒を対象に、週1回、英・数の補習講座を7時限目に設定し、すべての生徒が勉強に付いてこられるように指導します。

5教科を中心として十分な授業時間を確保。ていねいな指導を行い、じっくり考えさせる授業を展開

各教科指導では、単なる知識の量や問題を速く解くといった単純な学力でなく、生徒たちの興味・関心を引き出しながら、自分が向き合う事象のなかから課題を見抜き、解決する力などの養成を重視。考査期間とは対照的に伸び伸びと授業を楽しみます。

高大連携による多彩な教育、きめ細かい進路指導を展開

付属校としての強みを最大限に生かす高大連携では、明治大学全学部の教員が高校生を直接指導する「高大連携講座」のほか、簿記・法律・語学・理科実験などについて専門性の高い内容を大学で学ぶ長期休暇中の集中セミナー、大学の授業を先取りする「プレカレッジプログラム」などを実施しています。こうした取り組みが、大学に至る勉学へのモチベーションを高めるのはもちろんのこと、将来の目標を見つけ、設定するための役割も果たしています。これらをきっかけに第一志望の学部を定め、また、大学入学後の難関国家試験の合格につなげた卒業生も多くいます。

高校3年間の学習成績の積算と英検®・TOEICの取得状況、これに人物・適性・志望理由を加味して推薦を決定。結果として毎年約9割の生徒が明治大学に、そして、そのほぼ全員が第一志望の学部に進学します。「質実剛健」「独立自治」の建学の精神に基づく校風。そして共学化によって男女が切磋琢磨する環境のなかで、明治大学の核となり、社会で活躍する「第一級の人物」を育てていきます。

付属校ならではの余裕のあるカリキュラムときめ細かい進路指導を通して、**その進路を定めていきます**

サピックスの One Point Check!

大学直系の付属校として、「大学の核となる人材」と期待される同校の生徒たち。明治大学に進学後も成績面でも一般入試を経た入学者以上の成果を上げることもあります。また、明治大学の推薦資格を保持しつつ他大学を受験することもでき（一部条件あり）、例年2割程度の生徒が他大学受験に挑戦しています。

スクールデータ▶P.456-457

サピックスが注目! 伸びゆく中高一貫校特集

山手学院中学校・高等学校

充実の国際教育と教科指導でグローバルリーダーを育成

年々受験者数が増加する人気校として注目を集める山手学院は、神奈川県横浜市に立地する、1966年創立の共学校です。中3でのオーストラリア・ホームステイをはじめとする国際交流教育の充実に加え、きめ細かい教科指導に定評があります。大学合格実績も好調な同校の教育の特色について、カリキュラムセンター長の渡辺大輝先生に伺いました。

プロフィール
〒247-0013
神奈川県横浜市栄区上郷町460
TEL.045-891-2111
JR根岸線「港南台」駅より徒歩12分
www.yamate-gakuin.ac.jp

多彩な国際交流プログラム 社会課題の発見につなげる

建学の精神に「世界を舞台に活躍でき、世界に信頼される人間」の育成を掲げる山手学院は、創立当初から国際交流を柱とした教育に力を注いでいます。

まず、中3では、オーストラリアで1週間のホームステイに挑戦します。さらに中3の1月から3月に希望制のニュージーランドターム留学を実施。その人気は高く、今年は1学年の約4分の1の生徒が参加する予定です。高校生が全員参加するアメリカ・カナダへの北米研修も伝統のプログラム。こちらは2年生の4月に2週間、現地の学校に通いながらホームステイを経験します。

こうしたプログラムは生徒の視野を広げ、社会課題を発見する絶好の機会になっています。カリキュラムセンター長の渡辺大輝先生は「精神面の成長や自立にもつながっています」と話します。その後の留学や海外大学進学のきっかけにする生徒も少なくないそうです。

今年度の第56回「北米ホームステイ」は、アメリカ・カナダの9都市に分かれて実施されました

基礎から学力を伸ばし 国公立・難関私立大に多数合格

学習面は、中学では特に基礎学力の確立を重視。英語・数学・国語は小テストを繰り返して着実なステップアップをめざし、理科・社会は、実験やフィールドワークの機会を多く設けています。毎週開催される土曜講座での補習や、長期休暇中の指名制補習などでつまずきを解消するしくみも整えています。

大学合格実績も好調です。今春は東大をはじめとする国公立大学に122名、私立大学は早慶上理に262名、MARCHには604名が合格しました。医学部医学科を含め現役合格が多数を占めるのが特徴です。総合型選抜で国公立大学に進学する生徒も増加。大学入試が多様化するなかで細やかな進路指導を行い、海外大学への進学サポート体制も整えています。

最後に渡辺先生は受験生に向けて、「山手学院は人とかかわることが好きな人に最高の環境です。クラブ活動や学校行事も活発に行われているので、中学・高校の6年間で、海外を含めた多くの友人とさまざまな経験ができます。ぜひ文化祭や学校説明会に来て、学校の雰囲気に触れてください」とメッセージを送ってくれました。

訪問した北米の生徒を日本に迎え、山手学院生の家庭にホームステイするリターンビジット

サピックスの One Point Check!

土曜日の午前中に開講される土曜講座では、教科の補習講座やTOEIC対策などの資格講座をはじめ、中3と高1が対象のグローバルリーダープログラムなどを実施。保護者も一緒に参加できる文化系の講座もあります。プログラミングや哲学対話、英語コミュニケーション、リーダーシップ、SDGsなど、授業では学びきれない多彩なテーマが用意されています。

スクールデータ ▶ P.548-549

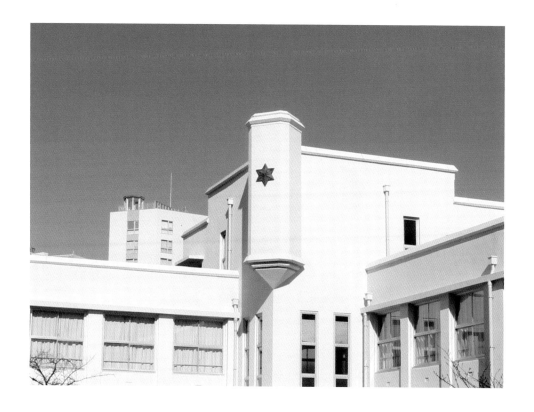

自分の力を喜んで人々のために生かすことのできる人間。
MEN FOR OTHERS, WITH OTHERS

真理を求め、たえず学び続ける人間。
MAGIS

素直な心を持ち、人々に開かれた人間。
AGERE CONTRA

確信したことを、勇気をもって実行する人間。
AGE QUOD AGIS

己の小ささを知り，大いなる存在に対して畏敬の念をもつ人間。
AD MAJOREM DEI GLORIAM

多くを与えられた者として、その使命を果たすことができる人間。
NOBLESSE OBLIGE

Men For Others.

2024年度体育祭

10月5日㊏

2024年度学校説明会【要予約(HP)】

9月28日㊏, 10月26日㊏, 11月30日㊏

※詳細は7月下旬ごろにホームページにて掲載予定

栄光学園中学高等学校

〒247-0071 神奈川県鎌倉市玉縄4-1-1　TEL:0467-46-7711　https://ekh.jp/

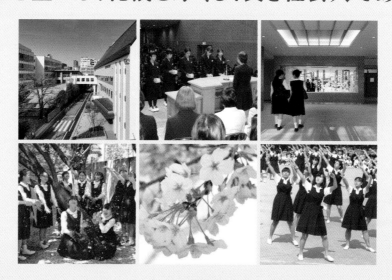

The pen is mightier than the sword.
since 1871

神奈川学園中学・高等学校

〒221-0844　横浜市神奈川区沢渡18　TEL.045-311-2961（代）FAX.045-311-2474
URL.https://www.kanagawa-kgs.ac.jp　E-mail:kanagawa@kanagawa-kgs.ac.jp

詳しい情報は本校のウェブサイトをチェック！
神奈川学園　検索

2025年度入試 学校説明会

第1回	4/13 土 11:00~12:00	第2回	5/11 土 11:00~12:00	第3回	6/8 土 11:00~12:00
第4回	8/23 金 19:00~20:00	第5回	9/7 土 11:00~12:00	第6回	11/16 土 午前中
第7回	12/5 木 19:00~20:00	第8回	1/18 土 11:00~12:00		

帰国子女入試説明会

第1回	6/1 土 11:00~12:00	第2回	10/19 土 11:00~12:00

文化祭

9/21・22 土 日 9:00~16:00

オープンキャンパス

第1回	6/22 土 10:00~12:30	第2回	11/16 土 10:00~12:30

入試問題体験会（6年生対象）

12/14 土 8:30~12:00

入試説明会（6年生対象）

第1回	10/12 土 11:00~12:00	第2回	11/30 土 11:00~12:00

●本校の「学校説明会」「帰国子女入試説明会」「オープンキャンパス」「入試説明会」「入試問題体験会」は、すべて事前予約制となります。参加ご希望の方はお手数をお掛けいたしますが、本校ウェブサイトよりお申込みください。
●最新情報は本校ウェブサイトをご確認ください。

慶應義塾湘南藤沢中等部・高等部
Keio Shonan Fujisawa Junior & Senior High School

慶應義塾中等部
青春は
ゆたかなれ
KEIO
■運　動　会
日時：2024年10月3日(木) 9:00～16:00
※雨天時は10月4日(金)に順延の可能性あり
場所：慶應義塾大学日吉キャンパス陸上競技場
(東急東横線・横浜市営地下鉄グリーンライン 日吉駅下車)
■展　覧　会
日時：2024年11月 9 日(土) 12:00～16:30
11月10日(日) 9:00～16:00
場所：本校
■学校説明会（展覧会と同日開催）
日時：2024年11月 9 日(土) 11:00～12:00、13:30～14:30
11月10日(日) 11:00～12:00、13:30～14:30
場所：慶應義塾大学三田キャンパス西校舎ホール
※事前申し込みの必要はございません。
■2025年度入学試験
願書提出：①Web　2024年12月下旬
②郵送　2025年1月10日(金)～14日(火)
※①・②とも必須
一次試験：2025年2月3日(月)
筆記試験（国・社・理・算）
二次試験：2025年2月5日(水)（一次合格者のみ）
面接（保護者同席）・体育実技
合格発表：2025年2月6日(木)
上記の公開行事については、感染症流行など社会的な状況で変更や中止になる可能性があります。最新情報は、本校HPのお知らせをご覧ください。

〒108-0073 東京都港区三田2-17-10　Tel:03-5427-1677　Fax:03-5427-1676
JR田町駅徒歩約15分、都営三田線・浅草線三田駅徒歩約15分、東京メトロ南北線麻布十番駅徒歩約15分、都営大江戸線赤羽橋駅徒歩約25分
https://www.kgc.keio.ac.jp/

学校説明会	オープンスクール	国際学級（帰国生）学校説明会	見学可能な学校行事
第1回 終了しました（日）	6月8 終了しました ラブ体験	7月25日（木）	学園祭（輝玉祭）
第2回 7月14日（日）	6月15日（土） 広報主催	※WEBによる事前予約制です。帰国生対象となります。	9月22日（日）・23日（月）
第3回 8月25日（日）	10月 5日（土） クラブ体験		※中学2年生による受験相談を行います。入試問題の実物（数量限定）を無料で配布します。
第4回 12月15日（日）	10月12日（土） 広報主催		
第5回 2025年 3月16日（日）	※WEBによる事前予約制です。クラブ体験や生徒による校舎案内を予定しています。		
※WEBによる事前予約制です。本校教員が保護者と小学生に対して学校説明を行います。			

土曜説明会

11月16日（土）

※WEBによる事前予約制です。生徒による校舎案内などを予定しています。

◆一般学級入試説明会、国際学級（帰国生）入試説明会は動画配信を予定しています。

攻玉社中学校 併設/高等学校

〒141-0031 東京都品川区西五反田5-14-2　https://kogyokusha.ed.jp

TEL.03（3493）0331(代)／03（3495）8160（広報企画部）

東急目黒線不動前駅より徒歩2分

攻玉社 検索

世界の佐久長聖へ

「自由と愛」を教育理念に、中高6年間を通して英語に堪能で、
豊かな心や知性を兼ね備えた、世界の舞台で活躍できる有為な人材育成を行っています。
「授業・体験学習・寮生活」の三本柱とグローバル教育、柔軟なクラス編成で
生徒の潜在能力を最大限に引き出します。

中学 学校説明会　要WEB予約

【本校】説明会

第3回　6月15日（土）＊説明会と公開授業
第4回　9月14日（土）＊説明会と授業体験
第5回　10月19日（土）＊説明会と授業体験

【本校】個別相談会

7月20日（土）9:30〜11:30
8月24日（土）9:30〜11:30

【東京】説明会

6月29日（土）10:30〜12:00
9月 7日（土）10:30〜12:00
会場 TKP市ヶ谷カンファレンスセンター

全国私立寮制学校 合同説明会　予約不要

10月26日（土）13:00〜17:00
会場 名古屋市
10月27日（日）13:00〜17:00
会場 神戸市
11月 9日（土）13:00〜17:00
会場 横浜市
11月10日（日）12:30〜16:30
会場 東京都

聖華祭（文化祭）

9月21日（土）・22日（日）　※公開方法は未定

※最新情報は、本校ホームページでご確認ください。

東京入試を実施しています。　※詳細は、本校ホームページでご確認ください。

学校法人 長聖

佐久長聖中学・高等学校

佐久長聖中学校　〒385-0022 長野県佐久市岩村田3638　TEL.0267-68-6688 FAX.0267-68-6140

佐久長聖高等学校　〒385-8588 長野県佐久市岩村田951　TEL.0267-68-5588 FAX.0267-68-0832

アクセス 北陸新幹線で佐久平駅は東京から75分、金沢から90分。佐久平駅下車、車で5分。上信越道佐久インターから車で1分。　https://sakuchosei.ed.jp

Shukutoku Sugamo
2025

令和7年度(2025年度)中学入試イベント日程　小学生・保護者対象　要予約

「気づき」の体験教室	6/ 1(土)	14:00〜16:00
第1回学校説明会	6/29(土)	14:00〜15:20
オープンスクール	8/25(日)	午前の部 9:00〜12:00 午後の部 13:00〜16:00
第2回学校説明会	9/14(土)	14:00〜15:20
淑鴨祭[文化祭]	9/21(土)・22(日)	
第3回学校説明会	10/18(金)	18:30〜19:40
第4回学校説明会	11/ 2(土)	14:00〜15:20
第5回学校説明会+入試体験	11/23(土・祝)	9:00〜11:30
第6回学校説明会	12/14(土)	14:00〜15:20
入試対策説明会	令和7年 1/12 (日)	10:00〜11:20

※午前と午後は同一内容です。ご都合の良い方にご参加ください。

※全イベントとも本校で開催します。上履きは不要です。
※開催日約2週間前よりmiraicompassにて予約受付を開始します。

気づきの教育が叡知の包みをひらく
淑徳巣鴨中学高等学校

〒170-0001 東京都豊島区西巣鴨2-22-16　TEL:03(3918)6451　FAX:03(3918)6033

〈ホームページ〉

〈LINE〉

〈X〉

〈Instagram〉

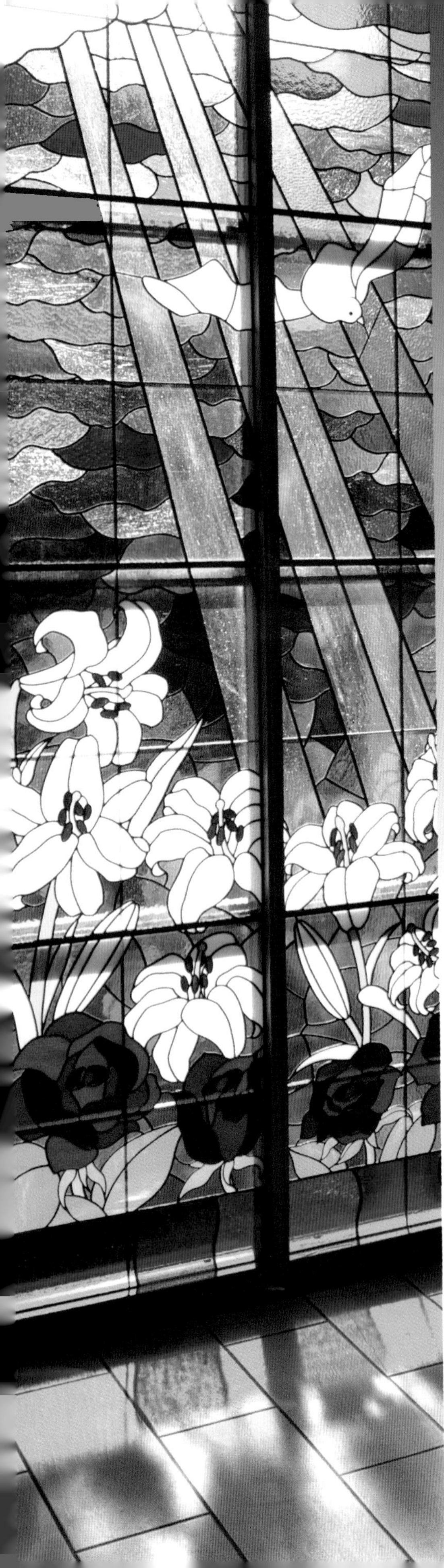

愛ある人として

Information

学校見学会［要予約］

6/13（木）10:15〜11:45
7/13（土）10:15〜11:45
9/ 6（金）10:15〜11:45
10/ 5（土）10:15〜11:45

帰国生対象説明会（対面）［要予約］※小3〜小6限定

7/13（土） 9:00〜10:30

聖ポーロ祭（文化祭）［要予約］

9/14（土）10:00〜16:00
9/15（日） 9:30〜15:00

オープンスクール［要予約］

10/26（土） 9:45〜11:30

入試説明会［要予約］

11/16（土）10:00〜11:15 / 14:00〜15:15

入試直前説明会［要予約］※小６限定

12/ 7（土） 9:30〜10:45

※この他にも、夏休みなどの長期休暇中には「少人数見学会」を午前・午後に実施いたします。詳細な日程は本校ホームページよりご確認いただき、お申込みください。

湘南白百合学園中学校・高等学校

〒251-0034 神奈川県藤沢市片瀬目白山4-1
TEL.0466-27-6211(代) FAX.0466-22-4482
https://chukou.shonan-shirayuri.ac.jp

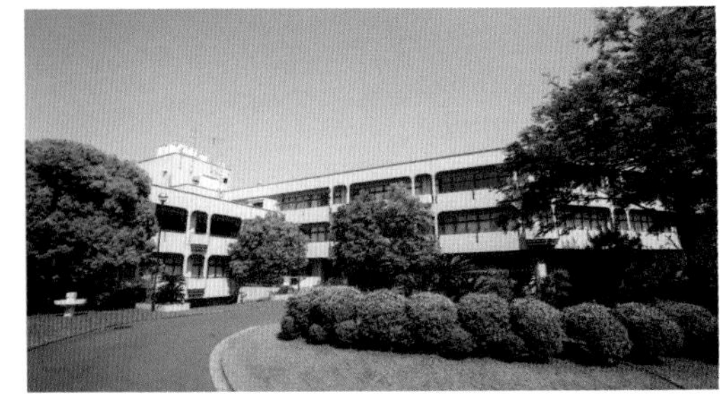

Seisen
Junior & Senior
High School

未来を照らす、
輝くあなたへ。

清泉の豊かな自然と新しい出会い。
ここは、可能性を秘めたあなたの未来を創造する学び舎。
清泉からつながる世界は、あなたの“輝く場”となるでしょう。

見学会・説明会

❖親子見学会
7月20日(土) /3月29日(土)
9：30～11：30

❖保護者見学会
10月11日(金) /11月29日(金)
10：00～12：00　英語AREクラスの見学も可能です。

❖入試説明会
11月16日(土) /12月14日(土)
9：30～11：30 / 13：30～15：30　※12月は午前のみ

イベント

❖バザー（公開）
6月29日(土)
ミニ説明会も実施いたします。

❖過去問チャレンジ 理科実験教室
8月24日(土)

❖清泉祭（文化祭）
9月14日(土)・16日(月祝)
9：00～16：00　学校紹介の部屋もあります。

大学合格実績

❖国公立大学（東京大学２名 現役合格）	12名
❖早慶上智	65名
❖GMARCH	64名
❖医・薬・看護（医学部医学科８名）	34名

（卒業生160名・2024年3月23日時

＊中１よりプログラミング学習をスタート！
＊アイルランド姉妹校との交流

清泉女学院中学高等学校

〒247-0074 神奈川県 鎌倉市 城廻 200　Tel 0467-46-3171　Fax 0467-46-3157

LINE登録はこちら

ご来校をお待ちしております♪
詳細や予約はホームページをご覧ください。
清泉女学院中学高等学校　検索
https://www.seisen-h.ed.jp

高く大きく
豊かに深く

TAKANAWA
JUNIOR & SENIOR HIGH SCHOOL

学校説明会・入試説明会
［保護者・受験生対象］ **要予約**

第2回 学校説明会	2024年 6月15日(土) 10:30～12:00
第1回 入試説明会	2024年10月 6日(日) 10:00～12:00・14:00～16:00
第2回 入試説明会	2024年11月 3日(日・祝) 10:00～12:00・14:00～16:00
第3回 入試説明会	2024年12月 7日(土) 14:00～16:00
第4回 入試説明会	2025年 1月 8日(水) 14:00～16:00

●Web申し込みとなっています。申し込み方法は、本校ホームページでお知らせします。
※学校説明会では、説明会終了後に校内見学・授業見学・個別相談を予定しております。
※入試説明会では、各教科の『出題傾向と対策』を実施します。説明内容・配布資料は各回とも同じです。説明会終了後に校内見学・個別相談を予定しております。
※学校説明会は6月17日(月)、入試説明会10月21日(月)より動画配信します。

帰国生入試説明会［保護者・受験生対象］ **要予約**

第1回	2024年 6月22日(土) 10:30～12:00
第2回	2024年 9月 7日(土) 10:30～12:00

●Web申し込みとなっています。申し込み方法は、本校ホームページでお知らせします。
※説明会終了後に校内見学・授業見学・個別相談を予定しております。

オープンキャンパス
［講座:4年生～6年生対象・全体参加:小学生対象］ **要予約**

2024年 7月13日(土) 9:00～12:30

◆入試相談コーナーを設置します。
●Web申し込みとなっています。要項・申し込み方法等の詳細は、6月から本校ホームページでお知らせします。

高学祭 文化祭［一般公開］

2024年 9月28日(土)・9月29日(日) 10:00～16:00

◆入試相談コーナーを設置します。

学校法人 高輪学園
高輪中学校・高等学校

〒108-0074 東京都港区高輪2-1-32
TEL 03-3441-7201(代)
URL https://www.takanawa.ed.jp
E-mail nyushi@takanawa.ed.jp

高い品性を備え、人と社会に貢献する女性の育成

TOKYO JOGAKKAN
MIDDLE SCHOOL & HIGH SCHOOL

136年の伝統を持ち、知性・感性・品性の調和と国際的な視野を育む学校

本校は1888（明治21）年に「知性豊かな気品と国際性を持つ女性の育成」を建学の精神として、当時の内閣総理大臣伊藤博文や渋沢栄一らによって創立されました。女子教育にかけた創立者たちの夢と課題を伝統として継承しつつ、予測不能なこれからの時代を生き抜くしなやかな強さを育むため、どのような時代でも通じる普遍的な力と、時世に沿った多面的な視野を育てることを大切にしています。

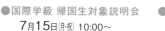

インクルーシブ・リーダーシップ教育への取り組み

国際化、高度情報化、価値観の多様化といった時代を迎え、世界に羽ばたき未来を切り拓くには、これまでとは違った力が求められています。状況に応じて、時には仲間をリードし、時には仲間を支え、仲間と協調して互いの能力を引き出し合う力。本校ではそれをインクルーシブ・リーダーシップとして、教育により形成、開発できる能力であると考えています。日々の授業や様々な行事の運営に主体的に取り組むことで生徒一人ひとりが自己実現に向けて確かな力を身につけています。互いの違いを認め、個性を活かし合う雰囲気の中で、新しい時代を生きるための確かな力が育っています。

●国際学級 帰国生対象説明会
7月15日(月･祝) 10:00～

●学校説明会
7月20日(土) 10:00～
10月24日(木) 10:30～
1月11日(土) 14:00～

●オープンスクール
9月28日(土) 14:30～

●入試説明会
11月16日(土) 14:00～ ※6年生対象
12月12日(木) 13:00～

●創立136周年記念祭（学園祭）
11月 9日(土) 11:15～
11月10日(日) 9:00～

東京女学館 中学校 高等学校

https://www.tjk.jp/mh

〒150-0012 渋谷区広尾3-7-16 TEL.03-3400-0867 FAX.03-3407-5995

9/22(日)・23(祝) 輝緑祭(きりょくさい)(文化祭)

新校長、新副校長就任！

新体制のもと学園のグローバリゼーションを加速させ、多様性を支援するシステムと危機管理対策のさらなる充実に取り組んでいきます。

桐光学園は、２０２８年に高校創立５０周年を迎えます。さらなるＳＴＥＰに向けて、「進化を続ける桐光学園」にぜひご期待下さい。

TOKO GAKUEN
Junior High School
Senior High School

毎年多数の進学者を難関大学に輩出し、進化し続ける充実の学習指導体制

●週６日制　●男女別学のクラス編成(学級担任２人制)　●希望進路に応じたコース編成(選抜クラスも設置)
●基礎学力を定着させるフォローアップ・プログラム　●中学から高校へ、学年教員持ち上がりの一貫教育

多くの出会いと質の高い学習効果を支える多様で豊かな教育環境

●広大なキャンパスと豊かな自然環境　●大学教授を招いて実施する「大学訪問授業」(書籍出版もあります)
●年間６００講座を超える講習制度　●国際理解を促す多彩な研修・留学プログラム
●全国レベルで活躍する多種多様なクラブ活動(運動部２０種、文化部３１種)

TOKO 桐光学園 中学校 高等学校

〒215-8555　川崎市麻生区栗木3-12-1
TEL．044-987-0519

小田急多摩線栗平駅より徒歩約12分

2024年度 中学校 学校説明会日程(web予約制)

第1回 6/23(日)　第4回 10/5(土)
第2回 7/14(日)　第5回 11/9(土)
第3回 9/15(日)　第6回 12/22(日)

第3回B入試説明会
(英語資格入試・T&M入試)
10/27(日)

入試問題説明会
12/7(土)～
動画配信予定

※別途、「校内見学ツアー」や「輝緑祭(文化祭)での相談コーナー」等もあります。ぜひ本校ウェブサイトにてご確認ください。

2024年度 中学校 帰国生対象説明会

(web予約制)

学校説明会
8/10(土)

入試問題説明会
11/2(土)～
動画配信予定

2024年 大学入試結果

大学	人数	大学	人数
東京大学	5	早稲田大学	66
京都大学	4	慶應義塾大学	81
東京工業大学	5	上智大学	51
一橋大学	4	東京理科大学	67
北海道大学	2	明治大学	155
東北大学	7	青山学院大学	92
筑波大学	2	立教大学	70
お茶の水女子大学	2	中央大学	105
横浜国立大学	10	法政大学	85
東京都立大学	21	国際基督教大学	2
横浜市立大学	5	津田塾大学	11

その他海外大学含め多数

新宿駅より28分・下北沢駅より20分
— 小田急線快速急行にて、栗平駅まで —

桐光学園は、地下鉄ブルーライン延伸の早期完成を応援しています。

Please access　toko gakuen

Homepage

Facebook
Instagram

☆指定校推薦枠が東京都立大学・早稲田大学・上智大学等多数あり
☆特待生制度や奨学生制度も充実　☆学校ＰＶ等もウェブサイトにて公開中！

未来につながる、自分に出会える。
学び合える、仲間に出会える。

「自主・敬愛・勤労」を教育目標に掲げる本学では、生徒がじっくりと考え、
仲間たちと話し合い、多角的な視点を得られるような学びを実践しています。
また、最新設備を活用して創造的な学習に取り組むことで、
生涯にわたって役立つ「豊かな教養と知性」を身につけていきます。

桐朋中学校・桐朋高等学校

〒186-0004　東京都国立市中3-1-10　JR国立駅・谷保駅から各徒歩15分

伝統を受け継ぎ、新しいチャレンジも

70余年続く毎朝の「運針」は集中力を高め、基礎基本を大切に努力を積み重ねる力を鍛えます。それに加え、「志力を持って未来を創る女性」の育成をスクールミッションとし、日々の学習はもちろん、探究活動やグローバル活動にも力を入れています。

2024年度 中学校 学校説明会と学校行事

WEB説明会
説明会はすべてWEB説明会としてホームページで実施いたします。WEB説明会は、お好きな時間に一般公開されている動画をオンラインで視聴していただく形式です。

学校見学会 要予約
6月12日(水)、9月18日(水)、11月20日(水) ※保護者のみ
6月22日(土)、10月5日(土) ※小学生参加可
上記以外にも「受験生のための見学会」(小5･6とその保護者対象)、「長期休暇中の校内案内」を予約制で実施いたします。

教員によるオンライン個別相談 要予約
7月6日(土)

豊島岡生による体験会 要予約
7月14日(日) ※午前･午後の完全入れ替え制

豊島岡生による相談会 要予約
第1回:6月22日(土) 第2回:9月7日(土)
第3回:2月15日(土)

Academic Day 要予約
9月14日(土)

桃李祭(文化祭) 要予約
11月2日(土)･3日(日･祝)

※詳細はホームページをご確認ください。

豊島岡女子学園中学校･高等学校

https://www.toshimagaoka.ed.jp/
〒170-0013 東京都豊島区東池袋1-25-22 tel 03-3983-8261 fax 03-3983-5628

未来のために、自分のために。
君たちが獨協で身につける力。

学ぶ力
獨＋挑戦する力
共感する力

獨協で
パワーアップ！

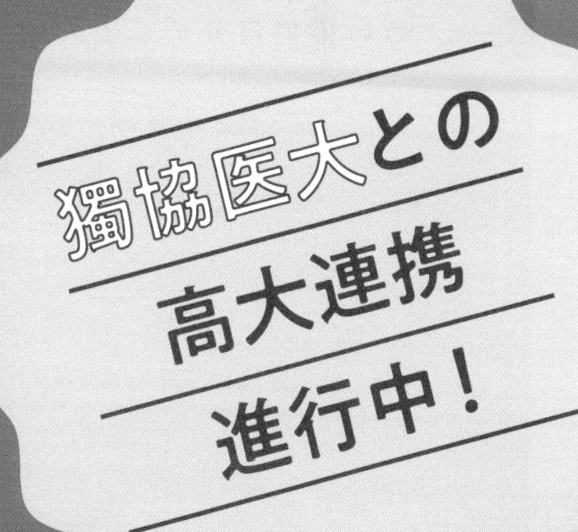

学校体験会
7/14（日）
9:00〜12:30（予定）

獨協祭
9/21（土）、22（日・祝）
10:00〜15:00

学校法人 獨協学園
獨協中学校
獨協高等学校

〒112-0014 東京都文京区関口3-8-1
TEL 03-3943-3651
FAX 03-3943-9119
www.dokkyo.ed.jp

For Others

めいめい自分のことだけでなく、他人のことにも注意を払いなさい。

"SIMPLE DANS MA VERTU FORTE DANS MON DEVOIR"

「徳においては純真に、義務においては堅実に」

その意味は
「神様と人の前に素直で裏表のないさわやかな品性を備え
やるべきことを誠実にやりぬく強さを持つように」

学校見学会・個別質問会

学校見学会	7月21日(日)	9:00～14:00
	7月22日(月)	
個別質問会	7月24日(水)	

●インターネットによる予約が必要となります。予約開始は6月15日(土)を予定しております。
●いずれか1日のみ予約可能です。
●受験希望の4年生以上の小学生と保護者1名とさせていただきます。保護者のみ、小学生のみでは入場できません。

雙葉祭(文化祭)

9月15日(日)・16日(月・祝)
※時間は決まり次第、ホームページでお知らせします。
●インターネットによる予約が必要となります。予約開始は8月下旬を予定しております。
●受験希望の4年生以上の小学生と保護者1名とさせていただきます。保護者のみ、小学生のみでは入場できません。

学校説明会〈本校講堂にて〉

第1回	10月19日(土)	14:00～15:30
第2回	10月26日(土)	14:00～15:30
第3回	10月30日(水)	10:30～12:00

●インターネットによる予約が必要となります。予約開始は9月下旬を予定しております。
●3回とも内容は同じです。いずれか1回のみ予約可能です。
●4～6年生以上の保護者に限り、各ご家庭1名までとさせていただきます。お子様(小学生・乳幼児)はお入りいただけません。

雙葉中学校・雙葉高等学校

〒102-8470 東京都千代田区六番町14-1 TEL:03(3261)0821 https://www.futabagakuen-jh.ed.jp/

さあ、ここから
進め、私。

Illustration メレ

学校説明会　※要予約
6月29日(土)* 13:30～14:15　7月27日(土) 13:30～15:00
9月21日(土) 10:15～11:30(初参加の方を優先)
11月 2日(土)* 13:00～13:45
*オープンスクール同日開催
■7月27日は帰国生説明会同日開催(15:00～15:30)

学校見学会　※要予約
6月 1日(土)　6月 8日(土)　6月15日(土)
9:40～15:30 *日程は随時追加

テーマ別説明会　※要予約
6月13日(木) 10:30～11:30　7月 2日(火) 10:30～11:30
9月 5日(木) 10:30～11:30

オープンスクール 授業・クラブ体験　※要予約
6月29日(土) 14:30～16:00(4年生以上)
11月 2日(土) 14:00～15:30(4年生以上)
※授業体験は5・6年生、クラブ体験は4年生以上対象

生徒主催学校説明会　※要予約
8月24日(土) 10:00～11:30

入試問題にチャレンジ　※要予約
10月12日(土) 10:00～11:45 ※6年生対象

新6年生向け入試問題にチャレンジ　※要予約
2月15日(土) 10:00～11:30 ※5年生対象

入試説明会　※要予約
10月19日(土) 10:00～11:30 ※5・6年生対象(学校紹介も含む)
11月16日(土) 10:30～11:30 ※6年生対象
12月21日(土) 13:30～14:45 ※6年生対象
1月11日(土) 10:30～11:30 ※6年生対象

三輪田祭　※要予約
10月 5日(土) 9:00～17:00　10月 6日(日) 9:00～16:00

MIWADA

三輪田学園中学校・高等学校

〒102-0073 東京都千代田区九段北3-3-15　TEL:03-3263-7801

MEISEI

人と世界、
未来をつなぐ

学校説明会　Web予約

6月13日（木）・18日（火）10:00
［対象］保護者

オープンキャンパス 授業体験　Web予約

6月15日（土）・22日（土） 9:00/11:00
［対象］小学5・6年生とその保護者

オープンキャンパス クラブ体験　予約不要

7月6日（土）9:00
［対象］小学4年生以上の児童と付き添いの保護者

※公開行事の詳細はホームページでご確認ください。

校内ツアー　Web予約

8月5日（月）・6日（火）・7日（水）8日（木）・9日（金）
9:00/10:30/13:00/14:30（各1時間程度）
［対象］小学生と付き添いの保護者

雙葉祭（文化祭）　予約不要

10月19日（土）・20日（日）
［対象］小学生と付き添いの保護者

入試問題に触れる会　Web予約

11月16日（土）※時間は未定
［対象］小学6年生とその保護者

横浜雙葉中学高等学校

〒231-8653 神奈川県横浜市中区山手町88　TEL045-641-1004　https://yokohamafutaba.ed.jp/

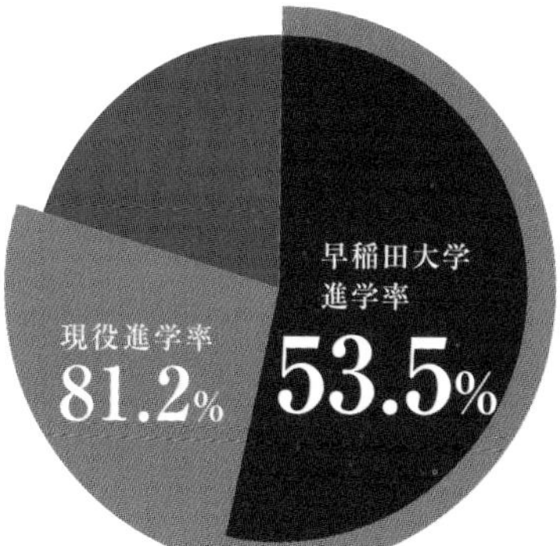

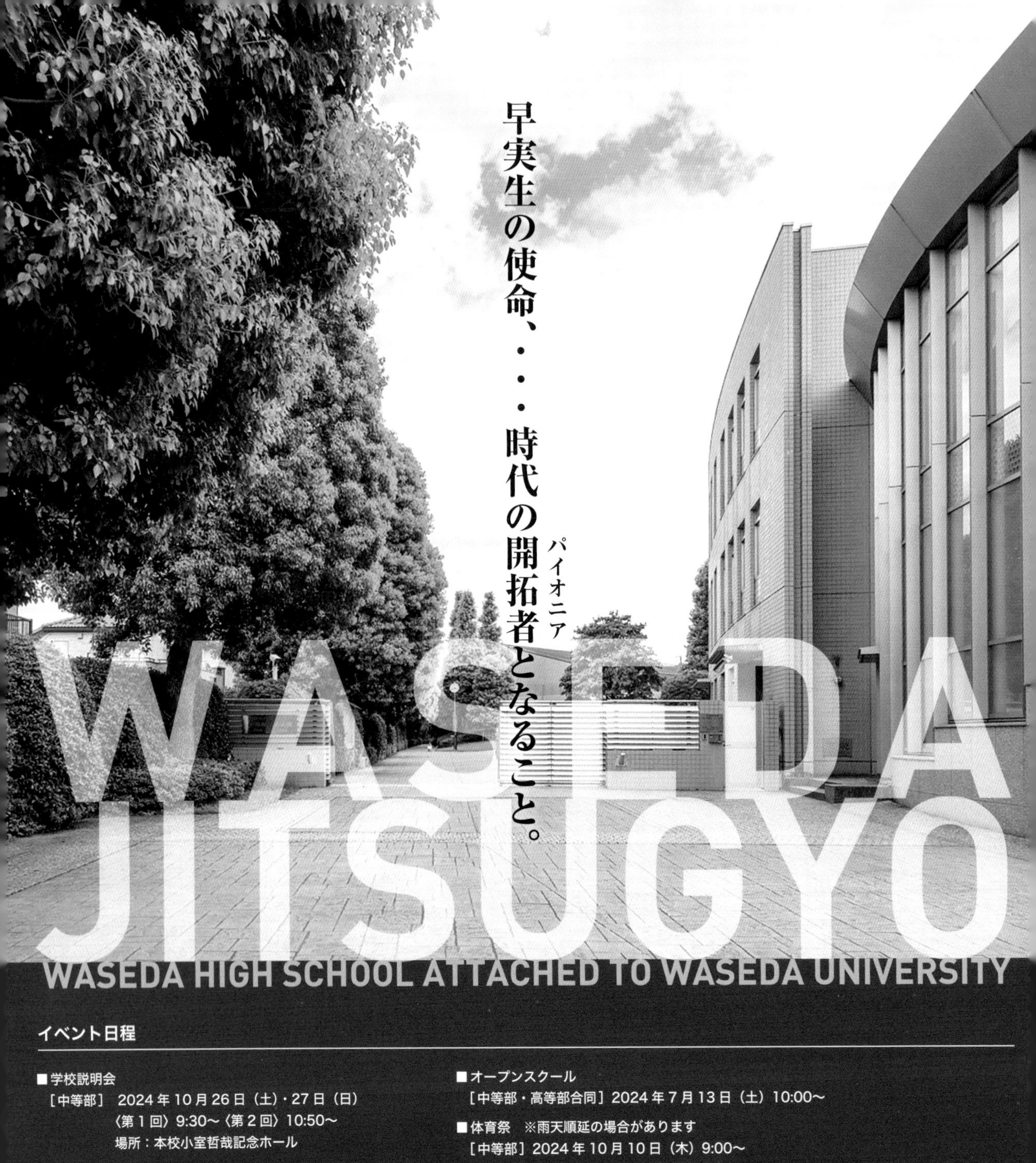

2024年度入試のデータ分析から見えてきた

2025年度入試の「展望」と「戦略」

全国的に少子化が進むなかでも、首都圏・関西圏ともに2024年度も中学受験の“熱”が冷めることはなく、受験率は増加しています。

ここでは、サピックス小学部の溝端宏光事業本部長（I～IV章）と、関西統括部の立見貴光部長（V章）が、首都圏と関西圏の2024年度の入試結果を分析するとともに、2025年度の動向を占います。

サピックス小学部
溝端宏光 事業本部長
（I～IV章）

サピックス小学部 関西統括部
立見貴光 部長
（V章）

CONTENTS

構成=神山真由美　撮影=知久聡史、中野和志、宮田勝通

I. 2024年度の首都圏入試を分析する

受験率の上昇は続き15%前半に
コロナ以前の状況に戻るなか
1月校・午後入試を活用して
早めに合格校を確保する動きも

以前のように学校見学ができる状況になって迎えた2024年度の中学入試。首都圏では昨年度に比べて小学6年生の数が大きく減る年であったにもかかわらず、受験者数はほぼ前年並みとなりました。そのなかで、どんな学校が人気を集めたのでしょうか。2024年度首都圏入試を分析します。

●全体動向

首都圏の中学受験率は年々上昇 選択肢が広がり志望校が多様化

新型コロナウイルス感染症についての不安がやや緩和された状況下で実施された首都圏の中学入試。今年度は、以前のように保護者控室を設ける学校が増え、女子校や大学付属校など従来は面接を行っていた学校のほとんどが実施を再開するなど、ようやくこれまでの入試スタイルが取り戻されたようです。

そんななかで2024年度の首都圏中学入試は行われました。受験者数はどのように変化したのでしょうか。

首都圏の私立中学受験生の実数を推定するうえで目安となるのが、東京都と神奈川県で一般入試が解禁される2月1日午前に入試を行う学校の受験者数の合計です。2016年以降は前年より増加する傾向が続いていましたが、2024年はそれにストップがかかり、ほぼ昨年並みの約4万3000人となりました。

しかし、これは1都3県の小学6年生の総数が前年より5000人以上減少したためで、2月1日午前の受験者数を公立小学校6年在籍者数で割って求めた「受験率」は、15.3%と上昇しています。受験者数が上昇に転じた2016年の受験率12.7%と比較すれば、入試状況は緩和されていないことがわかります。

そうした状況を踏まえてか、受験校選びについては男女ともに安全志向が見られました。特に目立ったのは、早めに合格校を確保しようとする動きです。今年度のサピックス生1人当たりの出願校数は8.74校と昨年度よりも上昇しています。この要因は、1月中の受験校数の増加です。また、午後入試の受験校数は1.03校で、昨年度と同水準でした。このデータからも、合格校を確保するために、1月入試や2月1日・2日などの午後入試を積極的に活用する動きが読み取れます。

全国的には少子化が進んでいますが、首都圏の小6児童数はそれほど減少していません。東京都だけで見ると、まだしばらくは微増が続きます。こうしたデータからも、引き続き厳しい戦いが続くことが予想されます。

●サピックス生1人当たりの出願・受験校数　単位:校

		2023年度	2024年度
出願校数	全体	8.22	⬆8.74
	1月以前	2.34	⬆2.56
	午後	1.57	⬆1.69
受験校数	全体	5.79	⬆6.02
	1月以前	2.11	⬆2.26
	2月1日	1.45	⬆1.47
	2月2日	0.99	⬆1.02
	2月3日	0.69	⬆0.72
	2月4日以降	0.54	⬆0.56
	午後入試全体	0.97	⬆1.03

●12月・1月校(埼玉・千葉など)

開智学園が中等教育学校を新設
渋谷教育学園幕張は男子が増加

では、2024年度の中学入試について時間を追いながら振り返ってみましょう。

首都圏の中学入試は、11月ごろから行われる帰国生入試で始まり、12月の千葉県私立校の推薦入試や専願入試、公立中高一貫校の適性検査（一次）と続きます。

そして年が明けると、いよいよ一般入試が始まります。寮を持つ地方の学校が首都圏に会場を設けて入試を行い、続いて10日に埼玉県、20日に千葉県の一般入試が解禁されます。

首都圏最大規模となる埼玉県の栄東のA日程入試は、今年も10日・11日に分散して実施され、その出願者数は8000人を上回りました。同じく10日・11日に第1回入試と特待A入試を実施したのが開智です。従来の会場は、さいたま市岩槻区にある本校と、さいたまスーパーアリーナの2か所でしたが、今年度はさらに川口駅前と東所沢駅近くにも会場が設置され、2525人の出願者を集めました（昨年度1636人）。これは2024年度に新設される開智所沢中等教育学校と合同で入試を行った影響もあります。

女子校では、13日の淑徳与野①の出願者数は1771名→1793名と増加し、医学部や難関理系学部をめざす「医進コース」の新設に伴い、11日午後に新設された特別入試では525名の出願者を集めました。一方、14日に行われた浦和明の星女子①は例年どおり2000名程度の受験者数となりました。大学進学実績を伸ばし、近年人気が上昇している大宮開成はすべての回で出願者が増加。埼玉栄、青山学院大学系属浦和ルーテル学院も全日程で増加しています。

千葉県では、20日午前に幕張メッセで入試を実施した市川の出願者は男女ともに2％ほど減少しましたが、昨年男子が大幅に増えたことを考えると、高い人気を維持したともいえます。一方、22日の渋谷教育学園幕張①は男子の出願者が90名増え、3年連続の増加に。女子はやや減少したものの、それ以上に合格者が絞られたため、「厳しさ」に拍車がかかる入試となりました。人気が急上昇したのは市川市にある国府台女子学院です。21日の①では856名→1060名と約24％増加しました。国公立大学、難関私立大学、医学部のほか、芸術系大学への進学者も多く、現役進学率93.8％という実績が評価されたと考えられます。

●2月校

女子は第一志望校が多様化
男子は人気校の難化を敬遠する動きも

◆男子校

2月に入ると、東京都と神奈川県にある中学校の一般入試が始まります。開成は近年では最多の出願者を集めた昨年から30名減って1259名となりましたが、受験者数はほぼ同じで、実質倍率に変化はありませんでした。東大合格者数全国1位の座を40年以上維持する同校は、創立150年記念事業の一環である新校舎の工事が今年夏にすべて完了。引き続き高い人気を維持しています。そのほか、1日のみ入試を行う麻布、武蔵はともに10%ほど減少した一方で、駒場東邦は611名から644名に増加しました。1日と3日に一般入試を行う海城は両日ともに減少しました。

1日午後入試では獨協が好調で100名以上増やし、巣鴨の算数選抜も増加しています。一方、昨年日程を変更したことで出願者を増やした東京都市大学付属は今年はやや減少しました。

2日校では神奈川県の栄光学園が100名以上減少しました。聖光学院も2日の①は50名近く減らしましたが、4日の②は増加し、7年ぶりに750名を超えました。

3日には男子最難関の筑波大学附属駒場の入試が行われます。近年の出願者数は減少傾向でしたが、今春から通学区域が拡大されたことで、約5%増加しました。

◆女子校

最難関の桜蔭は、大きく伸ばした昨年より減少しましたが（629名→591名）、2019年以前は500名台前半で推移していたことを考えると、厳しい入試が続いているといえそうです。昨年秋には、温水プールや体育館、理科実験室などを備えた新校舎（東館）が完成し、教育環境がさらに充実したことでも注目を集めています。

同じく2月1日にのみ入試を行う女子学院（700名→708名）、雙葉（401名→399名）は前年並みでした。この両校は今年、4年ぶりに面接を実施しました。一方、神奈川県のフェリス女学院は450名から431名へと若干減少しています。

今年度から面接を廃止した学習院女子は、1日の一般A、3日の一般Bともに出願者を大きく増やしました。鷗友学園女子、吉祥女子、洗足学園といった近年人気の学校群は、1日午前の回はそろって出願者を減らしました。共学校で人気の渋谷教育学園渋谷①も女子は減っています。

いまや女子の5割以上が出願する1日午後入試では、湘南白百合学園、普連土学園、東京女学館、三輪田学園などの増加が目立ちました。普連土学園は午前入試もすべて増加しています。

豊島岡女子学園は、昨年度に続き、全日程で出願者数を減らしました。女子トップ層が集まる厳しい入試状況が続き、やや敬遠されたためと考えられます。

女子については、近年、トップ層が第一志望に選ぶ学校が多様化してきており、いわゆる「女子御三家」だけではなく、渋谷教育学園幕張、渋谷教育学園渋谷、豊島岡女子学園などを第一志望にするケースも増えてきました。こうした第一志望校の分散傾向に加え、1月の渋谷幕張の入試が今年は非常に厳しかったことも、安全志向に拍車をかけた感があります。

◆付属校・系属校

大学付属・系属校では、昨年に続き早稲田が好調です。特に3日の②は、近年最多の1460名を集めました。同校は、最難関大学への高い合格実績を持つ進学校としての側面もあるのが特徴です。卒業後はほぼ全員が早稲田大学に内部進学できる早稲田大学高等学院中学部は減少、共学の早稲田実業学校中等部は男女ともに増加しました。慶應義塾では、普通部は減少、中等部は男女ともに昨年並みでした。そして、男女ともに人気だったのは明治大学系列で、明治大学付属明治は1回・2回ともに増加。また、2026年度から共学化して明治大学の系列校となる日本学園も、従来の2科・4科選択制から4科目になった影響がやや見られたものの、昨年度に引き続いて高倍率でした。

●主要校の2024年度入試結果

学校名	試験名	性別	定員	出願者	受験者	合格者	実質倍率	前年度との比較	
								出願者比較	受験者比較
麻布		男子	300	826	796	352	2.3	90.0%	90.5%
栄光学園		男子	180	705	662	259	2.6	86.4%	87.1%
開成		男子	300	1259	1190	424	2.8	97.7%	99.7%
慶應義塾普通部		男子	約180	569	526	195	2.7	96.9%	94.4%
駒場東邦		男子	240	644	627	297	2.1	105.4%	107.0%
聖光学院	帰国	男子	若干名	144	134	28	4.8	87.8%	84.8%
	1回	男子	175	691	665	211	3.2	93.4%	93.5%
	2回	男子	50	753	635	122	5.2	104.9%	108.2%
筑波大学附属駒場		男子	120	1次 660	2次 555	128	4.3	105.3%	106.5%
武蔵		男子	160	546	530	177	3.0	90.8%	91.5%
早稲田	1回	男子	200	855	740	253	2.9	103.0%	102.4%
	2回	男子	100	1460	1015	214	4.7	105.0%	105.4%
早稲田大学高等学院中		男子	120	416	380	129	2.9	89.5%	87.8%
桜蔭		女子	235	591	565	287	2.0	94.0%	93.1%
鷗友学園女子	1回	女子	帰国含約180	520	500	198	2.5	90.8%	90.7%
	2回	女子	帰国含約 40	682	451	138	3.3	90.5%	85.6%
吉祥女子	1回	女子	134	603	571	187	3.1	96.3%	98.3%
	2回	女子	100	1007	762	232	3.3	100.1%	103.3%
女子学院		女子	240	708	642	283	2.3	101.1%	99.5%
洗足学園	帰国A	女子	20	96	91	42	2.2	110.3%	109.6%
	帰国B	女子		107	103	44	2.3	127.4%	128.8%
	1回	女子	80	259	246	83	3.0	92.8%	92.8%
	2回	女子	100	649	505	163	3.1	91.8%	90.8%
	3回	女子	40	437	361	73	4.9	87.6%	81.9%
豊島岡女子学園	1回	女子	帰国含160	993	904	389	2.3	93.7%	93.8%
	2回	女子	帰国含 40	881	456	68	6.7	92.6%	89.6%
	3回	女子	帰国含 40	642	467	74	6.3	90.2%	90.2%
フェリス女学院		女子	180	431	415	205	2.0	95.8%	96.1%
雙葉		女子	100	399	359	124	2.9	99.5%	101.1%
慶應義塾中等部		男子	約120	861	1次 722	2次 142	5.1	100.6%	103.6%
		女子	約 50	454	1次 349	2次 56	6.2	101.3%	99.1%
渋谷教育学園渋谷	帰国	男子	12	100	94	20	4.7	103.1%	100.0%
		女子		127	120	31	3.9	108.5%	106.2%
	1回	男子	70	197	181	56	3.2	120.9%	127.5%
		女子		235	219	55	4.0	83.0%	81.1%
	2回	男子	70	503	445	146	3.0	96.4%	97.8%
		女子		335	287	71	4.0	90.1%	86.4%
	3回	男子	23	414	307	43	7.1	98.1%	102.0%
		女子		337	257	24	10.7	94.1%	93.5%
渋谷教育学園幕張	帰国	男子	約 20	74	71	16	4.4	134.5%	134.0%
		女子		77	77	18	4.3	91.7%	91.7%
	1次	男子	約215	1427	1377	508	2.7	106.7%	107.4%
		女子		632	592	157	3.8	97.2%	96.1%
	2次	男子	約 45	371	349	53	6.6	111.7%	114.4%
		女子		185	172	15	11.5	97.4%	94.0%
早稲田実業学校		男子	帰国含約 70	372	330	87	3.8	116.3%	111.9%
		女子	帰国含約 40	213	196	50	3.9	104.4%	104.3%

Ⅱ. 偏差値を正しく理解し、賢く利用する

偏差値は志望校までの“距離”を測るための“道具” 振り回されることなく、志望校選びにうまく活用を

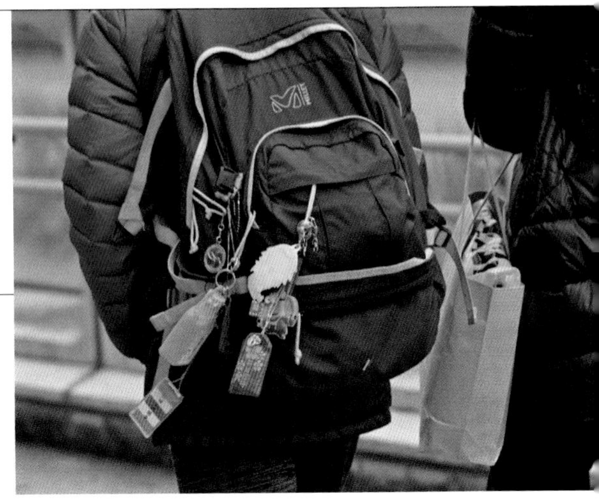

各校の入学難度と、受験生のその時々の学力を相対的に表す偏差値。受験校を選ぶ際の貴重な資料であり、モチベーションの維持にも役立ちます。しかし、絶対視は禁物です。仕組みを正しく理解し、賢く利用しましょう。

サピックスの合格偏差値と合格可能性ラインの見方

サピックスでは、在籍する小学6年生を対象に、毎年9月から12月にかけて毎月1回、計4回の合格力判定サピックスオープンを実施し、その平均偏差値から、それぞれの生徒の偏差値を算出しています。そして、その数値と、実際の受験における各学校の試験ごとの合否結果を集計・分析し、合格の可能性を20%・50%・80%に分けた学校別の「合格偏差値」を算出しています（123ページ参照）。

個々の学校（入試）の偏差値について、その具体的な算出方法を左の図のモデル校の合格者と不合格者の分布から見てみましょう。

この学校の場合、合格者は偏差値48から72以上の間、不合格者は偏差値36以下から64までの間に分布しています。また、偏差値64では受験した60人中48人が合格（合格率80.0%）しています。つまり、この「64」がこの学校の合格可能性80%ということになります。そして、合格者と不合格者がほぼ同数の「56」が合格可能性50%、35人中7人が合格した「52」が合格可能性20%ということになります。すべての学校の偏差値はこのようにして算出しています。

●モデル校

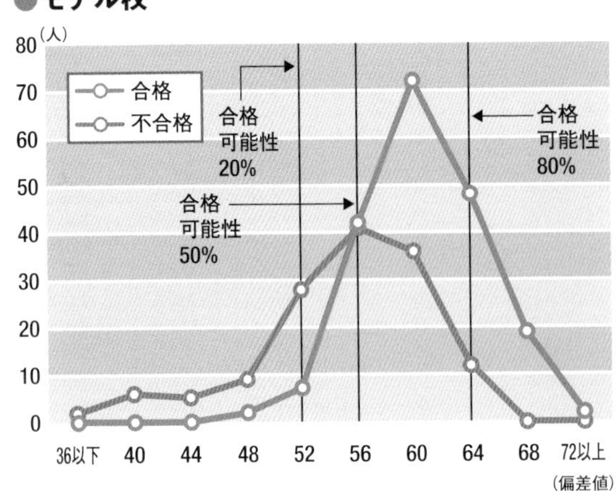

同じ学校であっても入試回が違えば偏差値も変わる

もっとも、学校の偏差値は一つとは限りません。首都圏では、東京都や神奈川県の最難関校を除き、ほとんどの学校が複数回の入試を行っています。気をつけなければならないのが、「入試回が異なれば、同じ学校であっても、偏差値は違う」ということです。

2月1日の午前と午後、2日午前、4日午前と合計4回の入試を実施する巣鴨の2024年度入試について見てみましょう（下図）。サピックス生の合格者の分布を見ると、1日午前のⅠ期と、1日午後の算数選抜、2日午前のⅡ期、4日午前のⅢ期とでは、明らかに“山の頂上”の位置が違います。1日午前のⅠ期の頂上は偏差値44以上ですが、同じ1日でも、午後に行われる算数選抜の頂上は60以上と非常に高く、2日午前のⅡ期は52以上、4日午前のⅢ期は48以上と、入試回によって異なります。

1日午前のⅠ期は、主に同校を第一志望にしている受験生が受けていると思われます。これに対して算数選抜は、集合時間が15時10分、科目が算数1教科（60分）ということで負担も軽く、開成や麻布など最難関校を受けた受験生もたくさん併願します。また、定員がⅠ期の80名に対して20名と少ないにもかかわらず、今年もⅠ期（336名）の約2倍の690名が出願しました。偏差値が高くなるのは当然でしょう。

2日午前のⅡ期も、前日に難関校を受けた受験生がたくさん集まりますが、1日の午後に比べると選択肢が多く、また、定員も100名と、4回の入試のなかで最も多いため、偏差値は算数選抜ほど高くなりません。

このように、複数回の入試を行う学校のなかには、初回の入試の合格ラインが比較的低めで、2回目以降が高くなるケースが多く見られます。巣鴨と同じく、1日午後に算数1教科入試（算数特選）を行う世田谷学園（1日の午前と午後、2日午前、4日午前に実施）も、巣鴨と同様の偏差値の動きをしています。その意味では、こうした学校が第一志望校やチャレンジ校である場合は、初回の入試の受験をお勧めします。合格の可能性は、2回目以降より確実に高いといえます。

とはいえ、複数回の入試を行う学校については、ある回の偏差値がほかの回に比べてはるかに高かったとしても、必要以上に恐れる必要はありません。各回の偏差値が合格可能性を正確に表しているとは限らないからです。

すなわち、巣鴨や世田谷学園の場合、1日午後や2日午前の合格者のなかには、1日午前に受けた開成や麻布などにも合格

●合格者の分布（巣鴨中）

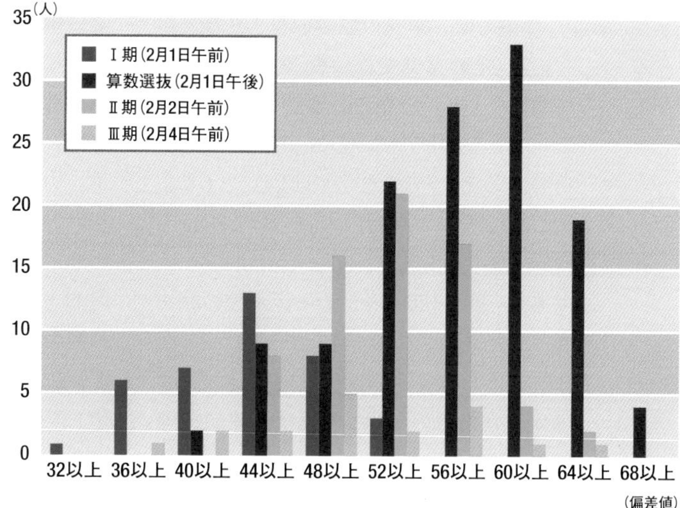

し、巣鴨や世田谷学園への入学を辞退する受験生も少なからずいます。そうした受験生が両校の1日午後や2日午前の入試の"見た目の偏差値"を引き上げているともいえます。仮にそうした入学辞退者を除いて集計すると、前ページの棒グラフの山の形も少し違ったものになるでしょう。

偏差値表の「合格可能性80%」にとらわれ過ぎてはならない

この『中学受験ガイド』の32ページと33ページの間に、サピックスがまとめた2025年度用の偏差値一覧を折り込んでいます。こうした偏差値表の多くは、合格可能性80%の数値を使って作成されています。注意しなければならないのは、この「合格可能性80%」にとらわれ過ぎてはならないということです。

というのも、サピックスが毎年秋以降に6年生を対象に行う計4回の合格力判定サピックスオープンについて、4回すべてを受けて、偏差値に動きがない生徒はほとんどいないからです。最も良いときと悪いときとでは平均6 ～ 7ポイントの差があります。

偏差値表を見てもわかるように、6 ～ 7ポイント違えば、学校の顔ぶれはまるで変わります。その意味では、偏差値は「点」ではなく「幅」で見る必要があります。また、たとえ1回のテストの成績が悪くとも、その次のテストで大きく盛り返すこともあるでしょう。それが本番の入試で起こることも十分にあり得ます。

もう一度、120ページのモデル校の図を見てください。この学校の合格可能性80%のラインは、偏差値64に引かれていますが、合格者の"山"の頂上は偏差値60であり、80%ラインより下で合格している受験生が多いことがわかると思います。合格可能性が50%、あるいは20%であっても、しっかりした併願パターンを組んで臨むのであれば、第一志望校として挑戦する価値は十分あるのではないでしょうか。

また、偏差値はあくまでも「標準的な問題」における得点力を見たものです。そこには学校ごとの出題傾向は考慮されていません。しかし、現実には、問題は比較的易しいものの、量が多く、解答のスピードを求める学校、逆に出題数は少ないものの、じっくり考えなければ解けない問題や記述式の問題を多く出す学校、さらには両者をミックスしたような学校と、傾向はさまざまで、受験生にも得手不得手があります。そうした入試問題との"相性"は偏差値には反映されないので、数値だけを見て「うちの子は偏差値50だからこの学校」などと考えて、受験校を決めるのは望ましくないといえます。お子さんの得手不得手は、通っている塾の講師に相談することをお勧めします。

最後の2か月のがんばりで志望校合格を手繰り寄せよう

最後の模擬試験の成績で、お子さんの偏差値が志望校の偏差値に数ポイント足りなかったという理由で受験を断念したり、逆に数ポイント超えたという理由で強気の併願に切り替えたりするご家庭もありますが、いずれも正しい判断とはいえない可能性があります。

サピックスでは、算数と国語が各150点、理科と社会が各100点の合計500点満点の模擬試験を用いて偏差値を算出していますが、仮に標準偏差が60の場合、偏差値1ポイントは点数にして6 ～ 7点、つまり算数なら小問1問程度です。乱暴な言い方をすれば、算数で1問多く解ければ偏差値が1上がり、計算ミスで1問落とせば1下がるのです。

この程度の差で、ずっとあこがれていた第一志望校をあきらめ、それまで考えもしなかった学校に志望校を変更するのはあまりにもったいない話です。入試直前に志望校を変更すると、お子さんが目標を見失い、同時に受験に対するモチベーションもなくして、第二・第三志望校も不本意な結果に終わるということもあり得ます。

模擬試験は12月初めで終わりますが、そこから入試本番までの2か月弱のがんばり次第で、合格可能性は変わります。たとえそれまでの成績が振るわなくとも、12月以降、過去問演習をはじめとした志望校対策にしっかり取り組んだことで、それまでばらばらだった知識が一気につながり、合格を手繰り寄せる受験生もいます。その一方で、「合格可能性80%」を何度も経験し、すでに合格圏に入っているものと安心して気を抜いて、失敗する受験生もいます。

12月に出た偏差値が良かったからといって慢心せず、逆に悪かったからといってあきらめず、目の前の学習に集中し、しっかりと入試対策を行うことが何よりも大切なのです。

●男子合格偏差値

	試験名	合格可能性		
		20%	50%	80%
浅野		50	54	57
麻布		47	55	61
市川※	1回	48	54	57
栄光学園		48	55	59
海城	①	51	55	59
開成		58	63	68
慶應義塾湘南藤沢	一般	49	55	59
慶應義塾中等部		47	54	58
慶應義塾普通部		48	55	58
都立小石川中等教育	一般	48	57	60
駒場東邦		47	54	59
芝	2回	43	53	58
渋谷教育学園幕張※	1次	55	62	65
聖光学院	1回	54	63	66
世田谷学園	算数特選	46	52	57
筑波大学附属		49	54	60
筑波大学附属駒場		63	67	71
本郷	2回	46	52	58
武蔵		44	51	59
早稲田	2回	54	61	63
早稲田大学高等学院中		45	51	58
早稲田実業学校中		47	51	57

●女子合格偏差値

	試験名	合格可能性		
		20%	50%	80%
浦和明の星女子	1回	48	52	57
桜蔭		53	57	62
鷗友学園女子	2回	44	52	58
吉祥女子	2回	47	51	57
慶應義塾湘南藤沢	一般	52	57	60
慶應義塾中等部		54	58	64
都立小石川中等教育	一般	48	57	60
渋谷教育学園渋谷	2回	59	60	62
渋谷教育学園幕張※	1次	55	62	65
女子学院		48	56	61
白百合学園	一般	45	49	53
洗足学園	2回	49	55	58
筑波大学附属		54	59	63
東邦大学付属東邦※	前期	43	48	53
豊島岡女子学園	1回	49	56	62
広尾学園※	2回インターSG	54	57	59
フェリス女学院		42	48	53
雙葉		49	54	58
明治大学付属明治※	1回	46	50	56
横浜共立学園	B	40	42	52
早稲田実業学校中		48	55	60

※印の学校の数値は男女共通

Ⅲ. 2025年度の入試動向を予測する

共学化、国際教育・高大連携の強化、新校舎の建設など、「変える良さ」と「変えない良さ」の両面を見て学校選びを

近年は、共学化して国際教育を強く打ち出す学校や、高大連携を強化する学校、新校舎の建設などを行い設備を拡充する学校が人気を集める傾向にあります。このような「変える良さ」は話題になりやすく目立ちますが、一方で、伝統校の「変えない良さ」にも目を向けることが重要です。

学校を見学できる機会が復活 首都圏の中学入試は厳しい状況が続く

コロナ禍においては、学校訪問できる機会がなかなか得られず、学校のイメージがつかめないまま受験校選びをせざるを得なかった受験生が多く見られました。しかし、今年度はその状況が改善し、学校の雰囲気を直接確かめたうえで「わが子に合う学校」を選んだご家庭が多かったように思います。

第Ⅰ章で触れたとおり、全国的には少子化が進むなかでも、首都圏における「中学受験熱」は年々高まっており、今後も当面は厳しい状況が続く見込みです。この章では、2025年度の入試動向の予測と注意点について、具体的に見ていきます。

2025年度の入試動向予測
ポイント①
高大連携を強化する学校への期待

2022年度までの中学受験熱の高まりは、大学付属校・系属校の人気に支えられてきた部分がありましたが、その白熱ぶりは昨年度あたりからいったん落ち着き、進学校が見直されてきた印象です。とはいえ、付属校人気が衰えたわけではありません。たとえば、早稲田、早稲田実業学校、慶應義塾中等部、明治大学付属明治などは昨年度よりも出願者数を伸ばしており、付属校人気は「高止まり」という評価が妥当でしょう。

また、付属校や系属校ではなくても、大学との連携強化を打ち出した学校は近年、人気を集める傾向にあります。今年度でいえば、北里大学との法人合併をめざすと発表した順天や、法政大学との高大連携を強化している三輪田学園などが当てはまります。

次年度、注目されるのは、順天堂大学の系属校になることが今年3月に発表された理数インター（宝仙学園）でしょう。順天堂大学初の系属校であり、医学部への内部進学枠が数名程度設けられるので、人気上昇は必至です。また、2026年度から共学化して明治大学の系列校になる日本学園にも、引き続き注目が集まります。

ポイント②
「大学合格実績」が出願者数に影響

進学校では、大学合格実績が翌春の中学入試の人気に直結するケースが多く見られます。なかでも、東京大学への合格実績が与える影響は大きいといえます。

2024年度大学入試における東京大学合格者数を見ると、全国トップは今年も開成（149名）で、中学入試においても不動の人気です。2位は聖光学院（100名）で、昨年度の78名から大きく伸ばし、ついに3桁の大台に乗りました。合格者数もさることながら、現役合格率（37.6%）の高さも目をひきます。近年人気が高止まりしている同校ですが、この結果を受け、さらなる人気上昇が予想されます。

市川（31名）は、昨年度の15名から倍増。近年の人気上昇に伴い、中学入試が激戦となっていますが、今後さらなる難化に注意が必要です。また、鷗友学園女子（13名）、東邦大学付属東邦（10名）、サレジオ学院（11名）も前年度に比べて合格者を増やし、2桁に乗せています。

関西では、従来からのトップ10常連である灘（94名）に加えて、西大和学園（71名）も常連入りしたといえます。

なお、理科三類の合格者に限定すると、開成、灘、桜蔭がそれぞれ12名の合格者を出しており、3校で全体の3割超を占めています。これらの結果が、次年度にどのような影響を与えるのか、要注目です。

ポイント③
1月入試の積極的な利用

2024年度の中学入試においては、男女ともに「安全志向」が目立ち、1月入試や2月1日・2日の午後入試を上手に活用して合格校を早めの日程で確保しようとする動きが顕著でした。

特に1月入試は、コロナ禍が明けたこともあり、ためらいなく受験する流れが戻ってきました。2月の入試日程がタイトなため、近年は東京都や神奈川県在住の受験生であっても、埼玉県・千葉県の学校から併願校を選び、受験するケースが増えています。たとえば、今年度新設された埼玉県の開智所沢中等教育学校は、開智と合同で入試を実施したこともあり、1月だけでのべ7000名を超える出願者を集めました。最終的に400名近くの入学者を迎えることになりましたが、このうち半数以上が東京都在住だそうです。

次年度以降も、1月入試でなるべく合格校を確保しようとする動きは変わらないと思われます。その分、埼玉・千葉の入試が厳しさを増す可能性があることは考慮しておくべきでしょう。今年度でいえば、2月入試で最上位校を狙う受験生が併願先として選択することが多い市川や渋谷教育学園幕張は非常に厳しい入試でした。「ここで合格が取れたら2月は強気に受験していこう」と考えていた受験生は多かったはずですが、実際にはもくろみどおりにはいかず、2月には安全策を取らざるを得なかったケースもあったと思われます。特に渋谷教育学園幕張の女子は厳しさが顕著だったので、今後も注意が必要です。

ポイント④

入試日程の新設・変更には注意

入試日程の新設・変更は、受験生の動向に影響を与えるファクターとなります。今年度は、淑徳与野や横浜雙葉が、新設した入試日程で多くの受験者を集めました。

2025年度入試では、光塩女子学院と日本女子大学附属が、2月1日の午後に算数1科目入試を実施すると発表しています。

また、2025年度は2月2日が日曜、2026年度は2月1日が日曜であることにも注意が必要です。過去の同様の年度では、プロテスタント系の学校で入試日程の変更が見られ、それにより、主に女子受験生の動向が例年とは大きく異なりました。

青山学院は、2025年度において、従来と同様に入試日程を2月2日から3日に移動させることをすでに発表しています。しかし、フェリス女学院は、2026年度においては従来とは異なり、2月1日にそのまま試験を実施することを発表しています。

2025年度、2026年度に受験を迎える方は、特に入試日程の変更と、それに伴う受験生の動向の変化に注意してください。

ポイント⑤

筑波大学附属駒場の通学区域拡大の影響

今年度から筑波大学附属駒場の通学区域が広がり、神奈川・埼玉・千葉で受験できる地域が広がりました。入試の出願者数は昨年に比べて5.3％の増加にとどまり、通学区域が広がった分に応じて増えたという印象でした。これについては事前の予想どおりでしたが、今年度は追加合格者の数が非常に多く、その点が例年とは大きく異なっていました。その一方で、開成の追加合格者は例年よりもやや少なめであったことから、開成と筑波大学附属駒場の両方に合格した受験生のうちで、開成を選択したケースが例年よりもやや多かったのではないかと予想されます。

この理由はいくつか推察されますが、1つ目は地理的な要因、2つ目は開成が高校新校舎を竣工したこと、そして3つ目は海外大学への進学実績です。開成は近年、コンスタントに海外大学への合格者を出しているので、そうしたところに魅力を感じた受験生もいたかもしれません。

いずれも推測の域を出ませんが、今後の受験生の動向に注目したいところです。

ポイント⑥

「変える良さ」「変えない良さ」の両面を見て学校を選ぶ

近年では、共学化して国際教育に力を入れると発表した学校や、ポイント①で挙げたように高大連携を強化した学校、新校舎を建設するなどして設備面を拡充した学校などが人気を集める傾向にあります。今年度でいえば、現在新校舎を建設中で、完全中高一貫化を進める東京農業大学第一が多くの受験生を集めたこともその一例です。これらは、学校を「変える」ことに魅力を感じた受験生が多かったことの結果でしょう。

入試日程を含め「変わる」ことのほうがトピックになりやすく目立つ一方で、従来から良い教育をしている伝統校には、あえて「変えない」という選択をするところも多いといえます。学校選びにおいては、「変える良さ」「変えない良さ」の両面を見て判断することが大切です。それぞれの中身をよく見たうえで、親子でしっかりと話し合い、納得のいく志望校選びをしていただきたいと思います。

Ⅳ. 受験スケジュールをどう組むか

すべては「第一志望校合格」のため あらゆるケースを想定しながら 最善の併願パターンを組もう

入試本番で実力を発揮するためには、体力面やメンタル面の負担を考慮しながら、無理のない受験スケジュールを組まなくてはなりません。先輩たちの併願パターンを参考に、「第一志望校合格」に向けた戦略を立てましょう。

第一志望校の入試日を 最高のコンディションで迎える

首都圏の中学入試は、早いところでは11月、12月から始まり、2月まで続きます。第Ⅰ章で示したように、サピックスの生徒たちは平均して約8校に出願し、1月までに2～3校、2月には午後入試を含めて3～4の学校を受験しています。

11～12歳の子どもにとっては、たとえ1校の入試であっても精神的・体力的な負担はかなりのものです。第一志望校の入試日を心身ともにベストな状態で迎えるためには、「第一志望校の合格」を軸に、子どもに負担がかからないような併願スケジュールを組む必要があります。

また、入試本番の雰囲気は模試とはまるで違います。たとえ緊張しないタイプのお子さんであっても、第一志望校の入試の前に、少なくとも1校は入試を経験しておきましょう。とはいえ、近年では、1月校のなかにも、渋谷教育学園幕張のように最難関校レベルに難化した学校もあります。全力で挑まなければ、かえって自信を失う結果にもなりかねません。「気持ちが引き締まり、2月はチャレンジ校に受かった」との経験談も聞きますが、本番までに立て直さなければ、元も子もありません。逆に、1月校に合格した受験生も油断は禁物です。最後まで気を緩めることなく臨みましょう。

「不測の事態」も想定して 併願パターンは複数用意

1月校からスタートしたとして、順調にいけば第一志望校に合格した時点で受験は終わります。しかし、思うような結果が出なかったときは、当初は受ける予定ではなかった学校を急きょ受験する、あるいは志望校を変更するという事態も起こり得ます。そこで、入試日が早い学校の合否を想定しながら、後の受験校を臨機応変に変更できるように、複数のパターンを考えておくとよいでしょう。

ウェブでの出願や合格発表が普及し、いまや導入していない学校はほとんどありません。早ければ試験当日の夜には合否がわかり、入試当日の朝まで出願できる学校も増えたため、先に受けた学校の結果が出てから次の受験先を決めるスタイルも定着しました。出願状況をタイムリーに確認できるなど、便利になった半面、「実際に受けに行ったら、思っていた以上に受験生が多かった」といったこともあるようです。だからこそ、日々変わる情報に振り回されることなく、「合格したら進学する学校」という視点を大切にしましょう。思うような結果が得られない焦りから、それまで考えたこともなかった学校に出願して「初めて訪れたのが入試日で、次が入学予定者説明会」ともなれば、納得できないまま新生活を迎えることになりかねません。

数日間で複数校を受験することになる2月初旬は、入学手続きの締め切り日にも注意が必要です。過去には、「日時を間違えたために入学できなくなった」という事例もあります。参加必須の入学予定者説明会などの日程も合わせて、しっかりと確認しておきましょう。

●併願パターン1

開成、麻布、駒場東邦の場合

それでは2024年度入試で、サピックス生はどのような併願パターンで受験したのかを見ていきましょう。なお、ここでは各校の入試名は省略します。

まずは開成と麻布です。右ページの表のとおり、1月校では栄東、渋谷教育学園幕張、市川が多くなります。近年、開成では西大和学園と灘の関西トップ校の名も挙がり、“西の最難関で腕試し”という気概が感じられます。1日午後には、順位は違うものの巣鴨、東京都市大学付属、広尾学園など共通の学校が並びます。

2日を見ると、開成の1位は聖光学院で、本郷、渋谷教育学園渋谷、渋谷教育学園幕張と続きます。一方の麻布は、神奈川県の栄光学園が上位に入るのが特徴です。記述中心の出題傾向や自主性を重んじる校風などが共通するため、選ぶ受験生が多いようです。

開成の3日の1位は筑波大学附属駒場です。同校を第一志望、またはチャレンジ校とする受験生が多いためです。

●併願パターン2

慶應義塾普通部、早稲田の場合

慶應義塾普通部の受験者は、2日は慶應義塾湘南藤沢、3日は慶應義塾中等部というように、慶應3校を併願するケースが多いのが特徴です。対して、1日に早稲田を受ける場合、早稲田大学高等学院と早稲田実業学校は、同日程で入試を行うため併願はできません。早稲田は、半数近くが国公立大学や難関私立大学に一般受験で進むためか、併願先には進学校を選ぶ割合が高い傾向がありましたが、今年度は明治大学付属2校との併願が目立ちました。1月は早慶ともに栄東が最多です。慶應義塾普通部の場合、東京会場入試を慶應大学三田キャンパスで行う佐久長聖が上位に入ります。

●併願パターン3

聖光学院、栄光学園の場合

2日に入試が行われる聖光学院と栄光学園を受験する場合、1日の併願校が少し異なります。聖光学院では開成、駒場東邦が多く、栄光学園では麻布が上位に来ます。それ以外では両校の併願先は似ていて、1日午後は東京都市大学付属、3日は浅野、4日は聖光学院がトップとなっています。

●併願パターン4

桜蔭、女子学院の場合

女子の場合はどうでしょう。130ページの表のとおり、桜蔭・女子学院は、1月は栄東、浦和明の星女子、渋谷教育学園幕張、市川が並び、1日午後も広尾学園、東京農業大第一が共通しています。2～4日には豊島岡女子学園の入試が行われますが、両校ともに全日程で豊島岡女子学園を併願した受験生が最も多く、2位以降も順位に違いはあるものの、渋谷教育学園渋谷、筑波大学附属、吉祥女子、洗足学園、鷗友学園女子など同じ学校が挙げられています。

●サピックス生の併願校(2024年度・男子)

開成(2月1日)

	1月	2月1日午後	2月2日	2月3日	2月4日以降
1	栄東	巣鴨(算数)	聖光学院①	筑波大学附属駒場	聖光学院②
2	渋谷教育学園幕張①	東京都市大学付属②	本郷②	海城②	芝②
3	市川①	広尾学園②	渋谷教育学園渋谷②	早稲田②	巣鴨Ⅲ
4	西大和学園(東京)	世田谷学園(算数)	渋谷教育学園幕張②	浅野	市川②
5	灘	東京農業大学第一①	栄光学園	筑波大学附属	高輪C

麻布(2月1日)

	1月	2月1日午後	2月2日	2月3日	2月4日以降
1	栄東	東京都市大学付属②	本郷②	海城②	芝②
2	渋谷教育学園幕張①	広尾学園②	渋谷教育学園渋谷②	浅野	聖光学院②
3	市川①	巣鴨(算数)	栄光学園	早稲田②	サレジオ学院B
4	東邦大学付属東邦(前期)	東京農業大学第一①	桐朋②	筑波大学附属駒場	市川②
5	佐久長聖(東京)	世田谷学園(算数)	渋谷教育学園幕張②	慶應義塾中等部	巣鴨Ⅲ

慶應義塾普通部(2月1日)

	1月	2月1日午後	2月2日	2月3日	2月4日以降
1	栄東	東京都市大学付属②	慶應義塾湘南藤沢	慶應義塾中等部	芝②
2	佐久長聖(東京)	山手学院(特待選抜)	攻玉社②	浅野	聖光学院②
3	立教新座①	東京農業大学第一①	明治大学付属中野①	逗子開成②	サレジオ学院B
4	市川①	広尾学園②	青山学院	早稲田②	明治大学付属中野②
5	早稲田佐賀(首都圏)	世田谷学園(算数)	聖光学院①	東京都市大学付属③	法政大学第二②

早稲田①(2月1日)

	1月	2月1日午後	2月2日	2月3日	2月4日以降
1	栄東	東京都市大学付属②	本郷②	早稲田②	市川②
2	市川①	東京農業大学第一①	明治大学付属中野①	慶應義塾中等部	芝②
3	東邦大学付属東邦(前期)	巣鴨(算数)	明治大学付属明治①	筑波大学附属	聖光学院②
4	渋谷教育学園幕張①	広尾学園②	渋谷教育学園幕張②	明治大学付属明治②	明治大学付属中野②
5	開智	国学院大学久我山ST①	青山学院	浅野	中央大学附属②

聖光学院①(2月2日)

	1月	2月1日	2月1日午後	2月3日	2月4日以降
1	栄東	開成	東京都市大学付属②	浅野	聖光学院②
2	渋谷教育学園幕張①	駒場東邦	巣鴨Ⅱ	筑波大学附属駒場	サレジオ学院B
3	市川①	逗子開成①	広尾学園②	海城②	芝②
4	西大和学園(東京)	サレジオ学院①	世田谷学園(算数)	早稲田②	鎌倉学園③
5	佐久長聖(東京)	麻布	山手学院(特待選抜)	慶應義塾中等部	

栄光学園(2月2日)

	1月	2月1日	2月1日午後	2月3日	2月4日以降
1	栄東	逗子開成①	東京都市大学付属②	浅野	聖光学院②
2	佐久長聖(東京)	麻布	山手学院(特待選抜)	筑波大学附属駒場	サレジオ学院B
3	愛光(東京)	駒場東邦	神奈川大学附属①	逗子開成②	鎌倉学園③
4	函館ラ・サール①	サレジオ学院①	広尾学園②	海城②	芝②
5	渋谷教育学園幕張①	開成	鎌倉学園(算数選抜)	早稲田②	神奈川大学附属③

※表は、2024年度入試における実受験者のデータを整理したもの。1月校から2月4日以降まで、各入試日において生徒が「出願」した学校を「未受験」も含め、多い順に並べた。すなわち、開成受験者の場合、2月1日午後は巣鴨(算数選抜)が最も多く、2番目が東京都市大学付属②、2日が聖光学院①、本郷②の順に多いことを示す。
※1月の栄東・開智・佐久長聖については、1月に実施された複数回の入試のうち1回以上受験している場合にカウントした。

●併願パターン5

雙葉、フェリス女学院の場合

1月は、埼玉県・千葉県の学校が挙げられる雙葉に対して、フェリス女学院では、地方校の首都圏会場入試を選ぶ率が高くなります。桜蔭、女子学院に比べて、雙葉では豊島岡女子学園を併願する率はやや下がり、白百合学園、東洋英和女学院など同じキリスト教系の学校が入ります。

横浜にあるフェリス女学院は、2日に洗足学園や慶應義塾湘南藤沢といった神奈川県内の学校が並ぶのが特徴で、3位には今年新設された横浜雙葉②が入りました。以前は豊島岡女子学園を併願する受験生が多かったのですが、今年もその傾向は見られませんでした。

●併願パターン6

豊島岡女子学園、鷗友学園女子の場合

豊島岡女子学園では、1月は桜蔭・女子学院とほぼ同じ並びになっています。初回の入試が2日となるため、1日は桜蔭、女子学院、吉祥女子、鷗友学園女子が並び、3日・4日はともに豊島岡女子学園に出願しておくのが例年のパターンです。同校の場合、受験回数が合否に影響することはありませんが、追加合格者の決定においては、同校を第一志望とし、かつ複数回受験している人が優先されるからです。

最後に、2月1日と3日に入試を行う鷗友学園女子です。1月は佐久長聖以外はすべて埼玉県の学校となっています。1日午後に、恵泉女学園、東京農業大学第一を選ぶ受験生が多いのは、両校の最寄り駅が同校と同じ小田急線「経堂」だからでしょう。

2日は大妻、豊島岡女子学園、洗足学園などが多くなっています。3日は同校の2回目入試が最多で、次が豊島岡女子学園となるのも例年どおりです。4日以降は昨年トップだった洗足学園がランク外となり、新たに普連土学園が入りました。

●サピックス生の併願校(2024年度・女子)

桜蔭(2月1日)

	1月	2月1日午後	2月2日	2月3日	2月4日以降
1	栄東	広尾学園②	豊島岡女子学園①	豊島岡女子学園②	豊島岡女子学園③
2	浦和明の星女子①	東京農業大学第一①	洗足学園②	筑波大学附属	浦和明の星女子②
3	渋谷教育学園幕張①	広尾学園小石川②	渋谷教育学園渋谷②	慶應義塾中等部	市川②
4	市川①	普連土学園(算数)	吉祥女子②	小石川中等教育	慶應義塾湘南藤沢
5	東邦大学付属東邦(前期)	田園調布学園(算数)	渋谷教育学園幕張②	鷗友学園女子②	田園調布学園③

女子学院(2月1日)

	1月	2月1日午後	2月2日	2月3日	2月4日以降
1	栄東	広尾学園②	豊島岡女子学園①	豊島岡女子学園②	豊島岡女子学園③
2	浦和明の星女子①	東京農業大学第一①	吉祥女子②	慶應義塾中等部	浦和明の星女子②
3	淑徳与野①	普連土学園(算数)	洗足学園②	筑波大学附属	市川②
4	市川①	広尾学園小石川②	渋谷教育学園渋谷②	鷗友学園女子②	慶應義塾湘南藤沢
5	渋谷教育学園幕張①	田園調布学園(算数)	白百合学園	小石川中等教育	普連土学園(4日午前)

雙葉(2月1日)

	1月	2月1日午後	2月2日	2月3日	2月4日以降
1	栄東	東京女学館②	白百合学園	豊島岡女子学園②	浦和明の星女子②
2	浦和明の星女子①	山脇学園(国算1科)	豊島岡女子学園①	東洋英和女学院B	豊島岡女子学園③
3	淑徳与野①	普連土学園(算数)	吉祥女子②	学習院女子B	田園調布学園③
4	市川①	広尾学園②	大妻②	慶應義塾中等部	開智日本橋学園④
5	東邦大学付属東邦(前期)	東京農業大学第一①	洗足学園②	鷗友学園女子②	市川②

フェリス女学院(2月1日)

	1月	2月1日午後	2月2日	2月3日	2月4日以降
1	佐久長聖①(東京)	湘南白百合(1科)	洗足学園②	横浜共立学園B	慶應義塾湘南藤沢
2	栄東	神奈川大学附属①	横浜雙葉②	慶應義塾中等部	豊島岡女子学園③
3	早稲田佐賀(首都圏)	普連土学園(算数)	慶應義塾湘南藤沢	東洋英和女学院B	浦和明の星女子②
4	盛岡白百合	東京女学館②	白百合学園	豊島岡女子学園②	神奈川大附属③
5	不二聖心女子学院S	清泉女学院②	湘南白百合(4科)	学習院女子B	

豊島岡女子学園①(2月2日)

	1月	2月1日	2月1日午後	2月3日	2月4日以降
1	栄東	桜蔭	広尾学園②	豊島岡女子学園②	豊島岡女子学園③
2	浦和明の星女子①	女子学院	東京農業大学第一①	筑波大学附属	浦和明の星女子②
3	淑徳与野①	吉祥女子①	広尾学園小石川②	慶應義塾中等部	市川②
4	市川①	鷗友学園女子①	山脇学園(国算1科)	小石川中等教育	東京農業大学第一③
5	渋谷教育学園幕張①	雙葉	普連土学園(算数)	お茶の水女子大附属	

鷗友学園女子①(2月1日)

	1月	2月1日午後	2月2日	2月3日	2月4日以降
1	栄東	東京農業大第一①	大妻②	鷗友学園女子②	豊島岡女子学園③
2	佐久長聖①(東京)	恵泉女学園②	豊島岡女子学園①	豊島岡女子学園②	東京農業大学第一③
3	淑徳与野①	山脇学園(国算1科)	洗足学園②	筑波大学附属	普連土学園(4日午前)
4	浦和明の星女子①	普連土学園(算数)	吉祥女子②	大妻③	浦和明の星女子②
5	埼玉栄	晃華学園②	恵泉女学園②	東洋英和女学院B	成蹊②

V. 関西圏の入試動向

受験者動向に大きな変化はなし 難関校の高い人気は衰えず 少子化が進んでも激戦が続く

少子化を反映して、関西圏でも小6児童数は減少していますが、中学受験率はやや増加傾向にあります。人気の「トップ9」をはじめとする難関校に出願する強気の出願もコロナ禍以前の状況に戻りつつあります。さっそく、今年度の入試を振り返ってみます。

小6児童数が減少する一方、初日午前の出願者の割合はやや上昇

関西2府4県（滋賀県・京都府・大阪府・兵庫県・奈良県・和歌山県 以下「関西圏」）では、毎年1月中旬の土曜日に定められている「統一解禁日」から一斉に中学入試が始まります。2024年度の解禁日は1月13日。その日の午前の出願者数合計は1万7975名で、昨年度の1万7999名とほぼ変わりませんでした。一方、文部科学省の学校基本調査によると、2023年5月1日現在の関西圏の小6の児童数は17万285名で、昨年度と比べて2359名少なく、約1.4%の減少でした。その結果、関西圏の小6児童数全体に対する初日午前の出願率は、昨年度の10.4%からやや上昇し、10.6%となりました。

一方、全日程の総出願者数は6万4063名で、こちらも昨年度と比べて0.9%の増加となっています。このことから、少子化は進んでいるものの、中学受験者数はほぼ変わっていないため、今年度の入試も昨年度とほぼ同じような難度であったと思われます。

12月の「前受け入試」が一般化 午後入試の受験率は高止まり

統一解禁日前の入試、いわゆる「前受け入試」の状況は、新型コロナウイルスの流行前後で大きく変わりました。

以前は、統一解禁日の直前、つまり1月の第1週から第2週にかけて受験するのが一般的でしたが、本番入試の直前にリスクを負いたくないと考える受験生が増加し、12月中に入試を実施する学校の受験者数が増えました。たとえば、岡山中学校（B方式）では、この3年で出願者数は、1645名→1754名→1941名と増えています。1月に関西会場で入試を行う愛光、北嶺、香川誠陵、函館ラ・サールなどを選択する

受験生が現在でも主流ですが、特に今年度は統一解禁日が13日と早かったため、直前の受験を控える動きが見られました。

関西校舎のサピックス生の動向を見ると、2024年度は全体の68.7％が12月に前受け入試に臨みました。1月中に前受けしたのは全体の22.9％で、このデータからも、12月中の受験が増加していることがわかります。

それに加えて、解禁日初日と2日目の午後入試の受験も定着し、最近は初日の午前・午後、2日目の午前・午後と、2日間で4回入試を受けることも珍しくありません。関西圏の中学入試では、後半の日程になると受験校の選択肢自体が極端に少なくなり、後半の日程に入試を実施する人気校は激戦になるため、とにかく早い段階で合格校を確保できるように受験パターンを組むのが一般的です。そして、早めに合格校を確保する受験が午後入試です。

表1は、今年度のサピックス卒業生の日程・時間帯ごとの受験率（全生徒の何%がその日程・時間帯に受験したのか）を示したものです。近年では、初日午後・2日目午後の受験率が上昇する傾向にありますが、今年度も同様の結果になっています。2日目午後には、西大和学園・高槻・須磨学園といった人気の高い難関校が入試を行います。今年度も、サピックス生の多くは、2日目午後にこれら3校のいずれかを受験しました。

3日目以降は、それまでの日程の合否によって、複数の受験パターンを想定しておくことも大切です。インターネット出願が主流になった今、直前の出願でも間に合うケースが多くなりましたが、慌てないためにも、事前の情報収集とシミュレーションはしっかりとしておくことをお勧めします。

●表1　2024年度入試におけるサピックス生の日程・時間帯別受験率

	1日目	2日目	3日目	4日目	5日目以降	6日目以降
午前	100.0%	83.1%	48.2%	18.1%	0.0%	8.4%
午後	60.2%	68.7%	7.2%	1.2%	14.5%	—

（参考）2023年度

	1日目	2日目	3日目	4日目	5日目以降	6日目以降
午前	100.0%	81.6%	52.9%	18.4%	0.0%	0.0%
午後	62.1%	74.7%	5.7%	1.1%	13.8%	—

※関西校舎に在籍し、関西圏の学校に進学する生徒が対象

最難関校のほとんどが例年並み
遠距離の受験も戻りつつある

続いて、各中学校の出願者数の推移を見ていきましょう。まずは、関西圏の最難関校グループ「トップ9」（灘・甲陽学院・神戸女学院・東大寺学園・西大和学園・大阪星光学院・四天王寺・洛南高等学校附属・洛星）についてです。過去10年間の出願者数推移は表2のとおりです。2022年度の入試では軒並み出願者を減らした「トップ9」ですが、2023年度、2024年度は以前の水準に戻っており、新型コロナウイルスの影響はほぼなくなったといえるでしょう。

まず男子は、灘が747名で、過去10年間では2020年度に次いで2番目に多い出願者数となりました。関西圏からは11名減少したものの、関西圏外からの出願者が増加し、全国のトップ層の受験生が集まってきていることがわかります。甲陽学院も400名前後を集め、東大寺学園は過去10年間で最多の出願者数となりました。洛星は、定員を前期15名、後期10名減らし、特に後期は合格者を絞ったことから、実質倍率が上昇。最後の機会にかけていた受験生にとって厳しい入試となりました。

次に女子ですが、神戸女学院は、過

●表2 トップ9（最難関校グループ）の直近10年間の出願者数の推移

	2015年	2016年	2017年	2018年	2019年	2020年	2021年	2022年	2023年	2024年	24年−23年
灘	612	656	683	735	731	775	687	652	745	747	2
甲陽学院	344	395	382	423	411	410	410	344	381	394	13
神戸女学院	223	255	260	249	262	240	272	229	254	229	▲ 25
東大寺学園	845	884	947	965	934	954	925	902	967	970	3
西大和学園（一般+特色入試）	1,556	1,497	1,427	1,352	1,394	1,462	1,525	1,503	1,469	1,453	▲ 16
大阪星光学院	804	741	683	755	769	737	749	727	737	707	▲ 30
四天王寺	612	609	519	634	711	770	767	696	707	678	▲ 29
洛南高等学校附属	912	857	871	880	910	868	881	775	883	914	31
洛星（前期）	500	446	501	480	470	468	409	449	444	471	27
合計	6,408	6,340	6,273	6,473	6,592	6,684	6,625	6,277	6,587	6,563	▲ 24

去10年間の出願者数に大きな増減はなく、240～250名前後で安定しています。西大和学園は、男子は減ったものの、女子はここ数年では最多になりました。四天王寺は、医志コースや英数Sコースに比べると、英数コースの専願が増えています。

高槻の人気がさらに上昇　滝川は共学化により女子の分が増加

次に、トップ校に次ぐ難関校グループ（高槻・須磨学園・夙川・六甲学院・帝塚山・清風南海・神戸大学附属）を見ていきましょう（表3＝134ページ）。高槻は、2017年の共学化以降、出願者を大幅に増やしてきましたが、2024年度もさらに増加しました。従来は、最難関校の併願先として選ばれることの多かった同校ですが、第一志望とする受験生が年々増えており、最難関校には合格したが、高槻Bは不合格だったというケースも珍しくなくなってきました。来年度以降の受験生は、高槻の競争率が上昇していることを踏まえ、慎重な受験パターンを組む必要があるでしょう。

須磨学園と夙川は数字だけ見ると減っていますが、これは難度が上がってチャレ

ンジ層の受験が減っているためで、けっして入りやすくなったわけではありません。一方、清風南海は近年は減少傾向にありましたが、今年度は全日程の総出願者数が1912名と、大幅な増加に転じました。神戸大学附属は、2025年度は検査日を5日目から3日目に変更するので、さらに人気を集めそうです。

そのほかの難関進学校の動向を見ると、開明は昨年度に続き、今年度も出願者を増やしています。複数回受験に対する優遇措置が認知されたことと、近年の大学合格実績の高さが理由と考えられます。滝川は一部のコースが共学化され、初年度から女子202名の出願者を集めました。

大学付属校については、近年の傾向どおり「関関同立の付属校・系属校は少子化が進むなかでも堅調」といえる状況でした。系列ごとに見ると、昨年度の反動で"関大系列"の3校が微減、"関学系列"の学校は微増でした。これは隔年現象でもあり、全体としては安定した結果となっています。

学校選びは急ぐ必要はないが早めの情報収集を心がけたい

まず保護者の方にお願いしたいことは、志望校に関する情報収集です。「複数回受験の優遇措置があるか」「コース制でスライド合格があるか」「専願と併願とではどのくらい合格ラインが違うのか」「3科受験と4科受験とではどちらが有利か」「プレテストがあるか」などです。

入試要項以外でも、「どのようなクラブ活動があるか」「海外留学制度が充実しているか」「学校の勉強だけで難関大学を受験する生徒が多いか」「難関大学への進学実績がよいか」などを調べていきましょう。

最終的な受験校は、6年生の夏までに決めれば十分に受験対策ができますが、実際に学校に行ったことがなければ、入学後にどのような学校生活を送ることができるのかイメージがわかず、お子さんのモチベーションも高まりません。6年生になると受験勉強が優先され、なかなか学校見学の時間を取りにくくなります。志望順位の高い学校は、4～5年生のうちに体育祭、文化祭、校舎見学会などの機会を利用して、訪問しておくことをお勧めします。

私立中高は学校によって校風が違います。見学の機会をなるべく多く持ち、お子さんの性格、そして家庭の教育方針に合う学校を一つでも多く見つけるようお願いいたします。

●表3　難関校の直近3年間の出願者数推移(全日程合計)

学校名	府県	男女	出願者数(人)			
			2022年	2023年	2024年	24年−23年
高槻	大阪	共学	1,874	2,060	2,217	157
須磨学園	兵庫	共学	1,172	1,025	933	▲ 92
夙川	兵庫	共学	950	814	713	▲101
六甲学院	兵庫	男子	786	898	916	18
帝塚山	奈良	別学	1,640	1,819	1,805	▲ 14
清風南海	大阪	共学	1,456	1,435	1,912	477
神戸大学附属	兵庫	共学	780	963	974	11

サピックス小学部の教科責任者が徹底分析

2025年度中学入試に向けて

「2024年度の出題傾向」と「合格のための学習法」

新型コロナウイルス感染症による制限がほぼ解除されましたが、受験生および保護者にとっては感染症対策が最優先であった2024年度中学入試。近年の傾向として、確かな知識を蓄えているだけではなく、その知識を使って考えたり、表現したりできるかを問う問題が増加しています。このような問題に対応するために、受験生はどのような力をつけていけばよいのでしょうか。ここでは、サピックス小学部の教科責任者が2024年度の出題傾向を徹底分析するとともに、2025年度入試に向けての効果的な学習法をアドバイスします。

教科別徹底分析

構成＝中野恵子　撮影＝知久聡史、中野和志、宮田勝道

教科別徹底分析

算数

サピックス小学部
算数科教科責任者
髙野雅行 講師

2024年度の出題傾向

学習量の差で得点差がつく 難度を上げた典型題が主流

首都圏の主要校では近年の傾向どおり、受験生が見たことがないような斬新な問題はごくわずかで、いわゆる典型題が出題の大半を占めました。典型題とはいえ、暗記した式に数値を当てはめれば得点できるような問題は少なく、よく見る題材にひとひねり加えて難度を上げた問題が多く出題されています。

加えて今年度は、ひねりのない典型題がそのまま出題されるケースも目立ちました。ただし、簡単になったというわけではなく、ひねらなくても適切な点差がつく時計算やニュートン算といった題材が選ばれる傾向にあります。また、ひねりを加えずに負荷を上げたものも目立ち、具体的には仕事算では2人よりも3人の設定が、立体切断では1回の切断よりも2回の切断の設定が増えています。

このようにひねるというより、手数や条件の数を増やしてハードルを上げるタイプの問題が、今年度は多く見られました。その単元の典型題に2つのバージョンがあるとしたら、難しいほうのバージョンが採用される、そんなイメージといってもいいかもしれません。その意味で解法は典型的であっても、学習量の差によって得点差がきちんとつく問題が出題されているといえます。

知っているだけでは解けない その場で活用できる力が必要

具体的にどのような問題が出題されたのでしょうか。次年度以降の入試で注意すべき出題を踏まえ、注目された単元、内容を見ていきましょう。

例年頻出の「特別な数」に要注意

西暦を題材とした数の問題は例年よく見られます。今年度も2024を題材とした問題が多く見られました。たとえば、開成中（P.139参照）の問題は、1から9までの数字と四則演算の記号とカッコだけを使って2024を作る、いわゆる数遊びの問題です。数の問題では、ほかの数にはない性質を持つ「特別な数」を扱う問題も例年、頻出しています。浦和明の星女子中（P.139参照）の問題では、4桁の数ABCDに9をかけると並びがひっくり返ってDCBAになる、という数を求めさせています。この数はおもしろい特徴を持つことで有名で、「こういう数があるんだ」と興味を持って覚えていた受験生には有利になったと思われます。こうした問題は毎年、数多く出題されます。来年も2025が45の平方数であることから、西暦を含めて特徴的な数の問題が多く出題されることが予想されます。日ごろから数に興味を持ち、「特別な数」になじんでおくことが大切です。

既知の図形を発見・復元できるか

図形分野では、知識力と対応力が求められる問題が目立ちました。桜蔭中（P.141参照）の問題は、小学生の学習範囲では出すことのできない正三角形の面積を、文字にしたり、和を考えたりして解決を図る問題です。ひと昔前にはよく見られたタイプで、近年は下火になっていましたが、今年度は正三角形の面積に関する問題が複数の上位校で重なりました。正三角形の面積の処理について解決する方法を知っていることと並んで、それを実行する対応力が求められます。また、正多角形を組み合わせた「有名な図形」の一部分を提示した問題も、上位校で目立っています。有名な図形を知っていて、その一部を与えられたときに発見・復元できるか、あるいはその場の条件に合わせて活用できるか、こちらも対応力が問われた問題といえます。

図形を描かせる問題も例年どおり目立ちました。図形を知っているというだけでなく、条件に合わせて正確な図を描き、それをもとに解答するという形式は多く、これも対応力が試される問題といえます。

●はさみこむ系の場合の数

数列にさらに数をはさみこむことをテーマにした問題が、開成中（P.142参照）と武蔵中で出題されました。1つ前の小問を利用しながら答えを出すため、題意を満たすための分析と、分析結果を運用する力が求められます。

●論理的思考を問う「データの活用」

データの活用が小学校での学習に取り入れられて以降、代表値と呼ばれる「中央値・最頻値」という単語が入試問題に登場するようになりました。今年度は用語の意味の確認にとどまらず、早稲田実業学校中（P.141参照）の問題のように、表やグラフの条件設定から考える問題が見られ、データの活用を題材として、論理的に思考することを求める問題として注目されます。こうした方向性の出題は今後広がる可能性もあり、注意が必要です。

●関西圏の出題傾向

典型題の出題が中心であることは関西圏の学校も同じです。典型題を中心に、手数のかかる問題やグラフの処理が必要な問題など、その場での対応力や処理力を問う出題が目立ちました。関西圏の学校は算数・国語・理科の3教科入試が多く、算数の試験時間も首都圏の学校に比べて長い傾向にあります。このため例年のことですが、難度は首都圏よりやや高めになります。

注目される内容、単元は首都圏と大きな違いはありません。一つ加えるとすると、グラフ問題の増加が挙げられます。神戸女学院中（P.144参照）の水量グラフの問題は、グラフの折れ曲がりに注目して、状況変化を的確に追わなくてはならない問題で、こうした問題は他校でも出題例が少なくありません。首都圏でもグラフを使った出題は増加とともに複雑さも増しており、過熱気味といえる状況です。

また、データの活用と同様に、プログラミングが小学校の学習範囲に入り、入試問題でも取り上げられるようになりました。これまではプログラミングどおりに操作する問題が主流でしたが、今年度は洛南高等学校附属中で、プログラミングそのものを題材とした論理的な思考を求める問題が出題され、今後に向けて注目されるところです。

ここまで見てきたように、首都圏・関西圏とも数多くの解法知識を身につけるのはもちろんのこと、条件を読み取る力、状況を整理して分析する力、ていねいに作業する力など、受験生に求められるものは少なくありません。その土台になっているのは基礎からこつこつ積み上げてきた力であることは、近年、特に顕著になっています。言い換えれば、やるべきことをしっかりやり続ける努力をしていれば、評価される入試であるともいえます。

めりはりのある学習で実戦力をつけよう

●合格のための学習法

算数が苦手でも得意でも ものをいうのは学習量と経験値

出題傾向で見たように、近年は典型題が出題の大半を占めています。典型題といってもその数は非常に多く、数多くこなすうちに漏れてしまうものがあっても不思議ではありません。そうしたところで得点差がついているのが昨今の入試です。

ということは、解いたことのある問題について高い精度で再現できれば合格につながるということです。それには、やるべきことにこつこつ取り組んで積み上げていくしかありません。

その点は算数が得意な人も苦手な人も変わりません。算数が苦手な人は、どの段階で苦手だと感じたとしても、そこから繰り返し学習して努力を続けていけば、きちんと得点できるようになるのが今の入試です。

たとえば図形に斬新な補助線を入れることをひらめかないと解けないような、算数のセンスが必要な問題は非常に少なくなっています。学習してきたやり方を思い返し、この問題構成ならこういう解き方でできるはずだと思って解いていく。その作業はセンスの有無ではなく、学習量や経験値を増やせば対応できるようになります。

とはいっても、やらなければならない学習量は確実に増えています。学習量が多いと、その場だけの詰め込み学習になりがちですが、いくらたくさん詰め込んでも、しっかり理解できていなければ力になりません。問題を解いていて行き詰まったときに解答を見たり、人に教えてもらったりすることは悪いことではありませんが、自分で考えることなく教わった知識は定着しません。自分なりにあれこれ考えてみたけれど、わからなかった。その結果、正解を見る、あるいは教えてもらう、という過程を経て得た知識は定着して離れません。

めざすのは全問正解ではない できる問題を確実に正解すること

ただし、すべてにおいてじっくり時間をかけて取り組む必要はありません。時間をかけるもの、短時間で終えるもの、場合によっては飛ばしてよいものを区別することも重要です。場合によってはほとんどの受験生ができないような、難し過ぎる問題を出す例も見られます。こうした問題にいつまでも時間をかけていては非効率です。

すべてを解いて、すべての問題で○を取る、という姿勢はとても意欲的ですが、毎回完璧をめざして学習をしていると、入試本番で時間をかけるべきでない問題を飛ばす勇気がなくなってしまいます。ご家庭でも「全部解けなければならない」というプレッシャーはかけないように気をつけましょう。

問題にもよりますが、お子さんが1つの問題にずっと頭を抱えているようなら、「いったん切り上げて明日にしたら」といった声掛けをしてください。難し過ぎる問題に付き合い過ぎないことは、受験勉強の効率化だけでなく、入試本番の実戦力を鍛える意味でも大切です。

注目問題① 開成中

1 次の問いに答えなさい。

(1) 数字1，2，3，4，5，6，7，8，9と四則演算の記号＋，－，×，÷とカッコだけを用いて2024を作る式を1つ書きなさい。ただし，次の指示に従うこと。

① 1つの数字を2個以上使ってはいけません。
② 2個以上の数字を並べて2けた以上の数を作ってはいけません。
③ できるだけ使う数字の個数が少なくなるようにしなさい。（使う数字の個数が少ない答えほど，高い得点を与えます。）

たとえば，10を作る場合だと，

- 5＋5や（7－2）×2は，①に反するので認められません。
- 1と5を並べて15を作り，15－2－3とするのは，②に反するので認められません。
- ③の指示から，2×5，2×（1＋4），4÷2＋3＋5のうちでは，使う数字の個数が最も少ない2×5の得点が最も高く，数字3個の2×（1＋4），数字４個の4÷2＋3＋5の順に得点が下がります。

Point 昨年度に続き西暦（2024）を題材とした問題が多く見られました。日ごろから数に興味を持っている人であれば、一度は考えたことがあったかもしれません。

注目問題② 浦和明の星女子中（第1回）

1.

（6） 次の筆算にあるA，B，C，Dの4つの文字は，それぞれ異なる0から9のいずれかの数字を表し，ABCDは4桁（けた）の数を表しています。A，B，C，Dに当てはまる数字をそれぞれ答えなさい。

$$\begin{array}{r} ABCD \\ \times \quad\;\; 9 \\ \hline DCBA \end{array}$$

Point 特徴のある数に関する問題です。

注目問題③ 吉祥女子中（第1回）

1

（6） 整数Aがあり，283をAで割った余りは，356をAで割った余りよりも4だけ小さく，463をAで割った余りより4だけ大きいです。整数Aを答えなさい。

Point 典型題にひとひねりを加えることにより、難度が程よく上がっています。

注目問題④　海城中(一般入試①)

2　下の図のような三角形ABCにおいて，辺ABを2：3に分ける点をD，辺BCを2：1に分ける点をE，辺CAの真ん中の点をFとします。また，AEとBF，AEとCDが交わる点をそれぞれP，Qとします。

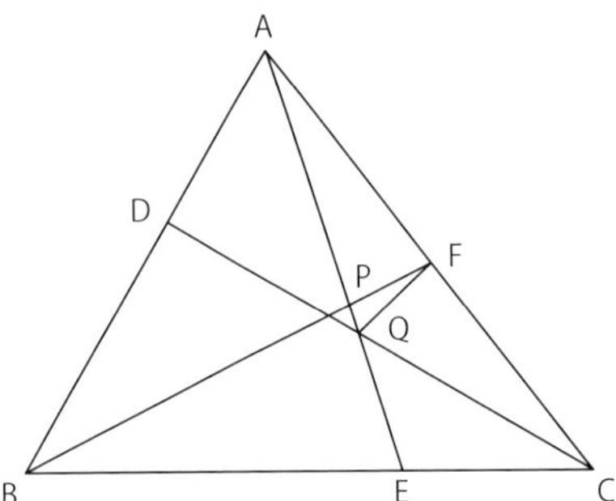

(1)　AQ：QEを最も簡単な整数の比で求めなさい。

(2)　AP：PQ：QEを最も簡単な整数の比で求めなさい。

(3)　三角形ABCと三角形FPQの面積の比を最も簡単な整数の比で求めなさい。

Point　**解法を正しく運用する力が求められています。練度により得点差がついたでしょう。**

注目問題⑤　筑波大学附属駒場中

[3]　一辺の長さが12cmの正六角形ABCDEFがあります。
直線AD上に点G，直線CF上に点Hがあります。三角形AGFの角G，三角形CHDの角Hは，どちらも直角です。
点Pは頂点Aを出発し，正六角形の辺上を毎秒1cmの速さでA→B→C→D→E→F→Aの順に一周し，動き始めてから72秒後にAで止まります。

PとG，GとH，HとPをまっすぐな線で結んで作った図形PGHを考えます。次の問いに答えなさい。

(1)　図形PGHが三角形にならないのは，Pが動き始めてから何秒後ですか。考えられるものをすべて答えなさい。

(2)　図形PGHが三角形になり，三角形PGHの面積が三角形AGFの面積と等しくなるのは，Pが動き始めてから何秒後ですか。考えられるものをすべて答えなさい。

(3)　PとB，BとH，HとPをまっすぐな線で結んで作った図形PBHを考えます。ただし，PがBに重なる場合は考えないものとします。
図形PGH，図形PBHがどちらも三角形になり，三角形PGHの面積が三角形PBHの面積と等しくなるのは，Pが動き始めてから何秒後ですか。考えられるものをすべて答えなさい。

Point　**同校で頻出の要素が詰まった問題です。**

注目問題⑥　桜蔭中

Ⅲ　1辺が1cmの正三角形ABCと1辺が3cmの正方形PQRTがあります。正三角形ABCの面積をScm²とします。次の問いに答えなさい。

(1)　正三角形ABCを〈図1〉のように正方形PQRTの（あ）の位置に置きます。点Aは点Pと重なっていて，点Bは辺PQ上にあります。このあと正三角形ABCを，正方形PQRTの内側をすべらないように矢印の向きに回転させながら再び（あ）の位置に重なるまで移動させます。

　正三角形ABCが通過した部分の面積をSを使った式で表しなさい。

(2)　正三角形ABCを〈図2〉のように正方形PQRTの（い）の位置に置きます。点Aは点Pと重なっていて，点Cは辺TP上にあります。このあと正三角形ABCを，正方形PQRTの内側をすべらないように矢印の向きに回転させながら（う）の位置に重なるまで移動させます。ここで，直線PQを対称の軸として折り返し，（え）の位置に重なるようにします。次に，正三角形ABCを，正方形PQRTの外側をすべらないように矢印の向きに回転させながら（お）の位置に重なるまで移動させます。今度は，直線RQを対称の軸として折り返し，（か）の位置に重なるようにします。再び正三角形ABCを，正方形PQRTの内側をすべらないように回転させながら（き）の位置に重なるまで移動させます。同じように，（く）の位置へ折り返し，正方形PQRTの外側をすべらないように回転させながら（け）の位置に重なるまで移動させます。

　このとき，点Cがえがいた曲線で囲まれた図形の面積を求めなさい。

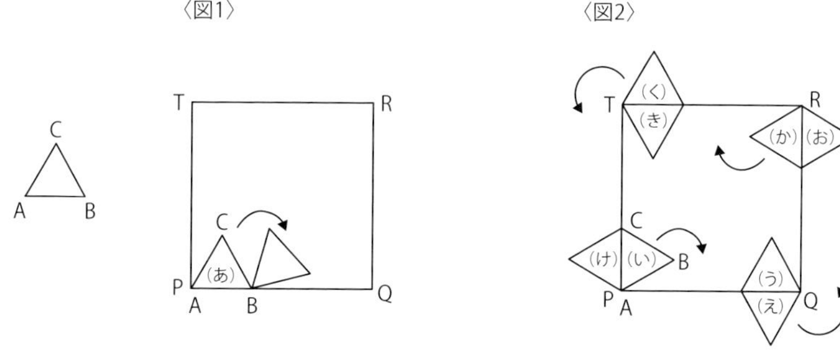

Point　**図形の回転移動は今年度も多くの学校で出題されました。**

注目問題⑦　早稲田実業学校中

2　次の各問いに答えなさい。

(1)　あるクラスの男子25人、女子15人が上体起こしを行い、その結果について、以下のことが分かっています。

男子

最も回数が多かったのは26回、最も回数が少なかったのは6回
最頻（ひん）値は22回でその人数は10人

女子

最も回数が多かったのは28回、最も回数が少なかったのは9回
中央値は20回

　次の①、②に答えなさい。**求め方も書きなさい**。

①　男子の回数の平均が最も多くなるとき、男子の平均は何回ですか。
②　女子の回数の平均が最も多くなるとき、女子の平均は何回ですか。

Point　**中央値・最頻値という用語の確認にとどまらず、条件設定から論理的に思考を進める必要があります。**

注目問題⑧ 開成中

2 9枚のカード1，2，3，4，5，6，7，8，9があります。はじめに，9枚のカードから何枚かを選び，混ぜ合わせて1つの山に重ねます。このときのカードの並び方を「はじめのカードの状況」ということにします。

たとえば，5枚のカード1，2，3，4，5を使う場合を考えましょう。5枚のカードを混ぜ合わせて1つの山に重ねたとき
「カードが上から4 2 5 1 3の順に重ねられている」
とします。これがこのときのはじめのカードの状況です。これを簡単に【4 2 5 1 3】と表すことにします。

机と箱があります。次のルールに従って，山に重ねたカードを上から1枚ずつ，机の上か，箱の中に動かします。

- 1枚目のカードは必ず机の上に置く。
- 2枚目以降のカードは，そのカードに書かれた数が机の上にあるどのカードに書かれた数よりも小さいときだけ机の上に置き，そうでないときには箱の中に入れる。

たとえば，はじめのカードの状況が【4 2 5 1 3】のとき，カードは次の図のように動かされ，最終的に机の上には3枚のカード4 2 1が，箱の中には2枚のカード5 3が置かれます。この結果を，机の上のカードに注目して，カードが置かれた順に《421》と表すことにします。

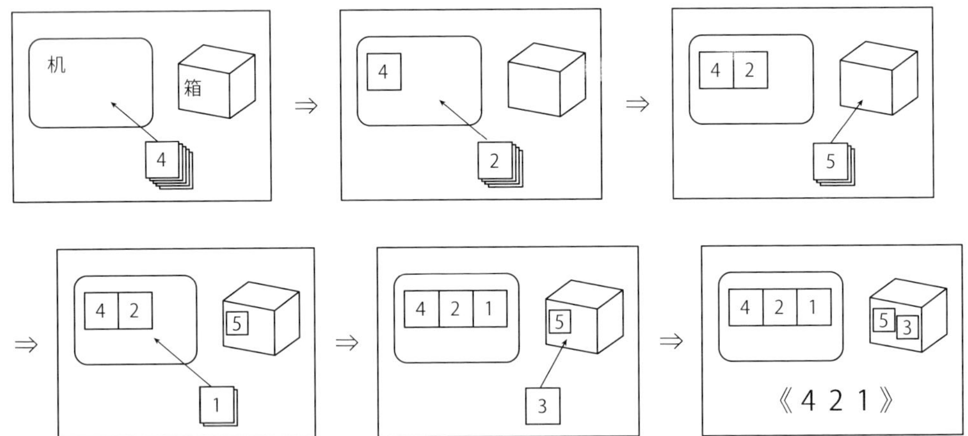

(1) 7枚のカード1，2，3，4，5，6，7を使う場合を考えます。
はじめのカードの状況が【7 4 6 3 1 2 5】であるときの結果を答えなさい。

(2) 次のそれぞれの場合のはじめのカードの状況について答えなさい。(ア)，(イ)については，解答らんをすべて使うとは限りません。

(ア) 3枚のカード1，2，3を使う場合を考えます。
結果が《2 1》になるはじめのカードの状況をすべて書き出しなさい。

(イ) 4枚のカード1，2，3，4を使う場合を考えます。
結果が《2 1》になるはじめのカードの状況をすべて書き出しなさい。

(ウ) 5枚のカード1，2，3，4，5を使う場合を考えます。
① 結果が《2 1》になるはじめのカードの状況は何通りありますか。
② 結果が《5 2 1》になるはじめのカードの状況は何通りありますか。

(エ) 6枚のカード1，2，3，4，5，6を使う場合を考えます。
結果が《5 2 1》になるはじめのカードの状況は何通りありますか。

(3) 9枚のカード全部を使う場合を考えます。
結果が《7 5 4 2 1》になるはじめのカードの状況は何通りありますか。

Point **数列にさらに数をはさみこむことをテーマにした場合の数の問題です。設問の流れをくみ取り、前の結果を次の設問に生かす力が重要です。**

的中問題⑨　栄光学園中

4. 底辺が2cmで高さが2cmの二等辺三角形を底面とする，高さ2cmの三角柱を考えます。この三角柱を以下の図のように1辺の長さが2cmの立方体ABCD-EFGHの中に置きます。なお，角すいの体積は「(底面積)×(高さ)÷3」で求められます。

(1) 図1のように，三角柱の向きを変えて2通りの置き方をしました。これらの共通部分の立体Xの体積を答えなさい。

(2) 図2のように，三角柱の向きを変えて2通りの置き方をしました。これらの共通部分の立体をYとします。
(ア) 立体Yの面はいくつありますか。
(イ) 立体Yの体積を答えなさい。

(3) 図3のように，三角柱の向きを変えて2通りの置き方をしました。これらの共通部分の立体をZとします。

(ア) 立体Zのそれぞれの面は何角形ですか。答え方の例にならって答えなさい。

(答え方の例) 三角形が3面，四角形が2面，五角形が1面

(イ) 立体Zの体積を答えなさい。

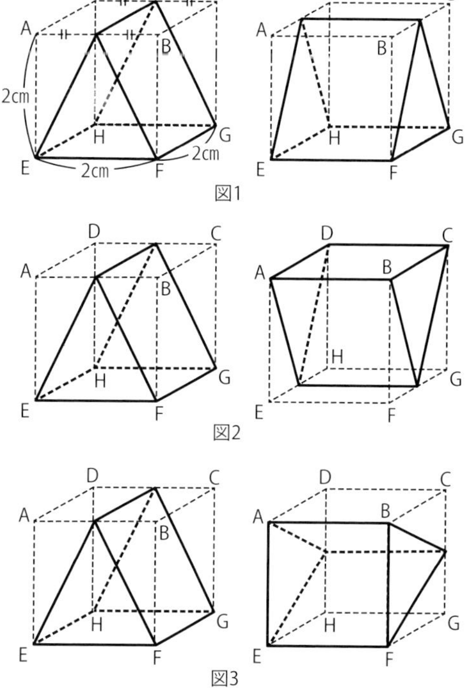

サピックスの類似問題　6年生デイリーサポート33　今週の立体切断　立体の重なり

1　右の図は、1辺の長さが6cmの立方体で、辺上の2等分点にすべて印をつけています。(必要があれば、下の図を利用しなさい。)

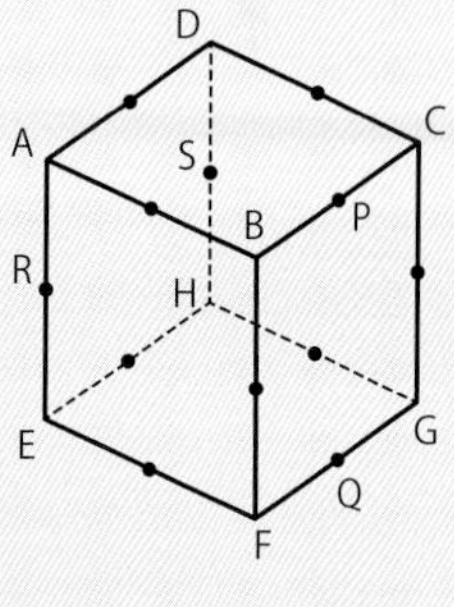

(1)　三角柱AEF-DHGと三角柱ABD-EFHの共通部分を立体Tとします。立体Tの体積を求めなさい。
(2)　三角柱PDA-QHEと三角柱RFB-SGCの共通部分を立体Uとします。立体Uの体積を求めなさい。
(3)　三角すいA-CFHと三角すいB-DEGの共通部分を立体Vとします。立体Vの体積を求めなさい。

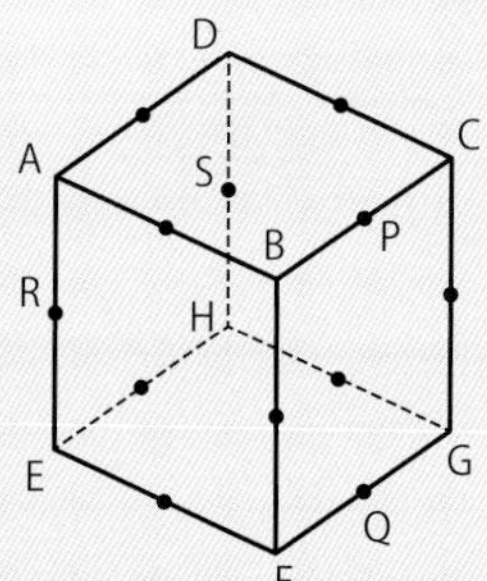
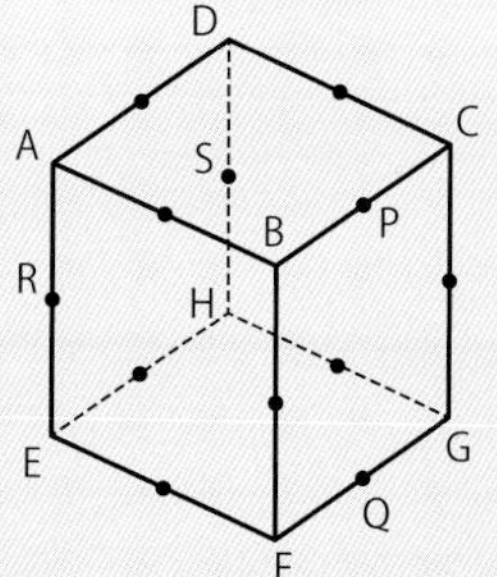
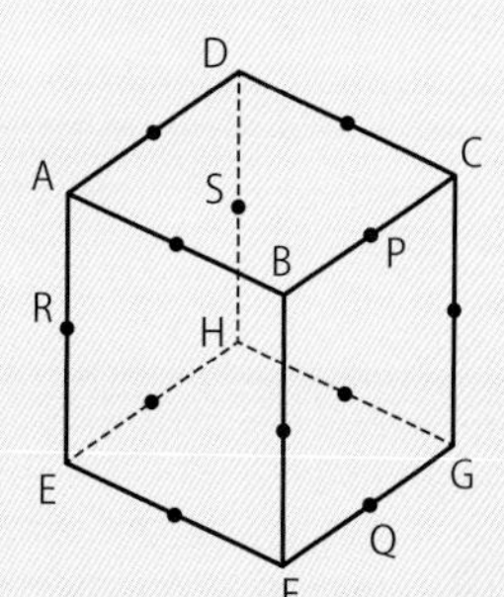

注目問題⑩　神戸女学院中

5　図1のように直方体の水槽(そう)が、その側面と平行な長方形の仕切りでP、Qの2つの部分に分けられています。Pの部分には、体積が水槽の$\frac{1}{25}$である直方体のおもりが、水槽の底面にぴったりとつくように置いてあります。P、Qそれぞれの上に蛇(じゃ)口A、Bがあり、どちらも一定の割合で水が出てくるものとします。
また、容器や仕切りの厚さは考えないものとします。
蛇口A、Bを同時に開いたとき、水を入れ始めてからのPの部分の水面の高さと時間の関係は図2のようになりました。
(1)　蛇口A、Bから1秒間に出てくる水の量の比を最も簡単な整数の比で答えなさい。
(2)　おもりと水槽の底面積の比を最も簡単な整数の比で答えなさい。
(3)　図2のグラフの（ア）、（イ）に当てはまる数を答えなさい。

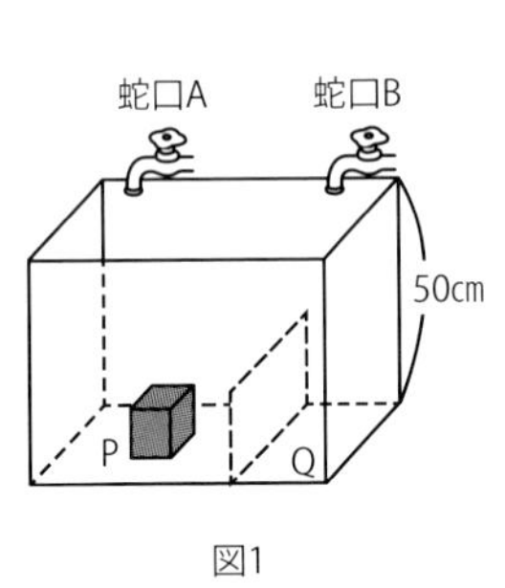

図1

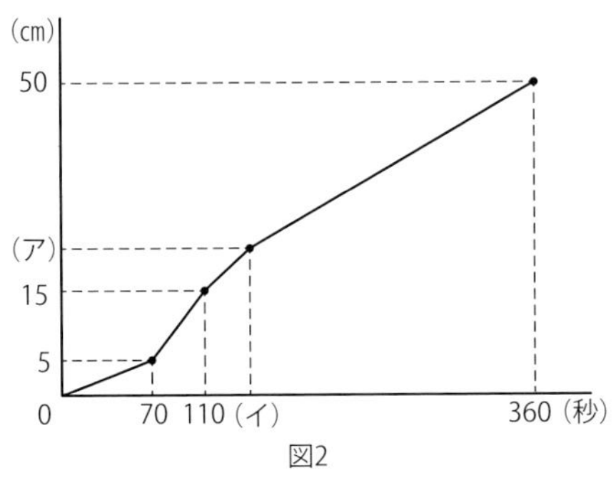

図2

Point　今年度も水量グラフの問題が多く出題されました。

注目問題⑪　洛南高等学校附属中

6　図のように，三角形ABCの各辺に正方形がくっついています。三角形ABGの面積は18cm²で，AJ，ALの長さはそれぞれ4cm，3cmです。
　このとき，次の図形の面積はそれぞれ何cm²ですか。

(1)　四角形 AJKG
(2)　四角形 AHML
(3)　四角形 BDEC

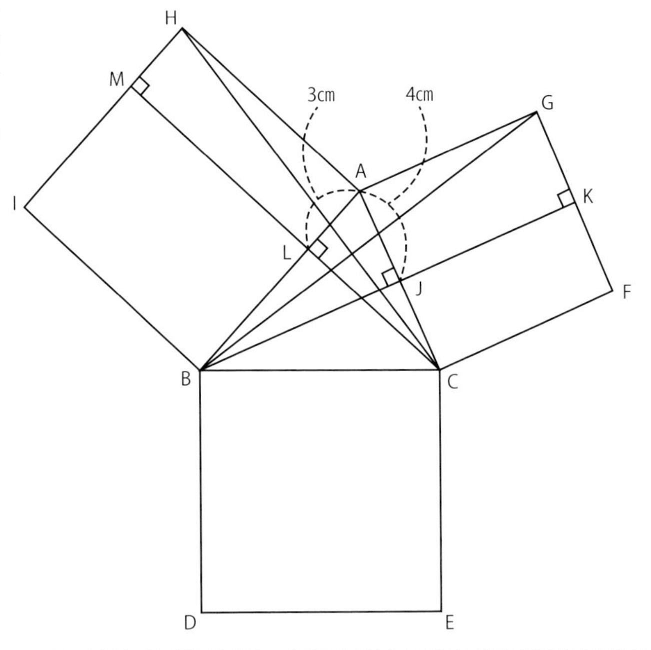

Point　等積変形をうまく活用できるかが問われています。

注目問題⑫ 灘中（第2日）

3

(1) 右の図の正方形ABCDにおいて，三角形AEFの面積は[　　　]cm²です。
また，4つの面がそれぞれ三角形ABE，ECF，FDA，AEFと合同な三角すいの体積は[　　　]cm³です。

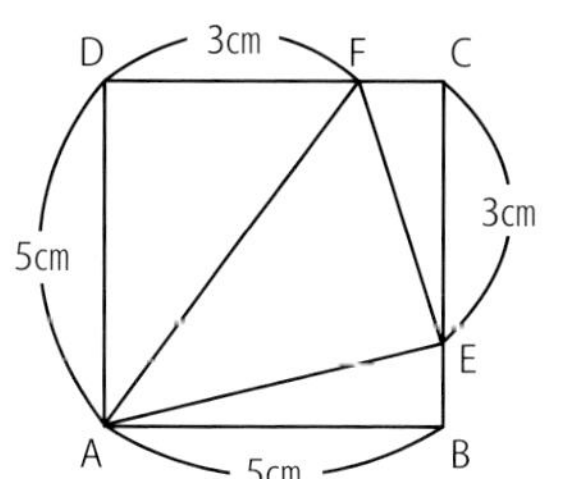

(2) 右の図のような，1辺の長さが20cmの立方体GHIJ-KLMNがあります。点PはGPの長さが10cmとなる辺GJ上の点，点QはGQの長さが15cmとなる辺GH上の点，点RはKRの長さが3cmとなる辺KL上の点です。

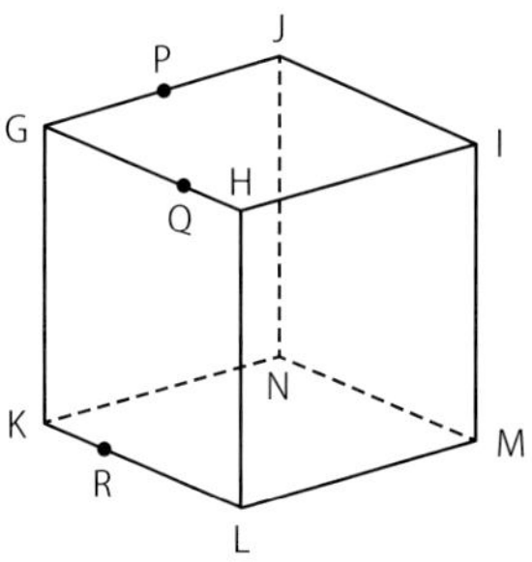

(ア) 3点P，Q，Rを通る平面と辺KNが交わる点をSとします。このとき，KSの長さは[　　　]cmです。
また，3点P，Q，Rを通る平面で立方体GHIJ-KLMNを2つの立体に切り分けたとき，Gを含む方の立体の体積は[　　　]cm³です。

(イ) 4点G，P，Q，Rを頂点とする三角すいの，三角形PQRを底面とみたときの高さを求めなさい。

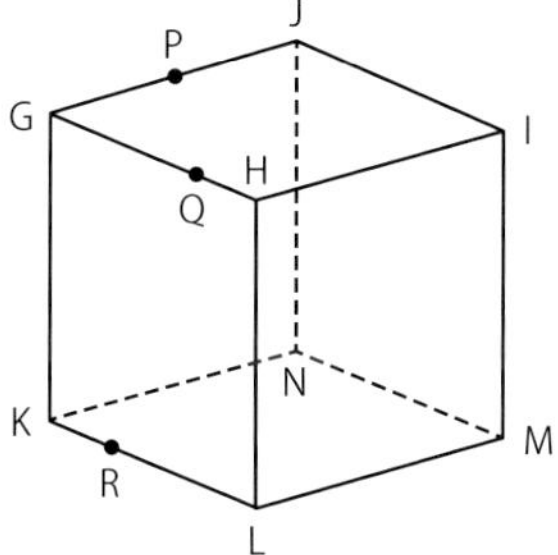

(ウ) 4点M，P，Q，Rを頂点とする三角すいの，三角形PQRを底面とみたときの高さを求めなさい。

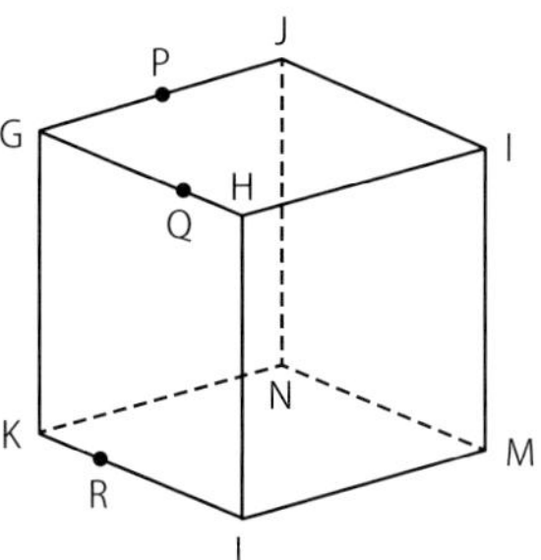

Point 今年度は、難度が高めの立体切断の問題が多く出題されました。

教科別徹底分析

国語

サピックス小学部
国語科教科責任者
国定 栄太 講師

●2024年度の出題傾向

あえて難解な文章を出し粘り強く取り組む姿勢を試す

例年の傾向どおり、新しい出版物からの出題が多く、全体の約5割ほどが過去2年間に出版された書籍から出題されています。

内容については、2023年度まで多く見られた新型コロナ感染症を扱った問題は、説明的文章でも文学的文章でもほとんど見られませんでした。また2023年度は当時の世界情勢を語る文章が多く見られましたが、2024年度はそうした傾向も見られませんでした。

今年出題された文章の例を挙げるなら、読書の大切さ、あるいは現代社会に批判的な目を向けることの重要性など、中学受験でよく取り上げられる内容のものが目立ち、その意味では原点回帰といえるでしょう。「一般的な論調」「わかりやすい物語」など、世間で良いとされている事柄について、批判的な目を向けることを促すような文章も多く見られました。

そうした傾向を反映してか、受験生にとっては難解ともいえるわかりにくい文章が目につきました。たとえば、「作品頻出一覧」(P.155参照)にもある哲学者の戸谷洋志さんによる著書『友情を哲学する—七人の哲学者たちの友情観』では、アリストテレスやカントなどの友情論について述べており、受験生には難しい文章となっていましたが、聖光学院中や横浜共立学園中など複数の学校が取り上げました。

文学的文章でも、背景がわかりにくい、読みにくい文章が目につきました。開成中(P.149参照)が出題した『鵺(ぬえ)の森』はその一例です。鵺という妖怪の伝説が残る町を舞台にした物語ですが、鵺という存在そのものがわかりにくいうえ、タトゥーを入れた少年が登場するなど、なじみのない話の展開についていけなかった受験生もいたのではないでしょうか。

こうした難しい文章を出題するのは、理解する力があるかどうかを試したいという理由からだけではないと思います。わからなくてもあきらめずに何とか考えてみる、書き込んだり線を引いたりしながら理解しようとする、そうした「粘り強く取り組む姿勢」の有無は、学びの土台として非常に大切です。各中学校は、その点も見ようとしているのではないかと考えられます。言い換えれば、学力の基礎となる部分が求められる傾向がより強くなったといえるかもしれません。

書かれていないことを推測する思考力が問われる問題も増加

設問については、本文に書かれた情報をもとに、書かれていないことを推測させるものが難関校を中心に見られました。その好例が筑波大学附属駒場中(P.150参照)の問題です。

ここでは、先生に「作者の気持ちがわかってない」と言われて落ち込む「きみ」に、おじさんが「人は自分が話していることばすらよく理解してないのだから、人が書いたことを理解できないのは当然だ」となぐさめる様子が書かれています。先生は「きみ」に「作者の気持ちがわかるはずだ」と言いますが、問題では、先生はどういった考えからこのような発言をしたのかを考えさせています。先生は本文に登場しないため、おじさんの話をもとに考えなくてはなりません。

このように、書いてあることをもとに、書かれていないことを論理的に考える問題は、近年難関校を中心に多く出題されています。

また、大学入学共通テストを意識した問題も、2023年度に引き続き多く見られ、一部の学校では定着したといえます。その形式の一つが、授業中のアクティブ・ラーニングなど、話し合いの流れを読んで考えるものです。

駒場東邦中（P.150参照）の問題では、話し合われているテーマについて、日常での具体例を受験生に考えさせています。こういった、テーマを身の回りに落とし込んで具体化させる問題は増加傾向にあります。

二つの文章を関連づけて考える問題や、図表・グラフ・写真と文章を複合的に読み解く問題も増えています。市川中（P.152参照）の問題は、ジェンダーに関する論説文と、従軍した女性兵士が戦地から帰ってきた際に差別的扱いを受けたという証言の文章、さらに男らしさ・女らしさと思われている特性を示す表、この三つを読み取って考えさせるものです。2段階・3段階の思考が求められる難度の高い問題でした。

知識系では、新しい形式の問題が注目されます。慶應義塾中等部（P.151参照）は、「倒れる」「歌う」などの動詞に、「ている」をつけるとどうなるかを答えさせています。いずれも日常的によく使う表現なので、ことばについての日ごろの感覚が問われるユニークな問題といえます。

攻玉社中（P.151参照）の問題は、松尾芭蕉の「おくのほそ道」の俳句を挙げ、詠まれた順番を考えさせるものです。芭蕉が江戸から奥州・北陸を経て美濃の大垣に至ったということ、3月から9月に旅したことをヒントに、それぞれの句の季節と場所を読み解きます。

知識問題ではあっても単に知識を問うのではなく、日常生活での経験や、その場で提示された条件をもとに考えさせる、おもしろい問題がいくつかの学校で目につきました。

関西でも、首都圏並みに新しい出版物からの出題が増加

関西圏の学校でも、取り上げられた文章は直近2年間の出版物からのものが全体の5割強を占めました。関西では新しい書籍を使う傾向は首都圏ほど強くありませんでしたが、ここ数年は新しいものを取り上げる学校が増え、2024年度は首都圏と同程度になっています。

文章の内容としては、首都圏のような難しいものが出てきたということはなく、難度は例年どおりでした。

設問については、例年どおりの傾向ですが、比喩表現の意味を問うといった知識系の問題が多くなっています。灘中（P.152参照）の文章は比喩ではありませんが、文中に出てくる「ぶどう味の味」がどのような味かを聞いています。「ぶどうの味」ではなく、「ぶどう味の味」というところがポイントです。

このように、知ってはいても表現しにくい感覚的なものや微妙な気持ちなどを、自分のことばで表現できるかどうかを試す問題は、関西圏の学校ではよく出題されるため、今後も注意が必要です。

「読んで理解する経験」を積み、自信につなげる

合格のための学習法

大切なのは集中すること 気が散らない環境をつくろう

2024年度も、多彩な背景や他者の視点を意識したもの、社会の問題や現代の風潮を反映したものなど、さまざまなタイプの文章が出題されました。

国語の入試問題は、文章を正しく読み、設問にきちんと答えることが基本です。そのためにはさまざまな文章に触れ、どんな文章でも読みこなそうとする貪欲な姿勢を持つことが大切です。また日ごろからことばについての感覚を磨くとともに、最近話題になっている事柄についても興味を持つことが求められます。

これらは国語力の向上には不可欠なものですが、その大前提となるのは集中して取り組める環境が整っているかどうかです。勉強するのは自分の部屋でもリビングでも構いません。重要なのは、余計な雑音が入らない環境があることです。すぐそばで兄弟姉妹が遊んでいたり、漫画・ゲーム・スマートフォンが目につくところにあったりする、気が散る環境で勉強してはいないでしょうか。勉強を始めたら、目の前の問題に集中することは、日ごろの姿勢として常に意識するようにしましょう。

お子さんが自分の部屋で静かにしているからといって、勉強に集中できているとは限りません。漫画を読んでいたり、寝ていたりすることもあるでしょう。保護者が気づかないうちに取り返しのつかない事態になっていないよう、できれば勉強しているところを保護者が目で確認できるようにするといいと思います。

数多く読めばいいわけではない 内容を理解することが大事

集中できる環境が整っていても、勉強に身が入らないこともあります。特に国語に苦手意識を持っているお子さんの場合は、文章を読む際に集中できず、目で文字を追うだけになっているケースがあります。これでは、たくさんの本を読んでも国語の力はつきません。

文章を読むのが苦手であれば、短いものでもいいので文章に触れる経験を重ねることから始めましょう。触れる経験とは、ただ読むだけでなく「読んできちんと理解する」ということです。このレベルならしっかり読める、読んで理解できる、というものを増やしていけば、経験の幅が広がり、自信にもつながります。

もちろん6年生になれば、ある程度レベルの高いものを読みこなす必要があります。だからといって、最初から中学入試レベルの難解な本を読んでも力はつきません。国語が苦手な6年生は、夏が終わるまでは読みやすい文章で基礎的な経験を積みましょう。そして秋以降に、その力を土台に中学入試レベルの文章に挑戦してみるのがお勧めです。

国語力を向上させる基本は、「ことばに親しむ」「文章に親しむ」「書くことに親しむ」です。国語は何かを覚えれば点が取れるようになる教科ではないため、勉強の成果がなかなか見えません。だからこそ、粘り強さが必要なのです。粘り強く取り組めば成果が出ると信じて、毎日の勉強を続けていただきたいと思います。

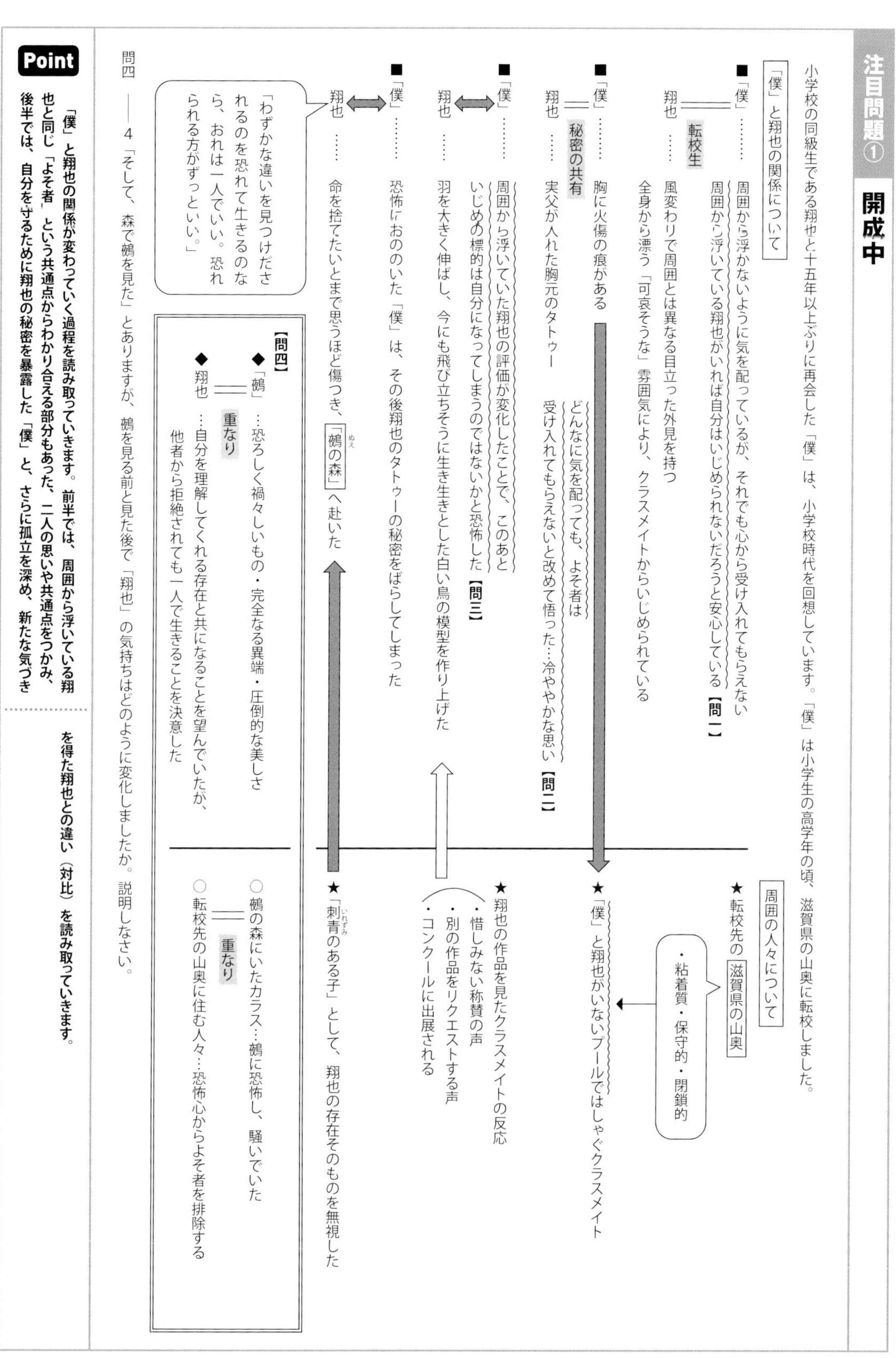

注目問題① 開成中
小学校の同級生である翔也と十五年以上ぶりに再会した「僕」は、小学校時代を回想しています。「僕」は小学生の高学年の頃、滋賀県の山奥に転校しました。
「僕」と翔也の関係について
■「僕」……周囲から浮かないように気を配っているが、それでも心から受け入れてもらえない
周囲から浮いている翔也がいれば自分はいじめられないだろうと安心している【問一】
転校生
翔也……風変わりで周囲とは異なる目立った外見を持つ
全身から漂う「可哀そうな」雰囲気により、クラスメイトからいじめられている
■「僕」……胸に火傷の痕がある
秘密の共有
翔也……実父が入れた胸元のタトゥー
どんなに気を配っても、よそ者は受け入れてもらえないと改めて悟った…冷ややかな思い【問二】
■「僕」……周囲から浮いていた翔也の評価が変化したことで、このあといじめの標的は自分になってしまうのではないかと恐怖した【問三】
翔也……羽を大きく伸ばし、今にも飛び立ちそうに生き生きとした白い鳥の模型を作り上げた
■「僕」……恐怖におののいた「僕」は、その後翔也のタトゥーの秘密をばらしてしまった
翔也……命を捨てたいとまで思うほど傷つき、「鵺(ぬえ)の森」へ赴いた
「わずかな違いを見つけだされるのを恐れて生きるのなら、おれは一人でいい。恐れられる方がずっといい。」
周囲の人々について
★転校先の 滋賀県の山奥
・粘着質・保守的・閉鎖的
★「僕」と翔也がいないプールではしゃぐクラスメイト
★翔也の作品を見たクラスメイトの反応
・惜しみない称賛の声
・別の作品をリクエストする声
・コンクールに出展される
★「刺青(いれずみ)のある子」として、翔也の存在そのものを無視した
【問四】
◆「鵺」…恐ろしく禍々しいもの・完全なる異端・圧倒的な美しさ
重なり
◆翔也…自分を理解してくれる存在と共になることを望んでいたが、他者から拒絶されても一人で生きることを決意した
○鵺の森にいたカラス…鵺に恐怖し、騒いでいた
重なり
○転校先の山奥に住む人々…恐怖心からよそ者を排除する
問四 ――4「そして、森で鵺を見た」とありますが、鵺を見る前と見た後で「翔也」の気持ちはどのように変化しましたか。説明しなさい。
Point
「僕」と翔也の関係が変わっていく過程を読み取っていきます。前半では、周囲から浮いている翔也と同じ「よそ者」という共通点からわかり合える部分もあった、二人の思いや共通点をつかみ、後半では、自分を守るために翔也の秘密を暴露した「僕」と、さらに孤立を深め、新たな気づきを得た翔也との違い（対比）を読み取っていきます。

注目問題② 筑波大学附属駒場中

三　次の文章を読んで、後の問いに答えなさい。

（「作者の気もちが、わかってない」という理由でテスト結果がふるわず、落胆している「きみ」が、ことばの解釈や意味について「おじさん」と意見を交わします。）

問一　――①「作者の気もちが、わかってない」とありますが、「きみ」にそう言った人は、どのような考えのもとに「作者の気もち」がわかるはずだとするのですか。

問三　――②「めんどくさいなあ、かもしれない」とありますが、「きみ」の、おかあさんへの「おいしいよ」という答えが、どうして「めんどくさいなあ」という意味になりえるのですか。

Point　**問一では表面的なことばから書かれていない内容も含めて解釈すること、問三では「おいしいよ」ということばの裏にある内面的な部分を踏まえて解釈していくことについて答えていきます。**

注目問題③ 鷗友学園女子中（第2回）

三　次の文章を読んで、後の問いに答えなさい。

（読書は、他者の人生を疑似体験できること、客観視する能力が身につくこと、多彩な価値観を体験できることが魅力であると述べられています。）

問三　――線部③「性格や考え方が各人で異なる、つまり多様性があることが、より具体的にわかるはずです」とありますが、一の文章（1～6ページ）から二人の登場人物のちがいが表れているところを一つあげて、そのちがいを説明しなさい。

Point　**問題を順に解いていった受験生は面食らったことでしょう。二つの異なる文章を読み、違いや共通点を考える問題は、近年の中学入試で数多く出題されています。**

注目問題④ 駒場東邦中

次の文章を読み、後の問いに答えなさい。

（「人からどう見られているのか」ということに縛られる先輩の苦悩に共感した「ぼく」は、自分の生き方について思いを馳せます。）

問12　本文を読んだAさんとBさんが次のような話し合いをしました。これを読み、後の問いに答えなさい。

Aさん「この文章、とても他人事とは思えなかったな。いろんな意味で」
Bさん「うん、自分のこととして考えてしまった」
Aさん「私が気になったのは、14ページの黒野先輩のこのセリフ」

（実際の問題には、本文中のセリフが引用されています。）

Aさん「クラスにマニアックな（一つの事に異常なまでに熱中する様子）趣味を持っている人っているじゃない？」
Bさん「いる、いる」
Aさん「自分たちにはその人の趣味が理解しきれないから、へんなやつだと決めつける」
Bさん「で、結局、自分たちが正しい側にいると思うんだよね」
Aさん「そう」
Bさん「そういえば、私も何かと『受験生らしくしなさい』って言われて腹が立ったな。自分は自分のやり方で勉強しているのに」
Aさん「『受験生らしさ』って型にはまらなくても、自分なりに努力していればそれでいいのにね」
Aさん「この文章には性別をめぐる問題が出てくるけれど、それだけじゃないよね。社会や身の回りを見渡すと、黒野が言うことと同じことがあちこちで起こっている」
Bさん「本当にそうだ」
Aさん「たとえば【　★　】というのも同じパターンだよね」
Bさん「さすが、鋭い」
Aさん「受験が終わったら色々な体験にチャレンジしようね」
Bさん「うん、一緒にね」

問い　AさんとBさんの話し合いが成立するように、あなたが考える23ページの□の具体例を、前後の文脈をふまえて、【　★　】に入る形で答えなさい。字数指定はありませんが、解答用紙の枠内に一行で収めること。

Point　**受験生の日ごろの問題意識について問われました。**

注目問題⑤ 攻玉社中（第1回）

三 松尾芭蕉の紀行文である『おくのほそ道』は、元禄二年三月から九月にかけて、江戸から奥州・北陸をめぐり美濃の大垣に至るまでの約百五十日の旅を記録しています。次のA～Eの俳句は『おくのほそ道』に収められています。これらの俳句を、詠まれた順番に並べ替えなさい。また、詠まれた場所（地域）を、図の中から選びそれぞれ記号で答えなさい。

A 荒海や佐渡によこたう天の河
B 蛤のふたみにわかれ行く秋ぞ
C 行く春や鳥啼き魚の目は泪
D あらとうと青葉若葉の日の光
E 五月雨の降り残してや光堂

Point

一見すると、難解な知識問題のように見えますが、設問から「江戸から奥州・北陸を経た大垣」への旅であること、三月から九月までの旅であることをとらえれば、答えの道筋を確認できます。

注目問題⑥ 聖光学院中（第1回）

三、次の文章は、冬森灯の『すきだらけのビストロ　うつくしき一皿』の一節である。「山吹くん」（「僕」）と「織絵さん」は二人で美術館を訪れたが、目当ての絵を見ることができなかった織絵さんは落ち込んでしまった。そのため、「僕」は指輪を渡してプロポーズをするタイミングをつかめずにいた。二人は、美術館からの帰り道に織絵さんが見つけた風変わりなレストランに入ることにした。問題文は、そのあとの場面である。これを読んで、あとの問いに答えなさい。

問九 ――線部⑧に「きっといま、絵画が、生まれる」とありますが、どういうことですか。三十字以内で説明しなさい。

Point

ここでの「絵画」とは、心にあふれたことばにならない思いを画家が作品に描いたものだと説明されています。「僕」が織絵さんに見せた「リボンの結ばれた小箱」には指輪が入っていることを踏まえ、物語の結末を考えていきます。

注目問題⑦ 慶應義塾中等部

【四】 次のA～Fの――部の語について、後の各問いに答えなさい。

A 木が倒れる。　B スマホがある。　C 合唱曲を歌う。
D 母に似る。　E 薬が効く。　F 部屋の明かりが消える。

問一 A～Dの――部の語に、「～ている」をつけるとどうなるか。その説明としてもっともふさわしいものを、次の1～4から一つずつ選び番号で答えなさい。

1 動作が進行中だということを表す。
2 動作や作用の結果を表す。
3 いまの状態を表すが、――部のままの形で使われることは少ない。
4 「～ている」の形にすることができないが、「た」をつけると発見や気づきを表す。

Point

適切な表現にしたうえでその意味を分析します。1や4は受験生も理解して解答できたと思いますが、2、3の違いを見いだすのは難しかったのではないでしょうか。表現の微妙なニュアンスへの理解が求められる問題です。

注目問題⑧ 市川中（第1回）

二 次の【文章Ⅰ】は、江原由美子・山田昌弘『ジェンダーの社会学入門』の一部である。これを読んで、後の問いに答えなさい。なお、出題に際して、本文には省略および表記を一部変えたところがある。また各段落の冒頭に①～⑰の番号を入れてある。

表3-1

男性性スケール	女性性スケール
自分の判断や能力を信じている	従順な
自分の信念を曲げない	明るい
独立心がある	はにかみ屋の
スポーツマンタイプの	情愛細やかな
自己主張的な	おだてにのる
個性が強い	忠実な
自分の意見を押し通す力がある	女性的な
分析的な	同情的な
リーダーとしての能力を備えている	困っている人への思いやりがある
危険を冒すことをいとわない	人の気持ちを汲んで理解する
意思決定がすみやかにできる	あわれみ深い
人に頼らないで生きていけると思っている	傷ついた心をすすんで慰める
支配的な	話し方がやさしくておだやかな
男性的な	心が温かい
はっきりした態度がとれる	優しい
積極的な	だまされやすい
リーダーとして行動する	子どものように純真な
個人主義的な	ことば使いのていねいな
競争心のある	子ども好きな
野心的な	温和な

注）Bem Sex Role Inventory テストの日本語版。意識調査において、「男らしさ」「女らしさ」と評価された特性を挙げている。

二 次の【文章Ⅱ】は、スヴェトラーナ・アレクシエーヴィチ著、三浦みどり訳『戦争は女の顔をしていない』の一部である。これは第二次世界大戦中ソビエト連邦がナチス・ドイツと戦った際に、ソビエト軍兵士として従軍した女性の証言である。これを読んで、後の問いに答えなさい。なお、出題に際して、本文には表記を一部変えたところがある。

問1 ――線1「私は自分がもらった褒章を全部身につけた」とあるが、「私」が戦争中に果たしていたのは、どのような任務か。これを二の【文章Ⅰ】の「表3-1」に基づいて説明したものとして最も適当なものを次の中から選び、記号で答えなさい。

ア 重い傷を負った兵士を戦場で助ける看護婦として「女性性スケール」の要素のすべてが求められる任務。
イ 兵士を助けるため「女性性スケール」の要素と、戦場で活動するため「男性性スケール」の要素が求められる任務。
ウ 看護婦ではあっても命の危険がある戦場で活動するため、「男性性スケール」の要素だけが求められる任務。
エ たくさんの兵士を助けるために「女性性スケール」の要素が求められ、「男性性スケール」の要素は必要とされない任務。
オ 死と隣り合わせの戦場で任務を果たすので、「女性性スケール」や「男性性スケール」の要素は一切必要とされない任務。

Point 本文、資料を複合的に読み解く力が求められています。

注目問題⑨ 灘中（第1日）

一 次の文章を読んで、後の問いに答えなさい。

果物そのものの味ではなく、本物に似せた作り物の味にこそ魅力を感じると述べた文章です。筆者は飲食店の会計時に、口直しにと紫色の飴をもらうのですが、それがぶどうそのものの味ではなく、ぶどうに似せた作り物っぽい「ぶどうあじあじ」であると喜びます。本物以上と思われるほどに進化している最近の果物味のお菓子と違い、完成度の低い不器用さを残す「ぶどうあじあじ」は懐かしさに加えて愛おしさをも感じさせるものなのでした。

問一 ――線部1「ぶどう味の味」とはどのような味ですか、答えなさい。

問五 問題文中のZについて、次の問いに答えなさい。
A Zに、「お」「を」「う」のいずれか一つを入れて、正しい表現を完成させなさい。
B 次の1～5の文の□に「お」「を」「う」のいずれか一つを入れて、正しい表現を完成させなさい。
1 運動会の開会式で、き□つけの号令をかける。
2 元日に早起きをして、初も□でに出かけてきた。
3 生活が苦しくて月々の返済がとどこ□っている。
4 不正を働いていたことが、お□やけになった。
5 やむ□えず急停車いたしますのでご注意ください。

Point **果物味の飴玉について、本物の果物そのものの味ではなく、どこか作り物の雰囲気を残した味にこそ魅力を感じると述べた文章です。問一は「ぶどう味の味」という表現の意味を説明する記述問題でした。**

注目問題⑩ 東大寺学園中

四 次の文章を読んで、後の問いに答えなさい。

芽以は、父親の作る弁当がクラスで注目され、自分にとっては「普通」なのに、周囲が特別視することにいら立ちます。そんな芽以を父親は、自分を理解してもらうには相手にとっての「普通」も理解しなければならないと優しく諭します。そして、芽以は父と自分との暮らしを誇りに思えるようになるのでした。

(三) ——部②「なんとなく腫れ物にさわるような重い空気とよそよそしさ。あるいは逆に生まれる妙ななれなれしさ。」とありますが、それは周囲の人がどのように接してくることですか。八十字以内で説明しなさい。

Point 母を亡くして父親と二人暮らしをしている高校生の芽以が主人公です。(三)は、傍線部中の表現の意味を考え、適切なことばでまとめることが求められる記述問題でした。

注目問題⑪ 灘中(第2日)

三 次の詩を読んで、後の問いに答えなさい。

夜の舟　細見和之

幼いために円滑にコミュニケーションをとれない娘に対して、眠気に耐え、四苦八苦しながらも懸命に妻はあやし続けます。妻の奮闘のそばで夫である作者は眠りに落ちてしまうのですが、翌朝眠っている娘の姿をみて安堵しつつ妻の苦労を思うのでした。

問一 二か所の□には、同じ言葉が入ります。その言葉を考えて答えなさい。

問二 ——線部1「長い夜がはじまった」とありますが、「長い」と感じるのはなぜですか。理由を答えなさい。

問四 ——線部3「私は睡魔の海に攫われてしまった」とありますが、これはどういうことを表現していますか。これについて説明した次の文の〔A〕〔B〕に入る言葉をそれぞれ答えなさい。

〔A〕という語からの連想で「睡魔」を「海」にたとえ、〔B〕ことを表現している。

Point 夜泣きする娘をあやす両親の姿を描いた詩です。詩中の場面を具体的にイメージし、比喩としての「舟」の意味を理解する必要がありました。

注目問題⑫ 神戸女学院中

一 Aと Bとは同じ作品の別の場面です。それぞれの文章を読んで、あとの問いに答えなさい。

新型コロナウイルスの感染が広まることで、さまざまな影響を与える様子を描いた物語です。高校生の円華の家は旅館を営んでいます。コロナ禍のなかでも旅館の営業を続けていることにより、円華は親しくしていた友人たちから距離を置かれます。コロナ禍で苦心する両親や祖父母を思いやり、自身は我慢することを選ぶ円華でしたが、そんな円華を励まそうという新たな友人や、円華の日常を守ろうとする母や先生の言葉で、当たり前に感じていた日常の尊さに気づいていきます。

問五 ——線部⑤「しばらくはそれもいい、なんてことはない。—あきらめないでほしい」とあるが、

(2) また、その浦川先生の思いを円華はどのように感じ取ったのか、Aの〰〰線部もふまえて八十字以内で答えなさい。(記号・句読点も一字とする)

Point コロナ禍における人間関係を描いた作品は、今後も注目すべきものです。

ズバリ的中!

サピックスで取り組んだ文章が出た! 抜粋問題まで的中!

①**松村圭一郎『うしろめたさの人類学』**(慶應義塾湘南藤沢中等部)
●サピックスの問題　6年生　WS—11 一

②**如月かずさ『給食アンサンブル2』**(青山学院中)
●サピックスの問題　6年生　11月度マンスリー実力テスト

③**八束澄子『ぼくたちはまだ出逢っていない』**(浦和明の星女子中 第2回)
●サピックスの問題　6年生　7月度入室・組分けテスト

④**如月かずさ『給食アンサンブル』**(吉祥女子中 第1回)
●サピックスの問題　6年生　SS特訓志望校攻略プリント14 一

今年はこんな文章が出た！

●著者頻出一覧

作者	作品名（書名）	種別	出版社名	学校名（入試区分）
重松　清	はるか、ブレーメン	物語	幻冬舎	湘南白百合 4教科
	おくることば		新潮社	法政第二 ①／学習院 ①
	きみの町で		朝日出版社	立命館宇治 A
	また次の春へ		文藝春秋	埼玉栄 ③
	ファミレス		日経BP マーケティング（日本経済新聞出版）	東海大浦安 B
	小学五年生		文藝春秋	中村 2月1日午前
	きみの友だち		新潮社	佐久長聖 東京①
	LIFE 12か月		岩波書店	武庫川女子大附 B
町田　そのこ	夜空に泳ぐチョコレートグラミー	物語	新潮社	開智 特待A
	星を掬う		中央公論新社	流通経済大付属柏 ①
	ぎょらん		新潮社	成蹊 ①
	52ヘルツのクジラたち		中央公論新社	甲南 ①午後
	あなたはここにいなくとも		新潮社	六甲 A
榎本　博明	思考停止という病理 —もはや「お任せ」の姿勢は通用しない	論説	平凡社	香川誠陵 県外／青稜 1B
	病的に自分が好きな人		幻冬舎	長崎日大 関東・首都圏
	孤独は、チャンス！—心理学でわかる “自分の中にエネルギーがわいてくる” 7つのカギ		三笠書房	麗澤 ②
	〈自分らしさ〉って何だろう? —自分と向き合う心理学		筑摩書房	三田学園 前期A
	「さみしさ」の力—孤独と自立の心理学		筑摩書房	須磨学園夙川 ②
瀬尾　まいこ	私たちの世代は	物語	文藝春秋	開明 ①後期B／国学院久我山 ST①
	掬えば手には		講談社	洗足学園 ①
	卵の緒		新潮社	清風 後期チャレンジ
	そして、バトンは渡された		文藝春秋	青稜 2-A
	あと少し、もう少し		新潮社	埼玉栄 ⑤／攻玉社 ①
青山　美智子	月曜日の抹茶カフェ	物語	宝島社	同志社女子 後期
	月の立つ林で		ポプラ社	市川 ②／江戸川取手 ② 同志社香里 前期／洗足学園 ②
	赤と青とエスキース		PHP研究所	昭和女子大附 A・SA
	木曜日にはココアを		宝島社	東京都市大付 ③
	リカバリー・カバヒコ		光文社	甲陽学院 一日目／芝 ②
稲垣　栄洋	たたかう植物—仁義なき生存戦略	説明	筑摩書房	芝国際 2月1日午後
	ナマケモノは、なぜ怠けるのか? —生き物の個性と進化のふしぎ		筑摩書房	帝塚山 二次B ／東山 後期 国学院久我山 ST③／北嶺
	はずれ者が進化をつくる —生き物をめぐる個性の秘密		筑摩書房	昭和女子大附 C 帝塚山学院泉ヶ丘 一次A
	面白すぎて時間を忘れる雑草のふしぎ —足元に広がる「知的なたくらみ」		三笠書房	滝川 前期（午前）
三浦　しをん	ベスト・エッセイ2023より「オヤジギャグの道理」	随筆	光村図書出版	城北埼玉 ③
	愛なき世界	物語	中央公論新社	静岡聖光 一般（静岡）
	墨のゆらめき		新潮社	海城 ①
	風が強く吹いている		新潮社	帝京大学 ③

●作品頻出一覧

書名	作者	種別	出版社名	学校名(入試区分)
きみの話を聞かせてくれよ	村上 雅郁	物語	フレーベル館	日本女子大附②/横浜雙葉Ⅰ期/同志社女子前期/東山 後期/栄東 A日程②/専修大学松戸②/大妻②/海城②/学習院②/駒場東邦/昭和女子大附 A日程/立教女学院/佐久長聖 本校①/帝塚山 二次A
増えるものたちの進化生物学	市橋 伯一	論説	筑摩書房	明星 午後特進/青山学院横浜英和 A/桐光学園②/浦和実業 ②AM4科型/春日部共栄 ②午前/栄東 A日程②/淑徳与野②/青山学院/学習院①/筑波大附/早稲田高等学院/帝塚山 一次A/滝川 前期(午後)
"正しい"を疑え!	真山 仁	論説	岩波書店	立命館宇治 B/浦和実業 ②PM3科型/芝浦工大柏①/青山学院/鷗友学園②/帝京大学中③/豊島岡③/奈良学園 C
この夏の星を見る	辻村 深月	物語	KADOKAWA	岡山 B/学習院女子 B/品川女子①/芝浦工大附属②/東京農大一③/神戸女学院
「覚える」と「わかる」 一知の仕組みとその可能性	信原 幸弘	論説	筑摩書房	桐光学園③/東山 前期A/渋谷幕張①/昭和学院秀英①/函館ラ・サール①
ものがわかるということ	養老 孟司	随筆	祥伝社	浅野/芝浦工大柏②/神戸海星女子 B/甲陽学院 二日目/雲雀丘学園 A午後
給食アンサンブル2	如月 かずさ	物語	光村図書出版	清風 前期/春日部共栄 ②午前/栄東 東大Ⅱ/青山学院/本郷①
昔はおれと同い年だった田中さんとの友情	椰月 美智子	物語	双葉社	大阪星光/岡山白陵/星野学園①/奈良学園 C
月の立つ林で	青山 美智子	物語	ポプラ社	江戸川取手②/同志社香里 前期/洗足学園②/市川②
ナマケモノは、なぜ怠けるのか? 一生き物の個性と進化のふしぎ	稲垣 栄洋	説明	筑摩書房	東山 後期/国学院久我山 ST③/帝塚山 二次B/北嶺
都市のくらしと野生動物の未来	高槻 成紀	説明	岩波書店	浦和実業 ①AM特待/学習院②/国学院久我山②/中村 適性Ⅰ
教室のゴルディロックスゾーン	こざわ たまこ	物語	小学館	栄東 A日程①/大妻④/国学院久我山 ST③/滝川 中期Ⅱ
水車小屋のネネ	津村 記久子	物語	毎日新聞出版	茗溪学園 一般/国学院久我山②/高輪 A/豊島岡②
やらかした時にどうするか	畑村 洋太郎	論説	筑摩書房	海陽中等教育②/金蘭千里 後期/大妻嵐山 まなび力/中村 2月1日午後
集団に流されず個人として生きるには	森 達也	説明	筑摩書房	法政第二中②/鷗友学園①/立教女学院/甲南女子 B
風をとおすレッスン一人と人のあいだ	田中 真知	論説	創元社	大阪星光/海城 帰国/東大寺学園
少年と犬	馳 星周	物語	文藝春秋	プール学院 一次A/大谷 一次A/帝塚山 一次B
SNSの哲学一リアルとオンラインのあいだ	戸谷 洋志	論説	創元社	明星 前期/淑徳与野①/芝②
キリンのひづめ、ヒトの指 一比べてわかる生き物の進化	郡司 芽久	説明	NHK出版	同志社女子 前期/昭和女子大附 C/巣鴨 第Ⅱ期
リラの花咲くけものみち	藤岡 陽子	物語	光文社	茗溪学園①/京都女子 B2/奈良学園登美ヶ丘 B
「利他」の生物学 一適者生存を超える進化のドラマ	鈴木 正彦 末光 隆志	論説	中央公論新社	栄東 東大Ⅱ/大妻③/品川女子②
給食アンサンブル	如月 かずさ	物語	光村図書出版	吉祥女子①/恵泉③/高輪 B
言語の本質一ことばはどう生まれ、進化したか	今井 むつみ 秋田 喜美	論説	中央公論新社	桐光学園①/国学院久我山 ST②/東京女学館①
私たちのサステイナビリティ まもり、つくり、次世代につなげる	工藤 尚悟	論説	岩波書店	中村 適性Ⅰ/帝塚山 二次A/奈良学園 B
成瀬は天下を取りにいく	宮島 未奈	物語	新潮社	栄東 東大Ⅰ/中央大附②/豊島岡①
悪口ってなんだろう	和泉 悠	論説	筑摩書房	立教新座②/佐久長聖 本校②/甲陽学院 一日目
友情を哲学する一七人の哲学者たちの友情観	戸谷 洋志	論説	光文社	逗子開成 帰国/聖光学院①/横浜共立 B
なぜ科学を学ぶのか	池内 了	論説	筑摩書房	明星 後期/流通経済大付属柏①/東京都市大付①

教科別徹底分析

理科

サピックス小学部
理科教科責任者
森本洋一 講師

●2024年度の出題傾向

難度の高い題材が定番化 定番のレベルは年々上昇傾向に

2024年度は標準的な難度の問題が多く、学習到達度による差がつきやすい入試だったといえます。傾向として大きな変化はなく、近年の流れが継続されています。どのような傾向かというと、特徴的なことは次の3点にまとめられます。

一つ目は「難度の高い題材の定番化」です。物理・化学・生物・地学の4分野のなかでは、定型的な計算問題が多い物理と化学に、この傾向が目立ちます。特に物理分野が顕著で、今年度は、てこや浮力などの「力学」単元や音に関する計算問題などがその例として挙げられます。多くの受験生が勉強してきたであろう内容ではありますが、難度が高い題材が目立ちました。こうした傾向は難関校だけでなくどの学校でも見られ、定番といわれるもののレベルは年々上がっています。

二つ目は「グラフや表、長文の読み取り、対応力が問われる出題」です。物理分野では、見慣れないグラフを読み取って解答する問題が多く見られました。また、化学分野では、複数の実験などを比較検討する問題で、読み取りが必要な出題が目立っています。

三つ目は「身の回りの理科を題材とした出題」です。どの分野でも見られる傾向ですが、特に生物・地学分野では、時事的な話題や環境問題も含む幅広い題材が取り上げられています。ふだんから身の回りの生き物や時事問題に関心を持つとともに、生活のなかでの驚きや疑問、発見を学習に結びつける姿勢が重要になっているといえます。

学習していないものでも 学習したことから類推して解答

首都圏主要校の分野別出題率を見ると、昨年度と比べ、化学・地学分野が増加、生物分野が減少、物理分野は同程度でした。分野を問わない総合的な出題は年々減少しており、4分野から均等に出題される傾向が強まっています。全体的な傾向が分野別にどのように表れたのか、特徴を見ていきましょう。

●物理分野

物理の問題の半数以上を占める「力学」では、標準的な難度の出題が多く、ミスなく確実に正答することが求められました。早稲田中（P.159参照）の「てこ」の問題は、複数の板を積み重ねる場合のつり合いを考える問題です。物の重心を考えて解かなくてはいけないので、小学生にとっては難しい題材ですが、こうした難度の題材が定番化しているのは前述のとおりです。学習院女子中（P.161参照）の物体にかかる水の浮力の変化を題材とした問題は、変化を問う難しい題材ですが、これも確実に正答することが求められる難度のものです。

このほか「力学」では、野球のホームランを物体の運動との関連でとらえた芝中（P.159参照）の問題が目をひきます。学習院中等科でも同様の話題を題材にしており、時事的な話題を題材とした問題として注目されます。

物理分野では「音」の単元で「ドップラー効果」を扱った問題が多かったことも今年度の特徴として挙げられます。音の速さについての問題も多く、複雑な計算や、見慣れないグラフや表の読み取りなど、粘り強く解く姿勢が求められる問題が目につきました。

●化学分野

化学は全体として定番の知識を問う内容が多く、知識・計算も含めてどれだけ定型的な内容をこつこつ学習してきた蓄積がどれだけあるかで得点差がつく問題が多く見られました。「難度の高い題材の定番化」は化学でも見られ、加えて、問題をきちんと読み込まないと正解できないものが散見されました。特に頻出単元である「溶解度」の問題で顕著でした。その代表例が聖光学院中（P.156参照）の問題です。単にパターンに当てはめて計算すればよいのではなく、実際にどんな実験を行ったのかを長文の問題文から読み取って、理解したうえで計算しなくてはなりませんでした。小学生にとっては難度の高い出題だったといえます。

●生物分野

例年のことですが、生物は取り上げられる題材の幅が非常に広く、「定番の知識を覚えればよい」といったかたちの問題は少なくなっています。特に「動物」の単元では、受験生が入試当日に初めて見るような題材が多いことが特徴です。たとえば、麻布中では、動物にビデオカメラと計測器を付けて行動を調査する「バイオロギング」によりわかった、ペンギンやマンボウの生態について出題されています。動物好きで、いろいろな生き物の生態を知っている受験生には難しくありませんでした。また、東洋英和女学院中では、「ホンソメワケベラ」という魚やチンパンジーの「鏡像自己認知」について調べる実験から出題されています。知らない動物が出てきても、今までの経験から類推して解答できるよう、幅と厚みのある学習が求められていることがわかります。

実生活から得られる知識を題材とした出題が多いのも、生物分野の特徴です。今年度は女子学院中（P.163参照）で、トマトを輪切りにしたときの様子や、キャベツの葉の様子が問われています。「人体」では、インフルエンザやコロナウイルスに関連する問題も見られましたが、このように机上の学習で触れたことのない題材でも対応できなくてはならないのが昨今の入試傾向です。

●地学分野

地学は例年、時事的な内容からの出題が多いのが特徴です。特に2023年は関東大震災から100年に当たる年だったことから、関連した地震の問題が多く見られました。このほか開成中は2023年8月31日のブルームーン・スーパームーンに関して出題され、慶應義塾湘南藤沢中は「アルテミス計画」に関して出題されるなど、今年度も時事的な内容の出題は多く見られました。

ここまで見てきたように、今年度は4分野とも、標準的な出題が大部分を占めており、基本的な内容をおろそかにせず、こつこつ学習してきた受験生が成果を出しやすい入試でした。とはいえ難度が高く、苦手とする受験生が多い単元からの出題が目立ったのも事実です。難しい単元であっても妥協なく取り組む。また、身の回りの事象や時事に関心を持ち、学習した内容と結びつけられるようにしておく。そうした主体的な学習姿勢は、今後ますます重要になってくるといえるでしょう。

あきらめずこつこつ努力することこそいちばんの近道

合格のための学習法

「苦手だから」「難しいから」はできなくていい理由にならない

今年度に限らず、理科の入試問題は基本的な内容からの出題が大半を占めます。そこに身の回りの事柄を結びつけたり、問題文や表・グラフなどを読み取って作業させたりするなどの工夫が加わって問題が構成されます。

土台は基本的な知識です。まずは標準的な知識や定型の解法を確実に習得する。これはいくら強調しても強調し過ぎることはありません。受験勉強ではどうしても難度の高い問題に目が向きがちですが、入試で差がついているのはそこではありません。難度の高い問題ばかりに手をつけて、基礎をおろそかにしないように気をつけましょう。

そのうえで難度の高い題材にチャレンジしていくわけですが、そのときに注意したいのは「難しいからできなくてよい」「苦手だからできなくてよい」というあきらめの姿勢を持たないことです。「出題傾向」でも見たように、今年度も苦手とする受験生が多い単元からの出題が目立っています。

苦手な単元は入試に出やすい単元と考え、あきらめずに学習を続けなくてはなりません。また、入試問題の3～4割は初めて見るような題材が出ます。「初めてだからできなくて当然だ」と思わず、ふだんの勉強のときから、その場でできる最大限のパフォーマンスで取り組み、解ける問題を一つでも増やすようにしましょう。

問題を解くだけが勉強ではない広い視野で理科をとらえよう

問題を解くのに疲れたら、目先を変えてみるのもよいものです。知識を詰め込んだり問題を解いたりするだけでなく、理科資料や関連する動画を見る経験も重要です。

サピックスでは理科の講師が「理科特別動画」を作成し、内部生専用のホームページで公開したり、テキスト記載の二次元コードを読み取れば、関連する実験動画などが視聴できるようになっていたりします。休憩時間などに気軽に自宅で見ることができますから、こうした資料動画も大いに活用するとよいと思います。

今年度は女子学院中が料理を題材にした問題を出しました。このように、ふだんの生活での経験が役立つ場合もあります。特に受験学年になると学習量が増えてきて、机上の勉強だけになりがちです。しかし近年の入試では、身の回りのことに注意や関心を向ける姿勢も求められています。少しでも理科の学習につながりそうなことがあれば、保護者の方が注意を促し、さまざまなものに目を向けられるようサポートしていただきたいと思います。身の回りの事柄や時事的な話題について、親子で会話する時間を持つのもお薦めです。

あきらめずにこつこつ努力することが、合格につながるいちばんの近道です。それを忘れず、地道に努力を重ねていただきたいと思います。

注目問題① 芝中(1回)

1 次の文を読み，問いに答えなさい。

芝太郎君は，家族旅行でメジャーリーグの野球観戦に行くため，①成田空港を出発しました。まずは日本人メジャーリーガーの活躍を楽しみに，エンゼルスタジアムに行きました。この日は幸運なことに豪快なホームランを見ることができ，胸が熱くなった芝太郎君は，②打球の軌道に興味を持ちました。

（2）下線部②について。「バットから離れた直後のボールの速さ」のことを「初速度」と呼ぶことにします。いま，あらゆる方向に同じ初速度でボールを打つことのできる強打者がいたとします。ここでは，ホームベースからセンター方向（ピッチャーの上や後方）に飛んだボールについて考えます。ボールは空気の抵抗を受けないものとします。また，打点はホームベースの上ですが，打点の高さはないものとします。

図１は点０を打点とし，ボールの初速度が水平方向となす角を５°刻みで５°～85°まで変化したときのボールの軌道を示しています。45°の軌道は他の線より太くかいてあります。図中の灰色の部分は外野後方のフェンス（壁）で，フェンスの上を越えた打球はホームランになります。図では，ホームランにならなかったボールの軌道もフェンスがないものとしてかいてあります。

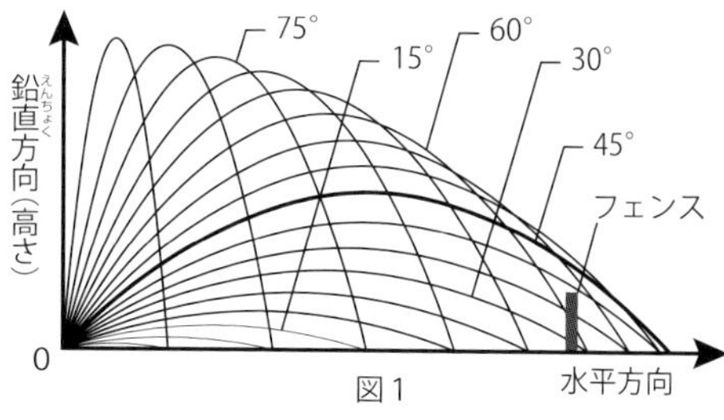

図１

実際は角度によって打球の初速度が異なり，しかもボールは空気の抵抗力を受けるため図１のような軌道になりませんが，以下では図１をもとに考えて答えること。

（a） 図１で外野後方のフェンスを越えてホームランになるのはどれですか。水平方向と初速度のなす角５°，10°，…，85°から選んですべて答えなさい。小さい値から順に答えること。

（b） 図１のうち滞空時間が最も長いのはどれですか。水平方向と初速度のなす角５°，10°，…，85°から１つ選んで答えなさい。

Point 物体の運動について、学習した内容と自分の経験を結びつけて考えましょう。

注目問題② 早稲田中(第2回)

〔4〕

長さが60㎝の同じ大きさ、同じ形の何枚かの直方体の板を机の端に積み上げて、机から落とさずにどのくらいまで伸ばすことができるかを考えてみましょう。１枚の板の重さは200gです。１枚の板のみを使う場合、図３のようにちょうど半分の30㎝まではは机からはみ出しても傾きませんが、それ以上はみ出すと板は傾いて落ちてしまいます。

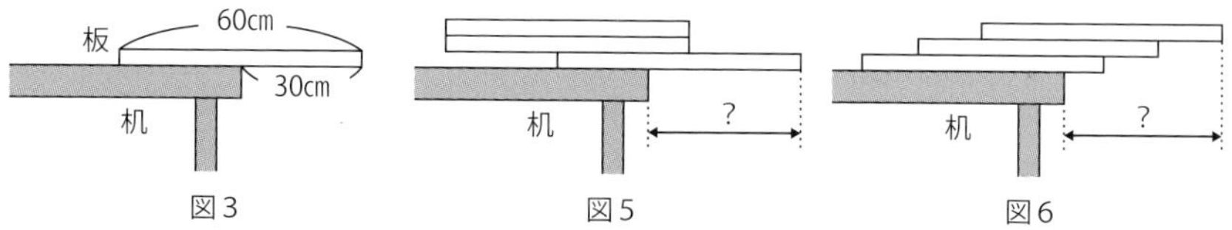

図３　図５　図６

問５　図５のように２枚の板を完全に重ねて、それを机の上からはみ出した板の重石として用いて、一番下の板をできるだけ机の端からはみ出させたい。このとき、一番下の板が傾かずにはみ出すことができるのは机の端から何㎝までか。

問６　図６のように３枚の板を少しずつずらして、上の板ほど机の端からはみ出るようにしたい。このとき、一番上の板がはみ出すことができるのは机の端から何㎝までか。

Point ３つの板の重心の位置を求めましょう。実際に実験を行ってみると理解が深まります。

注目問題③　麻布中

3　電流計のメーターに最大の振れ角をこえる電流を流しても、その電流を測ることはできません。では、用いるメーターはかえずに、より大きい電流を測定するにはどうすればよいでしょうか。これについて考えるため、電源装置、材質と太さが同じ金属線ａ、ｂと２つの電流計を用いた図３の回路で実験を行いました。金属線ａ、ｂをともに長さ10cmにして電源装置から60mAの電流を流すと、2つの電流計はいずれも30mAを示しました。また、電源装置から流す電流を変化させたり、ｂの長さを10cmにしたまま、ａを別の長さのものにかえたりして同様の実験を行ったところ、各実験の２つの電流計の測定値は右の表の結果になりました。さらに、２つの電流計のうち、どちらを導線に置きかえても電流が変化しないことも実験で確かめました。

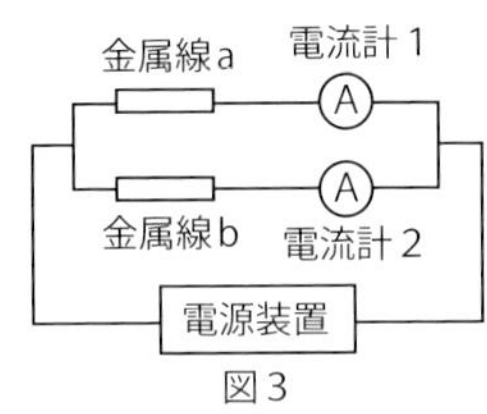

図３

表（ｂの長さはいずれも10cm）

ａの長さ		電源装置から流す電流 60mA	120mA	180mA
10cm	電流計１	30mA	60mA	90mA
	電流計２	30mA	60mA	90mA
20cm	電流計１	20mA	40mA	60mA
	電流計２	40mA	80mA	120mA
30cm	電流計１	15mA	30mA	45mA
	電流計２	45mA	90mA	135mA

問４　下の文章中の空欄（くうらん）［　あ　］と［　い　］に入る正しい数値を書きなさい。

30mAの電流が流れると振れ角が最大となるメーターを用いて、図４の回路をつくりました。図３の回路の実験結果から、図４の回路で電源装置から20mAの電流を流したときは、メーターには［　あ　］mAの電流が流れて、その分だけメーターの針が振れます。また、電源装置から［　い　］mAの電流を流したときは、メーターの振れ角が最大となります。よって、図４の点線部分全体を１つの電流計とみれば、最大［　い　］mAの電流まで測定できる電流計になったと考えることができます。ただし、メーターを導線に置きかえても流れる電流は変化しないものとします。

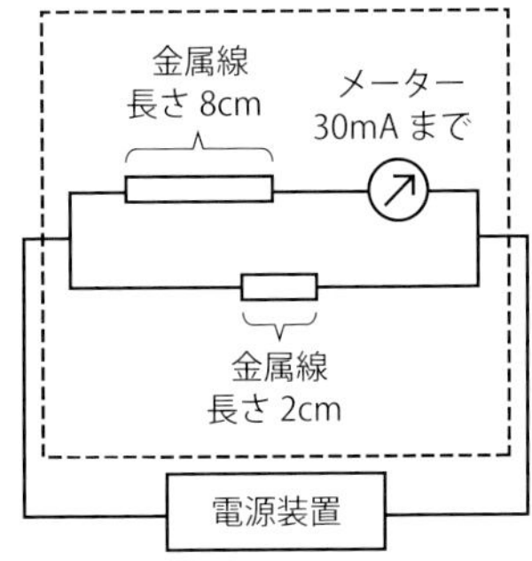

※２つの金属線の材質と太さは同じです。

図４

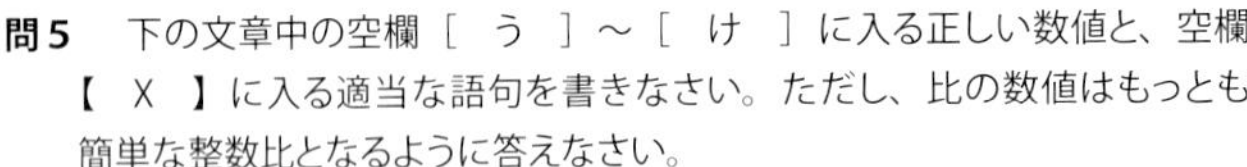

問５　下の文章中の空欄［　う　］～［　け　］に入る正しい数値と、空欄【　Ｘ　】に入る適当な語句を書きなさい。ただし、比の数値はもっとも簡単な整数比となるように答えなさい。

図１のような電流計では、－端子をつなぎかえることで測定範囲（はんい）を変えることができます。この仕組みを理解するため、図４の回路で使ったものと同じメーターを用いて、図５のように－端子をつなぎかえることで、最大300mAや最大３Aまで測ることができる電流計をつくることを考えてみます。

図５の＋端子と300mAの－端子に電源装置を接続して、電源装置から300mAの電流を流したとします（３Aの－端子には何も接続しません）。このときにメーターの針の振れ角が最大となるようにしたいので、図５の３つの金属線の長さの間には

ｃの長さ：ｄとｅの長さの合計＝［　う　］：［　え　］

の関係が満たされるようにしなければならないことが分かります。また、同様に＋端子と３Aの－端子に電源装置を接続して、電源装置から３Aの電流を流すことを考えれば

【　Ｘ　】：ｅの長さ＝［　お　］：［　か　］

の関係も満たされるようにしなければならないことが分かります。よって、３つの金属線の長さの比を

ｃの長さ：ｄの長さ：ｅの長さ＝［　き　］：［　く　］：［　け　］

とすれば、目的の電流計をつくることができます。

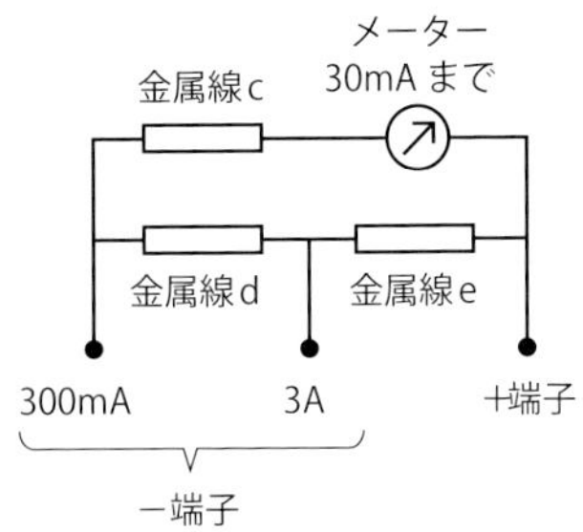

※３つの金属線の材質と太さは同じです。

図５

Point　電流計の仕組みについて、計算を行いながら検討していきます。

注目問題④　学習院女子中(A入試)

［3］　図１のような同じ形の円柱Ａと円柱Ｂ、図２のような水槽があります。図３のように、水の入っていない水槽に円柱をひとつ立て、水をつねに一定の割合で水槽に入れ、水位をはかる実験を行いました（水位は水槽の底面からはかります）。円柱Ａは金属製で水にうかず、円柱Ｂはプラスチック製で水にうきます。円柱Ｂがうくとき、円柱はかたむかず、水槽に置かれた状態から真上に動くものとします。右のグラフは実験結果を示したもので、時刻が４秒までの水位の変化はどちらの円柱の場合も同じですが、その後は円柱の種類によって結果が異なりました。

水槽の水位（cm）　10.0　7.5　5.0　4.0　円柱Ａ　円柱Ｂ　0　4　5　10　15　時刻（秒）

［参考］浮力：物体を水中に入れると、物体がおしのけた水の重さに相当する上向きの力を受けます。水は1cm³あたり1gなので、例えば、水に入っている部分の体積が100cm³のとき、この物体は100gの重さに相当する浮力（上向きの力）を受けています。

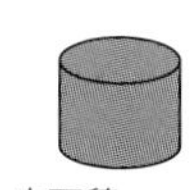
底面積 20cm²
円柱Ａ

底面積 20cm²
円柱Ｂ

図１

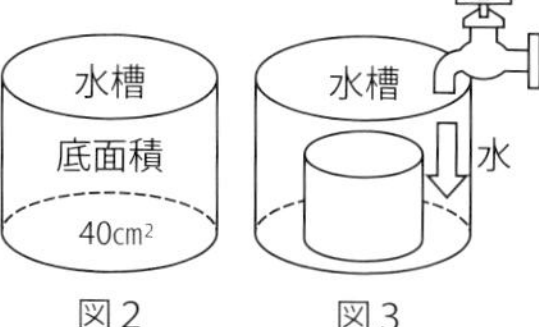

図２　図３

問５　円柱Ｂは、１cm³あたり何ｇですか。

Point　**円柱Ａと円柱Ｂの“変化”を考え、比較して計算する必要があります。**

注目問題⑤　豊島岡女子学園中(1回)

2　次のような２つの反応をふまえ，実験を行いました。以下の問いに答えなさい。

反応１：水酸化ナトリウム水溶液と塩酸が反応すると，水と塩化ナトリウムができます。反応前と反応後の関係は右の通りです。

反応前		反応１	反応後	
水酸化ナトリウム	塩化水素	→	水	塩化ナトリウム
40g	36g		18g	58g

反応２：炭酸水素ナトリウム水溶液と塩酸が反応すると，水と塩化ナトリウムと二酸化炭素の３つができます。反応前と反応後の関係は右の通りです。ただし，二酸化炭素については体積を表記しています。

反応前		反応２	反応後		
炭酸水素ナトリウム	塩化水素	→	水	塩化ナトリウム	二酸化炭素
84g	36g		18g	58g	24L

【実験】
水酸化ナトリウムと炭酸水素ナトリウムを水に溶かして水溶液Ａとした。水溶液Ａに塩酸を少しずつ加えていき，できた二酸化炭素の体積を調べた。

【結果】

加えた塩酸中の塩化水素の重さ［g］	20	30	33	40	50
できた二酸化炭素の体積［L］	0	2	4	6	6

（３）水溶液Ａに塩酸を少しずつ加えていくとき，はじめに反応１だけが起こり，水酸化ナトリウムがすべて反応したあとに反応２が起こるとします。このとき，水溶液Ａをつくるために加えた炭酸水素ナトリウムの重さは何gですか。四捨五入して整数で求めなさい。

Point　**２種類の中和反応が段階的に起こっています。どこで反応が“変化”しているのかを考えましょう。**

注目問題⑥ 聖光学院中(第1回)

［3］ 水にショ糖や硝酸カリウムを溶かす［実験1］～［実験4］をおこないました。あとの（1）～（7）の問いに答えなさい。

［実験3］ ビーカーに20℃の水100gを入れ，その中に硝酸カリウムの結晶42.6gを入れたあと，ふたをしました。すると，もやもやしたものがゆらいでいるようすが見られました。しばらく放置すると，もやもやしたものが見られなくなり，飽和水溶液となりましたが，硝酸カリウムの一部が溶け残っていました。そこで，溶け残った硝酸カリウムを回収しました。回収直後のぬれた硝酸カリウム全体の重さは15.7gでしたが，完全に乾燥させると，重さは12.1gになりました。ただし，実験で使ったすべての物質の温度は，20℃で変わらないものとします。

（4） 20℃の水100gに溶ける硝酸カリウムの最大の重さは何gですか。ただし，ビーカーから水は蒸発しないものとします。また，答えが割り切れない場合は，小数第2位を四捨五入して小数第1位まで答えなさい。

Point **実際にどのような実験を行っているのかをていねいに読み取って計算する必要があります。**

注目問題⑦ 海城中(一般入試①)

2. 次の文章を読んで、以下の各問いに答えなさい。なお、数値で答えるものは、必要であれば四捨五入して整数で答えなさい。

硫酸銅は水の検出に用いられることがある物質です。これは、白色の硫酸銅が水を取り込むと青色に変化する性質を利用しています。

水を取り込むことで青くなると別の物質に変化したように感じますが、この色の違いは水を取り込んでいるかどうかだけでどちらも硫酸銅です。まったく水を取り込んでいない白色のときを無水塩と呼び、水を取り込んで青色になったときは水和物と呼びます。

この硫酸銅を用いて、以下の実験Ⅰ～Ⅲを行いました。

実験Ⅰ 33℃の水100gに硫酸銅の無水塩を限界まで溶かしたところ、25g溶けて青色の硫酸銅水溶液が得られた。
実験Ⅱ 実験Ⅰの水溶液の温度を53℃まで上げて再び硫酸銅の無水塩を限界まで溶かしたところ、さらに11g溶けた。
実験Ⅲ 実験Ⅱで得られた硫酸銅水溶液を33℃に冷却したところ、青色の結晶が20g得られた。

問4 実験Ⅲで得られた青色の硫酸銅の水和物の結晶について、次の⑴，⑵に答えなさい。

⑴ 実験Ⅲで得られた結晶20gを加熱すると、硫酸銅の無水塩が12.8g得られました。実験Ⅱで温度を上げて溶かした量よりも多くなっている理由を簡潔に説明しなさい。

⑵ 実験Ⅲで結晶が得られた後の硫酸銅水溶液の濃度は何％ですか。

問5 実験Ⅲで得られた結晶と同じ割合で水を取り込んでいる硫酸銅の水和物について、次の⑴，⑵に答えなさい。

⑴ この硫酸銅の水和物を33℃の水100gに溶かすとき、最大何g溶かすことができますか。

⑵ この硫酸銅の水和物100gを加熱していくと、次の図のように重さが変化して64gの無水塩になることが知られています。この図からわかることを述べた下の文中の【 X 】～【 Z 】に当てはまる数値をそれぞれ答えなさい。

十分な水を取り込んだ硫酸銅の水和物が無水塩になるまでに3回重さが減少をすることがわかる。

取り込んでいた水の量を100％とすると、102℃のところで【 X 】％の水分が、113℃のところでさらに【 Y 】％の水分が、最終的に150℃のところでさらに【 Z 】％の水分が放出されることで無水塩になることがわかる。

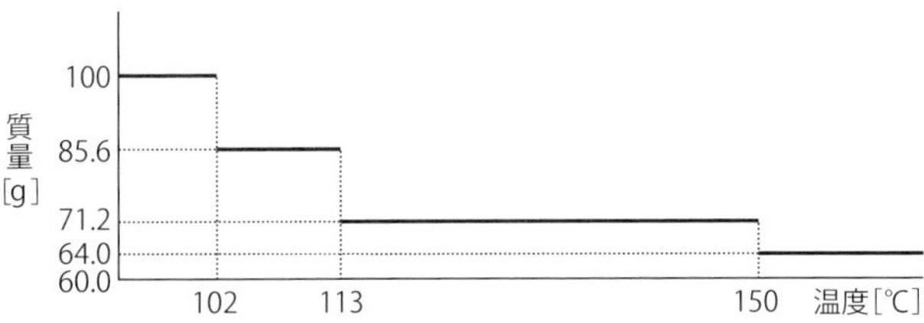

Point **水和物の溶解度という難度の高い題材の計算問題です。**

注目問題⑧　女子学院中

Ⅱ

1　以下の問いに答えよ。

（3）図1のようなトマトの切断面が見られるのはトマトをどの向きで切ったときか、次のア～ウから選びなさい。また、解答用紙のトマトの切断面に種（●）を6つかき入れなさい。

ア　Aで切ったとき　　イ　Bで切ったとき　　ウ　Aで切ってもBで切っても同じ

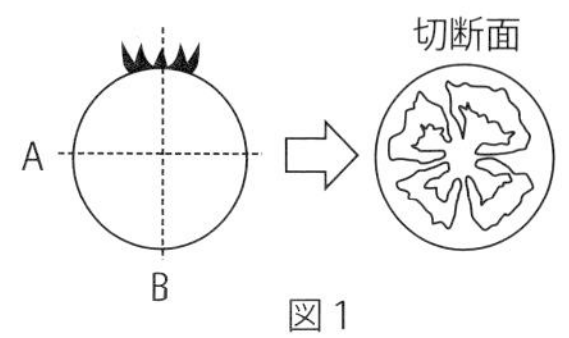

図1

（5）キャベツは葉が何層にも重なり合った葉球をつくる（図2）。キャベツの葉の形は外側から内側に向かってどのようになっているか、次のア～エから選びなさい。

図2

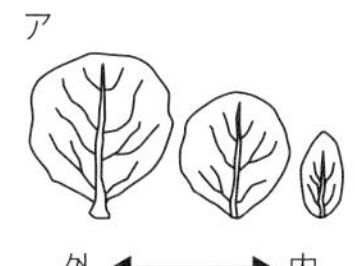

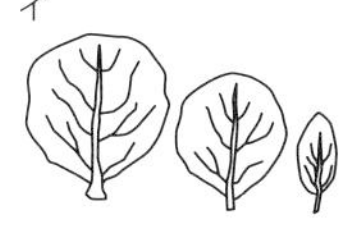

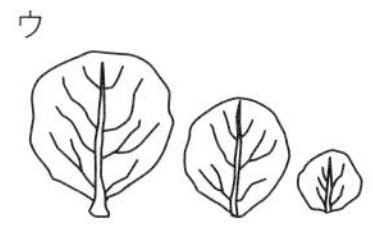

Point　**机上の学習だけでなく、実際に野菜に触れた経験が重要です。**

注目問題⑨　慶應義塾普通部

問2　横浜の学校に通う慶太くんは、図1のような朝礼台のマイクが作る影（かげ）の長さや向きが、日付や時刻によって変わっていくことに気づきました。そこで、よく晴れた3月21日、6月22日、9月23日、12月22日に、時刻を決めて真上から見た影のようすをスケッチしました。スケッチした時刻は午前6時30分、午前10時、正午、午後2時、午後5時30分でした。4つのスケッチは①～③のような3種類になりました。

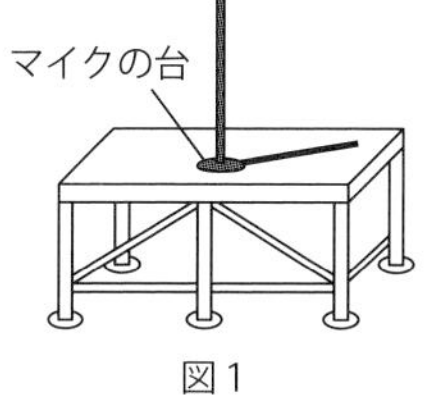

図1

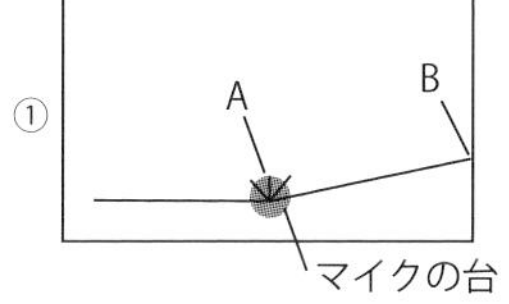

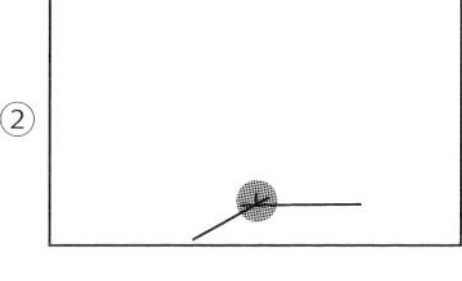

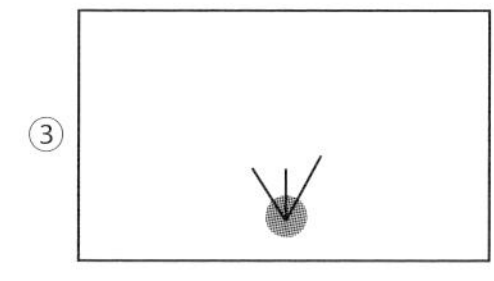

1．3月21日、6月22日、9月23日、12月22日のスケッチはどれですか。
①～③からそれぞれ1つ選び、記号で答えなさい。

3．図3のように朝礼台の上に方位磁針を置いたとき、針はどのようになりますか。次の（カ）～（コ）から1つ選び、記号で答えなさい。

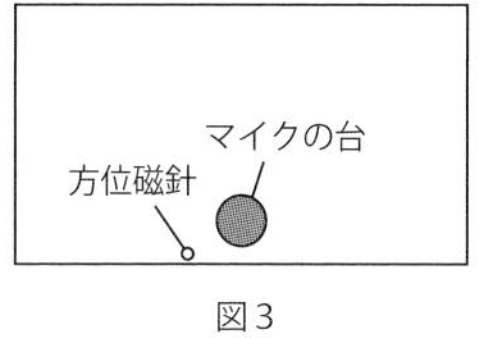

図3

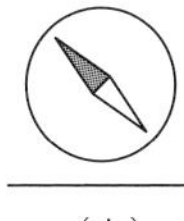
（カ）

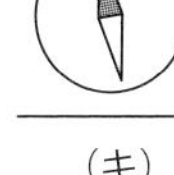
（キ）

（ク）

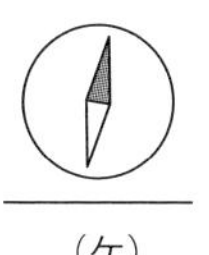
（ケ）

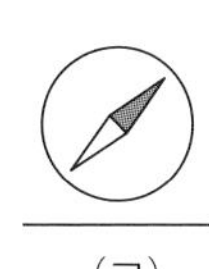
（コ）

4．③のスケッチをした日、午前6時30分と午後5時30分には、どちらも太陽が出ていなかったため影ができませんでした。午前6時30分と午後5時30分の空の明るさを比べた文として正しいものを次の（サ）～（セ）から1つ選び、記号で答えなさい。

（サ）太陽が出ていないのでどちらも真っ暗だった。　（シ）午前6時30分は午後5時30分より明るかった。
（ス）午前6時30分は午後5時30分より暗かった。　（セ）どちらの空も同じくらい明るかった。

Point　**影の様子が正午を中心に対称になっていないことに注目しましょう。**

注目問題⑩ 灘中

3 一辺が10cmの立方体の消しゴムがあります。図1のように，消しゴムの各辺に沿って，上下方向，左右方向，前後方向とよぶことにします。また消しゴムは変形しても直方体とみなせるものとします。

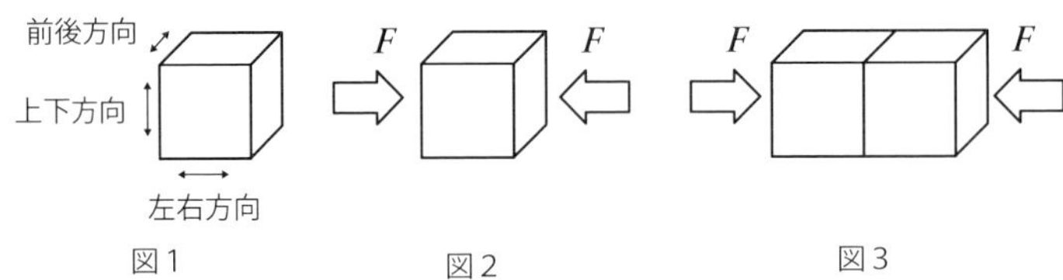

図1　図2　図3

問1　図2のように左右方向に対して垂直な面を，ある大きさFの力で両側から押すと，消しゴムは左右方向に縮み，左右方向の長さは9.99cmになりました。力の大きさを変え，両側から押すと，消しゴムは左右方向にもとの10cmから0.002cm縮みました。このとき両側から押した力の大きさはFの何倍ですか。押した力と消しゴムの縮み（縮んだ距離）の間には比例関係が成り立つものとします。

問2　今度は先ほどと同じ消しゴムを2個用意し，図3のように左右方向にくっつけて，問1の大きさFの力で両側から押しました。このとき左右方向の消しゴムの全長（長さの和）は何cmですか。

消しゴムが両側から押されたとき，その方向の長さの変化がわかれば消しゴムの体積変化を簡単に計算できそうに思えます。しかし左右方向に両側から押された場合，消しゴムは直方体の形に変形し，上下方向および前後方向の消しゴムの長さも変化するので，計算はそれほど簡単ではありません。

問3　図2のように消しゴムが左右方向に両側から押されたとき，消しゴムの（1）上下方向および（2）前後方向の長さはそれぞれどうなりますか。伸びる場合はA，縮む場合はBとそれぞれ答えなさい。

図2のように1個の消しゴムが左右方向に両側から押されたとき（上下方向の伸びまたは縮み）÷（左右方向の縮み）の値をaとします。このとき，（前後方向の伸びまたは縮み）÷（左右方向の縮み）の値もaとなります。aの値は，消しゴムの素材によって異なります。

問4　問1の消しゴム1個ではa＝0.48でした。このとき問1の大きさFの力でその消しゴム1個を両側から押すと，消しゴムの体積は何cm³減りますか。小数第2位まで答えなさい。ただし，xとyがともに1に比べてとても小さな数のとき

$(1-x)\times(1+y)\times(1+y)$ を $1-x+2\times y$

のように計算してかまいません。これを近似計算と呼びます。近似計算では例えば，

$(1-0.0003)\times(1+0.001)\times(1+0.001)=1.0017003997$ を $1-0.0003+2\times0.001=1.0017$

としてよいことになります。

問5　どんな立方体の消しゴムも，両側から押されたとき，体積は必ず減少することが知られています。このことから，aの値はある値以上になりえないことがわかります。ある値を答えなさい。必要であれば問4の近似計算を使ってかまいません。

Point　身近な物を科学的に考える、本校らしい出題です。

注目問題⑪ 四天王寺中

1 次の文Ⅰ，Ⅱを読んで，下の問いに答えなさい。

Ⅰ 動物や植物が生命を維持するためには，栄養分・空気・水が必要です。植物は，（ a ）を行うことで栄養分をつくります。また，空気は葉の気孔を通して出入りさせ，水は根から取り入れます。動物は，食べることで栄養分や水を取り入れ，呼吸器で空気の出し入れをします。

ヒトでは，口から取り入れた食べ物は，こう門へと続く管を通っていく間に，体に吸収されやすい小さな栄養分に分解されます。このはたらきを（ b ）といいます。空気は鼻や口から気管を通って肺に入り，肺で空気中の酸素が血液に取り込まれます。血液からは二酸化炭素が取り出され，肺で空気に混ざって体外に出されます。このはたらきを呼吸といいます。（ b ）や呼吸で得た栄養分や酸素は，心臓から送り出される血液によって全身に届けられ，体の各器官で使われます。血液は，各器官から出る二酸化炭素などの不要物を集め，不要物を体外へ出す肺やじん臓などへ運ぶはたらきもしています。

（3） 図１は，ヒトの体を流れる血液の循環を模式的に示したものです。血液は血管内を矢印の方向に流れており，血管と各器官との間の３種類の矢印は，栄養分，酸素，二酸化炭素のいずれかの移動のようすを表しています。ただし，小腸での物質の移動のようすは描かれていません。

脳
肺
血管
心臓
小腸
じん臓

図1

（ⅰ） 酸素の移動のようすを表している矢印は**ア**～**ウ**のどれですか。

ア  **イ**  **ウ** 

（ⅱ） 食後の小腸における栄養分，酸素，二酸化炭素の移動のようすを表しているものを，**ア**～**エ**から選びなさい。

Ⅱ セキツイ動物の心臓はいくつかの部屋に分かれており，心臓から血液を送り出す「心室」と，心臓にもどってきた血液をためて心室に送る「心房」があります。ヒトの心臓には，心房と心室が2つずつあり，一対の心房と心室は，全身から心臓へもどってきた血液を肺へ送り，もう一対は肺から心臓へもどってきた血液を全身に送っています。

（4） 心臓と全身をつなぐ血管内の血液の流れを⇨，心臓と肺をつなぐ血管内の血液の流れを➡で表したとき，ヒトの心臓の部屋と血液の流れを正しく表しているものを**ア**～**エ**から選びなさい。なお，→は心臓内の血液の流れを示しています。また，部屋の配置は模式的に描いたもので，実際の心臓の部屋の配置と上下左右が一致しているとは限りません。

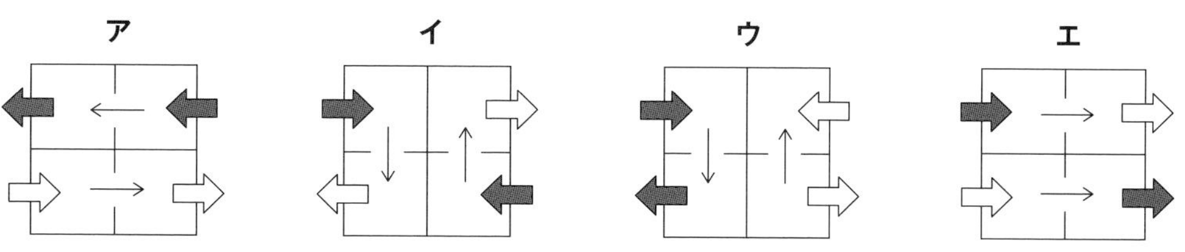

Point 身につけた知識を表現する力が求められています。

教科別徹底分析

社会

サピックス小学部
社会科教科責任者
住田 俊祐 講師

●2024年度の出題傾向

覚えた知識そのものだけではなく
その正確な理解が問われる

全体的には、昨年度までの傾向と大きく変わった点は見られませんでした。入試で問われたポイントは、大きく分けて三つ挙げられます。

一つ目は「基礎をおろそかにせず、ていねいな学習をしてきたかどうか」です。地名や人名を面倒がらず漢字で書くようにしてきたか、歴史の年号や公民で学ぶ数値などをきちんと覚えてきたか。こうした学習姿勢を問う出題は、難関校であっても近年、配点の比重が高まっている傾向にあります。今年度の例でいうと、渋谷教育学園幕張中が「邪馬台国」を漢字で書かせていますし、また開成中では豊臣秀吉、徳川吉宗、鑑真といった基礎的な歴史上の人物10人の名前を漢字で書かせています。これらはほんの一例ですが、このような出題が増えたとしても、「社会科の入試は楽な戦いだった」というわけではありません。むしろ逆です。誰もが書ける問題が一つでもできなかったら、命取りになるおそれがあるからです。漢字の語句記入問題に限らず、普通のことを普通にできるかどうかを試す問題は、確実に増えています。

二つ目は「与えられた資料を粘り強く読み取ることができるかどうか」です。表やグラフ、史料などを読み取って答えを導き出す問題は、例年多くの学校で見られます。最近は読み取らせる分量が増えたり、見慣れない資料を使って新しい視点からとらえさせたりする問題が増えています。たとえば駒場東邦中は、ある架空の中学校の生徒会長選挙を題材に「平等」について考えさせる問題を出していますが、この問題ではほぼ見開き2ページにわたる資料を丹念に読み込む必要がありました。読み取る力はもちろんですが、粘り強さなくして解ける問題ではなかったといえます。

受験生が見たことがないであろう資料を提示する傾向も、近年多く見られます。豊島岡女子学園中では、ある20年間の1世帯当たりの停電回数と停電時間を年度別に示したグラフをもとに、選択肢からどの時期の20年間のデータなのかを選ばせる出題が見られました。ほとんどの受験生が見たことがないグラフだと思いますが、きちんと資料を読み取り、かつ自分が学んできた知識をうまく当てはめることができれば正解にたどり着けたはずです。

この問題からもわかるように、社会科の入試では覚えていることが覚えた形で出題されるとは限りません。ことばで覚えたことが、グラフや表になって出てくるのはその典型例といえます。たとえば、日本海側の気候と太平洋側の気候の違いを「夏は南東の季節風が吹いて…」などとことばで覚えたことは、雨温図や月別の日照時間などのグラフで出てくることもあります。ことばを言える、書けるだけではなく、その意味を正確に理解していないと、形を変えて出題されたときに対応できません。こうした問題では、覚えた用語がしっかり自分の知識になっているかが問われています。

三つ目は「世の中の出来事を自分事

としてとらえられるかどうか」です。現代社会の課題とされていることを考えさせる出題は、もはや定番となっています。入試では、日本国内あるいは世界中の大人たちが立ち向かっている課題、また解決できずにいる課題について、小学生にも考察を求めます。「まだ小学生だから関係ない、知らなくていい」「難しいことは大人が考えるだろう」というふうに決めつけないようにしましょう。

「生成AI」「物流2024年問題」などの時事問題も出題される

今年度目立ったトピックとして、「生成AIの是非」を扱った問題は、筑波大学附属駒場中、開成中、浅野中など多くの学校で出題されています。鷗友学園女子中（P.173参照）ではストレートに、「生成AIにはどのような問題があると考えられているか」を説明させています。小学生にとって、生成AIの登場はけっして他人事ではありません。実際、湘南白百合学園中では、「読書感想文に生成AIを活用するときに心配されることは何か」を記述させています。

「物流2024年問題」も開成中、渋谷教育学園渋谷中など多くの学校で出題されました。筑波大学附属中では、トラック輸送が他の輸送機関と比べて長時間労働是正の影響を受けやすい理由を考えさせています。小学生は、基本的には自分で稼いだお金を使って生活しているわけではないので実感が持ちにくいかもしれませんが、食べるもの、着るもの、使うものなど、自分の身の回りにあるものは自動的に目の前に運ばれてくるわけではありません。どのような経緯で自分の目の前に届けられたのか、またその過程で著しく不利益を被っている人がいたりしないだろうか、そうしたことに思いをはせることが必要です。

このほか「ジェンダーバイアス」「新紙幣発行」「災害」に関する出題も少なくありませんでした。また、いわゆる性的マイノリティに材を取った問題はこれまで女子校で多く出題されてきましたが、近年は男子校でも見られるようになっています。このような話題も小学生にとって無関係ではいられないのだ、という学校からのメッセージだったかもしれません。「災害」については、防災に関する出題が目立ちました。早稲田実業学校中では、東日本大震災後に岩手県宮古市で津波対策の防潮堤が作られたことを取り上げ、その防潮堤の高さについて近隣の住民から反対意見が出た理由を、防災上の観点から考えさせています。災害の事実だけでなく、どんな対策が必要なのか、そして必要と思われる対策についても賛否両論があり得る、というところまで踏み込んで考えさせています。

現代社会の課題について考えさせる問題は、ある意味で「正解のない問題」ともいえます。そうした問題であったとしても、小学生なりに考えさせようという傾向は、難関校に限らず多くの学校で見られます。時事的なトピックについての出題は、一般的に配点の比重はそれほど高くありません。配点のほとんどを占めるのは、地理・歴史・公民の3分野からの出題ですから、時事的トピックだけに過度に勉強時間をとらないよう注意が必要です。しかし一方で、時事的な要素を一切出題しないという学校もほとんどありませんので、繰り返し報道されていることには、興味・関心を持つようにするとよいでしょう。

世の中の出来事を通じて、多面的な視点を持とう

●合格のための学習法

どの学校でも求められる基礎知識 覚えるだけでなく意味を理解する

基礎知識は、試験の難度にかかわらずどの学校でも求められます。応用問題についても、そもそも正しい知識を持っていなければ正解にたどり着けません。また、出題傾向で触れたように、近年の入試では現代の世の中の課題について考察する姿勢が求められていますが、そのような課題について考察するための土台も知識そのものであることはいうまでもありません。

いまだに「社会科は暗記科目だから、用語や人物名を覚えていれば何とかなる」という認識もあるようです。確かに4教科のなかでは、暗記が点数に最も如実に反映されるのは社会科だといえるかもしれません。しかし、近年の入試では、覚えていることがそのまま出題されるとは限らないのは前述のとおりです。用語や数字を覚えるだけでなく、その意味をしっかりと理解することが重要です。そうすることによって、実際の入試でそれまで見たこともないような問題に出合ったとしても、「これまで学んできた何かを当てはめることはできないだろうか」と考え、正解への突破口を開くきっかけにすることもできるはずです。

考えながら生活する姿勢が不可欠 多様な話題に対し多様な視点を持つ

近年の社会科の入試では、食べ物、水、リサイクルなど、身の回りの生活を題材とした問題も定番化しています。「なぜスーパーではカット野菜がよく売られるようになったのか」「なぜ駅の改札には幅が広い改札が1か所あるのか」など、考える題材はどこにでも転がっています。それらを保護者の方が折に触れ拾ってみせて、「どうしてだろうね」とお子さんに問いかける場面があるとよいでしょう。

時事的な話題については、可能な範囲で構いませんので、ニュースで繰り返し報道されていることを家庭内で話題にするとよいでしょう。たとえば、「温室効果ガスの排出」に関しては先進国と発展途上国とでは意見が異なることが多いですが、こうした問題について、ニュースを目にしたタイミングで「あなたはどう思う?」と聞いてみるとよいと思います。また、答えが一つに定まらない問題を議論する場合は、なるべく複数の意見をお子さんに提示することも大切です。たとえば「生成AI」についてなら、「全幅の信頼をおくべきではない」と考える人が多いでしょう。しかし、長所があるからこそ利用が拡大しているわけですから、どこが長所か、どこが短所かなどを議論するようにすると、物事を多面的にとらえようとする姿勢が身についていくはずです。

中学入試では、大人でも解答に困るような問題が出題されることは珍しくありません。子どもたちはそうした問題に立ち向かっています。保護者の方にはそのことをご理解いただき、多様な話題を提供することなどを通じて、お子さんの世の中に対する視点を育んでいただけるとよいでしょう。

注目問題① 慶應義塾湘南藤沢中

【1】 図1を見て，以下の問いに答えなさい。

図1

問1 図2は，東京駅（上野駅を含む）から各駅への所要時間を示しています（新幹線開業前は在来線経由）。A～Dを図1の1～4から選び，番号で答えなさい。

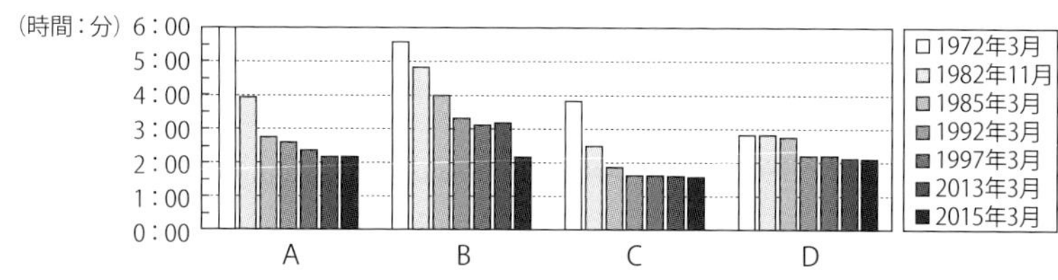

図2（『交通公社の時刻表』『JTB時刻表』各年各月号より作成）

問2 図3は，新幹線の路線断面図を示しています。トンネル区間は，地表面の標高を表しています。E・Hの路線を，図1の1～4から選び，番号で答えなさい。

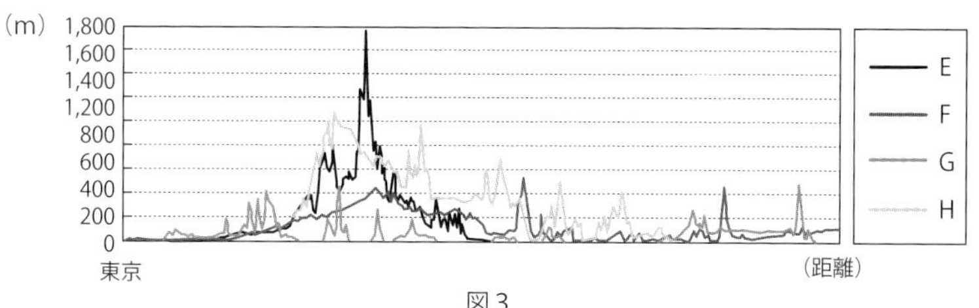

図3

（国土地理院 地理院地図より作成）

【7】

問5 下線（オ）について，次の表は一般会計歳出の所管別（省庁別）の内訳を示したものです。表のE～Hに当てはまる省庁を選び，番号で答えなさい。

（単位 億円）

	2019年度	2020年度	2021年度	2022年度	2023年度
E	—	—	650	4,720	4,950
F	8,190	8,210	7,940	7,440	7,250
G	315,320	403,750	447,300	335,160	331,690
H	19,920	171,140	76,240	9,020	8,810

2021年度までは決算，2022，2023年度は当初予算。

（『日本国勢図会2023/24』より作成）

1 経済産業省　　2 厚生労働省　　3 デジタル庁　　4 法務省

Point 【1】新幹線のルートやおよその距離はもちろんのこと、どの新幹線がどのタイミングで開通・延伸されたのかなど、いくつもの知識を駆使して挑まなければならない問題でした。

【7】各省庁が所管している業務がどのようなものか、また近年の情勢がそれらにどのような影響を及ぼしうるのかを考える必要があります。

注目問題② 明治大学付属明治中（第2回）

Ⅱ

2　都府県の中には多数の「三県境」をもつものがあります。次の**A～I**の9地点いずれもが、ある都府県の「三県境」になっています。この都府県名を答えなさい。なお、都・府・県の区別が分かるように答えること。

	標高	緯度（北緯）	経度（東経）
A	877m	35°13′	136°25′
B	606m	34°47′	136°1′
C	282m	34°44′	136°3′
D	185m	34°1′	136°0′
E	62m	33°55′	135°55′
F	59m	33°55′	135°53′
G	38m	33°52′	135°51′
H	36m	33°52′	135°52′
I	1m	35°8′	136°40′

※標高と緯度・経度は地理院地図で計測した。

Point　さまざまな地形やその位置、土地の起伏を意識するなど、自分なりに何らかのテーマを設定して地図を見る習慣は重要です。

注目問題③ 慶應義塾普通部

1）次の文を読んで，あとの問いに答えなさい。

昨年5月のG7サミットで岸田首相は，「国際社会で存在感を高めている（　**あ**　）との連携をめざす」と発言しました。（　**あ**　）には貧困問題をかかえる新興国や開発途上国が多く含まれていますが，必ずしも南半球にある国だけを指すことばではありません。

世界銀行によると，貧困とは，1人当たり1日2.15ドル未満の金額で生活せざるをえない状態とされています。とくに子ども（0～17歳）の貧困の問題は深刻です。世界中の子どもたちの命と健康を守るために活動している国際連合の専門機関である（　**い**　）の調査では，2022年現在，世界で約（　**A**　）人の子どもが「極度の貧困」の状態にあります。子どもは世界人口の約（　**B**　）であり，6人に1人が「極度の貧困」ということになります。

貧困問題を解決するためには，食料などの援助だけではなく，人々の自立をうながしていくことも必要です。途上国でつくられた農産物や製品について，その労働に見合う適正・公正な価格で貿易を行い，継続的に購入することで，途上国の人々の生活を支える（　**う**　）という取り組みも，その一例です。代表的な商品としては，（　**え**　）やチョコレートなどがあり，その原料である（　**え**　）豆や（　**お**　）は，ほとんどが途上国で生産されています。これらの商品に認証をあたえ，特別なマークをつける取り組みも広がっています。

1．（　**あ**　）～（　**お**　）に当てはまることばを，それぞれカタカナで書きなさい。

2．（　**A**　）に当てはまる最も ふさわしい数字を，次の**ア**～**エ**から選んで記号で答えなさい。

ア．3300万　　**イ**．1億3000万　　**ウ**．3億3000万　　**エ**．13億

3．（　**B**　）に当てはまる最もふさわしい数字を，次の**ア**～**エ**から選んで記号で答えなさい。

ア．2分の1　　**イ**．4分の1　　**ウ**．7分の1　　**エ**．10分の1

Point　「子ども」と一言でいっても、住んでいる国や地域が異なれば、置かれている状況もまた異なります。この問題に限った話ではなく、自分とは異なる環境に置かれている人々に対して思いを致すことができるかどうかを問う問題はいろいろな学校で見られます。

的中問題④　聖光学院中（第2回）

［2］

問4　下線部②から1967年に発掘された木簡の〔**写真の説明**〕，および〔**表**〕「当時の地方行政区域の制度についての政治史料」とあわせて，当時の政治制度について正しく説明されている文を，あとの**ア**～**エ**の中から１つ選び，記号で答えなさい。

問題には木簡の写真が入っています

（奈良県立橿原考古学研究所附属博物館所蔵のレプリカ　聖光学院社会科撮影）

〔**写真の説明**〕

木簡には，「己亥年十月上捄国阿波評松里」（「己亥年」は西暦699年，「上捄国」は上総国で現在の千葉県の一部）と書かれ，その後，全国から発掘された同時期の木簡でも行政区域については同様の記述になっています。

〔**表**〕当時の地方行政区域の制度についての政治史料

制度（史料名）	地方行政区域
改新の詔の記述（日本書紀）	「国ごとに国司，郡ごとに郡司」
律令制度（大宝律令）	「国ごとに国司，郡ごとに郡司，里ごとに里長」

ア　日本書紀の表記通りに，大化改新以前は「郡」ではなく「評」が用いられていた。
イ　木簡の表記が誤りで，大化改新以後，大宝律令制定まで「評」ではなく「郡」が用いられていた。
ウ　日本書紀の表記が誤りで，大化改新以後，大宝律令制定まで「郡」のかわりに「評」が用いられていた。
エ　大宝律令の表記が誤りで，大宝律令制定後は「郡」のかわりに「評」が用いられていた。

サピックスの的中問題　2023年10月実施 学校別サピックスオープン 聖光学院中

［2］

問３　下線部②に関連して，改新の詔には地方を「国」「郡」「里」とする制度が始まったと記されていますが，現在はこの記述は誤りであると考えられています。次の木簡を参考に，改新の詔のどの部分が誤りであったと考えられるか説明しなさい。

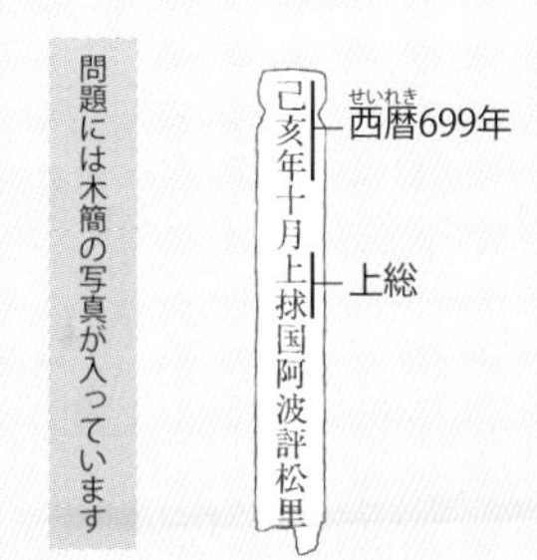

（奈良県立橿原考古学研究所附属博物館より）

注目問題⑤　麻布中

問12　下線部**サ**について。何かを知りたいときに、自ら本で調べたりインターネットで検索したりすればたいていのことはわかります。それでも学校で学ぶことは大切だと考えられています。それは学校で知識が提供されるときに、どのような配慮がなされているからでしょうか。説明しなさい。

問13　下線部**シ**について。本文にあるように、学校教育は社会の求めによって、大きな影響を受けてきました。他方で、学校教育も人びとの価値観や考え方に大きな影響をあたえてきました。学校教育は人びとの価値観や考え方に影響をあたえることで、どのような社会をつくってきましたか。そして、そのような人びとによってつくられた社会にはどのような問題がありますか。あわせて100字以上120字以内で説明しなさい。ただし、句読点も１字分とします。

Point　**受験生がこれからも受け続けていく「教育」について、そのあり方を受験生自身に考察させる良問でした。**

注目問題⑥　女子学院中

I

問7　次の資料1と2は室町時代、資料3は江戸時代の農業用水に関するものです。（いずれも資料の内容を一部改変してあります。）

（1）資料1の下線部は、灰にして何に使われましたか。

（2）資料2について

①　川が流れる方向はア、イのどちらですか。記号で答えなさい。

②　Aの集落とBの集落のどちらが水を得るのに有利だったと考えられますか。記号で答えなさい。

問8　用水の管理権を持っていたのはどのような立場の人だったと考えられますか。

①資料1の時代　②資料3の時代　それぞれについて1つずつ選び、記号で答えなさい。

ア　幕府の役人　　イ　領地を持つ貴族　　ウ　村人たち　　エ　天皇

資料1　1348年に現在の兵庫県にあった荘園（貴族の領地）の代官（管理人）が、隣の土地の代官と結んだ契約書

「用水を分けてもらう見返りとして草木を提供してきましたが、提供できなくなったので、荘園の土地の一部（約1.5ヘクタール）をそちらの荘園に譲ります。ただし用水が止められてしまった場合には、その土地は返してもらいます。代官 僧頼尊」

資料2　桂川の両岸にあった集落の水争いに際して室町幕府に提出された、川と用水路を示す絵図（○と●は集落をさします）

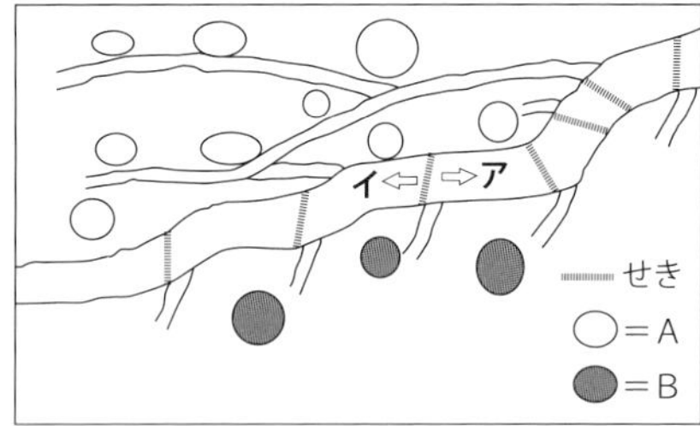

（資料1と2は「東寺百合文書」による）

資料3　江戸時代に、伊予（愛媛県）の庄屋（村役人）が心構えを記した書物（『庄屋手鏡』）の一部

「他村と共同で利用している用水や土地に関しては、前々からのしきたりを守り、しきたりを記録しておくこと。…水争いが起こったときは、訴訟の経過を初めから詳しく記録しておくこと。」
（小野武夫編『近世地方経済史料』第七巻　吉川弘文館 1969年より）

Point　**与えられた資料を丹念に読み込み、ある程度の時間や手間をかけないと答えにたどり着かないタイプの問題も増えてきています。**

類似問題⑦ 早稲田中（第1回）

〔3〕

問4　下線部②に関して、各問に答えなさい。

（2）　現在の日本における男女間の格差の例について述べた文として正しいものを次の中から１つ選び、記号で答えなさい。

ア　衆議院と参議院の全議員のうち、女性の占める割合は全体の約３割程度である。
イ　男性雇用者の平均給与は、女性雇用者の約３倍となっている。
ウ　これまでに三権の長（首相、衆参両院の議長、最高裁長官）を務めたのは、全て男性である。
エ　男性雇用者の８割近くが正規雇用者であるのに対し、女性雇用者は半数以上が非正規雇用者である。

サピックスの類似問題　2024年中学入試用 重大ニュース 予想問題

問６　下線部⑤について、この１つとして、2023年６月に「G7栃木県・日光男女共同参画・女性活躍担当大臣会合」が開催されました。この会合では日本の担当大臣だけが男性で、日本の政治の世界における女性の活躍はあまり進んでいないという印象を与えました。日本の政治における女性の活躍について述べた次の**Ⅰ**～**Ⅲ**の文の正誤の組み合わせとして最もふさわしいものを、あとの**ア**～**ク**から１つ選び、記号で答えなさい。

Ⅰ　これまで、国政における「三権の長」に女性が就任したことはない。
Ⅱ　これまで、衆議院議員のうち女性の占める割合が５％を超えたことはない。
Ⅲ　これまで、国務大臣のうち女性が過半数を占めた内閣は存在しない。

	ア	イ	ウ	エ	オ	カ	キ	ク
Ⅰ	○	○	○	○	×	×	×	×
Ⅱ	○	○	×	×	○	○	×	×
Ⅲ	○	×	○	×	○	×	○	×

注目問題⑧ 鷗友学園女子中（第1回）

3．

問８　下線部（g）について。ＣｈａｔＧＰＴなどに代表される生成ＡＩについて述べた文章を読んで、以下の問いに答えなさい。

　ＣｈａｔＧＰＴは、知りたい内容を指示文として入力すれば、瞬時に会話形式で回答してくれるものです。膨大な情報を学習させることで回答が作成されていくため、生成ＡＩといわれています。

　生成ＡＩは、人間による調整や判断なしに、インターネット上にアップロードされているあらゆる文章データを学習していきます。知りたい内容が指示文として入力されると、膨大な情報から言葉を選び、その言葉の後にはどんな言葉が続く確率が高いかを判断して、自然な文を作って出力する仕組みになっています。例えば、「犬も歩けば」に続く単語には「旅に出る」よりも「棒にあたる」の方が確率が高いと判断して、回答文をつくっていきます。つまり、生成ＡＩ自体は、文章の意味を理解して回答文を作成しているわけではありません。

　ＡＩが作成する回答は、ＡＩが学習するデータの情報量や情報の質に影響されるため、生成ＡＩの回答には問題があるとも考えられています。

　生成ＡＩは便利なツールですが、問題点などを理解しておくことが大切です。

　生成ＡＩには、どのような問題があると考えられているか、下線部の内容に着目して説明しなさい。その上で、指摘した問題に対して、生成ＡＩを利用する人はどのようなことに気を付けていく必要があるか答えなさい。

Point　**生成ＡＩの是非に限らず、繰り返し報道されていることには、繰り返し報道されるだけの理由があるはずです。それらを自分にもかかわりのあることだと思おうとする姿勢が重要です。**

注目問題⑨ 西大和学園中(本校)

1

問8 下線部⑧について、次の図4中の**G**と**H**は、1981年～2010年を基準とした北半球と南半球のいずれかの平均地上気温の変化を表したものです。南半球を表しているものとして正しいものを、図中の**G・H**から1つ選び、記号で答えなさい。また、そのように判断した理由を、南半球の自然条件を踏まえて、簡潔に説明しなさい。

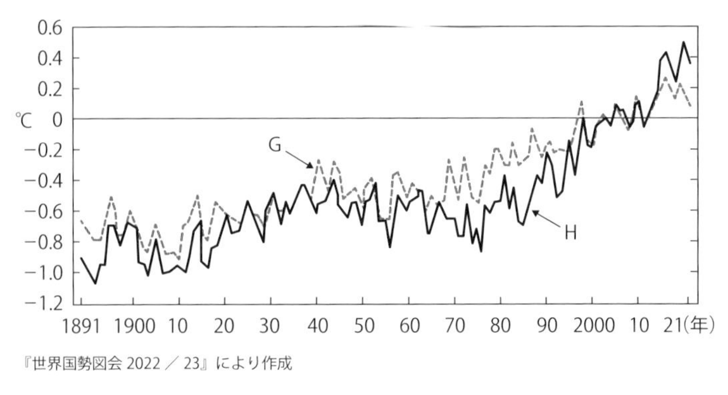

『世界国勢図会 2022／23』により作成

図4

Point 「平均地上気温」とは、どのような要素に影響されるのでしょうか。また、北半球と南半球にはどのような特徴の違いがあるのでしょうか。さまざまなことを複合的に考える必要のある問題でした。

注目問題⑩ 大阪星光学院中

〔1〕

問4 下線部④について、次の表は近畿地方の5つの府県の森林面積、森林率※1、人工林率※2を示しています。次の表から読み取ることができる内容として**誤っているもの**を、下の**ア**～**エ**のうちから一つ選びなさい。

※1 都道府県の総面積に占める森林面積の割合

※2 森林面積に占める人工林の面積の割合

(単位：森林面積はha 森林率、人工林率は%)

	森林面積	森林率	人工林率
兵庫県	560,006	67	43
和歌山県	361,328	76	61
京都府	342,300	74	38
奈良県	283,701	77	61
滋賀県	202,890	51	42

(林野庁ホームページより 2017年3月31日現在)

ア．和歌山県の総面積は、奈良県の総面積よりも広い。
イ．兵庫県の森林面積は、京都府の総面積よりも広い。
ウ．滋賀県の人工林の面積は、兵庫県の人工林の面積の半分以下である。
エ．京都府の人工林の面積は、奈良県の人工林の面積よりも広い。

Point それぞれの都道府県の土地利用の割合についての知識に加え、素早く計算する力も求められました。

注目問題⑪ 洛星中(後期日程)

1

問8 江戸時代には、さまざまな絵も印刷物として人々の間に広まりました。

(1) これらの絵のうち、歌川広重の『東海道五十三次』に代表される、風景や人々の日常のようすをえがいた絵を何といいますか。

(2) 現代において、本を出版することを「上梓(じょうし)する」・「上木(じょうぼく)する」と表現することがあります。このように表現するようになった理由として考えられることを、(1)の絵の作成法を参考にして答えなさい。

Point 浮世絵の代表的な絵師や作品だけでなく、歌川広重が活躍したころの浮世絵がどのような特徴を持っていたのか、その制作過程も含めて問われています。単に語句を覚えているだけでは太刀打ちできない出題の一例です。

注目問題⑫　東大寺学園中

4

（3）　これには、さまざまな人物が参加しています。次の文は、そのうちの一人があらわした書物の一部をわかりやすく書き改めたものです。文中の（　　　）にあてはまる語を**漢字2字**で書きなさい。

> もし人民が暴政を避けたいと思うのであれば、ただちに（　　　）を志して自ら才能や徳義を高め、政府と向かい合って同位同等の地位に立たねばならない。これがすなわち私の勧（すす）める（　　　）の目的である。……われわれ日本国民も今より（　　　）を志し、気力を確かにして、まず一身の独立をはかり、それによって一国の富強を実現すれば、どうして西洋人の力を恐（おそ）れることがあるだろうか。

※（3）文中の「これ」とは、「欧米へ派遣された使節」をさします。

Point　**「福沢諭吉が『学問のすゝめ』を著した」という知識だけでは対応しきれない問題でした。洛星中の問題と同様に、「深く知ろう」とする姿勢が重要です。**

注目問題⑬　洛南高等学校附属中

3　（5）　下線④について，次の**図1**は，令和２年度から令和４年度の，京都市の一般（いっぱん）会計決算概況（がいきょう）における収支を示したものです。あとの**図2**は，中学生のあつきさんが，この期間に**図1**にあるような変化が見られた理由について考察するために作ったメモです。**図2**中の**A・B**には，Ⅰ～Ⅳのいずれかが入ります。**A・B**に入るものの組み合わせとしてもっとも適当なものを，下の**ア**～**エ**から１つ選んで，記号で答えなさい。

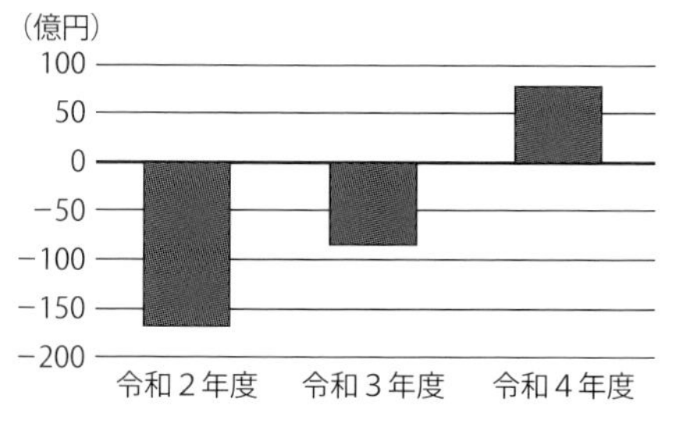

※収支は，歳入（収入）総額から，歳出（支出）総額と翌年度への繰越（くりこし）金を除く形で求めています。

（京都市HPより作成）

図1

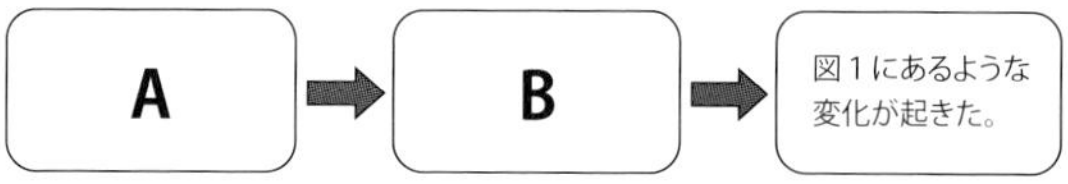

A → B → 図１にあるような変化が起きた。

図2

Ⅰ　京都市を訪れる観光客の数が増えた。　Ⅱ　京都市の行政機関の職員数を増やした。
Ⅲ　京都市の歳入が増加した。　Ⅳ　京都市の歳出が増加した。

ア　A：Ⅰ　B：Ⅲ　　イ　A：Ⅰ　B：Ⅳ　　ウ　A：Ⅱ　B：Ⅲ　　エ　A：Ⅱ　B：Ⅳ

Point　**地方自治体の一般会計とはどのような要素で成り立っているのか、またどのような出来事がその収支を左右しうるのか。資料を読み取ったうえで、「自分が知っている何かが当てはまらないだろうか」と考えさせる問題でした。**

【入試で問われる学力と保護者の役割】

「今、経験していることは生涯役に立つ」中学受験の価値を親子の共通認識に

学校説明会への参加や行事の見学の制限がほぼ解けたため、コロナ禍以前に戻ったともいえる2024年度の中学入試。学校選びでは安全志向も見えるなか、入試問題そのものは各教科とも難化傾向にあり、対策は難しさを増しています。入試で求められる力を身につけるには、どのような学習をすればよいのでしょうか。また家庭ではどのようなサポートを心がければよいのでしょうか。中学受験の最前線で子どもたちの指導に当たっている、サピックス小学部教務本部の西川敦本部長がアドバイスします。

サピックス小学部　教務本部本部長
西川 敦 講師

1月の受験校数は増加 早めに合格を求める傾向が顕著に

――今年度の中学入試にはどのような特徴がありますか。

西川　コロナ禍では、中学校の学校説明会への参加や学校行事の見学が制限されていましたので、志望校に実際に足を運ぶ機会のないまま入試当日を迎えた受験生も少なくありませんでした。しかし、今年度はそれらの制限が大幅に解除され、学校の雰囲気を直接確かめたうえで、自分に合った学校選びができた受験生が多かったと思います。

志望動向については、今年度は全体的に「安全志向」が目立ったように思います。男女ともに共通していたのは「早めの日程で合格校を確保しようとする動き」です。サピックス生の今年度の平均受験校数は6.0校で、昨年度より0.2校増えています。これは1月の受験校数が増加したことによるもので、1月の平均受験校数は昨年度より0.2校増え2.3校でした。また、午後入試を受験する受験生も多く、2月中の午後入試の平均受験校数は、昨年度と変わらず0.9校でした。これらのデータからも、早い段階で合格を取りたいという傾向が見受けられます。

知っているだけでは解けない その場の対応力を試す問題が増加

――入試問題はどうでしょうか。今年はどんな特徴がありましたか。

西川　今年だけの特徴ではありません

が、4教科とも近年は難化傾向にあります。求められる知識レベルは年々上昇しており、小学生が到達できる限界値に来ているといってもよいでしょう。求められる知識レベルが高いうえに、そこにひねりが加えられていることもあります。あるいは、知っているだけではなく、それを使って考えたり表現したりできるかを問う、そうした問題が増えており、受験生には難しく感じたのではないでしょうか。

わたしが担当する算数の問題を見ても、解き方を覚えるだけの学習では通用しない問題が増えています。そのような問題は、一見しただけでは、何を使って解けばよいのかがすぐには見えてきません。問題を読んで条件を整理し、習ってきたことのどの解法を使うのかを判断したうえで解かなくてはなりません。こうした傾向は難関校だけでなく、どこの学校でも見られます。

受け身の学習では力はつかない
自分で考え、自分で解く姿勢が必要

――そうした傾向に対処するには、どのような学習方法、学習姿勢が必要でしょうか。

西川　まずこつこつとやるべきことをやる、覚えるべきことを覚える、これが基本です。そのうえで、身につけたものを使いこなしていくことが必要になります。そのためには、初めて問題を解く際、「何とかやってみよう」と能動的に取り組むことです。その場で読んで、その場で考えて、その場で書く、これを繰り返していくことが大切です。

サピックスの授業では予習はせず、常にその場で初見の問題を解きます。解き終わっても、○×をつけて終わり、ではありません。講師の説明を聞いて間違えていたら「なぜ間違えたのだろう」、正解していても「ほかにこんな解き方もあるよ」などと意見を言ったり、考えたりする機会がたくさんあります。そのなかで能動的に授業に参加する生徒は伸びます。言われたからやる、という受け身の姿勢ではなかなか力はつきません。

「どうしてもこの学校に行きたい」「将来こういうことをしたい」などと、目標を持っているお子さんも伸びるタイプです。なかには、将来進みたい道に合わせて中学校を選ぶ生徒もいます。希望する未来が待っていると思える受験生なら、受験勉強がつらくなっても乗り越えられる力があります。

保護者の役目は学習の環境づくり
大切なのは手を出しすぎないこと

――家庭学習では、保護者はどのようなことをサポートすればよいでしょうか。

西川　勉強だけを別物ととらえがちですが、小学生にとって勉強は生活の一部分です。生活のリズムのなかにいかに組み込んでいくか、そのスケジュール管理には、保護者の方のサポートが必要です。

高学年になると個人差が出ますから、どの程度手伝うかは相談して決めるとよいでしょう。保護者の方が4教科すべてを教えることはできないと思います。できるのは、スケジュール管理やプリントの整理、あるいは気が散るものを置かないなど、勉強の環境を整えることです。教科によって、たとえば「この教科は苦手だから、手伝って」と頼まれることもあるでしょう。本人が望むなら手伝うのが基本ですが、保護者の方がすべてにわたって手を出さないように注意していただきたいと思います。

入試において主役は子どもです。「失敗しないように先回りして準備をしてあげよう」とするものではなく、求められているのは先ほども述べたように、本人の能動的な学習姿勢です。インターネットの情報などに振り回されないように気をつけてください。効率的な手段を求めたくなりますが、簡単に効果が出る方法などありません。

子どもの得意・不得意を見極め プラス思考の声掛けを

――子どもとの接し方で、保護者が気をつけたいのはどんなことですか。

西川　大切なのは子どもをよく見ることです。何が好きか、何が苦手か、それを見極めて声掛けをしていくことが大切です。苦手なものがあると、ついそればかりやらせたくなりますが、無理にやらせても効果は期待できません。好きなものをやらせるなかで、やりたがらないものを少しずつ挟んでいくという形がよいでしょう。

苦手なものでも少しずつ勉強するうちに、わかるようになって楽しくなることもあります。そのときに大切なのが保護者の方の声掛けです。苦手なものに対して、「これ、できないよね」といった言い方をすると、ますますやりたくなくなります。学習を続けていれば、以前よりできるようになったものがあるはずです。そこを「これができるようになったね。すごいね」と具体的にほめてください。そのようにして良いところを引き出してあげれば、少しずつできるものが増えていきます。

高学年のお子さんには、不安に対するサポートも大切になります。やるべきことが多く、「あれもこれも」とやっているうちに自分で対処できなくなり、それが成績に響くことがあります。不安やつまずきは表情を見ればわかります。いつもと様子が違ったら「どうしたの?」と声を掛けてください。勉強のことで困っているようなら、塾の講師に相談すれば、適切なアドバイスをしてくれると思います。

――最後に、受験生の保護者に向けてメッセージをお願いします。

西川　保護者の方とわれわれ塾の講師が、一緒にお子さんを支えるのが中学受験です。小学生に知識を詰め込んで無理をさせているイメージを持つ人もいるかもしれませんが、けっしてそうではありません。6年生の時点で知ってほしいこと、考えてほしいこと、感じてほしいことを、中学校は入試問題を通して投げ掛けてきます。そこは小学生の枠をはみ出してはいません。

中学受験で身につけた知識、学習習慣、学びの姿勢は、生涯役立ちます。中学受験に失敗はありません。挑戦すること自体に価値があるからです。そういう意識を親子の共通認識として持ってほしいと思います。わたしは毎年、中学受験を通して大きく成長した子どもたちを数多く見ています。中学受験を通して子どもは必ず成長します。保護者の方には、それを信じて最後まで応援していただきたいと思います。

【2024年度 注目の入試問題例】 解答・解答例

算数

1. 開成中
1 (1) 4×(7×8×9+2) など

2. 浦和明の星女子中 (第1回)
1. (6) A=1, B=0, C=8, D=9

3. 吉祥女子中 (第1回)
1 (6) 23

4. 海城中 (一般入試①)
2 (1) 2:1 (2) 9:1:5 (3) 90:1

5. 筑波大学附属駒場中
[3] (1) 27, 69秒後 (2) 6, 18, 33, 63秒後
(3) 6, 21, 30, 51秒後

6. 桜蔭中
Ⅲ (1) $4\times S+6\frac{7}{75}$cm² (2) 12.14cm²

7. 早稲田実業学校中
2 (1) ①23.4回 ②23回

8. 開成中
2 (1)《7431》 (2) (ア)【213】,【231】 (イ)【2134】,【2143】,【2413】,【2314】,【2341】,【2431】
(ウ) ①24通り ②6通り (エ) 30通り (3) 560通り

9. 栄光学園中
4. (1) $2\frac{2}{3}$cm³ (2) (ア) 4面 (イ) $1\frac{1}{3}$cm³
(3) (ア) 三角形が4面, 四角形が1面 (イ) 2cm³

10. 神戸女学院中
5 (1) 2:5 (2) 2:15 (3) (ア) 20 (イ) 135

11. 洛南高等学校附属中
6 (1) 36cm² (2) 36cm² (3) 153cm²

12. 灘中 (第2日)
3 (1) 9.5, 5
(2) (ア) 2, 620 (イ) $7\frac{17}{19}$cm (ウ) $24\frac{14}{19}$cm

国語

1. 開成中

2. 筑波大学附属駒場中

3. 鷗友学園女子中 (第2回)

4. 駒場東邦中

6. 聖光学院中 (第1回)

8. 市川中 (第1回)

10. 東大寺学園中

11. 灘中 (第2日)

12. 神戸女学院中 …省略

5. 攻玉社中 (第1回)
三 Cウ→Dイ→Eア→Aカ→Bオ

7. 慶應義塾中等部 【四】 問一 A2 B4 C1 D3

9. 灘中 (第1日)
一 問一 …省略
問五 A…省略 B 1を 2う 3お 4お 5を

理科

1. 芝中 (1回)
1 (2) (a) 40°、45°、50°、55° (b) 85°

2. 早稲田中 (第2回) 〔4〕 問5 50cm 問6 55cm

3. 麻布中
3 問4 あ:4 い:150
問5 う:9 え:1 お:99 か:1
き:90 く:9 け:1 X:省略

4. 学習院女子中 (A入試) 〔3〕 問5 0.8g

5. 豊島岡女子学園中 (1回) 2 (3) 21g

6. 聖光学院中 (第1回) 〔3〕 (4) 31.6g

7. 海城中 (一般入試①)
2. 問4 (1) 省略 (2) 20%
問5 (1) 45g (2) X:40 Y:40 Z:20

8. 女子学院中
Ⅱ 1 (3) 記号:ア 図:省略 (5) ウ

9. 慶應義塾普通部
問2 1. 3月21日:① 6月22日:② 9月23日:①
12月22日:③ 3. キ 4. シ

10. 灘中
3 問1 0.2倍 問2 19.98cm 問3 (1) A (2) A
問4 0.04cm³ 問5 0.5

11. 四天王寺中
1 Ⅰ (3) (i) ア (ii) エ Ⅱ (4) エ

社会

1. 慶應義塾湘南藤沢中
【1】 問1 A:1 B:3 C:2 D:4
問2 E:2 H:3
【7】 問5 E:3 F:4 G:2 H:1

2. 明治大学付属明治中 (第2回) Ⅱ 2 三重県

3. 慶應義塾普通部
1) 1. あ: グローバルサウス い: ユニセフ
う: フェアトレード え: コーヒー お: カカオ
2. ウ 3. イ

4. 聖光学院中 (第2回) 〔2〕 問4 ウ

5. 麻布中 …省略

6. 女子学院中
Ⅰ 問7 (1) 肥料 (2) ①イ ②A 問8 ①イ ②ウ

7. 早稲田中 (第1回) 〔3〕 問4 (2) エ

8. 鷗友学園女子中 (第1回) …省略

9. 西大和学園中 (本校) …省略

10. 大阪星光学院中 〔1〕 問4 エ

11. 洛星中 (後期日程)
1 問8 (1) 浮世絵 (2) 省略

12. 東大寺学園中 4 (3) 学問

13. 洛南高等学校附属中 3 (5) ア

明朗・潑溂・無邪気

多彩な学び

FEATURE

将来の夢に向けたスーパーキャリア教育SSH、AIP。

理想的英語教育とICT教育。

多様性に満ちた環境で異文化理解のためのスキルを身につける。

西大和学園ならではの伝統的行事と体験学習。

ハイレベルな授業を受け、大学進学への準備をする。

東大71名、京大29名、医学部医学科70名(国公立大医学部医学科32名 ※防衛医科大学校1名含む)合格…

次代を担うリーダー育成のための自発的学び。

…さらなる教育の高みへ。

MORE INFO

次代を担うリーダーを育成するために。

西大和学園中学校・高等学校

〒636-0082 奈良県河合町薬井295 TEL.0745-73-6565

にしやまとくらぶ 検索

人の痛みに気づく人、
学ぶ楽しさを知る人に
洛星中学校 洛星高等学校
学校見学会（要予約）※各回、約1時間15分の予定。定員になり次第受付を締め切ります。（6月上旬受付開始）
7月27日（土）・28日（日）・8月24日（土）9:00～、11:00～、13:30～、15:30～
洛星中学校入試説明会
10月1日（火）～1月中旬
＊本校ホームページにて
オンデマンド配信
オープンスクール
11月16日（土）
文化祭
9月13日（金）～15日（日）
体育祭（雨天順延あり）
9月25日（水）
クリスマス・タブロー
12月23日（月）
※すべての行事は予定であり、変更の可能性があります。詳細につきましては、本校ホームページ等で随時お知らせいたします。
学校法人 ヴィアトール学園
洛星中学校 洛星高等学校
〒603-8342 京都市北区小松原南町33　TEL.075-466-0001（代）　https://www.rakusei.ac.jp/

人を育てるのは、人。

豊かな教養と確かな発信力を育む

大宮開成の Pride5（プライド●）

1 プレゼンテーション教育 ～2030年のその先へ～
2 五感ゆさぶるフィールドワーク ～教室を飛び出せ!～
3 生徒が育てる「図書館」～本好き集まれ!～
4 英語教育 ～アジアの一員、世界の一員として～
5 学びは遊び! ～もはや文化。自立した学習～

令和7年度入試
学校説明会・入試対策会 要予約
ホームページからの予約が必要です。

7月13日(土)	第1回学校説明会
8月 3日(土)	第2回学校説明会
8月25日(日)	第2回学校説明会
9月14日(土)	第3回学校説明会
10月19日(土)	入試対策会1
11月23日(土祝)	入試対策会2
12月 7日(土)	第4回学校説明会

※上記は令和6年4月現在の予定で、今後変更される場合があります。

大宮開成中学校

〒330-8567 埼玉県さいたま市大宮区堀の内町1-615 TEL. 048-641-7161(代)
FAX.048-647-8881 E-mail kaisei@omiyakaisei.jp URL https://www.omiyakaisei.jp

毎週更新!!
学校公式HPをご活用ください。
募集要項・イベント等の予約・学校紹介動画
毎日の取り組みのご紹介等

探究型教育を実践する

開智 中高一貫部

主体的に学ぶ力を磨く 1年生～5年生

1年

磯のフィールドワーク

自然そのものから疑問を持って学ぶ体験をすることから、探究する力の育成はスタートします。測定器具を用いて「はかる」ことで、観察だけでは気づかないことも発見します。

2年

森のフィールドワーク

森では動く生物に遭遇しにくいので、注意深く観察することによって、より充実した疑問を発見し、仮説・検証へと進みます。「はかる」ことに加えて、「比べる」という視点にも重点を置いて、探究を進めます。

3年

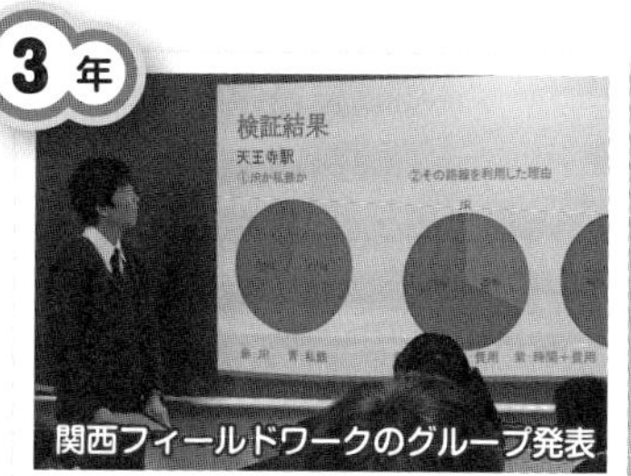

関西フィールドワークのグループ発表

関西圏で人文・社会科学的分野におけるフィールドワークの手法をグループ活動で学びます。考え方の異なる班員が話し合うことで、一つのテーマから仮説がふくらみます。試行錯誤のプロセスを経て知的好奇心を磨きます。

4年

首都圏フィールドワーク・学部学科探究

各自の探究テーマに基づいて、訪問先を考えアポイントを取りフィールドワークを行います。学部学科探究では希望する首都圏の大学や研究所を訪問します。

5年

英国フィールドワーク

現地の大学院生・社会人を交えて個人の探究テーマについて全員が英語で発表します。ディスカッションなどを通じて英語での思考力とコミュニケーション力が育ちます。

未来を拓く力を磨く 5年生10月～6年生

5年秋／6年

特別講座

放課後は授業と連携し、徹底した指導体制のもと大学入試対策講座を実施。また、互いに学びあうことで理解を深めます。

春／夏／冬等の講習

春／夏／冬期の講習では、志望大学を視野に合格力を高める教育システムで一人ひとりをフォロー。予備校いらずの教育を実践。

卒業生からのメッセージ

小笠原 悠人
東京大学
理科一類 進学

僕は中学では友人に誘われてクイズ研究会に所属し、クイズに打ち込んでいました。高校に上がってからは数学に興味を持つようになり、数学好きな友人と共に数学の問題を考えたり数学オリンピックに向けて勉強したりしていました。様々な分野に秀でた個性的な友人や先輩・後輩に恵まれ、とても刺激的な6年間を過ごすことができました。

勉強面では、放課後の特別講座をうまく活用して受験勉強を進めることができました。質の高い内容を教わる分復習が大変でしたが、学校の自習室などを利用して勉強を続けた結果、無事に第一志望の大学に合格することができました。振り返ってみると、周りの友人や開智での学習環境なしには合格を得ることができなかったと感じます。

高雄 桜子
東京大学
文科一類 進学

私は5年間バスケ部に所属していました。部の友人と一緒に汗を流し、休憩時間や帰り道に他愛もない話で盛り上がったことは忘れられません。強豪校と当たった試合で見たことのないような点差で負けてしまったのも、今となってはもはや良い思い出です。また体育祭では応援団のTシャツ・旗のデザインや作成を、開智発表会ではクラス企画のお化け屋敷で内装・外装を担当しました。これらは楽しい思い出となっただけでなく、一つのものを作り上げることの楽しさを学ぶきっかけにもなりました。

受験では、先生方の丁寧で親身な指導が支えになりました。自分に合った勉強方法がわからず、先生に相談した時には的確なアドバイスを頂きましたし、記述問題を解いて提出した時には丁寧な添削をして頂きました。第一志望合格へ導いてくれたこと、感謝しています。

KAICHI
開智中学・高等学校

〒339-0004 さいたま市岩槻区徳力186　TEL:048-795-0777
東武野田線東岩槻駅（大宮駅より14分）徒歩15分　https://ikkanbu.kaichigakuen.ed.jp

未来生になる(中1里山FW)
才能発見プログラム(高1プログラム)
世界へ羽ばたく(高2海外FW)

君の未来は
さらに進化する

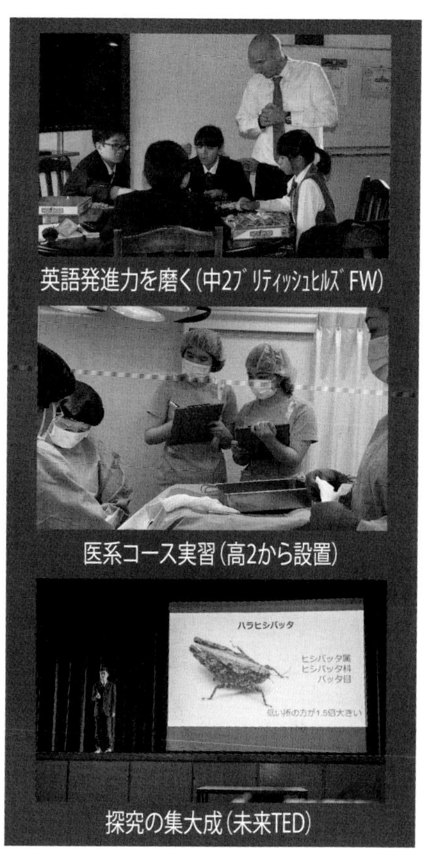

英語発進力を磨く(中2ブリティッシュヒルズFW)
医系コース実習(高2から設置)
探究の集大成(未来TED)

「開智」の理念＋「未来」の教育＝知性と人間の育成

少人数制だからできる　一人ひとりの進路希望実現

- 先端を走る「探究」・「英語」・「ICT」教育
- 夢を実現する「医系コース」「東大ゼミ」
- 2024年医学部(医)現役11名が合格(149名卒)
- 8つのスクールバス拠点で1都5県が通学圏

2022~2024年　425名が卒業

国公立大学	103名
早慶上理GMARCH	357名
医学部医学科	35名

Internationalization
世界水準

3I'S

Inquiry
探究

ICT
つなげる知能

開智未来中学校

〒349-1212　埼玉県加須市麦倉1238　☎0280－61－2021　www.kaichimirai.ed.jp/

学校HP

学習院女子中・高等科
Gakushuin Girls' Junior & Senior High School

[アクセス]
・東京メトロ副都心線「西早稲田駅」徒歩約3分
・東京メトロ東西線「早稲田駅」徒歩約10分
・JR山手線・西武新宿線「高田馬場駅」徒歩約15分

〒162-8656 東京都新宿区戸山3-20-1 TEL.03(3203)1901(代表)　https://www.gakushuin.ac.jp/girl/

互いの価値観を尊重し、
一人ひとりの個性と自主性が発揮される校風
VERITAS
SEVERVS TIBI ALIIS FACILIS ESTO MMIII
2024年度学校説明会等公開行事

実施回	形式	実施日時	対象学年	定員
オープンキャンパス		6/22(土)14:00～17:30	3～6年生	＊
第3回学校説明会	(1)ライブ配信	9/11(水)11:00～12:30	全学年	950名
	(2)校内実施	9/14(土)10:30～12:30	6年生	350名
吉祥祭		9/28(土) 9/29(日) 9:00～16:00	全学年	＊
第4回学校説明会	(1)校内実施	10/16(水)10:30～12:30	6年生	350名
	(2)校内実施	10/19(土)10:30～12:30	5年生以下	350名
第5回学校説明会	(1)校内実施	11/ 9 (土)10:30～12:30	6年生	350名
	(2)校内実施	11/13(水)10:30～12:30	5年生以下	350名
	(3)ライブ配信	11/20(水)11:00～12:30	全学年	950名
第6回学校説明会(入試会場見学会)	(1)校内実施	12/14(土) 9:50～10:20	6年生	350名
	(2)校内実施	11:10～11:40		350名
	(3)校内実施	12:30～13:00		350名

＊オープンキャンパス・吉祥祭のプログラムや予約方法等は、時期が近づきましたら本校ホームページで発表します。
※すべての学校説明会等の公開行事は、オンライン上で事前の予約が必要となります。原則的には実施日の3週間前の昼12:00より予約受付を開始いたします。
※校内実施の学校説明会では、開会の20分程度前から入場いただいている間に「学校紹介の動画」を放映します。ご視聴を希望される方は、開会の20分程度前にご来場ください。
※校内実施の学校説明会では、吉祥ホール内でご来場順に前から詰めてお座りいただきます。ご来場順があとの方では、ホール後方等に設置する補助席をご使用いただく形となります。ご了承ください。
※入試会場見学会では、入試当日に向けた具体的な流れや入試当日の注意事項等の説明の後、入試会場として使用する普通教室内を自由に見学いただくことができます。
※上記の日程や内容は変更することがあります。最新の情報や実施時間帯、予約方法は、本校のホームページでご確認ください。

2025年度入試概要		第1回	第2回
	募集人数	134名	100名
	試験日	2/1(土)	2/2(日)
	試験科目	国語・算数・社会・理科	

https://www.kichijo-joshi.jp/
吉祥女子中学・高等学校
〒180-0002 東京都武蔵野市吉祥寺東町4-12-20
■JR中央線・総武線・地下鉄東西線直通「西荻窪駅」下車徒歩8分
■西武新宿線「上石神井駅」から「西荻窪駅」行バスにて15分、「地蔵坂上バス停」下車徒歩8分

深い教養・高い倫理観・広い視野

宗教教育や英仏二か国語教育を中心に、次世代の担い手を育成します

Ecole de l' Etoile du Matin

学校説明会	入試問題解説会	入試説明会	入試直前受験生激励会	エトワール祭（文化祭）
7 /13（土）	8 /31（土）	9 /14（土） 一般入試 10/ 5（土） 帰国生入試 11/ 9（土） 一般入試	1 /18（土）	9 /28（土）・29（日）

広報イベント情報をご希望の方は、ホームページトップ**「イベント申込」**のバナーから**「暁星2025年度入試情報」**にアクセスしてお申し込み下さい。

学校法人　暁星学園

暁星中学校 高等学校

〒102-8133　東京都千代田区富士見1-2-5
TEL：03-3262-3291（代表）　FAX：03-3222-0269
https://www.gyosei-h.ed.jp/

恵泉女学園中学・高等学校

Keisen 2025

Keisen Jogakuen Junior & Senior High School

世界に目を向け、平和を実現するために

自ら考え、発信する力を養う

説明会・行事

学校説明会

［第2回］ 7月6日(土)
10:00～12:00
14:00～16:00

［第3回］ 9月7日(土)
10:00～12:00

［第4回］ 10月12日(土)
10:00～12:00

［第5回］ 12月7日(土)
14:00～16:00

オープンスクール

6月8日(土)
10:00～12:00
14:00～16:00

web学校説明会＊

7月(予定)

授業見学会

9月(予定)
10:00～12:30

入試説明会＊

［第1回］ 11月23日(土・祝)
10:30～12:00
14:00～15:30

［第2回］ 2025年
1月9日(木)
10:00～11:30

＊ウェブサイトでも公開予定

公開行事

恵泉デー(文化祭)

11月4日(月・休)
9:00～16:00

クリスマス礼拝

12月19日(木)
13:00～14:30

※日時や内容が変更になる場合があります。本校ウェブサイトで必ずご確認ください。

コウカガクエン
晃華学園

光り輝く華となれ

学校説明会
2024年
7月 6日（土）14:30
2025年
1月11日（土）14:30
3月 1日（土）14:30

学校見学会
2024年
7月22日（月）14:00
12月21日（土）10:00
2025年
3月28日（金）10:00

入試説明会
2024年
10月19日（土）14:15
10月21日（月） 9:30
12月 7日（土）14:15

オープンスクール
2024年
11月 9日（土）14:10
11月16日（土）14:10

文化祭
2024年
9月14日（土）
9月15日（日）

授業公開
2024年
6月29日（土）9:20

授業体験
2024年
8月31日（土）14:00

入試日程　2025年 2月1日午前・午後　2月3日午前

〒182-8550 東京都調布市佐須町5-28-1　Tel .042-482-8952

【アクセス】　京王線「国領」駅スクールバス10分
JR中央線「武蔵境」駅スクールバス25分
京王線「つつじヶ丘」駅バス7分
京王線「調布駅」バス10分　JR「三鷹」駅バス25分

きちんと青春
國學院大學久我山高等学校 武道大会

きみは希望の
種だから
青稜中学校·高等学校
2024－2025

敬神奉仕

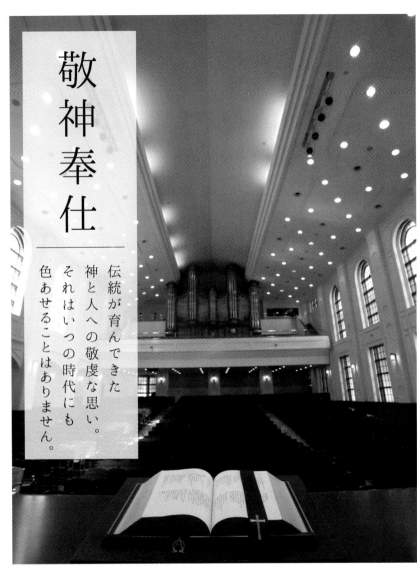

伝統が育んできた
神と人への敬虔な思い。
それはいつの時代にも
色あせることはありません。

学校説明会 ＊全学年対象

9月7日(土)・12月26日(木)

①10：00～ ②13：30～ ③15：30～

オープンスクール ＊全学年対象

6月29日(土) 8：40～13：00

礼拝、体験授業、生徒発表、「英和生と話そう」、個別相談、クラブ見学などのプログラムがあります。

入試説明会

11月16日(土)

9：00～11：00 ＊6年生対象

楓祭(文化祭)

10月25日(金)・26日(土)

クリスマス音楽会

12月14日(土)

①13：00～ ②15：00～

2025年度募集要項は9月7日(土)より配布・ホームページへの掲載をいたします。

各行事とも全て予約制です。最新情報・詳細については、中高部ホームページをご覧ください。

東洋英和女学院中学部・高等部

〒106-8507 東京都港区六本木5丁目14-40 TEL:03-3583-0696(代表) https://www.toyoeiwa.ac.jp/

Dokkyo Saitama Junior High School

自ら考え、判断し、行動することのできる若者を育てる。

中学3年間・高校3年間という短い期間の先にあるものが
一貫教育の真価であると私たちは考えています。
教科学習で身につけた知的土台をベースに
学校行事やクラブ活動という場で若い心を磨き、
社会に貢献できる次世代のリーダーを育てていきます。

■体験授業

8 月24日(土) 9:30～

本校HPで7月1日より申し込み受付開始

■蛙鳴祭(学校祭)

9 月14日(土)

9 月15日(日)

いずれも10:00～15:00

■説明会

9 月22日(日) 10:00～

10月20日(日) 10:00～

11月17日(日) 10:00～

12月15日(日) 10:00～

本校HPにて要申込

※日時の変更・中止の可能性もございますので事前に本校HPをご確認ください。

獨協学園

獨協埼玉中学校

〒343-0037 埼玉県越谷市恩間新田寺前316 代表：048-977-5441

《交通》

東京メトロ日比谷線・半蔵門線乗り入れ

東武スカイツリーライン「せんげん台」駅

西口下車バス5分

https://www.dokkyo-saitama.ed.jp/

出会い、向き合い、「自分」をつくる。

Information

中学校 学校説明会

［第1回］ 9月 7日（土） 10:00～
［第2回］ 9月28日（土） 10:00～
［第3回］ 10月19日（土） 14:30～
［第4回］ 11月16日（土） 14:30～

帰国生向け学校説明会

8月24日（土） 10:00～

学校公開

9月14日（土）

※すべてHP上で要予約。
オンライン説明会・相談会も実施。
詳細はHPでご確認ください。

HOSEI Daini Junior and Senior High School
法政大学 第二中・高等学校

〒211-0031 神奈川県川崎市中原区木月大町6-1 TEL：044-711-4321（代） https://www.hosei2.ed.jp/

［アクセス］JR南武線「武蔵小杉駅 西口」徒歩12分／JR横須賀線「武蔵小杉駅 横須賀線口」徒歩15分
東急東横線・目黒線「武蔵小杉駅 南口」徒歩10分

2025年度

SCHOOL DATA

スクールデータ

首都圏・関西を中心に、
全国の主要校296校を徹底リサーチ！
志望校選びに欠かせない情報を
漏れなく掲載

学校紹介ページの見方

◯学校プロフィール

左に各学校の「所在地」「電話番号（代表）」「学校長」「創立」「ホームページのURL」を紹介。右に中学校（または前期課程）の3学年について、学年ごとのクラス数と男女別の生徒数を表で示しています。表の下の「中高総生徒数」は併設高校（または後期課程）を含めた人数です。小学校を併設している場合は、内部進学者の割合（中学入学段階）も記しています。

	1年	2年	3年
男子	128名	134名	127名
女子	127名	127名	128名
クラス数	8組	8組	8組

中高総生徒数／2025名　併設小から 約45%

◯スクールライフ

それぞれの学校の「教育内容」「部活動」「行事」「修学旅行・研修旅行」などについて紹介しています。このうち「教育内容」については、主要5教科の週当たりの授業時間数を学年別に表にまとめ、さらに、その下に1日当たりの授業コマ数、登校時間も明示しました。また、修学旅行や研修旅行など宿泊を伴う行事についても行き先などを紹介しています。

■主要5教科の週当たり時間（コマ）数

	英語	数学	国語	理科	社会
1年	6	5	5	4	4
2年	7	5	5	4	4
3年	6	5	6	4	4
合計	19	15	16	12	12

◎1日当たりの授業コマ数：45分×6時限
　※水・木曜日は7時限、土曜日は4時限
◎登校時間：8時20分

◯マネーガイド

「2024年度納付金（諸経費を含む）」の表と、寄付金、授業料（納付方法）、奨学金・特待生制度についての簡単な説明文から成ります。このうち「2024年度納付金（諸経費を含む）」は、「入学手続時」と「初年度総額」とに分けて作成しています。表中の「その他」は制服代・学校指定品代・教材費・校友会費などの諸経費です。学校によっては、修学旅行積立金や給食費などを含んでいる場合があります。また、奨学金・特待生について、何らかの制度がある場合は、その内容を簡単に紹介しています。

■2024年度納付金（諸経費を含む）

	入学金	授業料	施設費	その他	計
入学手続時	300,000円	0円	126,000円	0円	426,000円
初年度総額	300,000円	672,000円	252,000円	59,600円	1,283,600円

※期日までに入学辞退を申し出た場合、施設費を返金

◎寄付金：「教育振興資金」1口10万円、3口以上（任意）
◎授業料：2期分納
◎奨学金・特待生制度：経済的理由により就学困難と判断される者に授業料相当額を給付

◯進学指導の概要

中学のみの学校など一部の例外を除き、ここでは、併設高校（後期課程）の教育内容について、特に大学進学に関する学習指導に力点を置いて紹介しています。進学状況については、文科系、理科系などの分野別に円グラフで示しました。過去3年間の主要大学合格実績（卒業生の大半が併設大学に進学している場合は、学部ごとの進学実績）を表にしています。それぞれの数字は一般入試と推薦入試の合計です。医学部については、国公立、私立ともに「医学科」のみとしており、一部再掲を含みます。また、防衛医科大学校への合格者については、「文部科学省所管外の大学校」と「国公立・医学部」の両方でカウントしています。東京大学の合格者数を科類別にまとめている学校については、推薦入試の合格者は入学が許可された科類に加算しています。なお、合格者がいなかった大学、未集計等で最終的に合格者数が確認できなかった大学については「―」で示しています。

■現役大学進学者の進路の内訳

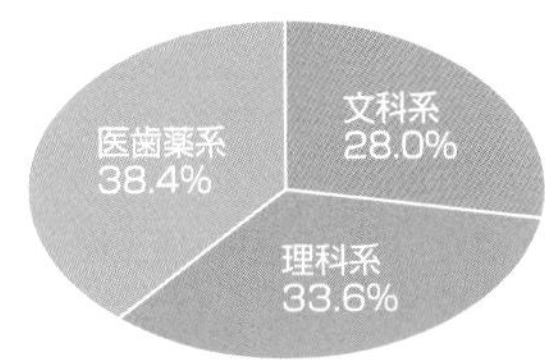

■併設高校から主要大学への合格実績

※上段は現役合格者数、下段は浪人を含めた合格者数。

	東京大	京都大	一橋大	東京工業大	筑波大	お茶の水女子大	電気通信大	東京外国語大	東京学芸大	東京芸術大	東京農工大	東京都立大	横浜国立大	千葉大	早稲田大	慶應義塾大	上智大	東京理科大
22年	―	―	1	―	4	―	1	4	1	―	―	1	―	13	21	11	27	17
	―	―	1	―	4	―	1	4	1	―	―	1	―	13	21	11	27	17
23年	―	―	1	―	2	4	―	2	2	―	―	―	―	10	28	14	15	13
	―	―	1	―	2	4	―	2	3	―	―	―	―	11	28	14	15	14
24年	1	―	―	―	2	1	―	―	4	―	―	1	―	7	13	10	27	20
	1	―	―	―	2	1	―	―	4	―	―	2	―	7	13	10	27	20

	学習院大	明治大	青山学院大	立教大	中央大	法政大	日本大	東洋大	駒澤大	専修大	国際基督教大	津田塾大	東京女子大	日本女子大	文部科学省所管外の大学校	海外の大学	国公立・医学部	私立・医学部
22年	18	35	10	36	16	27	26	29	12	12	1	13	23	43	3	―	―	―
	19	38	11	40	17	27	27	30	13	12	1	14	24	43	3	―	―	―
23年	14	30	13	45	15	25	31	21	12	13	―	16	17	41	4	―	1	1
	14	31	13	45	15	25	32	22	12	13	―	16	17	42	4	―	1	1
24年	16	26	9	40	14	18	19	38	15	16	―	14	16	32	4	5	1	―
	18	29	10	40	15	20	23	39	15	18	―	14	18	34	4	5	2	7

★指定校推薦枠（2024年度）早稲田大2名、慶應義塾大2名、上智大5名、東京理科大5名、学習院大3名、明治大4名、青山学院大2名、立教大6名、中央大1名、津田塾大1名、東京女子大4名など

◯入試情報

ここでは、2024年度入試（学校によっては複数年）の出願者数・受験者数・合格者数のほか、データが公開されている学校については、受験者・合格者の教科別平均点なども表の形で紹介しています。スペースの関係で、すべての回の入試結果を掲載できなかった学校もあります。ご注意ください。

■ 2024 年度の入試結果

			募集人員	出願者	受験者	合格者	実質倍率
1回	算・国	男子	90	164	147	55	2.7
		女子		336	316	142	2.2
	算・理	男子		346	327	152	2.2
		女子		185	173	73	2.4
2回	算・国	男子	60	191	114	27	4.2
		女子		310	188	50	3.8
	算・理	男子		326	216	62	3.5
		女子		187	133	32	4.2
3回	4科	男子	25	265	122	15	8.1
		女子		378	196	25	7.8

■ 2024 年度入試 合格者の教科別平均点（男女合計データ）

		算数	国語	理科	社会	合計
1回	算・国	84.4	70.7	68.4		152.5
	算・理					155.1
2回	算・国	132.9	68.8	75.3		200.4
	算・理					209.3
3回	4科	65.1	65.2	74.5	69.7	274.3

○配点　1回：算国理＝各100点　　2回：算＝150点 国理＝各100点
第3回：算国＝各100点 理社＝各100点
○合格最低点：1回算国137点・算理140点・　2回算国187点・算理195点
3回259点

◯募集要項

編集段階で入手・確認できたものについては2025年度入試の募集要項を、明らかになっていない学校については参考として2024年度の募集要項を紹介しています。いずれの場合も、各学校の入学案内やホームページで最新の情報をご確認ください。

◯公開行事・説明会予定

6月中旬以降に予定されている学校説明会、文化祭、体育祭などの行事日程をスペースの許す限り紹介しています。なお、各行事は、日時や内容が変更になる、または中止になる可能性もあります。予約が不要な場合であっても、お出掛けの際は、事前に各学校にご確認ください。

◯サピックス OB&OG の声

一部の学校については、実際にその学校に進学したサピックス卒業生が、毎日の生活の様子、行事などについて、コメントを送ってくれました。こちらも志望校選びの参考にしてください。

◯アイコンについて

右ページ上に合計8個のアイコンを付けています。プールや冷房など一部のアイコンについては、枠だけで絵がないものもありますが、これは「なし」を意味します。

●学期制･･･それぞれ、各学校で設定している学期の区分方法を表します。「他」は4学期制や5学期制を示しています。

学期制　学期制　学期制　学期制

●週5・6日制･･･「完5」「完6」はそれぞれ完全週5日制、完全週6日制を意味します。「授5」は、授業は月～金曜の5日間ですが、ほとんどの土曜日を何らかの行事に充てている学校です。月1～3回、あるいは隔週で、土曜日に授業を行うような学校は「他」としました。

週5･6日制　週5･6日制　週5･6日制　週5･6日制

●プール･･･「温」は温水プールを意味します。

プール　プール

●冷房･･･ホームルーム教室のすべて、あるいは一部に冷房設備があることを示します。図書館や特別教室だけに設置されているような場合は含みません。

冷房

●寮･･･寮を設置している学校には右のアイコンのいずれかが付いています。高校のみに設置している学校は「高」、中学のみに設置している学校は「中」としています。

寮　寮　寮

●食堂･･･校内の食堂で昼食（パンやカップ麺などを除く）がとれる場合は右のアイコンのいずれかが付いています。利用できるのが高校生のみの場合は「高」、逆に中学生のみの場合は「中」としています。

食堂　食堂　食堂

●私服通学･･･私服通学が可能であることを示します。左は制服がない学校で、制服があっても、式典など特別な日以外は着用義務がない学校は「他」としました。このアイコンがない学校では、私服通学は認められていません。

私服通学　私服通学

●海外研修･･･全員参加の場合は「全」、希望者対象の場合は「希」、希望者のなかから、参加者を選抜する場合は「他」としています。

海外研修　海外研修　海外研修

麻布 中学校

所在地／〒106-0046 港区元麻布2-3-29
TEL／03-3446-6541
学校長／平 秀明
創　立／1895年、江原素六が麻布尋常中学校として創立。1899年に現校名に変更し、1900年に現在地に校舎を移転する。
URL／www.azabu-jh.ed.jp

	1年	2年	3年
男子	308名	302名	306名
女子	—	—	—
クラス数	7組	7組	7組

中高総生徒数／1821名

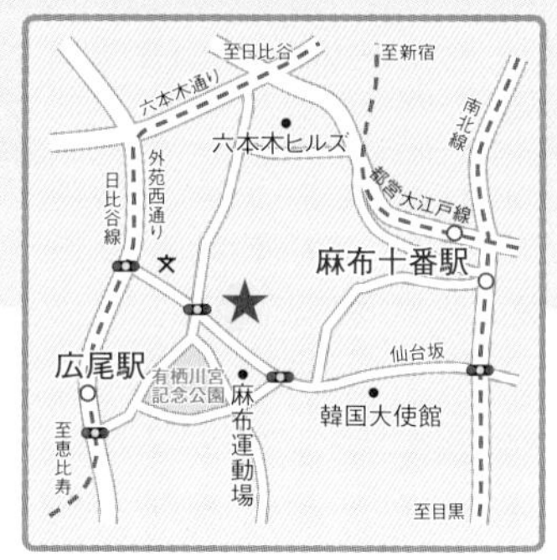

〈交通アクセス〉
東京メトロ日比谷線「広尾」駅より徒歩10分
東京メトロ南北線「麻布十番」駅より徒歩15分、都営大江戸線「麻布十番」駅より徒歩12分

「自主自立」「自由闊達」をモットーに各界に逸材を輩出

1895年、明治から大正にかけて活躍した政治家、江原素六によって創立。以来、「自由闊達」な校風と「自主自立」の精神を受け継ぎながら、各界に優秀な人材を多数輩出してきました。教育目標は自主的に考え、行動できる人間を育てること。このため、学習面においても生活面においても、生徒の自発性・自主性を尊重しています。明文化された校則はなく、服装も自由。学校行事はほとんど生徒自身の手で企画、運営されています。カリキュラムは中高6年一貫を考慮した独自の編成で、授業でも独自の教材を活用しています。

スクールライフ

●教育内容

独自教材を用いて工夫を凝らし、生徒に考えさせながら授業を進めています。授業の内容は高度で、進み方も速めですが、小まめに小テストを行うことで理解度を深めます。数学は中1・2で中学の内容を習得し、中3で「高校数学の基礎」を学習。中1では世界の地理と歴史の分野を総合した「世界」という独自の授業も行っています。土曜日は高1・2を対象に、既成のカリキュラムや学年の枠にとらわれない「教養総合」の授業を実施し、多彩な内容の30以上の講座から、自分の興味に合ったものを選択して学びます。中3では、国語の授業で学んだ作家の作品を1年間かけて研究し、卒業共同論文を作成します。

■主要5教科の週当たり時間（コマ）数

	英語	数学	国語	理科	社会
1年	6	5	4	4	3
2年	6	5	5	4	4
3年	6	5	5	4	6
合計	18	15	14	12	13

◎1日当たりの授業コマ数：50分×6時限
※土曜日は中1・中2は3時限、中3は4時限
◎登校時間：8時（11月～3月は8時20分）

●部活動

生徒による自治機関の下に文化系20、体育系25のクラブがあり、ほとんどの部が中高合同で活動。全国大会で連続優勝の実績を持つ囲碁部、将棋部、オセロ部など、実力あるクラブも少なくありません。

○文化系／将棋、囲碁、チェス、オセロ、鉄道研究、化学、管弦楽、討論、生物、写真、軽音楽、文芸・漫画研究、物理部無線、パーソナル・コンピュータなど
○体育系／硬式テニス、ソフトテニス、アーチェリー、剣道、柔道、サッカー、ハンドボール、硬式野球、軟式野球、ラグビー、バスケットボール、ダンスなど

●行事

文化祭では、生徒の企画・運営によってさまざまな催しが行われ、3日間で2万人以上が来場します。運動会も、騎馬戦など白熱した競技で有名です。

●修学旅行・研修旅行

10月中旬に行事期間を設け、各学年の生徒が遠足や旅行を企画・運営します。江原素六墓前祭は、創立者ゆかりの沼津市でその事績を学ぶ中1の恒例行事です。中3では3～4コースに分かれて修学旅行に行きます。高2では3泊4日で4～5コースに分かれて旅行を企画し、行き先に外国が設定されることもあります。

マネーガイド

■2024年度納付金（諸経費を含む）

	入学金	授業料	施設費	その他	計
入学手続時	300,000円	0円	0円	0円	300,000円
初年度総額	300,000円	494,400円	222,000円	63,800円	1,080,200円

◎寄付金：1口1万円、20口以上（任意）
◎授業料：2期分納
◎奨学金・特待生制度：経済的理由により就学困難と判断される者に授業料相当額を給付もしくは貸与

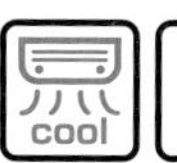

他

学期制　週5･6日制　プール　冷房　寮　食堂　私服通学　海外研修

サピックスからの合格実績（過去3年）	'22	'23	'24
	192名	197名	182名

私立　東京　男子　あ

進学指導の概要

成績別、文系・理系別のクラス編成はありません。ただ、高2から大幅な科目選択制となるので、結果的には文系・理系の色彩の強いクラス編成になります。高1では地歴・公民の基礎的知識と近現代の諸問題を総合的に学習する「現代」の科目が必修。高1の後半には、地歴・公民分野から自由にテーマを選んで研究し「基礎課程修了論文」としてまとめます。このほか各種レポートなど、中学、高校を通して書かせる学習が多く、これらをまとめた「論集」も発行。カナダ・イタリア・韓国・中国の高校との相互派遣、シンガポール・ガーナとの交流など、国際交流も盛んです。

■現役大学進学者の進路の内訳

理科系（医歯薬系5%を含む）60%
文科系 40%

■併設高校から主要大学への合格実績

※上段は現役合格者数、下段は浪人を含めた合格者数。

	北海道大	東北大	東京大 文科Ⅰ類	東京大 文科Ⅱ類	東京大 文科Ⅲ類	東京大 理科Ⅰ類	東京大 理科Ⅱ類	東京大 理科Ⅲ類	東京大 合計	京都大	一橋大	東京工業大	東京芸術大	東京医科歯科大	東京外国語大	東京農工大	千葉大	筑波大
21年	2	1	12	5	5	21	6	—	49	6	9	6	—	2	—	1	3	2
	4	4	20	12	11	30	11	2	86	10	14	13	1	3	—	2	12	2
22年	5	3	7	1	7	20	3	1	39	10	3	9	1	1	—	—	7	1
	10	6	13	1	14	25	9	2	64	16	10	10	1	2	2	—	12	3
23年	2	3	16	4	4	22	5	52	53	9	4	10	—	2	1	1	2	4
	9	7	20	11	9	29	7	81	79	14	10	18	—	2	1	3	6	5

	横浜国立大	東京都立大	横浜市立大	早稲田大	慶應義塾大	上智大	東京理科大	国際基督教大	学習院大	明治大	青山学院大	立教大	中央大	法政大	文部科学省管外の大学校	海外の大学	国公立・医学部	私立・医学部
21年	7	—	—	67	68	6	27	—	—	14	5	5	6	2	1	—	7	9
	17	1	2	143	134	17	74	—	2	71	11	17	26	9	2	—	25	56
22年	2	—	1	56	58	7	25	2	—	20	3	4	4	7	2	2	13	11
	4	1	3	100	121	24	68	3	3	67	13	11	29	20	4	2	29	39
23年	2	1	2	77	54	15	36	1	—	21	3	1	11	4	6	—	16	18
	3	1	2	141	98	47	73	3	1	64	10	10	33	21	8	—	27	54

※上記は21―23年の合格実績です。24年の実績は学校ホームページでご確認ください。

入試情報

■過去3年間の入試結果

	募集人員	出願者	受験者	合格者	実質倍率
22年	300	934	890	371	2.4
23年	300	918	880	365	2.4
24年	300	826	796	352	2.3

○配点：算国＝各60点　理社＝各40点
○合格最低点：105点

24年の募集要項

※以下は2024年の募集要項です。2025年の要項は学校の発表をお待ちください。

入 試 日／2月1日
募集人員／男子300名
合格発表／2月3日
手続締切／2月4日
試験科目／国語(60分・60点)、算数(60分・60点)、理科(50分・40点)、社会(50分・40点)
面　　接／なし
受 験 料／30,000円

公開行事・説明会予定

【学校見学会】要予約
7月　6日(土)
9月　7日(土)
10月　5日(土)
◆変更・中止の可能性もあります。必ず学校ホームページで確認してください。

サピックスOBの声

●よく自由な校風といわれるように、麻布では生徒の自発性・自主性が尊重され、いろいろなことが生徒に任されています。10月に行われる「学年行事」では、特にそれを実感しました。中2ではつくば市の研究機関巡りや、箱根、横須賀を訪れるといった企画が立てられ、各自手を挙げて参加。ぼくは理科が好きなこともあって、友だちと相談してつくばサイエンスツアーに行きました。

●中1では世界の地理と歴史を総合した「世界」という独特な授業があり、2つの分野の基本的な知識を学ぶことができます。夏休みには訪れたことのない国を旅行したという設定で物語を書く「仮想旅行」という課題が出され、ぼくはインドの宗教をテーマにまとめました。

●授業は先生オリジナルのプリントで進められ、教科書はあまり使いません。しかし、宿題については教科書に準拠した問題集から出されて、量も多いと思います。また、どの教科も板書量が多いので、授業中はノートをしっかり取って、家で復習しやすいようにしています。

足立学園 中学校

所在地／〒120-0026 足立区千住旭町40-24
TEL／03-3888-5331
学校長／井上 実
創 立／1929年、南足立中学校、南足立商業学校として創立。1948年に足立高等学校となる。1993年現校名に変更。
URL／www.adachigakuen-jh.ed.jp

	1年	2年	3年
男子	219名	227名	153名
女子	—	—	—
クラス数	6組	6組	5組

中高総生徒数／1525名

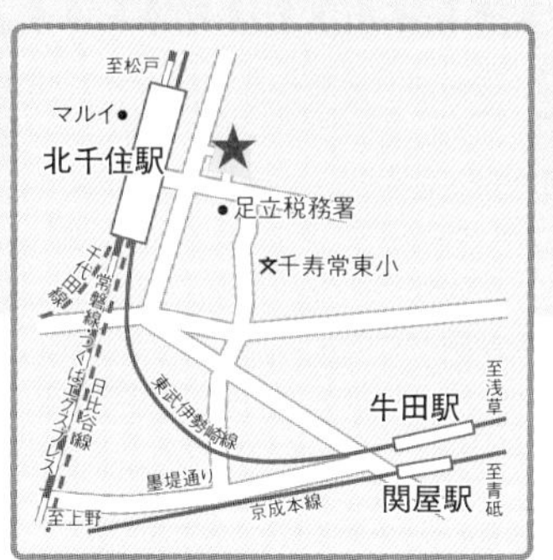

〈交通アクセス〉
JR常磐線、東京メトロ日比谷線・千代田線・半蔵門線、東武線、つくばエクスプレス「北千住」駅東口より徒歩1分

志を持ち、将来を切り開ける、品格あるたくましい男子を育成

地下1階・地上6階の校舎は、震度7でも倒壊しない構造で、東京消防庁から、優良防火対象物の認定を受けています。12教室分の広さを持つ自習室は、約300席の個別ブースがあり、7時から20時（中学生は18時）までほぼ年中無休で利用でき、教育目標の「自ら学び　心ゆたかに　たくましく」を実践できる環境となっています。希望進路の実現のため、基礎学力の徹底と、みずから課題を解決できる力を育みます。Microsoft Showcase School認定校。オックスフォード大学（ハートフォード・カレッジ）提携校。

スクールライフ

●教育内容

週6日制、3学期制で、単元ごとの学力確認テストや小テストを頻繁に実施。放課後卒業生のメンターを導入し、みずから学習できるよう指導します。中2・3は英語・数学で習熟度別授業を行い、学期ごとに入れ替えを行って学習意欲を高めます。

高校では、探究総合の授業で課題解決能力をさらに養い、志望に応じたコース制で希望進路の実現をめざします。難関国公立大学や海外大学にも対応できるカリキュラムとなっています。

●部活動

平日は週3日以内、最長18時までとしています。加入率は約9割。柔道部・アメリカンフットボール部・卓球部・剣道部・書道部は全国大会で活躍し、吹奏楽部は毎年都大会で金賞を受賞しています。

○文化系／将棋、書道、鉄道研究、パソコン、理化、放送、文芸、吹奏楽、チェス同好会、クイズ研究同好会など
○体育系／剣道、柔道、空手道、山岳、卓球、バスケットボール、ゴルフ、サッカー、バレーボール（高校）、野球、硬式テニス、陸上競技、アメリカンフットボール、スキー同好会（高校）、ダンス、水泳

●行事

中学では、足腰を鍛えながら仲間との絆を深める約33kmの強歩大会のほか、校外学習・かるた大会・芸術鑑賞会などがあります。高1では、松下政経塾のこころざし探究プログラムや弁論大会が行われます。

●修学旅行・研修旅行

中1は校外合宿、中2はスキー実習。修学旅行は中3で京都・奈良、高2では生徒が旅行先を選び、北海道か沖縄または海外へ行きます。また、希望者を対象に、中1からオーストラリアのスタディーツアー、中3以上でアフリカ・ラオスのスタディーツアー、高1で3か月の短期留学、16歳以上でイギリス・オックスフォード大学（ハートフォード・カレッジ）特別留学を実施します。

■主要5教科の週当たり時間（コマ）数

	英語	数学	国語	理科	社会
1年	5	6	5	4	4
2年	7	5	5	4	4
3年	6	5	6	4	4
合計	18	16	16	12	12

◎1日当たりの授業コマ数：50分×6時限
※土曜日は4時限
◎登校時間：8時25分

マネーガイド

■2024年度納付金（諸経費を含む）

	入学金	授業料	施設費	その他	計
入学手続時	230,000円	0円	100,000円	0円	330,000円
初年度総額	230,000円	408,000円	100,000円	366,682円	1,104,682円

※期日までに延納手続きをした場合、延期が認められる

◎寄付金：なし
◎授業料：月納
◎奨学金・特待生制度：経済的理由により就学困難な者に奨学金を給付。成績特待生・スポーツ特待生は、入学金・施設費・授業料・教育充実費を免除

3期    

学期制	週5・6日制	プール	冷房	寮	食堂	私服通学	海外研修
3期	完6 days		cool		○		他

サピックスからの合格実績（過去3年）	'22	'23	'24
	15名	17名	3名

進学指導の概要

進学指導のプログラムは全部で18種類あり、志を遂げるためのサポートを行っています。大学のその先を考えた進路指導を行います。外部の進学イベントにも参加するほか、大学見学ツアーも開催。また、大学生や社会人の卒業生との懇談会では進路や勉強方法などについて学びます。通常授業はもちろん、進学講習、模試の受験、高校の希望者を対象にした5泊6日の勉強合宿などで実力を養成。放課後や早朝の講習も日常的に行われています。高校では保護者向けに毎年進学説明会を実施。講習はすべて無料です。大学生・大学院生によるレベルに合ったサポートも受けられます。

■現役大学進学者の進路の内訳

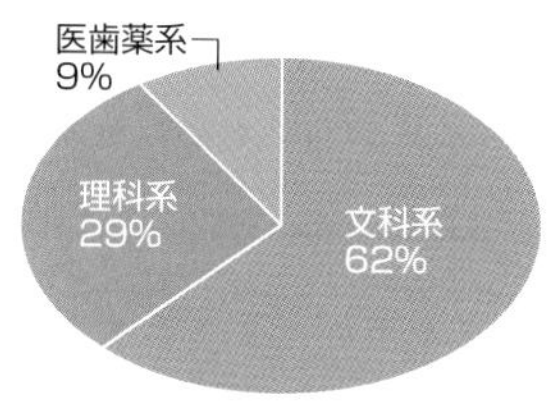

■併設高校から主要大学への合格実績

※上段は現役合格者数、下段は浪人を含めた合格者数。

	東京大	京都大	一橋大	東京工業大	筑波大	電気通信大	東京外国語大	東京学芸大	東京芸術大	東京農工大	東京都立大	横浜国立大	横浜市立大	千葉大	早稲田大	慶應義塾大	上智大	東京理科大
22年	—	—	—	2	1	—	—	—	—	2	—	—	—	—	13	6	3	16
	1	—	—	2	1	—	—	—	1	2	—	—	—	—	15	7	4	17
23年	1	—	—	—	1	—	—	—	—	—	—	1	—	2	4	2	1	10
	1	—	—	—	2	—	—	—	—	—	—	1	—	3	7	2	2	11
24年	1	—	—	3	2	—	—	—	—	—	—	—	—	2	8	5	12	15
	1	1	—	3	2	—	—	—	—	—	—	—	—	2	10	7	13	15

	学習院大	明治大	青山学院大	立教大	中央大	法政大	日本大	東洋大	駒澤大	専修大	国際基督教大	成蹊大	成城大	神奈川大	文部科学省管外の大学校	海外の大学	国公立・医学部	私立・医学部
22年	4	25	3	11	16	19	61	28	8	14	—	13	7	8	2	3	—	—
	5	28	3	13	19	19	81	33	9	14	—	13	9	8	2	3	—	7
23年	12	16	5	5	18	10	49	38	6	12	—	6	9	—	1	—	—	—
	16	20	5	16	20	15	66	46	6	14	—	6	11	2	1	—	—	—
24年	7	19	7	14	18	10	29	43	6	4	—	9	2	6	4	—	—	—
	9	26	8	15	22	15	39	45	6	5	—	10	2	6	4	—	—	3

★指定校推薦枠（2024年度）慶應義塾大1名、上智大1名、青山学院大1名、東京理科大11名、中央大7名、明治大2名、学習院大7名、マレーシアのウーロンゴン、ティラーズ、インティなど、約130大学350名以上

入試情報

■2024年度の入試結果

		募集人員	出願者	受験者	合格者	実質倍率
1回志	2科+面接	50	177	172	112	1.5
1回	4科	20	68	54	24	2.3
	2科		15	10	3	3.3
特別奨学生1回	4科	15	182	157	8	19.6
	適性検査		38	37	7	5.3
2回	4科	20	144	78	24	3.3
	2科		114	68	7	9.7
特別奨学生2回	4科	5	176	100	5	20.0
3回	4科	5	159	58	22	2.6
	2科		101	37	7	5.3
特別奨学生3回	4科	5	205	95	5	19.0
4回	4科	5	178	49	10	9.9
	2科		112	38	3	12.7
特別奨学生4回	4科	10	225	107	6	17.8
	適性検査		39	28	4	7.0
特別奨学生5回	4科	5	244	95	5	19.0

■2024年度入試 合格者の教科別平均点

		算数	国語	理科	社会	合計
1回志	4科	64.6	68.9	35.0	36.5	206.0
	2科					126.7
特別奨学生1回	4科	71.5	75.9	39.6	45.4	232.4
	適性検査	適性Ⅰ/70.1	適性Ⅱ/86.4	適性Ⅲ/88.6		245.1
2回	4科	66.1	83.3	35.3	39.8	223.8
	2科					151.7
特別奨学生2回	4科	74.2	90.8	35.0	42.0	242.0
3回	4科	66.1	83.3	35.3	39.8	219.3
	2科					157.7
特別奨学生3回	4科	82.8	81.8	32.0	42.2	238.8
4回	4科	70.0	69.8	35.2	36.6	211.1
	2科					141.7
特別奨学生4回	4科	76.3	72.7	38.0	37.8	224.8
	適性検査	適性Ⅰ/70.5	適性Ⅱ/67.5	適性Ⅲ/52.5		190.5
特別奨学生5回	4科	70.8	72.0	30.8	41.8	215.4

○合格最低点:1回4科200点・2科120点 特1回4科221点・適性検査233点 2回4科211点・2科142点 特2回239点 3回4科200点・2科141点 特3回233点 4回4科201点・2科132点 特4回4科217点・適性検査183点 特5回211点 1回志は非公表

24年の募集要項

※以下は2024年の募集要項です。2025年の要項は学校の発表をお待ちください。

入試日／一般①2月1日②2月2日③2月3日④2月4日
特別奨学生①2月1日午後②2月2日午後③2月3日午後④2月4日午後⑤2月5日午後

募集人員／一般①志50名①20名②20名③5名④5名
特別奨学生①15名②5名③5名④10名⑤5名

合格発表／一般は試験当日17時、特別奨学生は試験当日22時にホームページにて

手続締切／2月6日15時

試験科目／国語(50分・100点)、算数(50分・100点)、理科(30分・50点)、社会(30分・50点)、適性検査Ⅰ・Ⅱ(各45分・100点)Ⅲ(30分・100点)
※一般①②③④は2科4科選択、一般①志入試は2科(国語・算数計50分・100点)、特別奨学生②③⑤は4科、特別奨学生①④は4科または適性検査選択

面接／一般①志入試のみ(保護者同伴)

受験料／25,000円(25,000円で一般・特別奨学生をそれぞれ全受験可能。一般と特別奨学生を同時に出願する場合40,000円)

公開行事・説明会予定

【学校説明会】
9月 7日(土)、10月 5日(土)
11月 2日(土)、12月14日(土)
各回11時～授業・校内見学、14時～説明会など
【体育祭】6月18日(火)
【学園祭】9月21日(土)、22日(祝)
【ミニ説明会学園祭】9月21日(土)
【ナイト説明会】11月20日(水)18時～
【小6対象入試直前対策】1月18日(土)14時～
【中学校体験会】2月15日(土)11時～
◆変更・中止の可能性もあります。必ず学校ホームページで確認してください。

<ruby>海城<rt>かいじょう</rt></ruby> 中学校

所在地／〒169-0072　新宿区大久保3-6-1
TEL／03-3209-5880
学校長／大迫 弘和
創　立／1891年、海軍予備校として麹町に開校。1906年に海城中学校に改称。1947年、新制海城中学校発足。
URL／www.kaijo.ed.jp

	1年	2年	3年
男子	329名	335名	331名
女子	—	—	—
クラス数	8組	8組	8組

中高総生徒数／1946名

〈交通アクセス〉
東京メトロ副都心線「西早稲田」駅より徒歩8分
JR「新大久保」駅より徒歩5分　JR「大久保」駅より徒歩10分　JR、東京メトロ東西線、西武新宿線「高田馬場」駅より徒歩12分
東京メトロ副都心線、都営大江戸線「東新宿」駅より徒歩12分

リベラルでフェアな精神を持った「新しい紳士」を育成

創立133周年を迎えた男子進学校です。「国家社会に有為な人材の育成」という建学の精神の下、リベラルでフェアな精神を持った「新しい紳士」の育成に取り組んでいます。2021年には「Science Center」が完成。「建物自体が教材」をコンセプトとし、物理・化学・生物・地学の専用実験室9室をはじめ、さまざまな学びの機会が提供される「新理科館」です。また、問題解決型の学力≒クリティカル・シンキングの力を、探究型の社会科総合学習や実験・観察に重きを置いた理科の授業などを通して積極的に養っています。

スクールライフ

●教育内容

中1から高1までの4年間は、基礎学力の伸長と充実を図る時期。主要教科の時間数を増やし、自主教材を多く用いた内容の濃い授業が行われています。それも教科書の単元を前倒しする先取り学習ではなく、将来必要な学問的手法や考え方を身につけることを意識したものになっています。外国人講師による英会話の授業、少人数授業などによって語学力にも磨きをかけます。また、価値観の多様化やグローバル化が進む社会で重要視されるコミュニケーション能力やコラボレーションの力を、PA（プロジェクト・アドベンチャー）やDE（ドラマ・エデュケーション）といった体験プログラムを通して育成しています。

■主要5教科の週当たり時間（コマ）数

	英語	数学	国語	理科	社会
1年	6	5	5	4	4
2年	6	6	5	4	4
3年	6	5	6	4	4
合計	18	16	16	12	12

◎1日当たりの授業コマ数：50分×6時限
　※土曜日は4時限
◎登校時間：8時15分

●部活動

多彩なクラブが活動し、中学生の加入率はほぼ100%となっています。
○文化系／物理、生物、化学、美術、鉄道研究、コンピュータ、将棋・囲碁、吹奏楽団、地学、模型、古典芸能、競技かるた、数学など
○体育系／軟式野球、サッカー、陸上競技、硬式テニス、バスケットボール、バドミントン、卓球、剣道、柔道、水泳、弓道など

●行事

春の校外学習、秋の海城祭（文化祭）、体育祭のほか、かるた大会や校外研修など、年間を通じてさまざまな行事を実施し、生徒の豊かな情操を育てています。

●修学旅行・研修旅行

自然や文化に触れ、自発的な学習意欲を引き出す体験学習を重視。中1·2の「プロジェクトアドベンチャー」ではグループで課題を解決し、人間関係を構築する力を養います。また、中1の夏休みには、協調性を養うことを目的に宿泊を伴う研修を実施。修学旅行は中3では関西方面、高2では沖縄に行きます。卒業時には希望者を対象に、アメリカのバーモント州にある姉妹校で約1週間のホームステイが行われます。

マネーガイド

■2024年度納付金（諸経費を含む）

	入学金	授業料	施設費	その他	計
入学手続時	300,000円	0円	0円	0円	300,000円
初年度総額	300,000円	492,000円	180,000円	322,160円	1,294,160円※

※教材等で使用する積立金を含む

◎寄付金：1口10万円、2口以上（任意）
◎授業料：3期分納
◎奨学金・特待生制度：なし

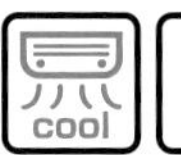

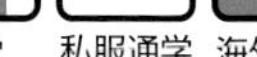

学期制　週5･6日制　プール　冷房　寮　食堂　私服通学　海外研修

他

サピックスからの合格実績（過去3年）	'22	'23	'24
	248名	304名	289名

進学指導の概要

高1では生徒・学校の教員・保護者の3者で進路について話し合い、それを踏まえ、高2で希望と適性に応じて文科・理科のコースに分かれ、進路に適したカリキュラムで学習していきます。卒業後の人生に必要となるような一般教養の習得を意識したカリキュラムも組まれています。また、学習意欲が旺盛な生徒や、補習の必要な生徒を対象とした講習が放課後や夏休みなどに行われ、一人ひとりが能力を十分に開発できる態勢を整えています。高1・2では、希望者を対象として夏休みにイギリス研修を実施するほか、3学期に行うカナダへ短期留学もあります。

■現役大学進学者の進路の内訳

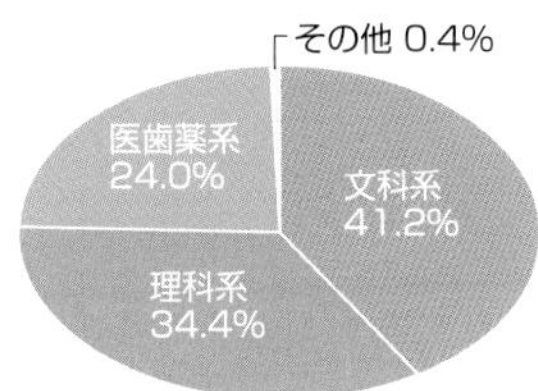

■併設高校から主要大学への合格実績

※上段は現役合格者数、下段は浪人を含めた合格者数。

	北海道大	東北大	東京大 文科Ⅰ類	東京大 文科Ⅱ類	東京大 文科Ⅲ類	東京大 理科Ⅰ類	東京大 理科Ⅱ類	東京大 理科Ⅲ類	東京大 合計	京都大	一橋大	東京工業大	東京芸術大	東京医科歯科大	東京外国語大	東京農工大	千葉大	筑波大
22年	8	4	9	5	3	22	7	—	46	8	9	8	—	1	—	5	12	5
	9	9	9	6	4	29	8	1	57	8	11	10	—	1	—	8	15	5
23年	7	7	4	2	5	17	3	—	31	6	9	9	1	3	1	—	9	5
	17	12	6	3	6	22	6	—	43	7	10	12	1	3	1	3	9	5
24年	4	8	4	13	2	16	7	—	42	7	20	8	1	2	1	—	3	4
	7	9	5	14	2	19	8	1	49	7	20	11	1	2	1	—	4	5

	横浜国立大	東京都立大	横浜市立大	早稲田大	慶應義塾大	上智大	東京理科大	国際基督教大	学習院大	明治大	青山学院大	立教大	中央大	法政大	文部科学省所管外の大学校	海外の大学	国公立・医学部	私立・医学部
22年	9	—	—	113	106	30	75	1	6	44	4	5	22	6	4	20	20	43
	9	—	—	167	149	43	127	1	8	94	10	12	34	26	6	20	37	75
23年	4	1	1	103	90	27	90	2	1	62	21	8	22	12	7	3	43	63
	5	1	1	140	109	37	115	3	2	85	24	12	35	21	7	3	52	68
24年	3	2	—	121	114	30	52	2	2	80	6	11	28	16	6	12	39	61
	5	3	—	141	132	34	67	2	3	92	8	12	38	25	11	12	58	108

★指定校推薦枠（2024年度）非公表

入試情報

■過去2年間の入試結果

		募集人員	出願者	受験者	合格者	実質倍率
23年	帰国A	30	131	122	36	3.4
	帰国B		74	71	18	3.9
	1回	145	602	545	160	3.4
	2回	145	1418	1076	304	3.5
24年	帰国A	30	103	100	38	2.6
	帰国B		50	46	16	2.9
	1回	145	538	477	160	3.0
	2回	145	1381	1005	345	2.9

■2024年度 受験者・合格者の教科別平均点

		算数	国語	理科	社会	合計
帰国	受験者	76.1	73.4	英語/43.2		
	合格者	91.4	85.9	英語/49.1		
1回	受験者	71.5	76.5	38.2	40.5	226.6
	合格者	86.9	85.5	45.1	45.0	262.5
2回	受験者	75.9	81.4	44.6	45.0	246.6
	合格者	92.1	90.1	52.0	52.9	287.0

○配点：算国＝各120点　理社＝各80点　帰国A配点：算国＝各120点　面接＝24点　帰国B配点：算＝120点　国・英＝各60点　面接＝24点
○合格最低点：帰国A185点　帰国B172点　1回242点　2回267点

25年の募集要項

入 試 日／①2月1日 ②2月3日 帰国1月7日
募集人員／男子320名(①145名 ②145名 帰国30名)
合格発表／いずれもホームページで翌日
手続締切／①2月2日 ②2月4日 帰国1月8日
試験科目／国語(50分・120点)、算数(50分・120点)、理科(45分・80点)、社会(45分・80点)
面　　接／帰国生のみ(10分程度・受験生のみ)
帰国生のための試験／A方式：国語、算数、面接
B方式：国語、算数、英語、面接
受 験 料／25,000円(2024年の額。2025年の受験料は学校の発表をお待ちください)

公開行事・説明会予定

【オープンキャンパス】要予約
8月24日(土) 9時～16時
8月25日(日) 9時～16時
【ミニ・オープンキャンパス】要予約
10月19日(土)13時30分～16時30分
11月16日(土)13時30分～16時30分
【帰国生対象学校説明会】要予約
7月28日(日)13時～15時
【海城祭(文化祭)】個別相談あり 予約不要
9月14日(土) 9時～16時
9月15日(日) 9時～16時
◆変更・中止の可能性もあります。必ず学校ホームページで確認してください。

サピックスOBの声

●中1ではグループに分かれて年に3回、劇を発表する体験授業があります。題材選び、脚本作り、演出など、みんなでアイデアを出し合いながら形にしていくなかで、コミュニケーション力が身につきます。

開成 中学校

所在地／〒116-0013 荒川区西日暮里4-2-4
TEL／03-3822-0741
学校長／野水 勉
創 立／1871年、幕末の進歩的な知識人であった佐野鼎によって共立学校として創立。初代校長は高橋是清。
URL／kaiseigakuen.jp

	1年	2年	3年
男子	303名	306名	303名
女子	—	—	—
クラス数	7組	7組	7組

中高総生徒数／2122名

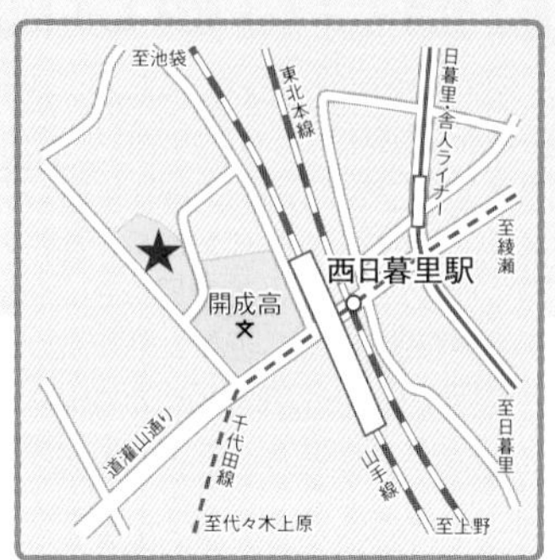

〈交通アクセス〉
JR、東京メトロ千代田線、日暮里･舎人ライナー「西日暮里」駅より徒歩2分

東大合格者数全国トップを維持する男子進学校の名門

1871年の創立以来、「質実剛健」「自由闊達」な校風の下、時代をリードする数多くの人材を輩出してきました。ペンと剣を組み合わせた有名な校章は、「ペンは剣よりも強し」に由来し、真の知性は暴力に屈しないという創立の精神を表しています。教育で重視しているのは基礎学力の徹底。併せて、みずから学ぶ意欲を持ち、本質を見据えた思考と行動のできる人間の育成を図っています。創立150周年記念事業として新校舎の建築が進行中。すでに授業での使用も始まっていますが、すべての工事は2024年7月に完了予定です。

スクールライフ

●教育内容

一人ひとりがじっくり基礎を積み上げ、高度な学力はもちろん、創造性や思考力も育成します。習熟度別授業は行わず、生徒の自主性を尊重しながら平素の授業を大切にしています。自作のプリントを活用するなど各教科で工夫を凝らした質の高い授業を展開。数学は代数の分野と幾何の分野に分け、並行して学習します。英語は教材に学校独自の副教材を使用。読解・作文・文法とともに会話も重視し、各学年で外国人講師による少人数制の英会話の授業が行われています。理科は物理・化学・生物・地学に分割し、実験実習・観察観測などを通じて科学的な考察力を養います。

■主要5教科の週当たり時間（コマ）数

	英語	数学	国語	理科	社会
1年	6	5	6	5	4
2年	6	6	5	5	4
3年	6	6	5	5	4
合計	18	17	16	15	12

◎1日当たりの授業コマ数：50分×6時限
※土曜日は4時限
◎登校時間：8時10分（11月～3月は8時20分）

●部活動

クラブ活動は盛んで、ボート部や剣道部など百余年の伝統を誇るクラブもあります。文化系30、体育系23のクラブと、22の同好会が活動しています。

○文化系／囲碁、将棋、管弦楽団、理化学、物理、地質、生物、天文気象、数学研究、弁論、E.S.S、模型、手品、演劇、コンピューター、ジャグリング、折り紙研究、写真、軽音楽、クイズ研究、俳句など

○体育系／ソフトボール、硬式テニス、バスケットボール、ゲートボール、山岳、軟式野球、サッカー、陸上競技、ハンドボール、バドミントン、バレーボール、ラグビー、卓球、フェンシングなど

●行事

生徒中心に運営される運動会は、例年大盛況の一大イベント。また、荒川河川敷を走る開成マラソンは100年以上の歴史があり、開成高校と筑波大学附属高校とのボートレースも1920年から続いています。このほか、開成祭（文化祭）をはじめ、行事は多彩です。

●修学旅行・研修旅行

地域学習や体験学習を行う学年旅行、スキー学校、水泳学校などの宿泊行事が行われています。修学旅行は中3で奈良・京都、高2は旅行委員の生徒が中心に決めた旅行先に行きます。

マネーガイド

■2024年度納付金（諸経費を含む）

	入学金	授業料	施設費	その他	計
入学手続時	320,000円	0円	120,000円	0円	440,000円
初年度総額	320,000円	492,000円	192,000円	227,200円	1,231,200円

※期日までに入学辞退届を提出した場合、施設拡充資金を返金

◎寄付金：1口10万円、1～2口（任意）
◎授業料：年納、3期分納、月納のいずれか
◎奨学金・特待生制度：経済的理由により就学困難と判断される者に授業料などを免除

学期制　週5･6日制　プール　冷房　寮　食堂　私服通学　海外研修

サピックスからの合格実績（過去3年）	'22	'23	'24
	283名	274名	262名

進学指導の概要

高1における内進生の割合は約75%。高1は高入生とは別のクラスで、高2から合流します。高2の2学期より数学は文系・理系別の授業になります。文理コース別によるクラス編成は特に行っていませんが、高3は理･社・数で選択制を取り入れ、大学受験に対応しています。進学指導では各教科のベテラン教員が作成する校内模試を実施。その成績は、個々の学力を知る信頼性の高い資料として活用されています。高3では、希望者対象の夏期講習、冬期講習も開かれます。東大合格者数は1982年以降、全国トップを誇っています。また近年では海外大学への進学者も増えています。

■浪人を含む大学進学者の進路の内訳

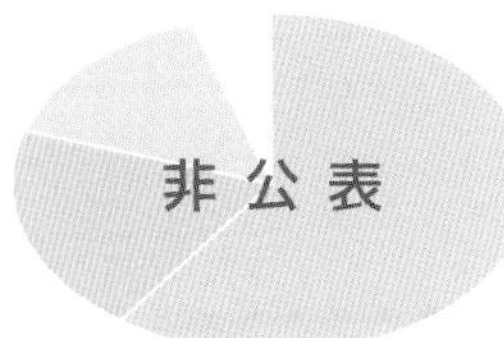

■併設高校から主要大学への合格実績

※上段は現役合格者数、下段は浪人を含めた合格者数。

	北海道大	東北大	東京大 文科Ⅰ類	東京大 文科Ⅱ類	東京大 文科Ⅲ類	東京大 理科Ⅰ類	東京大 理科Ⅱ類	東京大 理科Ⅲ類	東京大 合計	京都大	一橋大	東京工業大	東京芸術大	東京医科歯科大	東京外国語大	東京農工大	千葉大	筑波大
22年	4	5	24	15	14	69	9	6	137	17	6	12	1	13	—	2	13	4
	7	7	33	22	23	89	20	6	193	22	9	16	2	14	—	2	22	6
23年	3	6	14	12	6	70	13	3	118	6	5	3	—	8	1	—	12	6
	6	8	18	16	8	84	19	3	148	10	9	5	—	9	1	2	17	7
24年	4	6	15	13	10	54	14	11	117	15	7	6	—	6	—	—	6	5
	8	13	19	16	15	69	18	12	149	19	9	10	1	7	—	2	12	6

	横浜国立大	東京都立大	横浜市立大	早稲田大	慶應義塾大	上智大	東京理科大	国際基督教大	学習院大	明治大	青山学院大	立教大	中央大	法政大	文部科学省所管外の大学校	海外の大学	国公立・医学部	私立・医学部
22年	4	—	1	137	123	15	25	—	2	12	—	4	7	1	17	13	36	43
	11	—	1	244	209	28	65	—	2	50	3	7	22	8	19	13	45	60
23年	4	1	—	105	90	13	30	1	1	8	4	1	7	1	11	9	29	38
	5	1	1	192	163	34	59	1	7	44	9	4	18	5	15	9	44	84
24年	1	1	3	155	122	19	37	—	1	11	3	2	5	3	10	4	46	22
	6	1	4	245	193	36	80	—	1	35	5	4	16	4	13	4	67	74

★指定校推薦枠（2024年度）非公開
※海外大学については学校ホームページを参照

入試情報

■過去3年間の入試結果

	募集人員	出願者	受験者	合格者	実質倍率
22年	300	1206	1050	416	2.5
23年	300	1289	1193	419	2.5
24年	300	1259	1190	424	2.5

■2024年度入試 受験者・合格者の教科別平均点

	算数	国語	理科	社会	合計
受験者	48.6	51.9	55.1	48.1	203.8
合格者	58.3	60.2	60.2	52.5	231.1

○配点：算国＝各85点　理社＝各70点
○合格最低点：216点

24年の募集要項

※以下は2024年の募集要項です。2025年の要項は学校の発表をお待ちください。

入 試 日／2月1日
募集人員／男子300名
合格発表／2月3日
手続締切／2月4日
試験科目／国語(50分・85点)、算数(60分・85点)、理科(40分・70点)、社会(40分・70点)
面　　接／なし
受 験 料／28,000円

【学園説明会】5・6年生対象 要予約
10月19日(土)
10月20日(日)
【開成祭(文化祭)】
9月21日(土)
9月22日(祝)
◆変更・中止の可能性もあります。必ず学校ホームページで確認してください。

サピックスOBの声

●開成は真面目だと思われがちですが、校則はほとんどなく、自由です。その代わり自己責任が求められます。部活も同じで、運営するのは生徒たち。折り紙研究部など珍しい部活がいくつもありますが、毎年のように新しい同好会ができては、部に発展することなく消えていくそうです（笑）。
●先輩との縦のつながりと学年の横のつながりの両方が強い校風です。それを象徴するのが5月に行われる運動会です。高3が段取りなどを下級生に伝え、それが代々受け継がれていきます。
●どの教科にも共通することですが、先生たちは自作のプリントなどを活用して、中身の濃い授業を行ってくれます。たとえば、国語は学期ごとに1冊の本を教材にしており、1学期は第二次世界大戦の際のユダヤ人とその友人を扱った本を使いました。

学習院 中等科

所在地／〒171-0031　豊島区目白1-5-1
TEL／03-5992-1032
学校長／髙城 彰吾
創　立／1847年、公家の学習所として孝明天皇が京都に開校。1877年、神田に移転し学習院と改称。1919年に中等科・高等科となる。
URL／www.gakushuin.ac.jp/bjh

	1年	2年	3年
男子	205名	192名	194名
女子	—	—	—
クラス数	5組	5組	5組

中高総生徒数／1184名　併設小から 約25%

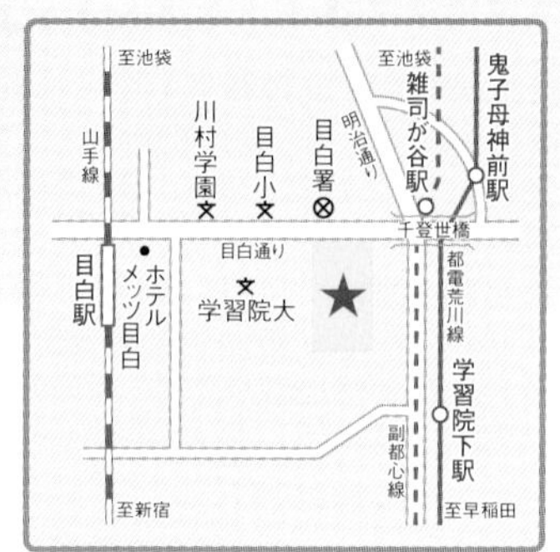

〈交通アクセス〉
JR「目白」駅より徒歩30秒
東京メトロ副都心線「雑司が谷」駅より徒歩7分

都心の緑豊かなキャンパスで大学までの一貫教育を行う

幼稚園から大学までを擁する総合学園で、都心にありながら緑豊かな広いキャンパスを持つ、恵まれた環境にあります。前身は1847年に京都で開校した公家の学問所で、1877年に東京・神田に移り、私立の華族学校として創立。宮内省所轄の官立学校を経て、戦後の学制改革で一般の学校法人になりました。教育目標は「ひろい視野、たくましい創造力、ゆたかな感受性」を備えた人材の育成。学習面の指導だけに偏らないよう、体を鍛えることや正しい生活習慣を身につけることも重視しています。

スクールライフ

●教育内容

大学までの一貫教育を念頭に置いたカリキュラムによって、必要な基礎学力を身につけます。各教科とも基本的には検定教科書を使用。そのほか独自に編さんされたテキストや、英米で出版されたテキスト、DVD、教師自作のプリント、問題集など多彩な教材を使用して、工夫ある授業を展開しています。数学と英語は約20名の少人数授業を実施。マルチメディア教室を使用してのLL、外国人講師による英会話の授業などもあります。1人1台のパソコンを使用しての情報関連授業、年間を通して行われる温水プールでの水泳指導なども特色です。このほか、英検®や日本語検定を団体受験しています。国際理解教育として、春休みにニュージーランドの中高一貫校での短期研修プログラムを実施しているほか、高等科ではアメリカの協定校であるセント・ポール校との交換留学プログラム（1年間）も用意されています。

■主要5教科の週当たり時間（コマ）数

	英語	数学	国語	理科	社会
1年	5	5	6	5	4
2年	6	5	5	4	4
3年	6	5	5	5	5
合計	17	15	16	14	13

◎1日当たりの授業コマ数：50分×6時限
※土曜日は4時限
◎登校時間：8時25分

●部活動

文化系10、体育系12のクラブのほか、釣り、アマチュア無線、弦楽、航空、4つの同好会が活動中です。陸上競技部は全国大会出場経験があります。

○文化系／美術、写真、鉄道研究、演劇、音楽、地学、物理・化学、歴史研究、囲碁将棋、生物
○体育系／サッカー、野球、水泳、ラグビー、古武道、卓球、バスケットボール、陸上競技、硬式庭球など

●行事

運動会、鳳櫻祭（文化祭）、芸術鑑賞会、講演会、クラスマッチ（球技大会）など、多彩な行事が行われています。

●修学旅行・研修旅行

宿泊を伴う校外教育の機会が多く、中1は林間学校などの体験活動、中2は河口湖で長距離歩行を行います。中3の修学旅行は、1年次から生徒主体に準備を進め、体験学習や自主研修を盛り込むなど、中等科の集大成となっています。また、希望者対象の行事として伝統の沼津游泳、斑尾スキー学校などがあります。

マネーガイド

■2024年度納付金（諸経費を含む）

	入学金	授業料	施設費	その他	計
入学手続時	300,000円	0円	0円	0円	300,000円
初年度総額	300,000円	698,000円	282,000円	152,300円	1,432,300円

◎寄付金：1口10万円、3口以上（任意）
◎授業料：2期分納も可
◎奨学金・特待生制度：経済的理由により就学困難と判断される者に授業料・維持費・諸会費相当額を給付

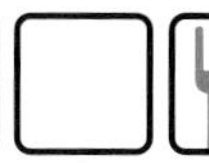

学期制　週5・6日制　プール　冷房　寮　食堂　私服通学　海外研修

サピックスからの合格実績（過去3年）	'22	'23	'24
	72名	74名	55名

進学指導の概要

高等科では高入生と混合のクラス編成になります。カリキュラムの特徴は生徒の多様な興味、関心を吸い上げるため、各教科で選択科目を多く設けていること。豊富に用意された選択科目のなかから進路に合わせて選び、最適なカリキュラムを組むことができます。選択科目の講座では、少人数で密度の濃い授業を実施。第2外国語としてドイツ語、フランス語、中国語などを学ぶこともでき、いずれも外国人講師を交えた授業が展開されています。また、情報関連、総合学習などの科目や、数学演習などの受験対策講座も充実しています。

放課後や長期休暇時の補習は設けていませんが、クラス担任と各教科の担当教員は頻繁に連絡を取り合い、成績不振の傾向が見られる生徒に対して、担当教員が随時面接などを行っています。卒業後は例年、約5割の生徒が学習院大に進学。推薦条件は高3での実力テストの成績、平素の学習成果、出欠状況などです。

国際交流が盛んな点も特徴の1つです。アメリカのセント・ポール校との交換留学生プログラムがあり、最大で2名が1年間留学できるシステムになっています。そのほか、毎年20名程度の生徒が、国際交流支援団体の斡旋で留学しています。帰国後、留学先での学習成果が認められれば、希望に応じて留学前の同級生と同じ学年に復学できる制度もあります。

■大学進学者の進路の内訳

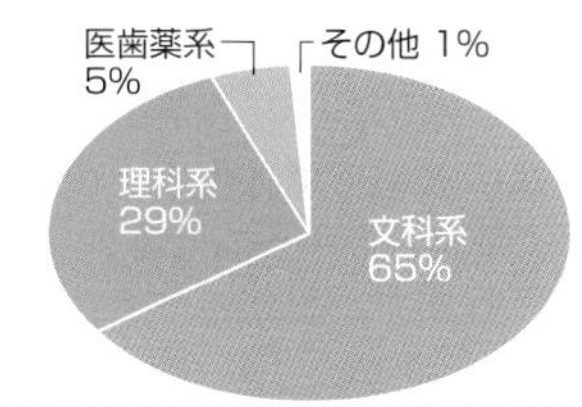

★他大学への合格状況（2024年度）　千葉大2名、東京芸術大2名、東北大2名、北海道大2名、東京工業大1名、大阪大1名、群馬大1名、早稲田大10名、慶應義塾大24名、上智大10名、中央大13名、東京理科大11名、明治大11名など

■併設大学（学習院大学）への推薦状況

	法学部	経済学部	文学部	理学部	国際社会科学部
22年	41名	32名	14名	9名	22名
23年	30名	53名	11名	4名	17名
24年	31名	44名	16名	8名	23名

★指定校推薦枠（2024年度）早稲田大、慶應義塾大、上智大、東京理科大など　※人数については非公表

入試情報

■過去3年間の入試結果

		募集人員	出願者数	実受験者数	合格発表数	実質倍率
22年	1回	約70	471	387	137	2.8
	2回	約55	514	289	62	4.7
	帰国	約15	72	68	41	1.7
23年	1回	約70	389	305	142	2.1
	2回	約50	426	220	65	3.4
	帰国	約15	83	81	46	1.7
24年	1回	約75	444	358	134	2.7
	2回	約50	461	260	57	4.6
	帰国	約15	65	63	41	1.5

■2024年度入試 受験者・合格者の教科別平均点

		算数	国語	理科	社会	合計
1回	受験者	63.8	64.4	44.1	56.5	229
	合格者	74.5	70.7	50.2	62.3	258
2回	受験者	65.7	69.8	47.1	55.5	238
	合格者	76.5	76.7	54.8	61.5	269

○配点：算国＝各100点　理社＝各80点
○合格最低点：1回242点　2回263点　帰国は非公表

24年の募集要項

※以下は2024年の募集要項です。2025年の要項は学校の発表をお待ちください。

入 試 日／①2月2日 ②2月3日 帰国12月4日
募集人員／男子約140名(①約75名 ②約50名　帰国約15名)
合格発表／①2月2日 ②2月4日　帰国12月5日
※いずれもホームページで発表
手続締切／①2月3日 ②2月5日　帰国12月6日
試験科目／国語(50分・100点)、算数(50分・100点)、理科(40分・80点)、社会(40分・80点)
面　　接／なし
帰国生のための試験／国語(作文含む)、算数、面接(受験生・保護者)
受 験 料／30,000円

公開行事・説明会予定

【学校説明会】
7月13日(土)　一般14時～　帰国14時40分～
【入試説明会】
11月　9日(土)14時～
【中等科クラブ体験会】
7月13日(土)10時～
【中等科運動会】
9月28日(土)
【鳳櫻祭(文化祭)】
11月　2日(土)、3日(祝)

サピックスOBの声

●大学と同じ敷地内にあり、とても環境が良く、広々とした学校です。大きなグラウンドが2つもあります。活動が盛んなクラブは硬式庭球部。全国大会に出場しました。
●中1は赤城山（群馬県）での林間学校があり、みんなで登山に挑戦します。中2は富士山麓での長距離歩行があり、約40kmを完歩します。食堂のメニューのなかではカレーがいちばんおいしいですよ。

暁星（ぎょうせい） 中学校

所在地／〒102-8133　千代田区富士見1-2-5
TEL／03-3262-3291
学校長／髙田 裕和
創　立／1888年、カトリック男子修道会「マリア会」により開校。1899年に中学校設立。
URL／www.gyosei-h.ed.jp

	1年	2年	3年
男子	174名	175名	169名
女子	—	—	—
クラス数	4組	4組	4組

中高総生徒数／997名　併設小から 約55%

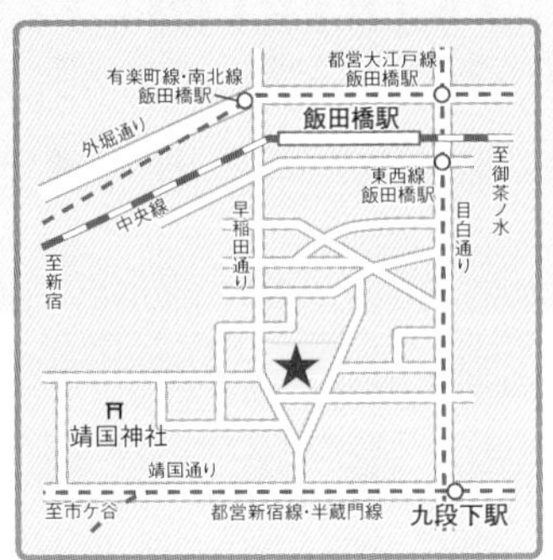

〈交通アクセス〉
東京メトロ東西線、半蔵門線、都営新宿線「九段下」駅より徒歩5分　JR、東京メトロ有楽町線、都営大江戸線ほか「飯田橋」駅より徒歩8分

キリスト教の愛の精神に基づき、社会に貢献できる人を育成

1888年にフランスとアメリカから来日したカトリック修道会「マリア会」の宣教師によって設立された男子の進学校。愛の精神に基づき、他者の痛みを理解し、社会の核となって、多くの人々の幸福のために指導的役割を果たせる人間の育成をめざしています。学校生活においては、他者とのかかわりを重んじる指導がなされ、小規模校ならではのアットホームな雰囲気があり、ミサや奉仕活動などを通して人格形成が図られます。英語とフランス語を必修とするなど語学教育が重視されているのも特色です。

スクールライフ

●教育内容

各教科とも中高一貫のカリキュラムをもとに、独自の教材を活用するなど、工夫を凝らした授業を行っています。中学ではフランス語・英語のうち一方を第1外国語（週6時間）、他方を第2外国語（週2時間）で履修します。外国人講師による会話の授業はもとより、外国人講師による作文添削も実施するなど効果的な指導を行っています。

英数ともに中3から習熟度別授業を開始。週1時間設けられた宗教の時間では、聖書を通じて人間の生き方を学びます。

■主要5教科の週当たり時間（コマ）数

	第1外国語	数学	国語	理科	社会
1年	6	5	5	4	4
2年	6	5	4	4	5
3年	6	6	5	4	3
合計	18	16	14	12	12

◎1日当たりの授業コマ数：50分×6時限
◎登校時間：8時15分

●部活動

文化系14、体育系12のクラブが活動。全国大会優勝経験がある競技かるた部が有名です。

○文化系／化学、生物、音楽、鉄道研究、仏語、将棋、物理、室内楽研究、競技かるた、コンピュータ、演劇、数学研究、チェス、合唱

○体育系／軟式野球、サッカー、陸上、バスケットボール、バレーボール、卓球、ソフトテニス、山岳、剣道、水泳、テニス、バドミントン

●行事

春の運動会と秋のエトワール祭（文化祭）は中高合同で行う大イベント。また、カトリック校ならではの活動として「暁星シャリテ」があります。これは有志の委員が中心となって行うボランティア活動で、定期的に施設訪問や募金活動などを実施しています。

●修学旅行・研修旅行

校外学習には、朝のミサに始まり、夕の祈りで就寝する中1校外合宿があります。中3の研修旅行は5日間の日程で広島・京都へ。広島で平和について学び、京都で日本文化に触れます。高2の修学旅行では北海道を訪れます。

マネーガイド

■2024年度納付金

	入学金	授業料	施設維持費	その他	計
入学手続時	300,000円	0円	0円	0円	300,000円
初年度総額	300,000円	480,000円	329,000円	93,400円	1,202,400円

※別途諸経費あり

◎寄付金：1口10万円、3口以上
◎授業料：3期分納も可
◎奨学金・特待生制度：経済的理由により就学困難と判断される者に奨学金として授業料相当額を給付

学期制　週5・6日制　プール　冷房　寮　食堂　私服通学　海外研修

サピックスからの合格実績（過去3年）	'22	'23	'24
	50名	56名	63名

私立　東京　男子　き

進学指導の概要

高2で文系と理系に分かれ、さらに高3で国公立、私立の志望別に文系3コース、理系2コースに分かれます。高3では宗教・体育以外は選択科目とし、演習を中心に大学合格の実戦力を養成します。また単なる受験指導にとどまらず、大学での専門教育で自己の能力を十分に伸ばせるように、人間的な幅と奥行きを大切にした指導が行われます。1学年4クラスの小規模な学校というメリットを活かし、学習だけでなく、人間教育の観点でもきめ細かな指導を行っています。卒業後は伝統的に医・歯学部に進学する生徒が多いこともあり、倫理面の教育は特に大切であると考え、力を入れています。

■現役大学進学者の進路の内訳

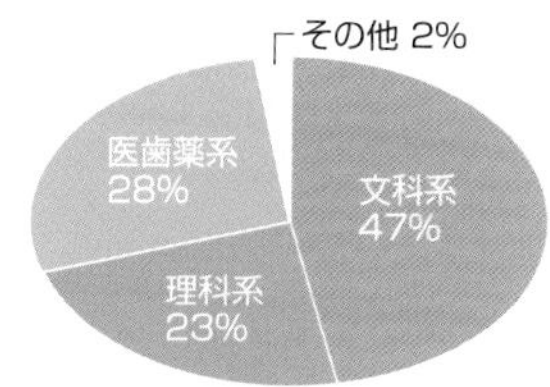

■併設高校から主要大学への合格実績

※上段は現役合格者数、下段は浪人を含めた合格者数。

	北海道大	東北大	東京大 文科Ⅰ類	東京大 文科Ⅱ類	東京大 文科Ⅲ類	東京大 理科Ⅰ類	東京大 理科Ⅱ類	東京大 理科Ⅲ類	東京大 合計	京都大	一橋大	東京工業大	東京芸術大	東京医科歯科大	東京外国語大	東京農工大	千葉大	筑波大
22年	1	3	—	4	1	1	2	—	8	—	1	3	—	1	—	1	3	2
	1	3	1	4	1	1	2	—	9	—	2	3	—	1	—	1	4	2
23年	—	1	—	—	1	1	1	1	4	2	1	2	—	3	—	—	—	1
	1	3	—	—	1	2	1	1	5	2	1	2	1	3	—	—	2	1
24年	1	1	—	1	—	1	—	1	3	1	1	1	1	—	1	—	1	3
	1	1	—	1	—	1	—	1	3	1	2	1	1	—	1	—	1	4

	横浜国立大	東京都立大	横浜市立大	早稲田大	慶應義塾大	上智大	東京理科大	国際基督教大	学習院大	明治大	青山学院大	立教大	中央大	法政大	文部科学省所管外の大学校	海外の大学	国公立・医学部	私立・医学部
22年	1	—	1	35	28	13	18	1	4	25	6	8	13	11	3	1	11	50
	1	—	1	49	43	17	28	2	5	52	11	10	27	21	4	1	14	97
23年	—	—	—	36	36	24	20	—	2	34	6	11	12	10	5	2	8	49
	—	—	—	48	39	25	35	—	4	51	12	13	18	19	7	2	10	73
24年	1	1	—	38	30	30	23	1	4	32	15	14	10	6	—	1	5	31
	1	1	—	51	43	38	25	1	6	44	24	16	18	20	1	1	9	58

★指定校推薦枠（2024年度）早稲田大2名、慶應義塾大2名、東京理科大4名、中央大3名、学習院大5名、同志社大2名、関西学院大1名、獨協医科大若干名、東京歯科大1名、日本歯科大2名など

入試情報

■過去3年間の入試結果

		募集人員	出願者	受験者	合格者	実質倍率
22年	1回	約65	290	239	86	2.8
	2回	約10	291	172	14	12.3
	帰国	若干	48	44	17	2.6
23年	1回	約65	246	196	115	1.7
	2回	約10	239	105	17	6.2
	帰国	若干	40	33	17	1.9
24年	1回	約65	249	189	111	1.7
	2回	約10	225	118	26	4.5
	帰国	若干	26	26	15	1.7

■2024年度入試 合格者の教科別平均点

	算数	国語	理科	社会	合計
第1回	66	69	54	52	242
第2回	74	65			139

○配点：算国＝各100点　理社＝各75点
○合格最低点：1回211点　2回124点　帰国は非公表

24年の募集要項

※以下は2024年の募集要項です。2025年の要項は学校の発表をお待ちください。

入 試 日／①2月2日 ②2月3日 帰国生12月2日
募集人員／男子約75名(①65名 ②10名)帰国若干名
合格発表／①②は即日、帰国生は翌火曜、専用サイトで発表
手続締切／①2月3日 ②2月4日 帰国12月4日
試験科目／国語(50分・100点)、算数(50分・100点)、理科(40分・75点)、社会(40分・75点)
面　　接／なし
帰国生のための試験／上記2科と外国語(40分・100点)
受 験 料／25,000円(①②同時出願の場合、40,000円)

公開行事・説明会予定

【学校説明会】要予約
7月13日(土)
【入試問題解説会】8月31日(土) 要予約
【入試説明会】要予約
9月14日(土)（一般入試)、10月5日(土)（帰国生入試）
11月9日(土)（一般入試）
【エトワール祭(文化祭)】※仮の日程を掲載しています。
9月28日(土)　9時～16時、9月29日(日)　9時～15時30分
【入試直前受験生激励会】1月18日(土) 要予約
◆今後の広報イベント情報をご希望の方はホームページトップ「イベント申込」のバナーから「暁星中学2025年度入試広報情報」にアクセスしてください。
◆変更・中止の可能性もあります。必ず学校ホームページを確認してください。

サピックスOBの声

●大きな特色の1つとして、英語のほかにフランス語を学べることが挙げられます。フランス語の先生には、日本人なのにネイティブのようにことばを操る方や、日本におけるフランス語教育の第一人者の方もいて、とても恵まれた環境です。学習を通じてヨーロッパの伝統的な文化にも触れることができるので、貴重な時間となっています。

●キリスト教の学校なので、入学式の前に聖堂での入学ミサがありました。また、授業では聖書を通して人間の生き方を学ぶ宗教の時間もあります。聖書を読むと不思議と心が穏やかになり、他人に対して優しく接しようと心がけるようになりました。

<ruby>京華<rt>けいか</rt></ruby> 中学校

所在地／〒112-8612　文京区白山5-6-6
TEL／03-3946-4451
学校長／町田 英幸
創　立／1897年に京華中学校創設。1947年、学校改革により京華中学・高等学校となる。
URL／www.keika.ed.jp

	1年	2年	3年
男子	195名	186名	227名
女子	—	—	—
クラス数	6組	6組	7組

中高総生徒数／1357名

〈交通アクセス〉
都営三田線「白山」駅より徒歩3分　東京メトロ南北線「本駒込」駅より徒歩8分
東京メトロ千代田線「千駄木」駅より徒歩18分

効果的な教育プログラムで真の「英才教育」をめざす

126年の歴史を持つ男子校。創立以来、「英才教育」を建学の精神として、「ネバーダイ」の校訓の下、各界に才能あふれる人材を輩出してきました。「英才」とは社会に有用な人材を意味し、同校では個々の能力を引き出す効果的な教育プログラムによって、英才の育成に努めています。また「ネバーダイ」は目標に向かってやり抜く意志と行動力のこと。これは行事やクラブ活動など、学校生活のさまざまな場面を通して培われます。コース制やゼミの導入など、進路教育の充実を図る新システムも整い、進学校としてさらなる飛躍をめざしています。

スクールライフ

●教育内容

一人ひとりが希望の進路を実現できるよう、入学時より特別選抜クラスと中高一貫クラスの2コース制を導入。中2より国際先進クラスを加えます。より一層全体の向上をめざし、学力と志望先に応じた指導を展開します。そのため、全学年において、英語では週2回、外国人講師による英会話の授業を実施。数学でもクラスを分割して少人数による演習中心の「数学ゼミ」を行っています。朝学習、放課後のキャッチアップ補習、夏期講習、冬期講習のほか、卒業生のサポートによる勉強会なども開かれ、学習支援態勢を充実させています。学習面以外ではコミュニケーション能力の充実、自立と自律を支援する各種プログラムが用意され、学校生活のなかで自然とそれらが身につきます。

■主要5教科の週当たり時間（コマ）数

	英語	数学	国語	理科	社会
1年	7	6	5	4	4
2年	7	6	5	4	4
3年	7	6	5	4	4
合計	21	18	15	12	12

◎1日当たりの授業コマ数：50分×6時限
　※土曜日は4時限
◎登校時間：8時10分

●部活動

クラブや同好会は、必須ではありませんが、多くの生徒が所属しています。全国大会や関東大会に出場している部もあります。

○文化系／理科、写真、ギター、吹奏楽、書道、漫画アニメーション、釣り、映画研究、ECC、演劇、囲碁将棋、鉄道研究、美術、歴史研究

○体育系／水泳、卓球、柔道、剣道、陸上競技、野球、サッカー、バレーボール、バスケットボール、ソフトボール、テニス、バドミントン

●行事

京華女子中、京華商業との3校合同で開催される京華祭（文化祭）は、1万人が訪れる一大イベント。新しいクラスの仲間と親睦を深める5月のスポーツフェスティバルや、中高合同の縦割り対抗形式で行う体育祭も大いに盛り上がります。

●修学旅行・研修旅行

中1の白樺オリエンテーション、中2のENGLISH-CAMP、中3のシンガポール研修旅行、高2の沖縄またはタイ研修旅行のほか、希望者を対象にオーストラリア夏季海外語学研修やスキー教室を実施しています。

マネーガイド

■2024年度納付金（諸経費を含む）

	入学金	授業料	施設費	その他	計
入学手続時	250,000円	0円	60,000円	5,000円	315,000円
初年度総額	250,000円	450,000円	180,000円	24,000円	904,000円

※期日までに入学辞退届を提出した場合、入学金以外の納入金を返金

◎寄付金：1口5万円、2口以上（任意）
◎授業料：4期分納または全納
◎奨学金・特待生制度：入試の成績上位者から特待生を選抜し、授業料の全額または半額を免除

 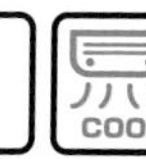    

3期	完6 days		cool				全
学期制	週5・6日制	プール	冷房	寮	食堂	私服通学	海外研修

サピックスからの合格実績（過去3年）	'22	'23	'24
	14名	21名	24名

進学指導の概要

生徒一人ひとりの志望に応じた、きめ細かい進学指導が特長です。中学1年次より「特別選抜クラス」「中高一貫クラス」、さらに2年次から「国際先進クラス」を加えて3コース制となり、高校での学習の礎をつくります。高校でも「S特進コース」「特進コース」「進学コース」の3コース制を導入し、高2進級時に目標大学別クラスに分かれます。いずれのコースでも大学受験に向けて無理のない範囲で先取り学習を行います。早い時期から目標を絞った指導と独自の教育システムで、大学合格実績は着実に向上しています。また、社会人特別授業など、進路への意識を高めるためのプログラムも充実しています。

■現役大学進学者の進路の内訳

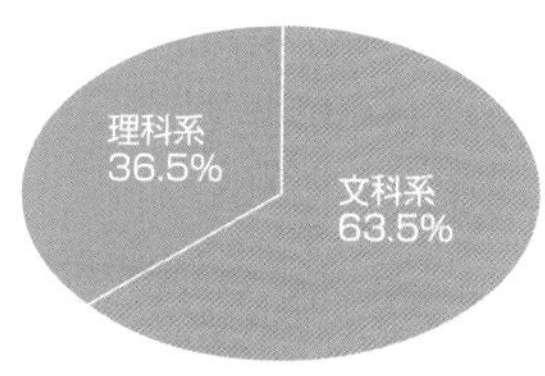

■併設高校から主要大学への合格実績

※上段は現役合格者数、下段は浪人を含めた合格者数。

	東京大	東北大	一橋大	東京工業大	筑波大	埼玉大	東京外国語大	北海道大	東京芸術大	東京農工大	東京都立大	横浜国立大	九州大	千葉大	早稲田大	慶應義塾大	上智大	東京理科大
22年	—	1	—	—	—	1	—	—	—	—	3	—	—	1	4	1	1	2
	—	1	—	—	—	1	—	—	—	—	3	—	—	3	6	5	2	4
23年	—	—	—	1	—	—	—	—	—	—	—	1	—	—	5	2	—	10
	—	—	—	1	—	1	—	—	—	—	—	—	—	—	6	2	—	13
24年	—	—	—	—	—	—	—	—	—	—	—	—	—	1	1	—	2	3
	—	—	—	—	—	—	—	—	—	—	—	—	—	1	1	—	4	5

	学習院大	明治大	青山学院大	立教大	中央大	法政大	日本大	東洋大	駒澤大	専修大	国際基督教大	成蹊大	成城大	神奈川大	管外の大学校 文部科学省所	海外の大学	国公立・医学部	私立・医学部
22年	6	7	4	18	22	14	65	78	9	14	—	11	6	11	—	—	—	1
	11	13	6	23	26	17	86	86	10	16	—	11	7	11	—	—	—	1
23年	1	9	6	17	15	14	39	59	3	13	—	4	2	1	1	—	—	—
	2	11	6	18	21	19	50	66	4	13	—	5	2	1	1	—	—	—
24年	—	6	1	24	7	20	29	109	6	28	—	2	10	7	—	—	—	2
	—	6	4	28	10	21	36	114	7	30	—	3	10	8	—	—	—	3

★指定校推薦枠（2024年度）東京理科大5名、法政大1名、学習院大3名、日本大8名、成蹊大2名、獨協大3名、芝浦工業大3名、明治学院大3名、國學院大2名など

入試情報

■2024年度の入試結果

		募集人員	出願者	受験者	合格者	実質倍率
帰国生特別		5	10	9	7	1.3
特選適性検査型		10	17	17	12	1.4
1回午前	4科	30	118	85	51	1.7
	2科		69	53	15	3.5
1回特選午前	4科	50	24	14	5	2.8
1回特選午後	4科		229	184	85	2.2
	2科		4	4	2	2.0
2回午後	4科	25	275	168	94	1.8
	2科		113	79	21	3.8
2回特選	4科	25	103	43	20	2.2
3回	4科	15	264	107	54	2.0
	2科		102	49	18	2.7
3回特選	4科	15	99	30	17	1.8

■2024年度入試 合格者の教科別平均点

		算数	国語	理科	社会	合計
特選適性検査型	※	適性Ⅰ/65.0　適性Ⅱ/77.5　適性Ⅲ/58.0				
1回午前	4科	46.0	57.9	34.7	34.3	172.9
	2科					120.6
1回特選午前	4科	60.5	70.5	39.3	42.0	212.3
1回特選午後	4科	73.4	71.3	39.9	40.1	224.7
	2科			英語/77.5		137.5
2回午後	4科	58.5	59.0	27.8	27.9	173.2
	2科					129.5
2回特選	4科	80.0	71.6	34.2	36.6	222.3
3回	4科	40.6	63.0	28.8	33.5	165.9
	2科					135.0
3回特選	4科	65.3	73.9	38.4	37.8	215.4

※適性検査Ⅰ(国)・Ⅱ(理社)・Ⅲ(算)＝各100点
○配点：算国英＝各100点　理社＝各50点
○合格最低点：特選適性検査型184点・一貫153点　1回午前4科160点・2科112点　1回特選午前202点　1回特選4科210点・2科192点　2回午後4科161点・2科120点　2回特選200点　3回4科162点・2科127点　3回特選200点　帰国生特別は非公表

24年の募集要項

※以下は2024年の募集要項です。2025年の要項は学校の発表をお待ちください。

入試日／一貫①2月1日午前 ②2月2日午後 ③2月3日午前
特別選抜①2月1日午前・午後 ②2月2日午後 ③2月3日午前
適性検査2月1日午前 帰国特別12月7日午前 帰国①2月1日午前 ②2月2日午後

募集人員／男子185名(一貫①50名 ②20名 ③10名　特別選抜①60名 ②20名 ③10名 特選適性検査10名 帰国5名)

合格発表／ホームページにて即日

手続締切／第一志望は発表2日後、第二志望は2月8日

試験科目／国語(50分・100点)、算数(50分・100点)、理科・社会(計50分・各50点)
※一貫は2科4科選択、特別選抜は2月1日午後が算数・英語または4科選択、あとはすべて4科、適性検査Ⅰ型は国、適性検査Ⅱ型は理・社、適性検査Ⅲ型は算

帰国生のための試験／国語・算数、英語・算数どちらかを選択、面接(受験生・保護者)

面接／帰国生とその保護者

受験料／各回21,000円(同時出願の場合、2回目以降の受験料は無料)

公開行事・説明会予定

【オープンキャンパス】要予約
6月29日(土)10時～、14時30分～

【ナイト説明会】
6月14日(金)、11月 8日(金)、12月6日(金)
各回18時30分～

【KEIKAフェスタ(クラブ・学習体験)】事前予約制
9月15日(日)10時～

【中学説明会】要予約
10月13日(日)10時30分～
11月 4日(祝)14時～
11月24日(日)14時～
12月15日(日)14時30分～
(適性検査型の説明会は10時30分～)
1月12日(日) 9時～

【個別相談会】要予約
12月15日(日)10時30分～
1月12日(日)14時～

攻玉社（こうぎょくしゃ） 中学校

所在地／〒141-0031 品川区西五反田5-14-2
TEL／03-3493-0331
学校長／藤田 陽一
創 立／1863年創立の蘭学塾を前身に1872年に攻玉社を開校。1947年、攻玉社中学校となり、その翌年高等学校を設立した。
URL／kogyokusha.ed.jp

	1年	2年	3年
男子	247名	239名	241名
女子	—	—	—
クラス数	6組	6組	6組

中高総生徒数／1426名

〈交通アクセス〉
東急目黒線「不動前」駅より徒歩1分

きめ細かいサポートで、6年間一貫教育を推進

1863年に蘭学者、近藤真琴によって創立された私塾を前身とする、歴史ある学校です。校名は詩経の「他山の石、以て玉を攻く（みが）べし」（粗悪な石でも玉を磨くための砥石となるので、捨て去ることはできない）に由来。そこには、知徳を磨くことで、大きな志を持って世界に飛躍してほしいという同校の理念が込められています。そのため、中高6年間を3つのステージに分けて、きめ細かい学習指導を行い、同時に道徳教育にも力を入れながら、6年間一貫教育を推進します。帰国生に配慮した国際学級があるのも特色の1つです。

スクールライフ

●教育内容

中高6年間を2年ずつ3期に分け、それぞれ「学習の習慣づけと体力増強」「自学自習の確立と基礎学力の充実」「進学目標達成のための学力向上」を念頭に置いた学習指導を行います。中3で選抜クラスを1クラス設け、学年末の成績に応じて1年ごとに編成し直します。授業は主要3教科を重視し、中3で高校の内容に入ります。英語は中1・2で外国人講師による英会話があります。生徒の理解度に応じて、力のある生徒には特別講座、弱点を克服したい生徒には補習授業を行い、学習意欲を高めることでより高いレベルの進路をめざします。帰国生が対象の国際クラスは、3年間クラス替えがありません。

■主要5教科の週当たり時間（コマ）数

	英語	数学	国語	理科	社会
1年	5	5	6	4	4
2年	5	6	6	4	4
3年	5	7	5	4	4
合計	15	18	17	12	12

◎1日当たりの授業コマ数：50分×6時限
※土曜日は4時限
◎登校時間：8時20分

●部活動

○文化系／吹奏楽、理化学、鉄道研究、写真、美術、将棋、歴史研究、生物、コンピュータ、ボランティア、レゴ、ガンダム研究、ディベート
○体育系／バレーボール、バドミントン、陸上競技、サッカー、中学野球、剣道、バスケットボール、水泳、柔道、ソフトテニス、スキー、テニス、卓球
※2024年度に活動していたクラブです。ほかに同好会・愛好会もあります。

●行事

体育行事でユニークなのは、耐久歩行大会。これは30年以上続いている名物行事です。学芸・文化行事としては、中高合同の輝玉祭（文化祭）のほか、英語暗誦大会や自由研究発表会、芸術鑑賞会なども行われます。

●修学旅行・研修旅行

中1は志賀高原で林間学校に、中2は西伊豆の戸田湾で行われる臨海学校で遠泳に、中3ではスキーに挑戦します。修学旅行は高1の秋に行われ、班ごとの自主研修で地域の歴史や文化を学びます。中3と高1の夏休みには希望者対象の海外語学研修を予定しており、オーストラリアでホームステイを体験しながら国際感覚を養います。

マネーガイド

■2025年度納付金

	入学金	授業料	施設費	その他	計
入学手続時	250,000円	0円	0円	0円	250,000円
初年度総額	250,000円	480,000円	300,000円	107,200円	1,137,200円

◎寄付金：1口10万円、2口以上（任意）
◎授業料：6期分納
◎奨学金・特待生制度：経済的理由により就学困難な者に奨学金を給付（1年間）。また、入試の成績上位者を特待生とし、授業料を免除（成績に応じて継続可）

  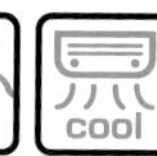   

学期制 週5・6日制 プール 冷房 寮 食堂 私服通学 海外研修

サピックスからの合格実績（過去3年）	'22	'23	'24
	145名	127名	142名

進学指導の概要

高校では、一般学級と国際学級が合流してクラスを編成。高1のみ選抜学級が設置されます。高2・高3はカリキュラム別に文Ⅰ・Ⅱ、理Ⅰ・Ⅱの4つのコースに分かれ、8クラス編成とし、少人数制によるきめ細かい指導を行います。全学年で行われる夏期特別講座、努力不足の生徒を対象とする放課後の補習授業など、進学支援態勢も整備。きめ細かい受験指導の成果は実績に表れ、例年、国公立大や難関私立大に一定数の合格者を出しています。キャリア教育にも力を入れており、中3・高1を対象としたキャリアガイダンスを行い、将来への意識を高めています。

■現役大学進学者の進路の内訳

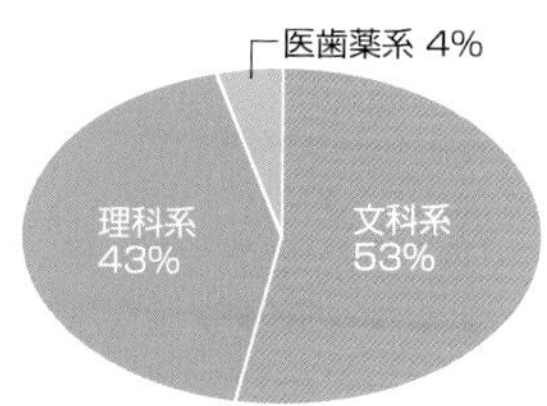

■併設高校から主要大学への合格実績

※上段は現役合格者数、下段は浪人を含めた合格者数。

	北海道大	東北大	東京大 文科Ⅰ類	東京大 文科Ⅱ類	東京大 文科Ⅲ類	東京大 理科Ⅰ類	東京大 理科Ⅱ類	東京大 理科Ⅲ類	東京大 合計	京都大	一橋大	東京工業大	東京芸術大	東京医科歯科大	東京外国語大	東京農工大	千葉大	筑波大
22年	3	4	1	2	—	3	2	—	8	—	2	9	—	1	—	1	1	2
	4	5	2	3	1	3	3	—	12	1	2	12	—	1	—	4	2	2
23年	3	4	—	7	2	2	—	1	12	—	4	7	—	—	1	2	1	2
	5	5	—	7	2	2	1	1	13	1	5	10	—	—	1	3	1	2
24年	1	2	2	3	—	2	1	—	8	2	4	9	—	—	1	3	1	—
	1	3	2	3	—	2	2	—	9	2	5	12	—	—	1	3	3	—

	横浜国立大	東京都立大	横浜市立大	早稲田大	慶應義塾大	上智大	東京理科大	国際基督教大	学習院大	明治大	青山学院大	立教大	中央大	法政大	文部科学省所管外の大学校	海外の大学	国公立・医学部	私立・医学部
22年	5	1	—	85	64	23	69	1	1	97	28	23	30	30	2	—	2	14
	5	2	—	101	74	28	94	1	5	108	33	27	38	39	2	—	5	31
23年	11	1	—	81	79	48	73	3	—	110	32	23	35	28	16	—	4	10
	12	3	—	97	89	53	93	3	3	134	38	28	49	37	16	—	7	21
24年	5	2	—	96	91	28	70	—	9	107	23	26	43	44	4	—	2	18
	5	2	—	109	111	30	88	—	11	129	34	28	52	60	6	—	3	22

★指定校推薦枠（2024年度）早稲田大4名、慶應義塾大1名、東京理科大6名、学習院大7名、明治大2名、中央大2名、北里大（医）1名など

入試情報

■2024年度の入試結果

	募集人員	出願者	受験者	合格者	実質倍率
国際学級(算国)	合計40	108	74	45	1.6
国際学級(英)		55	37	21	1.8
第1回	100	420	385	173	2.2
第2回	80	700	483	181	2.4
特別選抜(算数)	20	128	77	25	3.1

■2024年度入試 受験者・合格者の教科別平均点

		算数	国語	理科	社会	合計
国際学級(算国)	受験者	55.5	55.5			111
	合格者	65.2	62.2			127.4
国際学級(英)	受験者	英語/44.6				
	合格者	英語/59.3				
第1回	受験者	52.0	61.2	31.7	30.5	175.5
	合格者	61.3	67.8	34.8	33.7	197.7
第2回	受験者	46.9	52.4	34.1	28.2	161.6
	合格者	59.4	62.1	38.0	31.1	190.6
特別選抜(算数)	受験者	算Ⅰ/28.3		算Ⅱ/57.8		86.1
	合格者	算Ⅰ/36.4		算Ⅱ/78.8		115.2

○配点：算国＝各100点　理社＝各50点　特別選抜配点：算Ⅰ＝50点、算Ⅱ＝100点　国際学級配点：算国＝各100点　英語＝100点
○合格最低点：国際1回算国105点・英44点　第1回182点　第2回179点　特選算100点

24年の募集要項

※以下は2024年の募集要項です。2025年の要項は学校の発表をお待ちください。

入試日／①2月1日 ②2月2日 特別選抜2月5日 国際学級1月10日
募集人員／男子240名(①100名 ②80名 特別選抜20名 国際学級40名)
合格発表／ホームページはいずれも即日
手続締切／①②2月5日 特別選抜2月6日 国際学級1月11日
試験科目／【一般】国語(50分・100点)、算数(50分・100点)、理科(40分・50点)、社会(40分・50点)【特別選抜】算数(Ⅰ50分・50点、Ⅱ60分・100点)【国際学級】国語・算数(各40分・各100点)または英語筆記(60分・100点)
面接／国際学級のみあり(保護者同伴)
帰国生のための試験／上記国際学級が該当
受験料／①②国際学級24,000円 特別選抜12,000円(①②同時出願の場合は36,000円)

公開行事・説明会予定

【学校説明会】事前予約制
7月14日(日)
8月25日(日)
11月16日(土)
12月15日(日)
2025年3月16日(日)
【国際学級入試説明会（帰国生対象入学試験）】
7月　動画を配信予定
【一般学級入試説明会】
10月　動画を配信予定
【オープンスクール】事前予約制
6月15日(土)
10月　5日(土)
10月12日(土)
【輝玉祭(文化祭)】
9月22日(祝)、23日(振休)
◆変更・中止の可能性もあります。必ず学校ホームページを確認してください。

校成学園（こうせいがくえん） 中学校

所在地／〒166-0012　杉並区和田2-6-29
TEL／03-3381-7227
学校長／青木 謙介
創　立／1956年、立正佼成会を母体として、中学・高等学校を開校。
URL／www.kosei.ac.jp/boys

	1年	2年	3年
男子	202名	191名	150名
女子	—	—	—
クラス数	6組	6組	5組

中高総生徒数／1315名

〈交通アクセス〉
東京メトロ丸ノ内線「方南町」駅より徒歩5分

将来への目的意識を高め、希望の進路に向けて実戦力を養成

1956年、立正佼成会がその社会事業の一環として開校。校訓は「行学の二道を励み候べし」。「行」すなわち体験による人格の向上と、「学」学問による知識の両立をめざし、知・徳・体のバランスのとれた人間を育成しています。また、国際化・情報化していく現在の社会に対応するため、ICT教育や海外体験プログラムの充実、探究的な学びの展開などに取り組んでいます。さらに2021年度より中学・高校にグローバルコースを新設し、多様な学びと進路選択をサポートしていきます。

スクールライフ

●教育内容

中高一貫のメリットを生かした独自のカリキュラムは、大学入試から逆算して練り上げられたもの。習熟度別授業や少人数制クラス、希望講習などを豊富に取り入れ、学力の向上につなげています。中学では英語を週8時間（うち4時間は外国人講師が担当）配当し、クラスを2分割した少人数編成できめ細かい指導を実践しています。全教室に電子黒板を設置、1人1台iPadを配布するなど、最先端のICT教育を行っています。また、グローバルコースでは、豊富な海外研修に加えて日常でも問題発見・解決型の学びを展開し、グローバル社会で活躍するために必要な力を涵養します。

■主要5教科の週当たり時間（コマ）数

	英語	数学	国語	理科	社会
1年	8	5	4	4	3
2年	8	5	5	4	3
3年	8	5	5	4	4
合計	24	15	14	12	10

◎1日当たりの授業コマ数：50分×6時限
※土曜日は4時限
◎登校時間：8時20分

●部活動

中高で文化系12、体育系18のクラブがあり、生徒の約9割が参加。高校では全国レベルの実力を持つクラブがあり、中学のアメリカンフットボール部も全国準優勝の実績があります。
○文化系／社会研究、鉄道研究、吹奏楽、書道、英語、コンピューター研究、漫画研究、囲碁将棋、数学研究、サイエンス生物・化学、サイエンス地学・物理、国際同好会
○体育系／野球、バスケットボール、ソフトテニス、サッカー、ハンドボール、卓球、陸上競技、柔道、剣道、弓道、水泳、アメリカンフットボール

●行事

6月に中学の体育祭、9月に中高合同で文化祭が行われるほか、校外授業や芸術鑑賞教室など年間を通じてさまざまな行事があります。

●修学旅行・研修旅行

中1は自然教室を実施。修学旅行には中3・高2で行きます。希望者対象の行事としては、志賀高原スキー教室のほか、ニュージーランドターム留学（中3）、英国語学研修（高1・2）、などの海外研修を実施。英語コミュニケーション力に磨きをかけると同時に、国際感覚を養います。

マネーガイド

■2024年度納付金（諸経費を含む）

	入学金	授業料	施設費	その他	計
入学手続時	255,000円	0円	90,000円	0円	345,000円
初年度総額	255,000円	444,000円	90,000円	221,400円	1,010,400円

◎寄付金：あり（任意）
◎授業料：月納（SEクラスは受講料20,000円）
◎奨学金・特待生制度：経済的理由により就学困難な者に奨学金を給付。特奨入試合格者と中2以上の成績優秀者を特待生とし、授業料を免除

学期制

週5・6日制
プール

冷房

寮

食堂
私服通学

海外研修

サピックスからの合格実績（過去3年）	'22	'23	'24
	21名	22名	35名

進学指導の概要

高1より難関国公立コースと総合進学コース、グローバルコースに分かれます。総合進学コースでは文系・理系合わせて最大30近い選択科目のなかから、受験科目に応じて選択し、演習を中心に学んでいきます。補習や講習も充実し、伸び悩む生徒には指名補習が、さらに伸ばしたい生徒には希望講習が行われます。そのほか夏期講習や早朝補習、模擬試験なども実施。成績上位者には、選抜制のトップレベル講習も行います。自習室には難関大に在籍する卒業生がチューターとして後輩をフォローします。。2021年度からスタートするグローバルコースでは、海外大学進学も視野に入れて勉学に取り組んでおり、23名が合格しています。

■現役大学進学者の進路の内訳

4年制大学 78.6%
進学準備 19.0%
短大・専門学校 1.6%
海外大学 0.8%

■併設高校から主要大学への合格実績

※上段は現役合格者数、下段は浪人を含めた合格者数。

	東京大	京都大	一橋大	東京工業大	筑波大	電気通信大	東京外国語大	東京学芸大	東京芸術大	東京農工大	東京都立大	横浜国立大	横浜市立大	千葉大	早稲田大	慶應義塾大	上智大	東京理科大
22年	—	—	—	1	2	1	2	2	—	2	3	—	—	—	13	6	13	18
	—	1	—	1	2	1	2	2	—	2	3	—	—	—	16	10	17	23
23年	—	—	—	—	2	1	—	—	—	—	6	—	1	—	11	4	9	25
	—	—	—	1	3	2	—	—	—	—	6	—	2	—	13	5	9	41
24年	—	—	—	—	1	1	1	—	1	—	3	1	—	2	12	9	8	18
	—	—	—	—	1	1	1	—	1	—	3	1	—	2	18	10	8	26

	学習院大	明治大	青山学院大	立教大	中央大	法政大	日本大	東洋大	駒澤大	専修大	国際基督教大	成蹊大	成城大	神奈川大	文部科学省所管外の大学校	海外の大学	国公立・医学部	私立・医学部
22年	1	20	12	12	21	18	21	9	2	11	—	4	2	4	—	—	—	1
	1	31	16	17	25	28	28	18	2	11	—	6	4	5	—	—	1	2
23年	15	22	15	10	28	30	35	16	5	9	—	12	6	3	12	4	—	—
	17	31	18	13	35	42	49	19	7	10	—	17	11	3	13	6	—	2
24年	3	23	15	14	20	22	25	22	8	5	2	4	3	1	11	23	—	6
	6	35	19	22	23	32	35	26	12	6	2	8	10	1	11	23	—	7

★指定校推薦枠（2024年度）上智大2名、東京理科大4名、学習院大1名、明治大4名、法政大2名、立教大2名、中央大2名、日本大3名、成蹊大1名、成城大2名など

入試情報

■2024年度の入試結果

		募集人員	出願者	受験者	合格者	実質倍率
1回	4科	50	254	118	43	2.7
	2科		57	42	9	4.7
	適性Ⅱ型	10	24	23	特奨2 一般7	特奨11.5 特奨+一般2.6
	適性Ⅲ型		30	30	特奨8 一般7	特奨3.8 特奨+一般2.0
特別奨学生1回		10	396	266	特奨12 一般56	特奨22.2 特奨+一般3.9
2回	4科	30	313	142	35	4.1
	2科		72	51	5	10.2
グローバル特別奨学生		15	397	203	特奨15 一般40	特奨13.5 特奨+一般3.7
3回	4科	15	369	149	41	3.7
	2科		84	51	2	25.5
スーパーイングリッシュ		10	14	10	8	1.3
特別奨学生2回		10	472	179	特奨11 一般59	特奨16.2 特奨+一般3.0

■2024年度入試 受験者の教科別平均点

		算数	国語	理科	社会	合計
1回	4科	69	61	31	32	194
	2科					125
	適性Ⅱ型	適性Ⅰ/56 適性Ⅱ/41				—
	適性Ⅲ型	適性Ⅰ/70 適性Ⅱ/54 適性Ⅲ/41				—
特別奨学生1回		62	62			124
2回	4科	67	56	31	27	183
	2科					115
グローバル特別奨学生		60	63			123
3回	4科	63	57	33	37	194
	2科					109
特別奨学生2回		57	52			109

○配点：算国＝各100点　理社＝各50点　適性検査Ⅰ・Ⅱ・Ⅲ＝各100点
○合格最低点：1回4科211点・2科147点　1回適性検査型Ⅱ型140点・Ⅲ型195点　特奨1回155点　2回4科219点・2科145点　グローバル特奨148点　3回4科229点・2科150点　特奨2回150点　スーパーイングリッシュは非公開

24年の募集要項

※以下は2024年の募集要項です。2025年の要項は学校の発表をお待ちください。

入試日／①一般2月1日午前　①適性検査型特奨2月1日午前　①特奨2月1日午後　②一般2月2日午前　②適性検査型特奨2月2日午前　②グローバル特奨2月2日午後　③スーパーイングリッシュ2月3日午前　③一般2月3日午前　④特奨2月5日午前

募集人員／男子150名(①一般・グローバル50　①適性検査型特奨5　①特奨10　②一般30　②適性検査型特奨5　②グローバル特奨15　②スーパーイングリッシュ10　③一般15　④特奨10

合格発表／ホームページで即日

手続締切／2月7日

試験科目／国語(50分・100点)、算数(50分・100点)、理科(25分・50点)、社会(25分・50点)
①②③一般2科(算・国)または4科、①②適性検査型適性検査ⅠⅡまたはⅠⅡⅢ、①②④特奨2科、③スーパーイングリッシュ　面接(英語・日本語)・書類審査

面接／スーパーイングリッシュのみ

受験料／各回25,000円(一般と特奨は同時出願可能、適性検査型とスーパーイングリッシュは各回10,000円)

公開行事・説明会予定

【学校説明会】すべて10時～11時30分
6月16日(日)、7月7日(日)、8月4日(日)
8月11日(日)、8月25日(日)、9月15日(日)
10月13日(日)、10月27日(日)、11月10日(日)

【学校生説明会(イブニング)】18時30分～19時30分
10月18日(金)、11月15日(金)

【オープンスクール】
7月21日(日)10時～12時、14時～16時

【文化祭】学校説明会あり
9月21日(土)、22日(祝)

【入試問題解説会】
11月24日(日)、12月7日(土)、12月15日(日)

【入試体験会】
1月12日(日)、13日(祝)

◆変更・中止の可能性もあります。必ず学校ホームページで確認してください。

駒場東邦 中学校

所在地／〒154-0001　世田谷区池尻4-5-1
TEL／03-3466-8221
学校長／小家 一彦
創　立／1957年に東邦大が駒場東邦中学・高等学校を設立。高校募集を1971年に停止し、中高6年間一貫教育を確立。
URL／www.komabajh.toho-u.ac.jp

	1年	2年	3年
男子	258名	250名	244名
女子	—	—	—
クラス数	6組	6組	6組

中高総生徒数／1448名

〈交通アクセス〉
東急田園都市線「池尻大橋」、京王井の頭線「駒場東大前」より徒歩各10分

中高一貫の系統的プログラムで、豊かな知性と人間性を育む

東京大学を中心とする文教地域に位置する完全中高一貫校です。教育目標とするのは、科学的精神に支えられた合理的な考え方と、自主独立の精神を持つ人材の育成。創立当初より中高6年間を一体化した教育を重視し、効率的なカリキュラムにより、難関大学進学をめざす学習指導を行っています。人格形成にも重点を置き、生徒の個性を伸ばす機会を設けるとともに、豊かな人間性を育む場として、行事や課外教育にも力を入れています。OB会「邦友会」とのつながりが深く、各界で活躍する卒業生が講演会を多く開催している点も特徴的です。

スクールライフ

●教育内容

基本方針は、自分で考え、行動する習慣をつけること。文系・理系に偏ることなく、バランスのとれた能力を身につけることをめざしています。主要5教科は先取り学習が行われ、中3で高校の内容に入ります。外国人講師による週1時間の英会話や、数学、理科実験技術のコンピューターの授業など、少人数授業によって理解の徹底と実践的な学習の充実を図ります。国際理解教育に関するプログラムでは、オーストラリア2校への留学、台湾姉妹校との交換留学のほか、国際協力のしくみについて学ぶ3泊5日のベトナムスタディツアー（約30名の生徒が参加）などもあります。

■主要5教科の週当たり時間（コマ）数

	英語	数学	国語	理科	社会
1年	5	5	6	5	5
2年	6	5	5	5	5
3年	6	6	6	5	5
合計	17	16	17	15	15

◎1日当たりの授業コマ数：50分×6時限
※土曜日は4時限
◎登校時間：8時20分

●部活動

広い運動場や柔・剣道場、室内プールなど恵まれた施設を利用して、文化系15、体育系16の部と16の同好会が活発に活動。高校の囲碁部は全国大会出場経験を持ちます。
○文化系／ブラスバンド、化学、地理、地学、美術、生物、物理、歴史、天文、軽音楽、写真、将棋囲碁、クラシック音楽、鉄道研究
○体育系／軟式野球、バスケットボール、陸上、バレーボール、卓球、剣道、柔道、山岳、水泳、体操、サッカー、アーチェリー、ラグビー、硬式テニス、バドミントンなど

●行事

入学後から卒業まで赤・白・青・黄のいずれか1色の組に属し、中高合同で行う体育祭のほか、クラス対抗の体育大会、校内水泳大会、全校マラソン大会、武道寒稽古で組ごとに競い合うなど、スポーツを通して心身を鍛える機会が多く用意されています。9月の文化祭は各クラブ、クラス、有志企画など50以上の団体が参加します。

●修学旅行・研修旅行

中1は霧ヶ峰林間学校、中2では志賀林間学校でフィールドワークや登山を体験。中3の奈良・京都研究旅行では、主体的に課題発見学習を行い、その成果を学術的な論文としてまとめます。高2では修学旅行を実施しますが、行き先の検討から実施まで、生徒が主体的にかかわっています。

マネーガイド

■2024年度納付金（諸経費を含む）

	入学金	授業料	施設費	その他	計
入学手続時	300,000円	0円	0円	0円	300,000円
初年度総額	300,000円	492,000円	48,000円	450,000円	1,290,000円

◎寄付金：30万円以上（任意）
◎授業料：4期分納
◎奨学金・特待生制度：経済的理由により就学困難と判断される者に授業料・施設費・後援会費などを貸与

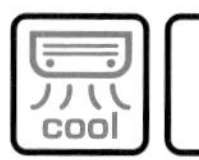

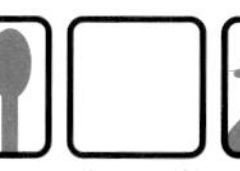

学期制　週5･6日制　プール　冷房　寮　食堂　私服通学　海外研修

他

サピックスからの合格実績（過去3年）	'22	'23	'24
	199名	170名	183名

進学指導の概要

主要5教科は高2で高校の学習内容を終了。高3では文系・理系に分かれて、大学入試に向けた演習中心の学習を行います。夏休みには全学年で講習を実施。主要5教科について希望者を募り、科目ごとにテーマを設定して行われます。また、高3では放課後、英語のリスニングや英作文対策などのため、外国人講師による特別講座が実施されます。そのほか、実力試験などを通して、入試に即した学力を養成する一方、受験勉強に偏らないよう、高2の後半までは部活や生徒会活動に取り組むように指導しています。外部講師を招いて行う授業、社会の第一線で活躍するOBと対話する講演会などもあり、生徒たちが社会を見据えるきっかけとなっています。

■現役大学進学者の進路の内訳

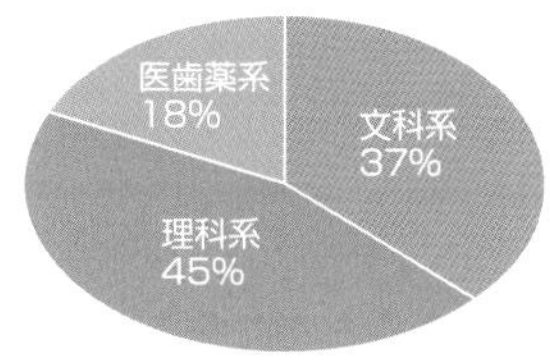

■併設高校から主要大学への合格実績

※上段は現役合格者数、下段は浪人を含めた合格者数。

	北海道大	東北大	東京大 文科Ⅰ類	東京大 文科Ⅱ類	東京大 文科Ⅲ類	東京大 理科Ⅰ類	東京大 理科Ⅱ類	東京大 理科Ⅲ類	東京大 合計	京都大	一橋大	東京工業大	東京芸術大	東京医科歯科大	東京外国語大	東京農工大	千葉大	筑波大
22年	4	3	11	4	2	15	5	2	39	3	4	5	—	6	—	5	4	4
	5	6	11	4	7	25	10	3	60	6	5	6	—	6	—	6	8	4
23年	2	6	8	9	5	23	5	5	55	9	10	5	1	3	—	2	3	2
	2	6	10	14	9	26	8	5	72	11	13	8	1	3	1	2	4	4
24年	12	2	8	7	4	16	1	—	36	—	3	2	—	2	—	—	1	3
	13	3	9	9	5	19	2	—	44	—	7	4	—	3	—	—	1	3

	横浜国立大	東京都立大	横浜市立大	早稲田大	慶應義塾大	上智大	東京理科大	国際基督教大	学習院大	明治大	青山学院大	立教大	中央大	法政大	文部科学省管外の大学校	海外の大学	国公立・医学部	私立・医学部
22年	1	1	3	61	65	5	35	—	2	24	1	4	10	2	—	—	20	31
	4	2	3	93	94	17	62	—	2	48	6	9	23	8	—	—	30	51
23年	4	1	—	87	75	11	41	—	—	35	13	5	9	8	8	3	20	26
	8	2	—	127	105	20	77	—	2	69	15	9	22	16	8	3	24	55
24年	3	—	—	63	48	4	29	—	—	21	4	5	12	9	1	—	12	39
	6	—	—	93	74	9	44	—	—	39	8	7	20	16	3	—	12	42

★指定校推薦枠（2024年度）早稲田大1名、東京理科大1名、東邦大15名など

入試情報

■過去3年間の入試結果

	募集人員	出願者	受験者	合格者	実質倍率
22年	240	565	555	292	1.9
23年	240	611	586	304	1.9
24年	240	644	627	297	2.1

■2024年度入試 受験者・合格者の教科別平均点

	算数	国語	理科	社会	合計
受験者	57.2	78.7	44.1	50.0	229.9
合格者	66.6	84.5	49.0	53.3	253.4

○配点：算国＝各120点　理社＝各80点
○合格最低点：233点

24年の募集要項

※以下は2024年の募集要項です。2025年の要項は学校の発表をお待ちください。

入 試 日／2月1日
募集人員／男子240名
合格発表／2月2日
手続締切／2月2日
試験科目／国語(60分・120点)、算数(60分・120点)、理科(40分・80点)、社会(40分・80点)
面　　接／なし
受 験 料／25,000円

公開行事・説明会予定

【学校説明会】要予約
10月13日(日)
10月19日(土)
10月20日(日)
※学校ホームページからの申し込み制となっています(8月1日からを予定)
【文化祭】
9月14日(土)9時～
9月15日(日)9時～
◆変更・中止の可能性もあります。必ず学校ホームページで確認してください。

サピックスOBの声

●駒東は縦のつながりが強い学校です。理由の1つが体育祭です。入学するとクラスに関係なく、赤・白・青・黄の4チームに分かれ、卒業まで同じチームに所属します。準備や練習においては、チームごとに先輩からさまざまな形で教えを受けて絆を深め、伝統を継承していきます。競技は真剣勝負で、応援も大いに盛り上がります。
●学習面で特徴的なのは理科の授業。週5コマのうち1コマはクラスを2分割して実験が行われます。これも、実験室が9つもあるから。とても恵まれていると思います。

芝 中学校

所在地／〒105-0011　港区芝公園3-5-37
TEL／03-3431-2629
学校長／武藤 道郎
創　立／1887年、浄土宗学東京支校として設立。1906年に芝中学校創立。1948年、学校改革により芝中学・高等学校となる。
URL／www.shiba.ac.jp

	1年	2年	3年
男子	310名	310名	309名
女子	—	—	—
クラス数	7組	7組	7組

中高総生徒数／1774名

〈交通アクセス〉
東京メトロ日比谷線「神谷町」駅より徒歩5分
都営三田線「御成門」駅より徒歩7分
都営大江戸線「赤羽橋」駅より徒歩10分

伸び伸びとした校風の下、自主自立の人間育成をめざす

浄土宗の子弟教育のために設立された学校が前身で、創立110年を超える伝統ある学校です。「遵法自治」を校訓に、大乗仏教を精神的基盤とした人間教育を実践し、自分の力で自分を治められる人間の育成をめざしています。伸びやかで自由な校風は、生徒の自主性を重んじる学園の伝統がつくり上げたもの。宗教色は強くありませんが、人間形成のため、増上寺参拝や講話などの宗教行事を取り入れているのが特徴です。先取り学習を行うなどして大学進学にも力を入れ、高い合格実績を挙げています。

スクールライフ

●教育内容

高校からの募集は行わず、6年間完全一貫教育で効率的なカリキュラムを策定しています。授業ではオリジナルのテキストや教師手作りのプリントなどを活用し、密度の濃い内容を、速い進度で学びます。そのため、理解不足の生徒が出ないよう、漢字・英単語・数学計算力などの小テストや英・数補習などできめ細かくサポート。希望者対象の夏期講習や英会話特別講習も実施しています。中2から高2では全員がGTECを受検しますが、そのための講習も充実しています。理科と社会では実習・実験・観察が重視され、磯の生物観察や化石採集、芝公園周辺の地域調査などの校外学習が行われます。

■主要5教科の週当たり時間（コマ）数

	英語	数学	国語	理科	社会
1年	5	5	5	4	4
2年	6	5	5	4	5
3年	6	5	5	5	4
合計	17	15	15	13	13

◎1日当たりの授業コマ数：50分×6時限
　※土曜日は4時限
◎登校時間：7時55分

●部活動

文化系19、体育系17の部が活動しています。

○文化系／将棋、生物、理化、ギター、技術工作、デジタルテクノロジー、弁論、吹奏楽、写真、天文気象、美術、考古学、釣研究、落語研究、歴史、アカペラ、料理、漫画研究、交通研究

○体育系／バレーボール、硬式テニス、ソフトテニス、サッカー、バドミントン、バスケットボール、卓球、剣道、柔道、硬式野球、軟式野球、陸上競技、山岳、少林寺拳法、スキー、水泳、ワンダーフォーゲル

●行事

生徒の意欲、人間性、社会性を育む場として行事を重視しています。5月の運動会、9月の学園祭（文化祭）は中高合同で行うほか、増上寺参拝などの宗教行事も盛んです。

●修学旅行・研修旅行

夏休みに校外学習の一環として、中2と高1は林間学校に出掛けます。修学旅行は中3で奈良・京都に行き、浄土宗総本山である知恩院で参拝。高2は沖縄などを訪れます。春休みは中3・高1、夏休みと冬休みには高1・2の希望者を対象に海外語学研修を実施し、カナダやニュージーランドでホームステイをしながら、現地の人々と交流を図ります。

マネーガイド

■2024年度納付金（諸経費を含む）

	入学金	授業料	施設費	その他	計
入学手続時	300,000円	0円	0円	0円	300,000円
初年度総額	300,000円	498,000円	192,000円	217,770円	1,207,770円

◎寄付金：後援会に対して25万円以上（任意）
◎授業料：3期分納
◎奨学金・特待生制度：経済的理由により就学困難と判断される者は奨学金制度の利用が可能。特待生制度はなし

学期制　週5・6日制　プール　冷房　寮　食堂　私服通学　海外研修

サピックスからの合格実績（過去3年）	'22	'23	'24
	163名	167名	162名

進学指導の概要

主な履修科目は高2でほぼ終了し、高3からは進路に合わせた演習授業が中心になります。文・理のコース分けは高2から。高1・2で実施する「先輩の話を聴く会」では、社会で活躍する卒業生たちが仕事のおもしろさや学生時代などの実体験を話し、生徒たちにとって将来像を描くよいきっかけとなっています。全学年で希望者対象の補習、夏期講習、冬期講習などがあり、授業時間外のサポートも充実しています。生徒たちの学習意欲は高く、朝7時から開かれる早朝補習には自由参加ながら多くの生徒が出席しています。例年、理系志望者が多く、医歯薬系の学部に進学する生徒も少なくありません。

■現役大学進学者の進路の内訳

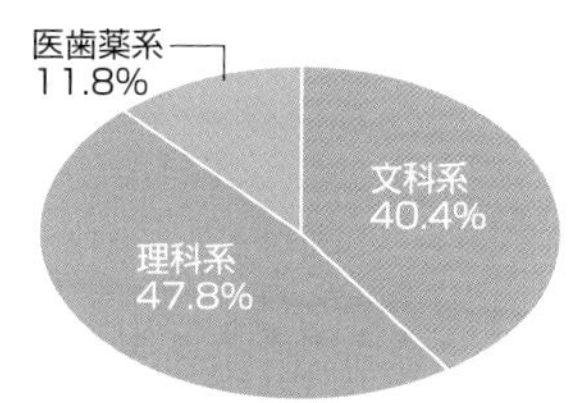

■併設高校から主要大学への合格実績

※上段は現役合格者数、下段は浪人を含めた合格者数。

	北海道大	東北大	東京大							京都大	一橋大	東京工業大	東京芸術大	東京医科歯科大	東京外国語大	東京農工大	千葉大	筑波大
			文科Ⅰ類	文科Ⅱ類	文科Ⅲ類	理科Ⅰ類	理科Ⅱ類	理科Ⅲ類	合計									
22年	12	7	3	2	2	6	1	—	14	3	10	7	—	2	1	3	4	4
	13	9	3	2	2	6	1	—	14	3	11	10	—	2	1	3	4	6
23年	10	8	2	3	1	5	2	—	13	5	6	9	—	2	2	6	5	2
	13	12	2	3	1	5	2	—	13	6	8	12	—	2	2	8	7	2
24年	19	5	4	3	3	1	5	—	16	3	4	10	—	2	1	5	4	1
	22	10	4	3	3	2	6	—	18	4	5	11	—	2	1	7	5	1

	横浜国立大	東京都立大	横浜市立大	早稲田大	慶應義塾大	上智大	東京理科大	国際基督教大	学習院大	明治大	青山学院大	立教大	中央大	法政大	文部科学省所管外の大学校	海外の大学	国公立・医学部	私立・医学部
22年	5	3	1	71	72	38	83	2	—	81	17	19	34	25	4	—	14	42
	7	3	1	89	100	50	120	3	6	118	21	31	59	46	7	—	20	79
23年	4	1	1	91	52	37	106	3	10	67	15	10	41	31	6	1	10	27
	5	2	1	120	79	49	135	3	17	99	21	15	57	46	8	1	15	45
24年	6	3	—	83	71	35	88	—	5	76	17	16	39	13	3	—	10	26
	8	4	—	98	85	40	124	—	8	94	21	17	48	21	3	—	16	46

★指定校推薦枠（2024年度）早稲田大7名、慶應義塾大4名、東京理科大3名、中央大3名、法政大1名、明治大1名、学習院大5名など

入試情報

■過去3年間の入試結果

		募集人員	出願者	受験者	合格者	実質倍率
22年	1回	150	525	482	193	2.5
	2回	130	1092	757	282	2.7
23年	1回	150	564	489	193	2.5
	2回	130	1231	867	258	2.7
24年	1回	150	600	530	188	2.5
	2回	130	1192	860	256	2.7

■2024年度入試 受験者・合格者の教科別平均点

		算数	国語	理科	社会	合計
1回	受験者	51.9	58.1	30.9	42.3	183.2
	合格者	65.9	64.4	36.7	46.8	213.8
2回	受験者	53.9	66.4	41.4	45.3	207
	合格者	67.0	72.6	47.9	50.7	238.2

○配点：算国＝各100点　理社＝各75点
○合格最低点：1回196点　2回226点

24年の募集要項

※以下は2024年の募集要項です。2025年の要項は学校の発表をお待ちください。

入 試 日／①2月1日 ②2月4日
募集人員／男子280名(①150名 ②130名)
合格発表／いずれもホームページにて即日
手続締切／①2月3日 ②2月6日
試験科目／国語(50分・100点)、算数(50分・100点)、理科(40分・75点)、社会(40分・75点)
面　　接／なし
受 験 料／30,000円

公開行事・説明会予定

【学校説明会】要予約
10月25日(金)、10月26日(土)、11月 9日(土)
【学園祭】
9月14日(土)、15日(日)
◆変更・中止の可能性もあります。必ず学校ホームページで確認してください。

サピックスOBの声

●東京タワーがすぐそばにあり、校舎の屋上から見る夜景は写真素材かと思うほどの美しさです。その校舎のデザインもおしゃれで、本館の中心部は吹き抜けになっています。この環境で過ごすうちに、生徒もだんだんと洗練されていくようです（笑）。
●浄土宗の精神を教育の基盤としているので、御忌参拝、宗祖日などの宗教行事では増上寺で法話を聞き、相手を尊重することも学びます。このためか、スポーツが得意な人も、少しマニアックな趣味を持つ人も、誰もが仲良く過ごしています。
●技術の授業では、釘を使わずに、板を組んで木箱を作るのですが、先輩たちが「技術の授業を甘く見たらだめ」というほど先生のチェックが厳しく、少しでも組み方がずれていたらやり直しとなります。ていねいに1つのものを完成させることは、どんなことにも通じる大切な姿勢であることを授業から学びました。

城北 中学校

所在地／〒174-8711 板橋区東新町2-28-1
TEL／03-3956-3157
学校長／小俣 力
創　立／1941年に設立し、1943年に現在地に移転。1947年に新制城北中学校を設置し、翌年、高等学校を発足させる。
URL／www.johoku.ac.jp

	1年	2年	3年
男子	305名	295名	279名
女子	—	—	—
クラス数	7組	7組	7組

中高総生徒数／1918名

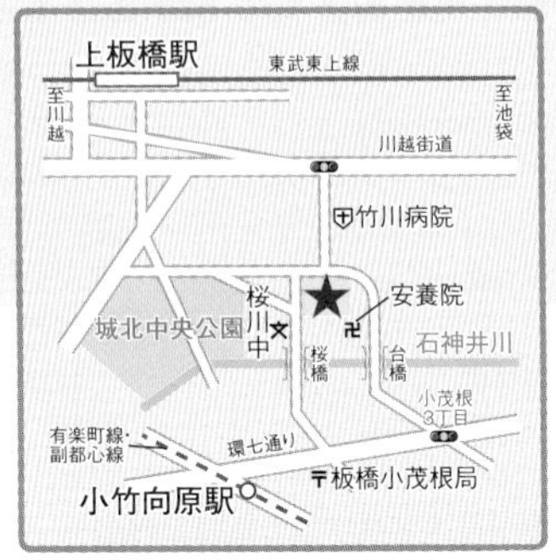

〈交通アクセス〉
東武東上線「上板橋」駅より徒歩10分　東京メトロ有楽町線・副都心線「小竹向原」駅より徒歩20分

23区内最大級の広々とした環境で真の実力を究める！

真の実力を究め、新しい未来を切り拓くことができる魅力ある人間・社会に有為な人間に成長してもらうことを大切にし、教育目標である「人間形成と大学進学」を柱に、生徒の成長をサポートしています。生徒の好奇心や探究心を刺激する「本物に触れる機会」を多く設け、みずからの伸びようとする姿勢を育てるプログラムで生徒を伸ばしていきます。23区内最大級の約4万㎡もの広大なキャンパスには、これを支える本格的な専用施設が多く設置され、校庭は創立80周年を記念して人工芝化されました。

スクールライフ

●教育内容

生徒一人ひとりの志望に合わせてきめ細かく対応すべく、学力向上のための質問対応・添削はもちろん、大学受験から逆算して作成する実力試験、講習会、特別講座、自習室、選択ゼミ、最新の受験情報やOBのデータをまとめた進学情報資料の作成など、生徒たちがスムーズかつ着実に学力と自信を高められる環境を整えています。また、ICT教育にも力を入れ、主体性やクリエイティビティ、探究心、チャレンジ精神を発揮できる卒業研究やプレゼンの機会を多く設けています。さらに、Global Educationでは、独自のターム留学やイングリッシュシャワーなど、本物の英語に触れるアウトプット型のプログラムを設定。英語力・コミュニケーション力、自信を高める機会を設けています。

■主要5教科の週当たり時間（コマ）数

	英語	数学	国語	理科	社会
1年	5	5	5	4	4
2年	6	5	5	4	4
3年	6	5	6	4	4
合計	17	15	16	12	12

◎1日当たりの授業コマ数：45分×7時限
　※土曜日は4時限
◎登校時間：8時10分

●部活動

中高合わせて47のクラブがあります。2023年度全国模型コンテストで審査員特別賞などを受賞した鉄道研究部や全国優勝の実績を誇る少林寺拳法部をはじめ、多くのクラブで、生徒が主体となり、熱中して活動に取り組んでいます。

○文化系／鉄道研究、吹奏楽、化学、生物、歴史、美術、釣り、語学、物理、軽音楽、百人一首など
○体育系／野球、サッカー、陸上、バスケットボール、ラグビー、バレーボール、柔道、剣道など

●行事

大町オリエンテーション（4月）、体育祭（6月）、文化祭（9月）、自由研究発表会（11月）、卒業研究発表会（3月）など。司会や運営なども生徒主体で行われます。

●修学旅行・研修旅行

中1は長野県の城北大町山荘で宿泊行事を実施。中3は奈良・京都、高2は沖縄で研修旅行を行います。中3・高1の希望者対象の「オーストラリア語学研修」や高1を対象にした3か月間の「ターム留学」、高1・2を対象とした春休みの「セブ島上級語学留学」など、グローバル教育にも力を入れています。

マネーガイド

■2024年度納付金（諸経費を含む）

	入学金	授業料	施設費	その他	計
入学手続時	270,000円	0円	0円	0円	270,000円
初年度総額	270,000円	456,000円	238,000円	106,700円	1,070,700円

◎寄付金：1口10万円、1口以上（任意）
◎授業料：3期分納または全納
◎奨学金・特待生制度：経済的理由により就学困難と判断される者に奨学金を貸与または給付。前年度の成績と人物評価により特待生を選抜し、授業料・維持費を免除

学期制　週5·6日制　プール　冷房　寮　食堂　私服通学　海外研修

サピックスからの合格実績（過去3年）	'22	'23	'24
	122名	134名	122名

進学指導の概要

高2から高入生と混合のクラスになり、文系・理系に分かれたクラス編成に変わります。文理それぞれに、選抜クラスも設けられます。高2からは、志望大学や入試科目に合わせて履修できる選択ゼミもスタートします。高3になると、私立文系をめざす文Ⅰ、国公立文系をめざす文Ⅱ、私立理系をめざす理Ⅰ、国立理系をめざす理Ⅱの4コースに分かれ、主要5教科では演習中心の授業が行われます。また、全学年で夏期・冬期講習会が開かれるほか、高3では希望者対象の学習合宿や、入試直前講座、校内模試などが実施され、志望大学合格に向けた実戦力を鍛えていきます。

■現役大学進学者の進路の内訳

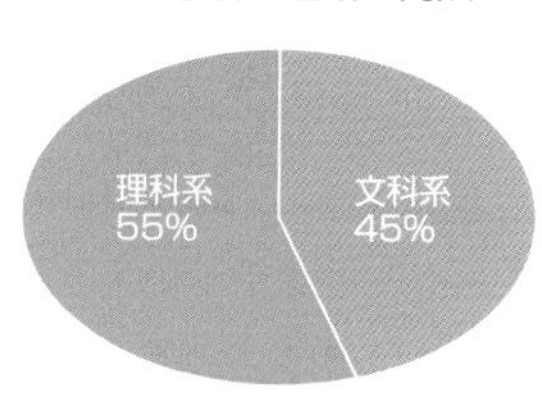

■併設高校から主要大学への合格実績

※上段は現役合格者数、下段は浪人を含めた合格者数。

		北海道大	東北大	東京大 文科Ⅰ類	東京大 文科Ⅱ類	東京大 文科Ⅲ類	東京大 理科Ⅰ類	東京大 理科Ⅱ類	東京大 理科Ⅲ類	東京大 合計	京都大	一橋大	東京工業大	東京芸術大	東京医科歯科大	東京外国語大	東京農工大	千葉大	筑波大
22年	上段	5	5	1	—	1	1	3	—	6	2	4	3	—	—	2	8	4	4
	下段	9	6	1	—	2	2	4	—	9	4	5	3	—	—	3	16	6	4
23年	上段	3	7	—	—	—	2	1	—	3	—	2	7	—	—	3	5	1	6
	下段	4	9	—	1	—	2	3	—	6	3	5	7	—	—	3	5	2	7
24年	上段	4	7	2	1	—	—	2	—	5	5	9	7	—	—	2	6	3	2
	下段	5	8	2	1	1	—	3	—	7	7	9	10	—	—	2	8	3	4

		横浜国立大	東京都立大	横浜市立大	早稲田大	慶應義塾大	上智大	東京理科大	国際基督教大	学習院大	明治大	青山学院大	立教大	中央大	法政大	文部科学省所管外の大学校	海外の大学	国公立・医学部	私立・医学部
22年	上段	3	5	1	84	52	18	99	1	20	120	20	33	48	41	3	—	8	18
	下段	0	6	1	106	66	33	144	1	29	160	33	60	79	77	6	1	16	41
23年	上段	2	3	—	64	44	37	68	1	17	83	16	24	37	49	2	2	3	19
	下段	2	6	—	85	64	44	108	1	25	119	23	48	66	80	3	2	6	32
24年	上段	4	2	—	58	47	37	110	3	14	90	25	35	51	43	4	4	8	19
	下段	6	2	—	83	58	45	140	3	22	134	40	51	72	61	4	4	10	45

★指定校推薦枠（2024年度）東京都立大1名、早稲田大6名、慶應義塾大3名、上智大1名、東京理科大6名、国際基督教大1名、学習院大9名、中央大4名、立教大1名、北里大5名、獨協医科大複数名、芝浦工業大複数名など

入試情報

■過去2年間の入試結果

		募集人員	出願者	受験者	合格者	実質倍率
23年	1回	約115	425	390	139	2.8
	2回	約125	810	645	295	2.2
	3回	約30	428	299	50	6.0
24年	1回	約115	431	407	138	2.9
	2回	約125	715	561	297	1.9
	3回	約30	382	255	54	4.7

■2024年度入試 受験者・合格者の教科別平均点

		算数	国語	理科	社会	合計
1回	受験者	60	46	47	44	198
	合格者	74	53	53	49	229
2回	受験者	63	56	42	45	207
	合格者	73	63	49	50	235
3回	受験者	67	55	42	43	207
	合格者	85	67	50	52	254

○配点：算国＝各100点　理社＝各70点
○合格最低点：1回213点　2回206点　3回241点

24年の募集要項

※以下は2024年の募集要項です。2025年の要項は学校の発表をお待ちください。

入 試 日／①2月1日 ②2月2日 ③2月4日
募集人員／男子約270名(①約115名 ②約125名 ③約30名)
合格発表／①2月1日 ②2月2日 ③2月4日
手続締切／①2月4日 ②2月4日 ③2月5日
試験科目／国語(50分・100点)、算数(50分・100点)、理科(40分・70点)、社会(40分・70点)
面　　接／なし
受 験 料／25,000円

公開行事・説明会予定

【学校説明会】
6月15日(土)、6月29日(土)、7月 6日(土)
7月28日(日)、8月24日(土)、9月 7日(土)
10月12日(土)、11月 2日(土)
【少人数 ショート学校説明会】
7月20日(土)、9月21日(土)、10月26日(土)
11月30日(土)、12月14日(土)、1月18日(土)
2月22日(土)、3月15日(土)、3月25日(火)
【校舎見学ツアー】
多数開催
【中学入試説明会】
11月23日(祝)、11月24日(日)
【城北祭(文化祭)】
9月28日(土)、29日(日)
◆変更・中止の可能性もあります。必ず学校ホームページで確認してください。

巣鴨 中学校

所在地／〒170-0012 豊島区上池袋1-21-1
TEL／03-3918-5311
学校長／堀内 不二夫
創 立／1910年、巣園学舎を創設。1922年に巣鴨中学を開校。1948年、巣鴨中学・高等学校となる。
URL／www.sugamo.ed.jp

	1年	2年	3年
男子	238名	280名	218名
女子	—	—	—
クラス数	5組	6組	5組

中高総生徒数／1539名

〈交通アクセス〉
JR、都電荒川線「大塚」駅より徒歩10分
JR、東京メトロ有楽町線ほか「池袋」駅より徒歩15分 東武東上線「北池袋」駅より徒歩10分

110年超の伝統がつくる最先端のグローバル教育

勉強、部活動、学校行事などすべての面で、その時々に必要なことを一人ひとりの能力に応じてクリアしていくことを重視。誰にでもできる小さな努力を日々実践し、みずからの可能性を切り開いていきます。学校生活のなかで、努力の成果を得て達成感を味わう経験を積み重ね、心身の成長につなげます。また、110年超の歴史を持つ巣鴨にしかできない最先端のグローバル教育を展開。同校ならではのプログラムも数多くあり、国際社会で力強く活躍する「グローバル人材」の育成に努め、社会に出て必要となる「土台」を培います。

スクールライフ

●教育内容

6年一貫のカリキュラムは、中1でも高校生用教科書を使用するなど、先取り学習を含みながらも、全教科の内容を無理なく深く学べるように工夫してあります。中2で中学の課程をほぼ終了し、中3で高校課程に入ります。

●部活動

部活動は班活動と呼ばれ、文化系20、体育系16の班・研究会・同好会があり、それぞれ意欲的に活動しています。

○文化系／吹奏楽、歌留多、書道、科学技術、生物、化学、英語、合唱、美術、写真、地学、物理、茶道、囲碁・将棋、鉄道、数学、社会、クイズ、折り紙、JRC

○体育系／剣道、柔道、陸上競技、合気道、山岳、籠球、水泳、ソフトテニス、硬式テニス、ハンドボール、バドミントン、蹴球、卓球、軟式野球、スキー、排球

●行事

アカデミック・フェスティバル、美術書道展、百人一首歌留多大会、書き初め大会、合唱コンクールなど文化系行事だけでなく、大菩薩峠越え強歩大会、巣園流水泳学校、早朝寒稽古などの伝統行事もあります。また、巣園祭（文化祭・体育祭）、クラス対抗武道大会、球技大会など、生徒が個性を発揮できる機会がたくさんあります。

●修学旅行・研修旅行

中3の修学旅行先は京都・奈良で、班別研修を中心に4泊5日で行います。高2の修学旅行はクラス単位で、行き先・行程を生徒たちで決定します。夏休みには、2～3週間のサマースクールをイギリス・アメリカ・オーストラリアなどで実施。海外の歴史や文化に触れ、教養を深め、協調性を養います。中学生向けに、イギリスから招いたトップエリートと蓼科で6日間を過ごすプログラムもあります。高1の3学期には、東京都私学財団の助成を利用して、イギリス・オーストラリア・カナダ・アメリカでホームステイをしながら現地校で学ぶ、約3か月間のターム留学も行っています。

■主要5教科の週当たり時間（コマ）数

	英語	数学	国語	理科	社会
1年	6	7	6	4	4
2年	6	6	6	4	4
3年	7	7	5	4	4
合計	19	20	17	12	12

◎1日当たりの授業コマ数：50分×6時限
◎登校時間：8時

マネーガイド

■2024年度納付金（諸経費を含む）

	入学金	授業料	施設費	その他	計
入学手続時	330,000円	0円	0円	0円	330,000円
初年度総額	330,000円	480,000円	200,000円	33,000円	1,043,000円

◎寄付金：1口10万円 1口以上（任意）
◎授業料：3期分納（月納も可）
◎奨学金・特待生制度：なし

3期 完6 days cool 高 他

学期制　週5･6日制　プール　冷房　寮　食堂　私服通学　海外研修

サピックスからの合格実績（過去3年）	'22	'23	'24
	229名	273名	250名

進学指導の概要

中3・高1では、数学の成績による選抜クラスを1クラス編成します。高2からは文系志望の「文数系」、理系志望の「理数系」に分かれます。文系でも数学・理科を必修とし、理系でも地歴公民を必修としているのが特徴です。高2で高校の全学習内容を終了し、高3では英語・体育の必修科目以外は大幅な選択制となります。これによって週25時間、演習形式の選択授業を受け、一人ひとりの志望進路に合わせた学習を進めます。授業は大学入試問題などによる受験指導が中心になります。課外の補習や特別講習なども積極的に実施し、合格力の養成につなげています。

■現役大学進学者の進路の内訳

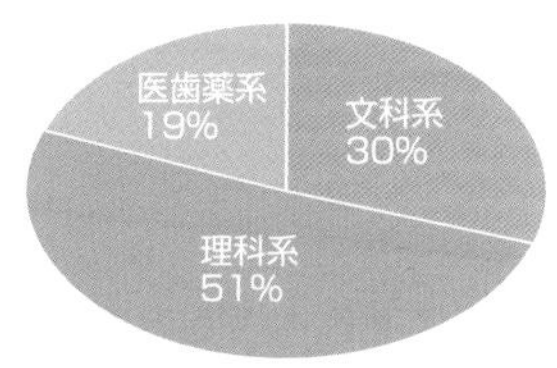

■併設高校から主要大学への合格実績

※上段は現役合格者数、下段は浪人を含めた合格者数。

	北海道大	東北大	東京大 文科Ⅰ類	東京大 文科Ⅱ類	東京大 文科Ⅲ類	東京大 理科Ⅰ類	東京大 理科Ⅱ類	東京大 理科Ⅲ類	東京大 合計	京都大	一橋大	東京工業大	東京芸術大	東京医科歯科大	東京外国語大	東京農工大	千葉大	筑波大
22年	1	2	1	—	1	2	—	—	4	—	1	1	—	—	—	—	3	2
	3	2	2	—	2	4	—	—	8	3	1	2	—	—	—	1	5	4
23年	1	1	—	—	—	1	—	—	1	1	2	1	—	1	—	—	6	1
	3	2	—	—	—	3	—	—	3	2	2	1	—	3	—	—	10	4
24年	1	4	—	—	—	1	1	—	2	—	—	1	—	—	1	1	2	3
	3	5	1	1	—	1	1	—	4	—	1	1	1	—	2	1	4	4

	横浜国立大	東京都立大	横浜市立大	早稲田大	慶應義塾大	上智大	東京理科大	国際基督教大	学習院大	明治大	青山学院大	立教大	中央大	法政大	文部科学省管外の大学校	海外の大学	国公立・医学部	私立・医学部
22年	1	2	—	20	14	10	28	—	3	37	7	6	23	17	9	—	11	56
	2	3	1	42	35	14	52	—	7	65	13	27	49	43	14	—	22	119
23年	—	1	2	28	21	3	30	1	1	26	11	4	21	24	8	6	8	14
	3	1	2	45	34	7	60	1	7	53	18	19	49	52	12	8	22	78
24年	1	1	—	15	10	6	23	—	2	20	5	7	27	8	11	8	6	10
	3	2	1	28	26	17	48	—	4	43	11	17	46	31	15	9	16	73

★指定校推薦枠（2024年度）早稲田大3名など

入試情報

■過去3年間の入試結果

		募集人員	出願者	受験者	合格者	実質倍率
22年	Ⅰ期	帰国含80	309	291	105	2.8
	算数選抜	帰国含20	591	561	249	2.3
	Ⅱ期	帰国含100	485	357	167	2.1
	Ⅲ期	帰国含40	342	224	58	3.9
23年	Ⅰ期	帰国含80	309	281	98	2.9
	算数選抜	帰国含20	606	556	272	2.0
	Ⅱ期	帰国含100	588	420	201	2.1
	Ⅲ期	帰国含40	367	242	66	3.7
24年	Ⅰ期	帰国含80	336	309	105	2.9
	算数選抜	帰国含20	690	652	284	2.3
	Ⅱ期	帰国含100	554	405	157	2.6
	Ⅲ期	帰国含40	439	312	49	6.4

○配点：Ⅰ期Ⅱ期Ⅲ期：算国＝各100点　理社＝各50点　算数選抜：算＝100点
○合格最低点：Ⅰ期 199点　Ⅱ期200点　Ⅲ期208点　算数選抜85点

24年の募集要項

※以下は2024年の募集要項です。2025年の要項は学校の発表をお待ちください。

入 試 日／Ⅰ2月1日 算数選抜2月1日午後 Ⅱ2月2日 Ⅲ2月4日
募集人員／男子240名(Ⅰ80名 算数選抜20名 Ⅱ100名 Ⅲ40名)
合格発表／Ⅰ算数選抜2月1日 Ⅱ2月2日 Ⅲ2月4日
手続締切／Ⅰ算数選抜2月2日 Ⅱ2月3日 Ⅲ2月5日
試験科目／ⅠⅡⅢ：国語(50分・100点)、算数(50分・100点)、理科(30分・50点)、社会(30分・50点)
算数選抜：算数(60分・100点)
面　　接／なし
受 験 料／ⅠⅡⅢ25,000円、算数選抜10,000円

公開行事・説明会予定

【学校説明会】要予約
6月15日(土)10時～、10月12日(土)10時～
11月 9日(土)10時～、12月 7日(土)10時～
【巣園祭(文化祭)】
9月14日(土)合唱コンクール9時～
展示11時～16時30分
9月15日(日) 9時～16時
【巣園祭(体育祭)】国立競技場
9月17日(火) 8時30分～15時
◆変更・中止の可能性もあります。巣園祭も含め、詳しくは学校ホームページをご覧ください。

聖学院 中学校

所在地／〒114-8502 北区中里3-12-1
TEL／03-3917-1121
学校長／伊藤 大輔
創 立／1906年にアメリカの宣教師により聖学院中学校創立。1947年に新制の中学、その翌年に高等学校を設置。
URL／www.seigakuin.ed.jp

	1年	2年	3年
男子	225名	150名	169名
女子	—	—	—
クラス数	6組	5組	5組

中高総生徒数／983名

〈交通アクセス〉
JR「駒込」駅東口より徒歩5分 東京メトロ南北線「駒込」駅3出口より徒歩7分

「Student」から「Learner」へ！「問い」を使った学びのストーリー

聖学院はプロテスタントに属するキリスト教学校です。一人ひとりが神様からかけがえのないたまものを与えられているという確信に基づき、そのたまものを発見するためのさまざまなオンリーワン教育を展開しています。また、激変する時代に対し柔軟に対応できる環境が整っており、2020年度から生徒は1人1台のデバイスを所有し、学内外で日々の学びを展開しています。生徒を「Student」から、みずから積極的に学ぶ「Learner」へと育てる仕掛けを構築。挑戦する生徒たちを学校全体で導く使命を聖学院は担っています。

スクールライフ

●教育内容

高いレベルの英語教育や豊富な海外研修など、グローバル教育に積極的に取り組み、毎年、海外難関大学や国内グローバル大学への進学者を輩出しています。英語教育では、アウトプットの機会を数多く取り入れ、社会とつながるツールとしての英語をめざし、4技能をバランスよく育てています。また、本校の授業は「問い」を大切にしており、「問い」を使って学びのストーリーを展開し、探究を重ねています。STEAM教育の中心となる学校独自科目「情報・プログラミング」を設定し、動画編集をして自分のCMを作ったり、ドローンを飛ばしたりするほか、学校ピクトグラムを立体的に設計し、3Dプリンターで制作します。そして「情報・プログラミング」で学んだ多様な「表現方法」を、国語・数学・社会・理科・技術・聖書など他教科でも発展的に活用しています。

■主要5教科の週当たり時間（コマ）数

	英語	数学	国語	理科	社会
1年	6	5	4	5	4
2年	6	5	4	4	4
3年	6	6	5	4	3
合計	18	16	13	13	11

◎1日当たりの授業コマ数：50分×6時限
※土曜日は4時限
◎登校時間：8時15分

●行事

11月の創立記念祭（文化祭）は、生徒たちが自分たちの手で作り上げる最も盛り上がる学校行事です。中学では、5月に母の日礼拝や体育祭、10月に自由研究発表会、2月に英語スピーチコンテスト、高校では9月に課題研究発表会があります。また、クリスマスツリー点火式など、多彩な宗教行事も行っています。

●修学旅行・研修旅行

聖学院では修学旅行は実施せず、中2～高2で毎年1回、全員参加の宿泊型体験学習を行っています。そこではPBL型教育を取り入れており、中2の北アルプス登山や中3の農村体験学習（糸魚川の農家等に民泊）、高1のソーシャルデザインキャンプ、高2の沖縄平和学習と、多種多様なテーマでPBLを実践しています。また、海外研修・国内グローバル研修は希望者参加型研修として、英語圏ホームステイ型とアジアPBL型、国内イングリッシュキャンプなど豊富に取りそろえ、異文化多言語化のなかでもたくましく生活し、協働できるマインドとスキルを育成します。

マネーガイド

■2024年度納付金（諸経費を含む）

	入学金	授業料	施設費	その他	計
入学手続時	250,000円	0円	125,000円	0円	375,000円
初年度総額	250,000円	456,000円	173,000円	258,900円	1,137,900円

※入学辞退者には施設費を返金

◎寄付金：1口10万円、2口以上（任意）
◎授業料：分納
◎奨学金・特待生制度：特待生入試合格者は、授業料を免除。また入学後、経済的理由により就学困難と判断される者は、授業料を免除

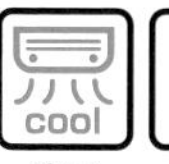

学期制　週5·6日制　プール　冷房　寮　食堂　私服通学　海外研修

サピックスからの合格実績（過去3年）	'22	'23	'24
	14名	9名	8名

進学指導の概要

「アドバンストクラス」は国公立大・難関私立大進学を目標に、「レギュラークラス」は学校推薦型選抜・総合型選抜を活用した難関・中堅私立大学進学を目標に、2021年度新設の「グローバル イノベ ションクラス」は、海外難関大学や国内難関グローバル入試・学校推薦型選抜に向けて、それぞれ独自のカリキュラムや授業を用意しています。各種講習では個別の学習課題に対して、個別面談では出願・学習方法に対して、それぞれサポート。特に、海外大学志望者に対して、TOEFL/SAT対策やエッセイ指導、海外大学出願サポートを行っています。また、台湾の大学進学サポートやGo Campusを利用した進学体制も導入。。2020年度は米国ペンシルバニア大やカナダ・トロント大、米国ワシントン大など超難関大学に合格しています。

■現役大学進学者の進路の内訳

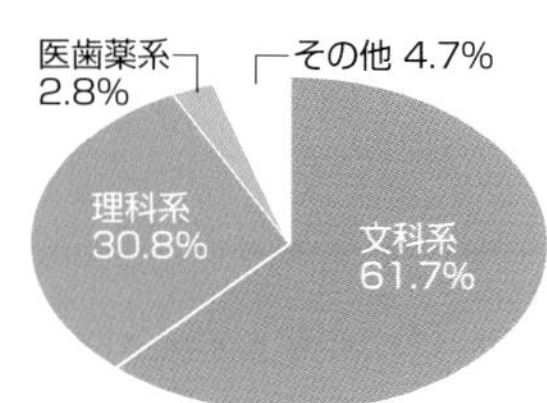

■併設高校から主要大学への合格実績

※上段は現役合格者数、下段は浪人を含めた合格者数。

	東京大	京都大	一橋大	東京工業大	筑波大	電気通信大	東京外国語大	東京学芸大	東京芸術大	東京農工大	東京都立大	横浜国立大	横浜市立大	千葉大	早稲田大	慶應義塾大	上智大	東京理科大
22年	—	—	—	—	—	—	—	—	—	—	—	—	—	—	3	4	5	3
	—	—	—	—	—	—	—	—	—	—	—	—	—	—	3	5	5	4
23年	—	—	—	—	1	—	1	—	—	—	—	—	—	—	7	4	4	4
	—	—	—	—	1	—	1	—	—	—	—	—	—	—	8	4	5	4
24年	—	—	—	—	—	—	—	—	—	—	—	1	—	—	4	3	—	6
	—	—	—	—	—	—	—	—	—	—	—	1	—	—	4	4	—	6

	学習院大	明治大	青山学院大	立教大	中央大	法政大	日本大	東洋大	駒澤大	専修大	国際基督教大	成蹊大	成城大	神奈川大	文部科学省所管外の大学校	海外の大学	国公立・医学部	私立・医学部
22年	6	10	13	14	7	12	22	7	4	6	2	2	5	1	—	1	—	—
	7	11	15	14	7	13	25	8	5	7	2	2	6	2	—	1	—	2
23年	3	9	10	8	8	8	17	20	3	6	2	7	1	2	—	6	—	—
	4	9	10	8	10	13	22	25	3	8	2	7	5	2	—	6	—	1
24年	6	7	10	11	6	7	16	25	3	11	2	1	3	5	—	7	—	—
	6	7	10	11	6	7	16	25	3	11	2	1	3	6	—	7	—	—

★指定校推薦枠（2024年度）東京理科大1名、国際基督教大1名、学習院大2名、青山学院大2名、立教大1名、日本大4名、成蹊大2名、成城大1名、獨協大2名、國學院大3名、武蔵大1名、明治学院大3名、東京都市大7名、東京農業大20名、芝浦工業大3名など

入試情報

■2024年度の入試結果

		募集人員	出願者	受験者	合格者	実質倍率
1回	4科	60	117	104	101	1.8
	2科		89	82		
英語特別		5	14	13	7	1.9
1回アド	4科	30	142	129	123	1.5
	2科		60	54		
ものづくり思考力		15	57	56	アドバンスト1 レギュラー20	2.7
2回	4科	20	156	71	51	2.3
	2科		76	44		
2回アド	4科	20	135	53	30	2.7
	2科		50	27		
特待		5	15	12	2	6.0
3回アド	4科	10	40	22	アドバンスト2 レギュラー7	2.4
	2科		10	119		
デザイン思考力			56	28		
グローバル思考力特待		5	39	21	8	2.6
オンリーワン表現力		5	7	5	アドバンスト1 レギュラー2	1.7
オンライン国際	A	10	0	0	0	—
	B					
来校国際	A		15	13	10	1.3
	B					

○配点：算国＝各100点　理社＝各100点　特アド：算国＝各100点　理社＝各50点

25年の募集要項

入 試 日／①英語特別2月1日午前　②第1回一般2月1日午前　③第1回アド2月1日午後　④ものづくり思考力2月1日午後　⑤第2回一般2月2日午前　⑥特待生2月2日午後　⑦第2回アド2月2日午後　⑧デザイン思考力2月2日午後　⑨第3回アド2月3日午後　⑩グローバル思考力特待2月4日午前　⑪オンリーワン表現力2月4日午前　⑫帰国生A・B12月3日

募集人員／男子195名（①5名②60名③30名④15名⑤20名⑥5名⑦20名⑧10名⑨10名⑩5名⑪5名⑫10名）

合格発表／いずれも即日(ものづくり思考力は翌日)

手続締切／④⑧⑩⑪2月10日 ⑫1月30日 それ以外は2月6日

試験科目／【英語特別】面接(日本語・英語)【一般・アド】国語(50分・100点)、算数(50分・100点)、理科・社会(計50分・各50点)【ものづくり思考力・デザイン思考力】思考力(80分)、協働振り返り(30分)【特待生】国語(50分・100点)、算数(50分・100点)、面接【グローバル思考力】思考力(80分)、協働振り返り(30分)、面接【オンリーワン表現力】グループプレゼン、協働振り返り【帰国生】A英語(50分)、日本語・英語面接、B国語(50分)、算数(50分)、日本語面接

受 験 料／25,000円(3回まで同額。以降1回ごとに5,000円加算)、国際生入試は24,000円

公開行事・説明会予定

【学校説明会・体験会】
6月15日(土)、7月13日(土)、8月24日(土)
9月14日(土)、10月26日(土)、3月29日(土)

【オンライン学校説明会】
7月27日(土)、10月19日(土)(帰国生)、11月13日(水)

【校内見学会】
9月21日(土)、10月12日(土)、11月 9日(土)

【入試対策説明会】
11月30日(土)、12月21日(土)、1月11日(土)

【レゴキング選手権】　7月13日(土)

【創立記念祭（文化祭）】
11月 2日(土)、4日(月)10時〜16時

※すべて要予約。

◆変更・中止の可能性もあります。
必ず学校ホームページで確認してください。

成城 中学校

所在地／〒162-8670　新宿区原町3-87
TEL／03-3341-6141
学校長／岩本 正
創　立／1885年、文武講習館として設立。翌年に現校名に改称。2015年1月に創立130周年を迎え、新校舎が竣工。
URL／www.seijogakko.ed.jp

	1年	2年	3年
男子	277名	287名	272名
女子	—	—	—
クラス数	7組	7組	7組

中高総生徒数／1590名

〈交通アクセス〉
都営大江戸線「牛込柳町」駅西口より徒歩1分

次代をたくましく生きる、人間力の高いリーダーを育成

140年弱の歴史を持ち、2021年に完全中高一貫校となった男子進学校です。徒歩圏内には早稲田大学などの教育・研究施設が林立。中国古典『詩経』の「哲夫成城（哲夫ハ城ヲ成ス）」に由来する校名は、知徳に優れたリーダー育成という建学の精神を表しています。また「知・仁・勇」を象徴する校章「三光星」は、確かな知識・教養を持ち、多様な文化を持つ人々と協働しながら課題を解決に導く姿を意味します。さらに、堅実な校風を継承する「伝統男子教育」を軸に、今日のグローバル時代にも通用する人間力の高いリーダー育成も推進しています。

スクールライフ

●教育内容

文武両道主義の下、校訓「自学自習」の習慣化を徹底しています。先生と生徒の距離が近いという特長を最大限に生かすため、職員室は生徒が質問しやすい設計になっており、また同フロアにはチューター常駐の自習室「自修館」もあります。臨海学校に象徴される「伝統男子教育」を生かしながら「成城版グローバル教育」も展開しています。世界のトップ大学の学生や留学生を招き、英語でディスカッションをする「Global Studies Program」や海外グローバルリーダー研修を実施しています。中高完全一貫校の良さを生かした学習内容を構成し、確かな学力・知識、思いやりの心、たくましい体力、強い精神力、コミュニケーション力など、基礎・基本をきちんと身につけさせることで、生徒の希望する進路の実現をめざします。

■主要5教科の週当たり時間（コマ）数

	英語	数学	国語	理科	社会
1年	6	6	5	4	4
2年	6	5	5	4	4
3年	6	5	5	4	4
合計	18	16	15	12	12

◎1日当たりの授業コマ数：50分×6時限
　※土曜日は4時限
◎登校時間：8時30分

●部活動

部活動と同好会を総称して「学友会」と呼ばれるクラブには、中学生全体の90%以上が参加。人工芝のグラウンド、体育館、地下体育室、トレーニングルーム、温水プール、柔剣道場などで活発に活動しています。
○文化系／吹奏楽、鉄道研究、科学、美術、演劇など
○体育系／サッカー、野球、陸上競技、バスケットボール、バレーボール、柔道、体操など

●行事

課外活動を全人教育の柱の1つととらえ、年間を通して多彩な行事を実施。成城祭（文化祭）や中学運動会をはじめ、多くの行事が生徒の自治を促し、挑戦と失敗を経験する絶好の機会になっています。試行錯誤の成果は次代に継承され、特に成城祭は一大イベントとして大いに盛り上がります。

●修学旅行・研修旅行

中1の臨海学校と中2の林間学校は、いずれも本校が全国に先駆けて開始した伝統行事。臨海学校は、高2から選抜された精鋭が中1の面倒を見るリーダー教育の場となっています。中3の修学旅行は沖縄や奈良・京都などへ行き、高2では複数コースから行き先を選択します。

マネーガイド

■2024年度納付金（諸経費を含む）

	入学金	授業料	施設費	その他	計
入学手続時	280,000円	0円	0円	0円	280,000円
初年度総額	280,000円	450,000円	50,000円	186,800円	966,800円

◎寄付金：なし
◎授業料：3期分納
◎奨学金・特待生制度：経済的状況の急変により就学困難と判断される者に、授業料などを減免する規定がある

学期制　週5・6日制　プール　冷房　寮　食堂　私服通学　海外研修

サピックスからの合格実績（過去3年）	'22	'23	'24
	57名	81名	72名

進学指導の概要

これまで高2で文・理の2コースに、高3で文・理それぞれで国公立・私立コースに分かれる4コース制だったのを、これからの大学入試方式の多様化に合わせて、高3でも文系・理系の2コースに変更しました。生徒の希望に柔軟に対応できるように選択科目の自由度を高め、文・理共通の「数学演習」などの科目を設置しました。長期休業中の進学講習（受講料無料）は大学別・習熟度別・分野別に多数の講座が開講されます。実用英語検定の準会場として試験を実施。また、本校独自の進学指導資料を作成し、担任指導に生かすことにより、生徒は細かな目標設定ができるようになっています。

■現役大学進学者の進路の内訳

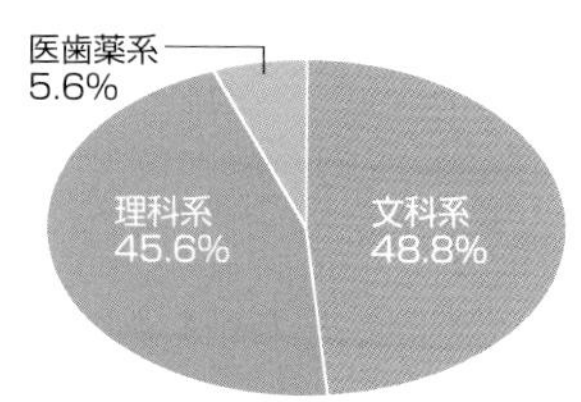

■併設高校から主要大学への合格実績

※上段は現役合格者数、下段は浪人を含めた合格者数。

	東京大	京都大	一橋大	東京工業大	筑波大	電気通信大	東京外国語大	東京学芸大	東京芸術大	東京農工大	東京都立大	横浜国立大	横浜市立大	千葉大	早稲田大	慶應義塾大	上智大	東京理科大
22年	—	—	—	2	2	2	—	1	—	1	3	6	—	—	26	17	20	43
	1	—	—	4	3	2	—	1	—	1	3	6	—	2	34	23	22	54
23年	2	—	—	1	2	1	1	—	—	—	—	—	—	4	28	22	24	29
	2	—	1	1	2	2	1	1	1	—	1	—	—	4	35	25	25	42
24年	1	1	3	2	1	1	1	—	1	1	3	1	—	4	32	19	10	30
	3	1	3	3	1	1	1	—	1	1	3	1	—	5	35	24	14	37

	学習院大	明治大	青山学院大	立教大	中央大	法政大	日本大	東洋大	駒澤大	専修大	国際基督教大	成蹊大	成城大	神奈川大	文部科学省管外の大学校所	海外の大学	国公立・医学部	私立・医学部
22年	8	55	17	30	47	36	69	53	10	17	1	11	17	4	2	1	2	9
	12	78	21	40	66	56	102	66	17	19	1	14	20	4	2	2	3	16
23年	7	84	16	28	54	57	67	53	14	17	1	17	4	11	2	—	1	12
	10	93	17	32	59	71	91	57	18	34	1	21	8	12	2	—	2	18
24年	6	65	16	29	41	63	56	61	14	16	—	22	9	11	3	—	—	3
	10	79	19	40	46	72	67	65	15	18	—	25	12	13	5	—	1	7

★指定校推薦枠（2024年度）早稲田大5名、慶應義塾大1名、上智大3名、東京理科大8名、学習院大9名、明治大3名、青山学院大2名、立教大1名、中央大9名、法政大4名など

入試情報

■過去3年間の入試結果

		募集人員	出願者	受験者	合格者	実質倍率
22年	1回	100	416	367	137	2.7
	2回	140	1111	735	222	3.3
	3回	40	822	472	75	6.3
23年	1回	100	396	362	134	2.7
	2回	140	1056	685	228	3.0
	3回	40	809	457	70	6.5
24年	1回	100	430	368	132	2.8
	2回	140	1165	778	229	3.4
	3回	40	873	510	55	9.3

■2024年度入試 受験者・合格者の教科別平均点

		算数	国語	理科	社会	合計
1回	受験者	41.5	62.7	38.3	32.9	175.5
	合格者	52.4	70.6	43.9	38.5	205.3
2回	受験者	47.2	53.2	29.1	27.2	156.7
	合格者	58.0	62.0	37.2	33.0	190.1
3回	受験者	46.0	67.2	31.6	35.3	180.1
	合格者	65.0	79.2	44.7	41.9	230.9

○配点：算国＝各100点　理社＝各60点
○合格最低点：1回188点　2回173点　3回220点

24年の募集要項

※以下は2024年の募集要項です。2025年の要項は学校の発表をお待ちください。

入 試 日／①2月1日 ②2月3日 ③2月5日
募集人員／男子280名(①100名 ②140名 ③40名)
合格発表／ホームページにて即日
手続締切／①②2月5日 ③2月6日
試験科目／国語(50分・100点)、算数(50分・100点)、理科(30分・60点)、社会(30分・60点)
面　　接／なし
受 験 料／25,000円(2回同時出願は35,000円、3回同時出願は45,000円)

公開行事・説明会予定

【学校説明会】要予約 各回10時～
9月25日(水)、10月19日(土)、10月30日(水)
11月 2日(土)、11月30日(土)、 1月11日(土)
【学校見学会】要予約 各回10時～
6月29日(土)
【成城祭(文化祭)】
9月14日(土)、15日(日)
◆変更・中止の可能性もあります。必ず学校ホームページで確認してください。

世田谷学園 中学校

所在地／〒154-0005　世田谷区三宿1-16-31
TEL／03-3411-8661
学校長／山本 慈訓
創　立／1592年創始の曹洞宗吉祥寺の学寮「旃檀林」として創立。1983年に現校名に改称。
URL／www.setagayagakuen.ac.jp

	1年	2年	3年
男子	219名	215名	211名
女子	—	—	—
クラス数	5組	5組	5組

中高総生徒数／1408名

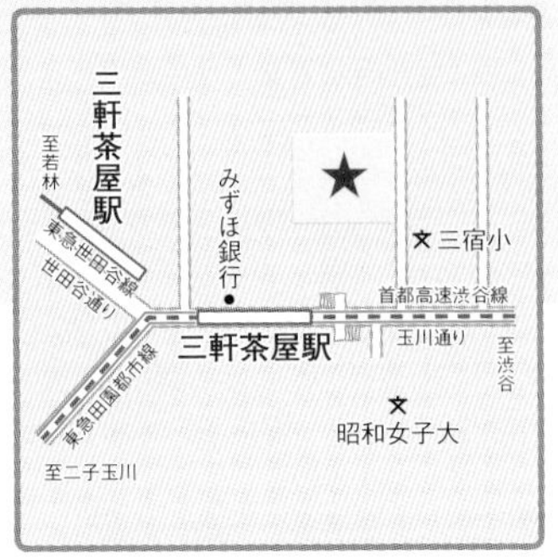

〈交通アクセス〉
東急田園都市線、世田谷線「三軒茶屋」駅より徒歩10分小田急線、京王井の頭線「下北沢」駅より徒歩25分
京王井の頭線「池ノ上」駅より徒歩20分

禅の精神に基づく人間教育と、創意ある授業が特色

曹洞宗吉祥寺の学寮を前身として創設され、禅の精神に立った人間教育を実践しています。教育理念は「Think & Share」(天上天下唯我独尊)。モットーは「明日を見つめて、今をひたすらに」「違いを認め合って、思いやりの心を」。中2から特進クラスの編成を行うなど、じっくりと着実に力をつける、きめ細かい指導を行い、その成果は難関大学への合格実績の伸びとなって表れています。放光館（科学館)、三心館（食堂)、修道館(総合体育館)など、恵まれた施設も特色です。登下校時に校門前で一礼する伝統を大切にしています。

スクールライフ

●教育内容

世田谷学園では、2021年度から「本科コース」「理数コース」の2コース制を導入しています。本科コースは、じっくりと幅広く学び、高校2年次に文理選択をします。理数コースは、中学入学段階から理系学部進学を決めている生徒を対象に、理系プログラムを充実させたコースです。カリキュラムでは中1･2を前期、中3・高1を中期、高2・3を後期と位置づけ、効率的な先取り教育を行っています。本科コースでは、中3から学年ごとに特進クラスが1クラス設けられ、進級時に入れ替えが行われます。

■主要5教科の週当たり時間（コマ）数

※土曜プログラムの時数を含む

	英語	数学	国語	理科	社会
1年	5	5	4	4	3
2年	5	6	4	4	3
3年	5	6	5	5	4
合計	15	17	13	13	10

◎1日当たりの授業コマ数：50分×6時限
※土曜日は4時限
◎登校時間：8時20分

●部活動

全国大会で何度も優勝している空手道部、インターハイ出場経験を持つバスケットボール部、水泳部、全国大会で金賞受賞の吹奏楽部など、名門クラブの活躍が光ります。そのほか、鉄道研究やマジック、釣り、ドローン、ダンスなど9つの同好会もあります。

○文化系／吹奏楽、演劇、書道、地理、歴史、写真、生物、政治経済研究、弁論、文芸など

○体育系／バスケットボール、硬式野球、軟式野球、卓球、空手道、柔道、水泳、バレーボール、剣道、ソフトテニス、陸上競技、サッカー、硬式テニス

●行事

4月の釈尊降誕会や、お盆の精霊祭のほか、12月に行われる早朝坐禅（希望者対象）は、8日間にわたり体育館で坐禅を組む伝統的な宗教行事です。また、10代のうちに本物の芸術に触れさせたいという考えから、全学年で芸術鑑賞会を実施しています。

●修学旅行・研修旅行

中1はサマースクール、中2は永平寺研修旅行を実施しています。中3の修学旅行は沖縄や九州。このほか、總持寺にて参禅会も行われます。国際交流としては、中2の希望者対象のシンガポール研修、高1全員参加の海外研修のほか、ニュージーランド派遣留学（希望者対象）を実施しています。

マネーガイド

■2024年度納付金(諸経費を含む) ※本科コース

	入学金	授業料	施設費	その他	計
入学手続時	260,000円	0円	0円	0円	260,000円
初年度総額	260,000円	432,000円	132,000円	331,800円	1,155,800円

◎寄付金：なし
◎授業料：月納
◎奨学金・特待生制度：経済的理由で就学困難な者に奨学金を給付。成績優秀者は、入学金および入学後1年間の学費が免除される（成績に応じて延長可）

学期制　週5･6日制　プール　冷房　寮　食堂　私服通学　海外研修

サピックスからの合格実績（過去3年）	'22	'23	'24
	175名	170名	143名

進学指導の概要

大学受験を見据えて、中3から生徒の学力到達度に応じた指導を行い、高校の課程に入ります。本科コースでは、高2からは特進クラス・一般クラスとも文系･理系に分かれ、英語･国語･数学・地歴公民・理科における高等学校の全課程をほぼ終了します。高3では現役合格に向けた演習を徹底的に繰り返し、高い学力を養成します。また、外部模試も高1から全員が受験し、実戦力の強化を図ります。さらに定期試験の結果が出るたびに、面談や保護者会を行うなど、きめ細かい進学指導を実施。夏休みには、高2・3を対象とした8日間の夏期集中講習を行い、弱点などを徹底的に克服します。

■現役大学進学者の進路の内訳

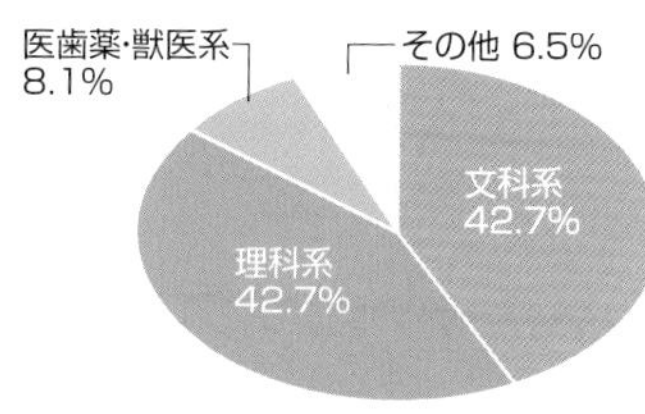

■併設高校から主要大学への合格実績

※上段は現役合格者数、下段は浪人を含めた合格者数。

	北海道大	東北大	東京大 文科Ⅰ類	東京大 文科Ⅱ類	東京大 文科Ⅲ類	東京大 理科Ⅰ類	東京大 理科Ⅱ類	東京大 理科Ⅲ類	東京大 合計	京都大	一橋大	東京工業大	東京芸術大	東京医科歯科大	東京外国語大	東京農工大	千葉大	筑波大
22年	4	4	—	1	—	1	—	—	2	2	4	4	—	—	3	2	3	1
	4	4	—	1	—	1	1	—	3	2	4	4	—	—	3	3	3	3
23年	3	4	2	—	—	2	—	—	4	1	1	4	—	—	1	2	1	1
	3	4	2	—	—	3	1	—	6	1	1	5	—	—	1	2	2	1
24年	4	2	1	—	1	2	—	—	4	0	2	3	—	—	—	1	—	—
	4	2	1	—	1	3	—	—	5	1	3	4	—	—	—	2	—	—

	横浜国立大	東京都立大	横浜市立大	早稲田大	慶應義塾大	上智大	東京理科大	国際基督教大	学習院大	明治大	青山学院大	立教大	中央大	法政大	文部科学省所管外の大学校	海外の大学	国公立・医学部	私立・医学部
22年	3	1	2	44	51	19	74	—	15	69	29	19	43	21	10	—	2	31
	3	1	2	52	63	26	91	—	18	82	38	24	64	39	11	—	3	37
23年	5	1	2	46	37	28	75	—	4	75	23	26	43	39	3	—	1	13
	5	1	2	58	49	33	85	—	9	92	33	33	58	61	3	—	2	30
24年	—	1	—	46	48	28	69	—	4	71	17	13	37	29	4	—	2	18
	—	2	—	59	64	31	84	—	9	91	23	17	46	34	4	—	3	22

★学校推薦型選抜枠（2024年度）早稲田大6名、慶應義塾大1名、東京理科大4名、学習院大5名、青山学院大1名、立教大1名、中央大3名、同志社大1名、北里大3名など

入試情報

■2024年度の入試結果

		募集人員	出願者	受験者	合格者	実質倍率
1次	本科	55	186	170	74	2.3
	理数	5	128	116	5	23.2
算数特選	本科	15	389	360	204	1.8
	理数	15	345	318	84	3.8
2次	本科	65	538	364	205	1.8
	理数	15	375	257	56	4.6
3次	本科	25	369	207	50	4.1
	理数	5	265	149	7	21.3

■2024年度入試 合格者の教科別平均点

		算数	国語	理科	社会	合計
1次	本科	61.4	62.4	33.5	27.6	184.9
	理数	152.4	70.8	76.8	30.0	330.0
算数特選	本科	72.1				72.1
	理数	82.1				82.1
2次	本科	59.3	65.2	35.5	26.3	186.3
	理数	139.9	68.0	77.4	28.3	313.5
3次	本科	56.0	51.7	35.4	33.6	176.7
	理数	136.0	48.1	76.3	35.6	296.0

○本科配点：算国＝各100点　理社＝各50点　理数配点：算＝200点　国理＝各100点　社＝50点
○合格最低点：1次本科168点・理数 303点　算数特選本科56点・理数74点　2次本科161点・理数287点　3次本科165点・理数289点

24年の募集要項

※以下は2024年の募集要項です。2025年の要項は学校の発表をお待ちください。

入 試 日／①2月1日 算数特選2月1日午後 ②2月2日 ③2月4日
募集人員／本科160名、理数40名(①60名［特待生3名を含む］算数特選30名［特待生20名を含む］②80名［特待生10名を含む］③30名)
合格発表／①算数特選2月1日 ②2月2日 ③2月4日
手続締切／2月6日
試験科目／国語(50分・100点)、算数(60分・100点、理数は200点)、理科(30分・50点、理数は100点)、社会(30分・50点)
算数特選は算数(60分・100点)1科
面　　接／なし
受 験 料／24,000円(同時出願の場合､2回36,000円､3回48,000円)
算数特選は10,000円

公開行事・説明会予定

【オープンキャンパス】要予約
6月22日(土)10時～
【6年生対象入試説明会】要予約
9月22日(祝)10時～、13時30分～、10月20日(日)10時～
11月10日(日)13時30分～、12月 8日(日)10時～
【5年生以下対象学校説明会】要予約
10月20日(日)13時30分～、11月10日(日)10時～
12月 8日(日)13時30分～
【親子説明会】要予約、各回①10時～ ②13時30分～
7月27日(土)、 7月28日(日)
【獅子児祭(学園祭)】
9月15日(日)、16日(祝) 9時～16時
◆変更・中止の可能性もあります。必ず学校ホームページで確認してください。

サピックスOBの声

●スコットランドの伝統楽器「バグパイプ」の演奏をしたり、第65回選抜高等学校野球大会に出場したことがあったりと、個性的な先生がたくさんいます。そんな人間的な魅力を感じさせる先生から、毎日大きな刺激を受けて、楽しく通学しています。

高輪（たかなわ）中学校

所在地／〒108-0074　港区高輪2-1-32
TEL／03-3441-7201
学校長／平野 豊
創　立／1885年、西本願寺によって設立。1947年に新制高輪中学校となり、翌年、輪高等学校を設置。
URL／www.takanawa.ed.jp

	1年	2年	3年
男子	238名	240名	226名
女子	—	—	—
クラス数	6組	6組	6組

中高総生徒数／1381名

〈交通アクセス〉
都営浅草線、京急線「泉岳寺」駅より徒歩3分　東京メトロ南北線、都営三田線「白金高輪」駅より徒歩5分 JR山手線、京浜東北線「高輪ゲートウェイ」駅より徒歩6分

「知の力」と「心の力」を育てて、希望進路の実現をめざす

西本願寺によって開校された普通教校が前身で、後に仏教との関係を離れ、新時代にふさわしい人材の養成機関となりました。校訓の「自主堅正」は、自分の意思で自分を戒め正すという意味で、正しい判断力を持ち、責任ある行動のできる人間になってほしいという願いが込められています。人を育てる指導とともに、中高6年一貫カリキュラムによって、大学受験に対応する学力を養います。周囲をビルに囲まれた都心にありながら、校地は緑豊かで静かです。柔・剣道場を備えた体育館、全天候型グラウンドをはじめ、設備も整っています。

スクールライフ

●教育内容

6年後の大学進学を踏まえて、中1･2を基礎学力徹底期、中3･高1を進路決定･学力伸長発展期、高2･3を総仕上げ･進路達成期に分類。中1・2では特に国・数・英の時間を多く取ることで基礎力を固め、中3から高校の内容に入ります。中3以降は選抜クラスを2クラス設置し、一般クラス（4クラス）では、高2から数学の習熟度別授業を行います。英語は中学ではクラスを2分割し、外国人講師とのチームティーチングによる英会話を週1時間行います。国語は現代文のほかに、中1では国語表現、中2では文語文法、中3では古典を学んでいます。また、学力向上の目標として漢検、英検®、数検の受検を奨励し、中3までに9割以上の生徒が3級を取得しています。総合的な学習の時間は校外学習を積極的に行い、中1では思いやりと奉仕の心を育む「ふれあい講習会」が行われます。

■主要5教科の週当たり時間（コマ）数

	英語	数学	国語	理科	社会
1年	7	6	5	3	4
2年	7	6	5	4	4
3年	7	6	6	4	3
合計	21	18	16	11	11

◎1日当たりの授業コマ数：50分×6時限
※土曜日は4時限
◎登校時間：8時20分

●部活動

サッカー部、バスケットボール部など、人気のある部がそろっています。文化系16、体育系11の部のほか、さまざまな同好会があります。
○文化系／美術、写真、映画研究、マルチメディア研究、吹奏楽、理科研究、模型、旅行・鉄道研究など
○体育系／野球、バスケットボール、バレーボール、サッカー、バドミントン、硬式テニス、ゴルフなど

●行事

体育祭では男子校ならではの迫力のある種目が行われます。高学祭（文化祭）は実行委員が中心となり、企画から運営までを手がけます。学期ごとに実施される校外学習では、各学年でテーマを決め、芸術鑑賞やスポーツ体験、地域研究などを行っています。

●修学旅行・研修旅行

中1は自然体験学習を2泊3日で、中2は農工芸体験学習を3泊4日で行い、中3は西日本探訪で文化や自然に触れ、高2はオーストラリアで海外学校交流を実施します。また、希望者を対象に中3の3月にはアメリカでのサンタクルーズホームステイを、中3、高1の7月にはニュージーランドでのウェリントンホームステイを行います。

マネーガイド

■2024年度納付金（諸経費を含む）

	入学金	授業料	施設費	その他	計
入学手続時	250,000円	0円	0円	0円	250,000円
初年度総額	250,000円	468,000円	125,000円	81,000円	924,000円

◎寄付金：1口20万円、1口以上
◎授業料：3期分納
◎奨学金・特待生制度：中2・3は年間授業料、高1～3は年間授業料と就学支援金の差額を奨学金として支給する

学期制　週5･6日制　プール　冷房　寮　食堂　私服通学　海外研修

サピックスからの合格実績（過去3年）	'22	'23	'24
	80名	91名	81名

進学指導の概要

中3・高1では選抜クラスを2クラス設け、高2からは文系･理系に分かれて、それぞれに選抜クラスが1クラス設けられます。高3では文系・理系ともに選択科目で国公立・私立大学受験に対応します。高2までに高校の全カリキュラムを終了する科目も多く、それらの科目では高3で演習中心の授業が行われます。放課後の講習、夏期・冬期講習も実施され、実戦力の養成、弱点補強など、受験に向けての指導を行います。また、大学見学会や進学懇談会など多彩な進路行事が充実しているほか、入試問題集などの図書を1000冊ほど備える進路指導室などもあり、受験対策は万全です。

■現役大学進学者の進路の内訳

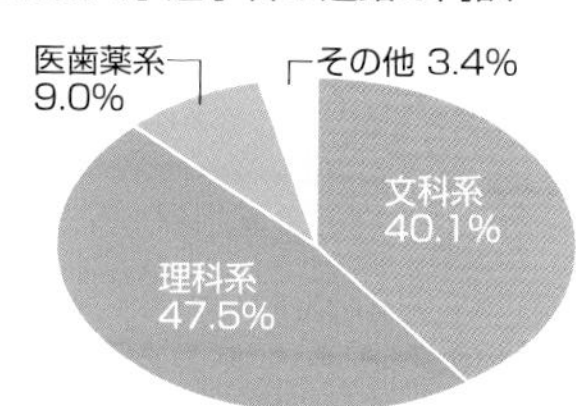

■併設高校から主要大学への合格実績

※上段は現役合格者数、下段は浪人を含めた合格者数。

	東京大	京都大	一橋大	東京工業大	筑波大	電気通信大	東京外国語大	東京学芸大	東京芸術大	東京農工大	東京都立大	横浜国立大	横浜市立大	千葉大	早稲田大	慶應義塾大	上智大	東京理科大
22年	1	1	3	5	4	3	1	—	—	—	4	3	—	4	47	20	34	41
	1	1	3	5	4	3	1	—	—	1	6	5	—	4	58	25	42	55
23年	2	—	—	7	1	1	—	—	—	—	4	6	—	3	36	11	30	66
	2	—	—	7	1	1	—	—	—	—	4	7	—	3	49	13	30	72
24年	2	1	2	2	3	1	—	—	—	—	—	—	—	1	48	27	24	55
	2	1	2	2	3	1	—	—	—	—	1	1	—	1	51	31	25	67

	学習院大	明治大	青山学院大	立教大	中央大	法政大	日本大	東洋大	駒澤大	専修大	国際基督教大	成蹊大	成城大	神奈川大	文部科学省管外の大学校	海外の大学	国公立・医学部	私立・医学部
22年	3	71	28	45	31	35	28	19	17	12	1	6	7	14	1	1	1	15
	6	91	33	51	43	56	41	27	24	19	1	9	10	21	1	1	4	30
23年	24	98	22	27	42	54	59	21	9	12	—	17	6	21	1	—	—	5
	26	115	24	38	49	64	71	22	11	21	1	18	9	24	1	—	1	23
24年	10	45	27	24	32	40	50	22	8	13	—	7	8	16	2	—	1	10
	11	51	29	24	39	45	69	39	11	16	—	10	17	18	2	—	1	17

★指定校推薦枠（2024年度）早稲田大3名、上智大3名、東京理科大7名、学習院大5名、明治大3名、青山学院大2名、立教大2名、中央大4名、法政大4名、日本大4名、明治学院大8名、北里大5名など

入試情報

■過去2年間の入試結果

		募集人員	出願者	受験者	合格者	実質倍率
23年	帰国3科	10	4	4	4	1.0
	帰国2科		16	15	10	1.5
	A	70	341	306	111	2.8
	B	70	622	451	142	3.2
	算数午後	20	399	320	88	3.6
	C	30	592	383	82	4.7
24年	帰国3科	10	9	6	4	1.5
	帰国2科		32	28	11	2.5
	A	70	423	368	106	3.5
	B	70	693	513	142	3.6
	算数午後	20	428	342	90	3.8
	C	30	653	447	66	6.8

■2024年度入試 受験者の教科別平均点

	算数	国語	理科	社会	合計
帰国3科	66.7	55.7			204.3
帰国2科	70.0	65.1			135.1
A	60.6	54.4	38.1	28.7	181.6
B	50.2	60.0	31.8	28.0	170.1
算数午後	48.8				48.8
C	56.6	59.1	35.9	31.1	182.6

○配点：算国＝各100点　理社＝各60点　英＝100点
○合格最低点：　帰国3科214点　帰国2科140点　A199点　B189点　算数午後59点　C213点

24年の募集要項

※以下は2024年の募集要項です。2025年の要項は学校の発表をお待ちください。

入 試 日／A2月1日 B2月2日 C2月4日 算数午後2月2日　帰国1月12日
募集人員／男子200名(A70名 B70名 C30名 算数午後20名 帰国10名)
合格発表／ホームページのみ即日
手続締切／AB算数午後2月4日 C2月6日　帰国1月14日
試験科目／国語(50分・100点)、算数(50分・100点)、理科(30分・60点)、社会(30分・60点)　算数午後は算数(60分・100点)1科
面　　接／なし
帰国生のための試験／①国語(50分・100点)、算数(50分・100点) ②国語(50分・100点)、算数(50分・100点)、英語(50分・100点)
受 験 料／25,000円(2回同時出願は35,000円、3回同時出願は45,000円)、算数午後は10,000円

公開行事・説明会予定

【学校説明会】要予約
6月15日(土)10時30分～
【入試説明会】要予約
10月　6日(日)10時～、14時～
11月　3日(祝)10時～、14時～
12月　7日(土)14時～
1月　8日(水)14時～
【帰国生入試説明会】要予約
6月22日(土)10時30分～
9月　7日(土)10時30分～
【オープンキャンパス】定員のある講座は4年生以上対象　要予約
7月13日(土)　9時～
【高学祭（文化祭）】
9月28日(土)、29日(日)10時～16時
◆変更・中止の可能性もあります。必ず学校ホームページで確認してください。

東京都市大学付属 中学校

所在地／〒157-8560 世田谷区成城1-13-1
TEL／03-3415-0104
学校長／篠塚 弘康
創 立／1949年、武蔵高等工科学校を母体に武蔵工業大学を設立。1956年に中学校を開設し、1964年に現在地に移転。
URL／www.tcu-jsh.ed.jp

	1年	2年	3年
男子	247名	271名	262名
女子	—	—	—
クラス数	6組	7組	7組

中高総生徒数／1507名 併設小から 約5%

至町田
成城学園前駅
至新宿
西口
南口
小田急線
成城2
消防署
NTT
東京都市大学付属中高前
世田谷通り

〈交通アクセス〉
小田急線「成城学園前」駅より徒歩10分 東急田園都市線「二子玉川」駅より成城学園前行きバス20分

バランスのとれた教育体制で、社会に貢献できる人材を育成

「誠実・遵法・自主・協調」を校訓に、豊かな知性を身につけ、人格を磨き、自己の実現が社会の発展と幸福に貢献できる人材の育成に努めています。ガラス張りの明るい教室、幅4mの広い廊下、人工芝のグラウンド、6室の実験室など設備も充実。また、完全中高一貫体制で恵まれた設備を活用した教育を展開しています。中学では週に1回、理科の授業とは別に科学実験の授業があり、3年間で約60テーマを実施。分析力や思考力の向上に努めています。最難関大学合格をはじめ、多様な進路を実現しているのも魅力です。

スクールライフ

●教育内容

コース制を導入し、中高一貫カリキュラムで無理なく先取り学習を進め、学力強化を図ります。中3からは英語・数学の一部の授業で習熟度別授業を実施。英・数は時間数を多く設定し、中3から高校の内容に入ります。数学は演習時間も多く、きめ細かい授業が行われます。少人数で行う科学実験では毎回レポートを提出。答えのない課題に取り組んだり、プレゼンテーションなどにより、思考力や表現力を高め、新しい大学入試制度を先取りした授業が展開されています。放課後や長期の休みには、指名制の基礎補習、英検®対策など希望制の応用講座が行われ、理解の徹底と発展的な学習をサポートしています。

■主要5教科の週当たり時間（コマ）数

	英語	数学	国語	理科	社会
1年	7	6	4	3	4
2年	7	6	5	4	3
3年	7	6	5	5	3
合計	21	18	14	12	10

◎1日当たりの授業コマ数：50分×6時限
※土曜日は4時限
◎登校時間：8時30分

●部活動

文化系9、体育系15の部があり、参加率は93％です。活動は週3日以内が原則で、勉強も部活も全力で取り組みます。自動車部は全国大会5連覇の実績を持ち、少林寺拳法部も全国大会に出場経験があります。

○文化系／鉄道研究、天文、エレクトロニクス研究、吹奏楽、美術、マルチメディア研究、生物研究、将棋など

○体育系／野球（軟・硬）、サッカー、陸上、バドミントン、バスケットボール、卓球、剣道、硬式テニス、水泳、ゴルフ、競技スキー、柔道など

●行事

最大の行事は中高合同で行う柏苑祭（文化祭）。中3では自分の将来をじっくり考えるキャリア・スタディを行い、進路への意識を高めていきます。

●修学旅行・研修旅行

中1は林間学校で自然と触れ合い、中2は体験旅行で農作業に挑戦し、中3は京都・奈良研修で日本の歴史・文化に触れます。高1の研修旅行は、生徒自身が企画・立案する創造型の旅行行事です。

また、希望者を対象に、マレーシア（中3）、ニュージーランド（高1）で実施するホームステイでは、現地の学校に通いながら交流を深めます。さらに、ニュージーランドターム留学（中3）も可能です。

マネーガイド

■2024年度納付金（諸経費を含む）

	入学金	授業料	施設費	その他	計
入学手続時	50,000円	0円	0円	0円	50,000円
初年度総額	250,000円	516,000円	150,000円	297,220円	1,213,220円

◎寄付金：なし
◎授業料：4期分納
◎奨学金・特待生制度：経済的理由により就学困難な者に奨学金を給付。特別奨学金制度は、中学入学試験において成績優秀者から選考。A特別奨学生には入学金、施設設備料、維持料、授業料が全額給付、B特別奨学生には半額給付される。学業・人物ともに優秀な者に対して、中2・3は年3万円、高校生は年5万円が給付される。

学期制　週5･6日制　プール　冷房　寮　食堂　私服通学　海外研修

サピックスからの合格実績（過去3年）	'22	'23	'24
	384名	381名	333名

進学指導の概要

中1からⅡ類（最難関国公立大）2クラス、Ⅰ類（難関国公立・私立大）4クラスのコース制を導入。生徒の習熟度の伸長に合わせてⅡ類のクラスを増設します。多様化する進学傾向に対応し、高2からは文系・理系に分かれます。高2のカリキュラムは、理系では理科の授業を増やして実験を充実させ、観察力や考察力を高める一方、文系では国公立大受験も見据えた選択科目を設置。高2まで数学を必修とし、高3では志望大学に応じて文系・理系別に難関国公立大コース、私立大コースに分かれ、演習中心の授業を行います。こうした指導体制により、最難関他大学への合格実績も伸びています。

■現役大学進学者の進路の内訳

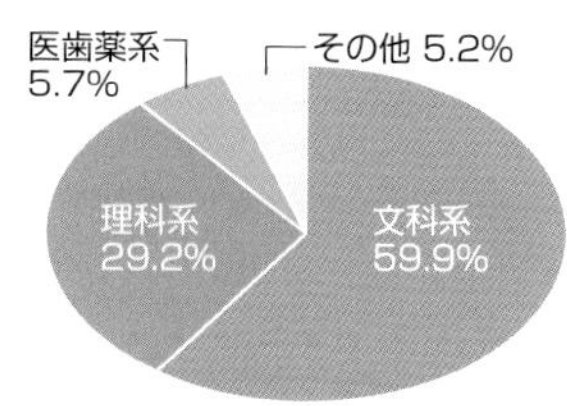

■併設高校から主要大学への合格実績

※上段は現役合格者数、下段は浪人を含めた合格者数。

	東京大	京都大	一橋大	東京工業大	筑波大	電気通信大	東京外国語大	東京学芸大	東京芸術大	東京農工大	東京都立大	横浜国立大	横浜市立大	千葉大	早稲田大	慶應義塾大	上智大	東京理科大
22年	11	4	5	7	1	1	3	—	—	2	2	8	2	—	90	48	20	70
	12	4	7	7	2	1	3	—	—	3	2	11	2	—	97	55	22	83
23年	7	—	8	8	—	5	2	—	—	3	2	4	1	1	60	55	32	76
	7	1	9	10	—	8	3	—	—	5	4	5	1	1	64	60	41	79
24年	6	2	6	7	—	7	1	—	—	3	6	7	3	1	66	62	28	58
	6	2	6	8	3	7	1	—	—	3	6	9	3	2	70	74	36	66

	学習院大	明治大	青山学院大	立教大	中央大	法政大	日本大	東洋大	駒澤大	専修大	東京都市大	成蹊大	成城大	神奈川大	文部科学省所管外の大学校	海外の大学	国公立・医学部	私立・医学部
22年	5	93	29	35	42	40	23	9	5	9	8	3	3	2	3	—	5	21
	7	113	35	43	53	57	46	13	6	10	12	6	5	4	3	—	6	28
23年	2	93	20	25	39	31	26	6	11	6	17	3	3	1	—	4	8	28
	4	101	24	32	47	38	34	11	12	11	19	4	3	1	—	5	8	32
24年	6	120	27	22	74	48	11	8	5	9	30	9	4	1	2	3	5	19
	9	142	32	25	88	60	15	8	7	10	35	13	4	1	3	3	10	26

★指定校推薦枠（2024年度）早稲田大5名、上智大4名、東京理科大13名、学習院大3名、明治大1名、青山学院大1名、中央大4名、法政大1名、横浜市立大1名、東京都立大1名など

入試情報

■2024年度の入試結果

	募集人員	出願者	受験者	合格者	実質倍率
帰国A方式Ⅱ類	若干	37	34	Ⅱ類3★ Ⅰ類17	1.7
帰国A方式Ⅰ類		41	40	10	4.0
帰国B方式Ⅱ類4科		120	114	Ⅱ類28★ Ⅰ類44	1.6
帰国B方式Ⅱ類2科		12	10	Ⅱ類0★ Ⅰ類3	3.3
帰国B方式Ⅰ類4科		31	29	10	2.9
帰国B方式Ⅰ類2科		8	8	2	4.0
1回Ⅱ類	約10	107	59	Ⅱ類8 Ⅰ類27	1.7
1回Ⅰ類	約40	174	123	35	3.5
2回Ⅱ類	約40	695	635	Ⅱ類172★ Ⅰ類211	1.7
2回Ⅰ類	約60	492	427	148	2.9
グローバルⅡ類	若干	17	14	Ⅱ類1★ Ⅰ類8	1.6
グローバルⅠ類		20	17	3	5.7
3回Ⅱ類	約20	311	117	Ⅱ類13★ Ⅰ類23	3.3
3回Ⅰ類	約40	382	214	32	6.7
4回Ⅱ類	約10	480	144	Ⅱ類13★ Ⅰ類19	4.5
4回Ⅰ類	約20	446	200	15	13.3

○配点：1回～4回　算国＝各100点 理社＝各75点、グローバル　算英＝各100点＋作文、帰国　算国英＝各100点　理社＝各50点 日本語作文(段階評価)
○合格最低点：1回Ⅱ類257点・Ⅰ類215点　2回Ⅱ類192点・Ⅰ類113点　3回Ⅱ類241点・Ⅰ類223点　4回Ⅱ類263点・Ⅰ類247点　グローバルⅡ類197点・Ⅰ類161点　帰国は非公開
★はⅠ類からⅡ類へのスライド合格者の人数

24年の募集要項

※以下は2024年の募集要項です。2025年の要項は学校の発表をお待ちください。

入 試 日／①2月1日午前 ②2月1日午後 ③2月3日午前 ④2月5日午前 グローバル 2月3日午前 帰国1月6日午前
募集人数／男子Ⅱ類約80名(①約10名 ②約40名 ③約20名 ④約10名 グローバル若干名)・Ⅰ類約160名(①40名 ②60名 ③40名 ④20名 グローバル若干名) 帰国 若干名
合格発表／即日
手続締切／①②2月3日 ③2月5日 ④2月7日
試験科目／①③④国語(50分・100点)、算数(50分・100点)、社会(40分・75点)、理科(40分・75点) ②国語(50分・100点)、算数(50分・100点) グローバル：国語(50分・50点)、算数(50分・100点)、英語(50分・100点)
面　　接／なし
帰国生のための試験／A方式：国語(45分・50点)、算数(45分・100点)、英語(45分・100点)
B方式：国語(45分・100点)、算数(45分・100点)、社会・理科(計45分・各50点)
※B方式は2科(国・算)または4科(国・算・社・理)
受 験 料／25,000円(複数回受験による追加料金はありません)

公開行事・説明会予定

【学校説明会&帰国生説明会】各回14時～　要予約
6月15日(土)、　9月　7日(土)
【イブニング説明会&帰国生説明会】要予約
7月19日(金)18時30分～
【帰国生・グローバル入試説明会】要予約
7月29日(月)
【入試説明会&帰国生説明会】要予約
11月17日(日)10時～
【ミニ説明会&帰国生説明会】各回10時～　要予約
9月21日(土)、10月12日(土)、10月26日(土)、12月7日(土)
【ミニ見学会】要予約
7月26日(金)～7月30日(火)、3月25日(火)～3月27日(木)
【柏苑祭(文化祭)】
9月28日(土)、9月29日(日)10時～16時
◆変更・中止の可能性もあります。必ず学校ホームページで確認してください。

桐朋（とうほう）中学校

所在地／〒186-0004 国立市中3-1-10
TEL／042-577-2171
学校長／原口 大助
創 立／山水育英会を母体に1941年、第一山水中学校として発足。1947年に桐朋学園を組織し、中学・高等学校として現在に至る。
URL／www.toho.ed.jp

	1年	2年	3年
男子	256名	257名	275名
女子	—	—	—
クラス数	6組	6組	6組

中高総生徒数／1740名 併設小から 約26%

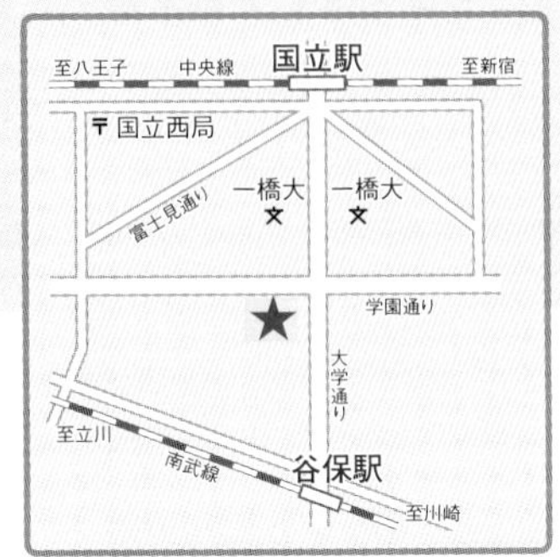

〈交通アクセス〉
JR中央線「国立」駅、JR南武線「谷保」駅より徒歩各15分

自主性を尊重する自由な校風の下、学ぶ楽しさを伝える教育を

武蔵野の面影をとどめる文教地区に位置する、アカデミックな雰囲気が特徴の男子進学校です。生徒は入学時から自立した「紳士」として扱われ、校則らしい校則もほとんどなく、自由と個性を重んじる校風が特色です。教育目標は「自主的態度を養うこと」「他人を敬愛すること」「勤労を愛好すること」。行事の多くは生徒が企画・運営し、委員会活動や部活動も盛んです。創立75周年を期して新校舎を建築し、各種実験室、天文ドーム、プラネタリウムなど、本物に触れる専門施設が充実しました。

スクールライフ

●教育内容

基礎学力の養成に重点を置き、各学年で中身の濃い授業を行っています。特に主要5教科には力を入れ、補助教材を活用するなど、学ぶ楽しさのわかる指導が特色です。各教科とも、1つの課題や問題を多角的に深く考える時間を多く設定することにより、基礎学力の定着を図っています。また、専門性の高い教員が学問的な体系を大切にしながら授業を行い、教科書を超えた発展的な内容を系統的に学習するため、英語・数学・国語を中心とする追試や補習、長期休暇には英語・数学の補習が行われています。英会話や作曲、天文学など、学ぶ楽しさを知る特別講座も用意されています。

■主要5教科の週当たり時間（コマ）数

	英語	数学	国語	理科	社会
1年	5	5	5	4	4
2年	5	5	5	4	4
3年	6	6	5	5	4
合計	16	16	15	13	12

◎1日当たりの授業コマ数：50分×6時限
◎登校時間：8時30分

●部活動

中高で16の文化部、19の運動部、6つの同好会が活動。長い伝統を誇る体操部をはじめ、全国レベルの実力を持つ陸上競技部、将棋部（囲碁班）、卓球部など、活発に活動しています。
○文化系／生物、地学、化学、将棋、ESS、社会、美術、文芸、音楽、コーラス、交通研究、コンピュータなど
○体育系／体操、バレーボール、陸上、テニス、バスケットボール、野球、サッカー、剣道、ゴルフ、空手、ラグビー、サイクリング、バドミントン、卓球など

●行事

桐朋祭（文化祭）や運動会など、総合的学習の一環として多彩な行事を開催。生徒が主体となって運営しているのが特徴です。

●修学旅行・研修旅行

中1・2では、10月に「クラスの日」というクラスごとの1泊行事があり、行き先や内容はクラスの委員を中心に意見をまとめ、計画します。林間学校は中1で裏磐梯、中2は尾瀬を訪れ、中3の修学旅行では青森・秋田・岩手を巡ります。高1の夏期行事は信濃大町での民泊を中心に行います。高2の修学旅行は、前半の2泊はクラス別に各地を訪れ、後半の2泊は京都に集まってコース別の探求になります。特に高校の修学旅行は、委員の生徒が旅行業者と面談を重ねて作り上げます。

マネーガイド

■2024年度納付金（諸経費を含む）

	入学金	授業料	施設費	その他	計
入学手続時	300,000円	0円	0円	0円	300,000円
初年度総額	300,000円	494,400円	136,200円	110,300円	1,040,900円

◎学債：1口10万円（任意）、卒業時返還
◎授業料：月納
◎奨学金・特待生制度：経済的理由により就学困難な者に奨学金を給付。特待生制度はなし

学期制　週5･6日制　プール　冷房　寮　食堂　私服通学　海外研修

サピックスからの合格実績（過去3年）	'22	'23	'24
	119名	120名	107名

進学指導の概要

内進生と高入生は高1から混合クラスです。カリキュラムは、中等教育に必要な教養の形成を図るとともに、個々の志望や適性が生かせるよう、必修科目と選択科目がバランス良く配置されています。高2での理・社の選択のため、文系・理系の進路決定は高1の冬休みに行います。高2から高3に進むにつれ、次第に大学入試演習の多い授業に移行していきます。高3では必修授業を12時間に抑え、選択授業を21時間設定。英語・数学では3年間、選択制段階別授業が行われ、全学年で3段階にクラス分けがなされます。受験指導だけでなく、将来の職業選択につながる進路指導にも力を入れています。

■浪人を含む大学進学者の進路の内訳

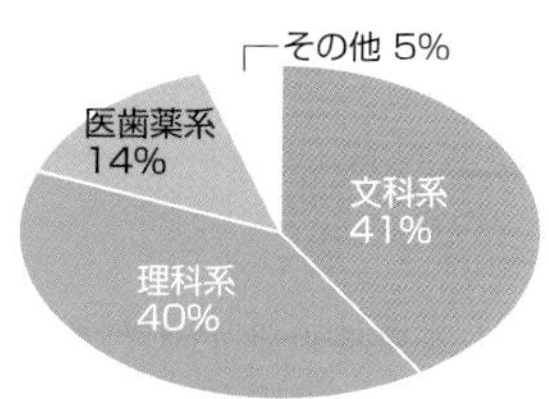

■併設高校から主要大学への合格実績

※上段は現役合格者数、下段は浪人を含めた合格者数。

	北海道大	東北大	東京大 文科Ⅰ類	東京大 文科Ⅱ類	東京大 文科Ⅲ類	東京大 理科Ⅰ類	東京大 理科Ⅱ類	東京大 理科Ⅲ類	東京大 合計	京都大	一橋大	東京工業大	東京芸術大	東京医科歯科大	東京外国語大	東京農工大	千葉大	筑波大
22年	8	5	—	1	—	5	—	—	6	3	9	3	—	1	1	8	1	1
	13	11	—	3	1	5	2	—	11	6	14	6	2	1	2	12	3	2
23年	5	3	3	1	1	2	—	—	7	2	7	3	1	1	1	4	1	7
	12	6	4	1	1	3	—	—	9	4	8	5	2	2	1	8	1	8
24年	5	6	—	1	2	2	1	—	6	4	4	5	—	—	3	2	3	2
	10	12	1	2	2	5	2	—	12	8	4	10	—	—	3	3	4	3

	横浜国立大	東京都立大	横浜市立大	早稲田大	慶應義塾大	上智大	東京理科大	国際基督教大	学習院大	明治大	青山学院大	立教大	中央大	法政大	文部科学省管外の大学校所	海外の大学	国公立・医学部	私立・医学部
22年	9	3	—	55	42	28	43	—	5	71	29	12	60	26	3	—	11	13
	13	6	—	101	73	35	86	—	18	126	47	40	88	70	4	—	16	66
23年	3	2	—	52	43	30	45	2	8	73	34	26	47	32	6	2	5	16
	10	3	1	76	60	42	71	2	10	116	50	33	80	55	8	2	11	65
24年	2	1	1	37	49	16	51	1	3	55	10	7	45	12	2	4	7	31
	4	3	1	69	86	29	92	1	11	111	21	18	68	39	4	6	12	63

★指定校推薦枠（2024年度）早稲田大4名、慶應義塾大4名、上智大1名、学習院大4名、中央大4名、北里大（医）2名、東京薬科大4名、東京理科大3名など

入試情報

■過去3年間の入試結果

		募集人員	出願者	受験者	合格者	実質倍率
22年	1回	約120	317	299	150	2.0
	2回	約60	512	394	231	1.7
23年	1回	約120	380	353	144	2.5
	2回	約60	597	460	216	2.1
24年	1回	約120	375	347	142	2.4
	2回	約60	640	515	228	2.3

■2024年度入試 受験者・合格者の教科別平均点

		算数	国語	理科	社会	合計
1回	受験者	55.1	49.6	30.7	42.7	178.1
	合格者	65.1	56.8	35.1	46.9	203.9
2回	受験者	59.4	64.2	39.9	44.0	207.5
	合格者	73.4	70.8	44.9	48.3	237.4

○配点：算国＝各100点　理社＝各60点
○合格最低点：1回 188点　2回217点

24年の募集要項

※以下は2024年の募集要項です。2025年の要項は学校の発表をお待ちください。

入 試 日／①2月1日 ②2月2日
募集人員／男子約180名(①約120名 ②約60名)
合格発表／①ホームページは即日、掲示は翌日 ②2月3日
手続締切／①②2月4日
試験科目／国語(50分・100点)、算数(50分・100点)、理科(30分・60点)、社会(30分・60点)
面　　接／なし
受 験 料／25,000円(①②同時出願38,000円)

公開行事・説明会予定

【学校説明会】要予約
6月15日(土)、22日(土)
9月21日(土)、10月 5日(土)
11月16日(土)
【運動会】
11月11日(月) 9時～15時
【自由研究展示会】
11月19日(火)～11月22日(金)13時30分～16時30分
◆変更・中止の可能性もあります。必ず学校ホームページで確認してください。

サピックスOBの声

●中1・2では「クラスの日」という1泊2日の宿泊行事があります。「クラスの日」委員が中心となって行き先や内容を決め、旅行代理店の方と打ち合わせをしながらプランを練っていきます。ぼくたちは草津温泉に行き、テニスやボウリングなどを楽しみました。
●緑豊かで広々とした環境や、友だちとお弁当を囲む広い食堂、いろんな商品がそろった購買部、プラネタリウムやグラウンドといった充実した施設がとても気に入っています。国立駅から学校までの通学路の雰囲気も良く、友だちと話をしながら楽しく登下校していると、ついつい帰宅が遅くなることもあります（笑）。
●校内には、武蔵野の雑木林をそのまま残した「みや林」があり、夏にはクワガタやカブトムシが見られるなど、自然豊かな環境が自慢です。

獨協（どっきょう） 中学校

所在地／〒112-0014　文京区関口3-8-1
TEL／03-3943-3651
学校長／上田 善彦
創　立／1883年設立の獨逸学協会学校が前身。1948年に獨協中学校・高等学校となる。1964年に獨協大、1973年に獨協医科大を開設。
URL／www.dokkyo.ed.jp

	1年	2年	3年
男子	216名	213名	204名
女子	—	—	—
クラス数	6組	6組	6組

中高総生徒数／1222名

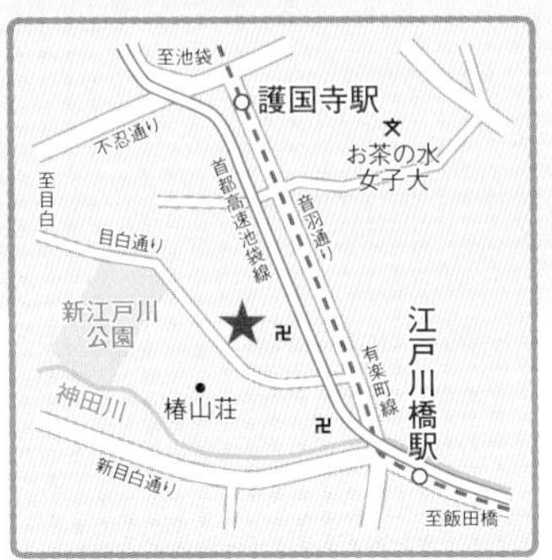

〈交通アクセス〉
東京メトロ有楽町線「護国寺」駅より徒歩8分　「江戸川橋」駅より徒歩10分　副都心線「雑司が谷」駅より徒歩16分　JR「目白」駅より都営バスで「ホテル椿山荘東京前」下車

面倒見の良い指導で、語学と思考力を重視した教育を展開

哲学者の西周を初代校長として創立された「獨逸学協会学校」を前身とし、140年以上の歴史を誇る伝統校です。教育の柱は「豊かな人間性を育む」「体験を重視する」「論理的な思考力を育む」の3つ。生徒が持つ可能性を伸ばし、確かな知性と豊かな感性を持った、より良い社会の実現に貢献できる人材の育成をめざします。そのために教科教育の充実はもちろん、体験を通して人間性を豊かにするためのさまざまな行事が用意されています。また、ビオトープや屋上緑化などを通して行う環境教育も、世界の将来を見据えた重要な取り組みです。

スクールライフ

●教育内容

伝統的に外国語の習得に力を注ぎ、週6時間英語の時間を確保。うち2時間を英会話を含めたアウトプット練習に当て、4技能の運用力を高めます。中3からはドイツ語の選択学習も可能です。数学は、中高一貫校向けのテキストを使用し、豊富な演習で基礎の定着と応用力の伸長を図ります。理科・社会は、実験やフィールドワークなどを通して思考力を高めます。中3の「研究論文」では、テーマ選びから調査・研究まで、1年をかけて本格的に取り組み、知的関心を養うとともに、将来の進路を考える大きな契機としていきます。理解が不完全な生徒には指名制の補習を実施するほか、発展的な学習を希望する生徒には、夏・冬・春の長期休暇に講習を用意しています。

■主要5教科の週当たり時間（コマ）数

	英語	数学	国語	理科	社会
1年	6	5	5	4	4
2年	6	6	5	5	4
3年	6	6	6	5	4
合計	18	17	16	14	12

◎1日当たりの授業コマ数：50分×6時限
※土曜日は4時限
◎登校時間：8時30分

●部活動

中高合わせて33の部と同好会があります。ドイツ語同好会、緑のネットワーク委員会など、獨協ならではの活動にも力を入れています。

○文化系／演劇、吹奏楽、天文、化学、軽音楽、生物、鉄道研究、理工学研究、歴史研究、英語ディベート、奇術など

○体育系／アーチェリー、硬式テニス、サッカー、柔道、水泳、スキー、ソフトテニス、卓球、バスケットボール、ハンドボール、ラグビー、野球など

●行事

獨協祭（文化祭）、体育祭、マラソン大会のほか、定期試験終了後に年5回の「学年企画」があり、スポーツ大会や博物館見学、演劇鑑賞などを行います。

●修学旅行・研修旅行

中1は臨海学校、中2は林間学校、中3は奈良・京都へ修学旅行に行きます。長期休暇には、外国人講師による英語研修（中1の希望者）やTGG研修（中2の希望者）を実施。イギリスホームステイ（中3・高1の希望者）やイエローストーンサイエンスツアー（中3～高2の希望者）、ドイツ研修旅行（中3～高2の希望者）もあります。高2の修学旅行はハワイを訪れます。

マネーガイド

■2024年度納付金（諸経費を含む）

	入学金	授業料	施設費	その他	計
入学手続時	250,000円	0円	0円	0円	250,000円
初年度総額	250,000円	471,000円	120,000円	約450,000円	1,291,000円

◎寄付金：1口5万円、4口以上（任意）
◎授業料：3期分納
◎奨学金・特待生制度：経済的理由により就学困難と判断される者に授業料を給付

3期 学期制　完6 days 週5･6日制　プール　cool 冷房　寮　食堂　私服通学　全 海外研修

サピックスからの合格実績（過去3年）	'22	'23	'24
	76名	71名	72名

私立 東京 男子 と

進学指導の概要

より良い社会づくりのために貢献できる「社会の優等生」の育成をめざして、6年をかけて段階的な進路指導を行っています。中1では学園史を学び、志高く学ぶ姿勢を育みます。系列の獨協大学や獨協医科大学の見学も中学段階から行われ、低学年のうちから学問の空気に触れられる機会が用意されています。中3からはOB体験談も実施。各界で活躍する多様な世代の先輩たちの話は、生徒たちがキャリアデザインを描くうえで大きなヒントを得られる貴重な機会です。高校では学問研究や大学研究、また自身の適性なども探りながら、より具体的に進路研究を行い、自分がどう社会に向き合い、かかわっていくかを見据えた進路決定ができるよう導いていきます。

■現役大学進学者の進路の内訳

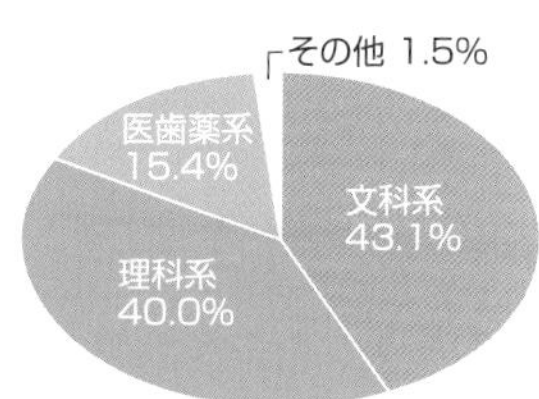

■併設高校から主要大学への合格実績

※上段は現役合格者数、下段は浪人を含めた合格者数。

	東京大	京都大	一橋大	東京工業大	筑波大	電気通信大	東京外国語大	東京学芸大	東京芸術大	東京農工大	東京都立大	横浜国立大	横浜市立大	千葉大	早稲田大	慶應義塾大	上智大	東京理科大
22年	—	—	—	—	1	—	—	1	—	1	—	—	—	1	6	4	4	7
	—	—	—	—	1	—	—	1	—	2	—	—	—	1	7	7	7	7
23年	—	1	—	—	—	—	—	—	—	1	1	—	—	—	15	1	6	8
	—	1	—	—	—	—	—	—	—	1	1	—	—	—	15	1	7	12
24年	—	—	—	—	—	—	1	—	—	—	—	—	—	—	11	4	5	10
	—	1	—	—	1	—	1	—	1	—	—	—	—	1	11	6	5	14

	学習院大	明治大	青山学院大	立教大	中央大	法政大	日本大	東洋大	駒澤大	専修大	獨協大	成蹊大	成城大	神奈川大	文部科学省所管外の大学校	海外の大学	国公立・医学部	私立・医学部
22年	6	18	4	2	16	6	37	18	6	6	23	9	4	4	—	11	1	11
	12	26	7	5	24	19	96	33	10	8	28	10	8	5	—	11	1	22
23年	11	16	2	8	14	20	34	18	11	13	20	13	7	—	1	2	—	18
	15	24	2	11	19	26	50	21	12	14	20	17	10	—	1	2	1	25
24年	13	20	7	5	17	6	18	18	4	4	15	15	3	—	2	1	1	11
	15	44	10	5	19	21	34	22	8	9	17	17	7	—	2	1	1	28

★指定校推薦枠（2024年度）早稲田大2名、上智大2名、東京理科大5名、学習院大5名、明治大2名、青山学院大2名、中央大2名、法政大4名、成蹊大1名、北里大3名など

入試情報

■過去3年間の入試結果

		募集人員	出願者	受験者	合格者	実質倍率
22年	1回	帰国含80	368	329	100	3.3
	2回	帰国含20	741	685	226	3.0
	3回	帰国含70	562	382	90	4.2
	4回	帰国含30	537	346	44	7.9
23年	1回	帰国含80	341	309	99	3.1
	2回	帰国含20	648	603	231	2.6
	3回	帰国含70	490	343	93	3.7
	4回	帰国含30	474	308	47	6.6
24年	1回	帰国含80	345	308	98	3.1
	2回	帰国含20	806	737	261	2.8
	3回	帰国含70	575	395	110	3.6
	4回	帰国含30	525	343	49	7.0

■2024年度入試 合格者の教科別平均点

	算数	国語	理科	社会	合計
1回	68.0	66.1	37.8	39.8	211.7
2回	68.2	89.6			157.8
3回	82.3	69.3	48.0	45.5	245.1
4回	72.2	72.2	46.7	46.5	237.6

○配点：算国＝各100点　理社＝各70点
○合格最低点：1回 193点　2回145点　3回224点　4回227点

24年の募集要項

※以下は2024年の募集要項です。2025年の要項は学校の発表をお待ちください。

入 試 日／①2月1日 ②2月1日午後 ③2月2日 ④2月4日
募集人員／男子200名(①80名 ②20名 ③70名 ④30名)
合格発表／ホームページのみ即日
手続締切／①②③2月5日 ④2月7日
試験科目／①③④国語(50分・100点)、算数(50分・100点)、理科(40分・70点)、社会(40分・70点)
②国語(40分/100点)、算数(40分/100点)
面　　接／なし
受 験 料／25,000円(2回同時出願は40,000円、3回同時出願は50,000円)、②は10,000円

公開行事・説明会予定

【学校説明会】要予約
6月29日(土)15時～
10月13日(日)10時～
11月10日(日)10時～
12月 8日(日)10時～
1月12日(日)10時～
【学校体験会】要予約
7月14日(日) 9時～
【入試問題対策動画配信】要予約
11月23日(祝)10時～
【獨協祭(文化祭)】入試相談室あり
9月21日(土)10時～15時
9月22日(祝)10時～15時
◆変更・中止の可能性もあります。必ず学校ホームページで確認してください。

日本学園 中学校

所在地／〒156-0043 世田谷区松原2-7-34
TEL／03-3322-6331
学校長／水野 重均
創 立／1885年、東京英語学校として創立。1946年、学制改革により新制高等学校となり、校名を日本学園に改称。2012年、明治大学と地域教育連携を開始。
URL／www.nihongakuen.ed.jp

	1年	2年	3年
男子	126名	122名	53名
女子	—	—	
クラス数	4組	4組	2組

中高総生徒数／844名

〈交通アクセス〉
京王線「明大前」駅より徒歩5分　京王線、東急世田谷線「下高井戸」駅より徒歩10分　小田急線「豪徳寺」駅より徒歩15分

2026年に共学化し、明治大学系列校として新たにスタート

1885年に教育者の杉浦重剛により創設された東京英語学校を前身とする同校。130年以上にわたり男子校としての歴史を刻み、政官界・経済界・文化界など幅広い分野に著名な人材を輩出してきました。教育理念「人は得意な道で成長すればよい」を継承しながら、常に時代の変化に応じた教育改革を行ってきた同校が、2026年に明治大学の系列校として共学化し、校名も「明治大学付属世田谷中学校・高等学校」に改称。明治大学との高大連携教育に期待が集まります。2025年秋に新校舎が完成予定です。

スクールライフ

●教育内容

中学では、朝テスト・授業・Daily lesson notesのサイクルで学習習慣を身につけ、基礎学力を定着させていきます。Daily lesson noteは、宿題とは別に毎日1時間程度の学習計画を立て、日々の振り返りを行うもの。また、週2回7時限目には自習時間「にちがく講座」が設定されています。フィールドワーク、プレゼンテーション、キャリアエデュケーションなどに取り組む「創発学」は、自分のしたいことや得意なことを自問自答しながら、創造力・発信力の向上をめざす教育プログラム。林業・漁業・農業の体験学習を通じて第一次産業について考え、OBや保護者の協力による「あつき恵み教室」では仕事とは何かを学びます。中3では、体験から得た成果と自身のキャリア観を重ねて、「15年後の自分」をテーマとする論文を仕上げ、プレゼンテーションを行います。

■主要5教科の週当たり時間（コマ）数

	英語	数学	国語	理科	社会
1年	6	5	6	3	4
2年	6	6	5	4	4
3年	6	6	6	4	4
合計	18	17	17	11	12

◎1日あたりの授業コマ数：50分×6時限
　※土曜日は4時限
◎登校時間：8時20分

●部活動

約30のクラブ・同好会があり、ほとんどの生徒がいずれかに所属して盛んに活動しています。
○文化系／吹奏楽、鉄道研究、美術、電気技術研究、社会科研究、囲碁・将棋、映画製作研究、軽音楽、為替株式学習、理科、表象文化研究、文芸同好会、モノポリー、料理・焼き菓子
○体育系／硬式野球、軟式野球、バスケットボール、バレーボール、柔道、陸上競技、トライアスロン、山岳、水泳、サッカー、剣道、自転車、硬式テニス、バドミントン

●行事

5月の体育祭、9月の日学祭（文化祭）をはじめ、下町散策、マラソン大会などさまざまな行事があります。

●修学旅行・研修旅行

中1・2は宿泊行事で林業・漁業・農業を体験。全員参加のブリティッシュヒルズ語学研修（中2）、オーストラリア語学研修（中3）のほか、希望制のフィリピン語学研修（全学年）、3か月間のオーストラリア・ターム留学（高1）も用意されています。

マネーガイド

■2024年度納付金（諸経費を含む）

	入学金	授業料	施設費	その他	計
入学手続時	250,000円	0円	0円	0円	250,000円
初年度総額	250,000円	528,000円	100,000円	591,600円	1,469,600円

◎寄付金：1口5万円、3口以上（任意）
◎授業料：月納
◎奨学金・特待生制度：経済的理由により就学困難と判断される者に対して授業料を免除

学期制　週5・6日制　プール　冷房　寮　食堂　私服通学　海外研修

サピックスからの合格実績（過去3年）	'22	'23	'24
	2名	27名	35名

進学指導の概要

中学・高校で「朝学習」を実施し、中学では英語・数学を、高校では英単語・漢字・語彙を学び、日々の学習を徹底して積み上げます。早朝と放課後の時間に開講する約50科目の「モジュール講習」は、基礎の補強から検定試験対策・大学受験に特化した演習まで、自分に必要なものを自由に組み合わせて受講できます。春・夏・冬の休暇期間には個別講習も実施されます。系属校推薦制度を利用して明治大学に内部進学できる制度は2028年度の高3生から適用予定で、推薦入学試験によって卒業生の約7割（200名以上）が明治大学に進学できる体制の構築を進めています。

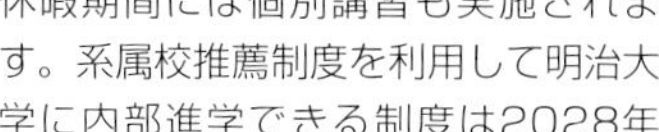

■現役大学進学者の進路の内訳

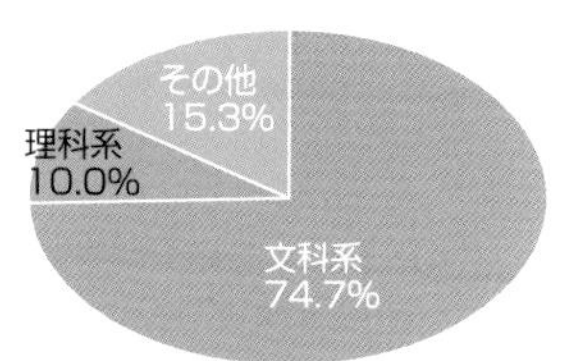

■併設高校から主要大学への合格実績

※上段は現役合格者数、下段は浪人を含めた合格者数。

	東京大	京都大	一橋大	東京工業大	筑波大	電気通信大	東京外国語大	東京学芸大	東京芸術大	東京農工大	東京都立大	横浜国立大	横浜市立大	千葉大	早稲田大	慶應義塾大	上智大	東京理科大
22年	—	—	—	—	—	—	—	—	—	—	—	—	—	—	8	—	1	—
	—	—	—	—	—	—	1	—	—	—	—	—	—	—	8	—	1	—
23年	—	—	—	—	—	—	—	—	—	—	—	—	—	—	—	—	—	—
	—	—	—	—	—	—	—	—	—	—	—	—	—	—	—	—	—	—
24年	—	—	—	—	—	—	—	—	—	—	—	—	—	—	3	—	—	—
	—	—	—	—	—	—	—	—	—	—	—	—	—	—	3	—	—	—

	学習院大	明治大	青山学院大	立教大	中央大	法政大	日本大	東洋大	駒澤大	専修大	国際基督教大	成蹊大	成城大	神奈川大	文部科学省所管外の大学校	海外の大学	国公立・医学部	私立・医学部
22年	—	11	3	4	7	7	12	9	8	7	—	1	—	5	—	—	1	—
	—	13	3	4	8	7	15	10	9	7	—	1	—	5	—	—	1	—
23年	2	—	—	—	—	3	11	4	7	26	—	—	—	5	—	—	—	—
	2	—	—	—	—	3	11	4	7	27	—	—	—	5	—	—	—	—
24年	—	4	2	1	5	9	11	11	8	22	—	1	4	2	—	—	—	—
	—	4	2	1	5	9	11	11	8	22	—	1	4	2	—	—	—	—

★指定校推薦枠（2024年度）明治大2名、日本大2名、東洋大3名、駒澤大2名、専修大3名、神奈川大5名、東京都市大1名、東京電機大8名、亜細亜大8名、工学院大8名、昭和薬科大1名など

入試情報

■2024年度の入試結果

	募集人員	出願者	受験者	合格者	実質倍率
1回	70	330	306	101	3.0
2回	30	425	344	54	6.4
3回	20	438	306	37	8.3

■2024年度入試 合格者の教科別平均点

	算数	国語	理科	社会	合計
1回	74.6	64.3	36.0	33.1	208
2回	73.1	62.3	37.5	38.2	211
3回	60.3	71.6	36.7	32.5	201

○配点：算国＝各100点　理社＝各50点
○合格最低点:1回193点　2回196点　3回189点

24年の募集要項

※以下は2024年の募集要項です。2025年の要項は学校の発表をお待ちください。

入試日／①2月1日 ②2月4日 ③2月5日
募集人員／男子120名(①70名 ②30名 ③20名)
合格発表／①2月1日 ②2月4日 ③2月5日
※ホームページで発表
手続締切／①2月4日 ②③2月6日
試験科目／国語(50分・100点)、算数(50分・100点)、理科(30分・50点)、社会(30分・50点)
面接／なし
受験料／25,000円

公開行事・説明会予定

【学校説明会】要予約 LIVE配信あり
7月 6日(土)10時～
8月24日(土)10時～
10月12日(土)14時～
11月24日(日)10時～
12月14日(土)14時～(入試問題解説会)
【4・5年生学校説明会】要予約
2月22日(土)14時～
【日学祭(文化祭)】要予約
9月28日(土)、29日(日)10時～15時
◆変更・中止の可能性もあります。必ず学校ホームページで確認してください。

日本大学豊山(ぶざん) 中学校

所在地／〒112-0012　文京区大塚5-40-10
TEL／03-3943-2161
学校長／松井 靖
創　立／1903年に私立豊山中学校として設立され、1954年、日本大学豊山中学・高等学校となる。
URL／www.buzan.hs.nihon-u.ac.jp

	1年	2年	3年
男子	233名	237名	236名
女子	—	—	—
クラス数	6組	6組	6組

中高総生徒数／2150名

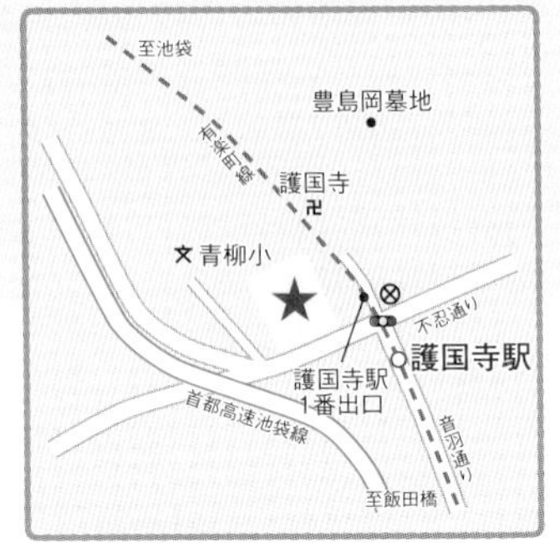

〈交通アクセス〉
東京メトロ有楽町線「護国寺」駅より徒歩すぐ

日本大学の建学精神を受け継ぐ、歴史ある付属校唯一の男子校

約120年もの歴史を持つ日本大学の付属校。校名の「豊山」は、護国寺の真言宗豊山派に由来しています。日本大学の建学精神を受け継ぎ、みずから考え、積極的に学んで行動する、志の高い人間の育成をめざしています。校訓は「強く 正しく 大らかに」。卒業後は日本大学各学部のほか、医歯薬系や国公立大、難関私立大への進学も多く、現役進学率は95%を超えており、受験指導にも力を入れています。また、中学・高校ともに設備の整った最新式の校舎で、快適な学校生活を送れるのも魅力です。

スクールライフ

●教育内容

早い時期から大学進学へ向けて学習を進め、チームティーチングを展開してきめ細かい指導を行うと同時に、全学年で電子黒板やタブレット端末を使用した授業を導入しています。また、英語・英会話の授業や学校行事で英語に触れる機会を増やすなど、グローバル教育にも力を入れています。中3で実施する日本大学の学部見学をはじめ、中高6年間で豊富なキャリア教育を展開し、生徒の進路選択をフォローしています。

●部活動

9割以上の生徒が3年間継続して活動。都大会春夏連覇の実績がある野球部、数々の入賞経験を持つ吹奏楽部、多数のオリンピック選手を輩出している水泳部などがそろっています。

◯文化系／放送、囲碁、英語、書道、吹奏楽、鉄道、美術、電子計算機、模型、理科、文芸

◯体育系／剣道、水泳、体操、サッカー、ソフトテニス、バスケットボール、卓球、バレーボール、野球、ワンダーフォーゲル

●行事

中高合同で開催される豊山祭（文化祭）、体育大会、校外学習、スキー教室、芸術鑑賞教室、英語スピーチコンテストなど、年間を通して多彩な行事が用意されています。

●修学旅行・研修旅行

中学校では、3年次に日本の豊かな自然を体感し、平和について学ぶ国内修学旅行が予定されています。一方、高校では、2年次に各自の興味・関心のある事柄を通じて異文化理解を深める海外修学旅行を実施。中高6年間で日本の魅力を理解したうえで、本当の意味での異文化理解を深める修学旅行となっています。また、希望者を対象にニュージランド（中学生）やカナダ（高校生）での海外語学研修ホームステイも実施しています。

■主要5教科の週当たり時間（コマ）数

	英語	数学	国語	理科	社会
1年	5	5	4	4	4
2年	5	5	5	4	4
3年	5	5	5	5	4
合計	15	15	14	13	12

◎1日当たりの授業コマ数：50分×6時限
※土曜日は4時限
◎登校時間：8時10分

マネーガイド

■2024年度納付金（諸経費を含む）

	入学金	授業料	施設費	その他	計
入学手続時	230,000円	0円	0円	0円	230,000円
初年度総額	230,000円	480,000円	192,000円	250,900円	1,152,900円

◎寄付金：1口2万円、2口以上（任意）
◎授業料：3期分納
◎奨学金・特待生制度：経済的理由により就学困難な者に奨学金を給付(1年間)。入学後の成績上位者を特待生とし、授業料を免除する(成績に応じて継続可)

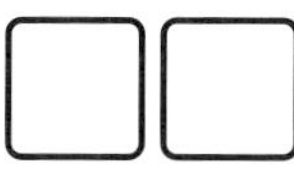

学期制　週5・6日制　プール　冷房　寮　食堂　私服通学　海外研修

サピックスからの合格実績（過去3年）	'22	'23	'24
	25名	30名	27名

進学指導の概要

本校のほとんどの生徒が豊山高校に進学します。高1では内進生と高入生は別コース編成となり、高2から混成となります。高校では日本大学への進学をめざす進学コース、日本大学の医歯薬系学部や国公立大学・難関私立大学合格をめざす特進コース、体育コースの三つにコースが分かれ、各自の目標に応じた授業を選択することができます。豊山高校からは多くの生徒が日本大学へ進学します。日本大学への推薦条件は、高校3年間の通算成績と日大付属基礎学力到達度テストの成績が一定の基準を満たしていること。その後、各学部が行う面接・小論文などによる総合判断で入学が許可されます。生徒たちの進路決定を後押しするため、基礎学力到達度テストに向けた長期休暇中や放課後の補習を充実させています。また、日本大学の付属校であるメリットを生かし、法学部・経済学部などとは高大連携教育の協定を結んでいます。同学部への進学をめざす生徒は高校在学中に一部の科目を事前に履修することができ、入学後の単位として認められます。

■現役大学進学者の進路の内訳

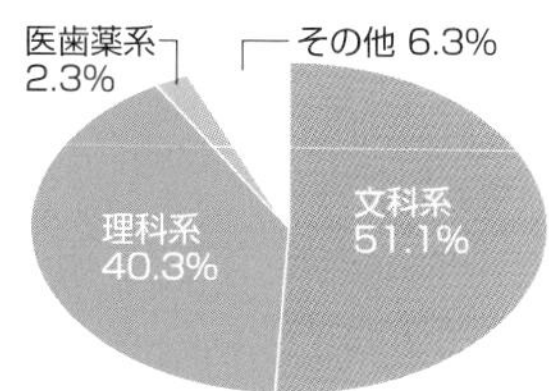

★他大学への合格状況（2024年度）
北海道大1名、東京学芸大1名、早稲田大1名、上智大6名、東京理科大18名、明治大9名、青山学院大2名、立教大3名、中央大9名、法政大8名など

■併設大学（日本大学）への推薦状況

	法学部	文理学部	経済学部	商学部	芸術学部	国際関係学部	危機管理学部	スポーツ科学部	理工学部	生産工学部	工学部	医学部	歯学部	松戸歯学部	薬学部	生物資源科学部	短期大学部
22年	58名	30名	50名	17名	11名	4名	8名	7名	91名	32名	3名	—名	—名	3名	1名	41名	5名
23年	53名	38名	50名	27名	8名	2名	8名	3名	102名	23名	2名	1名	—名	1名	6名	38名	3名
24年	87名	42名	52名	24名	12名	1名	6名	8名	103名	25名	—名	—名	1名	2名	6名	35名	4名

★指定公推薦枠（2024年度）上智大、明治大、立教大、中央大、法政大、学習院大、東京理科大、北里大、東京薬科大、東京歯科大など　人数は非公表

入試情報

■過去2年間の入試結果

		募集人員	出願者	受験者	合格者	実質倍率
23年	1回	100	408	382	119	3.2
	2回	50	671	517	102	5.1
	3回	42	620	375	89	4.2
	4回	30	674	464	83	5.6
24年	1回	100	330	311	125	2.5
	2回	50	607	430	111	3.9
	3回	42	486	245	75	3.3
	4回	30	599	380	81	4.7

■2024年度入試 合格者の教科別平均点

	算数	国語	理科	社会	合計
1回	63.4	53.3	32.0	33.5	184.8
2回	59.2	66.4			125.6
3回	50.3	55.9	33.0	32.6	173.2
4回	57.2	75.8			133.0

○配点：算国＝各100点　理社＝各50点
○合格最低点：1回165点　2回114点　3回160点　4回123点

25年の募集要項

入 試 日／①2月1日午前 ②2月2日午後 ③2月3日午前 ④2月3日午後
募集人員／男子222名(①90名 ②50名 ③52名 ④30名)
合格発表／ホームページで即日、校内掲示は翌日
手続締切／①②2月3日 ③④2月4日
試験科目／国語(50分・100点)、算数(50分・100点)、理科・社会(計60分・計100点)※①③4科、②④2科
面　　接／なし
受 験 料／25,000円(複数回受験を1月31日までに同時出願した場合、2回目以降は15,000円)

公開行事・説明会予定

【授業参観Day・入試ミニ説明会】要予約
6月22日(土)　8時30分～
11月16日(土)　8時30分～
【学校説明会】要予約
8月24日(土)10時～
9月14日(土)10時～
【入試説明会】要予約
11月　2日(土)10時～
12月14日(土)10時～
【夏の学校見学会】要予約
7月下旬から8月下旬に開催予定
【秋の学校見学会】要予約
9月下旬から11月の週末に開催予定
【豊山祭(文化祭)】要予約
10月26日(土)、27日(日)9時～16時
◆変更・中止の可能性もあります。必ず学校ホームページで確認してください。

本郷 中学校

所在地／〒170-0003 豊島区駒込4-11-1
TEL／03-3917-1456
学校長／木村 友彦
創 立／1922年に本郷中学校を創立。1948年、学制改革により本郷高等学校普通科となり、1988年に中学校募集を再開。
URL／www.hongo.ed.jp

	1年	2年	3年
男子	294名	292名	289名
女子	—	—	—
クラス数	7組	7組	7組

中高総生徒数／1700名

〈交通アクセス〉
JR、都営三田線「巣鴨」駅より徒歩3分
JR、東京メトロ南北線「駒込」駅より徒歩7分

「自主自律」を重んじ、学力とともに心も体も鍛える

個性尊重の教育を通して、国家有用の人材を輩出することを建学の精神として創立されました。教育目標は「強健・厳正・勤勉」。質実剛健の気風があり、体力づくりや、身だしなみ・あいさつなど礼儀指導も重視されています。教育面では「自学自習」を重んじ、中高一貫カリキュラムの下で、すべての生徒に一定レベル以上の基礎学力をつけさせることに努めると同時に、習熟度別授業などによって、大学受験に必要な学力を養成します。都心でありながら広い人工芝のグラウンドを有するなど、充実した学習環境が整っています。

スクールライフ

●教育内容

国・数・英では中2までに中学の内容を学び終え、中3から高校の学習内容に入ります。「自学自習」という教育目標の下、「本数検」や「本単検」など学校独自の検定試験を行い、学習に対する前向きな姿勢を培います。英語では外国人講師の協力を得て、暗唱やスピーチなどを積極的に取り入れ、実践的なコミュニケーション能力の向上をめざします。中学段階ではボトムアップを前提として教科指導を行い、学校主導の補習・講習を精力的に進めています。中2の11月と2月、中3の6月に数・英の2教科で基礎学力試験を実施し、高校での学習に耐えうる基礎学力の定着を図ります。中3生には「卒業論文」の提出を義務づけ、自分の将来の進路を考えさせるとともに、総合的な学力の向上をめざしています。

■主要5教科の週当たり時間（コマ）数

	英語	数学	国語	理科	社会
1年	6	6	5	4	4
2年	6	6	5	4	4
3年	7	6	6	4	3
合計	19	18	16	12	11

◎1日当たりの授業コマ数：50分×6時限
※土曜日は4時限
◎登校時間：8時20分

●部活動

原則、中学は週3日以内（日曜日を除く）の活動で、中1は全員参加です。42の部や同好会があります。

○文化系／囲碁将棋、ESS、科学、歴史研究、漫画劇画、吹奏楽、日本文化、地学など

○体育系／テニス、軟式野球、ラグビー、サッカー、卓球、バスケットボール、バドミントン、陸上競技、バレーボール、スキー、柔道、剣道、合気道など

●行事

二大イベントの体育祭は6月、本郷祭（文化祭）は9月に中高合同で行われます。柔道と剣道の寒稽古は伝統行事。このほか、マラソン大会、水泳教室（中2）、校内競技大会、スキー教室、合唱コンクールなど、年間を通じてたくさんの行事があります。

●修学旅行・研修旅行

宿泊行事は中1・高1のオリエンテーション合宿、中2の林間学校などがあります。修学旅行は中3で奈良・京都、高2は関西・四国を訪れ、テーマ学習に取り組みます。夏休みには中3・高1の希望者を対象にカナダ海外研修を実施しています。

マネーガイド

■2024年度納付金（諸経費を含む）

	入学金	授業料	施設費	その他	計
入学手続時	260,000円	0円	0円	0円	260,000円
初年度総額	260,000円	456,000円	200,000円	324,600円	1,240,600円

◎寄付金：任意
◎授業料：4期分納
◎奨学金・特待生制度：経済的理由により就学困難な者を対象とする奨学金制度、入試および在学中の成績に応じた特待生制度・奨学生制度がある

3期	完6 days		cool		※中学生は放課後のみ利用可		※人数が多い場合は抽選 希
学期制	週5・6日制	プール	冷房	寮	食堂	私服通学	海外研修

サピックスからの合格実績（過去3年）	'22	'23	'24
	291名	311名	353名

進学指導の概要

進学コースと特進コース2クラスを設置。特進は、東大・京大・一橋大・東工大の、難関国立4大学を志望する生徒を対象としています。高1では中入生と高入生は別のクラス編成、高2から特進コース・進学コースともに混合クラスになり、それぞれ文系と理系に分かれて希望進路に沿った学習を行います。主要3教科は高2で高校の課程を終了。高3では志望大学に的を絞った演習中心の授業で、実戦力を鍛えます。習熟度別授業も、中入生の高1数学、高3理系の物理で実施しています。また、高3のライティングでは1クラスを2分割した少人数制授業が行われます。

■現役大学進学者の進路の内訳

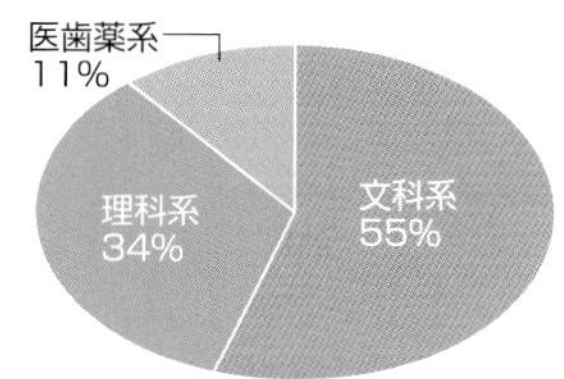

■併設高校から主要大学への合格実績

※上段は現役合格者数、下段は浪人を含めた合格者数。

	北海道大	東北大	東京大 文科Ⅰ類	東京大 文科Ⅱ類	東京大 文科Ⅲ類	東京大 理科Ⅰ類	東京大 理科Ⅱ類	東京大 理科Ⅲ類	東京大 合計	京都大	一橋大	東京工業大	東京芸術大	東京医科歯科大	東京外国語大	東京農工大	千葉大	筑波大
22年	2	6	—	—	3	4	3	1	11	2	4	3	—	—	1	2	5	5
	4	7	—	1	3	4	4	1	13	2	5	5	—	1	1	3	6	8
23年	3	4	—	1	4	5	1	—	11	6	2	3	—	1	4	2	4	8
	5	9	—	1	4	6	3	—	14	6	3	5	—	1	4	3	5	9
24年	6	6	2	1	2	4	1	—	10	—	8	3	—	—	2	2	5	6
	8	10	2	1	2	5	3	—	13	2	8	6	—	1	2	3	5	7

	横浜国立大	東京都立大	横浜市立大	早稲田大	慶應義塾大	上智大	東京理科大	国際基督教大	学習院大	明治大	青山学院大	立教大	中央大	法政大	文部科学省所管外の大学校	海外の大学	国公立・医学部	私立・医学部
22年	1	—	1	88	83	16	109	—	8	122	20	24	33	43	2	—	4	28
	1	—	1	110	93	22	135	—	11	159	22	31	47	62	3	—	5	42
23年	6	4	1	113	73	52	103	—	7	115	21	35	58	47	3	—	5	16
	7	4	1	128	89	57	132	—	10	139	24	42	72	67	3	—	8	32
24年	4	2	—	94	65	23	100	1	11	133	14	26	35	51	3	3	10	40
	4	2	—	127	94	36	139	1	11	166	20	27	58	71	3	3	12	55

★指定校推薦枠（2024年度）早稲田大7名、慶應義塾大2名、上智大1名、東京理科大10名、北里大医学部2名、東京都立大1名など

入試情報

■過去3年間の入試結果

		募集人員	出願者	受験者	合格者	実質倍率
22年	1回	100	522	483	167	2.9
	2回	140	1165	1001	503	2.0
	3回	40	544	428	42	10.2
23年	1回	100	603	564	163	3.5
	2回	140	1385	1202	522	2.3
	3回	40	602	469	44	10.7
24年	1回	100	516	461	164	2.8
	2回	140	1420	1238	538	2.3
	3回	40	685	536	41	13.1

■2024年度入試 受験者・合格者の教科別平均点

		算数	国語	理科	社会	合計
1回	受験者	54.7	54.2	41.0	47.5	197.3
	合格者	68.3	62.7	47.9	51.9	230.7
2回	受験者	65.4	61.7	42.0	57.4	226.5
	合格者	79.4	69.7	48.6	61.4	259
3回	受験者	59.7	60.0	36.3	50.6	206.6
	合格者	83.4	75.6	49.5	60.6	269

○配点：算国＝各100点　理社＝各75点
○合格最低点：1回215点　2回237点　3回257点

24年の募集要項

※以下は2024年の募集要項です。2025年の要項は学校の発表をお待ちください。

入 試 日／①2月1日 ②2月2日 ③2月5日
募集人員／男子280名(①100名 ②140名 ③40名)
合格発表／いずれも即日 ※ホームページにて発表
手続締切／①2月2日 ②2月5日 ③2月6日
試験科目／国語(50分・100点)、算数(50分・100点)、理科(40分・75点)・社会(40分・75点)
面　　接／なし
受 験 料／25,000円(複数回出願して入学手続した場合は、以降の未受験分の受験料は返金)

公開行事・説明会予定

【学校説明会】要予約
9月 7日(土)10時30分～、14時～
9月28日(土)10時30分～、14時～
10月12日(土)10時30分～、14時～
10月13日(日) 9時～、10時30分～、14時～
【入試説明会】要予約 6年生対象
11月 4日(振休)9時～、11時30分～、15時～
11月 9日(土)10時30分～、14時～
11月16日(土)10時30分～、14時～
【学校見学会】
7月14日(日)、12月15日(日)
【本郷祭(文化祭)】
9月21日(土)、22日(祝)
◆変更・中止の可能性もあります。必ず学校ホームページで確認してください。

サピックスOBの声

●本郷祭では、学校のある巣鴨地区について調べ、クイズ形式で発表しました。毎週1時間のロングホームルームなどを使い、文化祭実行委員を中心に準備を進めるのですが、先生からは「ほかのクラスには負けるなよ！」とハッパをかけられました。受験生などたくさんの人たちが見学に来てくれるし、クラスもまとまります。

武蔵 中学校

所在地／〒176-8535　練馬区豊玉上1-26-1
TEL／03-5984-3741
学校長／杉山 剛士
創　立／1922年、財団法人根津育英会により7年制高等学校として創立。1948年、新制武蔵高等学校、翌年中学校と大学を開校。
URL／www.musashi.ed.jp

	1年	2年	3年
男子	176名	175名	174名
女子	—	—	—
クラス数	4組	4組	4組

中高総生徒数／1049名

〈交通アクセス〉
西武池袋線「江古田」駅より徒歩6分「桜台」駅より徒歩8分、都営大江戸線「新江古田」駅より徒歩7分、西武有楽町線「新桜台」駅より徒歩5分

自由でアカデミックな校風の下、少人数授業で才能を伸ばす

日本で初めての7年制高校が前身。創立以来「武蔵の三理想」を掲げ、「世界的舞台で活動できる人物」「自ら調べ自ら考える人物」を育成しています。生徒の自主性を最大限尊重する校風で、制服はなく、細かな規則もありませんが、その分、責任ある行動が求められます。学習面では6年一貫教育のなかで、大学受験に向けての学力を養成する一方、生涯にわたって学問を続ける姿勢を育み、その知的探究の基盤を築く教育を心がけています。課外活動も活発で、校外研究活動奨励制度を設け、自主的な活動への意欲を育んでいます。

スクールライフ

●教育内容

中高6年一貫の独自のカリキュラムで、ハイレベルな学力の習得をめざした密度の濃い授業が行われています。その大きな特徴は、少人数制を積極的に導入していること。1クラスを名簿順に2つに分けた22名の分割授業を、全学年の英語と理科、中3の数学と社会で実施しています。自主的な学習態度を養うため、習熟度別授業は行われていません。授業は教師が作成したプリントなど独自の教材を使用し、質の高い内容になっています。理科は実験・観察が重視され、中1では箱根で地学巡検、中3では天文実習なども行われます。語学教育を重視し、中3では第二外国語が週2時間設けられており、ドイツ語、フランス語、中国語、韓国朝鮮語から1科目を必修選択。言語を入り口として世界の文化を幅広く学びます。

■主要5教科の週当たり時間（コマ）数

	英語	数学	国語	理科	社会
1年	6	5	4	4	4
2年	6	5	5	4	4
3年	5	5	6	4	4
合計	17	15	15	12	12

◎1日当たりの授業コマ数：50分×6時限
　※土曜日は4時限
◎登校時間：8時20分

●部活動

文化系13、体育系12の部のほか、6つの同好会があります。80年以上も太陽の黒点を観測している太陽観測部、児童館などで定期的に発表している奇術部、ジャグリング部など、バラエティー豊かです。

○文化系／物理、化学、生物、地学、気象、太陽観測、音楽、民俗文化、将棋、鉄道研究、ESS、CPUなど
○体育系／サッカー、野球、バレーボール、バスケットボール、山岳、卓球、軟式テニス、硬式テニス、剣道、水泳（水球）、陸上競技、合気道

●行事

記念祭（文化祭）、体育祭、強歩大会は、生徒たちが委員会をつくり、企画から運営までを手がけます。多くの生徒が自主的に参加して盛り上げます。毎年5月に埼玉県毛呂山町の学校山林で行う中1の山林遠足は、友だちとの親睦を深めるとともに、武蔵の長い歴史と精神を学べる伝統行事の1つです。

●修学旅行・研修旅行

赤城山（群馬県）で山登りや自然観察を行う山上学校、みなかみ町での民泊実習のほか、地学巡検、天文実習、スキー教室などがあります。

マネーガイド

■2024年度納付金（諸経費を含む）

	入学金	授業料	維持費	その他	計
入学手続時	370,000円	0円	0円	0円	370,000円
初年度総額	370,000円	600,000円	300,000円	201,060円	1,471,060円

◎寄付金：1口10万円、3口以上（任意）
◎授業料：2期分納
◎奨学金・特待生制度：入学後、経済的状況の急変により、修学が困難になる事態が生じたとき、必要と認められる生徒に対して適用する

    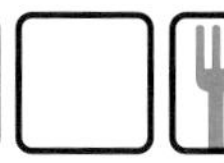  

学期制 週5･6日制 プール 冷房 寮 食堂 私服通学 海外研修

サピックスからの合格実績（過去3年）	'22	'23	'24
	65名	61名	59名

進学指導の概要

高1では必修授業を通じて基礎力を養い、高2より選択授業が増えます。高1では英語で、高2では英・国・数で少人数の分割授業が行われます。高3になると、体育と週2時間ずつの英･数以外は選択授業となります。英語では、外国人講師の授業で生きた英語の習得に努め、スピーチやディベート、作文指導なども行われます。また、希望者（高校生）は、放課後に開講されている武蔵大学の正規授業を受講でき、その履修は高校の単位としても認定されます。さらに、校内で模試が実施されるほか、進学ガイダンスを開いて受験の心得や各大学の入試問題傾向などについて話をしています。

■浪人を含む大学進学者の進路の内訳

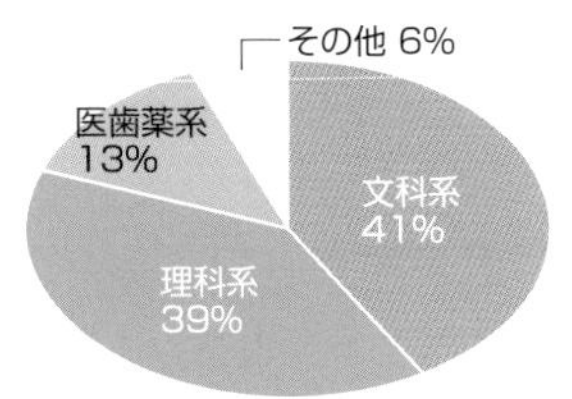

■併設高校から主要大学への進学実績

※上段は現役進学者数、下段は浪人を含めた進学者数。

	北海道大	東北大	東京大 文科Ⅰ類	東京大 文科Ⅱ類	東京大 文科Ⅲ類	東京大 理科Ⅰ類	東京大 理科Ⅱ類	東京大 理科Ⅲ類	東京大 合計	京都大	一橋大	東京工業大	東京芸術大	東京医科歯科大	東京外国語大	東京農工大	千葉大	筑波大
22年	3	4	1	3	3	5	2	—	14	4	3	1	—	1	—	1	1	4
	4	6	1	4	4	6	4	—	19	6	4	2	—	2	—	2	2	5
23年	3	2	2	4	2	6	2	—	16	6	5	6	—	1	—	—	4	1
	7	4	2	5	4	6	4	—	21	10	6	11	1	2	—	1	5	1
24年	3	6	2	1	4	10	2	1	20	3	2	2	—	2	—	—	1	3
	6	7	4	1	5	12	3	1	26	8	3	4	—	3	—	2	2	4

	横浜国立大	東京都立大	横浜市立大	早稲田大	慶應義塾大	上智大	東京理科大	国際基督教大	学習院大	明治大	青山学院大	立教大	中央大	法政大	文部科学省所管の大学校	海外の大学	国公立・医学部	私立・医学部
22年	2	1	—	9	13	2	—	1	1	2	1	—	—	—	—	3	4	1
	3	3	—	16	18	3	5	2	2	5	2	—	1	3	—	3	9	7
23年	1	1	—	15	8	—	5	1	—	2	1	1	—	1	—	4	4	—
	2	2	—	24	15	1	7	1	—	7	2	3	2	3	1	5	8	2
24年	3	—	—	15	8	1	—	—	—	1	1	1	2	1	—	3	8	—
	3	—	—	23	14	1	1	1	—	3	2	2	4	3	—	4	15	4

★指定校推薦枠（2024年度）早稲田大、慶應義塾大、東京理科大、学習院大、北里大、武蔵大など ※人数は非公表

入試情報

■過去3年間の入試結果

	募集人員	出願者	受験者	合格者	実質倍率
22年	160	640	626	178	3.5
23年	160	601	579	186	3.1
24年	160	546	530	177	3.0

■2024年度入試 受験者・合格者の教科別平均点

	算数	国語	理科	社会	合計
受験者	59.5	59.8	30.1	42.0	191.4
合格者	74.1	66.3	34.4	45.5	220.3

○配点：算国=各100点　理社=各60点
○合格最低点：206点

24年の募集要項

※以下は2024年の募集要項です。2025年の要項は学校の発表をお待ちください。

入 試 日／2月1日
募集人員／男子160名
合格発表／2月3日 ※ホームページにて発表
手続締切／2月4日
試験科目／国語(50分・100点)、算数(50分・100点)、理科(40分・60点)、社会(40分・60点)
面　　接／なし
受 験 料／30,000円

公開行事・説明会予定

【入試説明会】要予約 5・6年生優先、4年生以下も参加可
10月 5日(土)
【自由散策会】予約不要 全学年対象
7月21日(土)
【個別相談会】要予約 5・6年生優先、4年生以下も参加可
11月 9日(土)
※予約など詳細が決まり次第、学校ホームページでお知らせします。
◆変更・中止となる可能性があります。必ず学校ホームページで確認してください。

サピックスOBの声

●武蔵の良さは自由であることです。その自由とは、先生から与えられるものではなく、先生が規則を作らなくてもいいような状況を、自分たちで作っていくものだと感じています。節度を守って、責任を持って行動する先輩たちの姿を見て、そう思うようになりました。

●緑豊かなキャンパスには小川も流れていて、春の間はよく同級生たちと一緒に、その近くでお弁当を食べています。武蔵に入ったら皆さんもぜひ、そこでお弁当を食べてみてください。ピクニック気分で楽しいですよ。

●中1の7月には赤城山（群馬県）の大沼湖畔にある赤城青山寮を利用して山上学校が行われます。山登りの際はグループごとに自分たちでコースを決めて、その道を探しながら歩きました。そのほか、記念祭（文化祭）、体育祭、箱根での地学巡検、強歩大会など、行事は結構多いです。

明治大学付属中野 中学校

所在地／〒164-0003　中野区東中野3-3-4
TEL／03-3362-8704
学校長／清水 孝
創　立／1929年、旧制中野中学校として現在地に創立。1949年に明治大学の付属校となる。
URL／www.nakanogakuen.ac.jp

	1年	2年	3年
男子	251名	252名	249名
女子	—	—	—
クラス数	6組	6組	6組

中高総生徒数／1991名

〈交通アクセス〉
JR、都営大江戸線「東中野」駅より徒歩5分
東京メトロ東西線「落合」駅より徒歩10分

文武両道の気風と修学錬身。付属校ならではの教育環境で学ぶ

「質実剛毅・協同自治」の校訓の下、「知・徳・体」のバランスの取れた全人教育をめざしています。目標とするのは、生徒一人ひとりが飾り気のない人間性と協調性を身につけ、伸び伸びとした学園生活のなかで、情緒豊かな個性を発揮すること。明治大学との連携を密にし、中学・高校・大学を結ぶ10年一貫教育をめざしていますが、他大学受験にも配慮したカリキュラムを組んでいます。文武両道の気風があり、勉強ばかりでなく、クラブ活動も活発で、水泳部（水球）やラグビー部の活躍は全国的に知られています。

スクールライフ

●教育内容

基礎学力の充実を重視し、特に主要5教科には多くの時間を割いて、学力低下が生じないように配慮しています。なかでも英語については、中1・2は、1クラス2分割の少人数体制で外国人講師による英会話の指導を行い、英語力の向上を図ります。国語はディベートや意見発表会などを通して、表現力の養成に力を入れています。原則的には先取り学習は行いませんが、各教科とも思考力や創造力を伸ばすため、高校で扱う内容も一部取り入れています。早朝と放課後を利用して、希望制講習と指名制補習を実施。夏休みにも希望制の講習が行われます。

■主要5教科の週当たり時間（コマ）数

	外国語	数学	国語	理科	社会
1年	5	4	5	3	4
2年	6	4	5	4	4
3年	6	5	5	4	4
合計	17	13	15	11	12

◎1日当たりの授業コマ数：50分×6時限
　※週1回5時限、土曜日は4時限
◎登校時間：8時20分

●部活動

「協同自治」の精神を学ぶうえでも、部活動は重視されており、どの部も活発に活動しています。相撲部、柔道部、水泳部、ラグビー部、写真映画部、美術部など、実力ある部も数多くあります。
○文化系／英語、演劇、音楽、棋道、史学、新聞、数学、生物、地学、地理、文芸、放送、理化など
○体育系／剣道、山岳、柔道、体操、軟式庭球、野球、陸上、サッカー、バスケットボール、バドミントン、応援、射撃、アーチェリー、ラグビーなど

●行事

秋には桜山祭（文化祭・体育祭）、冬にはスキー・スノーボード講習など、四季折々に楽しみがあります。

●修学旅行・研修旅行

春には中1の学年旅行、中2・3の校外学習があり、夏休みには中1・2の移動教室を八ヶ岳山麓で行います。修学旅行は中3で京都・奈良、高2で沖縄を訪れ、歴史・平和や環境について考えます。また、希望者を対象に語学研修を実施し、中学生は春休みにニュージーランドへ11日間、高校生は夏休みにアメリカへ14日間のホームステイを体験します。高1にはターム留学制度として、3学期にカナダへ留学する機会を設けています。

マネーガイド

■2024年度納付金（諸経費を含む）

	入学金	授業料	施設費	その他	計
入学手続時	280,000円	0円	0円	0円	280,000円
初年度総額	280,000円	570,000円	240,000円	37,000円	1,127,000円

◎寄付金：金額は任意
◎授業料：3期分納
◎奨学金・特待生制度：経済的理由により就学困難と判断される者に奨学金を給付または貸与

※中学生は土曜のみ利用可　※開催年の人数による

学期制　週5・6日制　プール　冷房　寮　食堂　私服通学　海外研修

サピックスからの合格実績（過去3年）	'22	'23	'24
	98名	96名	118名

進学指導の概要

高1から高入生との混合クラスになります。高1は基礎学力を養成するため、武道・芸術科目以外は全員が同じ教科を履修。高2になると、文系と理系に分かれます。国・数・英は、大学入学共通テストへの対応も視野に入れ、文系・理系とも授業時間を十分に確保しています。高3では引き続き文系・理系コース別で進路に応じた学習を進めていきます。また、早朝や放課後、夏休みには講習を行い、学習意欲を高めます。

20%前後の生徒が他大学を受験するため、全国レベルでの力を把握し、大学受験の厳しさを認識できるよう、高1より全国公開模試を校内で実施。高校在学中に2回、大手予備校の受験スペシャリストを招いての進学講演会を開催し、変化の著しい大学受験の現状を把握できるようにするなど、他大学受験のためのサポートも行っています。明治大学への推薦については、人物・適性・志望を踏まえながら、高校3年間の総合成績によって決定されます。なお国公立大学は、条件を満たせば明治大学への被推薦権を保持したまま受験できます。

■現役大学進学者の進路の内訳

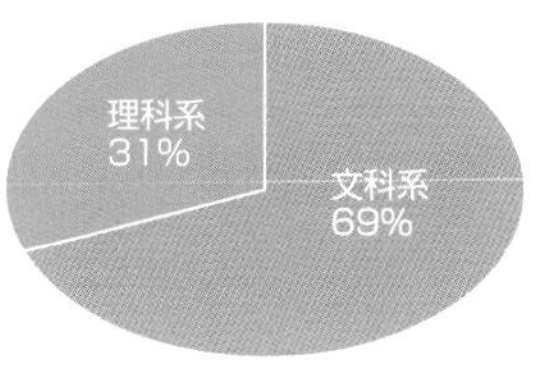

★他大学への合格状況（2024年度）東京大1名、北海道大1名、筑波大2名、千葉大1名、東京農工大1名、広島大1名、防衛医科大1名、早稲田大3名、慶應義塾大5名、上智大2名、東京理科大10名など

■併設大学（明治大学）への推薦状況

	法学部	商学部	政治経済学部	文学部	経営学部	情報コミュニケーション学部	国際日本学部	理工学部	農学部	総合数理学部
22年	57名	64名	60名	24名	38名	20名	10名	38名	17名	12名
23年	57名	58名	60名	25名	38名	20名	10名	34名	17名	12名
24年	41名	58名	60名	25名	38名	20名	10名	34名	17名	15名

★指定校推薦枠（2024年度）慶應義塾大3名、東京理科大10名、青山学院大1名、立教大1名など

入試情報

■過去3年間の入試結果

		募集人員	出願者	受験者	合格者	実質倍率
22年	1回	160	1042	890	270	3.3
	2回	約80	747	610	118	5.2
23年	1回	約160	886	766	273	2.8
	2回	約80	673	530	120	4.4
24年	1回	約160	937	786	273	2.9
	2回	約80	666	522	106	4.9

■2024年度入試 受験者・合格者の教科別平均点

		算数	国語	理科	社会	合計
1回	受験者	44.3	65.6	31.5	24.1	165.5
	合格者	61.5	74.9	36.3	30.0	202.7
2回	受験者	34.9	54.7	31.0	26.0	148.6
	合格者	59.9	62.8	38.2	31.5	194.0

○配点：算国＝各100点　理社＝各50点
○合格最低点：1回180点　2回175点

24年の募集要項

※以下は2024年の募集要項です。2025年の要項は学校の発表をお待ちください。

入 試 日／①2月2日 ②2月4日
募集人員／男子約240名(①160名 ②約80名)
合格発表／①2月2日 ②2月4日 ※ホームページにて発表
手続締切／①2月4日 ②2月6日
試験科目／国語(50分・100点)、算数(50分・100点)、理科(30分・50点)、社会(30分・50点)
面　　接／なし
受 験 料／30,000円

公開行事・説明会予定

【学校説明会及び見学会】要予約
10月14日(祝) 9時30分～、14時～
11月24日(日) 9時30分～、14時～
【オープンスクール】要予約
6月15日(土) 8時45分～
10月 5日(土) 8時45分～
【桜山祭 文化の部（文化祭）】
9月21日(土)13時～16時
9月22日(祝) 9時～15時30分
◆変更・中止の可能性もあります。必ず学校ホームページで確認してください。

サピックスOBの声

●勉強ばかりでなく、クラブ活動も盛んな文武両道の学校です。多くの部が全国大会などに出場して、優秀な成績を収めています。ぼくはバドミントン部に入りました。練習はきついですが、先輩たちが優しく指導してくれます。
●入学直後の4月には、山梨県・静岡県に1泊2日の学年旅行に出掛ける行事がありました。山梨県環境科学研究所で富士山麓の自然について学んだほか、みんなで寝食を共にすることで、たくさんの友だちができました。

立教池袋 中学校

所在地／〒171-0021　豊島区西池袋5-16-5
TEL／03-3985-2707
学校長／吉野 光
創　立／1874年、米国聖公会ウィリアムズ主教が開設した私塾が前身。2000年、池袋にも高校が開校し、現校名となる。
URL／ikebukuro.rikkyo.ac.jp

	1年	2年	3年
男子	152名	150名	148名
女子	—	—	—
クラス数	4組	4組	4組

中高総生徒数／888名　併設小から 約40%

〈交通アクセス〉
JR、東京メトロ各線、西武池袋線、東武東上線「池袋」駅より徒歩10分、東京メトロ有楽町線・副都心線「要町」駅より徒歩5分、西武池袋線「椎名町」駅より徒歩10分

大学との連携を活用して、深く掘り下げた学習を実現

キリスト教の精神に基づく人間教育を通して、社会と世界に貢献する人材の育成をめざしています。礼拝や聖書など宗教関連の授業や行事もあり、国際交流やボランティア活動も盛んです。赤いれんがの校舎は立教大学のキャンパスに隣接し、大学との強い連携の下、中・高・大10年間の一貫連携教育を行っています。学習面では点数主義を排した独特の教育が特色で、自由研究や選択講座など、自己啓発型学習も積極的に取り入れています。最先端の設備が整った新総合体育館や新教室棟も、生徒の学習意欲を向上させます。

スクールライフ

●教育内容

各教科とも点数だけで成績を判定せず、定期テストや授業態度、提出物などの総合判断で、目標に達すれば合格とする「認定制」を採用。英語は一部で少人数制を導入し、中学では帰国生を中心とした特別クラスも編成しています。中学では独自の「選科」の授業を週2時間設け、学力補充や理科演習、英会話、時事問題など、約60の講座から生徒が自由に選択・履修。夏休みには、立教大学の学生ボランティアによる個別指導も行い、弱点補強や発展学習に役立てています。また、礼拝の時間と聖書の時間を週1時間設けているのも特徴です。高校では立教大学特別聴講生制度や、大学教授による特別授業を用意するなど、高度な学問に触れる機会も豊富です。

■主要5教科の週当たり時間（コマ）数

	英語	数学	国語	理科	社会
1年	7	4	5	3	3
2年	7	4	4	4	3
3年	7	4	4	4	4
合計	21	12	13	11	10

◎1日当たりの授業コマ数：50分×6時限
◎登校時間：8時20分　※水曜日のみ8時

●部活動

さまざまな大会に出場し、多くの受賞経験を持つ科学部、全国大会入選・入賞の数理研究部をはじめ、陸上競技部、水泳部、庭球部、鉄道研究部、美術部、文芸部などが全国大会出場の実績を残しています。
○文化系／英語、演劇、写真、聖ポーロ会、地歴研究、天文、美術、放送研究、鉄道研究、数理研究、吹奏楽、科学など
○体育系／剣道、サッカー、山岳スキー、庭球、バスケットボール、野球、水泳、陸上競技、卓球、釣り同好会

●行事

礼拝などの宗教行事、秋の体育祭、R.I.F.（文化祭）のほか、フィリピンの山村にある小学校に医薬品を贈る活動や、老人ホームでのワークキャンプ、保育ボランティアなど、奉仕活動に積極的に取り組んでいます。

●修学旅行・研修旅行

中1・2は宿泊キャンプを実施。中1は仲間づくり、クラスづくりを目的としたプログラムを行い、中2は学年づくりと環境教育を軸としたプログラムを現地のレンジャーとともに行います。校外学習は中3が本州、高2は北海道、九州、沖縄で実施。前年度に中学4コース・高校4コースをつくり、生徒は希望のコースを選びます。国際交流プログラムも盛んで、希望者対象のアメリカキャンプや英国語学研修も夏休みに行われています。

マネーガイド

■2024年度納付金（諸経費を含む）

	入学金	授業料	施設費	その他	計
入学手続時	300,000円	0円	100,000円	0円	400,000円
初年度総額	300,000円	624,000円	378,000円	60,000円	1,362,000円

※期日までに入学辞退を申し出た場合、維持資金の一部（10万円）を返還

◎寄付金：1口10万円、3口以上（任意）
◎授業料：3期分納
◎特待生制度：なし
◎奨学金制度：経済的理由により就学困難と判断される者に授業料・維持資金を貸与

※カフェテリア

3期 学期制 / 完6days 週5・6日制 / 温 プール / cool 冷房 / 寮 / 食堂 / 私服通学 / 希 海外研修

サピックスからの合格実績（過去3年）	'22	'23	'24
	39名	44名	35名

進学指導の概要

中学同様、高校での評価も「認定制」で行われます。高1では共通科目を履修。高2から選択科目が設けられ、高3になると自由選択科目が加わります。大学との連携教育に力を入れており、高1では立教大学の教授・准教授による「特別講座」を受けることができます。各学部から1名ずつ教授が来校し、専門研究の内容などについて、経験談を交えながらわかりやすく説明。学部選びに役立たせるなど、重要な進路指導の1つになっています。高3になると、大学の100以上の講座から選択して授業を受講することができ、高校や大学の履修単位とすることも可能です。

また、特別プログラムとして高1からキャリア学習がスタート。キャリアの考え方について、大学の先生の講演を聞き、「職業・仕事」について調べたうえで、実際に各分野で活躍している立教OBへインタビューを実施します。なお、立教大学へは学業成績だけでなく、自己推薦ポイントや卒論の評価などを総合して推薦されます。他大学への進学希望者には、個別に進路指導を行っています。

■現役大学進学者の進路の内訳

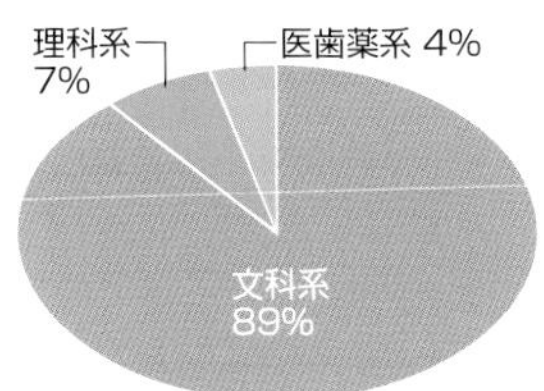

★他大学への合格実績(2024年度)千葉大1名、筑波大1名、東京工業大1名、慶應義塾大7名、早稲田大1名、東京理科大2名、中央大1名など

■併設大学（立教大学）への推薦状況

※2023年度に開設された新学部

	文学部	経済学部	社会学部	法学部	理学部	観光学部	コミュニティ福祉学部	経営学部	現代心理学部	異文化コミュニケーション学部	GLAP	スポーツウエルネス学部※
22年	17名	27名	18名	22名	4名	10名	2名	16名	5名	6名	1名	
23年	22名	27名	18名	24名	9名	2名	ー名	16名	2名	6名	1名	1名
24年	19名	27名	18名	23名	1名	4名	ー名	16名	1名	7名	1名	1名

★指定校推薦枠（2024年度）慶應義塾大2名、国際基督教大2名、北里大1名など

入試情報

■過去3年間の入試結果

		募集人員	出願者	受験者	合格者	実質倍率
22年	帰国	約20	101	98	33	3.0
	一般1回	約50	293	250	93	2.7
	一般2回(AO)	約20	206	183	20	9.2
23年	帰国	約20	83	78	31	2.5
	一般1回	約50	343	301	96	3.1
	一般2回(AO)	約20	219	192	20	9.6
24年	帰国	約20	71	70	30	2.3
	一般1回	約50	333	287	95	3.0
	一般2回(AO)	約20	182	141	20	7.1

■2024年度入試 受験者の教科別平均点

		算数	国語	理科	社会	合計
一般1回	4科	53.8	52.6	25.2	21.7	153.3
一般2回(AO)	2科	52.5	53.9			106.4

○配点：算国＝各100点　理社＝各50点
○合格最低点：1回173点　2回109点

24年の募集要項

※以下は2024年の募集要項です。2025年の要項は学校の発表をお待ちください。

入試日／①2月2日 ②2月5日 帰国12月3日
募集人員／男子約90名(①約50名 ②約20名 帰国約20名)
合格発表／①2月3日 ②2月6日 帰国12月5日
※ホームページにて発表
手続締切／①2月3日 ②2月6日 帰国12月5日
試験科目／国語(50分・100点)、算数(50分・100点)、理科(30分・50点)、社会(30分・50点)
※①は4科、②は2科
面　接／②のみあり(自己アピール面接)
帰国生のための試験／国語(50分・100点)、算数(50分・100点)、面接(個人)
※英語(外国語)力は、希望者のみ個人面接時に口頭で実施
受験料／30,000円

公開行事・説明会予定

【入試学校説明会】要予約
7月 6日(土)13時～
9月 4日(水)18時30分～(イブニング説明会)
10月12日(土)13時～
【生徒による学校説明会】要予約
9月21日(土)14時～
【ミニ校舎見学会】
長期休暇中を含む、学校が指定する日時で開催(ホームページで告知)
【R.I.F.(文化祭)】個別相談あり
11月 2日(土)10時～15時、11月 3日(祝)10時～15時
◆変更・中止の可能性もあります。必ず学校ホームページで確認してください。

サピックスOBの声

●毎日礼拝の時間があり、行事や生徒会の集会の前にも礼拝を行います。学習面で特徴的なのは週2コマ、20種類の授業から自由に選択できることです。なかでも、映画を通して英語を学ぶ授業は人気が高く、履修希望者が定員を超えたときは抽選になります。

早稲田 中学校

所在地／〒162-8654　新宿区馬場下町62
TEL／03-3202-7674
学校長／笹倉 和幸
創　立／1895年に大隈重信の教育理念に基づき、坪内逍遥らが早稲田中学校を創立。1979年より早稲田大学の系属校となる。
URL／www.waseda-h.ed.jp

	1年	2年	3年
男子	322名	325名	311名
女子	—	—	—
クラス数	7組	7組	7組

中高総生徒数／1897名

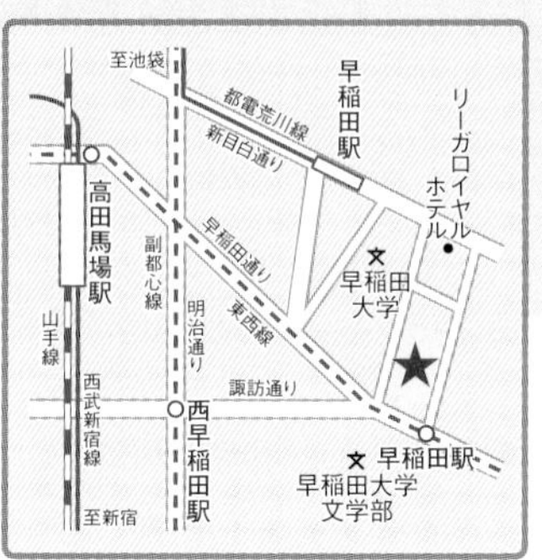

〈交通アクセス〉
東京メトロ東西線「早稲田」駅より徒歩1分
東京メトロ副都心線「西早稲田」駅より徒歩15分

早稲田大学の系属校でありながら国公立大への進学実績も好調

早稲田大学の付属・系属校のなかでは、最も古い伝統を誇る学校です。大学が「学問の独立」を唱えているのに対して、中高では「人格の独立」を掲げ、自立心を育てるとともに一人ひとりの個性を伸ばし、社会に貢献できる人材の育成に努めています。系属校として約半数が早稲田大学に推薦で進む一方、半数は難関国公立大学や医学部への進学をめざしており、進学校としての色彩が強いのが特徴です。2023年秋に、自習室や理科実験室が入る新3号館と図書館やアリーナを擁する新興風館が完成しました。

スクールライフ

●教育内容

完全中高一貫教育のなかで、早稲田大学を含め、各自の志望大学に進学できる学力の養成を図ります。授業は先取りで進度が速く、数学と英語は中3で高校課程に入ります。英語の習得（中2・3で外国人講師による英会話が週1時間）や体験学習にも力を入れています。中1の鎌倉研修ではテーマごとに小グループに分かれてフィールドワークを行い、成果をレポートにまとめて授業で発表します。中3では地学の授業の一環として、地層調査や化石採集などの野外実習を長瀞で行います。長期休暇中や放課後には、学習の定着と発展のため、補習（指名制）や講習（希望制）を実施しています。

■主要5教科の週当たり時間（コマ）数

	英語	数学	国語	理科	社会
1年	5	5	4	5	4
2年	6	5	5	5	5
3年	7	5	5	5	5
合計	18	15	14	15	14

◎1日当たりの授業コマ数：50分×6時限
　※中1は月～金のうち1日は5時限、土曜日は4時限
◎登校時間：8時10分

●部活動

サッカー部、硬式庭球部などには150名以上が所属しています。フェンシング部、弓道部は関東大会や全国大会に出場する強豪です。

○文化系／クイズ研究、囲碁、物理研究、化学研究、地学、吹奏楽、歴史研究、鉄道研究、軽音楽、将棋、PCプログラミング、折紙、英会話、文芸、マジック、釣り研究、模型、弦楽、生物園芸、美術、数学研究など

○体育系／ソフトテニス、硬式野球、バレーボール、バドミントン、剣道、卓球、水泳、バスケットボール、ワンダーフォーゲル、サイクリング、柔道など

●行事

毎年、春に中学と高校に分けて実施する体育大会と、秋の興風祭（文化祭）が二大イベントです。伝統行事である利根川歩行では、利根川上流から銚子の犬吠埼灯台までの約200kmを、6年かけて完歩します。さらに東京地理研修や観劇など、学年ごとに特色のあるさまざまなイベントが企画されます。

●修学旅行・研修旅行

中学校の宿泊行事には中1の林間学校、中2以上の希望者対象のサマーキャンプ、中2の希望者対象のスキー学校があります。高2の関西研修は、3泊4日の班別行動です。旅行委員が企画を立ち上げ、各班が時間をかけてオリジナリティーにあふれる行動計画を作成します。

マネーガイド

■2024年度納付金（諸経費を含む）

	入学金	授業料	施設費	その他	計
入学手続時	300,000円	185,000円	63,000円	98,000円	646,000円
初年度総額	300,000円	444,000円	151,200円	216,000円	1,111,200円

◎寄付金：1口10万円、2口以上（任意）
◎授業料：分納
◎奨学金・特待生制度：経済的理由により、就学困難と判断される者に、奨学金として授業料・施設費・維持費などの相当金額を給付

学期制

週5·6日制

プール

冷房

寮

食堂

私服通学

海外研修

サピックスからの合格実績（過去3年）	'22	'23	'24
	224名	210名	206名

私立 東京 男子 わ

進学指導の概要

生徒一人ひとりの夢や適性に応じた進路目標の達成をサポートしています。高2で文系・理系に分かれ、高3では選択科目が設定されます。長期休暇中は各学年で5日間または6日間を1期とする講習が計4期あり、各教科で多様な講座が開講されます。早稲田大学への進学は卒業生の約半数です。ちなみに、2024年度は卒業生305名のうち148名が早稲田大学に推薦合格。その内訳は政経20名、法13名、文化構想11名、文9名、教育20名、商15名、基幹15名、創造14名、先進9名、社会科学15名などとなっています。その他の生徒は国公立大学や医学部を中心とした他大学に進学します。

■現役大学進学者の進路の内訳

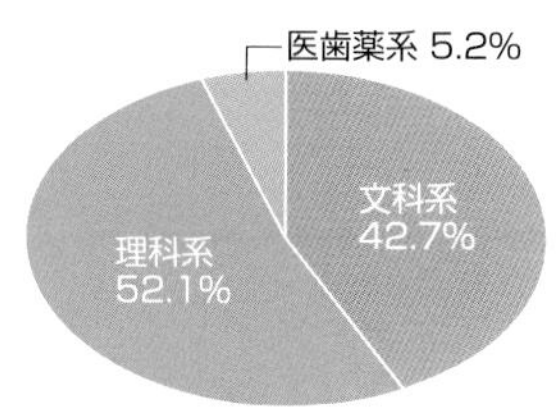

■併設高校から主要大学への合格実績

※上段は現役合格者数、下段は浪人を含めた合格者数。

	北海道大	東北大	東京大 文科Ⅰ類	東京大 文科Ⅱ類	東京大 文科Ⅲ類	東京大 理科Ⅰ類	東京大 理科Ⅱ類	東京大 理科Ⅲ類	東京大 合計	京都大	一橋大	東京工業大	東京芸術大	東京医科歯科大	東京外国語大	東京農工大	千葉大	筑波大
22年	2	—	4	3	1	12	4	—	24	2	1	1	—	2	—	3	4	5
	4	1	6	3	1	14	5	—	29	2	2	2	—	2	—	5	8	6
23年	2	2	7	4	3	13	4	—	31	4	5	8	—	—	—	2	4	3
	2	3	10	5	4	13	7	—	39	8	5	10	—	—	—	2	4	3
24年	4	1	8	3	2	13	6	—	32	10	5	10	—	2	—	—	3	1
	5	2	10	5	4	16	8	—	43	11	5	12	—	2	—	—	3	4

	横浜国立大	東京都立大	横浜市立大	早稲田大	慶應義塾大	上智大	東京理科大	国際基督教大	学習院大	明治大	青山学院大	立教大	中央大	法政大	文部科学省所管外の大学校	海外の大学	国公立・医学部	私立・医学部
22年	1	—	1	223	37	5	37	—	1	27	1	2	7	3	3	6	19	19
	3	—	1	239	53	12	55	—	2	51	1	3	16	10	3	6	20	24
23年	1	—	—	229	57	12	30	—	—	14	2	2	6	6	1	—	11	22
	1	—	—	253	72	18	54	—	—	28	5	2	10	11	4	—	26	42
24年	1	1	—	259	55	11	32	—	—	11	2	3	5	2	2	—	14	22
	3	1	—	292	77	12	53	—	—	27	4	4	11	11	2	—	17	28

★指定校推薦枠（2024年度）慶應義塾大3名など

入試情報

■過去3年間の入試結果

		募集人員	出願者	受験者	合格者	実質倍率
22年	1回	帰国含200	756	662	261	2.5
	2回	帰国含100	1318	911	270	3.4
23年	1回	帰国含200	830	723	257	2.8
	2回	帰国含100	1391	963	228	4.2
24年	1回	帰国含200	855	740	253	2.9
	2回	帰国含100	1460	1015	214	4.7

■2024年度入試 受験者・合格者の教科別平均点

		算数	国語	理科	社会	合計
1回	受験者	30.1	33.5	28.4	26.2	118.2
	合格者	39.8	38.9	32.1	29.1	139.8
2回	受験者	28.1	29.0	25.9	23.6	106.5
	合格者	39.0	36.5	31.0	27.4	133.9

○配点：算国＝各60点　理社＝各40点
○合格最低点：1回129点　2回123点

24年の募集要項

※以下は2024年の募集要項です。2025年の要項は学校の発表をお待ちください。

入 試 日／①2月1日 ②2月3日
募集人員／男子300名(①200名 ②100名)
合格発表／①2月2日 ②2月4日
手続締切／ 2月5日(第一次入学手続)
試験科目／国語(50分・60点)、算数(50分・60点)、理科(30分・40点)、社会(30分・40点)
面　　接／なし
受 験 料／1回につき、27,000円(①②とも出願し、①に合格後、第二次入学手続を完了した受験生については②の受験料を返金)

公開行事・説明会予定

【学校説明会】要予約 本校 誠ホール
8月24日(土) 9時～、12時～、15時～
8月25日(日) 9時～、12時～、15時～
【興風祭（文化祭）】
9月28日(土) 9時～16時
9月29日(日) 9時～16時
◆変更・中止の可能性もあります。必ず学校ホームページで確認してください。

サピックスOBの声

●体育大会は男子校なので迫力満点。午前中はクラス対抗のスポーツ大会、午後はチーム対抗で棒倒しや騎馬戦などを行い、とても盛り上がります。

●体育大会と興風祭（文化祭）以外の大きな行事としては年に2回の「利根川歩行」があります。これは6年間かけて、利根川上流から銚子市の犬吠埼灯台まで歩く行事。第123回生のぼくたちは123キロを踏破することが目標で、毎回10キロ程度歩けば達成となります。

早稲田大学高等学院 中学部

所在地／〒177-0044 練馬区上石神井3-31-1
TEL／03-5991-4156
学校長／武沢 護
創　立／早稲田大学により、1920年、旧制高等学院が設置され、1949年、新制高校として開校。2010年中学部を併設。
URL／www.waseda.jp/school/jhs

	1年	2年	3年
男子	125名	119名	118名
女子	—	—	—
クラス数	4組	4組	4組

中高総生徒数／1839名

〈交通アクセス〉
西武新宿線「上石神井」駅より徒歩7分

「学びの自由」が、未知への探究心と挑戦し続ける気概を育む

早稲田大学の唯一の直属附属中学校として、旧制高校からの歴史を有する高等学院に併設されました。早稲田大学の三大教旨「学問の独立」「学問の活用」「模範国民の造就」や「進取の精神」といった建学理念に基づき、中高大の一貫教育を実施。健やかな心身・高い知性・豊かな感性を育み、たくましい知性としなやかな感性を持った人材の育成をめざしています。自由で自主自立を重んじる校風の下、生徒は主体的に考える力や、学びの姿勢を養うとともに、大学受験にとらわれず、自分の興味・関心があることを探究しています。

スクールライフ

●教育内容

高校、早稲田大学へとつながる基礎学力と教養を養います。1クラス30名の少人数編成で、英語の一部はクラスを2分割します。英語はバランスのとれたコミュニケーション能力を育成。国語は、多様な文章を正確に深く理解する学習を行い、感性と知力のバランスを重視。数学は、基礎的・基本的な知識や技術の習得とともに、物事を論理的かつ多面的にとらえ、数理的に考察する力や創造力・発想力を育てます。理科では、高等学院創設以来の伝統である実験・観察を重視しながら、考える力を伸ばします。社会では、校外学習などを通して実社会と交わり、現代社会が抱える諸課題に主体的に取り組む批判的思考力を育みながら、3分野をバランス良く学びます。また、総合的な学習の時間では、教科の枠を超えた課題について調査・研究を行い、成果をまとめて発表する力を身につけるほか、高校の第二外国語で学ぶ諸外国語圏の文化や歴史、言語について、掘り下げる機会も多く設けています。

■主要5教科の週当たり時間（コマ）数

	英語	数学	国語	理科	社会
1年	6	5	6	4	4
2年	7	5	5	4	4
3年	7	5	5	4	4
合計	20	15	16	12	12

◎1日当たりの授業コマ数：50分×6時限
※土曜日は4時限
◎登校時間：8時30分

●部活動

○文化系／グリー、語学、理科、鉄道研究、コンピュータ研究
○体育系／サッカー、野球、バスケットボール、バレーボール、剣道、吹奏楽

●行事

体育祭、芸術鑑賞教室、学習発表会、音楽祭、スピーチコンテストなど、1年間を通じてさまざまな行事があります。また、早慶戦野球観戦、早稲田大学キャンパスツアー、異文化理解促進のためのアウトリーチプログラムは、大学と連携した行事となります。

●修学旅行・研修旅行

入学してすぐにオリエンテーション合宿があるほか、宿泊研修として中1は奈良、中2は長野、中3は長崎・佐賀を訪れ、生徒みずからが企画したグループ活動や体験学習を行います。また、夏休みには中2・3の希望者を対象に、オーストラリア海外研修（約2週間）も実施しています。

マネーガイド

■2024年度納付金（入学金・学費・諸会費）

	入学金	授業料	施設費	その他	計
入学手続時	260,000円	427,500円	142,500円	14,500円	844,500円
初年度総額	260,000円	855,000円	285,000円	21,500円	1,421,500円

◎寄付金：「教育振興資金」1口10万円、2口以上（任意）
◎授業料：2期分納
◎奨学金・特待生制度：在学中、保護者の死亡などによる家計急変のあった生徒を経済的に支援するための、独自の給付奨学金制度あり。また、成績優秀者には大隈奨学金がある。

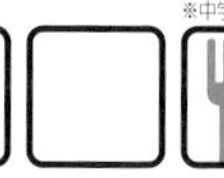

学期制　週5･6日制　プール　冷房　寮　食堂　私服通学　海外研修

※中学は曜日指定

サピックスからの合格実績（過去3年）	'22	'23	'24
	74名	61名	63名

進学指導の概要

所定の基準を満たせば、高校に進学できます。高校では、早稲田大学への進学を前提とした独自のカリキュラムを展開しており、高大一貫教育を活用したプログラムも充実。卒業生のほぼ全員が同大へ進学します。高2からは緩やかな文理コース制となり、多様な選択科目を設置。高3の自由選択科目では、大学キャンパスでの授業や、大学教員による授業もあります。その他、第二外国語（ドイツ語・フランス語・ロシア語・中国語から1言語を選択）を3年間必修で学び、高3では卒業研究や卒業制作も必修です。大学の講義科目聴講も認められ、一部は進学先の学部で先取り単位として認定されます。また、文部科学省のスーパーサイエンスハイスクールやスーパーグローバルハイスクールに指定されていたこともあり、授業や課外活動でさまざまな取り組みを実施。国際的分野で活躍できる人材育成にも力を入れています。

■現役大学進学者の進路の内訳

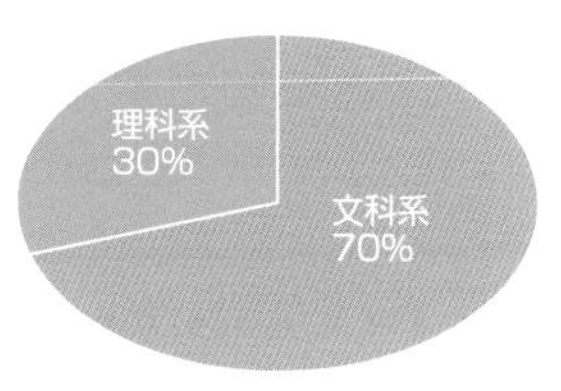

■併設大学（早稲田大学）への推薦状況

	政治経済学部	法学部	文化構想学部	文学部	教育学部	商学部	基幹理工学部	創造理工学部	先進理工学部	社会科学部	人間科学部	スポーツ科学部	国際教養学部
22年	110名	76名	22名	12名	13名	45名	56名	58名	32名	30名	3名	2名	15名
23年	110名	76名	27名	14名	25名	45名	68名	35名	30名	30名	―名	―名	10名
24年	110名	66名	27名	21名	29名	50名	56名	38名	24名	30名	―名	―名	3名

★指定校推薦枠（2024年度）日本医科大2名

入試情報

■過去3年間の入試結果

	募集人員	出願者	受験者	合格者	実質倍率
22年	120	470	438	133	3.3
23年	120	465	433	131	3.3
24年	120	416	380	129	2.9

○配点：算国＝各100点　理社＝各80点
○合格最低点：非公表

24年の募集要項

※以下は2024年の募集要項です。2025年の要項は学校の発表をお待ちください。

入 試 日／2月1日
募集人員／男子120名
合格発表／2月3日
手続締切／2月5日
試験科目／国語(50分・100点)、算数(50分・100点)、社会(40分・80点)、理科(40分・80点)
面　　接／あり(本人のみグループ面接・15分程度)
受 験 料／30,000円

公開行事・説明会予定

【学校説明会】
6月23日(日)10時～
9月22日(祝)10時～
10月27日(日)10時～
※開催方法などは学校ホームページに掲載
【学習発表会】
11月16日(土)
※詳細は9月下旬に学校ホームページに掲載
◆変更・中止の可能性もあります。必ず学校ホームページで確認してください。

サピックスOBの声

●武蔵野の緑に囲まれた、自然豊かな環境です。授業では社会科がおもしろく、映像を取り入れながら先生が興味深い解説を展開してくれます。高等学院がスーパーサイエンスハイスクールの指定校だったこともあって、理科も充実しています。理科室には本格的な器具や設備が整い、実験・観察を重視した授業が行われています。

●好きな施設は図書室です。蔵書は約12万冊もあり、購入リクエストにもすぐに応じてくれ、昨年公開された話題の映画の原作がそろっています。幅広いジャンルの雑誌が閲覧できるほか、CDやDVDは個別ブースで鑑賞できるので、土曜日の放課後によく利用しています。

跡見学園 中学校

所在地／〒112-8629　文京区大塚1-5-9
TEL／03-3941-8167
学校長／松井 真佐美
創　立／東京では最古の女子校であり、1875年創立。学制改革により1947年に中学を、翌年に高校を開校した。
URL／www.atomi.ac.jp/jh

	1年	2年	3年
男子	—	—	—
女子	256名	271名	245名
クラス数	7組	7組	6組

中高総生徒数／1401名

〈交通アクセス〉
東京メトロ丸ノ内線「茗荷谷」駅より徒歩2分
東京メトロ有楽町線「護国寺」駅より徒歩8分

高い学力と人間力を身につける中高一貫女子教育

大学入試に向けた学力と、国際社会で生きる人間力を身につける跡見の中高一貫教育。進路指導では、生徒の望む進路を歩ませたいという願いの下、進路講演や大学の模擬授業、大学別や分野・系統別の説明会など、多くの機会を提供し、生徒が主体的に進路選択を実現できる支援体制を整えています。149年にわたる伝統の女子教育を通じて、豊かな教養としなやかな心を持って、国際社会で生きる人間力を磨きます。「放課後プログラム」では茶道・華道・箏曲の稽古や、英会話の講座、補習授業などを実施。きめこまやかな指導を行っています。

スクールライフ

●教育内容

中高一貫カリキュラムにより、基礎学力の充実と学習習慣の確立に重点を置き、効率的な指導を行っています。中2からは英語、数学で習熟度別クラス編成での授業を実施します。さらに英語では、外国人講師によるオールイングリッシュの授業に加えて、マンツーマンのオンライン英会話授業を導入し、話す力と聞く力を鍛えています。理科と社会は校外学習に力を入れ、理科では植物園や水族館、社会では東京地方裁判所やさきたま古墳群などを訪れます。情操教育も重視しており、音楽、美術、跡見流書道や作法の指導も行う一方で、課外授業として英会話、茶道、華道、箏曲などの講座を週1回開講。放課後や長期休暇の講習も充実しています。また、生徒全員がiPadを所有し、ICTを活用した学習環境も整っています。

■主要5教科の週当たり時間（コマ）数

	英語	数学	国語	理科	社会
1年	5	5	5	4	4
2年	5	5	5	4	4
3年	5	5	5	4	4
合計	15	15	15	12	12

◎1日当たりの授業コマ数：50分×6時限
※土曜日は4時限
◎登校時間：8時

●部活動

中高合同で文化系17、体育系12の団体が活動中です。1947年創部の伝統ある繊維工芸部は、文部科学大臣賞をはじめ、多くの賞を受賞しています。
○文化系／英語、演劇、科学、家庭、合唱、器楽、グラフィクス、繊維工芸、文芸、放送、かるた、謡曲仕舞など
○体育系／剣道、水泳、ソフトテニス、体操、ダンス、バスケットボール、バレーボール、バドミントンなど

●行事

体育祭や文化祭のほか、世界の一流演奏家を招いての音楽鑑賞会、能･狂言鑑賞会、歌舞伎鑑賞会、合唱コンクールなど、芸術系の行事も多彩です。

●修学旅行・研修旅行

中1・2のサイエンス探究教室は、中1で北軽井沢にて自然観察や収穫体験、屋外炊事などに、中2では奥日光にて白根山への登山などに挑戦します。中3のSDGs探究旅行は、広島、沖縄、九州の3つのコースから選択し、各自のテーマに合わせたフィールドワークを行います。高2の研修旅行では、奈良・京都へ。このほか、中学生の希望者対象のニュージーランド体験留学、高校生の希望者対象のオーストラリア海外語学研修や、ターム留学などを行っています。

マネーガイド

■2024年度納付金（諸経費を含む）

	入学金	授業料	施設費	その他	計
入学手続時	250,000円	0円	0円	0円	250,000円
初年度総額	250,000円	582,000円	230,000円	334,400円	1,396,400円

◎寄付金：1口15万円、1口以上（任意）
◎授業料：2期分納
◎奨学金・特待生制度：経済的理由で就学困難な者に奨学金を給付または貸与。人物･学業とも優秀な者(中2以上)を特待生とし、年間授業料の半額相当を給付

学期制　週5·6日制　プール　冷房　寮　食堂　私服通学　海外研修

サピックスからの合格実績（過去3年）	'22	'23	'24
	30名	29名	38名

進学指導の概要

併設の跡見学園女子大学へは、在学中の成績を考慮して優先入学できます。ただし、国公立大など他大学の合格実績も伸びており、最近は理系学部の合格者も増えています。こうしたなか、進路指導室を中心に、優先入学の希望調査、さまざまな入試データの提供、継続的な学力分析データに基づいた受験アドバイスなどを行い、生徒をこまやかにサポート。高2から受験態勢を考えた進学コース別カリキュラムを取り入れ、一人ひとりの多様な進路希望に対応します。高1の「キャリア探究DAY」では、中3で行った「キャリアインタビュー」の発表や、各界で活躍する卒業生の講演が行われ、進路への意識を高めます。

■現役大学進学者の進路の内訳

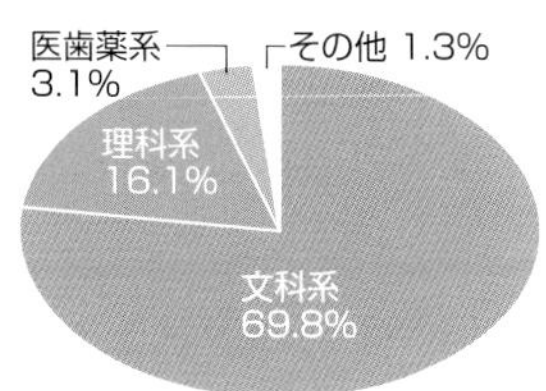

■併設高校から主要大学への合格実績

※上段は現役合格者数、下段は浪人を含めた合格者数。

	東京大	京都大	一橋大	東京工業大	筑波大	お茶の水女子大	電気通信大	東京外国語大	東京学芸大	東京芸術大	東京農工大	東京都立大	横浜国立大	千葉大	早稲田大	慶應義塾大	上智大	東京理科大
22年	—	—	—	—	—	—	—	—	—	—	—	—	—	—	1	2	4	2
	—	—	—	—	—	—	—	—	—	—	—	—	—	—	1	2	4	2
23年	—	—	—	—	—	—	—	—	—	—	—	—	—	—	5	—	3	—
	—	—	—	—	—	—	—	—	—	—	—	—	—	—	5	1	3	—
24年	—	—	—	—	—	—	—	—	—	—	—	—	—	1	3	3	2	—
	—	—	—	—	—	—	—	—	—	—	—	—	—	1	4	5	4	—

	学習院大	明治大	青山学院大	立教大	中央大	法政大	日本大	東洋大	駒澤大	専修大	跡見学園女子大	津田塾大	東京女子大	日本女子大	文部科学省所管外の大学校	海外の大学	国公立・医学部	私立・医学部
22年	15	10	11	14	8	9	16	16	6	4	54	3	15	16	—	—	—	—
	15	10	11	15	8	10	16	17	6	4	55	3	15	16	—	—	—	—
23年	11	11	5	4	3	4	11	6	1	5	27	1	3	6	—	1	—	1
	11	11	5	4	3	4	16	6	2	6	27	1	3	6	—	1	—	1
24年	8	4	5	8	3	3	14	7	2	2	28	3	7	12	1	5	1	—
	9	9	5	8	4	4	15	8	2	3	28	4	7	12	1	5	1	1

★指定校推薦枠（2024年度）慶應義塾大1名、上智大2名、東京理科大4名、学習院大11名、明治大1名、青山学院大4名、立教大3名、中央大5名、法政大3名、成蹊大2名、明治学院大4名など

入試情報

■2024年度の入試結果

		募集人員	出願者	受験者	合格者	実質倍率
一般1回	4科	70	215	197	86	2.3
	2科					
一般2回	4科	60	357	240	91	2.6
	2科					
特待1回	2科	50	301	267	136	2.0
特待2回	2科	40	343	233	93	2.5
特待3回 思考力	※1	20	146	105	39	2.7
特待3回 英語CS	※2		21	16	8	2.0
特待4回	4科	20	363	217	90	2.4
	2科					
帰国	2科	10	3	3	3	1.0

※1. 漢字力・計算力=50点 思考力入試=150点　※2. 漢字力・計算力=50点 英語筆記=50点 英語面接=100点
○配点：算国=各100点　理社=各50点
○合格最低点：一般1回4科195点・2科145点　一般2回4科193点・2科135点　特待1回128点　特待2回101点　特待3回思考力120点・英語CS153点　特待4回4科177点・2科137点　帰国は非公表

24年の募集要項

※以下は2024年の募集要項です。2025年の要項は学校の発表をお待ちください。

入 試 日／①一般1回2月1日午前 ②特待1回2月1日午後 ③一般2回2月2日午前 ④特待2回(国語重視型)2月2日午後 ⑤特待3回(思考力・英語コミュニケーションスキル)2月4日 ⑥特待4回2月5日　帰国12月19日

募集人数／女子270名(①70名　②50名　③60名　④40名　⑤20名　⑥20名　帰国10名)

合格発表／すべてホームページで即日

手続締切／すべて2月6日 ※都立中受検者は2月9日まで延納可(要届け出)

試験科目／国語(50分・100点)、算数(50分・100点)、理科・社会(計50分・各50点)　①③⑥2科4科選択　②④2科　⑤思考力：漢字力・計算力(計30分・50点)、思考力(50分・150点)　英語コミュニケーションスキル：漢字力・計算力(計30分・50点)、英語筆記(20分・50点)、英語面接(約7分・100点)

面　　接／なし

帰国生のための試験／国語、算数、作文、面接(保護者同伴)

受 験 料／25,000円 ※同時出願割引あり

公開行事・説明会予定

【学校説明会】要予約
6月15日(土)
10月26日(土)
1月18日(土)午前
【授業見学会・体験授業】要予約
6月29日(土)※午前に授業見学会、午後に体験授業を実施
【ナイト学校説明会】要予約
7月 3日(水)
9月20日(金)
【オンライン帰国生説明会】要予約
7月下旬頃に配信開始予定
【入試説明会】要予約
11月 2日(土)
1月18日(土)午後
【入試体験会】要予約
11月17日(日)
【文化祭】要予約
9月14日(土)、15日(日)
◆変更・中止の可能性もあります。必ず学校ホームページで確認してください。

江戸川女子 中学校

所在地／〒133-8552 江戸川区東小岩5-22-1
TEL／03-3659-1241
学校長／菊池 今次
創 立／1931年、前身である城東高等家政女学校を開校。1946年、江戸川高等女学校に改称。1987年に江戸川女子中学校を再開する。
URL／www.edojo.jp

	1年	2年	3年
男子	—	—	—
女子	194名	165名	171名
クラス数	5組	5組	5組

中高総生徒数／1492名

〈交通アクセス〉
JR「小岩」駅より徒歩10分　京成線「江戸川」駅より徒歩15分

2学期制・45分授業。ゆとりある学習計画のなかで質の高い学びを実現

「誠実・明朗・喜働」を教育の柱とし、「教養ある堅実な女性の育成」に努めています。2学期制・週6日制・45分授業を敷き、無駄を省いたカリキュラムのなかで、無理なく先取り教育を実践しています。特に英語には力を入れ、中3生の多くが英検®準2級に合格。2021年度からは国際コースも開設しました。また、茶道・華道・箏曲・弦楽などを通した情操教育も重視しており、豊かな心の育成を図っています。ヨーロッパの城のようなデザインの校舎は生徒に人気があり、自習室や地下体育館（アリーナ）など、充実した施設を備えているのも魅力です。

スクールライフ

●教育内容

中高6年間をトータルにとらえた無理のない学習計画のなかで、基礎学力の徹底を目標に効率的な学習を展開しています。重点教科の英語は教科書に「NEW TREASURE」を使用し、中3までに高校で学ぶ基本的な文法事項をすべて学習します。外国人講師と日本人教師による英会話授業に加え、オンラインによる1対1の英会話授業も行います。数学はチームティーチングや少人数習熟度別の授業を行い、高校の内容も含めて学びます。社会と理科では、自主研修や実験・観察など、体験学習の場を数多く設けているのが特徴です。このほか、週1時間「特別教育活動」として、日本の伝統文化を学ぶ時間を設けており、中1は茶道、中2は箏曲、中3は華道に触れ、感性・品格を磨きます。

■主要5教科の週当たり時間（コマ）数　※一般コース・国際コース共通

	英語	数学	国語	理科	社会
1年	9	6	5	4	3
2年	9	6	6	4	4
3年	9	6	6	5	4
合計	27	18	17	13	11

◎1日当たりの授業コマ数：45分×7時限
◎登校時間：8時15分

●部活動

19の部と16の同好会・愛好会のほとんどが、中高合同で活動。放送部、バトン部、吹奏楽部、美術部などは、全国大会やコンクールで活躍しています。

○文化系／放送、演劇、合唱、美術、書道、吹奏楽、マンドリンギター、弦楽、文芸、ガーデニング、イラスト、箏曲、茶道、写真、英語、理科、囲碁・将棋など

○体育系／卓球、バレーボール、ソフトボール、バスケットボール、ソフトテニス、陸上、バトン、バドミントン、剣道、モダンダンス、サッカー

●行事

かたばみ祭（文化祭）、体育祭のほか、オペラや歌舞伎、オーケストラ演奏などを鑑賞する文化教室を実施。中学では遠足や社会科見学も行います。

●修学旅行・研修旅行

中1は軽井沢で2泊3日の体験学習を、中2は春と秋に1日かけての農作業体験を行い、中3は修学旅行で奈良・京都を訪れます。また、高校の普通科は高2の修学旅行でカナダへ。英語科は高2でニュージーランド、オーストラリアから行き先を選び、3〜10週間の語学研修を行います。

マネーガイド

■2024年度納付金（諸経費を含む）　※コースによって異なる

	入学金	授業料	施設費	その他	計
入学手続時	300,000円	0円	0円	250,000円	550,000円
初年度総額	300,000円	468,000〜528,000円	156,000円	274,000円	1,198,000〜1,258,000円

◎寄付金：なし
◎授業料：月納
◎奨学金・特待生制度：経済的理由により就学困難な者に対し、授業料を減免する奨学金制度があるほか、入試成績優秀者を対象に、合計得点に応じて入学金と授業料、または入学金を免除する特待生制度がある

学期制 週5・6日制 プール 冷房 寮 食堂 私服通学 海外研修

サピックスからの合格実績（過去3年）	'22	'23	'24
	17名	9名	21名

進学指導の概要

高1で3つの類・科に分かれ、進学準備に入ります。普通科Ⅱ類は、難関私立大への現役合格をめざすコース。志望大学の受験科目に合わせて効率良く学習し、着実に実力を伸ばします。一方の普通科Ⅲ類は、国公立大への現役合格が目標です。授業そのものが受験対策となるよう、5教科7科目（医学部8科目）をきっちりと履修し、実戦力を磨きます。英語科の目標は、早慶上智・東京外語大をはじめとする難関大学の文系学部進学です。英語の授業数を多く設定（高1は週12時間、高2は週15時間、高3は14時間）しているほか、海外語学研修も行います。生徒は教員と面談を重ねて類・科を決定し、みずからの進路と向き合います。

■現役大学進学者の進路の内訳

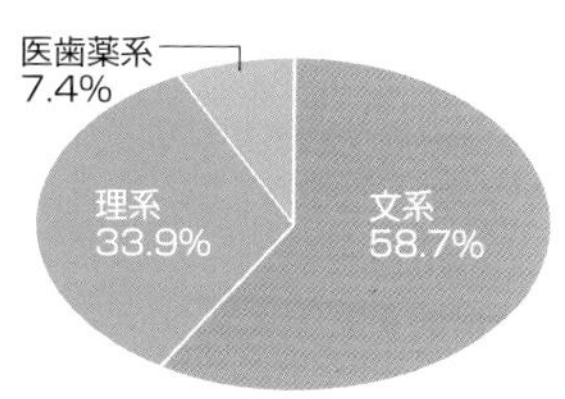

■併設高校から主要大学への合格実績

※上段は現役合格者数、下段は浪人を含めた合格者数。

	東京大	京都大	一橋大	東京工業大	筑波大	お茶の水女子大	電気通信大	東京外国語大	東京学芸大	東京芸術大	東京農工大	東京都立大	横浜国立大	千葉大	早稲田大	慶應義塾大	上智大	東京理科大
22年	—	—	1	—	4	—	1	4	1	—	—	1	—	13	21	11	27	17
	—	—	1	—	4	—	1	4	1	—	—	1	—	13	21	11	27	17
23年	—	—	1	—	2	4	—	2	2	—	—	—	—	10	28	14	15	13
	—	—	1	—	2	4	—	2	3	—	—	—	—	11	28	14	15	14
24年	1	—	—	—	2	1	—	—	4	—	—	1	—	7	13	10	27	20
	1	—	—	—	2	1	—	—	4	—	—	2	—	7	13	10	27	20

	学習院大	明治大	青山学院大	立教大	中央大	法政大	日本大	東洋大	駒澤大	専修大	国際基督教大	津田塾大	東京女子大	日本女子大	文部科学省管外の大学校所	海外の大学	国公立・医学部	私立・医学部
22年	18	35	10	36	16	27	26	29	12	12	1	13	23	43	3	—	—	—
	19	38	11	40	17	27	27	30	13	12	1	14	24	43	3	—	—	—
23年	14	30	13	45	15	25	31	21	12	13	—	16	17	41	4	—	1	1
	14	31	13	45	15	25	32	22	12	13	—	16	17	42	4	—	1	1
24年	16	26	9	40	14	18	19	38	15	16	—	14	16	32	4	5	1	—
	18	29	10	40	15	20	23	39	15	18	—	14	18	34	4	5	2	7

★指定校推薦枠（2024年度）早稲田大2名、慶應義塾大2名、上智大5名、東京理科大5名、学習院大3名、明治大4名、青山学院大2名、立教大6名、中央大1名、津田塾大1名、東京女子大4名など（※いずれも進学者数）

入試情報

■2024年度の入試結果

	募集人員	出願者	受験者	合格者	実質倍率
一般 4科1回	200	149	143	84	1.7
一般 基礎学力型1回		205	195	107	1.8
適性検査型		65	63	48	1.3
一般 4科2回		85	67	38	1.8
一般 英語特化型		20	19	16	1.2
一般 基礎学力型2回		124	110	31	3.5
一般 4科3回		96	76	28	2.7
帰国生 英語特化型		11	10	9	1.1
帰国生 基礎学力型		15	15	11	1.4

■2024年度入試 合格者の教科別平均点

	算数	国語	理科	社会	合計
一般 4科1回	76.0	69.5	43.0	42.8	231.3
一般 基礎学力型1回	81.1	83.3	英語/72.2		169.0
適性検査型	適性Ⅰ /65.3	適性Ⅱ /57.4	適性Ⅲ/68.9		191.5
一般 4科2回	70.1	78.6	45.5	39.4	233.6
一般 英語特化型	R・G・V/70.2		L・W/69.7		139.8
一般 基礎学力型2回	84.4	81.0	英語/68.2		166.8
一般 4科3回	75.4	72.2	42.8	33.0	223.3
帰国生 英語特化型	R・G・V/81.1		L・W/81.8		162.9
帰国生 基礎学力型	78.4	73.1	英語/74.4		168.2

○配点：算国＝各100点　理社＝各75点　英＝100点　適性検査ⅠⅡⅢ＝100点
○合格最低点：一般4科1回210点　一般基礎学力型1回160点　適性検査型160点　一般4科2回210点　一般英語特化型130点　一般基礎学力型2回160点　一般4科3回210点　帰国英語特化型141点・基礎学力型160点

24年の募集要項

※以下は2024年の募集要項です。2025年の要項は学校の発表をお待ちください。

入 試 日／①一般4科2月1日午前 ②適性検査型2月1日午後 ③一般基礎学力型2月1日午後 ④一般4科2月2日午前 ⑤一般英語特化型2月2日午前 ⑥一般基礎学力型2月2日午後 ⑦一般4科2月3日午前　帰国英語特化型11月23日午前　帰国基礎学力型11月23日午後
募集人員／女子200名
合格発表／ホームページで即日(②適性検査型は翌日)
手続締切／2月7日　帰国1月27日
試験科目／国語(50分・100点)、算数(50分・100点)、理科(35分・75点)、社会(35分・75点)適性検査型＝適性検査Ⅰ～Ⅲ 一般基礎学力＝基礎学力(国語・算数 各45分・100点)または英語(50分・100点)、基礎学力(国語・算数 各45分・100点) 一般英語特化型＝Reading, Grammar & Vocabulary(50分・100点)、Listening & Writing(50分・100点)、面接(本人のみ、日本語・英語)
面　　接／なし
帰国生のための試験／英語特化型＝Reading , Grammar & Vocabulary、Listening & Writing、面接　基礎学力型＝基礎学力(国語・算数)または英語、基礎学力(国語・算数)
受 験 料／23,000円

公開行事・説明会予定

【学校説明会】要予約
6月22日(土)、9月 7日(土)、10月 5日(土)
11月 2日(土)、1月18日(土)
【国際コース説明会(オンライン)】要予約
8月17日(土)、9月14日(土)、10月19日(土)
【入試問題説明会】要予約
8月10日(土)、12月 7日(土)
【生徒による校内見学ツアー】要予約
7月 6日(土)
【オープンキャンパス】要予約
8月31日(土)
【受験スタート説明会】要予約
2月15日(土)
【かたばみ祭(文化祭)】要予約
11月 9日(土)、10日(日)
【学校見学】
随時(前日までに要予約)
◆変更・中止の可能性もあります。必ず学校ホームページで確認してください。

桜蔭（おういん） 中学校

所在地／〒113-0033 文京区本郷1-5-25
TEL／03-3811-0147
学校長／齊藤 由紀子
創　立／1924年、桜蔭会(現お茶の水女子大学同窓会)により設立された桜蔭女学校が前身。1947年に中学校、翌年高等学校を開校。
URL／www.oin.ed.jp

	1年	2年	3年
男子	—	—	—
女子	237名	235名	233名
クラス数	5組	5組	5組

中高総生徒数／1381名

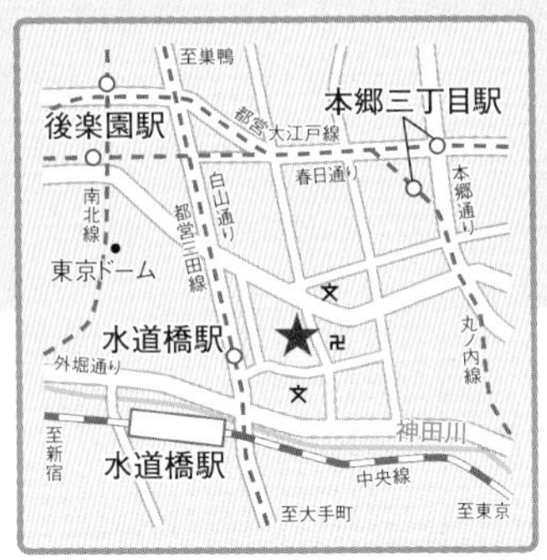

〈交通アクセス〉
JR「水道橋」駅より徒歩7分　都営三田線「水道橋」駅より徒歩5分　東京メトロ丸ノ内線「本郷三丁目駅」より徒歩8分　都営大江戸線「本郷三丁目」駅より徒歩9分

東大合格者数は女子校でトップ。高い知性と人格を育てる名門校

「東大にいちばん近い女子校」といわれ、男子トップクラスの進学校にも引けをとらない大学合格実績を誇っています。同時に創立以来の伝統として、学力の養成だけでなく、人間教育にも注力。「勤勉・温雅・聡明であれ」「責任を重んじ、礼儀を厚くし、よき社会人であれ」を校訓に、高い知性と人格を兼ね備えた女性の育成に取り組んでいます。また、建学の精神である「礼と学び」も大切に受け継いでおり、礼法の授業は必修です。2023年秋に温水プールや理科実験室を含む新東館が完成。教育環境がさらに充実しました。

スクールライフ

●教育内容

授業は進度が速く、独自の副教材などを活用した質の高い内容となっています。英語は、中1ではクラスを分割して外国人講師と日本人教員が2名で授業を実施。中2ではオンライン英会話を、中3では外国人講師による少人数制のティーチングと、LLの授業を行います。数学は中高一貫校用教材を使用。国語は中2から古典文法の学習を始め、中3の終わりまでに修了します。また、全学年に礼法の授業を設け、場面に合ったお辞儀の仕方やお茶の出し方などを学ぶのもポイントです。さらに中2は、6月から11月の毎週土曜日にひばりが丘グラウンドで体育を行うほか、夏休みには学校の温水プールで水泳に励みます。一方、中3の自由研究も特色の1つ。生徒は中2の3学期から各自テーマを決めて調査研究し、夏休み明けに提出します。こちらは卒業論文並みの本格的な研究で、全作品を校内に展示するほか、クラス内、中2生や保護者に向けての発表会も行います。

■主要5教科の週当たり時間（コマ）数

	英語	数学	国語	理科	社会
1年	4	4	5	3	4
2年	4.5	5	5	4	4
3年	5	5	4	4	3
合計	13.5	14	14	11	11

◎1日当たりの授業コマ数：50分×6時限
※土曜日は4時限
◎登校時間：8時20分（週1回朝礼の日は8時5分）

●部活動

文化部24、運動部9。全員参加のもとに中高合同で活動しています。運動部は、週1回だけ活動するⅠと、本格的に活動するⅡに分かれています。

○文化系／天文気象、生物、物理、化学、数学、新聞、文学、かるた、社会科、演劇、英語劇、英会話、放送、管弦楽、合唱、軽音楽、料理、手芸、美術、書道、花道、茶道、ボランティア、写真

○体育系／バレーボールⅠ・Ⅱ、バスケットボールⅠ・Ⅱ、卓球Ⅰ・Ⅱ、水泳、リズム水泳、ダンス

●行事

5月の体育大会は6学年縦割りのチームに分かれ、クラス対抗で競技します。9月の文化祭では各クラブ・同好会・有志の研究成果を発表します。

●修学旅行・研修旅行

中1の夏休みの浅間山荘合宿は、自然に親しむことを目的に行われます。修学旅行は中3で東北方面を、高2で奈良・京都を巡ります。

マネーガイド

■2024年度納付金（諸経費を含む）

	入学金	授業料	施設費	その他	計
入学手続時	380,000円	0円	0円	0円	380,000円
初年度総額	380,000円	447,600円	96,000円	122,500円	1,046,100円

※その他には校服代、端末購入費は含まない

◎寄付金：1口10万円、2口以上（任意）
◎授業料：分納
◎奨学金・特待生制度：なし

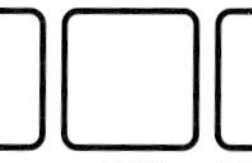

学期制　週5・6日制　プール　冷房　寮　食堂　私服通学　海外研修

サピックスからの合格実績（過去3年）	'22	'23	'24
	187名	197名	189名

進学指導の概要

文系、理系のクラス分けはありません。高2から選択科目制を採用し、高2で週5～6時間、高3で週13～19時間の選択科日を履修します。また、英・数の一部は高2より、難度と進度によってクラスを分割した少人数習熟度別授業を行います。夏休みには高3の希望者を対象に、主要5教科について受験講習を開き、難関大学合格に向けた実戦力を養います。例年、多くの生徒が東大をはじめとする難関国公立大、難関私立大に進学しており、現役合格率が7割を超えるなど、揺るぎない実績を残しています。「理数の桜蔭」といわれるほど理数系学部に強く、なかでも医歯薬系学部に進学する生徒の多さが目立っています。

■現役大学進学者の進路の内訳

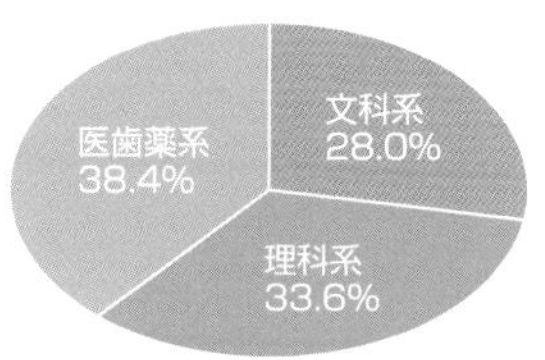

■併設高校から主要大学への合格実績

※上段は現役合格者数、下段は浪人を含めた合格者数。

	北海道大	東北大	東京大 文科Ⅰ類	東京大 文科Ⅱ類	東京大 文科Ⅲ類	東京大 理科Ⅰ類	東京大 理科Ⅱ類	東京大 理科Ⅲ類	東京大 合計	京都大	一橋大	東京工業大	東京芸術大	東京医科歯科大	東京外国語大	お茶の水女子大	千葉大	筑波大
22年	2	3	7	6	9	19	16	12	69	2	2	2	—	9	1	5	3	—
	2	4	10	6	10	20	18	13	77	2	2	2	—	11	1	6	8	2
23年	2	2	18	5	6	11	17	10	67	4	2	3	—	11	1	5	4	3
	4	4	19	5	6	12	19	11	72	6	5	4	—	12	1	7	4	3
24年	1	1	7	5	4	15	9	12	52	3	2	—	—	12	—	9	6	3
	1	1	9	5	8	17	12	12	63	4	4	—	—	13	—	9	6	4

	早稲田大	慶應義塾大	上智大	東京理科大	国際基督教大	学習院大	明治大	青山学院大	立教大	中央大	法政大	津田塾大	東京女子大	日本女子大	文部科学省所管外の大学校	海外の大学	国公立・医学部	私立・医学部
22年	117	93	37	61	1	—	32	12	5	19	10	1	2	1	10	1	41	65
	127	110	41	71	1	—	38	14	10	24	12	4	4	1	13	1	60	105
23年	119	78	47	49	2	1	30	20	7	30	5	2	11	8	9	1	48	96
	145	102	57	64	2	2	45	22	14	40	9	2	11	8	11	1	61	136
24年	78	68	30	29	3	4	34	9	13	18	5	1	1	—	5	2	46	107
	116	79	45	36	3	7	52	21	25	28	12	2	2	—	5	2	54	119

★指定校推薦枠（2024年度）早稲田大4名、慶應義塾大2名、東京理科大1名、学習院大2名、青山学院大1名など

入試情報

■過去3年間の入試結果

	募集人員	出願者	受験者	合格者	実質倍率
22年	235	557	534	282	1.9
23年	235	629	607	290	2.1
24年	235	591	565	287	2.0

○配点：算国＝各100点　理社＝各60点
○合格最低点：非公表

24年の募集要項

※以下は2024年の募集要項です。2025年の要項は学校の発表をお待ちください。
入 試 日／2月1日
募集人員／女子235名
合格発表／2月2日
手続締切／2月3日
試験科目／国語(50分・100点)、算数(50分・100点)、理科(30分・60点)、社会(30分・60点)
面　　接／あり(グループ面接)
受 験 料／25,000円

公開行事・説明会予定

【入試説明会】各回9時30分～ 要予約 土曜日は受験生本人も参加可
10月30日(水)5年生以上保護者対象
11月 2日(土)5年生以上保護者対象
11月 6日(水)4年生以下保護者対象
11月 9日(土)5年生以上保護者対象
【個別相談会】要予約
8月10日(土)　9時～16時
【文化祭】要予約
9月28日(土)　9時～16時
9月29日(日)　9時～15時30分
◆変更・中止の可能性もあります。必ず学校ホームページで確認してください。

サピックスOGの声

●勉強ばかりしている生徒が多いという印象があるようですが、実際はそうではありません。学習に真面目にしっかり取り組む一方で、文化祭などの行事のときは、みんな夢中になって楽しむような雰囲気があります。自慢は人生経験豊富な先生方。さまざまな国に行ったことのある先生などもいて、興味深い話をしてくれます。
●礼法の授業で正しい姿勢や歩き方、お辞儀の仕方などを学んだことで、きれいな所作を心がけるようになりました。実技系の科目でも、音楽では声楽の教材を使って発声を学んだり、家庭科では編み物でマフラーなどの作品を作ったりと、本格的に取り組むものが多くあります。どの分野にもプロ級の才能をもった友だちがいるので、いつも驚かされています。
●授業で特徴的なのは礼法ですが、国語に力を入れているのも桜蔭ならではだと思います。文章を読んで問いに答える際には、グループワークで意見を出し合い、それをまとめて提出して、次回の授業で発表するという流れで進みます。

鷗友学園女子 中学校

所在地／〒156-8551 世田谷区宮坂1-5-30
TEL／03-3420-0136
学校長／柏 いずみ
創　立／1935年、鷗友会（現東京都立白鷗高等学校同窓会）が鷗友学園を設立。戦後の学制改革で鷗友学園中学高等学校となる。
URL／www.ohyu.jp

	1年	2年	3年
男子	—	—	—
女子	256名	215名	238名
クラス数	8組	6組	6組

中高総生徒数／1440名

〈交通アクセス〉
小田急線「経堂」駅より徒歩8分　東急世田谷線「宮の坂」駅より徒歩4分

独自のカリキュラム編成で、実践力のある女性リーダーを育む

校訓は「慈愛(あい)と誠実(まこと)と創造」。創立時から、キリスト教的な精神やキリスト教的な自由主義をすべてのカリキュラムの基盤としながら、他者も自分も尊重できる「思いやりの心」を育んでいます。授業では、生徒が主体的・能動的に学ぶ「アクティブ・ラーニング」を重視。学問領域を超えて自由かつ積極的に学び、「総合力のある人間」を育てることに力を入れています。集団のなかで社会性や個性を育みながら周囲と協調して社会貢献できる女性、自分とは異なる価値観を認めながら新たなものを創造できるリーダーの育成をめざしています。

スクールライフ

●教育内容

主体的な学習を通して、学びのおもしろさを体感します。理科では5つの実験室とプラネタリウムを利用し、みずから課題を見つけて探究する力を養成。英語は中1からオールイングリッシュで授業を行い、英語を英語のままで理解する力を身につけます。一方、校内の農園で園芸を行うほか、体育のリトミック、芸術教育の充実など、生徒の総合力を高めることにも留意しています。また、BYOD（Bring Your Own Device）で生徒が自由に持ち込んだICT機器も利用しつつ、ディスカッション力やプレゼンテーション力を養います。さらに、グローバル教育に力を入れているのも特徴で、高1・2の希望者を対象にした米国チョート校サマープログラム、英国チェルトナム・レディース・カレッジでの研修、校内で行われる英語を使ったディベート講習会など、さまざまな企画を用意しています。

■主要5教科の週当たり時間（コマ）数

	英語	数学	国語	理科	社会
1年	6	5	4.5	3	3
2年	6	5	5	5	4
3年	6	5	6	4	4
合計	18	15	15.5	12	11

◎1日当たりの授業コマ数：50分×6時限
　※11月～3月は45分×6時限／土曜日は4時限
◎登校時間：8時30分

●部活動

クラブのことを班と呼ぶのが習わしです。全部で36の班と同好会が、熱心に活動しています。

○文化系／園芸、演劇、カメラ、美術、理科、ブラスバンド、箏曲、管弦楽、イラスト研究、囲碁など
○体育系／剣道、水泳、ソフトテニス、ソフトボール、体操、卓球、ダンス、バスケットボール、バトントワリング、バレーボール、陸上、バドミントンなど

●行事

かもめ祭（学園祭）、運動会、スクールコンサート、クリスマス会などのほか、学年ごとのテーマ学習にかかわる行事も実施。ブラインドウォーク実習やICTを活用した探究的な学びなどを通して、自分たちの生活のなかにどのような課題があるかを学びます。これらの行事で得た力は、高校での進路選択の土台となるだけでなく、国際理解教育にもつながります。

●修学旅行・研修旅行

中1で軽井沢研修会、中2でスキー教室、中3で沖縄修学旅行、高2で奈良・京都修学旅行を実施します。

マネーガイド

■2024年度納付金（諸経費を含む）

	入学金	授業料	施設費	その他	計
入学手続時	250,000円	0円	0円	0円	250,000円
初年度総額	250,000円	576,000円	183,000円	242,000円	1,251,000円

※入学辞退の場合、入学金を返金

◎寄付金：なし
◎授業料：2期分納または4期分納
◎奨学金・特待生制度：経済的理由により就学困難と判断される者に奨学金を給付

    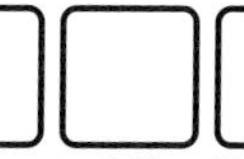 

学期制 2期 ｜ 週5・6日制 完6 days ｜ プール ｜ 冷房 cool ｜ 寮 ｜ 食堂 ｜ 私服通学 ｜ 海外研修 他

サピックスからの合格実績（過去3年）	'22	'23	'24
	119名	114名	117名

進学指導の概要

高1では、卒業生や大学教授などの講演を聞いて自己の適性を考える機会を設け、大学の様子を知ったうえで、自分の進むべき方向性を決定。高2の理系・文系・芸術系の選択では、生徒の希望を可能な限りカリキュラムに反映できるよう努めています。高3からは、共通テストに対応した週14時間の自由選択授業に加え、放課後や長期休暇には主要教科の演習や、大学入学共通テスト対策講習を実施。さらに小論文や志望理由書の個別添削指導、面接対策指導も行っています。進路の実現に向け、みずから取り組む姿勢を大切にしつつ、必要に応じて教員がサポートしています。

■現役大学進学者の進路の内訳

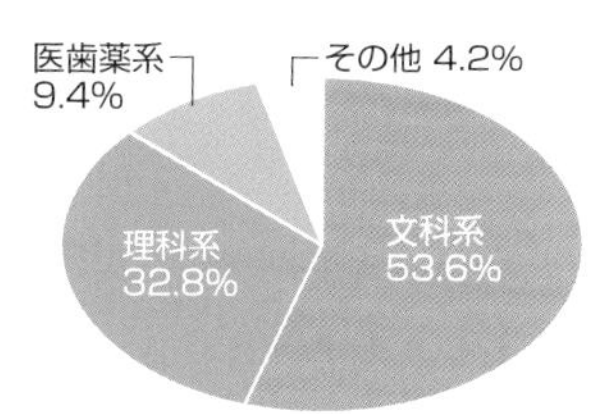

■併設高校から主要大学への合格実績

※上段は現役合格者数、下段は浪人を含めた合格者数。

	東京大	京都大	一橋大	東京工業大	筑波大	お茶の水女子大	電気通信大	東京外国語大	東京学芸大	東京芸術大	東京農工大	東京都立大	横浜国立大	千葉大	早稲田大	慶應義塾大	上智大	東京理科大
22年	9	1	7	6	2	5	—	4	—	—	2	3	4	2	61	50	56	63
	9	1	7	6	2	6	—	4	—	—	3	3	4	2	67	55	59	72
23年	3	3	3	8	4	4	—	8	4	—	1	3	5	1	73	61	89	53
	3	4	3	8	4	5	—	8	4	—	4	5	5	1	75	68	95	65
24年	12	3	8	2	1	5	1	4	3	1	5	4	—	4	91	48	89	46
	13	3	8	2	2	5	1	4	3	1	6	5	—	5	96	53	100	55

	学習院大	明治大	青山学院大	立教大	中央大	法政大	日本大	東洋大	駒澤大	専修大	国際基督教大	津田塾大	東京女子大	日本女子大	文部科学省所管外の大学校	海外の大学	国公立・医学部	私立・医学部
22年	8	109	46	91	50	38	14	7	4	8	7	5	33	24	—	2	7	13
	8	120	51	95	58	40	18	13	4	8	7	5	35	30	—	2	10	33
23年	11	101	46	99	58	38	22	10	4	4	6	8	24	15	—	5	5	26
	12	113	53	104	62	44	25	11	7	5	6	8	24	16	—	6	6	35
24年	8	93	35	78	27	31	19	12	1	3	5	7	24	13	1	6	6	19
	8	114	35	86	33	37	23	15	1	4	5	11	28	22	1	6	8	21

★指定校推薦枠（2024年度）早稲田大8名、慶應義塾大4名、東京理科大3名、学習院大6名、明治大2名、青山学院大1名、中央大4名、国際基督教大1名など

入試情報

■過去3年間の入試結果

		募集人員	出願者	受験者	合格者	実質倍率
22年	1回	帰国含約180	603	573	207	2.8
	2回	帰国含約40	714	482	100	4.8
23年	1回	帰国含約180	573	551	200	2.8
	2回	帰国含約40	754	527	106	5.0
24年	1回	帰国含約180	520	500	198	2.5
	2回	帰国含約40	682	451	138	3.3

■2024年度入試 受験者・合格者の教科別平均点

		算数	国語	理科	社会	合計
1回	受験者	53.5	60.4	57.1	71.7	243.2
	合格者	65.5	66.8	64.8	76.9	274.8
2回	受験者	55.9	68.7	63.4	74.4	263.1
	合格者	71.3	74.5	71.4	80.3	298.1

○配点：算国＝各100点　理社＝各100点
○合格最低点：1回252点　2回288点

24年の募集要項

※以下は2024年の募集要項です。2025年の要項は学校の発表をお待ちください。
入 試 日／①2月1日 ②2月3日
募集人員／女子約220名(①約180名 ②約40名)
合格発表／いずれも翌日
手続締切／①2月3日 ②2月7日
試験科目／国語(45分・100点)、算数(45分・100点)、理科(45分・100点)、社会(45分・100点)
面　　接／なし
受 験 料／25,000円(同時出願減額制度あり)

公開行事・説明会予定

【学校説明会】要予約
9月 4日(水) 9時40分～ 6年生対象※LIVE配信あり
10月19日(土) 9時～ 6年生対象
10時40分～
11月15日(金) 9時30分～
2月22日(土) 9時～ 5年生対象
10時30分～ 5年生以下対象※LIVE配信あり
【オープンキャンパス】要予約
7月 6日(土)
【部活動見学会】要予約
6月15日(土)14時～ 6年生対象
15時～
11月 9日(土)13時30分～、14時30分～
1月18日(土)13時30分～、14時30分～
【入試対策講座(WEB)】要予約 6年生対象
12月11日(水)公開 ※1月31日まで視聴可能
【受験会場見学会】要予約 6年生対象
12月14日(土)
【かもめ祭(学園祭)】要予約
9月14日(土)、15日(日)
◆変更・中止の可能性もあります。必ず学校ホームページで確認してください。

サピックスOGの声

●中1と高1には園芸の授業があります。敷地内の実習園で、最初はラディッシュを植えましたが、1か月もかからずに40個くらい収穫できたことには驚きました。また、教室には季節の花が飾られますが、これも園芸の教材の1つです。花が変わるたびにスケッチし、名前、分類、特徴などもノートにまとめます。
●理科は実験や観察が多く、先生のオリジナルテキストをもとに、アメリカザリガニやハマグリを解剖したり、化学式を実験で証明したりと、毎回研究者のような気分で、楽しく取り組んでいます。

大妻 中学校

所在地／〒102-8357 千代田区三番町12
TEL／03-5275-6002
学校長／梶取 弘昌
創　立／1908年に大妻コタカが創立した家塾が前身。戦後の学制改革で大妻中学校・高等学校となった。
URL／www.otsuma.ed.jp

	1年	2年	3年
男子	―	―	―
女子	285名	288名	279名
クラス数	7組	7組	7組

中高総生徒数／1658名

〈交通アクセス〉
東京メトロ半蔵門線「半蔵門」駅より徒歩5分　JRほか「市ヶ谷」駅より徒歩10分　東京メトロ東西線ほか「九段下」駅より徒歩12分

社会で50年輝き続ける女性の育成

日本の女子教育の草分け、大妻コタカによって創設され、百十余年の歴史を有する伝統の女子校です。校訓の「恥を知れ」は、良心に対して恥ずることをしないよう、自分自身を戒めることば。みずからを高め、みずからを律する女性の育成をめざして、時代の要請に応える教育を実践しています。学習面においては、中高一貫の効率的なカリキュラムにより、基礎学力の充実を徹底。生徒一人ひとりが希望の進路をめざせるよう支援しています。また、学校行事やクラブ活動にも力を入れ、積極的に行動できる生徒を育んでいます。

スクールライフ

●教育内容

入学後はまず、小テストや予習・復習の指導で学習習慣を身につけることに主眼を置いています。全教科をバランスよく学び、高2から4類型に分かれ、国公私立、文系理系に対応。各自の夢を語り合う高1のオリエンテーション合宿など、進路に対して意識を高める機会を多く設けています。近年、模擬国連に積極的に参加し、優秀な成績を収めているのも特徴の1つ。このほか2週間の海外研修や学期留学など、国際的な舞台で力を磨く機会を多く設定しています。また、高校生の発表が高校生国際シンポジウム全国大会で優秀賞を受賞するなど、探究の授業の成果も出ています。さらに1人1台タブレットを持ち、授業だけでなく、自学自習でも活用しています。

■主要5教科の週当たり時間（コマ）数

	英語	数学	国語	理科	社会
1年	6	5	5	4	4
2年	6	5	4	4	4
3年	6	5	6	4	4
合計	18	15	15	12	12

◎1日当たりの授業コマ数：50分×6時限
※土曜日は50分×4時限
◎登校時間：8時25分

●部活動

中学には23のクラブがあり、一部は中高合同で活動しています。約100人の部員を抱えるマンドリン部や、自分の印作りにも挑む書道部は、全国大会の常連です。

○文化系／演劇、文芸、美術、書道、茶道、理化、園芸、音楽、英会話、マンドリン、アニメ、吹奏楽、調理研究、華道、箏曲

○体育系／バレーボール、バスケットボール、ソフトテニス、卓球、ダンス、体操、バトン、剣道

●行事

大妻祭（文化祭）、体育祭は中高合同で実施します。「ひなまつりイベント」は華道部が花を生け、茶道部の点てたお茶を頂き、日本舞踊部の踊りや箏曲部が奏でる琴を楽しむ、伝統芸能満載の催しです。このほか合唱コンクール、球技大会、遠足、書き初め大会など、年間を通じてさまざまな行事があります。

●修学旅行・研修旅行

中1の林間学校は信州へ。修学旅行は事前学習に取り組み、中3は京都・奈良を、高2は九州を訪ねます。このほかにスキー教室（中2～高3の希望者）や、オーストラリアセミナー（高1の希望者）、英国セミナー（高1・2の希望者）、学期留学（高1）があります。

マネーガイド

■2024年度納付金（諸経費を含む）

	入学金	授業料	教育充実費	その他	計
入学手続時	250,000円	0円	0円	0円	250,000円
初年度総額	250,000円	491,000円	305,000円	477,370円	1,523,370円

※「その他」は積立金、制服代、指定品など。

◎寄付金：なし
◎授業料：3期分納
◎奨学金・特待生制度：経済的理由により就学困難と判断される者に奨学金を給付

学期制　週5・6日制　プール　冷房　寮　食堂　私服通学　海外研修

サピックスからの合格実績（過去3年）	'22	'23	'24
	149名	137名	138名

進学指導の概要

他大学に進学する生徒が圧倒的に多く、進路も多岐にわたるため、進路指導には力を入れています。高1のカリキュラムは共通（一部習熟度別）で、例年5月に進路を考えるオリエンテーションを2泊3日で実施。進路についての知識を増やし、理解を深めるためのテーマ研究や、大学・学部ごとの課題研究を行います。学力の伸長を図るため、高2からはカリキュラムに大幅な選択制を導入。また、大学模擬講義や小論文指導なども行い、各大学の特色を把握し、進路に対する意識を高める機会も多く設けています。高3ではほとんどの教科科目を選択制にして、志望校合格に向けての実戦力を鍛えていきます。

■現役大学進学者の進路の内訳

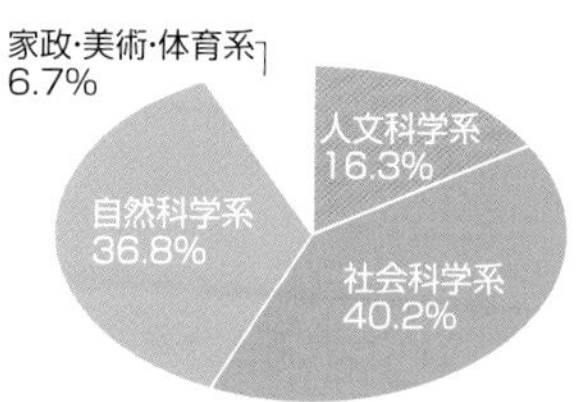

■併設高校から主要大学への合格実績

※上段は現役合格者数、下段は浪人を含めた合格者数。

	東京大	京都大	一橋大	東京工業大	筑波大	お茶の水女子大	電気通信大	東京外国語大	東京学芸大	東京芸術大	東京農工大	東京都立大	横浜国立大	千葉大	早稲田大	慶應義塾大	上智大	東京理科大
22年	—	—	—	1	1	2	2	4	—	—	3	2	1	3	36	16	30	21
	—	—	—	1	2	2	2	4	—	1	4	2	1	3	42	16	31	23
23年	—	1	—	—	6	1	—	3	—	—	2	5	1	6	32	14	33	23
	—	1	—	—	7	1	—	3	—	—	2	5	1	7	36	15	34	32
24年	—	—	3	1	2	4	1	1	1	—	2	—	1	3	37	27	48	29
	—	—	4	2	2	4	1	1	1	—	2	—	1	4	37	29	48	33

	学習院大	明治大	青山学院大	立教大	中央大	法政大	日本大	東洋大	駒澤大	専修大	大妻女子大	津田塾大	東京女子大	日本女子大	文部科学省管外の大学校	海外の大学	国公立・医学部	私立・医学部
22年	23	78	21	50	23	44	43	55	15	22	41	9	27	44	2	3	1	4
	25	80	22	56	33	50	49	59	15	23	42	9	29	46	2	3	1	9
23年	20	74	27	57	29	57	48	34	17	8	35	7	25	35	—	12	1	14
	21	75	29	60	36	65	53	34	17	8	37	9	25	39	—	12	5	24
24年	33	74	41	63	39	75	39	73	17	17	26	24	55	42	—	15	—	5
	33	77	41	65	42	77	43	73	17	18	27	26	58	46	—	15	—	21

★指定校推薦枠（2024年度）早稲田大4名、慶應義塾大6名、東京理科大6名、明治大1名、立教大1名、中央大3名、法政大3名、学習院大8名、国際基督教大1名など

入試情報

■過去2年間の入試結果

		募集人員	出願者	受験者	合格者	実質倍率
23年	1回	約100	260	239	115	2.1
	2回	約100	603	497	247	2.0
	3回	約40	345	257	85	3.0
	4回	約40	326	237	59	4.0
	帰国	若干	83	81	60	1.4
24年	1回	約100	265	247	117	2.1
	2回	約100	643	509	250	2.0
	3回	約40	369	278	74	3.8
	4回	約40	346	260	48	5.4
	帰国	若干	56	49	39	1.3

■2024年度入試 受験者・合格者の教科別平均点

		算数	国語	理科	社会	合計
1回	受験者	63.5	70.9	32.3	36.0	202.6
	合格者	72.6	75.2	37.2	38.9	223.9
2回	受験者	60.5	72.6	36.2	40.7	210.1
	合格者	69.7	78.3	40.6	44.4	233.0
3回	受験者	57.5	71.5	29.1	33.3	191.3
	合格者	71.7	78.3	35.9	39.1	225.0
4回	受験者	62.1	61.1	26.4	36.5	186.1
	合格者	79.6	71.4	35.6	44.0	230.7

○配点：算国＝各100点　理社＝各60点
○合格最低点：1回208点　2回211点　3回209点　4回217点　帰国は非公表

24年の募集要項

※以下は2024年の募集要項です。2025年の要項は学校の発表をお待ちください。

入試日／①2月1日 ②2月2日 ③2月3日 ④2月5日 帰国12月10日
募集人員／女子約280名(①約100名 ②約100名 ③約40名 ④約40名 帰国若干名)
合格発表／すべてホームページで即日(帰国のみ翌日)
手続締切／①②③2月5日 ④2月6日 帰国1月29日
試験科目／国語(50分・100点)、算数(50分・100点)、理科(30分・60点)、社会(30分・60点)
面　接／なし
帰国生のための試験／筆記試験(国算英から2科選択)、面接(保護者同伴)
受験料／22,000円(入学者には未受験分の受験料を返金)

公開行事・説明会予定

【学校説明会】要予約
6月23日(日)10時〜、14時〜
7月15日(祝)10時〜、14時〜
10月20日(日)10時〜
11月23日(祝)10時30分〜
12月15日(日)10時30分〜
【帰国生学校説明会】要予約
7月20日(土)14時〜
10月12日(土)14時〜
【入試説明会】要予約
10月20日(日)14時〜
【大妻祭(文化祭)】
9月21日(土)、22日(祝)
◆上記のほか、校内案内なども開催。詳しくは学校ホームページをご覧ください。
◆変更・中止の可能性もあります。必ず学校ホームページで確認してください。

サピックスOGの声

●自慢は9階まで吹き抜けのある明るい校舎。図書室やラウンジ、アリーナなど充実した施設が整っています。学校は皇居に程近く、周辺は静かで落ち着いた環境です。

大妻多摩 中学校

所在地／〒206-8540 多摩市唐木田2-7-1
TEL／042-372-9113
学校長／熊谷 昌子
創　立／1949年に設立された大妻女子大学の併設校として、1988年に高校が、1994年に中学校が開校。
URL／www.otsuma-tama.ed.jp

	1年	2年	3年
男子	—	—	—
女子	163名	150名	128名
クラス数	4組	4組	4組

中高総生徒数／891名

〈交通アクセス〉
小田急線「唐木田」駅より徒歩7分

伝統の女子教育を継承しつつ、未来を見据えて教育内容を先進化

1988年に創立80周年を迎えた大妻学院が、先進的な教育を行う目的で設置した学校です。豊かな自然と広大なキャンパス、整った教育環境が魅力です。110年以上続く伝統の女子教育を大切にしながらも、グローバル化や新大学入試に対応する教育改革を図るとともに、入試も多様化させています。付属校でありながら、ほとんどの生徒が他大学に進学します。人間関係スキル・キャリア教育・ロジカルシンキング・フィールドワークといった「教養教育」を土台に、「国際教育」「科学教育」で力を伸ばし、「世界を視野に活躍できる女性」の育成をめざしています。

スクールライフ

●教育内容

6年一貫教育の効率を高め、生徒の実態に合わせた「無理のない先取り教育」を展開します。英語は中1から習熟度別授業、外国人講師による少人数制のスピーキングの授業、少人数制のリスニングの授業を実施。それぞれのレベルに合わせた授業で、しっかりと実力を身につけます。国語は中1から古典を学習し、他者に内容を正しく伝えるための国語表現にも力を入れています。社会は視聴覚教材をはじめ、多彩な教材を使用。理科では実験・観察を重視し、生徒の興味と理解を引き出す教育を行っています。校舎にはCALL教室（3室）、理科の実験室（5室）を備えるほか、吹き抜け構造の広々とした図書館棟も完備。充実した施設が魅力です。

■主要5教科の週当たり時間（コマ）数

	英語	数学	国語	理科	社会
1年	6	5	5	4	4
2年	6	6	5	4	4
3年	6	6	5	4	4
合計	18	17	15	12	12

◎1日当たりの授業コマ数：50分×6時限
　※土曜日は4時限
◎登校時間：8時25分

●部活動

中1は全員の入部が原則。全国大会に出場したラクロス部やバトン部をはじめ、バレーボール部、テニス部、バスケットボール部などが活発です。文芸部には競技カルタ部門があります。

○文化系／演劇、科学、軽音楽、コーラス、茶道、吹奏楽、弦楽、家庭科、美術、漫画･イラスト、パソコン、文芸

○体育系／バスケットボール、バレーボール、バトン、ダンス、バドミントン、ラクロス、サッカー、陸上競技、ソフトボール、テニス、ソフトテニス

○同好会／剣道、ESS

●行事

中高合同で開催する欅祭（けやきさい）（文化祭）、体育祭、合唱祭が三大行事です。このほか芸術鑑賞会、東京下町巡検など、校外での行事も盛んに行っています。

●修学旅行・研修旅行

中1は4月にオリエンテーション旅行へ。中2ではオーストラリアで姉妹校との交流や大学訪問、企業訪問を行います。高2の修学旅行では、京都・奈良を訪れます。また、中3～高2の希望者対象に、イギリスセミナーとトルコセミナーを実施。ターム留学制度も充実しており、各国の提携校に留学可能です。

マネーガイド

■2024年度納付金（諸経費を含む）

	入学金	授業料	教育充実費	その他	計
入学手続時	250,000円	0円	0円	0円	250,000円
初年度総額	250,000円	491,000円	305,000円	595,510円	1,641,510円

※副教材費や検定・模試受験料、海外研修積立金を含む

◎寄付金：なし
◎授業料：3期分納
◎奨学金・特待生制度：経済的理由により就学困難な者に奨学金として20万円を給付。第1～3回入試の成績上位15名を特待生とし、入学金を免除する

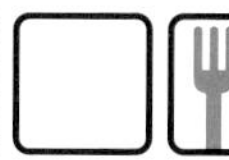

学期制　週5・6日制　プール　冷房　寮　食堂　私服通学　海外研修

サピックスからの合格実績（過去3年）	'22	'23	'24
	25名	18名	11名

私立　東京　女子　お

進学指導の概要

高1では主要5教科を中心に、共通科目を履修。高2で文系・理系に分かれ、選択科目も導入します。高3からはさらに幅広い選択科目を設置して、志望の進路に対応した科目を履修します。大学受験に向けたサポートを充実させており、大学の先生の講演や、予備校の先生を招いての「進学講演会」、受験補習なども実施。さらに先輩を囲む会、海外大学留学ガイダンスなどを通して、きめ細かい進路指導を行います。英語教育には特に力を入れ、少人数授業や習熟度別授業を採用。併設の大妻女子大学への進学者は少なく、近年は地方の国公立大へ進む生徒も増えています。

■現役大学進学者の進路の内訳

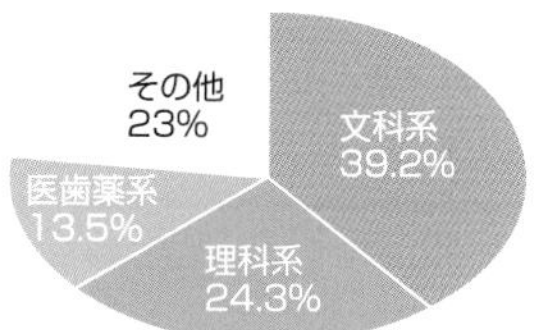

■併設高校から主要大学への合格実績

※上段は現役合格者数、下段は浪人を含めた合格者数。

	東京大	京都大	一橋大	東京工業大	筑波大	お茶の水女子大	電気通信大	東京外国語大	東京学芸大	東京芸術大	東京農工大	東京都立大	横浜国立大	千葉大	早稲田大	慶應義塾大	上智大	東京理科大
22年	1	—	—	—	2	—	—	1	1	—	—	5	—	—	23	9	9	3
	1	—	—	—	2	—	—	2	1	—	1	5	—	—	24	10	14	4
23年	—	—	—	—	—	—	—	2	—	—	1	2	1	—	5	5	10	2
	—	—	—	—	—	—	—	2	—	—	2	2	1	—	6	5	10	2
24年	—	—	—	—	—	—	—	—	1	—	1	1	1	—	9	6	11	7
	—	—	—	—	—	—	—	—	1	—	1	2	1	—	9	6	11	8

	学習院大	明治大	青山学院大	立教大	中央大	法政大	日本大	東洋大	駒澤大	専修大	大妻女子大	津田塾大	東京女子大	日本女子大	文部科学省所管外の大学校	海外の大学	国公立・医学部	私立・医学部
22年	4	31	5	38	28	20	14	28	4	16	17	—	13	12	2	—	1	4
	4	36	5	41	29	21	15	29	4	16	17	1	13	12	2	—	1	4
23年	1	9	11	12	23	17	13	17	5	17	11	1	10	12	—	—	—	1
	1	9	12	13	24	18	14	17	5	17	11	1	10	12	—	—	—	1
24年	3	20	15	11	16	21	16	9	3	13	12	6	11	10	2	4	—	2
	3	20	15	11	17	21	17	9	3	13	12	6	11	12	2	4	—	2

★指定校推薦枠（2024年度）早稲田大2名、慶應義塾大1名、上智大2名、東京理科大3名、青山学院大3名、明治大3名、中央大11名、立教大1名など

入試情報

■2024年の入試結果

	募集人員	出願者	受験者	合格者	実質倍率
帰国生 総合進学	定めず	4	4	3	1.3
帰国生 国際進学	定めず	3	3	3	1.0
1回 総合進学	40	88	82	59	1.4
1回 国際進学	10	8	8	6	1.3
適性型思考力型	10	18	18	14	1.3
2回総合進学	25	211	193	143	1.3
2回国際進学	5	9	8	6	1.3
3回総合進学	25	220	99	80	1.2
3回国際進学	5	10	3	2	1.5
4回総合進学	20	150	34	31	1.1

■2024年度入試 合格者の教科別平均点

	算数	国語	理科	社会	合計
1回 総合進学	75.6	75.5	30.6	37.4	219.1
2回総合進学	65.1	69.2			134.4
3回 総合進学	58.2	57.3			115.5
4回 総合進学	55.0	62.9	31.5	32.5	181.9

○配点：算国＝各100点　理社＝各60点
○合格最低点：1回185点　2回101点　3回74点　4回134点

25年の募集要項

入試日／【総合進学】①2月1日 適性型思考力2月1日 ②2月1日午後 ③2月2日午後 ④2月4日【国際進学】①2月1日 ②2月1日午後 ③2月2日午後【帰国】総合進学・国際進学11月23日（オンライン：11月22日、23日）
募集人数／女子140名（【総合進学】①40名、適性型思考力10名、②25名、③25名、④20名【国際進学】①10名、②5名、③5名【帰国】特に定めず）
合格発表／ホームページで即日 帰国オンライン（11月22日）は翌日
手続締切／2月10日 帰国11月28日
試験科目／【総合進学】国語（50分・100点）、算数（50分・100点）、社会（40分・60点）、理科（40分・60点）※①④は4科、②③は2科 適性型思考力＝読解表現（50分・100点）、合科適性（50分・100点）【国際進学】①＝国語（50分・100点）、算数（50分・100点）、英語リスニング（25分・100点）②③＝国語（50分・100点）、算数（50分・100点）、英検3級以上の合格証を提出
面接／なし
帰国生のための試験／【総合進学】対面＝日本語作文、計算力確認、面接（日本語または英語）オンライン＝日本語作文＋口頭試問、面接＋計算力確認、面接（日本語または英語）
【国際進学】対面＝英語、計算力確認、日本語面接 オンライン＝英語面接、面接＋計算力確認、日本語面接
受験料／22,000円 ※合格回以降の未受験分受験料の返金対応あり

【帰国生入試説明会】要予約 7月28日（日）10時～
【夜の学校説明会】要予約
8月24日（土）17時～
【入試説明会】要予約　6年生対象
9月28日（土）14時～
【学校説明会】要予約
10月14日（祝）10時～、14時～
【国際進学・適性型思考力入試説明会】要予約　6年生対象
10月26日（土）14時～
【オープンスクール】要予約
6月15日（土）10時～、11月2日（土）10時～
【入試模擬体験】要予約　6年生対象
11月16日（土）　9時30分～、11時15分～
1月12日（日）　9時30分～、11時15分～
【入試報告会】要予約　5年生以下対象
3月14日（金）14時～
【欅祭（文化祭）】要予約
9月14日（土）10時～16時、9月15日（日）9時～15時
【合唱祭】
2月13日（木）11時45分～16時20分頃　府中の森芸術劇場
◆変更・中止の可能性もあります。必ず学校ホームページで確認してください。

大妻中野 中学校

所在地／〒164-0002 中野区上高田2-3-7
ＴＥＬ／03-3389-7211
学校長／諸橋 隆男
創　立／1941年に設立された文園高等女学校が前身。1971年に大妻女子大学中野女子高等学校と改称、1995年より中高一貫化。
ＵＲＬ／www.otsumanakano.ac.jp

	1年	2年	3年
男子	—	—	—
女子	249名	279名	233名
クラス数	7組	8組	6組

中高総生徒数／1401名

〈交通アクセス〉
JR、東京メトロ東西線「中野」駅より徒歩10分　西武新宿線「新井薬師前」駅より徒歩8分

広がる夢とまっすぐ向き合う。ますます強まるサポート体制

「アドバンストコース」と「グローバルリーダーズコース」の2コース制の下、教育活動を展開。未来社会で活躍する力を発掘するため、「新思考力入試」を導入するなど、全校を挙げて刻々と変化する社会を見据えた教育改革を行っています。多様性を理解し、世界の変化に柔軟な精神力を育むため、世界各国での多種多様な海外研修もバリエーション豊かに増設。生徒一人ひとりを見つめ、実践にこだわる語学力と豊かな経験に基づく深い思考力を育てます。新しい学びを導く最新のICT教育環境も、日々進化を遂げています。

スクールライフ

●教育内容

アドバンストコースでは、高2で全カリキュラムを終え、大学受験に全力投球するため、中学から実力アップをめざす講習・補習が充実。抜群のサポート体制で受験に挑みます。グローバルリーダーズコースは英語の授業週6時間のうち、4時間を外国人講師が担当。豊富なReadingを土台に、Research、Writing、Speakingを一体化させた授業を展開します。また、フランス語を必修とした多言語教育も特色です。どちらのコースも小テストや課題を小まめに設定。バランスと効率を重視した学習習慣を定着させます。その一方、人間らしい感性や気遣いの心を育成する取り組みも重視。みずからの良心に恥じない確固たる自律心と、他者を思いやる包容力を育成することを目標に、円滑な人間関係構築のための「ピア・サポート」や、学校コンクールの領域を超えたレベルで展開される合唱コンクールなど、さまざまな取り組みがなされています。

■主要5教科の週当たり時間（コマ）数

	英語	数学	国語	理科	社会
1年	6	4	5	4	4
2年	6	5	5	4	4
3年	6	6	5	4	4
合計	18	15	15	12	12

◎1日当たりの授業コマ数：50分×6時限
　※土曜日は4時限
◎登校時間：8時30分

●部活動

全部で28のクラブと同好会があり、中高合同で活動しています。合唱部は全国大会の常連です。

○文化系／合唱、リビングアート、演劇、生物、化学、華道、茶道、書道、箏曲、吹奏楽、美術、JRC、漫画研究、クッキング、ポピュラーミュージック、文芸、ING

○体育系／ダンス、チアリーディング、剣道、硬式テニス、ソフトテニス、ソフトボール、卓球、バスケットボール、バドミントン、バレーボール、スキー

●行事

Global Arts Festival～秋桜祭（文化祭）と体育祭は中高合同で実施。ほかにも遠足、校外学習、外国語発表会、芸能教室などを行っています。また、12月の合唱コンクールは、単なる学校行事の範疇を超えたハイレベルなものです。

●修学旅行・研修旅行

中1でオリエンテーション旅行、中2で環境学習旅行、中3で平和学習旅行を実施。知見を広げるとともに、仲間との絆を深めます。また、希望者制の海外研修や、長期・短期の留学の機会が豊富で、行き先もカナダ、オーストラリア、フランス、アメリカなど、多岐にわたっています。

マネーガイド

■2024年度納付金（諸経費を含む）

	入学金	授業料	施設費	その他	計
入学手続時	250,000円	0円	0円	0円	250,000円
初年度総額	250,000円	471,000円	250,000円	533,599円	1,504,599円

※制服・PCを除く

◎寄付金：なし
◎授業料：3期分納
◎奨学金・特待生制度：経済的理由で就学困難な者に奨学金を給付。一般入試の成績上位者（アドバンスト入試・各回5名・15名・10名・3名・若干名／グローバル入試・若干名）を特待生とし、授業料を免除

学期制　週5・6日制　プール　冷房　寮　食堂　私服通学　海外研修

サピックスからの合格実績（過去3年）	'22	'23	'24
	47名	54名	42名

進学指導の概要

中3以降、毎年学年全体でコース再編を行い、自分の希望に合わせて学習できるシステムをとっています。中3から理系科目で高校履修内容の先取り学習を実施。より早く大学受験対策に特化した授業が行えるカリキュラム構成です。生徒一人ひとりの個性を重視し、綿密な個人面談、親子面談を行うことに加え、個別のサポートも充実しています。卒業生との結びつきも強く、OGがチューターとして生徒の学習をサポートするほか、進学相談会や講演会なども行います。併設の大妻女子大学に進学する生徒は近年減少傾向にあり、国内難関大学から海外大学まで、それぞれの目標に合わせ、多様な大学・学部を積極的に受験しています。

■現役大学進学者の進路の内訳

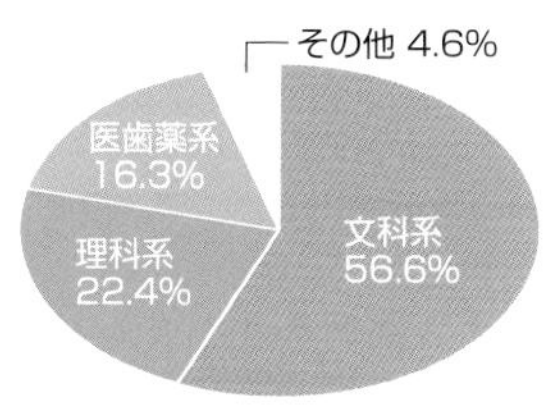

■併設高校から主要大学への合格実績

※上段は現役合格者数、下段は浪人を含めた合格者数。

	東京大	京都大	一橋大	東京工業大	筑波大	お茶の水女子大	電気通信大	東京外国語大	東京学芸大	東京芸術大	東京農工大	東京都立大	横浜国立大	千葉大	早稲田大	慶應義塾大	上智大	東京理科大
22年	—	—	—	—	1	—	—	1	—	—	2	2	—	1	15	7	9	9
	—	—	—	—	1	—	—	1	—	—	2	2	—	1	17	7	9	9
23年	—	—	—	—	—	—	1	—	—	—	—	1	—	—	8	3	10	4
	—	—	—	—	—	—	1	—	—	—	—	1	—	—	9	4	10	4
24年	—	—	—	—	—	1	—	—	1	1	—	—	—	—	3	6	6	4
	—	—	—	—	—	1	—	—	1	1	—	—	—	—	3	6	6	4

	学習院大	明治大	青山学院大	立教大	中央大	法政大	日本大	東洋大	駒澤大	専修大	大妻女子大	津田塾大	東京女子大	日本女子大	文部科学省所管外の大学校	海外の大学	国公立・医学部	私立・医学部
22年	12	30	19	40	29	24	29	23	19	9	38	8	23	23	—	5	—	7
	12	31	21	40	30	27	31	28	20	9	38	8	23	23	—	6	—	7
23年	7	11	6	24	18	9	11	20	2	8	50	8	11	16	1	1	—	4
	10	15	6	24	18	10	18	23	3	9	50	9	12	18	1	1	—	10
24年	6	16	7	28	18	20	13	21	9	3	46	8	9	14	—	12	—	3
	6	16	7	28	18	21	13	22	9	3	47	8	9	15	—	12	—	3

★指定校推薦枠（2024年度）東京理科大3名、学習院大7名、明治大1名、青山学院大1名、立教大5名、中央大6名、法政大4名、日本大4名、津田塾大3名、東京女子大5名、成蹊大2名、明治学院大1名、立命館大1名など

入試情報

■2024年度の入試結果

	募集人員	出願者	受験者	合格者	実質倍率
海外帰国生1回	約36	92	92	86	1.1
海外帰国生2回		6	6	5	1.2
1回グローバル		20	18	15	1.2
2回グローバル		29	11	9	1.2
1回アドバンスト	約50	150	125	50	2.5
2回アドバンスト	約50	435	405	256	1.6
3回アドバンスト	約45	466	285	135	2.1
4回アドバンスト	約25	293	150	71	2.1
新思考力	約15	171	70	17	4.1

■2024年度入試 合格者の教科別平均点

	算数	国語	理科	社会	合計
1回アドバンスト	81.2	58.9	27.7	34.1	201.9
2回アドバンスト	69.3	72.3			141.6
3回アドバンスト	68.7	70.3			139.0
4回アドバンスト	80.5	68.5	33.4	22.2	204.6

○合格最低点：1回アドバンスト187点　2回アドバンスト120点　3回アドバンスト120点　4回アドバンスト180点　帰国生、グローバル、新思考力は非公表

25年の募集要項

入 試 日／①2月1日(アドバンスト・グローバル)　②2月1日午後(アドバンスト)　③2月2日午後(アドバンスト)　④2月3日(アドバンスト・グローバル)　⑤2月4日(アドバンスト)　帰国：シンガポール入試10月19日　①11月22日　②12月20日(その他、海外在留者対象オンライン入試あり)
募集人員／女子約221名
合格発表／いずれも即日(シンガポール・オンライン入試を除く)
手続締切／2月6日　※国公立中受検者は2月9日まで延納可(要届け出) 帰国1月31日
試験科目／【アドバンスト】国語(50分・100点)、算数(50分・100点)、社会(30分・50点)、理科(30分・50点) ※②③は2科
【グローバル】国語(50分・100点)、算数(50分・100点)、英語(スピーキング)　【帰国】シンガポール：国語(40分・100点)、算数(40分・100点)、面接または英語(40分・60点)、面接 ①②：国語(50分・100点)、算数(50分・100点)、面接または英語(40分・100点)、面接 ※面接は保護者同伴
面　　接／なし
受 験 料／22,000円(同時出願減額制度あり、シンガポール・オンライン入試は30,000円)

公開行事・説明会予定

【学校説明会】要予約
8月24日(土)午後、　9月14日(土)、10月12日(土)
【アフターアワーズ説明会】要予約 各回19時～
10月25日(金)、11月13日(水)
【海外帰国生対象説明会】要予約
7月20日(土)時間未定、9月14日(土)14時30分～
10月12日(土)14時30分～
【入試問題説明会】要予約 6年生対象
11月16日(土)10時30分～　11月30日(土)Web開催
1月　7日(火)　9時30分～(入試体験あり)
【グローバル入試説明会(入試体験付)】要予約
12月　7日(土)午後
【オープンデー(学校公開)】要予約
7月20日(土)10時～15時
【GlobalArtsFestival ～秋桜祭(文化祭)】
9月28日(土)
9月29日(日)
◆変更・中止の可能性もあります。必ず学校ホームページで確認してください。

学習院女子 中等科

所在地／〒162-8656 新宿区戸山3-20-1
TEL／03-3203-1901
学校長／増渕 哲夫
創　立／1885年に華族女学校として開校され、1946年に現在の所在地に移転。翌年、宮内庁の所管を離れ私学化。
URL／www.gakushuin.ac.jp/girl

	1年	2年	3年
男子	—	—	—
女子	209名	204名	203名
クラス数	5組	5組	5組

中高総生徒数／1173名　併設小から 約30%

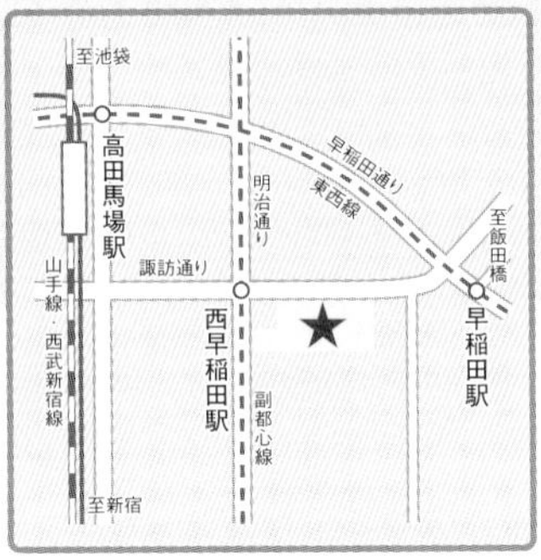

至池袋
高田馬場駅
早稲田通り
東西線
明治通り
至飯田橋
諏訪通り
山手線・西武新宿線
西早稲田駅
早稲田駅
副都心線
至新宿

〈交通アクセス〉
東京メトロ副都心線「西早稲田」駅より徒歩3分　東京メトロ東西線「早稲田」駅より徒歩10分　JR、西武新宿線「高田馬場」駅より徒歩20分

おおらかに伸び伸びと。恵まれた環境で高い知性と品性を養う

華族女学校として創立されて以来、一貫して「その時代に生きるにふさわしい知性と品性を身につけた女性」の育成をめざしています。モットーは「正直と思いやり」。多彩な行事や部活動などを通して、生徒は仲間とも教員とも深く触れ合い、自分を大切にする心や、他人を思いやる心を養います。伝統的に明るくおおらかな校風で、赤れんがの校舎が立ち並ぶキャンパスには、四季折々の花も咲き誇ります。生徒は伸び伸びと6年間を過ごし、卒業後は6割程度が学習院大学に進みますが、難関私立大学を中心に、他大学への進学実績も優れています。

スクールライフ

●教育内容

中高一貫のカリキュラムを編成。中等科では基礎学力の充実をめざして、国・数・英の時間を多く取り、一部で少人数制授業も行います。伝統的にことばの教育を重視し、国語では作文や読書指導に力を入れる一方、古文はオリジナルテキストを使用して学習。英語はテキストに「NEW TREASURE」を使用し、文法とコミュニケーションの両方の習熟をめざします。家庭学習の習慣づけの面からも、NHKラジオ「基礎英語」の聴取は必修です。中1の道徳は作法の講師が指導。あいさつや電話応対、食事などのマナーを学び、礼儀や正しいことば遣いを身につけます。

■主要5教科の週当たり時間（コマ）数

	英語	数学	国語	理科	社会
1年	5	4	5	3	4
2年	5	5	5	4	4
3年	6	5	5	4	4
合計	16	14	15	11	12

◎1日当たりの授業コマ数：50分×6時限
◎登校時間：8時20分

●部活動

文化部20、運動部11、同好会3が活動中。入部形態は自由度が高く、兼部も可能です。
○文化系／アニメ・まんが研究、手芸、史学、ESS、書道、茶道、演劇、生物、化学、日舞、国際交流、美術、文芸、放送、仕舞、料理研究、コーラス、写真など
○体育系／剣道、水泳、ダンス、ソフトボール、卓球、バスケットボール、バレーボール、テニス、バドミントン、陸上競技、スキー（高等科のみ）
○同好会／手話、ボランティア、かるた

●行事

球技会、運動会、遠足のほか、学習院の男女高等科と筑波大学附属高校との総合定期戦「附属戦」などがあります。八重桜祭（文化祭）は、各団体が活動の成果を発表する唯一の公開行事です。

●修学旅行・研修旅行

修学旅行は、中3で平和学習を目的として広島など山陽方面へ。高2で関西方面を訪れます。夏休みの沼津臨海学校と、春休みのスキー教室は中2・3の希望者対象。希望制の海外研修も充実しており、夏休みに、イギリスのイートン校で約3週間のサマースクール（中3・高2）を、アメリカシリコンバレーで約1週間の研修（高1～高3）を実施します。オーストラリア姉妹校との間で、生徒の相互派遣（中3～高2）もあります。

マネーガイド

■2024年度納付金（諸経費を含む）

	入学金	授業料	施設費	その他	計
入学手続時	300,000円	0円	0円	0円	300,000円
初年度総額	300,000円	698,000円	282,000円	13,000円	1,293,000円

◎寄付金：1口10万円、3口以上（任意）
◎授業料：2期分納
◎奨学金・特待生制度：経済的理由により就学困難と判断される者に奨学金として学費の全額または一部を給付する

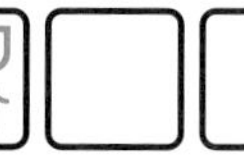

学期制 週5・6日制 プール 冷房 寮 食堂 私服通学 海外研修

サピックスからの合格実績（過去3年）	'22	'23	'24
	63名	54名	60名

進学指導の概要

高1では共通科目を履修しますが、科目選択制も導入しており、ドイツ語やフランス語なども学習できます。高2から文系と理系に分かれ、選択科目が増え、高3ではほとんどが選択科目になります。こうしたシステムで大学進学後の学習に備えるとともに、豊富な演習科目を通して、他大学受験のための実力を養成します。高等科では、7月に学習院大学と学習院女子大学の教授による出張授業が行われ、12月には両大学で授業の聴講ができます。また、高3では学習院大学の授業を正式に履修し、単位を取得することも可能です。6年間の学習の集大成は、高3で作成する卒業レポート。その発表会では、プレゼンテーションの相互評価も行います。

なお、併設の学習院大学、学習院女子大学への推薦進学は学業成績、実力考査の成績などを審議して決定されます。推薦入試あるいは一般入試で他大学を受験する場合も、12月中旬までに結果が出る試験であれば、一定の条件を満たしたうえで、両大学への推薦を保留して受験できます。例年、卒業生のおよそ6割が学習院大学、もしくは学習院女子大学へ進学しますが、医学部医学科を含む国公立大のほか、早慶など難関私立大にも多くの合格者を出しています。

■現役大学進学者の進路の内訳

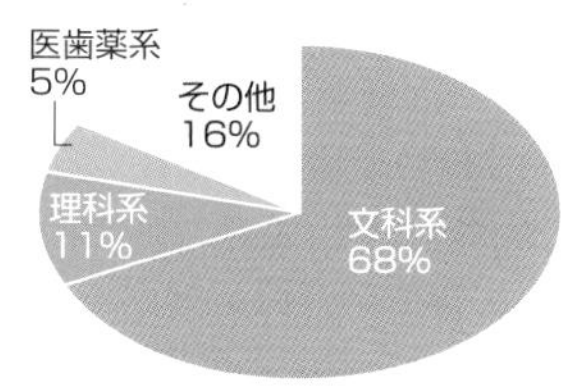

★他大学への合格状況（2024年）筑波大1名、早稲田大12名、慶應義塾大28名、上智大11名、青山学院大2名、明治大12名、立教大12名、中央大8名、東京理科大2名など

■併設大学への推薦状況

	学習院大学					学習院女子大学
	法学部	経済学部	文学部	理学部	国際社会科学部	国際文化交流学部
22年	24名	30名	20名	8名	23名	―名
23年	18名	30名	16名	11名	8名	3名
24年	23名	32名	21名	10名	20名	2名

★指定校推薦枠（2024年度）早稲田大4名、慶應義塾大2名、上智大4名、東京理科大6名、北里大2名、東京薬科大3名など

入試情報

■過去2年間の入試結果

		募集人員	出願者	受験者	合格者	実質倍率
23年	一般A	約90	255	224	104	2.2
	一般B	約40	416	181	49	3.7
	帰国	約15	43	23	15	1.5
24年	一般A	約90	320	282	103	2.7
	一般B	約40	532	292	45	6.5
	帰国	約15	66	45	20	2.3

■2024年度入試 受験者の教科別平均点

	算数	国語	理科	社会	合計
一般A	53.0	54.7	38.7	39.0	185.3
一般B	53.1	51.9	26.9	36.6	168.5
帰国	65.4	58.3	作文/56.7		180.3

○配点：算国＝各100点　理社＝各60点　帰国生2科＋作文
○合格最低点：一般A196点　一般B200点　帰国は非公表

24年の募集要項

※以下は2024年の募集要項です。2025年の要項は学校の発表をお待ちください。
入 試 日／A2月1日 B2月3日、帰国1月20日
募集人員／女子約145名(A約90名 B約40名、帰国約15名)
合格発表／A2月2日 B2月4日、帰国1月23日
手続締切／A2月3日 B2月5日、帰国1月24日
試験科目／国語(50分・100点)、算数(50分・100点)、理科(30分・60点)、社会(30分・60点)
面　　接／なし
帰国生のための試験／筆記試験(国語・算数)、作文(日本語または英語)、面接(保護者同伴)
受 験 料／30,000円

公開行事・説明会予定

【帰国生・一般生対象学校説明会】要予約
7月13日(土)
【保護者対象説明会】要予約
9月21日(土)
10月 2日(水)
11月23日(祝)
【オープンスクール】要予約
10月 5日(土)
【八重桜祭(文化祭)】要予約
11月 2日(土)、3日(祝)
【校内散策ツアー】要予約
不定期で開催
※詳細はホームページでお知らせします。
◆変更・中止の可能性もあります。必ず学校ホームページで確認してください。

サピックスOGの声

●入学前は厳しい学校というイメージを抱いていましたが、とても自由な校風で、生徒も明るくにぎやかな雰囲気の人ばかりです。小学校からの内部進学生の人たちともすぐに仲良くなれました。
●お気に入りの施設は図書館です。本を借りたり、勉強をしたり、DVDを見たりすることができます。生徒ホールも憩いのスペースで、昼休みにはお弁当を食べながらおしゃべりしています。昼食後は中庭でバレーボールを楽しんでいます。

吉祥(きちじょう)女子 中学校

所在地／〒180-0002 武蔵野市吉祥寺東町4-12-20
TEL／0422-22-8117
学校長／赤沼 一弘
創 立／1938年に地理学者の守屋荒美雄が創立した帝国第一高等女学校が前身。1947年に現校名に改称。
URL／www.kichijo-joshi.jp

	1年	2年	3年
男子	—	—	—
女子	242名	243名	246名
クラス数	6組	6組	6組

中高総生徒数／1493名

〈交通アクセス〉
JR「西荻窪」駅より徒歩8分　西武新宿線「上石神井」駅よりバス15分、「地蔵坂上」停留所下車徒歩8分

個性と自主性を伸ばし、多様な進路の実現をサポートする

建学の精神「社会に貢献する自立した女性の育成」の下、生徒一人ひとりが互いの価値観を尊重し、個性と自主性を発揮しています。ハイレベルな教材を使用するなど、授業の充実を図るのはもちろん、行事やクラブ活動にも積極的に取り組みます。さらに海外に9つの姉妹校・友好校を持っており、国際交流の機会が多いのもポイントです。高2でのコース分けでは、文系（高3は国公立文系・私立文系）、理系のほかに芸術系も設置し、幅広い進路に対応しています。噴水や屋上庭園のある校舎は優美な印象で、明るく落ち着いた環境下で学べます。

スクールライフ

●教育内容

独自の教材や教授法によって、知的探究心を刺激する授業を展開。数学の「体系数学」や英語の「NEW TREASURE」など、内容の濃いテキストのほか、高校の教科書を副教材として併用し、学習効果を上げています。学習法にも工夫があり、国語は図書館を利用した調べ学習や古典学習、社会は生徒による時事問題解説やディベート、理科は多彩な実験とレポート作成など、学ぶ楽しさを伝える授業をそろえています。英会話はクラスを2分割した少人数授業で、日本人教師と外国人講師がチームを組んで担当。主要5教科は、中3の後半から高校の内容に進みますが、遅れが出ないよう、補習などで学力の底上げを図ります。またピアノ、バイオリン、声楽、造形、華道、中国語会話、日本舞踊など、多彩な課外授業も用意しています。

■主要5教科の週当たり時間（コマ）数

	英語	数学	国語	理科	社会
1年	6	4	5	4	4
2年	6	6	6	4	3
3年	7	6	5	4	4
合計	19	16	16	12	11

◎1日当たりの授業コマ数：50分×6時限
※土曜日は4時限
◎登校時間：8時30分

●部活動

インターハイ出場の弓道部、コンクール入賞多数の吹奏楽部など、33の部が活動中です。

○文化系／吹奏楽、文芸、演劇、英語ミュージカル、天文、科学、生物、漫画研究、軽音楽、コーラス、クッキング、ボイスレスパフォーマンス、書道など

○体育系／テニス、ソフトボール、バレーボール、バスケットボール、卓球、サッカー、水球、バドミントン、剣道、ダンス、陸上、スキー、弓道など

●行事

吉祥祭（文化祭）、運動会、球技大会、芸術鑑賞会、百人一首大会、弁論大会、合唱コンクール、校外学習など、年間を通して多くの行事が計画されています。

●修学旅行・研修旅行

中1の春に新入生オリエンテーション、中2の夏に林間学校、中3の秋に国内研修旅行、高1の秋にカナダ語学体験ツアーを行います。

マネーガイド

■2024年度納付金（諸経費を含む）

	入学金	授業料	施設費	その他	計
入学手続時	250,000円	0円	30,000円	0円	280,000円
初年度総額	250,000円	508,200円	224,400円	22,800円	1,005,400円

※期日までに入学辞退した場合、施設拡充費を返金

◎寄付金：1口5万円、1口以上（任意）
◎授業料：3期分納
◎奨学金・特待生制度：なし

学期制　週5・6日制　プール　冷房　寮　食堂　私服通学　海外研修

サピックスからの合格実績（過去3年）	'22	'23	'24
	170名	163名	174名

進学指導の概要

学年を追うごとにステップアップしていく「進路プログラム」を実施し、どのように生きるかを考え、学部・学科の選択、第一志望校の決定まで、進路の実現をサポートします。各学年とも進路ガイダンスを中心に、進路指導室と学年・担任が連携し、きめ細かい進路・進学指導を行います。高2からは文系（高3は国公立文系・私立文系）、理系、芸術系の3つに分かれ、習熟度別・進路別分割授業を多く展開。理系は国公立大と私立大の両方に対応したカリキュラムで、芸術系は高2・3で美術を10単位ずつ専門に学び、美術系大学への進学を支援します。勉強合宿「祥友ゼミナール」など講習・補習も充実しています。

■現役大学進学者の進路の内訳

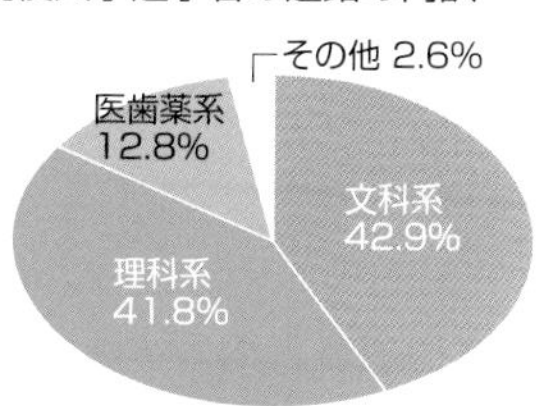

■併設高校から主要大学への合格実績

※上段は現役合格者数、下段は浪人を含めた合格者数。

	東京大	京都大	一橋大	東京工業大	筑波大	お茶の水女子大	電気通信大	東京外国語大	東京学芸大	東京芸術大	東京農工大	東京都立大	横浜国立大	千葉大	早稲田大	慶應義塾大	上智大	東京理科大
22年	3	1	8	2	3	4	1	5	2	—	4	2	2	1	77	57	46	43
	3	1	8	3	3	4	1	5	2	1	5	2	3	1	82	62	46	49
23年	4	—	5	2	3	2	1	2	2	—	6	5	1	2	68	31	67	36
	6	—	6	2	3	3	1	2	2	—	7	6	2	3	75	38	70	51
24年	1	3	7	6	2	2	—	3	4	—	8	5	1	2	67	47	55	97
	1	4	7	8	2	2	—	3	4	1	8	6	2	2	76	51	60	113

	学習院大	明治大	青山学院大	立教大	中央大	法政大	日本大	東洋大	駒澤大	専修大	国際基督教大	津田塾大	東京女子大	日本女子大	文部科学省所管外の大学校	海外の大学	国公立・医学部	私立・医学部
22年	11	99	53	91	79	74	39	47	9	15	1	23	54	40	3	14	4	25
	12	111	56	93	81	86	51	53	10	16	1	24	60	43	4	14	7	61
23年	10	106	36	81	88	63	36	19	2	9	5	16	58	27	—	11	5	23
	11	120	38	87	96	76	46	24	5	11	5	16	59	30	1	11	8	42
24年	8	130	46	63	88	72	30	30	9	15	2	16	52	36	1	2	8	34
	9	146	51	76	92	85	44	34	9	15	3	18	64	40	1	2	10	58

★指定校推薦枠（2024年度）早稲田大7名、慶應義塾大6名、東京理科大3名、国際基督教大1名、明治大3名、立教大2名、法政大4名、中央大5名、青山学院大1名、学習院大8名、北里大3名など

入試情報

■過去2年間の入試結果

		募集人員	出願者	受験者	合格者	実質倍率
23年	1回	134	626	581	190	3.1
	2回	100	1006	738	220	3.4
24年	1回	134	603	571	187	3.1
	2回	100	1007	762	232	3.3

■2024年度入試 合格者の教科別平均点

	算数	国語	理科	社会	合計
1回	69.4	73.3	52.6	50.5	245.8
2回	75.9	73.1	55.2	51.1	255.3

○配点：算国＝各100点　理社＝各70点
○合格最低点：1回229点　2回238点

25年の募集要項

入 試 日／①2月1日 ②2月2日
募集人員／女子234名(①134名 ②100名)
合格発表／いずれもホームページで即日
手続締切／2月7日
試験科目／国語(50分・100点)、算数(50分・100点)、理科(35分・70点)、社会(35分・70点)
面　　接／なし
受 験 料／25,000円

公開行事・説明会予定

【学校説明会】要予約
9月11日(水)11時～(ライブ配信)
9月14日(土)10時30分～ ※6年生対象
10月16日(水)10時30分～ ※6年生対象
10月19日(土)10時30分～ ※5年生以下対象
11月 9日(土)10時30分～ ※6年生対象
11月13日(水)10時30分～ ※5年生以下対象
11月20日(水)11時～(ライブ配信)
12月14日(土) 9時50分～、11時10分～、12時30分～ ※6年生対象
【オープンキャンパス】要予約
6月22日(土)14時～ ※3年生以上対象
【吉祥祭(文化祭)】要予約
9月28日(土) 9時～16時
9月29日(日) 9時～16時
◆変更・中止の可能性もあります。必ず学校ホームページで確認してください。

サピックスOGの声

●明るく、元気な生徒が多く、学校行事となると強い団結力を発揮します。特に学年対抗で優勝を争う球技大会は、応援のためにうちわや横断幕を手作りするなど、とても気合が入ります。

●昼食は基本的にお弁当ですが、たまにカフェテリアを利用します。マカロンやポテトなど120円のスイーツコーナーが充実しています。手作りパンの種類も豊富で、カフェのスタッフの方がメニューにも工夫を凝らしてくれています。

共立女子 中学校

所在地／〒101-8433 千代田区一ツ橋2-2-1
TEL／03-3237-2744
学校長／前田 好子
創　立／1886年に設立された共立女子職業学校が前身。1947年に中学校、1948年に高等学校を設置。
URL／www.kyoritsu-wu.ac.jp/chukou

	1年	2年	3年
男子	—	—	—
女子	340名	330名	320名
クラス数	8組	8組	8組

中高総生徒数／1918名

〈交通アクセス〉
東京メトロ半蔵門線、都営新宿線・都営三田線「神保町」駅より徒歩3分　東京メトロ東西線「竹橋」駅より徒歩5分　JR「水道橋」駅、同「御茶ノ水」駅より徒歩15分

完全中高一貫カリキュラムで、他大学進学も積極支援

「誠実・勤勉・友愛」を校訓に、130年以上の伝統を踏まえつつも、時代の進展に寄与する女性の育成をめざしています。併設大学もありますが、他大学進学にも対応する教育体制を整えており、生徒の進路はさまざまです。完全中高一貫体制で、進学面を重視したカリキュラムを組む一方、本格的な美術や音楽、礼法の情操教育を行うほか、多彩な行事や部活動、委員会など幅広い活躍の場を用意しています。また、交通の便がよく、たいへん通いやすい立地にあります。校舎には食堂やラウンジ、アメニティー空間も設けており、快適に日々を過ごせます。

スクールライフ

●教育内容

中高6年間を中1から高1までの4年間と、高2・3の2年間に分けてカリキュラムを構成。前半4年間は基礎学力の充実を徹底し、後半2年間では4年間で培った学力を受験に対応できるように引き上げます。英語は、自宅でのオンライン英会話を全員に課すなど、発信型教育を重視。また、国語は独立した「国語表現」の授業を中心に、ICT機器も活用して記述力やプレゼンテーション力を養成。英語・国語・数学の授業では、少人数の習熟度別授業も実施します。さらに隔週で小笠原流礼法の授業を行うほか、課外講座で華道(4流派)や中国語会話も学べます。また、全員発揮の「共立リーダーシップ」を身につけることを目標とした探究プログラムを実施しています。

■主要5教科の週当たり時間（コマ）数

	英語	数学	国語	理科	社会
1年	5.5	5	4.5	4	4
2年	6	5	5	4	4
3年	7	6	6	4	3
合計	18.5	16	15.5	12	11

◎1日当たりの授業コマ数：50分×6時限
　※土曜日は4時限
◎登校時間：8時15分

●部活動

文化系16、体育系10の部が、原則として中高別に活動しています。能楽部など珍しい部もあります。
○文化系／英語、演劇、音楽、吹奏楽、弦楽合奏、科学研究、茶道、写真、手芸、食物研究、美術、能楽など
○体育系／剣道、ソフトテニス、卓球、ダンス、バスケットボール、バドミントン、バトン、バレーボール、陸上、太極拳

●行事

共立祭は中高が合同で行う文化祭です。中学の催事は中3が中心となり、企画から運営まで生徒主体で行います。体育祭は中高別で、代々木第一体育館で汗を流します。共立講堂では、狂言、演劇、音楽の専門家を毎年順番に招く芸術鑑賞会、夏季課題図書作者講演会、中3の合唱コンクールなどが行われます。

●修学旅行・研修旅行

中1は信州で2泊3日の体験型研修を行います。修学旅行は中3が奈良・京都。社寺や史跡を巡ります。高2は九州の風土や平和について学びます。中1～高2の希望者を対象に、多彩なレベルと日数の海外研修(6か国10都市)も実施しています。

マネーガイド

■2024年度納付金(諸経費を含む)

	入学金	授業料	施設費	その他	計
入学手続時	300,000円	0円	0円	0円	300,000円
初年度総額	300,000円	500,000円	220,000円	220,000円	1,240,000円

◎寄付金：1口10万円、2口以上（任意）
◎授業料：4期分納
◎奨学金・特待生制度：なし

学期制　週5・6日制　プール　冷房　寮　食堂　私服通学　海外研修

サピックスからの合格実績（過去3年）	'22	'23	'24
	60名	68名	59名

進学指導の概要

中学から自分が社会とどうかかわっていくかの意識づけを行い、それぞれの目標実現に向けた学力を段階的に養成。高2からは進学志望に合わせた学習ができるように、文系・理系に分かれ、選択科目を中心とした演習を行います。各長期休暇には補習講座、受験対策講座、教養講座など、多彩な内容の講座を開講。このほか、定期的な指名制補習や希望者向けの補講、イングリッシュシャワーなども用意しています。併設の共立女子大学・短大への進学率は約10%です。なお、共立女子大学の併設校として、優遇措置があります。

■2024年3月卒業生の進路の内訳

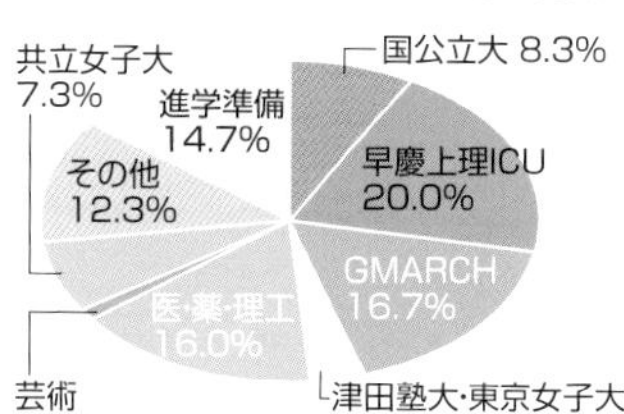

■併設高校から主要大学への合格実績

※上段は現役合格者数、下段は浪人を含めた合格者数。

	東京大	京都大	一橋大	東京工業大	筑波大	お茶の水女子大	電気通信大	東京外国語大	東京学芸大	東京芸術大	東京農工大	東京都立大	横浜国立大	千葉大	早稲田大	慶應義塾大	上智大	東京理科大
22年	—	—	—	—	2	—	—	1	3	—	—	1	—	2	50	14	21	21
	—	—	—	—	2	—	—	1	3	—	—	1	—	2	51	15	21	22
23年	—	—	—	—	—	2	1	2	—	—	—	1	—	1	21	16	15	23
	—	—	—	—	—	2	1	2	—	—	—	1	—	1	21	16	15	23
24年	—	—	1	1	1	—	1	2	1	—	—	3	—	6	46	31	44	17
	—	—	1	1	1	—	1	2	1	—	—	3	—	7	46	32	44	18

	学習院大	明治大	青山学院大	立教大	中央大	法政大	日本大	東洋大	駒澤大	専修大	共立女子大	津田塾大	東京女子大	日本女子大	文部科学省管外の大学校所	海外の大学	国公立・医学部	私立・医学部
22年	20	44	34	70	18	35	39	42	7	13	141	8	36	52	3	—	—	4
	20	44	36	70	18	38	40	43	7	13	141	9	38	55	3	—	1	13
23年	16	36	28	57	19	34	55	48	9	20	117	9	30	30	1	2	2	10
	19	37	29	58	21	35	58	49	9	20	117	12	33	32	1	2	2	22
24年	19	87	26	79	27	37	16	24	6	32	93	7	29	28	1	—	—	9
	20	87	26	79	30	37	18	25	6	32	93	7	29	30	1	—	1	11

★指定校推薦枠（2024年度）早稲田大7名、慶應義塾大5名、上智大2名、東京理科大18名、学習院大7名、明治大4名、青山学院大2名、立教大5名、中央大6名、法政大2名、国際基督教大1名、北里大5名など

入試情報

■2024年度の入試結果

	募集人員	出願者	受験者	合格者	実質倍率
2/1入試	130	375	353	160	2.2
2/2入試	110	644	447	215	2.1
2/3英語4技能入試	15	56	37	16	2.3
2/3合科型入試	40	390	231	72	3.2
帰国	25	87	81	50	1.6

■2024年度入試 受験者の教科別平均点

	算数	国語	理科	社会	合計
2/1入試	46.1	49.1	25.9	29.9	151.0
2/2入試	59.9	57.7	29.5	28.0	175.1
2/3英語4技能入試	47.4		英語/52.7		100.1
2/3合科型入試	63.5		合科型/55.9		119.4
帰国	58.6	64.2	英語/71.2		126.3

○配点：算国＝各100点　理社＝各75点 英語4技能＝100点　合科型論述＝100点
○合格最低点：2/1入試156点　2/2入試180点　2/3英語4技能111点　2/3合科型134点　帰国116点

24年の募集要項

※以下は2024年の募集要項です。2025年の要項は学校の発表をお待ちください。

入 試 日／①2月1日　②2月2日　③2月3日午後(英語4技能・合科型)　帰国11月26日

募集人数／女子320名(①130名、②110名、③英語4技能15名、③合科型40名、帰国25名)

合格発表／①②帰国ホームページで即日　③2月4日

手続締切／①②帰国2月4日　③2月10日

試験科目／①②国語(45分・100点)、算数(45分・100点)、社会(30分・50点)、理科(30分・50点)　③【英語4技能】英語4技能(60分・100点)、算数(45分・100点)　③【合科型】論述(60分・100点)、算数(45分・100点)

面　　接／①②なし

帰国生のための試験／国語または英語(45分・100点)、算数(45分・100点)

受 験 料／25,000円(複数回同時出願割引や、入学手続者への未受験分返金あり)

公開行事・説明会予定

【夏のオープンキャンパス】要予約、4年生以上対象
7月14日(日)　8時30分～
12月15日(日)　8時30分～

【共立祭(文化祭)】要予約
10月26日(土)、27日(日)　9時～16時

◆変更・中止の可能性もあります。必ず学校ホームページで確認してください。

共立女子第二 中学校

所在地／〒193-8666 八王子市元八王子町1-710
TEL／042-661-9952
学校長／晴山 誠也
創　立／共立女子学園の建学の精神「女性の自立」を受け継ぎ、1970年に共立女子第二高等学校が、1984年に中学校が開校。
URL／www.kyoritsu-wu.ac.jp/nichukou

	1年	2年	3年
男子	—	—	—
女子	59名	82名	77名
クラス数	2組	3組	3組

中高総生徒数／724名

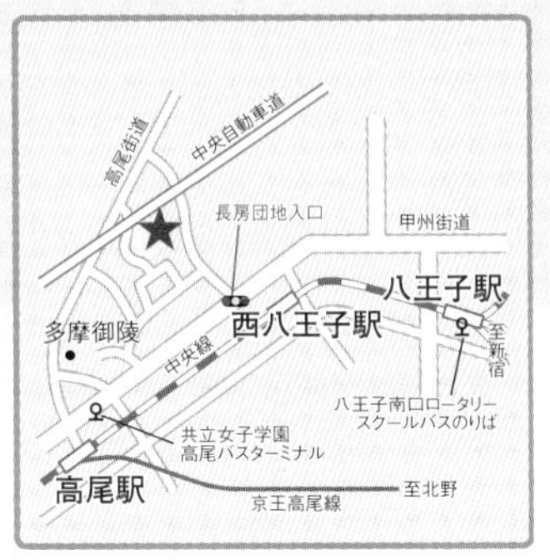

〈交通アクセス〉
JR中央線、京王高尾線「高尾」駅北口の学園バスターミナルよりスクールバス約10分
JR中央線・横浜線・八高線「八王子」駅南口バス乗り場よりスクールバス約20分（スクールバスは乗車無料）

セルフリーダーシップを身につけ、自分らしい物語を紡ぐ

豊かな自然と充実した施設を合わせ持つ学習環境で、体験重視の全人的な教育を行っています。自分の持ち味を生かして目の前の課題に取り組む「セルフリーダーシップ」を身につけ、広く社会に貢献できる、そんな女性の育成が目標です。伝統ある共立女子大学の付属校として、ふだんの学園生活はもとより進学時においても、共立女子大学の推薦入試合格を得たうえで外部大学にも挑戦できる入試制度など、恵まれた特長を多々有しています。一人ひとりが自分らしく思春期を謳歌し、その志望に沿った学びを実現できる学校です。

スクールライフ

●教育内容

生徒一人ひとりの希望進路実現を見据え、独自のカリキュラムに基づいた6か年一貫教育を実践しています。中学は共通カリキュラムのクラス編成ですが、中3では英数国の一部を少人数グレード制とし、個々の実力に合った無理のない学習を可能とします。高校では2022年度より新コース制を導入。特別進学コース、総合進学コース、共立進学コース（2年次より）、英語コースの4コースを設置し、個々の志望に沿った教育を実現しています。また豊かな自然環境を生かして、校内のファームで花や野菜の栽培を行ったり、野外観察にも頻繁に出かけたりしています。さらに女性としてのマナーや礼儀を学ぶ礼法の授業を行うなど、人間教育にも力を入れています。

■主要5教科の週当たり時間（コマ）数

	英語	数学	国語	理科	社会
1年	6	5	5	4	4
2年	6	6	6	4	4
3年	6	6	5	4	4
合計	18	17	16	12	12

◎1日当たりの授業コマ数：50分×6時限
※土曜日は4時限
◎登校時間：8時40分

●部活動

中学で参加できる団体は20。キャンパス内に練習場を持つゴルフ部、9面のコートがあるテニス部など、どの部も恵まれた施設を利用して活動しています。

〇文化系／コーラス、吹奏楽、サウンドソサエティ、演劇、和likeい（なごみ）、野外研究、美術、漫画研究
〇体育系／ゴルフ、サッカー、少林寺拳法、バスケットボール、ソフトボール、体操競技、陸上競技、卓球、テニス
〇同好会／ESS、文芸、プログラミング

●行事

広々とした土のグラウンドで行う体育大会や、芸術鑑賞会、生徒自身の手で作り上げる最大のお祭り「白亜祭（文化祭）」などの大きな行事から、学年主催の校外学習での小旅行まで、年間を通じて楽しい行事を数多く企画しています。

●修学旅行・研修旅行

修学旅行は中3で関西、高2は北九州を訪ね、それぞれの歴史と文化に触れます。中2のブリティッシュヒルズ研修は、すべて英語で行われる2泊3日の集中学習合宿です。横浜や鎌倉などの校外学習で、事前に班別自由行動の予行も実施しています。

マネーガイド

■2024年度納付金（諸経費を含む）

	入学金	授業料	施設費	その他	計
入学手続時	250,000円	0円	0円	0円	250,000円
初年度総額	250,000円	500,000円	210,000円	約200,000円	約1,160,000円

◎寄付金：1口10万円、2口以上（任意）
◎授業料：4期分納
◎奨学金・特待生制度：入試の合計得点率により奨学生を選考し、段階的に入学金や授業料などを免除。最高で3年間の免除が入試時に確定

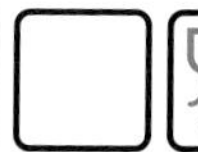

※英語コース

学期制　週5・6日制　プール　冷房　寮　食堂　私服通学　海外研修

サピックスからの合格実績（過去3年）	'22	'23	'24
	1名	1名	0名

私立 東京 女子 き

進学指導の概要

学年ごとの目標を「針路」とし、職場体験や職業インタビューといった独自のプログラムを、段階的に実践しています。高校では2022年度より新コース制を導入。特別進学コース、総合進学コース、共立進学コース（2年次より）、英語コースの４コースを設置し、生徒の志望に沿った教育を行っています。それぞれが特徴のあるカリキュラムを組んでおり、想定進路に基づいた実践的な学習を進めます。また、共立女子大学の系列校であることから、さまざまな優遇制度を導入しており、内部推薦枠での進学はもとより、他大学受験もチャレンジしやすい環境が整っています。

■現役大学進学者の進路の内訳

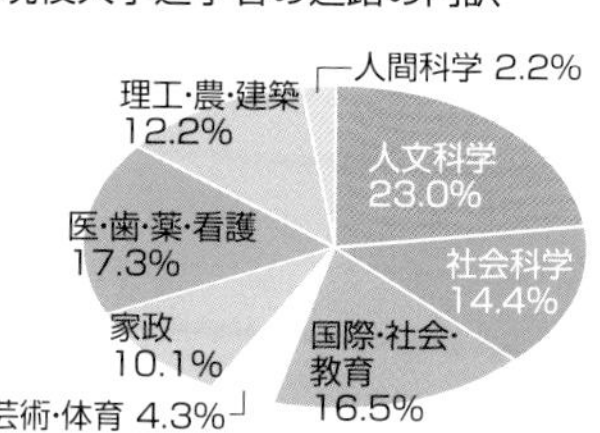

■併設高校から主要大学への合格実績

※上段は現役合格者数、下段は浪人を含めた合格者数。

	東京大	京都大	一橋大	東京工業大	筑波大	お茶の水女子大	電気通信大	東京外国語大	東京学芸大	東京芸術大	東京農工大	東京都立大	横浜国立大	千葉大	早稲田大	慶應義塾大	上智大	東京理科大
22年	—	—	—	—	—	—	—	1	—	—	—	2	—	—	5	1	4	—
	—	—	—	—	—	—	—	1	—	—	—	2	—	—	5	1	4	—
23年	—	—	—	—	—	—	—	—	—	—	—	1	—	—	—	—	—	—
	—	—	—	—	—	—	—	—	—	—	—	1	—	—	—	—	—	—
24年	—	—	—	—	—	—	—	—	—	—	—	—	—	—	3	—	—	—
	—	—	—	—	—	—	—	—	—	—	—	—	—	—	3	—	—	—

	学習院大	明治大	青山学院大	立教大	中央大	法政大	日本大	東洋大	駒澤大	専修大	共立女子大	津田塾大	東京女子大	日本女子大	文部科学省所管外の大学校	海外の大学	国公立・医学部	私立・医学部
22年	1	3	5	10	10	7	7	2	3	3	88	3	8	9	2	—	—	—
	1	3	5	10	10	7	7	2	3	3	88	3	8	9	2	—	—	—
23年	3	—	—	—	6	9	8	1	2	7	74	2	6	3	1	—	—	—
	3	—	—	—	6	9	8	1	2	7	74	2	6	3	1	—	—	—
24年	2	2	1	1	6	3	5	4	4	—	72	3	10	6	—	—	—	—
	2	2	1	1	6	3	5	4	4	—	72	3	10	6	—	—	—	—

★指定校推薦枠（2024年度）学習院大2名、中央大5名、法政大3名、日本大1名、成蹊大4名、成城大1名、明治学院大1名、杏林大4名、東京薬科大3名、津田塾大１名、東京女子大3名、日本女子大3名、立命館大1名など

入試情報

■2024年度の入試結果

		募集人員	出願者	受験者	合格者	実質倍率
1回AM	4科	50	19	16	12	1.3
	2科		37	34	29	1.2
適性検査型		20	18	18	16	1.1
1回PM		40	103	90	83	1.1
英語(4技能型)		10	3	3	3	1.0
2回AM		20	90	18	15	1.2
2回PM		10	83	15	13	1.2
3回AM		10	87	6	5	1.2

■2024年度入試 受験者の教科別平均点

		算数	国語	理科	社会	合計
1回AM	4科	52.3	72.2	22.4	24.3	171.2
	2科	55.7	70.8			126.5
適性検査型		適性Ⅰ/63.2		適性Ⅱ/56.5		119.7
1回PM		65.4	65.8			131.2
英語(4技能型)		英語/100.0				100.0
2回AM		52.3	68.9			121.2
2回PM		53.5	71.4			124.9
3回AM		67.3	73.8			141.2

○配点：算国英＝各100点　理社＝各50点　適性Ⅰ・Ⅱ＝各100点
○合格最低点：1回AM4科137点・2科101点　適性検査型93点　1回PM100点　英語(4技能型)100点　2回AM100点　2回PM110点　3回AM105点

24年の募集要項

※以下は2024年の募集要項です。2025年の要項は学校の発表をお待ちください。

入試日／①2月1日午前(※帰国含)・午後　適性検査型2月1日午前　英語4技能型2月1日午後　②2月2日午前・午後　③2月4日
募集人員／女子160名(①午前50名 ※帰国含午後40名 英語4技能型10名 適性検査型20名 ②午前20名 午後10名 ③10名)
合格発表／いずれもホームページで即日
手続締切／2月5日(適性検査型のみ2月10日)
試験科目／国語(50分・100点)、算数(50分・100点)、理科・社会(計60分・計100点) ※①午前は2科4科選択、①午前受験の帰国生と①午後②③は2科　英語4技能型　英語(60分・100点)、日本語作文　適性検査型　適性検査Ⅰ(国語50分・100点)、適性検査Ⅱ(算数・理科・社会50分・100点)
面接／英語4技能型は英語による面接あり。帰国生は日本語による面接あり
受験料／25,000円(全日程の受験が可能)
※適性検査型入試のみを受験する場合は15,000円

公開行事・説明会予定

【学校説明会】要予約
6月22日(土)14時～
10月12日(土)14時～(入試問題研究会〔国算〕あり)
11月16日(土)10時～(入試問題研究会〔国算〕あり)
【入試説明会】要予約、6年生対象
12月 7日(土)14時～(適性型入試体験あり)
12月15日(日)　9時30分～(国算2科型入試体験あり)
1月11日(土)10時～
【オープンキャンパス】要予約
7月21日(日)　9時～
【キャンパス見学会】要予約
8月22日(木)10時～
【白亜祭(文化祭)】要予約、ミニ説明会あり
9月14日(土)
9月15日(日)
◆変更・中止の可能性もあります。必ず学校ホームページで確認してください。

恵泉女学園 中学校

所在地／〒156-8520 世田谷区船橋5-8-1
TEL／03-3303-2115
学校長／本山 早苗
創 立／日本人キリスト教信徒の河井道により1929年に創立されたプロテスタント系の進学校。
URL／www.keisen.jp

	1年	2年	3年
男子	—	—	—
女子	207名	198名	193名
クラス数	5組	5組	5組

中高総生徒数／1156名

〈交通アクセス〉
小田急線「経堂」駅または「千歳船橋」駅より徒歩12分
京王線「八幡山駅」よりバス、「桜上水二丁目」下車徒歩2分

「みずから考え、発信する力」を養う

広く世界に心を開き、みずからの意思と行動力で平和を作り出す女性を育てたいと願い、クリスチャンである河井道が創立した学校です。生徒一人ひとりの個性を尊重しており、制服はありません。創立時から受け継がれる「園芸」の授業では、命の尊さを学びます。また、メディアリテラシー教育にも力を注ぎ、ディベートや新聞作りなどを通じて、生徒の「みずから考え、発信する力」を育みます。蔵書数9万冊のメディアセンターでは、ノンフィクションを中心とする独自の「読書ノート」による読書教育を展開。生徒の視野を広げています。

スクールライフ

●教育内容

中学では英語・数学の授業などで少人数クラスを編成し、きめ細かい指導を行っています。英語では、テストでなぜ間違えたのかを自分で分析する「直しノート」を作り、担当教員が添削します。理科では、中3で興味を持ったテーマを選択し、実験の方法、仮説、考察、まとめ、発表に至るまで、すべて自分たちで組み立てる探究実験を実施。「園芸」は中1・高2で必修となっており、校内と近隣にある畑で草花や植物を栽培し、綿紡ぎやジャム作りなどにも取り組みます。コース制はとらず、高2・3では生徒がそれぞれ自分の進路に合ったカリキュラムを組んで学習しています。

■主要5教科の週当たり時間（コマ）数

	英語	数学	国語	理科	社会
1年	6	4	4	3	3
2年	6	5	5	4	4
3年	6	4.5	5	4	4
合計	18	13.5	14	11	11

◎1日当たりの授業コマ数：45分×6時限
※中1・2・3ともに週3回7時限
◎登校時間：8時15分

●部活動

全国大会で活躍するチアリーディングクラブをはじめ、21のクラブが活動しています。
○文化系／オペレッタ、演劇、軽音楽、写真、園芸、美術、理科、映像、文芸、かるた、K.E.S.S.
○体育系／ソフトテニス、硬式テニス、バレーボール、バスケットボール、バドミントン、ダンス、陸上、チアリーディング、剣道、サッカー

●行事

遠足、スポーツデー、合唱コンクール、恵泉デー（文化祭）、芸術鑑賞、自然観察会、英語スピーチコンテストなど、年間を通じてたくさんの行事を実施しています。また、他者とかかわるなかで、自分はどのように生きていくべきかを考える一日修養会があります。

●修学旅行・研修旅行

親睦を深める中1のフェロシップ、酪農体験を行う中2のファームワーク、文化や歴史を学ぶ高2の奈良・京都見学旅行などがあります。有志参加ではアジア学院スタディキャンプ、ヒロシマ平和の旅、短期留学（カナダ、オーストラリアに隔年で）、3か月・1年留学（オーストラリアほか）などがあります。2022年度からはシンガポールの大学生とオンラインで半年間交流した後、春休みに現地を訪ねるプログラムを実施。自然観察会、平和ウォークなど、多様な日帰り研修もあります。

マネーガイド

■2024年度納付金（諸経費を含む）

	入学金	授業料	施設費	その他	計
入学手続時	300,000円	0円	0円	0円	300,000円
初年度総額	300,000円	540,000円	160,000円	130,000円	1,130,000円

◎寄付金：1口5万円、4口以上（任意）
◎授業料：月納
◎奨学金・特待生制度：経済的理由により就学困難と判断される者に奨学金を給付

学期制　週5･6日制　プール　冷房　寮　食堂　私服通学　海外研修

サピックスからの合格実績（過去3年）	'22	'23	'24
	86名	108名	74名

進学指導の概要

多彩な学園行事を通じて、自分が興味を持てることや目標としたいことを探り、将来の進路を考えていきます。大学入試改革で問われる記述力を各教科で重視し、ノートやレポートの添削に力を入れています。英語でも表現力・発信力を重視。英検®では、高3の17%が準1級を取得。GTECでは高2の約6割が「海外進学を視野に入れられるレベル」に相当します。高3では、小論文の個人指導を希望者全員に行っています。生徒の学ぶ意欲に応えて、主体的に勉強に取り組む場である特別講座「S-park」や、高2・3を対象とした受験対策講習など、さまざまな講座・講習を開講。近年は理系進学者が増加しています。

■2024年3月卒業生の進路の内訳

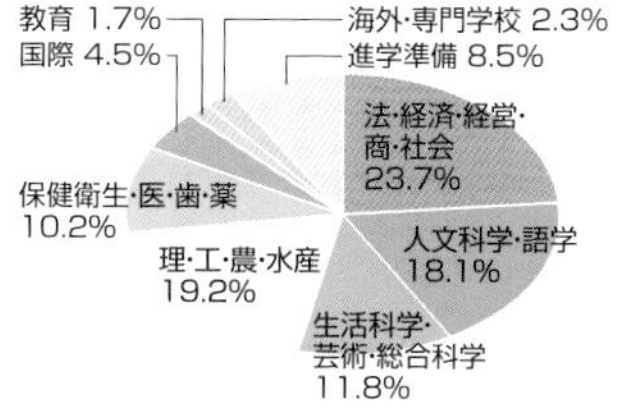

■併設高校から主要大学への合格実績

※上段は現役合格者数、下段は浪人を含めた合格者数。

	東京大	京都大	一橋大	東京工業大	筑波大	お茶の水女子大	電気通信大	東京外国語大	東京学芸大	東京芸術大	東京農工大	東京都立大	横浜国立大	千葉大	早稲田大	慶應義塾大	上智大	東京理科大
22年	—	—	—	—	—	1	—	1	1	—	1	—	—	—	8	5	15	3
	1	—	—	—	—	1	—	1	1	1	1	—	—	—	9	6	18	4
23年	—	—	—	—	—	—	—	—	1	—	1	1	—	1	21	7	11	11
	—	—	—	—	—	—	—	—	1	—	3	1	—	1	21	7	11	13
24年	1	—	—	—	—	—	—	1	—	—	—	1	1	—	9	7	9	20
	1	—	—	—	1	—	—	2	—	—	—	1	1	—	9	9	11	20

	学習院大	明治大	青山学院大	立教大	中央大	法政大	日本大	東洋大	駒澤大	専修大	国際基督教大	津田塾大	東京女子大	日本女子大	文部科学省所管外の大学校	海外の大学	国公立・医学部	私立・医学部
22年	9	17	20	29	25	11	27	25	9	3	2	19	23	18	1	1	—	1
	10	22	20	32	27	13	30	25	9	3	2	26	25	18	1	1	—	7
23年	3	26	22	36	10	15	24	25	4	20	1	15	13	9	1	1	2	2
	4	27	22	37	11	15	27	25	4	20	1	17	13	9	1	1	2	5
24年	12	25	29	35	16	20	22	21	5	17	2	15	30	23	—	3	—	—
	12	25	30	39	17	23	22	22	7	17	2	16	32	23	—	3	—	—

★指定校推薦枠（2024年度）東京都立大1名、早稲田大1名、東京理科大2名、学習院大5名、上智大3名、明治大3名、青山学院大10＋α名、立教大3名、中央大4名、法政大2名、国際基督教大1名、明治学院大4名など

入試情報

■過去2年分の入試結果

		募集人員	出願者	受験者	合格者	実質倍率
23年	第1回	80	505	477	239	2.1
	第2回	70	574	401	179	2.2
	第3回	30	540	291	66	4.4
24年	第1回	80	475	448	253	1.8
	第2回	70	517	340	182	1.9
	第3回	30	475	250	37	6.8

■2024年度入試 受験者・合格者の教科別平均得点

		算数	国語	理科	社会	合計
第1回	受験者	56.0	70.0			125.9
	合格者	67.5	76.6			144.1
第2回	受験者	53.2	51.8	45.0	39.1	189.0
	合格者	61.8	58.0	49.2	44.2	213.1
第3回	受験者	39.0	55.3			94.4
	合格者	63.7	70.3			134.0

○配点：算国＝各100点　理社＝各70点
○合格最低点：1回124点　2回188点　3回118点

25年の募集要項

入試日／①2月1日午後 ②2月2日午後 ③2月3日午後
募集人員／女子180名(①80名 ②70名 ③30名)
合格発表／いずれもホームページのみで即日
手続締切／①2月3日 ②2月4日 ③2月6日
試験科目／国語(45分・100点)、算数(45分・100点)、理科(30分・70点)、社会(30分・70点)
※①③は2科、②は4科
受験料／25,000円(複数回同時出願は2回分40,000円、3回分50,000円)

公開行事・説明会予定

【学校説明会】要予約
7月 6日(土)10時～、14時～
9月 7日(土)10時～
10月12日(土)10時～
12月 7日(土)14時～
【Web学校説明会】要予約
7月開催(予定)
【授業見学会】要予約
9月開催(予定)10時～
【入試説明会】要予約　6年生対象 ※ホームページでも公開予定
11月23日(祝)10時30分～、14時～
1月 9日(木)10時～
【恵泉デー (文化祭)】要予約
11月 4日(振休) 9時～16時
【クリスマス礼拝・ミニ説明会】要予約
12月19日(木)13時～
◆変更・中止の可能性もあります。必ず学校ホームページで確認してください。

光塩女子学院 中等科

こうえん

所在地／〒166-0003 杉並区高円寺南2-33-28
TEL／03-3315-1911
学校長／烏田 信二
創　立／1931年創立のカトリック系進学校。校名の光塩は新約聖書に登場することばに由来する。
URL／www.koen-ejh.ed.jp

	1年	2年	3年
男子	—	—	—
女子	152名	162名	168名
クラス数	4組	4組	4組

中高総生徒数／878名　併設小から 約42%

高円寺駅
中央線
至新宿
環七通り
高円寺4丁目
大久保通り入口
大久保通り
高円寺図書館
高円寺体育館
杉並八小入口
丸ノ内線
至新中野
新高円寺駅
青梅街道
東高円寺駅

〈交通アクセス〉
東京メトロ丸ノ内線「東高円寺」駅より徒歩7分　同「新高円寺」駅より徒歩10分　JR「高円寺」駅より徒歩12分

独自の「共同担任制」。多角的な視点から個性を伸ばす教育を実践

校名は聖書のなかの「あなたがたは地の塩である、世の光である」ということばに由来します。これは「すべての人間はそのままで世を照らす光であり、地に味をつける塩である」という意味で、こうした個性を尊重するカトリックの教えを基盤に、日々の教育を行っています。大きな特徴は、1教師1クラスの担任制ではなく、1学年4クラスを6～7人の教師が担任として見るという、独自の「共同担任制」を敷いていること。多角的な視点から生徒一人ひとりを見守り、個々の能力や可能性を伸ばしています。

スクールライフ

●教育内容

人間教育の面では、全学年で週1時間「倫理」の授業を設け、キリスト教的人間観・世界観について学びます。ボランティア活動が盛んなことも特徴で、秋の親睦会ではバザーを開き、クリスマスには募金や物資援助などを行います。さらに学期に一度のこども食堂、内外の募金活動に参加するほか、施設訪問も続けています。週6日制のなか、水曜日の午後は補習と自由参加の特別講座が設けられています。中等科では苦手科目・不得意分野を克服し、高等科では大学受験に向けて実力を伸長させ、専門分野を深めます。英語の教科書は「New Treasure」を使用し、各学年で外国人講師による英会話指導を行うなど、実践的な英語力を養成。英語・数学では習熟度別授業を導入し、きめ細かい指導を実践しています。数学は中等科の間に高1までの範囲をほぼ終了。国語では朗読や作文を重視し、日本語表現のセンスや考える力を養います。また、英単語や漢字の小テストを週1回行い、学力の向上に役立てています。

■主要5教科の週当たり時間（コマ）数

	英語	数学	国語	理科	社会
1年	6	5	5	4	4
2年	6	5	5	4	4
3年	6	5	5	5	4
合計	18	15	15	13	12

◎1日当たりの授業コマ数：50分×6時限
　土曜日は50分×4時限
◎登校時間：8時

●部活動

文化系11、体育系8のクラブと愛好会があり、中高合同で楽しく活動しています。
○文化系／ESS（英語）、茶道、料理、化学、生物、演劇、合唱、ミュージカル、人形劇、美術、アンサンブル
○体育系／テニス、バドミントン、バレーボール、バスケットボール、ダンス、水泳、剣道、卓球愛好会

●行事

4月の光塩祭（文化祭）と9月の体育祭は、中高合同で実施します。大勢の来場者でにぎわう10月の親睦会（バザー）のほか、宗教関連の行事としてクリスマス会があり、各学期の始業・終業式や高3送別会には、ミサも行います。

●修学旅行・研修旅行

中1、高1を対象に、長野県で山荘生活を体験します。修学旅行は中3が東北地方、高2は京都・奈良へ出掛けます。

マネーガイド

■2024年度納付金（諸経費を含む）　※参考額

	入学金	授業料	施設費	その他	計
入学手続時	300,000円	0円	50,000円	5,720円	355,720円
初年度総額	300,000円	480,000円	50,000円	約402,320円	約1,232,320円

◎寄付金：1口5万円、2口以上（任意）
◎授業料：3期分納
◎奨学金・特待生制度：経済的理由により就学困難と判断される者に授業料の全額を免除（1年間）

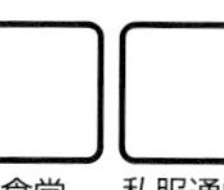

3期 学期制 / 完6 days 週5･6日制 / プール / cool 冷房 / 寮 / 食堂 / 私服通学 / ※希望人数によっては選抜 希 海外研修

サピックスからの合格実績（過去3年）	'22	'23	'24
	20名	10名	13名

進学指導の概要

中等科からの学習指導を含めて、教員一人ひとりが親身になって生徒の相談に乗り、きめ細かく対応しています。高1では基礎力を重視した授業ですが、高2･3では約半分が選択授業となり、進路に合わせた指導にシフトします。英語では全学年で3～4段階の少人数習熟度別授業を導入。高2からは文系･理系の2類型に分かれます。高2では各コースとも文理合同で「教養演習」があり、教科の枠を超えて生命倫理やメディア、環境などについて学びます。高3では共通テスト対策講座、放課後や夏休みの進学講習など、きめ細かく実戦的な受験指導を展開。近年は国公立大や理系に進む生徒も増えています。

■現役大学進学者の進路の内訳

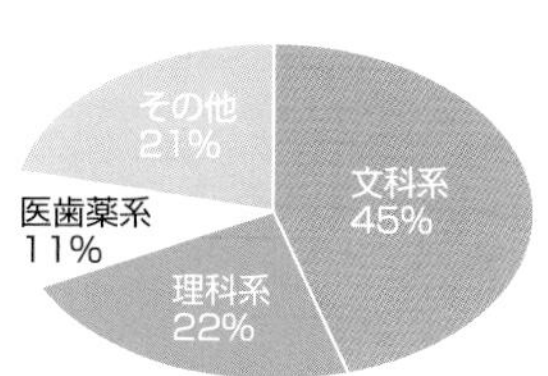

■併設高校から主要大学への合格実績

※上段は現役合格者数、下段は浪人を含めた合格者数。

	東京大	京都大	一橋大	東京工業大	筑波大	お茶の水女子大	電気通信大	東京外国語大	東京学芸大	東京芸術大	東京農工大	東京都立大	横浜国立大	千葉大	早稲田大	慶應義塾大	上智大	東京理科大
22年	2	—	1	—	—	—	—	2	—	2	1	—	—	1	12	11	20	4
	2	—	1	1	—	—	—	2	—	2	1	—	—	1	15	15	27	7
23年	—	—	—	1	1	—	—	—	—	2	—	1	1	1	13	11	17	15
	1	—	—	1	1	1	—	—	—	2	—	1	1	1	15	13	21	17
24年	2	—	2	1	—	—	—	1	1	1	1	—	1	—	13	12	10	7
	3	—	2	1	—	—	—	1	1	1	1	—	1	—	14	13	10	8

	学習院大	明治大	青山学院大	立教大	中央大	法政大	日本大	東洋大	駒澤大	専修大	国際基督教大	津田塾大	東京女子大	日本女子大	文部科学省管外の大学校所	海外の大学	国公立・医学部	私立・医学部
22年	3	15	5	10	2	7	6	4	—	—	3	5	14	14	1	—	1	9
	4	20	7	13	5	13	9	12	—	—	3	8	19	16	2	—	4	16
23年	8	17	4	13	14	14	11	5	—	—	—	9	12	13	1	1	3	8
	8	18	5	14	17	19	18	8	—	—	—	11	15	16	1	1	4	22
24年	11	17	6	6	6	7	8	4	3	5	1	1	9	7	—	4	2	13
	11	17	6	6	6	7	11	4	3	5	1	1	9	7	—	4	2	17

★指定校推薦枠（2024年度）早稲田大4名、慶應義塾大2名、上智大3名、学習院大8 ～ 12名、青山学院大1名、中央大2名、国際基督教大1名、東京女子医科大1名など

入試情報

■過去2年間の入試結果

		募集人員	出願者	受験者	合格者	実質倍率
23年	第1回総合型	約30	89	88	60	1.5
	第2回	約50	137	76	54	1.4
	第3回	約15	126	50	28	1.8
24年	第1回総合型	約30	72	65	51	1.3
	第2回	約50	144	[illegible]	[illegible]	1.4
	第3回	約15	129	53	30	1.8

■2024年度入試 合格者の教科別平均点

	算数	国語	理科	社会	合計
第1回総合型	37	41	総合/59		137
第2回	61	52	31	36	180
第3回	79	64	34	38	216

○1回総合型配点：算基礎・国基礎＝各50点　総合＝100点
○2回・3回配点：算国＝各100点　理社＝各50点
○合格最低点：第1回総合型115点　第2回138点　第3回192点

25年の募集要項

入 試 日／①総合型2月1日 算数1科型2月1日午後 ②2月2日 ③2月4日
募集人員／女子約95名(①約25名 算数1科型約15名 ②約40名 ③約15名)
合格発表／すべてホームページで即日 ※掲示は翌日
手続締切／未定
試験科目／①総合型：総合(60分・100点)、国語基礎(25分・50点)、算数基礎(25分・50点) 算数1科型：算数(50分・100点) ②③4科：国語(50分・100点)、算数(50分・100点)、理科(30分・50点)、社会(30分・50点)
面　　接／なし(ただし全日程でアンケートを実施)
受 験 料／23,000円 ※複数回受験割引あり

公開行事・説明会予定

【学校説明会】要予約
9月11日(水)10時～
10月26日(土)14時～
11月21日(木)10時～
1月11日(土)10時30分～ ※6年生対象
【オープンスクール】要予約
7月20日(土)13時～
【過去問説明会】要予約　6年生対象
11月30日(土)14時～
【5年生以下対象説明会】要予約
2月15日(土)10時30分～
【親睦会（バザー）】
11月17日(日)　9時30分～
【校内見学会】要予約
月に3回ほどを予定(詳細は学校ホームページにて)
◆変更・中止の可能性もあります。必ず学校ホームページで確認してください。

サピックスOGの声

●入学前はおとなしい学校というイメージを持っていましたが、実際には活発な生徒が多く、明るく楽しい学校です。4月に光塩祭（文化祭）、9月に体育祭、12月にクリスマス会、1月に弁論大会と、たくさんの行事があります。宿題はちょっと多い気がしますが、充実した学校生活を送っています。

晃華学園 中学校

所在地／〒182-8550 調布市佐須町5-28-1
TEL／042-482-8952
学校長／大島 正克
創 立／カトリック「汚れなきマリア修道会」が母体。1961年に暁星学園より独立し、1963年に中学・高校が設立された。
URL／jhs.kokagakuen.ac.jp

	1年	2年	3年
男子	—	—	—
女子	157名	158名	159名
クラス数	4組	4組	4組

中高総生徒数／904名 併設小から 約27%

〈交通アクセス〉
京王線「国領」駅よりスクールバス
JR中央線「武蔵境」駅よりスクールバス
京王線「つつじヶ丘」駅、「調布」駅よりバス
JR中央線・総武線「三鷹」駅よりバス

語学教育と進学実績で注目される中高一貫のカトリック校

緑豊かなキャンパスに広々とした校舎が立ち並び、明るく開放的な雰囲気です。キリスト教的人間観に基づく全人教育を行い、神様から与えられたタレント（個性・能力）を最大限に伸ばし、知性と品性を磨いて、「人のために人と共に生きる」女性を育てています。「宗教」の授業やボランティア学習、行事、LHRなどを通して“Noblesse Oblige”の精神を培うのは、晃華学園ならではの特色です。「英語の晃華」といわれるほど英語教育に定評があり、さらに近年は理数・ICT教育にも注力。時代に適応した教育を積極的に行っています。

スクールライフ

●教育内容

6か年一貫教育の下、英国数に多くの時間を配当して、確かな基礎力を養いながら、先取り教育も実施しています。中学から洋書の多読を実践、高校では授業の3分の1以上を外国人講師が担当するなど、英語教育に定評があります。一方、理数教育にも力を入れ、近年は生徒の約4割が理系志望です。図書情報センターには約5万冊（うち洋書約5100冊）の蔵書があり、各教科との連携も活発です。中3の3学期には、各自が決めたテーマについて研究した成果をまとめた「中学課題研究」を提出。全員がプレゼンテーションを行い、高校の「探究」に発展させていきます。また、国際的な視野に立ち、物事を多角的にとらえるために、授業内で「模擬国連」を行っています。

■主要5教科の週当たり時間（コマ）数

	英語	数学	国語	理科	社会
1年	6	5	5	3	3
2年	6	6	5	4	3
3年	6	5	5	4	4
合計	18	16	15	11	10

◎1日当たりの授業コマ数：50分×6時限
※土曜日は50分×2時限の後、80分のLHR
◎登校時間：8時30分

●部活動

ほぼすべての生徒が、文化系20、体育系9のいずれかの部で、中高合同で楽しく活動しています。活動日数は週1～4回で、兼部をする生徒もたくさんいます。

○文化系／美術、演劇、音楽、科学、天文、放送研究、フラワーデザイン、漫画研究、家庭科、ボードゲーム、文芸、陶芸、競技かるた、書道、メディア、シャミナード会、聖歌隊、茶道、華道、フランス語

○体育系／バレーボール、バスケットボール、卓球、硬式テニス、ソフトテニス、体操、バトントワリング、陸上、居合道

●行事

実行委員の生徒が主体の合唱コンクール、文化祭、体育祭はとても盛り上がります。また、イースター、慰霊祭、クリスマスなどの宗教行事、英語スピーチコンテスト、スキー教室、能楽ワークショップ、S.C.教養講座など多彩な行事があります。

●修学旅行・研修旅行

中2の3月に京都奈良学習旅行、高3の4月に沖縄修学旅行に出かけます。探究学習の一環として行われ、事前事後学習が充実しています。また、希望者対象に高1の夏に英国語学研修を実施。その他、留学制度もあります。

マネーガイド

■2024年度納付金（諸経費を含む）

	入学金	授業料	施設費	その他	計
入学手続時	250,000円	0円	0円	0円	250,000円
初年度総額	250,000円	504,000円	114,000円	388,805円	1,256,805円

◎寄付金：1口10万円、1口以上（任意）
◎授業料：4期分納
◎特待生制度：なし
◎奨学金制度：なし

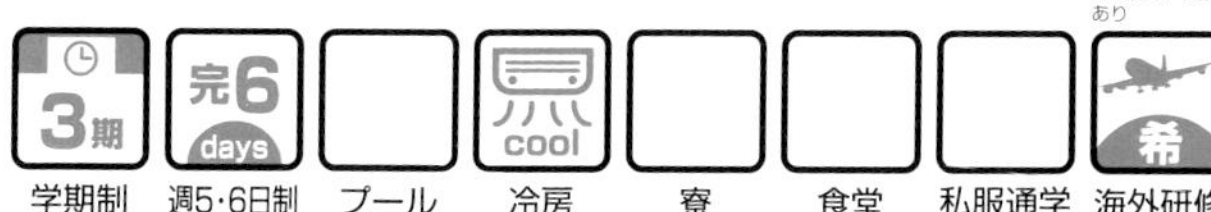

サピックスからの合格実績（過去3年）	'22	'23	'24
	50名	58名	50名

進学指導の概要

晃華の進路指導は、"Noblesse Oblige"を基盤とした、単なる大学・職業選びを超えたライフガイダンス。「進むべき路のしるべ」となる揺るぎない価値観・自分軸を持ち、未来を切り開く人を育てることを大切にしています。中学では、オリジナルの「晃華手帳」と「カイエ」を柱に学習習慣の定着を図ります。高1からは習熟度別授業、高2から文理選択別授業を実施。数学は高2まで必修です。高3では、受験科目別の選択講座が数多く設置され、きめ細かい進路対策を行います。小論文・総合型選抜対策、夏期講習、進路合宿、各大学個別相談会、大学訪問など進路関係の行事も充実しています。

■現役大学進学者の進路の内訳

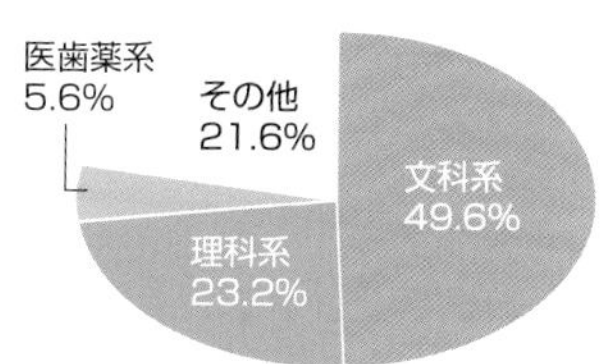

■併設高校から主要大学への合格実績

※上段は現役合格者数、下段は浪人を含めた合格者数。

	東京大	京都大	一橋大	東京工業大	筑波大	お茶の水女子大	電気通信大	東京外国語大	東京学芸大	東京芸術大	東京農工大	東京都立大	横浜国立大	千葉大	早稲田大	慶應義塾大	上智大	東京理科大
22年	1	—	1	—	—	—	—	1	—	—	2	3	2	1	23	13	23	11
	3	—	1	—	—	—	—	1	—	—	2	3	2	1	26	16	24	14
23年	2	—	1	—	—	—	2	1	2	—	1	2	1	—	26	9	14	8
	2	—	1	—	—	1	3	1	2	—	1	2	1	—	30	10	16	9
24年	3	—	1	1	—	—	1	1	1	1	2	2	—	2	19	14	22	7
	3	1	1	1	1	—	1	1	1	1	2	2	—	2	19	14	22	8

	学習院大	明治大	青山学院大	立教大	中央大	法政大	日本大	東洋大	駒澤大	専修大	国際基督教大	津田塾大	東京女子大	日本女子大	文部科学省所管外の大学校	海外の大学	国公立・医学部	私立・医学部
22年	4	16	19	9	26	19	20	3	2	2	3	7	15	11	3	1	4	17
	4	18	22	11	29	20	22	3	2	2	3	7	15	11	5	1	7	30
23年	3	24	20	33	17	12	19	6	6	14	2	2	15	14	—	3	3	9
	3	26	25	49	26	23	23	8	6	14	2	8	18	15	—	3	3	15
24年	4	20	18	22	17	20	7	3	2	11	3	6	22	4	2	3	—	1
	4	20	18	22	18	20	7	3	2	11	3	8	22	4	2	3	—	1

★指定校推薦枠（2024年度）早稲田大9名、慶應義塾大4名、上智大2名、東京理科大4名、国際基督教大2名、明治大1名、立教大2名、中央大4名、学習院大2名、北里大5名、東京女子大3名、日本女子大3名、津田塾大3名など多数

入試情報

■過去2年間の入試結果

		募集人員	出願者	受験者	合格者	実質倍率
23年	1回	約50	122	113	63	1.8
	2回	約35	277	263	173	1.5
	3回	約25	155	88	33	2.7
24年	1回	約50	107	93	62	1.5
	2回	約35	275	258	178	1.4
	3回	約25	134	62	35	1.8

■2024年度入試 受験者・合格者の教科別平均点

		算数	国語	理科	社会
1回	受験者	64.8	65.9	26.0	31.6
	合格者	73.7	68.7	28.4	33.8
2回	受験者	58.2	56.2		
	合格者	63.4	59.8		
3回	受験者	60.4	75.3	30.2	31.5
	合格者	71.0	80.1	33.3	35.6

○配点：算国＝各100点　理社＝各50点
○合格最低点：1回178点　2回108点　3回197点

24年の募集要項

※以下は2024年の募集要項です。2025年の要項は学校の発表をお待ちください。

入試日／①2月1日 ②2月1日午後 ③2月3日
募集人員／女子約110名（①約50名 ②約35名 ③約25名）
合格発表／いずれもホームページで即日
手続締切／2月6日
試験科目／①③国語（50分・100点）、算数（50分・100点）、理科（25分・50点）、社会（25分・50点）
②国語（40分・80点）、算数（40分・80点）
面　接／なし
受験料／25,000円（2回同時出願40,000円、3回同時出願50,000円）

公開行事・説明会予定

【学校説明会】要予約 各回14時30分～
7月 6日（土）、1月11日（土）、3月 1日（土）
【6年生対象入試説明会】要予約
10月19日（土）14時15分～、10月21日（月）9時30分～
12月 7日（土）14時15分～
【授業公開】要予約
6月29日（土） 9時20分～
【授業体験】要予約
8月31日（土）14時～
【学校見学会】要予約
7月22日（月）14時～、12月21日（土）10時～
3月28日（金）10時～
【オープンスクール】要予約
11月 9日（土）14時10分～、11月16日（土）14時10分～
【文化祭】個別相談あり、要予約
9月14日（土）、15日（日）
◆変更・中止の可能性もあります。必ず学校ホームページで確認してください。

サピックスOGの声

●「英語の晃華」といわれるように、英語教育に熱心です。文法、長文読解、ネイティブの先生による英会話の3つをメインに授業が進みます。小テストが多いので、毎日復習が必要です。そんなときに利用するのが図書情報センターの個別学習用のブースです。調べものができることに加え、先生にもすぐに相談できるので、家よりもここで勉強することが多いです。

麴町学園女子 中学校

（こうじまち）

所在地／〒102-0083 千代田区麴町3-8
TEL／03-3263-3011
学校長／堀口 千秋
創　立／1905年に麴町女学校創立。2019年度より新コース制を導入し、生徒の資質を引き出して自立した女性に育てる。
URL／www.kojimachi.ed.jp

	1年	2年	3年
男子	—	—	—
女子	128名	136名	109名
クラス数	4組	4組	4組

中高総生徒数／829名

〈交通アクセス〉
東京メトロ有楽町線「麴町」駅より徒歩1分
東京メトロ半蔵門線「半蔵門」駅より徒歩2分
JR、東京メトロ南北線「市ケ谷」駅、同「四ツ谷」駅より徒歩10分

しなやかさと創造力を兼ね備えた国際人の育成をめざす

教育目標に「聡明・端正」を掲げ、豊かな人生をみずからデザインできる自立した女性の育成に努めています。それを実現するための教育の柱が、「みらい科（生き方教育）・グローバルプログラム・思考型授業・アクティブイングリッシュ」の4つ。なかでもアクティブイングリッシュは、特別顧問に実用英語推進機構代表理事の安河内哲也氏を迎え、「一生使える英語」の習得をテーマとしています。また、2019年度からは中学生も「グローバルコース」と「スタンダードコース」の2コース制とし、より細やかな指導を行っています。

スクールライフ

●教育内容

中1～3は一定の英語力を持つ生徒が対象の「グローバルコース」と、総合的な学力を養う「スタンダードコース」の2コース制。2024年度からは、中2を対象に希望制のサイエンス探究クラスを新設し、生徒一人ひとりの学力を伸ばします。高1では進路別コースに備え、「GA（グローバルアクティブ）コース」「SA（サイエンスアクティブ）コース」「A（アクティブ）コース」に分かれます。また、英語4技能をバランスよく身につける独自のメソッド「アクティブイングリッシュ」では、朝10分間の「英語音声活動」や実践を重視した授業を通して、高い英語力を養成。そして、短期・中期の語学研修（ニュージーランド・希望制）をはじめ、ダブルディプロマプログラム（アイルランドに2年間留学）などのグローバルプログラムも充実しています。生き方教育プログラムの「みらい科」では、探究活動を通して総合的な行動力「コンピテンシー」と、予想外のものにも価値を見いだせる力「セレンディピティ」を涵養します。

■主要5教科の週当たり時間（コマ）数

	英語	数学	国語	理科	社会
1年	5	5	5	4	4
2年	5	5	5	4	4
3年	6	5	5	4	4
合計	16	15	15	12	12

◎1日当たりの授業コマ数：50分×6時限
※土曜日は4時限、火曜日は45分×7時限
◎登校時間：8時30分

●部活動

部と同好会を合わせ、全部で27の団体が中高合同で活動中。生徒は学年を超えた絆を育みます。

○文化系／ESS、コーラス、パソコン、演劇、写真、美術、クッキング、書道、放送、軽音楽、吹奏楽など
○体育系／剣道、卓球、ソフトテニス、新体操、ダンス、フェンシング、水泳、バスケットボールなど

●行事

6月の体育祭、9月の葵祭（文化祭）は、中高合同で盛り上がります。また、音楽鑑賞会、合唱祭、ダンス発表会、レシテーション大会など、楽しくも有意義な行事がそろっています。

●修学旅行・研修旅行

中1の宿泊オリエンテーションは山中湖方面へ。中3の修学旅行は、2024年は長崎方面、高2の修学旅行は、2024年はシドニーを訪問します。このほか、希望制の海外研修なども豊富に用意しています。

マネーガイド

■2024年度納付金（諸経費を含む）

	入学金	授業料	施設費	その他	計
入学手続時	220,000円	0円	0円	0円	220,000円
初年度総額	220,000円	432,000円	150,000円	501,000円	1,303,000円

※制服代を除く
※期日までに入学辞退届を提出した場合、入学金を返金

◎寄付金：なし
◎授業料：4期分納
◎奨学金・特待生制度：奨学金制度は、経済的な事情の変化により就学困難な場合、人物・学業・成績が良好な者を対象に授業料を免除する。特待生制度は、各入試および年度末の審査で基準を満たした者を対象とし、入学金や1年間の授業料を免除する

学期制

週5･6日制

プール

冷房

寮　食堂
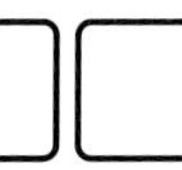
私服通学

海外研修

サピックスからの合格実績（過去3年）	'22	'23	'24
	3名	2名	4名

進学指導の概要

高2で進路別の4コースに分かれます。海外大学も視野に入れ、難関大学（文系）進学をめざす「GAコース」、難関大学（理系）進学をめざす「SAコース」、多様な進路に対応する「Aコース」、教育連携校である東洋大学に推薦入学する「東洋大学グローバルコース」（高校から募集）があり、生徒はそれぞれの希望進路に沿った学習を進めます。各種の講習も充実しており、MARCH対策のほか、予備校の現役講師による難関大学対策の講習も用意。高3では多彩な選択科目を設け、生徒一人ひとりの自己実現をサポートします。また、オンラインで大学進学フェアを開催し、生徒の意欲を高めるのもポイントです。

■浪人を含む大学進学者の進路の内訳

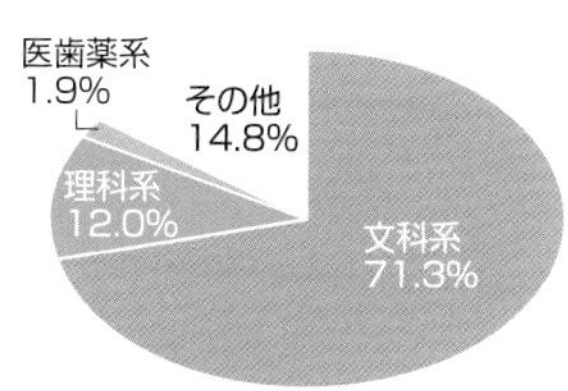

■併設高校から主要大学への合格実績

※上段は現役合格者数、下段は浪人を含めた合格者数。

	東京大	京都大	一橋大	東京工業大	筑波大	お茶の水女子大	電気通信大	東京外国語大	東京学芸大	東京芸術大	東京農工大	東京都立大	横浜国立大	千葉大	早稲田大	慶應義塾大	上智大	東京理科大
22年	—	—	—	—	—	—	—	1	—	—	—	—	—	—	1	—	1	—
	—	—	—	—	—	—	—	1	—	—	—	—	—	—	1	—	1	—
23年	—	—	—	—	—	—	—	—	—	—	—	—	—	—	—	—	—	—
	—	—	—	—	—	—	—	—	—	—	—	—	—	—	—	—	—	—
24年	—	—	—	—	—	—	—	—	—	—	—	—	—	—	—	—	—	—
	—	—	—	—	—	—	—	—	—	—	—	—	—	—	—	—	—	—

	学習院大	明治大	青山学院大	立教大	中央大	法政大	日本大	東洋大	駒澤大	専修大	国際基督教大	津田塾大	東京女子大	日本女子大	文部科学省所管外の大学校	海外の大学	国公立・医学部	私立・医学部
22年	—	1	1	1	3	2	4	61	—	1	1	—	2	1	—	16	—	—
	—	1	1	1	3	2	4	61	—	1	1	—	2	1	—	16	—	—
23年	—	—	—	2	1	—	3	69	1	—	—	1	2	3	—	15	—	—
	—	—	—	2	1	—	3	69	1	—	—	1	2	3	—	15	—	—
24年	—	1	—	4	1	2	2	52	—	—	—	1	—	1	—	17	—	—
	—	1	—	4	1	2	2	52	—	—	—	1	—	1	—	17	—	—

★指定校推薦枠（2024年度）中央大1名、東洋大6名、専修大2名、日本大1名、日本女子大6名、武蔵大2名、東京都市大5名、成蹊大1名、獨協大1名、芝浦工大3名など

入試情報

■2024年度の入試結果

			募集人員	出願者	受験者	合格者	実質倍率
2/1	一般	4科	50	49	33	30	1.1
		2科		55	39	31	1.3
	英語型		15	21	17	16	1.1
2/1午後	特待	4科	10(スライド合格あり)	78	66	50	1.3
		2科		66	47	27	1.7
		英語資格型		41	34	29	1.2
2/2	一般	4科	10	64	14	11	1.3
		2科		77	17	7	2.4
2/2午後	特待	4科	5(スライド合格あり)	78	22	16	1.4
		2科		88	20	8	2.5
2/3	一般	4科	15	103	24	18	1.3
		2科		105	31	20	1.6
2/6	一般	4科	10	108	14	10	1.4
		2科		90	18	12	1.5
		英語資格型		58	12	11	1.1

■2024年度入試 受験者の教科別平均点

			算数	国語	理科	社会	合計
2/1	一般	4科	48.4	48.3	31.8	27.3	100.6
		2科					
	英語型		28.4	36.9	英語/55.4		142.8
2/1午後	特待	4科	51.1	58.7	29.1	31.7	116.0
		2科					
2/2	一般	4科	48.9	64.1	35.9	28.0	114.8
		2科					
2/2午後	特待	4科	50.8	61.3	35.5	30.5	114.1
		2科					
2/3	一般	4科	50.0	67.3	28.0	28.3	117.9
		2科					
2/6	一般	4科	55.3	68.8	30.0	34.2	127.5
		2科					

※4科は200点満点に換算しています
○配点：算国＝各100点　理社＝各50点
※英語資格型の点数は除く
○合格最低点：2/1一般79点・英語型115点　2/1午後特待154点・一般100点　2/2一般118点　2/2午後特待157点・一般112点　2/3一般108点　2/6一般112点

24年の募集要項

※以下は2024年の募集要項です。2025年の要項は学校の発表をお待ちください。

入 試 日／①2月1日午前(一般・英語型)午後(特待) ②2月2日午前(一般)午後(特待) ③2月3日午前(一般) ④2月6日(一般) 帰国11月19日
募集人数／女子120名(①一般50名 英語型15名 特待10名 ②一般10名 特待5名 ③一般15名 ④一般15名 帰国若干名)
合格発表／すべて即日
手続締切／2月11日 帰国12月22日
試験科目／国語(45分・100点)、算数(45分・100点)、理科・社会(計50分・各50点)2科4科選択※①特待は英語資格型も選択可 英語資格型＝英語資格(計100点)、国語・算数(各45分・各100点) 英語型：国語基礎・算数基礎(計50 分・各50点)、英語(約45分・75点)、面接(英語と日本語約10分・25点)
面　　接／なし
帰国生のための試験／オンライン型：面接 来校型：英語、面接
受 験 料／20,000円　※複数回受験可能

公開行事・説明会予定

【学校説明会】要予約
7月13日(土)14時30分～
7月28日(日)10時～
1月25日(土)14時30分～
【夏フェス】要予約
8月31日(土)10時～
【入試問題チャレンジ】要予約
10月14日(祝) 9時～
【入試模擬体験】要予約
11月24日(日) 8時30分～
12月15日(日) 8時30分～
【入試対策説明会】要予約
1月11日(土)14時30分～
【体験イベント】要予約　5年生以下対象
2月23日(日)10時～
【葵祭(文化祭)】
9月28日(土)9時～15時
9月29日(日)9時～15時
◆変更・中止の可能性もあります。必ず学校ホームページで確認してください。

香蘭女学校 中等科

所在地／〒142-0064 品川区旗の台6-22-21
TEL／03-3786-1136
学校長／鈴木 弘
創 立／1888年、英国国教会の伝道によって創立されたプロテスタント校。キリスト教に基づく全人教育を行う。
URL／www.koran.ed.jp

	1年	2年	3年
男子	—	—	—
女子	176名	176名	174名
クラス数	4組	4組	4組

中高総生徒数／1026名

〈交通アクセス〉
東急大井町線・池上線「旗の台」駅より徒歩5分

来たりて学べ 出でて仕えよ Come in to Learn,Go out to Serve.

香蘭女学校は、立教大学・聖路加国際大学と同じ日本聖公会に属する英国ミッション系の女学校です。神様と向き合い、自分を振り返る毎朝の礼拝を大切にしています。また、100年以上の伝統を持つバザーでは、弱い立場に置かれた人たちに心を寄せ、みずからの働きを捧げます。宗教講話では社会に広く視野を向け、学び得たことをボランティア活動や平和学習（広島・沖縄）を通して実践していきます。生徒一人ひとりに神様から与えられた「賜物」を見出し、生涯にわたってそれらを磨き、他者とともに他者のために生きていく力を育みます。

スクールライフ

●教育内容

創立から続く英国の宣教師たちによる英語教育の伝統を引き継ぎ、バランス良く英語4技能を身につけるカリキュラムへと発展させています。その成果をGTECや英検®の外部英語検定試験で測定します。理科は、中等科では校内の築山の植物を使った観察、週に2回程度の実験や実習を行い、高等科での理系の学びや進路につながる観察力、論理力などを養います。数学は、中等科の段階からていねいにノート指導を実施。順序立てて考える力を積み上げます。高等科では数学Ⅲまで選択可能で、学校で完結する進学指導体制があります。また、協働型問題解決能力の育成を見据えて、コロナ以前からICT環境を整備。全生徒がiPadを所持し、2021年度から始まった「SEED（探究）」、高等科での論文の執筆など、授業や課外活動で活用しています。

■主要5教科の週当たり時間（コマ）数

	英語	数学	国語	理科	社会
1年	6	5	5	4	3
2年	6	5	5	4	3
3年	6	5	4	4	4
合計	18	15	14	12	10

※英語は総合学習1コマ含む

◎1日当たりの授業コマ数：50分×6時限
※土曜日は4時限
◎登校時間：8時10分

●部活動

中高合同で30の部が活動中。日本のガールスカウト発祥校で、ガールスカウト部の活動が有名です。
○文化系／囲碁、手芸、英語、書道、演劇、歴史文化、ガールスカウト、箏曲、華道、茶道、写真、美術、文芸、漫画研究、料理、フォークソング、社会科、人形劇、ハイキング、自然科学、吹奏楽、弦楽
○体育系／テニス、ソフトテニス、スケート、バスケットボール、バレーボール、体操、卓球、陸上競技

●行事

10月のヒルダ祭（文化祭）は、生徒会主催の文化の祭典。文化部を中心に、レベルの高い発表が見られます。11月のバザーは創立以来の伝統行事で、在校生、卒業生、保護者の合同参加で盛大に行われます。

●修学旅行・研修旅行

新入生キャンプ（中1･高1）、北軽井沢山荘生活（中2）、東北・北海道修学旅行（中3）、関西修学旅行（高2）だけでなく、カナダ･プリンスエドワード島研修（短･中･長期）や、オンラインを活用した国内での国際体験交流プログラム（中2～高2の希望者対象）があります。

マネーガイド

■2024年度納付金（諸経費を含む）

	入学金	授業料	施設費	その他	計
入学手続時	300,000円	0円	100,000円	0円	400,000円
初年度総額	300,000円	476,000円	200,000円	263,200円	1,239,200円

※期日までに入学辞退した場合、施設設備資金（10万円）を返金

◎寄付金：1口10万円、2口以上（任意）
◎授業料：3期分納
◎奨学金・特待生制度：成績基準を満たした者、経済的理由で就学困難な者に奨学金を給付

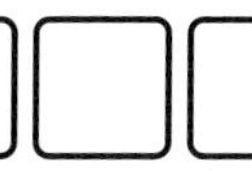

学期制	週5·6日制	プール	冷房	寮	食堂	私服通学	海外研修
3期	完6 days		cool				他

サピックスからの合格実績（過去3年）	'22	'23	'24
	57名	59名	61名

進学指導の概要

各教科とも、中等科と同じ教員が指導します。早い時期から自主的に将来の道を考え、「自己決定」するための指導を行っています。高1では必修科目を履修し、高2では週7時間の文理選択科目を設けています。高3ではめざす進路に合わせ、さらに多くの選択科目から、志望に沿った授業を履修します。卒業生を招いたキャリア教育プログラムや大学の先生方を招いた特別授業も充実しており、夏休みには希望者を対象とした学習会、高3対象の補習授業、学力テストなども実施します。同じ日本聖公会に属するプロテスタント学校である立教大学への推薦入学制度があり（2024年度より枠数160名）、全学部、全学科に進学できます。

■現役大学進学者の進路の内訳

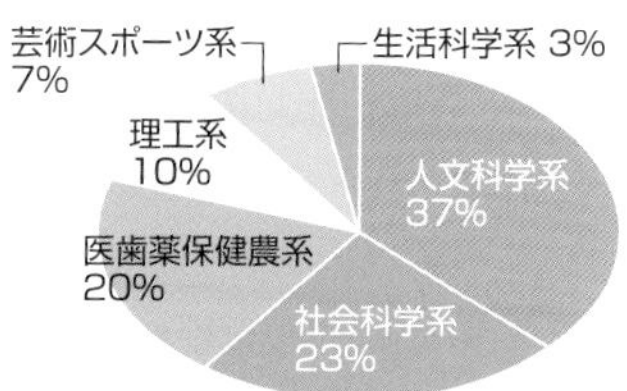

■併設高校から主要大学への合格実績

※上段は現役合格者数、下段は浪人を含めた合格者数。

	東京大	京都大	一橋大	東京工業大	筑波大	お茶の水女子大	電気通信大	東京外国語大	東京学芸大	東京芸術大	東京農工大	東京都立大	横浜国立大	千葉大	早稲田大	慶應義塾大	上智大	東京理科大
22年	—	—	—	—	—	—	—	—	—	—	—	—	1	—	4	6	7	5
	—	—	—	—	—	—	—	—	—	—	—	1	1	—	4	7	7	5
23年	—	—	—	—	—	—	—	2	—	—	—	—	—	1	11	1	7	6
	1	—	—	—	—	—	—	2	—	—	—	—	—	1	11	2	7	6
24年	—	—	—	—	—	—	1	1	—	—	—	—	—	—	3	3	11	1
	—	—	—	—	—	—	1	1	—	—	—	—	—	—	3	3	11	1

	学習院大	明治大	青山学院大	立教大	中央大	法政大	日本大	東洋大	駒澤大	専修大	国際基督教大	津田塾大	東京女子大	日本女子大	文部科学省所管外の大学校	海外の大学	国公立・医学部	私立・医学部
22年	1	3	4	97	2	2	11	4	1	1	1	—	2	—	—	—	—	—
	1	3	4	97	3	2	12	6	1	1	1	—	2	—	—	—	—	—
23年	1	2	1	101	4	4	6	4	1	1	1	—	4	2	—	—	—	—
	1	3	2	102	4	6	7	5	1	1	2	—	4	2	—	—	—	—
24年	5	10	10	98	5	9	5	3	2	3	1	1	5	4	4	7	—	1
	5	10	10	98	5	10	5	5	3	3	1	1	5	4	4	7	—	1

★指定校推薦枠（2024年度）慶應義塾大1名、東京理科大5名、立教大97名、学習院大4名、青山学院大14名、中央大4名、国際基督教大2名、聖路加国際大2名、成城大2名、明治学院大1名、東京女子大5名、日本女子大3名など

入試情報

■過去3年間の入試結果

			募集人員	出願者	受験者	合格者	実質倍率
22年	1回	4科	100	365	340	115	3.0
		2科		23	23	2	11.5
	2回	2科	60	652	472	121	3.9
23年	1回	4科	100	391	370	133	2.8
		2科		21	20	1	20.0
	2回	2科	60	769	577	127	4.5
24年	1回	4科	100	398	381	112	3.4
	2回	2科	60	747	573	106	5.4

○配点：算国＝各100点　理社＝各50点
○合格最低点：1回195点　2回136点

25年の募集要項

入 試 日／①2月1日午前 ②2月2日午後
募集人員／女子160名(①100名 ②60名)※帰国含む
合格発表／いずれもホームページで①2月1日 ②2月3日
手続締切／2月7日
試験科目／①国語(50分・100点)、算数(50分・100点)、理科(30分・50点)、社会(30分・50点)
②国語(50分・100点)、算数(50分・100点)
面　　接／なし
受 験 料／25,000円(①②同時出願40,000円)

公開行事・説明会予定

【学校説明会】要予約
9月14日(土)14時30分～
【校内見学会】
2月22日(土)
【入試説明会】要予約、6年生対象
12月14日(土)10時～、13時～
【ヒルダ祭(文化祭)】
10月　5日(土)　9時～16時
10月　6日(日)　9時～15時
【バザー】
11月23日(祝)10時～15時
【学校見学】
随時　要予約
◆変更・中止の可能性もあります。必ず学校ホームページで確認してください。

サピックスOGの声

●プロテスタント系の学校なので、礼拝が毎朝あり、全校生徒が講堂に集まってチャプレン（学校付きの牧師）や先生方のお話などを聞きます。一日の終わりには各クラスで終礼があるので、学校生活はお祈りで始まり、お祈りで終わります。でも、堅苦しいものではなく、心の落ち着く楽しいひとときとなっています。

実践女子学園 中学校

所在地／〒150-0011 渋谷区東1-1-11
TEL／03-3409-1771
学校長／湯浅 茂雄
創 立／1899年、近代日本の女子教育の先駆者・下田歌子が創立。校名の「実践」は、学問を実際に役立て実行するという意味。
URL／hs.jissen.ac.jp

	1年	2年	3年
男子	—	—	—
女子	258名	248名	269名
クラス数	8組	7組	7組

中高総生徒数／1406名

〈交通アクセス〉
JRほか「渋谷」駅より徒歩10分　東京メトロ銀座線ほか「表参道」駅より徒歩12分

体験を通し、他者とともに豊かに生きる人間力を育む

渋谷駅から徒歩10分に位置する緑豊かな校地で、伸びやかに6年間を過ごすことができます。120年以上の歴史を誇る女子教育の伝統校ですが、時代の変化に合わせて、常に最新の教育内容を提供しています。海外研修プログラム、探究教育「未来デザイン」、企業連携などの多彩な体験学習を通して、学びたいことを見つけ、時間をかけて取り組むことができます。また、行事や委員会活動、クラブ活動などを通して、意見の違うさまざまな人と出会うことで、違いを受け止めて乗り越え、他者とともに豊かに生きる人間力を身につけます。

スクールライフ

●教育内容

日々の教育は教科教育に、「探究」「グローバル」「感性表現」の3つの教育を融合させた形で展開。中1～高2必修の授業「未来デザイン」では、身近なことを題材に、正解のない問題についてさまざまな視点から思考し、課題解決を探ることで、自分と世界のつながりを体験を通して学びます。「考える授業」を通して、ものごとを主体的に考えて判断し、行動する「実践力」を養います。教科教育においては、基礎学力の定着を図りながら緩やかな先取り学習を行います。講座、補習も充実しており、きめ細かく手厚いサポート体制が整っています。英語はレベル別・少人数制で、外国人講師による授業も週2～5時間実施するなど、充実しています。英語上級者のための課外授業も豊富です。また、美しい立ち居振る舞いを学ぶ中1必修の「礼法」や「日本文化実習」を通して、相手の視点に立ち、思いやることのできる女性を育成します。

■主要5教科の週当たり時間（コマ）数

	英語	数学	国語	理科	社会
1年	6	5	6	3	4
2年	7	5	5	4	4
3年	8	5	5	4	4
合計	21	15	16	11	12

◎1日当たりの授業コマ数：50分×6時限
※土曜日は4時限
◎登校時間：8時15分

●部活動

中高別に活動しますが、教育の一環として重視しており、中1では必修です。学術部、芸能部、体育部、そして日本文化系の特殊部という4分野のなかに35のクラブがあり、どの活動もたいへん活発です。
○文化系／茶道、華道、箏曲、和装着付、文芸、美術、演劇、被服、家政、合唱、室内楽、吹奏楽、写真など
○体育系／テニス、ダンス、バドミントン、バレーボール、バスケットボール、剣道、卓球、器械体操など

●行事

熱気あふれる運動会のほか、合唱コンクール、ときわ祭（文化祭）など、学校行事は企画から運営まで、生徒の手で行われます。

●修学旅行・研修旅行

中1～3で移動教室・校外研修を実施。高1の修学旅行はニュージーランド、シンガポール、沖縄から選択します。希望者対象のオーストラリア（中学）、オーストラリアとニュージーランド（高校）の海外研修や、ターム・派遣・交換留学のプログラムも整っています。

マネーガイド

■2024年度納付金（諸経費を含む）

	入学金	授業料	施設費	その他	計
入学手続時	230,000円	0円	0円	0円	230,000円
初年度総額	230,000円	502,000円	171,000円	227,400円	1,130,400円

◎寄付金：1口1万円、1口未満も可（任意）
◎授業料：3期分納
◎奨学金・特待生制度：経済的理由により就学困難と判断される者に学費相当額を給付。第1回（2科/4科）の受験生のなかで、入試成績が特に優れた者に対して、初年度の授業料を免除

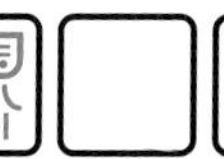

学期制　週5・6日制　プール　冷房　寮　食堂　私服通学　海外研修

サピックスからの合格実績（過去3年）	'22	'23	'24
	36名	52名	39名

進学指導の概要

併設大学への進学者は約2割。8割は他大学受験のため、高1から幅広い選択科目が選べるよう、目的別クラス編成としています。進学指導はキャリア教育と連動しており、生徒が自分の学習進度や弱点を客観視するシステムや、さまざまなガイダンスなどを用意。長期休暇中はもとより、日常的に早朝講座や放課後講座なども行い、生徒がみずからの道を主体的に切り開く指導を徹底しています。また、併設大学への推薦権を保持したまま、他大学を受験することも可能で、海外大学への指定校推薦制度も整っています。このほか、小論文添削指導、外国人講師による英作文指導、面接指導など、進路実現をサポートする体制を整えています。

■現役大学進学者の進路の内訳

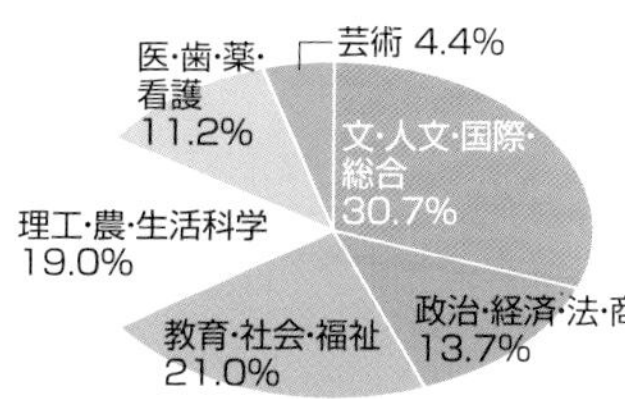

■併設高校から主要大学への合格実績

※上段は現役合格者数、下段は浪人を含めた合格者数。

	東京大	京都大	一橋大	東京工業大	筑波大	お茶の水女子大	電気通信大	東京外国語大	東京学芸大	東京芸術大	東京農工大	東京都立大	横浜国立大	千葉大	早稲田大	慶應義塾大	上智大	東京理科大
22年	—	—	—	—	—	—	—	—	—	—	—	—	—	—	—	7	7	4
	—	—	—	—	—	—	—	—	—	—	—	—	—	—	—	7	7	4
23年	—	—	—	—	—	—	—	—	—	—	—	—	—	—	6	2	—	2
	—	—	—	—	—	—	—	—	—	—	—	—	—	—	6	2	—	2
24年	—	—	—	—	—	—	—	—	—	—	—	—	—	—	1	3	3	1
	—	—	—	—	—	—	—	—	—	—	—	—	—	—	2	3	3	1

	学習院大	明治大	青山学院大	立教大	中央大	法政大	日本大	東洋大	駒澤大	専修大	実践女子大	津田塾大	東京女子大	日本女子大	文部科学省所管外の大学校	海外の大学	国公立・医学部	私立・医学部
22年	11	12	11	12	6	5	3	14	6	3	55	7	10	14	—	9	—	1
	14	12	11	16	7	5	6	19	6	4	55	7	11	15	—	9	—	1
23年	5	5	9	9	10	12	7	5	4	2	45	—	13	7	—	10	—	—
	5	5	9	10	10	13	8	5	4	2	45	—	13	7	—	11	—	—
24年	7	5	6	7	5	8	2	8	7	1	58	1	9	7	—	1	—	—
	7	5	6	7	7	8	5	11	8	1	58	1	10	7	—	1	—	—

★指定校推薦枠（2024年度）早稲田大1名、慶應義塾大1名、東京理科大6名、学習院大10名、明治大3名、青山学院大7名、立教大3名、中央大2名、法政大6名、東京女子大9名、日本女子大4名、北里大4名など

入試情報

■2024年度の入試結果

		募集人員	出願者	受験者	合格者	実質倍率
帰国生1回		10	32	32	28	1.1
帰国生2回			4	4	4	1.0
1回	4科	45	184	170	78	2.8
	2科		48	47		
2回	2科	40	298	276	94	3.0
3回	4科	40	305	221	96	2.9
	2科		75	53		
4回	2科	30	358	252	76	3.3
5回	2科	20	445	286	50	5.7
6回	2科	20	529	355	78	4.6
英語資格1回		15	73	67	34	2.0
英語資格2回		10	77	35	12	2.9
思考表現		10	21	21	14	1.5

■2024年度入試 合格者の教科別平均点

		算数	国語	理科	社会	合計
1回	4科	63.8	72.7	30.5	27.5	137.5
	2科					—
2回	2科	74.6	72.6			147.2
3回	4科	68.9	72.5	32.1	37.0	143.0
	2科					—
4回	2科	55.6	66.4			122.0
5回	2科	74.7	75.4			150.9
6回	2科	72.0	74.2			147.1
英語資格1回		54.4	63.3			146.7
英語資格2回		57.5	62.1			136.3

○配点：算国＝各100点　理社＝各50点　1科入試：国語と英語資格の換算点との合計で200点満点
○合格最低点：1回124点　2回131点　3回130点　4回108点　5回139点　6回137点　英語資格1回127点　英語資格2回(国)124点・(算)121点
帰国生、思考表現は非公表

25年の募集要項

入 試 日／【一般】①2月1日午前 ②2月1日午後 ③2月2日午前 ④2月2日午後 ⑤2月3日午後 ⑥2月4日午後【思考表現】①2月1日午前【英語資格】①2月1日午後 ②2月2日午後【帰国】①11月20日 ②12月17日
募集人数／女子240名(【一般】①45名 ②40名 ③40名 ④30名 ⑤20名 ⑥20名【思考表現】①10名【英語資格】①15名 ②10名【帰国】10名)
合格発表／いずれもホームページで即日
手続締切／2月6日※ただし公立一貫校受験者は2月10日【帰国】①11月27日 ②12月21日
試験科目／【一般】国語(45分・100点)、算数(45分・100点)、社会・理科(50分・各50点)※①③2科4科選択、②④⑤⑥2科【思考表現】記述・表現(45分)＋質疑応答【英語資格】英語資格＋国語(45分・100点)または算数(45分・100点)※国算の2科を受験し高得点の教科を適用することも可
面　　接／なし
帰国生のための試験／自己PRシートを基にした面接(15分)、算数(30分)
受 験 料／22,000円　※複数回同時出願に限り、2出願目以降は10,000円

公開行事・説明会予定

【学校説明会】要予約
9月14日(土)10時30分～
【夏の見学会】要予約
7月25日(木)～27日(土)、8月22日(木)～24日(土)
【入試説明会】要予約
10月19日(土)10時～、11月22日(金)18時～
1月11日(土)10時～
【入試体験会】要予約 6年生対象
12月 7日(土) 8時40分～、14時～(2科)
【帰国生対象説明会】要予約
6月22日(土)※オンライン型・英語授業体験会あり
7月27日(土)14時30分～
【オープンスクール】要予約
6月15日(土)14時～、11月16日(土)14時～
【ときわ祭(文化祭)】要予約 ※ミニ学校説明会も実施
9月28日(土)、29日(日)
◆変更・中止の可能性もあります。必ず学校ホームページで確認してください。

品川女子学院 中等部

所在地／〒140-8707 品川区北品川3-3-12
TEL／03-3474-4048
学校長／神谷 岳
創 立／1925年に開設された荏原女子技芸伝習所が前身。その後、品川高等女学校を経て、1991年に現校名に改称。
URL／www.shinagawajoshigakuin.jp

	1年	2年	3年
男子	―	―	―
女子	219名	228名	214名
クラス数	6組	6組	5組

中高総生徒数／1303名

〈交通アクセス〉
京急線「北品川」駅より徒歩2分 JRほか「品川」駅より徒歩12分

10年後、社会で輝く女性でいるために、必要な教育を授ける

「自ら考え、自らを表現し、自らを律する」の校是の下に、生徒一人ひとりの良さを発見し、個性を伸ばす教育を行っています。目標に置くのは卒業してからの10年後。28歳のときに社会で活躍できる女性になるための「28プロジェクト」を掲げ、能動的に人生をつくる日本女性の育成をめざします。このため学習面での指導に限らず、読書指導や国際理解教育にも力を入れ、豊かな感性を育てるための芸術鑑賞、社会性を磨くための講演会、フィールドワークなども活発に行っています。

スクールライフ

●教育内容

完全中高一貫教育の下、先取り学習や補習・講習を取り入れながら、無理なく大学進学に対応できる基礎学力を3年間で身につけていきます。英語は「使える英語力」の習得に力を入れ、週1時間、外国人講師とのチームティーチングによる英会話の授業を行っています。到達目標は中3までに全員が英検®準2級を取得し、英検2級を受検できる力を養うこと。国語では、発表やディスカッションの機会を多く設定し、思考力やプレゼンテーション力を養います。能動的な人生設計を促す「28プロジェクト」では、中3から高2を対象に会社づくりや商品販売を実体験する「起業体験プログラム」も行います。道徳の時間には茶道、華道、着付け、礼法など、日本の伝統文化を学ぶ時間が設けられているのも特徴です。

■主要5教科の週当たり時間（コマ）数

	英語	数学	国語	理科	社会
1年	7	6	5	4	3
2年	7	5	5	4	4
3年	7	5	6	4	4
合計	21	16	16	12	11

◎1日当たりの授業コマ数：50分×6時限
※土曜日は4時限
◎登校時間：8時20分

●部活動

同好会を含め38のクラブがあり、中高合同で活動しています。部員数が100名を超えるバトン部、ダンス部、吹奏楽部などは、各種の大会でも活躍しています。
○文化系／茶道、クッキング、演劇、書道、チェンバーオーケストラ、化学、吹奏楽、美術、放送、箏曲など
○体育系／バトン、ダンス、テニス、バスケットボール、弓道、バレーボール、水泳、剣道、体操、卓球など

●行事

最大の行事は白ばら祭（文化祭）。舞台発表、クラス展示、模擬店など、企画から運営までのすべてを、生徒が手がけます。このほか、体育祭や合唱祭も、生徒主催で行っています。

●修学旅行・研修旅行

宿泊行事は、中1では体験型の郊外学習、中2では2泊3日の研修旅行を実施します。修学旅行は中3時の1回のみで、ニュージーランドを訪問（2019年度参考）。日程は8日間と3週間の2つから選べますが、例年、9割の生徒は3週間を選んでいます。

マネーガイド

■2024年度納付金（諸経費を含む）

	入学金	授業料	施設費	その他	計
入学手続時	250,000円	0円	0円	0円	250,000円
初年度総額	250,000円	480,000円	246,000円	292,766円	1,268,766円

◎寄付金：なし
◎授業料：3期分納
◎奨学金・特待生制度：経済的理由により就学困難と判断される生徒の授業料を免除する制度がある

学期制 週5・6日制 プール 冷房 寮 食堂 私服通学 海外研修

サピックスからの合格実績（過去3年）	'22	'23	'24
	36名	47名	46名

進学指導の概要

文系・理系を問わず、5教科型の大学入試対応型カリキュラムを組み、進路に沿った選択科目や演習によって、さらに実戦的な学力と総合力を身につけていきます。高2から文系と理系に分かれ、高校の教育課程は高2でほぼ修了。高3では多様な選択科目を設け、志望校合格に向けた実戦的な学力を養います。中等部は指名制の補習、全学年で希望制の進学講習を開講。高2・3では、大学教授による出張講義を受けることもできます。国際交流の機会は多く、中3のニュージーランド修学旅行のほか、高1では姉妹校・提携校へのさまざまな長期・短期の留学プログラムがあります。

■現役大学進学者の進路の内訳

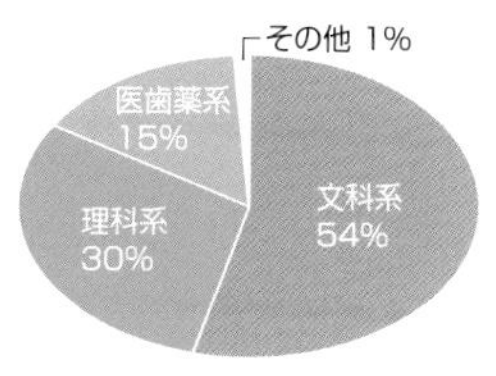

■併設高校から主要大学への合格実績

※上段は現役合格者数、下段は浪人を含めた合格者数。

	東京大	京都大	一橋大	東京工業大	筑波大	お茶の水女子大	電気通信大	東京外国語大	東京学芸大	東京芸術大	東京農工大	東京都立大	横浜国立大	千葉大	早稲田大	慶應義塾大	上智大	東京理科大
22年	—	—	1	—	—	—	—	1	—	—	1	—	—	1	34	9	28	6
	1	—	1	—	—	—	—	1	1	1	1	—	—	1	41	12	29	6
23年	—	—	1	—	—	2	—	2	1	—	—	3	—	—	30	14	28	3
	—	—	1	—	—	2	—	2	1	1	1	3	—	1	31	15	29	6
24年	1	—	—	—	—	1	—	—	—	—	—	1	4	2	10	7	11	16
	1	—	—	—	—	1	—	—	—	—	—	1	5	2	10	9	11	16

	学習院大	明治大	青山学院大	立教大	中央大	法政大	日本大	東洋大	駒澤大	専修大	国際基督教大	津田塾大	東京女子大	日本女子大	文部科学省所管外の大学校	海外の大学	国公立・医学部	私立・医学部
22年	7	33	27	50	21	35	31	45	17	18	1	5	12	25	—	—	1	2
	7	39	28	55	22	36	36	47	17	18	1	5	12	25	—	—	1	2
23年	9	34	18	58	21	30	25	39	11	25	—	5	13	31	—	1	—	3
	12	37	18	61	21	34	27	44	11	27	—	5	16	34	—	1	—	5
24年	6	25	15	35	13	18	18	27	5	9	3	9	2	24	—	9	1	—
	6	25	15	37	13	22	20	27	6	10	3	11	2	24	—	9	1	3

★指定校推薦枠（2024年度）早稲田大1名、慶應義塾大2名、上智大1名、東京理科大8名、学習院大4名、明治大6名、青山学院大8名、立教大1名、中央大4名、法政大2名、津田塾大1名、日本女子大4名など

入試情報

■過去2年間の入試結果

		募集人員	出願者	受験者	合格者	実質倍率
23年	1回	90	329	315	122	2.6
	算数1教科午後	20	320	301	132	2.3
	2回	60	506	369	118	3.1
	3回	30	265	224	31	7.2
	帰国	特に定めず	32	32	25	1.3
24年	1回	90	322	316	120	2.6
	算数1教科午後	20	317	302	124	2.4
	2回	60	475	358	115	3.1
	3回	30	229	201	34	5.9
	帰国	特に定めず	45	44	30	1.5

■2024年度入試 受験者・合格者の教科別平均点

		算数	国語	理科	社会	合計
1回	受験者	64.4	60.8	33.2	35.7	194.1
	合格者	77.6	66.8	39.1	41.8	225.4
算数1教科午後	受験者	58.6				58.6
	合格者	78.5				78.5
2回	受験者	58.2	60.9	35.5	28.4	182.9
	合格者	75.9	68.3	42.5	35.0	221.7
3回	受験者	試験Ⅰ/22.6		試験Ⅱ/70.9		93.5
	合格者	試験Ⅰ/27.3		試験Ⅱ/89.2		116.5

○配点：算国＝各100点　理社＝各60点　試験Ⅰ(読解・論述)＝40点　試験Ⅱ(4科目総合)＝120点
○合格最低点：1回209点　算数1教科66点　2回206点　3回112点　帰国は非公表

25年の募集要項

入 試 日／①2月1日午前 算数1教科2月1日午後 ②2月2日 ③2月4日(表現力総合型) 帰国11月23日
募集人数／女子200名(①90名・算数1教科20名 ②60名 ③30名 帰国定めず)
合格発表／ホームページで即日 帰国は翌日
手続締切／①②2月4日 ③2月6日 帰国11月27日
試験科目／①②国語(50分・100点)、算数(50分・100点)、理科・社会(計60分・各60点) 算数1教科：算数(60分・100点) ③試験Ⅰ(読解・論述50分・40点)試験Ⅱ(4科目総合70分・120点)
面　　接／なし
帰国生のための試験／国語、算数、面接(受験生のみ、日本語)
受 験 料／22,000円 ※算数1教科午後は11,000円、帰国は25,000円。複数回同時出願割引あり

公開行事・説明会予定

【オープンキャンパス】要予約 6年生優先
6月22日(土)14時～
11月30日(土)14時～
【白ばら祭(文化祭)】
9月22日(祝)、23日(振休)
◆変更・中止の可能性もあります。必ず学校ホームページで確認してください。

十文字（じゅうもんじ） 中学校

所在地／〒170-0004　豊島区北大塚1-10-33
TEL／03-3918-0511
学校長／横尾 康治
創　立／1922年に十文字ことらが設立した文華高等女学校が前身。1947年に中学校、1948年に高等学校が開校。
URL／js.jumonji-u.ac.jp

	1年	2年	3年
男子	—	—	—
女子	237名	209名	192名
クラス数	6組	6組	6組

中高総生徒数／1357名

〈交通アクセス〉
JR「巣鴨」「大塚」駅より徒歩5分　都営三田線「巣鴨」駅より徒歩5分　都電荒川線「大塚駅前」駅より徒歩5分

自分で考え、判断し、行動できる人材を育てる

建学の精神は「たちてかひある人と生きなむ」。すなわち、「社会で役に立つ人となって活躍してほしい」という創立者の思いが､100年を超えてもなお、脈々と受け継がれている学校です。生徒たちの学びたいという思いを大切にし、変化する時代において、主体性と柔軟性を持ち合わせ、みずからの力で道を切り開いていけるように、「自分で考え、判断し、行動する」経験を積み重ねていきます。部活動や生徒会活動も活発に行われており、生徒たちは充実した学校生活を送っています。

スクールライフ

●教育内容

探究的アプローチを通して、学問や社会における問題点を総合的に考え、発表につなげる機会がたくさんあります。中1から、数学を通して学習における自己調整能力を身につける、十文字独自の個別最適化という手法を取り入れています。中2では、企業インターン型探究を行い、企業の協力を得て、身の回りの課題解決に挑戦します。また、中3次のオーストラリア研修に向け、海外とのオンライン英会話などを利用し、英語力を磨きます。中3次では英検®準2級取得をめざしています。高校では、みずからの学習スタイルに合わせたコースを選んで学ぶ機会があります。

■主要5教科の週当たり時間（コマ）数

	英語	数学	国語	理科	社会
1年	7	5	6	4	4
2年	7	6	5	4	5
3年	7	6	6	4	4
合計	21	17	17	12	13

◎1日当たりの授業コマ数：45分×6～7時限
※土曜日は4時限
◎登校時間：8時15分

●部活動

36の部と4つの同好会が活動。全国大会常連のサッカー部、マンドリン部をはじめ、すべての団体が熱心に練習に取り組み、レベルアップを図っています。
○文化系／文芸、演劇、吹奏楽、マンドリン、歌劇、能楽、英語、写真、美術、書道、箏曲、音楽、物理化学、華道、茶道、生物、家庭科、軽音楽など
○体育系／バスケットボール、バレーボール、サッカー、体操、バドミントン、剣道、バトン、硬式テニス、ソフトテニス、陸上、舞踊、水泳、卓球など

●行事

多彩な年間行事の多くは、生徒が自主的に運営。桐輝祭（体育祭）、十文字祭（文化祭）、遠足、校外学習のほか、芸術鑑賞会では歌舞伎、クラシック音楽、ミュージカルなどを鑑賞します。

●修学旅行・研修旅行

修学旅行は中3で奈良･京都､高2で沖縄を訪ねます。希望者対象の行事としては、スキー教室、米国ワシントン州シアトルで行う語学研修（高1・2の希望者）などがあります。中3次のオーストラリア海外研修は、希望者全員が参加できます。全日ホームステイを行うことで、多くの刺激を得ることができます。

マネーガイド

■2024年度納付金（諸経費を含む）

	入学金	授業料	施設費	その他	計
入学手続時	200,000円	0円	50,000円	0円	250,000円
初年度総額	200,000円	456,000円	170,000円	177,600円	1,003,600円

※入学辞退の場合、施設費を返金

◎寄付金：なし
◎授業料：3期分納
◎奨学金・特待生制度：作文以外のすべての入試で特待生を選抜し、入学金･施設費･授業料を免除(3年間、1年間)。

学期制　週5･6日制　プール　冷房　寮　食堂　私服通学　海外研修

サピックスからの合格実績（過去3年）	'22	'23	'24
	8名	9名	12名

進学指導の概要

大学進学に役立つ学力を身につけるとともに、社会の変化に対応できる総合力を養成します。高校では、リベラルアーツ、特選（人文・理数）、自己発信の3コースを設置。それぞれの将来の希望の進路に合わせたコースを選択できます。各種講習・補習など、授業時間外のサポートのほかにも、「合格体験を聴く会」や大学キャンパス巡り、教科選択説明会などを実施。現役大学進学率は90％にも上り、文系だけでなく理・工・人間科学・医学など、理系学部への進学者も増えています。一部の学科を除き、併設の十文字学園女子大学への推薦権を保持したまま、他大学を受験できます。

■現役大学進学者の進路の内訳

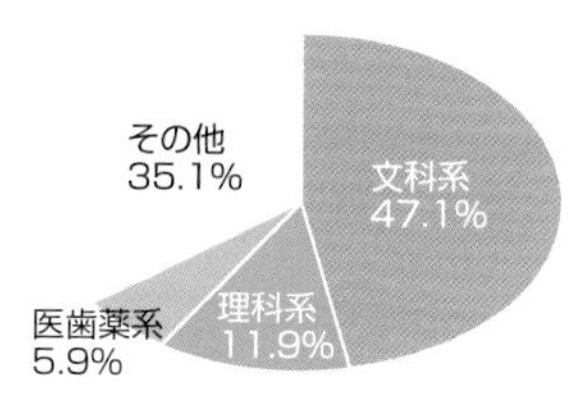

■併設高校から主要大学への合格実績

※上段は現役合格者数、下段は浪人を含めた合格者数。

	東京大	京都大	一橋大	東京工業大	筑波大	お茶の水女子大	電気通信大	東京外国語大	東京学芸大	東京芸術大	東京農工大	東京都立大	横浜国立大	千葉大	早稲田大	慶應義塾大	上智大	東京理科大
22年	—	—	—	—	1	—	1	1	—	—	—	1	1	—	13	3	2	3
	—	—	—	—	2	—	1	1	—	—	—	1	2	—	14	4	2	4
23年	—	—	—	—	—	—	1	1	—	—	1	—	—	—	6	7	4	13
	—	—	—	—	—	—	1	1	—	—	1	—	—	—	7	7	4	13
24年	—	—	—	—	—	1	—	—	—	1	—	1	—	—	17	3	8	3
	—	—	—	—	—	1	—	—	—	1	—	1	—	—	18	3	9	3

	学習院大	明治大	青山学院大	立教大	中央大	法政大	日本大	東洋大	駒澤大	専修大	十文字学園女子大	津田塾大	東京女子大	日本女子大	文部科学省所管外の大学校	海外の大学	国公立・医学部	私立・医学部
22年	7	15	3	17	7	17	23	33	2	4	43	3	12	19	2	1	—	3
	9	21	3	19	9	17	24	38	2	6	43	3	14	21	3	1	1	4
23年	5	12	3	20	6	11	7	12	1	4	28	6	14	9	—	—	—	—
	5	13	3	20	6	12	8	14	2	6	28	6	14	9	—	—	—	—
24年	3	10	8	31	6	15	6	25	6	10	33	8	14	25	—	1	—	1
	3	11	8	32	7	17	6	27	6	10	33	8	14	25	—	1	—	2

★指定校推薦枠（2024年度）東京理科大6名、明治大2名、立教大4名、中央大1名、法政大2名、学習院大1名、成蹊大2名、津田塾大3名、東京女子大7名、日本女子大8名、日本大7名など

入試情報

■2024年度の入試結果

	募集人員	出願者	受験者	合格者	実質倍率
1回4科	約50	71	65	53	1.2
1回2科		68	66	50	1.3
2回2科	約50	280	262	173	1.5
3回4科	約20	106	52	31	1.7
3回2科		67	34	19	1.8
4回2科	約20	208	108	55	2.0
思考作文	約10	30	30	20	1.5
英語資格	約10	14	14	14	1.0
得意型	約10	214	88	52	1.7
5回2科	約10	169	45	19	2.4

■2024年度入試 受験者の教科別平均点

	算数	国語	理科	社会	合計
1回4科	52.4	59.8	30.6	39.4	179.7
1回2科					114.7
2回2科	63.1	63.1			126.2
3回4科	62.5	66.8	31.2	34.0	194.6
3回2科					129.1
4回2科	59.5	72.8			132.3
思考作文	作文/47.7				—
英語資格	54.4	65.6			—
得意型	50.5	68.8	英語/60.0		—
5回2科	67.6	58.0			125.6

○配点：算国英＝各100点　理社＝各50点　思考作文＝100点
○合格基準点：1回4科150点・2科100点　思考作文44点　2回103点3回4科170点・2科115点　4回117点　得意型165点　5回120点

24年の募集要項

※以下は2024年の募集要項です。2025年の要項は学校の発表をお待ちください。

入 試 日／①2月1日午前 思考作文2月1日午前 英語資格2月1日午前 ②2月1日午後 ③2月2日午前 ④2月2日午後 得意型2月3日午後 ⑤2月5日午後
募集人員／女子180名(①50名 思考作文10名 英語資格 10名
②50名 ③20名 ④20名 得意型10名 ⑤10名)
合格発表／ホームページで即日
手続締切／①②思考作文、英語資格2月5日 ③④2月6日 得意型 ⑤2月7日
試験科目／国語(50分・100点)、算数(50分・100点)、理科(25分・50点)、社会(25分・50点) ①③は2科4科選択、②④⑤英語資格は2科【思考作文】作文(50分・100点)
【得意型】理社・国語・算数から2科選択
面　　接／なし
受 験 料／20,000円（複数回同時出願は、2回で35,000円、3回で40,000円、4回で45,000円、5回で50,000円）

公開行事・説明会予定

【オープンスクール】要予約
　7月14日(日)、　9月　8日(日)
【入試体験会】要予約
11月10日(日)10時～、12月15日(日)10時～
【説明会】要予約
　6月22日(土)14時～、　8月24日(土)10時～
　9月28日(土)14時～、10月18日(金)17時～
10月26日(土)14時～、11月10日(日)14時～※6年生対象
11月20日(水)17時～、11月30日(土)14時～
12月15日(日)14時～※6年生対象
　1月11日(土)10時30分～※6年生対象
　　　　　　14時～※5年生以下対象
【生徒企画見学会】要予約
10月12日(土)14時～、2月22日(土)14時～
【理科・社会科探究】要予約
　8月　3日(土)10時～、14時～
【個別相談会】要予約 12月25日(水)10時～
【十文字祭(文化祭)】要予約　9月21日(土)、22日(祝)
【体育祭】要予約　6月24日(月)
【十文字探究DAY】要予約　1月18日(土)　9時20分～
◆変更・中止の可能性もあります。必ず学校ホームページで確認してください。

頌栄女子学院 中学校

所在地／〒108-0071 港区白金台2-26-5
TEL／03-3441-2005
学校長／岡見 清明
創 立／1884年の明治の開化期に頌栄学校として開校。1920年に高等女学校に昇格し、1964年に現校名に改称。
URL／www.shoei.ed.jp

	1年	2年	3年
男子	—	—	—
女子	207名	222名	220名
クラス数	5組	5組	5組

中高総生徒数／1251名

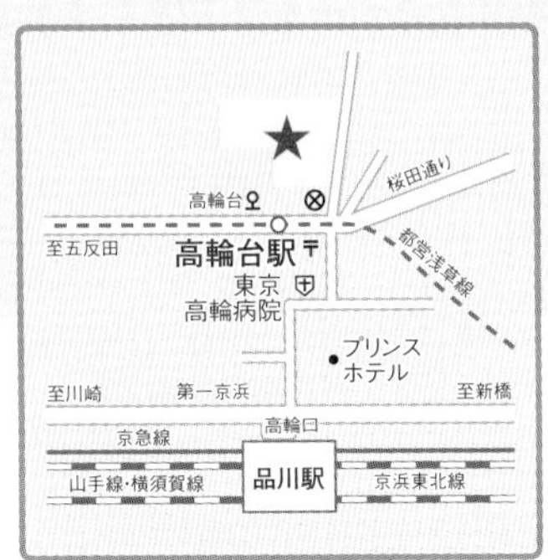

〈交通アクセス〉
都営浅草線「高輪台」駅より徒歩1分 JR、東急池上線「五反田」駅より徒歩10分 東京メトロ南北線、都営三田線「白金台」駅より徒歩10分 JRほか「品川」駅より徒歩12分

国際教育に力を注ぐキリスト教の学校。進学実績向上も魅力

日本人によって設立された女子教育のためのキリスト教の学校です。校名の「頌栄」とは「神の栄光をほめたたえる」という意味。その名のとおり、キリスト教の精神に基づいて、学力はもちろん、高い品性や豊かな国際感覚を養い、社会のために貢献し、奉仕できる人格の形成をめざしています。聖書の教えを徳育の基礎に置き、礼拝や聖書の授業も実施。伝統的に語学教育に力を入れており、海外研修や国内の国際交流プログラムも充実しています。全生徒の約20%を帰国生が占めるなど、自然と英語に触れられる学習環境も魅力です。

スクールライフ

●教育内容

中高完全一貫教育のなかで、主要5教科については発展的な内容も取り入れながら学習を進めます。特に英語と数学には多くの時間を割き、少人数習熟度別授業で基礎力を養成。さらに英語は、週2時間を外国人講師による英会話に充てるとともに、英検®の取得や英書の多読も奨励しています。また、情報教育を重視しており、目的別のコンピュータルームを2か所設置。一方ではグループワークやプレゼンテーションなどを行い、もう一方では1人1台のパソコンを使って個人のデジタル技能を高めます。電子黒板や視聴覚機材も導入済みで、これらは他教科の授業でも活用します。

■主要5教科の週当たり時間（コマ）数

	英語	数学	国語	理科	社会
1年	6	5	4	3	4
2年	6	5	5	4	4
3年	6	6	5	4	4
合計	18	16	14	11	12

◎1日当たりの授業コマ数：50分×6時限
※火曜日、木曜日は7時限
◎登校時間：8時15分

●部活動

ほとんどの団体が中高合同で活動しています。インターハイ出場の弓道部のほか、ハンドベル部や聖歌隊、模擬国連部などの活躍が目立ちます。

○文化系／模擬国連、コンピュータ、ESS、演劇、華道、茶道、写真、手芸、手話、書道、箏曲、日本舞踊、美術、フォークソング、理科研究、聖書研究など

○体育系／剣道、硬式テニス、水泳、ソフトボール、卓球、ダンス、バスケットボール、バドミントン、バレーボール、陸上競技、チアリーディング、弓道など

●行事

頌栄・フィールド・デイは、マスゲームの発表などで盛り上がる運動会。このほか、展示やステージ発表を行うコ・ラーナーズ・デイ、花の日礼拝、クリスマスこども会など、多様な行事を催しています。

●修学旅行・研修旅行

中1のキャンプでは軽井沢・南志賀高原、中2の修学旅行では会津、中3の修学旅行では九州へ出掛けます。生徒会奉仕部と有志が参加する3泊4日のワークキャンプは、老人ホームでボランティアを行うものです。高2の修学旅行では北海道を訪れ、現地の自然や文化、歴史に触れます。また、中3の夏休みに行う希望制のカナダ語学研修には、例年約60名が参加。高校にも希望制のイギリス語学研修があります。

マネーガイド

■2024年度納付金（諸経費を含む）

	入学金	授業料	施設費	その他	計
入学手続時	450,000円	0円	0円	0円	450,000円
初年度総額	450,000円	396,000円	148,800円	約300,000円	約1,294,800円

◎寄付金：1口5万円（2口）
◎授業料：分納
◎奨学金・特待生制度：なし

学期制

週5･6日制

プール

冷房　寮

食堂

私服通学　海外研修

サピックスからの合格実績（過去3年）	'22	'23	'24
	73名	79名	94名

進学指導の概要

在校生のほとんどが4年制大学への進学を希望する現状を踏まえ、多様化する志望に応じた指導を展開。高2から文科コースと理科コースに分かれ、高3では理科コースがさらに農・看護系と医・理工系に分かれます。高3ではコース別の授業のほか、週3回、午後の授業が主要科目を中心とした選択科目と受験講習に充てられ、生徒は進路に合わせて自由に受講できるようになっています。近年では国公立大をはじめとする難関大学進学者が着実に増えており、理科系各学部進学者も目立ちます。例年、5割以上の卒業生が早慶上智や国公立大に進学しているのが特徴です。

■現役大学進学者の進路の内訳

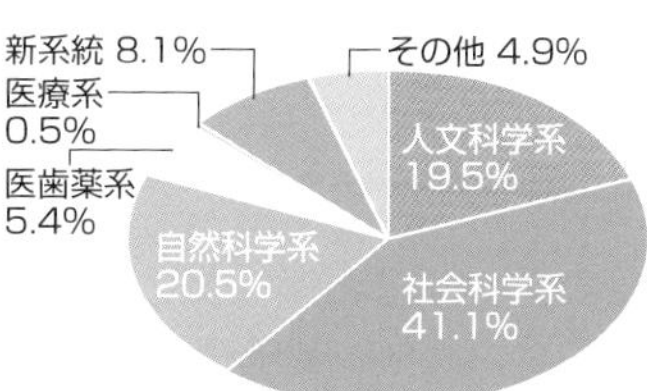

■併設高校から主要大学への合格実績

※上段は現役合格者数、下段は浪人を含めた合格者数。

	東京大	京都大	一橋大	東京工業大	筑波大	お茶の水女子大	電気通信大	東京外国語大	東京学芸大	東京芸術大	東京農工大	東京都立大	横浜国立大	千葉大	早稲田大	慶應義塾大	上智大	東京理科大
22年	1	—	8	2	3	1	1	11	3	—	4	1	4	3	104	92	147	29
	1	—	8	2	3	1	1	11	3	—	4	1	4	3	106	98	151	38
23年	5	1	9	1	2	2	1	3	—	—	—	3	4	5	106	124	149	34
	5	1	9	1	3	2	1	3	—	—	—	3	4	5	107	131	150	39
24年	3	1	3	7	2	4	—	3	2	—	1	—	1	—	112	123	141	42
	4	1	4	7	2	4	—	3	2	1	1	—	1	—	121	131	146	46

	学習院大	明治大	青山学院大	立教大	中央大	法政大	日本大	東洋大	駒澤大	専修大	国際基督教大	津田塾大	東京女子大	日本女子大	文部科学省所管外の大学校	海外の大学	国公立・医学部	私立・医学部
22年	14	124	66	93	21	40	21	10	1	1	8	9	55	45	—	2	—	12
	14	133	68	100	22	47	23	10	1	1	8	10	57	45	—	2	—	24
23年	9	125	60	119	41	45	18	14	4	5	—	11	43	28	—	—	1	31
	12	133	63	123	45	50	20	14	4	5	—	11	51	31	—	—	2	32
24年	21	122	64	95	37	49	9	14	10	10	5	8	51	32	—	—	3	16
	21	125	67	96	40	53	9	14	10	11	5	8	53	37	1	—	4	24

★指定校推薦枠（2024年度）慶應義塾大4名、早稲田大4名、青山学院大12名、学習院大9名、中央大4名、東京理科大4名、北里大3名、国際基督教大1名など

入試情報

■過去2年間の入試結果

		募集人員	出願者	受験者	合格者	実質倍率
23年	1回	100	276	230	109	2.1
	2回	100	437	341	124	2.8
	帰国12月	特に定めず	130	117	80	1.5
	帰国2月	特に定めず	14	14	7	2.0
24年	1回	100	291	241	116	2.1
	2回	100	506	382	113	3.4
	帰国12月	特に定めず	129	121	92	1.3
	帰国2月	特に定めず	12	10	6	1.7

■2024年度入試 合格者の教科別平均点

	算数	国語	理科	社会	合計
1回	75.4	61.6	66.6	65.3	268.4
2回	72.9	61.2	64.6	60.1	258.9

○配点：算国＝各100点　理社＝各100点
○合格最低点：1回246点　2回240点　帰国は非公表

25年の募集要項

入試日／①2月1日 ②2月5日
帰国①12月7日 帰国②2月1日
募集人員／女子200名(①100名 ②100名) 帰国は特に定めず
合格発表／①2月1日 ②2月6日
帰国①12月7日 帰国②2月1日
手続締切／①2月3日 ②2月7日
帰国①12月9日 帰国②2月3日
試験科目／国語(40分・100点)、算数(40分・100点)、理科(40分・100点)、社会(40分・100点)
面　接／あり(保護者同伴)
帰国生のための試験／帰国①英語(筆記・英会話)、面接(保護者同伴)または英語(筆記・英会話)、国語、算数、面接(保護者同伴)
帰国②英語(筆記・英会話)、面接(保護者同伴)
受験料／25,000円

公開行事・説明会予定

【学校説明会】要予約　各回10時15分～
6月13日(木)※帰国生対象、6月18日(火)、10月10日(木)
11月 5日(火)
【学校見学会】要予約　6年生対象
10月26日(土)10時～、13時30分～
【Co-Learners' Day(研究発表会)】
9月21日(土)、22日(祝)詳細未定
【クリスマスこども会】要予約
11月30日(土)13時～
◆変更・中止の可能性もあります。必ず学校ホームページで確認してください。

昭和女子大学附属昭和 中学校

所在地／〒154-8533 世田谷区太子堂1-7-57
TEL／03-3411-5115
学校長／真下 峯子
創 立／1920年に創設された日本女子高等学院が前身。現在では幼稚部から大学・大学院までの一貫教育機関に発展。
URL／jhs.swu.ac.jp

	1年	2年	3年
男子	—	—	—
女子	210名	211名	211名
クラス数	6組	6組	6組

中高総生徒数／1194名 併設小から 約33%

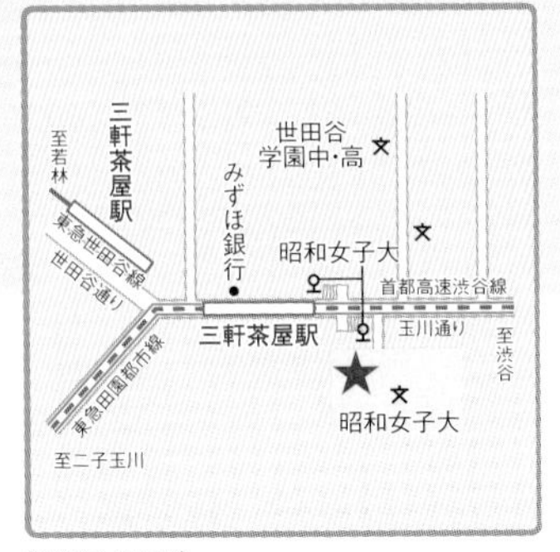

〈交通アクセス〉
東急田園都市線、同世田谷線「三軒茶屋」駅より徒歩7分 JRほか「渋谷」駅よりバス

体験学習を生かした独自の教育プログラムで全人教育を実践

「世の光となろう」を学校目標に、校訓「清き気品・篤き至誠・高き識見」の下、全人教育を行っています。体験学習を重視し、学習と生活の両面から生徒の成長を支援。中等部は伝統的な全人教育を土台に、「本科コース」「グローバル留学コース」「スーパーサイエンスコース」の3コース制で学びます。また、ユネスコスクールに加盟しているほか、高等部は2021年度まで文部科学省指定の「地域との協働による高等学校教育改革推進事業（グローカル型）」推進校でもありました。併設大学に進む生徒は学年の約3割。他大学受験にも対応します。

スクールライフ

●教育内容

中高のカリキュラムを効率良く学び、6年間の課程を5年間で修了します。本科コースはグローバルな教養を重視し、中2の春休みに行う海外研修「ザ・ボストン・ミッション」を軸に、中学3年間を通した英語教育プログラムを実施。留学コースは高1からの10か月間のカナダ留学に向け、ボストン研修や英語イマージョン授業など、実践的な学習を行います。スーパーサイエンスコースは、フィールドワークや大学連携プログラムなど、みずから参加する授業が中心です。中1から中3までは総合的な探究で「私の研究」を必修とし、全員が1年間の研究成果を2月に発表します。

■主要5教科の週当たり時間（コマ）数 ※本科コース

	英語	数学	国語	理科	社会
1年	5	5	5	4	4
2年	6	5	5	5	4
3年	6	5	5	5	4
合計	17	15	15	14	12

◎1日当たりの授業コマ数：50分×6時限
※土曜日は4時限
◎登校時間：8時

●部活動

文化系13、体育系14の部があります。全国大会常連の放送部など、すべての部が熱心に活動中です。
○文化系／書道、美術、手芸、料理、理科、コンピュータ、工芸、華道・フラワーデザイン、茶道、吹奏楽、演劇、放送、軽音楽
○体育系／テニス、ソフトボール、ダンス、陸上競技、バスケットボール、ソフトテニス、卓球、ゴルフ、剣道、ドッジボール、バドミントン、バレーボール、水泳、体操

●行事

体育祭、昭和祭（文化祭）のほか、総合的な探究成果発表会、コーラスコンクール、クリスマスキャロルなどがあります。

●修学旅行・研修旅行

高3生を除く全生徒が、学年ごとに研修施設で自然観察、農作物の栽培などを行う学寮研修に参加します。中2のボストン研修は各コースとも全員参加で、3月にアメリカにある学園の施設「昭和ボストン」で語学研修を行います。中1で留学コースはアジア研修旅行、中3で本科コースは古都研修旅行、サイエンスコースは屋久島研修を実施します。また、高1の本科コースとサイエンスコースの国内外研修旅行先は、沖縄、ベトナム、マレーシア、オーストラリアから選択します。

マネーガイド

■2024年度納付金（諸経費を含む）

	入学金	授業料	施設費	その他	計
入学手続時	250,000円	0円	0円	0円	250,000円
初年度総額	250,000円	499,200円	180,000円	384,000円	※1,313,200円

※本科コース（グローバル留学コースは1,528,200円、スーパーサイエンスコースは1,368,200円）

◎寄付金：なし
◎授業料：2期分納
◎奨学金・特待生制度：人物・成績とも優秀な者に奨学金を給付。金額は2万円（高校の各学年15名）または5万円（高校の各学年2名）、期間は1年間とする

学期制

週5・6日制

プール

冷房
寮
食堂
私服通学
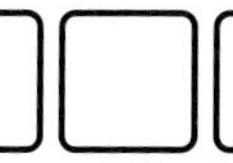
海外研修

サピックスからの合格実績（過去3年）	'22	'23	'24
	19名	19名	19名

進学指導の概要

英語教育と国語教育のそれぞれにおいて、文部科学省からモデル校として指定を受け、先進的な取り組みを進めています。各コースとも発展的な学習で、論理的思考力と表現力を育て、能動的な学習から創造的に問題を解決する力を育てます。理数系科目では高大連携の特別授業を展開し、昭和女子大学の高度な研究施設を利用するなどして、より発展的な学習を行います。高2から科目選択制が設けられ、高校課程の学習は高2までに終えます。

高3になると、多様な選択科目から進路に合った科目を学習して実力を養成し、他大学または昭和女子大学に進学します。昭和女子大学の内部推薦権を保持したまま他大学を受験することもでき、他大学進学者は増加しています。さらに、医療系総合大学である昭和大学の特別協定校として、医療系の進学についても選択肢が充実しています。また、高校に籍を置いたまま、科目等履修生として昭和女子大学の講義に参加し、ひと足早く志望学科の専門分野について学ぶ「5修生」という独自の進路もあります。この5修生制度と昭和女子大学のダブルディグリー・プログラムを併用すると、大学卒業時に2か国の学位の取得も可能です。その他、有識者、企業経営者、文化人、卒業生を講師に招いての出張授業・特別講演会も実施しており、キャリアプランをより具体的に描けるようサポートしています。

■2024年3月卒業生の進路の内訳

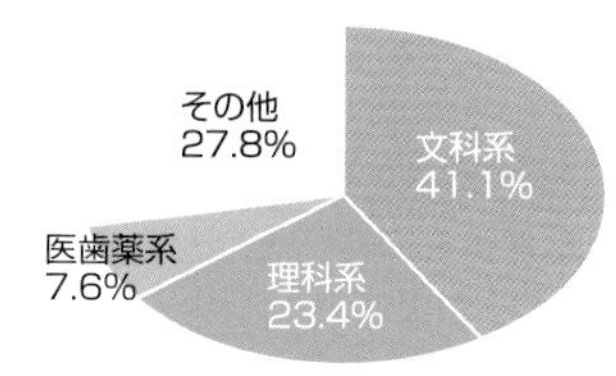

★他大学への進学状況
東北大、東京農工大、防衛医科大、早稲田大、慶應義塾大、東京理科大、上智大、国際基督教大など

■併設大学への推薦合格状況 ※2021年4月に名称変更

	昭和女子大学					
	人間文化学部	人間社会学部	食健康科学部※	グローバルビジネス学部	国際学部	環境デザイン学部
22年	6名	23名	11名	15名	25名	18名
23年	5名	27名	16名	13名	9名	6名
24年	2名	17名	12名	7名	15名	17名

★指定校推薦枠（2024年度）上智大6名、東京理科大5名、青山学院大2名、明治大1名、学習院大1名、法政大3名、中央大1名、昭和大11名、成蹊大6名など

入試情報

■2024年度の入試結果

		募集人員	出願者	受験者	合格者	実質倍率
帰国		特に定めず	45	44	40	1.1
A	4科	40	96	93	33	2.8
	3科		4	4	3	1.3
	2科		32	31	11	2.8
GA	4科	10	20	20	7	2.9
	3科		8	8	2	4.0
	2科		7	7	1	7.0
SA	2科	10	65	64	31	2.1
AP	2科	30	148	142	35	4.1
B	4科	30	144	110	33	3.3
	3科		7	6	1	6.0
	2科		25	21	7	3.0
GB	4科	10	36	28	10	2.8
	3科		15	12	3	4.0
	2科		10	9	2	4.5
SB	3科	10	41	34	23	1.5
C	4科	20	132	113	22	5.1
	3科		11	8	2	4.0
	2科		32	27	6	4.5

○配点：算国＝各100点　理+社＝100点　英＝100点
○合格最低点：A4科210点・3科212点・2科140点　GA4科226点・3科-点・2科147点　SA125点　AP134点　B4科219点・3科-点・2科145点　GB4科225点・3科-点・2科150点　SB206点　C4科203点・3科-点・2科135点　帰国は非公表

25年の募集要項

入 試 日／【本科コース】AA2月1日午前、AP2月1日午後、B2月2日、C2月4日午後【グローバル留学コース】GA2月1日午前、GB 2月2日【スーパーサイエンスコース】SB2月2日、SC2月4日午後【帰国】11月23日
募集人員／女子160名(AA40名、AP30名、B30名、C20名、GA10名、GB10名、SB10名、SC10名、帰国特に定めず)
合格発表／ホームページで即日
手続締切／帰国は1月20日、CとSCは2月5日、それ以外は2月3日
試験方法／国語(50分・100点)、算数(50分·100点)、理科・社会(計50分・計100点)、英語(50分・100点)
※本科AA、Bとグローバル留学は2科4科3科(国語・算数・英語)選択、SBは3科(国語、算数、理科、各50分・各100点)、本科APとC、SCは2科
面　　接／なし
帰国生のための入試／国語(50分・100点)、算数(50分・100点)または国語(50分·100点)、算数(50分・100点)、英語(50分・100点)※面接あり
受 験 料／20,000円

公開行事・説明会予定

【学校説明会】要予約
12月 8日(日)10時～(入試問題対策授業あり)
1月11日(土)10時30分～(オンライン開催)
【ナイト説明会】要予約　オンライン開催 各回18時～
6月26日(水)、7月10日(水)、10月9日(水)
【帰国生対象説明会】要予約　オンライン配信あり
7月26日(金)14時～、11月2日(土)10時30分～
【生徒主催説明会】要予約 7月28日(日)10時～
【夏休み特別企画　理科体験授業】要予約
8月 2日(木)、3日(金)15時～
【体験授業・体験クラブ】要予約
6月16日(日)10時～
9月15日(日)10時～
【体育祭】要予約
10月23日(水)8時20分～12時25分(予定)
【昭和祭(文化祭)】要予約
11月16日(土)、17日(日)9時～16時
◆変更・中止の可能性もあります。必ず学校ホームページで確認してください。

女子学院 中学校

所在地／〒102-0082 千代田区一番町22-10
TEL／03-3263-1711
学校長／鵜﨑 創
創　立／1870年に築地に設立されたA六番女学校を前身とするキリスト教主義の女子校。1890年に現校名となり現在地に移転。
URL／www.joshigakuin.ed.jp

	1年	2年	3年
男子	—	—	—
女子	232名	226名	225名
クラス数	5組	5組	5組

中高総生徒数／1360名

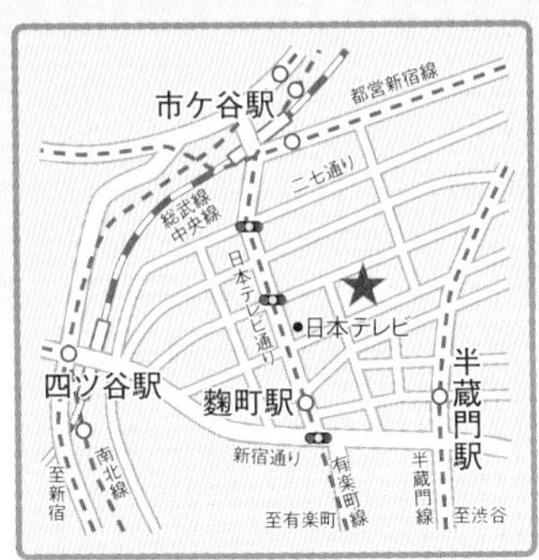

〈交通アクセス〉
東京メトロ有楽町線「麹町」駅より徒歩3分
東京メトロ半蔵門線「半蔵門」駅より徒歩6分
JRほか「市ケ谷」駅より徒歩8分　JRほか「四ツ谷」駅より徒歩12〜15分

キリスト教に基づく人間教育とハイレベルな教科教育が特色

日本で最も歴史のあるキリスト教系の女子校の一つです。1870年の創立以来、知的水準の高い教育を行うとともに、キリスト教の精神を土台に、愛と思いやりに満ちた、心豊かな人間を育てることに力を注いでいます。プロテスタントの学校として毎朝礼拝を行い、各学年に聖書の時間を設けています。自由な校風で、校則は少なく制服もありません。それだけにみずからの責任と判断を重んじており、個性を大切にした指導を行っています。生徒の学習意欲は旺盛で、実験や観察、レポート、作品制作といった授業が多いのも特徴です。

スクールライフ

●教育内容

中高一貫教育のなかで、単元の組み替えや、教科間の重複を整理するなどして、効率的な授業展開を行っています。中学では基礎学力の養成を重視。英語では「読む」「聞く」「話す」「書く」の総合力を養います。国語では読書や作文指導に力を入れており、行事の感想文など文章を書く機会が多いのが特徴です。小説・詩・俳句などの創作も積極的に行います。理科の授業は実験・観察を多く取り入れ、科学的な思考力を育てます。聖書の授業も各学年で週1時間設けており、聖書の知識を深めるとともに、人間と社会の問題についても考察を深めます。

■主要5教科の週当たり時間（コマ）数

	英語	数学	国語	理科	社会
1年	5	4	4	4	4
2年	5	4	4	4	4
3年	5	5	5	3.5	3
合計	15	13	13	11.5	11

◎1日当たりの授業コマ数：50分×6時限
※週1回7・8時限
◎登校時間：8時10分

●部活動

豊かな人間性を育むため、クラブ活動も重視。中学生の参加率はほぼ100％です。文化系は同好会も含めて23、体育系は6つの団体があります。
○文化系／数楽、美術、漫画研究、童話研究、落語研究、マンドリンギター、アニメーション、生物、管弦楽、軽音楽、ESS、YWCA、茶道、演劇、聖歌隊、化学、地歴、書道、天文、写真、盤上ゲーム、文芸、吹奏楽
○体育系／硬式テニス、軟式テニス、卓球、バレーボール、バスケットボール、ダンス

●行事

マグノリア祭の名で行われる文化祭は、展示・ステージ発表ともハイレベル。オリジナル競技も多い体育祭ともども、生徒が運営する代表的な行事です。そのほかにも遠足、球技会、クリスマス礼拝、中学・高校講演会、JG会バザーなど、多彩な行事がそろっています。

●修学旅行・研修旅行

中2の夏休みのごてんば教室は、キリスト教教育の一環として実施し、例年テーマを設けて討論や体験学習を行います。中3の東北旅行は、歴史、文学、伝統芸能、郷土料理に触れるなど、盛りだくさんの内容。高3は奈良・京都を訪れ、伝統文化や歴史を学びます。

マネーガイド

■2024年度納付金（諸経費を含む）

	入学金	授業料	施設費	その他	計
入学手続時	380,000円	0円	0円	0円	380,000円
初年度総額	380,000円	492,000円	180,000円	74,280円	1,126,280円

◎寄付金：1口10万円、3口以上（任意）
◎授業料：月納
◎奨学金・特待生制度：経済的理由により就学困難で勉学に意欲がある者に授業料相当額を給付または貸与。特待生制度はなし

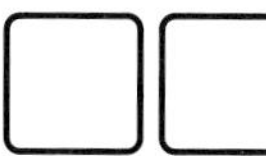

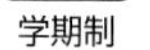

学期制　週5・6日制　プール　冷房　寮　食堂　私服通学　海外研修

サピックスからの合格実績（過去3年）	'22	'23	'24
	128名	149名	131名

進学指導の概要

高校では基礎を徹底させるとともに、学ぶことに喜びと意味を見いだし、みずから学ぶ方法を身につけることをめざす、レベルの高い教育を行っています。高2までは共通科目を履修し、高3になると文系・理系に分かれて学びたい科目を選択しますが、大学進学だけを目標とする授業ではありません。しっかりした土台の上に積み上げられた学力が志望進路の実現につながり、例年、東大など国公立大、難関私立大に優れた進学実績を残しています。大学生や社会で活躍するOGから話を聞く機会に加え、講演会や礼拝など、さまざまな分野のことを知る機会がたいへん多く、進路選択に生かされています。進学先の分野も多岐にわたっています。

■現役大学進学者の進路の内訳

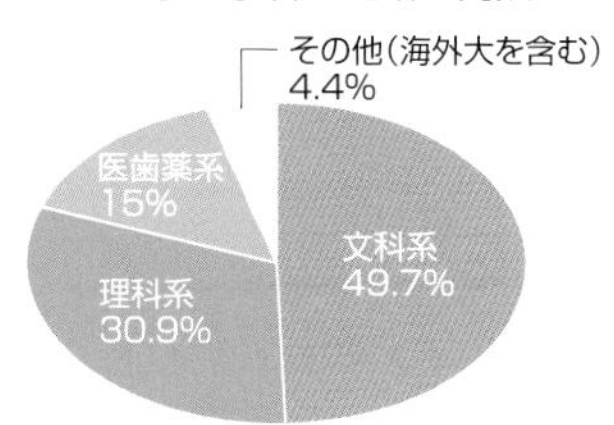

■併設高校から主要大学への合格実績

※上段は現役合格者数、下段は浪人を含めた合格者数。

	北海道大	東北大	東京大 文科Ⅰ類	東京大 文科Ⅱ類	東京大 文科Ⅲ類	東京大 理科Ⅰ類	東京大 理科Ⅱ類	東京大 理科Ⅲ類	東京大 合計	京都大	一橋大	東京工業大	東京芸術大	東京医科歯科大	東京外国語大	お茶の水女子大	千葉大	筑波大
22年	1	—	7	1	7	5	8	—	28	8	10	3	2	4	1	8	4	1
	1	—	7	2	8	6	8	—	31	11	11	4	2	5	1	9	5	2
23年	7	4	8	3	3	4	4	—	22	6	6	7	2	2	6	1	2	2
	8	5	8	4	4	7	4	—	27	6	9	8	4	2	7	2	3	2
24年	2	1	7	2	8	3	5	—	25	6	4	8	—	3	1	4	1	3
	2	2	7	2	8	3	6	—	26	7	6	9	2	3	1	5	1	3

	早稲田大	慶應義塾大	上智大	東京理科大	国際基督教大	学習院大	明治大	青山学院大	立教大	中央大	法政大	津田塾大	東京女子大	日本女子大	文部科学省所管外の大学校	海外の大学	国公立・医学部	私立・医学部
22年	153	88	83	62	3	8	83	25	37	18	21	7	20	9	—	—	9	33
	172	108	90	81	5	11	97	30	44	23	32	9	21	11	2	—	15	54
23年	126	64	70	71	2	7	92	33	41	21	19	4	9	7	1	11	9	35
	144	76	84	87	3	7	111	41	49	28	28	7	10	9	2	11	16	53
24年	117	56	68	75	5	2	49	16	22	21	14	4	4	10	3	—	8	24
	127	73	82	95	6	3	67	22	27	29	17	6	5	10	4	—	13	39

★指定校推薦枠（2024年度）早稲田大4名、慶應義塾大5名、東京理科大2名、国際基督教大1名、学習院大4名、津田塾大2名、北里大1名など

入試情報

■過去3年間の入試結果

	募集人員	出願者	受験者	合格者	実質倍率
22年	240	769	709	276	2.6
23年	240	700	645	275	2.3
24年	240	708	642	283	2.3

○配点：算国＝各100点　理社＝各100点
○合格最低点：非公表

24年の募集要項

※以下は2024年の募集要項です。2025年の要項は学校の発表をお待ちください。

入 試 日／2月1日
募集人員／女子240名
合格発表／2月2日
手続締切／2月3日
試験科目／国語(40分・100点)、算数(40分・100点)、理科(40分・100点)・社会(40分・100点)
面　　接／あり(本人のみ、グループ)
受 験 料／25,000円

公開行事・説明会予定

【学校説明会】保護者対象、要予約(Web)
11月12日(火)　8時10分～
11月14日(木)　8時10分～
11月16日(土)10時～
【マグノリア祭(文化祭)】要予約(Web)
10月12日(土)　9時30分～16時30分
10月14日(祝)　9時～16時
◆変更・中止の可能性もあります。必ず学校ホームページで確認してください。

サピックスOGの声

●自由な校風で知られていますが、「何をしてもいい」と勘違いしている生徒はいません。行動には常に責任が伴うことを、全員がきちんと理解しています。また、自分の意見を主張し、お互いが納得いくまで話し合うのもJG生の特徴です。
●授業はどの教科も興味深い内容で、とても楽しいです。なかでも地理は先生の話がおもしろく、生徒の学ぶ意欲を刺激するように、さまざまな角度から解説してくれます。
●JGの施設といえば、パイプオルガンのある講堂もすてきですが、わたしは屋上庭園が気に入っています。よくそこで、友だちと仲良くお弁当を広げています。

女子聖学院 中学校

所在地／〒114-8574 北区中里3-12-2
TEL／03-3917-2277
学校長／安藤 守
創 立／1905年、女性のキリスト教指導者を育てる米国系の教育機関として開校。のちに設置した普通部本科が現行の土台。
URL／www.joshiseigakuin.ed.jp

	1年	2年	3年
男子	—	—	—
女子	99名	128名	113名
クラス数	4組	4組	4組

中高総生徒数／640名 併設小から 約19%

〈交通アクセス〉
JR「駒込」駅より徒歩7分、同「上中里」駅より徒歩10分 東京メトロ南北線「駒込」駅より徒歩8分

「神を仰ぎ人に仕う」を目標に119年

神様に愛されている自分に気づき、その自分を育み、他者や社会・世界のために生かすことができる自立した女性の育成をめざしています。そのために大切にしているのが「キリスト教教育」「Global Arts教育」「Experiential Learning」の3つの柱です。「Global Arts教育」では教科教育を中心とした多彩な学びからVUCAを生きる「じぶん」を養い、「Experiential Learning」ではシェアドリーダシップの考えの下、運動会や合唱コンクールなどの体験による社会的な成長を経験していきます。「賜物を見つけ、磨いていく」という6年間の一人ひとりの取り組みに教師は伴走し、自己実現に向けてサポートをしています。

スクールライフ

●教育内容

主要5科目における充実した授業数、国語独自科目「聞く、話す」、英語での習熟度別授業の導入、実験を多く取り入れた理科の授業など、さまざまな工夫で生徒の学習意欲を後押ししています。英語には特に力を入れており、5人のネイティブ教員が常駐し、4技能のバランスと英検®取得にこだわった授業を展開。また、生徒は1人1台iPadを持ち、教科学習はもちろん、週2時間の「総合（探究）」におけるデジタル・シティズンシップ教育、外部講師を招いてのリーダーシップ研修など、多彩な学びに活用しています。放課後は校内の「JSGラーニングセンター」で自習をしたり、チューターに質問したりすることが可能です（平日は18時20分、土曜日は17時30分まで）。

■主要5教科の週当たり時間（コマ）数

	英語	数学	国語	理科	社会
1年	5	5	4	4	4
2年	6	4	4	4	4
3年	6	4	6	4	4
合計	17	13	14	12	12

◎1日当たりの授業コマ数：45分×6時限
※土曜日は4時限
◎登校時間：8時20分

●部活動

中高合同で活動するクラブがほとんどで、加入は任意です。チアリーディング部は全日本大会で決勝進出、演劇部は都大会出場と、優れた成績を上げています。
〇文化系／演劇、コーラス、軽音楽、箏曲、吹奏楽、茶道、華道、料理、英語、美術、イラストレーション、ディベート、ハンドベルクワイア、ESS、MPM（讃美の会）
〇体育系／ダンス、バトン、バドミントン、バレーボール、バスケットボール、テニス、陸上、チアリーディング

●行事

運動会と記念祭（文化祭）が二大行事です。どちらも生徒が中心となって企画・運営を行います。生徒会が主催する合唱コンクールも同様です。違いを認め合うことや力を合わせることなど、社会的な意味での成長につながる大切な機会となっています。

●修学旅行・研修旅行

中3は3泊4日で沖縄、高2は4泊5日で関西を訪れます。平和、環境などのテーマを掲げ、周到な事前学習を行ってから現地に向かいます。このほか、夏休みには中1対象の2泊3日のJLMキャンプや、希望者対象の理科見学旅行（行先は毎年異なる）など、多くの体験的学習の機会があります。

マネーガイド

■2024年度納付金（諸経費を含む）

	入学金	授業料	施設費	その他	計
入学手続時	280,000円	0円	0円	0円	280,000円
初年度総額	280,000円	468,000円	172,800円	580,460円	1,501,260円

◎寄付金：1口10万円、2口以上（任意）
◎授業料：月納
◎奨学金・特待生制度：経済的理由により就学困難な者（原則として高校生対象）への奨学金制度あり。2回・4回の合格者のうち、成績上位者若干名をスカラシップ生に認定

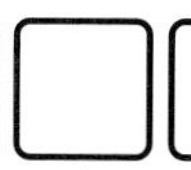

学期制　週5･6日制　プール　冷房　寮　食堂　私服通学　海外研修

サピックスからの合格実績（過去3年）	'22	'23	'24
	2名	5名	7名

進学指導の概要

高1の英語・数学で少人数習熟度別、高2・3の英語で習熟度別の授業を導入。高2からは文系・理系に分かれ、科目選択制を導入した志望別学習に入ります。高3ではさらに幅広い選択科目を設け、演習を中心とした授業で進路に対応。オープンキャンパスや説明会に積極的に参加する一方、学部学科適性検査や進路講演会のほか、先輩を招いての進路懇談会など、熱心な進路指導を行っています。全学年で年に3〜5回模擬テストを実施し、放課後にはJSG講座（課外）も開くなど、サポート態勢も万全。長期休暇中にも講座は実施し、徹底した学習を通して受験生としての実力を高めます。

■現役大学進学者の進路の内訳

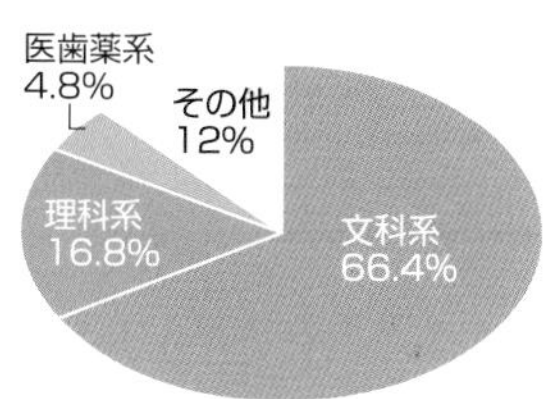

■併設高校から主要大学への合格実績

※上段は現役合格者数、下段は浪人を含めた合格者数。

	東京大	京都大	一橋大	東京工業大	筑波大	お茶の水女子大	電気通信大	東京外国語大	東京学芸大	東京芸術大	東京農工大	東京都立大	横浜国立大	千葉大	早稲田大	慶應義塾大	上智大	東京理科大
22年	—	—	—	—	—	—	—	—	—	1	—	—	—	—	2	1	2	—
	—	—	—	—	—	—	—	—	—	1	—	—	—	—	2	1	2	—
23年	—	—	—	—	—	1	—	—	—	1	—	—	—	—	1	2	—	—
	—	—	—	—	—	1	—	—	—	1	—	—	—	1	1	2	—	—
24年	—	—	—	—	—	—	—	—	—	—	—	—	—	—	1	1	—	—
	—	—	—	—	—	—	—	—	—	—	—	—	—	1	2	1	—	—

	学習院大	明治大	青山学院大	立教大	中央大	法政大	日本大	東洋大	駒澤大	専修大	国際基督教大	津田塾大	東京女子大	日本女子大	文部科学省所管外の大学校	海外の大学	国公立・医学部	私立・医学部
22年	2	3	3	8	—	4	2	3	—	1	1	1	2	3	—	—	—	—
	2	3	3	8	—	5	2	3	—	1	1	1	2	3	—	—	—	—
23年	6	3	3	5	1	2	6	5	—	—	2	2	7	4	1	3	—	1
	6	3	3	5	1	2	6	5	—	—	2	2	7	4	1	3	—	1
24年	6	2	1	5	1	3	2	6	3	1	1	1	3	9	—	—	—	—
	6	2	1	5	1	3	2	6	3	1	1	1	3	9	—	—	—	—

★指定校推薦枠（2024年度）学習院大4名、青山学院大3名、立教大2名、法政大1名、日本大4名、成城大2名、明治学院大3名、国際基督教大1名、獨協大1名、東京都市大4名、芝浦工業大2名など

入試情報

■2024年度の入試結果

		募集人員	出願者	受験者	合格者	実質倍率
1回	4科	50	27	20	4	5.0
	2科		23	21	13	1.6
2回スカラシップ		30	82	73	28	2.6
3回	2科	20	85	51	25	2.0
4回	4科	10	51	24	5	4.8
	2科		43	27	18	1.5
5回	2科	10	89	46	24	1.9
6回	2科	10	97	29	18	1.6
英語表現力		10	3	3	1	3.0
BaM表現力		10	4	4	4	1.0
帰国		若干	2	2	1	2.0

■2024年度入試 合格者の教科別平均点

		算数	国語	理科	社会	合計
1回	4科	74.9	65.8	68.0	79.0	282.7
	2科					140.7
2回スカラシップ		69.8	74.0			143.8
3回	2科	60.4	74.4			134.8
4回	4科	73.3	75.0	70.6	75.1	289.7
	2科					148.2
5回	2科	66.2	70.1			136.3
6回	2科	62.4	63.4			125.8
BaM表現力		BaM表現力/154.8				154.8

○配点：算国理社＝各100点　BaM表現力配点：国語基礎＝70点　算数基礎＝70点　自己紹介＝100点
○合格最低点：1回4科324点・2科128点　2回138点　3回126点　4回4科320点・2科135点　5回121点　6回120点　BaM表現力128点
帰国、英語表現力は非公開

24年の募集要項

※以下は2024年の募集要項です。2025年の要項は学校の発表をお待ちください。

入試日／①2月1日午前 ②スカラシップ2月1日午後 英語・BaM表現力2月2日午前 ③2月2日午後 ④2月3日午前 ⑤2月3日午後 ⑥2月4日午後 帰国11月29日
募集人員／女子150名(①50名 ②30名※スカラシップ若干名 英語・BaM各10名③20名 ④10名※スカラシップ若干名 ⑤10名 ⑥10名 帰国若干名)
合格発表／いずれも即日
手続締切／2月6日 帰国12月6日
試験科目／国語(50分・100点)、算数(50分・100点)、理科(30分・100点)、社会(30分・100点)、英語表現力＝リスニング(20分・60点)、課題文暗誦(60点)、英語による自己紹介(3分程度・15点)、算数基礎(25分・70点)、面接(日本語)、BaM表現力＝国語基礎(25分・70点)、算数基礎(25分・70点)、日本語による自己紹介(5〜7分・100点)、面接(日本語)※①④2科4科選択、②スカラシップ③⑤⑥2科
面接／英語表現力・BaM表現力はあり
帰国生のための試験／算数基礎(50分・80点)、日本語作文(40分・80点)、面接(日本語)※英検®保有者には加点あり
受験料／2回まで25,000円、3〜4回まで30,000円、5〜6回まで35,000円(追加出願する場合は1回につき5,000円)

公開行事・説明会予定

【学校説明会】要予約
8月 3日(土) 9時30分〜、13時30分〜
9月14日(土)10時30分〜(6年生対象)、13時30分〜(5年生以下対象)
11月16日(土)14時〜
【表現力入試説明会】要予約 各回10時30分〜
9月28日(土)、11月30日(土)
【入試問題対策会】要予約 各回10時〜
10月 5日(土)、10月12日(土)、10月19日(土)、11月16日(土)
【入試体験会】要予約
12月 7日(土)8時45分〜
【入試直前算数講座】要予約 各回9時30分〜
1月11日(土)、1月18日(土)
【夏の女子聖体験日】要予約
7月20日(土)10時〜
【校内見学会】要予約
8月24日(土)9時30分〜
【個別相談会】要予約
1月18日(土)9時〜
【記念祭(文化祭)】要予約
11月 2日(土)、4日(振休)
【PTAクリスマス】要予約
12月14日(土)14時〜
◆変更・中止の可能性もあります。必ず学校ホームページで確認してください。

白百合学園 中学校

所在地／〒102-8185 千代田区九段北2-4-1
TEL／03-3234-6661
学校長／青木 タマキ
創 立／シャルトル聖パウロ修道女会を母体に1881年に設立。1947年に中学校、1948年に高等学校を開校。
URL／www.shirayuri.ed.jp

	1年	2年	3年
男子	—	—	—
女子	184名	186名	173名
クラス数	4組	4組	4組

中高総生徒数／1053名 併設小から 約60%

〈交通アクセス〉
JRほか「飯田橋」駅より徒歩10分 東京メトロ東西線・半蔵門線、都営新宿線「九段下」駅より徒歩10分

「キリストの愛の教え」に基づく全人教育を実践

校訓は「従順・勤勉・愛徳」。カトリックの精神を基盤に、「キリストの愛の教えに基づく全人教育を通して、誠実さと愛をもって社会に貢献できる女性の育成」をめざしています。宗教教育がすべての教育活動の基盤となっており、宗教の授業をはじめ、宗教行事やボランティア活動など、学園生活のあらゆる場面で"愛と奉仕"の心を育てます。豊かな知性と感性をバランスよく身につけ、自己を確立するとともに、将来、国際社会で人々が必要としていることに気づき、人々の幸せのために奉仕できる芯の通った女性の育成をめざしています。

スクールライフ

●教育内容

週5日制のゆとりあるプログラムの下、6年一貫教育を行っています。高1までの4年間は、基礎学力の養成と定着を意識。将来を見据え、幅広い教養を身につけます。中学では英語とフランス語の2か国語を学ぶことで豊かな国際感覚の養成を目標としています。高校ではどちらか一方を第一外国語に選び、集中的に学習します。国語も重視しており、読解力だけでなく、作文や読書ノートの活用などを通して、表現力も磨きます。理科では実験をたくさん行い、実験後にはレポートを作成します。

■主要5教科の週当たり時間（コマ）数

	英語	数学	国語	理科	社会
1年	5	5	4	3	3
2年	5	4	4	4	4
3年	5	4	5	4	4
合計	15	13	13	11	11

◎1日当たりの授業コマ数：50分×7時限
※月・木曜日は6時限
◎登校時間：8時10分
※上記以外に週1時間のフランス語があります

●部活動

全員参加が原則で、ほとんどの生徒が高2まで活動します。文化系、体育系とも、ほとんどが中高合同で活動。奉仕活動を行う小百合会、フランス語劇を行うCCFなど、白百合ならではの活動が光ります。

○文化系／点字、茶道、華道、書道、料理、文芸、放送、写真、パソコン数学研究、歴史研究、理科、天文、園芸、美術、レザークラフト、ESS、演劇、囲碁・将棋、弦楽、吹奏楽、ギター、箏曲など

○体育系／体操競技、ソフトテニス、バレーボール、バスケットボール、バドミントン、卓球、ダンスなど

●行事

クリスマスミサ、学園記念日ミサ、修養会などの宗教行事、フランス語フェスティバル、姉妹校英語の集いなどが特徴的。学園祭（文化祭）、合唱祭、球技スポーツ大会は、中高合同で行います。その他、姉妹校球技大会、カトリック女子校球技大会、歌舞伎や文楽鑑賞など、多彩な行事がそろっています。

●修学旅行・研修旅行

中1と中2は高原学校へ、中3と高2は修学旅行へ出かけます。

マネーガイド

■2024年度納付金（諸経費を含む）

	入学金	授業料	施設費	その他	計
入学手続時	300,000円	0円	0円	0円	300,000円
初年度総額	300,000円	468,000円	336,000円	200,000円	1,304,000円

◎寄付金：入学時にはなし
◎授業料：3期分納
◎奨学金・特待生制度：なし

    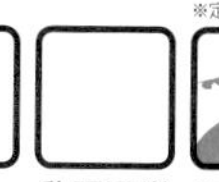 

※定員あり(抽選)

学期制 週5・6日制 プール 冷房 寮 食堂 私服通学 海外研修

サピックスからの合格実績（過去3年）	'22	'23	'24
	75名	82名	75名

進学指導の概要

高2から、文系・理系・芸術系など、それぞれの進路に合わせた選択科目の授業が始まります。高3ではさらに豊富な選択科目を設定し、志望校現役合格に向けた実戦力を養成します。高1～3の数学、高2・3の国語では少人数の習熟度別授業を実施。外国語は中学から引き続き少人数習熟度別クラスで、コミュニケーションに必要な語学力の習得をめざします。常に「授業を大切に」という指導を行い、生徒もそれによく応えています。系列の白百合女子大学へは指定校推薦制度がありますが、大多数の生徒は他大学を志望しており、国公立大や難関私立大にも多くの合格者を出しています。

■現役大学進学者の進路の内訳

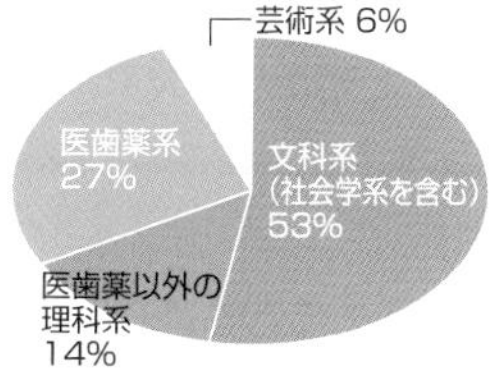

■併設高校から主要大学への合格実績

※上段は現役合格者数、下段は浪人を含めた合格者数。

	東京大	京都大	一橋大	東京工業大	筑波大	お茶の水女子大	電気通信大	東京外国語大	東京学芸大	東京芸術大	東京農工大	東京都立大	横浜国立大	千葉大	早稲田大	慶應義塾大	上智大	東京理科大
22年	9	—	—	2	3	2	—	—	—	1	—	—	1	3	51	44	64	13
	9	1	—	2	3	2	—	—	—	4	—	—	1	3	53	45	69	17
23年	6	1	3	—	1	—	—	2	—	—	—	—	—	3	56	41	58	16
	7	1	3	—	1	—	—	2	—	—	—	—	1	3	56	41	59	17
24年	2	1	—	—	—	2	—	1	—	—	1	2	1	1	23	31	23	9
	3	1	1	—	—	2	—	1	—	3	1	2	1	1	29	33	27	15

	学習院大	明治大	青山学院大	立教大	中央大	法政大	日本大	東洋大	駒澤大	専修大	白百合女子大	津田塾大	東京女子大	日本女子大	文部科学省管外の大学校	海外の大学	国公立・医学部	私立・医学部
22年	10	23	21	26	17	6	10	5	4	—	15	7	13	11	—	1	8	40
	11	25	21	26	18	6	13	5	4	—	15	8	14	11	—	1	8	71
23年	8	22	22	37	11	10	15	—	1	—	5	5	7	10	—	—	5	49
	8	24	23	40	11	12	17	—	1	—	5	5	8	10	—	—	5	87
24年	5	26	22	33	12	8	6	4	6	2	10	14	11	11	3	—	6	49
	6	29	26	38	14	12	7	6	6	2	11	15	11	14	3	—	6	88

★指定校推薦枠（2024年度）早稲田大5名、慶應義塾大4名、上智大1名、国際基督教大1名、北里大3名、東邦大6名、白百合女子大(上限なし)など

入試情報

■過去3年間の入試結果

		募集人員	出願者	受験者	合格者	実質倍率
22年	一般	約60	332	294	117	2.5
	帰国	15程度	48	40	27	1.9
23年	一般	約60	306	264	126	2.1
	帰国	15程度	53	38	25	2.0
24年	一般	約60	292	259	114	2.3
	帰国	15程度	55	46	25	1.8

■2024年度入試 受験者・合格者の教科別平均点

		算数	国語	理科	社会	合計
一般	受験者	68.4	64.5	45.9	55.7	234.5
	合格者	82.4	69.5	50.9	60.2	263.0
帰国	受験者	58.1	63.2	外国語/61.8		183.0
	合格者	74.0	72.0	外国語/71.4		217.0

※帰国＝算国＋英または仏 各100点
○配点：算国＝各100点　理社＝各75点　面接
○合格最低点：帰国175点　一般245点

24年の募集要項

※以下は2024年の募集要項です。2025年の要項は学校の発表をお待ちください。

入 試 日／2月2日、帰国1月8日
募集人員／女子60名、帰国15名程度
合格発表／合格発表専用サイトで即日
手続締切／2月5日、帰国1月11日
試験科目／国語(40分・100点)、算数(40分・100点)、理科(30分・75点)、社会(30分・75点)
面　　接／あり(保護者同伴)
帰国生のための試験／国語(40分・100点)、算数(40分・100点)、外国語(英語またはフランス語40分・100点)、面接(保護者同伴)
受 験 料／25,000円

公開行事・説明会予定

【学校説明会】要予約
7月 6日(土)14時～(定員制)
7月27日(土)14時～(帰国生対象)
10月26日(土)14時～(定員制)
11月16日(土) 9時30分～(定員制、校内見学会あり)
12月 7日(土)14時～(定員制)
【学校見学会】要予約
6月15日(土)10時～(定員制)
13時30分～(定員制)
【オンライン個別相談会】要予約
8月24日(土)13時～(帰国生対象)
【学園祭(文化祭)】
10月 5日(土) 9時～15時30分
10月 6日(日) 9時～15時30分 ※公開方法については未定
◆変更・中止の可能性もあります。必ず学校ホームページで確認してください。

サピックスOGの声

●「ごきげんよう」のあいさつや伝統的な校風から、いわゆる「お嬢さま学校」という印象があるかもしれませんが、実際は明るく活発な生徒も多いです。中高6年間を過ごすうちに、自然と気品や女性らしさが備わっていきます。

玉川聖学院 中等部

所在地／〒158-0083 世田谷区奥沢7-11-22
TEL／03-3702-4141
学院長／安藤 理恵子
創　立／1950年に谷口茂壽牧師によって創設されたプロテスタント系ミッションスクール。平和をつくる女子を育てることを志す。
URL／www.tamasei.ed.jp

	1年	2年	3年
男子	—	—	—
女子	153名	126名	124名
クラス数	4組	3組	4組

中高総生徒数／925名

〈交通アクセス〉
東急東横線・大井町線「自由が丘」駅より徒歩6分　東急大井町線「九品仏」駅より徒歩3分

世界をつなげる「心」を育てるミッションスクール

聖書を教育活動の根幹に据え、思春期の女子の心と可能性を育てます。生徒一人ひとりがかけがえのない自分を発見し、世界で活躍する力を得られるよう、さまざまな体験プログラムや学習システムを導入。心身の成長を促すとともに、大学受験に向けた確かな学力を養い、希望進路実現をサポートしています。閑静な住宅街にある校舎は明るく開放的で、毎朝の礼拝を行う2つの大ホールには、美しいステンドグラスとパイプオルガンを設置。生徒は温かな校風のなかで、ありのままの自分の未来を発見します。

スクールライフ

●教育内容

中等部の授業では、楽しく学ぶための参加型の体験学習を重視。少人数でのきめの細やかな授業、課題やミニテストの繰り返し、さらに学習手帳の活用によって基礎学力を定着させます。また、卒業生による土曜日の個別補習も提供され、ていねいなフォローで総合力を培います。英語では、中1から外国人講師による英会話授業が始まり、「English Lounge」では自由に英会話を楽しめます。総合学習では、各自の問題意識で中3の修了論文を書き上げます。高等部では、「総合科人間学」を学ぶことで思考力や発信力を養います。さらに独自の体験学習システムのTAP（玉聖アクティブプログラム）や、難関大学対策講座のSAC（スーパーアドバンストコース）を併用することで、高校生活を楽しみながらも、自分の特性と希望に合う進路実現に取り組むことができます。

■主要5教科の週当たり時間（コマ）数

	英語	数学	国語	理科	社会
1年	6	4	4	3	4
2年	5	4	5	4	4
3年	5	4	5	4	3
合計	16	12	14	11	11

◎1日当たりの授業コマ数：50分×6～7時限
※週2回7時限
◎登校時間：8時10分

●部活動

中高別の活動で、中等部は全員参加、高等部は自主参加。発達段階に応じて自主活動の範囲が拡大するように配慮しています。校内で行う習い事「教室」も充実。
○文化系／英語、演劇、ギターマンドリン、ウィンドオーケストラ、ハンドベル、美術、文芸、家庭科など
○体育系／新体操、卓球、硬式テニス、バスケットボール、バレーボール、ソフトボール、剣道、ダンスなど

●行事

前期には体育祭、宿泊行事、音楽会などがあり、友だちの輪を広げる絶好の機会となっています。後期は学院祭（文化祭）、宿泊行事の後に、多彩なクリスマス行事が続きます。宗教行事では、自分と向き合う時を持ちます。

●修学旅行・研修旅行

中1・2の宿泊行事は年に2回。中1は4月にオリエンテーションキャンプ、中2は環境学習へ。10月のJキャンプは中1と中2の縦割で絆を深めます。中3で九州修学旅行、高1で有志のアメリカ英語研修、高2の修学旅行は韓国で平和をつくる心を学びます。

マネーガイド

■2024年度納付金（諸経費を含む）

	入学金	授業料	施設費	その他	計
入学手続時	290,000円	0円	0円	0円	290,000円
初年度総額	290,000円	468,000円	82,000円	286,100円	1,126,100円

◎寄付金：なし
◎授業料：月納
◎奨学金・特待生制度：経済的理由により就学困難と判断される者に、授業料を免除。特待生制度あり

学期制 週5･6日制 プール 冷房 寮 食堂 私服通学 海外研修

サピックスからの合格実績（過去3年）	'22	'23	'24
	1名	5名	2名

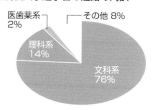

進学指導の概要

高入生とは混合クラス編成。高2から文系（国語・社会を重視）、文理系（大学入学共通テストに対応）、理系（数学・理科を重視）に分かれ、それぞれの進路に適した選択科目を履修します。英語は3年間、数学は高1・2が習熟度別授業です。学年（発達段階）に応じた自己認識と進路意識を持たせるような学習プログラムに配慮しており、卒業生講演会や職業調査レポート、大学模擬授業、進路説明会、放課後の校内大学説明会など、さまざまな進路サポートを実施。進学先としては、人文系学部や国際関係学部が多くなっています。近年は進学先の幅も広がっており、看護医療系などの理系分野への進学も増加しています。

■現役大学進学者の進路の内訳

医歯薬系 2%
その他 8%
理科系 14%
文科系 76%

■併設高校から主要大学への合格実績

※上段は現役合格者数、下段は浪人を含めた合格者数。

	東京大	京都大	一橋大	東京工業大	筑波大	お茶の水女子大	電気通信大	東京外国語大	東京学芸大	東京芸術大	東京農工大	東京都立大	横浜国立大	千葉大	早稲田大	慶應義塾大	上智大	東京理科大
22年	—	—	—	—	—	—	—	—	—	—	—	—	—	—	—	—	3	—
	—	—	—	—	—	—	—	—	—	—	—	—	—	—	—	—	3	—
23年	—	—	—	—	—	—	—	—	—	—	1	—	—	—	—	1	3	—
	—	—	—	—	—	—	—	—	—	—	1	—	—	—	—	1	3	—
24年	—	—	—	—	—	—	—	—	—	—	—	—	—	—	1	1	—	—
	—	—	—	—	—	—	—	—	—	—	—	—	—	—	1	1	—	—

	学習院大	明治大	青山学院大	立教大	中央大	法政大	日本大	東洋大	駒澤大	専修大	国際基督教大	津田塾大	東京女子大	日本女子大	文部科学省所管外の大学校	海外の大学	国公立・医学部	私立・医学部
22年	1	—	6	—	—	2	1	1	1	—	1	3	10	4	—	2	—	—
	1	—	6	—	—	2	1	1	1	—	1	3	10	4	—	2	—	—
23年	1	—	13	2	—	3	1	2	2	1	1	1	14	4	—	—	—	—
	1	—	13	2	—	3	1	2	2	1	1	1	14	4	—	—	—	—
24年	1	—	7	2	—	7	1	—	4	1	1	—	12	2	—	—	—	1
	1	1	7	2	—	7	2	—	5	1	1	2	12	2	—	—	—	1

★指定校推薦枠（2024年度）国際基督教大1名、青山学院大15名、学習院大1名、法政大3名、成蹊大5名、成城大1名、明治学院大16名、津田塾大1名、東京女子大25名、日本女子大5名など

入試情報

■過去2年間の入試結果

			募集人員	出願者	受験者	合格者	実質倍率
23年	帰国A		若干	1	1	1	1.0
	1回	4科	40	41	36	23	1.6
		2科		79	71	23	3.1
	適性検査型		定員定めず	8	8	5	1.6
	多文化共生(帰国B)		定員定めず	14	13	11	1.2
	2回	2科	40	201	191	106	1.8
	3回	2科	30	72	37	23	1.6
		4科		97	55	23	2.4
	4回	2科	10	197	97	50	1.9
24年	帰国A		若干	1	1	1	1.0
	1回	4科	35	50	44	30	1.5
		2科		68	65	24	2.7
	適性検査型		定員定めず	7	7	7	1.0
	多文化共生(帰国B)		定員定めず	17	16	13	1.2
	2回	2科	35	220	207	125	1.7
	3回	4科	20	73	35	30	1.2
		2科		86	59	32	1.8
	4回	2科	10	168	73	63	1.2

○配点：算国＝各100点　理社＝各100点
○合格最低点：1回4科241点・2科133点　2回133点　帰国A、3回・4回、適性検査型、多文化共生は非公開

24年の募集要項

※以下は2024年の募集要項です。2025年の要項は学校の発表をお待ちください。

入試日／①2月1日午前 ②2月1日午後 ③2月2日午前 ④2月3日午後 適性検査型2月1日午前 帰国A12月16日 多文化共生(帰国B)2月1日午後
募集人員／①35名 ②35名 ③20名 ④10名 帰国A若干名 適性検査型・多文化共生：特に定めず
合格発表／いずれもホームページで即日
手続締切／①2月3日 ②2月5日 ③2月6日 ④2月11日 適性検査型2月11日 帰国A12月18日 多文化共生2月3日
試験科目／国語(45分・100点)、算数(45分・100点)、理科(35分・100点)、社会(35分・100点)
※①③2科4科選択、②④帰国A2科
多文化共生：国語・算数または英語・算数
適性検査型：適性検査Ⅰ・Ⅱ
面接／あり(適性検査型はなし)
受験料／試験日につき20,000円(適性検査型は10,000円)ただし2月2日以降、複数日程出願の場合は各5000円追加

公開行事・説明会予定

【学校説明会】要予約
6月28日(金)10時～
7月15日(祝)10時～玉聖の一日体験
10月19日(土)10時～ウォークラリー
11月 1日(金)10時～
11月23日(祝) 8時50分～プレテスト
12月 7日(土)10時～受験生向けクリスマス
1月11日(土)14時～
【ミニ説明会】要予約
7月13日(土)10時～
8月31日(土)10時～
【適性検査型入試説明会】要予約
12月21日(土)10時～
1月11日(土) 9時30分～プレテスト
【オープンスクール】要予約
6月18日(火) 9時～
10月11日(金) 9時～
◆変更・中止の可能性もあります。必ず学校ホームページで確認してください。

田園調布学園 中等部

所在地／〒158-8512 世田谷区東玉川2-21-8
TEL／03-3727-6121
学校長／清水 豊
創　立／1926年、調布女学校として創立。1947年に調布中学校、翌年に調布高等学校を設置。2004年より現校名に。
URL／www.chofu.ed.jp

	1年	2年	3年
男子	—	—	—
女子	202名	243名	201名
クラス数	5組	6組	5組

中高総生徒数／1230名

〈交通アクセス〉
東急東横線「田園調布」駅より徒歩8分、東急池上線「雪が谷大塚」駅より徒歩10分

豊かな人生を自分らしく歩むために

建学の精神「捨我精進」の下、体験を重視した教育活動を展開しています。生徒を卒業時には、より高い目標を定めて学び続けることができる人、他者と協同しながら主体的に行動できる人、よりよい社会の実現に向けて探究し実践できる人になるよう育てます。学年ごとに到達目標を示しながら、土曜プログラム、行事、クラブ活動などを行い、生徒の成長を促しています。また、国際交流の機会も設けるなど、生徒が学内での活動にとどまらず、外の世界へも積極的に踏み出していくよう後押ししています。

スクールライフ

●教育内容

生徒が1人1台所持するノートPCなどのICT機器を積極的に活用し、生徒の主体性や協調性を養いながら問題を発見・解決する授業を展開しています。「探究」の時間を週1コマ設置し、外部団体とも連携。デザイン思考を用いながら、課題解決学習に取り組みます。数学と地理、音楽と理科などの教科横断型授業も特徴的。中1・2では毎週実験を行い、6年間で体験する理科実験は150種類にも上ります。

土曜日は、「土曜プログラム」を年8回実施。約170の講座から自由に選択することができ、平常授業ではできない体験を通して、将来の目標や夢を考えるきっかけを作ります。

■主要5教科の週当たり時間（コマ）数

	英語	数学	国語	理科	社会
1年	6	5	4	3	3
2年	6	5	5	4	3
3年	6	5	5	4	4
合計	18	15	14	11	10

◎1日当たりの授業コマ数:50分×6時限または7時限（週32時間）
　※土曜日は土曜プログラムおよび学校行事
◎登校時間：8時25分

●部活動

中学生の90%、高校生の80%が参加。活動日数は中学生で週3日以内、高校生で週4日以内です。

○文化系／ESS、演劇、音楽、家庭、管弦楽、軽音楽、写真、書道、美術、文芸、ミュージカル研究、理化、競技かるた、手話・点字など

○体育系／弓道、剣道、ソフトテニス、ソフトボール、体操、卓球、ダンス、テニス、バスケットボール、バトン、バレーボール、陸上競技、バドミントン

●行事

なでしこ祭（文化祭）は、バトン部の演技やESSの英語劇が好評です。また、歌舞伎やミュージカルなどに触れる芸術鑑賞教室、学外で音楽の授業の成果を披露する定期音楽会も開催しています。

●修学旅行・研修旅行

中1は4月にプロジェクトアドベンチャーを実施し、よりよい学校生活のスタートにつなげています。中2は山形県で農作業体験、中3は関西・韓国・台湾から選択、高2では西九州方面を訪れます。希望者対象の海外研修は、中3向けにホームステイ（カナダ、オーストラリア）、高校生向けにニュージーランド・ターム留学、海外探究プログラム（バリ島）を用意。さまざまな体験を積み重ねながら、他者、社会、世界へと視野を広げます。

マネーガイド

■2024年度納付金（諸経費を含む）

	入学金	授業料	施設費	その他	計
入学手続時	250,000円	0円	0円	0円	250,000円
初年度総額	250,000円	468,000円	96,000円	132,000円	946,000円

◎寄付金：なし
◎授業料：4期分納
◎奨学金・特待生制度：経済的理由により就学困難と判断される者に、授業料の半額を免除

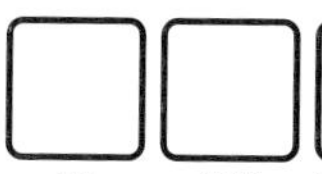

学期制　週5・6日制　プール　冷房　寮　食堂　私服通学　海外研修

サピックスからの合格実績（過去3年）	'22	'23	'24
	82名	69名	70名

進学指導の概要

高1ではほとんど共通履修ですが、高2からは文系・理系に分かれ、選択科目も大幅に増えます。英語・数学は高2で高校の教科書をほぼ修了。高3では大学受験に向けた演習中心の授業を行います。放課後や長期休暇には、希望者を対象にした受験補習を実施。高1では英語・国語・数学、高2からは理科・社会、高3では大学別講座も行うなど、さまざまな講座を設定しています。また、オンライン英会話レッスンやEnglish RoomではTOEFLや英検®などの外部テスト対策も実施。このほか、小論文添削指導、ネイティブ・スピーカーによる英作文講座、学力テスト、進路講演会など、進路実現をサポートする態勢を整えています。

■現役大学進学者の進路の内訳

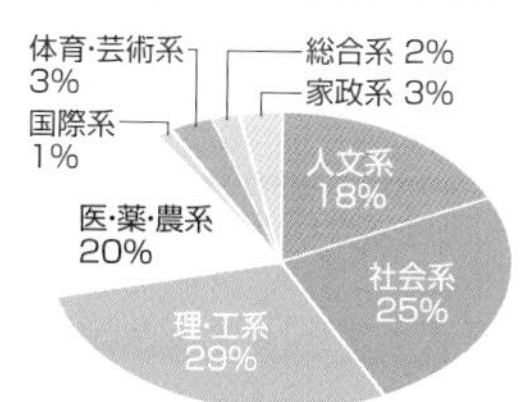

■併設高校から主要大学への合格実績

※上段は現役合格者数、下段は浪人を含めた合格者数。

	東京大	京都大	一橋大	東京工業大	筑波大	お茶の水女子大	電気通信大	東京外国語大	東京学芸大	東京芸術大	東京農工大	東京都立大	横浜国立大	千葉大	早稲田大	慶應義塾大	上智大	東京理科大
22年	2	—	—	—	—	—	1	1	—	—	1	2	2	—	10	13	15	31
	2	—	—	—	—	—	1	1	—	—	1	2	2	—	10	13	15	32
23年	—	—	—	—	—	3	—	2	—	—	1	2	1	—	21	16	18	14
	—	—	—	—	—	3	1	2	1	1	1	2	1	—	21	17	19	15
24年	1	—	—	2	—	—	2	1	1	—	1	2	2	—	12	15	18	14
	1	1	—	2	—	—	3	1	1	—	1	2	2	—	14	17	18	15

	学習院大	明治大	青山学院大	立教大	中央大	法政大	日本大	東洋大	駒澤大	専修大	国際基督教大	津田塾大	東京女子大	日本女子大	文部科学省管外の大学校	海外の大学	国公立・医学部	私立・医学部
22年	17	39	19	24	32	23	40	11	12	10	—	11	8	13	1	1	—	1
	17	44	20	29	37	23	50	14	15	10	—	12	11	13	2	3	1	10
23年	14	50	33	29	35	28	34	17	17	9	—	9	10	11	—	3	1	2
	14	50	33	29	35	29	38	17	17	9	—	9	11	12	—	3	1	9
24年	17	19	28	36	29	22	28	13	6	8	1	3	7	14	—	—	—	1
	17	20	30	36	31	23	28	14	7	9	1	3	8	17	—	—	1	3

★指定校推薦枠（2024年度）横浜市立大3名、早稲田2名、慶應義塾大4名、東京理科大19名、学習院大5名、明治大4名、青山学院大3名、立教大2名、中央大7名、津田塾2名、東京女子大4名、東京農業大21名、芝浦工業大18名、明治学院大9名、北里大6名、東京薬科大3名、海外大学など

入試情報

■過去2年間の入試結果

		募集人員	出願者	受験者	合格者	実質倍率
23年	1回	80	265	255	93	2.7
	午後入試	20	217	205	114	1.8
	2回	70	514	390	188	2.1
	3回	30	390	259	67	3.9
	帰国	若干	31	29	21	1.4
24年	1回	80	215	206	86	2.4
	午後入試	20	189	174	108	1.6
	2回	70	506	384	160	2.4
	3回	30	366	254	64	4.0
	帰国	若干	46	46	36	1.3

■2024年度入試 合格者の教科別平均点

	算数	国語	理科	社会	合計
1回	73.5	61.8	45.7	44.8	225.8
午後入試	77.5				77.5
2回	68.0	70.9	39.4	44.5	222.9
3回	72.7	67.8	39.5	46.7	226.6

○配点：算国＝各100点　理社＝各60点
○合格最低点：1回211点　午後入試65点　2回206点　3回210点
帰国は非公表

24年の募集要項

※以下は2024年の募集要項です。2025年の要項は学校の発表をお待ちください。

入 試 日／①2月1日 午後入試2月1日 ②2月2日 ③2月4日 帰国12月3日
募集人員／女子200名（①80名 午後入試20名 ②70名 ③30名 帰国若干名）
合格発表／ホームページで即日。掲示およびオンライン入試は翌日
手続締切／①2月3日 ②2月4日 ③2月5日 帰国12月5日（延納対応あり）
試験科目／国語（50分・100点）、算数（50分・100点）、理科（40分・60点）、社会（40分・60点）
午後入試：算数（60分・100点）
面　接／なし
帰国生のための試験／国語・算数、英語・算数、算数・英語資格のいずれかを選択、面接（保護者同伴）
受 験 料／22,000円（午後入試は10,000円）

公開行事・説明会予定

【学校説明会・オープンスクール】要予約
6月22日(土)午後　※クラブ体験あり
7月 6日(土)午前　※授業体験あり
10月26日(土)午後
11月 6日(水)午前　※授業見学あり
【入試直前学校説明会】要予約　6年生対象
12月 7日(土)午前、12月11日(水)夜
【帰国生対象個別相談】要予約
6月22日(土)午後、7月 6日(土)午前、10月26日(土)午後
【帰国生対象学校説明会】要予約
8月 2日(金)午前
【土曜プログラム見学会】要予約
9月 7日(土)午前、11月 9日(土)午前
【なでしこ祭(文化祭)】
9月28日(土)、29日(日)
【体育祭】
10月12日(土)
◆変更・中止の可能性もあります。必ず学校ホームページで確認してください。詳しくは学校ホームページをご覧ください。

東京家政大学附属女子 中学校

所在地／〒173-8602 板橋区加賀1-18-1
TEL／03-3961-2447
学校長／賞雅 技子
創　立／1881年に東京・本郷湯島に創立された和洋裁縫伝習所が前身。東京裁縫女学校を経て、1949年に現在の校名に。
URL／www.tokyo-kasei.ed.jp

	1年	2年	3年
男子	—	—	—
女子	84名	85名	86名
クラス数	3組	3組	3組

中高総生徒数／925名

〈交通アクセス〉
JR埼京線「十条」駅より徒歩5分　JR京浜東北線「東十条」駅より徒歩13分　都営三田線「新板橋」駅より徒歩12分　東武東上線「下板橋」駅より徒歩15分　JR京浜東北線「王子」駅よりバス8分「区境」下車1分

【建学の精神】自主自律　　【生活信条】愛情・勤勉・聡明

1881年　本郷湯島に「和洋裁縫伝習所」を創立
1947年　学制改革に伴い、新制の「渡辺女子中学校」を設立
1949年　「東京女子専門学校」が「東京家政大学」へ昇格

今年で創立143年目を迎える、保育士、幼稚園・小学校・中高教諭、看護師などの資格取得や就職に強い女子大の附属校です。東京家政大学板橋キャンパスには、幼稚園・中学校・高等学校・大学・大学院がワンキャンパスに集結しています。自然と設備に恵まれた環境のなかで、スケールメリットを生かした中高大の連携教育を実践しています。

スクールライフ

●教育内容

“豊かな言葉”をキーワードに言語能力を育て、個性が生きる教育を展開します。言葉をより豊かにするために授業では表現する機会を増やし、自他の言葉を大切にする態度を育てます。また、日常の行動や話し方、文章などを発信することにおいて、「どう伝えたらわかりやすいか」といった点を意識した指導を行います。

ICT教育では、校内ネットワーク環境を整備し、一人ひとりがタブレット端末を利用して、学習支援ツールを使ったわかりやすい授業、電子黒板を使った効率の良い授業、個別に最適化された学習を行い、情報活用能力を育みます。

英語教育では、英検®準2級取得を目標にした指導、Oxford Big Read Contestへの参加、ALTによるプライベートレッスンなどに積極的に取り組みます。オンライン英会話プログラムやオーストラリア・ニュージーランドターム留学、短期語学研修プログラムも充実しています。

■主要5教科の週当たり時間（コマ）数

	英語（英会話）	数学	国語（書道）	理科	社会
1年	6(1)	5	5(1)	4	3
2年	5(1)	5	4	4	4
3年	6(1)	5	5	4	4
合計	17(3)	15	14 (1)	12	11

◎1日当たりの授業コマ数：50分×6時限
　※土曜日は4時限
◎登校時間：8時20分
◎全学年で総合探究実施、中1(1)、中2(2)、中3(2)

●部活動

施設・設備に恵まれた環境で、文化系と体育系を合わせて計16部が活動しています。ビオトープ委員会などの活動も盛んです。

○文化系：ブラスバンド、華道、調理、合唱、理科、イラスト、手芸、英語

○体育系：バレーボール、バドミントン、水泳、ソフトテニス、バスケットボール、ソフトボール、ドリルチーム、卓球

●行事

6月に国立代々木体育館で運動会（一般非公開）を開催。中1～高3までが、赤・青・黄団と学年の枠を超えたチーム対抗でも競い合います。10月の緑苑祭（文化祭）は幼稚園から大学までが参加する一大イベントです。行事の運営は生徒会や実行委員会が中心になって行います。また、芸術鑑賞会やスキー・スノーボード教室などもあります。

●修学旅行・研修旅行

中1は5月に2泊3日の「五月の生活」を実施し、クラスの親睦を深めます。中2は5月に「鎌倉探訪」を日帰りで実施し、班別研修を行います。中学の修学旅行（中3）は9月に沖縄（3泊4日）を訪れます。希望者対象のスキー・スノーボード教室や語学研修としてニュージーランドへのターム留学（中3）、中2全員参加のイングリッシュ・キャンプ（2泊3日）などを実施します。

マネーガイド

■2024年度納付金（諸経費を含む）

	入学金	授業料	施設費	その他	計
入学手続時	280,000円	0円	0円	0円	280,000円
初年度総額	280,000円	468,000円	240,000円	317,960円	1,305,960円

◎寄付金：なし
◎授業料：3期分納
◎奨学生・特待生制度：【特別奨学金】すべての入試回(英検®利用入試除く)の特進(E)CLASS受験生対象：400,000円(入学金280,000円・授業料120,000円)/【細井愛子名誉教授記念奨学金】すべての入試回の受験生対象、400,000円(入学金280,000円・授業料120,000円)

学期制　週5・6日制　プール　冷房　寮　食堂　私服通学　海外研修

サピックスからの合格実績（過去3年）	'22	'23	'24
	0名	3名	0名

私立　東京　女子　と

進学指導の概要

25歳を目標に理想の未来像を描き、希望進路を実現するために人間力を高める「ヴァンサンカン・プラン」でさまざまなプログラムに取り組みます。特進クラスの設置と効果的な学習が可能となる中高一貫のカリキュラムで、高2までに確かな学力を定着させ、高3では進路別クラス編成で希望進路の実現をめざします。授業と学習サポート体制の充実により、難関私立大の合格者数が伸びています。併設の東京家政大学は、2018年4月に健康科学部(看護学科・リハビリテーション学科)が開設されて、4学部体制となり、これまで以上に多様な進路選択が可能となりました。

■現役大学進学者の進路の内訳

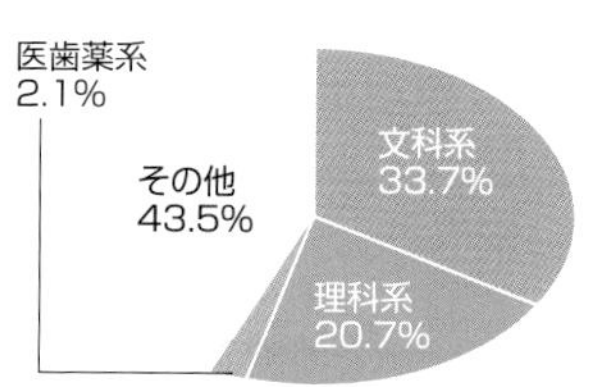

■併設高校から主要大学への合格実績

※上段は現役合格者数、下段は浪人を含めた合格者数。

	東京大	京都大	一橋大	東京工業大	筑波大	お茶の水女子大	電気通信大	東京外国語大	東京学芸大	東京芸術大	東京農工大	東京都立大	横浜国立大	千葉大	早稲田大	慶應義塾大	上智大	東京理科大
22年	—	—	—	—	—	—	—	—	—	—	—	—	—	—	—	—	—	—
	—	—	—	—	—	—	—	—	—	—	—	—	—	—	—	—	—	—
23年	—	—	—	—	—	—	—	—	—	—	—	1	1	—	—	—	1	2
	—	—	—	—	—	—	—	—	—	—	—	1	1	—	—	—	1	2
24年	—	—	—	—	—	—	—	—	—	—	—	—	—	—	5	2	—	—
	—	—	—	—	—	—	—	—	—	—	—	—	—	—	5	2	—	—

	学習院大	明治大	青山学院大	立教大	中央大	法政大	日本大	東洋大	駒澤大	専修大	東京家政大	津田塾大	東京女子大	日本女子大	文部科学省所管外の大学校	海外の大学	国公立・医学部	私立・医学部
22年	—	2	2	1	1	5	8	5	—	2	54	—	3	12	—	—	—	—
	—	2	2	1	1	5	8	5	—	2	54	—	3	12	—	—	—	—
23年	4	2	—	4	2	4	3	2	4	2	95	—	1	9	—	—	—	—
	4	2	—	4	2	4	3	2	4	2	95	—	1	9	—	—	—	—
24年	3	5	1	11	2	6	2	13	5	8	87	3	2	14	—	—	—	—
	3	5	1	11	2	6	2	13	5	8	87	3	2	14	—	—	—	—

★指定校推薦枠（2024年度）青山学院大1名、立教大1名、学習院大1名、東京女子大1名、日本女子大12名、成蹊大6名、武蔵大2名、獨協大1名、大東京女子医科大1名など

入試情報

■2024年度の入試結果

	クラス	募集人員	出願者	受験者	合格者	実質倍率
第1回 特奨2科・4科	特進	15	50	44	10 (27)	4.4
	進学	25	28	23	10	2.3
第2回 特奨2科	特進	10	65	61	28 (28)	2.2
	進学	15	26	25	13	1.8
第2回 特奨適性検査	特進	10	7	7	0 (6)	-
	進学	5	3	2	1	2
第3回 2科・4科	特進	10	55	31	12 (17)	2.6
	進学	15	29	17	13	1.3
第3回 英検利用3科	特進	5	4	3	3	1
	進学	5	5	3	3	1
第4回 算数1科	特進	5	42	19	4 (7)	.4.8
	進学	10	19	10	2	5
第5回 国語1科	特進	5	67	37	6 (21)	6.2
	進学	10	29	15	7	2.1
第6回 2科	特進	若干名	70	35	13 (21)	2.7
	進学	5	37	17	14	1.2

※カッコ内は進学クラスへのスライド合格者数
○配点:算国=各100点　理社=各50点　英=英検50点・面接50点　適性検査Ⅰ・Ⅱ・Ⅲ=各100点
○4科受験は300点満点を200点に換算した点数または算国2科の合計点の高得点を採用
○英検利用3科ベスト2入試は算・国・英（英検+面接）の高得点2科の合計点を採用
○適性検査型はⅠ・Ⅱ型またはⅠ・Ⅱ・Ⅲ型の選択
○合格最低点:第1回　特進137点　第2回　特進139点　第3回 特進131点　第6回　特進140点
適性検査型・英検利用3科ベスト2・算数1科・国語1科は非公表

24年の募集要項

※以下は2024年の募集要項です。2025年の要項は学校の発表をお待ちください。

入 試 日／①2月1日午前(特別奨学生入試①)、②2月1日午後(特別奨学生入試②)、③2月2日午前、④2月2日午後、⑤2月3日午後、⑥2月4日午前、帰国生12月24日

募集人数／女子約150名 ①特進15名・進学25名、②適性検査型：特進10名・進学5名、2科：特進10名・進学15名、③2・4科：特進10名・進学15名、英検®利用3科ベスト2入試：特進5名・進学5名、④特進5名・進学10名、⑤特進5名・進学10名、⑥特進若干名・進学5名、帰国生若干名

合格発表／ホームページで即日　※②④⑤の掲示は翌日

試験科目／国語(45分・100点)、算数(45分・100点)、理科・社会(45分・各50点)、英語(面接試験10分(50点)・検定資格点(50点) 合計100点)、適性検査Ⅰ・ⅡまたはⅠ・Ⅱ・Ⅲ(各45分・各100点)
※①③は2科4科選択、③の英検®利用ベスト2入試は国・算・英の3科目の上位2科目の点数を利用、④は算数1科のみ、⑤は国語1科のみ、②⑥は2科

面　　接／英語のみ面接あり

帰国生のための試験／国語、算数、英語(筆記のみ)から2科選択、作文、面接

受 験 料／20,000円(複数回受験同額)

公開行事・説明会予定

【学校説明会】要予約 校内見学、個別相談あり
6月23日(日)10時～、 9月21日(土)14時～
10月12日(土)14時～、11月10日(日)10時～
12月15日(日)10時～、 1月12日(日)10時～

【在校生による学校説明会】要予約
8月 3日(土)10時～、12月22日(日)10時～

【ミニ学校説明会】要予約 各回10時～ ランチ体験会(有料)、授業見学あり
6月15日(土)、 9月 7日(土)、10月5日(土)
10月19日(土)、11月16日(土)、 1月25日(土)

【オープンスクール】要予約
7月27日(土) 9時～、13時～
8月25日(日) 9時～、11月2日(土)14時～

【緑苑祭(文化祭)】入試相談室あり
10月26日(土)、27日(日)10時～16時

◆変更・中止の可能性もあります。必ず学校ホームページで確認してください。

東京純心女子 中学校

所在地／〒192-0011 八王子市滝山町2-600
TEL／042-691-1345
学校長／森　扶二子
創　立／1934年に創立された長崎純心聖母会が母体。1964年に高校、1986年に中学が開校される。
URL／www.t-junshin.ac.jp

	1年	2年	3年
男子	—	—	—
女子	27名	27名	30名
クラス数	1組	1組	1組

中高総生徒数／320名

〈交通アクセス〉
JR「八王子」駅、京王線「京王八王子」駅、JR青梅線「拝島」駅・「福生」駅、JR五日市線「東秋留」駅よりバス

FIND YOUR MISSION

混迷の現代において、ますます重要視される「すべてのいのちを愛する心を育み、平和な未来に貢献できる人を育てる」というカトリック校としての使命の下、個別最適な学びとともに、人とのかかわりや自然（いのち）と直接触れ合う教育を展開しています。デジタル教材を駆使した、より効率的な学習と、生徒みずから情報を探し、読み、評価して、使いこなす力を身につける純心オリジナル探究型学習の両輪によって、社会に貢献する人材を育みます。高校からは、「特進プログラム」「セレクトデザイン」の2コース制を導入し、難関国立大や私立大への多様な進路を実現しています。

スクールライフ

●教育内容

英語教育では4技能を確実に身につける充実したJunshin English Program によって、世界のどこに身を置いても、他者とともに平和な社会を実現するために必要な力と高い志を養います。また、長崎研修旅行などの体験を通じた平和学習プログラム、人と自然とのつながりを見つめ直す労作の授業、海外研修・ターム留学などの異文化交流、教科を超えて社会的視点を養うFYM（Find Your Mission）アクティビティを通じて、平和な未来の担い手へと成長していきます。高3では、受験対策として受験学力養成講座も開講。生徒一人ひとりの夢の実現に向けてしっかりと寄り添いながら、今できる最大限の努力を促し、「自律的な学習者」として育んでいきます。

■主要5教科の週当たり時間（コマ）数

	英語	数学	国語	理科	社会
1年	7	4	4	3	3
2年	7	3	4	4	3
3年	7	4	3	4	4
合計	21	11	11	11	10

◎1日当たりの授業コマ数：45分×5時限
　※水曜日は7時限、土曜日は5時限
◎登校時間：8時20分

●部活動

中高合同の活動で、参加率は9割。文化系では東京都大会で金賞受賞歴もある吹奏楽部をはじめ、演劇部が活躍しています。主にボランティア活動を行う「つくし部」もあります。体育系ではバドミントン部、テニス部、ソフトボール部、剣道部などの活動が活発です。

○文化系／演劇、家庭科、軽音楽、弦楽、コーラス、茶道、吹奏楽、箏曲、つくし、アート工房
○体育系／弓道、剣道、ソフトボール、ダンス、硬式テニス、バドミントン、バトン

●行事

中高合同のスポーツ大会と純心祭（文化祭）が大きなイベント。英語でスピーチする校内スピーチ・レシテーションコンテスト、クリスマス会や修養会などの宗教行事も特徴的です。

●修学旅行・研修旅行

中3は京都・奈良へ学習旅行、高2は純心のルーツである長崎へ。中2の希望者対象に、夏休みに行われる英語漬けのイングリッシュキャンプ、高1の海外語学研修（希望者）、特進コースの高1生は原則全員参加のターム留学、セレクトコースでは全員7日間のセブ島留学体験もあります。

マネーガイド

■2024年度納付金（諸経費を含む）

	入学金	授業料	施設費	その他	計
入学手続時	250,000円	0円	0円	0円	250,000円
初年度総額	250,000円	444,000円	0円	395,995円	1,089,995円

◎寄付金：なし
◎授業料：3期分納
◎奨学生・特待生制度：一般入試での成績優秀者は1年間、特待生入試合格者は3年間の授業料を免除。経済的理由により就学困難と判断される者に授業料を免除

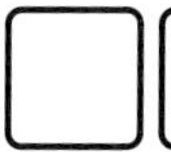

学期制　週5･6日制　プール　冷房　寮　食堂　私服通学　海外研修

サピックスからの合格実績（過去3年）	'22	'23	'24
	0名	0名	0名

進学指導の概要

主要3教科は習熟度別授業で、レベルに応じた、きめ細かい指導を行います。高1からは難関国公立大をめざす「特進プログラム」と「セレクトデザイン」の2つのコースを用意し、進路に合わせた多彩な選択が可能です。高3ではさらに演習を中心とした特別講座を設けて、応用力・実戦力を養成。また、高1までに漢検2級、高校卒業までに英検®準1級を取得することを目標とします。高1のセレクトコースはセブ島での1週間の研修（全員）があり、特進コースのターム留学は原則全員参加で、ニュージーランドで探究学習を深めます。東京純心大学への推薦入学制度がありますが、他大学進学希望者が多く、大学入学共通テスト受験者は8割以上に上ります。

■現役大学進学者の進路の内訳

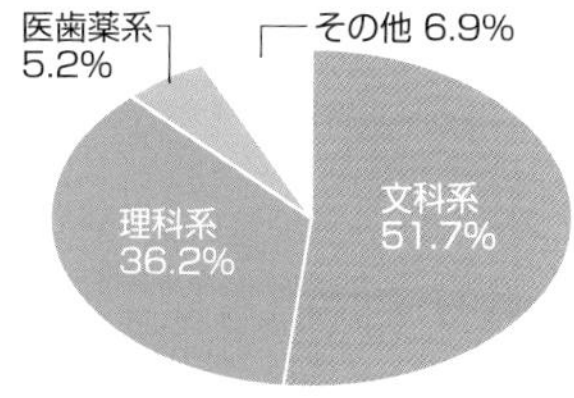

■併設高校から主要大学への合格実績

※上段は現役合格者数、下段は浪人を含めた合格者数。

	東京大	京都大	一橋大	東京工業大	筑波大	お茶の水女子大	電気通信大	東京外国語大	東京学芸大	東京芸術大	東京農工大	東京都立大	横浜国立大	千葉大	早稲田大	慶應義塾大	上智大	東京理科大
22年	—	—	—	—	—	—	—	1	—	—	—	—	—	—	1	2	2	2
	—	—	—	—	—	—	—	1	—	—	—	—	—	—	1	3	2	2
23年	—	—	—	—	—	—	1	—	—	—	—	1	—	1	3	1	4	—
	—	—	—	—	—	—	1	—	—	—	—	1	—	1	3	1	4	—
24年	—	—	—	—	—	—	—	—	1	—	—	—	—	—	—	—	1	1
	—	—	—	—	—	—	—	—	1	—	—	—	—	—	—	—	1	2

	学習院大	明治大	青山学院大	立教大	中央大	法政大	日本大	東洋大	駒澤大	専修大	東京純心大	津田塾大	東京女子大	日本女子大	文部科学省所管外の大学校	海外の大学	国公立・医学部	私立・医学部
22年	1	3	4	15	12	6	5	3	—	1	4	8	11	2	—	1	—	—
	1	3	4	15	12	6	5	3	—	1	4	8	11	2	2	1	—	1
23年	1	9	3	7	3	5	3	6	—	—	1	1	6	2	—	1	—	—
	1	9	3	7	3	5	3	6	—	—	1	1	6	2	—	1	—	—
24年	—	1	4	—	4	3	6	—	1	—	2	13	6	4	—	—	—	—
	—	1	4	—	4	3	6	—	1	—	2	13	6	4	—	—	—	—

★指定校推薦枠（2024年度）東京理科大4名、学習院大3名、青山学院大7名、明治大3名、中央大4名、法政大2名、津田塾大4名、東京女子大10名、日本女子大4名、東京薬科大4名、北里大3名、昭和薬科大1名など

入試情報

■2024年度の入試結果

		募集人員	出願者	受験者	合格者	実質倍率
1回	4科	20	25	20	15	1.3
	2科					
2回	2科	10	29	23	19	1.2
3回	4科	20	34	16	11	1.5
	2科					
適性検査型1回		20	9	8	6	1.3
数的処理型		10	18	8	7	1.1
4回	4科	10	38	13	10	1.3
	2科					
適性検査型2回		10	9	8	7	1.1

○配点：算国＝各100点　理社＝各60点　適性検査Ⅰ・Ⅱ＝各100点
○合格最低点：1回4科133点・2科91点　2回86点　3回4科131点・2科91点　適性検査型1回95点　数的処理型48点　4回4科160点・2科95点　適性検査型2回94点

24年の募集要項

※以下は2024年の募集要項です。2025年の要項は学校の発表をお待ちください。

入 試 日／①・適性検査型2月1日午前 ②2月1日午後 ③2月2日午前 数的処理型2月2日午後 ④・適性検査型 2月5日午前
募集人員／女子100名(①・適性検査型・③各20名、②数的処理型各10名、④20名※適性検査型と合わせて)
合格発表／ホームページで即日、掲示は翌日
手続き締切／①②③数的処理型は2月6日、④2月10日
試験科目／国語(50分･100点)、算数(50分･100点)、理科(25分・50点)、社会(25分・50点)、適性検査Ⅰ・Ⅱ(各50分・各100点)
※①③は2科4科選択、②は2科、④は4科、適性検査型は適性検査ⅠⅡ、数的処理型は算数1科
面　　接／なし
受 験 料／20,000円(複数回受験可)

公開行事・説明会予定

【学校説明会】要予約
10月12日(土)14時～
11月　9日(土)14時～
【オープンキャンパス】
6月22日(土)午後
【クラフト教室】要予約
11月　9日(土)15時30分～
【小6対象入試説明会】要予約
11月30日(土)14時～
【純心祭(文化祭)】要予約
9月21日(土)、22日(祝)9時～15時
◆変更・中止の可能性もあります。必ず学校ホームページで確認してください。

東京女学館 中学校

所在地／〒150-0012 渋谷区広尾3-7-16
TEL／03-3400-0867
学校長／渡部 さなえ
創　立／1888年、伊藤博文が創立委員長として発足した女子教育奨励会が東京女学館を開校。
URL／www.tjk.jp/mh

	1年	2年	3年
男子	―	―	―
女子	241名	241名	230名
クラス数	6組	6組	6組

中高総生徒数／1331名　併設小から 約25%

〈交通アクセス〉
東京メトロ日比谷線「広尾」駅より徒歩12分
JRほか「渋谷」駅、同「恵比寿」駅よりバス

「知性」「感性」「品性」を育み、異文化相互理解教育にも注力

都心の閑静な住宅街にたたずむ創立136年の伝統校です。「高い品性を備え、人と社会に貢献する女性の育成」を教育目標に、「知性」「感性」「品性」を育む全人教育を実践しています。一人のリーダーが牽引するのではなく、各々が主体的に課題を共有し、協働しながら課題解決に向けて集団全体を高めていく力を促す教育を推進しています。広く国際社会で主体的に活躍できる女性をめざし、英語教育はもとより、海外文化研修や東南アジア提携校との交流を通じて、異文化相互理解教育にも力を入れています。

スクールライフ

●教育内容

中学では、基礎・基本を重視し、各教科のバランスを考慮したカリキュラムで展開。高校では、進路実現に向けた少人数制の選択授業など充実したカリキュラムが組まれています。探究学習では高大連携協定を締結した北里大・東京女子大・津田塾大の出張講義を受講し、探究学習のテーマならびに進路選択のヒントを得ます。また帰国生と一般の生徒が共に学ぶ「国際学級」の設置も特徴です。国際学級では、英語圏の現地校に近い形態のLanguage Artsの授業を6年間積み重ねます。ほかにも日本文化に触れる古典芸能鑑賞や平和教育の一環として実施されるヒロシマ修学旅行など多彩な教育プログラムを用意し、教育目標の実現を図っています。中1基礎から高3の大学入試対策まで朝や放課後、長期休暇中に無料で講座を受講できます。

■主要5教科の週当たり時間（コマ）数　※( )内は国際学級

	英語	数学	国語	理科	社会
1年	6(8)	5	5	4	3
2年	6(8)	5	4	4	4
3年	7(7)	5	5	4	4
合計	19(23)	15	14	12	11

◎1日当たりの授業コマ数：50分×6時限
　※土曜日は4時限
◎登校時間：8時25分

●部活動

中1・2は全員参加制。ほとんどが中高合同で活動し、いずれの部・同好会もエネルギッシュです。

○文化系／オーケストラ、合唱、ギター、演劇、絵画、染織、箏曲、茶道、華道、ボランティア、模擬国連同好会、英語、写真、パフォーマンス、文芸同好会、家庭、漫画研究、生物、科学同好会、MIY同好会、映画制作、書道、ガーデニング同好会、かるたなど

○体育系／テニス、バドミントン、卓球、バスケットボール、バレーボール、ソフトボール、水泳、ダンス、剣道、ストリートダンス同好会

●行事

独自の伝統種目が満載の体育大会は、高3の「カドリール・プロムナード」で締めくくられます。このほか記念祭（文化祭）、合唱大会、フランス料理のフルコースマナーを学ぶテーブルマナー講習（高1）など多彩な行事があります。

●修学旅行・研修旅行

中1は7月に3泊4日で軽井沢の学習寮へ。中3のヒロシマ修学旅行では平和学習の一環として生徒全員で作成した折り鶴のレリーフを献納し、平和セレモニーを行います。高2の京都・奈良修学旅行も生徒の旅行委員を中心に運営します。

マネーガイド

■2024年度納付金（諸経費を含む）

	入学金	授業料	施設費	その他	計
入学手続時	290,000円	0円	0円	0円	290,000円
初年度総額	290,000円	582,000円	256,000円	306,000円	1,434,000円

※施設費のうち、96,000円は施設運営費
※その他には学校指定用品などを含まない
※上記は一般学級の納付金で、国際学級は授業料816,000円、その他296,000円

◎寄付金：1口20万円、1口以上（任意）
◎授業料：3期分納
◎奨学金・特待生制度：経済的理由により就学困難な場合、授業料などを給付

学期制　週5・6日制　プール　冷房　寮　食堂　私服通学　海外研修

サピックスからの合格実績（過去3年）	'22	'23	'24
	139名	121名	147名

進学指導の概要

高1の数学は2クラス3分割で、高校の英語表現は習熟度別の分割で授業を行います。高1・2の探究では各自がテーマを決めて調査し、小論文作成に取り組みます。高2からは文系、理系に分かれ、個性を重視した進路選択をします。具体的には、進路別の職業研究や自分の考えを発表・スピーチする研修旅行などを通じて、将来を見通した自己の確立を図ります。高3ではさらに選択科目を増やし、演習形式の授業で、応用力や実戦力を磨きます。

一般・帰国・外国籍生徒で構成される国際学級は、通常クラスとは異なるカリキュラムで語学力を重視。国際交流にも力を入れています。

■現役大学進学者の進路の内訳

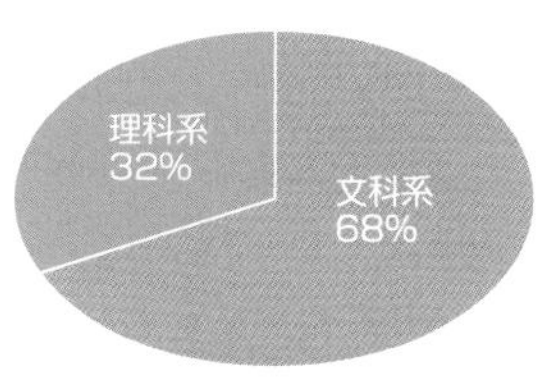

■併設高校から主要大学への合格実績

※上段は現役合格者数、下段は浪人を含めた合格者数。

	東京大	京都大	一橋大	東京工業大	筑波大	お茶の水女子大	東北大	東京外国語大	東京学芸大	東京芸術大	東京都立大	東京農工大	横浜国立大	千葉大	早稲田大	慶應義塾大	上智大	東京理科大
22年	1	—	—	1	—	—	—	—	—	1	—	—	—	—	17	19	22	7
	1	—	—	1	1	—	—	—	—	1	—	—	—	—	24	24	23	10
23年	1	—	—	—	—	—	1	3	—	—	—	1	1	1	20	31	28	14
	—	—	—	—	—	—	—	—	—	—	—	—	—	—	20	34	29	14
24年	1	—	—	—	1	—	—	—	1	—	1	—	1	—	30	28	52	8
	1	—	1	—	1	—	—	—	1	—	1	—	1	—	32	28	55	11

	学習院大	明治大	青山学院大	立教大	中央大	法政大	日本大	東洋大	駒澤大	専修大	国際基督教大	津田塾大	東京女子大	日本女子大	文部科学省所管外の大学校	海外の大学	国公立・医学部	私立・医学部
22年	11	26	38	45	19	11	22	16	7	6	1	9	37	21	—	5	—	15
	15	36	41	46	22	19	29	18	9	6	1	12	40	24	—	5	—	37
23年	19	39	22	45	20	34	27	16	7	5	1	18	23	31	—	6	1	18
	20	41	22	45	25	35	31	18	8	5	1	18	23	31	—	6	1	40
24年	14	28	39	47	19	18	21	18	9	2	1	13	17	22	—	11	—	8
	16	33	39	51	22	24	27	20	9	2	1	14	18	22	—	11	—	14

★指定校推薦枠（2024年度）早稲田大4名、慶應義塾大1名、上智大1名、東京理科大5名、学習院大6名、明治大3名、青山学院大3名、立教大4名、法政大2名、中央大4名、津田塾大2名、東京女子大5名、北里大3名など

入試情報

■2024年度の入試結果

	募集人員	出願者	受験者	合格者	実質倍率
1回	35	107	95	38	2.5
2回	35	363	333	144	2.3
3回	35	340	219	109	2.0
4回	25	346	202	42	4.8
国際学級一般	20	81	65	23	2.8
国際学級帰国	18	54	50	42	1.2

■2024年度入試 受験者・合格者の教科別平均点

		算数	国語	理科	社会	合計
1回	受験者	59.9	59.8	32.5	23.3	—
	合格者	70.6	69.3	37.7	28.6	206.1
2回	受験者	50.8	66.7			—
	合格者	63.2	75.5			138.6
3回	受験者	49.1	54.1			—
	合格者	60.2	61.7			121.3
4回	受験者	58.7	54.0	29.5	28.0	—
	合格者	77.0	65.5	34.6	33.8	210.9
国際学級一般	受験者	42.7	51.3			—
	合格者	57.3	62.7			120.0
国際学級帰国 算国	受験者	25.4	32.2			—
	合格者	27.6	34.2			61.8
国際学級帰国 算英	受験者	27.5	英 —			—
	合格者	28.9	英 —			73.5

○配点：算国＝各100点　理社＝各50点　○国際配点：算国英＝各50点
○合格最低点：1回190点　2回125点　3回106点　4回195点　国際一般102点　国際帰国 算国48点・算英62点

24年の募集要項

※以下は2024年の募集要項です。2025年の要項は学校の発表をお待ちください。

入 試 日／①2月1日 ②2月1日午後 ③2月2日午後 ④2月3日 国際一般2月2日午後 国際帰国12月4日
募集人員／女子168名(①35名②35名③35名④25名 国際一般20名 国際帰国18名)
合格発表／ホームページで即日
手続締切／①②③④国際一般2月6日 国際帰国12月7日
試験科目／国語(50分・100点)、算数(50分・100点)、理科(30分・50点)、社会(30分・50点)、※①④は4科、②③は2科、国際一般は2科
面　　接／なし
帰国生のための試験／算数・英語(各30分・各50点)か算数・国語(各30分・各50点)から選択、および面接(受験生のみ・5分)
受 験 料／25,000円(同時出願1回追加ごとに+5,000円)

公開行事・説明会予定

【学校説明会】要予約
7月20日(土)10時～ 校内見学あり
10月24日(木)10時30分～授業見学あり
1月11日(土)14時～ 校内見学あり
【国際学級帰国生対象説明会】要予約
7月15日(祝)10時～ 校内見学あり
【オープンスクール】要予約
9月28日(土)14時30分～
【校内見学ツアー】要予約
8月24日(土)、12月14日(土)、3月15日(土)
※日にちによって時間が異なります。詳しくは学校HPをご確認ください。
【入試説明会（一般・国際学級)】要予約 6年生対象
11月16日(土)14時～ 校内見学あり
12月12日(木)13時～ 校内見学あり
【創立136周年記念祭(文化祭)】要予約
11月 9日(土)11時15分～16時30分
11月10日(日) 9時～16時30分
◆変更・中止の可能性もあります。必ず学校ホームページで確認してください。

桐朋女子 中学校

所在地／〒182-8510 調布市若葉町1-41-1
TEL／03-3300-2111
学校長／今野 淳一
創 立／1941年設立の山水高等女学校が前身。1947年に桐朋高等女学校に改称し、桐朋第二中学校を併設。翌1948年に現校名に改称。
URL／https://chuko.toho.ac.jp

	1年	2年	3年
男子	—	—	—
女子	187名	162名	150名
クラス数	5組	5組	5組

中高総生徒数／999名 併設小から 約36%

〈交通アクセス〉
京王線「仙川」駅徒歩5分 小田急線「成城学園前」駅よりバス15分 JR「吉祥寺」「三鷹」駅よりバス30分

一人ひとりの個性を伸ばす「桐朋教育」

「こころの健康 からだの健康」をモットーに、生徒一人ひとりの個性を大事にして伸ばす「桐朋教育」を実践しています。入学試験をそのスタートと位置づけ、「自分で考える力」や「コミュニケーションや表現する力」を見るために、口頭試問を取り入れているのが特徴。また、全校生徒の約10%を帰国生が占めるほど、帰国生の受け入れにも積極的です。日本語と英語を表現力豊かに使いこなし、高い発信力と思考力を持つ生徒の育成をめざしています。

スクールライフ

●教育内容

生徒の心身の発達に応じたきめ細かい指導を行うため、中高6年間を2年ずつに分けたブロック制を採用。中1の英語・数学では2クラスを3分割した少人数授業を実施し、中2・3では習熟度別授業も取り入れています。また、英語は中1から外国人講師による授業を週1時間行います。2019年度より英語にアドバンストコースを設置しています。毎週1回、放課後に「英会話教室」も開設されています。定期試験は、テストゾーンと呼ばれる年3回のテスト期間に行われます。学習・生活についての成績評価は通知表を使わず、学期ごとにクラス担任との面談を通して、生徒と保護者に伝えられます。高校の学習にスムーズに入れるように工夫された教育課程を組むとともに、生徒が将来を見定められるような進路指導を行っています。

■主要5教科の週当たり時間（コマ）数

	英語	数学	国語	理科	社会
1年	5	5	4	4	4
2年	5	5	5	4	4
3年	6	5	5	4	4
合計	16	15	14	12	12

◎1日あたりの授業コマ数：45分×6時限
※土曜日は4時限
◎登校時間：8時20分

●部活動

放送部や新体操部が全国レベルの活躍をしています。音楽部やダンス部などが人気で、活発に活動しています。また、多くのクラブで中高合同での活動をしています。

○文化系／ESS、演劇、音楽（音楽班・合唱班）、ギター、工芸、コンピュータ、茶華道、自然科学（化学班・生物班・天文班）、社会歴史研究、写真、書道、家庭科、美術、文芸、放送

○体育系／剣道、硬式テニス、新体操、水泳、ソフトボール、卓球、ダンス、バスケットボール、バドミントン、バレーボール、陸上競技、ハンドボール

●行事

中高合同で行われる桐朋祭（文化祭）と体育祭が二大イベント。12月のミュージックフェスティバル（中学合唱コンクール）も盛り上がります。

●修学旅行・研修旅行

中3の研修旅行では岩手県を中心とした東北地方を訪れます。高2の関西旅行では奈良・京都をグループ単位で巡ります。高1の希望者を対象に、2週間程度の海外語学研修、高2では希望者対象のニュージーランド・ターム留学を実施。

マネーガイド

■2024年度納付金（諸経費を含む）

	入学金	授業料	施設費	その他	計
入学手続時	270,000円	0円	100,000円	0円	370,000円
初年度総額	270,000円	518,400円	250,000円	138,540円	1,176,940円

◎寄付金：1口10万円以上、2口以上（任意）
◎授業料：月納
◎奨学金・特待生制度：在学中に経済的理由により就学困難となった生徒を援助。1年ごとに審査し、授業料のみ免除

学期制

週5･6日制

プール

冷房

寮　食堂

私服通学　海外研修

サピックスからの合格実績（過去3年）	'22	'23	'24
	6名	4名	5名

進学指導の概要

高入生とは高1から混合クラス。普通科と音楽科があり、音楽科へは、中学からの内部推薦があります。毎年数名が進学しています。普通科の高1では、芸術は必修選択となっています。高2・3では、科目選択制を取り入れ、自分の希望進路を意識した時間割を組めるようになっており、生徒たちはそれぞれの希望に合わせ、得意な面をさらに伸ばしています。フランス語や中国語、被服や食物など多くの学校設定科目もあるほか、大学受験に向けた演習や特講も充実しています。国公立大・私立大、海外の大学、理系・文系以外にも、芸術・体育・看護学部など、卒業生の進路は多岐にわたります。電気通信大学・東京女子大学・日本女子大学と協定を結んでいます。

■現役大学進学者の進路の内訳

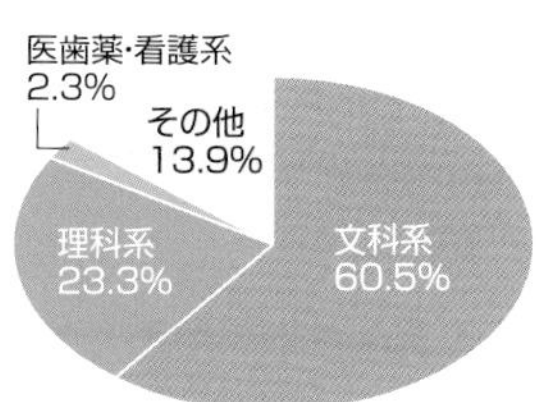

■併設高校から主要大学への合格実績

※上段は現役合格者数、下段は浪人を含めた合格者数。

	北海道大	東北大	東京大	一橋大	筑波大	お茶の水女子大	電気通信大	東京外国語大	東京学芸大	東京芸術大	東京農工大	東京都立大	横浜国立大	千葉大	早稲田大	慶應義塾大	上智大	東京理科大
22年	—	—	—	—	—	1	—	2	1	—	1	1	1	—	5	3	3	1
	—	—	—	—	—	1	—	2	1	—	1	1	2	—	5	3	5	2
23年	—	—	—	—	—	—	—	—	—	—	—	—	1	—	8	4	6	4
	—	—	—	—	1	1	1	—	—	1	—	—	1	—	8	4	11	6
24年	—	—	—	—	—	—	—	—	—	1	1	2	—	—	10	3	8	2
	—	—	—	—	—	—	—	—	—	2	2	2	—	—	10	4	8	2

	学習院大	明治大	青山学院大	立教大	中央大	法政大	日本大	東洋大	駒澤大	専修大	国際基督教大	津田塾大	東京女子大	日本女子大	文部科学省所管外の大学校	海外の大学	国公立・医学部	私立・医学部
22年	5	5	9	15	6	5	5	3	3	1	2	7	18	5	—	—	—	—
	6	9	11	18	6	7	9	4	3	1	2	11	20	8	—	—	—	6
23年	2	11	8	19	9	9	—	—	—	—	1	4	11	11	—	—	—	2
	5	11	10	19	11	10	—	—	—	—	1	4	11	11	—	—	—	6
24年	5	5	7	13	7	5	—	—	—	—	2	3	2	11	1	—	—	—
	7	6	10	14	12	8	—	—	—	—	2	3	2	11	2	—	—	—

★指定校推薦枠（2024年度）早稲田大3名、慶應義塾大1名、学習院大6名、明治大3名、青山学院大6名、立教大6名、法政大4名、中央大7名、国際基督教大2名など

入試情報

■過去2年間の入試結果

		募集人員	出願者	受験者	合格者	実質倍率
23年	A	130	110	104	95	1.1
	Creative English	10	7	7	3	2.3
	論理的思考力&発想力	40	39	34	26	1.3
	B4科		156	74	64	1.2
	B2科					
24年	A	130	125	114	103	1.1
	Creative English	10	12	12	7	1.7
	論理的思考力&発想力	40	42	24	16	1.5
	B4科		81	42	42	1
	B2科		89	26	20	1.3

■2024年度入試 合格者の教科別平均点

	算数	国語	理科	社会	合計
論理的思考力&発想力	言語/54.1		理数/61.2		115.3
B4科	50.4	57.8	22.5	27.6	158.3
B2科					108.2

○配点：算国＝各100点　理社＝各50点
論理的思考力&発想力配点：言語分野・理数分野各100点
○合格最低点：論理的思考力&発想力72点　B4科118点・2科81点
A、Creative Englishは非公表

24年の募集要項

※以下は2024年の募集要項です。2025年の要項は学校の発表をお待ちください。

入試日／A2月1日 Creative English 2月1日午後
論理的思考力&発想力 2月2日午前 B2月2日午後
帰国①12月3日 ②1月22日

募集人員／女子約240名(A約130名 B約40名 論理的思考力&発想力約40名 CE約10名 帰国①約10名 ②約10名)

合格発表／即日

手続締切／2月6日、帰国①12月3日 ②1月22日

試験科目／A：筆記(国語45分・100点、算数45分・100点)・口頭試問(準備約40分、試問約15分)、B：筆記(国語45分・100点、算数45分・100点、社会30分・50点、理科30分・50点) 論理的思考力&発想力：記述型(言語50分、理数50分) CE 英語(準備室課題30分・インタビュー10分)

帰国生のための試験／外国語による作文45分(英語・仏語・独語のいずれか)、面接(日本語・受験生のみ)

受験料／23,000円(複数回同時出願は30,000円)

公開行事・説明会予定

【学校説明会】要予約
10月27日(日) 9時30分～
11月16日(土)14時～
12月21日(土)14時～
1月 6日(土)10時～
【オープンキャンパス】要予約
7月14日(日) 9時30分～
【ナイト説明会】
11月18日(金)19時～
1月 7日(火)19時～
【桐朋祭(文化祭)】
9月28日(土)、29日(日)
◆上記以外に、平日の学校案内もあります。
◆変更・中止の可能性もあります。必ず学校ホームページで確認してください。

東洋英和女学院 中学部

所在地／〒106-8507　港区六本木5-14-40
TEL／03-3583-0696
部　長／石澤 友康
創　立／1884年、カナダ・メソジスト教会から派遣された女性宣教師によって設立。1947年、幼稚園、小学部、中学部、高等部と名称変更。
URL／www.toyoeiwa.ac.jp

	1年	2年	3年
男子	—	—	—
女子	200名	204名	193名
クラス数	5組	5組	5組

中高総生徒数／1150名　併設小から 約37%

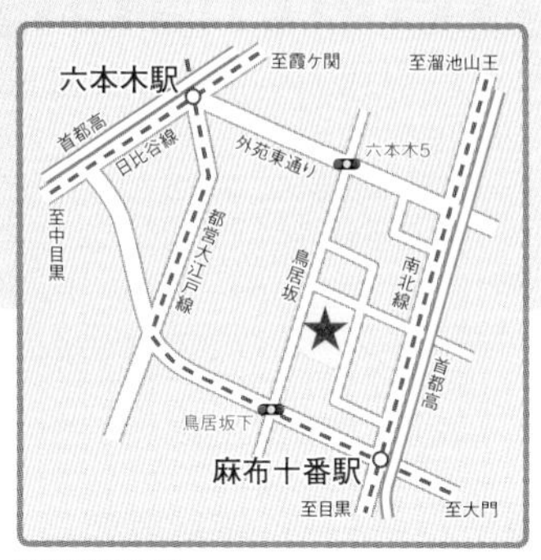

〈交通アクセス〉
都営大江戸線「麻布十番」駅より徒歩5分　東京メトロ南北線「麻布十番」駅、東京メトロ日比谷線「六本木」駅より徒歩7分、東京メトロ千代田線「乃木坂」駅より徒歩15分

特色ある6年間の一貫教育で、「敬神奉仕」の精神を育む

「敬神奉仕」を学院標語に、毎朝の礼拝や聖書の授業、学校行事、特別活動をはじめ、すべての学校生活を通して、キリスト教に基づく人格教育を実践しています。中1・2を「基礎学力の強化」、中3・高1を「習熟度別学習」、高2・3を「進路別学習」と位置づけた6年間を1つの教育スタンスととらえる中高一貫教育が、教育の特色。6年間の学校生活を通して、生徒がみずから考える力を身につける教育を行います。少人数制学習や指名制補習のほかチューターによる学習支援プログラムなど、自学自習をサポートする環境が整っています。

スクールライフ

●教育内容

英語教育では、中1・2は少人数制、中3からは習熟度別クラスできめ細かい指導をします。多読・多聴活動を通して英語に触れ、外国人教師による英会話の授業でコミュニケーションを円滑に行う能力を培っていきます。また理数教育として、理科では実験を多用し、数学では中2以上の少人数制、中3からの習熟度制を採用。生徒の理数教科への興味を引き出し、実力をつけさせています。高等部では多様な分野の内容を英語で学習。多岐にわたる教材を読むことで、高度な英語力を身につけるだけでなく、文化、民族、科学、国際社会への関心やCritical thinking（論理的・懐疑的思考力）を養っています。

■主要5教科の週当たり時間（コマ）数

	英語	数学	国語	理科	社会
1年	6	4	4	4	4
2年	5	4	5	4	4
3年	5	5	5	4	3
合計	16	13	14	12	11

◎1日当たりの授業コマ数：50分×6時限
※火曜日は7時限クラブ活動あり。木曜日は7時限LHRあり
◎登校時間：8時

●部活動

全部で29のクラブがあり、生徒全員がそのいずれかに属しています。文化系では天文部や生物部、ステージ系では音楽部、ダンス部、合唱部などが活発。体育系ではバレーボール部、バスケットボール部、卓球部などが活躍しています。ボランティア活動に参加する生徒も大勢います。

○文化系／文芸、天文、園芸、写真、料理、英会話、美術、手芸、地歴、生物、化学、映像制作、フランス語、茶道など
○体育系／テニス、バレーボール、バスケットボール、剣道、スキー、卓球、ワンダーフォーゲル
○ステージ系／英語劇（EDC）、ダンス、ハンドベル、軽音楽、音楽、合唱、放送

●行事

楓祭（文化祭）、合唱コンクール、体育祭、クリスマス音楽会のほか、花の日礼拝やクリスマス礼拝があります。中1は車椅子で校内を回ったり、点字を学んだりするディアコニア活動を行います。

●修学旅行・研修旅行

中1は清里の清泉寮でオリエンテーションを、中2は野尻湖で夏期学校を行います。高2の修学旅行は「日本の近世から現代の歴史と文化の学びの場」として考え、行き先を長崎に設定しています。また、高1ではカンファレンスを、高3では修養会も実施。中3と高校生の希望者は、夏休みにカナダ研修、春休みにオーストラリア研修に参加できます。

マネーガイド

■2024年度納付金（諸経費を含む）

	入学金	授業料	施設費	その他	計
入学手続時	300,000円	0円	0円	0円	300,000円
初年度総額	300,000円	510,000円	250,000円	約561,000円	約1,621,000円

◎寄付金：20万円以上（任意）
◎授業料：2期分納
◎奨学金制度：経済的理由により就学困難と判断される者に授業料などを免除する制度あり

2期 学期制 ／ 完5 days 週5･6日制 ／ プール ／ cool 冷房 ／ 寮 ／ 食堂 ／ 私服通学 ／ 他 海外研修

サピックスからの合格実績（過去3年）	'22	'23	'24
	59名	57名	41名

進学指導の概要

みずからが授けられた才能「タラント」を隣人のために、社会のためにどのように用いるかを念頭に、卒業後の生き方、仕事、将来の進路について考える機会を設けることで、生徒は将来の目標をより明確にします。指導側も生徒の志望と適性を最大限に尊重しながら、最もふさわしい道が開かれるようサポートします。コース別のクラス編成はとらずに、高1から選択科目の履修が始まり、高2で週14時間、高3で週15時間の選択授業を設け、生徒が希望する進路に合わせた授業時間割を自分で作成します。卒業生による進路ガイダンスや大学教授の講演、希望者への夏期講習・直前講習なども行っています。

■現役大学進学者の進路の内訳

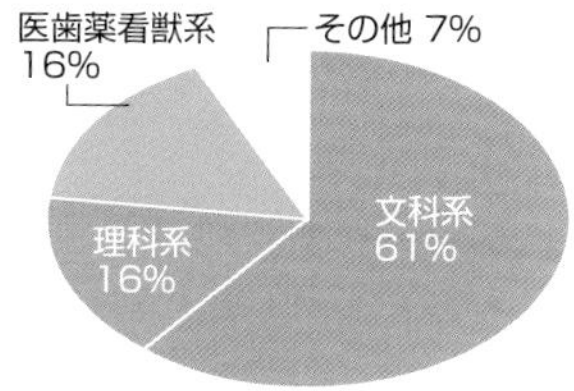

■併設高校から主要大学への合格実績

※上段は現役合格者数、下段は浪人を含めた合格者数。

	東京大	京都大	一橋大	東京工業大	筑波大	お茶の水女子大	電気通信大	東京外国語大	東京学芸大	東京芸術大	東京農工大	東京都立大	横浜国立大	千葉大	早稲田大	慶應義塾大	上智大	東京理科大
22年	—	—	—	1	—	3	—	2	—	—	—	—	2	—	45	52	49	10
	1	1	—	1	—	3	—	2	—	—	1	1	2	—	48	56	57	12
23年	1	—	—	1	1	1	—	2	—	1	—	—	1	2	24	24	20	16
	1	1	—	1	1	1	—	2	—	2	—	1	1	2	28	27	26	17
24年	2	—	—	—	1	2	—	1	—	2	1	1	2	1	47	33	39	7
	3	1	—	—	1	2	—	1	—	2	1	1	2	1	53	37	46	10

	学習院大	明治大	青山学院大	立教大	中央大	法政大	日本大	東洋大	駒澤大	専修大	東洋英和女学院大	津田塾大	東京女子大	日本女子大	文部科学省所管外の大学校	海外の大学	国公立・医学部	私立・医学部
22年	11	39	33	56	16	19	13	9	3	1	13	12	35	23	1	2	1	24
	13	48	37	59	17	24	19	10	4	1	14	17	38	24	4	2	2	45
23年	9	27	28	35	17	13	19	8	3	3	14	9	26	27	—	5	1	14
	9	34	34	48	18	21	26	10	3	3	14	5	30	32	—	5	1	27
24年	7	39	39	50	12	27	9	9	4	3	35	5	24	17	—	14	1	25
	9	43	44	54	16	31	15	10	4	3	35	6	26	18	—	14	2	39

★指定校推薦枠（2024年度）早稲田大5名、慶應義塾大7名、上智大1名、東京理科大3名、国際基督教大1名、学習院大8名、明治大1名、青山学院大7名、立教大4名、中央大5名、北里大6名など

入試情報

■過去3年間の入試結果

		募集人員	出願者	受験者	合格者	実質倍率
22年	A	約80	229	205	96	2.1
	B	約30	480	216	61	3.5
	帰国	若干	7	7	3	2.3
23年	A	約80	262	224	97	2.3
	B	約30	567	261	57	4.6
	帰国	若干	8	6	3	2.0
24年	A	約80	288	243	94	2.6
	B	約30	570	271	48	5.6
	帰国	若干	5	5	4	1.3

■2024年度入試 合格者の教科別平均点

	算数	国語	理科	社会	合計
A	67.2	78.2	41.6	42.1	229.1
B	66.0	82.2	46.3	47.5	242.0

○配点：算国＝各100点　理社＝各60点
○合格最低点：A210点　B229点

24年の募集要項

※以下は2024年の募集要項です。2025年の要項は学校の発表をお待ちください。

入 試 日／A2月1日　B2月3日　帰国2月1日
募集人員／女子(A約80名 B約30名 帰国若干名)
合格発表／いずれもホームページで即日発表
手続締切／A2月3日　B2月4日　帰国2月3日
試験科目／国語(45分・100点)、算数(45分・100点)、理科(30分・60点)、社会(30分・60点)
面　　接／あり(受験生)
帰国生入試／国語(45分・100点)、算数(45分・100点)面接(保護者同伴、日本語で)
受 験 料／25,000円(A・Bもしくは帰国生・Bの両日程に出願する場合は40,000円)

公開行事・説明会予定

【学校説明会】要予約
9月 7日(土)10時～、13時30分～、15時30分～
12月26日(木)10時～、13時30分～、15時30分～
【入試説明会】要予約
11月16日(土) 9時～ 6年生対象
【オープンスクール】要予約
6月29日(土) 8時40分～
【楓祭(文化祭)】要予約
10月25日(金)、26日(土)
【クリスマス音楽会】要予約
12月14日(土)13時～、15時～
◆変更・中止の可能性もあります。必ず学校ホームページで確認してください。

サピックスOGの声

●大講堂のパイプオルガンが自慢です。毎朝の礼拝ではパイプオルガンの演奏に合わせて讃美歌を歌い、聖書を読み、先生のお話を聞きます。厳かな雰囲気のなかで、心が落ち着く時間です。

●英語の授業は密度が濃く、復習や予習が欠かせません。中1では週2コマ、中2では週1コマのネイティブの先生による英会話の授業があります。帰国生も多いので、刺激を受けながら早く追いつこうとがんばっています。

トキワ松学園 中学校

所在地／〒152-0003 目黒区碑文谷4-17-16
TEL／03-3713-8161
学校長／田村 直宏
創 立／1916年、常磐松女学校として現渋谷区に創立。1947年、新制常磐松中学校を開設。1948年、現在地に移転。
URL／www.tokiwamatsu.ac.jp

	1年	2年	3年
男子	—	—	—
女子	128名	94名	73名
クラス数	4組	3組	3組

中高総生徒数／681名 併設小から 約2%

〈交通アクセス〉
東急東横線「都立大学」駅より徒歩8分、JR「目黒」駅よりバス12分「碑文谷警察署前」下車1分

未来の社会を創造する「探究女子」を育てる

創立者・三角錫子のことば「鋼鉄（はがね）に一輪のすみれの花を添えて」を継承し、芯の強さと優しさを兼ね備えた女性を育てています。教育理念は「世界を視野に課題を発見し、多様な価値観を持つ人々とともに未来の社会を創造する“探究女子”を育てる」こと。図書室を活用して課題を発見し、探究から発表まで行う「思考力教育」を軸に、進学力や国際力を高める教育を実施しています。また、英語でコミュニケーション力を鍛える教育活動や、国際交流への積極的な取り組みが評価され、ユネスコスクールへの加盟も認められています。

スクールライフ

●教育内容

探究する姿勢を培う取り組みとして、図書室で行う独自の授業「思考と表現」や、社会の「商品開発」などを実施。また、本格的な設備が整う体育館を活用した「プロジェクト・アドベンチャー（冒険教育）」で、さまざまな体験による思考力の育成も図ります。英語教育は国際交流活動に力を注ぎ、日本人教員と複数の外国人講師によるチームティーチングや、外国人ゲストを招く機会も豊富です。中学ではListening & Speaking（週2時間）を通じて自然な英会話を身につける一方、高校のGlobal Studiesで世界の諸問題を英語で学んで実践力を高めます。高校からは文理探究コース（英語アドバンス・英語スタンダード）と美術デザインコースに分かれ、多様な進路に対応したカリキュラムが設定されています。

■主要5教科の週当たり時間（コマ）数

	英語	数学	国語	理科	社会
1年	6	5	5	4	4
2年	6	5	5	4	4
3年	6	5	5	4	4
合計	18	15	15	12	12

◎1日当たりの授業コマ数：50分×6時限
※土曜日は3時限
◎登校時間：8時25分

●部活動

9割以上が参加。ダンス部、写真部は全国大会での実績も豊富。文化系は吹奏楽部、軽音楽部、書道部なども受賞歴が多く、マンガ研究部も人気です。体育系は水泳部、バドミントン部、バスケット部などが活発です。
○文化系／写真、国際交流、書道、吹奏楽、調理、演劇、マンガ研究、茶道、美術、理科、マンドリン・ギター、放送、軽音楽、デッサン同好会
○体育系／ダンス、硬式テニス、水泳、バスケットボール、バドミントン

●行事

探究活動の発表の場であるトキワ祭（文化祭）は体験型の展示も多く、来場者からも人気の高い行事です。そのほか生徒主体のスポーツ祭典、音楽コンクールやEnglish Day、かるた会も盛んです。

●修学旅行・研修旅行

校外学習が充実しています。中3は栃木県でサマースクール、高2は2025年から修学旅行でマレーシアを訪れ、歴史・文化・平和などを学びます。海外研修は中3から希望者を対象に、イギリス多文化研修（18日間）やアメリカアート研修（14日間）、オーストラリアターム留学（3か月）があります。

マネーガイド

■2024年度納付金（諸経費を含む）

	入学金	授業料	施設費	その他	計
入学手続時	220,000円	0円	150,000円	0円	370,000円
初年度総額	220,000円	483,000円	150,000円	243,200円	1,096,200円

※入学辞退届を期日までに提出した場合、入学金以外を返金

◎寄付金：1口5万円、2口以上（任意）
◎授業料：4期分納
◎奨学金・特待生制度：経済的急変により就学困難な場合、授業料の全額または一部を免除。期間は1年間。特待入試のA特待合格者は、6年間の授業料を全額免除。特待合格者は、授業料を1年間免除。2年生以降も成績により授業料を免除

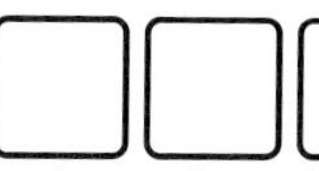

3期 学期制 / 完6 days 週5・6日制 / 温 プール / cool 冷房 / 寮 / 食堂 / 私服通学 / 他 海外研修

サピックスからの合格実績（過去3年）	'22	'23	'24
	1名	1名	3名

進学指導の概要

高入生とは混合クラス編成で、高1から文理探究と美術デザインに分かれます。美術デザインコースは高2からアートとデザインに細分化。文系（英語アドバンス）は国公立大・難関私立大を目標とし、文系英語スタンダードは中堅大をめざします。理系は医歯薬理工系や看護系などをめざし、美術系は美術系大学進学に備えて作品制作に取り組みます。高2からは受験科目となる数学や理科（物理・化学・生物）、歴史（日本史・世界史）で少人数授業を実施。校内予備校（Tokiゼミ）も放課後・長期休暇中に開講しています。本校オリジナルの進路ノート「私の未来（中学）」と「私の進む道（高校）」を使用して、きめ細かな進路指導を行っています。

■現役大学進学者の進路の内訳

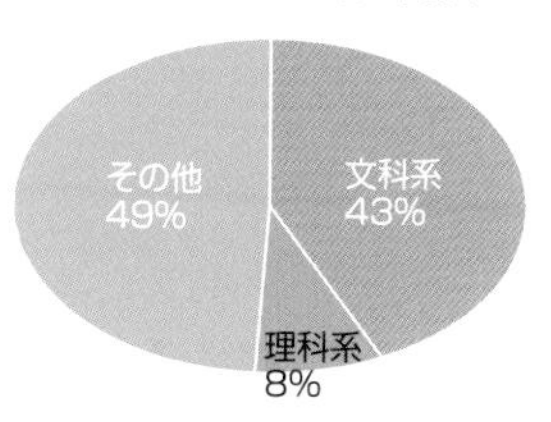

■併設高校から主要大学への合格実績

※上段は現役合格者数、下段は浪人を含めた合格者数。

	東京大	京都大	一橋大	東京工業大	筑波大	お茶の水女子大	電気通信大	東京外国語大	東京学芸大	東京芸術大	東京農工大	東京都立大	横浜国立大	千葉大	早稲田大	慶應義塾大	上智大	東京理科大
22年	—	—	—	—	—	—	—	—	—	1	—	—	—	—	—	—	2	—
	—	—	—	—	—	—	—	—	—	1	—	—	—	—	—	—	2	—
23年	—	—	—	—	—	—	—	—	—	—	—	—	—	—	—	6	—	—
	—	—	—	—	—	—	—	—	—	1	—	—	—	—	—	6	—	—
24年	—	—	—	—	—	—	—	—	—	—	1	—	—	—	—	—	1	—
	—	—	—	—	—	—	—	—	—	—	1	—	—	—	—	—	1	—

	学習院大	明治大	青山学院大	立教大	中央大	法政大	日本大	東洋大	駒澤大	専修大	国際基督教大	津田塾大	東京女子大	日本女子大	文部科学省所管外の大学校	海外の大学	国公立・医学部	私立・医学部
22年	1	3	—	1	2	—	1	—	—	1	—	—	—	4	—	3	—	—
	1	3	—	1	2	—	1	—	—	1	—	—	—	4	—	3	—	—
23年	2	1	3	2	3	2	2	—	2	—	—	—	—	2	—	1	—	—
	2	1	3	2	3	2	2	—	2	—	—	—	—	2	—	1	—	—
24年	1	1	—	—	1	3	—	1	—	—	—	—	—	1	—	2	—	—
	1	1	—	—	1	3	—	1	—	—	—	—	—	1	—	2	—	—

★指定校推薦枠（2024年度）中央大1名、学習院大1名、日本女子大1名、成蹊大1名、東京都市大5名、白百合女子大10名、聖心女子大人数制限なし、清泉女子大4名、東洋英和女学院大10名、フェリス女学院大4名など

入試情報

■2024年度の入試結果

		募集人員	出願者	受験者	合格者	実質倍率
1回	4科	40	25	19	17	1.1
	2科		59	48	40	1.2
2回	4科	特待10 一般30	65	55	52	1.1
	2科		91	74	65	1.1
3回	2科	特待5 一般10	143	53	44	1.2
4回	2科	10	159	36	32	1.1
適性検査型		特待5 一般15	113	111	104	1.1
英語コミュニケーション		特待5 一般10	19	18	16	1.1

■2024年度入試 受験者の教科別平均点

		算数	国語	理科	社会	合計
1回	4科	59.7	63.9	36.4	27.2	187.2
	2科					123.6
2回	4科	67.1	62.7	36.9	33.5	200.2
	2科					129.8
3回	2科	65.7	67.2			132.9
4回	2科	63.9	64.5			128.4
英語コミュニケーション		62.6	61.0	英語/—		123.6

○配点：算国＝各100点　理社＝各50点
○合格最低点は非公表

24年の募集要項

※以下は2024年の募集要項です。2025年の要項は学校の発表をお待ちください。

入 試 日／①2月1日午前②2月1日午後③2月2日午後④2月3日午後　適性検査型2月1日午前　英語コミュニケーション2月1日午後 帰国12月17日 2月1日午後

募集人員／女子約140名①40名②40名(特待10名含)③15名(特待5名含)④10名　適性検査型20名(特待5名含)英語コミュニケーション15名(特待5名含)　帰国若干名

合格発表／即日

手続締切／2月7日(適性検査型は2月11日)

試験科目／国語(45分・100点)、算数(45分・100点)、理科・社会(計60分・各50点)、適性検査型(適性検査ⅠA・Ⅱまたは適性検査ⅠB・Ⅱ)、英語コミュニケーション(国語・英語または算数・英語)
※①②は2科4科選択、③④は2科

帰国生のための試験／国語・算数・英語から2科を選択。日本語による面接あり。

受 験 料／20,000円(同時出願の場合は複数回受験同額。適性検査型は10,000円)

※帰国入試についての詳細な情報は学校にお問い合わせください。

公開行事・説明会予定

【学校説明会】
6月29日(土)14時～　プロジェクトアドベンチャー体験＆説明会
7月21日(日)14時～　授業体験＆説明会
8月24日(土)13時～　オープンキャンパス
10月27日(日)14時～　英語体験＆説明会
12月22日(日)14時～　入試体験＆説明会

【適性検査型入試説明会】
12月　7日(土)14時30分～

【トキワ祭(文化祭)】
9月22日(祝)・23日(祝)

【土曜日のミニ見学会】各回10時～
6月22日(土)、　9月14日(土)、　9月28日(土)
10月19日(土)、11月　2日(土)、
11月　9日(土)

◆変更・中止の可能性もあります。必ず学校ホームページで確認してください。

豊島岡女子学園（としまがおか） 中学校

所在地／〒170-0013 豊島区東池袋1-25-22
TEL／03-3983-8261
学校長／竹鼻 志乃
創 立／1892年、女子裁縫専門学校として設立。1904年、東京家政女学校に改称。1948年、現在地に移転するとともに、豊島岡女子学園に改称。
URL／www.toshimagaoka.ed.jp

	1年	2年	3年
男子	—	—	—
女子	268名	273名	267名
クラス数	6組	6組	6組

中高総生徒数／1573名

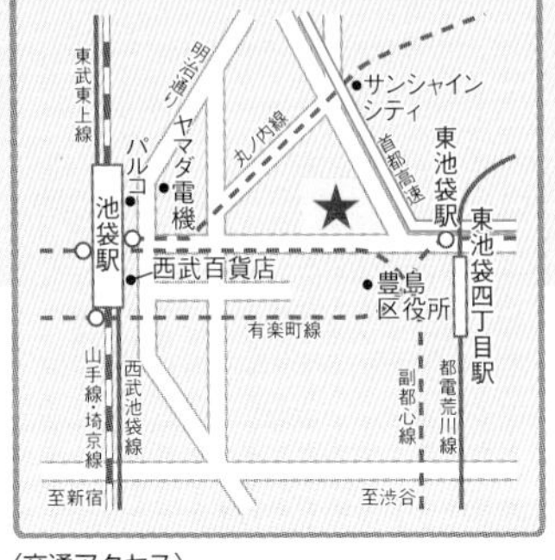

〈交通アクセス〉
JRほか「池袋」駅より徒歩7分 東京メトロ有楽町線「東池袋」駅より徒歩2分

高い進学実績を誇り、運針や礼法など特色ある授業を展開

「道義実践」「勤勉努力」「一能専念」を教育方針として掲げています。その実現のために、心を育む「運針」と「礼法」を取り入れています。運針は毎朝5分間、無心で白い布に赤い糸を通す中で、集中力を養い、努力を積み重ねることや基礎・基本の大切さを学びます。一方、礼法の時間には、小笠原流礼法の講師を授業に招き、和室や洋室での立ち居振る舞いなどの指導をお願いしています。また、2018年度からスーパーサイエンスハイスクールに指定され、2期目となる2023年度からは国際的視野と科学的思考力で課題解決できる女性の育成をめざします。

スクールライフ

●教育内容

大学進学を希望し、明確な目的を持って入学する生徒に向け、中高6年間を通したカリキュラムを編成し、効果的な学習指導を実践しています。主要5教科、特に英・数の時数を多く設定。外国人講師とのティームティーチングの英会話では、少人数での日常会話、スピーチの作成から発表、1対1でのインタビューも行います。国語では「論語の素読」を取り入れています。また、英単語・漢字のテストを月１回行い、基礎学力の定着を図ります。「志力を持って未来を創る女性の育成」をめざし、探究活動にも力を入れています。国際的な広い視野を育む、グローバル教育も盛んです。また、キャリア教育の一環として卒業生インタビューなどを行っています。

■主要5教科の週当たり時間（コマ）数

	英語	数学	国語	理科	社会
1年	6	5	5	4	4
2年	7	5	5	4	4
3年	6	6	6	4	4
合計	19	16	16	12	12

◎1日当たりの授業コマ数：50分×6時限
◎登校時間：8時10分

●部活動

生徒それぞれの才能を発見し育成するという教育方針「一能専念」に基づき、全員が部活動に参加しています。
〇文化系／文芸、政経、地歴、数学、生物、化学、天文、英語劇、英会話、美術、漫画イラスト、書道、コーラス、ギター、マンドリン、吹奏楽、軽音楽、弦楽合奏、洋裁、手芸、割烹、演劇、新聞、珠算、放送、映画、写真、囲碁、将棋、コンピュータ、クイズ研究、花道、茶道、琴、礼法、百人一首
〇体育系／テニス、水泳、バレーボール、バスケットボール、卓球、登山、体操、剣道、ダンス、舞踊研究、エアロビクス、桃李連

●行事

入間総合グラウンドでの運動会、クラブ活動の成果を発表する桃李祭（文化祭）のほか、合唱コンクール、英語弁論大会、歌舞伎鑑賞教室などがあります。

●修学旅行・研修旅行

中1は林間学校を実施。宿泊研修は、中3で奈良・京都、高2は九州・中国地方方面を訪れます。希望者が対象の研修留学制度としては、カナダ・ニュージーランド・イギリスでの海外研修（中3・高1）のほか、ニュージーランドへの3か月短期留学やボストン短期研修、インドスタディツアーがあります。

マネーガイド

■2024年度納付金（諸経費を含む）

	入学金	授業料	施設費	その他	計
入学手続時	320,000円	0円	0円	0円	320,000円
初年度総額	320,000円	480,000円	210,000円	124,000円	1,134,000円

◎寄付金：なし
◎授業料：3期分納
◎奨学金・特待生制度：経済的理由により就学困難と判断される者に授業料の一部、月額20,000円を還付。各学年の人物・学業成績ともに優秀な者2名に年2回奨学金を授与

学期制　週5・6日制　プール　冷房　寮　食堂　私服通学　海外研修　他

サピックスからの合格実績（過去3年）	'22	'23	'24
	278名	283名	296名

進学指導の概要

みずから描いたキャリアプランをもとに、希望する進路の実現を考える「進路指導」と、希望する大学への現役合格をめざす「進学指導」を軸にして、国公立大、難関私立大に例年多くの合格者を出しています。

高1は共通履修で、高2から文系と理系に分かれます。英語と数学では習熟度別授業を導入しています。

それぞれのコースで基礎学力をつけるとともに、入試問題を中心とした演習を数多くこなし、実戦力を磨きます。高1・2では夏期講習があり、高3では夏期に加えて、大学入学共通テストや2次試験に向けての冬期・直前講習なども行っています。また、高2・3では放課後の実力養成講座も開講しています。

■2024年3月卒業生の進路の内訳

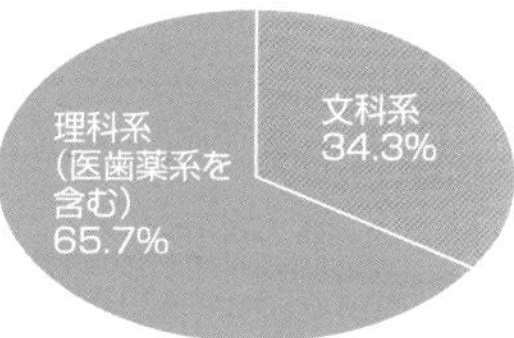

■併設高校から主要大学への合格実績

※上段は現役合格者数、下段は浪人を含めた合格者数。

	北海道大	東北大	東京大 文科Ⅰ類	東京大 文科Ⅱ類	東京大 文科Ⅲ類	東京大 理科Ⅰ類	東京大 理科Ⅱ類	東京大 理科Ⅲ類	東京大 合計	京都大	一橋大	東京工業大	東京芸術大	東京医科歯科大	東京外国語大	お茶の水女子大	千葉大	筑波大
22年	1	2	2	—	5	4	3	—	14	2	11	10	2	8	4	3	9	6
	3	3	2	—	5	4	3	—	14	2	11	12	2	10	5	6	12	7
23年	2	5	3	4	4	3	5	—	19	13	14	11	—	5	—	4	3	9
	3	5	7	5	5	4	8	—	29	13	14	11	1	6	—	4	3	10
24年	1	1	7	—	6	4	5	—	22	1	6	6	1	3	3	4	6	4
	2	1	8	—	9	4	5	—	26	3	6	8	1	4	3	6	8	5

	早稲田大	慶應義塾大	上智大	東京理科大	国際基督教大	学習院大	明治大	青山学院大	立教大	中央大	法政大	津田塾大	東京女子大	日本女子大	文部科学省管外の大学校	海外の大学	国公立・医学部	私立・医学部
22年	126	86	66	98	—	22	90	23	44	45	30	4	16	13	7	6	36	101
	133	100	71	121	—	30	105	25	47	52	44	7	22	19	8	11	49	166
23年	130	84	69	90	2	14	100	37	39	50	26	9	12	10	5	—	24	67
	152	107	74	110	2	21	117	45	43	66	35	11	14	14	6	3	31	111
24年	106	74	61	89	2	7	87	28	41	52	19	6	9	7	10	12	26	89
	126	93	70	106	2	10	101	33	48	62	27	7	11	10	12	13	37	139

★指定校推薦枠（2024年度）非公開

入試情報

■過去2年間の入試結果

		募集人員	出願者	受験者	合格者	実質倍率
23年	1回	帰国含160	1060	964	404	2.4
	2回	帰国含40	951	509	64	8.0
	3回	帰国含40	712	518	71	7.3
24年	1回	帰国含160	993	904	389	2.3
	2回	帰国含40	881	456	68	6.7
	3回	帰国含40	642	467	74	6.3

■2024年度入試 受験者・合格者の教科別平均点

		算数	国語	理科	社会	合計
1回	受験者	43.41	71.68	35.53	35.83	186.45
	合格者	54.70	78.46	41.56	38.72	213.44
2回	受験者	52.36	66.78	35.73	31.74	186.61
	合格者	70.90	75.74	40.04	36.56	223.24
3回	受験者	61.07	65.63	35.19	31.57	193.46
	合格者	76.18	76.04	40.41	35.27	227.89

○配点：算国＝各100点　理社＝各50点
○合格最低点：1回194点　2回211点　3回218点

25年の募集要項

入 試 日／4教科、算数・英語資格①2月2日 ②2月3日 ③2月4日
募集人員／女子約240名(①160名 ②40名 ③40名　算数・英語資格　各回若干名)
合格発表／ホームページで即日
手続締切／①2月3日 ②2月4日 ③2月5日
試験科目／4教科　国語(50分・100点)、算数(50分・100点)、理科・社会(計50分・計100点) 算数・英語資格 算数(50分・100点)の得点を2倍したものに、英検®級によるみなし得点を加えた300店満点で判定
面　　接／なし
受 験 料／25,000円(同時出願の場合は40,000円)

公開行事・説明会予定

【学校見学会】予約は1か月前の19時から
6月12日(水)、6月22日(土)、9月18日(水)
10月 5日(土)、11月20日(水)
【教員によるオンライン個別相談】予約は1か月前の19時から
7月 6日(土)13時30分～
【受験生のための見学会】各回21組まで(1組最大2名まで) 要予約
各回19時～
6月15日(土)、9月 7日(土)、9月21日(土)
10月12日(土)、10月26日(土)、11月 9日(土)
11月16日(土)、11月30日(土)
【豊島岡生による体験会】予約は1か月前の19時から
7月14日(日)
【豊島岡生による探究活動の成果発表会】予約は1か月前の19時から
9月14日(土)
【豊島岡生による相談会】予約は1か月前の19時から
6月22日(土)、9月 7日(土)、2月15日(土)
【長期休暇中の校内案内】要予約　各回5組まで(1組最大3名まで)
夏期 6月22日(土)19時～
冬期11月25日(月)19時～
春期 2月22日(土)19時～
【桃李祭(文化祭)】
11月 2日(土)、3日(祝)
◆変更・中止の可能性もあります。必ず学校ホームページで確認してください。

サピックスOGの声

●元気な生徒が多く、クラスはにぎやかで楽しいです。しかし、毎朝5分間の「運針」では誰一人ことばを発することなく、無心に針を進めています。入学当初は針と格闘するような状態でしたが、慣れてくると手が勝手に動くようになり、中1の終わりころには3mほど縫えるようになりました。

日本大学豊山(ぶざん)女子 中学校

所在地／〒174-0064 板橋区中台3-15-1
TEL／03-3934-2341
学校長／黛 俊行
創 立／1966年、日本大学豊山女子高等学校が開校。1971年、理数科が設置される。1986年、中学校を開校。
URL／www.buzan-joshi.hs.nihon-u.ac.jp

	1年	2年	3年
男子	—	—	—
女子	126名	121名	123名
クラス数	4組	4組	4組

中高総生徒数／1133名

〈交通アクセス〉
東武東上線「上板橋」駅より徒歩15分
都営三田線「志村三丁目」駅より徒歩15分
都営大江戸線、西武池袋線「練馬」駅
JR「赤羽」駅よりスクールバスあり

自分の「ちから」に気づき発揮できる場所を見つける

日本大学の付属校のなかで唯一の女子校です。中学段階では、“自分の「ちから」に気づき発揮できる場所を見つける”ことをめざしています。そのために、学業面の充実のほかに部活動や学校行事、校外学習、清掃活動などバランスの良い教育活動を行い、生徒一人ひとりが活躍できる場所を大切にしています。高校では、都内で唯一の理数科を設置。多くの卒業生が医療系大学への進学を果たしています。付属校のメリットを生かし、大学での学部見学や実験・実習、大学教授を招いての講義や説明会など中高大の連携教育に力を入れています。

スクールライフ

●教育内容

理解表現力を養う国語･英語と、論理的思考力を養う数学･社会･理科に重点を置いたカリキュラム編成となっています。常に高校の教育内容と関連づけながら、基礎学力の充実をめざす授業を展開。国語では表現力を養成するために詩集や短歌集などを作成しています。総合的な学習の時間では、外国人講師による英会話の授業、そして豊かな感性を育むための茶道の授業を実施。語学力の基礎を養い、コミュニケーション能力を高めています。1人1台所有のタブレットを活用し、英語力やプレゼンテーション力のアップをめざしています。また、放課後には希望者を対象に、外部講師による英会話教室や英数国の個別指導も行っています。

■主要5教科の週当たり時間（コマ）数

	英語	数学	国語	理科	社会
1年	6	5	5	4	4
2年	5	5	5	5	4
3年	6	6	5	4	4
合計	17	16	15	13	12

◎1日当たりの授業コマ数：50分×6時限
◎登校時間：8時20分

●部活動

文化系・体育系とも多くの部があり、活発に活動しています。文化系では日本の伝統を継承する茶道・華道・書道・箏曲の各部、放送部や演劇部、吹奏楽部などが活躍。体育系では体操部、ソフトテニス部、陸上競技部などが好成績を収めています。

○文化系／アニメーション、英語、演劇、合唱、サイエンス、家庭科、華道、コンピュータ、茶道、写真、書道、箏曲、社会科、美術、吹奏楽、文芸、放送

○体育系／剣道、ソフトテニス、ソフトボール、体操（ダンス、トランポリン）、卓球、バスケットボール、バドミントン、バレーボール、陸上競技

●行事

クラス一丸となって優勝をめざすスポーツ大会や体育祭、秋桜祭(コスモス)（文化祭）が盛大。芸術鑑賞教室、英語スピーチコンテスト、かるた大会なども行われます。

●修学旅行・研修旅行

中1は志賀高原での林間学校、中2は7月にブリティッシュヒルズにて英語研修、中3の11月の修学旅行は沖縄を訪れ,平和学習や沖縄文化に触れます。高2の修学旅行ではA特進はアメリカ（ボストン）、N進学・理数Sはオーストラリアで国際交流・キャリア教育の集大成とします。このほか、中1・2の希望者を対象にニュージーランドで、高1・2の希望者を対象にイギリスで、海外英語研修を実施しています。

マネーガイド

■2024年度納付金（諸経費を含む）

	入学金	授業料	施設費	その他	計
入学手続時	230,000円	0円	0円	0円	230,000円
初年度総額	230,000円	474,000円	190,000円	359,180円	1,253,180円

◎寄付金：なし
◎授業料：3期分納
◎奨学金・特待生制度：経済的理由により就学困難な場合、人物・学業・成績が良好な者を対象に授業料を免除。学業優秀にして品行方正な者に、授業料相当額または10万円を給付

3期 学期制 / 完6 days 週5·6日制 / プール / cool 冷房 / 寮 / 食堂 / 私服通学 / 他 海外研修

サピックスからの合格実績（過去3年）	'22	'23	'24
	5名	4名	4名

進学指導の概要

国公立大・難関私立大をめざす「A特進クラス」は大学入学共通テスト対応のカリキュラムが組まれており、英語教育も強化されています。日本大学付属高等学校からの推薦制度の1つ、「国公立併願方式」を利用すれば、日本大学への進学をキープしながら国公立大にチャレンジできます。

「N進学クラス」の特長は、生徒の約97%が日本大学をはじめとする4·6年制大学へ現役で進学していることです。補習やガイダンスなども行われ、多様化する大学入試に対応できる学力が習得できます。高2からは文系と理系に分かれてクラスが編成され、日本大学への推薦入学試験「基礎学力到達度テスト」で必要となる教科を学び、大学進学に必要な幅広い教養を身につけます。

「理数Sクラス」の特長は、医療系大学に高い実績を持つことです。入学当初から高い志を持って学習に取り組む生徒が多く、毎年在籍者の約50%が医·歯·薬·獣医·看護などの医療系分野へ進学しています。理·工·農学系への進学者も多く、課題研究·発表などを通した理数科教育への取り組みが成果として表れています。

■現役大学進学者の進路の内訳

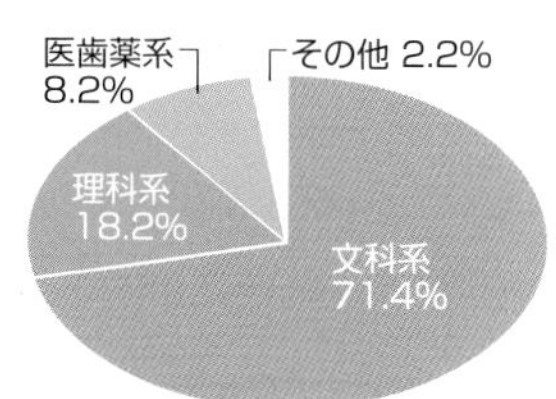

★他大学への進学状況（2024年度）
東京学芸大1名、埼玉県立大1名、国際基督教大1名、立教大3名、青山学院大学4名、法政大4名など

■併設大学（日本大学）への推薦状況

	法学部	文理学部	経済学部	商学部	芸術学部	国際関係学部	危機管理学部	スポーツ科学部	理工学部	生産工学部	工学部	医学部	歯学部	松戸歯学部	薬学部	生物資源科学部	短期大学部
22年	31名	25名	28名	11名	11名	1名	2名	—名	17名	3名	1名	—名	—名	—名	1名	17名	1名
23年	31名	23名	24名	14名	16名	1名	2名	1名	15名	5名	—名	—名	2名	1名	3名	14名	—名
24年	21名	27名	32名	18名	15名	2名	6名	—名	13名	4名	—名	—名	—名	—名	8名	24名	1名

★指定校推薦枠（2024年度）青山学院大7名、法政大1名、立教大1名、学習院女子大4名、東洋大1名、東京女子大2名、成蹊大4名、成城大4名、芝浦工業大4名、東洋英和女学院大8名、昭和薬科大1名、東京薬科大2名、日本歯科大1名など

入試情報

■2024年度の入試結果

	募集人員	出願者	受験者	合格者	実質倍率
4科	40	26	21	17	1.2
2科		40	38	26	1.5
2科①	20	124	109	97	1.1
算数1科	5	8	7	6	1.2
英語1科	5	24	22	22	1.0
2科選択型	20	96	31	26	1.2
英語インタビュー型	5	20	4	4	1.0
2科②	15	122	49	43	1.1
プレゼンテーション	5	10	7	7	1.0
2科③	5	126	36	35	1.0

■2024年度入試 受験者の教科別平均点

	算数	国語	理科	社会	合計
4科	58.1	66.0	38.3	30.7	193.1
2科	49.3	62.9			112.9
2科①	65.5	63.1			128.6
算数1科	86.4				86.4
英語1科	英語：75.2				75.2
2科選択型	47.2	61.3	60.0	42.6	108.6
2科②	39.1	70.6			109.7
2科③	55.7	68.7			124.4

○配点：算国＝各100点　理社＝各60点　適性検査Ⅰ＝200点　適性検査ⅡⅢ＝各300点
○合格最低点：4科170点・2科110点　適性検査ⅠⅡ型-点・ⅠⅡⅢ型105点　2科①90点　算数1科79点　英語1科64点　2科選択型93点　2科②84点　2科③86点　英語インタビュー、プレゼンテーションは非公表

24年の募集要項

※以下は2024年の募集要項です。2025年の要項は学校の発表をお待ちください。

入 試 日／4科2科2月1日 2科①2月1日午後②2月2日午後③2月5日午後 2科選択型2月2日　適性検査2月1日 算数1科・英語1科2月1日午後 英語インタビュー型2月2日 プレゼン(課題解決)型2月2日　帰国12月18日
募集人員／女子135名(4科2科45名 2科①20名②15名③5名 2科選択型①20名　算数1科・英語1科10名・英語インタビュー型5名　プレゼン(課題解決)型5名 帰国若干名
合格発表／ホームページで即日
手続締切／2月6日(適性検査型は2月10日)
試験科目／【4科】国語・算数(各100点 50分)、社会・理科(各60点 30分)【2科】国語・算数(各100点 50分)【2科選択型】国語・算数・社会・理科(各100点 90分)から2科を選択【算数1科型】算数(120点 60分)【英語インタビュー型】英語面接(10分程度)【プレゼン(課題解決)型】プレゼンテーションと質疑応答(計15分程度)
帰国生入試／10分程度の英語面接
受 験 料／20,000円(複数回同時出願は2回分25,000円、3回分30,000円、4回分35,000円)

公開行事・説明会予定

【学校説明会】要予約
9月15日(日)10時～、10月19日(土)10時～、11月23日(祝)10時～、1月11日(土)14時～、12月7日(土)10時～※プレテスト(2科)、1月11日(土)14時～、3月22日(土)10時～※入試報告会
【土曜見学会】要予約　各回10時～
6月29日(土)、9月7日(土)、9月28日(土)、10月5日(土)、10月12日(土)、11月2日(土)、11月16日(土)、1月8日(土)、1月25日(土)、3月22日(土)
【授業見学会】要予約
11月2日(土)8時30分～
【ナイト説明会】要予約　各回18時～
6月21日(金)、9月20日(金)
【夏休み学校見学会】要予約
8月24日(土)10時～
【池袋ミニ説明会】要予約
11月29日(金)18時15分～
【秋桜祭(文化祭)】
10月26日(土)、27日(日)10時～15時
◆変更・中止の可能性もあります。必ず学校ホームページで確認してください。

富士見 中学校

所在地／〒176-0023　練馬区中村北4-8-26
TEL／03-3999-2136
学校長／善本 久子
創　立／1924年、富士見高等女学校を創立。1940年、財団法人山崎学園が経営を引き継ぎ、1947年、富士見中学校を開校。
URL／www.fujimi.ac.jp

	1年	2年	3年
男子	—	—	—
女子	250名	246名	255名
クラス数	6組	6組	7組

中高総生徒数／1440名

〈交通アクセス〉
西武池袋線「中村橋」駅より徒歩3分　西武新宿線「鷺ノ宮」駅よりバス7分　JR「阿佐ケ谷」駅よりバス20分　同「荻窪」駅よりバス30分

社会に貢献できる自立した女性（ひと）を育てます。

建学の精神として「純真」「勤勉」「着実」を掲げ、「社会に貢献できる自立した女性の育成」を目指しています。これを実現するために必要な力を「17の力」に細分化し、中高6か年のありとあらゆる教育活動の中で育んでいきます。なかでも、探究学習は各成長段階に併せて6年間のプログラムがあり、中学では「問う」「調べる」「伝える」という基本スキルを各授業ともリンクしながら身に着けていき、高校ではより社会に目を向け、自分のキャリアについて考えていきます。

スクールライフ

●教育内容

生徒の学びは校内だけに限らず、外にも広がるさまざまな外部連携を実施しています。高大連携として2020年から東京理科大学と女子校初の提携を行い、高校生だけでなく中学生も対象としたさまざまなプログラムを通し、理系への興味・関心を広げています。ほかにも、美術の授業では武蔵野美術大学や近隣にある練馬区立美術館とのコラボ授業も行っています。さらに、地域や企業との連携も積極的に行い、みずから外部のコンテストに参加して学びを深める生徒が増えています。校内でのグローバル企画や海外研修・留学の経験から、将来の活躍の場を海外で考える生徒の声に対応するため、グローバルセンターという専門部署が設置されています。英語圏だけではなく、アジア圏である台湾の私立女子校とも姉妹校の締結をし、学びの場を広げています。

■主要5教科の週当たり時間（コマ）数

	英語	数学	国語	理科	社会
1年	6	5	4	4	3
2年	6	5	5	4	3
3年	7	5	5	4	4
合計	19	15	14	12	10

◎1日当たりの授業コマ数：50分×6時限
　※土曜日は4時限
◎登校時間：8時30分

●部活動

約30の部・同好会・課外教室があり、中1は100％の参加率です。文化系では、コンテストでも好成績を収める美術部や吹奏楽部、科学部などが活躍。体育系では、全国大会でも実績のあるダンス部のほか、新体操部や硬式テニス部が関東大会に出場しています。

○文化系／合唱、書道、演劇、美術、吹奏楽、英語、パソコン、写真、科学、料理、ESS

○体育系／陸上、卓球、水泳、剣道、バレーボール、バスケットボール、体操競技、ダンス、新体操、ソフトボール、テニス、フットサル、合氣道（高校のみ）

●行事

生徒会が自主的に企画･運営する行事が多いのが特徴。生徒の創作ダンスで盛り上がる体育祭、芙雪祭（文化祭）などのほか、芸術鑑賞会、合唱大会などがあります。

●修学旅行・研修旅行

中3は京都への修学旅行、高2は3地域に分かれての体験学習を実施。希望者対象に、現地と交流が体験できる米･豪･台湾での研修プログラムやベトナムでのアイディア創造プログラム研修などを実施しています。

マネーガイド

■2024年度納付金（諸経費を含む）

	入学金	授業料	施設費	その他	計
入学手続時	245,000円	0円	50,000円	2,000円	297,000円
初年度総額	245,000円	492,000円	50,000円	705,835円	1,492,835円

※複数回同時出願者で、第1回・第2回・算数1教科で合格し入学手続きをした場合、受験しなかった一般入試の検定料を返金

◎寄付金：1口10万円 入学後任意
◎授業料：2期分納
◎奨学金・特待生制度：人物・学力ともに優秀と認めた生徒に奨学金（授業料1年分）を給付。入試の成績上位者への特待生度あり

学期制 週5・6日制 プール 冷房 寮 食堂 私服通学 海外研修

サピックスからの合格実績（過去3年）	'22	'23	'24
	56名	47名	47名

進学指導の概要

高2から文系と理系に分かれ、国公立大・難関私立大受験に対応するカリキュラム編成となります。文系コースは英語・国語・社会、理系コースは数学・理科に重点を置き、高2からは科目選択制を取り入れ、希望進路に合った科目を効率良く学びます。全学年対象の夏期講習のほか、高3対象の冬期講習や放課後講習も開かれています。国公立・早慶・各種大学説明会や、社会人・大学生の卒業生シンポジウムを通じて、本当に学びたいことを発見し、進路決定の参考にすることができます。

■現役大学進学者の進路の内訳

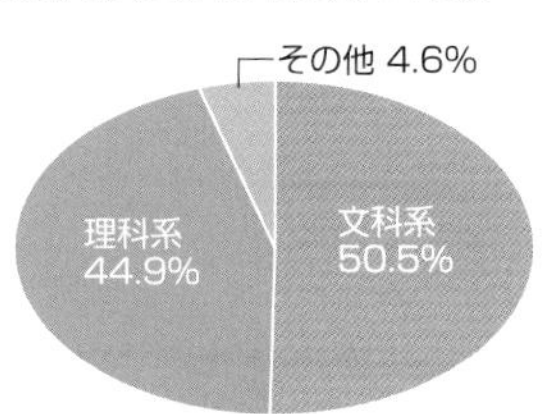

■併設高校から主要大学への合格実績

※上段は現役合格者数、下段は浪人を含めた合格者数。

	東京大	京都大	一橋大	東京工業大	筑波大	お茶の水女子大	電気通信大	東京外国語大	東京学芸大	東京芸術大	東京農工大	東京都立大	横浜国立大	千葉大	早稲田大	慶應義塾大	上智大	東京理科大
22年	—	—	2	—	1	2	—	2	1	—	4	7	—	—	36	7	32	19
	—	—	2	—	3	2	—	2	1		4	7	—	—	36	7	32	20
23年	—	—	—	—	2	2	1	2	2	—	2	5	1	—	25	10	13	36
	—	—	—	—	2	2	1	2	2	—	2	6	1	—	25	10	13	37
24年	1	—	1	—	2	1	—	1	2	1	1	3	2	—	13	10	23	24
	1	—	1	—	3	1	—	1	2	1	1	3	2	—	17	11	23	31

	学習院大	明治大	青山学院大	立教大	中央大	法政大	日本大	東洋大	駒澤大	専修大	国際基督教大	津田塾大	東京女子大	日本女子大	文部科学省所管外の大学校	海外の大学	国公立・医学部	私立・医学部
22年	18	67	23	84	29	52	36	93	12	16	1	11	43	26	1	—	—	1
	18	68	24	85	31	54	36	97	13	16	1	11	43	27	1	—	2	1
23年	10	47	27	58	28	60	78	69	15	9	2	4	16	29	1	—	1	4
	13	50	28	64	29	66	86	78	15	9	2	5	18	30	1	—	1	8
24年	12	46	18	49	35	49	28	96	18	17	1	10	26	33	2	—	—	5
	12	55	18	55	35	52	29	100	19	18	1	10	27	33	2	—	—	6

★指定校推薦枠（2024年度）慶應義塾大2名、早稲田大3名、国際基督教大1名、上智大1名、東京理科大4名、明治大3名、法政大5名、青山学院大3名、学習院大8名、中央大6名、立教大1名、津田塾大3名、東京薬科大2名、明治薬科大5名など

入試情報

■過去2年間の入試結果

		募集人員	出願者	受験者	合格者	実質倍率
23年	1回	帰国含100	308	302	115	2.6
	2回	帰国含80	441	348	139	2.5
	算数1教科	帰国含20	216	158	67	2.4
	3回	帰国含40	312	207	59	3.5
24年	1回	帰国含100	314	290	122	2.4
	2回	帰国含80	430	317	141	2.2
	算数1教科	帰国含20	234	178	73	2.4
	3回	帰国含40	303	206	58	3.6

■2024年度入試 合格者の教科別平均点

	算数	国語	理科	社会	合計
1回	69.1	70.1	40.8	42.7	222.7
2回	75.2	73.2	42.3	36.9	227.7
3回	70.2	75.2	43.0	44.6	233.0
算数1教科	72.3				72.3

○配点：算国＝各100点　理社＝各60点
○合格最低点：1回203点　2回205点　3回208点　算数1教科59点

24年の募集要項

※以下は2024年の募集要項です。2025年の要項は学校の発表をお待ちください。

入 試 日／①2月1日 ②2月2日 ③2月3日 算数1教科2月2日午後
募集人員／女子240名（①100名 ②80名 ③40名 算数20名）
合格発表／ホームページで即日
手続締切／2月7日
試験科目／国語(45分・100点)、算数(45分・100点)、理科(35分・60点)、社会(35分・60点)、算数1教科は算数(60分100点)
面　　接／なし
帰国生のための試験／保護者同伴の事前面接(日本語)を必須とし、入試は国語・算数の2科で実施する
受 験 料／23,000円、算数1教科は10,000円

公開行事・説明会予定

【学校説明会A】各回10時30分～、6年生優先、要予約
6月22日(土)、9月 7日(土)、10月 5日(土)、10月26日(土)
11月 9日(土)、11月30日(土)、12月 7日(土)
【学校説明会B】各回14時～、全学年対象、要予約
※Zoomによるライブ配信形式
10月12日(土)、11月16日(土)
【Fujimi Summer School 2023】要予約 5・6年生対象
8月 3日(土)、8月 4日(日)
【受験生のための事前準備会】要予約 ※Zoomによるライブ配信形式
12月14日(土)14時～
【受験生のための何でも相談会】要予約※Zoomによるライブ配信形式
1月18日(土)14時～
【オープンキャンパス】要予約 4・5年生対象、
2月22日(土)
【個別見学】3日前までに要予約
月・火・木・金曜は16時～、土曜は14時～
【芙雪祭(文化祭)】
9月28日(土)、29日(日)
◆変更・中止の可能性もあります。必ず学校ホームページで確認してください。

富士見丘（ふじみがおか） 中学校

所在地／〒151-0073 渋谷区笹塚3-19-9
TEL／03-3376-1481
学校長／吉田 晋
創 立／1940年、昭和商業実践女子校として創立。1944年、富士見丘女子商業学校に改称。1948年、富士見丘中学校を開設。
URL／www.fujimigaoka.ac.jp

	1年	2年	3年
男子	—	—	—
女子	116名	88名	57名
クラス数	5組	4組	3組

中高総生徒数／684名

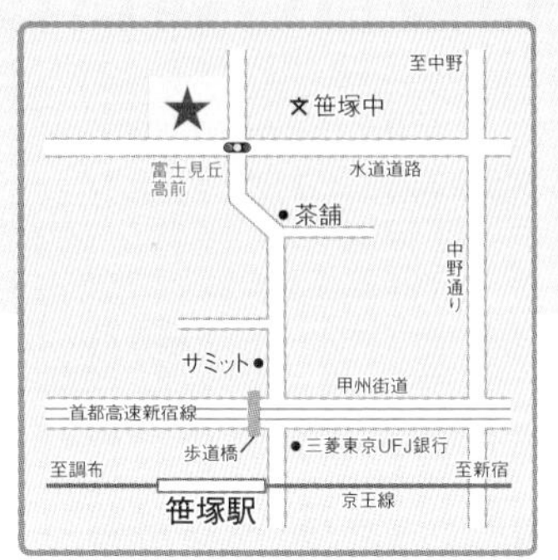

〈交通アクセス〉
京王線・都営新宿線「笹塚」駅より徒歩5分

SGHプログラムで進化するグローバル教育推進校

「忠恕」の心を持つ「国際性豊かな若き淑女の育成」をめざす富士見丘中学高等学校は、長年の国際理解教育の実績と高大連携プログラムが評価され、2015年度から文部科学省よりSGH（スーパーグローバルハイスクール）の指定を受け、2021年度からは、SGHの取り組みを引き続き実施する学校が参画するSGHネットワーク校に認定されています。国内外の連携校、連携大学とともにグローバル社会で活躍する力を育成しています。

スクールライフ

●教育内容

文部科学省の検定教科書をベースにしながらも、各学年の必要に応じて本校独自の学校設定科目を織り交ぜたカリキュラムを展開。英語は週6～8時間の多彩な授業のほか、1対1でネイティブと会話するオンラインスピーキング（中2～高2）、英語日記・英文エッセイの添削（全学年）などにより、英語で発信する力を養成します。さらに、英語取り出し授業の対象の生徒には、週6～7時間の外国人講師の授業で、海外の中高生と同レベルの内容が提供されています。SGHプログラムとして「グローバルスタディ基礎」を高1の必修とし、教科横断型授業や研究発表などインタラクティブな授業を展開。高2の希望者を対象に海外フィールドワーク（グアム、マレーシア、台湾）を行うなど、生徒の成長につながる教育活動を推し進めています。

■主要5教科の週当たり時間（コマ）数

	英語	数学	国語	理科	社会
1年	6	4	5	3	3
2年	7	4	4	4	3
3年	8	5	4	4	4
合計	21	13	13	11	10

◎1日当たりの授業コマ数：45分×6時限
◎登校時間：8時25分

●部活動

部活動は全員参加制です。テニス部や少林寺拳法部が全国大会に出場しているほか、模擬国連部、バトン部、書道部などの活動が盛んです。
○文化系／ESS、クッキング、茶道、華道、書道、模擬国連、写真、バトン、アート&クラフト、ソーイング、フォークソング、アンサンブル、演劇
○体育系／テニス、少林寺拳法、バスケットボール、卓球、ダンス、ゴルフ、バドミントン、バレーボール

●行事

文化祭や体育祭のほか、ホテルマナー研修旅行、芸術鑑賞会など多彩で、中2では職業体験を実施しています。

●修学旅行・研修旅行

修学旅行は中3でオーストラリア、高2はアメリカを訪問します。中2・3を対象に、イギリス、カナダ、オーストラリアの姉妹校へのターム留学（希望者選抜制）、中2～高2の希望者を対象にイギリスへの3週間短期留学を実施しています。

マネーガイド

■2024年度納付金（諸経費を含む）

	入学金	授業料	施設費	その他	計
入学手続時	250,000円	0円	0円	0円	250,000円
初年度総額	250,000円	504,000円	120,000円	108,000円	982,000円

※入学辞退の場合、入学金を除いた納入金を返金

◎寄付金：なし
◎授業料：月納
◎奨学金・特待生制度：なし

※希望者のみの研修も実施

全

学期制 週5･6日制 プール 冷房 寮 食堂 私服通学 海外研修

サピックスからの合格実績（過去3年）	'22	'23	'24
	2名	4名	3名

進学指導の概要

グローバル社会での活躍を念頭に、SGU（Super Global University）や海外大学への合格が増加している現状を踏まえ、生徒の個性を大切に伸ばしながら、地球視野で物事をとらえ、目先の偏差値にとらわれない進学指導を行っています。特に英語は「読む」「聞く」「書く」「話す」の4技能を鍛えることを目標に、大学入試に直結する4技能試験を実施。富士見丘独自の英語教育との相乗効果で、英語力向上を図ります。また、全校生徒の20%を占める帰国生と英語上級者向けの取り出し授業Returnee English、海外進学者向けのAcademic Englishも開講しています。

■現役大学進学者の進路の内訳

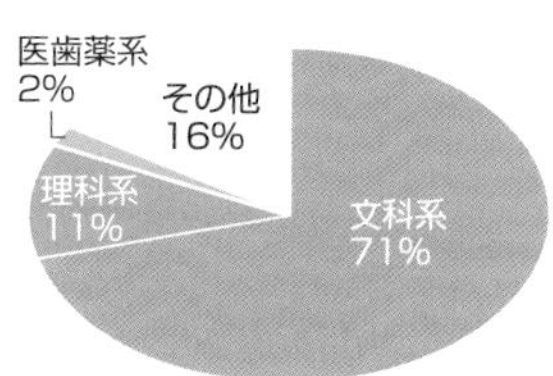

■併設高校から主要大学への合格実績

※上段は現役合格者数、下段は浪人を含めた合格者数。

	東京大	京都大	一橋大	東京工業大	筑波大	お茶の水女子大	電気通信大	東京外国語大	東京学芸大	東京芸術大	東京農工大	東京都立大	横浜国立大	千葉大	早稲田大	慶應義塾大	上智大	東京理科大
22年	—	—	—	—	—	—	—	—	—	—	—	—	—	—	2	1	6	—
	—	—	—	—	—	—	—	—	—	1	—	—	—	—	2	1	6	—
23年	—	—	—	—	—	—	—	—	—	—	—	2	—	—	6	—	22	2
	—	—	—	—	—	—	—	—	—	—	—	2	—	—	6	—	22	2
24年	—	—	—	—	—	2	—	—	—	—	—	1	—	—	11	—	14	1
	—	—	—	—	—	2	—	—	—	—	—	1	—	—	11	—	14	1

	学習院大	明治大	青山学院大	立教大	中央大	法政大	日本大	東洋大	駒澤大	専修大	国際基督教大	津田塾大	東京女子大	日本女子大	文部科学省管外の大学校	海外の大学	国公立・医学部	私立・医学部
22年	1	1	5	7	7	7	2	4	2	1	1	2	13	11	—	4	—	—
	1	2	5	7	7	7	2	4	2	1	1	2	13	11	—	4	—	—
23年	2	10	11	21	7	10	7	7	3	3	2	3	8	8	—	10	—	—
	4	10	11	21	7	10	7	7	3	3	2	3	8	8	—	10	—	—
24年	1	4	10	19	9	7	1	6	—	—	2	5	10	7	—	6	—	—
	1	4	10	19	9	7	1	6	—	—	2	5	10	7	—	7	—	—

★指定校推薦枠（2024年度）上智大1名、学習院大1名、中央大2名、法政大2名、日本大3名、東洋大2名、東京女子大6名、日本女子大4名、成蹊大5名、成城大3名、明治学院大2名、獨協大4名、津田塾大1名など

入試情報

■2024年度の入試結果

	募集人員	出願者	受験者	合格者	実質倍率
WILL	30	68	63	48	1.3
グローバル・アスリート	10	6	6	6	1.0
適性検査型思考力	10	17	17	15	1.1
一般1回3科※	30	88	75	55	1.4
一般1回2科					
一般2回3科※		68	27	21	1.3
一般2回2科					
一般3回3科※		81	27	17	1.6
一般3回2科					
一般4回3科※		102	22	15	1.5
一般4回2科					
一般5回3科※		96	16	8	2.0
一般5回2科					
英語資格1回	30	29	25	20	1.3
英語資格2回		34	10	6	1.7
英語資格3回		26	4	3	1.3
英語資格4回		38	7	5	1.4
英語資格5回		39	5	3	1.7
帰国	20	25	24	23	1.0
帰国		5	5	5	1.0

○一般配点：算国＝各100点　理社＝各50点　※は算国および理または社
WILL配点：算国＝各50点　面接＝50点　適性検査型配点：読解・融合＝各100点　英語資格配点：算または国＝100点　英語資格＝100点
○合格最低点：WILL50点　適性検査型104点　一般1回3科137点・2科110点　英語資格1回112点　グローバルアスリート、一般2～5回、英語資格2～5回は非公表

24年の募集要項

※以下は2024年の募集要項です。2025年の要項は学校の発表をお待ちください。

入 試 日／【WILL】2月1日午前【一般・英語資格】①2月1日午後②2月2日午前③2月2日午後④2月3日午後⑤2月4日【適性検査型思考力】①2月1日午後【グローバル・アスリート】①2月1日【帰国】①11月11日②1月16日

募集人員／女子130名(WILL30名 一般・英語資格各30名 適性検査型思考力10名 グローバル・アスリート10名) 帰国20名

合格発表／ホームページで即日、帰国①のみ11月14日

手続締切／WILLのみ2月2日、それ以外は2月10日

試験科目／【WILL】国算(各30分・各50点)、英語特別は国算から1科(30分・50点と英語口頭試問(英語特別コースBまたはインター出願者のみ対象5分)【一般】国算(各45分・各100点)の2科、または国算(各45分・各100点)＋理科か社会(30分・50点)の3科【英語資格】国算のどちらか1科(45分・100点)と英語口頭試問(英語特別コースBまたはインター出願者のみ対象5分)【適性検査型思考力】読解問題・融合問題(各45分・各100点)【グローバル・アスリート】国算50点・各30分)から1科＋作文 英語特別は作文と英語口頭試問(英語特別コースBまたはインター出願者のみ対象5分)

面　　接／WILLとグローバル・アスリートのみあり(保護者同伴)

帰国生のための試験／<A方式>英語エッセイ・基礎日本語作文または<B方式>国語・算数 ※英語特別コースはA方式またはB方式＋英語両方式共に英語特別コースB及びインター出願者のみ英語口頭試問(5分)

受 験 料／23,000円(複数回受験でも同額、適性検査型のみ受験する場合は10,000円)

公開行事・説明会予定

【学校説明会】要予約
7月15日(祝)10時～、9月29日(日)13時～
11月23日(祝)10時～　学校＋入試問題解説(国・算)
12月　7日(土)10時～　チャレンジ体験入試 ※6年生対象
1月11日(祝)10時～　チャレンジ体験入試 ※6年生対象
【生徒による学校説明会】
10月19日(土)　9時30分～
【校内見学ツアー】要予約
11月23日(祝)11時50分～
【オープンスクール】要予約
7月15日(祝)11時～、10月19日(土)　9時30分～
【夏休み学校見学会】要予約
8月22日(木)、23日(金)10時～、13時30分～
【冬休み学校見学会】要予約
12月25日(水)10時～、13時30分～
【文化祭】要予約
9月28日(土)10時～15時、9月29日(日)10時～15時
◆変更・中止の可能性もあります。必ず学校ホームページで確認してください。

雙葉 中学校

所在地／〒102-8470　千代田区六番町14-1
TEL／03-3261-0821
学校長／日下部和子
創　立／1909年、フランス人の修道女メール・セン・テレーズによって雙葉高等女学校創立。1947年、雙葉中学校と改称。
URL／www.futabagakuen-jh.ed.jp

	1年	2年	3年
男子	—	—	—
女子	186名	182名	189名
クラス数	4組	4組	4組

中高総生徒数／1090名　併設小から 約43%

〈交通アクセス〉
JR、東京メトロ「四ツ谷」駅より徒歩2分

カトリック精神に基づいた全人教育、外国語教育に力点

明治初期にフランスの幼きイエス会によって始められた教育事業を前身とし、1909年に創立されました。「徳に於ては純真に　義務に於ては堅実に」を校訓に掲げ、カトリック精神に基づいた全人教育を行っています。全学年で週1時間設定されている「宗教」の授業では、聖書だけでなく、さまざまな環境で生活している人々の生き方も学び、各自が自分の生き方・考え方を深めます。外国語教育に力を入れ、英語のほかにフランス語も学びます。生徒の主体的な活動を尊重し、クラブ活動や行事も盛んです。

スクールライフ

●教育内容

完全中高一貫制の下、総合的にバランスの取れたカリキュラムを編成しています。週6日制で授業時間を十分に確保し、副読本や問題集などを併用しながら、生徒一人ひとりにていねいな学習指導を行います。テストや課題も多く、それぞれの教科において本格的な学力の定着をめざしています。また、知識を頭で理解するだけでなく、多くの実験・観察・実習などを通じてみずからの体験や発見を重ねる学びも重視されます。外国語教育では、中1・2で週2時間、中3で週1時間の外国人講師による英会話授業をクラスを分割して行い、総合的な英語力を養います。中3ではフランス語も週1.5時間学びます。

■主要5教科の週当たり時間（コマ）数

	英語	数学	国語	理科	社会
1年	6	5	5	3.5	3.5
2年	6	5	5	4	4
3年	5.5	5	5	4	4
合計	17.5	15	15	11.5	11.5

◎1日当たりの授業コマ数：50分×6時限
※土曜日は4時限
◎登校時間：8時5分

また、宗教の授業では、広い視野で社会を見つめながら豊かな人間性を養う全人教育に努めています。

●部活動

40ほどの班・会・部があり、全員参加制となっています。ダンス部や管弦楽同好会、美術班などさまざまなクラブ活動が活発に行われています。卓球部、バスケットボール部、バレーボール部など運動部も好成績を収めています。

○文化系／英語演劇、演劇、音楽、軽音楽部、写真、ダンス、化学、生物、天文、料理、美術、手話の会、聖歌隊、点訳の会、笑う会など
○体育系／バレーボール、バスケットボール、卓球、陸上、テニスなど

●行事

始業式の祈りの集い、学園感謝の日、クリスマスといった宗教行事のほか、募金活動などのボランティア活動にも積極的に取り組んでいます。雙葉祭（文化祭）は生徒が主体となって各部の研究発表、ダンスや演劇などの舞台公演などでにぎわいます。学年対抗の運動会、クラス対抗の校内球技大会など、多彩な行事があります。

●修学旅行・研修旅行

中1は蓼科、中2は黒部で夏期学校を行うほか、修学旅行は中3で広島・宮島、高2で関西を訪れます。

マネーガイド

■2024年度納付金（諸経費を含む）

	入学金	授業料	施設費	その他	計
入学手続時	240,000円	0円	0円	0円	240,000円
初年度総額	240,000円	529,200円	171,600円	287,000円	1,227,800円

◎寄付金：1口5万円（任意）
◎授業料：3期分納
◎奨学金・特待生制度：経済的理由により就学困難と判断される者に学園奨学金および同窓会奨学金を給付

進学指導の概要

例年、国公立大や難関私立大、医歯薬系をはじめとする理系学部に多数進学しています。高1・2を対象に、毎年「卒業生の話を聞く会」が開催されます。女子トップクラスの進学校だけに、授業はかなりのハイレベル。高1では文系・理系を問わず多くの科目を必修で学習します。高2で約20、高3では約30の選択科目を用意。文系、理系、医歯薬系など、個々の生徒が自分の希望進路に適した授業が受けられます。英語またはフランス語が3年間必修となっています。また、高3の希望者には夏休みなどに補習が行われるほか、個別の質問にもきめ細かく対応しています。

■現役大学進学者の進路の内訳

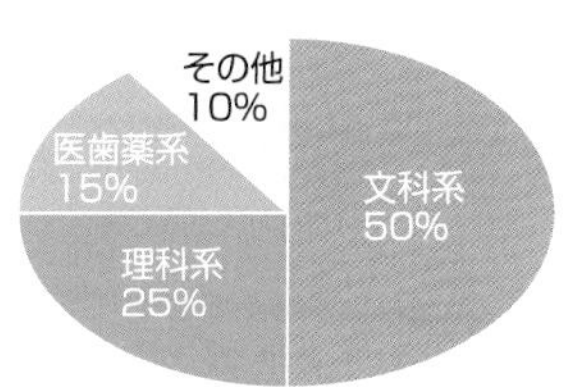

■併設高校から主要大学への合格実績

※上段は現役合格者数、下段は浪人を含めた合格者数。

	北海道大	東北大	東京大							京都大	一橋大	東京工業大	東京芸術大	東京医科歯科大	東京外国語大	お茶の水女子大	千葉大	筑波大
			文科Ⅰ類	文科Ⅱ類	文科Ⅲ類	理科Ⅰ類	理科Ⅱ類	理科Ⅲ類	合計									
22年	3	—	1	1	2	2	3	—	9	1	2	1	1	3	1	2	1	2
	3	—	1	1	2	2	3	—	9	3	2	1	1	4	1	2	3	2
23年	—	—	7	1	—	3	1	—	12	1	1	1	3	1	1	3	1	2
	—	—	7	1	—	3	2	—	13	2	1	3	5	2	1	3	2	2
24年	—	—	3	1	2	1	—	—	7	2	4	2	1	2	2	1	4	3
	—	—	3	1	3	1	—	—	8	3	4	2	2	3	2	1	4	3

	早稲田大	慶應義塾大	上智大	東京理科大	国際基督教大	学習院大	明治大	青山学院大	立教大	中央大	法政大	津田塾大	東京女子大	日本女子大	文部科学省所管外の大学校	海外の大学	国公立・医学部	私立・医学部
22年	53	66	37	33	2	5	30	18	25	20	8	3	22	12	1	2	8	39
	60	73	42	40	4	8	37	22	28	23	12	4	25	15	3	3	16	81
23年	52	43	37	18	2	7	28	13	18	18	18	2	10	5	—	—	6	53
	68	54	39	31	2	7	39	18	21	18	20	3	12	7	1	—	9	83
24年	58	43	53	19	4	13	46	20	37	27	13	7	6	5	—	2	8	26
	72	51	63	21	5	14	54	26	41	31	21	7	7	5	—	2	9	54

★指定校推薦枠（2024年度）早稲田大8名、慶應義塾大7名、上智大1名、東京理科大2名、学習院大9名、明治大1名、中央大2名、東京女子大4名、東京女子医科大1名、北里大4名、聖マリアンナ医科大1名など

入試情報

■過去3年間の入試結果

	募集人員	出願者	受験者	合格者	実質倍率
22年	100	381	346	125	2.8
23年	100	401	355	122	2.9
24年	100	399	359	124	2.9

○配点：算国＝各100点　理社＝各50点
○合格最低点：181点

25年の募集要項

入 試 日／2月1日
募集人員／女子100名
合格発表／2月2日
手続締切／2月3日
試験科目／国語(50分・100点)、算数(50分・100点)、理科(30分・50点)、社会(30分・50点)
面　　接／あり
受 験 料／25,000円

公開行事・説明会予定

【学校見学会】要予約　受験希望の小学生(4年生以上)と保護者1名
7月21日(日)　9時～、　7月22日(月)　9時～
【個別質問会】要予約　受験希望の小学生(4年生以上)と保護者1名
7月24日(水)　9時～
【学校説明会】要予約　保護者のみ
10月19日(土)14時～、10月26日(土)14時～
10月30日(水)10時～
【雙葉祭(文化祭)】要予約 詳細は後日HPにて
9月15日(日)、16日(祝)
◆変更・中止の可能性もあります。必ず学校ホームページで確認してください。

サピックスOGの声

●入学前は内部進学生の人たちとうまくいくか不安もありましたが、みんな優しい人ばかり。気軽に声を掛けてくれたので、すぐに仲良くなれました。個性的な人ばかりで毎日とても楽しく過ごしています。
●雙葉の部活は全員参加制です。大まかに言うと、土曜だけ活動する「班」、平日も活動する「会」、ほぼ毎日活動する「部」に分かれています。自分の都合に合わせて選び、活動できるのも魅力です。
●授業では白衣を着て行う理科の本格的な実験が楽しいです。また、聖書などを読む宗教の時間は、心が落ち着く、癒やしのひとときとなっています。
●身を包むと気持ちがきりっと引き締まるかれんな制服。そして十字架や聖書、ロザリオなどがデザインされ、その一つひとつに意味が込められている校章が自慢です。

普連土(ふれんど)学園 中学校

所在地／〒108-0073 港区三田4-14-16
TEL／03-3451-4616
学校長／青木 直人
創　立／1887年、米国フィラデルフィアのフレンド派(クエーカー)に属する婦人伝道会によって設立。
URL／www.friends.ac.jp

	1年	2年	3年
男子	—	—	—
女子	132名	134名	128名
クラス数	3組	3組	3組

中高総生徒数／756名

〈交通アクセス〉
JR「田町」駅より徒歩8分　都営三田線・浅草線「三田」駅より徒歩7分　東京メトロ南北線・都営三田線「白金高輪」駅より徒歩10分

家庭的な雰囲気のなかで、一人ひとりを大切にした教育を展開

日本で唯一のキリスト教フレンド派の学校です。フレンド派の理念に基づき、個々の生徒に与えられたかけがえのない価値を大切に育んでいくことを目標にしています。国際的な視野に立てる女性を育成するため、英語教育を重視。留学生も多く、英語に親しみ、国際感覚を養う環境が整っています。また、ICTの活用にも積極的で、生徒全員にタブレット端末を持たせて、生徒の学びを深めています。理科教育では中1で50回、高1で30回の実験を実施。理系進学者も増えています。

スクールライフ

●教育内容

完全中高一貫教育を実施し、無駄のないカリキュラムで効率的な指導を展開。特に英語教育に力を入れ、週6時間の授業時間のうち、中1は週2時間、中2・3では週1時間を外国人講師による少人数授業の会話指導に充て、実践的な語学力を習得します。また、留学生や外国人講師と英語で会話をしながら昼食をとる「English Lunch」や、中3の希望者を対象に夏休みに3日間、英語だけで生活する「English Camp」も設けています。数学でも、中1・2の幾何、中3の幾何・代数でクラスを2分割した少人数授業を実施。漢字一斉テストが年5回あるほか、英語の語彙力テストも行います。毎朝20分の礼拝や週1時間の聖書の授業、奉仕活動など、宗教教育も重視しています。

■主要5教科の週当たり時間(コマ)数

	英語	数学	国語	理科	社会
1年	6	5	5	4	3
2年	6	5	5	4	3
3年	6	5	5	4	4
合計	18	15	15	12	10

◎1日当たりの授業コマ数：45分×7時限
※金曜日は6時限
◎登校時間：8時

●部活動

中高合同で活動し、参加率は9割以上。文化系では吹奏楽部やESS、理科部、コーラス部、陶芸部、茶道部、体育系では剣道部やバドミントン部をはじめ、バスケットボール部、テニス部などが活発です。

○文化系／ESS、演劇、音楽、軽音楽、茶道、手話、吹奏楽、陶芸、理科、囲碁、放送、美術

○体育系／剣道、ソフトボール、体操、テニス、バスケットボール、バドミントン、バレーボール、フォークダンス、ハイキング

●行事

聖句暗誦会や創立記念礼拝、クリスマス礼拝などの宗教行事、体育祭や学園祭（文化祭）、歌舞伎鑑賞教室、文楽鑑賞教室などがあります。また、奉仕活動にも力を入れ、学年のテーマごとに点字やガイドヘルプ、手話の練習など、奉仕活動を学び、体験するプログラムを実施。ボランティア委員会が企画する奉仕活動も行っています。

●修学旅行・研修旅行

中1は5月に宿泊で校外学習を行います。修学旅行は、中3が東北地方、高2は奈良・京都方面を訪れます。

マネーガイド

■2024年度納付金(諸経費を含む)

	入学金	授業料	教育充実費	その他	計
入学手続時	300,000円	0円	0円	0円	300,000円
初年度総額	300,000円	495,600円	210,000円	392,060円	1,397,660円

※入学金は分納も可

◎寄付金：一口10万円 30万円以上（任意）
◎授業料：2期分納
◎奨学金・特待生制度：経済的理由により就学困難と判断される者に年間授業料を免除（更新可）

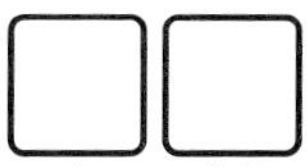

学期制　週5·6日制　プール　冷房　寮　食堂　私服通学　海外研修

サピックスからの合格実績（過去3年）	'22	'23	'24
	126名	93名	118名

進学指導の概要

自己の適性、希望に基づき、実際の社会の様子もよく理解したうえで自己の進路を着実に設計できるよう、進路指導を充実させています。高2から幅広い選択科目を用意し、進路や適性に合わせた授業で学力の向上を図ります。高3では主要5教科の演習が履修できるほか、図書館での「自学自習」が週10時間まで選択できます。英語と数学は全学年で分割クラスによる授業を展開。高2の後期から放課後や長期休暇中の大学入試対策講座が開始され、高3の夏休みには20講座以上を開設します。このほか、高1・2では合同プログラムとして、小論文コンクール、卒業生による進路相談会、高3ではテーマ別に5回の進路講演会なども行われます。

■現役大学進学者の進路の内訳

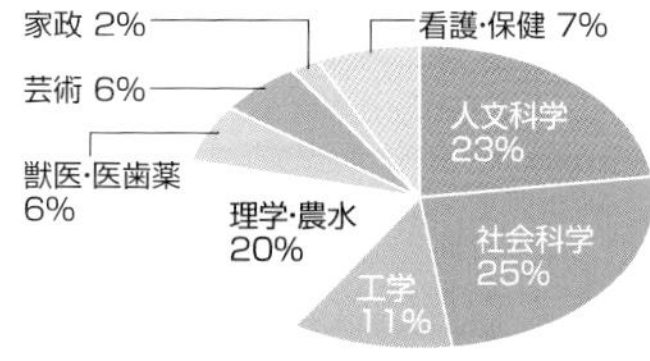

■併設高校から主要大学への合格実績

※上段は現役合格者数、下段は浪人を含めた合格者数。

	東京大	京都大	一橋大	東京工業大	筑波大	お茶の水女子大	電気通信大	東京外国語大	東京学芸大	東京芸術大	東京農工大	東京都立大	横浜国立大	千葉大	早稲田大	慶應義塾大	上智大	東京理科大
22年	—	—	—	—	—	2	—	—	—	—	—	1	—	1	11	11	7	8
	—	—	—	—	—	2	—	1	—	1	—	1	—	1	20	13	12	9
23年	—	—	1	—	1	3	—	2	—	—	—	2	—	—	20	24	21	7
	—	—	1	—	2	3	—	2	—	—	—	3	—	—	20	25	21	9
24年	—	—	—	—	—	—	—	—	—	1	—	1	—	1	20	9	13	8
	—	—	—	—	—	—	—	—	—	1	—	1	—	1	22	10	14	10

	学習院大	明治大	青山学院大	立教大	中央大	法政大	日本大	東洋大	駒澤大	専修大	国際基督教大	津田塾大	東京女子大	日本女子大	文部科学省所管外の大学校	海外の大学	国公立・医学部	私立・医学部
22年	10	18	7	23	7	15	17	8	4	9	1	3	21	17	1	3	—	1
	13	23	7	25	8	17	19	8	4	9	1	3	23	22	1	3	—	8
23年	6	25	15	35	6	14	10	26	5	22	1	4	13	7	—	—	—	—
	6	25	15	35	7	14	12	26	5	22	1	6	13	7	—	—	—	1
24年	15	15	10	34	10	28	7	28	2	6	—	4	26	9	1	1	1	—
	15	20	10	34	10	29	9	28	2	6	—	6	29	9	1	1	1	—

★指定校推薦枠（2024年度）東京都立大1名、早稲田大2名、慶應義塾大4名、東京理科大8名、学習院大8名、法政大2名、立教大3名、中央大1名、国際基督教大1名、聖路加国際大1名、日本歯科大1名、東京歯科大1名、津田塾大3名など

入試情報

■過去2年間の入試結果

		募集人員	出願者	受験者	合格者	実質倍率
23年	1日午前	帰国含50	99	90	61	1.5
	1日算数	20	266	247	188	1.3
	2日午後	30	226	107	71	1.5
	4日午前	帰国含20	168	75	54	1.4
24年	1日午前	帰国含50	144	129	62	2.1
	1日算数	20	344	317	220	1.4
	2日午後	30	361	227	88	2.6
	4日午前	帰国含20	284	175	35	5.0

■2024年度入試 受験者・合格者の教科別平均点

		算数	国語	理科	社会	合計
1日午前	受験者	67.3	61.1	41.8	39.4	209.6
	合格者	77.8	65.0	48.4	45.2	236.4
1日算数	受験者	62.6				62.6
	合格者	69.5				69.5
2日午後	受験者	47.8	57.4			105.1
	合格者	63.4	64.6			128.1
4日午前	受験者	55.9	59.6	39.2	34.0	188.7
	合格者	68.9	69.2	46.9	45.9	230.9

○配点：算国＝各100点　理社＝各75点
○合格最低点：1日午前214点　1日算数58点　2日午後112点　4日午前209点

24年の募集要項

※以下は2024年の募集要項です。2025年の要項は学校の発表をお待ちください。

入試日／2月1日(午前4科・午前帰国・午後算数)
2月2日(午後2科)
2月4日(午前4科・午前帰国)

募集人員／女子120名(1日午前50名・1日帰国若干名・1日午後20名・2日午後2科30名・4日午前4科20名・4日午前帰国若干名)

合格発表／ホームページで即日(2日午後2科のみ翌日)

手続締切／1日入試は2月4日まで
2日入試と4日入試は2月6日まで

試験科目／【1日午前4科・4日午前4科】算数(60分・100点)、国語(60分・100点)、理科(30分・75点)、社会(30分・75点)【1日午前帰国・4日午前帰国】算数(60分・100点)、国語(60分・100点)、作文(60分)・面接(保護者同伴・15分)【1日午後算数】算数(50分・100点)【2日午後2科】国語(50分・100点)、算数(50分・100点)

受験料／25,000円(2回同時出願の場合は40,000円、3回同時出願の場合は55,000円)、算数は10,000円

公開行事・説明会予定

【学校説明会】要予約　各回10時～
6月22日(土)、10月 8日(火)、10月11日(金)、11月 8日(金)
【イブニング説明会】要予約　各回19時～
6月28日(金)、11月29日(金)
【学校体験日】要予約 各回9時～
7月 6日(土)、11月16日(土)、 2月15日（土）
【生徒による説明会】要予約
12月14日(土) 9時30分～
【学園祭】要予約
10月19日(土) 9時～15時
【入試相談会】要予約
1月11日(土)10時～
◆変更・中止の可能性もあります。必ず学校ホームページで確認してください。

三輪田（みわだ）学園 中学校

所在地／〒102-0073 千代田区九段北3-3-15
TEL／03-3263-7801
学校長／塩見 牧雄
創 立／1887年、三輪田眞佐子が翠松学舎を開校。1902年、三輪田女学校を開校。1947年、三輪田学園中学校に改称。
URL／www.miwada.ac.jp

	1年	2年	3年
男子	―	―	―
女子	202名	228名	188名
クラス数	5組	6組	5組

中高総生徒数／1123名

〈交通アクセス〉
JRほか「市ヶ谷」駅より徒歩7分、同「飯田橋」駅より徒歩8分　東京メトロ東西線・半蔵門線、都営新宿線「九段下」駅より徒歩15分

創立137年。高い学力と豊かな心を育む伝統校

「誠のほかに道なし」を校訓に、誠実で、誰とでも「つながる」ことができ、みずからの人生を切り開いて生きる、「徳才兼備」の女性を育てる伝統校です。伝統校でありながら、生きていくうえで必要となるスキルとして「英語とICT教育」、得意なことを伸ばすために「探究、読書、哲学対話、卒業論文」など、社会の変化に対応した教育を展開しています。高大連携も充実、模擬国連など外部とのつながりも積極的に行っています。

スクールライフ

●教育内容

教員は中高共通で教科を担当し、きめ細かい指導体制を敷いています。中学では基礎学力の充実に力を入れています。英語では、読む、書く、聞く、話すの4技能をバランス良く学習し、自己表現力を高めます。週1回、外国人講師による英会話の授業（中学）に加え、中2ではイングリッシュキャンプ（2泊3日の国内合宿）を、中2・3ではカナダへの海外研修（希望者）を、高1ではイギリス語学研修（希望者）を行い、発話力を強化しています。国語では、中1で読書の授業を設け、名作文学に親しみます。中2からは古典学習も始まります。英語と数学は中学で少人数の習熟度別授業を行っています。理科では4つの実験室を活用し、中学3年間で100回近くの実験・観察を実施。2021年から中2でMIWADA-HUB（探究ゼミ）が始まり、10教科の中から自分の興味のあるテーマを選び、探究学習を行っています。

■主要5教科の週当たり時間（コマ）数

	英語	数学	国語	理科	社会
1年	5	5	5	4	4
2年	6	4	5	4	3
3年	6	5	4	4	4
合計	17	14	14	12	11

◎1日当たりの授業コマ数：50分×6時限
※土曜日は4時限
◎登校時間：8時10分

●部活動

クラブ活動は自主性・協調性・社会性を伸ばす良い機会として奨励し、中1はほぼ全員が参加。活動日は週4日までです。

○文化系／写真、科学、天文、演劇、放送、美術、イラストレーション、器楽、音楽、箏曲、長唄、書道、華道、茶道、調理、読書、ESS、新聞特別委員会など
○体育系／バスケットボール、バレーボール、水泳、体操、ソフトテニス、卓球、バドミントン、ダンス

●行事

5月の運動会、秋の三輪田祭（文化祭）のほか、芸術鑑賞教室、オペラ教室、校内音楽会、能楽教室（高3）、邦楽教室（中3）、歌舞伎教室・文楽教室（希望者）など芸術系の行事が豊富です。生徒会主催の球技大会も各学期にあります。

●修学旅行・研修旅行

中1は4月に千葉で親睦合宿を実施。修学旅行は、中3で広島、高2で奈良・京都を訪れます。

マネーガイド

■2024年度納付金（諸経費を含む）

	入学金	授業料	施設費	その他	計
入学手続時	300,000円	0円	0円	0円	300,000円
初年度総額	300,000円	444,000円	150,000円	452,160円	1,346,160円

※入学辞退の申し出がなされた場合、入学金を除いた納入金を返金

◎寄付金：1口10万円、2口以上（任意。分割可）
◎授業料：2期分納
◎奨学金・特待生制度：経済的理由により就学困難と判断される者に授業料相当分を貸与

学期制　週5・6日制　プール　冷房　寮　食堂　私服通学　海外研修

サピックスからの合格実績（過去3年）	'22	'23	'24
	12名	29名	23名

進学指導の概要

大学受験を視野に入れた進路指導は中3から始めます。海外大学や国際学部をめざす生徒に、英語の単位をより多くしたSE（Super English）コースを2022年度の高1より新設しました。高2からは多くの選択科目が用意され、文系、理系など、それぞれの進路に合わせて学習します。高3では授業のみ文系3、理系2の計5コース制に。より少人数で学習でき、演習中心の選択科目も多く設けられます。長期休暇中は希望者対象の進学補習も行われます。大学と連携した模擬講義・校内説明会も実施。また、私立ならではの人間関係を活用し、高1から高3まで各学年で卒業生の体験談を聴講します。

■現役大学進学者の進路の内訳

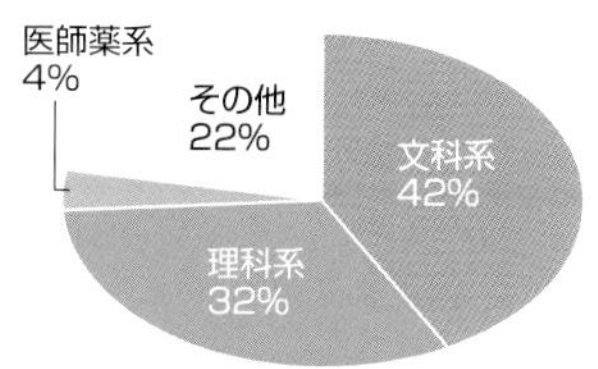

■併設高校から主要大学への合格実績

※上段は現役合格者数、下段は浪人を含めた合格者数。

	東京大	京都大	一橋大	東京工業大	筑波大	お茶の水女子大	電気通信大	東京外国語大	東京学芸大	東京芸術大	東京農工大	東京都立大	横浜国立大	千葉大	国際教養大	早稲田大	慶應義塾大	上智大
22年	—	—	—	—	—	—	—	—	1	—	1	—	—	—	—	1	3	—
	—	—	—	—	—	—	—	—	1	—	1	1	—	—	—	1	4	—
23年	—	—	—	—	—	—	—	—	—	—	—	1	—	—	1	—	2	3
	—	—	—	—	—	—	—	—	—	1	—	1	—	—	1	—	2	3
24年	—	—	—	—	1	2	—	—	—	—	—	—	—	—	—	2	2	—
	—	—	—	—	1	2	—	—	—	1	—	—	—	1	—	5	3	—

	東京理科大	学習院大	明治大	青山学院大	立教大	中央大	法政大	日本大	東洋大	駒澤大	専修大	津田塾大	東京女子大	日本女子大	文部科学省所管外の大学校	海外の大学	国公立・医学部	私立・医学部
22年	4	3	4	1	6	4	7	20	25	3	5	2	7	6	—	1	—	1
	4	3	4	1	8	5	7	20	28	4	7	2	8	6	—	1	—	1
23年	2	4	6	1	6	1	13	14	17	4	1	4	8	5	1	2	—	—
	2	5	9	1	6	1	13	14	20	4	1	4	9	6	1	2	—	—
24年	4	3	9	1	8	8	19	17	15	4	3	6	6	11	1	4	—	—
	4	3	10	1	8	9	19	17	15	4	3	6	6	11	1	4	—	—

★指定校推薦枠（2024年度）東京理科大5名、明治大2名、立教大1名、学習院大3名、津田塾大3名、北里大3名、法政大30名など

入試情報

■2024年度の入試結果

		募集人員	出願者	受験者	合格者	実質倍率
1回	4科	60	266	243	67	3.6
	2科		51	44	10	4.4
	英検	10	68	65	37	1.8
1回午後	2科	25	523	485	159	3.1
2回	4科	40	394	290	61	4.8
	2科		63	40	7	5.7
	英検	10	103	63	37	1.7
3回	4科	25	364	248	47	5.3
	2科		77	48	6	8.0

■2024年度入試 合格者の教科別平均点

		算数	国語	理科	社会	合計
1回※	4科	77.8	73.1	38.9	32.5	152.7
	2科					149.9
	英検	71.5				153.7
1回午後	午後2科	74.2	80.3			154.5
2回※	4科	85.8	62.9	36.6	34.2	150.1
	2科					149.0
	英検	73.9				159.2
3回※	4科	71.0	74.2	39.7	30.0	146.3
	2科					148.5

※4科生は4科の合計点を1.5で割った換算点
○配点：算国＝各100点　理社＝各50点
○合格最低点：1回141点・英検144点　1回午後142点　2回141点・英検144点　3回138点

25年の募集要項

入試日／①2月1日午前2科4科・午前英検®利用・午後 ②2月2日2科4科・午前英検®利用 ③2月3日　帰国11月30日
募集人員／女子170名(①午前2科4科60名・午前英検®利用10名・午後25名②2科4科40名・英検®利用10名 ③25名 帰国若干名)
合格発表／ホームページで即日
手続締切／2月6日10時まで(帰国生入試を含む)
試験科目／国語(45分・100点)、算数(45分・100点)、理科(25分・50点)、社会(25分・50点) ※①午前2科4科 ②午前2科4科③は2科4科選択、①午後は2科、①午前英検®利用②午前英検®利用は２科(算国)の得点の高い方と、英検®の級によるみなし点を合計して判定
受験料／22,000円(2回同時出願の場合は40,000円、3回同時出願の場合は50,000円)

公開行事・説明会予定

【学校説明会】要予約
6月29日(土)13時30分～、7月27日(土)13時30分～、
8月24日(土)10時～(生徒主催)
9月21日(土)10時15分～、11月 2日(土)13時～
【入試説明会】要予約
10月19日(土)10時～(※5・6年生対象)
11月 2日(土)10時30分～、12月21日(土)13時30分～、
1月11日(土)10時30分～(※6年生対象)
【テーマ別学校説明会】各回10時30分～、定員300名、要予約
6月13日(木)、7月2日(火)、9月5日(木)
【オープンスクール】4年生以上対象、要予約
6月29日(土)14時30分～、11月2日(土)14時～
【入試問題にチャレンジ】※6年生対象、要予約
10月12日(土)10時～
【入試問題にチャレンジ】※5年生対象
2月15日(土)10時
【三輪田祭(文化祭)】
10月 5日(土) 9時～17時、10月 6日(日) 9時～16時
◆変更・中止の可能性もあります。必ず学校ホームページで確認してください。

山脇学園 中学校

所在地／〒107-8371　港区赤坂4-10-36
TEL／03-3585-3911
学校長／西川 史子
創　立／1903年、高等女子實脩学校を創設。1908年、山脇高等女学校に改称。1947年、山脇学園中学校・高等学校を設置。
URL／www.yamawaki.ed.jp

	1年	2年	3年
男子	—	—	—
女子	292名	279名	288名
クラス数	8組	8組	7組

中高総生徒数／1613名

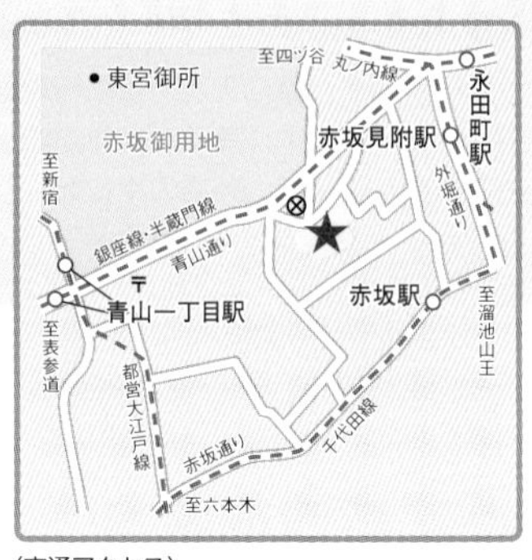

〈交通アクセス〉
東京メトロ各線「赤坂見附」駅より徒歩5分、東京メトロ千代田線「赤坂」駅より徒歩7分、東京メトロ各線「永田町」駅より徒歩10分
東京メトロ、都営大江戸線「青山一丁目」駅より徒歩7分

創立121年。一人ひとりの「志」を育てる

新たな教育目標「自ら求め、深く学ぶ」「志を抱き、未来を拓く」「互いに思いやり、仲間とともに創る」を定め、一人ひとりの「志」を育てる教育に力を注いでいます。国際社会で活躍する志と資質を育てる「イングリッシュ・アイランド（EI）」や、科学を通して社会に貢献する志を育てる「サイエンス・アイランド（SI）」、探究的な学びを通し言語技術を磨く「ラーニングフォレスト（LF）」などの施設で、実社会と結びついた深い学びを展開します。また、日本の伝統文化を学ぶ「礼法」「華道」「琴」などの時間も取り入れています。

スクールライフ

●教育内容

大学進学やその先の将来に向けた「志」を醸成するため、段階的な教育プログラムを設定しています。学びのテーマは、中1・2で自己知・社会知（自分自身を理解し、自分を取り巻く社会を知る取り組み）、中3・高1で進路設計（自己知・社会知を土台として進路を設計する取り組み）、高2・3で志の実現〔興味のある学問分野を掘り下げ、具体的な進路を考える取り組み〕です。また、校外学習でさまざまな課題に取り組むほか、系統立ててデザインされた語学・海外研修によって国際社会で活躍する土壌を構築します。なりたい自分に近づくためのサポートが多く用意され、「放課後講習」「長期休暇講習」などの課外授業も多種多彩に展開。

■主要5教科の週当たり時間（コマ）数

	英語	数学	国語	理科	社会
1年	6	5	5	3	3
2年	6	5	5	4	3
3年	6	5	5	4	4
合計	18	15	15	11	10

◎1日当たりの授業コマ数：50分×6時限
　※金曜は7時限 土曜は4時限
◎登校時間：8時15分

●部活動

中高合同の活動で、36の部と2つの同好会があります。加入率は約90%です。
○文化系／SI、EI、LI、書道、華道、茶道、美術、手芸、漫研、 折紙と砂絵、JRC、かるたなど
○運動系／テニス、ソフトテニス、ソフトボール、卓球、バスケットボール、バレーボール、バドミントン、剣道、山岳散歩など
○パフォーマンス系／演劇、英語劇、ラジオドラマ、琴、合唱、アンサンブル、フォークソング、ブラスバンド、マンドリン、バトン、ダンス、ジャズダンスなど

●行事

体育祭、山脇祭（文化祭）、中学校合唱祭など、どの行事もよりよいものを創り上げようとする生徒の企画運営で実施し、盛り上がります。

●修学旅行・研修旅行

校外学習は探究学習を軸に実施され、豊かな感性を育むとともに、論理的思考力を高めています。語学研修は、中2のブリティッシュヒルズ研修、中3のイギリス研修、OIS研修、高１のオーストラリア語学研修のほか、高1・2のターム留学や1年間の留学などもあります。また、中1・2を対象とした英語だけを使う夏期集中講座、英語イマージョンウィークも実施しています。

マネーガイド

■2024年度納付金（諸経費を含む）

	入学金	授業料	施設費	その他	計
入学手続時	250,000円	0円	100,000円	0円	350,000円
初年度総額	350,000円	513,000円	271,000円	307,882円	1,441,882円

※期日までに入学辞退を申し出た場合、施設費を返金
※その他は教材費・制服・学用品を含む

◎寄付金：あり
◎授業料：3期分納
◎奨学金・特待生制度：なし

学期制　週5・6日制　プール　冷房　寮　食堂　私服通学　海外研修

サピックスからの合格実績（過去3年）	'22	'23	'24
	99名	110名	86名

進学指導の概要

「自分の納得した進路を自分の力で決める」ことを大切にし、その支援を行っています。

進学ガイダンス、海外大学進学セミナー、高大連携イベントをはじめ、進学の先を見据えたキャリアイベントなどを通して生徒たちはみずからの志を多彩に実らせていきます。

高2からは文理別・習熟度別のHRクラス編成となります。授業も入試科目を中心にグレード別で展開し、一人ひとりに最適なレベルを提供しています。

高3では大学入試に向けた選択・習熟度別授業を演習形式で実施し、実践力を養います。

■現役大学進学者の進路の内訳

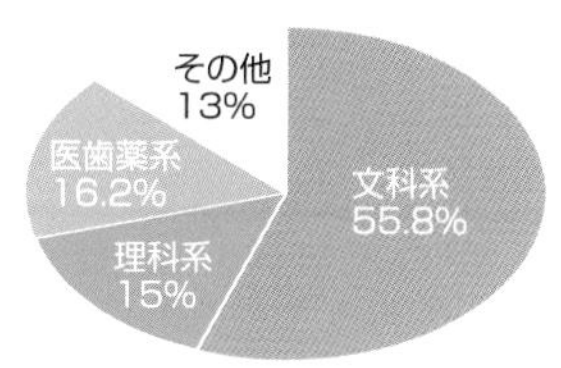

■併設高校から主要大学への合格実績

※上段は現役合格者数、下段は浪人を含めた合格者数。

	東京大	京都大	一橋大	東京工業大	筑波大	お茶の水女子大	電気通信大	東京外国語大	東京学芸大	東京芸術大	東京農工大	東京都立大	横浜国立大	千葉大	早稲田大	慶應義塾大	上智大	東京理科大
22年	—	—	—	—	—	1	—	—	2	—	1	3	2	—	25	20	19	13
	—	—	—	—	—	1	—	—	2	—	1	3	2	—	25	21	19	13
23年	1	—	—	—	1	—	1	1	1	—	—	1	1	—	11	6	15	13
	1	—	—	—	1	—	1	1	1	—	1	1	1	—	11	6	15	16
24年	—	—	—	—	—	—	—	1	—	—	—	—	—	—	16	6	22	4
	—	—	—	—	—	1	—	1	—	—	—	—	—	—	17	7	22	6

	学習院大	明治大	青山学院大	立教大	中央大	法政大	日本大	東洋大	駒澤大	専修大	国際基督教大	津田塾大	東京女子大	日本女子大	文部科学省所管外の大学校	海外の大学	国公立・医学部	私立・医学部
22年	17	80	32	93	29	49	39	38	10	9	3	11	28	42	—	2	—	1
	17	81	33	93	29	49	42	40	10	9	3	11	29	42	—	2	—	3
23年	14	41	22	45	19	55	37	66	10	26	—	10	24	25	—	2	1	15
	15	45	24	45	20	62	40	67	10	27	—	11	24	27	—	2	1	19
24年	6	26	18	56	25	30	40	55	11	17	—	13	42	44	—	—	—	10
	7	26	18	56	27	31	41	55	11	17	—	13	42	44	—	—	—	15

★指定校推薦枠（2024年度）東京理科大6名、上智大1名、学習院大5名、明治大2名、青山学院大3名、立教大2名、中央大6名、法政大3名、日本大2名、成蹊大2名、成城大5名、明治学院大4名など

入試情報

■2024年度の入試結果

	募集人員	出願者	受験者	合格者	実質倍率
A	65	296	282	87	3.2
B	50	661	513	117	4.4
C	40	499	354	59	6.0
国語1科	60	485	461	163	2.8
算数1科		315	301	148	2.0
探究サイエンス	10	60	42	7	6.0
英語AL	55	119	107	25	4.3
英語A		58	57	22	2.6
英語B		96	71	16	4.4
英語C		80	59	7	8.4
帰国Ⅰ		112	111	54	2.1
帰国Ⅱ		19	15	2	7.5

■2024年度入試 受験者・合格者の教科別平均点

		算数	国語	理科	社会
A	受験者	42.1	54.1	33.2	39.3
	合格者	58.3	63.7	37.4	43.5
B	受験者	43.8	58.1		
	合格者	62.1	70.4		
C	受験者	46.4	45.8	35.2	28.1
	合格者	68.5	57.1	41.6	36.2
国語1科	受験者		59.8		
	合格者		70.6		
算数1科	受験者	61.0			
	合格者	73.9			

○配点：算国＝各100点　理社＝各60点　英語AL＝50点　探究サイエンス＝250点　英語入試は英検級を加味したもの
○合格最低点：A185点　B119点　C184点　国語1科65点　算数1科62点　探究サイエンス166点　英語AL39点　英語ABC、帰国は非公表

24年の募集要項

※以下は2024年の募集要項です。2025年の要項は学校の発表をお待ちください。

入 試 日／【一般・英語】A2月1日　B2月2日午後　C2月4日　国・算1科2月1日午後　探究サイエンス2月3日午後【AL入試】A2月1日午後　B2月3日午後　帰国①11月25日②A2月1日、B2月2日、C2月4日

募集人員／女子約280名(一般A65名 B50名 C40名、国・算1科60名、帰国・英語ABC・AL55名、探究サイエンス10名)

合格発表／ホームページで即日

入試科目／【一般】：国語(50分・100点)、算数(50分・100点)、理科(30分・60点)、社会(30分・60点)※ACは4科、Bは2科【英語】国語(50分・100点)、算数(50分・100点)【国・算1科】国語(60分・100点)、算数(60分・100点)【探求サイエンス】理科(30分・100点)、課題研究(60分・150点)【帰国】帰国①は国語・算数(国語・算数は各30分・各50点)、国語＋面接、算数＋面接のいずれかを選択、帰国ABCは国語・算数(各50分・各100点)【AL】算数(45分)、論理的に考えて記述する問題(1題)

面　　接／なし

受 験 料／25,000円(2回同時出願の場合は40,000円、3回同時出願の場合は50,000円)、AL3,5000円（A・B両方を同時に出願した場合は、50,000円)

公開行事・説明会予定

【学校説明会＆校内見学会】要予約※５年生以下対象
11月　9日(土)13時30分～、12月14日(土)9時～、
1月11日(土)13時30分～
【入試対策説明会＆校内見学会】要予約※6年生対象
10月　5日(土)　9時15分～、14時～、11月9日(土)13時30分～
12月14日(土)　9時～、1月11日(土)13時30分～
【ナイト説明会】要予約
7月10日(水)17時30分～
【オープンキャンパス】要予約
6月22日(土)14時～、　8月24日(土)　9時～
【山脇祭(文化祭)】要予約
◆変更・中止の可能性もあります。必ず学校ホームページで確認してください。

立教女学院 中学校

所在地／〒168-8616　杉並区久我山4-29-60
TEL／03-3334-5103
学校長／浅香美音子
創　立／1877年、立教女学校を設立。1947年、立教女学院を設立し、小学校、中学校を併設。
URL／hs.rikkyojogakuin.ac.jp

	1年	2年	3年
男子	—	—	—
女子	200名	200名	197名
クラス数	5組	5組	5組

中高総生徒数／1151名　併設小から 約34.3%

〈交通アクセス〉
京王井の頭線「三鷹台」駅より徒歩1分　JR、東京メトロ丸ノ内線「荻窪」駅、JR「西荻窪」駅よりバス10分

真の自由と豊かな人間性を求めて

キリスト教精神に基づき、「豊かな愛をもち、自らの賜物を磨き、喜んで他者のために用いることができる人」の育成を目標に、教科学習はもとより、語学教育や国際理解教育、宗教行事やボランティア活動、生徒会活動などを通して、国際的教養・宗教的情操・自主自立の精神を育んでいます。生徒一人ひとりの個性を尊重し、伸び伸びと育てる自由な校風であり、生徒の自主性を重んじる方針から制服もありません。立教大学への推薦入学制度があり、総枠数は203名。一定の要件を満たした者が推薦されます。ボランティア活動も盛んです。

スクールライフ

●教育内容

2期制・授業週5日制を採用し、主に土曜日の午前中には、人間性を豊かに養う宗教教育として、平和学習や環境問題などを扱う「土曜集会」（年10回程度）を行っています。このほか、毎朝の礼拝や週1時間の宗教の授業など、宗教教育を重視。主要教科は先取り学習を実施し、国語では中3で古文や漢文を学び、英語と数学では後期から高校の内容に入ります。英語では1クラス20名ほどの少人数制、習熟度別に、きめ細かい指導を展開し、そのうちの週1時間は外国人講師による授業です。「ARE学習（総合学習）」では、身近な問題について課題を見つけ、調査し、研究し、発表します。また、アメリカ・ニュージーランド・フィリピンの姉妹校との交流や希望者を対象に交換留学などを実施しています。

■主要5教科の週当たり時間（コマ）数

	英語	数学	国語	理科	社会
1年	5	4	5	3	3
2年	6	4	4	4	4
3年	5	4	4	4	3
合計	16	12	13	11	10

◎1日当たりの授業コマ数：50分×6時限
　※年10回程度、土曜集会あり、週1回7時限目にLHRあり
◎登校時間：8時

●部活動

20を超える部と団体があり、基本的には中高別に活動します。文化系では、舞台劇部や器楽部、茶道部、手芸料理部などが活発です。体育系では、全日本高校・大学ダンスフェスティバルで入賞したダンス部やハンドボール部、陸上競技部、剣道部などが活躍しています。

○文化系／音楽、科学、器楽、茶道、手芸料理、美術、舞台劇、文芸など

○体育系／剣道、水泳、陸上競技、ダンス、テニス、バスケットボール、バドミントン、ハンドボール、バレーボールなど

●行事

マーガレット祭（文化祭）と体育祭が大きなイベントです。合唱交歓会のほか、英語のスピーチやレシテーション（暗唱）コンテスト、イースター礼拝やクリスマス礼拝などの宗教行事も行われます。

●修学旅行・研修旅行

中1は7月、中2と高1・3は6月に修養キャンプを実施しています。修学旅行は中3が平戸・長崎、高2は沖縄を訪れます。また、希望者を対象にスキー学校や老人ホームでのボランティアキャンプ、カリフォルニア大学デービス校でのユースプログラムなども実施しています。

マネーガイド

■2024年度納付金（諸経費を含む）

	入学金	授業料	教育充実費	その他	計
入学手続時	250,000円	0円	0円	0円	250,000円
初年度総額	250,000円	600,000円	216,000円	97,600円	1,163,600円

◎寄付金：1口10万円、2口以上（任意）
◎授業料：2期分納
◎奨学金・特待生制度：経済的理由により就学困難と判断される者に学校納付金相当額を貸与または給付

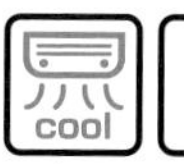

学期制　週5･6日制　プール　冷房　寮　食堂　私服通学　海外研修

サピックスからの合格実績（過去3年）	'22	'23	'24
	42名	62名	40名

私立 東京 女子 り

進学指導の概要

6年間の学校生活などを通して自分の生き方を模索し、自分の適性に基づいて具体的な進路を選ぶように指導しています。生徒は毎日の学習やクラブ活動、学校行事、ARE学習や土曜集会などを通じて視野を広げ、学びを深めていき、徐々に自分の適性・意思に基づいて進路を選んでいきます。保護者との充分な話し合いも促しつつ、適切な情報提供を行い、最終的な決断をするのは自分自身であることを繰り返し伝えています。

立教大学への推薦入学者だけでなく、医歯薬系をはじめとする理系の大学や、その他希望の大学に進学するために、多くの生徒が受験に臨んでいます。高2からはコース制を導入し、さまざまな進路をめざす生徒の学力向上を十分に支援する体制を整えています。

■現役大学進学者の進路の内訳

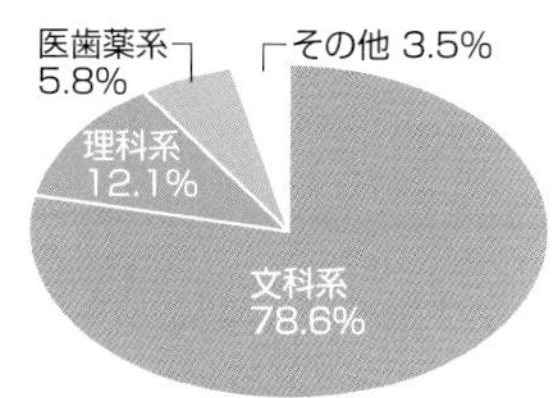

■併設高校から主要大学への合格実績

※上段は現役合格者数、下段は浪人を含めた合格者数。

	東京大	京都大	一橋大	東京工業大	筑波大	お茶の水女子大	電気通信大	東京外国語大	東京学芸大	東京芸術大	東京農工大	東京都立大	横浜国立大	千葉大	早稲田大	慶應義塾大	上智大	東京理科大
22年	1	—	1	—	—	—	—	1	—	—	—	—	—	—	13	12	6	9
	1	—	1	—	—	—	—	1	—	—	—	—	1	—	13	12	6	10
23年	—	—	—	1	—	1	—	—	—	—	1	—	—	—	13	19	12	7
	—	—	—	1	—	1	—	—	—	—	2	—	—	—	13	23	13	8
24年	—	—	—	1	—	—	—	—	—	—	—	2	—	—	30	22	19	4
	—	—	1	1	—	—	—	—	—	—	—	2	—	—	31	24	20	4

	学習院大	明治大	青山学院大	立教大	中央大	法政大	日本大	東洋大	駒澤大	専修大	国際基督教大	津田塾大	東京女子大	日本女子大	文部科学省所管外の大学校	海外の大学	国公立・医学部	私立・医学部
22年	—	11	4	131	7	2	3	—	—	—	2	0	—	—	—	—	—	5
	—	12	6	131	9	2	5	—	1	—	2	2	—	—	—	—	—	7
23年	1	9	3	129	1	1	1	4	—	—	1	2	2	3	—	3	—	1
	1	10	3	129	1	1	1	4	—	—	1	2	2	3	—	6	—	19
24年	2	18	10	128	9	1	1	1	—	1	1	—	1	1	1	—	—	3
	2	22	12	128	9	3	2	2	—	1	2	—	1	1	1	—	—	4

★指定校推薦枠（2024年度）早稲田大2名、慶應義塾大4名、上智大4名、東京理科大4名、立教大203名（関係学校推薦）、国際基督教大2名、聖路加国際大2名、中央大2名など

入試情報

■過去3年間の入試結果

		募集人員	出願者	受験者	合格者	実質倍率
22年	一般	約110	300	277	129	2.1
	帰国	約20	56	46	24	1.9
23年	一般	約110	353	334	136	2.5
	帰国	約20	44	40	21	1.9
24年	一般	約120	294	274	129	2.1
	帰国	若干	47	43	24	1.8

■2024年度入試 合格者の教科別平均点

	算数	国語	理科	社会	合計
一般	46.4	67.5	45.0	43.6	202.4

○一般配点：算国＝各90点　理社＝各60点　帰国配点：算国＝各40点　作文（日本語）＝20点
○合格最低点：一般185点　帰国は非公表

25年の募集要項

入 試 日／一般・帰国とも2月1日
募集人員／女子約120名、帰国若干名
合格発表／ホームページは即日、掲示は翌日
手続締切／2月2日
試験科目／国語(45分・90点)、算数(45分・90点)、理科(30分・60点)、社会(30分・60点)
面　　接／なし
帰国生のための試験／国語(45分・90点)、算数(45分・90点)
受 験 料／30,000円

公開行事・説明会予定

【学校説明会(定員制)】要予約
7月 3日(水)10時30分～
【高校生徒会による学校説明会(定員制)】要予約
7月20日(土)午前・午後
【入試科目説明会】要予約
10月下旬に動画配信予定
【校内見学会(定員制)】要予約
6月15日(土) 9時～、13時30分～
9月21日(土)
11月16日(土)
【マーガレット祭(文化祭)】要予約
10月25日(金)、26日(土)
◆変更・中止の可能性もあります。必ず学校ホームページで確認してください。

和洋九段女子 中学校

所在地／〒102-0073　千代田区九段北1-12-12
TEL／03-3262-4161
学校長／中込 真
創　立／1897年、日本初の洋裁を学科に取り入れた和洋裁縫女学院を設立。1947年、和洋九段女子中学校が発足。
URL／www.wayokudan.ed.jp

	1年	2年	3年
男子	—	—	—
女子	76名	76名	77名
クラス数	4組	4組	4組

中高総生徒数／431名

〈交通アクセス〉
東京メトロ東西線・半蔵門線、都営新宿線「九段下」駅より徒歩3分　JR・地下鉄ほか「飯田橋」駅より徒歩8分

高い英語力と思考力を身につける「世界標準」のカリキュラム

英語の授業をオールイングリッシュで行うだけでなく、ホームルームなどの学校生活でも英語が使用されるグローバルクラスを設けています。また、日本語で授業を行う本科クラスも、全面的にPBL（問題解決型）授業に転換。どちらのクラスでも英語、サイエンスリテラシー、コミュニケーション能力、ICTリテラシー、考える力を重視した世界標準の教育が展開されます。他者や異文化を理解するための教養や精神、合理的な判断力とみずからの考えを相手に伝える技術を身につけるための教育を実践しています。

スクールライフ

●教育内容

英語の授業とホームルームを英語で行うグローバルクラス（Advanced：英語が自由に話せる生徒／Intermediate：将来英語で授業を受けたい生徒）と本科クラスを展開。グローバルクラスでは、外国人講師とのインタラクティブな授業を実践して国際感覚を磨きます。グローバル・本科の両クラスともPBL（問題解決型）授業を展開。あるテーマに関して、教員から発せられた「トリガー・クエスチョン」を、まずは自分で考え、グループで話し合ったのちに、それをプレゼンテーションによって教室全体で共有する。これにより、思考することを常態にし、答えのない設問に対しても、合理的選択ができるよう訓練を重ねます。そのほか、補習授業に加え、20時まで質問可能な個別ブース型自習室を開放し、フォローアップ体制も整えています。

■主要5教科の週当たり時間（コマ）数　※( )内はグローバルクラス

	英語	数学	国語	理科	社会
1年	7 (8)	5	5	3	3
2年	8 (9)	5	5	4	3
3年	8 (9)	5	5	4	4
合計	23 (26)	15	15	11	10

◎1日当たりの授業コマ数：50分×6時限
　土曜日は4時限
◎登校時間：8時40分

●部活動

ほとんどのクラブが中高合同で活動しており、参加率は9割ほど。文化系では管弦楽部や箏曲部、体育系ではダンス部などが活躍しています。

○文化系／演劇、美術、管弦楽、コーラス、茶道、書道、写真、箏曲、ギター、英語、家庭、放送、生物、メディア研究、華道、歴史、人形箱、文芸、チェス

○体育系／体操、バレーボール、ダンス、バスケットボール、バドミントン、水泳、陸上、テニス、空手道、卓球

●行事

中高合同の文化祭や体育祭、球技大会のほか、合唱コンクール、百人一首大会、芸術鑑賞会などがあります。

●修学旅行・研修旅行

中1のブリティッシュヒルズ研修旅行、中2の企業・大使館訪問、中3のシンガポール修学旅行のほか、高1の農業体験、高2の修学旅行では広島・京都を訪れます。夏休みには中3と高校生の希望者対象オーストラリア研修を実施。そのほか、オーストラリア、ニュージーランド、カナダへの留学プログラムも整っています。

マネーガイド

■2024年度納付金（諸経費を含む）

	入学金	授業料	施設費	その他	計
入学手続時	300,000円	0円	0円	0円	300,005円
初年度総額	300,000円	400,000円	150,000円	301,700円	1,151,700円

◎寄付金：なし
◎授業料：2期分納
◎奨学金・特待生制度：中1は入試の成績上位者から選抜して奨学金を給付。中2以上は成績が上位で、生活態度の優良な者。

学期制 3期｜週5・6日制 完6 days｜プール 温｜冷房 cool｜寮｜食堂｜私服通学｜海外研修 希

サピックスからの合格実績（過去3年）	'22	'23	'24
	8名	11名	5名

進学指導の概要

大部分の生徒が現役で4年制大学に進学しています。高1から「本科コース」「サイエンスコース」「グローバルコース」にクラスを分割。いずれも希望進路に合わせた組み合わせができるカリキュラムを導入しています。高2からは選択科目と演習中心の授業となります。放課後や長期休暇中には各種の補習や講習も実施し、大学受験に向けた実戦力を養成します。英語の授業では中1より週1時間「英検®対策講座」が設けられ、グローバルクラス（高校はコース）では中学卒業までに全員が英検®準2級を、高校卒業までには9割の生徒が準1級を取得するなど、資格取得をしっかりサポートします。留学制度なども充実しており、グローバル時代に活躍するための進路選択をする機会を設けています。

■2024年3月卒業生の進路の内訳

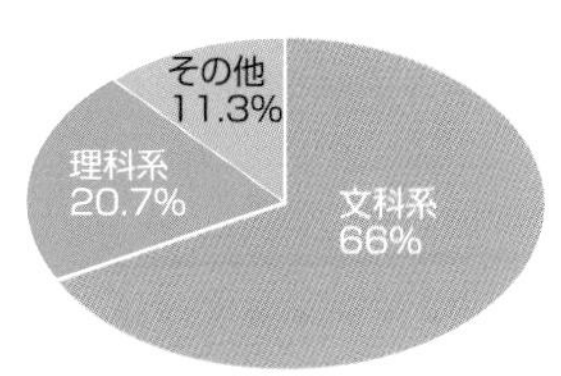

■併設高校から主要大学への合格実績

※上段は現役合格者数、下段は浪人を含めた合格者数。

	東京大	京都大	一橋大	東京工業大	筑波大	お茶の水女子大	電気通信大	東京外国語大	東京学芸大	東京芸術大	東京農工大	東京都立大	横浜国立大	千葉大	早稲田大	慶應義塾大	上智大	東京理科大
22年	—	—	—	—	—	—	—	—	—	—	—	—	—	—	1	—	1	—
	—	—	—	—	—	—	—	—	—	—	—	—	—	—	1	—	1	—
23年	—	—	—	—	—	—	—	—	—	—	—	—	—	—	1	—	—	—
	—	—	—	—	—	—	—	—	—	—	—	—	—	—	1	—	—	—
24年	—	—	—	—	—	—	—	—	—	—	—	—	—	—	—	—	1	—
	—	—	—	—	—	—	—	—	—	—	—	—	—	—	—	—	1	—

	学習院大	明治大	青山学院大	立教大	中央大	法政大	日本大	東洋大	駒澤大	専修大	和洋女子大	津田塾大	東京女子大	日本女子大	文部科学省所管外の大学校	海外の大学	国公立・医学部	私立・医学部
22年	3	—	1	2	—	3	4	—	6	—	1	1	3	4	—	—	—	—
	3	—	1	2	—	3	4	—	6	—	1	1	3	4	—	—	—	—
23年	2	—	1	—	—	3	2	1	1	3	6	1	1	2	—	—	—	—
	2	—	1	—	—	3	2	1	1	3	6	1	1	2	—	—	—	—
24年	2	—	1	—	—	2	1	—	—	—	3	—	1	3	—	1	—	—
	2	—	2	—	—	3	2	—	—	—	3	—	1	3	—	1	—	—

★指定校推薦枠（2024年度）上智大1名、学習院大2名、青山学院大1名、中央大1名、法政大3名、東京女子大2名、日本女子大6名、昭和薬科大2名、成蹊大3名、成城大5名など

入試情報

■2024年度の入試結果

		募集人員	出願者	受験者	合格者	実質倍率
1回	4科	40	本科45 G16	本科31 G14	本科25 G14	本科1.2 G1.0
	2科					
	PBL型					
	英語					
2回	得意科目 国語・算数	40	本科91 G17	本科75 G12	本科60 G12	本科1.3 G1.0
	得意科目 理科・算数					
	得意科目 国語・社会					
	得意科目 英語インタビュー					
	得意科目 プレゼン					
3回	4科	15	本科62 G18	本科12 G2	本科9 G2	本科1.3 G1.0
	2科					
	英語					
4回	得意科目 国語・算数	15	本科79 G16	本科17 G4	本科12 G4	本科1.4 G1.0
	得意科目 英語インタビュー					
5回	特待生選抜 4科	10	本科86 G13	本科27 G3	本科23 G3	本科1.2 G1.0
	特待生選抜 2科					
6回	到達度確認	5	本科93 G24	本科12 G5	本科8 G5	本科1.5 G1.0
	英語					
7回	到達度確認	5	本科9 G2	本科7 G2	本科4 G2	本科1.8 G1.0
	プレゼン					

※G＝グローバル
○配点：算国＝各100点　理社＝各50点(4科の場合)
○合格最低点：非公表

25年の募集要項

入試日／①2月1日 ②2月1日午後 得意科目入試③2月2日 ④2月2日午後 ⑤2月3日午前 ⑥2月5日基礎力入試 ⑦2月10日基礎力入試 帰国11月30日、12月21日

募集人員／女子約140名(①40名 ②40名 ③15名 ④15名 ⑤10名 ⑥10名 ⑦10名)、帰国特に定めない

合格発表／ホームページで即日

手続締切／①～⑥2月6日、⑦2月10日、帰国は12月27日

試験科目／国語(45分・100点)、算数(45分・100点)、理科・社会(①③⑤計40分・各50点、②各45分・100点)、英語(筆記およびスピーキングテスト)、PBL：PBL型授業を通して、論理性、協働性、表現力など総合的な力を評価、英語インタビュー：英検3級二次試験程度以上の会話試験 プレゼンテーション：プレゼン＋質疑応答 帰国第1回は国算英のうち2科+面接または英語+面接、2回は事前課題提出+面接(自己アピール・スピーチ)
※①は2科・4科・英語・PBLから選択、②は2科(国算・算理・国社)・英語インタビュー・プレゼンテーションから選択、第2回・第4回③は2科・4科・英語から選択、④は2科・英語インタビューから選択、⑤は2科・4科・英語から選択、⑥⑦は2科

面　　接／帰国生のみあり

受 験 料／25,000円(複数回同時出願の場合、2回目以降不要)

公開行事・説明会予定

【校舎見学会】要予約　各回10時～、11時～
6月29日(土)、8月 3日(土)
※6年生対象　12月14日(土)14時～、14時30分～
1月25日(土)10時～、11時～
【学校説明会】要予約
※6年生対象　9月21日(土)10時～、1月18日(土)10時～
※新5・6年生対象　2月22日(土)14時～
【入試対策勉強会】要予約　10時～　※6年生対象
10月26日(土)、11月9日(土)、11月30日(土)、1月18日(土)
【文化祭】要予約　9時～16時
9月28日(土)、29日(日)
◆このほかイベントを予定。学校ホームページでご確認ください。

私立 東京 女子 わ

青山学院 中等部

所在地／〒150-8366　渋谷区渋谷4-4-25
TEL／03-3407-7463
中等部部長／上野 亮
創　立／明治初期創立の女子小学校、耕教学舎、美會神学校が源流。1947年、青山学院中等部が開設。1986年、中高一本化により、青山学院高中部に。
URL／www.jh.aoyama.ed.jp

	1年	2年	3年
男子	127名	127名	126名
女子	128名	127名	128名
クラス数	8組	8組	8組

中高総生徒数／1968名　併設小から 約48%

〈交通アクセス〉
東京メトロ銀座線ほか「表参道」駅より徒歩7分
JR、東京メトロほか「渋谷」駅より徒歩13分

学びの視野を広げる「教科センター方式」を実施

キリスト教信仰に基づき、愛と奉仕の精神を養い、社会的責任を進んで果たす人間の育成が教育目標です。そのため、さまざまな宗教行事や毎日の礼拝、全学年で週1回の聖書の時間などを設けています。新たに完成した本校舎では、「教科センター方式」を導入。知識の詰め込みに終わらず、幅広い視野を持った人間としての素養を身につける学びをめざしています。中３の選択授業は、従来の科目にとらわれないユニークな講座で教養を高め、興味・関心の幅を豊かに広げ育てていきます。

スクールライフ

●教育内容

基礎学力の徹底と、みずから考える力を身につけることを重視し、1クラス32名、1学年8クラスの少人数クラス制を採用。外国人講師による英会話、英語オンライン多読システム、数学の習熟度別クラス制と併せて、基礎学力の充実とともに、バランスの取れた人間形成をめざすカリキュラム編成となっています。中3では、20前後の選択授業を開講し、各人の希望進路や関心に応じて週2時間履修します。また、オーストラリア、フィリピン、韓国の中学校との交流プログラムを実施。それぞれの文化や歴史、考え方や生活習慣を学びます。2021年より中1から1人1台のタブレットPCを導入し、学びを深化させています。

■主要5教科の週当たり時間（コマ）数

	英語	数学	国語	理科	社会
1年	5	4	4	3	4
2年	6	4	4	4	4
3年	6	4	4	4	3
合計	17	12	12	11	11

◎1日当たりの授業コマ数：45分×6時限
※木曜日は45分×7時限
◎登校時間：8時10分

●部活動

多くの部・同好会が活発に活動しています。
○文化系／国際交流、文芸、地理歴史研究、オルガン、囲碁将棋、音楽、マイコン、放送、アート、ハンドベル、創作漫画、箏曲、吹奏楽、茶道、家庭、科学など
○体育系／ラクロス、スキー、陸上、ラグビー、野球、ハンドボール、バスケットボール、バレーボール、バドミントン、チアダンス、テニス、卓球、水泳、サッカー、剣道など

●行事

クラス対抗リレーや男子の騎馬戦、女子のマスゲームなどで盛り上がる運動会、クラス参加の催し物、クラブの発表、自由参加のバンドなど多数のプログラムがある中等部祭（文化祭）のほか、歌舞伎教室、音楽鑑賞会、スキー学校など多彩な行事があります。イースター礼拝やクリスマスツリー点火祭、クリスマス礼拝といった宗教行事もあります。

●修学旅行・研修旅行

中2の裏磐梯キャンプ、中3の沖縄旅行のほか、春休みに北京、夏休みにオーストラリア・ホームステイを実施。また、イギリス語学研修も予定。チャイルド・ファンド・ジャパンの協力の下、ボランティア活動でフィリピンの学校を訪問し、交流を深めます。

マネーガイド

■2024年度納付金（諸経費を含む）

	入学金	授業料	施設費	その他	計
入学手続時	320,000円	0円	0円	0円	320,000円
初年度総額	320,000円	570,000円	362,000円	約312,000円	約1,564,000円

◎寄付金：1口10万円、2口以上（任意）
◎授業料：3期分納
◎奨学金・特待生制度：経済的理由により就学困難と判断される者に、学費等の支援給付制度と、友情献金のなかから授業料分を免除する制度がある

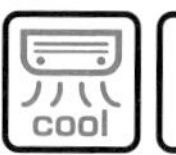

学期制　週5・6日制　プール　冷房　寮　食堂　私服通学　海外研修

サピックスからの合格実績（過去3年）	'22	'23	'24
	104名	106名	92名

進学指導の概要

高入生とは混合クラス編成で、週5日制の1日6時限・50分授業。「教科の学習を通して、総合的判断力・洞察力を持ち、自分の人生の進路を切り開く力を持つ人間の育成に努める」ことを目標に、広い視野に立ったカリキュラムを組んでいます。青山学院大への内部進学はもちろん、多様な進路に対応する力を養うため、高3では全体の半分に当たる週15時間が選択科目に。主要5科目を中心にフランス語、ドイツ語、被服、食物、聖書など、多彩な科目を設置しており、各人の進路や関心に応じて深い学習が可能です。また、土曜日には総合学習の一環として、進路指導に役立てるための「学問入門講座」を開講。さらに「英語の青山」の名にふさわしく、必修の英語は全学年で3段階の習熟度別クラスで学びます。国際交流にも力を入れており、イギリスやイタリアの姉妹校と短期交換留学を行うのも特徴です。卒業生の約85%は青山学院大へ進学。この内部進学は、高等部3年間の学業成績、3年次に行われる2回の学力テストの結果などを総合的に判断して推薦されます。

■現役大学進学者の進路の内訳

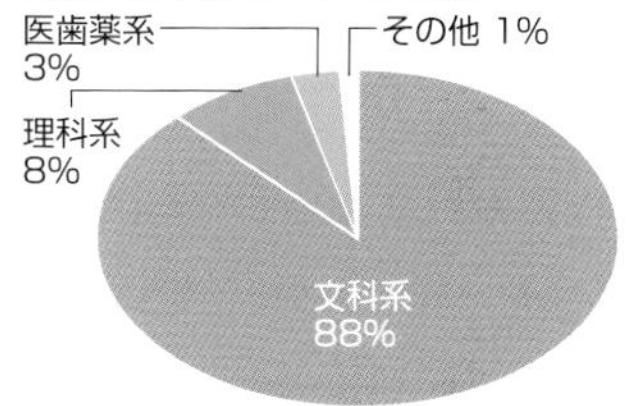

★他大学への主な進学状況（2024年度）
東京大1名、早稲田大9名、慶應義塾大25名、上智大8名、東京理科大7名、明治大13名、立教大5名、中央大6名、法政大5名など

■併設大学（青山学院大学）への推薦状況

	文学部	経済学部	法学部	経営学部	国際政治経済学部	総合文化政策学部	理工学部	社会情報学部	教育人間科学部	地球社会共生学部	コミュニティ人間科学部
22年	35名	44名	36名	85名	60名	47名	11名	10名	30名	2名	1名
23年	34名	47名	31名	85名	60名	47名	14名	5名	31名	—名	—名
24年	38名	34名	24名	85名	60名	47名	24名	5名	25名	3名	—名

★指定校推薦枠（2024年度）早稲田大、慶應義塾大、上智大、東京理科大、北里大など　※人数は非公表

入試情報

■過去3年間の入試結果

		募集人員	出願者	受験者	合格者	実質倍率
22年	男子	140	408	360	112	3.2
	女子		546	464	93	5.0
23年	男子	140	410	362	111	3.3
	女子		563	481	86	5.6
24年	男子	140	374	329	113	2.9
	女子		538	459	91	5.0

○配点：算国＝各100点　理社＝各50点
○合格最低点：男子167点　女子185点

25年の募集要項

入試日／2月3日
募集人員／男女約140名
合格発表／ホームページで翌日
手続締切／2月4日
試験科目／国語(50分・100点)、算数(50分・100点)、理科(25分・50点)、社会(25分・50点)
面　　接／なし
受験料／30,000円

公開行事・説明会予定

【学校説明会】
6月15日(土)
9月14日(土)
10月　5日(土)
【中等部祭(文化祭)】入試相談コーナーあり
11月　9日(土)
11月10日(日)
◆変更・中止の可能性もあります。必ず学校ホームページで確認してください。

サピックスOB・OGの声

●聖書の授業は、先生の日常的な体験などがお話の中心で、内容もとてもわかりやすく、有意義な時間です。英語はほかのクラスとの混合編成になるので、友だちの輪も広がります。
●行事では、4月に伊豆の天城山荘で行われたオリエンテーションキャンプが印象に残っています。クラス対抗のドッジボールなどがあり、すぐにみんなと仲良くなれました。
●キリスト教の学校なので、週に1時間の聖書の時間があるほか、毎日2時限目が終わると、講堂で礼拝があります。礼拝には最初、戸惑いもありましたが、今では心が落ち着く大切な時間となっています。

郁文館（いくぶんかん） 中学校

所在地／〒113-0023　文京区向丘2-19-1
TEL／03-3828-2206
学校長／渡邉 美樹
創　立／1889年、男子校として創立。2007年に郁文館グローバル高校を増設し、2010年に共学化。
URL／www.ikubunkan.ed.jp

	1年	2年	3年
男子	109	127	111
女子	71	71	69
クラス数	6組	7組	6組

中高総生徒数／558名

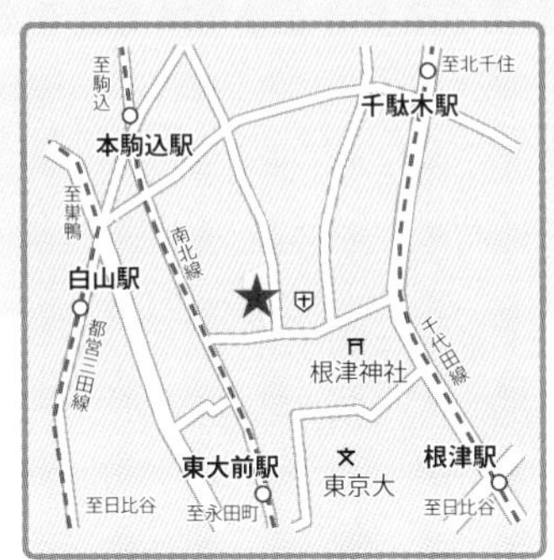

〈交通アクセス〉
東京メトロ南北線「東大前」駅より徒歩5分
都営三田線「白山」駅より徒歩10分
東京メトロ千代田線「根津」「千駄木」駅より徒歩10分

2024年度から難関国公立大学をめざす選抜クラスを新設

1889年、東京大学予備門の教師・棚橋一郎によって創設され、2003年から「子どもたちに夢を持たせ、夢を追わせ、夢を叶えさせる」ことを目的とした「夢教育」を開始しました。将来の夢や達成までの計画を記入する「夢手帳」、1学期に1回教員と夢について話し合う「夢カウンセリング」などを通して、生徒の自己実現をサポートしています。そのプロセスとして力を入れているのが「人間力」「学力」「グローバル力」の養成です。2023年度には、2029年度に東大合格者30名をめざすプログラム「学力プレミア」が始動しました。

スクールライフ

●教育内容

中1から、「iP class（東大専科）」「グローバルリーダー特進クラス」「特進クラス」「進学クラス」の4クラスを設置。中2からは、2024年度に新設された難関国公立大学をめざす「国立選抜Jr.クラス」が加わり、5クラス編成となります。ただし、全員が特待生で構成され、渡邉校長みずから担任を務めるiP classは、6年間同じクラスで学びます。また、英語教育が充実し、英会話の授業のほか、他教科の授業においても英語を用いることがあります。外国人講師によるマンツーマンのオンライン英会話「席上留学」では、世界各国の現地講師から365日、いつでも指導を受けられます。このほか、学外から講師を招き、グループワークを取り入れながら「お金の仕組み・現実・怖さ・大切さ」について学ぶオリジナル教科「お金科」があるのも特徴です。また、「SDGs教育日本一」をめざし、各教科でSDGsと関連づけた授業を行ったり、校内にSDGs展示コーナーを設置したりしています。

■主要5教科の週当たり時間（コマ）数

	英語	数学	国語	理科	社会
1年	6	5	7	4	4
2年	7	5	6	4	4
3年	7	5	6	4	4
合計	20	15	19	12	12

◎1日当たりの授業コマ数：45分×6時限
※土曜日は4時限
◎登校時間：8時10分

●部活動

正式なクラブは文化系が5、体育系が11ですが、研究会・同好会も合わせて20の団体が活動しています。
◯文化系／生物、書道、吹奏楽、華道、農業研究、軽音楽、アート、TEAM DRAW DREAMS（放送部）など
◯体育系／硬式野球、剣道、ダンス、チアリーディング、柔道、卓球、陸上、サッカー、バスケットボールなど

●行事

5月の体育祭、秋の郁秋祭（文化祭）のほか、起業家や弁護士、宇宙飛行士など各界の第一人者を招く「夢達人ライブ」といった講演会も行われます。

●修学旅行・研修旅行

中1～3が長野県で行う夢合宿では、4泊5日～10泊11日の共同生活のなかでアスレチック体験、農林業体験などを行い、自然の尊さや偉大さ、仲間と協力し合うことの大切さを学びます。中2の修学旅行では北海道を訪れ、酪農・漁業・食品加工などを体験し、命への感謝の気持ちを育みます。

マネーガイド

■2024年度納付金（諸経費を含む）

	入学金	授業料	施設費	その他	計
入学手続時	250,000円	0円	0円	0円	250,000円
初年度総額	250,000円	387,600円	80,000円	454,120円	1,151,720円

※制服代は別途必要

◎寄付金：あり
◎授業料：3期分納
◎奨学金・特待生制度：特待合格者は入学金と年間授業料の全額もしくは半額免除（最大6年間）

3期 完6 days cool 希

学期制 週5･6日制 プール 冷房 寮 食堂 私服通学 海外研修

サピックスからの合格実績（過去3年）	'22	'23	'24
	4名	16名	2名

進学指導の概要

主に、普通科の郁文館高校または国際科の郁文館グローバル高校に進学します。郁文館高校では、「iP class」「国立選抜クラス」「特進クラス」「進学クラス」の4つを用意。高2からはさらに文系・理系に分かれ、進路に合わせた学習指導を行っています。高3夏の夢合宿では、朝から夜まで教員が付き添い、生徒一人ひとりに合った学習方法を指導して実践力を磨きます。

一方、郁文館グローバル高校では、英語の実力養成に力を入れています。全生徒が高2からニュージーランドやカナダ、アメリカに1年間留学し、世界を舞台にした学びを通じて、世界ランキング100位以内の大学への進学をめざします。

■現役大学進学者の進路の内訳

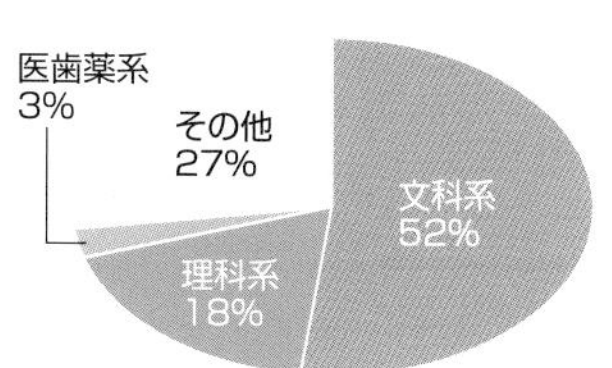

■郁文館高校・グローバル高校から主要大学への合格実績

※上段は現役合格者数、下段は浪人を含めた合格者数。

	東京大	京都大	一橋大	東京工業大	筑波大	お茶の水女子大	電気通信大	東京外国語大	東京学芸大	東京芸術大	東京農工大	東京都立大	横浜国立大	千葉大	早稲田大	慶應義塾大	上智大	東京理科大
22年	—	—	—	—	—	1	—	—	—	—	—	—	—	1	1	—	7	3
	—	—	—	—	—	1	—	—	—	—	—	—	—	2	5	10	8	5
23年	—	—	—	—	—	—	2	1	—	—	1	2	1	—	4	6	11	8
	—	1	1	—	—	—	2	1	—	—	1	2	1	—	10	9	14	12
24年	—	—	—	—	2	—	1	—	—	—	—	—	—	1	7	2	1	6
	—	—	—	—	2	—	1	—	—	—	—	—	—	1	7	2	1	6

	学習院大	明治大	青山学院大	立教大	中央大	法政大	日本大	東洋大	駒澤大	専修大	国際基督教大	津田塾大	東京女子大	日本女子大	文部科学省所管外の大学校	海外の大学	国公立・医学部	私立・医学部
22年	2	10	5	9	9	11	28	10	—	9	2	—	1	1	5	23	—	—
	2	18	7	14	11	12	30	11	9	11	2	2	1	1	5	23	—	1
23年	7	15	13	11	11	23	42	23	6	10	3	—	—	3	4	23	—	2
	9	19	16	12	14	27	49	24	6	12	3	—	1	3	4	23	1	2
24年	5	14	5	6	7	8	36	27	7	4	1	—	—	1	3	33	—	—
	5	17	6	7	7	8	41	32	9	5	1	—	—	1	4	34	1	1

★指定校推薦枠（2024年度）上智大3名、東京理科大7名、青山学院大1名、東邦大4名、東京農業大17名、東京薬科大3名、北里大2名、同支社大2名、立命館大3名、テンプル大学ジャパンキャンパス1名など

入試情報

■2024年度の入試結果

			募集人員	出願者	受験者	合格者	実質倍率
1回	総合	男子	40	83	79	45	1.8
		女子		47	41	26	1.6
	GL特進	男子	15	9	8	6	1.3
		女子		10	10	7	1.4
	iP class	男子	10	16	14	1	14.0
		女子		13	13	3	4.3
2回	総合	男子	30	105	74	39	1.9
		女子		47	28	19	1.5
	GL特進	男子	10	11	6	4	1.5
		女子		8	4	3	1.3
	iP class	男子	5	21	19	3	6.3
		女子		16	12	3	4.0
3回	総合4科	男子	20	36	21	12	1.8
		女子		13	7	5	1.4
	総合2科	男子		77	36	12	3.0
		女子		39	20	8	2.5
4回	総合4科	男子	15	38	15	7	2.1
		女子		25	12	9	1.3
	総合2科	男子		89	40	15	2.7
		女子		45	16	6	2.7
未来力		男子	若干	24	11	5	2.2
		女子		12	5	2	2.5
適性検査型1回		男子	10	103	92	79	1.2
		女子		81	72	67	1.1
適性検査型2回		男子	10	79	62	53	1.2
		女子		74	60	43	1.4
適性検査型 iP class		男子	5	50	32	12	2.7
		女子		52	34	7	4.9
帰国		男子	5〜10	3	2	2	1.0
		女子		0	0	0	—

○配点　算国英＝各100点　理社＝各50点
○合格最低点：１回総合男子69点・女子85点　1回GL男子42点・女子43点　1回iP 105点　2回総合男子63点・女子57点　2回GL男子45点・女子32点　2回iP 113点　3回総合4科男子90点・女子182点　2科男子48点・女子82点　4回総合4科男子192点・女子173点　2科男子120点・女子122点　　帰国83点　未来力、適性検査型は非公表

24年の募集要項

※以下は2024年の募集要項です。2025年の要項は学校の発表をお待ちください。

入 試 日／①総合・GL特進2月1日午前 iP class2月1日午後 ②総合2月2日午前 GL特進2月2日午後 ③総合2月3日午前 未来力・iP class2月3日午後 ④総合2月4日午前 適性検査型①2月1日午前 ②2月2日午前 iP class 2月4日午前 帰国12月5日午後

募集人員／男女約180名(①総合40名 GL特進15名 iP class 10名 ②総合30名 GL特進10名 ③総合20名 未来力若干 iP class5名 ④総合15名 適性検査型①10名 ②10名 iP class5名 帰国5～10名)

合格発表／ホームページで即日発表

手続締切／①総合・GL特進・iP class 2月3日 ②総合・GL特進、③総合・未来力・iP class 2月4日 ④総合2月5日 適性検査型①②2月11日 iP class 2月10日 帰国2月2日

試験科目／国語(50分・100点)、算数(50分・100点)、理科(20分・50点)、社会(20分・50点)、英語(50分・100点)
※①②総合・iP classは2科、GL特進・帰国は英語、③④総合は2科4科選択、未来力はプレゼンテーション・Q&A、適性検査型①②は適性検査Ⅰ・Ⅱ・Ⅲ、適性検査iP classは適性検査(国語型・算数型)

面　　接／なし

受 験 料／①②③④総合・GL特進・iP class・未来力は23,000円、適性検査型・帰国は10,000円

公開行事・説明会予定

【理事長学校説明会】要予約
6月15日(土)14時～
※授業見学会あり(11時～)
【郁秋祭(文化祭)】
9月28日(土)、29日(日)
◆変更・中止の可能性もあります。必ず学校ホームページで確認してください。

穎明館(えいめいかん) 中学校

所在地／〒193-0944　八王子市館町2600
TEL／042-664-6000
学校長／橋本 好広
創　立／1985年、穎明館高等学校を開校。1987年、穎明館中学校を開校。2007年、高校での生徒募集を停止し、完全な中高一貫校になる。
URL／www.emk.ac.jp

	1年	2年	3年
男子	130名	133名	119名
女子	63名	55名	67名
クラス数	5組	5組	5組

中高総生徒数／1090名

〈交通アクセス〉
JR、京王線「高尾」駅より直行バス約10分、路線バス約15分、同「橋本」駅よりスクールバス約25分

学力も人格も優れた「社会に貢献する」リーダーを育てる

Experience（経験）、Morality（道徳）、Knowledge（知識）の「EMK」が教育の3本柱。「国際社会に羽ばたく真のリーダーの育成」を目標に、学力面はもちろん、生徒一人ひとりの人格面の成長にも力を注いでいます。キャンパスは八王子丘陵にあり、豊かな自然に親しめる好環境。25m室内温水プール、人工芝のグラウンド、400mトラック、天文ドームなど、充実した施設が特徴です。2019年4月より学校改革「EMK未来プロジェクト」が始動。教員による6つのプロジェクトチームが、基礎学力向上・大学受験対策やICT教育推進などの学校改革に取り組んでいます。

スクールライフ

●教育内容

中1・2で各教科の基礎を定着させ、英語・国語・数学は中3から完全に高校の課程に入ります。社会と理科の一部も高校の内容に進みます。中1・2の英会話は1クラスを2分割し、少人数で外国人講師による授業を展開し、きめ細かい指導を行います。全学年で週に1時間「総合」の授業があり、探究学習を深めます。定期テストは年5回ですが、それ以外にも、授業中の小テストや単元テスト、提出物などを通して習熟度をチェック。放課後には補習も行っています。昼食は原則、スクールランチ（給食）ですが、弁当の持参も認められています。厨房設備付きの食堂は放課後の午後6時まで営業しているので、部活動や補習などの後に利用する生徒も少なくありません。

■主要5教科の週当たり時間（コマ）数

	英語	数学	国語	理科	社会
1年	7	6	6	4	4
2年	7	6	6	4	4
3年	7	6	6	4	4
合計	21	18	18	12	12

◎1日当たりの授業コマ数：50分×6時限
※月曜は7時限、土曜日は4時限
◎登校時間：8時20分

●部活動

参加率は約9割。陸上競技部、水泳部、ダンス部、生物部など合わせて約30の部・同好会があります。人工芝グラウンドと堀越球場（A球場）は姉妹校の堀越高校と共有ですが、互いにやりくりして活発に活動しています。

○文化系／吹奏楽、かるた、天文、軽音楽、室内楽、将棋、美術、社会・茶道、演劇、生物、鉱物研究など
○体育系／サッカー、テニス、合気道、柔道、水泳、陸上競技、卓球、バレーボール、バスケットボール、バドミントン、軟式野球、硬式野球、剣道、ダンス

●行事

9月に文化祭、10月に体育祭が行われます。11月には芸術鑑賞会、新春には百人一首大会などの季節感あふれる行事も実施されます。

●修学旅行・研修旅行

体験学習として中2は広島、中3は奈良・京都へ行きます。高1はアメリカ・カナダを訪れて大学の寮に宿泊した後、ホームステイをします。また、中3～高2の希望者はイギリス・イートン校のサマープログラムにも参加可能です。さらに高1の希望者はオーストラリアにターム留学（3か月間）することもできます。

マネーガイド

■2024年度納付金（諸経費を含む）

	入学金	授業料	施設費	その他	計
入学手続時	300,000円	0円	0円	0円	300,000円
初年度総額	300,000円	480,000円	100,000円	300,900円	1,180,900円

※その他にはタブレット代、放課後学習システム利用料を含む。

◎寄付金：1口1万円、1口以上（任意）
◎授業料：4期分納
◎奨学金・特待生制度：入試の成績上位者（18名以内）を初年度授業料免除対象とし、次年度以降は学業と人物が優秀な者（各学年1名）の年間授業料を免除

3期 学期制 ／ 完6 days 週5･6日制 ／ 温 プール ／ cool 冷房 ／ 寮 ／ 食堂 ／ 私服通学 ／ 全 海外研修

サピックスからの合格実績（過去3年）	'22	'23	'24
	16名	7名	8名

進学指導の概要

2019年度より中3からアドバンストクラス（1クラス）とスタンダードクラス（4クラス）を設置。生徒の学力に合わせた授業を展開します。

高1では英語と数学と古典が習熟度別授業となり、高2からは国語と理科でも実施。高2で文系と理系に分かれ、高3でさらに国公立大志望と私立大志望に分かれるシステムです。自分の将来の目標を明確に持たせるためのキャリア教育も充実。中3～高2で、保護者や卒業生が語る「キャリアガイダンス」、卒業生が受験勉強法についてアドバイスする「進学懇談会」、医学系をめざす生徒のための「医療系セミナー」などを開催します。

■現役大学進学者の進路の内訳

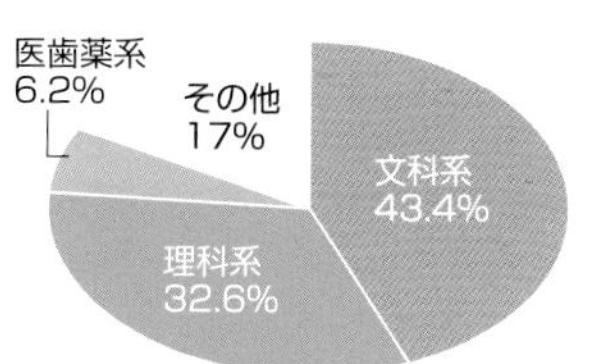

■併設高校から主要大学への合格実績

※上段は現役合格者数、下段は浪人を含めた合格者数。

	東京大	京都大	一橋大	東京工業大	筑波大	お茶の水女子大	電気通信大	東京外国語大	東京学芸大	東京芸術大	東京農工大	東京都立大	横浜国立大	千葉大	早稲田大	慶應義塾大	上智大	東京理科大
22年	2	1	1	—	1	—	1	1	1	—	1	6	1	—	14	12	7	20
	2	1	1	—	1	—	1	1	1	—	3	6	1	1	15	13	7	24
23年	2	—	—	—	—	—	—	—	—	—	4	4	4	1	11	9	13	9
	3	1	—	1	—	—	—	—	—	—	4	5	4	1	14	13	13	15
24年	2	—	—	2	—	2	2	—	1	—	1	5	2	1	17	5	6	13
	2	1	—	2	—	2	2	—	1	—	2	5	2	1	23	7	9	16

	学習院大	明治大	青山学院大	立教大	中央大	法政大	日本大	東洋大	駒澤大	専修大	国際基督教大	津田塾大	東京女子大	日本女子大	文部科学省所管外の大学校	海外の大学	国公立・医学部	私立・医学部
22年	2	31	24	17	31	31	35	13	1	12	2	8	11	7	1	—	3	10
	3	38	24	21	38	37	49	23	2	16	3	11	13	7	4	—	7	22
23年	4	29	23	20	22	28	29	12	4	8	1	5	5	6	—	—	1	9
	4	37	28	25	45	37	45	19	6	9	1	8	8	7	—	—	2	18
24年	2	43	20	6	36	24	30	8	2	16	—	1	1	1	2	—	1	3
	2	53	25	7	42	31	35	9	4	17	—	2	1	1	2	—	3	8

★指定校推薦枠（2024年度）非公表

入試情報

■2024年度の入試結果

		募集人員	出願者	受験者	合格者	実質倍率
帰国	男子	10	3	3	2	1.5
	女子		0	0	0	—
1回	男子	50	71	67	29	2.3
	女子		56	52	34	1.5
1回グローバル	男子		2	2	1	2.0
	女子		2	2	1	2.0
2回	男子	60	127	93	56	1.7
	女子		103	79	53	1.5
3回	男子	30	184	147	81	1.8
	女子		96	66	24	2.8
4回	男子	30	118	65	33	2.0
	女子		56	24	4	6.0

■2024年度入試 合格者の教科別平均点

		算数	国語	理科	社会	合計
帰国	男子	84.0	74.0			158.0
	女子					
1回	男子	61.9	67.9	44.0	46.2	219.9
	女子					
2回	男子	69.1	58.6	37.6	42.7	208.1
	女子					
3回	男子	65.4	68.9			134.3
	女子					
4回	男子	総合Ⅰ/67.3		総合Ⅱ/70.7		138.1
	女子					

○配点：算国＝各100点 理社＝各60点　帰国：算国＝各100点 面接
○4回4科総合配点：Ⅰ(国社)＝100点　Ⅱ(算理)＝100点
○合格最低点：1回200点　2回178点　3回106点　4回121点　帰国152点

25年の募集要項

入 試 日／①2月1日午前一般・グローバル・帰国生 ②2月1日午後総合 ③2月2日午前一般・グローバル ④2月2日午後総合 ⑤2月4日午前総合
募集人員／男女約180名(①50名 ②30名 ③40名 ④30名 ⑤30名)
合格発表／ホームページで即日
手続締切／①②③④⑤2月10日
試験科目／国語(50分・100点)、算数(50分・100点)、理科(30分・60点)、社会(30分・60点)、英語(50分・100点)、総合Ⅰ<国・社>(50分・100点)、総合Ⅱ<算・理>(50分・100点)
※①③一般は国算理社の4科、①グローバルは国算英の3科、②④⑤総合は総合Ⅰ・総合Ⅱの4科総合、③グローバルは①グローバルの受験者で国算が合格点に達しなかった者のみ対象に国算2科、①帰国生は国語(50分・100点)、算数(50分・100点)、日本語による面接(約10分)
受 験 料／25,000円
(複数回出願の場合、2回分30,000円、3回分35,000円、4回分40,000円、5回分45,000円)

公開行事・説明会予定

【学校説明会】要予約
6月15日(土)、 8月25日(日)、10月26日(土)
11月30日(土)、12月14日(土)、 2月22日(土)
【オープンスクール】
7月21日(日)
【学校見学会】要予約
1月11日(土)
3月23日(日)※初めての方対象
【文化祭】要予約
9月14日(土)、 9月15日(日)
【体育祭】要予約
10月 3日(木)
◆時間・詳細については、必ず学校ホームページで確認してください。

私立 東京 共学 え

桜美林(おうびりん) 中学校

所在地／〒194-0294 町田市常盤町3758
TEL／042-797-2668
学校長／堂本 陽子
創 立／学園創設者が中国で崇貞学園を創設。1946年、帰国後に桜美林学園を創立。1947年、桜美林中学校を開校。
URL／www.obirin.ed.jp

	1年	2年	3年
男子	84名	65名	81名
女子	75名	70名	68名
クラス数	4組	4組	4組

中高総生徒数／1333名

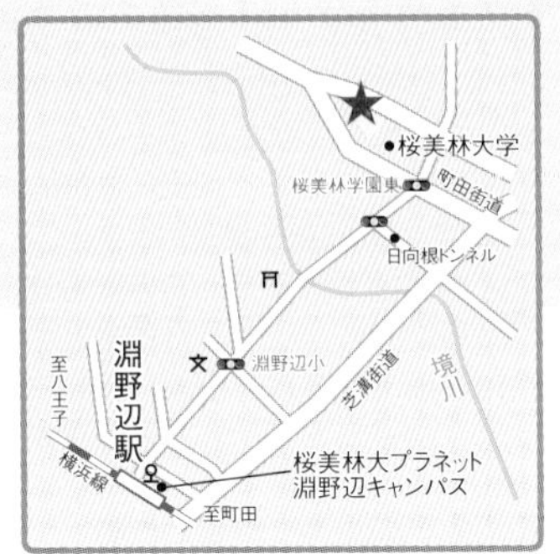

〈交通アクセス〉
JR横浜線「淵野辺」駅より徒歩20分、スクールバス8分(随時運行) 京王相模原線、小田急多摩線、多摩都市モノレール「多摩センター」駅よりスクールバス20分(随時運行)

キリスト教主義に立脚した、きめ細かい指導で国際人を育成

戦前の北京で教育活動を行っていた清水安三・郁子夫妻が、帰国後に国際社会に奉仕する人材の育成をめざして開いた学校です。創立者が民族・文化の違いを尊重し、共に手を取り合う教育を実践していたため、現在でも「多文化共生」を重視。第二外国語に中国語とコリア語（韓国・朝鮮語）を用意するほか、国際交流の機会も多く設けています。また、キリスト教の精神を学校の基盤としており、高1までは週1で聖書の授業を実施。すべての人間は「かけがえのない存在」であること、神から与えられた「いのち」を大切にすることなどを学んでいます。

スクールライフ

●教育内容

中学3年間では自学自習の姿勢を確立。中1では、授業を中心にじっくり学習を進め、教科の偏りがないようにバランスよく学習できるカリキュラムを組んでいます。中2では難しくなっていく学習内容に備えて、自学自習が確立できるように指導しています。中3では中学の基礎学力の総仕上げを行いながら、主要5教科の一部が高校課程に入るなど、高校進学に向けて準備を行います。数学は中2で中学の範囲を終え、中3から高校の範囲に入るなど、ハイレベルな授業が展開されますが、生徒個々のレベルに合わせて習熟度別授業を行い、補習・補講で手厚くフォローします。また、国語・数学・英語の基礎力を問うコンテストを年5回開催。中国、韓国、アメリカ、オーストラリアなど世界各地の姉妹校との交流が盛んで、中3からは自由選択科目として、中国語、コリア語（韓国・朝鮮語）も学習できます。

■主要5教科の週当たり時間（コマ）数

	英語	数学	国語	理科	社会
1年	6	4	6	3	3
2年	6	5	5	4	3
3年	6	5	5	4	4
合計	18	14	16	11	10

◎1日当たりの授業コマ数：50分×6時限
※土曜日は4時限
◎登校時間：8時30分

●部活動

クラブへの参加率は中学で9割、高校で約8割。文化系は14、体育系は8つあり、吹奏楽部や野球部などが活躍しています。運動部は中3の2学期から野球部などを除き、高校の練習に参加できます。

○文化系／IFC（国際交流部）、ハンドベル、演劇、美術、科学、茶道、文芸、書道、漫画研究部、合唱、CYA（クリスチャンユースアソシエーション）、吹奏楽、HandMade、華道

○体育系／男子サッカー、剣道、ソフトテニス、女子バレーボール、バスケットボール、陸上競技、卓球、野球

●行事

体育祭、桜空祭（文化祭）、合唱コンクールのほか、収穫感謝礼拝、クリスマス礼拝、クリスマス・キャロリングなどの宗教行事があります。

●修学旅行・研修旅行

中学ではさまざまな宿泊研修を行い、集団生活の心構えを学びます。入学式直後の新入生宿泊研修を皮切りに、中1は7月に林間学校で志賀高原に、中2は酪農を体験するサマースクールに参加。中3は7泊8日のオーストラリア研修旅行、高2は沖縄修学旅行で現地の文化と歴史に触れます。中2から参加可能な短期留学、高校からはカナダなどへ中期・長期留学も可能。

マネーガイド

■2024年度納付金（諸経費を含む）

	入学金	授業料	施設設備費	その他	計
入学手続時	100,000円	157,000円	84,500円	35,000円	376,500円
初年度総額	100,000円	471,000円	253,500円	55,000円	879,500円

※入学辞退の申し出がなされた場合、入学金を除いた納入金を返金
※別途、制服代・宿泊研修費あり

◎寄付金：1口1万円、「学園債」1口10万円。いずれも1口以上（任意）
◎授業料：3期分納
◎奨学金・特待生制度：経済的理由により就学困難と判断される者、学力・人物ともに優秀な者に、1年間の授業料相当額を給付

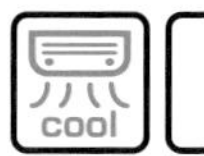

学期制　週5・6日制　プール　冷房　寮　食堂　私服通学　海外研修

サピックスからの合格実績（過去3年）	'22	'23	'24
	14名	9名	9名

私立　東京　共学　お

進学指導の概要

併設の桜美林大学へは希望者はほぼ全員進学できますが、実際に進学する生徒は10%程度です。併願受験システムで、他大学受験と桜美林大学への推薦が可能となっているため、生徒は安心して大学受験に取り組むことができます。全員が大学への進学を志望し、多くの生徒が国公立・難関私立大にチャレンジ。その進学率は近年、飛躍的に伸びています。こうした成果の背景には、専門スタッフで構成された進路指導部と、学年・担任団との円滑な情報交換の下、学習面はもちろん、精神面を含め、生徒一人ひとりをていねいにサポートする、きめ細かな進路指導があります。また、国内の大学との併願が可能な海外大学推薦制度を利用し、海外大学に進学する卒業生も増えています。

■現役大学進学者の進路の内訳

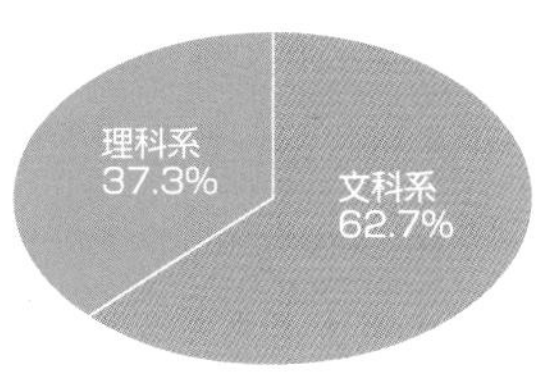

■併設高校から主要大学への合格実績

※上段は現役合格者数、下段は浪人を含めた合格者数。

	東京大	京都大	一橋大	東京工業大	筑波大	お茶の水女子大	電気通信大	東京外国語大	東京学芸大	東京芸術大	東京農工大	東京都立大	横浜国立大	千葉大	早稲田大	慶應義塾大	上智大	東京理科大
22年	—	—	—	—	1	—	1	2	3	—	2	5	4	—	6	3	14	11
	—	—	—	—	1	—	2	3	4	—	2	6	4	—	6	3	16	11
23年	—	—	1	—	2	—	—	1	1	—	—	9	1	—	16	7	15	6
	—	—	2	—	2	—	—	1	1	—	1	11	1	—	18	7	16	9
24年	1	—	1	—	1	1	3	3	4	—	1	5	5	2	12	9	15	14
	1	—	1	—	1	1	3	3	4	—	2	5	5	2	12	11	15	20

	学習院大	明治大	青山学院大	立教大	中央大	法政大	日本大	東洋大	駒澤大	専修大	桜美林大	津田塾大	東京女子大	日本女子大	文部科学省所管外の大学校	海外の大学	国公立・医学部	私立・医学部
22年	8	48	27	20	69	59	55	29	26	81	105	9	16	20	1	11	—	—
	10	50	28	24	75	60	65	37	30	87	105	9	16	20	1	11	—	—
23年	12	35	30	31	44	50	58	27	21	68	90	13	11	12	1	7	—	—
	12	39	33	35	48	57	63	31	23	75	90	13	11	13	1	8	1	7
24年	8	52	37	34	60	77	52	38	22	79	73	28	23	17	—	9	—	—
	10	54	42	35	65	79	62	38	23	80	87	28	23	17	—	9	—	4

★指定校推薦枠（2024年度）東京都立大学1名、青山学院大24名、東京理科大3名、国際基督教大1名、学習院大2名、明治大4名、立教大4名、中央大7名、法政大7名、日本大7名、専修大8名、成蹊大3名、成城大5名、東京女子大3名、明治学院大11名、桜美林大制限なし、津田塾大2名、日本女子大4名など

入試情報

■2024年度の入試結果

			募集人員	出願者	受験者	合格者	実質倍率
2/1午前	総合学力評価	男子	25	84	80	59	1.4
		女子		90	89	55	1.6
	4科	男子	30	26	21	14	1.5
		女子		39	37	15	2.5
	2科	男子		17	15	6	2.5
		女子		18	17	5	3.4
2/1午後	総合学力評価	男子	20	57	55	41	1.3
		女子		84	84	53	1.6
	2科	男子	45	174	159	103	1.5
		女子		120	114	71	1.6
2/2午後	2科	男子	25	172	88	47	1.9
		女子		98	50	18	2.8
2/3午後	2科	男子	15	168	60	22	2.7
		女子		107	42	6	7.0

○配点：算国＝各100点　理社＝各80点　文系総合・理系総合＝各100点　読解表現総合＝60点
○合格最低点：1日午前総合学力評価112点・4科240点・2科139点　1日午後総合学力評価128点　・2科109点　2日午後2科113点　3日午後2科133点

24年の募集要項

※以下は2024年の募集要項です。2025年の要項は学校の発表をお待ちください。

入試日／①2月1日午前 午後 総合学力評価 ②2月2日午前 総合学力評価 午後 ③2月3日午後 帰国12月17日
募集人員／男女約160名(①午前30名 午後45名 総合25名 ②午前総合学力評価25名 午後25名 ③10名)
合格発表／ホームページで即日
手続締切／2月5日 総合は2月13日
試験科目／国語(50分・100点)、算数(50分・100点)、理科(40分・80点)、社会(40分・80点)、総合(文系総合：100点・50分、理系総合100点・50分)
※①午前は2科4科選択、①午後②午後③はは2科、総合学力評価は『総合』
面接／なし
受験料／25,000円(複数回同時出願の場合30,000円)

公開行事・説明会予定

【学校説明会】要予約　各回14時～
6月22日(土)、10月 5日(土)、11月9日(土)
【入試説明会(教科型入試)】要予約　各回14時～
12月14日(土)、 1月11日(土)
【総合学力評価テスト説明会】要予約
10月12日(土)14時～
【総合学力評価テスト入試体験会】要予約
12月14日(土) 9時30分～
【校舎見学】要予約
原則土曜日9時50分～、14時～
【桜空祭(文化祭)】
9月15日(日)、9月16日(祝)9時～15時
【クリスマスキャロリング】
12月21日(土)16時～
◆変更・中止の可能性もあります。必ず学校ホームページで確認してください。

開智日本橋学園 中学校

所在地／〒103-8384　中央区日本橋馬喰町2-7-6
TEL／03-3662-2507
学校長／近藤 健志
創　立／2015年に開智学園と提携し、日本橋女学館から開智日本橋学園に校名を変更。共学化を果たし、新たなスタートを切った。
URL／www.kng.ed.jp

	1年	2年	3年
男子	67名	48名	64名
女子	100名	113名	100名
クラス数	6組	6組	6組

中高総生徒数／919名

〈交通アクセス〉
JR・都営浅草線「浅草橋」駅より徒歩3分
JR「馬喰町」駅より徒歩3分　都営新宿線「馬喰横山」駅より徒歩7分

平和で豊かな国際社会の実現に貢献できるリーダーを育成

「生徒が自ら学ぶ探究型の学び」を指導理念として、創造型・探究型・発信型の教育を取り入れ、アクティブ・ラーニング型の授業を展開しています。「グローバル・リーディングコース（GLC）」「デュアルランゲージコース（DLC）」「リーディングコース（LC）」の3コース制で、どのコースでも国際バカロレアの理念を基本に探究学習を中心とした学びを推進。６年一貫の創造的な学びを通して人間力を鍛え、国内だけでなく海外大学への進学もめざすなかで、一生使える本物の学力、そして一生学び続けるという意志を育んでいきます。

スクールライフ

●教育内容

学習履歴や希望の進路に合わせた3コースを用意。「グローバル・リーディングコース」は海外のトップクラスの大学を、「デュアルランゲージコース」は海外および国内の難関大学を、「リーディングコース」は国内のトップクラスの大学をめざします。すべてのコースで探究・討論・協働を重視するアクティブ・ラーニングを導入しており、その指導は姉妹校の開智学園で経験を重ねた教員が担当。学内での教員研修も充実させています。また、ビジョンを持って長期的に探究テーマを掘り下げる「プロジェクト教育」や、生徒自身が職業について多角的に調査する「キャリア教育」なども実施。こうした能動的な学習を続け、高い志を掲げてみずから学び、伸ばした個性を社会に還元する人材を育てています。

■主要5教科の週当たり時間（コマ）数

	英語	数学	国語	理科	社会
1年	6	5	5	4	3
2年	5	6	5	4	3
3年	5	6	5	4	4
合計	16	17	15	12	10

◎1日当たりの授業コマ数：50分×6時限
※週5回6時限、土曜日は4時限
◎登校時間：8時10分

●部活動

生徒が主体となり、新たな部を創設・運営しています。活動は最大で週4日まで、日曜・祝日は公式試合以外の活動はありません。

○文化系／サイエンス、吹奏楽、美術、演劇、調理、茶道、CG・写真、歴史研究同好会、鉄道研究同好会、合唱同好会、数学同好会、クイズ研究同好会など

○体育系／剣道、バスケットボール、バレーボール、卓球、ダンス、バトン、バドミントン、陸上、軟式野球、サッカー、水泳、テニス、フットサルなど

●行事

6月の体育祭と10月の開橋祭（文化祭）が二大行事。探究テーマの発表会や英語でのスピーチコンテスト、中3では芸術発表会も行われています。

●修学旅行・研修旅行

学年ごとにフィールドワークを実施。中1は「磯」、中2は「森」、高1は「首都圏」をテーマに現地を訪問して学びを深めます。修学旅行もそれに準じるもので、中3は国内、高2は海外でのフィールドワークを予定。また、8月には希望者を対象に海外への短期留学も実施。ロサンゼルスなどの現地校で14日間の英語での探究学習などを行います。

マネーガイド

■2024年度納付金（諸経費を含む）

	入学金	授業料	施設費	その他	計
入学手続時	100,000円	0円	0円	0円	100,000円
初年度総額	100,000円	480,000円	168,000円	約550,000円	約1,298,000円

※今後変更する可能性があります。

◎寄付金：1口5万円、4口以上（任意）
◎授業料：4期分納
◎奨学金・特待生制度：入学試験の成績が特に優れている受験生に対し、特待生として教育支援金（授業料・教育充実費）を給付

3期 学期制 ｜ 完6 days 週5･6日制 ｜ プール ｜ cool 冷房 ｜ 寮 ｜ 食堂 ｜ 私服通学 ｜ 全 海外研修

  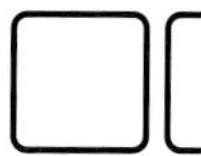 

サピックスからの合格実績（過去3年）	'22	'23	'24
	60名	75名	77名

進学指導の概要

すべてのコースは高2で希望進路に応じて、国際バカロレアDP、国立理系、国立文系、医学系、私立文理系に分かれます。高2の2学期からは大学入試に即した授業へシフト。放課後の入試対策講座も高2秋から開講し、高3の入試直前ゼミなどと合わせて、All in Schoolで受験サポートを行い、大学合格を確実なものとします。

DPクラスでは、探究テーマを選んで卒論を執筆するほか、夏休みや放課後にSAT（アメリカの大学進学適性検査）に対応した特別講座も実施されます。海外大学への入試へは、外国人講師が個々にサポートする体制があります。

■現役大学進学者の進路の内訳

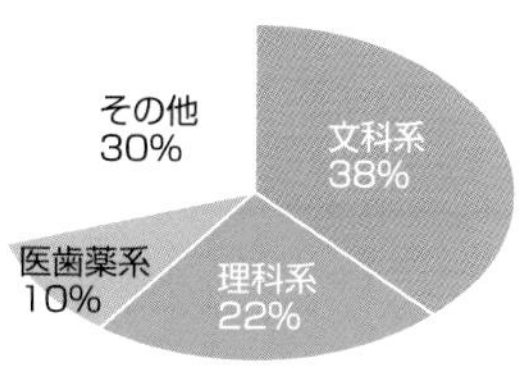

■併設高校から主要大学への合格実績

※上段は現役合格者数、下段は浪人を含めた合格者数。

	東京大	京都大	一橋大	東京工業大	筑波大	お茶の水女子大	電気通信大	東京外国語大	東京学芸大	東京芸術大	東京農工大	東京都立大	横浜国立大	千葉大	早稲田大	慶應義塾大	上智大	東京理科大
22年	—	—	—	1	—	—	1	—	—	—	—	3	1	1	10	5	8	16
	—	—	—	1	—	—	1	—	—	—	—	3	1	1	10	5	8	22
23年	—	1	—	—	—	1	—	1	1	—	—	2	—	2	13	5	10	12
	—	1	—	—	—	1	—	1	2	—	—	2	—	2	14	5	11	15
24年	—	—	1	—	2	—	1	—	—	—	1	—	3	5	16	5	10	17
	—	—	1	—	3	—	1	—	—	1	2	—	3	5	18	6	10	17

	学習院大	明治大	青山学院大	立教大	中央大	法政大	日本大	東洋大	駒澤大	専修大	国際基督教大	津田塾大	東京女子大	日本女子大	文部科学省所管外の大学校	海外の大学	国公立・医学部	私立・医学部
22年	2	28	12	25	16	17	22	40	5	10	2	1	4	4	3	18	—	4
	2	28	15	25	19	17	22	40	5	10	2	1	4	4	3	18	—	4
23年	2	14	10	23	8	37	30	26	10	7	4	—	2	6	4	40	1	1
	4	18	11	23	8	40	37	26	11	7	4	—	2	6	4	40	1	1
24年	8	29	12	27	10	21	22	31	10	14	5	—	1	3	—	25	—	3
	8	29	12	28	10	22	22	31	10	14	5	—	1	3	—	25	1	9

★指定校推薦枠（2024年度）非公表

入試情報

■2024年度の入試結果

			募集人員	出願者	受験者	合格者	実質倍率
帰国1回		男子	20	113	96	32	3.0
		女子					
帰国2回		男子		84	43	7	6.1
		女子					
1回	4科	男子	25	365	278	97	2.9
		女子					
	2科	男子		44	33	6	5.5
		女子					
	GLC	男子		39	31	12	2.6
		女子					
特待生	4科	男子	30	262	175	58	3.0
		女子					
	1科	男子		128	84	21	4.0
		女子					
2回	4科	男子	25	546	314	51	6.2
		女子					
	2科	男子		103	46	6	7.7
		女子					
3回	4科	男子	20	523	255	29	8.8
		女子					
	2科	男子		126	63	9	7.0
		女子					
4回	4科	男子	20	673	307	26	11.8
		女子					
	2科	男子		136	76	8	9.5
		女子					
	GLC	男子		56	33	5	6.6
		女子					

○配点：算国英＝各100点　理社＝各50点
○合格最低点：1回4科193点・2科141点　特待生4科185点・1科92点　2回4科183点・2科127点　3回4科206点・2科153点　4回4科208点・2科150点　帰国・1回GLC・4回GLCは非公表

24年の募集要項

※以下は2024年の募集要項です。2025年の要項は学校の発表をお待ちください。

入試日／①2月1日GLC・DLC・LC　②2月2日午後DLC・LC　③2月3日午後DLC・LC　④2月4日GLC・DLC・LC 特待生2月1日午後(GLC)・DLC・LC　帰国生①11月23日②12月16日
募集人員／男女130名(①35名 ②25名 ③20名 ④20名 特待生30名)
合格発表／ホームページのみ。即日発表
手続締切／2月10日
試験科目／国語(50分・100点)、算数(50分・120点)、理科・社会(各25分・各50点)、英語G(100点・50分)　※①④は2科4科選択かGLC3科、②③は2科4科選択、特待生4科1科選択
面　　接／なし
帰国生のための試験／英語エッセイライティング(50分・100点)、国・算＝(各50分・100点)、口頭試問・面接(英語・日本語、本人)
受験料／20,000円(複数回受験可。開智中・開智未来中・開智望中・開智所沢中を受験した場合は料金優遇あり)

公開行事・説明会予定

【学校説明会】要予約　約1カ月前から受付開始
10月26日(土)10時30分～、12時30分～
11月 9日(土)10時30分～、12時30分～
12月 7日(土)10時30分～、12時30分～
1月11日(土)10時30分～、12時30分～
【授業体験会】要予約　約1カ月前から受付開始
7月15日(祝)10時～、14時～
8月24日(土)10時～、14時～
9月16日(祝)10時～、14時～
【帰国生対象説明会】※6年生限定　要予約、約1カ月前から受付開始
10月12日(土)10時30分～
【出題傾向説明会】要予約、約1カ月前から受付開始
11月30日(土)10時～
【開橋祭(文化祭)】(予定)要予約
10月 5日(土)、6日(日)
◆変更・中止の可能性もあります。必ず学校ホームページで確認してください。

かえつ有明 中学校

所在地／〒135-8711　江東区東雲2-16-1
TEL／03-5564-2161
学校長／小島 貴子
創　立／1903年、私立女子商業学校を創立。1952年、嘉悦女子中学校・高等学校に改称。2006年、現在地に移転すると同時に共学化し、校名も変更。
URL／www.ariake.kaetsu.ac.jp

	1年	2年	3年
男子	99名	98名	113名
女子	125名	108名	88名
クラス数	7組	6組	6組

中高総生徒数／1240名

〈交通アクセス〉
りんかい線「東雲」駅より徒歩8分　東京メトロ有楽町線「豊洲」駅より都営バス「都橋住宅前」下車、徒歩2分　東京メトロ有楽町線「辰巳」駅より徒歩18分

「共感的コミュニケーション」を通し、21世紀型グローバル人材を育成

2006年の共学化以降、多様性と国際性を受け入れ、早くからアクティブ・ラーニングを実践。学びの感性とスキルを身につける探究型授業「プロジェクト科」「サイエンス科」などを展開しています。帰国生が多いのも特徴で、その総数は6学年で約370名。生徒は日常的に多様な価値観に触れています。また、同校オリジナルの「モデル・コア・カリキュラム」を作成。「学び方を学ぶ」「自分軸を確立する」「共に生きる」の3つの観点で生徒に身につけてほしい知識と資質や能力を明示しています。

スクールライフ

●教育内容

独自の学習プログラム「サイエンス科」は、中学で行う教科横断型の授業。論理的思考力の基礎を学ぶとともに、意見・情報を出し合うブレーンストーミングやディスカッションなども実施して、判断力や表現力、問題解決力などを養います。英語教育は学年によって3〜4つのレベル別授業を展開。単に文法や読解だけを学ぶのではなく、物事を論理的・批判的にとらえる「クリティカル・シンキング」をベースにし、一般的な英語力はもちろん、考える力や、自分の主張を相手にわかりやすく伝える力などを身につけます。また、校内に学習支援センターを設置しており、大学受験対策講座が充実。難関大学に通うOB・OGがチューターとしてサポートしています。

■主要5教科の週当たり時間（コマ）数

	英語	数学	国語	理科	社会
1年	6	5	4	4	4
2年	6	5	5	4	3
3年	6	6	4	4	4
合計	18	16	13	12	11

◎1日当たりの授業コマ数：50分×6時限
※土曜日は4時限
◎登校時間：8時15分

●部活動

文化系11、体育系11の部があり、一部を除いて中高合同で活動しています。マーチングバンド部、バトントワリング部、男子テニス部、ダンス部は、全国トップクラスの実力。サッカー部も関東大会で優勝するなどの実績があります。

○文化系／文芸、アート、合唱、放送、科学、演劇、調理、ミュージカル、音楽、マーチングバンド、日本文化
○体育系／バスケットボール、卓球、サッカー、バトントワリング、テニス（硬式）、山岳、陸上競技、バドミントン、ダンス、剣道、バレーボール

●行事

6月の体育祭、9月の文化祭は学校生活のハイライト。中学のみの催しとしては、百人一首かるた大会や、合唱コンクールなどがあります。

●修学旅行・研修旅行

中2では民家宿泊体験プログラムを実施。修学旅行は中3で北海道へ。高2ではイギリスを訪れ、異文化交流をします。

マネーガイド

■2024年度納付金（諸経費を含む）

	入学金	授業料	施設費	その他	計
入学手続時	250,000円	0円	0円	25,000円	275,000円
初年度総額	250,000円	492,000円	228,000円	180,000円	1,150,000円

※制服代は含まず

◎寄付金：1口10万円（任意）
◎授業料：月納
◎奨学金・特待生制度：本校が認めた者に、授業料を減免。特待入試から選出し、1種は入学金および入学後原則3年間授業料免除（年次審査あり）、2種は入学金のみ免除とする

※全員参加の研修も実施

3期	完6 days		cool				希
学期制	週5･6日制	プール	冷房	寮	食堂	私服通学	海外研修

サピックスからの合格実績（過去3年）	'22	'23	'24
	49名	42名	47名

私立 東京 共学 か

進学指導の概要

高2で文理に分かれ、高2の終わりまでに高校課程を学び終えます。高3の1年間は演習が授業の中心に。生徒はそれぞれの志望校の情報を分析し、合格をめざして努力します。キャリアデザイン教育は中1から段階的に実施。中1から中3で実施する「キャリアの日」では、企業や保護者、卒業生の協力を得て、会社や仕事について学びます。目標達成に向かって計画的に行動する力を養うため、学習内容を記録する手帳も配布しています。また、長期休暇中には英語・数学・国語を中心とした講座を開講するほか、高1では3泊4日、高2では4泊5日の勉強合宿を実施。学習対策はもちろん、進路にかかわる意識づけも行い、大学受験に対するモチベーションを高めます。

■現役大学進学者の進路の内訳

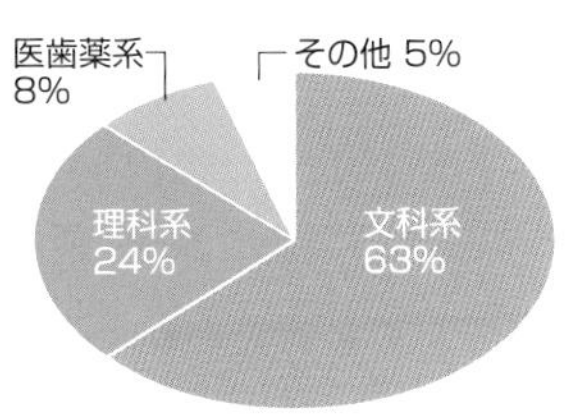

■併設高校から主要大学への合格実績

※上段は現役合格者数、下段は浪人を含めた合格者数。

	東京大	京都大	一橋大	東京工業大	筑波大	お茶の水女子大	電気通信大	東京外国語大	東京学芸大	東京芸術大	東京農工大	東京都立大	横浜国立大	千葉大	早稲田大	慶應義塾大	上智大	東京理科大
22年	—	—	—	2	1	1	—	—	—	—	—	1	—	4	13	11	12	15
	—	—	—	2	1	1	—	—	—	—	—	1	—	4	14	11	16	16
23年	—	—	—	—	—	—	—	—	—	—	1	—	2	1	12	9	15	15
	—	—	—	—	1	—	—	—	—	—	1	—	2	1	12	9	15	16
24年	1	—	—	—	—	—	—	—	—	—	—	—	—	1	11	11	15	12
	1	—	—	—	—	—	—	—	—	—	—	—	—	—	15	11	15	12

	学習院大	明治大	青山学院大	立教大	中央大	法政大	日本大	東洋大	駒澤大	専修大	国際基督教大	津田塾大	東京女子大	日本女子大	文部科学省管外の大学校	海外の大学	国公立・医学部	私立・医学部
22年	5	16	10	22	12	23	10	16	6	2	3	2	1	2	—	5	1	5
	5	18	10	23	13	23	12	17	6	2	3	2	1	2	—	8	1	5
23年	4	23	18	26	11	34	26	21	11	6	3	3	4	4	—	9	—	—
	5	25	18	26	11	37	29	21	11	6	3	3	4	4	—	9	—	1
24年	3	11	4	7	10	23	10	19	4	10	1	2	—	1	—	9	—	1
	4	13	6	8	11	25	14	21	4	10	1	2	—	1	—	9	—	3

★指定校推薦枠（2024年度）東京理科大6名、法政大15名、日本大4名、東洋大4名、駒澤大4名、昭和女子大3名、獨協大3名、成蹊大1名、武蔵大1名、東京都市大6名、日本歯科大1名、芝浦工業大3名、國學院大5名など

入試情報

■2024年度の入試結果

			募集人員	出願者	受験者	合格者	実質倍率
1日午前	4科	男子	40	189	149	42	3.5
		女子		157	120	36	3.3
	2科	男子		13	11	1	11.0
		女子		23	15	2	7.5
	思考力特待	男子	10	11	10	特待0 一般2	5.0
		女子		9	9	特待1 一般2	3.0
1日午後	特待4科	男子	30	249	197	特待2 一般47	4.0
		女子		176	137	特待3 一般32	3.9
	2科	男子		15	11	2	5.5
		女子		30	23	5	4.6
2日午前	帰国生 Honors/ Advanced	男子	10	17	14	特待0 一般8	1.8
		女子		27	26	特待0 一般18	1.4
2日午後	特待4科	男子	25	286	174	特待0 一般42	4.1
		女子		204	125	特待4 一般31	3.6
	2科	男子		25	14	3	4.7
		女子		35	19	2	9.5
3日午後	特待4科	男子	15	286	135	特待2 一般22	5.6
		女子		196	104	特待3 一般28	3.4
	2科	男子		34	20	3	6.7
		女子		30	17	2	8.5
	AL思考力特待	男子	10	34	29	特待2 一般4	4.8
		女子		41	31	特待0 一般4	7.8
帰国生 Advanced ※		男子	35	90	77	51	1.5
		女子		95	82	60	1.4
帰国生 Reguler		男子		63	57	22	2.6
		女子		26	20	5	4.0
帰国生 Honors ※		男子		72	46	31	1.5
		女子		99	71	53	1.3

※英＋作文(日本語・英語)＋英語ペア(グループ)ワーク

○配点：算国英＝各100点　理社＝各50点　思考力ⅠⅡ＝各100点　アクティブラーニング思考力＝100点

○合格最低点：1日午前133点　1日午後特待158点　2日午後特待161点　3日午後特待162点　帰国生・3日午後AL思考力は非公表

24年の募集要項

※以下は2024年の募集要項です。2025年の要項は学校の発表をお待ちください。

入 試 日／【2科4科】①2月1日午前 ②2月1日午後(特待) ③2月2日午後(特待) ④2月3日午後(特待)【思考力】①2月1日午前(特待) ②2月3日午後(アクティブラーニング思考力特待)【国際Honors/Advamced】2月2日【国際】①11月19日午前(Advanced) ②11月20日午後(Regular)③12月5日午前(Honors)

募集人員／男女180名(2科4科①40名②30名③25名④15名 思考力①10名②10名 国際H/A10名 国際40名)

合格発表／ホームページにて即日

手続締切／2月8日　国際は1月29日

試験科目／【2科4科①②③④】国語(50分・100点)、算数(50分・100点)、理科(25分・50点)、社会(25分・50点)、【思考力】①個人探究、②グループワーク(90分)【国際H/A】英語作文(40分)、英語筆記(50分)、日本語作文(30分)

面　　接／国際H/Aと国際はあり

受 験 料／25,000円(複数回受験も同額)

公開行事・説明会予定

【学校説明会(オンライン開催)】要予約
6月15日(土)10時～
9月 7日(土)10時～
【オープンキャンパス】要予約
【部活動体験会】要予約
10月12日(土) 9時～
【入試体験会】要予約　6年生対象
12月 7日(土) 8時30分～
【入試説明会（オンライン開催)】要予約
11月 2日(土)10時～、1月11日(土)10時～
【文化祭】要予約
9月21日(土)、22日(祝)

◆変更・中止の可能性もあります。必ず学校ホームページで確認してください。

慶應義塾 中等部

所在地／〒108-0073 港区三田2-17-10
TEL／03-5427-1677
学校長／井上 逸兵
創 立／1858年、福澤諭吉が蘭学塾を創始。1868年、慶應義塾と命名。1947年、中等部の創立により、男女共学を実現。
URL／www.kgc.keio.ac.jp

	1年	2年	3年
男子	144名	145名	142名
女子	96名	97名	92名
クラス数	6組	6組	6組

総生徒数／718名(中等部) 併設小から 約34%

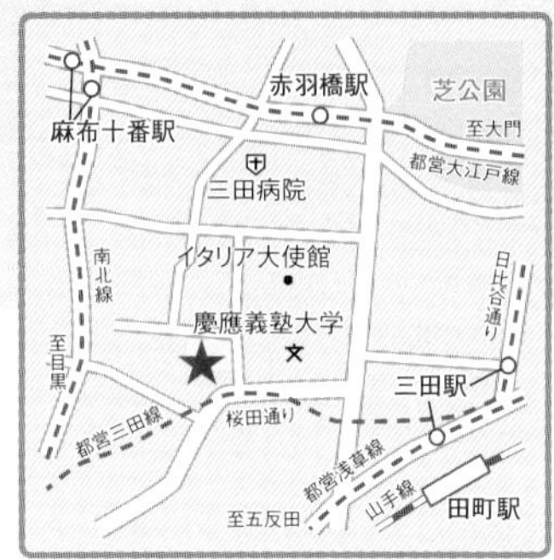

〈交通アクセス〉
JR「田町」駅より徒歩10分 都営三田線「三田」駅より徒歩10分 都営大江戸線「赤羽橋」駅より徒歩15分 東京メトロ南北線「麻布十番」駅より徒歩10分

「自由と規律」の精神で円満かつ豊かな人間性を養う

慶應義塾の中学校は全部で3つありますが、こちらは三田の共学校。みずから考え、みずから判断し、みずから行動して、その結果に責任を持てる自立した人物の輩出を目標に、生徒たちに伸びやかで厚みのある教育を実施。大人が定めたルールを押しつけるのではなく、個々の生徒に創設者・福澤諭吉が重視した「気品の泉源」や「知徳の模範」について考える機会を与え、自由のなかに規律を求める方針で、基本的に校則はありません。学習においても、偏らない知識を得ると同時に幅広い経験を積んで、自分の可能性を広げることを推奨しています。

スクールライフ

●教育内容

質の高い授業は伝統校ならでは。英語は外国人講師と日本人教員が共同で指導に当たる時間があり、週1時間は、生徒の習熟度を考慮した少人数クラス編成で授業を行います。国語は朗読や創作など、自己表現力を磨く構成。数学は代数と幾何を並行して学び、中2・3では過去の範囲をプリント問題中心に復習します。中3の選択授業（週2時間）では「ミツバチの世界へようこそ」「アンサンブルを楽しもう」「フランス語入門」「SDGsのすゝめ」など個性的な講座を開き、学習意欲や自主性を高めます。また、毎年10月には英国ホカリル校の生徒が来校し、交流しています。

■主要5教科の週当たり時間（コマ）数 ※選択科目で履修する科目による

	英語	数学	国語	理科	社会
1年	6	5	6	4	4
2年	5	6	5	4	4
3年	5	5	5	4	5※
合計	16	16	16	12	13※

◎1日当たりの授業コマ数：45分×6時限
※土曜日は4時限
◎登校時間：8時10分

●部活動

校友会活動には現在21の学芸部と17の運動部があり、多くの生徒が兼部。活動は週3日以内としています。弓術部は全国大会優勝経験が、ラグビー部は東日本大会・関東大会出場経験があります。
◯文化系／文芸、英語研究、コンピュータ研究、美術、地理研究、歴史、化学研究、気象天文生物愛好、図書、社会研究、器楽、コーラス、報道研究、模型、マンドリン、将棋、近代劇研究、カメラ、書道、料理と手芸、茶道
◯体育系／野球、サッカー、ラグビー、陸上競技、バスケットボール、バレーボール、テニス、卓球、水泳、フェンシング、剣道、柔道、弓術、馬術、女子ソフトボール、山岳、体操

●行事

遠足や慶早戦の応援、校内大会、運動会、展覧会（文化祭）など年間を通じてさまざまな行事があります。中1で必修のBLS（救急救命法）講習会では、救急車到着までの応急処置を学びます。

●修学旅行・研修旅行

2024年度の林間学校では、中1は北信越、中2は南三陸、中3は蓼科を訪れ、目的地周辺の地形や動植物、歴史、文学などを研究・調査します。中3の卒業旅行は北九州を巡ります。また、夏と春には中2・3の希望者を対象に海外研修旅行を実施しています。

マネーガイド

■2024年度納付金（諸経費を含む）

	入学金	授業料	教育充実費	諸会費	計
入学手続時	340,000円	900,000円	210,000円	15,000円	1,465,000円
初年度総額	340,000円	900,000円	210,000円	15,000円	1,465,000円

◎寄付金：「慶應義塾債（学校債）」1口10万円、3口以上（任意）、「教育振興資金」年額3万円以上（任意）
◎授業料：2期分納または一括
◎奨学金・特待生制度：経済的理由により就学困難と判断される者に、必要に応じて学費を免除

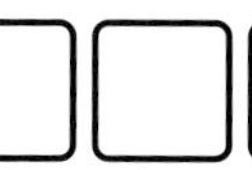

学期制 週5・6日制 プール 冷房 寮 食堂 私服通学 海外研修

サピックスからの合格実績（過去3年）	'22	'23	'24
	136名	113名	124名

進学指導の概要

中等部長の推薦を受け、男子は慶應義塾高校(日吉)、志木高校、ニューヨーク学院高等部のいずれか、女子は慶應義塾女子高校、ニューヨーク学院高等部のいずれかに進みます。湘南藤沢高等部への進学はできません。進学するに当たり、選抜試験などはありません。慶應義塾高校は1学年約700人の大規模校。先の人生にもつながる多くの友人が得られることも、人気の理由です。広大な敷地を持つ志木高校は、課外講座の充実ぶりが特徴的。アイヌ語やヘブライ語など、大学顔負けの24もの言語と文化が学べます。ニューヨーク学院高等部は、第9学年から第12学年までの4年制の共学校。日米双方から私立高校の認可を受けているので、卒業後は両国の高等学校卒業の学歴を取得できます。慶應義塾女子高校は大学キャンパスに隣接。6月の演劇会、9月の運動会、10月の十月祭からなる三大行事では、生徒たちがすべてを企画運営。演劇会では「クラス単位」、運動会では「全学年同クラス単位」、そして十月祭では「各クラブ単位」で、一つの目標に向かって力を合わせます。

■併設大学進学者の進路の内訳
※データは慶應義塾高等学校のもの

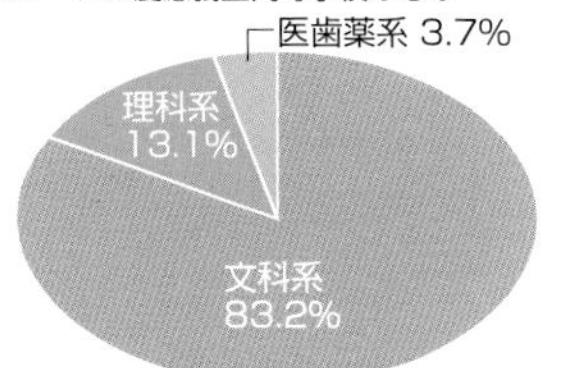

★他大学への進学状況（2024年度）非公表

■併設大学（慶應義塾大学）への推薦状況
※データは慶應義塾高等学校のもの

	法学部	経済学部	商学部	文学部	理工学部	医学部	総合政策学部	環境情報学部	看護医療学部	薬学部
22年	224名	211名	93名	12名	102名	22名	11名	21名	―名	3名
23年	224名	210名	93名	15名	102名	22名	16名	20名	―名	8名
24年	224名	210名	70名	9名	86名	22名	11名	22名	―名	2名

★指定校推薦枠（2024年度）非公表

入試情報

■過去3年間の入試結果

			募集人員	出願者	受験者	合格者	実質倍率
22年	1次	男子	男子約140 女子約50	1012	891	304	2.9
		女子		475	372	115	3.2
	2次※	男子		－	217	140	1.6
		女子		－	110	60	1.8
23年	1次	男子	男子約120 女子約50	856	697	289	2.4
		女子		448	352	110	3.2
	2次※	男子		－	250	135	1.9
		女子		－	104	58	1.8
24年	1次	男子	男子約120 女子約50	861	722	308	2.3
		女子		454	349	117	3.0
	2次※	男子		―	217	142	1.5
		女子		―	106	56	1.9

※1次合格者のみ参加(体育実技と面接)
○配点：算国＝各100点　理社＝各50点
○合格最低点：非公表

24年の募集要項

※以下は2024年の募集要項です。2025年の要項は学校の発表をお待ちください。

入 試 日／1次2月3日(筆答) 2次2月5日(1次合格者のみ)
募集人員／男女約170名(男子約120名 女子約50名)
合格発表／1次2月4日 2次2月6日
手続締切／2月7日
試験科目／1次：国語(45分・100点)、算数(45分・100点)、理科(25分・50点)、社会(25分・50点)
2次：体育実技、面接
面　　接／あり(2次で保護者同席の1回)
受 験 料／30,000円

公開行事・説明会予定

【学校説明会】慶應義塾大学三田キャンパス西校舎ホール 要予約
【運動会】慶應義塾大学日吉陸上競技場
【展覧会(文化祭)】
◆変更・中止の可能性もあります。必ず学校ホームページで確認してください。

サピックスOB・OGの声

●自由な校風で、生徒による自治が尊重されています。校則が厳しくない代わりに、中学生らしくあるよう自分で考え、行動することが求められます。入学式などで着用する“基準服”はありますが、制服はなく、ふだんは自由な服装で登校して構わないものの、悪目立ちするような服を着てくる生徒はいません。
●生徒一人ひとりが興味・関心を持ったことに、とことん打ち込んでいます。校友会（クラブ活動）を掛け持ちする人が多く、わたしも体操部のほかに、化学研究会と社会研究会も兼部し、充実した毎日を過ごしています。
●中1の5月には六大学野球の慶早戦の応援に行きます。“壮大”というのがいちばんの感想で、応援歌を歌ったときには慶應義塾の一員になったことを実感しました。

工学院大学附属 中学校

所在地／〒192-8622 八王子市中野町2647-2
TEL／042-628-4914
学校長／中野 由章
創 立／1887年、工手学校を母体に設立。1992年に高等学校が、1996年に中学校が現校名に改称され、2002年に共学化。
URL／www.js.kogakuin.ac.jp

	1年	2年	3年
男子	79名	77名	89名
女子	24名	37名	21名
クラス数	4組	4組	4組

中高総生徒数／1164名

〈交通アクセス〉
「新宿」駅西口（工学院大学前）よりスクールバス40分、JR青梅線・西武線「拝島」駅、JR「八王子」駅、京王線「京王八王子」駅、京王線「南大沢」駅よりスクールバスあり

「K-STEAM教育」を核とした実践型教育プログラム

日本の教育をリードすべく、3つの方針を打ち出しています。1つ目は高度な英語力（CEFRでC1レベル）を習得すること。2つ目は問題解決型授業（PBL）や討論型授業（PIL）などのアクティブ・ラーニングを導入し、自己肯定感を育てること。3つ目は未来志向とイノベーティブな教育を実践するツールとして、ICTを活用すること。こうした学びを通じて、何事にも積極的に挑戦し、人類や社会のために広く貢献できる人間形成をめざしています。2022年4月より先進クラスとインターナショナルクラスの2クラス制になりました。

スクールライフ

●教育内容

英語教育をはじめとするグローバルリベラルアーツと最新のICTを核とした「先進的な教育」を推進しています。英語運用力の強化策として、中3ではオーストラリア異文化体験研修を、高1・2ではオーストラリア3ヵ月留学などを実施。「インターナショナルクラス」では、中1よりイマージョン教育を展開し、海外大学への進学にも対応。電子ボードとWi-Fiを完備。生徒は個人のPCを用意し、授業で活用します。また、工学院大学など多数の大学と連携して、大学研究室の見学、実習への参加、研究者によるキャリア教育などを実施しています。

■主要5教科の週当たり時間（コマ）数 ※インターナショナルクラス

	英語	数学	国語	理科	社会
1年	6	6	4	4	4
2年	6	6	4	4	4
3年	7	6	4	4	4
合計	19	18	12	12	12

◎1日あたりの授業コマ数：50分×6時限
※土曜日は4時限
◎登校時間：8時45分

●部活動

中高合わせて30ほどの文化系クラブと体育系クラブがあります。中学生の参加率は約8割で、中高合同、男女合同で活動するクラブもたくさんあります。なかでも自動車部、ダンス部などが実績を残しています。
○文化系／演劇、吹奏楽、自動車、写真、サイエンス、デジタルクリエイター、旅行研究、茶道、美術など
○体育系／柔道、ダンス、サッカー、バドミントン、水泳、卓球、バスケットボール、ソフトテニス、女子バレーボール、陸上など

●行事

夢工祭（文化祭）、体育祭、高尾山強歩大会、映像祭、芸術鑑賞教室、合唱コンクールなど、さまざまな行事を用意しています。6月と11月には授業公開も行います。

●修学旅行・研修旅行

中1のオリエンテーション合宿や希望者によるMoG（実践型教育プロジェクト）参加など、郊外での体験学習の取り組みが盛んです。中2のプロジェクトツアーでは東北を訪問します。中3はオーストラリアでの異文化体験に全員が参加し、ホストファミリーの家から現地の学校へ2週間ほど通って英語漬けの日々を送ります。

マネーガイド

■2024年度納付金（諸経費を含む）※先進クラス

	入学金	授業料	施設費	その他	計
入学手続時	240,000円	0円	50,000円	0円	290,000円
初年度総額	240,000円	480,000円	238,000円	20,980円	978,980円

※スクールバス利用料は含めず

◎寄付金：なし
◎授業料：4期分納
◎奨学金・特待生制度：特待選抜入試合格者の授業料を1年分免除。中学では各学年3名を在校生成績人物優秀特待制度として授業料年額の半額を免除。就学困難と判断される者に授業料減免措置あり

学期制　週5・6日制　プール　冷房　寮　食堂　私服通学　海外研修

サピックスからの合格実績（過去3年）	'22	'23	'24
	1名	2名	1名

進学指導の概要

中高一貫コースでは、高2までの5年間に基礎的な内容を学び終えます。一貫生の大多数は他大学受験を志望するため、高3では難関大学合格に向けた受験対策中心のカリキュラム編成となります。工学院大学への推薦入学権を保持しながら他大学受験に挑戦できるため、ゆとりを持って勉強に臨める一方、進路指導体制も万全です。定期的に実施する全国規模の模擬試験では、成績をデータ管理して面談指導などに活用しています。また、職業・学問適性検査や大学教授による模擬講義、大学ガイダンスなど、「やりたいことを実現できる進路先を見つける」サポート体制も整っています。

■2024年3月卒業生の進路の内訳

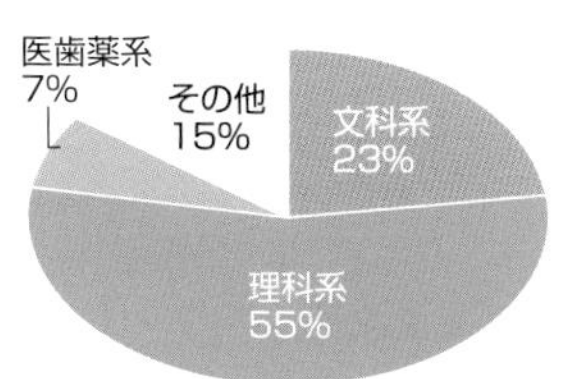

■併設高校から主要大学への合格実績

※上段は現役合格者数、下段は浪人を含めた合格者数。

	東京大	京都大	北海道大	東京工業大	東京医科歯科大	筑波大	電気通信大	東京外国語大	東京学芸大	新潟大	都留文科大	東京都立大	東京農工大	千葉大	早稲田大	慶應義塾大	上智大	東京理科大
22年	—	—	1	1	1	—	1	—	1	1	—	4	2	1	4	8	12	8
	—	—	2	1	1	—	1	—	1	1	—	4	2	1	4	12	12	8
23年	—	—	—	—	—	1	1	—	—	—	1	—	2	—	—	—	2	8
	—	—	—	—	—	1	1	—	—	—	1	—	2	—	—	1	2	8
24年	—	—	—	—	—	—	—	2	—	—	1	3	—	—	3	—	6	1
	—	—	—	—	—	—	—	2	—	—	1	3	—	—	3	—	7	1

	学習院大	明治大	青山学院大	立教大	中央大	法政大	日本大	東洋大	駒澤大	専修大	工学院大	津田塾大	東京女子大	日本女子大	文部科学省所管外の大学校	海外の大学	国公立・医学部	私立・医学部
22年	2	10	6	14	9	9	9	1	2	10	71	—	—	—	1	12	—	—
	2	11	7	14	10	10	10	1	2	11	71	—	—	—	1	14	—	—
23年	—	8	6	3	7	12	16	6	6	11	88	—	—	—	—	1	—	3
	—	10	6	3	10	14	17	21	6	17	88	—	—	—	—	1	—	3
24年	2	11	2	10	5	13	12	4	—	4	73	1	—	—	—	20	—	6
	2	11	2	11	5	14	13	4	—	4	73	1	—	—	—	20	—	12

★指定校推薦枠（2024年度）上智大2名、東京理科大3名、明治大2名、法政大4名、日本大3名、駒澤大1名、専修大4名、成蹊大3名、東京農業大14名、明治薬科大1名、昭和薬科大2名、東京薬科大4名など

入試情報

■2024年度の入試結果

			募集人員	出願者	受験者	合格者	実質倍率
1回A	4科	男子	30	25	24	14	1.7
		女子		5	5	2	2.5
	算国	男子		25	25	10	2.5
		女子		4	4	3	1.3
	算英・国英	男子		9	9	7	1.3
		女子		8	8	8	1.0
	適性検査	男子		13	13	9	1.4
		女子		6	6	4	1.5
1回B	算国	男子	30	69	65	38	1.7
		女子		10	10	7	1.4
	算英・国英	男子		6	6	3	2.0
		女子		5	5	5	1.0
2回A	4科	男子	10	42	20	14	1.4
		女子		4	1	1	1.0
	算国	男子		30	16	7	2.3
		女子		7	3	1	3.0
	算英・国英	男子		8	2	0	—
		女子		8	1	1	1.0
2回B	算国	男子	15	95	50	30	1.7
		女子		20	10	7	1.4
	算英・国英	男子		6	3	3	1.0
		女子		6	2	1	2.0
3回	算国	男子	10	101	28	17	1.6
		女子		22	6	3	2.0
	算英・国英	男子		9	0	0	—
		女子		5	1	1	1.0
4回	算国	男子	10	79	15	4	3.8
		女子		17	2	1	2.0
	算英・国英	男子		9	0	0	—
		女子		5	1	1	1.0
	適性検査	男子		16	8	2	4.0
		女子		6	3	2	1.5
帰国生 1回		男子	特に定めず	17	17	11	1.5
		女子		2	2	1	2.0
帰国生 2回		男子		4	1	1	1.0
		女子		1	1	1	1.0
帰国生 3回		男子		5	1	1	1.0
		女子		0	0	0	—

24年の募集要項

※以下は2024年の募集要項です。2025年の要項は学校の発表をお待ちください。

入試日／①A 2月1日・B特待2月1日午後 ②A2月2日・B2月2日午後 ③2月3日午後 ④2月6日午後　適性型MT①2月1日②2月6日午後

募集人員／男女105名(①Aおよび適性型MT①30名 ①B30名(特待10名含む) ②A10名 ②B15名 ③10名 ④および適性型MT10名)

合格発表／ホームページで即日

手続締切／2月5日、ただし④と適性型MTは2月9日

試験科目／国 算(各50分・100点)、理 社(各30分・50点)、英算(各50分・100点)、適性検査型(Ⅰ・Ⅱ)(各50分・100点)※①A②Aは2科(国算か英算か英国)4科(国算理社)選択、①B④、②B③は2科(国算か英算か英国)、適性型MTは適性検査型(Ⅰ・Ⅱ)

受験料／30,000円(3回まで)、4回目以降は1回につき10,000円追加

公開行事・説明会予定

【学校説明会】要予約
6月29日(土)、9月7日(土)、10月12日(土)14時～
7月28日(日) 9時～夏休み自由研究教室
11月23日(祝)13時～入試予想問題体験会
12月21日(土)13時30分～クリスマス学校説明会
1月11日(土)14時～入試対策説明会
1月25日(土)12時～オンライン入試直前説明会
3月 8日(土)14時～入試報告会

【夏期学校見学会】
8月23日(金)10時～、24日(土)14時～

【体育祭】
10月29日(火)10時～(個別相談)

【夢工祭】
9月21日(土)、22日(祝)10時～(個別相談)

◆上記のほか、帰国生対象オンライン説明会もあります。

※変更・中止の可能性もあります。必ず学校ホームページで確認してください。

国学院大学久我山 中学校

所在地／〒168-0082　杉並区久我山1-9-1
TEL／03-3334-1151
学校長／國清 英明
創　立／1944年、岩崎学園久我山中学校として開校。1952年、國學院大學と合併。1985年、中学校を開設。1991年、女子部を開設。
URL／www.kugayama-h.ed.jp

	1年	2年	3年
男子	175名	187名	186名
女子	115名	112名	103名
クラス数	男子5組・女子3組	男子5組・女子3組	男子5組・女子3組

中高総生徒数／2196名

〈交通アクセス〉
京王井の頭線「久我山」駅より徒歩12分
京王線「千歳烏山」駅よりバス10分

「きちんと青春」で未来を生き抜く力を育てる

都内では希少な男女別学の学校です。ふだんの授業は男女別々に学ぶ環境でそれぞれの特性を伸ばし育てる一方、学級行事や部活動は男女合同で取り組む環境を整え、お互いの特性を認め合い、高め合っています。都心に近い立地ですが、キャンパスは広く、図書館や自習室、食堂を備えた「学習センター」など近代的な設備も整っています。理科教育にも注力し、授業では多数の実験を実施。2018年度から、女子「一般クラス」が「CC（Cultural Communication）クラス」へと改称されました。多彩な体験型プログラムを通じて、国際社会で活躍する素養を培います。

スクールライフ

●教育内容

英語は中2で少人数制、中3では習熟度別授業を実施。基礎力完成テスト（文法）で土台を固め、中3では自分の体験・趣味をもとに原稿作成から発表までをこなすスピーチコンテストに臨みます。数学は計算力診断テストで中学3年間に計算力を徹底的に養成し、中３では習熟度別授業を行います。国語は作文指導で表現力を磨き、中３での小論文作成につなげていきます。理科は3年間で約90種類の実験や観察を行い、毎年「実験研究・野外研究・理科工作」に関するレポートを提出。主要5教科は中3から高校の内容に入ります。

■主要5教科の週当たり時間（コマ）数

	英語	数学	国語	理科	社会
1年	6	5	6	4	4
2年	7	6	5	4	4
3年	6	6	6	4	4
合計	19	17	17	12	12

◎1日当たりの授業コマ数：50分×6時限
　※土曜日は4時限
◎登校時間：8時20分

●部活動

原則として活動は週4日。全国大会出場の女声合唱部、囲碁将棋部、サッカー部、東日本大会優勝のラグビー部、関東大会出場の陸上競技部など、文化系17、体育系12のクラブがあります。参加率は約95％で、毎年、部活動表彰式も開催。生徒たちは「きちんと青春」をモットーに、文武両道を実践しています。
○文化系／理科、美術、書道、囲碁将棋、ESS、アニメーション研究、写真、鉄道研究、パソコン、演劇、女声合唱、箏曲、華道、茶道、家庭科、吹奏楽、音楽
○体育系／陸上競技、剣道、弓道、テニス、柔道、ラグビー、サッカー、バスケットボール、卓球、バレーボール、ダンス、バドミントン

●行事

中高合同で盛り上がる久我山祭（文化祭）は一大イベントです。ほかにも体育祭や校外学習、芸術鑑賞会など、多くの行事があります。

●修学旅行・研修旅行

中1・2は「自然体験教室」として新潟・妙高、関西・奥日光へ、中3は「校外学習」として関西・中国へ行きます。高2の修学旅行は、男子は九州、女子は関西・ニュージーランドを訪れます。また、中2～高2の希望者対象の関西方面校外学習もあります。

マネーガイド

■2024年度納付金（諸経費を含む）

	入学金	授業料	施設費	その他	計
入学手続時	280,000円	0円	0円	0円	280,000円
初年度総額	280,000円	480,000円	132,000円	226,000円	1,118,000円

◎寄付金：なし
◎授業料：3期分納
◎奨学金・特待生制度：なし

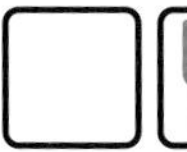

3期	完6 days		cool				希
学期制	週5·6日制	プール	冷房	寮	食堂	私服通学	海外研修

サピックスからの合格実績（過去3年）	'22	'23	'24
	179名	181名	162名

進学指導の概要

中3・高1で個々の特性を鑑み、具体的な将来を考えていきます。高2からは理系と文系に分かれて本格的な受験態勢に入ります。日常的な添削指導や、早朝・放課後講習、夏期・冬期・入試直前講習など、実戦的な演習中心の学習の場も数多く設けています。なかでも、高3の夏休みの御岳合宿講習は1週間の勉強合宿。合宿所で一日中、受験対策に打ち込むことで、学力的にも精神的にもレベルアップを図ります。また、高2を対象に卒業生による進路説明会をコース別に実施するほか、大学3・4年や大学院生になった卒業生に、それぞれの学部や学科で学ぶ内容について説明してもらう「学部学科説明会」（高1・2対象）を開催するなど、進学指導にも力を入れます。

■2024年3月卒業生の進路の内訳

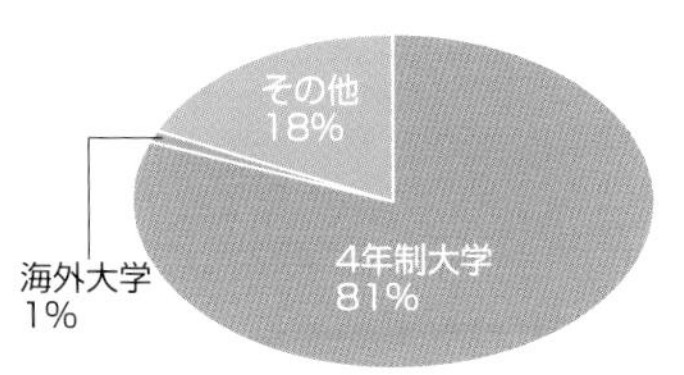

■併設高校から主要大学への合格実績

※上段は現役合格者数、下段は浪人を含めた合格者数。

	東京大	京都大	一橋大	東京工業大	筑波大	お茶の水女子大	電気通信大	東京外国語大	東京学芸大	東京芸術大	東京農工大	東京都立大	横浜国立大	千葉大	早稲田大	慶應義塾大	上智大	東京理科大
22年	1	—	—	2	6	1	—	2	1	1	2	9	2	4	46	32	19	38
	2	1	3	3	6	1	1	3	1	1	2	10	3	6	62	46	25	48
23年	4	—	2	3	3	—	1	3	1	1	3	6	1	2	45	38	55	42
	4	—	3	4	6	—	2	3	1	1	4	8	5	2	61	50	64	59
24年	3	—	4	—	4	—	4	4	2	—	2	8	3	2	77	40	61	49
	5	—	5	1	4	1	5	4	2	—	4	8	3	2	90	58	71	58

	学習院大	明治大	青山学院大	立教大	中央大	法政大	日本大	東洋大	駒澤大	専修大	国学院大	津田塾大	東京女子大	日本女子大	文部科学省所管外の大学校	海外の大学	国公立・医学部	私立・医学部
22年	15	66	34	57	55	63	57	25	14	17	53	10	7	6	3	5	3	13
	20	98	45	64	68	88	73	30	16	22	62	11	11	10	4	5	7	26
23年	16	102	50	77	69	59	76	28	9	9	59	8	17	17	2	26	1	11
	17	130	73	88	82	84	86	38	13	11	62	8	21	18	3	26	2	17
24年	16	136	65	92	65	79	54	31	16	14	69	3	20	14	7	1	18	3
	19	160	87	106	80	96	81	48	18	14	69	4	20	17	8	2	27	8

★指定校推薦枠（2024年度）早稲田大8名、慶應義塾大1名、上智大3名、東京理科大5名、学習院大10名、中央大5名、法政大5名、明治大3名、青山学院大5名、立教大6名、国際基督教大1名、日本大4名など

入試情報

■2024年度の入試結果

		募集人員	出願者	受験者	合格者	実質倍率
1回	男子	45	177	162	52	3.1
	女子	30	95	93	33	2.8
ST第1回	男子	40	490	469	116	4.0
	女子	20	198	189	53	3.6
2回	男子	75	436	277	77	3.6
	女子	40	281	186	75	2.5
ST第2回	男子	25	364	301	37	8.1
	女子	25	173	143	22	6.5
ST第3回	男子	約15	174	153	26	5.9
	女子	約10	99	79	12	6.6
帰国（算国）	男子	若干	5	5	2	2.5
	女子		2	2	0	—
帰国（算英）	男子		1	1	0	—
	女子		1	0	0	—

■2024年度入試 合格者の教科別平均点

		算数	国語	理科	社会	合計
1回	男子	72.8	72.3	36.9	30.6	212.5
	女子	69.4	76.8	34.0	28.6	208.8
ST第1回	男子	124.7	71.6			196.3
	女子	116.3	71.9			188.3
2回	男子	82.3	69.7	36.9	33.4	222.2
	女子	72.7	73.3	34.8	29.2	210.0
ST第2回	男子	131.5	75.3			206.8
	女子	116.3	79.8			196.1
ST第3回	男子	81.3	78.8	34.5	33.7	228.3
	女子	76.9	79.0	36.8	32.7	225.4

○配点：算国＝各100点　理社＝各50点　算(ST第1回・ST第2回)＝150点　帰国配点：算国＝各100点　算英＝各100点

○合格最低点：1回男子197点・女子192点　ST選抜1回男子184点・女子176点　2回男子208点・女子189点　ST選抜2回男子196点・女子189点　ST選抜3回男子220点・女子217点　帰国算国非公表、帰国算英非公表

25年の募集要項

入 試 日／①2月1日 ②2月2日 ST選抜①2月1日午後 ②2月3日午後 ③2月5日、帰国1月12日

募集人員／男女320名(①一般男子45名 女子CC30名 ②男子一般75名 女子CC40名 ST選抜①男子40名 女子20名 ②男子25名 女子20名③男子約15名 女子約10名) 帰国男子若干名 女子若干名

合格発表／ホームページで即日

手続締切／2月6日、帰国1月14日

試験科目／①②ST③は国語（50分・100点)、算数（50分・100点)、社会（40分·50点)、理科（40分·50点）※ST①②のみ2科（算数60分·150点、国語50分·100点）

面　接／なし

帰国生のための試験／算数・国語または算数・英語、面接(本人・保護者別)

受 験 料／22,000円

公開行事・説明会予定

【学校説明会】要予約、各回13時～
9月21日(土)、10月 5日(土)、11月 2日(土)
11月16日(土)、 1月18日(土)

【イブニング説明会】要予約、各回18時45分～
6月12日(水) 文化会館たづくり(調布)

【授業体験 in Kugayama】要予約
7月21日(日) 9時～

【夏休み説明会】要予約、各回10時～
8月 3日(土)、 8月10日(土)、 8月24日(土)

【入試直前講座】要予約
12月15日(日)10時～

【小学4·5年生対象 学校説明会】要予約
2月22日(土)12時30分～

【体育祭】
9月27日(金) 9時～15時(個別相談あり)

【久我山祭(文化祭)】
10月26日(土)、27日(日)9時～16時(個別相談あり)

◆上記は変更・中止となる可能性があります。最新情報は学校ホームページで確認してください。

駒込 中学校

所在地／〒113-0022　文京区千駄木5-6-25
TEL／03-3828-4141
学校長／河合 孝允
創　立／1682年に設立された勧学講院が源流。1947年、駒込中学校に改組。1992年、募集停止中だった中学校を男女共学で再開。
URL／www.komagome.ed.jp

	1年	2年	3年
男子	83名	81名	77名
女子	56名	56名	46名
クラス数	4組	4組	4組

中高総生徒数／1654名

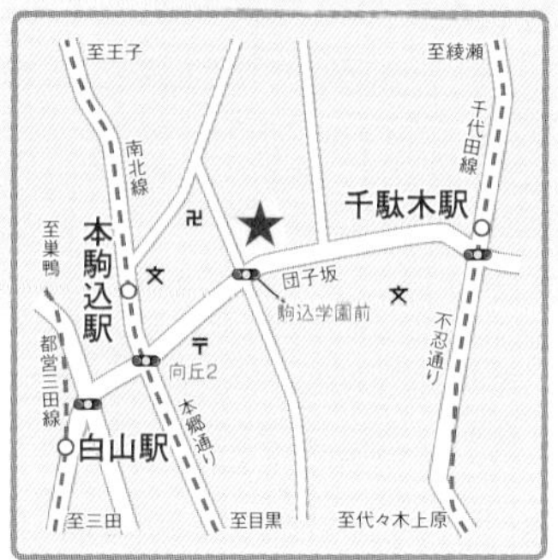

〈交通アクセス〉
東京メトロ南北線「本駒込」駅より徒歩5分
東京メトロ千代田線「千駄木」駅より徒歩7分
都営三田線「白山」駅より徒歩7分

仏教的人間教育をベースに先進的教育を推進する伝統校

創立340年の歴史を誇る併設型一貫校です。未来に対する不安を誰もが抱える昨今、自信を携えて生きるための人間教育が再認識されています。そのため、伝教大師最澄の「一隅を照らす」という教えを建学の精神として、「揺るぎない自分」を育成しています。こうした人間教育を基盤に人格の成長を促し、智徳体という柱を確立していきます。食育がテーマの給食、タブレット端末や電子黒板の効果的活用、多彩な語学研修や留学制度など、革新的な取り組みも実践。また、科学・数学領域を強化する「STEAM教育」にも注力し、プログラミング教育にも取り組んでいます。

スクールライフ

●教育内容

中学は2021年度入学生から学年全体を「国際先進コース」とします。新たな国際先進コースは、従来の本科コースの特徴も取り入れ、多様化する一人ひとりの希望進路を実現すべく努めています。グローバル教育や、STEAM教育につながる学習を早期から取り入れ、高1で「国際教養コース」「理系先進コース」、または「特Sコース」という専門性の高いコースに進学します。クラスを2分割した英会話や、オールイングリッシュの授業を日常的に行い、ハワイセミナーやセブ島語学研修などの発展学習で実力を養成します。また、理科実験も1年に約30回実施するなど、体験学習の効果を重視。このほか、放課後の特別講習や学習サポートを行い、さらなる実力の涵養を図っています。

■主要5教科の週当たり時間（コマ）数

	英語	数学	国語	理科	社会
1年	6	6	6	3	3
2年	7	6	4	4	4
3年	7	6	5	4	3
合計	20	18	15	11	10

◎1日当たりの授業コマ数：50分×6時限
　※土曜日は4時限
◎登校時間：8時15分

●部活動

全国大会出場の和太鼓部、都大会で入賞を果たしている柔道部、関東大会・都大会・総体・選手権に出場の高校サッカー部など、文化系、体育系ともに多種多彩なクラブがあり、中学の野球部とサッカー部は文京区代表支部大会出場を果たしています。文化系は主に高校と合同で活動しています。

○文化系／美術、吹奏楽、和太鼓、演劇、書道、英語、自然科学、合唱、パソコン、華道、茶道、漫画研究、ボランティアなど

○体育系／野球、柔道、剣道、陸上、卓球、バスケットボール、硬式テニス、サッカー、バドミントン（女子）、登山、ラグビーなど

●行事

10月の日光山研修、6月の山家会や9月の彼岸会など、仏教関連の行事も随所に組み込んでいます。11月の合唱コンクールはクラス対抗で、玉蘭祭（文化祭）や体育祭などにも負けない盛り上がりを見せます。

●修学旅行・研修旅行

中1の林間学校は、菅平高原にて自然のなかでのプログラム体験をします。中3では京都・奈良（吉野）への修学旅行を、そして国際理解教育の一環としてセブ島語学研修を行っています。夏休みには中学生の希望者を対象にハワイセミナーを実施。ハワイ大学の協力を得て行う語学研修や異文化体験などの充実したプログラムです。高1ではオーストラリア、ニュージーランドへの中・長期留学制度、高2ではマレーシア・シンガポール修学旅行があります。

マネーガイド

■2024年度納付金（諸経費を含む）

	入学金	授業料	維持費	その他	計
入学手続時	350,000円	0円	0円	0円	350,000円
初年度総額	350,000円	456,000円	48,000円	495,200円	1,349,200円

◎寄付金：1口10万円、2口以上（任意）
◎授業料：3期分納
◎奨学金・特待生制度：経済的理由により就学困難と判断される者は、授業料減免制度を利用できる。入学金と年間授業料が免除となる特待Sをはじめ、8種類の特待生制度がある

3期 学期制　完6 days 週5･6日制　プール　cool 冷房　寮　食堂　私服通学　希 海外研修

サピックスからの合格実績（過去3年）	'22	'23	'24
	10名	7名	10名

進学指導の概要

キャリア教育の一環として、中学では「先輩の話を聞く会」「大学進学への心構え」、高校では「職業を聞く会」「卒業生体験談」「大学入試担当者による説明会」などを実施。進路を具体的にイメージできる指導をしつつ、難関校チャレンジを促していきます。また、バリアフリーな環境を用意しているため、放課後などは生徒と教員の間で相談や質問が活発に行われています。高3からは志望大学の受験科目に合わせたゼミ（課題別特別授業）と演習（受験対策）を用意して、徹底した対策授業を行います。夏休みには中1～中3まで夏期講習を実施して2学期の準備を行います。

■現役大学進学者の進路の内訳

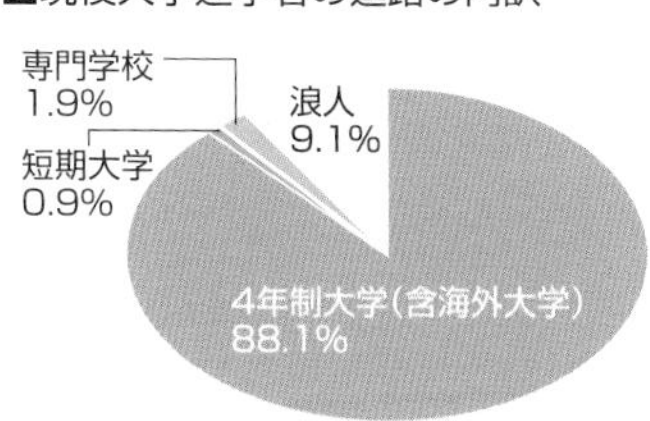

■併設高校から主要大学への合格実績

※上段は現役合格者数、下段は浪人を含めた合格者数。

	東京大	京都大	一橋大	東京工業大	筑波大	お茶の水女子大	電気通信大	東京外国語大	東京学芸大	東京芸術大	東京農工大	東京都立大	横浜国立大	千葉大	早稲田大	慶應義塾大	上智大	東京理科大
22年	—	—	—	1	—	—	—	—	—	—	—	2	—	1	7	6	3	20
	1	—	—	1	—	—	—	1	1	—	—	2	—	2	16	7	4	24
23年	—	—	—	1	3	—	1	1	5	—	—	1	1	3	10	7	11	36
	—	—	—	1	3	—	1	1	5	2	—	1	1	3	11	8	11	38
24年	—	—	—	—	—	—	—	1	—	1	1	2	3	1	11	4	7	43
	—	—	—	—	—	—	—	1	—	1	1	2	3	1	13	4	7	45

	学習院大	明治大	青山学院大	立教大	中央大	法政大	日本大	東洋大	駒澤大	専修大	国際基督教大	津田塾大	東京女子大	日本女子大	文部科学省所管外の大学校	海外の大学	国公立・医学部	私立・医学部
22年	7	20	20	37	27	48	56	88	16	27	1	3	6	15	—	6	—	—
	8	22	23	39	36	54	70	100	16	30	1	3	6	15	—	6	—	2
23年	11	35	14	40	20	67	89	73	29	38	1	11	11	9	3	3	—	3
	11	40	15	40	20	70	92	78	31	39	1	11	11	9	3	3	—	3
24年	15	28	22	53	42	83	89	137	19	47	1	1	6	7	1	—	—	—
	16	29	22	55	44	90	99	142	20	48	1	1	6	7	1	—	—	2

★指定校推薦枠（2024年度）非公表

私立　東京　共学　こ

入試情報

■2024年度の入試結果

			募集人員	出願者	受験者	合格者	実質倍率
1回	4科2科	男子	30	125	102	24	4.3
		女子		57	48	15	3.2
	適性検査A	男子	20	92	87	34	2.6
		女子		88	87	30	2.9
	適性検査B	男子		45	45	21	2.1
		女子		26	25	12	2.1
2回	2科	男子	25	222	197	41	4.8
		女子		77	69	15	4.6
3回	4科2科	男子	15	168	114	36	3.2
		女子		71	49	17	2.9
	プログラミング	男子	10	8	8	2	4.0
		女子		0	0	0	—
	自己表現	男子		4	3	1	3.0
		女子		0	0	0	—
	英語	男子		23	17	10	1.7
		女子		14	11	6	1.8
4回	特待1科 算数or国語	男子	10	123	76	10	7.6
		女子		57	37	7	5.3
5回	2科	男子	10	198	120	37	3.2
		女子		75	50	22	2.3

○配点：算国英=各100点　理社=各50点　適性Ⅰ・Ⅱ・Ⅲ=各100点　STEAM・プログラミング=100点　クリエイティブ型・ディベート型=各100点
○合格点について
2科・4科・算数1科ともに約60%を合格点とする(各回の平均点により多少変動あり)。適性検査A・Bは約120点を合格点とする。

25年の募集要項

入試日／①2月1日午前②2月1日午後③2月2日午前④2月2日午後⑤2月4日
募集人員／男女120名(①50名②25名③25名④10名⑤10名)
合格発表／HP・掲示とも即日
手続締切／2月5日
試験科目／国語(50分・100点)、算数(50分・100点)、理科・社会(計50分・各50点)、適性検査(適性検査ⅠⅡⅢ、思考表現、数的処理・各100点)、英語(100点)、プログラミング(算・プログラミング)、自己表現・各100点)
※①は2科(国算)・4科(国算理社)または適性検査A・Bから選択、②は2科、③は2科・3科（国算英)・4科かプログラミング入試か自己表現入試④は1科（算または国)、⑤2科
面接／なし
受験料／20,000円､2回以上は30,000円で複数回受験可能

公開行事・説明会予定

【学校説明会】要予約
6月22日(土)13時15分～、15時15分～
7月13日(土)10時～、13時～
8月 3日(土) 9時30分～、13時30分～
※おもしろ理科実験教室／たのしい国語教室　選択可
9月 8日(日)10時～、14時～　※クラブ体験会
10月19日(土)14時～
11月16日(土)14時～　※過去問解説
12月22日(日)10時～、14時～　※各回とも過去問体験＆解説
1月19日(日)10時～　※入試トライアル オンライン配信実施
【夜の説明会】各回18時～、要予約
9月26日(木)
11月 6日(水)
【体育祭】
9月12日(木)
【玉蘭祭(文化祭)】※一般公開は未定
9月21日(土)、9月22日(祝)
◆変更・中止の可能性もあります。必ず学校ホームページで確認してください。

サレジアン国際学園 中学校

所在地／〒115-8524 北区赤羽台4-2-14
TEL／03-3906-7551
学校長／森下 愛弓
創 立／1947年に星美学園小学校と中学校を、1948年に高校を創立。2022年、サレジアン国際学園に校名を変更し共学化。
URL／www.salesian.international.seibi.ac.jp

	1年	2年	3年
男子	66名	71名	54名
女子	81名	89名	58名
クラス数	4組	5組	4組

中高総生徒数／660名

〈交通アクセス〉
JR「赤羽」駅より徒歩10分、東京メトロ南北線・埼玉高速鉄道「赤羽岩淵」駅より徒歩7分

「21世紀に活躍できる世界市民」の育成

サレジアン国際学園の3年目がスタートしました。3期生からは、中学1年次にハイブリッド学級を導入。本科とインターナショナルの生徒が自身の長所を活かしながら共に学びます。インターナショナルクラスのアドバンスドグループは、数学・理科・社会もオールイングリッシュの授業を実施。スタンダードグループは、英語ゼロベースから力を伸ばします。本科クラスの生徒はゼミナールに所属し、主体的に研究をしながら学びを深めます。どちらのクラスもPBL型の授業を軸に、正解のない問いに対しての最適解を構築する力を培います。

スクールライフ

●教育内容

問題解決型学習法であるPBL（Problem Based Learning）型授業を全教科の授業に導入。みずから問題を分析して課題を発見・解決することを重視した主体的な学びを中心に、グループ学習やディスカッションの機会を多く設けながら、「考え続ける力」と「コミュニケーション能力」を養成していきます。情報の収集・処理・共有の支えとなるようICT教育にも力を入れ、生徒は1人1台のタブレット端末を所有。加えて、プログラミング思考を伸ばす授業も導入しています。理科では実験や観察を重視するため、大学研究室レベルの設備を整えたサイエンスラボを新設。校内英語研修や、さまざまな国から集う16人の外国人教員がオールイングリッシュで行う課外授業型ワークショップなど、“人生のビジョン”を高めることを目的とした英語学習・国際教育プログラムを整えています。

■主要5教科の週当たり時間（コマ）数 ※本科クラス

	英語	数学	国語	理科	社会
1年	8	5	5	3	3
2年	8	5	5	4	3
3年	8	5	5	4	4
合計	24	15	15	11	10

◎1日あたりの授業コマ数：45分×7時限
※土曜日は4時限
◎登校時間：8時15分

●部活動

約20の部が活動しています。

○文化系／美術、英語、演劇、家庭科、吹奏楽、合唱、デジタルコンテンツ制作、軽音楽、釣り、ボランティア

○体育系／陸上、卓球、ダンス、軟式野球、硬式テニス、バスケットボール、バレーボール、剣道

●行事

6月の体育祭と10月の学園祭は、生徒が主体となって企画・運営する2大行事となっています。合唱コンクールのほか、クリスマスミサや聖母祭などミッションスクールならではの行事も行われます。

●修学旅行・研修旅行

中2では林間学校、中3では修学旅行（関西方面）が行われます。高校では3か月、6か月もしくは1年間の留学プログラムへの参加が可能です。オーストラリア・ニュージーランド・アメリカ・カナダ・イギリスなどの留学先を用意しています。

マネーガイド

■2024年度納付金（諸経費を含む）

	入学金	授業料	維持費	その他	計
入学手続時	280,000円	0円	0円	0円	280,000円
初年度総額	280,000円	480,000円	120,000円	463,000円	1,343,000円

※制服代、林間学校・修学旅行費は別途必要

◎寄付金：なし
◎授業料：3期分納
◎奨学金・特待生制度：第3回スカラシップ判定入試の成績優秀者に対する特待生制度がある。また、経済的状況の急変により、就学困難と判断される者に対して授業料を免除

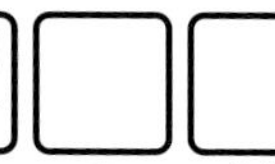

学期制　週5・6日制　プール　冷房　寮　食堂　私服通学　海外研修

サピックスからの合格実績（過去3年）	'22	'23	'24
	5名	9名	14名

進学指導の概要

サレジアン国際学園のキャリア教育では、「どう生きていくか」を問い続け、主体的に自分が描く道を歩んでいけるように多様な機会を設けています。キャリアデザインとともに、自分の勉強方法をデザインするために、朝の自主学習や各種講習など、自ら考えて学習に向かう体制を確立。身につけた能力を、刻々と変化する大学入試、とりわけ多面的に選考される総合型選抜入試などで発揮できるよう、面接の練習や志望理由書、小論文の書き方など、1人ひとりのニーズに応じてていねいにサポートします。もちろん、共通テストや一般選抜型入学試験にも、大学入試の対策講座や夏期進学講習で対応します。

■現役大学進学者の進路の内訳

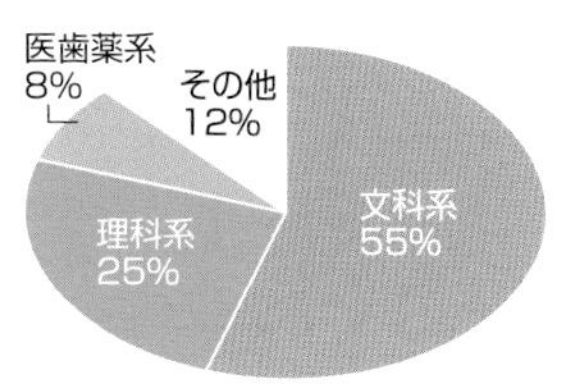

■併設高校から主要大学への合格実績

※上段は現役合格者数、下段は浪人を含めた合格者数。

	東京大	京都大	一橋大	東京工業大	筑波大	お茶の水女子大	電気通信大	東京外国語大	東京学芸大	宮崎大	都留文科大	東京都立大	横浜国立大	千葉大	早稲田大	慶應義塾大	上智大	東京理科大
22年	—	—	—	—	—	—	—	1	—	—	—	—	—	—	1	—	9	—
	—	—	—	—	—	—	—	1	—	—	—	—	—	—	1	—	9	—
23年	—	—	—	—	—	—	—	—	—	—	—	—	—	—	—	—	3	—
	—	—	—	—	—	—	—	—	—	—	—	—	—	—	—	—	3	—
24年	—	—	—	—	—	—	—	—	—	—	—	—	—	—	2	—	6	—
	—	—	—	—	—	—	—	—	—	—	—	—	—	—	3	—	6	1

	学習院大	明治大	青山学院大	立教大	中央大	法政大	日本大	東洋大	駒澤大	専修大	国際基督教大	津田塾大	東京女子大	日本女子大	文部科学省所管外の大学校	海外の大学	国公立・医学部	私立・医学部
22年	2	2	1	5	5	—	5	4	—	3	—	1	2	2	—	—	—	—
	2	5	1	5	5	—	5	4	—	3	—	1	2	2	—	—	—	—
23年	—	1	1	2	—	—	1	1	—	—	—	—	—	2	—	—	—	1
	—	1	1	2	—	—	1	1	—	—	—	—	—	2	—	—	—	1
24年	—	1	1	1	1	—	—	—	—	—	—	4	1	3	—	—	—	—
	—	3	1	1	1	—	—	—	—	—	—	4	1	5	—	—	—	—

★指定校推薦枠（2024年度）青山学院大1名、立教大1名、東洋大3名、日本女子大2名、成蹊大4名、成城大1名、日本大若干名、芝浦工業大3名、東京女子大1名、聖心女子大制限なし、白百合大11名など

入試情報

■2024年度の入試結果

			募集人員	出願者	受験者	合格者	実質倍率
1回	本科	男子	25	17	11	4	2.8
		女子		21	18	12	1.5
	インターナショナル	男子	10	24	16	11	1.5
		女子		31	24	15	1.6
2回	本科	男子	25	33	26	20	1.3
		女子		28	23	14	1.6
	インターナショナル	男子	10	24	20	10	2.0
		女子		26	18	5	3.6
3回	本科	男子	15	25	9	4	2.3
		女子		18	6	5	1.2
	インターナショナル	男子	10	28	12	6	2.0
		女子		33	15	4	3.8
4回	本科	男子	20	27	10	6	1.7
		女子		25	9	6	1.5
	インターナショナル	男子	10	27	9	3	3.0
		女子		26	12	7	1.7
5回スカラシップ	本科	男子	10	33	8	6	1.3
		女子		24	9	8	1.1
	インターナショナル	男子	10	44	25	20	1.3
		女子		42	26	18	1.4
21世紀型	本科	男子	5	52	8	5	1.6
		女子		51	10	7	1.4

○配点　算国英＝各100点　理社＝各50点　適性検査＝100点　英語エッセイ＝50点
○合格最低点：非公表

24年の募集要項

※以下は2024年の募集要項です。2025年の要項は学校の発表をお待ちください。

入試日／①2月1日午前 ②2月1日午後 ③2月2日午前 ④2月2日午後 ⑤2月3日午後 21世紀型2月5日午前 帰国①11月11日 帰国②12月3日 帰国③1月8日
募集人員／男女150名(①本科25名・インターナショナル10名　自由選択本科25名・インターナショナル10名 ②本科15名・インターナショナル10名　自由選択本科20名・インターナショナル10名　③本科10名・インターナショナル10名　21世紀型5名　帰国若干)
合格発表／ホームページで即日 帰国は翌日
手続締切／2月10日 帰国①11月16日 帰国②12月8日 帰国③1月13日
試験科目／本科・インターナショナルスタンダード：国語(50分・100点)、算数(50分・100点)、理科・社会(計50分・各50点) ※※①③⑤は2科4科選択 インターナショナルアドバンスド：英語(50分・100点)、英語エッセイ(30分・50点)
②④：4科から2科選択(計60分・各50点)
面　接／なし
帰国生のための試験／本科・インターナショナルスタンダード：国語、算数 インターナショナルアドバンスド：英語、英語エッセイ、面接(英語と日本語)
受験料／28,000円(複数回同時出願の場合、2回目以降不要)

公開行事・説明会予定

【学校説明会】要予約
7月 6日(土)、7月27日(土)、9月 7日(日)、11月 4日(振休)、12月14日(土)、1月11日(土)
【帰国生対象学校説明会】要予約
7月28日(日)
【入試傾向説明会】要予約
11月 4日(振休)、12月14日(土)、1月11日(土)
【授業体験会】要予約
7月27日(土)、9月 7日(土)
【学園祭】
10月13日(日)、14日(祝)
◆変更・中止の可能性もあります。必ず学校ホームページで確認してください。

私立　東京　共学　さ

サレジアン国際学園世田谷 中学校

所在地／〒157-0074　世田谷区大蔵2-8-1
TEL／03-3416-1150
学校長／森下 ワカヨ
創　立／1954年、星美学園第二小学校として目黒区碑文谷に開校。1956年、目黒星美学園に改称。1960年、現在地に目黒星美学園中学校を開校。
URL／www.salesian-setagaya.ed.jp

	1年	2年	3年
男子	53名	41名	—
女子	94名	108名	64名
クラス数	4組	4組	2組

中高総生徒数／541名　併設小から 約32%

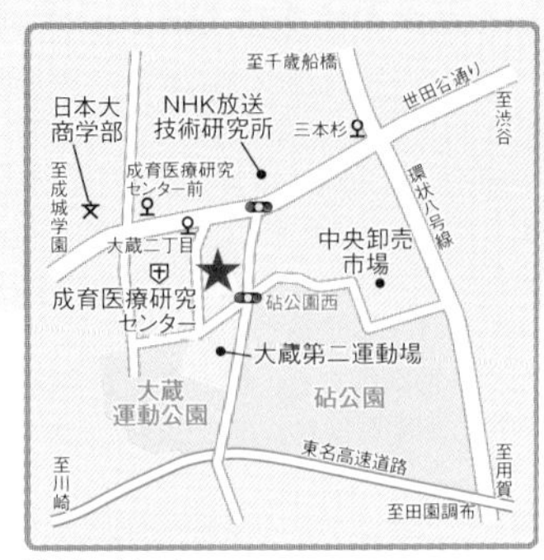

〈交通アクセス〉
小田急線「成城学園前」駅よりバス10分
小田急線「祖師ケ谷大蔵」駅より徒歩20分
東急田園都市線「二子玉川」駅よりスクールバス15分

2023年に校名を変更し共学化。時代の変化に合わせて学びを刷新

1960年に中学校が開校して以来、カトリックの価値観に基づく「全人教育」を行ってきた目黒星美学園が、2023年に「サレジアン国際学園世田谷中学校」に校名を変更し、共学校として新たな一歩を踏み出しました。「インターナショナルクラス」と「本科クラス」の2コース制の下、実践的な英語教育、ゼミでの探究学習、問題解決力を育むPBL型授業を柱に、21世紀に必要な「世界市民力」を身につけた人材の育成をめざします。共学化を機に、サッカー部、囲碁・将棋部、鉄道研究部などが新設されたほか、さまざまな施設を大幅リニューアル中です。

スクールライフ

●教育内容

中1から「インターナショナルクラス」「本科クラス」の2コース制となります。本科クラスでめざすのは、「熱く探究する生徒」の育成。みずから設定した研究課題に取り組むゼミと、ディスカッションやプレゼンテーションを多く取り入れたPBL型授業を通じて、主体的に学ぶ姿勢や創造性を養います。一方のインターナショナルクラスでは、グローバルに活躍できる生徒の育成をめざし、英語で論理的・批判的・創造的に思考する力と発信する力を育てます。帰国生やインターナショナルスクール出身者を対象としたアドバンストは英語・数学・理科・社会の4教科の授業を、英語学習への高い意欲を持つ生徒が集まるスタンダードは英語の授業を、オールイングリッシュで行います。ホームルームは混合クラスで、インターナショナルティーチャーが担任を、日本人教員が副担任を務めます。ICT環境も充実し、生徒は1人1台のタブレットPCを授業で活用しています。

■主要5教科の週当たり時間（コマ）数（本科クラス）

	英語	数学	国語	理科	社会
1年	8	5	5	4	3
2年	8	5	4	4	4
3年	8	5	5	5	4
合計	24	15	14	13	11

◎1日当たりの授業コマ数：45分×7時限
※火曜日、金曜日は6時限、土曜日は4時限
◎登校時間：8時25分

●部活動

中学生のほとんどが参加し、中高合同で活動。バレーボール部やダンス部が好成績を残しています。
○文化系／演劇、合唱、管弦楽、書道、美術、鉄道研究、囲碁・将棋、eスポーツ、サイエンス、クッキングなど
○体育系／硬式テニス、ソフトボール、卓球、ダンス、バスケットボール、バレーボール、男子サッカー、陸上競技など

●行事

学年やクラブで取り組む学習や研究成果の発表、ステージ公演などで盛り上がるサレジアンフェスタ（学園祭）や体育祭、合唱コンクールのほか、無原罪の聖母の祝日やクリスマス会など宗教関連の行事があります。学園祭以外にも研究成果をプレゼンテーションする機会があります。

●修学旅行・研修旅行

中3では奈良・京都、高2では九州地方を訪れ、見聞を広めると同時に友人との絆を深めます。

マネーガイド

■2024年度納付金（諸経費を含む）

	入学金	授業料	施設費	その他	計
入学手続時	280,000円	0円	200,000円	0円	480,000円
初年度総額	280,000円	516,000円	200,000円	282,000円	1,278,000円

◎寄付金：あり
◎授業料：4期分納
◎奨学金・特待生制度：経済的理由により就学困難と判断される者は、授業料等の軽減制度を利用できる

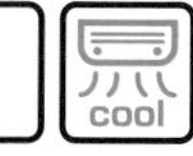

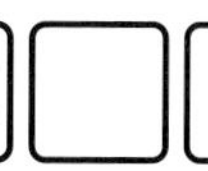
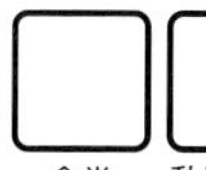

学期制　週5・6日制　プール　冷房　寮　食堂　私服通学　海外研修

サピックスからの合格実績（過去3年）	'22	'23	'24
	1名	25名	23名

進学指導の概要

本科クラス・インターナショナルクラスともに、充実した英語の時間数（8～10時間）を確保。多くの時間をインターナショナルティーチャーがオールイングリッシュで授業を展開し、4技能をバランス良く伸ばします。また、どちらのクラスでもPBL型授業が実施され、論理的・批判的・創造的思考力を養います。本科クラスにはゼミ、インターナショナルクラスにはSAPというプログラムがあります。ゼミではプレゼンテーション・論文執筆も経験し、「探究者たる」技能を涵養。SAPでは、文化学、環境問題や社会問題などをテーマにディスカッションやディベートの経験を積みます。探究型の講習もあり、より深い学びを体得することができます。

■大学進学者の進路の内訳

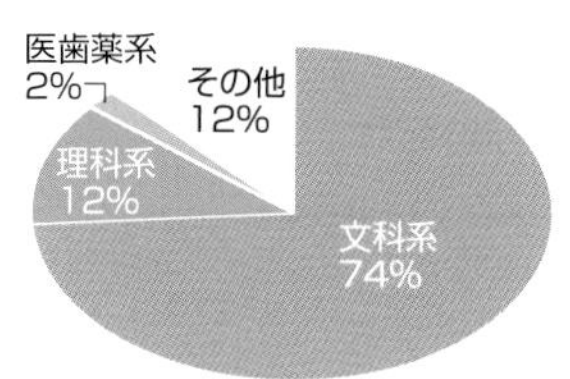

■併設高校から主要大学への合格実績

※上段は現役合格者数、下段は浪人を含めた合格者数。

	東京大	京都大	一橋大	東京工業大	筑波大	お茶の水女子大	電気通信大	東京外国語大	東京学芸大	東京芸術大	東京農工大	東京都立大	横浜国立大	千葉大	早稲田大	慶應義塾大	上智大	東京理科大
22年	—	—	—	—	—	—	—	—	—	—	—	—	—	—	—	4	5	1
	—	—	—	—	—	—	—	—	—	—	—	—	—	—	—	4	5	1
23年	—	—	—	—	1	—	—	—	—	—	—	—	—	—	1	1	6	—
	—	—	—	—	1	—	—	—	—	—	—	—	—	—	2	1	6	—
24年	—	—	—	—	1	—	—	—	—	—	—	1	—	—	1	—	8	—
	—	—	—	—	1	—	—	—	—	—	—	1	—	—	1	—	8	—

	学習院大	明治大	青山学院大	立教大	中央大	法政大	日本大	東洋大	駒澤大	専修大	国際基督教大	津田塾大	東京女子大	日本女子大	文部科学省所管外の大学校	海外の大学	国公立・医学部	私立・医学部
22年	—	—	—	2	—	1	1	1	—	—	—	—	—	—	—	1	—	3
	—	—	—	2	—	1	2	2	—	—	—	—	—	—	—	1	—	5
23年	—	1	1	3	—	1	3	—	—	2	—	1	—	3	—	—	—	—
	—	1	2	3	—	1	6	—	—	2	—	1	—	3	—	—	—	4
24年	—	—	—	1	2	4	4	—	—	—	—	—	1	2	—	—	—	—
	—	—	—	1	2	4	4	—	—	—	—	—	1	2	—	—	—	—

★指定校推薦枠（2024年度）東京理科大、上智大、立教大、法政大、学習院大、青山学院大、北里大、聖マリアンナ医科大、成蹊大など多数　※人数は非公表

入試情報

■2024年度の入試結果

		募集人員	出願者	受験者	合格者	実質倍率
1回本科	男子	男女90名	33	21	2	10.5
	女子		52	41	14	2.9
1回インターナショナル	男子		18	13	3	4.3
	女子		24	15	4	3.8
2回本科	男子		82	72	25	2.9
	女子		93	79	29	2.7
2回インターナショナル	男子		42	33	6	5.5
	女子		54	48	12	4.0
3回特待生本科	男子		73	29	9	3.2
	女子		60	24	9	2.7
3回特待生インターナショナル	男子		33	24	5	4.8
	女子		32	15	2	7.5
4回21世紀型自由選択2科本科	男子		100	61	8	7.6
	女子		101	45	5	9.0
4回21世紀型自由選択2科インターナショナル	男子		54	32	3	10.7
	女子		56	29	6	4.8
5回本科	男子		81	19	2	9.5
	女子		88	33	3	11.0
5回インターナショナル	男子		37	13	1	13.0
	女子		41	16	3	5.3

○配点　算国英＝各100点　理社＝各50点
○合格最低点：非公表

24年の募集要項

※以下は2024年の募集要項です。2025年の要項は学校の発表をお待ちください。

入 試 日／①2月1日午前 ②2月1日午後 ③2月2日午前 ④2月3日午後 ⑤2月5日午後
帰国①11月12日 帰国②12月10日 帰国③1月7日

募集人員／男女90名

合格発表／ホームページで即日

手続締切／ 2月7日 帰国①11月17日 帰国②12月15日 帰国③1月12日

試験科目／本科・インターナショナルスタンダード：国語(50分・100点)、算数(50分・100点)、理科・社会(計50分・各50点)※※①②は2科4科選択 インターナショナルアドバンスト：英語(50分・100点)、英語エッセイ(30分・50点) ④【21世紀型】思考力問題(100点)【自由選択】4科から2科選択(計60分・各50点)

帰国生のための試験／本科・インターナショナルスタンダード：国語、算数 インターナショナルアドバンスト：英語、英語エッセイ、面接(英語と日本語)

受 験 料／25,000円

公開行事・説明会予定

【学校説明会】 要予約
9月14日(土)10時～

【入試説明会】要予約
11月16日(土)10時～
12月21日(土)10時～

【オープンスクール】要予約
8月24日(土)10時～

【初めての方対象学校説明会】要予約
1月13日(土)10時～

【サレジアンフェスタ(学園祭)】
10月　5日(土)、6日(日)

◆変更・中止の可能性もあります。必ず学校ホームページで確認してください。

品川翔英（しょうえい） 中学校

所在地／〒140-0015 品川区西大井1-6-13
TEL／03-3774-1151
学校長／柴田 哲彦
創　立／1932年に京南家政女学校として創設。1957年に小野学園女子中学・高校に改称。2020年に現校名となり、共学化。
URL／www.shinagawa-shouei.ac.jp/jhhs/

	1年	2年	3年
男子	66名	95名	86名
女子	49名	58名	63名
クラス数	4組	4組	4組

中高総生徒数／1193名 併設小から 約3%

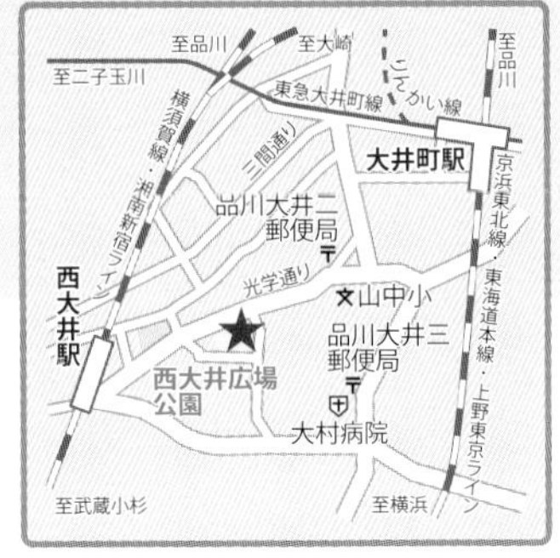

〈交通アクセス〉
JR横須賀線・湘南新宿ライン相鉄線「西大井」駅より徒歩6分、JR京浜東北線ほか「大井町」駅より徒歩12分

品川から、未来へ、世界へ、英知が飛翔する

「自主・創造・貢献」の校訓のもと、社会で活躍できる「学び続けるLEARNER」を育成します。知識の習得だけでなく、成長と社会への貢献を重視する意識を培います。そのため、クラス担当、教科担当とは別に自分を指導する先生を生徒自らが選ぶ「メンター制」を設けています。自分の目標に応じて指導を受けることができ、個々の学びに焦点を当てたサポートを行います。2023年3月に全教室WIFI、冷暖房完備の新中央校舎竣工。また、同年9月には人工芝の校庭も完成しました。

スクールライフ

●教育内容

模試範囲と連動したカリキュラムを通じて、卒業時に国公立大学・難関私立大学に合格できる基礎学力を身につけるための学習をサポートします。自宅では「インプット」としてスタディーサプリを基軸とした学習を行い、学校では得た知識や理解を実践的な形で展開する「アウトプット」機会を設けています。授業動画を活用した知識と、対面や集団のメリットを活かしたグループワークなどを通じて、深い学びと応用力を身につけます。さらに、メンターと教科担当者が中心となり、リクルートと連携し、learning centerで生徒の状態に合わせて必要なサポート体制を整えています。また、中学3年間で「外部とつながる」LEARNER'S TIMEを設けています。外部との交流を通じて、知識やスキル獲得をめざします。高校2年生以降では、自由選択が可能であるADVANCED SEMINARで自分の興味や関心に合わせて学習を深め、さらなる専門知識を習得します。2024年度から実施された革新的なカリキュラムに合わせ、廊下の壁を撤去した教室は、知識とアイデアが自由に交流する開放的な学びの空間です。自由な発想とグループワーク等を通じて生徒がみずからの好奇心や探究心を刺激し、創造的に学習します。

■主要5教科の週当たり時間（コマ）数

	英語	数学	国語	理科	社会
1年	5	4	5	3	3
2年	5	4	4	4	4
3年	6	5	5	4	3
合計	16	13	14	11	10

※週6時間の「Learrer's Time」あり

◎1日当たりの授業コマ数：45分×6時限
◎登校時間：8時30分

●部活動

運動部は、男子サッカー、ダンス、水泳、硬式テニスなど、文化部は、吹奏楽、バルーンアート、お菓子作りなどが活動中。

●行事

志ら梅祭（文化祭）、そして体育祭は、生徒が主体です。教員は生徒のアドバイザーとして寄り添い、サポートし、導きます。行事を通じて成功や失敗に直面することで、自分の可能性を信じて挑戦し続けることの体得をめざし、成長を促進します。志ら梅祭では芸術や文化の魅力を探究し、体育祭ではチームで協働する喜びを味わいます。

●修学旅行・研修旅行

新たな場所や文化に触れる研修旅行（修学旅行）は、学ぶ内容、行き先などを生徒の手で決めていく、探究型研修旅行です。

マネーガイド

■2024年度納付金（諸経費を含む）

	入学金	授業料	施設費	その他	計
入学手続時	250,000円	0円	200,000円	0円	450,000円
初年度総額	250,000円	456,000円	200,000円	約456,000円	約1,362,000円

◎寄付金：なし
◎授業料：月納
◎奨学金・特待生制度：あり

学期制　週5･6日制　プール　冷房　寮　食堂　私服通学　海外研修

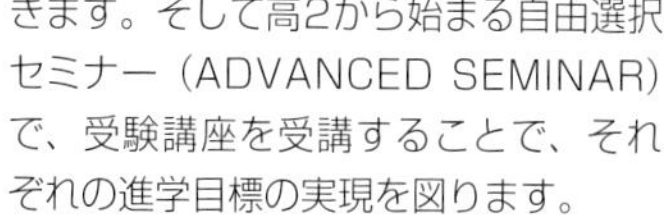

サピックスからの合格実績（過去3年）	'22	'23	'24
	1名	2名	1名

進学指導の概要

中1より学期に1回全国模試を実施し、大学進学への意識づけを行うとともに進路指導部と連携したメンターが、模試データを駆使して学習を支援することで一人ひとりの目標にあった個別最適な学びの実現を図ります。さらに、放課後の学習を支援するラーニングセンターでは、チューターが常駐し、勉強の仕方を教え、日々の学習を支えます。長期休暇中の講習の前には、メンターとともに学習計画を見直すことで、効率的・効果的な学習を行うことができます。そして高2から始まる自由選択セミナー（ADVANCED SEMINAR）で、受験講座を受講することで、それぞれの進学目標の実現を図ります。

■2024年3月卒業生の進路の内訳

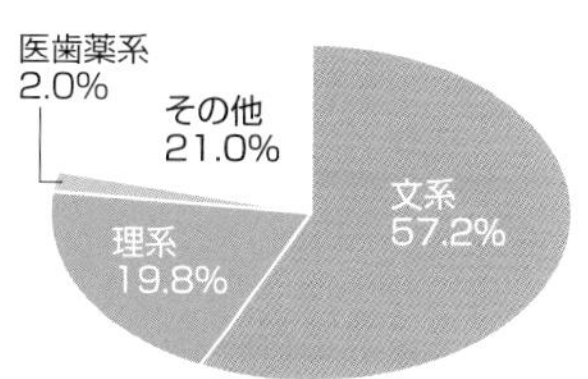

■併設高校から主要大学への合格実績

※上段は現役合格者数、下段は浪人を含めた合格者数。

	東京大	京都大	一橋大	東京工業大	筑波大	電気通信大	東京外国語大	東京学芸大	東京芸術大	東京農工大	東京都立大	横浜国立大	横浜市立大	千葉大	早稲田大	慶應義塾大	上智大	東京理科大
22年	—	—	—	—	—	—	—	—	—	—	—	—	—	—	—	—	—	—
	—	—	—	—	—	—	—	—	—	—	—	—	—	—	—	—	—	—
23年	—	—	—	—	—	1	—	—	—	—	—	—	—	—	—	—	4	1
	—	—	—	—	—	1	—	—	—	—	—	—	—	—	—	—	4	1
24年	—	—	—	—	—	1	—	—	—	—	1	—	—	—	—	4	3	7
	—	—	—	—	—	1	—	—	—	—	1	—	—	—	3	4	4	7

	学習院大	明治大	青山学院大	立教大	中央大	法政大	日本大	東洋大	駒澤大	専修大	国際基督教大	津田塾大	東京女子大	日本女子大	文部科学省所管外の大学校	海外の大学	国公立・医学部	私立・医学部
22年	—	—	—	—	—	1	1	—	—	—	—	—	—	—	—	—	—	—
	—	—	—	—	—	1	1	—	—	—	—	—	—	—	—	—	—	—
23年	—	4	—	2	3	2	11	3	2	5	1	—	—	1	—	—	—	—
	—	4	—	2	3	2	11	3	2	5	1	—	—	1	—	—	—	—
24年	3	9	8	2	8	15	35	22	12	19	1	1	1	2	—	—	—	—
	4	10	12	5	9	17	37	26	12	20	1	1	1	2	—	—	—	—

★指定校推薦枠（2024年度）非公表

入試情報

■2024年度の入試結果

			募集人員	出願者	受験者	合格者	実質倍率
1回	4科	男子	40	13	12	9	1.3
		女子		11	10	8	1.3
	2科	男子		16	15	13	1.2
		女子		15	14	12	1.2
	適性検査型	男子		59	57	51	1.1
		女子		41	41	36	1.1
2回	算数＋理科（特待生）	男子	15	25	23	5	4.6
		女子		10	10	1	10.0
3回	4科	男子	15	32	13	11	1.2
		女子		15	5	4	1.3
	2科	男子		18	10	8	1.3
		女子		23	12	10	1.2
4回	算数＋ラーナー型	男子	10	26	14	10	1.4
		女子		12	10	10	1.0
5回	表現力総合型	男子	10	7	6	5	1.2
		女子		4	4	3	1.3
6回	4科	男子	10	32	13	10	1.3
		女子		28	8	6	1.3
	2科	男子	10	16	7	6	1.2
		女子		19	7	6	1.2

○配点：算国＝各100点　理社＝各50点　適性検査型Ⅰ・Ⅱ＝各100点
○合格最低点：1回4科165点・2科112点　適性検査型110点　2回算数＋理科112点　3回4科152点・2科110点　4回算数＋ラーナー型54点　5回表現力総合型88点　6回4科169点・2科108点

24年の募集要項

※以下は2024年の募集要項です。2025年の要項は学校の発表をお待ちください。

入 試 日／①2月1日午前(4科・2科・適性) ②2月1日午後(算数＋理科 特待生) ③2月2日午前(4科・2科) ④2月2日午後(算数＋ラーナー型) ⑤2月3日午前(表現力総合型) ⑥2月5日午前(4科・2科)
募集人員／①40名 ②15名 ③15名 ④10名 ⑤10名 ⑥10名
合格発表／ホームページで即日発表
手続締切／2月5日(適性検査型は2月11日 ⑥は2月7日)
試験科目／①③⑥4科は国語、算数(各50分、各100点)、理科、社会(計60分、各50点)、2科は国語、算数(各50分、各100点)、①適性検査は適性検査Ⅰ・Ⅱ(各45分、各100点) ②算数(50分、100点)、理科(30分、50点) ④算数(30分、50点)、読書インタビューまたは体験インタビューまたは英語インタビュー(いずれも10分程度50点) ⑤国語(読解・記述 50分、40点)、算数・理科・社会・総合問題(70分、120点)
面　　接／なし
受 験 料／20,000円(複数回同時出願の場合、2回目以降は不要)、適性検査のみは10,000円

公開行事・説明会予定

【中学説明会(学校説明会)】
6月13日(木)、7月20日(土)、8月31日(土)
9月 9日(月)、10月19日(土)、11月 2日(土)
11月23日(祝)、12月 1日(日)、12月14日(土)

【オープンキャンパス】
7月20日(土)

【体育祭】
7月 2日(火)東京体育館

【文化祭】
10月 5日(土)、6日(日)

※すべてHPより予約制

◆変更・中止の可能性もあります。必ず学校ホームページで確認してください。

芝浦工業大学附属 中学校

所在地／〒135-8139 江東区豊洲6-2-7
TEL／03-3520-8501
学校長／柴田 邦夫
創 立／1922年創立。1954年芝浦工業大学高等学校となり、1982年中学開校。2017年豊洲新校舎に移転。
URL／www.fzk.shibaura-it.ac.jp

	1年	2年	3年
男子	112名	117名	108名
女子	53名	51名	50名
クラス数	4組	4組	4組

中高総生徒数／1133名

〈交通アクセス〉
東京メトロ有楽町線「豊洲」駅より徒歩7分
ゆりかもめ「新豊洲」駅より徒歩1分

2021年から中学も共学化　先進のSTEAM教育で多様なスキルを育む

高校で女子生徒の受け入れをスタートして以来、2020年以降に卒業した5期の女子は、そのほとんどが理工系の学部へ進学しています。女子も理工系をめざす時代の流れを追い風に、2021年から中学でも女子の受け入れを開始。グローバル化が進む現代は、性別や民族・国籍にかかわらず、多様な価値観をもとに課題を解決する力が必要です。隣接する芝浦工業大学と連携を強めつつ、「社会に学び世界に貢献する技術者・研究者の育成」という、芝浦工業大学の建学の精神を実践します。2022年、創立100周年を迎えました。

スクールライフ

●教育内容

中学・高校で先駆けて実施されるSTEAM教育は、先進のICT教育環境に支えられています。1人1台PCの活用や、伝統あるランゲージ教育およびグローバル教育、プログラミング教育など、世界で活躍する理工系人材の育成に向けて、独自の教育内容の充実に取り組んでいます。2021年度からは、探究活動の要素をこれまで以上に大幅に加え、社会課題に向き合う問題意識や課題解決スキルを培うカリキュラムを実践。また、自学自習の習慣の定着をめざす新たな教育改革も展開されています。

■主要5教科の週当たり時間（コマ）数

	英語	数学	国語	理科	社会
1年	4	4	4	4	4
2年	4	4	4	4	4
3年	4	4	4	4	4
合計	12	12	12	12	12

◎1日当たりの授業コマ数：50分×6時限
　※土曜日は4時限
◎登校時間：8時25分

●部活動

弓道、電子技術研究、鉄道研究など大会で好成績を挙げる部が多数あります。
○文化系／鉄道研究、電子技術研究、吹奏楽、理科、美術、音楽、工作技術研究、歴史研究、ESS
○体育系／テニス、卓球、野球、バレーボール、バスケットボール、サッカー、バドミントン、ゴルフ、水泳、弓道、剣道

●行事

学年ごとに実施する校外学習は、理科や社会科の教育を実体験から補完します。中学各学年で芝浦工業大学との連携実践講座があり、中1ではパスタブリッジ、中2ではビートルロボット、中3では各種ものづくりの体験を行います。どれもオリジナリティあふれる独自の中高大連携教育です。

●修学旅行・研修旅行

中1は入学時のオリエンテーション合宿と蓼科登山合宿で、友だちづくりとクラスの団結を図ります。中2は長野農村合宿。農家にファームステイして日本の原風景と農村生活を実体験します。中3は25年以上の伝統をもつ海外教育旅行です。アメリカ3コースとオーストラリアから選択して、2週間のホームステイで異文化を体験。充実した体験が生徒たちを精神的に大きくします。

マネーガイド

■2024年度納付金（諸経費を含む）

	入学金	授業料	施設費	その他	計
入学手続時	280,000円	138,000円	66,000円	198,480円	682,480円
初年度総額	280,000円	552,000円	264,000円	207,480円	1,303,480円

◎寄付金：1口5万円、4口以上（任意）
◎授業料：4期分納
◎奨学金・特待生制度：なし

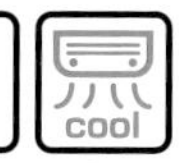

学期制 週5·6日制 プール 冷房 寮 食堂 私服通学 海外研修

サピックスからの合格実績（過去3年）	'22	'23	'24
	27名	43名	33名

進学指導の概要

高2より一般理系コース（主に芝浦工業大学への推薦入学をめざすコース）、特別理系コース（国公立・早慶の理工系学部への進学をめざすコース）、文系コースの3つに分かれます。どのコースでも、生徒の興味関心、意欲と適性を見極めたていねいなキャリア教育で希望進路の実現をサポートします。

一般理系コースの生徒がめざす芝浦工業大学は近年、受験生が多く、入学も難化しています。一定の学力を修めた一般理系コースの生徒には推薦権が与えられますが、大学の全学科の教授による出張授業である「理系講座」や研究室見学会などを通して、学びの意欲を高める指導も実践されています。

■卒業生の進路の内訳

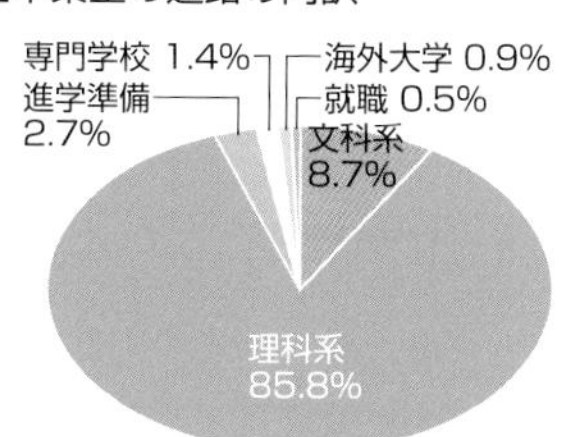

■併設高校から主要大学への合格実績

※上段は現役合格者数、下段は浪人を含めた合格者数。

	東京大	京都大	一橋大	東京工業大	筑波大	電気通信大	東京外国語大	東京学芸大	東京芸術大	東京農工大	東京都立大	横浜国立大	横浜市立大	千葉大	早稲田大	慶應義塾大	上智大	東京理科大
22年	—	—	—	1	2	1	—	—	—	3	1	—	—	—	10	4	6	20
	—	—	—	1	2	1	—	1	—	3	1	—	—	—	13	4	6	20
23年	—	—	—	—	1	3	—	—	—	—	—	1	—	—	—	2	7	29
	—	—	—	—	2	3	—	—	—	—	—	1	—	1	—	2	7	29
24年	—	—	—	3	1	1	—	—	—	1	1	—	—	1	4	1	6	21
	—	—	—	5	1	2	—	—	—	1	1	—	—	1	5	2	6	29

	学習院大	明治大	青山学院大	立教大	中央大	法政大	日本大	東洋大	駒澤大	専修大	芝浦工業大	成蹊大	成城大	神奈川大	文部科学省所管外の大学校	海外の大学	国公立・医学部	私立・医学部
22年	3	15	5	10	7	7	14	8	4	2	113	1	1	1	—	1	1	—
	3	15	5	10	8	8	15	8	4	2	113	1	1	1	—	9	1	—
23年	1	12	—	9	10	15	14	9	3	6	97	4	1	—	—	—	—	—
	2	14	—	11	10	16	14	9	4	6	97	4	1	—	—	—	—	—
24年	—	11	4	3	6	12	7	3	1	—	145	4	2	—	—	2	1	—
	—	14	4	3	8	13	9	3	1	—	145	5	2	—	—	2	1	4

★指定校推薦枠（2023年度）早稲田大2名、東京理科大4名、学習院大2名、明治大2名、法政大1名、明治学院大9名、駒澤大2名など

私立 東京 共学 し

入試情報

■2024年度の入試結果

		募集人員	出願者	受験者	合格者	実質倍率
1回	男子	90	340	312	63	5.0
	女子		122	115	37	3.1
2回	男子	50	435	308	46	6.7
	女子		147	101	22	4.6
言語探究	男子	15	168	128	20	6.4
	女子		50	39	6	6.5
英語	男子		28	25	3	8.3
	女子		10	10	4	2.5
帰国	男子	5	10	10	48	0.2
	女子		1	1	1	1.0
帰国シンガポール会場	男子	5	6	6	6	1.0
	女子		2	2	2	1.0
帰国本校会場	男子		10	10	8	1.3
	女子		1	1	1	1.0

■2024年度入試 受験者・合格者の教科別平均点

		算数	国語	理科	全教科合計（合格最低点）
1回	受験者	60.1	68.7	43.2	198
	合格者	76.3	81.4	54.2	
2回	受験者	54.9	60.1	53.3	204
	合格者	73.2	75.3	70.1	
言語探究	受験者	42.0	言語技術・探究/48.8		113
	合格者	62.0	言語技術・探究/59.6		
英語	受験者	37.4	英語/47.4		124
	合格者	62.0	英語/74.1		

○配点：算国＝各120点　理＝100点　言語・探究、英語入試　各100点

25年の募集要項

入 試 日／①2月1日 ②2月2日
言語・探究入試、英語入試2月2日午後
募集人員／男女155名(①90名 ②50名 言語・探究入試、英語入試15名)
合格発表／いずれも即日
手続締切／2月5日
試験科目／国語(60分・120点)、算数(60分・120点)、理科(50分・100点)
言語・探究入試、英語入試は、言語技術・探究か英語から1科選択(40分·100点)および、算数(30分·100点)
面　　接／なし
受 験 料／25,000円(同時出願の場合、2回分40,000円、3回分55,000円)

公開行事・説明会予定

【SHIBAURA DAY】要予約
6月15日(土)、11月 4日(振休)
【SHIBAURA GIRL'S DAY】
6月23日(日)午前・午後
【芝生祭(文化祭)】※ミニ説明会・個別相談室あり
9月28日(土)10時～15時、9月29日(日)10時～15時
【施設見学会】要予約
9月22日(日)10時～
11月17日(日)10時～
【中学校説明会】要予約
① 6月28日(金) ② 9月14日(土) ③10月26日(土)
④11月16日(土)
①②は春夏バージョン、③④は秋バージョン
【4，5年生対象中学校説明会】
2月15日(土)10時30分～
【体育祭】※ミニ入試相談室あり
10月19日(土)10時～14時
【夏の中学施設見学会】要予約
8月17日(土)、8月18日(日)
◆変更・中止の可能性もあります。必ず学校ホームページで確認してください。

芝国際 中学校

所在地／〒108-0014　港区芝4-1-30
TEL／03-3451-0912
学校長／吉野 明
創　立／創立120周年を迎えた東京女子学園が、2023年に芝国際中学校高等学校に校名を変更し共学化。
URL／www.shiba-kokusai.ed.jp

	1年	2年	3年
男子	70名	60名	—
女子	57名	67名	—
クラス数	4組	5組	—

中高総生徒数／557名

〈交通アクセス〉
JR「田町」駅より徒歩5分　都営浅草線・三田線「三田」駅より徒歩2分　都営大江戸線「赤羽橋」駅より徒歩10分

「探究・協働・創造の実践」世界標準の学びで夢を実現

「人の中なる人となれ」を教育理念に掲げ、世界標準の学びと創造の実践に特化した共学校です。豊富な海外研修やSTEAM教育、AIバイリンガル教育を取り入れた教育カリキュラムで、世界標準の学びを実践。一人ひとりの可能性を広げるための確かな学力を養いながら、多様な価値観を持つ人たちとともに、自分の夢を実現できる力を育てます。校舎には、プレゼンテーションが可能な巨大空間、開放的なラウンジや図書スペース、アリーナなどが完備されています。

スクールライフ

●教育内容

知識を広くインプットできる日本の教育の良いところと、対話を中心とした世界標準の授業の両方を展開していきます。授業のゴールは、得た知識をどのように使うか。未来の問題を解決する力を中高6年間で身につけます。また、弱点をつくらないために、「わかったつもり」と「実際にできる」を峻別する学習システムを設けています。授業前のチェックと放課後のフォローを重視し、生徒たちの安定した成績を支えます。また、「今ある職業の半分がなくなるのであれば、自分でつくってしまえばいい」をコンセプトに、アントレプレナーシップ（起業教育）も実施。実際に世の中で役に立つアイデアを提案する授業も展開していきます。

■主要5教科の週当たり時間（コマ）数

	英語	数学	国語	理科	社会
1年	7	5	5	4	3
2年	7	5	5	4	3
3年	7	5	5	4	4
合計	21	15	15	12	10

※国際生も共通

◎1日当たりの授業コマ数：50分×6時限
　※土曜日は4時限
◎登校時間：8時15分

●部活動

生徒の希望を尊重し、生徒みずからが部活動を作っていきます。中高合同で活動することで、先輩・後輩とのつながりから、さまざまな学びを得ることができます。

○文化系／演劇、軽音楽、吹奏楽、英語、美術、調理など

○体育系／バレーボール、ダンス、ソフトテニス、バスケットボール、硬式テニス、剣道、eスポーツ、サッカーなど

●行事

具体的なプログラムは生徒自身が作ります。2学期に行った文化祭・体育祭は生徒が企画・準備を行い、創意工夫して盛り上げました。どの行事にも主体的に取り組むことで、実りある経験を積むことができます。

●修学旅行・研修旅行

中学の修学旅行は生徒たちが計画を立てます。計画立案の際には、生徒みずからが旅行代理店と交渉します。高校の研修旅行先はサンフランシスコ（予定）。世界トップクラスの大学で、現地の大学生と英語で議論する機会を設けます。また、GoogleやAppleの本社訪問など普段の旅行では経験できないプログラムを実施します。

マネーガイド

■2024年度納付金（諸経費を含む）※一般生（本科）

	入学金	授業料	施設費	その他	計
入学手続時	300,000円	0円	0円	0円	300,000円
初年度総額	300,000円	480,000円	100,000円	620,000円	1,500,000円

※制服代は含まない

◎寄付金：なし　◎授業料：4期分納
◎奨学生・特待生制度：2月1日午後入試の上位10名、2月2日午後入試の上位5名、2月3日午後入試の上位5名は、中高6年間で本校が指定する語学研修・留学の中で、最大70万円を支給（修学旅行を除く）

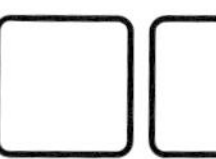

3期 学期制 | 完6 days 週5・6日制 | プール | cool 冷房 | 寮 | 食堂 | 私服通学 | 全 海外研修

サピックスからの合格実績（過去3年）	'22	'23	'24
	0名	68名	44名

進学指導の概要

東京大学を筆頭とした国公立大学や、早稲田大学・慶應義塾大学・上智大学・東京理科大学・国際基督教大学（ICU）といった難関私立大学、海外大学などを視野に入れた質の高い進学指導を実施。指導を担当する教員全員が、生徒一人ひとりの状況を共有する「カンファレンス制度」を設け、それぞれの志望大学への進学に最適な指導ができるよう、体制を整えています。また、中学生には放課後塾、高校生には放課後予備校を設置。対面授業やチューターつき学習スペースの活用などにより、高い学習効果が望めます。一般選抜だけでなく、総合型選抜に向けた指導も行います。

■芝国際の授業サイクル例

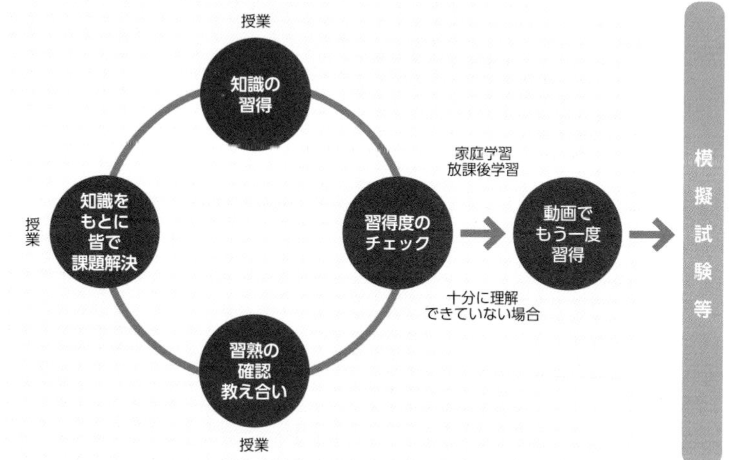

入試情報

■2024年の入試結果

		募集人員	出願者	受験者	合格者	実質倍率
2/1午前 国際ADVANCED	男子	10	13	10	7	1.4
	女子		15	13	9	1.4
2/1午前 本科	男子	30	29	25	16	1.6
	女子		23	20	14	1.4
2/1午後 本科	男子	25	54	49	25	2.0
	女子		55	49	37	1.3
2/2午後 本科	男子	20	77	47	22	2.1
	女子		73	41	22	1.9
2/3午後 国際ADVANCED	男子	5	25	15	11	1.4
	女子		27	15	12	1.3
2/3午後 本科	男子	10	86	45	22	2.0
	女子		84	51	23	2.2
帰国生1回	男子	15	48	48	27	1.8
	女子		42	41	21	2.0
帰国生2回	男子	5	29	9	8	1.1
	女子		16	11	8	1.4

○配点：算国英＝各100点　理社＝各75点
○合格最低点：非公表

24年の募集要項

※以下は2024年の募集要項です。2025年の要項は学校の発表をお待ちください。

入試日／【本科】①2月1日午前 ②2月1日午後 ③2月2日午後 ④2月3日午後【国際ADVANCED】①2月1日午前 ②2月3日午後【帰国生 国際ADVANCED】①11月10日 ②12月10日

募集人員／【本科】①30名 ②25名 ③20名 ④20名【国際ADVANCED】①10名 ②5名【帰国生 国際ADVANCED】①15名 ②5名

試験科目／【本科】①4科 ②③④2科(国算)【国際ADVANCED】3科(英・数・国)【帰国生 国際ADVANCED】3科(英・数・国)

公開行事・説明会予定

【学校説明会】要予約
6月15日(土)、7月 6日(土)
7月28日(日)、8月31日(土)
9月 5日(木)、9月29日(日)
10月 8日(火)
【オープンスクール】要予約
7月15日(祝)午前・午後の入れ替え制
【入試問題解説会】要予約
10月27日(日)、11月10日(日)、11月30日(日)
【入試体験会】要予約
12月14日(日)
◆変更・中止の可能性もあります。必ず学校ホームページで確認してください。

渋谷教育学園渋谷 中学校

所在地／〒150-0002　渋谷区渋谷1-21-18
TEL／03-3400-6363
学校長／高際 伊都子
創　立／1996年、渋谷教育学園渋谷中学校を創立。1999年、高校を共学化し、渋谷教育学園渋谷高等学校を創立。共学の中高一貫校に。
URL／www.shibushibu.jp

	1年	2年	3年
男子	97名	99名	94名
女子	105名	102名	114名
クラス数	6組	6組	6組

中高総生徒数／1236名

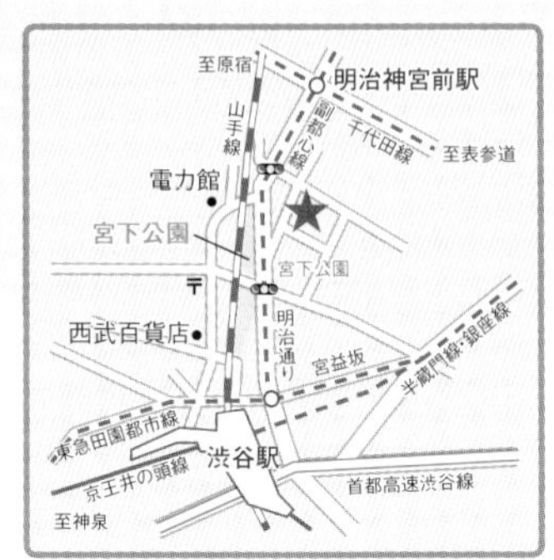

〈交通アクセス〉
JRほか「渋谷」駅より徒歩7分　東京メトロ千代田線ほか「明治神宮前」駅より徒歩8分

自主性を重んじて、生徒一人ひとりの能力を引き出す

「自調自考」をモットーとする、男女共学の進学校です。自分の未来をきちんと見据え、いま何をすべきなのかを自主的に組み立てられる人間を育てています。自己管理能力を養うため、ノーチャイム制を導入。校外研修などにおいても、現地で集合・解散となるほか、シラバス（学習設計図）を配布して、授業の年間計画を確かめられるようにしています。校舎は地上9階、地下1階のハイテク仕様。透過型薄膜太陽電池ガラスを窓に設置して、発生した電気を校舎の一部で利用しています。

スクールライフ

●教育内容

中高6年間を2年間ずつの3ブロックに分けています。中1・2のAブロックでは主要5教科を重視しています。特に英語に力を入れ、中2で中学の課程を修了し、この時点での英検®3級取得を目標にしています。英会話は外国人講師による少人数制で、系列のイギリス人学校「ブリティッシュ・スクール・イン・東京」とも交流し、コミュニケーション能力を高めるようにしています。国語は現代文と古典と表現、数学は数量と図形の2～3分野に分け、体系的に学習を進めます。Bブロックに入る中3では、英語と数学が習熟度別の少人数授業となります。

■主要5教科の週当たり時間（コマ）数

	英語	数学	国語	理科	社会
1年	7	5	6	4	4
2年	7	5	6	4	4
3年	6	6	6	4	4
合計	20	16	18	12	12

◎1日当たりの授業コマ数：45分×6時限
　※火・金曜日は7時限、登校土曜日は4時限（隔週5日制）
◎登校時間：8時20分

●部活動

全国レベルの強豪の柔道部のほか、模擬国連部や英語ディベート部は、国際大会でも優秀な成績を収めています。

○文化系／ ESS、理科、演劇、お琴、合唱、軽音楽、茶道、コンピュータ、美術、文芸、ボランティア、料理、吹奏楽、模擬国連、英語ディベート、クイズ研究会など

○体育系／剣道、柔道、サッカー、卓球、ダンス、テニス、バスケットボール、バドミントン、バレーボール、バトン、ボクササイズ、野球、陸上

●行事

毎年6月には代々木公園で行われるスポーツフェスティバル（体育祭）があります。このほか、飛龍祭（文化祭）、合唱コンクール、スキー教室（中2）、英語スピーチコンテストなどがあります。

●修学旅行・研修旅行

中1の4月には移動教室で埼玉県の秩父へ。新しい仲間と親睦を深めます。10月の校外研修の行き先は中1が鎌倉、中2が信州、中3が奈良。中3の春休みには、希望者を対象としたオーストラリアへの語学研修も行われます。2週間のホームステイで異文化に親しみ、視野を広げます。

マネーガイド

■2024年度納付金（諸経費を含む）

	入学金	授業料	施設費	その他	計
入学手続時	290,000円	0円	70,000円	0円	360,000円
初年度総額	290,000円	534,000円	204,000円	102,000円	1,130,000円

◎寄付金：なし
◎授業料：3期分納
◎奨学金・特待生制度：経済的理由により就学困難と判断される者に、授業料を貸与または奨学金として給付。入試時の成績優秀者を対象に、入学金・施設拡充費・授業料相当額を1年間給付。定員は10名前後

学期制　週5・6日制　プール　冷房　寮　食堂　私服通学　海外研修

サピックスからの合格実績（過去3年）	'22	'23	'24
	265名	250名	229名

進学指導の概要

高2から文系と理系に分かれます。高3では大幅に選択科目を増やし、主要5教科すべてで受験対策としての演習授業を行います。文部科学省からWWL（ワールドワイドラーニング）構築支援事業の指定を受けているように、高校の英語教育も先進的。外国人講師による少人数制の英会話授業はもちろん、高1からは日本人と外国人の教員チームによるエッセイ指導も始まります。また、中3～高2の希望者は、放課後週2回、フランス語、ドイツ語、中国語などの課外講座を受講できます。希望者を対象に、高1・2の夏休みにはアメリカのオレゴン州で3週間、高1の春休みにはイギリスのボーンマスで2週間の短期留学を実施。

■現役大学進学者の進路の内訳

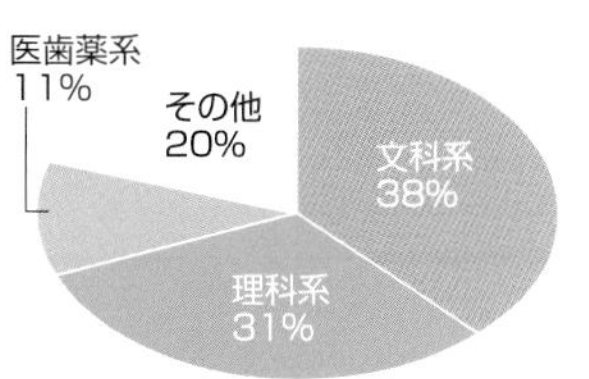

■併設高校から主要大学への合格実績

※上段は現役合格者数、下段は浪人を含めた合格者数。

	北海道大	東北大	東京大 文科I類	東京大 文科II類	東京大 文科III類	東京大 理科I類	東京大 理科II類	東京大 理科III類	東京大 合計	京都大	一橋大	東京工業大	東京芸術大	東京医科歯科大	東京外国語大	お茶の水女子大	千葉大	筑波大
22年	3	2	6	8	4	9	2	—	32	5	6	3	2	3	1	—	1	1
	5	3	6	11	6	9	3	—	38	7	7	4	2	4	1	—	3	1
23年	1	7	4	6	8	9	6	—	35	6	9	5	—	1	—	2	2	1
	1	7	4	6	9	11	8	—	40	7	10	5	—	1	—	2	3	1
24年	1	2	7	4	6	7	7	2	※36	4	8	1	—	3	2	—	3	—
	1	2	8	5	6	11	8	2	※43	6	8	3	—	3	2	—	7	—

	早稲田大	慶應義塾大	上智大	東京理科大	国際基督教大	学習院大	明治大	青山学院大	立教大	中央大	法政大	津田塾大	東京女子大	日本女子大	文部科学省所管外の大学校	海外の大学	国公立・医学部	私立・医学部
22年	125	105	41	38	4	3	47	14	15	15	23	—	1	2	2	30	11	16
	151	117	45	60	4	4	67	19	19	20	29	—	1	2	3	30	13	34
23年	100	78	35	45	—	1	46	11	5	12	7	—	1	1	2	37	7	12
	119	85	38	51	2	1	58	13	9	15	12	—	1	4	2	37	11	26
24年	119	86	47	35	7	3	31	7	11	17	6	2	—	—	2	34	11	28
	136	104	55	53	7	6	50	11	17	17	10	2	—	—	3	34	18	42

※2024年の東京大学の合計には、法・工学部に合格した推薦入試合格者3名が含まれています。

入試情報

■2024年度の入試結果

		募集人員	出願者	受験者	合格者	実質倍率
1回	男子	70	197	181	56	3.2
	女子		235	219	55	4.0
2回	男子	70	503	445	146	3.0
	女子		335	287	71	4.0
3回	男子	23	414	307	43	7.1
	女子		337	257	24	10.7
帰国	男子	12	100	94	20	4.7
	女子		127	120	31	3.9

■2024年度入試 合格者の教科別平均点

		算数	国語	理科	社会	合計
1回	男子	81.0	75.0	35.7	29.6	—
	女子	75.2	78.4	34.8	29.6	—
2回	男子	81.0	72.1	36.6	33.2	—
	女子	73.5	82.7	32.6	34.4	—
3回	男子	67.0	77.1	39.8	32.0	—
	女子	66.8	67.5	40.1	33.5	—

○配点：算国＝各100点　理社＝各50点
○合格最低点：1回男子207点・女子211点　2回男子203点・女子208点
3回男子188点・女子194点　帰国は非公表

25年の募集要項

入 試 日／①2月1日 ②2月2日 ③2月5日、帰国1月27日
募集人員／男女163名(①70名 ②70名 ③23名)、帰国12名
合格発表／掲示、ホームページで翌日
手続締切／2月12日 帰国1月30日
試験科目／国語(50分・100点)、算数(50分・100点)、理科(30分・50点)、社会(30分・50点)
面　　接／なし
帰国生のための試験／英語(60分・100点)、国語(50分・100点)、算数(50分・100点)、英語面接、または国語(50分・100点)、算数(50分・100点)、作文(60分・20点)、面接
受 験 料／23,000円(2回受験は38,000円、3回受験は53,000円)

公開行事・説明会予定

【学校説明会】WEB予約制
10月19日(土)
11月16日(土)
※各回とも入試問題の傾向と対策について。
希望者を対象に校舎見学も実施
【飛龍祭(文化祭)】WEB予約制
9月13日(金)、14日(土)
◆変更・中止の可能性もあります。必ず学校ホームページで確認してください。

サピックスOB・OGの声

●6月のスポーツフェスティバル（体育祭）は、代々木公園陸上競技場で行われます。生徒は青、赤、黄、紫の4色に分かれて競い合うのですが、どのクラスも大会に先立っておそろいのTシャツを制作します。中1は全員参加のリレーが毎年恒例となっています。

●帰国生が多く、休み時間には英語でおしゃべりする声が聞こえてくるなど、とても国際性が豊かな環境です。地理の授業では、実際にその国や地域に住んだことのある生徒から現地の様子を聞くこともあり、そんな環境に触発されて、わたしも学校の国際交流プログラムに参加したいと思うようになりました。

淑徳(しゅくとく) 中学校

所在地／〒174-8643　板橋区前野町5-14-1
TEL／03-3969-7411
学校長／安居 直樹
創　立／1892年、淑徳女学校創立。1948年、学制改革により淑徳中学校に改称。1991年、男女共学に。
URL／www.shukutoku.ed.jp

	1年	2年	3年
男子	92名	71名	84名
女子	101名	114名	112名
クラス数	5組	5組	5組

中高総生徒数／1723名　併設小から 約10.3%

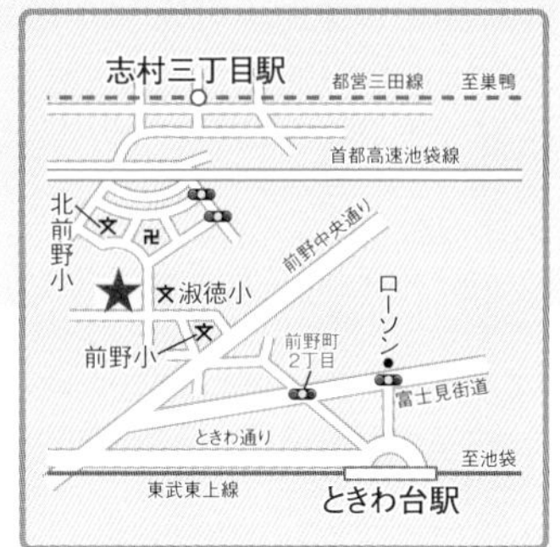

〈交通アクセス〉
東武東上線「ときわ台」駅より徒歩15分　都営三田線「志村三丁目」駅より徒歩15分　JR線「赤羽」駅よりバス　登下校時は「ときわ台」駅、「赤羽」駅、西武池袋線「練馬高野台」駅よりスクールバスあり

「進みゆく世におくれるな、有為な人間になれよ」

「時代の流れに遅れず、能力を発揮し、役立つ人間として生きてほしい」という願いは、どんな時代にも通じる創設者の理念です。常に変化する社会を見つめ、未来を読み解く先見性。多様な人々と助け合い、より良い世界をめざす利他共生の精神。さまざまなことを深く探究し、グローバル社会に求められる教養を育む教育を実施しています。40年以上の歴史ある海外プログラムは、「本物の英語力」を育成。中3必修の海外語学研修、高校・留学コースなどで国際理解力を深めます。

スクールライフ

●教育内容

探究活動として、中1から全員が興味や関心のあるテーマを見つけ、調べながら理解を深めていきます。中2ではこれまで調査し、取り組んできたものを文章として論理立ててまとめていく力をつけ、中3では集大成として「卒業論文」を執筆し、パソコンやタブレットでプレゼンテーション資料を作成して発表します。みずから課題を見いだし、発表へとつなげる学びは、3年間の集大成です。芸術の授業では、男子は武道、女子は茶道や華道を学びます。本格的な施設と指導により、武道や文化を通して自分と向き合い、思考力や心身を鍛えます。和の芸術を肌で感じることで、海外研修先でも自信を持って日本人のアイデンティティを発信します。1人1台iPadを所持し、効率的できめ細かい指導を実践しています。

■主要5教科の週当たり時間（コマ）数

	英語	数学	国語	理科	社会
1年	7	6	5	4	4
2年	7	5	5	4	4
3年	7	6	5	4	3
合計	21	17	15	12	11

◎1日当たりの授業コマ数：45分×6時限
　※土曜日は4時限
◎登校時間：8時30分

●部活動

スポーツや文化・美術、社会活動など、興味や好きなことを探求できる部活動があり、文武両道が実践できます。

○文化系／吹奏楽、茶道、社会福祉、家庭科、華道、書道、演劇、鉄道研究、文芸創作、放送、地理歴史、美術、科学同好会など

○体育系／バスケットボール、サッカー、ソフトテニス、剣道、卓球、バトン・ダンス、ソフトボール、バレーボールなど

（バドミントン部と硬式野球部は高校からの入部）

●行事

文化祭や体育祭は生徒会が中心に企画・運営し、大いに盛り上がります。仏教行事が年4回あり、命の大切さや他者との共生などを学びます。

●修学旅行・研修旅行

中2は京都・奈良国内研修。中3は海外語学研修を実施し、ホームステイや現地校訪問などを通じて、英語学習成果を試すだけではなく、英語学習の動機づけ、また日本人としてのアイデンティティや淑徳の教えである3L（Life, Love, Liberty）の重要性を再認識できる研修です。高2の修学旅行では、沖縄を訪れ、平和の尊さを学ぶ重要な機会となっています（2023年度実績）。

マネーガイド

■2024年度納付金（諸経費を含む）

	入学金	授業料	施設費	その他	計
入学手続時	250,000円	0円	50,000円	145,000円	445,000円
初年度総額	250,000円	420,000円	242,000円	未確定	未確定

◎寄付金：1口5万円、1口以上（任意）
◎授業料：3期分納
◎奨学金・特待生制度：スーパー特進東大選抜コースの合格者のうち、成績優秀者を特待生とする（免除項目は得点で異なる）

高 全

学期制　週5・6日制　プール　冷房　寮　食堂　私服通学　海外研修

サピックスからの合格実績（過去3年）	'22	'23	'24
	34名	34名	31名

進学指導の概要

高1では内進生と高入生はそれぞれ別クラスで編成。高2から文系・理系に分かれて学習を進め、高3では入試演習を中心とした授業となり、知識を活用する力、思考力、表現力を高めることをめざしています。放課後や夏季休業中に行われる講座も豊富で、学校内で大学受験対策が完結。教員の面倒見の良さや熱意が生徒自身の学習意欲をさらに活性化し、学力伸長につながるとともに、部活動と両立しながら大学入試を突破する力を身につけることもできます。東大を含む国公立大学への合格者も毎年輩出しており、後輩たちもその実績を見て意識を高め、自身の進路実現を果たしています。

■浪人生を含む卒業生の進路の内訳

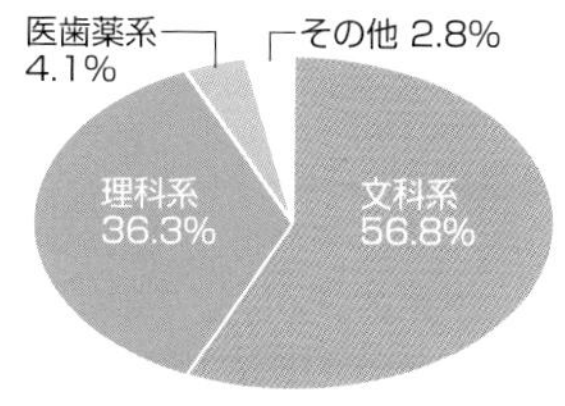

■併設高校から主要大学への合格実績

※上段は現役合格者数、下段は浪人を含めた合格者数。

	東京大	京都大	一橋大	東京工業大	筑波大	お茶の水女子大	電気通信大	東京外国語大	東京学芸大	東京農工大	東京都立大	横浜国立大	千葉大	大阪大	早稲田大	慶應義塾大	上智大	東京理科大
22年	—	—	—	—	1	1	2	4	2	2	4	3	—	1	14	22	25	45
	—	—	—	—	1	1	3	4	2	2	4	3	1	1	16	22	25	47
23年	1	1	—	1	1	3	—	—	2	5	3	1	5	—	26	9	32	47
	1	1	—	1	2	3	—	—	2	5	3	1	5	—	26	16	32	58
24年	—	—	1	1	1	4	1	2	4	2	3	7	6	1	16	11	25	56
	1	1	1	1	2	4	1	3	4	2	3	7	7	1	23	13	32	65

	学習院大	明治大	青山学院大	立教大	中央大	法政大	日本大	東洋大	駒澤大	専修大	淑徳大	津田塾大	東京女子大	日本女子大	文部科学省管外の大学校所	海外の大学	国公立・医学部	私立・医学部
22年	24	54	26	51	44	40	50	60	16	24	2	4	17	21	4	16	1	7
	24	58	26	54	56	42	58	90	16	31	2	5	18	22	5	16	3	18
23年	12	55	22	53	36	72	53	83	16	23	4	5	6	5	3	10	1	2
	13	62	23	56	37	81	61	87	16	23	4	5	7	5	4	10	2	7
24年	26	50	39	31	63	79	57	86	22	23	1	5	20	14	5	7	1	2
	26	62	41	33	70	84	68	96	25	29	1	5	20	15	6	7	3	8

★指定校推薦枠（2024年度）早稲田大1名、慶應大1名、上智大8名、東京理科大14名、学習院大3名、青山学院大4名、立教大4名、中央大5名、法政大7名、明治薬科大5名、立命館大1名など

入試情報

■2024年度の入試結果

				募集人員	出願者	受験者	合格者	実質倍率
スーパー特進	1回	4科	男子	25	56	47	19	2.5
			女子		74	65	34	1.9
		2科	男子		25	16	4	4.0
			女子		45	34	12	2.8
	2回	2科	男子	20	199	86	36	2.4
			女子		180	72	32	2.3
スーパー特進東大選抜	1回	2科	男子	45	159	129	79	1.6
			女子		144	119	78	1.5
	2回	2科	男子	40	182	109	70	1.6
			女子		162	96	59	1.6
	3回	2科	男子	10	49	41	11	3.7
			女子		30	21	5	4.2
帰国			男子	若干	8	7	6	1.2
			女子		4	4	2	2.0

■2024年度入試 合格者の教科別平均点（男女合計データ）

			算数	国語	理科	社会	合計
スーパー特進	1回	4科	74.7	62.1	31.2	33.6	201.7
		2科	74.7	62.1			136.9
	2回	2科	50.5	68.5			119.1
スーパー特進東大選抜	1回	2科	56.3	53.4			109.7
	2回	2科	58.8	59.5			118.3
	3回	2科	69.4	58.0			127.4
帰国		2科	66.5	56.9			123.4

○配点：算国＝各100点　理社＝各50点
○合格最低点：1回スーパー特進4科175点・2科124点　2回スーパー特進105点　1回東大選抜109点　2回東大選抜116点　3回東大選抜116点　帰国東大選抜114点　スーパー特進98点

24年の募集要項

※以下は2024年の募集要項です。2025年の要項は学校の発表をお待ちください。

入 試 日／スーパー特進①2月1日午前 ②2月2日午後
　　　　　スーパー特進東大選抜(セレクト)①2月1日午後 ②2月2日午後 ③2月5日午後 帰国12月2日
募集人員／男女約135名(スーパー特進①25名 ②20名
　　　　　スーパー特進東大選抜①45名 ②40名 ③10名
　　　　　帰国 若干名
合格発表／ホームページで即日
手続締切／2月11日
試験科目／国語(50分・100点)、算数(50分・100点)、理科(25分・50点)、社会(25分・50点)
　　　　　※スーパー特進は2科4科選択、スーパー特進東大選抜は2科
面　　接／帰国生はあり
受 験 料／25,000円(同時出願の場合は2月1日～3日の全4回のうち複数回の出願でも同額)

公開行事・説明会予定

【授業見学会】
9月 7日(土)
9月21日(土)
10月12日(土)
【見学会】
10月 5日(土)午後、10月19日(土)午後、
11月 2日(土)午後、12月 7日(土)午後、
11月23日(祝)終日
【夏休み見学会】
実施予定
【オンライン入試説明会】
12月 7日(土)10時～2月5日(水)22時
◆変更・中止の可能性もあります。必ず学校ホームページで確認してください。

淑徳巣鴨 中学校

所在地／〒170-0001 豊島区西巣鴨2-22-16
TEL／03-3918-6451
学校長／矢島 勝広
創 立／浄土宗僧侶の長谷川良信が設立。1985年に現校名に変更。1992年に男女共学化、1996年に中学校を開設。
URL／www.shukusu.ed.jp

	1年	2年	3年
男子	58名	48名	49名
女子	62名	73名	68名
クラス数	3組	3組	3組

中高総生徒数／1591名 併設小から 約10%

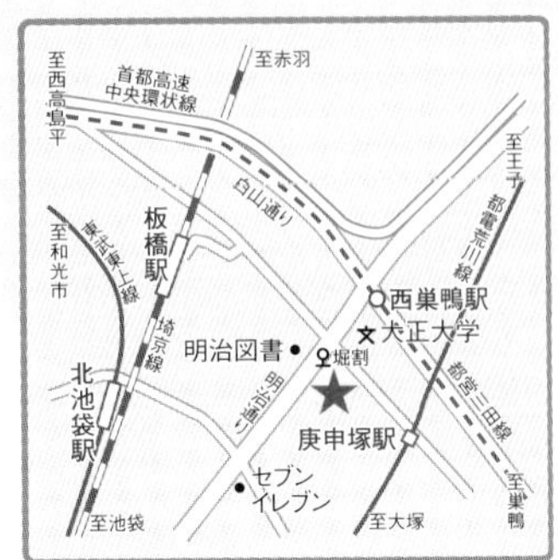

〈交通アクセス〉
都営三田線「西巣鴨」駅より徒歩3分 JR埼京線「板橋」駅より徒歩10分 東武東上線「北池袋」駅より徒歩15分 都電荒川線「庚申塚」駅より徒歩4分

主体的な「気づき」を得られる豊かな学びの場を提供

『感恩奉仕』を校訓とし、感謝の心を持って他者を思いやることのできる豊かな人間性を身につけ、時代の要請に対応し、社会に貢献し得る人材の育成に努めています。部活動を奨励する一方、学習体制の整備・強化に力を注ぎ、一人ひとりの学力や目標に応じたコース制を採用。授業以外の講座も豊富で、国際感覚を高めるためのキャリアプログラムも充実しています。また、近年は「気づきの教育」をスローガンとし、2コース制、探究学習、理数教育、グローバル教育など多彩なカリキュラムを展開しています。

スクールライフ

●教育内容

創立100年の伝統に加え、新たに「気づきの教育が叡知の包みをひらく」を教育方針とする『気づきの教育』をスタート。すべての生徒の無限の潜在的可能性を引き出し、生徒一人ひとりの自己実現を支援していく教育をめざしています。2コース制を導入し、「スーパー選抜コース」は、難関国公立大受験をめざす生徒が集うクラス。「特進コース」は、きめ細かい指導で生徒一人ひとりの力を着実に伸ばすコースです。また、文武両道を重視する雰囲気も同校の特徴の一つです。将来を見据えた主体的思考の学びは、大学入試においても追い風となっています。

■主要5教科の週当たり時間（コマ）数

	英語	数学	国語	理科	社会
1年	7	4	5	4	3
2年	7	5	5	4	3
3年	6	6	5	4	4
合計	20	15	15	12	10

◎1日あたりの授業コマ数：50分×6時限
※土曜日は4時限
◎登校時間：8時15分

●部活動

14の文化系クラブ、15の体育系クラブがあります。体育館以外にも柔道場、剣道場、ダンス室、作法室、複数の音楽室など施設が充実しており、多くの生徒が参加しています。水泳部やギター部など全国大会で活躍しているクラブもあります。

○文化系／演劇、合唱、吹奏楽、ギター、箏曲、華茶道、科学、美術、家庭科、書道、パソコンなど

○体育系／バスケットボール、サッカー、硬式テニス、バレーボール、バドミントン、ソングリーダー、陸上競技、空手道、剣道、水泳、新体操、ダンス、エアロビクス、卓球、野球など

●行事

生徒が中心となって運営する中高合同の淑鴨祭（しゅくおう）（文化祭）や、中学の合唱祭が大きなイベントです。球技大会、校外学習、職業体験、芸術鑑賞会のほか、社会で活躍している人物を招いてのスポンサー講座や講演会、増上寺研修などもあります。

●修学旅行・研修旅行

修学旅行（ホームステイ型語学研修）は、中3ではアメリカ、高2ではイギリスを訪れます。中2ではイングリッシュキャンプ、希望者対象のオレゴンサマーキャンプ(15日間)を実施。短期（1か月）から長期（1年間）までの多様な留学制度も設けています。

マネーガイド

■2024年度納付金（諸経費を含む）

	入学金	授業料	施設費	その他	計
入学手続時	250,000円	0円	50,000円	0円	300,000円
初年度総額	250,000円	420,000円	50,000円	643,800円	1,363,800円

◎寄付金：1口5万円（任意）
◎授業料：4期分納
◎奨学金・特待生制度：スカラシップ入試（特待生入試）の合格者に対して、成績の順に奨学金を給付（納入金を免除）

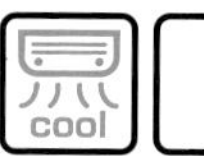

学期制　週5･6日制　プール　冷房　寮　食堂　私服通学　海外研修

サピックスからの合格実績（過去3年）	'22	'23	'24
	0名	2名	5名

進学指導の概要

2021年度より放課後学習支援の一環としてSSEDプログラムをスタート。生徒の特性や希望に合わせて、「質問型個別指導」「カリキュラム型個別指導」「AI教材型個別指導」という3つの個別指導を展開しています。それらを組み合わせることで学習習慣を定着させ、基礎学力と応用力の向上を促します。さらに、夏期講座や冬期講座などを中1から展開し、高3向けだけでも進学講座を年間200以上も開講。目的に応じて選択可能で、多くの生徒が受験対策として受講しています。こうした進学サポートの成果もあり、難関大学への合格者が近年急増しています。

■現役大学進学者の進路の内訳

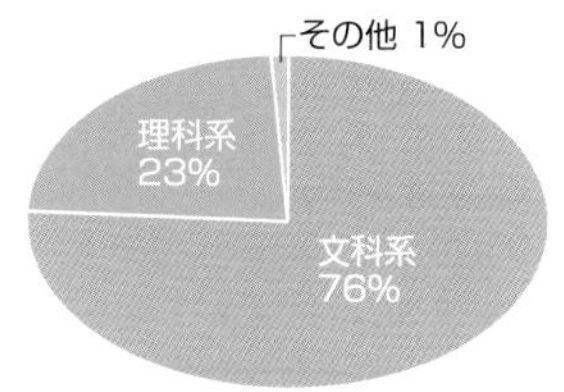

■併設高校から主要大学への合格実績

※上段は現役合格者数、下段は浪人を含めた合格者数。

	東京大	京都大	一橋大	東京工業大	筑波大	お茶の水女子大	電気通信大	東京外国語大	東京学芸大	東京芸術大	東京農工大	東京都立大	横浜国立大	千葉大	早稲田大	慶應義塾大	上智大	東京理科大
22年	1	—	—	—	2	—	—	—	3	—	—	3	1	1	12	4	19	21
	1	—	—	—	2	—	—	—	3	1	—	3	1	1	14	7	25	25
23年	—	—	1	—	1	—	—	—	1	—	—	2	1	—	17	3	14	28
	—	—	1	—	1	—	—	—	2	—	—	2	2	1	18	5	17	29
24年	—	—	—	1	2	—	—	—	3	—	—	1	1	5	17	9	39	14
	—	—	—	1	2	—	—	—	4	—	—	1	1	6	18	12	39	16

	学習院大	明治大	青山学院大	立教大	中央大	法政大	日本大	東洋大	駒澤大	専修大	国際基督教大	津田塾大	東京女子大	日本女子大	文部科学省所管外の大学校	海外の大学	国公立・医学部	私立・医学部
22年	8	32	26	41	39	40	84	92	20	36	—	1	12	7	1	1	—	2
	8	36	29	43	43	46	97	97	21	36	—	1	12	7	1	1	1	4
23年	12	50	18	47	31	38	63	67	26	41	—	4	10	4	—	2	—	—
	16	61	23	53	41	51	72	71	31	43	—	4	10	4	—	2	—	1
24年	18	44	23	74	53	57	82	161	42	79	1	12	13	11	3	1	2	7
	19	52	23	76	59	60	91	168	44	79	1	12	13	11	3	1	2	11

★指定校推薦枠（2024年度）上智大2名、東京理科大7名、学習院大1名、青山学院大1名、立教大1名、中央大5名、法政大2名、日本大11名、芝浦工業大5名、東洋大18名、成蹊大4名、成城大4名、明治学院大2名など

入試情報

■2024年度の入試結果

			募集人員	出願者	受験者	合格者	実質倍率
スカラシップ1回	4科	男子	15	75	63	14	4.5
		女子		51	39	8	4.9
	3科	男子		36	21	5	4.2
		女子		44	34	2	17.0
スカラシップ2回	4科	男子	10	83	53	7	7.6
		女子		63	35	6	5.8
	2科	男子		43	26	4	6.5
		女子		52	33	3	11.0
スカラシップ3回	4科	男子	10	90	52	7	7.4
		女子		73	42	5	8.4
	3科	男子		16	14	4	3.5
		女子		17	15	1	15.0
	2科	男子		37	20	4	5.0
		女子		54	28	2	14.0
1回特進	2科	男子	30	81	60	16	3.8
		女子		102	88	24	3.7
2回特進未来力		男子	25	37	28	8	3.5
		女子		78	66	20	3.3
2回特進算数1科		男子		55	35	8	4.4
		女子		40	23	5	4.6
3回特進	2科	男子	15	139	79	13	6.1
		女子		160	102	14	7.3
帰国	※	男子	若干	5	5	1	5.0
		女子		1	1	1	1.0

※4科または算国英
○配点：算国英＝各100点　理社＝各50点　未来力：思考の基礎力検査・思考の展開力検査＝各100点
○合格最低点：スカラシップ1回4科210点・2科140点　スカラシップ2回4科205点・2科195点　スカラシップ3回4科210点・3科230点・2科140点　1回特進130点　3回特進120点　2回特進未来力・算数1科、帰国は非公表

23年の募集要項

※以下は2024年の募集要項です。2025年の要項は学校の発表をお待ちください。

入 試 日／一般①2月1日 ②2月2日(未来力・算数1科) ③2月4日　スカラシップ①2月1日午後 ②2月2日午後 ③2月3日午後　帰国12月2日
募集人員／男女105名(一般①30名 ②25名 ③15名　スカラシップ①15名 ②10名 ③10名　帰国若干名
合格発表／一般①③はホームページで即日。一般②スカラシップはホームページで翌日。帰国は12月4日
※一般①とスカラシップ①はホームページ＋掲示
手続締切／一般①スカラシップ①は2月4日、一般②③スカラシップ②③は2月9日、帰国は12月5日
試験科目／国語(50分・100点)、算数(50分・100点)、理科(25分・50点)、社会(25分・50点)、英語(50分・100点)、未来力(思考の基礎力検査50分・100点、思考の展開力検査50分・100点)
※一般①③は2科、一般②は未来力、スカラシップ①②は2科4科選択、スカラシップ③は2科3科(国算英)4科選択、帰国は3科(国算英)4科選択
面　　接／帰国生とその保護者
受 験 料／25,000円(複数回受験は2回目以降不要)

公開行事・説明会予定

【学校説明会】要予約
6月29日(土)14時～
9月14日(土)14時～
10月18日(金)18時30分～
11月 2日(土)14時～
11月23日(祝) 9時～ 入試体験あり
12月14日(土)14時～
【オープンスクール】要予約
8月25日(日) 9時～、13時～
【入試対策説明会】
1月12日(日)10時～
【淑鴨祭(文化祭)】
9月21日(土)、22日(祝)
◆変更・中止の可能性もあります。必ず学校ホームページで確認してください。

順天（じゅんてん）中学校

所在地／〒114-0022　北区王子本町1-17-13
TEL／03-3908-2966
学校長／長塚 篤夫
創　立／1834年、順天堂塾を大阪に創立。1871年、東京・神田に移転。1953年、北区王子に移転。1995年、現在の順天中学校を開設。
URL／www.junten.ed.jp

	1年	2年	3年
男子	65名	73名	76名
女子	36名	38名	38名
クラス数	3組	3組	3組

中高総生徒数／1035名

〈交通アクセス〉
JR京浜東北線、東京メトロ南北線「王子」駅より徒歩3分　都電荒川線「王子駅前」駅より徒歩3分

2026年4月に法人合併し、北里大初の附属校へ

創立190周年を迎える伝統校。自然の摂理に従って真理を探究する「順天求合」を建学の理念としています。21世紀にふさわしい創造的な学力を伸ばし、英知を持って国際社会で活躍する人材を育成します。2014年にスーパーグローバルハイスクール(SGH)に指定され、国際交流・語学教育には特に力を入れています。現在、学校法人順天学園と学校法人北里研究所との法人合併をめざす協議が進められ、2026年度より北里研究所（北里大学）の附属校化が予定されています。高校からの内部進学も可能となる見込みです。

スクールライフ

●教育内容

中1では、体系的に知識を積み重ねていく主要3教科の英・国・数の授業を極力午前中に行うことで、集中力を養成します。成績が心配な生徒や希望者に対しては、放課後にサポート的学習を実施。理・社はフィールドワークに力を入れ、ふだんの授業で探究学習を多く取り入れています。一方、実技教科は統合学習としてとらえ、クロスカリキュラム化して、福祉や国際に関するテーマを協働的に学習します。10分間の朝学習では英語の暗唱を中心に、数学の演習や読書にチャレンジ。また、週1回の英会話授業は、外国人講師が担当しています。

■主要5教科の週当たり時間（コマ）数

	英語	数学	国語	理科	社会
1年	6	6	5	3	3
2年	6	6	5	4	4
3年	6	6	6	4	4
合計	18	18	16	11	11

◎1日当たりの授業コマ数：50分×6時限
※土曜日は4時限
◎登校時間：8時10分

●部活動

文化系・体育系の計26クラブで、中学での活動は週3日以内。中3の2学期からは高校のクラブへの参加も認められています。

○文化系／演劇、劇画、家庭科、吹奏楽、国際研究、美術、科学、外国語、社会福祉、合唱、書道、囲碁将棋など

○体育系／女子バレーボール、バスケットボール、剣道、サッカー、硬式テニス、野球、バドミントン、バトン、卓球、少林寺拳法

●行事

北斗祭（体育祭6月・文化祭11月）のほか、学習成果発表会、芸術鑑賞会、英語プレゼンテーションコンテスト、グローバルウィーク（大学の教授・社会人による約50種の講座）などがあります。

●修学旅行・研修旅行

探究学習として、1年では富士山麓でのサマースクール、2年では奈良・京都の歴史探究。3年の沖縄修学旅行では平和教育の一環として沖縄戦講話、異文化教育として民泊・三線・エイサーを体験します。また、夏期にはニュージーランド短期留学に任意で参加できます。オーストラリアをはじめ世界6か国に姉妹校や交流校を持ち、留学生の受け入れや交流が盛んです。高校では6か国7コースの海外研修を実施。

マネーガイド

■2024年度納付金（諸経費を含まず）

	入学金	授業料	施設費	その他	計
入学手続時	260,000円	0円	140,000円	40,000円	440,000円
初年度総額	260,000円	486,000円	140,000円	282,640円	1,168,640円

※延納制度あり

◎寄付金：1口5万円（任意）
◎授業料：月納
◎奨学金・特待生制度：経済的理由により就学困難と判断される者に、授業料を免除。入試の得点上位者は校納金を免除。中2以降は、学業成績優秀者の年間授業料を免除

学期制　週5･6日制　プール　冷房　寮　食堂　私服通学　海外研修（希）

サピックスからの合格実績（過去3年）	'22	'23	'24
	14名	13名	16名

進学指導の概要

併設の高校では、内部生は原則、「一貫類型」に所属しますが、進路を考えて「理数選抜」「英語選抜」「特進選抜」を選択することができます。中3では、さまざまな分野の大学教授や高校生から提供されるトピックスで互いに学び合うグローバルウィークに参加して学問の興味づけや進路を考えます。また、LHRではグループコミュニケーションを通じて他者理解に努めます。高1から生徒全員が教員と共に課題研究に取り組みグローバル意識を高め、校内外の発表を通じて、論理的思考力やプレゼンテーション力を高めます。高2の10月からは課外講座を開設して大学受験に備えます。

■現役大学進学者の進路の内訳

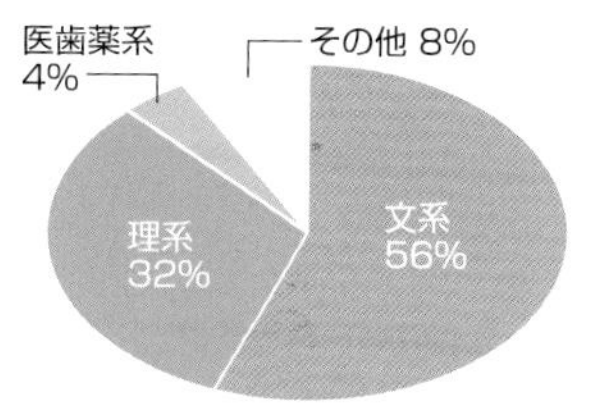

■併設高校から主要大学への合格実績

※上段は現役合格者数、下段は浪人を含めた合格者数。

	東京大	北海道大	東北大	九州大	筑波大	名古屋大	電気通信大	埼玉大	東京学芸大	秋田大	東京農工大	東京都立大	横浜国立大	千葉大	早稲田大	慶應義塾大	上智大	東京理科大
22年	—	—	—	—	2	—	1	1	2	—	2	1	1	2	10	3	6	32
	—	—	—	—	2	—	1	1	2	—	2	1	1	3	11	6	6	34
23年	—	—	—	1	2	—	1	3	2	1	—	1	—	3	21	7	19	19
	—	—	—	1	3	—	1	3	2	1	—	1	—	3	22	9	19	20
24年	1	—	1	1	1	—	—	1	1	1	—	1	—	3	14	4	17	20
	1	1	1	1	3	—	—	1	1	1	—	1	—	3	17	4	17	24

	学習院大	明治大	青山学院大	立教大	中央大	法政大	日本大	東洋大	駒澤大	専修大	国際基督教大	津田塾大	東京女子大	日本女子大	文部科学省所管外の大学校	海外の大学	国公立・医学部	私立・医学部
22年	9	27	18	32	19	34	43	36	9	2	—	7	9	6	—	—	—	—
	11	31	19	38	23	39	48	46	13	2	—	8	9	7	—	—	—	4
23年	4	29	14	37	23	39	88	62	17	12	1	2	8	4	1	4	—	—
	4	32	15	40	26	42	95	68	17	12	1	2	10	4	1	4	1	2
24年	18	30	26	42	28	39	52	83	16	28	—	5	6	3	2	5	—	—
	20	35	27	46	32	41	59	89	16	30	—	5	6	3	2	5	—	3

★指定校推薦枠（2024年度）早稲田大1名、東京理科大6名、学習院大7名、明治大1名、立教大4名、中央大9名、法政大2名、明治学院大2名、成城大2名、芝浦工業大複数名、東京女子大1名、順天堂大1名など

入試情報

■2024年度入試結果

			募集人員	出願者	受験者	合格者	実質倍率
1回A	4科	男子	25	100	88	21	4.2
		女子		61	57	20	2.9
1回B	2科	男子	25	198	179	41	4.4
		女子		104	100	22	4.5
2回A	4科	男子	20	180	106	25	4.2
		女子		84	52	15	3.5
2回B	2科	男子	15	226	143	35	4.1
		女子		124	77	14	5.5
多面的入試	算国＋プレゼン	男子	5	37	24	5	4.8
		女子		29	21	4	5.3
	算英＋プレゼン	男子		3	2	0	—
		女子		0	0	0	—
帰国	1回	男子	若干	5	4	4	1.0
		女子		0	0	0	—
	2回	男子		0	0	0	—
		女子		1	1	1	—

■2024年度入試 合格者の教科別平均点(男女合計データ)

		算数	国語	理科	社会	合計
1回A	4科	77.3	79.4	36.3	37.4	232.3
1回B	2科	76.5	701.0			151.1
2回A	4科	82.0	54.9	39.5	41.6	232.2
2回B	2科	69.2	69.1			138.2
多面的入試	算国＋プレゼン	57.4	64.1	プレゼン/27.2		69.9
	算英＋プレゼン	—	英語/—	プレゼン/—		—

○配点：算国英＝各100点　理社＝各60点　プレゼンテーション＝30点
○合格最低点：1回A220点　1回B136点　2回A200点　2回B121点
3回B算国68点・算英-点　帰国は非公表

24年の募集要項

※以下は2024年の募集要項です。2025年の要項は学校の発表をお待ちください。

入試日／①A・B2月1日 ②A・B2月2日
③多面的入試2月4日
帰国①12月2日 ②2月4日 ※B・多面は午後
募集人員／男女90名(①A25名 B25名 ②A20名 B15名
③5名 帰国若干名)
合格発表／ホームページで即日 ③と帰国②は翌日
手続締切／①②2月4日 ③2月6日
帰国①12月25日 ②2月6日
試験科目／国語(50分・100点)、算数(50分・100点)、理科(30分・60点)、社会(30分・60点)
※①②Aは4科、Bは2科、③は2科または算数・英語(各50分・各100点)の2科
面　接／なし
帰国生のための試験／①算数・英語・作文・面接(英語＆日本語)
②算数・英語・面接(英語＆日本語)
受験料／25,000円(複数回同時出願の場合は2回目以降各5,000円、帰国は1回ごとに必要)

公開行事・説明会予定

【学校説明会】
7月15日(祝)10時～(帰国生対象)
7月27日(土) 9時～
8月24日(土) 9時～
10月 5日(土)14時～
11月 9日(土)14時～
12月14日(土) 9時～
◆変更・中止の可能性もあります。必ず学校ホームページで確認してください。

私立 東京 共学 し

成蹊（せいけい） 中学校

所在地／〒180-8633 武蔵野市吉祥寺北町3-10-13
TEL／0422-37-3818
学校長／仙田 直人
創　立／1912年に前身となる成蹊実務学校を創立。1947年に現在の成蹊中学校、1948年に成蹊高等学校を創設。
URL／www.seikei.ac.jp/jsh

	1年	2年	3年
男子	129名	138名	143名
女子	136名	138名	125名
クラス数	8組	7組	7組

中高総生徒数／1794名　併設小から 約42.6%

〈交通アクセス〉
JR、京王井の頭線「吉祥寺」駅より徒歩15分、またはバス5分

個性と多様性の尊重、根底からの学び、多彩な進学先で展開

1912年の学園創立の礎となったのは、当時の画一的な教育に強い疑問を持った創立者、中村春二先生の主張した「個性の尊重」「品性の陶冶」「勤労の実践」という理念と、それに強く賛同した岩崎小弥太（三菱4代目社長）、今村繁三（今村銀行頭取）両氏が提供した資金・資産でした。個性と自立した人格を育み、想像力のある人間を育成しなければ日本は世界に立ち遅れる、と両氏は考えたのです。以来、バランスのとれた社会性と幅広い教養を備えた有為の社会人、良き家庭人として生きる人間を送り出しています。

スクールライフ

●教育内容

中学段階から全科目が主要科目と考え、社会は「歴史」「地理」、理科は「生物」「地学」など専門分野別の教員が授業を行います。さらに、英語では1クラスを2分割する少人数授業（18名）を導入しています。また、高校段階では成蹊大学へ進学する約30%の生徒と全国の国公私立大学へ進む約70%の生徒のそれぞれに対応したカリキュラムを展開。高2で文・理コース、高3では19種類のコースから1つを選択します。中学・高校を通じて、実験・実習を豊富に行い、本物に触れるなどの体験を通じた「根底からの学び」を重視。なお、帰国生が約2割を占めています。

■主要5教科の週当たり時間（コマ）数

	英語	数学	国語	理科	社会
1年	5	5	5	4	4
2年	5	5	5	4	4
3年	6	6	5	4	4
合計	16	16	15	12	12

◎1日当たりの授業コマ数：50分×6時限
※月曜日は5時限、土曜日は4時限
◎登校時間：8時10分

●部活動

中学には文化部が14、運動部が男女合わせて16あります。男子硬式テニス部は全国大会優勝、ラグビー部は東京都大会でベスト8となった強豪です。

○文化系／自然科学、科学技術、社会探検、家庭、イラスト漫画、演劇、ダンス、英語、写真、美術、コーラス、吹奏楽、ストリングス、書道

○運動系／野球、水泳、ソフトテニス、陸上競技、卓球、サッカー（男子）、バスケットボール、バレーボール（女子）、山岳、剣道、硬式テニス、ラグビーなど

●行事

蹊祭（こみちさい）（文化祭）は中高合同で、体育祭は中高別で実施します。このほか、文化部発表会、遠足、合唱祭などがあります。

●修学旅行・研修旅行

中1では「仲間づくり」、中2では「自治活動」を主要テーマとして宿泊行事を行います。その基礎を踏まえ、中3は奈良・京都修学旅行、高2は生徒も企画できる学習旅行を実施し、グループ活動を通じた現地学習を展開します。また、長期休暇中には中3～高3対象の3週間程度のイギリス、アメリカ、オーストラリアなどへの短期留学を設定。高校には1年以上の公認留学が設定され、単位認定のうえ、留学中の1年間は授業料などが半額になります。

マネーガイド

■2024年度納付金（諸経費を含む）

	入学金	授業料	施設費	その他	計
入学手続時	300,000円	334,000円	100,000円	7,300円	741,300円
初年度総額	300,000円	668,000円	200,000円	10,900円	1,178,900円

※入学辞退の場合、入学金を除いた納入金を返金
※国際学級は、別途特別教育費（年額328,000円）あり

◎寄付金：1口10万円、3口以上（任意）
◎授業料：一括納入（後期分）
◎奨学金・特待生制度：経済的理由により就学困難と判断される者に、授業料の相当額などを給付または貸与

3期 学期制　完6 days 週5・6日制　温 プール　cool 冷房　寮　高 食堂　私服通学　他 海外研修

サピックスからの合格実績（過去3年）	'22	'23	'24
	42名	44名	32名

進学指導の概要

高1までは、幅広いカリキュラムと多彩な進路ガイダンス（医歯薬、企業経営、芸術分野などの卒業生の協力）により、自己の適正の見極めを図ります。高2以降では、さまざまな大学・専攻の卒業生による個別ガイダンスなども活用し、目標の具体化、実現化をめざします。並行して、全学年で実施する模擬試験の客観的データから努力目標を適正化します。このほか、成蹊大学進学後に単位認定される高大連携講座、大学進学後の留学に備えたTOEFL受験準備講座、医師・医学部教授によるセミナーなど、進路を支える多彩な企画が実施されています。

■浪人生を含む大学進学者の進路の内訳

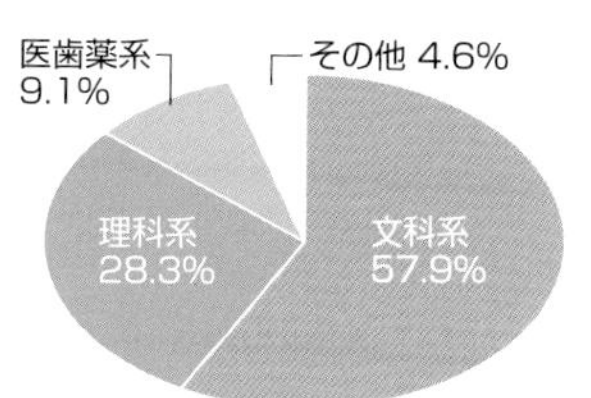

■併設高校から主要大学への合格実績

※上段は現役合格者数、下段は浪人を含めた合格者数。

	東京大	京都大	一橋大	東京工業大	筑波大	お茶の水女子大	電気通信大	東京外国語大	東京学芸大	東京芸術大	東京農工大	東京都立大	横浜国立大	千葉大	早稲田大	慶應義塾大	上智大	東京理科大
22年	1	—	—	1	1	—	—	1	1	—	1	—	1	—	231	20	28	7
	1	1	—	2	1	—	—	1	1	1	1	—	1	—	41	24	31	12
23年	3	1	1	1	1	—	1	1	—	—	2	1	1	2	21	26	26	11
	3	2	1	1	1	—	1	1	2	—	2	1	1	3	21	28	32	13
24年	2	1	1	—	1	—	—	—	—	1	1	—	2	—	21	15	24	20
	2	1	1	—	1	—	—	—	—	2	1	—	2	—	25	17	25	22

	学習院大	明治大	青山学院大	立教大	中央大	法政大	日本大	東洋大	駒澤大	専修大	成蹊大	津田塾大	東京女子大	日本女子大	文部科学省管外の大学校所	海外の大学	国公立・医学部	私立・医学部
22年	6	14	18	21	17	8	11	—	—	—	105	2	1	1	—	5	2	13
	7	26	24	29	22	13	20	4	1	3	106	2	1	1	—	5	3	33
23年	5	29	12	26	20	20	15	3	—	—	116	—	2	4	1	11	2	11
	7	32	14	29	24	23	19	5	—	—	116	—	2	4	1	11	3	25
24年	4	26	21	23	26	18	12	3	2	2	95	—	2	3	2	5	—	7
	5	27	23	26	27	19	17	5	3	3	95	—	2	3	2	5	1	20

★指定校推薦枠（2024年度）早稲田大5名、慶應義塾大4名、上智大7名、東京理科大16名、中央大9名、立教大5名、北里大医学部2名、国際基督教大1名など

入試情報

■過去2年間の入試結果

			募集人員	出願者	受験者	合格者	実質倍率
23年	1回	男子	約45	227	201	72	2.8
		女子	約40	168	149	56	2.7
	2回	男子	約25	346	199	45	4.4
		女子	約20	300	193	34	5.7
	国際学級	男子	約15	30	22	13	1.7
		女子		14	10	8	1.3
	帰国	男子	若干	9	9	3	3.0
		女子		2	1	1	1.0
24年	1回	男子	約45	161	138	59	2.3
		女子	約45	121	109	52	2.1
	2回	男子	約20	279	158	56	2.8
		女子	約20	240	144	46	3.1
	国際学級	男子	約15	18	13	8	1.6
		女子		14	14	9	1.6
	帰国	男子	若干	3	3	2	1.5
		女子		2	2	0	—

■2024年度入試 合格者の教科別平均点

		算数	国語	理科	社会	合計
1回	男子	64.0	65.6	36.4	35.9	—
	女子	70.5	72.8	35.5	35.0	—
2回	男子	78.8	67.9	37.5	38.7	—
	女子	77.3	74.4	37.9	39.0	—
帰国	男子	64.0	65.6			—
	女子	70.5	72.8			—

○配点：算国＝各100点　理社＝各50点　英＝100点
○合格最低点：1回男子180点・女子195点　2回男子206点・女子215点
国際学級・帰国は非公表

24年の募集要項

※以下は2024年の募集要項です。2025年の要項は学校の発表をお待ちください。

入 試 日／①2月1日 一般入試(帰国生枠)2月1日 ②2月4日
国際学級1月8日

募集人員／男女約130名(①男子約45名 女子約45名 帰国生枠若干名 ②男子約20名 女子約20名)
国際学級男女約15名

合格発表／いずれも掲示は翌日発表
※②と国際はホームページで即日発表

試験科目／国語(50分・100点)、算数(50分・100点)、理科(30分・50点)、社会(30分・50点)

面　　接／なし

国際学級入試／国語・算数・英語(各50分・各100点)、面接(個人)

一般入試(帰国生枠)／国語・算数(各50分・各100点)、面接(個人)

受 験 料／30,000円(一部割引制度あり)

公開行事・説明会予定

【学校説明会】要予約
10月　5日(土)
11月　9日(土)

【入試対策講座】要予約
10月19日(土)
11月　2日(土)

【授業体験・クラブ体験】要予約
7月13日(土)、10月　5日(土)

【入試体験会】要予約
11月　2日(土)

【蹊祭(文化祭)】
9月28日(土)、29日(日)

【学校見学】
随時　要予約

◆変更・中止の可能性もあります。必ず学校ホームページで確認してください。

成城学園 中学校

所在地／〒157-8511 世田谷区成城6-1-20
TEL／03-3482-2104
学校長／中村 雅浩
創　立／1922年創設の成城第二中学校を母体とし、1925年に現在地に移転。1947年から現校名に。
URL／www.seijogakuen.ed.jp/chukou

	1年	2年	3年
男子	120名	121名	105名
女子	132名	121名	130名
クラス数	7組	7組	7組

中高総生徒数／1566名　併設小から 約40%

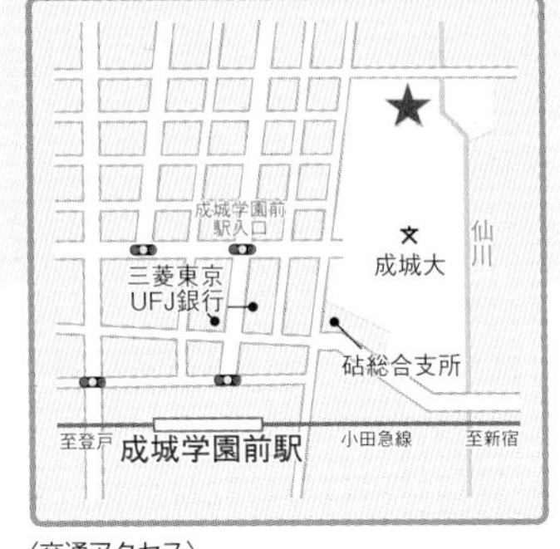

〈交通アクセス〉
小田急線「成城学園前」駅より徒歩4分

「自学自習」と「自治自律」を軸に個性を伸ばす

「個性の尊重」を第一義としています。豊かな学びを通して生徒が自分の適性を見極め、それを最大限に伸ばすことを願い、きめ細かなサポートを続けています。将来への基盤となる学力だけでなく、自然や芸術に親しみ、たくましい意志と豊かな心情を育むことを重視。選択授業など独自のカリキュラムも多く取り入れ、「自学自習」「自治自律」をめざす教育を行います。学内の男女の割合はほぼ同数で、和やかな雰囲気が特徴。幼稚園から大学までが同一敷地内にあります。

スクールライフ

●教育内容

高校での学習を見据え、主要3教科に重点を置いて基礎学力の向上を優先しています。英語や中2の数学など、要所で少人数制の授業を展開。特に英語では外国人講師と本校教員によるTeam Teaching形式の授業のほか、中1からiPadを利用したアプリによる学習を導入し、中学卒業までに全員が英検®準2級以上の取得をめざします。中3の3学期には週4時間、音楽・美術・書道・家庭科の選択授業があり、約15講座のなかから1講座を選択。専門的な領域で実技指導を受けながら1つのテーマに集中して取り組み、卒業記念として作品を発表します。

■主要5教科の週当たり時間（コマ）数

	英語	数学	国語	理科	社会
1年	6	5	5	4	3
2年	6	4	5	4	4
3年	6	5	5	4	4
合計	18	14	15	12	11

◎1日当たりの授業コマ数：50分×6時限
※土曜日は4時限
◎登校時間：8時25分

●部活動

30を超える部と同好会があり、中学の活動は原則週3日、午後5時30分までです。

○文化系／写真、美術、ギター、吹奏楽、書道、合唱、社会科研究会、スカウト活動、科学部など

○体育系／サッカー、水泳、テニス、バスケットボール、野球、バレーボール、陸上競技、ダンス、バトントワラー、スキー、剣道、卓球、柔道、ラグビーなど

●行事

飛翔祭（体育祭）、成城学園文化祭のほか、合唱コンクールや強歩大会、遠足、校内球技大会、音楽鑑賞会など、さまざまなイベントが学園生活を彩ります。

●修学旅行・研修旅行

中1の「海の学校」では遠泳やライフセービング実習を行い、中2の「山の学校」では槍ヶ岳・白馬岳・唐松岳の3コースに分かれて、北アルプス登山に挑戦します。中3の研修旅行では福島県のブリティッシュヒルズで英語生活を体験。また、希望者を対象としたスキー学校、オーストラリア短期留学もあります。

マネーガイド

■2024年度納付金（諸経費を含む）

	入学金	授業料	施設費	その他	計
入学手続時	250,000円	0円	0円	0円	250,000円
初年度総額	250,000円	750,000円	300,000円	166,000円	1,466,000円

◎寄付金：1口10万円、2口以上（任意）
◎授業料：3期分納
◎奨学金・特待生制度：経済的理由により就学困難と判断される者は、授業料減免制度の利用が可能

  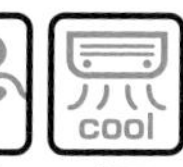    

3期 学期制　完6 days 週5･6日制　温 プール　cool 冷房　寮　食堂　他 私服通学　他 海外研修

サピックスからの合格実績（過去3年）	'22	'23	'24
	42名	40名	34名

進学指導の概要

高校から入学した生徒とは混合クラスを編成。高1では基礎学力を養うため、芸術科目以外は共通の履修となっています。高2では、A（成城大学進学を中心に多様な進路選択が可能）、B（主に他大学の文系学部進学をめざす）、理数（主に他大学の理系学部進学をめざす）コースに分かれ、選択科目が増えます。大学受験をめざす生徒を対象に、入試に対応できる実力を養成するため、演習科目も選択科目として設置しています。また、芸術・体育系などへの進学に対応したカリキュラムも用意しています。

進路指導については、各クラスの担任を中心に、進路指導係を設置し、的確なアドバイスや大学入試などに関する情報提供を行っています。成城大学以外の大学進学を希望する生徒に対しては、高2の2学期と高3の1学期に他大学ガイダンスを開催しています。夏・冬期には、国語・地歴公民・数学・理科・外国語の各教科で受験対応の講座を設け、実力向上のための講習を実施しています。成城大学への推薦権を保持したまま、他大学を受験することも可能です（ただし条件あり）。

■現役大学進学者の進路の内訳

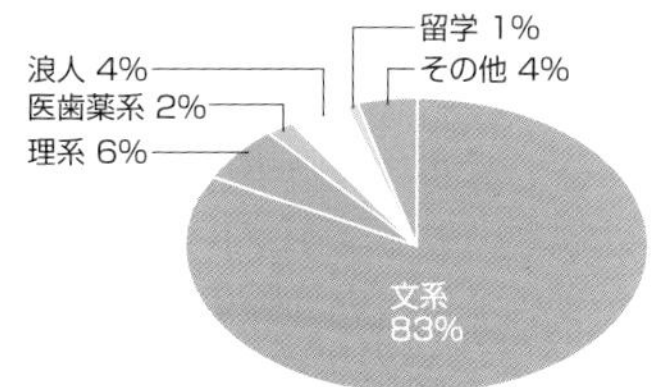

★他大学への合格状況（2024年）
早稲田大11名　慶應義塾大21名、上智大14名、明治大8名、青山学院大8名、立教大23名、中央大19名、法政大6名など

■併設大学（成城大学）への推薦状況

	経済学部	文芸学部	法学部	社会イノベーション学部
22年	73名	46名	22名	40名
23年	63名	43名	12名	34名
24年	60名	40名	17名	40名

★指定校推薦枠（2024年度）早稲田大1名、慶應義塾大2名、上智大8名、東京理科大1名、青山学院大2名、立教大2名、学習院大9名、中央大4名、北里大2名、日本歯科大2名、東京薬科大3名、昭和大1名など

入試情報

■過去3年間の入試結果

			募集人員	出願者	受験者	合格者	実質倍率
22年	帰国	男子	10	24	15	11	1.4
		女子		25	17	12	1.4
	1回	男子	78	195	165	63	2.6
		女子		236	214	57	3.8
	2回	男子	47	326	197	28	7.0
		女子		360	249	32	7.8
23年	帰国	男子	10	15	14	8	1.8
		女子		17	15	11	1.4
	1回	男子	77	233	215	66	3.3
		女子		258	240	53	4.5
	2回	男子	56	329	208	41	5.1
		女子		383	260	37	7.0
24年	帰国	男子	10	20	19	11	1.7
		女子		19	19	9	2.1
	1回	男子	78	182	165	58	2.8
		女子		255	245	59	4.2
	2回	男子	55	283	192	46	4.2
		女子		341	236	43	5.5

○配点：算国＝各100点　理社＝各50点
○合格最低点：1回男子211点・女子220点　2回男子195点・女子208点
帰国は非公表

24年の募集要項

※以下は2024年の募集要項です。2025年の要項は学校の発表をお待ちください。

入 試 日／①2月1日 ②2月3日 帰国12月20日
募集人員／男女約130名(①約70名 ②約50名 帰国約10名)
合格発表／ホームページで即日。
手続締切／①②2月8日 帰国1月10日
試験科目／国語(50分・100点)、算数(50分・100点)、理科(25分・50点)、社会(25分・50点)
面　　接／なし
帰国生のための試験／国・算・面接(本人・保護者)
受 験 料／各回30,000円(2回同時出願は40,000円)

公開行事・説明会予定

【学校説明会】
10月　5日(土)14時～
11月　9日(土)14時～
【学校見学会】要予約
6月15日(土)14時～
【成城学園文化祭】
11月　2日(土)10時～15時
11月　3日(祝)10時～15時
◆変更・中止の可能性もあります。必ず学校ホームページで確認してください。

青稜(せいりょう) 中学校

所在地／〒142-8550　品川区二葉1-6-6
TEL／03-3782-1502
学校長／青田 泰明
創　立／1938年に青蘭商業女学校を創立。1947年に青蘭学院中学校となり、1995年に男女共学化し、青稜中学校に校名変更。
URL／www.seiryo-js.ed.jp

	1年	2年	3年
男子	92名	96名	89名
女子	90名	94名	102名
クラス数	5組	5組	5組

中高総生徒数／1629名

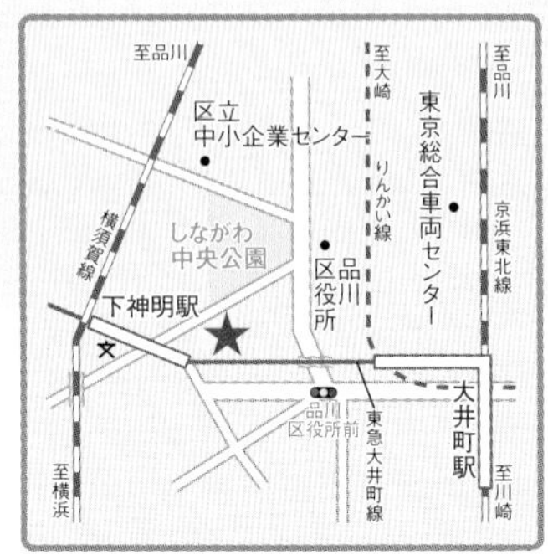

〈交通アクセス〉
東急大井町線「下神明」駅より徒歩1分　JR、東急大井町線、りんかい線「大井町」駅より徒歩7分、JR「西大井」駅より徒歩10分

「意志・情操・自己啓発」の教育で生徒の自己形成を促す

めざすのは「主体的な個の確立」。子どもたちには、しっかりとした意志を持ち、新たな可能性を求めて、みずからの心を深く耕してほしい。そして社会に貢献できる人間に育ってほしいと考える同校では、その一助となるべく、きめ細かい指導を心がけています。たとえば、質問は随時受け付けて、日ごろの学習での疑問点などを解消するようにしています。キャンパスは決して広くはありませんが、平日は目の前にあるしながわ中央公園のグラウンドを授業と部活動で使用できるようにするなど、さまざまな工夫をしています。

スクールライフ

●教育内容

主要5教科の授業を厚めに設定し、基礎学力の徹底を図っています。英語では少人数授業を導入。英会話は外国人講師が担当し、五感を使った授業を行います。国語は高校からの学習を円滑にするため、古典の先取り学習を実施するとともに、漢字ワークや感想文などの添削にも力を入れています。数学は中1・2で中学校の内容を終え、中3で高校の内容を導入し、独自の教材も使用します。理科は実験を重視。校内で多様な生物を飼育し、命の大切さを考えさせています。社会はレポート提出やスクラップブックの作成を通して、現代社会を考える機会を多く設けています。

■主要5教科の週当たり時間（コマ）数

	英語	数学	国語	理科	社会
1年	8	5	6	4	4
2年	7	5	6	4	4
3年	7	5	6	4	4
合計	22	15	18	12	12

◎1日当たりの授業コマ数：45分×7時限
　※土曜日は4時限
◎登校時間：8時20分

●部活動

文化系で17、体育系で12の部と3つの同好会があり、中高合同で活動するところも少なくありません。サッカー部、ソフトテニス部、剣道部などの運動部とともに吹奏楽部の活躍が目立ちます。

○文化系／華道、自然科学、茶道、演劇、美術、コーラス、漫画研究、箏曲、マイコン、七宝、ESS、鉄道自動車、囲碁・将棋、競技かるた、吹奏楽、家庭科、SDGs

○体育系／剣道、野球、ソフトテニス、ダンス、バスケットボール、ジョギング、バレーボール、卓球、陸上、サッカー、ボウリング

●行事

体育大会、青稜祭（文化祭）のほか、音楽鑑賞会や合唱コンクールなど、多彩な行事で心身の成長を促します。

●修学旅行・研修旅行

中1・2で2回、高1で1回行う「自然教室」は学年ごとにテーマを決めて実施する宿泊研修です。中1ではジャガイモ堀りなどの農作業を、中2ではスキーを体験することができます。修学旅行は、中3では京都・広島を、高2では沖縄を訪れます。

マネーガイド

■2024年度納付金（諸経費を含む）

	入学金	授業料	施設費	その他	計
入学手続時	200,000円	0円	0円	0円	200,000円
初年度総額	200,000円	498,000円	150,000円	170,400円	1,018,400円

◎寄付金：なし
◎授業料：月納
◎特待生制度：入試成績・各学年成績上位約20名を対象に、入学金と年間授業料を免除

2期 学期制 ｜ 完6 days 週5･6日制 ｜ プール ｜ cool 冷房 ｜ 寮 ｜ 食堂 ｜ 私服通学 ｜ 他 海外研修

サピックスからの合格実績（過去3年）	'22 77名	'23 84名	'24 67名

進学指導の概要

高2で高入生と合流し、文系と理系にクラス分けされます。受験対策として、高1で4講座、高2で9講座、高3で13講座の放課後講習を開設し、演習授業を行っています。また、高3では、希望進路別により適合した個別のカリキュラムを選択できる態勢を敷き、受験科目を中心に習熟度別授業を多く取り入れ、受験に備えます。そのほか、大手予備校のサテライト集中授業を実施。生徒は各自のパソコンのモニターを通して、予備校の講義を受講することができます。夏休みには進学合宿も希望制で行い、モチベーションを高めています。また、医学部・薬学部志望者が増えていることから、大学入学共通テスト対応を意識した理系教育にも力を入れています。

■現役大学進学者の進路の内訳

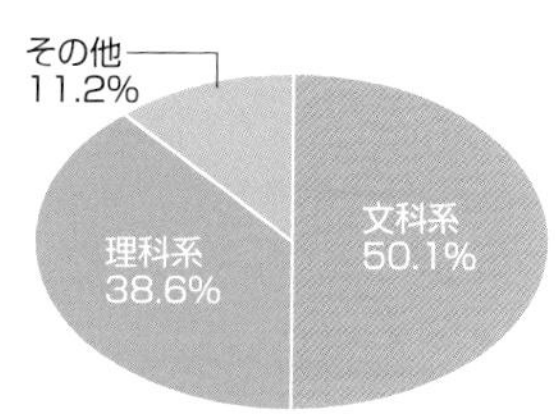

■併設高校から主要大学への合格実績

※上段は現役合格者数、下段は浪人を含めた合格者数。

	東京大	京都大	一橋大	東京工業大	筑波大	お茶の水女子大	電気通信大	東京外国語大	東京学芸大	東京芸術大	東京農工大	東京都立大	横浜国立大	千葉大	早稲田大	慶應義塾大	上智大	東京理科大
22年	1	—	—	3	1	3	—	1	3	1	1	4	6	—	34	28	14	37
	1	—	—	3	1	3	—	1	3	1	1	4	6	—	34	20	14	37
23年	—	—	—	1	1	—	3	—	1	—	3	4	3	1	35	11	19	28
	—	—	—	1	1	—	4	1	1	—	4	4	3	1	35	13	22	31
24年	—	—	—	2	—	5	2	1	2	—	4	8	5	—	34	16	20	31
	—	—	—	2	—	5	2	1	2	—	4	9	6	—	36	18	20	33

	学習院大	明治大	青山学院大	立教大	中央大	法政大	日本大	東洋大	駒澤大	専修大	国際基督教大	津田塾大	東京女子大	日本女子大	文部科学省管外の大学校所	海外の大学	国公立・医学部	私立・医学部
22年	11	62	42	35	41	41	62	32	10	13	—	4	3	5	1	—	—	2
	11	62	42	35	41	41	62	32	10	13	—	4	3	5	1	—	—	2
23年	10	67	44	41	31	46	50	13	14	19	—	3	2	6	2	—	1	1
	10	72	47	41	34	52	54	14	14	21	—	3	2	6	2	—	3	8
24年	23	88	49	51	61	73	57	66	28	40	1	6	3	8	2	2	2	9
	24	93	51	54	65	77	60	69	28	41	1	7	3	8	2	2	4	4

※2024年度は、浪人を含んだ値は未集計

入試情報

■2024年度の入試結果

			募集人員	出願者	受験者	合格者	実質倍率
1回A	4科	男子	50	115	107	36	3.0
		女子		128	119	37	3.2
	2科	男子		11	9	3	3.0
		女子		14	10	1	10.0
1回B	4科	男子	50	191	172	63	2.7
		女子		144	119	43	2.8
	2科	男子		14	13	2	6.5
		女子		22	19	3	6.3
2回A	4科	男子	40	183	108	29	3.7
		女子		215	143	60	2.4
	2科	男子		18	14	1	14.0
		女子		21	11	0	—
2回B	4科	男子	40	245	139	48	2.9
		女子		195	118	39	3.0
	2科	男子		33	21	4	5.3
		女子		25	19	3	6.3

■2024年度入試 合格者の教科別平均点(男女合計データ)

		算数	国語	理科	社会	合計
1回A	4科	58.0	47.7	41.0	31.6	177.7
	2科					105.8
1回B	4科	62.8	52.2	35.3	40.2	191.0
	2科					116.1
2回A	4科	61.3	67.3	36.4	37.4	204.3
	2科					130.5
2回B	4科	79.6	63.7	37.6	38.4	221.6
	2科					146.4

○配点：算国＝各100点　理社＝各60点
○合格最低点：1回A4科163点・2科110点　1回B4科171点・2科117点　2回A4科187点・2科130点　2回B4科201点・2科149点

24年の募集要項

※以下は2024年の募集要項です。2025年の要項は学校の発表をお待ちください。

入 試 日／一般：①AB2月1日 ②AB2月2日 ※Aは午前、Bは午後
海外帰国：①東京11月23日、1月4日、②上海11月4日、③オンライン11月4日または5日

募集人員／一 般： 男女180名（①A50名 B50名 ②A40名 B40名）
海外帰国：①②③男女若干名

合格発表／一般：掲示、ホームページで即日発表
※①②のBの掲示は翌日
海外帰国：①11月25日、1月6日②③11月25日
※いずれもホームページのみ

手続締切／2月10日

試験科目／一般：国語(50分・100点)、算数(50分・100点)、理科・社会(計60分・各60点) ※2科4科選択
海外帰国：①②国語、算数(希望者は英語を追加可)
③2科または3科(国語・算数・英語)

面　　接／なし ※海外帰国①東京1月入試は面接あり

受 験 料／一般：①②20,000円(複数回受験の場合は2回目不要。3回目以降は1回ごとに5,000円)、海外帰国：①②③30,000円

公開行事・説明会予定

【学校説明会】要予約
10月　5日(土)14時～
11月　2日(土)14時～
11月16日(土)14時～
【体験入学】児童対象要予約
10月12日(土) 授業体験
11月　9日(土) 模擬入試
【オープンキャンパス】要予約
7月27日(土)10時～
【青稜祭(文化祭)】
9月22日(祝)10時～15時
◆帰国生対象のオンライン説明会も実施予定
◆変更・中止の可能性もあります。必ず学校ホームページで確認してください。

玉川学園 中学部

所在地／〒194-8610　町田市玉川学園6-1-1
TEL／042-739-8931
学校長／小原 芳明
創　立／1929年、小原國芳によって創立。1947年に新制中学校認可。現在、幼稚園から大学院までの総合学園を形成。
URL／www.tamagawa.jp/academy

	1年	2年	3年
男子	108名	74名	85名
女子	111名	109名	102名
クラス数	6組	6組	6組

中高総生徒数／1212名　併設小から 約53%

玉川学園前駅
玉川池
小田急線
至新宿
至町田
チャペル
玉川大学

〈交通アクセス〉
小田急線「玉川学園前」駅より徒歩3分　東急田園都市線「青葉台」駅よりバス約20分、下車後、徒歩約10分

ホンモノに触れる体験を通して大きな夢を育む

61万㎡の広大な敷地に、幼稚部から大学・大学院までがワンキャンパスに集結する総合学園。全人教育、探究型学習、国際教育の3つを教育の柱に、主体的・対話的で深い学びを実現し、大学の学修に必要な資質・能力を身につけます。中学部では「深み・丸みのある大人」になるために、学校生活のあらゆる場面で五感を使う仕掛けを提示して「触れて・感じて・表現する」教育を実践。企業や行政の協力による社会とつながる授業や最先端の研究施設、学内外の充実したプログラムなど、ホンモノに触れる環境がそろっています。

スクールライフ

●教育内容

一般クラスの授業は、各教科の資料が整った教科教室で行われ、常駐の教員がいつでも質問に対応できる環境が整備されています。英語・数学は習熟度別クラス編成で学習効果を高めます。教科の特性に応じて、知識やスキルを効果的に習得できる、様々な授業形態を展開しています。国際バカロレア（IB）プログラムでは、世界標準の教育プログラムによる授業が基本的に英語で行われており（国語・音楽・体育・技術家庭以外）、国際社会で活躍できる人材を育成します。

■主要5教科の週当たり時間（コマ）数　※一般クラス

	英語	数学	国語	理科	社会
1年	5	5	5	3.5	3
2年	5	5	5	4	3
3年	5	5	4	4	4
合計	15	15	14	11.5	10

◎1日当たりの授業コマ数：50分×6時限（月曜日のみ7時限あり）
◎登校時間：8時20分

●部活動

部活は全部で27。特に吹奏楽部、サイエンスクラブ、オーケストラ部、スキー部、ゴルフ部、チアダンス部などは、各種大会やコンテストで好成績を収めています。
○文化系／吹奏楽、オーケストラ、ハンドベルクワイア、サイエンスクラブ、美術、ロボット、英語劇、放送・舞台技術、将棋、サンゴ研究
○体育系／剣道、柔道、弓道、少林寺拳法、バドミントン、テニス、スキー、陸上、水泳、野球、サッカー、ラグビー、ゴルフ、チアダンスなど

●行事

音楽祭、体育祭、玉川学園展ペガサス祭（文化祭）のほか、クリスマス礼拝や遠足、スキー学校など、多彩な行事があります。

●修学旅行・研修旅行

中1（7年生）では、長野県志賀高原にて3泊4日のスキー学校を全員参加で行っています。

中2（8年生）では、約2週間、玉川学園ナナイモ校地で年3回、カナダ研修を任意の参加で実施しています。カナダの大自然を生かし、SPLインストラクターの指導のもと、カヌー、カヤック、キャンプなどのアクティビティを通して英語に親しむプログラムです。その他、ハワイプナホウ校交換訪問研修など、約60%の生徒が海外研修に参加しています。

マネーガイド

■2024年度納付金（諸経費を含む）

	入学金	授業料	施設費	その他	計
入学手続時	150,000円	214,250円	55,000円	49,625円	468,875円
初年度総額	150,000円	857,000円	220,000円	198,500円	1,425,500円

※一般クラスの納付金
※入学辞退の場合、入学金以外の納入金を返金

◎寄付金：1口10万円、2口以上（任意）
◎授業料：4期分納

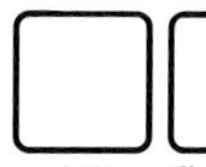

2期	完5 days	温	cool				希
学期制	週5・6日制	プール	冷房	寮	食堂	私服通学	海外研修

サピックスからの合格実績（過去3年）	'22	'23	'24
	6名	5名	2名

進学指導の概要

併設する玉川大学に進学を希望する生徒は、高3（12年生）の後期から大学の開設科目を14単位まで履修でき、入学後に単位認定されます。「学びの技・自由研究」は、玉川学園の自学自律の精神を象徴する授業。さまざまな分野から興味・関心に沿ってテーマを決め、生徒が自発的に1年間を通して研究に取り組みます。中3（9年生）では、研究発表の場としてポスターセッションを実施し、研究成果を論文にまとめます。テーマは、外国語などの語学系のほか、社会国際系、理工・PC系からスポーツ・芸術系など多岐にわたり、応用力から発展した高度な専門知識を習得。その成果を3月の玉川学園展や外部の大会で披露します。

■2024年3月卒業生の進路の内訳

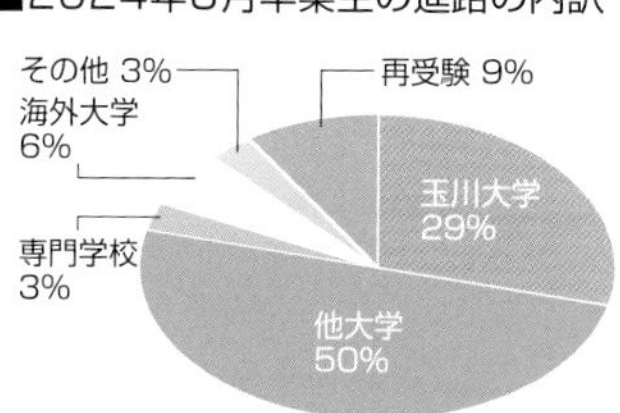

■併設高校から主要大学への合格実績

※上段は現役合格者数、下段は浪人を含めた合格者数。

	東京大	京都大	一橋大	東京工業大	筑波大	お茶の水女子大	電気通信大	東京外国語大	東京学芸大	東京芸術大	東京農工大	東京都立大	横浜国立大	千葉大	早稲田大	慶應義塾大	上智大	東京理科大
22年	—	—	—	—	—	—	—	—	—	—	1	1	—	—	10	4	11	—
	—	—	—	—	—	—	—	—	—	—	1	1	—	—	10	7	12	—
23年	—	—	—	—	1	—	—	—	—	—	—	—	1	—	4	8	7	2
	—	—	—	—	1	—	—	—	—	—	—	—	1	—	4	9	8	5
24年	—	—	—	—	—	—	—	—	—	—	—	—	—	—	8	2	9	1
	—	—	—	—	—	—	—	—	—	—	—	—	—	—	8	3	10	1

	学習院大	明治大	青山学院大	立教大	中央大	法政大	日本大	東洋大	駒澤大	専修大	玉川大	津田塾大	東京女子大	日本女子大	文部科学省所管外の大学校	海外の大学	国公立・医学部	私立・医学部
22年	4	3	11	15	8	11	5	6	—	1	59	—	—	1	—	10	1	11
	4	4	13	15	10	12	6	9	—	5	59	—	—	1	—	10	1	17
23年	2	10	10	15	10	6	9	1	1	3	63	—	—	—	—	14	1	2
	2	11	10	15	10	6	9	1	1	3	63	—	—	—	—	14	1	2
24年	5	—	7	12	2	6	10	—	1	—	57	—	—	1	—	21	1	7
	5	—	7	12	2	6	11	—	1	—	57	1	—	2	—	22	1	8

★指定校推薦枠（2024年度）早稲田大1名、上智大4名、学習院大6名、青山学院大6名、立教大6名、中央大2名、法政大5名、成蹊大3名、成城大4名、北里大4名、東京歯科大1名、東京薬科大3名、関西学院大3名、立命館大2名など

入試情報

■2024年度の入試結果

		募集人員	出願者	受験者	合格者	実質倍率
IBクラス帰国	男子	若干名	0	0	0	—
	女子		3	3	3	1.0
IBクラス一般1回	男子	15	4	4	1	4.0
	女子		3	3	2	1.5
IBクラス一般2回	男子		3	1	0	—
	女子		4	3	3	1.0
1回4科	男子	65	25	15	7	2.1
	女子		14	12	5	2.4
1回2科	男子		29	22	8	2.8
	女子		22	19	8	2.4
1回英語型	男子		3	2	2	1.0
	女子		8	8	7	1.1
1回算理	男子		8	5	5	1.0
	女子		0	0	0	—
2回	男子		76	68	31	2.2
	女子		57	52	16	3.3
2回英語資格利用型	男子		8	8	5	1.6
	女子		14	13	13	1.0
3回4科	男子	45	40	20	13	1.5
	女子		30	16	7	2.3
3回2科	男子		37	16	3	5.3
	女子		36	17	3	5.7
3回算理	男子		12	4	3	1.3
	女子		1	1	0	—
4回	男子		89	41	15	2.7
	女子		67	27	9	3.0

○配点：一般／算国英＝各100点、理社＝各50点　IB／英日算＝各100点
○合格最低点：非公表

25年の募集要項

入 試 日／一般：①2月1日午前 ②2月1日午後(英語資格利用型入試あり) ③2月2日午前 ④2月2日午後
IB：一般①2月1日午前 ②2月2日午前　帰国生11月27日～29日(オンライン)、12月2日(対面)
募集人員／一般：110名(①②65名 ③④45名)
IB：一般10名程度、帰国生若干名
合格発表／ホームページで即日　帰国生は12月5日(オンライン・対面)
手続締切／一般①②IB①2月5日、一般③④IB②2月6日　帰国生12月10日
試験科目／一般：①2科・4科・算理・英国または英算、②2科・英語資格利用型(国語または算数)、③2科・4科・算理、④2科・英語資格利用型(国語または算数)
IB：帰国生①②英語・日本語(日本語による出題)・算数(英語による出題)
面　　接／あり(一般①～④、IB①②複数回受験者は初回のみ)
※IBクラスは受験生面接および保護者同伴
受 験 料／30,000円(複数回同時出願は40,000円)

公開行事・説明会予定

【学校説明会】一般クラス対象、要予約
6月28日(金)10時～、9月13日(金)19時～(オンライン)
10月18日(金)10時～、10月26日(土) 9時45分～
11月 1日(金)19時～(オンライン)、1月10日(金)10時～
3月 8日(土)10時～(オンライン)
【学校説明会】IBクラス対象、要予約
6月14日(金)10時～、7月12日(金)19時～(オンライン)
10月 5日(土)10時～、11月29日(金)10時～
【オープンスクール】9時30分～、要予約
7月13日(土)、9月7日(土)
【入試問題チャレンジ会】10時～、要予約
11月 9日(土)、国語・算数
【入試問題説明会】要予約
12月 7日(土)10時～
【体育祭】
10月12日(土) 9時30分～14時30分
【ペガサス祭(文化祭)】
3月 7日(金)、8日(土)、9時～15時
◆変更・中止の可能性もあります。必ず学校ホームページで確認してください。

多摩大学附属聖ヶ丘（ひじりがおか）中学校

所在地／〒206-0022　多摩市聖ヶ丘4-1-1
TEL／042-372-9393
学校長／石飛 一吉
創　立／1988年、聖ヶ丘高等学校として創立。1989年に現在の校名に変更し、1992年、中学校を開校する。
URL／www.hijirigaoka.ed.jp

	1年	2年	3年
男子	82名	62名	88名
女子	60名	45名	41名
クラス数	5組	3組	4組

中高総生徒数／722名

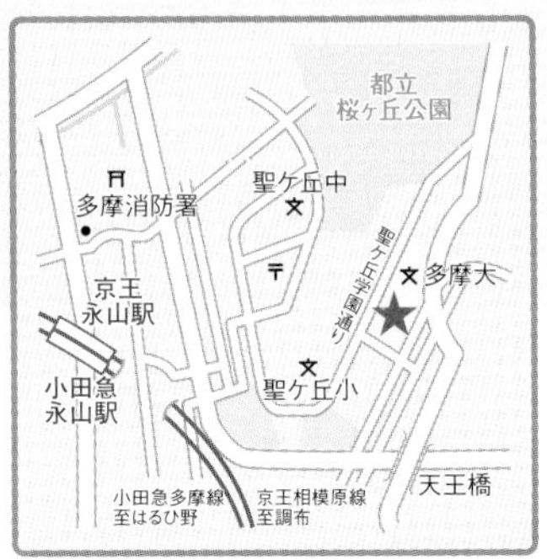

〈交通アクセス〉
小田急多摩線、京王相模原線「永山」駅よりバス12分　京王線「聖蹟桜ヶ丘」駅よりバス16分

基礎学力に裏打ちされた「考える力」を育成

「自主研鑽」「健康明朗」「敬愛奉仕」が教育目標。「少人数できめの細かい指導」「本物から本質に迫る教育」「主体性と協働性の育成」を３つの柱として、21世紀の変化する時代にふさわしいリーダーシップと同時に、他人の心情をくみ取るフォロワーシップを併せ持った、個性ある人材の育成に努めています。「生徒が主役」をモットーとし、緑豊かな丘の上にある、1学年120名の小規模校。卒業生が「大きな家族のような学校」と言うアットホームな雰囲気も大きな特徴の一つです。

スクールライフ

●教育内容

探究学習と基礎学習を学びの中心に据えた、小規模校ならではのきめの細かい指導を実践。「A知探Q（えいちたんきゅう）」と名づけた探究学習プログラムでは、さまざまな体験を積むことで語れる経験と確かな自信を身につけます。また、確実な学力を定着させるため、「小テスト⇔フィードバック授業」の反復サイクルを教科問わず実施。理科は中学3年間で、100以上のテーマで実験・実習を行い、社会科では複数回の社会科見学を行うなど、本質に迫る教育を追求しています。さらに、自ら学ぶ姿勢をサポートするために設置したSSR（セルフ・スタディ・ルーム）は毎日開校され、中学生は午後7時20分、高校生は午後8時20分まで、多くの現役大学生メンターのサポートを受けながら、自分の進路に向けた学習が可能となっています。

■主要5教科の週当たり時間（コマ）数

	英語	数学	国語	理科	社会
1年	7	5	5	4	4
2年	7	6	5	4	4
3年	7	7	6	4	4
合計	21	18	16	12	12

◎1日当たりの授業コマ数：45分×7時限
　※土曜日は4時限
◎登校時間：8時20分

●部活動

中学の活動日は原則として週4日。午後5時45分までに終了します。ダンスドリル部は各種の大会で上位入賞する強豪です。

文化系／天文、吹奏楽、自然科学、歴史研究、パソコン、茶道、ESS、交通機関研究、漫画・イラスト研究など

体育系／野球、サッカー、水泳、バスケットボール、ダンスドリル、テニス、陸上競技、バドミントン、剣道など

●行事

体育祭、聖祭（文化祭）、合唱コンクールが三大行事。豊かな感性を体得するため、さまざまな芸術鑑賞会や、各種講演・研修会なども行われます。

●修学旅行・研修旅行

中1は4月に千葉でオリエンテーション合宿を実施。中2は10月にイングリッシュキャンプを行い、翌年のニュージーランド修学旅行に備えます。その修学旅行は中3の3月に実施。約2週間のホームステイで英語力を高め、文化の違いを肌で感じます。高2の修学旅行は、沖縄・先島諸島に赴き、地域の探究学習を進めます。

マネーガイド

■2024年度納付金（諸経費を含む）

	入学金	授業料	施設費	その他	計
入学手続時	250,000円	0円	0円	0円	250,000円
初年度総額	250,000円	468,000円	120,000円	187,740円	1,025,740円

◎寄付金：なし
◎授業料：月納
◎奨学金・特待生制度：生活、学業が特に優れている者は特待生とし、1年間授業料免除

3期	完6 days	温	cool				全
学期制	週5・6日制	プール	冷房	寮	食堂	私服通学	海外研修

サピックスからの合格実績（過去3年）	'22	'23	'24
	1名	0名	6名

進学指導の概要

本校では、より多くの選択肢があることを生徒たちに気づいてもらうために、さまざまな機会を設けています。たとえば、大学の先生を招いて行う「模擬授業」や、さまざまな企業で活躍された方による「職業講話」を実施します。さらに、オープンキャンパスや大学見学会の案内なども積極的に行っています。

限定的な知識ではなく、本物を「見て、触れる」ことを手伝い、生徒自身が自主的に進路を考えられるように支援しています。教員との濃厚なコミュニケーションにより、偏差値だけではない総合的な視点から進路選びができるのは、小規模校だからこそです。

■現役大学進学者の進路の内訳

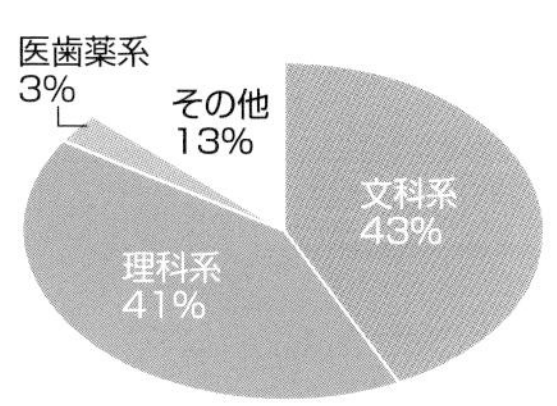

■併設高校から主要大学への合格実績

※上段は現役合格者数、下段は浪人を含めた合格者数。

	東京大	京都大	一橋大	東京工業大	筑波大	お茶の水女子大	電気通信大	東京外国語大	東京学芸大	東京芸術大	東京農工大	東京都立大	横浜国立大	千葉大	早稲田大	慶應義塾大	上智大	東京理科大
22年	—	—	—	—	—	—	—	—	—	—	—	2	—	—	3	—	1	4
	—	—	—	—	—	—	—	—	—	—	—	2	—	—	4	1	1	4
23年	—	—	—	—	—	—	—	—	—	—	—	—	—	—	—	—	—	2
	—	—	—	—	—	—	—	—	—	—	—	—	—	—	—	1	5	2
24年	—	—	—	—	—	—	—	—	—	—	1	1	—	—	—	—	—	5
	—	—	—	—	—	—	—	—	—	—	1	1	—	—	—	—	—	5

	学習院大	明治大	青山学院大	立教大	中央大	法政大	日本大	東洋大	駒澤大	専修大	多摩大	津田塾大	東京女子大	日本女子大	文部科学省所管外の大学校	海外の大学	国公立・医学部	私立・医学部
22年	2	5	5	2	11	6	13	5	1	9	—	1	—	2	—	—	—	—
	2	7	6	3	12	8	16	6	1	9	—	1	—	2	—	—	—	—
23年	4	5	5	1	8	8	15	9	—	8	—	1	2	—	—	—	—	—
	5	7	7	3	10	15	17	10	—	11	—	2	2	1	—	—	—	1
24年	5	4	4	3	4	8	7	6	4	1	2	2	1	1	—	—	—	—
	6	4	4	3	4	11	10	6	5	1	2	2	1	1	—	—	—	—

★指定校推薦枠（2024年度）東京理科大6名、学習院大4名、明治大2名、青山学院大2名、中央大4名、法政大2名、成蹊大3名など

入試情報

■2024年度の入試結果

			募集人員	出願者	受験者	合格者	実質倍率
1回	4科	男子	30	63	23	18	1.3
		女子		34	9	5	1.8
	2科	男子		58	25	7	3.6
		女子		67	30	7	4.3
2回	2科	男子	30	146	123	77	1.6
		女子		117	96	68	1.4
適性型		男子	20	31	29	16	1.8
		女子		48	46	35	1.3
3回	2科	男子	10	148	64	29	2.2
		女子		110	29	13	2.2
リスニング		男子	10	31	28	8	3.5
		女子		24	20	10	2.0
4回	2科	男子	10	158	52	25	2.1
		女子		122	35	17	2.1
5回	4科	男子	10	74	5	3	1.7
		女子		50	2	2	1.0
	2科	男子		74	24	10	2.4
		女子		70	13	3	4.3

■2024年度入試 合格者の教科別平均点(男女合計データ)

		算数	国語	理科	社会	合計
1回	4科	59.8	47.3	37.7	29.9	173.3
	2科					109.4
2回	2科	57.7	59.0			116.7
適性型		適性Ⅰ/64.2		適性Ⅱ/107.4		171.5
3回	2科	58.1	66.3			124.4
4回	2科	63.4	50.3			116.3
5回	4科	51.0	57.8	16.0	24.8	148.5
	2科					111.5

○配点：算・国＝各100点　理・社＝各50点
適性検査Ⅰ（作文型）＝100点・Ⅱ（資料型）＝200点
○合格最低点：1回4科141点・2科90点　2回93点　適性型122点　3回101点　4回2科94点　5回4科135点・2科92点　リスニングは非公表

23年の募集要項

※以下は2024年の募集要項です。2025年の要項は学校の発表をお待ちください。

入 試 日／①2月1日午前 ②2月1日午後 ③2月3日午後 ④2月4日午後 ⑤2月5日午前 適性型2月2日午前 リスニング2月4日午前

募集人員／男女120名(①30名 ②30名 ③10名 ④10名 ⑤10名 適性型20名 リスニング10名)

合格発表／ホームページにて即日

手続締切／2月6日

試験科目／国語(50分・100点)、算数(50分・100点)、理科・社会(計60分・各50点)
※①⑤は2科4科選択、②③④は2科、適性型は適性Ⅰ〈作文型〉(45分・100点)、適性Ⅱ〈資料型〉(45分・200点)、リスニングは基礎学力〈国語・算数〉(各20分)、リスニング(40分)

面　　接／なし

受 験 料／20,000円(2回以上同時出願は30,000円)

公開行事・説明会予定

【学校説明会】要予約
6月15日(土)14時～
10月 5日(土)14時～
11月 2日(土)14時～
11月30日(土)14時～
12月15日(日) 9時～
1月11日(土)14時～

◆変更・中止の可能性もあります。必ず学校ホームページで確認してください。

多摩大学目黒 中学校

所在地／〒153-0064　目黒区下目黒4-10-24
TEL／03-3714-2661
学校長／田村 嘉浩
創　立／1937年、目黒商業女学校として創立。1994年に中学校を開校し、翌年、現校名に。1996年に共学化する。
URL／www.tmh.ac.jp

	1年	2年	3年
男子	82名	88名	79名
女子	38名	30名	27名
クラス数	4組	3組	3組

中高総生徒数／1185名

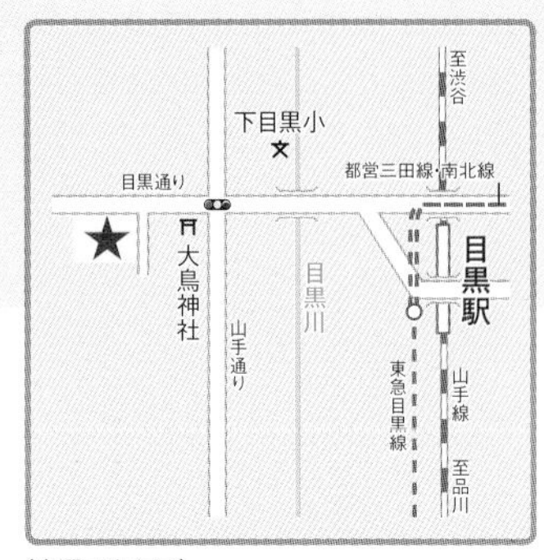

〈交通アクセス〉
JR、東急目黒線、東京メトロ南北線、都営三田線「目黒」駅より徒歩12分　東京メトロ日比谷線、東急東横線「中目黒」駅よりスクールバスあり

一人ひとりの知的好奇心を刺激して、学ぶ楽しさを

「日標に向かって積極的に挑む資質を育てる」ことがモットーです。その上台となる学力を伸ばし、生徒が心から望む進路の実現をめざしています。校風は明るくおおらかで、多くの生徒はクラブ活動にも打ち込みますが、基礎学力の養成を徹底。毎日およそ2時間分の宿題を出し、家庭学習を習慣づけています。さらにICT教育にも熱心で、生徒全員にタブレット端末を配っているのも特徴です。また、目黒キャンパスからスクールバスで約50分のあざみ野には、広大なグラウンドとセミナーハウスを用意。クラブ活動はもちろん、一部の授業でも利用しています。

スクールライフ

●教育内容

生徒全員にタブレット端末を配布し、授業での活用だけでなく、生徒の学習状況のチェックや宿題の配信、連絡事項の確認などで利用しています。英会話の授業は、生きた英語を身につけることを目標に、外国人講師が担当。中3の修学旅行では、オーストラリアで約2週間ホームステイします。また、中学卒業までに英検®3級取得をめざします。多くの教科で小まめに小テストや模試を行ってステップアップを図り、理解不足の生徒には適宜補習を行います。自習室は夜8時まで開放しているので、部活動後も授業の予習・復習をすることが可能です。また、毎朝英単語テストを行い、基礎力の定着を図ります。

■主要5教科の週当たり時間（コマ）数

	英語	数学	国語	理科	社会
1年	6	5	5	4	4
2年	6	6	5	4	4
3年	6	6	5	4	3
合計	18	17	15	12	11

◎1日当たりの授業コマ数：50分×6時限
土曜日は4時限
◎登校時間：8時20分

●部活動

文化系16、体育系14のクラブが活動中です。サッカー部は元プロ選手を監督に迎え、さまざまな大会に出場し、高い実績を誇ります。ダンス部も全国大会に何度も出場しています。そのほか、テニス部、吹奏楽部、英語部、放送部なども熱心に活動しています。

○文化系／英語、囲碁将棋、箏曲、科学、クラフト、軽音楽、吹奏楽、合唱、茶道、写真、クッキング、美術、保育、放送、漫画・イラスト、演劇

○体育系／護身道、アウトドア、弓道、剣道、水泳、卓球、テニス、ダンス、バスケットボール（男子・女子）、バドミントン、バレーボール（男子・女子）、野球、サッカー（男子・女子）

●行事

体育祭、颯戻祭（そうれいさい）（文化祭）のほか、芸術鑑賞会、団結力が増す合唱コンクールなどがあります。

●修学旅行・研修旅行

国際理解教育の一環として、中3でオーストラリア修学旅行を実施。ホームステイをしながら、現地の学校で英語の学習に励みます。希望者には夏期休暇中にイギリス語学研修も行っています。

マネーガイド

■2024年度納付金（諸経費を含む）

	入学金	授業料	施設費	その他	計
入学手続時	250,000円	0円	0円	0円	250,000円
初年度総額	250,000円	444,000円	120,000円	約240,000円	約1,054,000円

◎寄付金：なし
◎授業料：月納
◎奨学金・特待生制度：経済的理由により就学困難と判断される者は授業料を免除。また、特待・特進入試合格者は授業料を免除（1年間・3年間）

学期制　週5・6日制　プール　冷房　寮　食堂　私服通学　海外研修

サピックスからの合格実績（過去3年）	'22	'23	'24
	16名	20名	23名

高入生とは高2で合流。国公立、文系、理系の3コースに分かれ、それぞれの進路に沿った学習を進めます。高3からは選択授業が大幅に増え、演習メインにシフトチェンジ。授業での理解度がそのまま志望校の合格レベル到達につながるように、カリキュラムを練り上げています。また、長期休暇中はテーマ別講習を開設。知識を深めていきながら、実戦的な受験テクニックも身につけます。そのほか、大学個別相談会の校内実施や卒業生による合格者座談会を用意するなど、進路指導にも力を入れています。また、大学入学共通テストは基本的に全員が受験します。

■現役大学進学者の進路の内訳

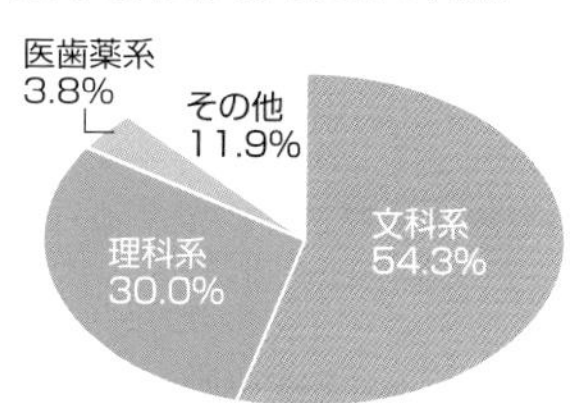

■併設高校から主要大学への合格実績

※上段は現役合格者数、下段は浪人を含めた合格者数。

	東京大	京都大	一橋大	東京工業大	筑波大	お茶の水女子大	電気通信大	東京外国語大	東京学芸大	東京芸術大	東京農工大	東京都立大	横浜国立大	千葉大	早稲田大	慶應義塾大	上智大	東京理科大
22年	—	—	—	—	—	—	—	—	—	—	1	1	—	—	1	—	1	10
	—	—	—	—	—	—	—	—	—	—	1	1	—	—	3	1	1	11
23年	—	—	—	1	1	—	—	—	—	—	2	—	—	—	15	1	7	6
	—	—	—	1	1	—	—	—	—	—	2	—	—	—	17	2	8	9
24年	—	—	—	—	—	—	—	—	1	—	—	1	5	—	6	4	—	1
	—	—	—	—	—	—	—	—	1	—	—	2	5	—	7	8	2	1

	学習院大	明治大	青山学院大	立教大	中央大	法政大	日本大	東洋大	駒澤大	専修大	多摩大	津田塾大	東京女子大	日本女子大	文部科学省管外の大学校	海外の大学	国公立・医学部	私立・医学部
22年	9	16	10	4	11	18	36	15	21	21	1	—	4	4	—	3	—	1
	9	18	11	4	13	19	36	15	21	21	3	—	4	4	—	3	—	1
23年	6	25	13	10	12	32	26	19	14	19	16	5	6	7	—	2	—	—
	7	34	15	15	18	44	39	22	16	25	16	5	6	7	—	2	—	4
24年	2	15	14	13	11	23	36	11	14	13	6	3	7	4	2	2	—	—
	2	23	15	14	13	27	43	15	14	13	6	3	7	4	2	2	—	1

★指定校推薦枠（2024年度）東京理科大4名、学習院大2名、青山学院大2名、法政大3名、日本大6名、専修大8名、成蹊大1名、成城大3名、明治学院大6名、白百合女子大7名、駒沢大2名、中央大1名、日本女子大2名など

入試情報

■2024年度の入試結果

			募集人員	出願者	受験者	合格者	実質倍率
進学1回	4科	男子	34	41	24	男子計9 女子計11	男子4.0 女子2.5
		女子		15	9		
	2科	男子		17	12		
		女子		21	18		
進学2回	4科	男子		83	55	男子計15 女子計4	男子5.3 女子7.0
		女子		25	12		
	2科	男子		30	24		
		女子		21	16		
特待・特進1回	4科	男子	特待20 特進60	199	182	81	2.2
		女子		41	36	20	1.8
特待・特進2回	4科	男子		146	86	30	2.9
		女子		31	15	8	1.9
特待・特進3回	2科	男子		187	131	43	3.0
		女子		54	35	11	3.2
特待・特進4回	2科	男子		150	90	17	5.3
		女子		55	31	12	2.6
特待・特進5回	2科	男子		170	95	20	4.8
		女子		60	30	7	4.3

○配点：算国＝各100点　理社＝各50点
○合格最低点:非公開

24年の募集要項

※以下は2024年の募集要項です。2025年の要項は学校の発表をお待ちください。

入 試 日／進学①2月1日午前 特待・特進①2月1日午後
進学②2月2日午前 特待・特進②2月2日午後
特待・特進③2月3日午後 特待・特進④2月4日午前 特待・特進⑤2月6日午前 ※帰国生入試は別枠

募集人員／男女114名(進学①②合わせて34名 特待・特進①～⑤合わせて特待20名・特進60名)

合格発表／ホームページにて即日

手続締切／2月9日

試験科目／国語(50分・100点)、算数(50分・100点)、理科・社会(50分・100点)
※進学①②は2科4科選択、特待・特進①②は4科、特待・特進③④⑤は2科

面　　接／なし

受 験 料／20,000円(2回同時出願の場合は30,000円、3回以上同時出願の場合は40,000円)

公開行事・説明会予定

【学校説明会】要予約(6年生限定)
11月 2日(土)10時～
1月10日(金)19時～
1月11日(土)10時～

【特待・特進入試問題解説会】要予約(6年生限定)
11月16日(土)10時～
12月14日(土)10時～

【颯戻祭(文化祭)】要予約
9月14日(土)10時～15時
9月15日(日)10時～15時

◆変更・中止の可能性もあります。必ず学校ホームページで確認してください。

中央大学附属 中学校

所在地／〒184-8575 小金井市貴井北町3-22-1
TEL／042-381-5413
学校長／石田 雄一
創　立／旧制目白中学校を母体に、1963年、中央大学附属高校が誕生。2010年4月、同高校の敷地内に中学校を開校。
URL／www.hs.chuo-u.ac.jp

	1年	2年	3年
男子	77名	81名	86名
女子	98名	94名	88名
クラス数	5組	5組	5組

中高総生徒数／1695名

〈交通アクセス〉
JR中央線「武蔵小金井」駅より徒歩18分、または京王バス「中大附属高校」下車、西武新宿線「小平」駅より銀河鉄道バス「小平国分寺線」で「中央大学附属中学・高等学校」下車

受験勉強にとらわれず本当に必要な学力の充実を

中央大学の学風「質実剛健」を基盤に、「明るく、強く、正しく」を校訓に掲げます。大学附属校のイメージどおり、伸び伸びとした環境で個性豊かな生徒が多いのが特徴です。また、中央大学は実学の探究という伝統を持ちます。実学とは理論の先行を許さず、実社会で本当に役立つ学問を意味します。この伝統は附属中でも生かされ、受験勉強にとらわれない、生徒にとって真に必要な学力を追求しています。たとえば、食文化を学ぶスクールランチは、人間の五感を使った授業。このような実体験を知識に昇華させるカリキュラムが多数用意されています。

スクールライフ

●教育内容

中学では、クオリティーの高い内容で、全科目偏りのない授業を行っています。また、中学3年間では60冊、高校3年間では100冊の、さまざまなジャンルや分野の課題図書を通じて、幅広い知識や教養を身につけます。さらには、外国人の先生による指導の下、細かな文法にこだわらず文字とことばで、自分自身の意思を伝達する実学的英語力を養うプロジェクト・イン・イングリッシュや法科大学院と連携して法教育を体験するプログラムなどの特別科目を実施しています。2021年度からは教科横断型の「教養総合基礎」も新たに設置しました。

■主要5教科の週当たり時間（コマ）数

	英語	数学	国語	理科	社会
1年	6	5	4	4	4
2年	6	5	4	4	4
3年	6	5	5	4	4
合計	18	15	13	12	12

◎1日当たりの授業コマ数：50分×6時限
◎登校時間：8時35分

●部活動

文化系8部、運動系8部を設置。クラブによっては高校生と一緒に活動します。
○文化系／ESS、合唱、コンピュータ、美術・書道・文芸、吹奏楽、生物（Wild Life）、地学研究、物理
○運動系／野球、サッカー、硬式テニス、陸上競技、バスケットボール、卓球、ハンドボール、水球（2029年廃部予定）

●行事

白門祭（文化祭）、体育祭、芸術鑑賞教室、芸術祭（合唱コンクール含む）など、多彩な行事があります。また、社会や国語の授業をベースに実際に街を探索する「ワンデイエクスカーション」や、クラス全員で同じメニューを食べるスクールランチなども実施。スクールランチでは、健康や日本・世界の食文化などをテーマに「食」について考えます。

●修学旅行・研修旅行

中2の移動教室は京都・奈良を訪れ、中3は沖縄へ修学旅行に出掛けます。また、中3では希望者を対象に台湾、オーストラリア、イギリスでの交流プログラムも実施しています。

マネーガイド

■2024年度納付金（諸経費を含む）

	入学金	授業料	施設費	その他	計
入学手続時	290,000円	0円	0円	0円	290,000円
初年度総額	290,000円	612,000円	280,000円	131,000円	1,313,000円

◎寄付金：1口5万円（任意）
◎授業料：2期分納
◎奨学金・特待生制度：なし

学期制

週5･6日制

プール

冷房

寮

食堂

私服通学

海外研修

サピックスからの合格実績（過去3年）	'22	'23	'24
	36名	43名	36名

高1では、中入生は高入生と別HRクラス編成。高2から混合クラスになり、高3では文系・理系クラスに分かれます（※高校3年間のクラス分けについては、状況によって変更することがあります）。

■2024年3月大学進学者の内訳

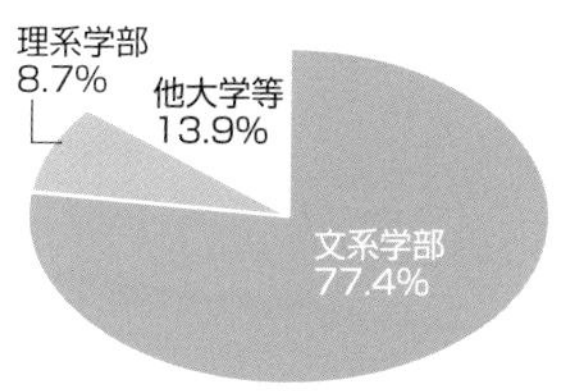

★他大学への合格状況
筑波大2名、大阪大1名、北海道大1名、東京都立大1名、慶應義塾大10名、早稲田大3名、上智大13名など

私立大学については中央大学では学べない学問領域のみ、国公立大学についてはどの学部・学科も、中央大学への推薦資格を持ったまま他大学受験が可能。毎年85～90%の生徒が中央大学へ進学しています。高2の2学期に大学の授業を先取りできる「ステップ講座」を展開。これは、中央大学をはじめとする大学の教授等が、高校生向けに専門分野のおもしろさや研究方法などを講義するもの。大学の各学部・各学科において、どんな学問や研究、教育が行われているのか、生徒に理解してもらい、興味や関心を引き出すことを目的としています。そのほか、高3の3学期に、中央大学進学内定者を対象として、大学の各学部・各学科の先生や本校教員による「特別授業」を実施。内定学科の内容に応じた選択授業を用意します。課外講座では、初級・中級・上級コースに分かれた英語講座や、日商簿記検定資格の取得を目的とした簿記講座を実施。実社会で必要とされる能力やスキルを磨きます。また、2023年度には、高校が文部科学省によってスーパーサイエンスハイスクール（SSH）第2期の指定を受けました。

■併設大学（中央大学）への推薦進学状況

	法学部	経済学部	商学部	理工学部	文学部	総合政策学部	国際経営学部	国際情報学部
22年	106名	51名	66名	39名	31名	22名	8名	8名
23年	102名	54名	63名	27名	30名	22名	8名	9名
24年	105名	59名	64名	33名	27名	21名	8名	11名

★指定校推薦枠（2023年度）早稲田大2名、慶應義塾大2名、上智大11名、東京理科大2名など

入試情報

■2024年度の入試結果

		募集人員	出願者	受験者	合格者	実質倍率
帰国1次	男子	若干	10	10	4	2.5
	女子		19	14	4	3.5
1回	男子	約100	195	172	64	2.7
	女子		280	262	70	3.7
2回	男子	約50	225	172	48	3.6
	女子		384	320	39	8.2

■2024年度入試 合格者の教科別平均点

		算数	国語	理科	社会	合計
1回	男子	71.5	66.3	44.5	38.4	220.7
	女子	78.5	70.9	47.2	38.8	235.4
2回	男子	68.8	79.2	42.3	43.4	233.7
	女子	70.0	86.5	44.7	42.5	243.7

○配点：算国＝各100点　理社＝各60点
○合格最低点：1回男子198点・女子217点　2回男子　210点・女子229点　帰国は非公表

25年の募集要項

入 試 日／①2月1日 ②2月4日
③帰国生入試 1月8日
募集人員／男女約150名(①約100名 ②約50名 ③若干名)
合格発表／①2月2日 ②2月5日 ③1月9日
手続締切／①2月3日 ②2月6日 ③1月10日
試験科目／①②国語(50分・100点)、算数(50分・100点)、理科(30分・60点)、社会(30分・60点) ③国語(60分・100点)、算数(60分・100点)
面　　接／なし
受 験 料／30,000円

【学校説明会】要予約
9月 7日(土)
11月 2日(土)
【オープンキャンパス】要予約
6月22日(土)
【白門祭(文化祭)】(中高同日開催) ※時間未定
9月21日(土)
9月22日(祝)
【教養総合成果発表会(SSH成果発表会)】
2月19日(水)
◆変更・中止の可能性もあります。必ず学校ホームページで確認してください。

私立　東京　共学　ち

帝京大学 中学校

所在地／〒192-0361　八王子市越野322
TEL／042-676-9511
学校長／市川 伸一
創　立／帝京大学高等学校が1983年に帝京大学中学校を開校。1995年、多摩市から現在地に移転。
URL／www.teikyo-u.ed.jp

	1年	2年	3年
男子	70名	59名	67名
女子	63名	58名	49名
クラス数	4組	4組	4組

中高総生徒数／910名

〈交通アクセス〉
JR中央線「豊田」駅、京王線・小田急線「多摩センター」駅などよりスクールバスあり
京王相模原線「京王堀之内」駅より徒歩23分、京王線「聖蹟桜ヶ丘」駅・京王相模原線「南大沢」駅などよりバス

創造力と責任感を育てる、バランスの取れた心の教育

「努力をすべての基とし、偏見を排し、幅広い知識を身につけ、国際的視野に立って判断ができ、実学を通して創造力および人間味豊かな専門性ある人材の養成を目的とする」という建学の精神の下、心身共に健やかで創造力と責任感に富む公人を育成します。分析力や探究力、多角的に思考する力など、学習の本質と基礎を大切にしたカリキュラムが組まれており、毎朝10分間の「朝講座」では、主要3教科の復習テストで到達度を確認するなど、きめ細かい指導を実施。多彩な行事や部活動を通じたバランスの取れたこころの教育も特徴の1つです。

スクールライフ

●教育内容

主要3教科を中心に、6年間一貫カリキュラムによる先取り学習を展開しており、中3の2学期には高校の内容に入ります。英語と数学では中1の2学期から習熟度別授業を実施。英語はクラスを分割した少人数制で、外国人講師による指導で異文化への理解も深めます。中3からは高校の類別編成に合わせて、理解と適性に応じたⅠ類(特進)・Ⅱ類のクラス編成になります。また、中学卒業までに英検®3級か準2級の取得をめざします。カリキュラム以外の個別指導にも力を注いでおり、生徒一人ひとりに将来を見つめさせて個性を伸ばす、きめ細かい指導も心掛けています。

■主要5教科の週当たり時間（コマ）数

	英語	数学	国語	理科	社会
1年	6	5	5	4	4
2年	7	6	6	3	4
3年	7	6	6	4	4
合計	20	17	17	11	12

◎1日当たりの授業コマ数：50分×6時限
　※土曜日は4時限
◎登校時間：8時30分

●部活動

文化系12、体育系8の部があります。一部は中高合同で活動しており、書道、数楽（学）研究、バドミントンなど、7つの同好会もあります。
○文化系／吹奏楽、南米音楽、映画研究、社会研究、天文気象、コンピュータ科学、美術、合唱、マジック、文芸、競技かるた、写真
○体育系／バスケットボール、サッカー、中国拳法、野球、陸上、テニス、剣道、卓球

●行事

中高合同の一大イベントである邂逅祭（かいこうさい）（文化祭）のほか、体育祭や芸術鑑賞、語学研修旅行など、多彩な学校行事があります。

●修学旅行・研修旅行

入学直後に行われる重要な行事が「宿泊研修」。中1の夏休みに実施される2泊3日の林間学校は、親睦を深めながら学習に対する心構えや目標実現について考えるプログラムです。また、国際教育にも力を入れており、中2でブリティッシュヒルズ研修、高1でニュージーランドでの海外語学研修旅行（約3週間）、高2でアジア地域への修学旅行（3泊5日）と、6年間を通してステップアップしていくプログラムが組まれています。

マネーガイド

■2024年度納付金（諸経費を含む）※別途、副教材費等あり

	入学金	授業料	施設費・維持費	その他	計
入学手続時	260,000円	0円	0円	0円	260,000円
初年度総額	260,000円	372,000円	206,000円	143,000円	981,000円

◎寄付金：1口10万円(任意)
◎授業料：月納
◎奨学金・特待生制度：４科型入試において卓越した成績で合格した生徒は、入学金・授業料・施設費を免除

進学指導の概要

高1では高入生とは別クラス編成で、中3から続く類別の授業が行われますが、2年次ご混合となり、東大・難関国立（文・理）、早慶・国公立（文・理）、難関私立（文・理）の進路別6コースに再編成されます。先取り学習によって高2までにほぼすべての課程を終えるため、高3からはより実戦的な入試対策に専念できます。

また、個人面談などを通じて、それぞれの志望と適性に沿った進学指導を徹底しています。帝京大学など系列大学への優先入学制度がありますが、ほとんどの生徒が他大学に進学しており、特に近年では難関大への進学実績の伸びが目立っています。

■現役大学進学者の進路の内訳

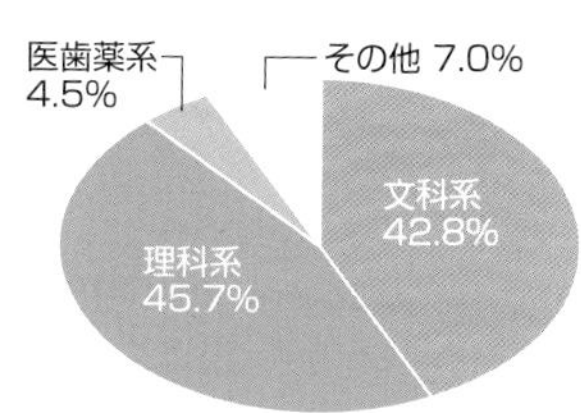

■併設高校から主要大学への合格実績

※上段は現役合格者数、下段は浪人を含めた合格者数。

	東京大	京都大	一橋大	東京工業大	筑波大	お茶の水女子大	電気通信大	東京外国語大	東京学芸大	北海道大	東京農工大	東京都立大	横浜国立大	東北人	早稲田大	慶應義塾大	上智大	東京理科大
21年	1	1	—	1	—	1	2	—	1	—	1	19	5	—	53	20	45	28
	1	1	—	1	—	1	2	—	2	—	4	21	5	—	57	22	45	34
22年	—	—	2	5	4	4	2	3	2	2	2	7	3	—	34	23	20	32
	—	1	3	6	5	4	2	3	2	2	2	9	3	—	36	25	20	35
23年	1	—	—	3	1	—	1	—	2	2	1	7	2	—	29	19	34	37
	2	—	—	3	1	—	2	—	2	3	1	9	2	—	33	23	35	40

	学習院大	明治大	青山学院大	立教大	中央大	法政大	日本大	東洋大	駒澤大	専修大	帝京大	津田塾大	東京女子大	日本女子大	文部科学省所管外の大学校	海外の大学	国公立・医学部	私立・医学部
22年	5	63	25	37	62	37	25	13	6	5	8	6	10	19	1	—	1	4
	8	69	30	39	66	43	28	13	7	6	8	6	10	22	1	—	1	8
23年	11	71	38	34	42	47	38	15	11	11	9	5	16	10	1	—	1	13
	11	76	39	36	59	49	40	19	13	13	10	5	16	11	1	—	1	14
24年	7	63	31	31	48	50	26	17	7	18	9	3	5	7	5	—	1	1
	7	69	33	31	51	55	27	17	7	18	9	3	5	7	5	—	3	4

★指定校推薦枠（2024年度）東京都立大5名、早稲田大3名、慶應義塾大3名、東京理科大5名、学習院大4名、明治大2名、立教大3名、中央大6名、法政大1名、青山学院大1名など

入試情報

■2024年度の入試結果

			募集人員	出願者	受験者	合格者	実質倍率
1回	4科	男子	40	67	63	32	2.0
		女子		67	65	33	2.0
	2科	男子		12	11	3	3.7
		女子		6	6	3	2.0
2回	4科	男子	40	124	80	38	2.1
		女子		101	73	36	2.0
3回	2科	男子	30	153	94	41	2.3
		女子		106	67	25	2.7

■2024年度入試 合格者の教科別平均点

			算数	国語	理科	社会	合計
1回	4科	男子	51.6	67.7	34.8	31.2	185.2
		女子					
	2科	男子					119.3
		女子					
2回	4科	男子	58.3	60.1	29.0	30.9	178.0
		女子					
3回	2科	男子	63.1	74.4			137.5
		女子					

○配点：算国＝各100点　理社＝各50点
○合格最低点：1回4科164点・2科112点　2回151点　3回120点

24年の募集要項

※以下は2024年の募集要項です。2025年の要項は学校の発表をお待ちください。

入 試 日／①2月1日 ②2月2日 ③2月3日午後
募集人員／男女110名(①40名 ②40名 ③30名)
合格発表／ホームページで即日
手続締切／2月9日
試験科目／国語(50分・100点)、算数(50分・100点)、理科(30分・50点)、社会(30分・50点)
※①2科4科選択②4科③2科
面　　接／なし
受 験 料／25,000円(2回同時出願の場合は35,000円、全3回同時出願の場合は45,000円)

公開行事・説明会予定

【学校説明会】要予約
7月13日(土)10時～、14時～
※オンライン公開は7月14日(日)14時～　(質問会15時30分～)
9月14日(土)10時～、14時～
※オンライン公開は9月15日(日)14時～　(質問会15時30分～)
10月 5日(土)10時～、14時～
※オンライン公開は10月 6日(日)14時～　(質問会15時30分～)
11月 9日(土)10時～
※オンライン公開は11月10日(日) 14時～　(質問会15時30分～)
12月14日(土)10時～、14時～
※オンライン公開は12月15日(日)14時～
3月 1日(土)10時～(4・5年生対象)
※オンライン公開は3月2日(日)14時～　(質問会15時30分～)
【邂逅祭(文化祭)】
11月 2日(日)10時～16時
11月 3日(祝) 9時30分～15時30分
※内容についてはホームページをご覧ください。
※説明会の申し込み・詳細告知は各説明会当日の約1か月前、申し込み開始は約3週間前となり、ホームページから申し込む形になります。
◆変更・中止の可能性もあります。必ず学校ホームページで確認してください。

東海大学付属高輪台高等学校 中等部

（たかなわだい）

所在地／〒108-8587 港区高輪2-2-16
TEL／03-3448-4011
学校長／片桐 知己治
創 立／1944年、電気通信工業学校と電波工業学校を母体に誕生。2007年に中等部を併設する。
URL／www.takanawadai.tokai.ed.jp

	1年	2年	3年
男子	62名	55名	60名
女子	26名	27名	24名
クラス数	2組	2組	2組

中高総生徒数／1616名

〈交通アクセス〉
東京メトロ南北線、都営三田線「白金高輪」駅より徒歩6分 都営浅草線「泉岳寺」駅より徒歩7分 JR「高輪ゲートウェイ」駅より徒歩12分

価値ある中・高・大一貫教育を実践

東海大学の建学の精神の下、知育に偏らない豊かな人間性と創造性を育む全人教育をめざして、中・高・大10年間を見据えた価値ある一貫教育を実践しています。東海大学と連携した特別授業や、特色ある理数教育と英語教育、そして多彩な学校行事と部活動によって、充実した学校生活を実現。また、実験や実習を大切にし、しっかりとした学力の上に、論理的に物事を考える力や表現する力をつける「生徒参加型・問題発見解決型」の授業により、生徒一人ひとりに確かな学力が身につきます。

スクールライフ

●教育内容

中・高・大の10年間を見据え、主要教科を重視しながらも受験勉強にとらわれない教育課程が組まれています。英語は中等部終了までにGTEC500点以上（英検®準2級以上）を目標に掲げ、英会話では外国人講師と日本人教師によるチームティーチングの少人数授業を行います。理科では、文部科学省からスーパーサイエンスハイスクール（SSH）の指定を受けている高輪台高校と連携し、実験を中心に最先端の科学技術に触れる授業を実施。全HR教室と理科実験室に電子黒板が設置されており、タブレットPC650台とICTを導入し、さらにBYOD（Bring Your Own Device）により1人1台PCを持つ環境を整備。「学習と部活動の両立」を真の一貫教育とし、生徒会活動や学校行事などにも力を注ぎ、付属校ならではの生徒主体的・協働的な深い学びの授業をめざしています。

■主要5教科の週当たり時間（コマ）数

	英語	数学	国語	理科	社会
1年	6	5	5	4	4
2年	6	5	5	5	4
3年	6	5.5	4.5	5	5
合計	18	15.5	14.5	14	13

◎1日当たりの授業コマ数：50分×6時限
◎登校時間：8時25分

●部活動

中等部では15のクラブがあり、活動は大変活発です。生徒の加入率はほぼ100%。クラブによっては中高合同のものもあり、高校の先輩が、ていねいに指導する光景も見られます。

○文化系／放送、美術、吹奏楽、物理化学、マルチメディア、ESS（英会話）同好会
○体育系／陸上競技、バスケットボール（男女）、ソフトテニス、卓球、サッカー、柔道、剣道、ダンス

●行事

建学祭（文化祭）や体育祭のほか、約19kmの道のりを歩く剛健旅行、英・数・国・理・音楽・造形・知的財産・ディベート・スポーツ（高校のみ）などの各分野において、東海大学すべての付属校が競う学園オリンピックや合唱祭、芸術鑑賞などの校外学習があります。

●修学旅行・研修旅行

中1はオリエンテーション合宿、中2はイングリッシュサマーキャンプ、中3はオーストラリアへの海外英語研修旅行を実施。高2での研修旅行はカナダ、ハワイ、北海道、沖縄のコースから選択します。

マネーガイド

■2024年度納付金（諸経費を含む）

	入学金	授業料	施設費	その他	計
入学手続時	280,000円	0円	100,000円	0円	380,000円
初年度総額	280,000円	420,000円	100,000円	363,255円	1,163,255円

※入学辞退届を期日までに提出した場合、施設費を返金

◎寄付金：1口5万円、2口以上（任意）
◎授業料：3期分納
◎奨学金・特待生制度：なし

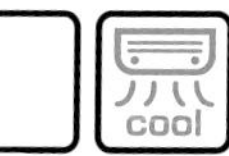

2期 学期制 ／ 完6 days 週5·6日制 ／ プール ／ cool 冷房 ／ 寮 ／ 食堂 ／ 私服通学 ／ 全 海外研修

サピックスからの合格実績（過去3年）	'22	'23	'24
	3名	4名	4名

進学指導の概要

高入生とは混合クラス編成で、高2から文系と理系に分かれます。英語教育が重視され、オーラルでは外国人講師による少人数制チームティーチングを高1で週2時間、高2・3で週1時間設定。全員がGTECを受検し、高校卒業時までに790点以上を目標にしています。また、SSHに指定されるなど理数教育が充実している点も特色で、各分野の研究者や大学教授陣によるさまざまな講座が開講されています。さらに、23学部62学科・専攻・課程を擁する東海大学のスケールメリットを生かし、高3後期には進学予定の学部・学科に分かれて授業を行う特別講座のほか、学園の創設者・松前重義氏が提唱した建学の精神を学ぶ「現代文明論」が付属校に共通した授業（高1で週1時間必修）として実施されています。

なお、卒業生の約85%が、東海大学系列の大学に進学しています。東海大学湘南キャンパス見学会の実施、東海大学教授陣による大学説明会や、付属生対象の学園オリンピックでの講義など、常に大学との接点を持ちながら、生徒一人ひとりの納得のいく進路選択を最大限にバックアップしています。

■2024年3月卒業生の進路の内訳

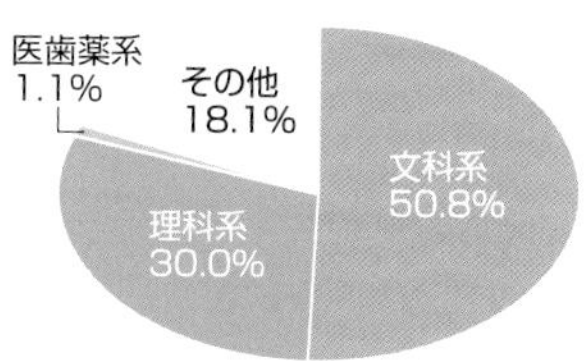

■併設大学（東海大学）への推薦状況

	法学部	文学部	医学部	工学部	理学部	政治経済学部	教養学部	国際文化学部	情報理工学部	情報通信学部	海洋学部	農学部	体育学部	健康学部	観光学部	文化社会学部	HTIC（ハワイ東海）	国際学部	児童教育学部	建築都市学部	人文学部	文理融合学部	生物学部	経営学部
22年	9名	18名	9名	72名	14名	22名	15名	3名	24名	9名	16名	ー名	1名	10名	19名	16名	37名	5名	11名	9名	29名	6名	4名	23名
23年	23名	31名	10名	71名	5名	41名	17名	4名	31名	14名	11名	2名	2名	14名	24名	19名	49名	5名	17名	12名	21名	1名	1名	39名
24年	28名	23名	13名	53名	7名	31名	12名	1名	16名	27名	13名	2名	18名	17名	29名	33名	4名	25名	9名	28名	1名	3名	3名	32名

★指定校推薦枠（2024年度）なし

入試情報

■過去2年間の入試結果

			募集人員	出願者	受験者	合格者	倍率
23年	1回	男子	45	74	68	28	2.4
		女子		45	40	19	2.1
	2回	男子	25	140	92	20	2.3
		女子		81	50	7	7.14
	3回	男子	10	112	60	8	7.5
		女子		65	33	4	8.25
24年	1回	男子	45	79	74	32	2.3
		女子		28	28	15	1.86
	2回	男子	25	128	84	22	3.8
		女子		49	28	4	7.0
	3回	男子	10	114	52	7	7.4
		女子		43	20	5	4.0

■2024年度入試 受験者の教科別平均点(男女合計データ)

	算数	国語	理科	社会	合計
1回	66.4	65.4	27.9	30.1	189.8
2回	66.3	64.9	29.8	27.0	188.0
3回	53.5	53.7	28.8	27.9	163.8

○配点：国算＝各100点　理社＝各50点
○合格最低点：1回202点　2回225点　3回197点

24年の募集要項

※以下は2024年の募集要項です。2025年の要項は学校の発表をお待ちください。

入 試 日／①2月1日 ②2月3日 ③2月5日
募集人員／男女80名(①45名 ②25名 ③10名)
合格発表／①2月2日 ②2月4日 ③2月6日
手続締切／①2月3日 ②2月5日 ③2月7日
試験科目／国語(50分・100点)、算数(50分・100点)、理科(30分・50点)、社会(30分・50点)
面　　接／なし
受 験 料／25,000円(1月中に複数回同時出願の場合は2回35,000円、3回45,000円)

公開行事・説明会予定

【学校説明見学会】
7月 7日(日)10時～
8月31日(土)10時～
11月10日(日)10時～
12月 8日(日)10時～
1月12日(日)10時～ ※プレテスト実施
【建学祭(文化祭)】
10月12日(土)10時～16時
10月13日(日)10時～16時
【中等部体育祭】
11月 7日(木) 9時30分～15時
◆変更・中止の可能性もあります。必ず学校ホームページで確認してください。

私立 東京 共学 と

東京成徳（せいとく）大学 中学校

所在地／〒114-8526 北区豊島8-26-9
TEL／03-3911-7109
学校長／木内 秀樹
創　立／前身は1926年創立の王子高等女学校。1947年、東京成徳中学校を設立。1998年に男女共学化。
URL／www.tokyoseitoku.jp/js

	1年	2年	3年
男子	81名	55名	44名
女子	67名	43名	39名
クラス数	4組	3組	3組

中高総生徒数(中高一貫部)／544名

〈交通アクセス〉
東京メトロ南北線「王子神谷」駅より徒歩5分
JR京浜東北線、東京メトロ南北線「王子」駅、都電荒川線「王子駅前」駅よりバス7分

未来を見据えて世界を知り、自分を開いて可能性を広げる

「徳を成す人間の育成」を建学の精神に掲げる共学の中高一貫校。2026年の学園創立100周年に向けて、「成徳」の精神を持つグローバル人材の育成をめざし、教育環境を重点的に整備しています。「英語コミュニケーション能力」と「IT教育」を柱に、生徒が主体的に学び、学力・人間性・心身・創造性・グローバルマインド・対応力などの成長を促すオリジナルプログラムを展開。生徒が自分の可能性に気づくことで、みずら学ぶべき道に向かって自走できるよう、後押しする指導スタイルが確立されています。

スクールライフ

●教育内容

完全6年一貫教育体制の下、各教科の授業において基礎学力を構築するとともに、実践的なコミュニケーション力や表現力など、社会で活用できる力を養成。社会的スキルの構築を目的としたオリジナルプログラムも展開しています。3期・週6日制を基本に、英語と数学は中2から習熟度別の少人数授業を行うほか、英語は週8時間のうち3時間が外国人講師による授業で、中学では年間10時間以上のオンライン英会話を実施。また、校外学習などを題材に、ICT機器を活用した探究型活動にも取り組みます。生徒がみずから問いを立て、体験を通して深く探究し、その成果を発表することで主体的に学ぶ姿勢を育んでいます。

■主要5教科の週当たり時間（コマ）数

	英語	数学	国語	理科	社会
1年	7	5	5	4	4
2年	7	5	5	4	4
3年	7	6	5	4	4
合計	21	16	15	12	12

◎1日当たりの授業コマ数：50分×6時限
　※土曜日は4時限
◎登校時間：8時25分

●部活動

活動は週4日程度、1日2時間以内で中学生の参加率は98%以上。中学では男子サッカー部、女子バスケットボール部、女子ラクロス部が好成績を収めています。
○文化系／中学吹奏楽、中高合唱、中高美術、天文、理科実験、ボランティア、鉄道研究、将棋、軽音楽、放送、茶道、料理など
○体育系／バスケットボール、バドミントン（女子）、テニス、サッカー、中学水泳、中学軟式野球、ラクロス（女子）フラッグフットボール、剣道、柔道、弓道、ダンス（女子）など

●行事

体育祭、桐蔭祭（文化祭）、歌舞伎鑑賞会、合唱祭、ミュージカル鑑賞会などがあります。また、イングリッシュキャンプや校外実習なども行われています。

●修学旅行・研修旅行

中2の8月に戸隠高原で校外学習を実施。中2全員が3学期に2週間のセブ島短期留学に参加し、中3の3学期にはニュージーランドのオークランドへの学期留学が選択できます。高校ではこれまでの探究活動の総仕上げとして、テーマに沿ってグループごとに取り組む実地踏査型の研修旅行を行います。

マネーガイド

■2024年度納付金（諸経費を含む）

	入学金	授業料	施設費	その他	計
入学手続時	250,000円	0円	98,000円	0円	348,000円
初年度総額	250,000円	468,000円	98,000円	666,545円	1,482,545円

※入学辞退届を期日までに提出した場合、施設費を返金

◎寄付金：1口5万円、1口以上（任意）
◎授業料：4期分納
◎奨学金・特待生制度：入試で優秀な成績を収めた者から特待生を選抜

3期 学期制 | 完6 days 週5･6日制 | 温 プール | cool 冷房 | 寮 | 食堂 | 私服通学 | 全 海外研修

サピックスからの合格実績（過去3年）	'22	'23	'24
	0名	1名	2名

私立 東京 共学 と

進学指導の概要

高1までの通常授業は各教科の基礎学力養成の内容が中心となり、学習活動の根幹となっています。高2からは文系・理系にクラスが分かれ、専門性の高い授業になります。高3では通常授業のほかに、必修の演習授業プラス7・8時限目に開講される自由選択演習授業があります。これらの授業や大学入試に焦点を当てた演習を生徒個々の受験科目に応じて組み合わせることで、実戦的な学力アップをめざします。

また、国公立大・難関私立大の受験対策の一環として、夏休み・冬休み・3学期前半までは90分の講習が選択可能。志望大学合格を全面的にサポートします。

■現役大学進学者の進路の内訳

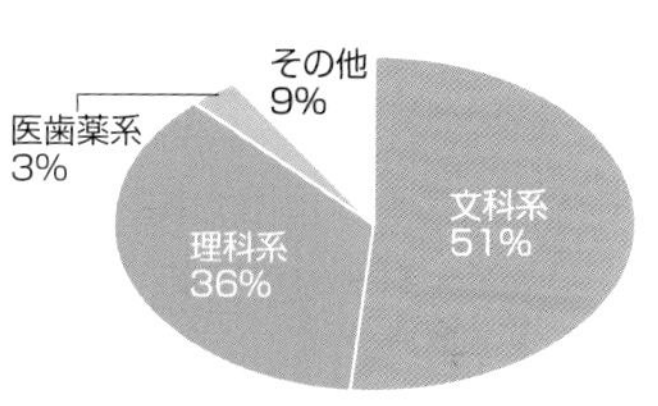

■併設高校から主要大学への合格実績

※一貫部のみの進路実績。推薦枠は中高一貫部・高等部合算
※上段は現役合格者数、下段は浪人を含めた合格者数。

	東京大	京都大	一橋大	東京工業大	筑波大	お茶の水女子大	電気通信大	東京外国語大	東京学芸大	東京芸術大	東京農工大	東京都立大	横浜国立大	千葉大	早稲田大	慶應義塾大	上智大	東京理科大
22年	—	—	—	—	1	—	—	—	—	—	1	—	—	—	—	1	—	1
	—	—	—	—	1	—	—	—	—	—	1	—	—	—	—	1	—	2
23年	—	—	—	—	—	1	—	1	—	—	—	—	—	2	3	2	5	9
	—	—	—	—	—	1	—	1	—	—	—	—	—	2	3	2	5	9
24年	—	—	—	—	—	—	—	—	—	—	—	3	—	—	—	1	4	3
	—	—	—	—	—	—	—	—	—	—	—	3	—	—	—	1	4	5

	学習院大	明治大	青山学院大	立教大	中央大	法政大	日本大	東洋大	駒澤大	専修大	東京成徳大	津田塾大	東京女子大	日本女子大	文部科学省管外の大学校	海外の大学	国公立・医学部	私立・医学部
22年	3	7	1	11	7	17	19	25	8	6	5	—	4	2	—	—	—	—
	3	7	1	11	7	17	19	25	8	6	5	—	4	2	—	—	—	—
23年	5	11	4	17	1	9	7	22	2	6	3	—	1	1	—	2	—	—
	5	11	4	17	1	9	7	22	2	6	3	—	1	1	—	2	—	—
24年	4	5	6	7	10	19	8	18	5	9	—	—	2	3	—	3	—	—
	4	6	6	7	10	20	9	19	5	9	—	—	2	3	—	3	—	—

★指定校推薦枠（2024年度）慶應義塾大1名、東京理科大6名、立教大3名、青山学院大1名、学習院大5名、中央大1名、法政大5名、日本大10名、東洋大20名、駒澤大2名、専修大2名、東京女子大4名、日本女子体育大4名、成城大2名、明治学院大4名、芝浦工大18名など

入試情報

■2024年度の入試結果

			募集人員	出願者	受験者	合格者	実質倍率
第1回一般選抜	4科	男子	60	45	39	37	1.1
		女子		33	26	20	1.3
	2科	男子		35	30	25	1.2
		女子		26	23	18	1.3
第1回特待選抜	2科	男子	20	99	77	61	1.3
		女子		60	42	28	1.5
第2回一般選抜	4科	男子	20	59	24	20	1.2
		女子		44	18	14	1.3
	2科	男子		37	7	3	2.3
		女子		30	8	5	1.6
第2回特待選抜	2科	男子	20	98	44	33	1.3
		女子		71	36	27	1.3
第3回一般選抜	4科	男子	20	70	23	20	1.2
		女子		45	15	10	1.5
	2科	男子		40	4	1	4.0
		女子		35	8	5	1.6
第3回特待選抜	2科	男子	20	98	37	27	1.4
		女子		63	17	12	1.4
Distinguished Learner選抜	※1	男子	若干	24	5	3	1.7
		女子		20	6	2	3.0
帰国	※2	男子	若干	1	1	1	1.0
		女子		0	0	0	—

※1　試験①(出題動画閲覧、企画書作成、論述)、試験②(企画書再考、グループ討論、解答選定、解答発表、論述)、面接
※2　算国または算英＋面接(保護者同伴・日本語または英語)
○配点：算国＝各100点　理社＝各60点
○合格最低点：1回一般4科144点・2科90点　1回特待2科100点　2回一般4科5割程度・2科5割程度　2回特待5割程度　3回一般4科5割程度・2科5割程度　3回特待選抜5割程度 DL選抜43点　帰国一点

24年の募集要項

※以下は2024年の募集要項です。2025年の要項は学校の発表をお待ちください。

入 試 日／①第1回一般2月1日午前 ②第1回特待2月1日午後 ③第2回一般2月2日午前 ④第2回特待2月2日午後 ⑤第3回一般2月3日午前 ⑥第3回特待2月4日午前 ⑦Distinguished Learner選抜2月5日午前
帰国：11月26日
募集人数／男女160名(①60名 ②20名 ③20名 ④20名 ⑤20名 ⑥20名 ⑦若干名) 帰国 若干名
合格発表／即日
手続締切／2月11日12時
試験科目／国語(50分･100点)、算数(50分･100点)、社会(30分･60点)、理科(30分･60点)
※①③⑤2科4科選択、②④⑥2科(国語･算数)
※⑤⑥英検®加点あり
Distinguished Learner選抜:試験①、試験②、面接(トータルで185分)
面　　接／帰国生のみ(保護者同伴)
帰国生のための試験／算数、英語または国語、保護者同伴面接
受 験 料／25,000円(複数回受験による追加料金はありません)

公開行事・説明会予定

【学校説明会】要予約
6月23日(日)、6月28日(金)、9月18日(水)
10月15日(火)、10月27日(日)、10月28日(月)
11月 7日(木)、11月17日(日)、1月19日(日)
【入試説明会】要予約
11月17日(日)、12月15日(日)、1月19日(日)
【オープンキャンパス】要予約
6月15日(土)　10月12日(土)　11月9日(土)
【校舎見学会＆体験授業】9月8日(日) 要予約
【部活動体験】7月21日(日) 要予約
【体験授業フェア】要予約
7月27日(土)～30日(火)
【桐陰祭(文化祭)】9月28日(土)、29日(日) 要予約
◆変更・中止の可能性もあります。必ず学校ホームページで確認してください。

東京電機大学 中学校

所在地／〒184-8555 東京都小金井市梶野町4-8-1
TEL／0422-37-6441
学校長／平川 吉治
創 立／1907年に電機学校創立。1996年に中学校を設置。1999年より中学校、高等学校ともに共学となる。
URL／www.dendai.ed.jp

	1年	2年	3年
男子	107名	115名	110名
女子	58名	52名	54名
クラス数	5組	5組	5組

中高総生徒数／1239名

〈交通アクセス〉
JR「東小金井」駅より徒歩5分

きめ細かな指導体制の下、これからの社会で活躍する人材を育成

「人間らしく生きる」を校訓に、豊かな心、創造力と知性、健やかな体を備えた人材育成をめざしています。1クラスを30名前後で編成し、理科・情報・探究を3つの柱に、体験を重視した教育プログラムで生徒一人ひとりの個性と適性を引き出す学びを実践しています。各学年週1時間の「探究」では、さまざまなテーマで課題を提示。「課題発見→調査→考察→発表」のプロセスで探究学習に取り組み、論理的思考力やコミュニケーション力を磨きます。系列大学への推薦入学は国公立大学との併願が可能で、多様な進路希望に応えます。

スクールライフ

●教育内容

6年間を3期に分けた中高一貫教育で、中1・2は基礎力養成期とし、自立した学習法の確立をめざします。中3から習熟度別クラスを編成し、生徒の学習進度に合わせた効率的な学習指導を実践。数学は中3で高校の内容に入ります。英語は高1まで外国人講師による授業を週1時間実施し、中3で英検®3級の全員取得を目標としています。理科では「実物に触れる」ことを重視。観察・実験を多く取り入れ、自然科学本来の楽しさを伝えながら、高校の生物・地学・化学・物理の内容を少しずつ先取りします。1人1台のタブレットを日常的な授業に活用しているほか、プログラミング教育にも力を注ぎ、別途コンピュータ室を設置。少人数制の「情報」では、中1からプログラミングの基礎を学び、高1の「情報Ⅰ」では「Python（パイソン）」によるプログラム演習に取り組みます。

■主要5教科の週当たり時間（コマ）数

	英語	数学	国語	理科	社会
1年	5	5	4	4	4
2年	6	5	4	4	4
3年	6	6	5	4	4
合計	17	16	13	12	12

◎1日当たりの授業コマ数：50分×6時限（予定）
※土曜日は4時限
◎登校時間：8時40分

●部活動

体育系だけでなく、文化系の部や同好会の部活も盛んです。中学生の参加率は約80％です。

○文化系／科学、歴史地理研究、コンピュータ、吹奏楽、放送、無線、物理、鉄道研究、漫画美術、シネマ研究など

○体育系／軟式野球、バスケットボール、バレーボール、卓球、サッカー、ラグビー・フットボール、剣道、柔道、テニス、ソフトテニス、バドミントンなど

●行事

TDU武蔵野祭（文化祭）や体育祭のほか、遠足、球技大会、芸術鑑賞会や文化講演会など、1年を通して多彩な行事が行われます。

●修学旅行・研修旅行

中1では林間学校、中2では奈良・京都を訪れる修学旅行があります。高2の修学旅行は西九州を訪れます。高1・2で希望者対象のカナダ短期留学（3か月）、カンボジアスタディーツアー、東北被災地スタディーツアーなどを実施しています。

マネーガイド

■2024年度納付金（諸経費を含む）

	入学金	授業料	施設費	その他	計
入学手続時	250,000円	0円	0円	0円	250,000円
初年度総額	250,000円	480,000円	204,000円	164,050円※	1,098,050円

※制服、タブレット使用などにかかる諸費用は含んでいません

◎寄付金：1口1万円、1口以上（任意・目的指定可）
◎授業料：3期分納
◎奨学金・特待生制度：経済的理由により就学困難と判断される者に、奨学金を給付または貸与。また、第2回・第3回入試で優秀な成績を収めた者を特待生とし、入学金を全額免除

3期 学期制　完6 days 週5・6日制　プール　cool 冷房　寮　食堂　私服通学　希 海外研修

サピックスからの合格実績（過去3年）	'22 19名	'23 17名	'24 17名

進学指導の概要

高入生とは別クラス編成で、高2から文系と理系に分かれて学びます。高3では自由選択科目を数多く導入し、文系・理系ともに演習中心の授業を展開。きめ細かい指導を行うため、教科や学年によっては習熟度別授業や少人数授業を積極的に取り入れています。また、実戦的な力をつけるため、中学講習会（放課後）・高校講習会（放課後・長期休暇）を開講。さらに高3では外部模試や「大学入学希望者学力評価テスト」の対策を実施しています。生徒の多様な希望や適性に合わせたサポート体制を敷き、文系学部を含めた多様な学部への大学進学を強力にバックアップしています。

■現役大学進学者の進路の内訳

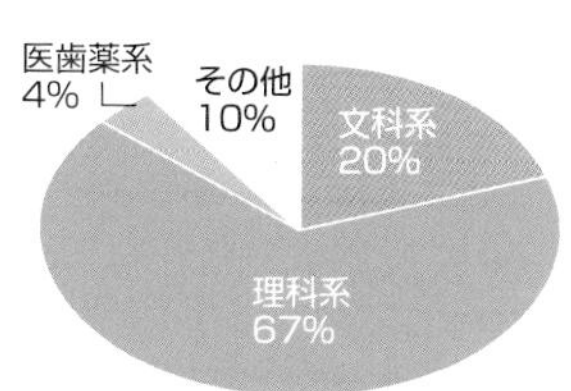

■併設高校から主要大学への合格実績

※上段は現役合格者数、下段は浪人を含めた合格者数。

	東京大	京都大	一橋大	東京工業大	筑波大	お茶の水女子大	電気通信大	東京外国語大	東京学芸大	東京芸術大	東京農工大	東京都立大	横浜国立大	千葉大	早稲田大	慶應義塾大	上智大	東京理科大
22年	—	—	—	—	—	—	1	—	—	—	4	3	—	—	2	2	2	9
	—	—	—	—	—	—	1	—	—	—	4	3	—	—	3	4	3	10
23年	—	—	—	1	—	—	2	—	2	—	2	2	—	—	4	2	1	8
	—	—	—	2	—	—	2	—	2	—	3	2	—	—	5	2	1	9
24年	—	—	—	1	1	—	4	—	1	—	1	4	1	—	6	2	5	10
	—	—	—	1	1	—	5	—	2	—	2	4	1	—	8	3	6	10

	学習院大	明治大	青山学院大	立教大	中央大	法政大	日本大	東洋大	駒澤大	専修大	東京電機大	津田塾大	東京女子大	日本女子大	文部科学省所管外の大学校	海外の大学	国公立・医学部	私立・医学部
22年	4	7	4	10	16	15	21	12	1	4	69	—	4	1	1	—	—	—
	4	10	4	13	20	18	36	14	2	8	69	—	4	2	1	1	—	7
23年	4	6	7	5	15	11	19	19	4	4	74	—	4	4	—	1	—	—
	4	7	7	5	16	12	22	26	4	5	75	—	4	4	—	1	—	—
24年	9	17	12	6	31	33	31	10	5	14	78	2	4	—	2	1	—	—
	11	21	13	7	33	35	34	13	5	15	79	2	5	—	2	1	—	2

★指定校推薦枠（2024年度）早稲田大 1名、上智大1名、東京理科大8名、学習院大4名、明治大4名、青山学院大3名、中央大6名、法政大2名、学習院大4名、日本大5名、芝浦工業大6名、東京都市大7名、工学院大4名、東京農業大6名、明治薬科大2名、東京薬科大2名、東京女子大5名、東京家政大 10名、武蔵野大6名など

入試情報

■2024年度の入試結果

			募集人員	出願者	受験者	合格者	実質倍率
1回	4科	男子	50	140	121	43	2.8
		女子		22	19	14	1.4
	2科	男子		65	61	10	6.1
		女子		19	17	12	1.4
2回	1科※1	男子	50	422	395	132	3.0
		女子		107	101	81	1.2
3回	4科	男子	20	176	100	19	5.3
		女子		45	13	9	1.4
	2科	男子		79	52	3	17.3
		女子		19	9	5	1.8
4回	2科※2	男子	30	407	256	42	6.1
		女子		94	33	21	1.6

■2024年度入試 受験者の教科別平均点(男女合計データ)

		算数	国語	理科	社会	合計
1回	4科	63.0	64.6	38.9	33.7	204.3
	2科					127.6
2回	1科※1	49.9	66.7			57.0
3回	4科	53.4	65.0	37.0	39.0	199.5
	2科					118.4
4回	2科※2	62.4	57.9	67.2	57.4	122.1

※1 算数・国語のうち得意な1科を選択
※2 算数・国語・理科・社会のうち得意な2科を選択
○配点　第1回・第3回：算国＝各100点　理社＝各60点
　　　　第2回：算国＝各100点
　　　　第4回：算国理社＝各100点
○合格最低点：1回4科男子226点・女子178点　2科男子150点・女子119点　2回1科男子　国72点・算61点　女子　国64点・算43点　3回4科男子243点・女子193点　2科男子162点・女子114点　4回男子159点・女子115点

24年の募集要項

※以下は2024年の募集要項です。2025年の要項は学校の発表をお待ちください。

入 試 日／①2月1日午前 ②2月1日午後 ③2月2日午前 ④2月4日午後
募集人員／男女150名(①50名 ②50名 ③20名 ④30名)
　※②③は特待生を含む
合格発表／ホームページで即日
手続締切／①2月2日 ②③④2月9日
試験科目／①③国語(50分・100点)、算数(50分・100点)、理科・社会(計50分・各60点) ※2科4科選択
　②国語(60分・100点)、算数(60分・100点)のうち得意な1科を選択。
　④国語・算数・理科・社会(計70分・各100点)のうち得意な2科を選択。
面　　接／なし
受 験 料／23,000円(2回同時出願の場合は35,000円、3回以上同時出願の場合は47,000円)

公開行事・説明会予定

【学校説明会】申込制
9月 7日(土)14時〜、10月 6日(日)15時〜、
11月16日(土)14時〜、 1月 5日(日)14時30分〜(6年生対象)
1月18日(土)14時〜(初めての方が対象)
【ミニ説明会】6月22日(土)10時〜 要予約
【オープンスクール】要予約 5年生以上対象
7月15日(祝)10時〜
【プログラミング・コンピュータ教室】要予約
6月・11月に実施予定
※詳細は約1か月前に学校ホームページに掲載
【過去問題解説会】要予約 6年生対象
12月22日(日)10時〜
【TDU武蔵野祭(文化祭)】ミニ説明会(要予約)・入試質問室あり
9月21日(土)、22日(祝)9時30分〜16時
◆変更・中止の可能性もあります。必ず学校ホームページで確認してください。

東京都市大学等々力 中学校

所在地／〒158-0082 世田谷区等々力8-10-1
TEL／03-5962-0104
学校長／草間 雅行
創 立／1939年、東横商業女学校として設立。東横学園中を経て、2009年に現校名に改称し、2010年に共学に移行。
URL／www.tcu-todoroki.ed.jp

	1年	2年	3年
男子	109名	141名	87名
女子	101名	110名	104名
クラス数	5組	6組	5組

中高総生徒数／1377名 併設小から約6%

上野毛通り
都市大等々力キャンパス前
玉川警察署前
玉川神社
都市大等々力キャンパス東
用賀中町通り
満願寺
目黒通り
等々力通り
東急大井町線
至二子玉川
等々力駅
至自由が丘

〈交通アクセス〉
東急大井町線「等々力」駅より徒歩10分

「高潔」「英知」「共生」の精神を身につけたグローバルリーダーを育成

教育目標は、「noblesse oblige」（ノブレス・オブリージュ）とグローバルリーダーの育成。高潔な人間性を有し、その力を社会で発揮する意志と能力を持つ人間の育成をめざしています。教育目標の実現ならびに生徒自身の目標達成のため、学年ごとに詳細なプログラムを設定するなど、実現のためのシステムを整備。GL（Global Leader）プログラムとともに、SST（Super Science Todoroki program）を展開し、実体験による学びで考える力を育てます。都市大グループとして、単位の先取りや講義の受講など、大学との教育連携も行っています。

スクールライフ

●教育内容

高い理想の人格教育と確かな学習支援プログラムによる6年間の一貫教育を実施しています。中1から高3まで、生活・HR、学習、進路の各目標、指導ポイントが詳細に設定されており、さまざまな学習支援システムにのっとり、教科ごとに組まれたプログラムを実施することによって各目標の実現をめざします。また、キャリア教育ビジョンとして、「自己肯定と他者理解ができる人」など、めざすべき人間像を設定し、生徒の10年先、20年先を見据え、人生を切り開いていくために必要なキャリア、「心」の育成プログラムを実施しています。また、中1～高1で「システムZ（ゼータ）」を導入し、AIによって学習内容や進捗状況を可視化する記憶定着アプリを毎朝10分間の英語学習に活用しています。

■主要5教科の週当たり時間（コマ）数

	英語	数学	国語	理科	社会
1年	6	5	5	4	4
2年	6	5	5	4	4
3年	6	5	6	4	4
合計	18	15	16	12	12

◎1日当たりの授業コマ数：50分×6時限
※土曜日は4時限
◎登校時間：8時30分

●部活動

全員参加制で、中高合同で活動します。文化系では吹奏楽、理科、体育系では弓道、テニス、舞チア（舞とチアリング）、バトンなどが活発です。

○文化系／吹奏楽、太鼓、鉄道研究、書道、演劇、箏曲、茶道、理科、美術、合唱、家庭科など
○体育系／軟式野球、サッカー、剣道、弓道、硬式テニス、バスケットボール、陸上競技、バレーボール、舞チア、バトン、フットサル（女子）、卓球など

●行事

スポーツ大会（中学のみ）、藍桐祭（あいぎりさい）（文化祭）、クラスの結束力がものをいう合唱コンクール、困難を前にたじろがぬ精神を育成するロードハイクが盛り上がります。

●修学旅行・研修旅行

中1ではオリエンテーション合宿、中2ではテーマ型共同研究プログラム「自己発見と共生の旅」を実施し、中3の九州修学旅行では平和・人間・命の学習を行います。また、オーストラリア語学研修（中3～高2希望者対象）、イギリス語学研修（高2修学旅行）を実施しています。

マネーガイド

■2024年度納付金（諸経費を含む）

	入学金	授業料	施設費	その他	計
入学手続時	230,000円	0円	0円	0円	230,000円
初年度総額	230,000円	468,000円	250,000円	320,480円※	1,268,480円

※制服や副教材などの諸費用（約200,000円）、ICT教育費は含んでいません

◎寄付金：なし
◎授業料：月納
◎奨学金・特待生制度：特別選抜コース入試の成績上位者10～15名を選抜し、特別奨学生とする

※全員参加の研修も実施

学期制　週5・6日制　プール　冷房　寮　食堂　私服通学　海外研修

サピックスからの合格実績（過去3年）	'22	'23	'24
	206名	243名	226名

進学指導の概要

最難関国公立大学をめざすS特選コース、難関国公立大学や早慶上理をめざす特選コースを設定し、それぞれ合格を確かなものにするためのカリキュラムが組まれています。予備校講座・特訓講座、夏季合宿進学講座、夏季・冬季・春季登校進学講座、現役の東大生をはじめとしたチューターによる個別指導、個人面談など、一人ひとりの目標実現のためのサポート体制も整えています。また、推薦に有利となる英検®・数検・漢検などの資格に対しては、目標を設定して学内で試験を実施。英検®は高校卒業時までに2級を取得することを目標に、1年を通じて対策講座を開き、全員受検で合格をめざしています。

■現役大学進学者の進路の内訳

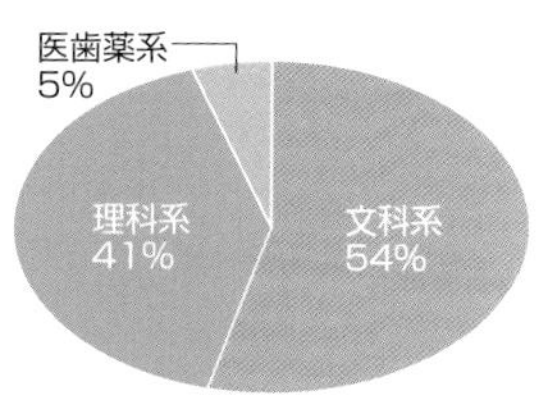

■併設高校から主要大学への合格実績

※上段は現役合格者数、下段は浪人を含めた合格者数。
※2024年4月9日現在

	東京大	京都大	一橋大	東京工業大	筑波大	お茶の水女子大	電気通信大	東京外国語大	東京学芸大	東京芸術大	東京農工大	東京都立大	横浜国立大	千葉大	早稲田大	慶應義塾大	上智大	東京理科大
22年	1	—	2	1	2	—	1	2	3	—	—	8	4	—	28	22	34	61
	1	1	2	1	2	—	1	2	3	—	—	8	4	—	31	27	38	61
23年	—	—	3	2	2	2	2	5	1	—	1	6	8	1	34	13	33	71
	—	—	3	2	2	2	3	5	1	—	1	6	8	1	34	15	34	71
24年	1	—	1	—	—	1	6	6	1	—	1	4	7	1	60	37	49	80
	2	—	1	—	—	1	6	6	1	—	1	4	7	1	60	42	50	83

	学習院大	明治大	青山学院大	立教大	中央大	法政大	日本大	東洋大	駒澤大	専修大	東京都市大	津田塾大	東京女子大	日本女子大	文部科学省所管外の大学校	海外の大学	国公立・医学部	私立・医学部
22年	34	60	45	56	81	77	50	35	16	28	27	4	8	4	1	1	—	1
	34	64	46	57	91	80	51	38	17	28	27	4	11	4	1	1	—	7
23年	24	126	62	51	103	92	46	16	25	24	20	5	7	21	8	—	—	5
	26	128	63	51	106	94	50	16	25	24	22	5	8	22	8	—	—	8
24年	34	139	82	83	69	82	69	38	33	25	28	7	7	4	1	5	3	7
	34	140	82	83	76	85	70	38	33	25	31	7	7	4	1	5	3	9

★指定校推薦枠（2024年度）慶應義塾大、上智大、東京理科大、青山学院大、中央大、法政大、東京都市大など

私立　東京　共学　と

入試情報

■2024年度の入試結果

			募集人員	出願者	受験者	合格者	実質倍率
S特選コース	第1回S特	男子	180	412	305	S特選100	1.8
						特選72	
		女子		214	150	S特選50	1.6
						特選40	
	第2回S特	男子		643	280	S特選44	3.5
						特選36	
		女子		342	185	S特選41	2.7
						特選27	
特選コース	第1回特選	男子		220	104	40	2.6
		女子		144	90	37	2.4
	第2回特選(S特チャレンジ)	男子		545	274	S特選61	2.5
						特選48	
		女子		263	130	S特選23	3.1
						特選19	
英語1教科		男子		58	17	S特選0	4.3
						特選4	
		女子		31	12	S特選1	4.0
						特選2	
アクティブラーニング型		男子	20	39	30	S特選0	—
						特選0	
		女子		47	44	S特選0	6.3
						特選7	
帰国		男子	20	113	107	S特選12	1.5
						特選62	
		女子		66	59	S特選11	1.3
						特選35	

○配点：算国英＝各100点　理社＝各50点　アクティブラーニング型は非公表
○合格最低点：S特選1回176点(特選161点)　S特選2回190点(特選175点)
特選1回186点　特選2回S特選チャレンジ188点(特選178点)
英語1教科・アクティブラーニング型・帰国は非公表

24年の募集要項

※以下は2024年の募集要項です。2025年の要項は学校の発表をお待ちください。

入試日／①特選2月1日午前 ①S特2月1日午後 ②S特2月2日午後 ②特選(S特チャレンジ)2月3日午後
英語1教科型・AL型：2月4日午前
帰国12月10日
募集人員／男女180名(S特選コース80名 特選コース100名 帰国20名)※英語1教科型・AL型・帰国生入試の募集人員はS特選・特選に含む
合格発表／即日 ※英語1教科型・AL型は翌日
手続締切／2月10日
試験科目／国語(50分・100点)、算数(50分・100点)、理科・社会(計60分・各50点)
※英語1教科は英語(60分・100点)
※AL型は検査Ⅰ〈個人ワーク〉(30分)、検査Ⅱ〈グループワーク〉(100分)
面　接／帰国生のみ(本人グループ)
帰国生のための試験／国語または英語(各50分・各100点)、算数(50分・100点)、作文、面接
受験料／25,000円(複数回同時出願の場合、2回目以降は5回まで不要)※1教科型のみ出願の場合は10,000円。1教科型と4教科型に同時出願する場合は25,000円。

公開行事・説明会予定

【学校説明会】要予約
6月15日(土)、7月14日(日)、8月4日(日)
9月7日(土)、10月14日(祝)、11月16日(土)
12月1日(日)、12月22日(日)、1月11日(土)
3月16日(日)
【オープンスクール】要予約 6年生対象
8月25日(日)
【スポーツ大会】6月12日(水) 駒沢体育館
【藍桐祭(文化祭)】
9月28日(土)、29日(日)10時～16時
◆変更・中止の可能性もあります。必ず学校ホームページで確認してください。

東京農業大学第一高等学校 中等部

所在地／〒156-0053　世田谷区桜3-33-1
TEL／03-3425-4481
学校長／幸田 諭昭
創　立／旧制東京農業大学予科の伝統を受けて、1949年に東京農業大学附属第一高等学校創立。2005年に中等部を併設開校。
URL／www.nodai-1-h.ed.jp

	1年	2年	3年
男子	82名	84名	66名
女子	100名	109名	114名
クラス数	5組	5組	5組

中高総生徒数／1575名

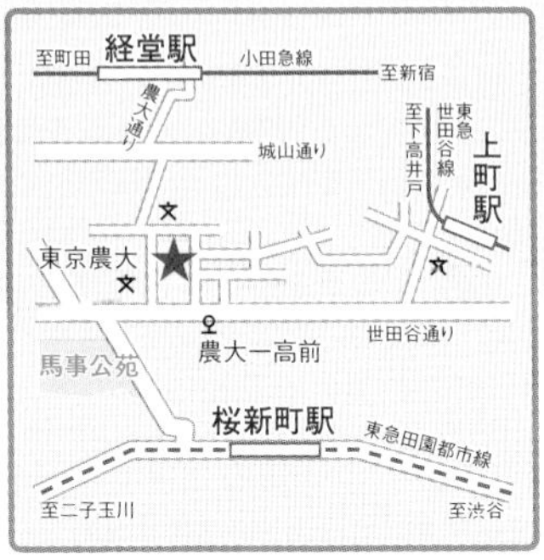

〈交通アクセス〉
小田急線「経堂」駅より徒歩15分　東急世田谷線「上町」駅より徒歩15分

2025年度より完全中高一貫校として新たなスタートを切る

東京農業大学第一高等学校・中等部は2025年より高校募集を停止し、完全中高一貫校として新たな舵を切ります。教育理念「知耕実学」に基づき、本物に触れ、さまざまな体験を積みながら、みずから考え、学びを深める生徒を育てるための教育をさらに充実させるべく改革を行い、「リベラルアーツ」「探究・研究」「国際教育」をさらに推進していきます。2023年秋には芸術棟が完成し、2026年には図書館を含む理科の実験棟が新改築され、実学教育を体現する実習・実験環境がさらに整います。

スクールライフ

●教育内容

本物に触れ、たくさんの人と出会うことで夢を創造し、夢の実現に向けた最大限の努力ができるよう、確かな学力とたくましく豊かな心を育みます。主要3教科では先取り教育を行い、中3から高校の内容に入ります。英語・数学では習熟度に分けた授業を展開。特徴である理科は実験・観察を多く取り入れ、仮説の立て方からデータの扱い、集約し発表の仕方まで大学・学会の発表レベルの力を身につけます。放課後には、教養・専門講座を中心とした「一中一高ゼミ」を年間80講座以上実施。生徒は開講当日に自由に参加でき、知的好奇心や思考力を磨く場となっています。総合的な学習の時間では東京農業大学と連携し、さまざまな実学学習に取り組んでいます。中1は田植えから稲刈りまでを体験する「稲作」、中2は新米と古米の違いを科学的に検証する「お米の科学」、中3はこうじや発酵を科学的に検証し実施する「味噌づくり」などの実習を行います。

■主要5教科の週当たり時間（コマ）数

	英語	数学	国語	理科	社会
1年	6	5	5	4	3
2年	6	6	5	4	4
3年	6	6	6	4	4
合計	18	17	16	12	11

◎1日当たりの授業コマ数：50分×6時限（土曜日4時限）
◎登校時間：8時10分

●部活動

中高合同で活動する団体もあり、文化系・体育系ともにより高いレベルをめざして挑戦を続けています。中等部の参加率は90%を超えます。

○文化系／物理、化学、生物、吹奏楽、合唱、美術、写真、演劇、華道、茶道、文芸、英語、鉄道研究など
○体育系／柔道、剣道、陸上競技、卓球、サッカー、ラグビー、チアリーディング、テニス、バスケットボール、バレーボール、軟式野球など

●行事

桜花祭（文化祭）、運動会、合唱コンクール、芸能鑑賞などがあります。

●修学旅行・研修旅行

中1の秋に北海道道東で実施する研修旅行では、新巻鮭づくりなど第1次産業体験、文化体験、自然観察を行います。中2では京都・奈良を訪れ、日本の歴史や遺産に触れます。中3の修学旅行ではシンガポール・マレーシアへ行き、異文化の体験・理解を深めます。

マネーガイド

■2024年度納付金（諸経費を含む）

	入学金	授業料	施設費	その他	計
入学手続時	230,000円	0円	0円	0円	230,000円
初年度総額	230,000円	432,000円	90,000円	237,000円	989,000円

◎寄付金：なし
◎授業料：2期分納
◎奨学金・特待生制度：入試合格者から特待生を選抜し、授業料を免除

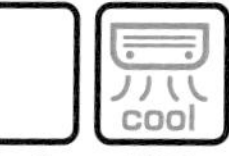

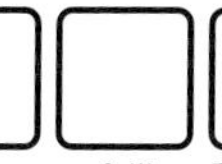

学期制　週5·6日制　プール　冷房　寮　食堂　私服通学　海外研修

サピックスからの合格実績（過去3年）	'22	'23	'24
	203名	211名	271名

進学指導の概要

授業をベースに、さまざまな教育体験やキャリア教育を通して、生徒の夢の実現に向けた進学サポートを行っています。高1・2は学力の発展期として本物の学力を蓄えることに力を注ぎます。高2から文系・理系に分かれ、個々の進路選択が可能になるような学力の獲得をめざします。高3では演習中心の授業を展開。午後にはレベル別·志望大学別による各教科の自由選択授業や、希望者対象の放課後講習で生徒一人ひとりをバックアップします。キャリア授業、卒業生を囲む会、医学部ガイダンス、合格体験講演会など、豊富な進路プログラムがあります。

■現役大学進学者の進路の内訳

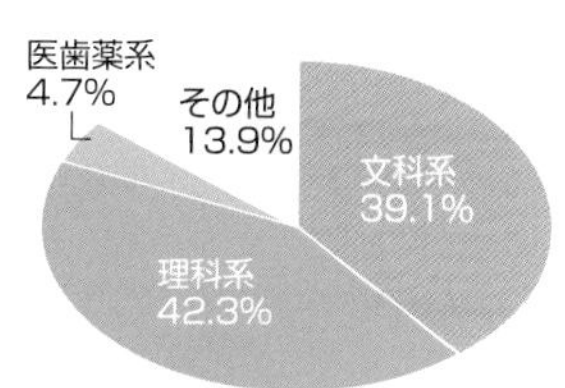

■併設高校から主要大学への合格実績

※上段は現役合格者数、下段は浪人を含めた合格者数。

	東京大	京都大	一橋大	東京工業大	筑波大	お茶の水女子大	電気通信大	東京外国語大	東京学芸大	東京芸術大	東京農工大	東京都立大	横浜国立大	千葉大	早稲田大	慶應義塾大	上智大	東京理科大
22年	—	—	1	1	2	—	1	1	3	1	6	5	4	—	17	20	11	34
	1	—	2	1	2	—	1	1	3	2	6	5	6	1	25	29	14	46
23年	3	1	1	1	1	—	3	2	1	—	7	6	1	1	42	21	18	26
	3	1	2	2	2	—	3	2	1	1	9	7	1	1	52	29	21	37
24年	1	2	1	3	2	—	5	3	3	—	5	6	10	3	45	43	40	37
	1	2	1	3	2	—	5	3	4	—	5	6	11	4	56	50	44	41

	学習院大	明治大	青山学院大	立教大	中央大	法政大	日本大	東洋大	駒澤大	専修大	東京農業大	津田塾大	東京女子大	日本女子大	文部科学省所管外の大学校	海外の大学	国公立・医学部	私立・医学部
22年	5	77	29	43	62	74	69	49	17	24	87	9	5	4	3	—	—	6
	12	92	40	54	80	91	96	59	18	30	90	9	5	6	4	—	1	15
23年	5	100	23	48	51	63	70	38	13	17	74	4	7	5	3	—	2	5
	7	119	28	51	63	71	84	42	19	24	77	4	7	5	3	—	2	15
24年	18	93	48	66	61	62	47	21	10	14	55	5	9	6	6	1	4	16
	22	108	54	73	73	69	59	29	12	15	60	7	11	8	6	1	5	27

★指定校推薦枠（2024年度）早稲田大5名、慶応義塾大1名、東京理科大5名、学習院大6名、明治大6名、青山学院大4名、立教大3名、中央大5名、法政大5名、津田塾大1名

入試情報

■2024年度の入試結果

			募集人員	出願者	受験者	合格者	実質倍率
1回	算·国	男子	90	164	147	55	2.7
		女子		336	316	142	2.2
	算·理	男子		346	327	152	2.2
		女子		185	173	73	2.4
2回	算·国	男子	60	191	114	27	4.2
		女子		310	188	50	3.8
	算·理	男子		326	216	62	3.5
		女子		187	133	32	4.2
3回	4科	男子	25	265	122	15	8.1
		女子		378	196	25	7.8

■2024年度入試 合格者の教科別平均点(男女合計データ)

		算数	国語	理科	社会	合計
1回	算·国	84.4	70.7	68.4		152.5
	算·理					155.1
2回	算·国	132.9	68.8	75.3		200.4
	算·理					209.3
3回	4科	65.1	65.2	74.5	69.7	274.3

○配点　第1回：算国理＝各100点　第2回：算＝150点 理国＝各100点
　　　　第3回：算国＝各100点 理社＝各100点
○合格最低点：1回算国137点·算理140点·　2回算国187点·算理195点
3回259点

25年の募集要項

入 試 日／①2月1日午前 ②2月1日午後 ③2月2日午後 ④2月4日午前

募集人員／男女約200名(①約40名 ②約85名 ③約60名 ④約15名)

合格発表／ホームページは即日、掲示は翌日

試験科目／①国語(50分・100点)、算数(50分・100点)、理科(40分・80点)、社会(40分・80点)
②算数(40分・100点)、国語(40分・100点)、理科(40分・100点) ※2科(算国または算理)
③算数(50分・150点)、国語(40分・100点)、理科(40分・100点) ※2科(算国または算理)
④国語(40分・100点)、算数(40分・100点)、社会(40分・100点)、理科(40分・100点)

面　　接／なし

公開行事・説明会予定

【学校説明会】要予約 会場：大学講堂
9月14日(土)15時～
10月20日(日)10時～
12月 8日(日)〈入試対策説明会〉10時～、14時～
【オープンキャンパス】
7月15日(祝) 9時～、10時20分～、13時30分～
14時50分～
【桜花祭(文化祭)】
9月28日(土)、29日(日)10時～16時
◆変更・中止の可能性もあります。必ず学校ホームページで確認してください。

東洋大学京北 中学校

所在地／〒112-8607 文京区白山2-36-5
TEL／03-3816-6211
学校長／星野 純一郎
創　立／1899年に京北尋常中学校創立。2011年4月に東洋大学と合併。2015年より、男女共学の東洋大学付属校となる。
URL／www.toyo.ac.jp/toyodaikeihoku/

	1年	2年	3年
男子	62名	58名	55名
女子	72名	78名	69名
クラス数	4組	4組	4組

中高総生徒数／1283名

〈交通アクセス〉
都営三田線「白山」駅より徒歩6分、東京メトロ南北線「本駒込」駅より徒歩10分、東京メトロ丸ノ内線「茗荷谷」駅より徒歩17分、東京メトロ千代田線「千駄木」より徒歩19分

「教養主義」と哲学教育で、心の豊かな国際人を育てる

建学の精神に「諸学の基礎は哲学にあり」を掲げる東洋大学京北中学校は、1899年創立の伝統校です。明治・大正期の哲学者・井上円了を学祖とする学校らしく、哲学の授業を全学年で行っており、「自分で物事を考え、みずから行動する人間」を育成します。東洋大学付属校として東洋大学への推薦枠を160名程度確保する一方、他大学受験も奨励し、希望進路をかなえるカリキュラムを整備しています。ICT教育の設備を整えた地上4階地下2階の校舎には4つの理科室があり、運動施設も充実しています。

スクールライフ

●教育内容

6年間を2年ずつ3期に分けて、各時期の目標に合わせたきめ細かい授業を展開します。英会話の授業では外国人講師とのチームティーチングを行います。また、日替わりで主要3教科の朝テストを行い、不合格者には補習や再テストを実施。英検®の対策指導のほか、夏期･冬期に各種講習を開催し、学力の向上を図ります。難関国公立大や難関私立大に合格することを目標に、5教科7科目受験に対応した授業を展開するほか、長期休暇中の進学対策指導や特別補習などの個別指導を充実させています。東洋大学付属校化に伴い、付属校推薦入学枠を導入。東洋大学で学ぶ交換留学生との国際交流の機会である“Let's Chat in English!”や東洋大学の学生と協働して1つの課題に取り組む体験学習など、多彩な学びの連携を強化し、中学・高校だけでは成し得ない質の高い教育を実現しています。

■主要5教科の週当たり時間（コマ）数

	英語	数学	国語	理科	社会
1年	7	6	5	5	5
2年	7	6	5	5	5
3年	7	6	6	6	5
合計	21	18	16	16	15

◎1日当たりの授業コマ数：45分×7時限
※土曜日は4時限
◎登校時間：8時10分

●部活動

体育系の活動が盛んで、全国大会や都大会で優秀な成績を挙げている部もあります。
○文化系/文芸、吹奏楽、合唱、美術、華道、茶道、家庭科、理科、英語、演劇、園芸、かるた
○体育系/バスケットボール、サッカー（男子）、軟式野球（男子）、バドミントン、剣道、卓球、バレーボール（女子）、競走（陸上）、トレーニング

●行事

京北祭（文化祭）や体育祭のほか、合唱コンクール、英語スピーチコンテスト、芸術鑑賞会など、年間を通じてさまざまな学校行事が催されています。

●修学旅行・研修旅行

中1のFreshman English Camp、 中2のBoost Up English Campは、英語力と国際的視野の育成をめざす英語漬け合宿です。中3ではカナダへの修学旅行を実施します。また、中2・3の希望者を対象にアイルランドでのホームステイプログラムを実施し、英語力の向上を図り異文化理解を深めます。

マネーガイド

■2024年度納付金（諸経費を含む）

	入学金	授業料	施設費	その他	計
入学手続時	250,000円	0円	0円	0円	250,000円
初年度総額	250,000円	504,000円	156,000円	180,000円	1,090,000円

※国立・公立中高一貫校との併願の場合は、併願校発表翌日まで入学手続延期が可能

◎寄付金：なし
◎授業料：月納
◎奨学金・特待生制度：なし

※中学は土曜日のみ可 ※全員参加の修学旅行も実施

学期制	週5・6日制	プール	冷房	寮	食堂	私服通学	海外研修
2期	完6 days		cool		高		希

サピックスからの合格実績（過去3年）	'22	'23	'24
	12名	18名	23名

私立 東京 共学 と

進学指導の概要

進路目標に応じた「難関クラス」と「進学クラス」を編成。国公立大学にも対応したカリキュラムを組み、確かな基礎学力と幅広い知識を身につけます。さらに2年次には第二外国語（フランス語・ドイツ語・中国語など）が選択できます。3年次には選択科目の幅を広げて効率的に学習を進め、質の高い演習授業を通して実戦力を錬成します。また、長期休暇期間の講習や、高3対象の小論文対策講習、入試問題演習など大学進学対策講習のほか、英検®・GTEC講座など、各種検定講座も充実しています。東洋大学への付属校推薦枠（全学部）は160名程度です。

■現役大学進学者の進路の内訳

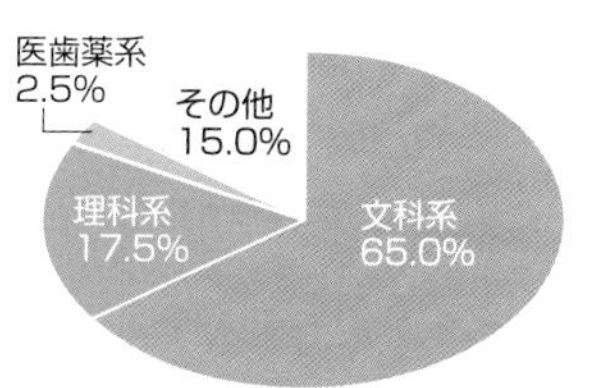

■併設高校から主要大学への合格実績

※上段は現役合格者数、下段は浪人を含めた合格者数。

	東京大	京都大	一橋大	東京工業大	筑波大	電気通信大	東京外国語大	東京学芸大	東京芸術大	東京農工大	東京都立大	横浜国立大	横浜市立大	千葉大	早稲田大	慶應義塾大	上智大	東京理科大
22年	—	—	—	—	2	—	—	—	—	—	—	—	—	—	12	4	10	7
	—	—	—	—	2	—	—	—	—	—	—	—	—	—	13	5	10	9
23年	—	—	—	—	—	—	1	1	—	—	3	—	—	2	14	8	1	8
	—	—	—	—	—	—	1	1	—	—	3	—	—	2	14	9	2	10
24年	—	—	—	—	1	1	—	—	—	1	1	—	—	3	7	2	4	9
	—	—	—	—	1	3	—	—	—	1	1	—	—	3	7	3	4	11

	学習院大	明治大	青山学院大	立教大	中央大	法政大	日本大	東洋大	駒澤大	専修大	国際基督教大	成蹊大	成城大	神奈川大	文部科学省所管外の大学校	海外の大学	国公立・医学部	私立・医学部
22年	10	27	11	12	15	23	27	182	7	17	—	9	7	—	1	—	—	—
	11	29	11	12	16	26	33	182	8	17	—	11	7	—	1	—	—	—
23年	18	40	21	20	27	44	34	174	10	26	—	13	7	5	1	—	—	1
	18	42	22	20	27	46	34	175	10	26	—	13	9	5	1	—	—	1
24年	15	27	13	26	26	35	17	116	14	11	—	12	16	—	—	—	—	—
	15	28	13	27	26	36	19	116	14	12	—	12	16	—	—	—	—	—

★指定校推薦枠（2024年度）東京理科大1名、学習院大1名、日本大8名、東京農大8名、東京電機大10名など

入試情報

■2024年度の入試結果

			募集人員	出願者	受験者	合格者	実質倍率
1回	4科	男子	60	97	88	34	2.6
		女子		84	83	29	2.9
2回	2科	男子	25	170	160	52	3.1
		女子		154	148	39	3.8
3回	4科	男子	20	113	73	22	3.3
		女子		123	98	32	3.1
4回	4科	男子	15	112	65	11	5.9
		女子		118	77	23	3.3

■2024年度入試 合格者の教科別平均点

		算数	国語	理科	社会	合計
1回	4科	65.3	66.1	31.1	31.6	194.1
2回	2科	66.2	46.5			113.3
3回	4科	68.3	62.0	33.3	29.3	194.8
4回	4科	72.3	72.7	31.9	29.9	209.0

○配点：算国＝各100点　理社＝各50点
○合格最低点：1回4科175点　2回2科100点　3回4科177点　4回4科195点

24年の募集要項

※以下は2024年の募集要項です。2025年の要項は学校の発表をお待ちください。

入試日／①2月1日午前 ②2月1日午後 ③2月2日午前 ④2月4日午前
募集人員／男女120名(①60名 ②25名 ③20名 ④15名)
合格発表／ホームページで即日
手続締切／①②2月3日 ③2月4日 ④2月6日
試験科目／国語(50分・100点)、算数(50分・100点)、理科(30分・50点)、社会(30分・50点)
※①③④は4科、②は2科(算国)
面接／なし
受験料／22,000円(2回目以降の出願は各回5,000円)

公開行事・説明会予定

【学校説明会】要予約 ※各回とも個別相談会・施設見学あり
7月 6日(土)15時〜、7月27日(土)10時〜
8月31日(土)15時〜、10月12日(土)15時〜
11月 9日(土)15時〜、12月14日(土)15時〜
【オープンスクール】要予約 ※5年生以上対象
7月20日(土) 9時〜
8月24日(土) 9時〜
【入試問題対策会】要予約
12月21日(土) 動画配信
【入試報告会&学校説明会】要予約 ※5年生以下対象
3月 8日(土)15時〜
【京北祭(文化祭)】※入試相談室あり
9月21日(土)、22日(祝)10時〜15時
◆変更・中止の可能性もあります。必ず学校ホームページで確認してください。

ドルトン東京学園 中等部

所在地／〒182-0004 東京都調布市入間町2-28-20
TEL／03-5787-7945
学校長／安井 長敏
創 立／1889年開校の東京商業学校が起源。1973年に東京学園高校と改称し、2019年に共学の中高一貫校として再出発。
URL／www.daltontokyo.ed.jp

	1年	2年	3年
男子	41名	52名	55名
女子	68名	56名	42名
クラス数	4組	4組	4組

中高校総生徒数／619名

〈交通アクセス〉
小田急線「成城学園前」駅よりバス6分、京王線「つつじヶ丘」駅よりバス12分

ニューヨーク発祥の教育メソッド「ドルトンプラン」を実践

アメリカの教育者で著述家のヘレン・パーカーストが提唱した教育メソッド「ドルトンプラン」を教育の基盤とする、共学の中高一貫校です。詰め込み型の教育を排し、「自由」と「協働」の理念の下に生徒の自主性や探究心、創造力などを伸ばすドルトンプランを日本で唯一、本格的に実践しており、2023年10月にドルトンインターナショナルの正式な加盟校として認定されました。アート＆クラフト、ラーニングコモンズ、サイエンスの3フロアを備えたSTEAM棟は、探究と創造の学習環境として活用されています。

スクールライフ

●教育内容

1学年100名・1クラス25名の少人数制です。複数の学年から成る生徒コミュニティ「ハウス」、自主的・計画的に学ぶ力を育むシステム「アサインメント」、みずから計画した学びを実践する場の「ラボラトリー」を柱としています。ハウスは他学年との交流を通して社会性や協働する力を養います。アサインメントは教科や単元ごとに学習の目的・目標・学ぶ手順や課題を示した「学びの羅針盤」。生徒が自分に合った学習計画を立てる力を育てます。各自のアサインメントはe-ポートフォリオに保存。時間や場所を問わず学習を進め、振り返ることができます。ラボラトリーは自分の学習計画を実践するための「研究室」。生徒は事前に予約した教室や実験室で、個人や少人数グループでの探究活動を進めます。育てたい人物像は、国や文化の違いを超えて他者と協働し、社会に貢献する「グローバル市民」。実践的・体験的な英語授業や各種プログラムで、CEFR・B2以上の英語運用能力と国際感覚を養います。

■主要5教科の週当たり時間（コマ）数

	英語	数学	国語	理科	社会
1年	6	5	5	3	3
2年	6	5	5	4	3
3年	6	5	4	4	4
合計	18	15	14	11	10

◎1日当たりの授業コマ数：45分×7時限
◎登校時間：8時20分

●部活動

専門の指導員の下、平日2日程度活動しています。
○文化系／美術、弦楽アンサンブル、華道、茶道
○体育系／剣道、バドミントン、バスケットボール、ダンス、バレーボール、テニス

●行事

ハウス単位で団体競技に取り組み、学年を超えた絆を育むスポーツフェス、個人・クラブ・有志団体が創造力と練習の成果を披露するドルトンフェス、探究的な学びの成果を発表するDalton Expoなどがあります。

●修学旅行・研修旅行

中3では1人1家庭のホームステイを含む約2週間のオーストラリア研修を全員参加で実施しています。また、ブリティッシュヒルズ宿泊研修、シリコンバレー研修など希望制の国内外研修もあります。

マネーガイド

■2024年度納付金（諸経費を含む）

	入学金	授業料	施設費	その他	計
入学手続時	400,000円	0円	0円	0円	400,000円
初年度総額	400,000円	930,000円	120,000円	317,500円	1,767,500円

◎寄付金：任意
◎授業料：4期分納
◎奨学金・特待生制度：特待型と理数特待型入試の合格者に対し、年間の授業料を免除。学習・生活状況により、3年間継続もあり

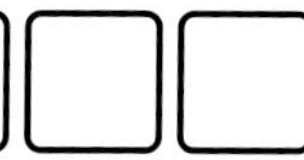

学期制 週5・6日制 プール 冷房 寮 食堂 私服通学 海外研修

サピックスからの合格実績（過去3年）	'22	'23	'24
	20名	12名	12名

進学指導の概要

総合学習の一部をキャリア教育に充て、将来をきちんと見据えたうえで、みずからの進路を決定するよう促します。特進クラスや文理別のコースなどは設けず、高2から豊富な選択科目を設定。生徒一人ひとりが、自分の目標や進路志望に沿ったカリキュラムを組めるようにするとともに、半期で取得できる単位制を取り入れることで、志望分野の変更や留学にも柔軟に対応します。探究的な学びを深めるラボラトリーや、大学受験に向けた特別講座が選択できるほか、海外大学を志望する生徒は専門のカレッジカウンセラーがサポートします。また、進学アドバイザーと連携して、総合型選抜や一般選抜など、生徒が希望する多様な選抜方式に対応します。こうしたシステムにより、生徒全員が国公立大学・海外大学を含めた志望校に合格できる力を養成します。

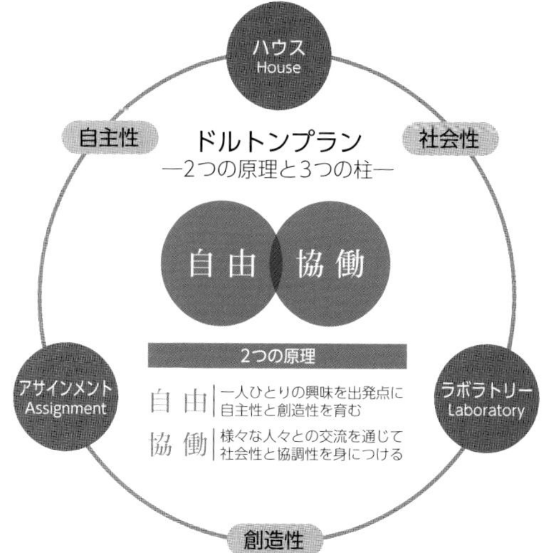

3つの柱
ハウス
複数の学年で形成されるコミュニティ
アサインメント
意欲を高め、学びを深めるための仕組み
ラボラトリー
自分で設計した学びを実践するための場所と時間

入試情報

■2024年度の入試結果

			募集人員	出願者	受験者	合格者	実質倍率
2/1午前	4科型	男子	30	48	41	15	2.7
		女子		50	47	20	2.4
	2科型	男子		6	6	1	6.0
		女子		18	18	4	4.5
2/1午後	特待型	男子	若干	41	37	1(4)	37.0
		女子		44	39	4(2)	9.8
2/2午前	4科型	男子	35	61	50	11	4.5
		女子		60	44	14	3.1
	2科型	男子		12	11	1	11.0
		女子		11	9	0	—
	思考表現型英語	男子		9	7	6	1.2
		女子		13	12	11	1.1
	思考表現型国語	男子		15	13	4	3.3
		女子		31	28	13	2.2
2/2午後	理数特待型	男子	若干	45	35	3(7)	11.7
		女子		31	25	2(5)	12.5
2/4午後	2科型	男子	10	79	60	10	6.0
		女子		75	53	8	6.6
12/2	帰国生海外オンライン	男子	若干	1	1	0	—
		女子		6	6	6	1.0
12/9	帰国生国内①A	男子	若干	5	3	2	1.5
		女子		4	4	4	1.0
	帰国生国内①B	男子	若干	3	2	2	1.0
		女子		1	1	1	1.0
1/7	帰国生国内②A	男子	若干	0	0	0	—
		女子		4	2	2	1.0
	帰国生国内②B	男子	若干	2	1	0	—
		女子		0	0	0	—

※カッコ内は一般へのスライド合格者
○4科型・2科型・特待型配点：算国＝各100点 理社＝各50点
○理数特待型配点：算理＝各100点
※思考表現型の配点は非公表
○合格最低点：2/1午前4科189点・2科126点　2/1午後特待124点(一般スライド109点)　2/2午前4科181点・2科137点　2/2午後理数特待144点(一般スライド108点)　2/4午後2科106点　思考表現型および帰国生入試は非公表

24年の募集要項

※以下は2024年の募集要項です。2025年の要項は学校の発表をお待ちください。

入 試 日／2月1日午前：4科型・2科型 2月1日午後：特待型
2月2日午前：4科型・2科型・思考表現型
2月2日午後：理数特待型 2月4日午後：2科型
帰国①12月9日 ②1月7日
募集人員／男女100名(2月1日午前30名 2月1日午後若干名 2月2日午前35名 2月2日午後若干名 2月4日午後10名 帰国若干名)
合格発表／ホームページで即日
手続締切／2月7日 帰国①12月14日 帰国②1月12日
試験科目／4科型・2科型：国語(50分・100点)、算数(50分・100点)、理科(30分・50点)、社会(30分・50点)
※特待型は算国
理数特待型：算数(50分・100点)、理科(50分・100点)
思考表現型：出願理由書、作文(50分、日本語または英語)、個別面接(日本語または英語)
面　　接／思考表現型・帰国はあり
帰国生のための試験／A方式：日本語作文、英語作文、英語個別面接、保護者同伴面接
B方式：国語・算数、個別面接、保護者同伴面接
受 験 料／30,000円(2回目の出願は20,000円。3回目以降は1回につき10,000円)

公開行事・説明会予定

【学校説明会】要予約
6月15日(土)、9月 7日(土)、9月21日(土)
10月12日(土)、12月14日(土)
【帰国生対象説明会】要予約
7月24日(水)
【体験授業】要予約 5年生以上対象
7月 6日(土)、7月20日(土)
【入試対策】要予約 6年生対象
11月16日(土)
【入試対策オンライン】要予約 6年生対象
1月 8日(水)
◆変更・中止の可能性もあります。必ず学校ホームページで確認してください。

日本大学第一 中学校

所在地／〒130-0015　墨田区横網1-5-2
TEL／03-3625-0026
学校長／青木 義男
創　立／1913年に日本大学初の付属校として設立。1950年に現校名に改称し、1997年から男女共学校に移行。
URL／www.nichidai-1.ed.jp

	1年	2年	3年
男子	131名	135名	132名
女子	69名	69名	58名
クラス数	5組	5組	5組

中高総生徒数／1632名

〈交通アクセス〉
JR「両国」駅より徒歩5分　都営大江戸線「両国」駅より徒歩1分

日大への進学を基本に、一貫教育を行う日大最初の付属校

1913年に設立された日本大学の最初の付属校です。「真・健・和」の校訓の下、「基本的な生活・学習習慣を身につけ、自らの興味関心や将来像を明確にして楽しみながら（目標をもって）学べる生徒を育てること」を教育目標に掲げています。日本大学との連携教育により、早くから本格的な学問に触れる機会を用意。生徒の学習意欲を高め、目的意識を持った進路選択を促します。日本大学への進学はもちろん、近年の生徒の多様な進路希望に対応し、他大学受験にも対応できるカリキュラムが編成されています。

スクールライフ

●教育内容

中高一貫教育の利点を生かしたカリキュラム編成で、バランスの取れた基礎学力の充実に重点を置いています。3期・週6日制で水曜日は5時限、土曜日は4時限授業。全学年で毎朝、始業前に10分間の朝読書を行っています。中学では英語・数学教育に力を入れ、生徒の理解度に応じた習熟度別授業を実施しています。また、各学年とも、放課後や夏休みを使って補習や講習が盛んに行われ、学習内容の基本の定着に力を入れています。定着した基礎をもとに発展的な内容に対応できる学力を養成し、希望の進路を実現することをめざしています。

■主要5教科の週当たり時間（コマ）数

	英語	数学	国語	理科	社会
1年	4	5	5	3	3
2年	5	5	5	4	3
3年	6	5	4	4	4
合計	15	15	14	11	10

◎1日当たりの授業コマ数：50分×6時限
　※週1回（水曜日）5時限、土曜日4時限
◎登校時間：8時15分

●部活動

全国大会出場の実績を持つゴルフ部など、体育系・文化系とも多彩な部・同好会があります。中学での参加率は約70%です。

○文化系／吹奏楽、写真、弁論、書道、ECC、歴史、物理、ギター、演劇、美術、合唱、イラスト、TRAIN、マジック・ジャグリング、釣り人、数学

○体育系／陸上、硬式野球、中学野球、テニス、水泳、アメリカンフットボール、軟式野球、サッカー、ゴルフ、卓球、バスケットボール、バレーボール、柔道、剣道、ダンス、チアリーダー、バドミントン

●行事

中高合同で秋に開催される櫻墨祭（おうぼくさい）（9月文化祭、10月体育祭）が最大のイベントです。

●修学旅行・研修旅行

校外学習として、スキー教室（3泊4日）、イングリッシュキャンプ（2泊3日）があるほか、修学旅行（3泊4日）は中3が奈良・京都、高2では九州を訪れます。中2・3の希望者を対象（25名程度を選考）とした16日間のオーストラリア語学研修では、シドニー郊外でホームステイをしながら、英語力を高めると同時に異文化に触れ、見聞を広めます。

マネーガイド

■2024年度納付金（諸経費を含む）

	入学金	授業料	施設費	その他	計
入学手続時	240,000円	0円	0円	0円	240,000円
初年度総額	240,000円	456,000円	100,000円	385,800円	1,181,800円

◎寄付金：1口10万円（口数は任意）
◎授業料：3期分納
◎奨学金・特待生制度：なし

サピックスからの合格実績（過去3年）	'22	'23	'24
	11名	11名	15名

進学指導の概要

高1では、付属中学からの内進生と、高校から入学する高入生の混合クラスを編成します。そのうち1クラスが内進生のみで編成される習熟度別クラスです。高2からは文系・理系それぞれで、GMARCH以上の大学への合格をめざす難関大学進学クラスと、日本大学への進学を基本とする日大進学クラスが編成されます。

近年は、日本大学はもちろんのこと、東京工業大学や一橋大学をはじめとする国公立大学や、早慶上理などGMARCH以上の大学への進学者を増やし続けています。

難関大学進学のバックアップが充実している一方、日本大学との連携教育も盛んです。大学の模擬授業を体験し、さらに経済学部・法学部で講義を受け、期末試験に合格すると単位がもらえるなど、付属校ならではの個性的な制度も充実しています。これに対し、難関大学進学クラスでは実力テストや模擬試験などを実施し、合格に向けた高い学力の育成をめざします。

■現役大学進学者の進路の内訳

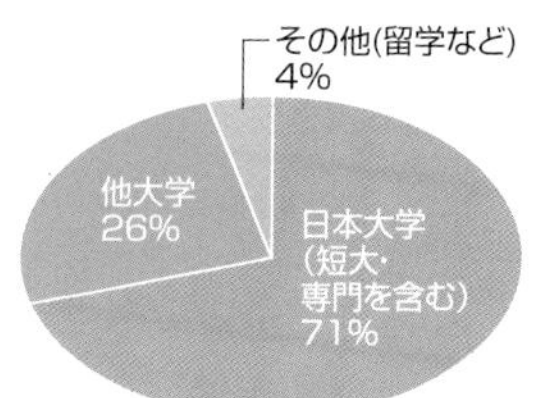

★他大学への合格状況（2024年度）
東京工業大1名、一橋大1名、早稲田大1名、慶應義塾大5名、上智大2名、東京理科大13名、学習院大7名、明治大5名、立教大2名、中央大7名、法政大15名、星薬科大1名

■併設大学（日本大学）への進学状況

	法学部	文理学部	経済学部	商学部	芸術学部	国際関係学部	理工学部	生産工学部	工学部	医学部	歯学部	松戸歯学部	生物資源科学部	危機管理学部	スポーツ科学部	薬学部	法学部(二部)	短期大学部
22年	50名	26名	32名	21名	6名	5名	43名	15名	1名	—名	1名	2名	11名	3名	1名	1名	6名	6名
23年	42名	19名	26名	13名	6名	7名	58名	14名	3名	—名	—名	2名	13名	4名	2名	3名	—名	6名
24年	57名	20名	43名	16名	4名	5名	68名	18名	7名	—名	2名	1名	27名	11名	6名	4名	—名	1名

★指定校推薦枠（2024年度）東京理科大5名、成城大3名、芝浦工業大3名、東京電機大3名、日本女子大2名、昭和薬科大2名、東京都市大2名、東邦大2名、学習院大2名、東京薬科大2名、法政大1名、獨協大1名、上智大1名、日本大1名

入試情報

■2024年度の入試結果

		募集人員	出願者	受験者	合格者	実質倍率
4科1回	男子	110	201	188	90	2.1
	女子		110	101	42	2.4
4科2回	男子	50	260	136	51	2.7
	女子		134	74	25	3.0
2科1回	男子	20	206	112	21	5.3
	女子		113	63	12	5.3
2科2回	男子	20	191	91	12	7.6
	女子		94	37	8	4.6

■2024年度入試 合格者の教科別平均点

		算数	国語	理科	社会	合計
4科1回	男子	61.8	64.9	27.4	34.4	188.6
	女子	57.5	64.9	26.5	33.9	182.7
4科2回	男子	62.6	60.6	28.8	37.3	189.3
	女子	60.0	68.0	24.9	33.5	186.4
2科1回	男子	52.6	59.6			112.2
	女子	48.8	60.8			109.6
2科2回	男子	65.0	55.8			120.8
	女子	63.8	62.0			125.8

○配点：算国＝各100点　理社＝各50点
○合格最低点：4科1回男子160点・女子156点　4科2回男子165点・女子156点　2科1回男子99点・女子99点　2科2回男子103点・女子107点

24年の募集要項

※以下は2024年の募集要項です。2025年の要項は学校の発表をお待ちください。

入試日／①2月1日 ②2月2日 ③2月3日 ④2月5日
募集人員／男女200名(①110名 ②50名 ③20名 ④20名)
合格発表／ホームページで即日
手続締切／①②③2月5日 ④2月7日
試験科目／国語(50分・100点)、算数(50分・100点)、理科(30分・50点)、社会(30分・50点)
※③④は国語・算数
面　　接／なし
受 験 料／20,000円(複数回同時出願の場合、2回目からは1回ごとに10,000円)

公開行事・説明会予定

学校説明会のライブ配信を毎週実施しているほか、説明会参加者限定の来校型学校体験会も開催。YouTube「日大一の日常」を毎日更新しています。詳しくは学校のホームページをご確認ください。

私立 東京 共学 に

日本大学第二 中学校

所在地／〒167-0032 杉並区天沼1-45-33
TEL／03-3391-0223
学校長／寺西 一清
創 立／1926年、日本大学の付属中学校として創立。1947年、学制改革により現校名に変更し、1996年より共学化する。
URL／www.nichidai2.ac.jp

	1年	2年	3年
男子	120名	120名	118名
女子	120名	119名	119名
クラス数	6組	6組	6組

中高総生徒数／2023名

〈交通アクセス〉
JR、東京メトロ丸ノ内線「荻窪」駅より徒歩15分 西武新宿線「下井草」駅より徒歩20分 西武新宿線「鷺ノ宮」駅、西武池袋線「中村橋」駅より荻窪行きバス「日大二高」下車

他大学への進学実績も伸ばす、日本大学の特別付属校

1927年に日本大学の2番目の付属校として開校。1946年に経営上、日本大学から独立し、1973年に特別付属校となりました。1996年には中学でも女子の募集を再開し、共学校となりました。校訓は「信頼敬愛」「自主協同」「熱誠努力」。校名は高校野球などでも知られ、校内のイチョウ並木は区の保護樹木に指定されています。伝統的かつ自由な校風の下、付属校のなかでは進学校としての意識が強く、日本大学への内部推薦制度もありますが、生徒の半数以上が他大学への進学をめざし、実績を上げています。

スクールライフ

●教育内容

中学では、各教科の基礎・基本となる知識や技能の習得に十分に時間をかけ、ゆとりを持って、確実に中学の学習範囲を身につけることをめざしています。そのため、高校の内容の先取り学習は行っていません。確かな学力を養成するため、まずは基本的な学習習慣を確立させることを重視しています。中学のすべての学年で週1時間行う「英語活用」の授業では、1クラス2分割の少人数制で、外国人講師とのチームティーチングとなっています。また、定期試験後の放課後や各学期末には補習を、春休みと夏休みには希望制の講習も行っています。

■主要5教科の週当たり時間（コマ）数

	英語	数学	国語	理科	社会
1年	6	5	4	4	3
2年	6	5	5	4	3
3年	6	5	5	4	4
合計	18	15	14	12	10

◎1日当たりの授業コマ数：50分×6時限
※土曜日は4時限
◎登校時間：8時35分

●部活動

中高合計42の部（文化部19、運動部23）があり、活発に活動しています（以下は中学生可の部）。
○文化系／囲碁将棋、英語、演劇、化学、家庭、華道、茶道、社会、写真、書道、吹奏楽、生物、釣り、物理・PC、美術、文芸、放送、漫画イラスト研究など
○体育系／剣道、サッカー、柔道、水泳、スキー、卓球、テニス、軟式野球、バスケットボール、バドミントン、バレーボール、ラグビー、陸上競技、ワンダーフォーゲルなど

●行事

中学の体育大会は10月（高校は6月）に行われ、最後は中学生全員が踊る「二中囃子」で締めくくられます。11月の銀杏祭（文化祭）は中高合同で開催、学年ごとの展示と舞台発表が行われます。そのほか、マラソン大会や弁論大会・卒業研究、日本大学理系学部見学会など、さまざまな体験型行事が用意されています。

●修学旅行・研修旅行

中1は河口湖での林間学校（2泊3日）、中2は湯河原での勉強合宿（2泊3日）、中3は修学旅行（広島・京都、3泊4日）があります。また、春休みには、中3から高2までの希望者を対象に、アメリカのオレゴン州にある姉妹校で英語研修を実施しています。

マネーガイド

■2024年度納付金（諸経費を含む）

	入学金	授業料	施設費	その他	計
入学手続時	250,000円	0円	100,000円	0円	350,000円
初年度総額	250,000円	480,000円	240,000円	228,520円	1,198,520円

※制服等の費用、教材費、学年費、宿泊行事費は含んでいません

◎寄付金：入学後、任意で「教育施設拡充募金」（1口10万円・口数任意）を募集
◎授業料：3期分納
◎奨学金・特待生制度：経済的理由で就学困難な者に未納学費金額の1/2を貸与または授業料を減免（1年間）

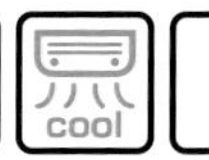

学期制　週5･6日制　プール　冷房　寮　食堂　私服通学　海外研修

サピックスからの合格実績（過去3年）	'22	'23	'24
	18名	15名	12名

進学指導の概要

高1では高入生との混合クラスになります。高2からは人文社会・理工・医療の3つの文理融合型コースに分かれ、基礎力の定着と系統性・専門性を持った幅広い知識と教養を身につけます。幅広い選択科目が用意されており、希望進路に対応しています。日本大学の付属校ですが、他大学への進学にも力を入れており、高3では受験教科を中心とした演習を多く取り入れています。夏休みには全学年で希望制の講習が行われるほか、補習も行われるなど、進学支援態勢は万全です。また、冬期講習や探究学習を実施し、生徒一人ひとりの希望進路の実現を手厚くサポートしています。

■現役大学進学者の進路の内訳

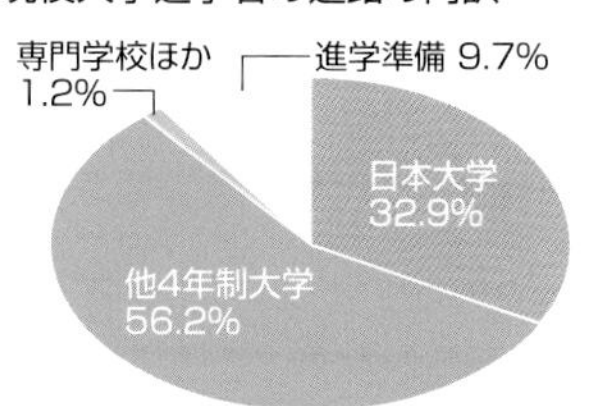

■併設高校から主要大学への合格実績

※上段は現役合格者数、下段は浪人を含めた合格者数。
※2024年4月11日現在。

	東京大	京都大	一橋大	東京工業大	筑波大	お茶の水女子大	電気通信大	東京外国語大	東京学芸大	東京芸術大	東京農工大	東京都立大	横浜国立大	千葉大	早稲田大	慶應義塾大	上智大	東京理科大
22年	—	1	—	—	—	1	—	—	2	1	—	1	—	—	6	—	9	16
	—	1	1	—	—	1	—	—	3	1	—	1	—	1	11	—	9	19
23年	—	—	—	1	—	—	—	—	2	—	—	1	—	—	9	2	8	21
	—	—	—	1	—	—	1	—	3	—	—	1	—	—	12	7	13	23
24年	—	—	—	—	1	—	—	—	—	—	—	—	—	—	9	1	7	14
	1	—	—	—	1	—	—	—	—	—	—	1	—	—	17	3	7	22

	学習院大	明治大	青山学院大	立教大	中央大	法政大	日本大	東洋大	駒澤大	専修大	国際基督教大	津田塾大	東京女子大	日本女子大	文部科学省所管外の大学校	海外の大学	国公立・医学部	私立・医学部
22年	12	27	14	11	28	32	311	7	4	2	—	1	8	3	—	2	—	5
	14	33	15	19	38	36	321	10	6	4	1	1	8	4	1	2	—	10
23年	11	14	12	14	30	30	342	13	5	7	2	—	6	3	1	—	—	—
	11	18	13	15	31	34	349	16	6	11	2	—	6	3	2	1	—	8
24年	16	22	13	12	32	36	376	16	3	7	—	2	10	5	3	—	—	8
	16	27	16	14	37	44	383	19	5	9	—	2	10	5	3	—	—	15

★指定校推薦枠（2025年度）未定

入試情報

■過去3年間の入試結果

			募集人員	出願者	受験者	合格者	実質倍率
22年	1回	男子	80	268	249	88	2.8
		女子	80	226	202	87	2.3
	2回	男子	40	403	243	55	4.4
		女子	40	298	184	47	3.9
23年	1回	男子	80	213	186	89	2.1
		女子	80	200	188	86	2.2
	2回	男子	40	352	204	58	3.5
		女子	40	295	170	51	3.3
24年	1回	男子	80	202	175	89	2.0
		女子	80	187	173	89	1.9
	2回	男子	40	342	206	55	3.7
		女子	40	252	144	53	2.7

○配点：算国＝各100点　理社＝各50点
○合格最低点：1回男子193点･女子186点　2回男子193点･女子184点

24年の募集要項

※以下は2024年の募集要項です。2025年の要項は学校の発表をお待ちください。

入 試 日／①2月1日 ②2月3日
募集人員／男子120名 女子120名(①男子80名 女子80名 ②男子40名 女子40名)
合格発表／ホームページで即日
手続締切／①2月3日 ②2月5日
試験科目／国語(50分・100点)、算数(50分・100点)、理科・社会(計50分・各50点)
面　　接／なし
受 験 料／25,000円(①②同時に出願した場合、受験料は40,000円)

公開行事・説明会予定

【中学説明会】要予約
6月29日(土)、 8月 3日(土)
10月12日(土)、11月16日(土)
【学校見学会】要予約
7月31日(水)、 8月7日(水)
8月21日(水)
【中学公開授業】要予約
9月21日(土)
【中学体育大会】
10月 5日(土)
【銀杏祭(文化祭)】
11月 9日(土)、10(日)
◆変更・中止の可能性もあります。必ず学校ホームページで確認してください。

私立　東京　共学　に

日本大学第三 中学校

所在地／〒194-0203　町田市図師町11-2375
TEL／042-789-5535
学校長／樋山 克也
創　立／1929年、日本大学赤坂中学校として創立。翌年、日本大学第三中学校に改称。1991年に男女共学化。
URL／www.nichidai3.ed.jp

	1年	2年	3年
男子	146名	180名	152名
女子	94名	111名	121名
クラス数	6組	7組	7組

中高総生徒数／1935名

〈交通アクセス〉
JR横浜線、小田急線「町田」駅よりバス20分　JR横浜線「淵野辺」駅よりバス13分　小田急多摩線、京王相模原線「多摩センター」駅よりバス15分

「丘の上のキャンパス」は付属校ながら他大学進学にも積極的

東京･町田市の多摩丘陵に広がる15万㎡の校地には、総合体育館、室内プール棟、総合グラウンド、野球場、テニスコートのほか、約5万冊の蔵書が電子管理された図書室があり、生徒の心と体を育み、学びを深める恵まれた環境が整っています。「明・正・強」を建学の精神に、伝統的な校風である「質実剛健・明朗闊達・気品のある人格育成」を教育目標に掲げています。日本大学の付属校ですが、被推薦権を確保したまま他大学をめざすこともでき、例年卒業生の約6割が国公立大学や日大以外の私立大学に進学しています。

スクールライフ

●教育内容

6年間を前期・中期・後期の3つに分けた中高一貫体制で、日本大学の付属校としての利点を生かしながら、他大学への進学にも十分対応できるカリキュラムを組んでいます。3期･週6日制で土曜日は4時限。中1･2では基礎学力の充実と基本的生活習慣の習得を図ることを主眼とし、主要教科に多くの時間を充てています。中学全学年で週1時間、数学の演習を設定し、複数の教員で指導。外国人講師による英会話の授業も週1時間行っています。国語は漢字と読書指導に力を注ぎ、漢字検定は中学卒業までに準2級取得が目標です。

■主要5教科の週当たり時間（コマ）数

	英語	数学	国語	理科	社会
1年	5	5	5	4	4
2年	6	5	6	4	4
3年	6	6	5	4	4
合計	17	16	16	12	12

◎1日当たりの授業コマ数：50分×6時限
　※土曜日は4時限
◎登校時間：8時40分

●部活動

全国大会優勝経験を持つ中学テニス部や、全国に名を知られる高校硬式野球部など、中高合同のものを含め数多くの部や同好会があります。中学は週4日（高校は週6日）の活動で、ほとんどの生徒が参加。入部率は中学が85%、高校でも80%を超えています。
○文化系／物理、吹奏楽、園芸、演劇、茶道・華道、鉄道研究、生物、ESS（以上、中高合同）など
○体育系／バドミントン、女子テニス、男子テニス、柔道、陸上競技（以上、中高合同）、中学野球、中学サッカー、中学男子バスケットボールなど

●行事

多彩な行事を通じて協調性と豊かな人間性を育んでいます。10月の三黌祭（さんこうさい）（文化祭）は中高合同で行われ、大いに盛り上がります。中学体育大会をはじめとするスポーツ行事や合唱コンクールなどの文化行事もあります。

●修学旅行・研修旅行

校外学習（中1・2）のほか、中3では11月に奈良・京都への修学旅行を実施。夏休みは、希望者を対象にアメリカで13日間の体験学習が行われています。高2の修学旅行は北海道・東北、沖縄、シンガポールのなかから選択します。

マネーガイド

■2024年度納付金（諸経費を含む）

	入学金	授業料	施設費	その他	計
入学手続時	270,000円	0円	0円	0円	270,000円
初年度総額	270,000円	420,000円	100,000円	347,700円	1,137,700円

◎寄付金：なし
◎授業料：入学金以外は3期分納
◎奨学金・特待生制度：経済的理由で就学困難な者に給付または貸与（1年間）。入試の成績および学年末成績優秀者は授業料の半額相当を免除（1年間）

3期	完6 days	温	cool				希
学期制	週5·6日制	プール	冷房	寮	食堂	私服通学	海外研修

サピックスからの合格実績（過去3年）	'22	'23	'24
	7名	2名	5名

進学指導の概要

高校のクラスは普通、特進、スポーツに分かれ、高1の普通クラスは内進・高入別のクラス編成。特進とスポーツクラスは混合となります。内進生の普通クラスは高2から高入生と混合の文科・理科コースに分かれます。文科コースは国語・社会・英語、理科コースは数学・理科・英語に重点を置いたカリキュラムとなっています。理解の浅い生徒には放課後補習を実施。高3では各コースとも演習を中心とした授業となり、春期講習・夏期講習のほか、共通テスト対策や私大対策など目的別の講座も開講。生徒一人ひとりの希望進路に対応した進路支援態勢が組まれています。

■現役大学進学者の進路の内訳

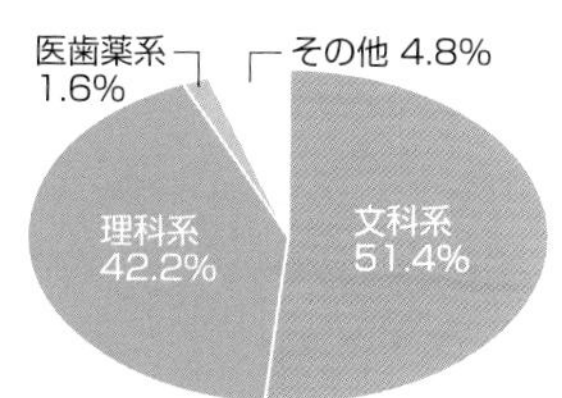

■併設高校から主要大学への合格実績

※上段は現役合格者数、下段は浪人を含めた合格者数。

	東京大	京都大	一橋大	東京工業大	筑波大	お茶の水女子大	電気通信大	東京外国語大	東京学芸大	東京芸術大	東京農工大	東京都立大	横浜国立大	千葉大	早稲田大	慶應義塾大	上智大	東京理科大
22年	—	—	—	—	—	—	—	—	—	—	—	3	—	—	5	2	3	4
	—	—	—	—	—	—	—	—	—	1	—	3	—	—	10	4	3	6
23年	1	—	1	—	1	—	—	—	1	—	1	1	1	—	5	4	5	7
	1	—	1	—	1	—	—	—	1	—	1	1	1	—	5	4	8	7
24年	—	—	—	—	1	—	—	—	—	1	1	4	—	—	4	—	6	3
	—	—	—	—	2	—	—	—	—	1	1	4	—	—	10	2	6	3

	学習院大	明治大	青山学院大	立教大	中央大	法政大	日本大	東洋大	駒澤大	専修大	国際基督教大	津田塾大	東京女子大	日本女子大	文部科学省所管外の大学校	海外の大学	国公立・医学部	私立・医学部
22年	7	21	11	6	18	20	256	5	3	7	—	3	2	—	—	1	—	—
	10	34	15	7	26	22	260	8	4	11	—	3	2	—	—	1	—	—
23年	6	15	12	8	19	23	310	6	2	5	—	—	2	2	—	—	2	3
	6	15	15	9	20	25	312	7	2	5	—	1	2	2	—	1	2	3
24年	4	30	18	15	20	21	349	7	2	6	—	—	—	2	—	—	—	—
	5	31	22	15	23	29	352	10	3	13	—	—	—	2	—	—	—	3

★指定校推薦枠（2024年度）東京都立大2名、東京理科大7名、明治大7名、青山学院大4名、立教大2名、中央大5名、法政大7名、学習院大7名、成蹊大5名、明治学院大2名など

入試情報

■2024年度の入試結果

			募集人員	出願者	受験者	合格者	実質倍率
1回	4科	男子	160	143	131	78	1.7
		女子		71	61	49	1.2
	2科	男子		80	72	32	2.3
		女子		53	49	37	1.3
2回	4科	男子	80	190	111	43	2.6
		女子		99	51	34	1.5
	2科	男子		107	69	13	5.3
		女子		61	25	7	3.6
3回	2科	男子	20	252	116	13	8.9
		女子		137	38	12	3.2

○配点：算国＝各100点　理社＝計100点
○合格最低点：1回4科180点・2科120点　2回4科181点・2科123点　3回2科136点

24年の募集要項

※以下は2024年の募集要項です。2025年の要項は学校の発表をお待ちください。

入 試 日／①2月1日 ②2月2日 ③2月3日
募集人員／男女240名(①160名 ②60名 ③20名)
合格発表／ホームページで即日
手続締切／①②③2月10日
試験科目／国語(50分・100点)、算数(50分・100点)、理科・社会(計60分・計100点)
※①②は2科4科選択、③は2科
面　　接／なし
受 験 料／25,000円(2回以上同時出願の場合は35,000円)

公開行事・説明会予定

【学校説明会】要予約
6月22日(土)13時45分～
10月26日(土)13時45分～
11月16日(土)13時45分～
1月11日(土)13時45分～
【オンライン説明会】要予約
7月27日(土)13時30分～
9月14日(土)13時30分～
【授業体験】要予約・先着順
7月14日(日)　9時30分～　※6年生以上対象
9月22日(祝)　9時30分～　※5年生以上対象
【体育大会】
6月20日(木)　9時～15時
【三黌祭(文化祭)】
9月28日(土)10時～15時
9月29日(日)　9時～15時
【校内見学】
随時
◆変更・中止の可能性もあります。必ず学校ホームページで確認してください。

八王子学園八王子 中学校

所在地／〒193-0931　東京都八王子市台町4-35-1
TEL／042-623-3461
学校長／齋藤 智文
創　立／1928年、多摩勤労中学として設立。1948年、八王子高等学校発足。2012年、中学校を開校し、中高一貫校に。
URL／www.hachioji.ed.jp

	1年	2年	3年
男子	41名	47名	43名
女子	56名	48名	56名
クラス数	3組	3組	3組

中高総生徒数／1704名

〈交通アクセス〉
JR中央線「西八王子」駅より徒歩5分

学力と心豊かな人間性を両得する、地域に根ざした中学校

「良い青年を育てたい」という創立者・市川英作の思いに賛同した八王子市の有志によって1928年に設立されました。以来、「人格を尊重しよう、平和を心につちかおう」を教育理念とし、より良い人格の完成をめざす人間教育を続けています。国公立大など難関校への現役合格をめざす中高一貫教育を展開し、東大・医進クラスを設置。少人数制の「探究ゼミ」を正規の授業に週1コマ組み込み、生徒の知的好奇心を育てています。外国人講師による英会話の授業ではグローバル社会で求められる実用的な英会話能力を養成します。

スクールライフ

●教育内容

中学は東大・医進クラス、特進クラスの2クラス制。高校では、2年次から学力や希望進路に合わせて、文理コース（特選・特進・進学）、総合コース（リベラルアーツ系）に進みます。毎日、朝礼前の10分間に朝読書を実施。中学生は読書メモを作り、読書を通じて論理力や言語力を培います。また、集中して学習できる環境として自習室を設置。大学生チューターのサポートを得ながら自習し、学力を高めます。一方、ボランティア活動やキャリア教育などの人間教育も重視。国際理解教育の一環として、中3の夏休みに行うオーストラリア海外研修では、英会話力と豊かな国際感覚を養います。また、高校ではこれまでに15か国から留学生を受け入れているほか、クラブ活動におけるスポーツの国際親善試合なども行っています。

■主要5教科の週当たり時間（コマ）数

	英語	数学	国語	理科	社会
1年	6	5	5	4	4
2年	6	6	4	4	4
3年	6	5	6	4	4
合計	18	16	15	12	12

◎1日当たりの授業コマ数：50分×6時限
◎登校時間：8時25分

●部活動

クラブ活動は原則として中学・高校が別々に行います。高校では、男子バスケットボール部がインターハイで全国優勝、水泳部や陸上部も入賞するなど、全国レベルで活躍している部がたくさんあります。

○文化系／吹奏楽、囲碁・将棋、茶道、ボランティア、書道、美術、文芸、マスコミ研究、理科、イラストレーション、車人形、釣りなど

○体育系／陸上競技、男子バスケットボール、女子バスケットボール、男子バレーボール、女子バレーボール、硬式テニス、男子サッカー、女子サッカー、山岳、ダンス、女子ソフトボール、剣道、空手道

●行事

運動会や八学祭（文化祭）、合唱コンクール、芸術鑑賞、百人一首大会などがあります。

●修学旅行・研修旅行

中2の修学旅行では京都・奈良・広島を訪れ、中3はオーストラリアで海外研修を行います。高2の沖縄修学旅行では現地の文化に触れ、平和について考察を深めます。

マネーガイド

■2024年度納付金（諸経費を含む）

	入学金	授業料	施設費	その他	計
入学手続時	250,000円	0円	0円	約445,800円	約695,800円
初年度総額	250,000円	456,000円	192,000円	約506,4000円	約1,404,400円

◎寄付金：任意（1口1万円）
◎授業料：3期分納
◎奨学金・特待生制度：東大・医進クラス合格上位者に入学金・授業料（A特待）、または入学金（B特待）を免除。家庭の経済状況が急変した者には、審査に基づき許可された金額を免除

学期制　週5･6日制　プール　冷房　寮　食堂　私服通学　海外研修

サピックスからの合格実績（過去3年）	'22	'23	'24
	6名	2名	4名

進学指導の概要

高校においては、難関大学進学に必要な受験科目を複数年にわたって重点配置。単元ごとに復習テストも行うなど、完全に理解するまで重層的に繰り返し学習します。高2からは文系・理系に分かれて高校からの入学生と合流し、希望進路に応じた授業を受け、難関国立大志望者を対象に選抜制で通信添削を実施。高3では演習や選択科目を多数取り入れて、志望校合格への学力を確かなものにすることをめざします。さらに、夏休み中の受験勉強もサポート。高1・2を対象に主要教科の授業や演習を行う約5日間の夏期授業があり、高3には受験対策のさまざまな講座を無料で開講しています。

■2024年3月卒業生の進路の内訳

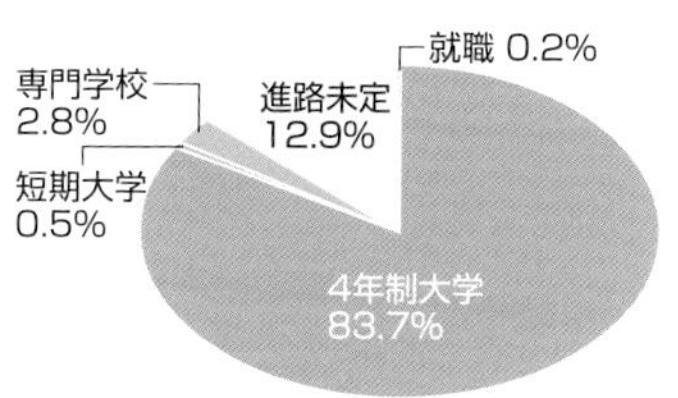

■併設高校から主要大学への合格実績

※上段は現役合格者数、下段は浪人を含めた合格者数。

	東京大	京都大	一橋大	東京工業大	筑波大	お茶の水女子大	電気通信大	東京外国語大	東京学芸大	東京芸術大	東京農工大	東京都立大	横浜国立大	千葉大	早稲田大	慶應義塾大	上智大	東京理科大
22年	1	—	1	—	2	1	—	—	—	—	2	6	—	—	15	5	7	10
	1	—	1	—	2	1	—	—	—	2	2	7	2	—	20	7	7	12
23年	—	—	1	—	—	—	1	2	2	1	3	13	2	—	18	7	8	15
	—	—	1	—	—	—	2	2	2	1	3	14	2	—	18	8	8	16
24年	—	—	1	2	—	—	1	—	3	1	—	11	—	2	13	8	3	17
	—	—	2	2	—	—	1	—	3	1	—	11	—	2	17	13	3	19

	学習院大	明治大	青山学院大	立教大	中央大	法政大	日本大	東洋大	駒澤大	専修大	国際基督教大	津田塾大	東京女子大	日本女子大	文部科学省所管外の大学校	海外の大学	国公立・医学部	私立・医学部
22年	9	38	27	24	47	56	80	45	10	30	—	12	16	3	—	—	—	1
	11	44	31	26	60	65	101	55	12	35	—	17	19	6	—	—	2	2
23年	5	30	28	15	30	60	34	23	9	19	—	14	9	2	—	—	1	2
	7	35	30	17	36	63	44	31	12	24	—	14	10	2	—	—	1	2
24年	10	42	27	16	32	47	56	33	14	32	—	9	5	9	—	—	1	2
	13	43	35	20	35	61	66	35	16	34	—	9	6	10	—	—	1	3

★指定校推薦枠（2024年度）東京都立大6名、青山学院大2名、学習院大2名、中央大3名、東京理科大1名、日本大4名、法政大5名、明治大1名、立教大2名、成蹊大2名、専修大2名、早稲田大1名

入試情報

■2024年度の入試結果(男女合計データ)

		募集人員	出願者	受験者	合格者	実質倍率
2/1午前	東大･医進4科	50	24	24	5(7)	4.8
	東大･医進2科		23	23	4(12)	5.8
	東大･医進適性検査		325	324	66(172)	4.9
2/1午後	東大･医進2科	15	134	128	23(38)	5.6
2/2午前	東大･医進適性検査	10	123	118	21(44)	5.6
2/2午後	東大･医進2科	10	75	63	10(14)	6.3
2/3午後	一貫特進2科	20	85	67	26(41)	2.6

※カッコ内は特進へのスライド合格者

■2024年度入試 受験者の教科別平均点(男女合計データ)

		算数	国語	理科	社会	合計点
2/1午前	東大･医進4科	40.9	63.7	26.6	28.9	160.1
	東大･医進2科					104.6
	東大･医進適性検査	適性Ⅰ/62.1		適性Ⅱ/114.4		176.5
2/1午後	東大･医進2科	53.2	51.8			105.0
2/2午前	東大･医進適性検査	適性Ⅰ/59.8		適性Ⅱ/118.0		177.8
2/2午後	東大･医進2科	43.0	51.7			94.7
2/3午後	一貫特進2科	65.7	47.2			112.9

○配点：算国＝各100点 理社＝各50点／適性検査Ⅰ・Ⅱ＝各100点
○合格最低点　2/1午前：東大・医進4科199点　2科144点　適性210点　2/1午後：東大・医進2科128点　2/2午前：東大・医進適性211点　2/2午後：東大・医進2科126点　2/3午後：一貫特進2科127点

24年の募集要項

※以下は2024年の募集要項です。2025年の要項は学校の発表をお待ちください。

入 試 日／①2月1日午前(東大･医進) ②2月1日午後(東大･医進) ③2月2日午前(東大･医進) ④2月2日午後(東大･医進) ⑤2月3日午後(特進)
募集人員／男女105名(①50名 ②15名 ③10名 ④10名 ⑤20名)
合格発表／即日
手続締切／2月12日
試験科目／算数･国語(各50分･各100点)、理科･社会(計50分･各50点) 適性検査型：適性検査Ⅰ(50分・100点)・Ⅱ(50分･200点) ①2科(算国)・4科・適性検査型選択、②④⑤2科(算国)、③適性検査型
面　　接／なし
受 験 料／23,000円(2回目以降は各10,000円)

公開行事・説明会予定

【保護者対象説明会】要予約 各回10時～
6月13日(木)、9月19日(木)、10月10日(木)
【ナイト説明会】要予約 各回18時～
10月 2日(水)、11月 6日(水)
【オンライン説明会】1月18日(土)10時～ 要予約
【オープンキャンパス&説明会】7月14日(日)10時～ 要予約
【学校見学会】要予約
7月27日(土)10時～、1月7日(火)10時～
【授業見学会&説明会】要予約 各回10時～
6月29日(土)、9月 7日(土)、10月12日(土)
11月 9日(土)、11月30日(土)
【生徒による学校説明会】要予約
10月12日(土)14時～
【「探究ゼミ」見学&説明会】11月6日(水)10時～ 要予約
【入試問題ガイダンス&説明会】11月2日(土)10時～ 要予約
【保護者による学校説明会】11月16日(土)14時～ 要予約
【入試模擬問題体験&説明会】要予約 各回10時～
12月 8日(日)※適性検査型、12月15日(日)※2科4科型
【入試直前対策説明会】1月11日(土)10時～ 要予約
【保護者対象直前説明会】要予約
1月9日(木)10時～、1月15日(水)18時～
【八学祭(文化祭)】9月28日(土)、29日(日)9時～15時
◆変更・中止の可能性もあります。必ず学校ホームページで確認してください。

広尾学園 中学校

所在地／〒106-0047 港区南麻布5-1-14
TEL／03-3444-7272
学校長／南風原 朝和
創 立／1918年に板垣退助・絹子を中心に創立。2007年の共学化とともに、広尾学園中学校・高等学校に改称。
URL／www.hiroogakuen.ed.jp

	1年	2年	3年
男子	121名	119名	117名
女子	157名	149名	178名
クラス数	7組	7組	7組

中高総生徒数／1689名

〈交通アクセス〉
東京メトロ日比谷線「広尾」駅より徒歩すぐ

「学校は未来」。自律と共生の理念の下、成長し続ける人を育成

2007年の校名変更と共学化以降、さまざまな教育改革を推し進める広尾学園。教育方針に「新しい時代に活躍できる人材を輩出する」ことを掲げ、グローバル社会で必要とされる問題解決能力やコミュニケーション能力を養成しています。高度なキャリア教育プログラムや体験重視の行事など、さまざまな学習プログラムを展開する一方、DNA鑑定講座や病理診断講座、各分野の最先端・最前線の方々による「広学スーパーアカデミア」など、従来の学校教育を超えた多様なスタイルでの教育活動が行われています。

スクールライフ

●教育内容

中高一貫教育で、文系、理系ともに幅広い学部への進学をめざす本科コース、早い段階から高度なサイエンス教育を推進する医進・サイエンスコース、国内外の実力ある大学への進学をめざすインターナショナルコースを設置しています。インターナショナルコースには、基本的な授業をすべて英語で行うアドバンストグループ(AG)と、基礎から英語力を伸ばすスタンダードグループ（SG）の2つを設置。いずれのコースにおいても、サイエンス教育、国際教育、ICT教育、キャリア教育に力を入れています。

基礎を徹底できることで高い評価を得ている、各コース・学年ごとの朝学習プログラムをはじめ、定期試験後すぐに実施する解説授業、また全校レベルでのICT活用や、中1からの高度なキャリア教育の充実など、生徒のモチベーションを大切にする体制が整っています。

■主要5教科の週当たり時間（コマ）数 ※2024年4月現在

	英語	数学	国語	理科	社会
1年	6	6	5	4	3
2年	6	6	5	5	3
3年	6	5	6	4	4
合計	18	17	16	13	10

※本科コース
◎1日当たりの授業コマ数：50分×6時限
※基本的に朝はコースごとの朝学習
◎登校時間：8時15分

●部活動

全国大会出場のチアリーディング部など、30以上の部があります。参加率は中学で80%です。
○文化系／吹奏楽、文芸・イラスト、ボランティア、クッキング、英会話、演劇、茶道、箏曲、美術、合唱、STEM、ディベート、写真、書道
○体育系／チアリーディング、バレーボール、軟式野球、新体操、テニス、バドミントン、バスケットボール、サッカー、陸上、剣道、合気道、卓球、ダンス

●行事

6月に行われるスポーツフェスティバル、10月のけやき祭（文化祭）、2月の音楽会など、季節ごとにさまざまな学園行事が行われています。

●修学旅行・研修旅行

修学旅行は中3が広島、高2が沖縄を訪れます。また、夏休みには希望者を対象に海外短期留学（オーストラリア、イギリス）も実施しています。

マネーガイド

■2024年度納付金（諸経費を含む） ※本科コース

	入学金	授業料	施設費	その他	計
入学手続時	388,000円	0円	0円	0円	388,000円
初年度総額	388,000円	480,000円	58,800円	341,400円	1,268,200円

◎寄付金：1口10万円、2口以上（任意）
◎授業料：一括または4期分納
◎奨学金・特待生制度：入試での成績優秀者に授業料を免除（年次審査あり）、経済的理由により就学困難と判断される者に授業料を免除

進学指導の概要

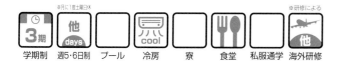

高校でのコース編成は「本科」「医進･サイエンス」「インターナショナル」の3コースになります。高2から「本科コース」は文系・理系に分かれて応用力を養成します。「医進・サイエンスコース」では、医学部および難関大をめざして、志望校に沿った入試対策が立てられます。ほぼすべての授業が英語で行われる「インターナショナルコース」は、海外の一流大学への進学と国内の難関大をめざすことが可能で、2024年には延べ188名の海外大学合格者が出ました。高度な専門性を持った25名の外国人講師によるAP（Advanced Placement）やSAT対策授業を推進しています。

■現役大学進学者の進路の内訳

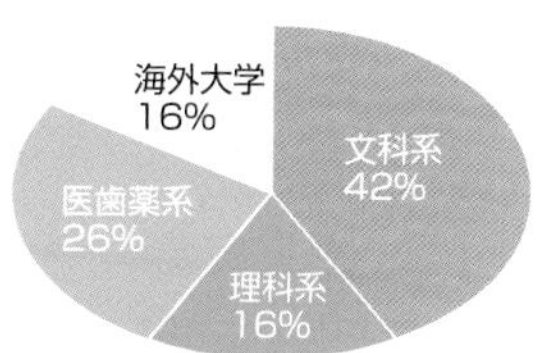

■併設高校から主要大学への合格実績

※上段は現役合格者数、下段は浪人を含めた合格者数。
※2024年4月18日現在。

	東京大	京都大	一橋大	東京工業大	筑波大	お茶の水女子大	電気通信大	東京外国語大	東京学芸大	東京芸術大	東京農工大	東京都立大	横浜国立大	千葉大	早稲田大	慶應義塾大	上智大	東京理科大
22年	4	2	4	5	4	2	2	—	2	—	1	3	8	4	82	61	92	59
	5	3	5	6	4	2	2	—	3	—	4	3	8	6	93	72	97	71
23年	9	3	4	6	4	-	3	2	—	—	1	2	4	7	114	80	90	74
	9	3	4	6	4	1	3	2	—	—	1	2	4	7	119	86	96	85
24年	9	3	8	5	3	1	2	—	1	—	2	1	7	4	117	80	112	84
	9	5	8	7	3	1	2	—	1	—	2	1	7	4	129	93	113	90

	学習院大	明治大	青山学院大	立教大	中央大	法政大	日本大	東洋大	駒澤大	専修大	国際基督教大	津田塾大	東京女子大	日本女子大	文部科学省所管外の大学校	海外の大学	国公立・医学部	私立・医学部
22年	8	75	47	54	41	32	17	19	10	6	14	4	4	3	2	180	13	41
	10	97	58	63	60	42	29	22	11	9	14	4	5	4	4	184	18	65
23年	4	85	35	40	30	24	27	10	8	4	15	—	3	—	5	132	12	30
	6	93	38	48	30	29	31	13	9	4	15	—	3	—	6	132	17	55
24年	13	124	50	63	55	32	14	5	1	1	9	1	2	3	8	186	13	42
	15	131	50	63	59	33	15	8	1	1	9	1	4	4	8	188	16	52

★指定校推薦枠（2024年度）早稲田大、東京理科大、国際基督教大、学習院大、明治大、青山学院大、立教大、中央大、法政大、横浜市立大

入試情報

■2024年度の入試結果

			募集人員	出願者	受験者	合格者	実質倍率
帰国生入試	インターナショナルAG	男子	25	74	74	24	3.1
		女子		96	91	29	3.1
	本科	男子	10	男子 計92 女子 計86	男子 計90 女子 計81	男子 計36 女子 計15	男子2.5 女子5.4
		女子					
	インターナショナルSG	男子					
		女子					
	医進・サイエンス	男子					
		女子					
第1回 本科		男子	50	107	90	26	3.5
		女子		288	260	49	5.3
第2回	本科	男子	50	267	237	79	3.0
		女子		329	285	99	2.9
	インターナショナルSG	男子	20	140	128	58(31)	2.2
		女子		206	188	61(36)	3.1
医進・サイエンス		男子	35	283	220	75	2.9
		女子		251	161	37	4.4
インターナショナルAG		男子	15	77	69	12	5.8
		女子		76	71	10	7.1
第3回	本科	男子	20	278	171	36	4.8
		女子		357	229	33	6.9
	インターナショナルSG	男子	15	122	73	15(9)	4.9
		女子		191	131	32(25)	4.1

※カッコ内の数字は、合格者のうち本科で合格した人数。
○配点：算国＝各100点　理社＝各50点　【医進･サイエンス】算理＝各100点　国社＝各50点　【インター AG】英語による算＝50点　英語による英＝100点　国語＝50点
○合格最低点：1回：本科192点　2回：本科182点／インター SG196点(本科182点)　医進・サイエンス：175点　3回：本科192点／インター SG196点(本科192点)　※帰国生入試は非公表

24年の募集要項

※以下は2024年の募集要項です。2025年の要項は学校の発表をお待ちください。

入 試 日／①2月1日午前 ②2月1日午後
医進・サイエンス：2月2日午後
インターナショナルAG：2月3日午前
③2月5日午前
帰国生入試：①インターナショナルAG12月21日
②本科/インターナショナルSG/医進・サイエンス12月22日

募集人員／男女240名(①50名 ②70名※インターナショナルSG20名含 医進・サイエンス35名 インターナショナルAG15名 ③35名※インターナショナルSG15名含 帰国生入試①25名 帰国生入試②10名)

合格発表／掲示、インターネットとも翌日
帰国生入試は①②とも12月23日

手続締切／2月9日(帰国生入試は①②とも12月26日)

試験科目／①②③：国語・算数(各50分・各100点)、理科・社会(各30分・各50点)
医進・サイエンス：算数・理科(各50分・各100点)、国語・社会(各30分・各50点)
インター AG：English(50分・100点)、Mathematics(50分・50点)、Japanese(30分・50点)、Interview(英語/日本語10分)
※帰国生②は国語・算数(各50分・各100点)、面接(日本語・10分)

面　　接／帰国生入試①②、インターナショナルAGはあり

受 験 料／同時出願の場合は2回まで25,000円、3回目以降は1回追加ごとに5,000円

公開行事・説明会予定

【学校説明会】要予約
6月22日(土)、9月 7日(土)、10月12日(土)
11月10日(日)、12月14日(土)

【授業体験会】要予約 5年生以上対象
6月22日(土)、9月 7日(土)、10月12日(土)

【入試傾向説明会】要予約 6年生対象
11月10日(日)、12月14日(土)

【けやき祭(文化祭)】要予約
10月 5日(土)、6日(日)

◆変更・中止の可能性もあります。必ず学校ホームページで確認してください。

広尾学園小石川 中学校

所在地／〒113-8665　文京区本駒込2-29-1
TEL／03-5940-4187
学校長／松尾 廣茂
創　立／100年以上の歴史を刻んできた村田女子高等学校が2021年に共学化とともに、広尾学園小石川中学校・高等学校に改称。
URL／hiroo-koishikawa.ed.jp

	1年	2年	3年
男子	53名	68名	51名
女子	69名	85名	71名
クラス数	3組	4組	3組

中高総生徒数／776名

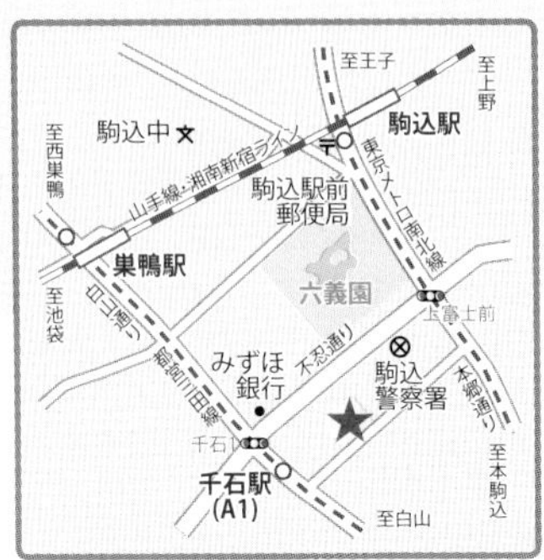

〈交通アクセス〉
JR・都営三田線「巣鴨」駅、JR・東京メトロ南北線「駒込」駅より徒歩13分、都営三田線「千石」駅より徒歩2分

「自律と共生」の理念の下、世界をめざすことのできる人材を育成

2018年度から広尾学園と教育連携し、2021年4月に中学校を新規開設しました。2024年度からは高校募集を停止し、完全中高一貫校になりました。「本物に触れ、本物になる」グローバル化が進み多様性が求められる時代を生きる生徒たちのために、知識だけではなく、ものごとの本質を追究する学びを提供。高いコミュケーション能力と柔軟で寛容な精神をもって解決を導き出す力を育て、徹底した英語教育や充実した海外研修、ICT機器を用いた学校生活を通してコミュニケーション力を育み、次世代にリーダーシップを発揮できる人材を育成します。

スクールライフ

●教育内容

広尾学園で実績を上げている「本科コース」「インターナショナルコース」の2コースを設置。国公立・私立の難関大学の幅広い学部への進学をめざす「本科コース」では、中学2年間で中学課程を修了。問題発見・解決能力を養うプログラムを充実させ、効率良く学力を向上させていきます。一方の「インターナショナルコース」は、主に帰国生などすでに英語力のある生徒のための「アドバンストグループ(AG)」と、基礎から英語力を伸ばす「スタンダードグループ（SG)」の2つを用意。興味・関心の広がりや、学力の伸長度に合わせて、高校進級時でのコース変更も可能。いずれのコースにおいても、サイエンス教育、国際教育、ICT教育、キャリア教育に力を入れています。また、「読解力」と「発信力」を育成するためにプレゼンテーションの機会を多く設けるなど、生徒のモチベーションを高める取り組みを整えていきます。

■主要5教科の週当たり時間（コマ）数

	英語	数学	国語	理科	社会
1年	8	6	4	4	3
2年	7	6	5	5	3
3年	8	5	5	4	4
合計	23	17	14	13	10

※インターナショナルコース（スタンダードグループ）

◎1日あたりの授業コマ数：50分×6時限
　※土曜日は4時限
◎登校時間：8時15分

●部活動

文化系／Art Club、International Newspaper Club、合唱、家庭科、茶道、華道、写真、書道、吹奏楽、ディベート、鉄道研究、文芸・イラスト、ボランティア、理科、ロボティクス、演劇、英会話、軽音楽、将棋
体育系／剣道、サッカー、卓球、ダンス、硬式テニス、バスケットボール、バドミントン、バレーボール、eスポーツ、陸上競技

●行事

広尾学園の校外施設での新入生オリエンテーション合宿や天文観測合宿、体育祭、いちょう祭（文化祭）、合唱コンクール、芸術鑑賞などのほか、広尾学園との学校間交流イベント、共同参加型の教育講演会などを実施。

●修学旅行・研修旅行

夏休みを利用して、3週間の海外語学研修が行われます（希望制）。場所は中3がオーストラリア、高1はイギリス。ホームステイや現地の高校への通学といった体験で、生きた英語を身につけます。

マネーガイド

■2024年度納付金（諸経費を含む）　※本科コース

	入学金	授業料	施設費	その他	計
入学手続時	300,000円	0円	0円	0円	300,000円
初年度総額	300,000円	480,000円	0円	279,600円	1,059,600円

◎寄付金：1口10万円、2口以上（任意）
◎授業料：一括または4期分納
◎奨学金・特待生制度：経済的理由により就学困難と判断された場合に授業料を免除

※月1回土曜日休

3期	他 days		cool				他
学期制	週5・6日制	プール	冷房	寮	食堂	私服通学	海外研修

サピックスからの合格実績（過去3年）	'22	'23	'24
	137名	115名	88名

進学指導の概要

「本科コース」では、中3から高2で高校課程を修了させ、高3では志望進路に合わせたカリキュラム構成に移行します。「インターナショナルコース」では、帰国生受け入れ指定校としての伝統をもとに、英語のアドバンテージを生かした授業で、国内外の有名大学進学をめざします。第一線で活躍する人物を招いての講演会や、有名大学や研究室を見学するキャンパスツアーなどのキャリア教育を企画。東大・早慶などの大学生チューターが学習をサポートする放課後学習、長期休暇期間に無学年制で実施する多様な講習も行われます。

■現役大学進学者の進路の内訳
※2024年3月卒業生（高入生128名）の実績

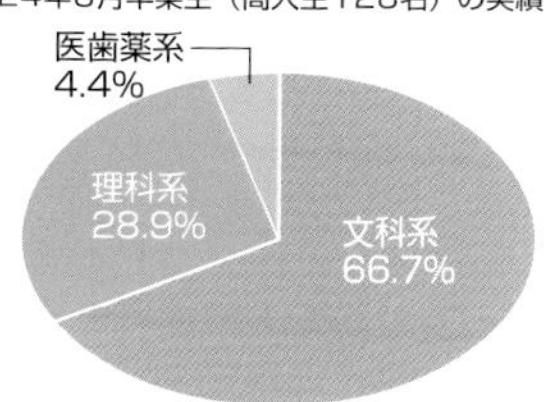

■併設高校から主要大学への合格実績（2024年3月卒業生〔高入生128名〕の実績）

	東京大	京都大	一橋大	東京工業大	筑波大	お茶の水女子大	電気通信大	東京外国語大	東京学芸大	東京芸術大	東京農工大	東京都立大	横浜国立大	千葉大	早稲田大	慶應義塾大	上智大	東京理科大
22年	—	—	—	—	—	—	—	—	—	—	—	—	—	—	—	2	—	1
	—	—	—	—	—	—	—	—	—	—	—	—	—	—	—	2	—	1
23年	—	—	—	—	—	—	—	—	—	—	—	—	—	—	1	—	—	—
	—	—	—	—	—	—	—	—	—	—	—	—	—	—	1	—	—	—
24年	—	—	—	—	—	1	—	—	—	—	—	1	—	—	8	6	8	6
	—	—	—	—	1	1	—	—	—	—	—	1	—	—	9	6	8	6

	学習院大	明治大	青山学院大	立教大	中央大	法政大	日本大	東洋大	駒澤大	専修大	国際基督教大	津田塾大	東京女子大	日本女子大	文部科学省所管外の大学校	海外の大学	国公立・医学部	私立・医学部
22年	1	6	2	6	3	5	3	2	1	5	—	—	—	—	—	—	—	—
	1	6	2	6	3	5	3	2	1	5	—	—	—	—	—	—	—	—
23年	—	—	1	—	—	—	2	2	1	2	—	1	—	—	—	—	—	—
	—	—	1	—	—	—	2	2	1	2	—	1	—	—	—	—	—	3
24年	4	17	14	10	14	11	14	23	3	8	—	6	—	4	3	20	—	—
	4	17	14	10	14	11	14	23	3	8	—	6	—	4	3	20	—	1

※上段は現役合格者数、下段は浪人を含めた合格者数。

入試情報

■2024年度の入試結果

			募集人員	出願者	受験者	合格者	実質倍率
帰国生入試	AG①	男子	25	65	65	19	3.4
		女子		76	74	23	3.2
	AG②	男子		49	47	25	1.9
		女子		62	56	32	1.8
	本科・SG	男子	若干	60	58	24	2.4
		女子		56	53	21	2.5
第1回	本科	男子	15	27	23	4	5.8
		女子		59	41	8	5.1
	SG	男子	15	32	25	11(3)	2.3
		女子		60	39	12(5)	3.3
第2回	本科	男子	10	76	57	9	6.3
		女子		128	108	18	6.0
	SG	男子	10	68	55	13(8)	4.2
		女子		112	81	15(6)	5.4
第3回	本科	男子	10	108	67	10	6.7
		女子		176	110	7	15.7
	SG	男子	10	90	50	8(3)	6.3
		女子		167	109	14(6)	7.8
第4回	本科	男子	5	124	62	2	31.0
		女子		189	93	7	13.3
	SG	男子	5	91	42	9(6)	4.7
		女子		167	83	12(7)	6.9
インターAG		男子	15	53	48	13	3.7
		女子		45	37	8	4.6

※カッコ内の数字は、合格者のうち本科で合格した人数
○配点：算国＝各100点　理社＝各50点
○帰国生・インターAG配点：英語による算＝50点 英語による英＝100点 国語＝50点
○合格最低点：1回：本科161点／インターSG168点(本科161点)　2回：本科135点／インターSG141点(本科137点)　3回：本科152点／インターSG158点(本科152点)　4回：本科116点／インターSG120点(本科116点)　※帰国生入試・インターAGは非公表

24年の募集要項

※以下は2024年の募集要項です。2025年の募集要項は学校の発表をお待ちください。

入試日／①2月1日午前 ②2月1日午後 インターAG2月2日午前 ③2月3日午後 ④2月6日午後 帰国AG①11月12日 帰国AG②12月18日 帰国本科・SG12月19日

募集人員／男女120名(①本科15名・SG15名 ②本科10名・SG10名 インターAG15名 ③本科10名・SG10名 ④本科5名・SG5名 帰国AG25名 帰国本科・SG若干名)

合格発表／①は掲示、ホームページとも即日。②③④はホームページで即日、掲示は翌日。インターAGは掲示、ホームページとも翌日。帰国AG①は11月13日。帰国AG②、帰国本科・SGは12月20日。

手続締切／2月9日 帰国AG①11月20日 帰国AG②、帰国本科・SG12月25日

試験科目／①：国語・算数(各50分・各100点)、理科・社会(各30分・各50点)
②③④：国語・算数(各50分・各100点)
インターAG、帰国AG①②：English(50分・100点)、Mathematics(50分・50点)、Japanese(30分・50点)、Interview(英語/日本語10分)
帰国本科・SG：国語・算数(各50分・各100点)、面接(日本語)

面接／帰国生入試、インターAGはあり

受験料／25,000円(複数回同時出願の場合、2回目以降は不要。帰国生入試は別途)

公開行事・説明会予定

【中学授業体験会（説明会同時開催）】要予約
7月13日(土)　9時30分～、14時～
9月14日(土)　9時30分～、14時～
10月19日(土)　9時30分～、14時～
【中学入試傾向説明会】要予約
11月16日(土)　9時30分～、14時～
12月15日(日)　9時30分～
【いちょう祭(文化祭)】
9月21日(土)、22日(祝)
◆変更・中止の可能性もあります。必ず学校ホームページで確認してください。

文化学園大学杉並 中学校

所在地／〒166-0004 杉並区阿佐谷南3-48-16
TEL／03-3392-6636
学校長／青井 静男
創 立／1926年設立。1974年に文化女子大学附属杉並中学・高等学校に改称。2011年に現校名に変更。2018年に共学化。
URL／bunsugi.jp

	1年	2年	3年
男子	75名	52名	73名
女子	82名	75名	72名
クラス数	5組	4組	4組

中高総生徒数／1371名

〈交通アクセス〉
JR「阿佐ヶ谷」駅より徒歩8分 JR、東京メトロ丸ノ内線「荻窪」駅より徒歩8分

中学からカナダのカリキュラムを学ぶことが可能！

2014年にカナダのブリティッシュコロンビア州（B.C.州）の海外校として国内で初めて認定され、「Bunka Suginami Canadian International School」という校名が加わりました。また、B.C.州の海外校に認定されたことで、高校に設置された「ダブルディプロマコース」を卒業すると、日本とカナダの高校卒業資格が同時に取得でき、海外大学へはB.C.州の生徒としてダイレクト出願が可能です。また、日本国内の大学受験でも優遇され、早稲田大学や国際基督教大学には国内生としてだけでなく、国外生としても出願できます。

スクールライフ

●教育内容

中1は英語の授業のみレベル別に展開。英検®2級以上の希望者の生徒に「DD7」または「Advanced7」を設定。DD7では、中1からカナダのブリティッシュコロンビア州の教員が、理数科目7時間を含め週17時間、英語で授業を行います。Advanced7では、理数科目は日本のカリキュラムとなり、週10時間の英語の授業を展開。DD7、Advanced7は、高校でのダブルディプロマコースへの接続をより強化したクラスとなります。それ以外の生徒はStarter7クラスに所属。レベル別に週9時間英語の授業を受け、そのうちの7時間は外国人講師が主導する授業です。また、中2からDD準備8に進むことが可能です。中学では英検®2級以上を取得した生徒が100名以上在籍しています。

■主要5教科の週当たり時間（コマ）数

	英語	数学	国語	理科	社会
1年	9	5	5	4	4
2年	10	5	5	4	4
3年	10	5	5	4	4
合計	29	15	15	12	12

◎1日当たりの授業コマ数：45分×6時限
※週2回7時限、土曜日は4時限
◎登校時間：8時35分

●部活動

現在、文化系、体育系合わせて29の部や同好会・愛好会があります。各種大会やコンクールで優秀な成績を収める部も多く、活動はとても盛んです。

○文化系／美術、音楽、吹奏楽、陶芸、家庭、書道、英語、理数、華道、百人一首、園芸、模型など

○体育系／女子バレーボール、男子バスケットボール、ソフトテニス、女子ハンドボール、バドミントン、陸上競技、卓球、なぎなた、弓道、ダンス、男子サッカー、ゴルフ、剣道、レスリング愛好会

●行事

青凜祭（文化祭）や体育祭は中高合同で開催。特に「被服」授業選択者による「ファッションショー」のレベルの高さは圧巻です。ひな祭りや七夕など、日本の伝統文化に親しむ行事も大切にしています。

●修学旅行・研修旅行

中1の移動教室（軽井沢）やスキー教室（北竜湖）、中2の古都研修（京都・奈良・広島）、中3の海外研修（全員）のほか、高1ダブルディプロマコース短期留学（希望者）、希望者対象の海外研修プログラムがあります。修学旅行は国内・海外の選択制です。

マネーガイド

■2024年度納付金（諸経費を含む）

	入学金	授業料	施設費	その他	計
入学手続時	280,000円	0円	50,000円	120,000円	450,000円
初年度総額	280,000円	456,000円	50,000円	803,340円	1,589,340円

◎寄付金：あり（任意）
◎授業料：4期分納
◎奨学金・特待生制度：経済的理由により就学困難と判断される者に授業料を免除（期間は最長1年間）。特待生は入試成績優秀者のうちから選考する

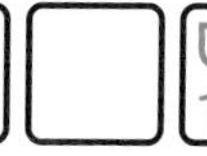

学期制　週5・6日制　プール　冷房　寮　食堂　私服通学　海外研修

サピックスからの合格実績（過去3年）	'22	'23	'24
	3名	1名	5名

進学指導の概要

高校では希望者を対象に、放課後や早朝に特別講座を、長期休暇中に合宿勉強会を実施。国公立大学に対応する5教科7科目も、すべて講習でカバーできます。また、面談の回数を多く設定し、日々の学習状況や模試の振り返りなどを行います。さまざまな自習室を完備し、中学生は19時、高校生は20時まで学習できます。また、生徒は入学時にパソコンを所持し、課題探究学習や協同学習に取り組みます。ダブルディプロマコース1～7期生198名は、海外大学に106名、早慶上理ICUに56名、GMARCH・関関同立に65名が合格という実績を残しました。

■現役大学進学者の進路の内訳

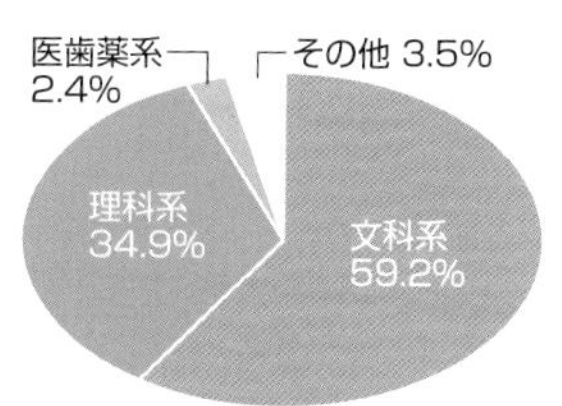

■併設高校から主要大学への合格実績

※上段は現役合格者数、下段は浪人を含めた合格者数。

	東京大	京都大	一橋大	東京工業大	筑波大	お茶の水女子大	電気通信大	東京外国語大	東京学芸大	東京芸術大	東京農工大	東京都立大	横浜国立大	千葉大	早稲田大	慶應義塾大	上智大	東京理科大
22年	—	—	—	—	—	—	1	—	—	—	1	—	—	—	3	2	3	—
	—	—	—	—	—	—	1	—	—	—	1	—	—	—	3	2	3	—
23年	—	—	—	—	—	—	—	—	—	—	1	1	1	1	2	1	8	4
	—	—	—	—	—	—	—	—	—	—	1	1	1	1	7	2	12	4
24年	—	—	—	—	—	—	—	—	1	1	—	—	—	—	5	1	11	2
	—	—	—	—	—	—	—	—	1	2	—	—	—	—	10	2	11	2

	学習院大	明治大	青山学院大	立教大	中央大	法政大	日本大	東洋大	駒澤大	専修大	文化学園大	津田塾大	東京女子大	日本女子大	文部科学省所管外の大学校	海外の大学	国公立・医学部	私立・医学部
22年	4	12	3	9	8	10	23	29	7	16	53	1	3	7	—	15	—	—
	4	12	4	9	8	11	23	29	7	16	53	1	3	7	1	15	—	—
23年	4	3	7	16	17	17	26	15	13	12	39	1	4	1	—	7	—	—
	4	5	11	19	17	22	28	20	13	13	40	1	4	1	—	7	—	—
24年	2	5	3	11	16	16	10	16	5	17	33	1	5	3	—	32	1	—
	2	8	3	12	24	21	14	19	6	17	33	2	5	3	—	32	1	—

★指定校推薦枠（2024年度）学習院大1名、立教大1名、中央大3名、法政大4名、津田塾大2名、東京女子大2名、日本女子大1名、成蹊大5名、東京農業大6名、東京電機大4名、工学院大6名、東京都市大3名、北里大1名、明治薬科大1名、立命館大2名、関西大1名など

入試情報

■2024年度の入試結果

			募集人員	出願者	受験者	合格者	実質倍率
1回	2科	男子	50	36	21	6	3.5
		女子		79	56	14	4.0
適性検査型	Ⅰ・Ⅱ	男子		7	7	4	1.8
		女子		11	10	8	1.3
	Ⅰ・Ⅱ・Ⅲ	男子		21	21	17	1.2
		女子		15	15	10	1.5
2回	4科	男子		43	35	28	1.3
		女子		53	44	31	1.4
	2科	男子		27	22	12	1.8
		女子		59	45	27	1.7
英語特別1回（国語）		男子		6	6	2	3.0
		女子		12	12	12	1.0
英語特別1回（算数）		男子		25	25	19	1.3
		女子		7	7	6	1.2
英語特別1回（面接）		男子		10	9	2	4.5
		女子		11	11	5	2.2
3回	4科	男子	40	45	19	12	1.6
		女子		52	20	10	2.0
	2科	男子		37	22	6	3.7
		女子		35	15	4	3.8
4回	2科	男子		79	38	16	2.4
		女子		121	58	22	2.6
英語特別2回（国語）		男子		1	1	0	—
		女子		8	7	2	3.5
英語特別2回（算数）		男子		2	1	1	1.0
		女子		3	2	1	2.0
英語特別2回（面接）		男子		2	2	0	—
		女子		2	2	1	2.0
5回	4科	男子	10	44	14	11	1.3
		女子		50	14	7	2.0
	2科	男子		48	19	9	2.1
		女子		69	28	14	2.0
6回	2科	男子	若干	97	34	18	1.9
		女子		138	31	14	2.2
帰国	全世界入試	男子	特に定めず	13	13	13	1.0
		女子		4	4	4	1.0
	国内1回	男子		24	23	22	1.0
		女子		14	14	13	1.1
	国内2回	男子		12	9	6	1.5
		女子		5	5	5	1.0
	国内3回	男子		4	4	4	1.0
		女子		3	3	2	1.5

24年の募集要項

※以下は2024年の募集要項です。2025年の要項は学校の発表をお待ちください。

入 試 日／①・適性検査型2月1日午前 ②・英語特別［1］2月1日午後 ③2月2日午前 ④・英語特別［2］2月2日午後 ⑤2月3日午前 ⑥2月4日午前
帰国①11月16日 帰国②12月11日 帰国③1月8日

募集人員／男女約100名(①・適性検査型・②・英語特別［1］50名 ③・④・英語特別［2］40名 ⑤10名 ⑥若干名 帰国は特に定めず)

合格発表／即日、帰国は翌日

手続締切／2月8日(適性検査型のみ2月10日)

試験科目／国語・算数(各50分・各100点)、理科・社会(計60分・各75点)※①④⑥は2科、②③⑤は2科4科選択。
適性検査型：適性検査Ⅰ・ⅡまたはⅠ・Ⅱ・Ⅲ(各45分・各100点)
英語特別：国語または算数(各50分・各100点)または日本語面接、リスニング(25分・100点)、リーディング・ライティング(25分・100点)

面　　接／帰国生(日本語または英語)

帰国生のための試験／ベスト2型：国算または国算英から高得点の2科目で判定

受 験 料／各回20,000円、複数回同時出願は25,000円。ただし、英語特別は［1］［2］いずれか1度のみ出願可。適性検査型のみ出願の場合は10,000円。

公開行事・説明会予定

【学校説明会】要予約
6月15日(土)14時～、9月14日(土)14時～
10月 5日(土)14時～、11月 9日(土)14時～
12月21日(土)14時～

【帰国生対象グローバル説明会】要予約
7月28日(日)10時～

【入試説明会】要予約
12月14日(土)14時～、1月11日(土)14時～

【オープンスクール】要予約
7月13日(土)14時～、10月19日(土)14時～

◆変更・中止の可能性もあります。必ず学校ホームページで確認してください。

文教大学付属 中学校

所在地／〒142-0064 品川区旗の台3-2-17
TEL／03-3783-5511
学校長／神戸 航
創　立／1927年に立正幼稚園、立正裁縫女学校を開設。1976年に併設大学の共学化で現校名に改め、1998年に中高も共学化。
URL／www.bunkyo.ac.jp/jsh

	1年	2年	3年
男子	83名	87名	77名
女子	66名	60名	67名
クラス数	4組	4組	4組

中高総生徒数／1328名　併設小から　約11%

〈交通アクセス〉
東急大井町線・池上線「旗の台」駅より徒歩3分　東急大井町線「荏原町」駅より徒歩3分
東急大井町線・都営浅草線「中延」駅より徒歩8分

カリキュラムも校舎も一新し「進学の強豪校」をめざす

校訓に「人間愛」を掲げ、知・徳・体をバランス良く高める教育が身上です。幼稚園から大学まで擁していますが、2012年に中高の学校改革を開始。教育目標を「慈愛の心」「輝く知性」「世界に飛翔する力」と定め、併設大学への推薦枠は残しつつも、進学指導の強化に踏み切りました。生徒の学力向上をめざし、生徒の主体性を伸ばす教育活動を展開。全教室に電子黒板を備え、さらにタブレットPCを全員に導入したことで、これまで以上に快適で機能的な教育環境が整いました。

スクールライフ

●教育内容

中3で「アドバンストクラス」と「スタンダードクラス」に分かれ、さらに高2でその2クラスが文系・理系に分かれます。二極化しやすい数学と英語は、習熟度別授業でていねいにフォロー。基礎学力を定着させるため、朝の10分間で国語（漢字）・数学・英語のテストを行っています。放課後は学習支援システム「文教ステーション」を開講。これは校内に常駐するチューターが、生徒の自習をサポートするもの。中1～高1は曜日を申告して全員参加するシステムで、中学生は19時30分まで、高校生は20時まで残ることができます。そのため、部活終了後に校内で宿題を済ませ、予習・復習に取り組む生徒も少なくありません。毎日の自宅学習時間（中学生は平日2時間を推奨）およびその内容は、webアプリ「classi」に入力して管理。それを先生方が細かくチェックしています。

■主要5教科の週当たり時間（コマ）数

	英語	数学	国語	理科	社会
1年	5	5	5	4	4
2年	6	5	6	4	3
3年	6	6	5	4	4
合計	17	16	16	12	11

◎1日あたりの授業コマ数：50分×6～7時限
※土曜日は4時限
◎登校時間：8時10分

●部活動

○文化系／パソコン、天文、演劇、コーラス、吹奏楽、軽音楽、茶道、書道、美術、アニメーション、科学研究、写真、百人一首、SDGs
○体育系／体操、バレーボール、バドミントン、バスケットボール、ソフトテニス、卓球、水泳、ソフトボール、硬式テニス、ダンス、ソングリーディング、野球、サッカー、ゴルフ、柔道、剣道、文教ランニング

●行事

5月の体育祭と2月の合唱コンクールは中高別で、9月の白蓉祭（文化祭）は中高合同で行います。また、中学では生徒の職業観を養成し、生徒同士で協力する校外学習や宿泊行事も行っています。

●修学旅行・研修旅行（留学制度）

中長期留学として長年実施してきたオーストラリア（クイーンズランド州）に加え、2021年度からカナダ（バンクーバー）、2022年度からアメリカ（ニューヨーク州）が留学先として加わりました。また、夏休みにオーストラリア（クイーンズランド州）や春休みにセブ島への短期語学研修も実施しています。

マネーガイド

■2024年度納付金（諸経費を含む）　※本科クラス

	入学金	授業料	施設費	その他	計
入学手続時	280,000円	0円	0円	0円	280,000円
初年度総額	280,000円	420,000円	170,000円	約280,000円	約1,150,000円

◎寄付金：なし
◎授業料：3期分納
◎奨学金・特待生制度：入試の成績優秀者は入学金免除、および1年間の授業料を給付

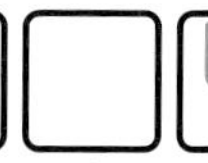

学期制　週5・6日制　プール　冷房　寮　食堂　私服通学　海外研修

サピックスからの合格実績（過去3年）	'22	'23	'24
	10名	14名	11名

進学指導の概要

高1からトップレベルのクラス（アルティメットクラス）が加わり、高入生と混合クラスに。付属生は6年間で自己理解、職業理解、未来デザイン、大学理解、入試理解と、順を追って自身の進路と向き合います。「進学の強豪校」をめざしており、現在は4年制大学進学者の約1割が併設の文教大学に進みますが、他大学志望者も手厚く支援。高2までに高校の学習内容を終了し、高3の1年間は演習中心の授業にシフト。放課後や長期休暇中には多くの講座を開き、実力アップにつなげています。また、中3以上には、学習方法や卒業生インタビューなどを満載した「学習進路指導通信」を毎月配布。他大学の教授による出張授業も行い、モチベーションを高めています。

■2024年3月卒業者の進路の内訳

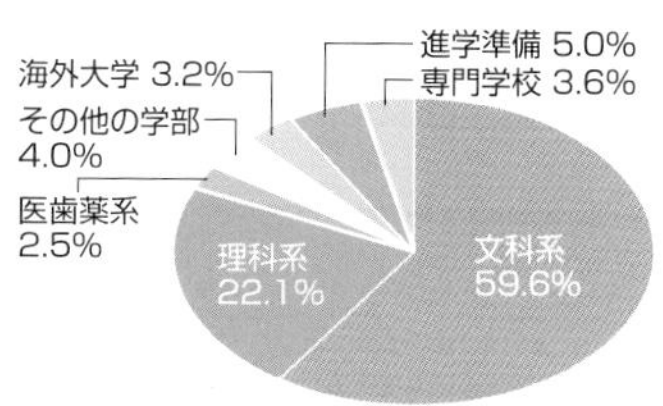

■併設高校から主要大学への合格実績

※上段は現役合格者数、下段は浪人を含めた合格者数。

	東京大	京都大	一橋大	東京工業大	筑波大	お茶の水女子大	電気通信大	東京外国語大	東京学芸大	東京芸術大	東京農工大	東京都立大	横浜国立大	千葉大	早稲田大	慶應義塾大	上智大	東京理科大
22年	—	—	—	—	—	—	—	1	1	1	—	—	—	2	4	—	1	1
	—	—	—	—	—	—	—	1	1	1	—	—	—	2	7	—	6	1
23年	—	—	—	—	—	—	1	—	—	—	—	1	—	—	2	1	—	1
	—	—	—	—	—	—	1	—	—	—	—	1	—	—	2	1	—	1
24年	1	—	—	—	1	—	—	—	2	—	—	—	—	—	4	—	15	—
	1	—	—	—	1	—	—	—	2	—	—	—	—	—	4	—	15	2

	学習院大	明治大	青山学院大	立教大	中央大	法政大	日本大	東洋大	駒澤大	専修大	文教大	津田塾大	東京女子大	日本女子大	文部科学省管外の大学校	海外の大学	国公立・医学部	私立・医学部
22年	5	13	8	2	4	13	24	18	9	41	56	—	1	4	—	1	—	—
	5	14	8	4	8	16	29	23	12	45	56	—	1	4	—	1	—	—
23年	3	8	9	2	9	13	23	20	26	17	42	1	1	4	1	1	—	—
	3	9	11	3	9	15	27	20	26	17	42	1	1	4	1	1	—	—
24年	4	25	17	21	17	18	27	38	13	40	48	1	1	—	—	—	1	1
	4	25	17	22	17	22	30	39	15	40	48	1	1	—	—	—	1	1

★指定校推薦枠（2024年度）法政大、成城大、成蹊大、明治学院大、国学院大、日本大、専修大、東洋大、芝浦工業大、東京都市大 、神奈川大、日本女子大、清泉女子大、東洋英和女学院大など

入試情報

■2024年度の入試結果

			募集人員	出願者	受験者	合格者	実質倍率
1回	4科	男子	64	65	26	15	1.7
		女子		42	18	12	1.5
	2科	男子		43	26	17	1.5
		女子		44	31	22	1.4
2回	4科	男子	30	106	76	58	1.3
		女子		67	52	36	1.4
	2科	男子		59	36	10	3.6
		女子		47	28	7	4.0
3回	4科	男子	20	99	27	15	1.8
		女子		61	20	12	1.7
	2科	男子		50	19	3	6.3
		女子		53	22	7	3.1
4回	4科	男子	10	121	42	20	2.1
		女子		72	22	7	3.1
	2科	男子		61	21	3	7.0
		女子		59	24	5	4.8
5回	4科	男子	20	149	40	19	2.1
		女子		89	26	11	2.4
	2科	男子		63	16	6	2.7
		女子		65	18	5	3.6
帰国		男子	若干	7	7	4	1.8
		女子		0	0	0	−

○配点：算国＝各100点　理社＝計140点
○合格最低点：1回4科男子197点・女子194点　1回2科男子133点・女子134点　2回4科男子200点・女子200点　2回2科男子142点・女子142点　3回4科男子201点・女子197点　3回2科男子130点・女子132点　4回4科男子222点・女子222点　4回2科男子149点・女子149点　5回4科男子184点・女子184点　5回2科男子131点・女子131点

24年の募集要項

※以下は2024年の募集要項です。2025年の要項は学校の発表をお待ちください。

入 試 日／①2月1日午前 ②2月1日午後 ③2月2日午前 ④2月2日午後 ⑤2月4日午前 帰国12月24日
募集人員／男女144名(①64名 ②30名 ③20名 ④10名 ⑤20名)
合格発表／ホームページで即日
手続締切／①②③④2月4日、⑤・帰国2月6日
試験科目／国語(45分・100点)、算数(45分・100点)、理科・社会(計60分・計140点)
※出願回ごとに2科または4科のいずれかを選択
面　　接／帰国生のみあり
帰国生のための入試／A方式：算数(30分・100点)、英語面接
B方式：国語・算数(各30分・各100点)、面接
受 験 料／20,000円(複数回同時出願の場合、2回目以降は不要)

公開行事・説明会予定

【学校説明会】要予約
6月15日(土)10時30分～、　9月　7日(土)14時～
10月12日(土)10時30分～、11月16日(土)10時30分～
11月30日(土)10時30分～
【ミニ説明会】要予約 各回10時30分～
7月30日(火)、10月25日(金)、12月2日(月)、1月28日(火)
【授業公開デー】要予約 各回11時～
9月14日(土)、10月26日(土)、1月18日(土)
【理科実験教室】要予約 各回14時～
6月29日(土)、9月28日(土)
【オープンスクール(部活体験)】要予約
7月13日(土)14時～
【入試模擬体験】要予約
12月14日(土)14時～
【入試問題対策説明会】要予約
1月11日(土)14時～
【白蓉祭(文化祭)】入試相談コーナーあり
9月21日(土)、22日(祝)　9時～15時
◆変更・中止の可能性もあります。必ず学校ホームページで確認してください。

法政大学 中学校

所在地／〒181-0002 三鷹市牟礼4-3-1
TEL／0422-79-6230
学校長／松浦 麻紀子
創 立／1936年、前身の法政中学校が創立。2007年、現在地に移転すると同時に男女共学に。
URL／www.hosei.ed.jp

	1年	2年	3年
男子	57名	59名	66名
女子	82名	81名	72名
クラス数	4組	4組	4組

中高総生徒数／1110名

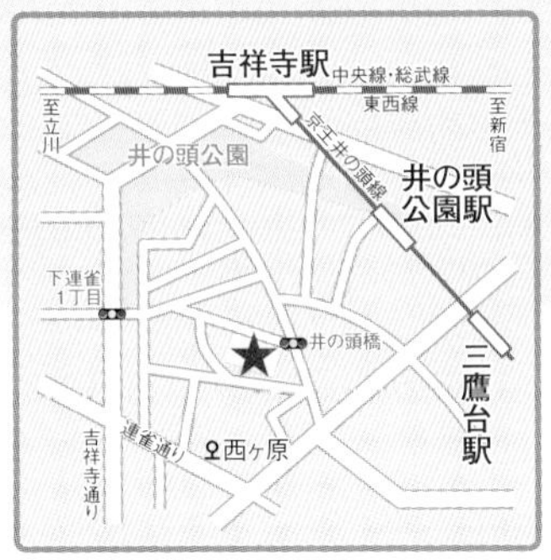

〈交通アクセス〉
京王井の頭線「井の頭公園」駅より徒歩12分、同「久我山」駅よりバス10分 JR「三鷹」駅よりバス9分

確かな学力と自立した人間を育てる法政大学付属校

1936年に創立された法政中学校を前身とし、1948年より法政大学第一中学校として男子校の歴史を歩んできました。2007年4月、三鷹市に校舎を移転するとともに校名を変更し、男女共学となり、校舎や制服なども一新されました。法政大学の建学の精神「自由と進歩」、本校の「自主・自律」の校風の下、確かな学力と既成概念にとらわれない自由な発想を持った、新しい問題に積極的にチャレンジする自立した人間を中高大の一貫教育のなかで育てます。

スクールライフ

●教育内容

確かな学力と学習習慣を着実に身につけるためのカリキュラムを、中高それぞれの段階に応じて設けています。中学では英・数・国に力を入れ、基礎的な学力と学習習慣を定着させます。高校では大学進学や将来を見据え、文系・理系の枠を超えた幅広い教養の育成と、自分の進路に応じた選択的な学習、論文作成や英語力の向上などに力を注ぎます。習熟度別や少人数制の授業もあります。特に英語教育には力を入れており、英文を読み、その内容をリテリングしたり、既習の表現を用いてスキットを作成するといった活動を通して、英語力の向上をめざしています。海外語学研修プログラムも実施しています。

■主要5教科の週当たり時間（コマ）数

	英語	数学	国語	理科	社会
1年	6	6	5	3	4
2年	7	5	5	4	4
3年	6	6	5	4	4
合計	19	17	15	11	12

◎1日当たりの授業コマ数：50分×6時限
※土曜日は4時限
◎登校時間：8時20分

●部活動

中学は16の団体が活動中です。
○文化系／英語研究、茶道、華道、演劇、美術、ブラスバンド会、放送会
○体育系／サッカー、野球、剣道、水泳、スキー、ソフトテニス、ラグビー、バスケットボール（男子・女子）、バレーボール（男子・女子）

●行事

陸上競技大会や中高合同で開催される文化祭などが盛り上がります。また、中1はグループ行動で東京の歴史を再発見する「東京ウォーキング」、中2は班ごとに設定した調査テーマに沿って事前学習・実地見学を行い、レポートを作成する「フィールドワーク」に取り組みます。

●修学旅行・研修旅行

中1は入学後すぐにオリエンテーションを行います。また、中1でスキー教室、中2で林間学校、中3で修学旅行（広島・長崎）があるほか、中3の7月に希望者を対象としたカナダ研修を実施しています。高2の修学旅行の行き先については、沖縄またはシンガポールの2コースから選択できます。

マネーガイド

■2024年度納付金（諸経費を含む）

	入学金	授業料	施設費※	その他	計
入学手続時	300,000円	0円	0円	0円	300,000円
初年度総額	300,000円	570,000円	240,000円	152,412円	1,262,412円

※施設費＝教育充実費

◎寄付金：なし
◎授業料：2期分納
◎奨学金・特待生制度：独自の奨学金制度あり

学期制

週5･6日制

プール

冷房

寮

食堂
私服通学
他
海外研修

サピックスからの合格実績（過去3年）	'22	'23	'24
	54名	67名	37名

進学指導の概要

高入生との混合クラスになります。高2では週4時間、高3では週8時間の授業を、多彩な科目から選択履修します。そのなかには、大学で学ぶ教養の入門的な授業やゼミ形式の授業、英語の資格試験や大学入学共通テスト向けの授業などがあります。また、高2では高大連携プログラムや、OB・OG講演会を実施するなど、法政大学の付属校であることを生かし、併設大学の内容を早い時期から熟知できます。高3では法政大学の授業に参加でき，単位として認められるものもあります。また、法政大学への推薦権を保持したまま他大学を受験することが可能なので、広い選択肢のなかから、自分の進路をじっくりと考えることができます。校内には進路指導室も設置。さまざまな大学の資料や情報を収集できるほか、将来の進路を選択する際のアドバイスも随時行っています。

■現役大学進学者の進路の内訳

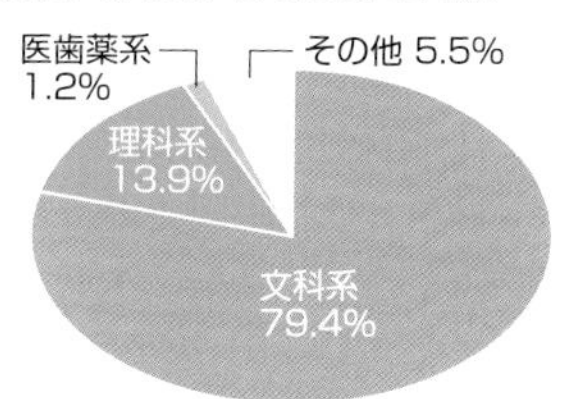

★他大学への合格状況（2024年度）慶應義塾大8名、早稲田大2名、上智大6名、東京理科大3名、明治大2名、立教大5名など

■併設大学（法政大学）への推薦状況

	法学部	文学部	経済学部	社会学部	経営学部	理工学部	デザイン工学部	国際文化学部	人間環境学部	現代福祉学部	キャリアデザイン学部	情報科学部	生命科学部	スポーツ健康学部	グローバル教養学部
22年	29名	23名	25名	26名	27名	15名	12名	8名	12名	4名	10名	8名	4名	5名	3名
23年	29名	22名	30名	27名	28名	6名	12名	9名	12名	4名	10名	7名	4名	4名	2名
24年	27名	24名	26名	28名	29名	7名	9名	9名	12名	6名	11名	6名	5名	5名	4名

★指定校推薦枠（2024年度）慶應義塾大1名、上智大5名、学習院大1名、立教大1名、日本大1名、東京薬科大3名など

入試情報

■2024年度の入試結果

		募集人員	出願者	受験者	合格者	実質倍率
第1回	男子	約50	118	98	40	2.5
	女子		143	134	50	2.7
第2回	男子	約50	241	159	38	4.2
	女子		280	205	43	4.8
第3回	男子	約40	216	135	18	7.5
	女子		295	214	26	8.2

■2024年度入試 合格者の教科別平均点

		算数	国語	理科	社会	合計
第1回	男子	131.2	115.7	71.5	72.0	390.4
	女子	130.7	118.0	72.0	70.5	391.2
第2回	男子	127.2	99.6	64.3	71.9	363.1
	女子	130.7	103.6	64.9	70.9	370.0
第3回	男子	131.9	111.5	77.5	68.9	389.8
	女子	131.5	121.3	78.6	68.5	399.8

○配点：算国＝各150点　理社＝各100点
○合格最低点：1回男子370点・女子374点　2回男子343点・女子352点　3回男子373点・女子381点

24年の募集要項

※以下は2024年の募集要項です。2025年の要項は学校の発表をお待ちください。

入 試 日／①2月1日 ②2月3日 ③2月5日
募集人員／男女約140名(①約50名 ②約50名 ③約40名)
合格発表／ホームページで即日
手続締切／①2月4日 ②③2月6日
試験科目／国語(50分・150点)、算数(50分・150点)、理科(35分・100点)、社会(35分・100点)
面　　接／なし
受 験 料／25,000円(まとめて振り込む場合は2回45,000円 3回65,000円)

公開行事・説明会予定

【学校説明会】要予約
6月22日(土)、 7月 6日(土)、 9月28日(土)
10月 5日(土)、10月26日(土)、11月16日(土)
【オープンキャンパス】要予約
7月13日(土) 9時30分～
【施設見学会】要予約
7月27日(土)、 8月 3日(土)、 8月24日(土)
10月26日(土)、12月 7日(土)
【入試直前対策講習会】要予約 6年生対象
12月21日(土) 8時30分～
【鈴掛祭(文化祭)】
9月21日(土)、22日(祝)
◆変更・中止の可能性もあります。必ず学校ホームページで確認してください。

サピックスOB・OGの声

●武蔵野の豊かな自然に恵まれたキャンパス、充実した施設が整う明るい雰囲気の校舎が自慢です。男女の仲も良く、楽しい時間を過ごしています。

宝仙(ほうせん)学園 中学校

所在地／〒164-8628 中野区中央2-28-3
TEL／03-3371-7109（共学部）
学校長／富士 晴英
創 立／1928年創立の中野高等女学校が前身。2007年に共学化し、共学部理数インターを設置。
URL／www.hosen.ed.jp/jhs（共学部）

	1年	2年	3年
男子	122名	132名	110名
女子	122名	115名	103名
クラス数	7組	7組	6組

中高総生徒数／1471名(高校女子部を含む)
併設小から 約1%

〈交通アクセス〉
東京メトロ丸ノ内線、都営大江戸線「中野坂上」駅より徒歩5分

医学部・国公立・早慶上理、現代社会に応える理数インター

2007年、幼稚園から大学までを擁する総合学園である宝仙学園に、新部門として、中高一貫の共学部「理数インター」が設立されました。「理数的思考力」と「コミュニケーション能力」「プレゼンテーション能力」を鍛えることで、現代社会に通用する力を育むとともに、真の学力を育成。「知的で開放的な広場」をコンセプトに、グローバルスタンダードな学びの場を提供しています。2024年から順天堂大学との系属校協定を締結。2025年度からは医学部進学コース（仮）が新設されます。

スクールライフ

●教育内容

週当たりの授業時間数を37時間に設定。教員との面談を繰り返し、希望する大学への進学をめざします。主要5教科は週27時間と首都圏屈指の授業時間数を確保することで、より濃い内容の授業を展開し、"進度"ではなく"深度"を深めていきます。理数インター独自の授業サイクル「Follow System」を採用し、教えっ放し、習いっ放しではなく、定着度合いを常にチェックしながら学習を進めていきます。さらに、日々の家庭学習の状況を教員が把握する学習記録ノート「マイウェイ」を導入し、理解不足や学習の遅れをきめ細かくフォロー。進路指導には「Conference」を活用することで、生徒一人ひとりの学習状況を担当教員が共有し、無理や無駄のない最適な学習を指導できる体制を整えています。

■主要5教科の週当たり時間（コマ）数

	英語	数学	国語	理科	社会
1年	7	6	5	6	3
2年	6	7	6	5	3
3年	7	6	6	5	4
合計	20	19	17	16	10

◎1日当たりの授業コマ数：共学部 50分×6～7時限
　※土曜日は4時限
◎登校時間：8時20分

●部活動

「人を育む」うえで大きな意味や役割を担うのが部活動です。生徒の希望に沿って新しいクラブも創設しており、加入率は85%を超えています。
○文化系／吹奏楽、演劇、美術、書道、自然科学研究（生物）、社会科学研究、ESS、ボランティア、写真、合唱、家庭科、華道、鐵道
○体育系／野球、弓道、剣道、バレーボール（女子）、硬式テニス、バスケットボール、サッカー、陸上競技、水泳、卓球、ダンス、バドミントン

●行事

本格的な体育アリーナで行う体育祭、幼稚園から大学まで同時に行う宝仙祭（文化祭）、芸術鑑賞会、合唱祭、英語プレゼンテーションコンテストなどがあります。

●修学旅行・研修旅行

中3の研修旅行は「アジアを知る・自分を知る」をテーマにシンガポールを訪れます。高2になると学年ごとにテーマを決め海外研修へ。2024年度は本校初のオーストラリア研修旅行です。異文化に触れ、人として成長できる旅を教員・生徒が一緒につくり上げます。

マネーガイド

■2024年度納付金(諸経費を含む)

	入学金	授業料	施設費	その他	計
入学手続時	300,000円	0円	120,000円	0円	420,000円
初年度総額	300,000円	483,600円	180,000円	158,000円	1,121,600円

※期日までに入学辞退を申し出た場合、施設費を返金

◎寄付金：任意
◎授業料：月納
◎奨学金・特待生制度：入試成績上位者に入学金・授業料・施設金の全額または半額を成績に応じて免除

サピックスからの合格実績（過去3年）	'22	'23	'24
	28名	16名	22名

進学指導の概要

週37時間の授業時間で、年間の授業週を40週とすることで、潤沢な授業時間数を確保。医学部･国公立･早慶上理、海外の大学といった難関大学にも対応できる力を育てます。進路指導も充実しており、高1で職業興味や性格特性、能力適性の検査を利用し、自分の将来について考えるきっかけにします。高1から高2にかけては、複雑化する大学入試の仕組みについて学んだり、大学のキャンパスに実際に足を運んだりすることで、学習に向かう意味や学習の先に飛び込む社会とはどのようなものなのかを理解します。そのなかで、みずからの進路を主体的に選び取り、それを力強く実現していく生徒を育てます。

■現役大学進学者の進路の内訳

未集計

■併設高校から主要大学への合格実績

※上段は現役合格者数、下段は浪人を含めた合格者数。

	東京大	京都大	一橋大	東京工業大	筑波大	お茶の水女子大	電気通信大	東京外国語大	東京学芸大	東京芸術大	東京農工大	東京都立大	横浜国立大	千葉大	早稲田大	慶應義塾大	上智大	東京理科大
22年	—	1	—	2	1	—	1	1	3	—	1	1	1	—	16	4	12	14
	—	1	—	3	1	—	1	1	3	—	1	1	1	1	20	8	13	16
23年	1	1	—	1	—	—	—	1	4	—	4	2	—	—	13	7	27	12
	1	1	—	1	—	—	—	1	5	—	4	2	—	—	16	8	27	20
24年	2	—	—	2	4	—	2	1	2	—	3	2	1	1	15	11	11	26
	2	—	—	2	5	—	2	1	2	—	3	2	1	1	17	11	11	29

	学習院大	明治大	青山学院大	立教大	中央大	法政大	日本大	東洋大	駒澤大	専修大	国際基督教大	津田塾大	東京女子大	日本女子大	文部科学省所管外の大学校	海外の大学	国公立・医学部	私立・医学部
22年	10	32	17	28	44	47	41	25	6	13	4	1	11	8	1	1	—	13
	10	37	18	35	55	58	57	40	9	19	4	2	15	10	1	3	1	20
23年	7	33	11	24	20	35	49	19	18	10	2	4	7	8	3	2	2	15
	9	40	14	31	22	46	58	30	18	19	2	4	7	8	3	2	2	20
24年	8	60	28	42	22	42	38	38	8	16	2	2	4	7	1	2	1	—
	9	66	32	46	28	44	49	55	11	27	2	2	4	7	1	3	1	3

★指定校推薦枠（2024年度）非公表

入試情報

■2024年度の入試結果（共学部理数インター）

			募集人員	出願者	受験者	合格者	実質倍率
2/1 1回	4科	男子	15	47	36	31	1.2
		女子		32	26	16	1.6
	2科	男子		14	9	6	1.5
		女子		9	6	3	2.0
2/1 公立一貫型1回		男子	15	164	154	110	1.4
		女子		222	209	159	1.3
2/1 新4科入試		男子	15	108	93	72	1.3
		女子		40	36	22	1.6
2/1 リベラルアーツ1回		男子	10	10	10	8	1.3
		女子		7	6	5	1.2
2/1 AAA1回		男子		1	1	1	1.0
		女子		0	0	0	—
2/1 グローバル1回		男子		3	3	2	1.5
		女子		0	0	0	—
2/1 読書プレゼン1回		男子		0	0	0	—
		女子		2	2	2	1.0
オピニオン		男子		1	1	1	1.0
		女子		1	0	0	—
2/1 理数インター1回		男子	5	6	5	3	1.7
		女子		12	11	8	1.4
2/2 公立一貫型2回		男子	15	120	87	50	1.7
		女子		131	88	63	1.4
2/2 国際生1回		男子	若干	1	0	0	—
		女子		0	0	0	—
2/2 2回	4科	男子	15	136	69	47	1.5
		女子		74	36	17	2.1
	2科	男子		31	17	7	2.4
		女子		20	11	5	2.2
2/2 英語AL		男子	5	8	8	5	1.6
		女子		9	5	3	1.7
2/2 国際生2回		男子	若干	4	3	2	1.5
		女子		1	1	1	1.0
2/2 理数インター2回		男子	5	8	4	1	4.0
		女子		4	2	2	1.0
2/4 公立一貫型3回		男子	15	102	60	21	2.9
		女子		129	71	38	1.9
2/4 リベラルアーツ2回		男子	10	9	7	0	—
		女子		9	5	4	1.3
2/4 AAA2回		男子		0	0	0	—
		女子		3	2	1	2.0
2/4 グローバル2回		男子		3	1	1	1.0
		女子		3	2	1	2.0
2/4 読書プレゼン2回		男子		6	3	3	1.0
		女子		12	6	5	1.2

24年の募集要項

※以下は2024年の募集要項です。2025年の要項は学校の発表をお待ちください。

入 試 日／2科4科①(特待)・公立一貫型①(特待)2月1日午前 新4科(特待)・リベラルアーツ①・AAA①・グローバル①・読書プレゼン①・入試「理数インター」①・オピニオン2月1日午後 公立一貫型②(特待)・国際生①2月2日午前 2科4科②(特待)・入試「理数インター」②・英語AL・国際生②2月2日午後 公立一貫型③(特待)2月4日午前 リベラルアーツ②・AAA②・グローバル②・読書プレゼン②2月4日午後 帰国12月6日

募集人員／男女約135名(2科4科①(特待)15名 公立一貫型①(特待)15名 新4科(特待)15名 リベラルアーツ①・AAA①・グローバル①・読書プレゼン①・オピニオン10名 入試「理数インター」①5名 公立一貫型②(特待)15名 2科4科②(特待)15名 入試「理数インター」②5名 英語AL5名 公立一貫型③(特待)15名 リベラルアーツ②・AAA②・グローバル②・読書プレゼン②10名 国際生若干 帰国10名)

合格発表／ホームページで即日。帰国12月13日

手続締切／2月5日 公立一貫型2月9日 帰国1月16日

試験科目／2科4科①②：国語･算数(各40分・各100点)、理科･社会(計40分・各50点) 新4科：4科総合(60分・100点) 公立一貫型①②③：適性検査Ⅰ(45分・40点)、適性検査Ⅱ(45分・50点)、調査書(10点) リベラルアーツ①②・AAA①②・読書プレゼン①②・オピニオン:日本語リスニング、プレゼンテーション グローバル①②：日本語リスニング、英語プレゼンテーション 入試「理数インター」①②：日本語リスニング、教科「理数インター」英語AL・国際生②：日本語リスニング・英語(各45分・各100点) 国際生①：算数・英語(各50分・各100点)

面　　接／なし

帰国生のための試験／2科型：国語または英語･算数、グローバル型：書類選考・日本語リスニング・英語面接

受 験 料／22,000円(複数回同時出願の場合、2回目以降は不要。公立一貫型のみの受験は12,000円)

◆詳しくは学校のホームページをご確認ください。

三田国際学園 中学校

所在地／〒158-0097　世田谷区用賀2-16-1
TEL／03-3707-5676
学園長／大橋 清貫
創　立／1902年創立の戸板裁縫学校が前身。1947年に戸板中学校となる。2015年に現校名に改称し、共学化。
URL／www.mita-is.ed.jp

	1年	2年	3年
男子	104名	73名	80名
女子	160名	147名	167名
クラス数	6組	6組	6組

中高総生徒数／1398名

〈交通アクセス〉
東急田園都市線「用賀」駅より徒歩5分
小田急線「成城学園前」駅、東急線「田園調布」駅よりバス

「発想の自由人」の育成をミッションとする

創立時からの「知・好・楽」の精神を受け継いできた戸板中学・女子高校が、2015年度に校名を変更し共学化。グローバル時代を迎え、みずからの考えを打ち出して道を切り開ける発想の自由人の育成をめざし、創立時の校名から「三田国際学園」として生まれ変わりました。「THINK&ACT」「INTERNATIONAL」「SCIENCE」をキーワードに、相互通行型授業やPBL型授業をはじめとする特色豊かな授業を展開。“使える”英語と豊かな国際感覚を身につけ、“教養”としてのサイエンス的思考力を育む「世界標準」の教育を実践しています。

スクールライフ

●教育内容

先の見えない時代を生き抜く確かな力を育むために、相互通行型授業やSTEAM、探究サイクル等を特長とする多彩な授業を全教科で展開しています。中1は「探究」の技法を習得する「サイエンスリテラシー」、中2・3は「基礎ゼミナール」「基礎研究α」「Academic Seminar」で、自分の興味に基づいて講座を選び、科学的アプローチを軸に研究活動を進めながら、サイエンス的思考力を培います。また、本校は多数の帰国生を受け入れ、ネイティブスピーカーの常勤教員も34名（2024年度）在籍しており、海外大学進学も視野に入れたグローバルな環境が整っています。インターナショナルクラス（IC）では国際生を中心に主要教科を英語で学ぶAcademyと、これから英語を学び始めるImmersionの2つのグループ編成。Immersionの主要教科も段階的にAll Englishに移行します。インターナショナルサイエンスクラス（ISC）では習熟度別の英語授業を実施。理数分野への意欲が旺盛な生徒は、選考を経て中2からスタートするメディカルサイエンステクノロジークラス（MSTC）に移動することもできます。MSTCは基礎研究αで、科学的アプローチを実践していきます。

■主要5教科の週当たり時間（コマ）数

	英語		数学	国語	理科	社会
1年	9	8	6	6	4	3
2年	8	8	6	6	5	4
3年	8	8	6	6	5	4
合計	25	24	18	18	14	11

※英語の左欄：インターナショナルクラス
　右欄：インターナショナルサイエンスクラス

◎1日当たりの授業コマ数：45分×7時限
　※土曜日は4時限
◎登校時間：8時25分

●部活動

中学のほぼ全員が参加。毎年定期演奏会を行う吹奏楽部やポップダンス部などの活動が盛んです。

○文化系／美術、English、吹奏楽、演劇、コンピュータ、鉄道研究、囲碁・将棋・チェス、サイエンス、コーラスなど
○体育系／バレーボール、硬式テニス、バスケットボール、新体操、バドミントン、卓球、ポップダンス、陸上競技、サッカー、ラグビー、軟式野球

●行事

生徒主体で企画・運営するMITA International Festival（文化祭）や音楽会、Sports Festival（体育祭）など、多くの行事があります。

●修学旅行・研修旅行

中1・高1でオリエンテーション合宿、中2でSocial Link Trigger、中3でSocial Link Actionを実施。全クラスで中3ターム留学、ICで長期留学、高校ISCで長期留学・短期留学を用意しています（希望者のみ）。また高校の全コースで、2年次に海外研修を実施しています（必須）。

マネーガイド

■2024年度納付金（諸経費を含む）

	入学金	授業料	施設費	その他	計
入学手続時	350,000円	0円	0円	0円	350,000円
初年度総額	350,000円	552,000円	228,000円	486,900円	1,616,900円

◎寄付金：あり（任意）
◎授業料：前期後期分納
◎奨学金・特待生制度：なし

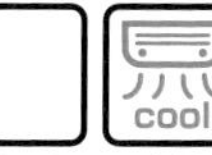

3期 学期制 / 完6 days 週5・6日制 / プール / cool 冷房 / 寮 / 食堂 / 私服通学 / 全 海外研修

サピックスからの合格実績（過去3年）	'22	'23	'24
	156名	106名	141名

進学指導の概要

希望する進路に合わせて、高校は3つのコースに分かれます。高校ICは日本とオーストラリアの2つのカリキュラムで学ぶDual Diploma Program（DDP）を導入。海外の高校卒業資格を取得し、海外大学進学を身近なものにします。高校ISCは中学までの学びをベースに、より探究的・実践的に社会と接続するPBL形式の授業「Liberal Arts」で学びながら、希望する進路に合わせて文理選択を行い、キャリアビジョンの実現をめざします。高校MSTCは理系学部への進学を想定し、学外での研究発表にも積極的に挑戦。総合型選抜や学校推薦型選抜を視野に、研究論文やプレゼンテーションの指導も行います。

■現役大学進学者の進路の内訳

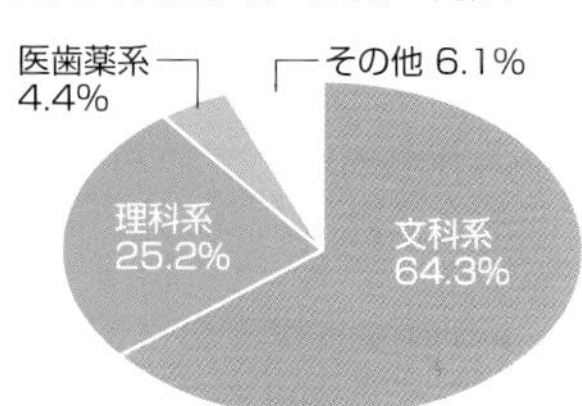

■併設高校から主要大学への合格実績

※上段は現役合格者数、下段は浪人を含めた合格者数。

	東京大	京都大	一橋大	東京工業大	筑波大	お茶の水女子大	電気通信大	東京外国語大	東京学芸大	東京芸術大	東京農工大	東京都立大	横浜国立大	千葉大	早稲田大	慶應義塾大	上智大	東京理科大
22年	—	—	—	—	2	—	—	1	2	1	1	—	1	—	15	13	12	1
	—	—	—	—	2	—	—	2	2	1	1	—	1	—	16	15	12	1
23年	—	1	—	—	—	—	3	—	1	—	—	1	1	—	22	18	27	11
	—	1	—	—	—	—	3	—	1	—	—	1	1	—	24	19	31	12
24年	2	—	1	1	4	1	—	1	—	—	—	2	2	1	39	36	22	13
	2	—	1	1	4	1	—	1	—	—	—	2	2	1	40	37	23	17

	学習院大	明治大	青山学院大	立教大	中央大	法政大	日本大	東洋大	駒澤大	専修大	国際基督教大	津田塾大	東京女子大	日本女子大	文部科学省所管外の大学校	海外の大学	国公立・医学部	私立・医学部
22年	3	11	9	23	18	22	22	5	7	7	5	—	1	3	2	55	—	2
	3	11	10	23	19	22	25	8	8	7	5	—	1	3	2	58	—	3
23年	5	33	24	32	12	22	20	25	20	10	6	1	—	1	—	46	1	11
	7	36	24	34	17	26	25	31	20	12	6	1	1	1	—	48	2	12
24年	3	27	31	46	19	18	7	14	5	6	6	—	—	5	—	92	3	4
	3	34	34	47	19	20	8	15	5	6	6	—	—	5	—	92	3	5

★指定校推薦枠（2024年度）東京理科大1名、立教大3名、法政大4名、立命館アジア太平洋大1名、日本大4名、東洋大2名、駒澤大3名、昭和薬科大1名、成城大3名、東京都市大5名

入試情報

■2024年度の入試結果

			募集人員	出願者	受験者	合格者	実質倍率
帰国生1回	ISC	英語	30	98	95	47	2.0
	IC			154	140	47	3.0
帰国生2回	ISC	英語		50	43	18	2.4
	IC			92	88	38	2.3
1回	ISC	4科	25	164	149	48	3.1
		英語		49	43	15	2.9
	IC	4科	20	54	50	20	2.5
		英語		124	115	18	6.4
2回	ISC	4科	10	217	172	69	2.5
	IC	4科	10	78	66	17	3.9
3回	ISC	4科	15	372	212	61	3.5
		英語		51	31	6	5.2
	IC	4科	10	111	60	13	4.6
		英語		132	109	11	9.9
MST	MSTC	算数・理科	30	304	179	53	3.4
4回	ISC	4科	10	554	257	54	4.8
		英語		113	57	6	9.5

○配点：算国＝各100点　理社＝各50点　英＝100点　MST配点：算理＝各100点
○合格最低点：1回ISC4科177点 IC4科161点　2回ISC160点 IC166点　3回ISC4科167点 IC4科163点　MST入試116点　4回4科193点　※帰国生・英語入試は非公表

24年の募集要項

※以下は2024年の募集要項です。2025年の要項は学校の発表をお待ちください。

入 試 日／①2月1日午前 ②2月1日午後 ③2月2日午後 MST入試2月3日午後 ④2月4日午後 帰国①11月21日 帰国②12月12日
募集人員／男 女160名(①ISC25名 IC20名 ②ISC10名 IC10名 ③ISC15名 IC10名 MST入試30名 ④ISC10名 帰国30名)
合格発表／ホームページ、掲示とも翌日(①のホームページは即日)
手続締切／2月8日(帰国①11月25日、帰国②12月15日)
試験科目／国語(50分・100点)、算数(50分・100点)、理科・社会(計50分・各50点)、英語(60分・100点)
※②4科 ①③④ISCは4科または英語・国語・算数・面接 ①③ICは4科または英語・面接　MST入試は算数(60分・100点)、理科(60分・100点)
面　　接／英語選択者・帰国生はあり
帰国生のための試験／IC：英語(60分・100点)、面接(英語・日本語) ISC：英語(60分・100点)、国語・算数(計50分・各50点)、面接(英語・日本語)
受 験 料／25,000円(同時出願の場合、5回まで同額)

公開行事・説明会予定

【学校説明会】要予約 各回10時～
6月15日(土)、7月 6日(土)、8月 3日(土)、9月14日(土) 10月 5日(土)、11月 9日(土)、12月 7日(土)
【入試傾向説明会】要予約
11月 9日(土)10時～
【オープンスクール】要予約
9月14日(土)
【MITA International Festival（文化祭）】
10月26日(土)10時～15時
10月27日(日)10時～15時
◆変更・中止の可能性もあります。必ず学校ホームページで確認してください。

武蔵野大学 中学校

所在地／〒202-8585　西東京市新町1-1-20
ＴＥＬ／042-468-3256
学校長／原田 豊
創　立／1924年、築地本願寺内に武蔵野女子学院を創立。1929年、現校地に移転。2019年、共学化に伴って校名を改称する。
ＵＲＬ／www.musashino-u.ed.jp

	1年	2年	3年
男子	87名	61名	60名
女子	112名	113名	117名
クラス数	6組	5組	5組

中高総生徒数／1614名

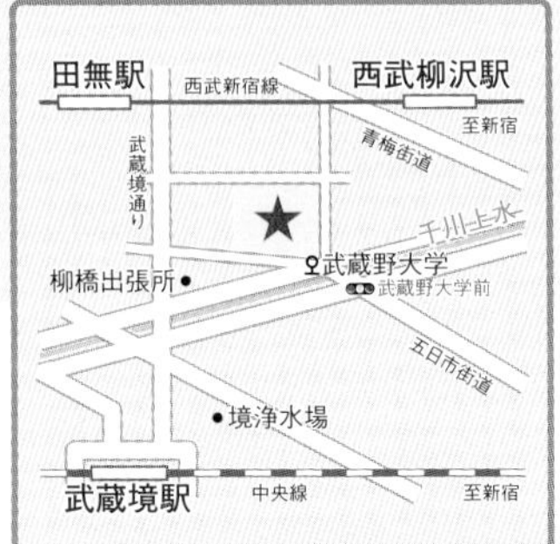

〈交通アクセス〉
西武新宿線「田無」駅より徒歩15分　JR「吉祥寺」「三鷹」「武蔵境」の各駅、西武池袋線「ひばりヶ丘」駅よりバス

最先端のグローバル＆サイエンスを習得する

緑豊かなキャンパスは約1万㎡と広大です。学祖・高楠順次郎の掲げた建学の精神に基づき、知的で思いやりのある生徒を育てています。週１時間の宗教の授業や朝拝、さまざまな宗教儀式を通じて知識を広げ、行動力と賢さが身につくよう努めています。2020年度より高校も男女共学となりました。キーワードは「グローバル＆サイエンス」。正解のない未来に向かって主体的に考え、世界中の人々と協力しながら、クリエイティブな発想ができる中学生を育成します。

スクールライフ

●教育内容

ていねいな指導で基礎からしっかり学んで土台を築き、学力をまんべんなく引き上げます。家庭学習の習慣を確立し、高校の各コースでの学習へとつなげていきます。タブレット端末を生徒1人1台保有して、各教科や総合学習でICTを駆使した授業を展開。とりわけ英語は、外国人講師の授業を含めた週5単位を設置し、「話す」「聞く」「読む」「書く」の4技能をバランス良く習得する授業を行っています。一方、英語運用能力の高い生徒に対しては少人数クラスを設け、外国人講師によるオールイングリッシュ授業も実施しています。

■主要5教科の週当たり時間（コマ）数

	英語	数学	国語	理科	社会
1年	6	5	4	4	3
2年	6	4	4	4	4
3年	6	5	5	4	3
合計	18	14	13	12	10

◎1日当たりの授業コマ数：50分×6時間
　土曜日は4時間
◎登校時間：8時20分

●部活動

13の文化部、12の体育部があります。参加率は90%。体育部では全国大会優勝経験を持つチアダンス部、バドミントン部やバスケットボール部、ダンス部などが活躍。文化部では全国大会出場経験のあるLEGO部など、多種多様なクラブが活動しています。

○文化系／ブラスバンド、漫画アニメーション、箏曲、書道、家庭科、科学、美術、写真、合唱、LEGO部、茶道、華道、フォークソング（高校）

○体育系／ダンス、チアダンス（高校）、卓球、剣道、陸上、硬式テニス、バドミントン、バスケットボール、バレーボール、ソフトボール、サッカー、ハンドボール

●行事

最大のイベントは秋の樹華祭（文化祭）です。テーマに基づいた創意工夫のある展示や、にぎやかな屋台など、生徒が躍動するイベントです。このほか、体育祭、合唱祭、校外学習など盛りだくさんで、活気ある学校生活を送っています。

●修学旅行・研修旅行

中３では国内の修学旅行を実施。高２の修学旅行は地域を選択できます。高校の「PBLインターナショナル」では、長期留学も可能です。帰国後は上智大学や国際基督教大学（ICU）などの難関国際系大学への進学をめざします。

マネーガイド

■2024年度納付金（諸経費を含む）

	入学金	授業料	施設費	その他	計
入学手続時	250,000円	0円	0円	0円	250,000円
初年度総額	250,000円	498,000円	50,000円	391,000円	1,189,000円

◎寄付金：１口3万円（任意）
◎授業料：4期分納
◎奨学金・特待生制度：特待生入試の合格者に年間授業料相当額（特待A）、半額相当（特待B）を給付

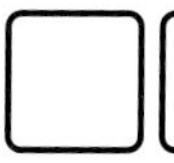   

2期 学期制 ／ 完6 days 週5･6日制 ／ プール ／ cool 冷房 ／ 寮 ／ 食堂 ／ 私服通学 ／ 海外研修

サピックスからの合格実績（過去3年）	'22	'23	'24
	6名	5名	2名

進学指導の概要

高校はハイグレード、PBLインターナショナル、本科の3コース制。「ハイグレード」は医学部、国公立大学や難関私立大学をめざすコースです。高2に上がるタイミングで文系か理系かを選び、各分野のスペシャリストを育成。「PBLインターナショナル」は、長期留学も可能とするコース。オリジナル教材を利用して英語で他教科を学んだりして、発信力とプレゼンテーション能力に磨きをかけて準備を整えます。「本科」は大学受験を前提にしながら、学習やクラブ活動、学校行事にバランス良く打ち込みたい生徒のためのコースです。併設の武蔵野大学には薬学部や看護学部など13学部21学科があり、優先的に進学できる推薦制度も利用可能です。

■現役大学進学者の進路の内訳

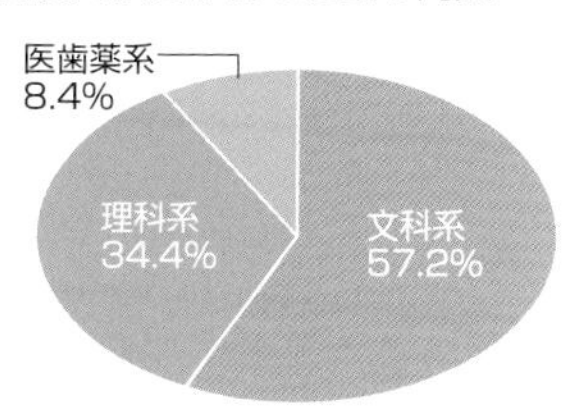

■併設高校から主要大学への合格実績

※上段は現役合格者数、下段は浪人を含めた合格者数。

	東京大	京都大	一橋大	東京工業大	筑波大	お茶の水女子大	電気通信大	東京外国語大	東京学芸大	東京芸術大	東京農工大	東京都立大	横浜国立大	千葉大	早稲田大	慶應義塾大	上智大	東京理科大
22年	—	—	—	—	—	—	—	—	2	—	—	—	—	—	1	1	4	—
	—	—	—	—	—	—	—	—	2	1	—	—	—	—	1	1	4	—
23年	—	—	—	—	—	—	—	—	1	—	—	—	—	—	6	1	9	1
	—	—	—	—	—	—	—	—	1	—	—	—	—	—	6	1	9	1
24年	—	—	—	—	—	—	—	1	—	—	—	1	—	—	—	2	7	—
	—	—	—	—	—	—	—	1	—	—	—	1	—	—	1	5	8	1

	学習院大	明治大	青山学院大	立教大	中央大	法政大	日本大	東洋大	駒澤大	専修大	国際基督教大	津田塾大	東京女子大	日本女子大	文部科学省所管外の大学校	海外の大学	国公立・医学部	私立・医学部
22年	2	1	3	4	5	5	6	7	3	1	2	2	1	6	—	4	1	1
	2	1	3	4	5	5	6	7	3	1	2	2	1	6	—	4	1	1
23年	3	5	3	7	11	16	6	12	8	10	1	1	2	6	—	4	—	—
	3	5	3	7	11	16	6	12	8	10	1	1	2	6	—	4	—	—
24年	2	3	—	2	7	8	10	7	11	7	2	1	6	5	—	—	3	—
	2	4	—	2	7	8	10	7	11	7	2	1	6	5	—	—	3	—

★指定校推薦枠（2024年度）上智大3名、中央大4名、法政大2名、日本大1名、日本女子大7名、成蹊大4名、獨協大3名、東京都市大1名、立命館大1名、成城大3名、武蔵大4名、北里大1名、明治薬科大2名、立命館アジア太平洋大2名、芝浦工大3名など

私立 東京 共学 む

入試情報

■2024年度の入試結果

		募集人員	出願者	受験者	合格者	実質倍率
1回	4科	70	53	36	28	1.3
	2科	70	128	115	82	1.4
2回	2科選択	40	293	262	180	1.5
3回	4科	30	101	29	19	1.5
	2科		149	44	28	1.6
4回	算数	15	198	57	39	1.5
	英語+基礎学力		29	7	3	2.3
適性検査型	Ⅰ Ⅱ型	15	38	38	37	1.0
	Ⅰ Ⅱ Ⅲ型		28	28	25	1.1
アドベンチャー	※	10	38	23	7	3.3

■2024年度入試 合格者の教科別平均点（男女合計データ）

	算数	国語	理科	社会	英語	合計
1回	63.5	70.1	28.8	25.8		199.0
2回	60.6	57.2	62.1	60.5	78.3	121.4
3回	54.7	60.7	31.3	23.4		173.2
4回 算数	93.3					—
4回 英語	基礎学力/38.4				82.7	125.0
適性検査Ⅰ Ⅱ型	Ⅰ/非公表	Ⅱ/非公表				148.6
適性検査Ⅰ Ⅱ Ⅲ型	Ⅰ/非公表	Ⅱ/非公表	Ⅲ/非公表			141.8

※基礎学力試験・スカベンジャーハント
○1回・3回配点：算国＝各100点　理社＝各50点　2回配点：算国理社英＝各100点　4回配点：算＝150点　英＝100点　基礎学力＝50点　適性検査型配点：適性Ⅰ・Ⅱ・Ⅲ＝各100点
○合格最低点：非公表

24年の募集要項

※以下は2024年の募集要項です。2025年の要項は学校の発表をお待ちください。

入試日／①・適性検査型2月1日午前 ②2月1日午後 ③2月2日午前 ④2月2日午後 アドベンチャー 2月4日午後
募集人員／男女約180名(①70名 適性検査型15名 ②40名 ③30名 ④15名 アドベンチャー 10名)
合格発表／ホームページで即日発表
手続締切／2月6日 適性検査型2月10日
試験科目／①③：国語・算数(各45分・各100点)、理科・社会(計45分・各50点) ※2科4科選択 ②：国語・算数・理科・社会・英語(各45分・各100点)から2科選択(国語・算数のうち1つは必須) ④：算数①・算数②(各45分・各75点)または英語(45分・100点)・基礎学力(30分・50点) 適性検査型：適性Ⅰ・Ⅱ・Ⅲ(各45分・各100点) ※Ⅰ Ⅱ型またはⅠ Ⅱ Ⅲ型を選択 アドベンチャー：基礎学力試験、スカベンジャーハント
面接／なし
受験料／30,000円(複数回同時出願も同額。適性検査型、アドベンチャーは15,000円)

公開行事・説明会予定

【入試対策説明会】要予約
11月23日(祝)10時～
【オープンスクール】要予約 各回14時～
7月13日(土)、9月28日(土)
【授業体験会】要予約
8月10日(土)10時～
【文化祭】
11月 9日(土)
11月10日(日)
◆変更・中止の可能性もあります。必ず学校ホームページで確認してください。

明治学院 中学校

所在地／〒189-0024　東村山市富士見町1-12-3
TEL／042-391-2142
学校長／大西 哲也
創　立／1863年、宣教師ヘボン博士により、ヘボン英学塾を前身として創立。1887年に現校名に変更し、1991年に共学化。
URL／www.meijigakuin-higashi.ed.jp

	1年	2年	3年
男子	72名	72名	69名
女子	72名	71名	71名
クラス数	4組	4組	4組

中高総生徒数／1187名

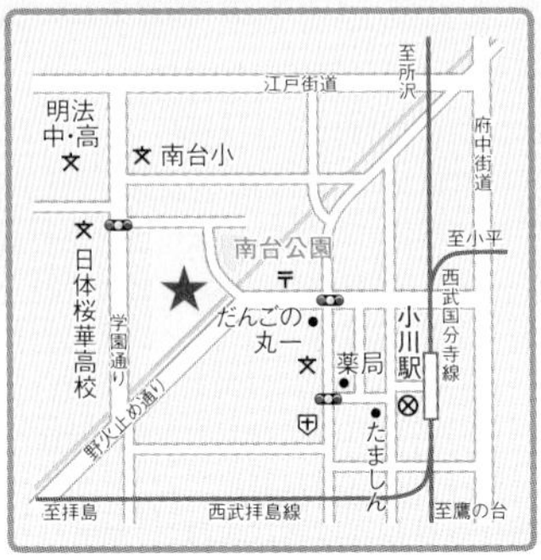

〈交通アクセス〉
西武拝島線・西武国分寺線「小川」駅より徒歩8分　JR武蔵野線「新小平」駅より徒歩25分（自転車通学可）

キリスト教に基づく人格教育で、自立した「世界人」を育成する

東京一致神学校を母体とするプロテスタントの学校です。1963年に東村山に高校が設立され、1966年に中学も港区から移転。1991年から男女共学となりました。キリスト教に基づく人格教育により、「道徳人・実力人・世界人」の育成をめざしています。その源流は1863年に開設された「ヘボン塾」という英学塾で、創設者はヘボン式ローマ字の考案や聖書の翻訳で知られるヘボン博士です。英語教育・宗教教育のほか、高校ホームステイやボランティア活動などによる国際教育がしっかりと根付いています。

スクールライフ

●教育内容

主要5教科に多くの時間を充て、基礎学力の養成・定着の徹底を図ります。特に英語教育を重視し、週6時間の授業で4技能をバランス良く伸ばします。うち2時間の英会話は総勢5名の外国人講師による少人数授業です。英検®は中学で準2級取得が目標。一方、数学は中3で「特別数学」を週1時間設け、3年間の総復習テストと習熟度別の解説を行います。国語は作文指導を重視し、蔵書約6万冊の図書室も完備。社会では中2で班別に史跡を探訪する「東京歴史散歩」、理科では中2で多摩動物公園、中3で地層を見学する校外学習を実施します。毎朝15分間の礼拝や、全学年で聖書の時間を週1時間設けているほか、高齢者や障害者への理解・思いやりを育むボランティア教育を行っています。

■主要5教科の週当たり時間（コマ）数

	英語	数学	国語	理科	社会
1年	6	5	4	4	4
2年	6	4	5	4	4
3年	6	5	4	5	4
合計	18	14	13	13	12

◎1日当たりの授業コマ数：50分×6時限
※土曜日は4時限
◎登校時間：8時30分

●部活動

美術部、ハンドベル部、自然科学部などは全国レベル。将棋、テニス、水泳などは個人で全国レベルの活躍をしています。

○文化系／キリスト教研究、自然科学、ハンドベル、美術、ハンドメイド、演劇、鉄道研究、将棋、ブラスバンド
○体育系／硬式テニス、バスケットボール（以上、男女別）、女子バレーボール、野球、サッカー、剣道、柔道、バドミントン、水泳、ラグビー、フラッグフットボール

●行事

体育祭、中高合同のヘボン祭（文化祭）、中学合唱祭、マラソン大会、クリスマスの集いのほか、年5回の特別礼拝、スキー教室、臨海教室などを実施。英語スピーチコンテスト、国語朗読コンクールも特色ある行事です。

●修学旅行・研修旅行

中1・2の修養会は中1で富士山麓の河口湖、中2で八ヶ岳の清里高原、中3の研修旅行は奈良・京都・広島を訪ねます。高2の研修旅行は長崎・平戸を訪れます。高校生は、夏休み40日間アメリカ・ホームステイと高3冬のウインターイングリッシュプログラムに参加でき、それぞれ希望者から選抜されます。2024年度より、新たに中3～高校生対象のイギリス・オーストラリアへのスタディーツアー、ニュージーランドへのターム留学制度がスタートします。

マネーガイド

■2024年度納付金（諸経費を含む）

	入学金	授業料	施設費	その他	計
入学手続時	280,000円	0円	0円	0円	280,000円
初年度総額	280,000円	504,000円	180,000円	224,000円	1,188,000円

◎寄付金：1口10万円、2口以上（任意）
◎授業料：月納
◎奨学金・特待生制度：経済的理由により就学困難と判断される者に授業料を軽減

学期制 週5･6日制 プール 冷房 寮 食堂 私服通学 海外研修

サピックスからの合格実績（過去3年）	'22	'23	'24
	18名	23名	19名

進学指導の概要

校名は明治学院東村山高等学校となり、高入生との混合クラス編成です。高1の数学、全学年の英語の一部で少人数習熟度別授業を導入。高2で文系・理系に分かれ、高3ではA明治学院大推薦進学、B文系受験進学、C理系受験進学の3コースに分かれます。Aコースではアカデミック・リテラシー教育に力を入れており、小論文や面接指導にも取り組みます。B、Cコースは各自の希望の進路を切り開くための受験指導に力を入れています。高3の夏休みには進学講習が開かれます。約50年続いているホームステイは希望者（高1は内進生のみ）から選抜され、夏休み40日間をアメリカのホストファミリーと過ごします。

■現役大学進学者の進路の内訳

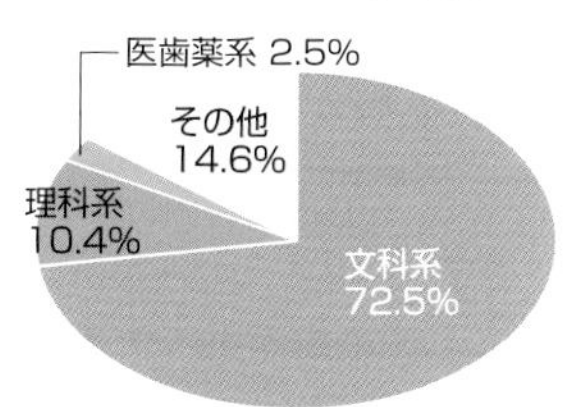

■併設高校から主要大学への合格実績

※上段は現役合格者数、下段は浪人を含めた合格者数。

	東京大	京都大	一橋大	東京工業大	筑波大	お茶の水女子大	電気通信大	東京外国語大	東京学芸大	東京芸術大	東京農工大	東京都立大	横浜国立大	千葉大	早稲田大	慶應義塾大	上智大	東京理科大
22年	—	—	—	—	1	—	—	—	1	—	—	—	1	—	3	1	1	3
	—	—	—	—	1	—	—	—	1	—	—	—	1	—	4	2	1	3
23年	—	—	—	—	—	—	—	—	—	—	—	—	—	—	2	1	2	3
	—	—	1	—	—	—	—	—	—	—	—	—	—	—	5	3	2	3
24年	—	—	—	—	—	—	—	—	—	—	—	—	—	—	3	1	3	3
	—	—	—	—	—	—	—	—	—	—	—	—	—	—	4	2	3	3

	学習院大	明治大	青山学院大	立教大	中央大	法政大	日本大	東洋大	駒澤大	専修大	明治学院大	津田塾大	東京女子大	日本女子大	文部科学省所管外の大学校	海外の大学	国公立・医学部	私立・医学部
22年	11	4	6	7	9	14	14	11	2	2	124	1	—	1	—	—	—	—
	12	6	7	8	14	22	20	14	3	4	124	1	—	1	—	—	—	—
23年	10	2	8	9	16	7	4	11	2	3	133	—	3	—	—	—	—	—
	10	2	8	9	16	8	6	11	4	4	135	—	3	—	—	—	—	1
24年	8	6	9	17	15	9	8	10	—	1	132	1	2	1	—	—	—	—
	8	8	10	21	17	9	8	13	—	1	139	1	2	1	—	—	—	—

★指定校推薦枠（2024年度）東京理科大6名、上智大1名、学習院大10名、青山学院大3名、中央大6名、法政大6名、東京女子大5名、国際基督教大2名、成蹊大3名、成城大6名、フェリス女学院大7名、芝浦工業大3名など

入試情報

■2024年度の入試結果

			募集人員	出願者	受験者	合格者	実質倍率
1回	2科	男子	約30	237	222	80	2.8
		女子	約30	191	182	72	2.5
2回	4科	男子	約30	172	120	40	3.0
		女子	約30	172	112	42	2.7
3回	4科	男子	約10	159	82	24	3.3
		女子	約10	133	67	26	2.6

■2024年度入試 合格者の教科別平均点

			算数	国語	理科	社会	合計
1回	2科	男子	86.8	67.4			154.2
		女子	84.4	68.8			153.3
2回	4科	男子	82.5	75.0	46.4	48.5	252.3
		女子	79.7	79.5	45.5	47.1	251.9
3回	4科	男子	75.2	74.3	44.8	43.4	237.8
		女子	71.5	79.8	43.3	41.9	236.6

○配点：算国＝各100点　理社＝各60点
○合格最低点：1回男子142点・女子141点　2回男子235点・女子237点　3回男子226点・女子220点

25年の募集要項

入 試 日／①2月1日午後 ②2月2日 ③2月4日
募集人員／男女約140名(①約60名 ②約60名 ③約20名)
合格発表／ホームページにて即日
手続締切／①②2月4日 ③2月5日
試験科目／国語(50分･100点)、算数(50分･100点)、理科(30分・60点)、社会(30分・60点) ※①は2科、②③は4科
面　　接／なし
受 験 料／25,000円(2回同時出願の場合は35,000円、3回同時出願の場合は40,000円)

公開行事・説明会予定

【学校説明会】要予約
6月22日(土)14時～
9月 7日(土)14時～
10月12日(土)14時～
11月13日(水)10時～（授業見学あり）
12月 7日(土)14時～
1月11日(土)14時～
【オープンキャンパス】要予約
7月15日(祝)
【クラブ体験会】要予約
11月16日(土)
【体育祭】
9月28日(土)
【ヘボン祭(文化祭)】
11月 2日(土)、4日(振休)
【クリスマスの集い】
12月20日(金)15時～
【ハンドベル定期演奏会】
1月24日(金)19時～ なかのZEROホール
◆変更・中止の可能性もあります。必ず学校ホームページで確認してください。

私立 東京 共学 め

明治大学付属八王子 中学校

所在地／〒192-0001　八王子市戸吹町1100
TEL／042-691-0321
学校長／林 健司
創　立／1929年、中野学園として創立。1984年、明治大学付属中野八王子中学・高等学校を開校。1994年に共学化。
URL／www.mnh.ed.jp

	1年	2年	3年
男子	80名	88名	82名
女子	90名	83名	84名
クラス数	4組	4組	4組

中高総生徒数／1479名

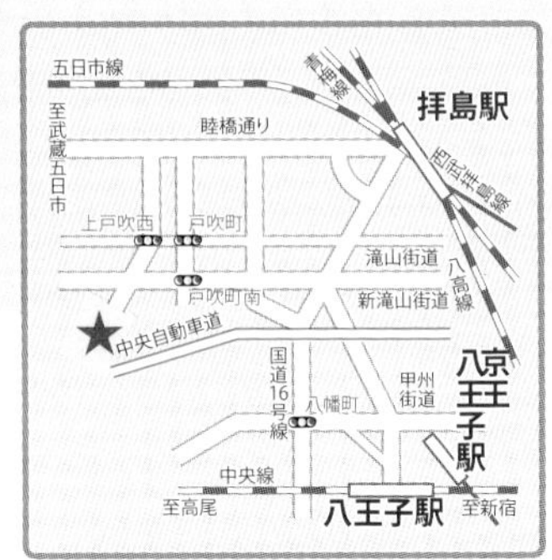

〈交通アクセス〉
JR中央線「八王子」駅よりスクールバスで25分　JR、西武拝島線「拝島」駅よりスクールバスで25分

広大な敷地に立つ、付属校3校で最初の共学校

中野学園（明治大学付属中野中学校）を母体とし、1984年に開校。創立40周年を迎えました。当初は男女別学でしたが、1994年に共学化。明治大学の付属校3校のなかでは最初の共学校です。建学の精神「質実剛毅」「協同自治」の下、社会に貢献できる人間性豊かな人材の育成をめざし、知・徳・体のバランスの取れた全人教育を行っています。多摩丘陵に位置する約22万㎡もの広大な校地には、全天候型400mトラックのある全面人工芝のグラウンド、ナイター設備のある野球場やテニスコートなどの設備が整っています。

スクールライフ

●教育内容

中学では基礎学力の徹底を図り、論理的思考力を育成することを主眼としています。また、調べ学習によるレポート作成やプレゼンテーションの機会を設け、身につけた基礎学力をもとに他者へ情報を発信する力も育みます。英語は中1～3で週6時間。中1・2の1時間は外国人講師による英会話、中3ではオンライン英会話を実施しています。道徳では、人と社会・自然とのかかわりを意識しながら命の大切さを学ぶとともに、どんな時代にも対応できる校訓に基づいた価値観の育成をめざします。朝のHRは読書から始まり、英単語・数学・漢字の小テストを実施。英検®・漢検の受検も奨励され、中3終了までに英検®準2級以上の取得をめざしています。また、放課後や夏休みを利用して、全学年を対象とした主要3教科の講習が基礎・応用で開かれるなど、フォローも万全です。

■主要5教科の週当たり時間（コマ）数

	英語	数学	国語	理科	社会
1年	6	4	4	4	4
2年	6	4	4	4	4
3年	6	4	4	4	4
合計	18	12	12	12	12

◎1日当たりの授業コマ数：50分×6時限
　※月曜日は5時限、土曜日は4時限
◎登校時間：8時40分

●部活動

文化系9、体育系15のクラブと文化系2、体育系1の同好会には、全校生徒の85％以上が参加しています。学年を超えて友情を育みながら、切磋琢磨して高い目標をめざし、みずからの可能性を切り開いています。

○文化系／ESS（同好会）、放送、吹奏楽、茶道、箏曲、写真、美術、自然科学、合唱、軽音楽、演劇（同好会）
○体育系／軟式野球、陸上、サッカー、剣道、ゴルフ、水泳、バドミントン（男・女）、卓球、ダンス、硬式テニス（男・女）、ラグビー、バスケットボール（男・女）、チア（同好会）

●行事

戸富貴（とぶき）祭（5月・体育の部、9月・文化の部）、合唱祭のほか、校外学習や希望者による東北復興学び研修、スキー・スノーボード教室があります。

●修学旅行・研修旅行

中1は群馬県みなかみ町へ1泊2日、高1は神奈川県へ1泊2日のオリエンテーション旅行。中2は山梨県富士近郊へ1泊2日の移動教室。中3の修学旅行は3泊4日で奈良・京都を、高2の修学旅行は4泊5日で沖縄を訪れます。中3・高校で希望者対象の海外研修（オーストラリア）があります。

マネーガイド

■2024年度納付金（諸経費を含む）

	入学金	授業料	施設費	その他	計
入学手続時	280,000円	0円	0円	0円	280,000円
初年度総額	280,000円	570,000円	240,000円	約200,000円	約1,290,000円

※スクールバス代（月額）16,000円
※2025年度入学生より授業料等変更（発表は秋以降）

◎寄付金：任意
◎授業料：3期分納
◎奨学金・特待生制度：経済的理由により就学困難と判断される者に授業料を免除または貸与

学期制 週5・6日制 プール 冷房 寮 食堂 私服通学 海外研修

サピックスからの合格実績（過去3年）	'22	'23	'24
	22名	25名	18名

進学指導の概要

高1は高入生との混合クラスとなり、全員共通の必修科目を履修します。高2より文系と理系の2コースに分かれます。文系でも数学ⅡB、理系でも公民を学びます。続く高3ではより卒業後の進路に合った科目配当になります。高1では少人数制で外国人講師とのチームティーチングで英会話授業を行います。高2・3ではオンライン英会話の授業を週1回実施。国語では、読書指導に力を入れています。数学や英語では、生徒の学習状況や意欲に応じて、希望者に放課後の特別指導や添削指導などを実施するほか、長期休暇を利用した特別講習なども開催します。さらに、付属校のメリットを生かし、明治大学の特別講座や公開授業も受けられます。

■現役大学進学者の進路の内訳

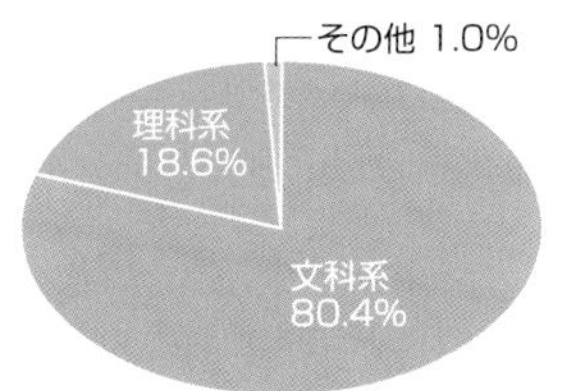

★他大学への合格状況（2024年度）東京外国語大2名、東京農工大1名、筑波大1名、上智大1名、東京理科大3名、立教大1名、明治学院大2名、日本大4名、東京薬科大2名など

■併設大学（明治大学）への推薦状況

	法学部	商学部	政治経済学部	文学部	経営学部	情報コミュニケーション学部	理工学部	農学部	国際日本学部	総合数理学部
22年	47名	46名	48名	18名	38名	23名	25名	16名	10名	9名
23年	49名	47名	48名	17名	38名	23名	23名	16名	10名	11名
24年	45名	47名	48名	20名	38名	23名	28名	16名	8名	11名

★指定校推薦枠（2024年度）東京理科大、立教大、東京農業大、東京薬科大、明治薬科大、日本赤十字看護大など

入試情報

■過去3年間の入試結果

			募集人員	出願者	受験者	合格者	実質倍率
22年	A1回	男子	100	237	232	76	3.1
		女子		169	161	62	2.6
	A2回	男子	40	309	239	36	6.6
		女子		185	134	27	5.0
	B	男子	20	209	170	12	14.2
		女子		128	103	14	7.4
23年	A1回	男子	100	229	222	86	2.6
		女子		177	171	64	2.7
	A2回	男子	40	253	197	21	9.4
		女子		207	173	33	5.2
	B	男子	20	127	111	11	10.1
		女子		136	106	9	11.8
24年	A1回	男子	100	249	240	76	3.2
		女子		215	209	68	3.1
	A2回	男子	40	246	197	31	6.4
		女子		217	170	26	6.5
	B	男子	20	159	128	15	8.5
		女子		127	111	17	6.5

○配点：算国＝各100点　理社＝各50点／B方式　4科総合120点
○合格最低点：A1回男子200点・女子200点　A2回男子208点・女子208点　B男子85点・女子89点

24年の募集要項

※以下は2024年の募集要項です。2025年の要項は学校の発表をお待ちください。

入試日／A方式：①2月1日 ②2月3日 B方式：2月5日
募集人員／男女約160名(A方式①約100名 ②約40名 B方式約20名)
合格発表／A方式：①②とも即日 B方式：2月6日
※ホームページで発表
手続締切／A方式：①2月3日 ②2月5日 B方式：2月7日
試験科目／A方式：国語・算数(各50分・各100点)、理科・社会(各30分・各50点)
B方式：4科総合問題(60分・120点)
面　接／なし
受験料／A方式 30,000円 B方式20,000円

公開行事・説明会予定

【学校説明会】要予約
8月24日(土)
10月26日(土)
11月16日(土)
【オープンスクール(授業見学)】要予約
10月26日(土)
11月16日(土)
【戸富貴祭 文化の部(文化祭)】
9月21日(土) 9時～16時
9月22日(祝) 9時～16時
◆変更・中止の可能性もあります。必ず学校ホームページで確認してください。

明治大学付属明治 中学校

所在地／〒182-0033 調布市富士見町4-23-25
TEL／042-444-9100
学校長／井家上 哲史
創　立／1912年に明治大学の付属校として神田駿河台に開校。2008年4月から調布に移転し、男女共学に移行。
URL／www.meiji.ac.jp/ko_chu

	1年	2年	3年
男子	94名	86名	94名
女子	83名	89名	87名
クラス数	5組	5組	5組

中高総生徒数／1373名

〈交通アクセス〉
京王線「調布」駅よりバス8～11分、JR「武蔵境」「三鷹」「武蔵小金井」の3駅よりバス21～30分、小田急線「狛江」駅よりバス28分
※生徒はスクールバス（調布駅、飛田給駅、三鷹駅、矢野口駅発着）を利用します。

大学付属校のメリットを最大限に生かす10年一貫教育を推進

1912年、旧制明治中学校として神田駿河台の明治大学構内に設立されました。1948年に推薦制度による明治大学までの一貫教育を確立し、大学直系の付属校として、卒業生の約90%が同大学へ進学しています。初代校長の法学博士・鵜澤総明による「質実剛健」「独立自治」の校訓の下、男子校の伝統を歩んできましたが、2008年に男女共学となりました。大学付属校のメリットを最大限に生かす中・高・大の10年一貫教育により、大学受験の枠にとらわれず、伸び伸びと学ぶことができる学校です。

スクールライフ

●教育内容

中学のカリキュラムは主要5教科に多くの時間を割き、高校・大学につながる基礎力をじっくりと養成します。英語は週7時間のうち4時間はクラス分割の少人数授業を実施し、中2から習熟度別となります。残り2時間は英文法の授業、1時間は外国人専任講師による英会話の授業です。英語と数学は中3の後半から高校の内容に入る先取り授業で、英語は「NEW TREASURE」、数学は「体系数学」の検定外教科書を使用しています。英検®、TOEIC、漢検、数学・計算検定、簿記検定などの取得を奨励し、中3終了時までにほぼ全員が英検®準2級を取得します。独自の校内計算検定・漢字検定も実施。英語と数学は週1回の補習講座を放課後に設けているほか、夏休みに成績不振者対象の夏期補習があります。

■主要5教科の週当たり時間（コマ）数

	英語	数学	国語	理科	社会
1年	7	4	5	4	4
2年	7	5	5	4	4
3年	7	5	5	4	4
合計	21	14	15	12	12

◎1日当たりの授業コマ数：50分×6時限
◎登校時間：8時35分

●部活動

中高で38の部・班があります。参加率は中学が約99%、高校が約92%です。

○文化系／ESS、マンドリン、物理、化学、生物、書道、地理研究、歴史研究、美術、地学、映画、鉄道研究、吹奏楽、放送、将棋、JRC、コンピュータなど

○体育系／中学野球、剣道、柔道、陸上競技、卓球、バレーボール、サッカー、バドミントン、バスケットボール、硬式テニス、ソフトテニス、水泳、スキー、応援指導

●行事

秋に開催される紫紺祭（文化祭）、体育祭のほか、東京六大学野球応援などがあります。

●修学旅行・研修旅行

中1は菅平での林間学校、中2の移動教室では登呂遺跡見学などを行います。中3の修学旅行は飛鳥・奈良・京都、高2では沖縄に行きます。このほかに希望者は、夏期はカナダ、春期はオーストラリアで実施する海外語学研修や中学生イングリッシュ・キャンプに参加できます。

マネーガイド

■2024年度納付金（諸経費を含む）

	入学金	授業料	施設費	その他	計
入学手続時	300,000円	0円	100,000円	10,000円	410,000円
初年度総額	300,000円	632,400円	282,000円	約210,000円	約1,424,400円

※期日までに入学辞退を申し出た場合、入学金以外を返金

◎寄付金：任意
◎授業料：3期分納
◎奨学金・特待生制度：経済的理由により就学困難と判断される者に授業料の全額または半額を免除（1年間）。また、学業成績優秀者に12万円を給付（1年間）

学期制　週5·6日制　プール　冷房　寮　食堂　私服通学　海外研修

サピックスからの合格実績（過去3年）	'22	'23	'24
	79名	84名	62名

進学指導の概要

高入生とは混合クラス編成です。高1・2の基礎科目はすべて必修。高大連携講座など、多彩な講座群が用意されています。英語は高1の論理・表現Ⅰを外国人講師が担当します。英検®は卒業までにほぼ全員が2級を取得するほか、TOEICを校内で年3回実施するなど、資格取得に力を入れています。高3で文系と理系に分かれ、選択科目が設けられます。また、高大連携体制により、高1から高3にかけて、担任、大学の教員、卒業生などが一体となって進路を指導。高1では明治大学10学部の学部長を招き、説明を受ける「特別進学指導講座」や明治大学の施設見学を行い、高2前期・高3後期では大学教員が直接授業を担当する「高大連携講座」が週2時間実施され、高3では希望者は大学入学後に単位として認定される「プレカレッジ・プログラム」も受講できます。また、高大連携セミナーやキャリアクエスト講座なども実施し、キャリア教育を充実させています。

■現役大学進学者の進路の内訳

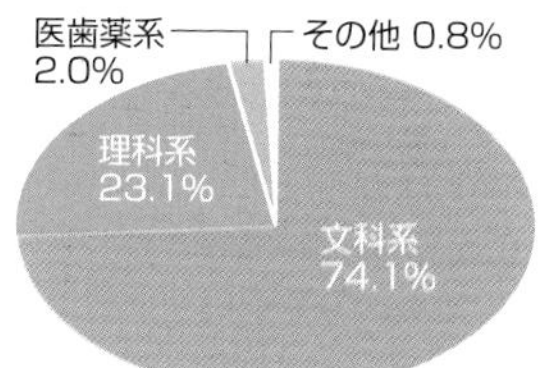

★他大学への合格状況（2024年度）東京工業大1名、東京外国語大1名、北海道大1名、筑波大1名、東京農工大2名、電気通信大3名、広島大1名、東京都立大1名、横浜市立大1名、早稲田大8名、慶應義塾大12名、上智大10名、東京理科大3名など

■併設大学（明治大学）への推薦状況

	法学部	商学部	政治経済学部	文学部	経営学部	情報コミュニケーション学部	理工学部	農学部	国際日本学部	総合数理学部
22年	16名	51名	54名	8名	28名	15名	23名	14名	7名	10名
23年	19名	57名	55名	13名	19名	17名	36名	13名	10名	25名
24年	15名	60名	54名	8名	17名	16名	28名	15名	5名	12名

★指定校推薦枠（2024年度）非公表

入試情報

■過去3年間の入試結果

			募集人員	出願者	受験者	合格者	実質倍率
22年	1回	男子	帰国含約45	289	247	121	2.0
		女子	帰国含約45	298	267	76	3.5
	2回	男子	帰国含約30	319	168	43	3.9
		女子	帰国含約30	306	188	47	4.0
23年	1回	男子	帰国含約45	283	252	119	2.1
		女子	帰国含約45	290	256	84	3.0
	2回	男子	帰国含約30	269	142	40	3.6
		女子	帰国含約30	282	169	46	3.7
24年	1回	男子	帰国含約45	326	280	114	2.5
		女子	帰国含約45	315	278	76	3.7
	2回	男子	帰国含約30	297	170	44	3.9
		女子	帰国含約30	315	176	45	3.9

■2024年度入試 合格者の教科別平均点

		算数	国語	理科	社会	合計
1回	男子	73.62	61.98	55.54	43.21	234.35
	女子					
2回	男子	53.57	62.63	49.74	41.84	207.79
	女子					

○配点：算国＝各100点　理社＝各75点
○合格最低点：1回211点　2回189点

24年の募集要項

※以下は2024年の募集要項です。2025年の要項は学校の発表をお待ちください。

入 試 日／①2月2日 ②2月3日
募集人員／男女約150名(①男子約45名、女子約45名 ②男子約30名、女子約30名)
※それぞれ帰国生含む
合格発表／ホームページで即日
手続締切／2月8日
試験科目／国語(50分・100点)、算数(50分・100点)、理科(40分・75点)、社会(40分・75点)
面　接／なし
受 験 料／30,000円

公開行事・説明会予定

【学校説明会】要予約
9月 5日(木)10時30分～
10月 5日(土)10時～、14時～
11月 9日(土)10時30分～、14時～
【入試対策説明会】要予約 6年生対象
11月30日(土)10時～、14時～
【オープンキャンパス】要予約 5年生以上対象
6月22日(土) 9時～
【紫紺祭(文化祭)】
9月21日(土)10時～16時
9月22日(祝) 9時30分～15時30分
【中学体育祭】
10月24日(木) 9時15分～
◆変更・中止の可能性もあります。必ず学校ホームページで確認してください。

明星 中学校

所在地／〒183-8531 東京都府中市栄町1-1
TEL／042-368-5111
学校長／水野 次郎
創　立／1927年、明星実務学校より明星中学校に改組。1948年、高等学校開校。2003年に中学を、2006年に高等学校を共学化。
URL／meisei.ac.jp/hs/

	1年	2年	3年
男子	98名	101名	69名
女子	59名	58名	66名
クラス数	5組	5組	5組

中高総生徒数／1190名

〈交通アクセス〉
JR南武線「北府中」駅より徒歩15分
JR中央線・西武国分寺線・西武多摩湖線「国分寺」駅よりバス7分
京王線「府中」駅よりバス7分

「手塩にかけた教育」で生徒の能力を最大限に伸ばす

2023年に創立100周年を迎えた同校が創立時から守り続けてきたのは、指導者が誠の心をもって、生徒の誠の心を育てる「手塩にかける教育」。本物に触れる体験を通して、生徒一人ひとりの興味・関心を引き出していきます。中学では、難関大学への合格をめざす「特別選抜クラス」と、基礎の徹底を中心に多様な体験学習を展開する「総合クラス」を設置。SDGsをテーマとした教科横断型の学びや、体験型の英語学習プログラムを導入し、グローバル時代・高度情報化時代に向けた「活躍力」の養成をめざしています。

スクールライフ

●教育内容

週6日制で、主要教科と情操教育の両立を図り、自己発見や進路を考えるカリキュラムを通して、「なりたい自分を見つける4年間」と、入試突破力を強化する「なりたい自分を実現する2年間」に分けて指導しています。「特別選抜クラス」では、早朝や放課後などを活用して、質・量ともに充実した先取り授業を実施。オンライン英会話や、アメリカの大学・企業での研修など、「本物の体験」を取り入れた国際教育も行っています。一方の「総合クラス」では、教科横断型のSDGsワークショップや体験型英語学習施設での学習など、将来への視野を広げるプログラムが充実しています。ICT環境も整備し、生徒全員にiPadを支給。学校生活のあらゆる場で活用されています。

■主要5教科の週当たり時間（コマ）数　※総合クラス（特別選抜クラス）

	英語	数学	国語	理科	社会
1年	6（6）	5（5）	5（5）	3（3）	3（3）
2年	6（6）	4（4）	5（5）	4（4）	3（3）
3年	5（6）	5（5）	5（5）	4（4）	4（4）
合計	17（18）	14（14）	15（15）	11（11）	10（10）

◎1日あたりの授業コマ数：50分×6時限
　※火・木曜日は7時限、土曜日は4時限
◎登校時間：8時25分

●部活動

中高合わせて36（中学は32）のクラブが活発に活動。全国大会に出場している強豪クラブもあります。

○文化系／吹奏楽、書道、演劇、釣り研究、美術、英語、鉄道研究、将棋、模型、写真、地理歴史、理科、文芸、家庭科、ガーデニングなど

○体育系／陸上、野球、バスケットボール、バレーボール、卓球、水泳、硬式テニス、サッカー、ハンドボール、剣道、スキー、柔道、体操、バドミントン、ダンス

●行事

体育祭、明星祭（文化祭）、高校生向けキャリア教育「シゴトのチカラ」、合唱コンクール、アカデミック講演会、マラソン大会、芸術鑑賞教室など、年間を通じてさまざまな行事が用意されています。

●修学旅行・研修旅行

学びと体験の6か年一貫による探究プログラムが組まれています。研修・体験フィールドを国内外に設定して、学年、クラスごとにさまざまな地域を訪れます。1年では栃木県での農業・民泊体験を、2年では東北・北陸の地方都市との行政連携、復興支援を、3年では南半球の国を訪れるグローバル学習、広島・長崎での平和学習を実施。4年生以降も国内外の地域への訪問を予定しています。

マネーガイド

■2024年度納付金（諸経費を含む）

	入学金	授業料	施設維持費	その他	計
入学手続時	240,000円	0円	0円	0円	240,000円
初年度総額	240,000円	480,000円	100,000円	約410,000円	約1,230,000円

※制服代、林間学校・修学旅行費は別途必要

◎寄付金：なし
◎授業料：3期分納
◎奨学金・特待生制度：入試での成績優秀者（特別選抜クラス合格者）を対象とした奨学金制度あり。経済的理由により就学困難と判断される者に対して授業料を免除

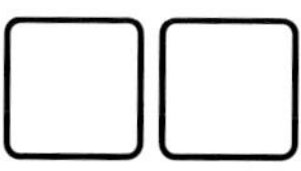

学期制　週5・6日制　プール　冷房　寮　食堂　私服通学　海外研修

サピックスからの合格実績（過去3年）	'22	'23	'24
	0名	1名	0名

進学指導の概要

高校では、入学時から内部進学生と高校からの入学生との混合クラスに。2020年に設置されたスーパーMGSクラスは、生徒約20人に対して4人の担任を配してハイレベルな授業を展開し、最難関大学の入試に対応できる学力を養成します。放課後には、自学、個別講義と指導、探究学習、個別研究などが選べるフリータイムを設定。興味を持ったテーマを追究できる環境が整えられています。適性を見極めるため、高1は文理混合で共通科目を履修。高2からは、海外大学進学も可能にする実践的な英語力を養う「MGクラス」と、プロジェクト&セミナー型探究学習を通じて理数科目を高度なレベルで学ぶ「MSクラス」に分かれます。

■現役大学進学者の進路の内訳

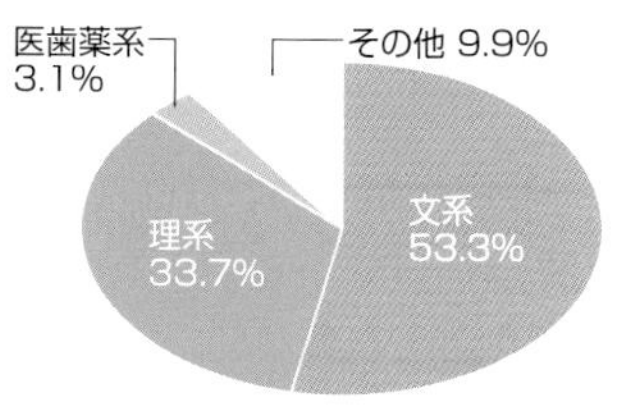

■併設高校から主要大学への合格実績

※上段は現役合格者数、下段は浪人を含めた合格者数。

	東京大	京都大	一橋大	東京工業大	筑波大	お茶の水女子大	電気通信大	東京外国語大	東京学芸大	東京芸術大	東京農工大	東京都立大	横浜国立大	千葉大	早稲田大	慶應義塾大	上智大	東京理科大
22年	—	—	—	—	—	—	3	3	3	—	—	2	—	1	5	3	11	7
	—	—	—	—	—	—	3	3	3	—	—	2	—	1	5	3	11	7
23年	—	—	2	—	—	—	—	1	2	—	2	—	—	1	16	4	7	9
	—	—	2	—	—	—	—	1	2	—	2	—	—	1	17	4	7	11
24年	—	—	—	—	1	—	—	—	—	—	—	—	—	—	7	4	12	12
	—	—	—	—	1	—	—	—	—	—	—	—	—	—	11	4	12	12

	学習院大	明治大	青山学院大	立教大	中央大	法政大	日本大	東洋大	駒澤大	専修大	明星大	津田塾大	東京女子大	日本女子大	文部科学省所管外の大学校	海外の大学	国公立・医学部	私立・医学部
22年	10	17	16	13	40	27	39	26	21	33	114	1	6	1	3	—	—	—
	11	18	18	14	43	28	41	29	21	35	114	1	6	1	3	—	—	—
23年	7	15	5	15	36	33	33	35	19	21	87	8	4	3	—	—	—	—
	7	18	5	15	39	35	40	37	22	22	87	8	4	3	—	—	—	—
24年	8	17	14	21	17	22	43	33	9	16	89	4	9	4	—	—	—	4
	8	17	16	22	17	22	43	33	9	16	89	4	9	4	—	—	—	4

★指定校推薦枠（2024年度）非公表

入試情報

■2024年度の入試結果

			募集人員	出願者	受験者	合格者	実質倍率
2/1午前	総合クラス①	2科	45	79	61	40	1.5
	特別選抜クラス①	4科	15	16	9	5	1.8
		適性検査型	5	15	15	12	1.3
2/1午後	特別選抜クラス②	2科	10	101	71	24	3.0
2/2午前	総合クラス②	2科	20	120	42	19	2.2
		英語試験	5	4	4	2	2.0
2/3午前	総合クラス③	2科	10	129	35	16	2.2
2/3午後	特別選抜クラス③	2科	5	116	39	10	3.9
2/4午後	総合クラス④	2科	5	124	26	6	4.3
	特別選抜クラス④	2科	5	54	12	3	4.0

○配点：算国英＝各100点　理社＝100点　○適性検査型：適性ⅠⅡ＝各100点
○合格最低点：総合クラス①93点　総合クラス②2科95点・英語試験127点　総合クラス③80点　総合クラス④106点　特別選抜クラス①4科155点・適性検査型108点　特別選抜クラス②116点　特別選抜クラス③2科115点　特別選抜クラス④112点

24年の募集要項

※以下は2024年の募集要項です。2025年の要項は学校の発表をお待ちください。

入 試 日／総合クラス①2月1日午前 ③2月2日午前 ⑤2月3日午前 ⑥2月4日午前
特別選抜クラス①2月1日午前 ②2月1日午後 ④2月2日午後 ⑤2月3日午後 ⑥2月4日午後

募集人員／125名（総合クラス①45名 ②2科20名 英語5名 ③10名 ④5名 特別選抜クラス①4科15名適性検査型5名 ②10名 ③5名 ④5名）

合格発表／すべてインターネットで即日

手続締切／総合クラス①2月3日 ②③④2月6日 特別選抜クラス①4科2月3日 適性検査型2月10日 ②2月3日 ③④2月6日

試験科目／国語(45分・100点)、算数(45分・100点)、理科・社会(計45分・計100点)、適性検査型ⅠⅡ(各45分・各100点) ※総合クラスの英語試験は国英または国算、ほかは2科、特別選抜クラスは4科・適性検査型・2科のいずれかを選択

面　　接／あり

受 験 料／22,000円(複数回受験可能)

公開行事・説明会予定

【学校説明会】要予約
9月 7日(土)、10月12日(土)
11月16日(土)、12月14日(土)
1月25日(土)

【オープンキャンパス】要予約
7月27日(土)

【明星祭(文化祭)】
10月 5日(土)、6日(日)

◆変更・中止の可能性もあります。必ず学校ホームページで確認してください。

目黒日本大学 中学校

所在地／〒153-0063　目黒区目黒1-6-15
TEL／03-3492-3388
学校長／小野 力
創　立／1903年開校の裁縫学校が起源。約1世紀の女子校時代を経て、2006年に共学化。2019年に日本大学の付属校に。
URL／www.meguro-nichidai.ed.jp

	1年	2年	3年
男子	54名	49名	51名
女子	53名	61名	53名
クラス数	3組	3組	3組

中高校総生徒数／1361名

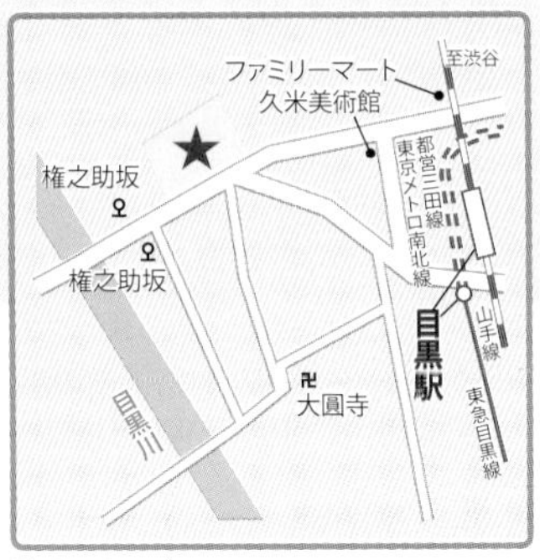

〈交通アクセス〉
JR山手線・東京メトロ南北線・都営三田線・東急目黒線「目黒」駅より徒歩5分

2019年4月、日本大学の付属校「目黒日大」が誕生

生徒一人ひとりの夢に寄り添うため、多様なコースを設置した日出学園が、2017年末に日本大学と付属校契約を締結。2019年4月に「目黒日本大学中学校・高等学校」として生まれ変わりました。すでに導入済みの探究型学習を深化させ、さらにオンラインの英会話レッスンなどもスタート。生徒の論理的思考力や問題解決力、英語力などを伸ばすのはもちろん、自分なりの価値観を持っていること、さらに、他の人の価値観を尊重できることを大切にし、現実の世の中をタフに渡れる「自立できる人間」を育みます。

スクールライフ

●教育内容

生徒全員がタブレットを所持し、各種の調べ学習やスケジュール・成績管理などに活用します。中学では基礎学力の養成を図るとともに、各教科でアクティブ・ラーニングを実施。毎朝の小テストと振り返り学習も小まめに行い、進路実現力を培います。英語教育には特に力を入れ、外国人講師が英会話の授業を担当するほか、朝のホームルームでアクティビティーを主導。英検®にも全員で挑み、高校入学までに2級取得をめざします。一方で、グローバル化社会を見据えるからこそ、「日本」を再発見する学習プログラムを導入。こちらは学年ごとに個別のテーマを設け、グループで調べ学習やフィールドワークなどを行うというもの。その成果は年に1度、発表コンクールで披露します。

■主要5教科の週当たり時間（コマ）数

	英語	数学	国語	理科	社会
1年	6	6	6	5	4
2年	6	6	6	5	4
3年	7	6	6	5	5
合計	19	18	18	15	13

◎1日あたりの授業コマ数：45分×7時限
※土曜日は4時限
◎登校時間：8時15分

●部活動

中学では文化系10、体育系12の部活に加え、4つの同好会が活動中。生徒は基本的にどこかの団体に所属します。水泳部などは全国レベルです。

○文化系／吹奏楽、軽音楽、イラストクリエーション、演劇、写真、パソコン、料理、文芸、英語など

○体育系／水泳、ボクシング、陸上競技、サッカー、バスケットボール（男・女）、バレーボール（男・女）、硬式テニス（男・女）、ダンス、バドミントン、剣道、卓球、軟式野球

●行事

10月の体育祭や6月のすずかけ祭（文化祭）は、中高合同で盛り上がります。このほか、英語スピーチコンテストや合唱コンクール、文化体験プログラムなど、バラエティー豊かな行事を用意しています。

●修学旅行・研修旅行

中3では、中学英語教育の総仕上げとして、オーストラリアへ1か月程度の短期留学を行います。高校では国外への修学旅行があるほか、3か月・6か月・1年から選べるニュージーランドへの中長期留学プログラム（希望制）を組むなど、英語教育に力を入れています。

マネーガイド

■2024年度納付金（諸経費を含む）

	入学金	授業料	施設費	その他	計
入学手続時	250,000円	0円	0円	0円	250,000円
初年度総額	250,000円	504,000円	213,000円	321,000円	1,288,000円

※制服代、積立金は含まず

◎寄付金：あり
◎授業料：3期分納
◎奨学金・特待生制度：学業奨学生は成績に応じて40万円または20万円支給（2023年度実績）

学期制

週5･6日制
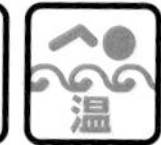

プール

冷房
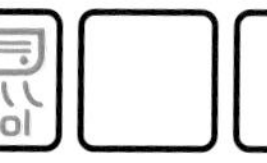
寮
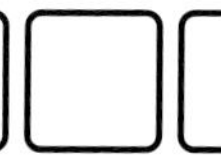
食堂

私服通学

海外研修

サピックスからの合格実績（過去3年）	'22	'23	'24
	10名	19名	13名

進学指導の概要

高校進学時、外部からの入学生とは一切交わることがなく、6年一貫のコースとしてクラス編成をしていきます。なかでも、中2以降、3クラスあるうちの1クラスを習熟度の高いクラスと位置づけ、学習を展開していきます。そのクラスのなかから、選抜された十数名が、放課後に特別課外授業を受講することができるシステムがあります。目黒日大の進路面での特色は、日本大学への進学を保持したまま、国公立大学に併願できる制度を活用していることです。また、国際教育・理数教育を推し進め、難関私立大・医歯薬系学部への進学もめざします。

■現役大学進学者の進路の内訳

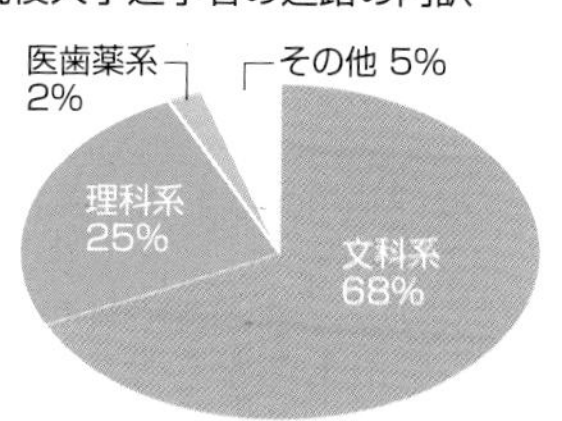

■併設高校から主要大学への合格実績

※上段は現役合格者数、下段は浪人を含めた合格者数。

	東京大	京都大	一橋大	東京工業大	筑波大	お茶の水女子大	電気通信大	東京外国語大	東京学芸大	東京芸術大	東京農工大	東京都立大	横浜国立大	千葉大	早稲田大	慶應義塾大	上智大	東京理科大
22年	—	—	—	—	—	—	—	1	—	—	—	—	—	—	1	1	2	1
	—	—	—	—	—	—	—	1	—	—	—	—	—	—	1	1	2	1
23年	—	—	—	—	—	—	1	—	1	—	—	2	—	—	1	1	4	6
	—	—	—	—	—	—	1	—	1	—	—	2	—	—	3	1	5	7
24年	—	—	—	—	—	—	—	—	—	1	—	3	1	—	3	2	3	1
	—	—	—	—	—	—	—	—	—	1	—	3	1	—	3	2	3	1

	学習院大	明治大	青山学院大	立教大	中央大	法政大	日本大	東洋大	駒澤大	専修大	国際基督教大	津田塾大	東京女子大	日本女子大	文部科学省管外の大学校所	海外の大学	国公立・医学部	私立・医学部
22年	3	6	2	4	7	8	266	2	1	3	—	—	—	3	—	—	—	—
	3	6	2	4	7	8	266	2	1	3	—	—	—	3	—	—	—	—
23年	2	8	2	7	9	7	280	1	—	1	—	—	—	—	1	—	—	5
	2	11	2	7	10	8	280	1	—	1	—	—	—	—	1	—	—	5
24年	4	10	10	10	10	6	312	—	—	4	—	—	—	1	1	—	—	—
	4	10	10	10	10	6	312	—	—	4	—	—	—	1	1	—	—	—

★指定校推薦枠（2024年度）日本大学指定校枠（法学部2名、経済学部6名、国際関係学部8名、工学部12名、生物資源科学部10名、商学部5名、理工学部13名、生産工学部4名、危機管理学部1名、松戸歯学部2名、文理学部2名、スポーツ科学部15名、芸術:学科ごとに10名前後 計43名 二次試験あり）

入試情報

■2024年度の入試結果

			募集人員	出願者	受験者	合格者	実質倍率
1回	4科	男子	15	89	64	26	2.5
		女子		122	88	18	4.9
2回	算理合教科型	男子	5	82	56	15	3.7
		女子		82	37	7	5.3
3回	4科	男子	10	31	18	2	9.0
		女子		33	26	5	5.2
	2科	男子		136	76	13	5.8
		女子		157	97	22	4.4
	適性検査	男子	5	19	18	3	6.0
		女子		38	35	11	3.2
4回	2科	男子	5	196	140	33	4.2
		女子		192	121	17	7.1

○配点：算国＝各100点　理社＝各50点　適性Ⅰ・Ⅱ＝各100点　2回算理＝100点
○合格最低点：非公表

24年の募集要項

※以下は2024年の募集要項です。2025年の要項は学校の発表をお待ちください。

入 試 日／①2月1日午前 ②2月1日午後 ③2月2日午前 ④(特待)午後2月4日午後
募集人員／男女40名(①15名 ②5名 ③10名・適性検査5名 ④5名)
合格発表／ホームページで即日(④は翌日)
手続締切／①②③2月4日 ④2月7日
試験科目／国語(50分・100点)、算数(50分・100点)、理科(30分・50点)、社会(30分・50点)、適性検査Ⅰ・Ⅱ（各50分･各100点)、算理〈合教科型〉(70分･100点)
※①は4科 ②は算理〈合教科型〉③は2科または4科または適性検査 ④は2科
面　　接／なし
受 験 料／25,000円(複数回同時出願も同額)

公開行事・説明会予定

【学校説明会】要予約 各回14時30分～
6月29日(土)
9月21日(土)
11月 2日(土)
12月14日(土)
【学校公開日】要予約
8月25日(日)
【すずかけ祭(文化祭)】チケット制
6月15日(土)、16日(日)
◆変更・中止の可能性もあります。必ず学校ホームページで確認してください。

八雲学園（やくも） 中学校

所在地／〒152-0023　目黒区八雲2-14-1
TEL／03-3717-1196
学校長／近藤 彰郎
創　立／1938年、八雲高等女学校として創立。1947年、八雲学園中学校・高等学校となる。2018年、中学共学化。
URL／www.yakumo.ac.jp

	1年	2年	3年
男子	73名	61名	72名
女子	55名	64名	75名
クラス数	4組	4組	5組

中高総生徒数／830名

〈交通アクセス〉
東急東横線「都立大学」駅より徒歩7分

海外研修施設で学ぶ質の高い英語教育

1938年の創立以来、培ってきた「伝統」と未来へ続く「革新」。この2つが調和し、2018年から男女共学となりました。「グローバル教育」「進路指導」「チューター」「文化体験」の4つを柱とする教育によって、次世代に活躍するグローバルリーダーを育成します。アメリカ・サンタバーバラに所有する「八雲レジデンス」での研修や名門イェール大学との交流など、独自に築き上げてきたグローバル・プログラムを通じて、熱気あふれる教育を実践していきます。2020年に海外協定大学推薦制度を導入。海外大学進学への道も大きく開かれました。

スクールライフ

●教育内容

入学試験の成績上位者で編成される「特進クラス」を設置しています。6年間一貫教育の強みを生かして、中高で重複する学習内容を統合したプログラムを組み、効率の良い指導を展開。なかでもグローバル教育に力を入れ、英語は中1で8時間、中2・3で週9時間を確保。外国人講師と日本人教員によるペアの授業や外国人講師のみによるオールイングリッシュの授業など、さまざまな形式の授業があります。こうした教育と合わせて、レシテーション（暗唱）コンテスト、英語劇、英語祭、スピーチコンテストなどの行事を行い、コミュニケーションツールとしての英語力を伸ばし、より高い目標に向けた英語習得へのモチベーションを高め、CEFRのC1レベルをめざします。また、始業前に読書や英語・国語・数学の小テストなどを実施します。放課後に希望制、指名制の補習も行い、長期休みには習熟度別の少人数制の進学合宿なども開催します。

■主要5教科の週当たり時間（コマ）数

	英語	数学	国語	理科	社会
1年	8	5	4	4	4
2年	9	5	4	5	4
3年	9	6	4	4	4
合計	26	16	12	13	12

◎1日当たりの授業コマ数：50分×6時限
※土曜日は50分×4時限
◎登校時間：8時10分

●部活動

文化系16、体育系12の部があり、活動日が重ならなければ兼部も可能です。バスケットボール部や空手道部は、全国大会などにも出場経験があります。

○文化系／吹奏楽、ICC、中国語、声楽、ピアノ、箏曲、美術、クッキング、茶道、華道、軽音楽、サイエンスなど

○体育系／バスケットボール、バレーボール、硬式テニス、ソフトテニス、空手道、陸上、剣道、ハンドボール、サッカー、バドミントン、ドリル、卓球

●行事

体育祭、文化祭のほか、英語祭、スピーチコンテスト、ファンフェアーなど、英語関連の行事が多いのが特色です。文化祭でも英語劇を上演します。

●修学旅行・研修旅行

中3のアメリカ修学旅行は、カリフォルニア州の海外研修センター「八雲レジデンス」を拠点に、姉妹校のケイトスクールなどと交流。高2の修学旅行は九州を訪れ、文化や歴史を学びます。

マネーガイド

■2024年度納付金

	入学金	授業料	施設費	その他	計
入学手続時	330,000円	0円	0円	0円	330,000円
初年度総額	330,000円	552,000円	150,000円	222,000円	1,254,000円

※制服代や副教材費、積立金などは含まず

◎寄付金：なし
◎授業料：3期分納
◎奨学金・特待生制度：入試得点率80%以上の者は入学金・授業料・施設費を免除。2年次以降は審査で選出

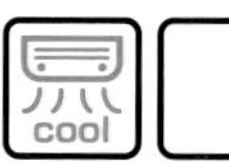
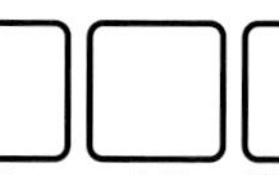

2期	完6 days		cool				全
学期制	週5･6日制	プール	冷房	寮	食堂	私服通学	海外研修

サピックスからの合格実績（過去3年）	'22	'23	'24
	8名	14名	6名

進学指導の概要

面倒見の良さと最新のメソッドで大学進学を強力にサポートします。6年間を「基礎学力の蓄積」「海外研修や留学プログラムを体験」「受験体制の確立」の3つのステージに分け、海外大学や国公立大学、早慶上智といった難関大学進学に向けてサポートを行います。とりわけ主要5教科では、3ステージを超えた問題解決型学習(PBL)に取り組み、しっかりとした学力を養います。生徒全員がタブレット端末を持ち、各教科で学園独自のICT教育を実践。2017年には国際規模の私立学校連盟「ラウンドスクエア」に加盟しました。毎年国際会議に生徒を派遣しているほか、加盟校同士の交流も盛んに行っています。

■現役大学進学者の進路の内訳

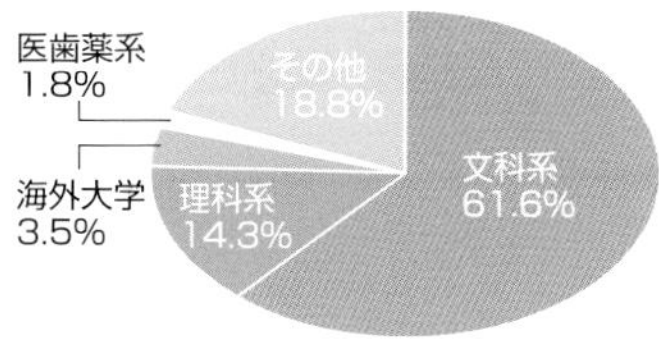

■併設高校から主要大学への合格実績

※上段は現役合格者数、下段は浪人を含めた合格者数。

	東京大	京都大	一橋大	東京工業大	筑波大	お茶の水女子大	電気通信大	東京外国語大	東京学芸大	東京芸術大	東京農工大	東京都立大	横浜国立大	千葉大	早稲田大	慶應義塾大	上智大	東京理科大
22年	—	—	—	—	—	—	—	—	—	—	—	—	—	—	1	—	—	—
	—	—	—	—	—	—	—	—	—	—	—	—	—	—	1	—	—	—
23年	—	—	—	—	—	—	—	—	—	—	—	—	1	—	1	1	1	2
	—	—	—	—	—	—	—	—	—	—	—	—	1	—	1	1	1	2
24年	—	—	—	—	—	—	—	—	—	—	—	—	—	—	1	2	—	2
	—	—	—	—	—	—	—	—	—	—	—	—	—	—	1	2	—	2

	学習院大	明治大	青山学院大	立教大	中央大	法政大	日本大	東洋大	駒澤大	専修大	国際基督教大	津田塾大	東京女子大	日本女子大	文部科学省管外の大学校所	海外の大学	国公立・医学部	私立・医学部
22年	3	2	4	2	—	1	2	—	3	—	—	1	6	1	—	10	—	—
	3	2	4	2	—	1	2	—	4	—	—	1	6	2	—	10	—	—
23年	3	—	3	2	1	6	—	3	5	4	—	1	3	—	—	5	—	—
	3	—	4	2	1	6	1	3	5	4	—	1	3	—	—	7	—	—
24年	2	3	4	4	2	8	5	1	7	11	—	1	4	—	—	20	—	—
	2	3	4	4	2	8	5	1	7	11	—	1	4	—	—	20	—	—

★指定校推薦枠（2024年度）立教大1名、青山学院大3名、学習院大1名、専修大2名、駒澤大3名、成蹊大2名、成城大2名、玉川大21名、東京女子大3名、日本女子大1名、清泉女子大6名、大妻女子大12名、学習院女子大1名、白百合女子大7名、明治学院大4名など

入試情報

■2024年度の入試結果

			募集人員	出願者	受験者	合格者	実質倍率
1回	4科	男子	80	24	12	9	1.3
		女子		22	14	12	1.2
	2科	男子		17	13	11	1.2
		女子		24	15	13	1.2
2回	4科	男子		52	47	43	1.1
		女子		57	52	50	1.0
	2科	男子		19	16	13	1.2
		女子		28	20	17	1.2
3回	4科	男子	20	59	17	13	1.3
		女子		52	16	12	1.3
	2科	男子		32	9	9	1.0
		女子		41	15	14	1.1
4回	2科	男子	20	146	56	55	1.0
		女子		116	23	15	1.5
未来発見※		男子	24	85	22	20	1.1
		女子		82	17	14	1.2

※算国英から1科＋自己表現文

■2024年度入試 合格者の教科別平均点（男女合計データ）

		算数	国語	理科	社会	合計
1回	4科	50	59	31	26	166
	2科	57	57			114
2回	4科	47	73	30	27	177
	2科	43	72			115
3回	4科	51	68	29	34	183
	2科	56	60			115

○配点：算国＝各100点　理社＝計100点　未来発見配点：算国英(1科選択)＝100点　自己表現文＝15点
○合格最低点：1回4科135点・2科90点　2回4科135点・2科90点　3回4科132点・2科89点　4回90点　未来発見60点

25年の募集要項

入 試 日／①2月1日午前 ②2月1日午後 ③2月2日午後 ④2月3日午後　未来発見2月5日午前
募集人員／男女144名(①②80名、③20名 ④20名、未来発見24名)
合格発表／ホームページで即日
手続締切／2月12日
試験科目／国語(50分・100点)、算数(50分・100点)、社会・理科(計60分・計100点)
※①～③は2科4科選択、④は得意2教科(国・算、国・社理、算・社理のいずれか)、未来発見は国算英から1科選択および自己表現文(400～600字・50分・A15点、B10点、C5点)
面　　接／なし
受 験 料／25,000円(別途手数料) ※複数回同時出願の場合は、2回目以降不要

公開行事・説明会予定

【学校説明会】
ホームページ・LINEにて日程等を配信しています。
【合唱コンクール】
7月16日(火) J：COMホール八王子
【体育祭】
9月26日(木) 武蔵野の森総合スポーツプラザ
【文化祭】
10月12日(土)・13日(日)
【球技大会】
10月22日(火) 武蔵野の森総合スポーツプラザ
【イングリッシュ・ファンフェアー】
10月26日(土)
【英語祭】
12月14日(土)
【百人一首大会】
12月19日(木)
【スピーチコンテスト】
3月　8日(土)
※連絡をいただければ、随時学校説明をいたします。学校見学も可能です。
◆変更・中止の可能性もあります。必ず学校ホームページで確認してください。

安田学園 中学校

所在地／〒130-8615　墨田区横網2-2-25
ＴＥＬ／03-3624-2666
学校長／稲村 隆雄
創　立／前身は1923年設立の東京保善商業学校。1948年、学制改革により安田学園中学校・高等学校となる。
ＵＲＬ／www.yasuda.ed.jp

	1年	2年	3年
男子	111名	113名	125名
女子	99名	93名	95名
クラス数	6組	6組	6組

中高総生徒数／2113名

〈交通アクセス〉
都営大江戸線「両国」駅より徒歩3分、JR総武線「両国」駅より徒歩6分、都営浅草線「蔵前」駅より徒歩10分

創造的学力・人間力を身につけ、グローバル社会に貢献する

校訓は「誠実・明朗・奉仕」。高い知性、優れた徳性、強い意志とたくましい体を培い、どんな社会分野においても適応できる自主自律で行動力のある人物、かつ創造力に富み実務的能力に優れた人物の育成をめざして教育を行っています。「自学創造」をスローガンとする教育改革を推進しており、中高一貫部にコース制を導入しています。みずから考えて学ぶ力を伸ばす授業と、課題を追究する教科外学習によって、創造的学力を養う教育をめざします。2014年度に中高ともに男女共学化されました。

スクールライフ

●教育内容

東大など最難関国公立大をめざす「先進コース」を導入。5年（高2）からは「文系」「理系」に分かれ、5年までに高校の内容を学び終え、6年（高3）からは「国公立大」「私立大」に分かれて大学入試に向けた演習中心の授業になります。「探究」「人間力」「学校完結型学習環境」といったキーワードを軸に、自学創造の力を培う教育活動が重視されます。中学段階では家庭学習の定着を図るべく、「予習→授業→復習」の学習の基本を身につける取り組みを実践。英語教育では、すべての学年で外国人講師による英会話の授業やオンライン英会話を実施。また、イングリッシュキャンプや英語スピーチコンテスト、英単語コンテスト、海外留学や海外語学研修など、英語の4技能の習得をめざす数多くの学びによって実戦力を高めています。

■主要5教科の週当たり時間（コマ）数

	英語	数学	国語	理科	社会
1年	7	6	5	3	3
2年	7	5	5	4	3
3年	7	5	5	4	4
合計	21	16	15	11	10

◎1日当たりの授業コマ数：50分×6時限
※土曜日は4時限
◎登校時間：8時15分

●部活動

文武両道を重んじて、仲間と切磋琢磨しながら豊かな人間性を育んでいます。全国大会・関東大会に出場実績のあるクラブもあり、どのクラブも熱心に活動しています。

○文化系／生物、天文、吹奏楽、美術／漫画、書道、鉄道研究、合唱、コンピュータ、演劇、かるた、茶道、クッキング、文芸、写真、ブレインスポーツなど

○体育系／軟式野球、バレーボール、バスケットボール、サッカー、ハンドボール、卓球、陸上競技、硬式テニス、柔道、剣道、スキー、ゴルフ、チアリーディングなど

●行事

6月には学園体育祭、本物鑑賞、夏休みには野外探究などの探究活動、秋には安田祭（文化祭）、冬には合唱コンクールなど、年間を通してさまざまな行事が行われています。

●修学旅行・研修旅行

3年次に3週間のニュージーランド短期留学。5年次に修学旅行でオーストラリアを訪れます。

マネーガイド

■2024年度納付金（諸経費を含む）

	入学金	授業料	施設費	その他	計
入学手続時	235,000円	0円	100,000円	150,000円	485,000円
初年度総額	235,000円	420,000円	172,000円	約610,000円	約1,437,000円

※期日までに入学辞退を申し出た場合、入学金以外を返金

◎寄付金：なし
◎授業料：4期分納
◎奨学金・特待生制度：在学中の学業成績が特に優秀な生徒は次年度の授業料を免除。また、経済的援助が必要な場合の奨学金制度あり。入試成績優秀者は入学金のほか、授業料など（先進コース）を免除

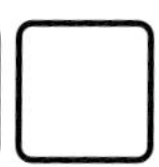

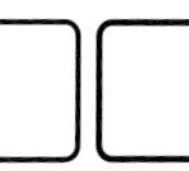

3期 学期制　完6 days 週5･6日制　プール　cool 冷房　寮　食堂　私服通学　全 海外研修

サピックスからの合格実績（過去3年）	'22	'23	'24
	27名	37名	35名

進学指導の概要

難関大現役合格をめざすための充実した平常授業に加え、1年（中1）から6年（高3）までの全学年で夏期・冬期講習を実施。5年では、集中した独習をやり遂げる進学合宿を行います。また、5年の3学期からは、全科目でレベル別の放課後進学講座を開講。そのなかには東大進学講座もあります。さらに、6年の12月中旬からは、共通テスト模試演習を共通テスト前日まで開講。そして、国公立2次・私大直前演習を1月末まで開講しますが、そのなかにも東大など最難関国公立大進学講座を設定。受験者には2月以降も論述指導など東大対策講座を開講します。

■現役大学進学者の進路の内訳

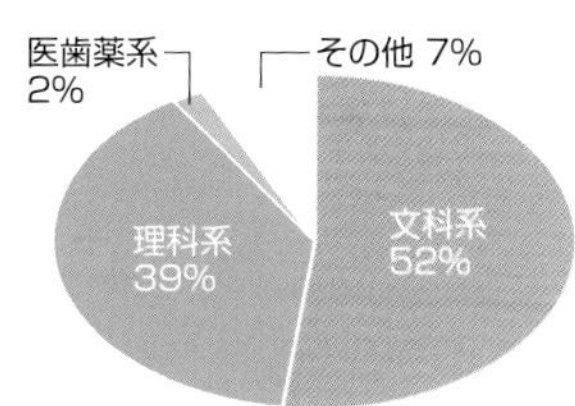

■併設高校から主要大学への合格実績

※上段は現役合格者数、下段は浪人を含めた合格者数。

	東京大	京都大	一橋大	東京工業大	筑波大	お茶の水女子大	電気通信大	東京外国語大	東京学芸大	東京芸術大	東京農工大	東京都立大	横浜国立大	千葉大	早稲田大	慶應義塾大	上智大	東京理科大
22年	3	—	3	1	—	2	—	3	—	—	—	1	—	8	28	12	27	42
	3	—	3	1	—	2	—	3	—	—	—	1	1	9	29	13	31	46
23年	1	—	—	2	4	—	—	2	—	—	1	2	1	10	34	13	43	43
	1	—	—	2	4	—	—	2	1	—	1	2	1	10	36	14	44	46
24年	2	1	2	—	5	1	3	1	2	—	—	2	1	7	23	19	9	56
	2	1	2	—	5	1	3	1	2	—	—	2	1	8	28	20	9	57

	学習院大	明治大	青山学院大	立教大	中央大	法政大	日本大	東洋大	駒澤大	専修大	国際基督教大	津田塾大	東京女子大	日本女子大	文部科学省所管外の大学校	海外の大学	国公立・医学部	私立・医学部
22年	24	37	15	26	40	62	93	69	36	36	—	4	6	11	13	—	—	—
	28	41	22	26	45	68	106	74	38	40	—	4	6	12	13	—	—	—
23年	30	55	20	25	24	63	89	73	20	39	3	—	—	—	14	—	—	—
	31	60	21	25	25	68	92	75	21	41	3	—	—	—	14	—	—	—
24年	33	60	31	46	24	79	124	119	33	44	2	3	7	5	10	2	1	6
	37	67	33	49	30	84	128	122	36	47	2	3	7	5	10	2	1	7

★指定校推薦枠（2024年度）早稲田大、東京理科大、学習院大、中央大、法政大、国学院大、成蹊大、獨協大、芝浦工業大、東京都市大、武蔵大など

入試情報

■2024年度の入試結果

			募集人員	出願者	受験者	合格者	実質倍率
先進特待1回	適性	男子	50	264	260	88	3.0
		女子		262	255	107	2.4
	4科	男子	30	150	117	38	3.1
		女子		95	81	28	2.9
	英語	男子		5	5	3	1.7
		女子		15	15	3	5.0
先進特待2回	4科	男子	25	280	240	96	2.5
		女子		152	133	51	2.6
先進特待3回	適性	男子	40	164	133	38	3.5
		女子		220	180	56	3.2
	4科	男子	20	182	79	13	6.1
		女子		116	53	12	4.4
先進特待4回	4科	男子	10	261	93	14	6.6
		女子		128	48	6	8.0
先進特待5回	4科	男子	5	205	61	11	5.5
		女子		119	41	8	5.1

○配点：算国英＝各100点　理社＝各50点　適性Ⅰ・Ⅱ・Ⅲ＝各100点
○合格最低点：先進特待1回適性検査型183点 4科・英語182点　先進特待2回4科186点　先進特待3回適性検査型218点 4科204点　先進特待4回4科196点　先進特待5回4科190点

24年の募集要項

※以下は2024年の募集要項です。2025年の要項は学校の発表をお待ちください。

入 試 日／先進特待①2月1日午前 ②2月1日午後 ③2月2日午前 ④2月2日午後 ⑤2月3日午前
募集人員／男女180名(先進①適性型50名 4科・英語選択30名 ②25名 ③適性型40名 4科20名 ④10名 ⑤5名
合格発表／ホームページで即日(適性型は翌日)
手続締切／2月10日
試験科目／国 語(50分・100点)、算 数(50分・100点)、理科・社会(計50分・各50点)、英語(50分・100点)、適性Ⅰ・Ⅱ・Ⅲ(各45分・各100点)
※先進①は適性型(適性ⅠⅡⅢ)または4科(国算理社)または英語選択(国算英)、先進③は適性型(適性ⅠⅡⅢ)または4科(国算理社)、先進②④⑤は4科(国算理社)
面　　接／なし
受 験 料／20,000円(複数回同時出願の場合は30,000円)

【学校説明会】要予約
6月29日(土) 9時～、10時～、14時30分～
7月20日(土)14時～
9月14日(土) 9時～、10時～、14時30分～
9月28日(土) 9時～、10時～、14時30分～
10月12日(土) 9時～、10時～、14時30分～
11月 2日(土) 9時～、10時～
12月 7日(土)14時30分～、15時50分～　※入試傾向と対策
1月11日(土)14時30分～、15時50分～　※入試傾向と対策
◆変更・中止の可能性もあります。必ず学校ホームページで確認してください。

立正大学付属立正（りっしょう りっしょう）中学校

所在地／〒143-8557　大田区西馬込1-5-1
TEL／03-6303-7683
学校長／大場 一人
創　立／1872年、日蓮宗宗教院として設立。1994年に共学化。2013年に校舎を移転し、現校名に。
URL／www.rissho-hs.ac.jp

	1年	2年	3年
男子	134名	110名	96名
女子	51名	48名	54名
クラス数	6組	5組	6組

中高総生徒数／1571名

〈交通アクセス〉
都営浅草線「西馬込」駅より徒歩5分
東急バス反01反02系統
「立正大学付属立正中高前」停留所より徒歩2分

「行学二道」を建学の精神に置く、仏教主義の大学系列校

1872年に設立された日蓮宗宗教院に始まる仏教主義の学校です。1904年に5年制の日蓮宗大学林中等科を開設し、1924年、大学令による立正大学設立に伴い、翌年一般子弟の教育機関として開放されたという歴史を持ちます。その後、1994年に中学校を共学化。学習面と行動面の2つの道を示す「行学二道」を建学の精神に、豊かな人格の育成をめざします。生徒一人ひとりと対話を重ねるていねいな指導で学力を高め、「個」を大切にする柔軟なサポートが実践されます。2013年に移転した大田区西馬込のキャンパスには最新の教育設備も整っています。

スクールライフ

●教育内容

中高一貫教育で、全教科シラバス導入の合理的な教育課程が編成されています。基礎学力の定着を主眼に、中1では英語と数学が習熟度別で、かつ英語は少人数授業を実施。英会話は外国人講師による少人数分割授業です。中2・3の英語は少人数習熟度別授業で、中3では問題演習に取り組みます。中2からは補習などのサポート体制も強化され、特進クラスと進学クラスが編成されます。主要教科で高校の内容に入るほか、一貫教育の中だるみ防止も兼ねて併設高校入試を実施。2月の入試に向けた中3後期の「高校入試特別補習」は必修です。一方、読解力・文章力・発表力を豊かに育てるHR活動、将来の職業を考えるキャリアデザインプログラム、読書習慣を培うリーディングマラソンの3つを組み合わせた独自の「R－プログラム」による学習サポートも実践されています。また、全学年を通して宗教の時間が週1時間あり、情操豊かな人間性を育みます。

■主要5教科の週当たり時間（コマ）数

	英語	数学	国語	理科	社会
1年	8	5	5	4	4
2年	7	6	5	4	4
3年	8	6	5	4	3
合計	23	17	15	12	11

◎1日当たりの授業コマ数：50分×6時限
　※土曜日は4時限
◎登校時間：8時10分

●部活動

東日本大会優勝の野球部や、関東大会出場の弓道部、放送部、水泳部、ゴルフ部など35の部・同好会があります。参加率は中学が80%、高校が60%です。

○文化系／電機、放送、写真、吹奏楽、美術、書道、鉄道研究、茶道、華道、宗教研究、釣り、軽音同好会、イラスト同好会、合唱同好会、競技かるた同好会など

○体育系／野球、剣道、テニス、体操、サッカー、ゴルフ、水泳、柔道、バスケットボール、バレーボール、空手道、チアリーディング、陸上競技、卓球、弓道、山岳

●行事

立正祭（文化祭）、体育祭、スキー教室のほか、弁論大会や林間学校（中1）などがあります。

●修学旅行・研修旅行

中1は身延山へ、中2は房総半島に参拝旅行へ、中3の修学旅行は2泊3日で奈良・京都方面へ行きます。中1と中3の春休みにはイングリッシュキャンプ（希望制）があり、中3～高2の夏休みには、希望者を対象に約3週間の海外語学研修を実施し、隔年でアメリカ西海岸またはイギリス・ボーンマスでホームステイなどを体験します。

マネーガイド

■2024年度納付金（諸経費を含む）※女子の場合

	入学金	授業料	施設費	その他	計
入学手続時	250,000円	0円	0円	245,046円	495,046円
初年度総額	250,000円	447,000円	165,000円	427,589円	1,289,589円

※上記は制服代や諸会費などを含む

◎寄付金：1口10万円、1口以上（任意）
◎授業料：2期分納
◎奨学金・特待生制度：経済的理由により就学困難と判断される者に上限30万円を貸与。また、学業成績優秀者は授業料免除

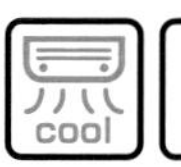

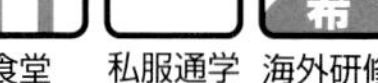

3期 学期制　完6 days 週5・6日制　温 プール　cool 冷房　寮　食堂　私服通学　希 海外研修

サピックスからの合格実績（過去3年）	'22	'23	'24
	1名	2名	3名

進学指導の概要

高1は高入生とは別クラスです。高2から混合となり、国公立大、難関私立大の現役合格をめざす「特進クラス」、立正大学などへの推薦入学をめざす「進学クラス」ともに文系と理系に分かれます。主要3教科の時間数が多く取られており、高2終了時には大学入学共通テストに対応できます。また、両クラスともに高2からは多様な選択科目が設けられており、入試科目に合わせた学習が可能です。高3では得意分野をさらに深く学べる自主選択科目が用意されるとともに、授業は問題演習中心となります。高2では学部・学科ガイダンス、高3では各大学を招いて進路説明会を開催するなど、多様な進路指導を行っています。

■現役大学進学者の進路の内訳

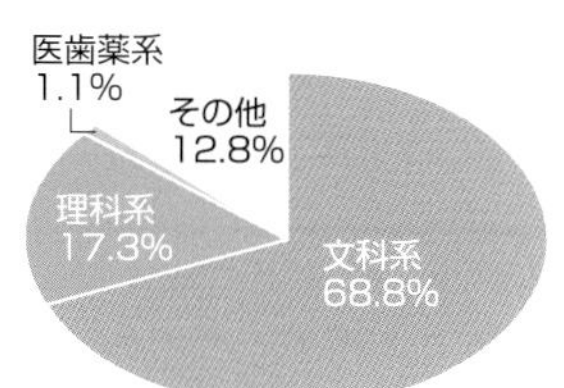

■併設高校から主要大学への合格実績

※上段は現役合格者数、下段は浪人を含めた合格者数。

	東京大	京都大	一橋大	東京工業大	筑波大	お茶の水女子大	電気通信大	東京外国語大	東京学芸大	東京芸術大	東京農工大	東京都立大	横浜国立大	千葉大	早稲田大	慶應義塾大	上智大	東京理科大
22年	—	1	—	—	—	—	—	—	—	—	—	—	—	—	3	2	—	—
	—	1	1	—	—	—	—	—	—	—	—	—	—	—	5	5	—	—
23年	—	—	—	1	—	—	1	—	—	—	—	—	—	—	1	1	2	5
	—	—	—	1	—	—	1	—	—	—	—	—	—	—	2	1	2	5
24年	—	—	—	—	—	—	—	—	—	—	—	—	1	—	4	1	1	4
	—	—	—	—	—	—	—	—	—	—	—	—	1	—	5	1	1	4

	学習院大	明治大	青山学院大	立教大	中央大	法政大	日本大	東洋大	駒澤大	専修大	立正大	津田塾大	東京女子大	日本女子大	文部科学省所管外の大学校	海外の大学	国公立・医学部	私立・医学部
22年	3	9	3	11	4	6	28	17	13	25	99	—	—	—	—	1	—	—
	3	16	4	12	5	6	30	17	14	25	99	—	—	—	—	1	—	1
23年	4	1	1	6	4	6	21	12	5	34	77	—	—	—	—	5	—	—
	6	2	2	7	4	6	21	12	5	34	77	—	—	—	—	5	—	—
24年	3	12	—	10	5	7	18	29	5	15	91	—	—	1	—	—	—	—
	3	12	—	10	5	7	18	31	5	15	91	—	—	1	—	—	—	—

★指定校推薦枠（2024年度）東京理科大3名、上智大1名、青山学院大1名、日本大14名、東洋大6名、専修大10名、成蹊大4名、明治学院大2名、国学院大3名、神奈川大19名、玉川大20名など

入試情報

■2024年度の入試結果

			募集人員	出願者	受験者	合格者	実質倍率
1回午前	4科	男子	110	83	46	44	1.0
		女子		21	11	10	1.1
	2科	男子		65	49	38	1.3
		女子		29	24	21	1.1
	英語	男子		8	8	8	1.0
		女子		4	4	4	1.0
	適性検査	男子		14	12	9	1.3
		女子		7	7	7	1.0
1回午後	4科	男子		121	66	54	1.2
		女子		31	16	16	1.0
	2科	男子		83	40	20	2.0
		女子		28	9	6	1.5
	英語	男子		11	4	3	1.3
		女子		7	3	1	3.0
2回	4科	男子	20	108	14	9	1.6
		女子		24	3	3	1.0
	2科	男子		71	12	3	4.0
		女子		35	5	1	5.0
	英語	男子		9	0	0	—
		女子		7	2	2	1.0
3回	4科	男子	10	133	32	24	1.3
		女子		39	14	12	1.2
	2科	男子		76	11	2	5.5
		女子		34	7	2	3.5
4回	4科	男子	10	149	23	9	2.6
		女子		37	0	0	—
	2科	男子		88	17	3	5.7
		女子		40	4	1	4.0

○配点：算国英＝各100点　理社＝各50点　適性Ⅰ・Ⅱ＝各100点
○合格最低点：1回午前4科男子152点・女子156点　2科男子102点・女子101点　英語男子51点・女子55点　適性検査男子82点・女子81点　1回午後4科男子156点・女子152点　2科男子100点・女子102点　英語男子46点・女子80点　2回4科男子152点・女子151点　2科男子108点・女子100点　英語男子―点・女子53点　3回4科男子183点・女子172点　2科男子120点・女子118点　4回4科男子188点・女子―点　2科男子123点・女子120点

25年の募集要項

入 試 日／①2月1日午前・午後 ②2月2日 ③2月3日 ④2月7日
募集人数／男女150名(①110名 ②20名 ③10名 ④10名)
合格発表／ホームページにて即日(第一回午前入試のみ校内提示)
手続締切／2月15日
試験科目／①②③④国語(50分・100点)、算数(50分・100点)、理科・社会(計50分・各50点)、英語(60分・100点) 適性検査Ⅰ・Ⅱ(各50分・各100点)
※①午前は2科または4科または英語または適性検査ⅠⅡ、①午後②は2科または4科または英語、③④は2科または4科
面　　接／なし
受 験 料／20,000円(複数回同時出願も同額)

公開行事・説明会予定

【学校説明会】要予約
6月22日(土)14時～、9月 7日(土)10時～
10月19日(土)14時～、11月 9日(土)14時～
12月14日(土) 9時30分～、1月11日(土)14時～
【オープンスクール】要予約
7月13日(土) 9時～
【イブニング説明会】要予約
8月22日(木)
11月27日(水)19時～
【立正祭（文化祭）】
9月28日(土)、29日(日) 9時～15時
◆変更・中止の可能性もあります。必ず学校ホームページで確認してください。

早稲田大学系属 早稲田実業学校 中等部

所在地／〒185-8505　国分寺市本町1-2-1
TEL／042-300-2121
学校長／恩藏 直人
創　立／1901年、大隈重信によって早稲田実業中学として創立。1963年、現校名に改称、2001年、現在地に校舎を移転。
URL／www.wasedajg.ed.jp

	1年	2年	3年
男子	143名	138名	142名
女子	88名	77名	80名
クラス数	6組	6組	6組

中高総生徒数／1700名　併設小から 約49%

国分寺街道
西武多摩湖線
本町2丁目
本町1丁目
正門
西友
北口
国分寺駅
中央線
至新宿
国分寺エル丸井

〈交通アクセス〉
JR中央線、西武国分寺線「国分寺」駅より徒歩7分

男女共学化した国分寺キャンパスで「早実第二世紀」を歩む

1901年、早稲田大学の創立者・大隈重信の教育理念を実現し、早稲田の学風に基づく中等教育をめざして創立されました。校是に「去華就実」、校訓に「三敬主義」を掲げています。1963年に早稲田大学の系属校となり、「質実剛健」「文武両道」の校風を培ってきた男子校は2001年、国分寺キャンパスに移転。翌2002年度より中等部・高等部とも男女共学に移行するとともに、初等部を開校。良き伝統を受け継ぎつつ「早実第二世紀」の道を歩んでいます。なお、卒業生のほとんどが早稲田大学に進学します。

スクールライフ

●教育内容

各教科ともバランス良く、知的好奇心と創造性を育む授業を実施するとともに、体験的総合教育を目的とした長期休暇中の校外教室や、多教科でのICT機器を使用した教育を行うなど、現代社会対応型の教育が充実しています。基礎学力養成に重点が置かれ、主要5教科に多くの時間が充てられています。英語は外国人講師による授業が中3で週1時間あるほか、基礎的なコミュニケーション英語能力を評価する試験を全員が受検。数学は中3の途中で高校の内容に入ります。中1の国語には書写に関する授業が週1時間あります。「総合的な学習の時間」は、中1では国分寺巡検とボランティアを、中2では「るるぶ」の制作を、中3では「卒業研究」を行います。成績不振者を対象に、英語・数学・国語の補習が放課後や夏休みに実施されます。

■主要5教科の週当たり時間（コマ）数

	英語	数学	国語	理科	社会
1年	5	5	5	4	3
2年	5	5	5	4	4
3年	6	5	4	4	5
合計	16	15	13	11	12

◎1日当たりの授業コマ数：50分×6時限
※水・土曜日は4時限
◎登校時間：8時25分

●部活動

約50の部・同好会があり、参加率は中高とも約9割です。部活動中に発生する選手のけがなどに適正に対処できるよう、米国公認の資格を有するアスレチックトレーナーが配置されています。

○文化系／英語、演劇、音楽、科学、歴史研究、写真、珠算、商業経済、書道、吹奏楽、美術、文芸など

○体育系／空手道、弓道、剣道、硬式テニス、ゴルフ、サッカー、山岳、中学野球、少林寺拳法、柔道、水泳、スキー、ソフトボール、卓球、軟式テニス、ハンドボール、バドミントン、バレーボール、米式蹴球、ラグビー、陸上競技など（2024年度現在）

●行事

9月末～10月上旬の体育祭・いなほ祭（文化祭）のほか、中等部完走大会や東京六大学野球の早慶戦応援などもあります。

●修学旅行・研修旅行

中2では、長野県の駒ケ根校舎を利用した校外教室、中3では奈良を中心とした校外教室を行います。高2で行う校外教室は年により行き先が変わります。

マネーガイド

■2024年度納付金（諸経費を含む）

	入学金	授業料	施設費	その他	計
入学手続時	300,000円	0円	126,000円	0円	426,000円
初年度総額	300,000円	672,000円	252,000円	59,600円	1,283,600円

※期日までに入学辞退を申し出た場合、施設費を返金

◎寄付金：「教育振興資金」1口10万円、3口以上（任意）
◎授業料：2期分納
◎奨学金・特待生制度：経済的理由により就学困難と判断される者に授業料相当額を給付

学期制　週5・6日制　プール　冷房　寮　食堂　私服通学　海外研修

サピックスからの合格実績（過去3年）	'22	'23	'24
	51名	36名	48名

進学指導の概要

早稲田大学への進学を前提としたカリキュラムが組まれ，高入生とは高1より混合クラス編成で、芸術を除いた共通科目を全員が履修します。高2からは希望進路に合わせて文系・理系のコース別クラス編成となり、高3では週に2科目の選択科目があります。高2・3に外国人講師による英語の授業があるほか、多くの教科でICT機器が活用されています。高3の1月からは早稲田大学への推薦入学者を対象とした特別授業が実施され、早稲田大学の教員による授業も行われます。また、高2・3で大学の正規授業が受講でき、特定の科目を聴講すると、「グローバルエデュケーションセンター特別聴講学生」に登録されて、在学中に大学の単位として認定される制度もあります。早稲田大学への推薦は、生徒本人の志望する学部・学科と、在学中に修めた成績、人物の評価などを総合的に判断したうえで決定されます。2024年3月の卒業生について見ると、304名中373名が早稲田大学に推薦入学しました。

■2024年3月卒業生の進路の内訳

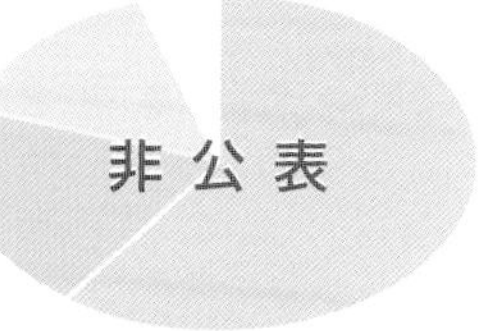

★他大学への合格状況（2024年度）日本医科大2名、千葉大1名、東京理科大1名、立教大1名など

■併設大学（早稲田大学）への推薦状況

	政治経済学部	法学部	文化構想学部	文学部	教育学部	商学部	基幹理工学部	創造理工学部	先進理工学部	社会科学部	人間科学部	スポーツ科学部	国際教養学部
22年	65名	33名	25名	20名	60名	55名	23名	23名	31名	50名	9名	5名	10名
23年	65名	33名	25名	20名	42名	55名	29名	16名	23名	50名	4名	2名	11名
24年	65名	33名	25名	20名	41名	55名	30名	22名	18名	50名	1名	2名	11名

★指定校推薦枠（2024年度）非公表

入試情報

■過去3年間の入試結果

		募集人員	出願者	受験者	合格者	実質倍率
22年	男子	帰国含85	337	308	86	3.6
	女子	帰国含40	210	192	49	3.9
23年	男子	帰国含70	320	295	82	3.6
	女子	帰国含40	204	188	48	3.9
24年	男子	帰国含70	372	330	87	3.8
	女子	帰国含40	213	196	50	3.9

○配点：算国＝各100点　理社＝各50点

24年の募集要項

※以下は2024年の募集要項です。2025年の要項は学校の発表をお待ちください。

入 試 日／2月1日
募集人員／男女約110名(男子約70名 女子約40名、帰国若干名)
合格発表／2月3日(専用ウェブサイト)
手続締切／2月4日
試験科目／国語(60分・100点)、算数(60分・100点)、理科(30分・50点)、社会(30分・50点)
面　　接／なし
受 験 料／30,000円

【学校説明会】
10月26日(土)①9時30分～ ②10時50分～
10月27日(日)①9時30分～ ②10時50分～
【オープンスクール】
7月13日(土)10時～
【いなほ祭(文化祭)】
10月12日(土)10時～16時
10月13日(日)10時～16時
【中等部体育祭】
10月10日(水)　9時～
◆変更・中止の可能性もあります。必ず学校ホームページで確認してください。

サピックスOB・OGの声

●校是の「去華就実」は、外見にとらわれず、中身を充実させるという意味で、生徒はこれを実践しています。たとえば、制服を正しく着用するのはもちろんのこと、女子は髪が長ければヘアゴムでまとめます。その半面、「あだ名で呼んでいいよ」というようなフレンドリーな先生もいて、窮屈ということはありません。

●食堂には、カレーやうどんなどの定番もののほかに、「イベントメニュー」といって、ご当地もののラーメンや丼物が用意されることもあります。シェフが考案したメニューが出ることもあって、とてもおいしいです。

浅野 中学校

所在地／〒221-0012　横浜市神奈川区子安台1-3-1
TEL／045-421-3281
学校長／古梶 裕之
創　立／1920年、実業家・浅野總一郎翁によって浅野綜合中学校として創立。1948年、現在の中学校・高等学校名に変更。
URL／www.asano.ed.jp

	1年	2年	3年
男子	273名	273名	274名
女子	—	—	—
クラス数	6組	6組	6組

中高総生徒数／1639名

〈交通アクセス〉
JR京浜東北線、京急線「新子安」駅より徒歩8分

「九転十起」の精神で、たくましい男子を育成する進学校

戦後間もなく中高一貫体制を確立し、進学実績を伸ばしている全国有数の男子校です。各種スポーツ施設が整う恵まれた学習環境で、広大なキャンパスを取り囲む自然林は「銅像山」の愛称で親しまれています。失敗を恐れずチャレンジする「九転十起」、優しさと思いやりを表す「愛と和」を校訓とし、オリジナル教材も使用しながら密度の高い授業が展開されています。勉強・部活動・行事に積極的に取り組み、6年間でさまざまな体験を積み重ね、大きな目標へと立ち向かうたくましい精神を養っています。

スクールライフ

●教育内容

全教科で中高6年間を見通したカリキュラムが組まれています。入学後は学習効果を高めるための勉強法が指導され、中1・2では基礎力をつけるとともに体育の授業を通じて基礎体力を養います。英語・数学・理科は中3で高校レベルの内容に入ります。授業は大学受験と関連した内容・時間配分で行われ、英語では外国人講師による英会話のほか、頻繁に小テストを実施。中学終了時に英検®2級取得をめざします。国語は読解・論述・語彙を重視し、中1で日本語表現、中2で文語文法を学びます。数学では独自教材を使用。社会は中高の内容を一体化させた学習課程で効果的な指導がなされ、理科は実験を重視し、徹底した先取り学習となっています。このほか、全学年対象の補習や追試が放課後や夏休みに随時設けられます。

■主要5教科の週当たり時間（コマ）数

	英語	数学	国語	理科	社会
1年	6	5	6	4	4
2年	6	6	5	4	4
3年	6	6	5	5	4
合計	18	17	16	13	12

◎1日当たりの授業コマ数：50分×6時限
　※土曜日は4時限
◎登校時間：8時35分

●部活動

部活動の加入率は約98％。生物部マリンチャレンジプログラム2023全国大会JASTO賞、PDA即興型英語ディベート中学生全国大会、演劇部全国大会、書道部全国総文祭出場などの実績を残しています。

○文化系／棋道、吹奏楽、化学、演劇、美術、歴史研究、地学、鉄道研究、生物、物理、ジャグリング、ディベート、図書研究、書道、クイズ研究など

○体育系／サッカー、陸上競技、野球、アメリカンフットボール、卓球、登山、ボクシング、アーチェリー、柔道、バドミントン、ラグビー、テニス、水泳、バスケットボール、剣道、ハンドボール、バレーボール

●行事

9月の打越祭第2部（文化祭）が中高挙げての最大のイベントです。そのほか、5月の打越祭第1部（体育祭）、各学年で別れて行われる校外研修、10月の中学スポーツ大会など、さまざまな行事が予定されています。

●修学旅行・研修旅行

中1・2の夏は林間学校、冬は志賀高原でスキー教室があります。中3の研修旅行は京都・奈良に行き、日本の歴史・文化への理解度を高めます。

マネーガイド

■2024年度納付金（諸経費を含む）

	入学金	授業料	施設費	その他	計
入学手続時	250,000円	0円	0円	0円	250,000円
初年度総額	250,000円	492,000円	300,000円	259,500円	1,301,500円

◎寄付金：なし
◎授業料：月納
◎奨学金・特待生制度：経済的理由により就学困難と判断される者に授業料の給付または納付金年額分を貸与。また、成績優秀者に授業料492,000円を給付。定員は中学・高校各1名（1年間）

学期制　週5・6日制　プール　冷房　寮　食堂　私服通学　海外研修

サピックスからの合格実績（過去3年）	'22	'23	'24
	259名	260名	256名

進学指導の概要

中3で英語と数学が1クラス2分割の少人数制授業となるほか、大学入試に向けた模擬試験が定期的に実施されます。高2からは文系・理系に分かれ、オリジナルの教材を用いた授業を展開し、理解度や学力を高めます。高3では文系は(1)東大系コース、(2)国立系コース、(3)私立系コースに、理系は(1)東大コース、(2)難関国立コース、(3)国立コースに再編されます。高1・2の夏休みに全員参加の講習があるほか、高3の3学期には大学入学共通テスト対策の直前講習など万全の指導体制が整えられている一方で、さまざまな生活体験を通じて自己を発見し、やりたいことを見つけられる機会が多く設けられています。

■現役大学進学者の進路の内訳

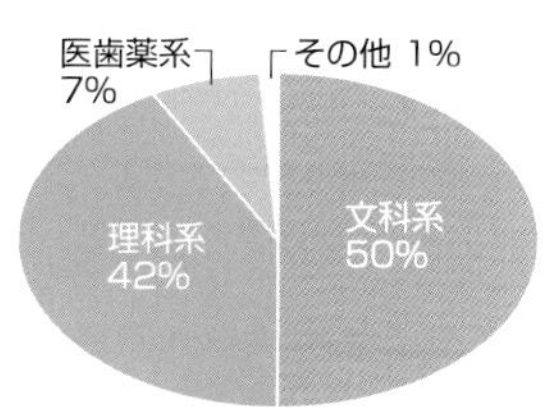

■併設高校から主要大学への合格実績

※上段は現役合格者数、下段は浪人を含めた合格者数。

	北海道大	東北大	東京大 文科Ⅰ類	東京大 文科Ⅱ類	東京大 文科Ⅲ類	東京大 理科Ⅰ類	東京大 理科Ⅱ類	東京大 理科Ⅲ類	東京大 合計	京都大	一橋大	東京工業大	東京芸術大	東京医科歯科大	東京外国語大	東京農工大	千葉大	筑波大
22年	5	4	4	4	4	13	1	2	28	3	12	24	—	—	2	1	—	3
	7	6	5	6	4	15	4	2	36	4	12	24	—	1	3	1	1	4
23年	5	3	1	10	7	13	6	1	※39	4	6	6	2	1	—	2	1	3
	7	4	1	10	7	14	9	1	43	7	10	9	2	1	—	4	1	3
24年	5	5	2	14	5	12	4	—	37	5	11	10	—	—	—	2	3	4
	10	5	2	17	9	12	5	—	45	7	13	13	—	—	—	2	3	5

	横浜国立大	東京都立大	横浜市立大	早稲田大	慶應義塾大	上智大	東京理科大	国際基督教大	学習院大	明治大	青山学院大	立教大	中央大	法政大	文部科学省所管外の大学校	海外の大学	国公立・医学部	私立・医学部
22年	11	—	2	73	105	17	81	—	1	47	15	4	9	15	3	9	12	20
	11	—	3	96	132	26	100	—	5	67	22	9	15	25	4	9	16	36
23年	20	1	4	93	102	25	65	—	2	47	21	9	20	20	1	1	14	21
	22	2	4	116	132	33	103	—	5	78	32	14	29	29	2	1	22	26
24年	16	—	2	126	100	14	57	1	3	56	12	11	25	18	2	—	11	33
	19	3	3	149	129	19	78	1	3	73	25	16	34	39	2	—	15	50

※　23年の東京大学現役合格者には、推薦入試合格者が1名含まれています。
★指定校推薦枠（2024年度）早稲田大5名、慶應義塾大2名、東京理科大3名、学習院大3名、法政大1名、中央大1名など

入試情報

■過去3年間の入試結果

	募集人員	出願者	受験者	合格者	実質倍率
22年	270	1737	1474	594	2.5
23年	270	1734	1399	608	2.3
24年	270	1742	1429	595	2.4

■2024年度入試 受験者・合格者の教科別平均得点率

	算数	国語	理科	社会	総合
受験者	61.6	64.8	56.6	57.8	60.8
合格者	76.2	71.4	66.3	64.4	70.4

○配点：算国＝各120点　理社＝各80点
○合格最低点：254点

24年の募集要項

※以下は2024年の募集要項です。2025年の要項は学校の発表をお待ちください。

入 試 日／2月3日
募集人員／男子240名
合格発表／2月4日
手続締切／2月4日
試験科目／国語(50分・120点)、算数(50分・120点)、理科(40分・80点)、社会(40分・80点)
面　　接／なし
受 験 料／25,000円

公開行事・説明会予定

【施設見学・個別相談会】受験生と保護者対象 要予約
7月 6日(土)
10月19日(土)
【WEB学校説明会】申込制　5月ごろ2024年度版に更新予定
【WEB入試説明会】申込制　10月ごろ公開予定
【部活動見学体験会】5年生以下対象
3月15日(土)
【打越祭(文化祭)】
9月15日(日)、16日(祝)
◆変更・中止の可能性もあります。必ず学校ホームページで確認してください。

サピックスOBの声

●高台に位置する広大なキャンパスの半分は「銅像山」と呼ばれる自然豊かな環境。野鳥のさえずりが聞こえたり、木々の変化に季節の移ろいを感じたりします。その一方で、人工芝のグラウンドやハンドボールコート2面、3か所のテニスコート、野球練習場なども整っています。さらに「打越アリーナ」と呼ばれる体育館は、1階にバドミントンのコートなら12面も取れるスペースがあり、2階には剣道場と卓球室、3階には柔道場が設置されています。こうしたスポーツ施設はぼくのお気に入りです。
●夏の2泊3日の林間学校では、長野県で農作業やもの作りを体験したり、みんなでカレーを作って食べたりと楽しく過ごしました。1月には志賀高原でのスキー教室もあるなど、楽しい行事が盛りだくさんの学校です。

栄光学園 中学校

所在地／〒247-0071 神奈川県鎌倉市玉縄4-1-1
TEL／0467-46-7711
学校長／柳下 修
創 立／1947年、イエズス会によって栄光中学校として創立。1964年に現在地に移転する。2017年4月に新校舎竣工。
URL／ekh.jp

	1年	2年	3年
男子	184名	181名	184名
女子	—	—	—
クラス数	4組	4組	4組

中高総生徒数／1089名

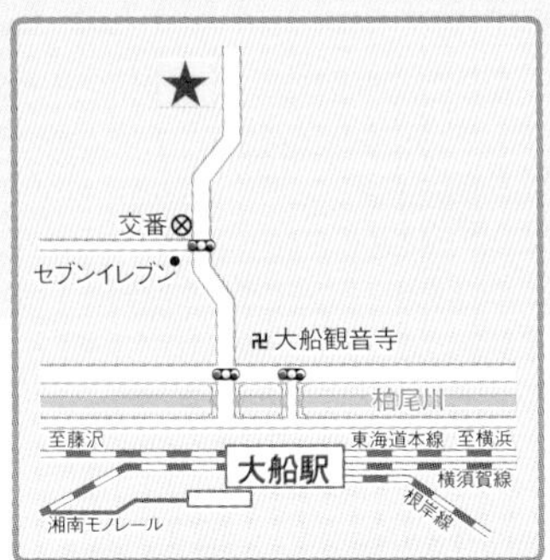

〈交通アクセス〉
JR東海道線ほか「大船」駅より徒歩15分、バスで2分

“御三家” に並ぶ大学合格実績を誇るキリスト教の名門男子校

「キリスト教的価値観に基礎を置き、生徒一人ひとりが人生の意味を深く探り、人間社会の一員として神から与えられた天分を十全に発達させ、より人間的な社会の建設に貢献する人間に成長するよう助成する」ことを教育理念に、学習指導と生活指導を両輪とした教育を行っています。2016年に「上智学院」「栄光学園」「六甲学院」「広島学院」「上智福岡」の5つの学校法人が合併し、新たな学校法人「上智学院」が発足。新校舎は、OBで建築家の隈研吾氏が設計を監修しました。

スクールライフ

●教育内容

高校募集はなく、中高を2年ずつ3期に分けた完全6年一貫教育を行っています。3期・週6日制、土曜日は4時限です。授業内容のレベルは高く、進度も速いことで知られており、主要3教科は中3で高校の内容に入ります。初級（中1・2）では基本的な学習習慣をつけることを目標に、毎日最低2時間の家庭学習を習慣化させる指導が行われます。毎朝の朝礼のほか、授業の始まりと終わりには「瞑目」が、2校時が終わった後には15分の「中間体操」が行われることも特徴です。英語には週7時間を充て、2名の教員が担当。教材は「Progress」を使用し、中2～高2ではGTECの受検が全員に義務づけられています。国語では独自の教材による古典の授業があり、理科では実験・観察が重視されます。中3・高1の成績不振者を対象とした補習を週3～5日、放課後に実施。また、全学年を対象にした補習を夏休みに設けています。

■主要5教科の週当たり時間（コマ）数

	英語	数学	国語	理科	社会
1年	7	5	5	4	3
2年	6	6	5	4	3
3年	6	6	6	4	5
合計	19	17	16	12	11

◎1日当たりの授業コマ数：50分×6時限
※土曜日は4時限
◎登校時間：8時15分（12月～3月は8時45分）

●部活動

中2以上の全員加入制で週2回、17時までの活動です。8つの文化部と11の運動部のほか、部活動に準ずるグループ活動も行われています。

○文化系／生物、美術、物理研究、ブラスバンド、囲碁将棋、歴史研究、英語、クイズ研究部

○体育系／サッカー、バレーボール、体操、野球、卓球、陸上競技、硬式テニス、ソフトテニス、バスケットボール、バドミントン、柔道

●行事

5月には栄光祭（文化祭）、10月には体育祭があるほか、「歩く大会」では全校生が約30kmの行程を歩き通します。ミサや毎週金曜日の聖書研究会活動などの宗教行事もあります。

●修学旅行・研修旅行

中1は春のオリエンテーション・キャンプと11月のキャンプを実施。中3は2月に学年行事として京都へ行きます。修学旅行は高2の2月。行き先は沖縄です。

マネーガイド

■2024年度納付金（諸経費を含む）

	入学金	授業料	施設費	その他	計
入学手続時	300,000円	0円	250,000円	0円	550,000円
初年度総額	300,000円	528,000円	250,000円	27,600円	1,105,600円

※期日までに入学辞退を申し出た場合、入学金の一部を返金

◎寄付金：なし
◎授業料：月納
◎奨学金・特待生制度：経済的理由により就学困難と判断される者に学費を減免

学期制　週5･6日制　プール　冷房　寮　食堂　私服通学　海外研修

サピックスからの合格実績（過去3年）	'22	'23	'24
	113名	117名	109名

進学指導の概要

高1では総合的な学習の講座「高1ゼミ」が週1時間の必修選択授業として行われ、「スロー　フードの実践」「OBゼミ」など、ユニークなテーマを小グループ編成で学びます。上級（高2・3）で一部科目選択制があり、高3で文系と理系に分かれます。進路適性テストやガイダンス、文理選択時の体験談や現在の職業について文理それぞれの卒業生から話を聴く機会を設けるなど、受験のための学習指導にとどまらず、国際社会の一員としての自覚を促し、みずから課題を見つけ、みずから学んで考えるといった、生徒の自立を促すことを大切にした進路・進学指導が行われています。

■現役大学進学者の進路の内訳

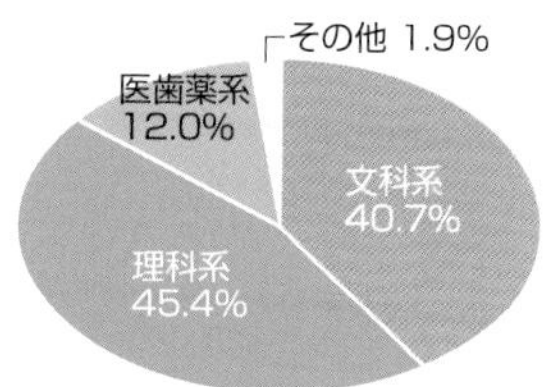

■併設高校から主要大学への合格実績

※私立大学については一部に現役合格者数が判明していないものがあります。
※上段は現役合格者数、下段は浪人を含めた合格者数。

	北海道大	東北大	東京大 文科Ⅰ類	東京大 文科Ⅱ類	東京大 文科Ⅲ類	東京大 理科Ⅰ類	東京大 理科Ⅱ類	東京大 理科Ⅲ類	東京大 合計	京都大	一橋大	東京工業大	東京芸術大	東京医科歯科大	東京外国語大	東京農工大	千葉大	筑波大
22年	5	1	9	3	2	13	4	※1 3	35	5	8	9	—	—	1	—	—	4
	11	1	10	7	6	21	10	3	58	9	8	14	—	—	1	2	1	5
23年	—	—	4	5	1	20	7	1	38	3	3	10	—	1	-	-	2	1
	2	1	5	7	3	23	7	1	46	6	9	14	—	1	-	1	5	1
24年	4	1	6	9	1	18	2	1	37	4	9	3	—	—	1	—	3	4
	8	2	6	10	3	23	4	1	47	7	10	6	1	1	1	1	3	4

	横浜国立大	東京都立大	横浜市立大	早稲田大	慶應義塾大	上智大	東京理科大	国際基督教大	学習院大	明治大	青山学院大	立教大	中央大	法政大	文部科学省所管外の大学校	海外の大学	国公立・医学部	私立・医学部
22年	3	—	6	49	54	19	18	—	—	6	—	1	4	—	1	—	10	6
	5	1	10	100	97	36	54	—	—	51	5	17	22	19	3	—	22	18
23年	5	—	4	63	56	24	30	—	—	20	7	3	14	8	—	—	10	12
	6	—	5	93	77	35	51	—	—	40	12	14	26	14	—	—	17	29
24年	3	—	2	49	38	9	19	1	—	10	4	2	9	—	—	3	10	15
	5	2	5	87	77	22	38	1	3	27	10	15	19	12	—	3	20	33

※1　22年の東京大学理科Ⅲ類の現役合格者数には医学部推薦入試合格者1名が含まれています。

入試情報

■過去3年間の入試結果

	募集人員	出願者	受験者	合格者	実質倍率
22年	180	750	685	255	2.7
23年	180	816	760	259	2.9
24年	180	705	662	259	2.6

■2024年度入試 受験者・合格者の教科別平均点

	算数	国語	理科	社会	合計
受験者	38.2	38.1	33.2	31.5	141
合格者	48.3	43.3	36.3	33.8	161.6

○配点：算国＝各70点　理社＝各50点
○合格最低点：149点

24年の募集要項

※以下は2024年の募集要項です。2025年の要項は学校の発表をお待ちください。

入 試 日／2月2日
募集人員／男子180名
合格発表／2月3日
手続締切／2月4日
試験科目／国語(50分・70点)、算数(60分・70点)、理科(40分・50点)、社会(40分・50点)
面　　接／なし
受 験 料／25,000円

公開行事・説明会予定

【学校説明会】キャンパス開放あり(登録制)
9月28日(土)
10月26日(土)
11月30日(土)
【体育祭】
10月　5日(土)9時～
◆すべての行事の詳細は未定です。変更・中止の可能性もあります。必ず学校ホームページで確認してください。

サピックスOBの声

●2017年に完成した校舎は広い敷地に南棟と北棟が平行に並んでいて、2階部分が2本の渡り廊下でつながっています。2階建てなので、どの教室からも校庭に出やすく、授業の合間の休み時間にも外に出て、野球やサッカーをする生徒がたくさんいます。
●栄光学園といえば「中間体操」が有名です。2限目と3限目の間の15分休みに、生徒全員がグラウンドに出てラジオ体操をするのですが、頭がさえて授業に集中できるようになります。
●学習面では「自学自習の精神」が重んじられています。生物の授業では植物図鑑を持って構内にある裏山に出かけるのですが、豊かな自然のなかで行われる授業は開放的で気持ちが良く、実際に観察することで知識も定着しやすいので、大好きです。

鎌倉学園 中学校

所在地／〒247-0062 神奈川県鎌倉市山ノ内110
TEL／0467-22-0994
学校長／武田 隆
創　立／1885年、鎌倉五山の第一刹建長寺が創立した宗学林が前身。1975年に現校名に改称する。
URL／www.kamagaku.ac.jp

	1年	2年	3年
男子	172名	173名	172名
女子	—	—	—
クラス数	4組	4組	4組

中高総生徒数／1402名

〈交通アクセス〉
JR横須賀線「北鎌倉」駅より徒歩13分

「礼義廉恥」を校訓に、古都・鎌倉に立つ自由闊達な伝統校

「礼義廉恥」を校訓に、父の“厳”と母の“慈”を根本とした「知・徳・体」一体の教育をめざしています。生徒たちは校舎に隣接する建長寺で年に数回、坐禅を行います。周囲には円覚寺や明月院など有名な寺院も立つ、古都・鎌倉の落ち着いたたたずまいの下で国際教育が実践されており、大学進学実績を伸ばすとともに、「文武両道」の豊かな情操教育が行われています。新校舎には、多目的講堂やカフェテリア、図書室、自習室など、充実した学習環境が整備されています。

スクールライフ

●教育内容

中学の3年間では特に「学習習慣」と「基礎学力」を身につけることに重点を置き、主要5教科の時間を十分に確保しています。3期・週6日制で6時限、土曜日は4時限授業で主要3教科の特別講習などを実施。英語は、2020年度からの新しい大学入試制度を見据えて英語外部試験対策を行うほか、外国人講師による少人数制の英会話指導を行っています。数学は中1から代数と幾何の分野別に授業を進め、習熟度別の授業を行っています。一貫生は数学・英語が先取り学習となり、国語は中2から古典や文語文法を学びます。また、全教科ICTを導入した学習も取り入れています。主要3教科では小テストも頻繁に行い、必要に応じて補習を実施しています。

■主要5教科の週当たり時間（コマ）数

	英語	数学	国語	理科	社会
1年	6	6	6	4	4
2年	8	6	6	4	4
3年	7	7	6	4	4
合計	21	19	18	12	12

◎1日当たりの授業コマ数：50分×6時限
　※土曜日は4時限
◎登校時間：8時25分

●部活動

バラエティー豊かな文化部・同好会と運動部があり、文武両道をめざして活動しています。

○文化系／吹奏楽、写真、美術、天文、新聞、放送、考古学、生物、無線、弁論、インターアクト、演劇、科学、映画研究、ESS、軽音楽、マジック研究、模型研究、囲碁将棋、数学研究、鉄道研究、グリークラブ

○体育系／柔道、剣道、卓球、陸上競技、軟式野球、ラグビー、ソフトテニス、バスケットボール、バレーボール、硬式テニス、サッカー、ハンドボール、ボクシング

●行事

中高合同の学園祭（文化祭）、春と秋の体育デーのほか、降誕会や成道会といった宗教行事もあります。中1・2では「クリーン鎌倉」と称した清掃活動が行われ、毎年、鎌倉の由比ケ浜、材木座海岸の清掃を実施しています。

●修学旅行・研修旅行

スキー教室や林間学校以外にも、美術教室や体育科教室で美術館や両国国技館へ出掛けるなど、校外活動がとても盛んです。中3は若狭美浜での民泊体験を含む北陸研修旅行、台湾、ベトナムの世界遺産への研修旅行（希望者）があります。

マネーガイド

■2024年度納付金（諸経費を含む）

	入学金	授業料	施設費	その他	計
入学手続時	250,000円	0円	150,000円	0円	400,000円
初年度総額	250,000円	456,000円	250,000円	340,800円	1,296,800円

※一定期間内に入学辞退を申し出た場合、入学金の一部と施設費全額を返金

◎寄付金：なし
◎授業料：月納
◎奨学金・特待生制度：経済的理由により就学困難と判断される者に鎌倉学園奨学金を貸与

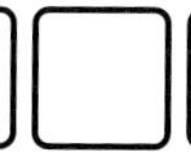

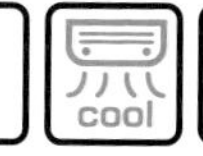

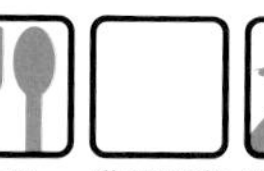

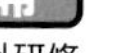

3期 学期制 / 完6 days 週5･6日制 / プール / cool 冷房 / 寮 / 食堂 / 私服通学 / 希 海外研修

サピックスからの合格実績（過去3年）	'22	'23	'24
	88名	62名	61名

進学指導の概要

高1の進路指導オリエンテーションに始まり、職業調査、文理適性検査、オープンキャンパス参加、OB講演会など、綿密な進路指導スケジュールに基づいたサポートが行われます。高入生とは3年間別クラス編成となっており、土曜日も平常授業となります。高1では共通科目を履修しますが、高2からは文系、理数系の2コースに分かれて科目選択制に移行します。志望大学へ着実に到達する力を養うべく、習熟度別授業を効果的に取り入れ、主要3教科では高2までに高校の教育課程を終え、高3では入試問題の演習を中心とした授業で実戦力を高めます。また、早朝や放課後、長期休暇中には進学補習を実施しています。

■現役大学進学者の進路の内訳

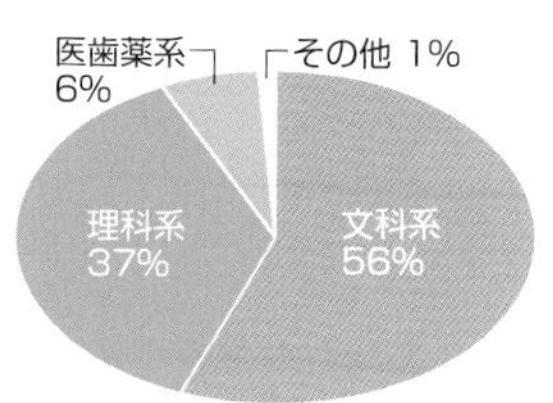

■併設高校から主要大学への合格実績

※上段は現役合格者数、下段は浪人を含めた合格者数。

	東京大	京都大	一橋大	東京工業大	筑波大	電気通信大	東京外国語大	東京学芸大	東京芸術大	東京農工大	東京都立大	横浜国立大	横浜市立大	千葉大	早稲田大	慶應義塾大	上智大	東京理科大
22年	—	—	1	1	1	1	—	—	—	—	3	8	4	4	45	19	14	24
	—	1	2	2	2	1	1	1	—	3	6	11	4	5	54	29	18	41
23年	—	—	—	2	4	1	2	1	—	1	—	8	2	4	33	16	24	23
	—	—	—	2	6	1	2	1	—	2	2	9	2	5	49	28	34	45
24年	—	1	2	4	4	1	—	—	—	—	—	15	3	2	64	23	19	34
	—	1	2	6	7	2	—	1	—	—	1	17	5	2	78	31	23	53

	学習院大	明治大	青山学院大	立教大	中央大	法政大	日本大	東洋大	駒澤大	専修大	国際基督教大	成蹊大	成城大	神奈川大	管外の大学校 文部科学省所	海外の大学	国公立・医学部	私立・医学部
22年	8	113	30	24	64	58	59	12	15	14	1	10	12	33	2	2	1	4
	15	138	43	33	80	84	97	30	21	25	1	10	14	39	2	2	3	9
23年	16	83	30	21	44	50	44	18	6	6	—	4	4	35	2	1	2	4
	20	120	48	44	83	78	83	48	16	26	—	5	18	45	3	1	4	13
24年	4	123	26	34	65	48	22	15	12	7	—	3	10	37	3	—	—	—
	18	160	41	54	88	73	50	37	26	15	—	5	15	38	3	—	1	8

★指定校推薦枠（2024年度）横浜市立大1名、早稲田大5名、慶應義塾大2名、上智大3名、東京理科大8名、学習院大7名、明治大4名、青山学院大4名、中央大12名、成城大3名、同志社大3名など

入試情報

■過去2年間の入試結果

		募集人員	出願者	受験者	合格者	実質倍率
23年	算数選抜	帰国含20	172	163	44	3.7
	1次	帰国含60	265	252	153	1.6
	2次	帰国含50	367	290	65	4.5
	3次	帰国含40	304	248	46	5.4
24年	算数選抜	帰国含20	99	97	31	3.1
	1次	帰国含60	357	346	160	2.2
	2次	帰国含50	347	290	64	4.5
	3次	帰国含40	303	271	79	3.4

■2024年度入試 受験者・合格者の教科別平均点

		算数	国語	理科	社会	合計
算数選抜	受験者	90.5				90.5
	合格者	117.8				117.8
1次	受験者	54.2	49.1	40.8	34.6	178.7
	合格者	65.1	56.0	46.2	38.3	205.6
2次	受験者	58.9	62.4	39.8	33.3	194.4
	合格者	72.9	73.5	47.7	41.7	235.8
3次	受験者	65.9	64.1	34.4	32.1	196.5
	合格者	80.2	73.3	42.1	38.9	234.5

○配点：算国＝各100点　理社＝各60点　○算数選抜配点：算＝150点
○合格最低点：算数選抜103点 1次187点　2次221点　3次220点

24年の募集要項

※以下は2024年の募集要項です。2025年の要項は学校の発表をお待ちください。

入試日／算数選抜 2月1日午後 ①2月1日午前 ②2月2日 ③2月4日
募集人数／男子170名(算数選抜 15名 ①100名 ②40名 ③15名)
合格発表／算数選抜 翌日発表 ①②③即日発表 ※いずれもホームページで発表
手続締切／①2月2日 算数選抜2月3日 ②2月3日 ③2月5日
試験科目／算数選抜 算数(60分・150点) ①②③国語(50分・100点)、算数(50分・100点)、理科(30分・60点)、社会(30分・60点)
面　接／なし
受験料／算数選抜10,000円 ①②③25,000円(①算もしくは算②両方に合格した入学決定者には①もしくは②の受験料を返金)

公開行事・説明会予定

【中学校説明会】要予約
10月 1日(火)10時～
10月12日(土)13時～
11月 2日(土)13時～
11月26日(火)10時～
11月30日(土)13時～
【ミニ説明会】要電話予約
毎週月曜日の10時～、15時～(クラブ見学中心)
(開催については事前にHPもしくは電話で確認を。水曜・木曜に実施可能な場合もあります)
【生徒による学校説明会】要予約
11月17日(日) 9時～／13時30分～
◆変更・中止の可能性もあります。必ず学校ホームページで確認してください。

慶應義塾 普通部

所在地／〒223-0062 横浜市港北区日吉本町1-45-1
TEL／045-562-1181
学校長／森上 和哲
創 立／1858年、福澤諭吉が開いた蘭学塾が慶應義塾の起源。1898年に一貫教育体制が確立。1952年、現在地に移転。
URL／www.kf.keio.ac.jp

	1年	2年	3年
男子	239名	236名	237名
女子	—	—	—
クラス数	10組	6組	6組

総生徒数／712名(普通部)併設小から 約25%

〈交通アクセス〉
東急東横線、東急目黒線、東急新横浜線、横浜市営地下鉄グリーンライン「日吉」駅より徒歩5分

100年以上の伝統を誇る一貫教育のパイオニア校

福澤諭吉が開いた蘭学塾を前身とする慶應義塾が母体。1898年には幼稚舎、普通学科（翌年、普通部という名称に戻る）、大学科（翌年、大学部という名称に戻る）から成る計16年の一貫教育体制が整いました。戦後の教育制度改革で、名称はそのままに、普通部は新制の中学校となりました。福澤諭吉の「独立自尊」の精神を受け継ぎ、「自ら、幅広く学ぶ」「友情を育む」「教養・品格を身につける」ことが重んじられています。コンピューター室や多目的教室などを備えた新校舎は多様な授業形態・学習スタイルに対応しています。

スクールライフ

●教育内容

大学までの一貫教育のなかで、広く深い学識の習得をめざします。3期・週6日制で土曜日は4時限。各教科で副教材が多用され、時には高校・大学レベルの内容を学びます。国語は中1に図書の時間が設けられています。理科では2時間連続で実験の時間があり、学年ごとに年間20テーマほどの実験を行い、レポートを提出します。英語は、中1では1学級24人、中2・3では40人学級を分割しての少人数での授業で、「聞く、話す、読む、書く」の4技能をバランス良く伸ばすよう、多様な授業形態を取り入れています。情報教育にも積極的で、中１はコンピューター活用実習が必修です。美術、音楽、書道などの芸術教育も充実し、さまざまな課題に取り組んでいます。また、中3では土曜日に2時間連続の選択授業が設けられており、「土に親しむ」などユニークな講座が開講されています。

■主要5教科の週当たり時間（コマ）数

	英語	数学	国語	理科	社会
1年	5	4	6	5	5
2年	6	6	5	4	5
3年	6	5	5	4	5
合計	17	15	16	13	15

◎1日当たりの授業コマ数：50分×6時限
※土曜日は4時限
◎始業時間：9時

●部活動

部会と呼ばれる部活動は約40あり、全員参加が奨励されています。幼稚舎生から大学生、社会人までが集まる全塾合同の練習会や大会も開かれています。

○文化系／英語研究、演劇･映画、音楽、物理と化学、棋道、コンピュータ、書道、数学、生物、地理・GISなど

○体育系／合気道、アーチェリー、オールスポーツ・アウトドア、空手、弓術、剣道、ゴルフ、サッカー、山岳、柔道、水泳、卓球など

●行事

1年間かけて制作した力作が並ぶ労作展（文化祭）、卒業生を講師として招く「目路(めじ)はるか教室」、慶早戦（野球）の応援のように、同校ならではの行事がいくつもあります。運動会､球技大会､音楽会､任意参加の海浜学校､スキー学校、キャンプ教室などもあります。

●修学旅行・研修旅行

中1は奥日光、中2は志賀高原での林間学校があります。中3の自然学校では富士山への登山にチャレンジしたり、自然のなかで友だちと過ごします。希望者対象に、フィンランドやオーストラリアの学校との国際交流を行っています。

マネーガイド

■2024年度納付金(諸経費を含む)

	入学金	授業料	教育充実費	その他	計
入学手続時	340,000円	900,000円	210,000円	15,000円	1,465,000円
初年度総額	340,000円	900,000円	210,000円	約268,000円	約1,718,000円

※慶應義塾内の他校（中等部あるいは湘南藤沢中等部）へ進学する場合、入学費用全額を振替可能。期日までに入学辞退を申し出た場合、入学金以外を返金

◎寄付金：「普通部教育充実資金」（任意）、「慶應義塾教育振興資金」（任意）
◎授業料：一括（2期分納可）
◎奨学金・特待生制度：成績優秀かつ経済的理由により就学困難と判断される者に学費・授業料のほか、林間、自然学校費用の全額または半額を補助

※大学のものを利用

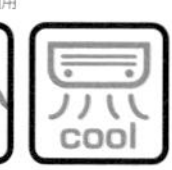

学期制　週5·6日制　プール　冷房　寮　食堂　私服通学　海外研修

サピックスからの合格実績（過去3年）	'22 141名	'23 111名	'24 113名

私立 神奈川 男子 け

進学指導の概要

慶應女子高校を除くすべての併設高校（慶應高校、志木高校、湘南藤沢高等部※若干名、ニューヨーク学院高等部）に進学が可能です。普通部生の約9割が進学している慶應高校は慶應義塾大学の日吉キャンパス内にあり、各学年18学級です。原則として慶應義塾大学に進学できるため、大学受験体制は敷かず、多様な選択科目が履修可能な自由度の高いカリキュラムを用意。他大学を第1志望とする生徒は、慶應義塾大学への推薦を辞退することが条件となります。

英語は高1より2段階編成で、高2・3では科目選択制が設けられ、ドイツ語・フランス語・中国語などの履修も可能です。高3では総合学習が週2時間あります。学校主催·生徒会主催の説明会、学部主催の見学会など、大学進学についての説明会がいくつも用意されており、高1から参加可能。説明会には保護者も参加できます。

■併設大学進学者の進路の内訳
※データは慶應義塾高等学校のもの

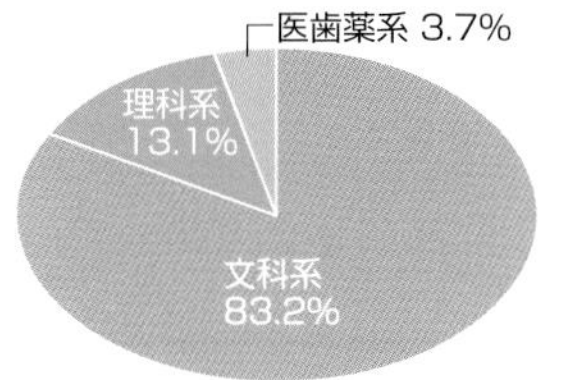

★他大学への進学状況（2024年度）
非公表

■併設大学（慶應義塾大学）への推薦状況　※データは慶應義塾高等学校のもの

	法学部	経済学部	商学部	文学部	理工学部	医学部	総合政策学部	環境情報学部	看護医療学部	薬学部
22年	224名	211名	93名	12名	102名	22名	11名	21名	—名	3名
23年	224名	210名	93名	15名	102名	22名	16名	20名	—名	8名
24年	224名	210名	70名	9名	86名	22名	11名	22名	—名	2名

★指定校推薦枠（2024年度）非公表

入試情報

■過去3年間の入試結果

	募集人員	出願者	受験者	合格者	実質倍率
22年	約180	605	575	205	2.8
23年	約180	587	557	195	2.9
24年	約180	569	526	195	2.7

○配点：算国＝各100点　理社＝各100点　体育実技＝非公表
○合格最低点：222点

24年の募集要項

※以下は2024年の募集要項です。2025年の要項は学校の発表をお待ちください。

入 試 日／2月1日
募集人員／男子約180名(内部進学者数により変動)
合格発表／2月2日
手続締切／2月3日
試験科目／国語(40分・100点)、算数(40分・100点)、理科(30分・100点)、社会(30分・100点)、体育実技
面　　接／あり(受験生のみ)
受 験 料／30,000円

公開行事・説明会予定

【学校説明会】会場：慶應義塾普通部
9月 7日(土)、 9月 8日(日)
※両日とも同じ内容で複数回開催の予定。
各回入れ替え制、要予約。
【労作展(文化祭)】
9月28日(土)10時～16時30分
9月29日(日)10時～16時30分
◆変更・中止の可能性もあります。必ず学校ホームページで確認してください。

サピックスOBの声

●理科には2コマ連続で実験をする時間があり、学年ごとに年間20テーマほどの実験を行います。授業と実験過程から自分なりに結果を導き、レポートにまとめるのが大変ですが、液体窒素を利用した実験など毎回興味を引くテーマで、おもしろいですよ。
●労作展（文化祭）は、普通部生が持てる力を出し切って成果を発表する場。テーマは、絵、論文、書道作品、模型など人それぞれで、ぼくは中1のとき、高齢化社会に適した理想のバリアフリー住宅の模型を作りました。
●食堂は2つあります。パンなどの軽食が買える北食堂と、定食、カレー、ラーメンなどが提供される南食堂です。南食堂では、始業前に食券を買い求める列ができることもあります。
●水泳やラグビーなどの授業や部活では、大学の充実した施設を利用できるので、大学の雰囲気も味わうことができます。情操教育にも力を入れていて、中2の音楽ではクラシック・ギターを習います。

サレジオ学院 中学校

所在地／〒224-0029 横浜市都筑区南山田3-43-1
TEL／045-591-8222
学校長／鳥越 政晴
創 立／1960年、目黒区碑文谷に目黒サレジオ中学校創立。1975年より中高一貫教育を開始。1995年、現在地に移転。
URL／www.salesio-gakuin.ed.jp

	1年	2年	3年
男子	182名	184名	180名
女子	—	—	—
クラス数	4組	4組	4組

中高総生徒数／1091名

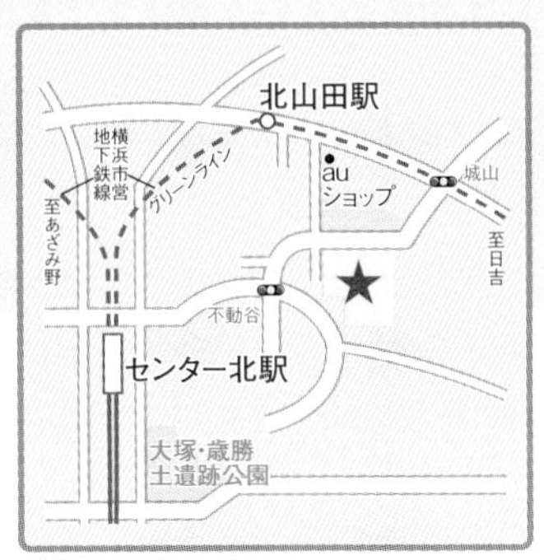

〈交通アクセス〉
横浜市営地下鉄「北山田」駅より徒歩5分

「25歳の男づくり」をモットーに、社会貢献できる人材を育成

創立者ドン・ボスコの教育理念の下、「信・愛・理」を軸とする全人教育を実践しています。また、「アシステンツァ（共に居る）」の考え方に基づいて、教員は生徒の心に寄り添い、「知・徳・体」をバランス良く指導。日々の教育活動や学校行事、部活動などを通じて生徒の自立や成長を促し、社会貢献できる人材を育てています。中３の春休みにはイタリア研修があり、「25歳の男づくり」をモットーとする進路指導が行われます。校舎は閑静な住宅街にあり、横浜市営地下鉄「北山田」駅から徒歩５分と好アクセスです。

スクールライフ

●教育内容

各教科で中学・高校課程の重複を整理し、中高一貫の精度の高いカリキュラムを編成しています。3期・週6日制で土曜日は4時限授業。中1・2では学習方法や授業態度などのきめ細かい指導とともに、反復練習などで基礎学力の育成に重点を置き、主要3教科は中3から高校の内容に入ります。英語の教科書は「NEW TREASURE」を使用します。外国人講師による英会話の授業は週2時間、クラスを2つに分けて少人数で実施します。英検®も全員が受検し、中学卒業までに準2級取得が目標です。国語では中2から古典を学びます。放課後は成績不振者を対象に英語・数学の補習を、長期休暇中には全学年で希望者制の英語・数学を中心とした講習を行います。また、中1は週2時間、中2・3は週1時間の宗教の授業を必修とし、週3回、学校長や神父による「朝の話」を放送します。

■主要5教科の週当たり時間（コマ）数

	英語	数学	国語	理科	社会
1年	7	6	5	3	4
2年	7	6	6	4	3
3年	6	6	6	4	4
合計	20	18	17	11	11

◎1日当たりの授業コマ数：50分×6時限
※土曜日は4時限
◎登校時間：8時35分

●部活動

運動部は中高に分かれて、文化部は高校と合同で活動しています。中学硬式テニス部は全国大会出場歴もあります。中学の参加率は95％です。

○文化系／自然科学（班：物理・化学・生物）、吹奏楽、文芸（班：文芸・歴史）、軽音楽、パソコン、美術同好会、鉄道・模型同好会、ジャグリングなど

○体育系／剣道、サッカー、卓球、テニス、バスケットボール、バレーボール、野球、バドミントン、陸上

●行事

模擬店などでにぎわう9月のサレジオ祭（文化祭）のほか、体育祭、スポーツ大会などがあります。ドン・ボスコの祝日にミサを通してお祝いするなど、カトリック校らしい行事も多く用意されています。

●修学旅行・研修旅行

中1では新入生オリエンテーション・キャンプ、野尻湖林間学校が、中2ではスキー教室があります。中3では全員参加のイタリアでの研修旅行（6泊8日）が再開予定です。また、希望者を対象にフィジーやフィリピンなどでの語学研修も実施しています。

マネーガイド

■2024年度納付金（諸経費を含む）

	入学金	授業料	施設費	その他	計
入学手続時	250,000円	0円	0円	0円	250,000円
初年度総額	250,000円	468,000円	270,000円	277,000円	1,265,000円

◎寄付金：なし
◎授業料：3期分納
◎奨学金・特待生制度：なし

3期 学期制 ｜ 完6 days 週5･6日制 ｜ プール ｜ cool 冷房 ｜ 寮 ｜ 食堂 ｜ 私服通学 ｜ 全 海外研修

サピックスからの合格実績（過去3年）	'22	'23	'24
	83名	112名	81名

私立 神奈川 男子 さ

進学指導の概要

大学受験をゴールとはせず、社会に出てからの自己実現も視野に入れ、希望や適性に合わせた親身な指導が行われます。高2から文系3コース、理系3コースの6クラス編成（中1から高1までは4クラス編成）となり、両コースとも難関国公立大学をめざすクラスが設けられます。主要5教科については高2で高校課程をほぼ終え、高3では数学演習や英文法演習など、演習を中心とした授業に。小論文対策などを含む選択授業も用意されています。進路講演会も学年に応じた内容で実施。高1では2泊3日の進路ガイダンス合宿、希望者を対象とした放課後や長期休暇中の進学講習が、高2・3の夏休みには4泊5日の勉強合宿があります。

■現役大学進学者の進路の内訳

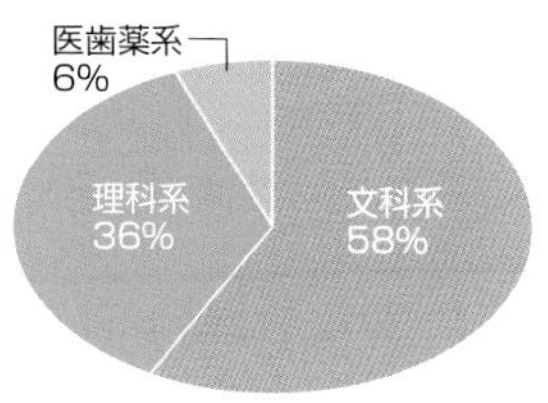

■併設高校から主要大学への合格実績

※上段は現役合格者数、下段は浪人を含めた合格者数。

	東京大	京都大	一橋大	東京工業大	筑波大	電気通信大	東京外国語大	東京医科歯科大	東京海洋大	東京農工大	東京都立大	横浜国立大	北海道大	東北大	早稲田大	慶應義塾大	上智大	東京理科大
22年	8	4	13	5	1	1	1	—	—	—	3	12	3	2	71	71	34	53
	8	5	15	6	1	1	1	—	—	—	5	15	4	2	81	86	48	70
23年	6	3	8	8	1	—	1	1	1	—	3	8	1	2	50	51	35	53
	8	3	8	8	1	1	1	1	1	—	3	8	2	3	60	60	43	62
24年	9	4	8	6	—	2	—	1	1	1	—	13	3	1	63	39	24	48
	11	5	10	7	—	2	—	1	1	2	—	13	3	2	82	52	41	61

	学習院大	明治大	青山学院大	立教大	中央大	法政大	日本大	東洋大	駒澤大	専修大	国際基督教大	成蹊大	成城大	神奈川大	文部科学省所管外の大学校	海外の大学	国公立・医学部	私立・医学部
22年	—	88	27	37	20	27	16	8	4	4	1	1	7	5	1	—	1	7
	2	111	34	44	29	37	24	12	4	5	1	1	8	7	1	—	3	23
23年	5	65	18	31	25	19	17	3	2	3	—	1	—	5	1	—	4	6
	6	81	22	44	33	32	22	8	2	3	—	1	—	8	1	—	5	6
24年	7	100	18	27	21	20	15	—	7	7	—	2	4	5	—	—	2	10
	8	124	24	33	26	27	19	2	9	9	2	2	4	8	—	—	4	12

★指定校推薦枠（2024年度）早稲田大5名、東京理科大3名、青山学院大2名、中央大2名、北里大3名、芝浦工業大4名、関西学院大1名など

入試情報

■過去3年間の入試結果

		募集人員	出願者	受験者	合格者	実質倍率
22年	A	110	379	359	165	2.2
	B	50	450	356	108	3.3
23年	A	110	359	350	167	2.1
	B	50	487	409	116	3.5
24年	A	110	389	369	174	2.1
	B	50	523	423	126	3.4

■2024年度 受験者・合格者の教科別平均点

		算数	国語	理科	社会	合計
A	受験者	60.1	63.3	54.5	46.5	224.3
	合格者	68.7	70.3	60.2	51.0	250.3
B	受験者	60.1	61.3	50.7	42.5	214.5
	合格者	69.7	68.8	57.6	47.9	244.0

○配点：算国＝各100点　理社＝各75点
○合格最低点：A229点　B229点

24年の募集要項

※以下は2024年の募集要項です。2025年の要項は学校の発表をお待ちください。

入 試 日／A2月1日 B2月4日 帰国生1月7日
募集人員／男子160名(A110名 B50名 帰国生若干名)
合格発表／A2月2日 B2月5日 帰国1月7日
手続締切／A2月3日 B2月5日 帰国1月8日
試験科目／国語(50分・100点)、算数(50分・100点)、理科(40分・75点)、社会(40分・75点)
【帰国生】
国語(50分・100点)、
算数(50分・100点)、
作文(30分・点数なし)
面　　接／なし
受 験 料／25,000円

公開行事・説明会予定

【帰国生入試説明会】要予約
8月 3日(土)10時～
【学校説明会】要予約
9月 7日(土)14時～
10月 5日(土)14時～
【入試説明会】6年生対象、要予約
11月 2日(土)14時～
【入試報告会】新6年生対象、要予約
3月16日(日)10時～
【サレジオ祭(文化祭)】
9月21日(土)・22日(祝)
◆必ず学校ホームページで確認してください。

サピックスOBの声

●吹き抜けのある明るい校舎で、教会のような雰囲気の学校です。雨の日も雪の日も、校長先生は毎朝、正門のところに立って、笑顔でぼくたちを出迎えてくれます。バレンタインデーにはチョコを手渡してくれました。
●厳しい学校という印象を持っていましたが、とても自由な雰囲気です。個性豊かな先生が多く、とても楽しい授業をしてくれます。部活は野球部に入って練習に励んでいます。厳しい先輩もいますが、いろいろとていねいに教えてもらっています。

逗子開成 中学校

所在地／〒249-8510 神奈川県逗子市新宿2-5-1
TEL／046-871-2062
学校長／小和田 亜土
創 立／1903年、東京の開成中学校の分校として創立。1909年に独立し、現校名に変更。
URL／www.zushi-kaisei.ac.jp

	1年	2年	3年
男子	282名	276名	281名
女子	—	—	—
クラス数	8組	7組	7組

中高総生徒数／1647名

〈交通アクセス〉
JR横須賀線「逗子」駅、京急線「逗子・葉山」駅より徒歩10分

海に近い環境を生かした特徴ある教育でも知られる伝統校

1903年、東京の開成中の分校として設立された、神奈川県でも有数の伝統を持つ男子校です。設立後間もなく独立し、一時休止していた中学募集を1986年より再開。2004年からは高校募集を停止し、完全中高一貫校となりました。校名の由来となる「開物成務」の理念の下、強くたくましい青年を育成しています。海に近い環境を生かした海洋教育のほか、総合的な学習「人間学」や土曜講座といった多彩な体験教育プログラムを通して、豊かな情操と幅広い人間性を培っています。

スクールライフ

●教育内容

大学進学を前提とした中高一貫カリキュラムが編成されています。土曜日は授業がなく、行事や希望制の土曜講座が実施されます。主要3教科は中3で高校の内容に入ります。中3からは選抜クラスも設置されるほか、英語・数学・国語は習熟度別に行われ、主要5教科では演習も実施されています。英語では「読む」「聞く」「書く」「話す」の4技能をバランス良く学びます。また、外国人講師によるクラス2分割の英会話の授業が中1～3は週1時間あります。創立当時から続く海洋教育が特徴で、生徒が「ヨット製作と講義」のほか「ヨット帆走」「遠泳」を体験します。このほか、映画鑑賞による映像教育や総合学習プログラム「人間学」、多彩な土曜講座も特徴的。早朝や放課後、土曜日、長期休暇中には指名制・希望制の補習・補講が実施されます。

■主要5教科の週当たり時間（コマ）数

	英語	数学	国語	理科	社会
1年	6	6	5	4	3
2年	7	6	5	4	3
3年	6	6	6	4	4
合計	19	18	16	12	10

◎1日当たりの授業コマ数：45分×7時限
◎登校時間：8時15分

●部活動

全国大会で多数の実績をもつ高校ヨット部など、中高合わせて33の部があります。平日の活動日は中学が週2日、高校が週3日で、参加率は全体で約90％です。
○文化系／写真、和太鼓、物理化学、文芸、フィッシング、囲碁、インターアクト、演劇、奇術、軽音楽、コンピュータ、サブカルチャー研究、社会科学、将棋、吹奏楽、生物、美術、鉄道研究、電気など
○体育系／空手道、剣道、サッカー、柔道、水泳、卓球、バスケットボール、ダンス、バドミントン、バレーボール、野球、ヨット、陸上競技など

●行事

10月に中高合同で開催される開成祭（文化祭）や5月の体育祭などがあります。中1より製作を始めるヨットの進水式は中2の4月。9月・10月には全学年でヨット帆走実習をします。

●修学旅行・研修旅行

研修旅行は2回実施。中3は3月にニュージーランドで姉妹校との交流やホームステイを体験。高2は6月にアジア各地をいくつかのグループに分かれて訪問します。中3～高2の希望者を対象とした約2週間のフィリピン・セブ島語学研修や1年間の長期留学制度も実施されています。

マネーガイド

■2024年度納付金（諸経費を含む）

	入学金	授業料	施設費	その他	計
入学手続時	250,000円	0円	180,000円	140,000円	570,000円
初年度総額	250,000円	480,000円	360,000円	194,890円	1,284,890円

◎寄付金：なし
◎授業料：月納
◎奨学金：経済的理由により就学困難と判断される者に授業料・維持費を貸与

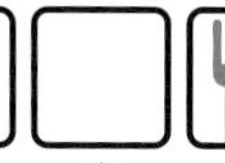

学期制　週5・6日制　プール　冷房　寮　食堂　私服通学　海外研修

サピックスからの合格実績（過去3年）	'22	'23	'24
	99名	137名	123名

私立　神奈川　男子　す

進学指導の概要

生徒が将来の自分をみずから考え、見いだすことができるように進路・進学・受験の3本の柱を軸として、面倒見の良いサポート態勢を整えています。高1からは選抜クラスが2クラス設置され、全員が共通科目を履修します。高2で文系と理系に分かれ、選抜クラスがそれぞれ1クラス設置されます。ここからは志望に合わせた科目選択制がスタート。高3からはさらに国公立・私立に分かれ、大学入試に向けた演習中心の授業や講習、小論文講座や添削指導などが行われます。英語・数学・国語・理科では習熟度別授業が行われ、高3になると、理系数学で少人数授業が実施されます。

■浪人を含む大学進学者の進路の内訳

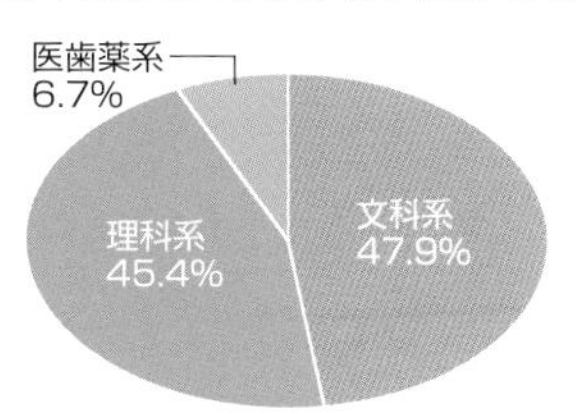

■併設高校から主要大学への合格実績

※上段は現役合格者数、下段は浪人を含めた合格者数。

	北海道大	東北大	東京大 文科Ⅰ類	東京大 文科Ⅱ類	東京大 文科Ⅲ類	東京大 理科Ⅰ類	東京大 理科Ⅱ類	東京大 理科Ⅲ類	東京大 合計	京都大	一橋大	東京工業大	東京芸術大	東京医科歯科大	東京外国語大	東京農工大	千葉大	筑波大
22年	18	8	2	1	1	2	1	—	7	1	7	2	—	—	2	3	1	2
	19	8	2	1	1	3	2	—	9	3	7	2	—	—	2	3	2	2
23年	12	9	—	—	1	4	2	—	7	4	6	7	—	—	—	2	3	4
	17	10	—	—	1	4	2	—	7	5	6	7	1	—	—	2	5	4
24年	11	4	1	—	1	—	1	—	3	5	7	3	1	—	1	2	2	3
	14	4	2	—	1	—	1	—	4	6	9	4	2	1	1	2	3	3

	横浜国立大	東京都立大	横浜市立大	早稲田大	慶應義塾大	上智大	東京理科大	国際基督教大	学習院大	明治大	青山学院大	立教大	中央大	法政大	文部科学省管外の大学校所	海外の大学	国公立・医学部	私立・医学部
22年	12	1	4	54	36	25	81	2	9	80	23	35	35	31	3	6	9	17
	14	5	4	62	48	30	96	3	13	96	26	41	46	43	4	7	11	27
23年	20	4	2	68	54	46	85	3	3	138	30	40	57	45	5	—	6	20
	21	4	2	84	62	58	105	3	6	155	35	48	68	52	7	1	12	38
24年	16	3	4	76	40	25	53	1	13	95	33	31	50	47	3	—	7	19
	18	3	4	88	51	42	66	1	15	118	43	43	63	59	3	—	10	32

★指定校推薦枠（2024年度）早稲田大3名、慶應義塾大1名、上智大2名、東京理科大7名、国際基督教大1名、学習院大7名、青山学院大1名、立教大3名、中央大7名、北里大7名など

入試情報

■過去2年間の入試結果

		募集人員	出願者	受験者	合格者	実質倍率
23年	1次	150	485	464	211	2.2
	2次	50	463	404	86	4.7
	3次	50	496	446	99	4.5
	帰国	若干	60	57	27	2.1
24年	1次	150	453	439	215	2.0
	2次	50	441	391	82	4.8
	3次	50	475	428	101	4.2
	帰国	若干	58	56	28	2.0

■2024年度入試 受験者・合格者の教科別平均点

		算数	国語	理科	社会	合計
1次	受験者	91.9	77.3	65.2	73.7	308.1
	合格者	103.8	89.0	73.4	79.7	345.8
2次	受験者	78.6	79.3	54.4	66.5	278.8
	合格者	99.7	91.7	68.7	75.1	335.3
3次	受験者	74.4	80.5	55.1	71.1	281.1
	合格者	101.9	94.5	70.5	78.4	345.3

○配点：算国＝各150点　理社＝各100点
○合格最低点：1次315点　2次314点　3次321点　帰国は非公表

25年の募集要項

入 試 日／①2月1日 ②2月3日 ③2月5日　帰国12月26日
募集人員／男子約250名(①150名 ②50名 ③50名　帰国若干名)
合格発表／翌日(帰国は即日)
手続締切／①②2月4日 ③2月6日　帰国1月7日
試験科目／国語(50分・150点)、算数(50分・150点)、理科(40分・100点)、社会(40分・100点)
面　　接／なし
帰国生のための試験／国語・算数または英語・算数から選択(各60分・各100点)
受 験 料／25,000円

公開行事・説明会予定

【入試説明会】各回10時～ 要予約(6年生優先)
11月　9日(土)
【帰国生入試説明会】要予約
7月26日(金)10時～
【夏休み見学会】要予約 各回10時～、13時～
7月22日(月)～7月24日(水)
【土曜見学会】各回10時～、13時～　要予約
6月22日、　9月21日、12月7日
1月11日、　3月15日
【開成祭(文化祭)】
10月26日(土)
10月27日(日)
◆変更・中止の可能性もあります。必ず学校ホームページで確認してください。

聖光学院（せいこう） 中学校

所在地／〒231-0837 横浜市中区滝之上100
TEL／045-621-2051
学校長／工藤 誠一
創 立／1957年東京に、外国人子弟のための学校を開設。1958年に中学校、1961年に高等学校を創立。
URL／www.seiko.ac.jp

	1年	2年	3年
男子	231名	240名	230名
女子	—	—	—
クラス数	5組	5組	5組

中高総生徒数／1393名

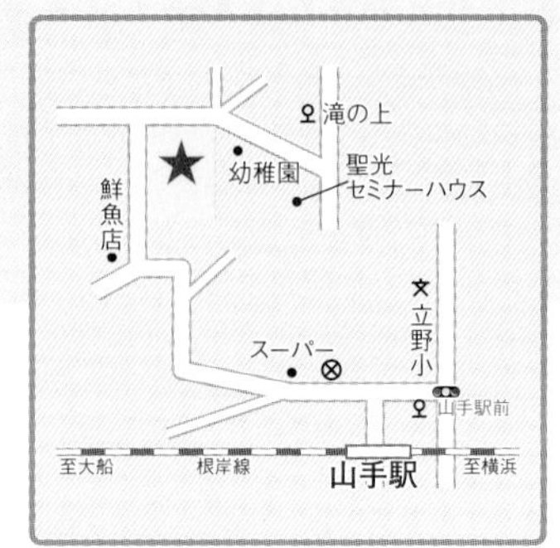

〈交通アクセス〉
JR根岸線「山手」駅より徒歩8分

「紳士たれ」をモットーに、県内屈指の実力を誇る進学校

1958年、キリスト教教育修士会を母体とする学校法人聖マリア学園によって設立されました。大学への現役合格率が例年約80％と高く、県内屈指の進学校として高い評価を得ています。「カトリック的世界観にのっとり、人類普遍の価値を尊重する人格の形成、あわせて、高尚、かつ、有能なる社会の成員を育成する」ことを建学の精神とし、「紳士たれ」をモットーに、高い学力ばかりでなく、強い意志と弱者をいたわる優しい心を育むための教育を行っています。希望制の語学研修など国際理解教育にも力を入れています。

スクールライフ

●教育内容

6年間を前・中・後期に分け、中高一貫体制で先取り授業を展開しています。3期・週6日制の下、授業は平日6時限まで、土曜日は4時限まで実施。国･数･英は中2で中学課程を終え、中3から高校の内容に入ります。前期では、特に授業への集中力と家庭学習の習慣化を図り、充実したカリキュラムときめ細かい補習制度を整えています。英語教育については、中1～高1で週1コマ、外国人講師による少人数制の英会話の授業を行っています。このほか、アカデミックな体験型の学習講座「聖光塾」、中2の「選択芸術講座」などを実施。探究・情報科教育にも力を注ぎ、中学では理科実験を通じて測定法とデータの解析を学習。情報の授業ではPythonを用いたプログラミングを学びます。

■主要5教科の週当たり時間（コマ）数

	英語	数学	国語	理科	社会
1年	7	6	5	4	3
2年	7	6	5	4	3
3年	7	6	6	4	4
合計	21	18	16	12	10

◎1日当たりの授業コマ数：50分×6時限
※土曜日は4時限
◎登校時間：8時20分

●部活動

中1・2は全員参加、中3からは自由参加で兼部も可能となります。ジャグリング、百人一首などの公認団体もあります。

○文化系／美術・書道、物理科学、地学天文学、コンピュータ、合唱、ギター、地理・歴史巡見、囲碁・将棋、交通研究、弦楽オーケストラ、生物、吹奏楽

○体育系／バレーボール、バドミントン、バスケットボール、野球、柔道、空手、剣道、卓球、サッカー、水泳、少林寺拳法、硬式テニス、陸上

●行事

4月の聖光祭（文化祭）と10月の体育祭が二大イベントです。企画・立案・運営・実行を生徒たちが担当します。

●修学旅行・研修旅行

中1・2・高1の夏キャンプでは斑尾高原へ。中3では志賀高原でスキー教室も実施します。中2の古都研修旅行では早春の奈良・京都を訪れ、大和路や唐招提寺を回ります。高2では北海道修学旅行を行います。また、希望者を対象に2～3週間の海外研修をカナダ、ニュージーランド、アメリカなどで実施しています。

マネーガイド

■2024年度納付金（諸経費を含む）

	入学金	授業料	施設費	その他	計
入学手続時	250,000円	0円	230,000円	0円	480,000円
初年度総額	250,000円	492,000円	314,000円	451,700円	1,507,700円

◎寄付金：なし
◎授業料：一括納入、または3期分納
◎奨学金・特待生制度：高等学校就学支援金制度等あり。特待生制度はなし。

学期制

週5･6日制

プール

冷房

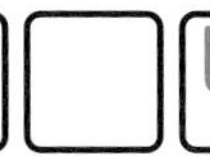
寮

食堂

私服通学

希
海外研修

サピックスからの合格実績（過去3年）	'22	'23	'24
	237名	243名	228名

進学指導の概要

高1までは全員が共通科目を履修しますが、高2より文系と理系に分かれるとともに、成績上位者による選抜クラスがそれぞれ1クラスずつ設けられます。学習の進度は速く、高3の夏休みまでにはほぼ高校課程を終え、その後は演習中心の授業が組まれます。また、高2からは生徒それぞれの希望進路に応じた科目選択制を敷いており、希望者を対象とした夏期講習、共通テスト対策講習、英語・数学のハイレベル講習など、きめ細かい受験支援を展開しています。難関大学への合格率の高さでは全国でも屈指の進学校として知られますが、総合的な人間力育成にも力を入れています。

■現役大学進学者の進路の内訳

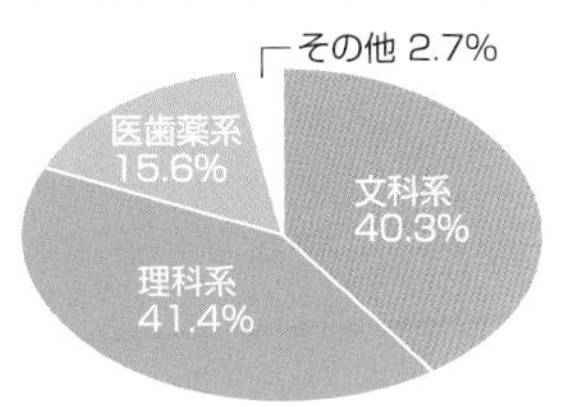

■併設高校から主要大学への合格実績

※上段は現役合格者数、下段は浪人を含めた合格者数。

	北海道大	東北大	東京大 文科Ⅰ類	東京大 文科Ⅱ類	東京大 文科Ⅲ類	東京大 理科Ⅰ類	東京大 理科Ⅱ類	東京大 理科Ⅲ類	東京大 合計	京都大	一橋大	東京工業大	東京芸術大	東京医科歯科大	東京外国語大	東京農工大	千葉大	筑波大
22年	5	3	15	18	6	30	6	—	77	5	2	6	—	1	2	—	—	5
	6	5	16	20	6	36	11	—	91	6	4	12	—	4	2	—	—	6
23年	3	1	11	12	7	26	9	3	70	6	2	5	—	4	—	—	—	3
	3	1	11	14	10	27	10	4	78	6	4	6	—	5	—	—	—	3
24年	6	2	11	13	11	43	5	2	86	4	6	2	—	—	—	1	3	3
	6	4	14	16	12	49	5	3	100	6	6	3	—	1	—	1	4	3

	横浜国立大	東京都立大	横浜市立大	早稲田大	慶應義塾大	上智大	東京理科大	国際基督教大	学習院大	明治大	青山学院大	立教大	中央大	法政大	文部科学省所管外の大学校	海外の大学	国公立・医学部	私立・医学部
22年	10	—	9	148	113	16	47	4	—	24	2	1	6	—	7	3	23	41
	11	—	9	172	130	20	60	4	2	42	3	1	10	—	8	4	27	58
23年	3	—	9	148	103	36	45	2	1	31	3	8	11	3	14	7	21	44
	6	—	9	175	125	54	62	2	1	61	7	15	19	6	14	7	26	58
24年	3	—	9	161	137	5	27	1	1	18	5	1	6	5	14	—	21	43
	5	—	10	193	154	10	37	1	1	30	5	4	11	8	17	—	29	56

★指定校推薦枠（2024年度）早稲田大3名、慶應義塾大1名、国際基督教大1名など

入試情報

■過去2年間の入試結果

		募集人員	出願者	受験者	合格者	実質倍率
23年	1回	175	740	711	219	3.2
	2回	50	718	587	120	4.9
	帰国	若干	164	158	35	4.5
24年	1回	175	691	665	211	3.2
	2回	50	753	635	122	5.2
	帰国	若干	144	134	28	4.8

■2024年度入試 受験者・合格者の教科別平均点

		算数	国語	理科	社会	合計
1回	受験者	93.1	97.2	69.4	76.0	[illegible]
	合格者	110.9	109.9	78.0	83.7	382.5
2回	受験者	83.6	82.8	69.8	74.1	310.3
	合格者	115.6	93.7	77.1	81.0	367.4
帰国	受験者	61.6	55.4	英語/52.9		算国/123.1 算英/102.4
	合格者	79.0	66.7	英語/64.9		算国/156.5 算英/134.6

○1・2回配点：国算＝各150点　理社＝各100点　○帰国配点：算国英＝各100点
○合格最低点：1回360点　2回349点　帰国145点(算国)・119点(算英)

24年の募集要項

※以下は2024年の募集要項です。2025年の要項は学校の発表をお待ちください。
入 試 日／①2月2日 ②2月4日　帰国1月13日
募集人員／男子約225名(①175名 ②50名　帰国若干名)
合格発表／①2月3日 ②2月5日　帰国1月14日
手続締切／①2月3日 ②2月5日　帰国1月14日
試験科目／①②国語(60分・150点)、算数(60分・150点)、理科(40分・100点)、社会(40分・100点)
面　　接／なし
帰国生のための試験／英語(60分・100点)または国語(60分・100点)と算数(60分・100点)
受 験 料／30,000円

公開行事・説明会予定

【学校説明会】要予約
10月12日(土)14時〜、11月 2日(土)14時〜
【帰国生入試説明会】
10月12日(土)13時〜、11月 2日(土)13時〜
※海外在住の場合はオンライン相談なども可能
◆変更・中止の可能性もあります。必ず学校ホームページで確認してください。

サピックスOBの声

●魅力の1つは校舎が新しいこと。きれいな体育館が2つもあり、運動部にとっては活動しやすい環境です。約1500名を収容できる新講堂「ラムネホール」は、座席もゆったりとしていて座り心地は抜群。県内でも有数の音楽ホールとしての機能を備えています。

●体験型の学習講座「聖光塾」では、DNAやコンピューター関係、ディベートなど興味をそそられる講座がたくさん用意されています。中2では土曜日の3〜4時限目を使って「選択芸術講座」が開講され、バイオリンやフルートといった楽器や声楽を習う音楽、絵画・陶芸・木工などの美術、総合芸術である演劇などのなかから、興味のある講座を選んで受講できます。

藤嶺(とうれい)学園藤沢 中学校

所在地／〒251-0001　藤沢市西富1-7-1
TEL／0466-23-3150
学校長／林 学
創　立／1915年に藤嶺中学校として創立。1995年に現校名に変更し、2001年に中学校を開校。
URL／www.tohrei-fujisawa.ed.jp

	1年	2年	3年
男子	63名	81名	90名
女子	—	—	—
クラス数	3組	3組	3組

中高総生徒数／818名

〈交通アクセス〉
JR東海道線「藤沢」駅、小田急江ノ島線「藤沢本町」駅より各徒歩15分

21世紀型の国際教育と「礼」を重んじる日本の心を育む

鎌倉時代に一遍上人が開いた時宗の僧侶養成機関「時宗宗学林」を前身とする、創立109年の男子伝統校です。建学の精神に「質実剛健」「勇猛精進」を掲げ、これからの時代を切り開くたくましい男子の育成をめざしています。中学は2001年に開校し、24期生を迎えました。グローバル教育に力を注ぐとともに、中1から高2までの5年間、茶道と剣道に必修で取り組みます。日本人としての品格や礼儀、アイデンティティーを大切にする中高一貫教育を実践し、真の国際人を養成しています。2027年度に高校新校舎が完成する予定です。

スクールライフ

●教育内容

「日本人であることに誇りを持ちながら、世界の人々とかかわってほしい」という思いから、開校以来、茶道と剣道を必修とし、豊かな人間性を養うことを目標としています。国際社会でリーダーシップを発揮できる人材を育成するため、2024年度より希望者対象の海外プログラムを拡充。中1の体育をネイティブ教員と日本人の教員が担当するなど、ユニークな授業も行っています。

中学校では、自学自習の習慣を確立するため、「TASL（Tohrei After School Learning）」という放課後学習プログラムを実施。難関大学に通う現役大学生のチューターが質問に対応します。TASLでは全員が各自の目標を設定し、宿題、テスト勉強、検定試験対策やiPadを使ったeラーニング教材に取り組みます。

■主要5教科の週当たり時間（コマ）数

	英語	数学	国語	理科	社会
1年	5	5	5	4	3
2年	7	5	5	4	4
3年	7	5	4	4	4
合計	19	15	14	12	11

◎1日当たりの授業コマ数：50分×6時限
※週1回7時限、土曜日は4時限
◎登校時間：8時30分

●部活動

中高合同で活動する部と中学のみで活動している部があるほか、同好会もあります。参加率は中学が90%、高校が60%となっています。

○文化系／美術、写真、茶道、化学、図書、生物、吹奏楽、英語、新聞、鉄道研究など
○体育系／軟式野球、サッカー、バスケットボール、バレーボール、卓球、ソフトテニス、柔道、剣道、スキーなど

●行事

6月に体育祭、10月に藤嶺祭（文化祭）があるほか、サマーキャンプやスキー教室、職業講演会、中1・2の研究発表会など、生徒の視野を広げてくれる行事が多いのも特徴です。

●修学旅行・研修旅行

中3の研修旅行は熊野古道を歩き、高2の修学旅行は国内2コースから選択して実施します。希望者対象の海外プログラムとして、台湾研修旅行（中3）、オーストラリアとニュージーランドで交互に実施する海外語学研修（高1）、ターム留学制度があります。

マネーガイド

■2024年度納付金（諸経費を含む）

	入学金	授業料	施設費	その他	計
入学手続時	200,000円	0円	200,000円	0円	400,000円
初年度総額	200,000円	456,000円	200,000円	約500,000円	約1,356,000円

※期日までに入学辞退を申し出た場合、施設費を返金

◎寄付金：なし
◎授業料：月納
◎奨学金・特待生制度：あり

学期制　週5・6日制　プール　冷房　寮　食堂　私服通学　海外研修

サピックスからの合格実績（過去3年）	'22	'23	'24
	8名	15名	4名

進学指導の概要

高1・2では全員が共通科目を履修。高2から高入生と合同の選抜クラスを設置します。高2で文系・理系に分かれ、高3から国公立・私立大受験に対応したカリキュラムを導入した科目選択制となり、演習中心の授業となります。一人ひとりの進学目標を早くから明確にして「やる気」を育て、学習活動へと結びつけていくのが進路指導の指針です。進路行事を学校行事と同様に大切に考え、高2で行われる大学出張講義、高3の進路説明会を中心に、進学講演会、放課後や夏休みの進学補習、勉強合宿など、豊富なプログラムが用意されています。年々、難関大への合格者数が増加傾向にあり、現役合格率は9割以上に上っています。

■2024年3月卒業生の進路の内訳

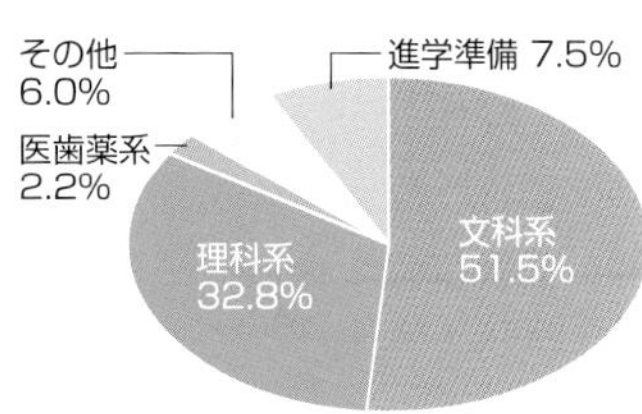

■併設高校から主要大学への合格実績

※上段は現役合格者数、下段は浪人を含めた合格者数。

	東京大	京都大	一橋大	東京工業大	筑波大	電気通信大	東京外国語大	東京学芸大	東京芸術大	東京農工大	東京都立大	横浜国立大	横浜市立大	千葉大	早稲田大	慶應義塾大	上智大	東京理科大
22年	—	—	—	—	—	—	—	—	—	—	—	—	—	—	—	—	2	1
	—	—	—	—	—	1	—	—	—	—	—	—	—	—	—	—	5	1
23年	—	—	—	—	—	—	—	—	—	—	—	—	—	—	2	—	—	2
	—	—	—	—	—	—	—	1	—	—	—	—	—	—	9	3	—	4
24年	—	—	—	—	—	—	—	—	—	—	—	—	—	—	2	1	3	6
	—	—	—	—	—	—	—	—	—	—	—	—	—	—	2	1	3	6

	学習院大	明治大	青山学院大	立教大	中央大	法政大	日本大	東洋大	駒澤大	専修大	国際基督教大	成蹊大	成城大	神奈川大	文部科学省所管外の大学校	海外の大学	国公立・医学部	私立・医学部
22年	2	4	2	1	6	5	20	6	5	18	—	1	4	20	—	1	—	—
	2	6	3	1	11	10	29	8	5	32	—	3	4	24	—	1	—	—
23年	2	4	3	2	4	4	12	5	1	5	—	2	1	13	—	—	—	—
	2	6	4	5	9	6	20	5	4	6	—	2	1	13	—	—	—	—
24年	2	4	3	—	5	4	10	1	2	8	—	—	3	17	—	—	—	—
	2	4	4	—	6	4	15	3	2	8	—	—	3	23	—	—	—	5

★指定校推薦枠（2024年度）東京理科大4名、学習院大1名、明治大2名、青山学院大3名、中央大2名、日本大8名、専修大1名、成城大1名、、明治学院大2名、芝浦工業大制限なし、東京電機大6名、東京都市大16名、東京農業大3名、駒澤大2名、関西学院大1名など

入試情報

■2024年度の入試結果

		募集人員	出願者	受験者	合格者	実質倍率
①2科4科入試	4科	60	23	21	85	1.2
	2科		8	8		
②2科入試	2科		102	101		
③得意2科A	2科	25	103	68	53	1.3
④得意2科B	2科	10	74	31	21	1.5
⑤得意2科C	2科	10	55	18	10	1.8
帰国	2科	若干	0	0	0	—

■2024年度入試 受験者の教科別平均点

		算数	国語	理科	社会	合計
①2科4科★入試	4科	48.3	59.3	36.0	40.5	186.5
	2科					107.7
②2科入試	2科	64.9	62.1			126.9
③得意2科A	2科	—	—	—	—	—
④得意2科B	2科	—	—	—	—	—
⑤得意2科C	2科	—	—	—	—	—
帰国	2科	—	—	—	—	—

○配点：算国＝各100点　理社＝各70点
※得意2科目選択型は、国・算、国・社、国・理、算・社、算・理のいずれかで受験。A・Bは各100点・計200点。Cは2科同時受験(計100点)
○合格最低点：①4科171点・2科106点　2科110点
※得意2科目選択型A・B・Cと帰国は非公表

24年の募集要項

※以下は2024年の募集要項です。2025年の要項は学校の発表をお待ちください。

入試日／①2科4科：2月1日午前 ②2科：2月1日午後 ③得意2科A：2月2日午後 ④得意2科B：2月3日午後 ⑤得意2科C：2月5日午前　帰国12月16日
募集人員／男子105名(①②60名 ③25名 ④10名 ⑤10名 帰国若干名)
合格発表／ホームページで即日
手続締切／①②③④2月4日 ⑤2月6日 帰国12月18日
試験科目／①国語(50分・100点)、算数(50分・100点)、理科(40分・70点)、社会(40分・70点)のうち2科(国算)4科選択。②2科(国算)。③④⑤国算・国社・国理・算社・算理のいずれかを選択。
※③④得意2科A・Bは各科目50分・100点。⑤得意2科Cは2科目同時(60分・100点)
面　接／帰国生のみあり
受験料／20,000円(同時出願の場合2回30,000円、3回40,000円、4回45,000円、5回50,000円)

公開行事・説明会予定

【学校説明会】要予約
10月　5日(土)10時30分～
11月　9日(土)10時30分～
11月29日(金)10時30分～
1月25日(土)14時～
【入試問題対策説明会】
12月21日(土)10時30分～
【授業体験】要予約
6月29日(土)10時～ 5年生以上対象
10月12日(土)10時～ 4年生以上対象
【藤嶺祭(文化祭)】※相談コーナー設置
10月26日(土)、27日(日)
◆変更・中止の可能性もあります。必ず学校ホームページで確認してください。

神奈川学園 中学校

所在地／〒221-0844 横浜市神奈川区沢渡18
TEL／045-311-2961
学校長／及川 正俊
創　立／1914年設立の横浜実科女学校が前身。神奈川中学・高校を経て、1990年に現校名となる。
URL／www.kanagawa-kgs.ac.jp

	1年	2年	3年
男子	—	—	—
女子	168名	176名	159名
クラス数	5組	5組	5組

中高総生徒数／1037名

〈交通アクセス〉
JRほか「横浜」駅、東急東横線「反町」駅より徒歩10分　横浜市営地下鉄「三ツ沢下町」駅、京急線「神奈川」駅より徒歩20分

「生きる力と判断力」を備えた21世紀に生きる女子を育てる

1914年、国際的な貿易都市として急速に発展しつつあった横浜の地で、社会的にも活躍できる「自立した女性」を育てることをめざして、学園の前身である横浜実科女学校が教育学者・佐藤善治郎によって創立されました。現校名となったのは1990年。ミッション校が多い神奈川県にあって数少ない宗教色のない女子校で、「自覚」「心の平和」「勤勉」を校訓に、21世紀に生きる新しい「人間教育」に力を入れています。「2人担任制」を導入し、生徒一人ひとりに目を配れる環境の下、きめ細かい教育で“自学力”を育んでいます。

スクールライフ

●教育内容

「学習力向上」と「人間力向上」を柱に、全人的な成長を実現する「21世紀教育プラン」に取り組み、週6日制・週35時間カリキュラムの下、無理のない先取り学習を展開。アクティブ・ラーニングを通して思考力、協働力、問題解決力を磨き、将来を見据えた実践応用力を育成します。中学英語は「ラウンドシステム」を取り入れたオリジナルカリキュラムで、“speaking”“writing”が充実。英会話では中1からクラス3分割の少人数授業を展開し、習熟度別授業を英語は中1から、数学は中2から行います。資格取得も奨励し、中学卒業までに英検®準2級、数検3級取得が目標です。

■主要5教科の週当たり時間（コマ）数

	英語	数学	国語	理科	社会
1年	7	5	5	3	4
2年	7	5	5	4	4
3年	6	5	6	5	4
合計	20	15	16	12	12

◎1日当たりの授業コマ数：50分×6時限
　※木曜日は50分×7時限、土曜日は50分×4時限
◎登校時間：8時25分

●部活動

入部は希望制で、「平日は少なくとも2日間は休み、土日もどちらかは休む」のが原則です。参加率は中学生が約85%、高校生が約65%です。

○文化系／ESS、演劇、華道、軽音楽、食物、書道、コーラス、茶道、吹奏楽、箏曲、手芸、写真、フォークギター、文芸、理化、生物、美術、社会科、漫画研究
○体育系／新体操、水泳、ソフトテニス、器械体操、卓球、バトントワリング、バレーボール、バスケットボール、陸上競技、バドミントン、ダンス

●行事

三大行事は、クラスごとの研究発表が中心の文化祭と、球技大会、中学音楽会です。中2では、「小網代研修」を行い、環境と人類の共生について考えます。ほかにも中1のPA研修、中3の「横浜探検」など、中学は各学年にそれぞれ校外研修が用意されています。

●修学旅行・研修旅行

中2は国内で2泊3日の英語キャンプを実施。中3では、オーストラリアでホームステイを経験する海外研修に全員が参加します。高1では沖縄、水俣（熊本）、四万十川（高知）、奈良・京都、東北の5方面から各自が選択するフィールドワークを実施し、日本の“現在”について学びます。

マネーガイド

■2024年度納付金（諸経費を含む）

	入学金	授業料	施設費	その他	計
入学手続時	250,000円	0円	0円	0円	250,000円
初年度総額	250,000円※	444,000円	150,000円	270,600円	1,114,600円

※期日までに入学辞退を申し出た場合、入学金を返金

◎寄付金：なし
◎授業料：月納
◎奨学金・特待生制度：経済的理由により就学困難と判断される者に年間で12万円を免除（1年間）

3期 学期制｜完6 days 週5･6日制｜プール｜ 冷房｜ 寮｜食堂｜私服通学｜全 海外研修

サピックスからの合格実績（過去3年）	'22	'23	'24
	4名	9名	8名

進学指導の概要

中学に続き、3学期制で少人数制クラスを積極的に採用しています。高1から主要科目では習熟度別授業を実施。高1・2では本格的なテーマ学習となる総合・探究を2単位設けるほか、高2になると22単位、高3は20単位と大幅な科目選択制を取り入れ、進路に必要なさまざまな科目を履修できる制度を整えています。放課後・夏期には正課以外も学習指導を実施するなどサポート体制も充実。また、土曜日は、中1から高2までは平常授業ですが、高3には受験に向けて多様な授業・講座が組まれています。さらに高校では、進路講演会や大学訪問などの機会を設定し、多彩な進路指導を行います。

■現役大学進学者の進路の内訳

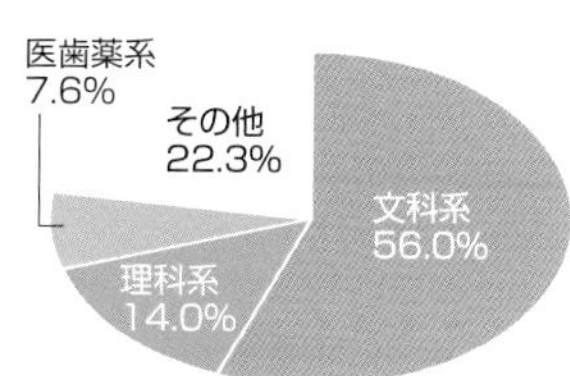

■併設高校から主要大学への合格実績

※上段は現役合格者数、下段は浪人を含めた合格者数。

	東京大	京都大	一橋大	東京工業大	筑波大	お茶の水女子大	電気通信大	東京外国語大	東京学芸大	東京芸術大	東京農工大	東京都立大	横浜国立大	千葉大	早稲田大	慶應義塾大	上智大	東京理科大
22年	—	—	—	—	—	—	—	—	—	—	1	—	—	—	2	2	4	2
	—	—	—	—	—	—	—	—	—	—	1	—	—	—	2	2	4	2
23年	—	—	—	—	—	—	—	—	—	—	—	—	—	—	2	2	8	4
	—	—	—	—	—	—	—	—	—	—	—	—	—	—	2	2	8	4
24年	—	—	—	—	—	—	—	—	—	—	—	—	—	—	4	5	9	7
	—	—	—	—	—	—	—	—	—	—	—	—	1	—	4	5	9	8

	学習院大	明治大	青山学院大	立教大	中央大	法政大	日本大	東洋大	駒澤大	専修大	国際基督教大	津田塾大	東京女子大	日本女子大	文部科学省管外の大学校	海外の大学	国公立・医学部	私立・医学部
22年	15	8	14	18	11	18	8	9	2	9	—	—	11	13	—	—	—	7
	17	8	14	20	11	18	8	9	2	9	—	—	12	14	—	—	—	7
23年	7	6	9	16	9	25	8	24	11	8	1	—	7	8	—	—	—	2
	7	6	9	16	9	25	8	24	11	8	1	—	7	8	—	—	—	8
24年	10	18	12	38	9	24	8	8	8	28	—	2	10	12	—	—	—	—
	10	19	12	38	9	24	8	8	8	28	—	2	10	12	—	—	—	2

指定校推薦枠（2024年度）上智大3名、学習院大3名、青山学院大4名、中央大2名、法政大3名、日本大2名、成蹊大1名、明治学院大5名、東京女子大6名、北里大2名、昭和薬科大1名など

入試情報

■2024年度の入試結果

		募集人員	出願者	受験者	合格者	実質倍率
A午前	4科	80	101	97	77	1.3
	2科		41	40	28	1.4
A午後	2科	30	192	185	123	1.5
B	4科	60	151	96	81	1.2
	3科		4	3	3	1.0
	2科		57	41	28	1.5
C	4科	20	103	41	[illegible]	1.1
	2科		43	19	12	1.6
帰国		若干	—	—	—	—

■2024年度入試 合格者の教科別平均点

		算数	国語	理科	社会	合計
A午前	4科	67.9	61.7	36.5	40.7	204.7
	2科					129.7
A午後	2科	75.8	61.1			137.0
B	4科	65.6	71.2	41.7	42.3	222.0
	3科			英語／61.7		—
	2科					137.4
C	4科	75.8	58.7	44.5	40.2	220.3
	2科					139.0

○配点：算国英=各100点　理社=各60点
○帰国配点：算国英 作文=各100点(算国+英または算国+作文)
○合格最低点：A午前4科177点・2科109点　A午後114点　B4科181点・3科一点・2科113点　C4科165点・2科102点　帰国は非公表

24年の募集要項

※以下は2024年の募集要項です。2025年の要項は学校の発表をお待ちください。

入試日／A2月1日午前・午後 B2月2日午前 C2月4日午前 帰国12月13日
募集人員／女子190名(A午前80名 A午後30名 B60名 C20名 帰国若干名)
合格発表／ホームページで即日。掲示(一般のみ)は翌日
手続締切／2月6日
試験科目／国語(50分・100点)、算数(50分・100点)、理科(30分・60点)、社会(30分・60点)、英語(50分・100点)
※A午前・Cは2科4科選択、A午後は2科、Bは2科(国算)・4科・3科(国数英)選択
面　接／なし
帰国生のための試験／国語・算数・英語もしくは作文(各50分・各100点)を選択、面接(保護者同伴・30点)
受験料／20,000円(複数回出願の場合、2回目以降各回10,000円／複数回出願の入学決定者には、未受験分の受験料を入学後に返金)

公開行事・説明会予定

【学校説明会】要予約
8月23日(金)19時～、9月 7日(土)11時～
11月16日(土)午前中、12月 5日(木)19時～
1月18日(土)11時～
【入試説明会】要予約 各回11時～ 6年生対象
10月12日(土)、11月30日(土)
【帰国子女入試説明会】要予約
10月19日(土)11時～
【オープンキャンパス】要予約 各回10時～
6月22日(土)、11月16日(土)
【入試問題体験会】要予約 6年生対象
12月14日(土) 8時30分～
【文化祭】要予約 ※入試相談コーナーあり
9月21日(土)、22日(祝) 9時～16時
◆変更・中止の可能性もあります。必ず学校ホームページで確認してください。

私立 神奈川 女子 か

鎌倉女学院 中学校

所在地／〒248-0014 鎌倉市由比ガ浜2-10-4
TEL／0467-25-2100
学校長／大野 明子
創　立／母体は1904年に創立された鎌倉女学校。1948年に現校名に改称。湘南地区で最も古い歴史と伝統を誇る。
URL／www.kamajo.ac.jp

	1年	2年	3年
男子	—	—	—
女子	157名	136名	150名
クラス数	4組	4組	4組

中高総生徒数／910名

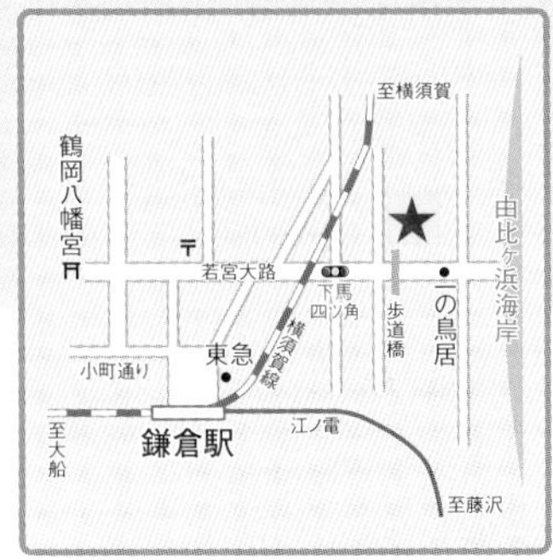

〈交通アクセス〉
JR横須賀線、江ノ島電鉄「鎌倉」駅より徒歩7分

伝統ある完全中高一貫の女子校で、近年は東大合格者も輩出

1904年に漢学者・田邉新之助によって「鎌倉女学校」として設立された、湘南地区で最も古い歴史を誇る女子伝統校。戦後の学制改革で現校名となりました。校舎は古都・鎌倉を象徴する鶴岡八幡宮の一の鳥居近くにあり、地元では“鎌女”の愛称とともに、1934年から変わらないセーラー服姿で親しまれています。「真摯沈着（しんしちんちゃく）」「尚絅（しょうけい）」を校訓に、「心身共に健康で、国際性豊かな人間教育」を教育目標に掲げ、英語教育をはじめとする国際理解教育に力を入れると同時に、日本伝統文化理解や情報教育、環境教育も積極的に行っています。

スクールライフ

●教育内容

完全中高一貫体制のメリットを生かした先取り学習を行い、主要教科を重視したカリキュラムを組むなどして、難関大学への高い合格実績を挙げる進学校となっています。2期制で50分の6時限授業を基本に、週3日は7時限授業です。英語は6年間「Progress21」を使用し、各学年とも週1時間の外国人講師による1クラス2分割の英会話の授業が行われています。国語では中1から週2時間古典を学ぶほか、読書・表現指導も充実。3年間の集大成として卒業文集にまとめられます。また、放課後は「特修」があり、バイオリン・フルート・茶道・華道・書道のなかから選びます。そのほか、独自プログラムとして、立地を生かした「鎌倉学」があり、古都・鎌倉をさまざまな角度から学びます。

■主要5教科の週当たり時間（コマ）数（集中授業を含む）

	英語	数学	国語	理科	社会
1年	6	5	5	3.5	3
2年	6	5	4	5	4
3年	6	4.5	5	4	4.5
合計	18	14.5	14	12.5	11.5

◎1日当たりの授業コマ数／50分×6時限
　※週3回7時限
◎登校時間：8時15分

●部活動

全国大会出場経験のあるマンドリンギター部をはじめ、24の部が活動。参加率はおよそ9割です。
○文化系／マンドリンギター、理科、演劇、歴史研究、美術、アニメまんが、パソコン、写真、ESSなど
○体育系／バトン、バレーボール、卓球、剣道、バスケットボール、テニス、ダンス、体操、バドミントン

●行事

5月の体育祭、10月の文化祭、12月の合唱コンクールのほか、3月にはオーケストラの定期演奏会が開催されます。鶴岡八幡宮での雅楽鑑賞、鎌倉能舞台での能鑑賞も行われます。

●修学旅行・研修旅行

中1・2では天城山荘研修を中3では奈良・京都研修を行うなど、フィールドワークが充実。鎌倉を中心とした国内の文化に触れる機会を多く設けることで、世界に羽ばたく人材としての土台を固めます。高校からは本格的な国際交流が始まり、高1・2の夏休みには、希望者を対象に1か月のカナダ英語研修があるほか、アメリカ・ペンシルベニア州パーキオメンバレー高校における海外姉妹校交流プログラム、アジア研修など、国際交流プログラムも充実しています。

マネーガイド

■2024年度納付金（諸経費を含む）

	入学金	授業料	施設費	その他	計
入学手続時	340,000円	0円	0円	0円	340,000円
初年度総額	340,000円	492,000円	78,000円	301,900円	1,211,900円

※期日までに入学辞退を申し出た場合、入学金を返金

◎寄付金：なし
◎授業料：月納
◎奨学金・特待生制度：経済的理由により就学困難と判断される者に授業料を免除（1年間）

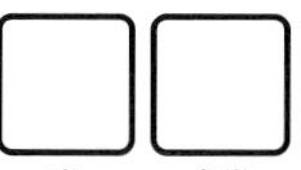

学期制 週5・6日制 プール 冷房 寮 食堂 私服通学 海外研修

サピックスからの合格実績（過去3年）	'22	'23	'24
	39名	45名	30名

進学指導の概要

高1・2は週3日7時間授業を実施し、英語と数学は習熟度別で学びます。高1までに基礎力を養成し、高2から文系・文理系・理系の3コースに分かれます。高3では豊富な選択科目を設置し、幅広い進路に対応。英語では卒業までに生徒の約9割が英検®2級、約3割が準1級以上を取得しています。国語は高1で漢検2級を受けます。長期休暇中には希望者対象の大学入試対策講習を開講しています。大学の教員を招いてのレクチャーや、卒業生による大学紹介など、進路選択に役立つさまざまなキャリアプログラムを用意し、生徒の希望進路の実現を後押ししています。

■現役大学進学者の進路の内訳

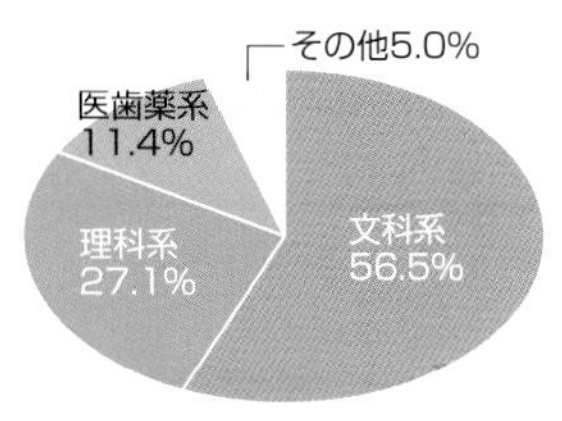

■併設高校から主要大学への合格実績

※上段は現役合格者数、下段は浪人を含めた合格者数。

	東京大	京都大	一橋大	東京工業大	筑波大	お茶の水女子大	電気通信大	東京外国語大	東京学芸大	東京芸術大	東京農工大	東京都立大	横浜国立大	千葉大	早稲田大	慶應義塾大	上智大	東京理科大
22年	—	1	—	—	—	—	—	3	—	1	—	—	4	1	24	16	23	6
	—	1	—	—	—	—	—	3	—	1	1	1	4	1	25	16	23	6
23年	1	—	—	—	—	—	1	2	—	—	—	2	3	1	34	15	31	5
	1	—	—	—	—	—	1	2	—	1	—	2	3	2	36	17	33	9
24年	—	—	1	—	—	3	1	2	—	—	—	3	3	1	42	18	53	20
	—	—	1	—	1	3	1	2	—	—	—	3	3	1	43	19	57	21

	学習院大	明治大	青山学院大	立教大	中央大	法政大	日本大	東洋大	駒澤大	専修大	国際基督教大	津田塾大	東京女子大	日本女子大	文部科学省管外の大学校所	海外の大学	国公立・医学部	私立・医学部
22年	13	39	17	46	12	20	17	3	8	18	1	2	11	15	—	—	1	—
	13	44	17	49	15	22	19	3	10	19	1	3	15	22	—	—	1	2
23年	16	39	20	38	16	14	23	8	5	8	3	10	15	13	—	1	1	5
	16	43	20	39	17	15	26	11	5	8	3	10	15	13	—	1	1	6
24年	16	51	37	69	25	22	12	22	6	5	3	13	11	20	2	2	—	—
	16	52	37	71	26	24	14	23	7	5	3	13	12	20	2	2	—	1

★指定校推薦枠（2024年度）横浜市立大5名、早稲田大2名、慶應義塾5名、東京理科大3名、学習院大6名、青山学院大2名、明治大3名、中央大4名、法政大1名、東京女子大1名、北里大3名、国際基督教大1名など

入試情報

■過去3年間の入試結果

		募集人員※	出願者	受験者	合格者	実質倍率
22年	1次	120	427	377	281	1.3
	2次	40	352	159	72	2.2
23年	1次	120	386	346	263	1.3
	2次	40	283	121	66	1.8
24年	帰国11月	5	6	6	6	1.0
	1次※	120	330	276	236	1.2
	2次※	40	299	125	86	1.5

※募集人員には帰国生若干名を含む

■2024年度の入試 受験者・合格者の教科別平均点

		算数	国語	理科	社会	合計
1次	受験者	63.1	75.2	63.1	57.6	258.9
	合格者	67.2	77.2	66.0	60.4	270.7
2次	受験者	52.3	66.4	63.9	59.7	242.3
	合格者	59.1	71.4	70.4	66.1	267.0

○配点：算国＝各100点　理社＝各100点
○合格最低点：1次212点　2次212点

24年の募集要項

※以下は2024年の募集要項です。2025年の要項は学校の発表をお待ちください。

入 試 日／一般 ①2月2日 ②2月3日
帰国 11月入試11月25日 2月①2月2日 ②2月3日

募集人員／女子約160名(一般①120名 ②40名 帰国若干名)

合格発表／ホームページで即日

手続締切／2月5日

試験科目／国語(45分・100点)、算数(45分・100点)、理科(45分・100点)、社会(45分・100点)

面　　接／帰国のみあり
11月入試：作文(英語、日本語)、面接(保護者同伴)

帰国生のための試験／2月①②：国語、算数、英語、面接(保護者同伴)

受 験 料／25,000円(同時出願の場合は40,000円)

公開行事・説明会予定

【キャンパス見学会】要予約
6月29日(土)9時～、10時～、11時～、13時～、14時～
【学校説明会】要予約
11月16日(土)
【入試説明会】要予約 6年生の保護者対象
10月 8日(火)、10月29日(火)
【文化祭】要予約
9月28日(土)、29日(日)9時～15時30分
【オーケストラ定期演奏会】要予約
3月21日(金)13時30分～15時30分 鎌倉芸術館
◆変更・中止の可能性もあります。必ず学校ホームページで確認してください。

カリタス女子 中学校

所在地／〒214-0012 川崎市多摩区中野島4-6-1
TEL／044-911-4656
学校長／萩原千加子
創　立／1961年にケベック・カリタス修道女会を母体に設立。1967年、幼稚園から短期大学までの一貫教育が完成。
URL／www.caritas.ed.jp

	1年	2年	3年
男子	—	—	—
女子	198名	196名	186名
クラス数	5組	5組	5組

中高総生徒数／1082名　併設小から 約37%

〈交通アクセス〉
JR南武線「中野島」駅より徒歩10分　JR南武線、小田急線「登戸」駅よりバス5分

4つの心を育むカトリック教育と2か国語教育を実践

カナダのケベック・カリタス修道女会を母体に、1961年に設立されたカトリックの女子校で、幼稚園・小学校もある総合学園です。カリタス（CARITAS）とはラテン語で「愛」を意味し、イエス・キリストの教えた愛をすべての教育活動の原点としています。「祈る心」「学ぶ心」「交わる心」「奉仕する心」の4つの心の涵養が教育目標。英語とフランス語の2か国語教育を行っており、外国人講師による授業が3年間必修となっています。高校では理系コースもあり、医歯薬系の学部へ進学する生徒も増えています。

スクールライフ

●教育内容

高校募集のない完全中高一貫教育で、2期・週5日制の下、45分×7時限授業を実施。語学面では、中学で全員が英語をメイン（週6時間）にフランス語（週2時間）も学ぶ複言語教育を推進し、ICTを活用して4技能をバランス良く伸ばしています。なお、英語・フランス語・数学の授業は少人数制です。一方で、理数教育も重視し、数学の教科書は「体系数学」を使用しています。このほか、幅広いテーマについて考えを深める「カトリック倫理」の時間が週1コマあるなど、宗教教育や奉仕活動も盛んです。中1から始まる週1コマの「i-time」では、探究活動を通して社会に視野を広げ、自分の進路・キャリアを考えます。

■主要5教科の週当たり時間（コマ）数

	英語	数学	国語	理科	社会
1年	6	5	4	4	3
2年	6	5	4	4	4
3年	6	5	5	4	4
合計	18	15	13	12	11

◎1日当たりの授業コマ数：45分×7時限
◎登校時間：8時20分

●部活動

学外で定期演奏会も行うオーケストラ部をはじめ22の部があり、中学生は約95%、高校生は約80%がいずれかのクラブに参加しています。

○文化系／E.S.S.、演劇、オーケストラ、華道、クッキング、軽音楽、コーラス、茶道、生物、理科、美術、漫画研究会、写真、かるた

○体育系／水泳、ソフトボール、卓球、ダンス、テニス、バレーボール、バスケットボール、フットサル

●行事

マルグリット祭（文化祭）、クリスマス会、外国語発表会が三大行事です。宗教活動・奉仕活動を行う「アンジェラスの会」（中1は全員参加）は施設訪問や募金、マリア祭などの行事で活躍しています。そのほか、中1～3ではカウンセラーと学年教員による人間関係トレーニング「心の交流プログラム」が組まれています。語学にまつわる行事が多いのが特徴です。

●修学旅行・研修旅行

オリエンテーションキャンプ（中1）、TGG英語研修（中2）のほか、中3は長崎への研修旅行を実施。原爆について学び、ミサに参加するなど、九州の歴史・文化と大自然に触れます。希望者対象の日仏交換留学、カナダ、セブ島、マルタ島での海外グローバル研修もあります。

マネーガイド

■2024年度納付金（諸経費を含む）

	入学金	授業料	施設費	その他	計
入学手続時	240,000円	0円	200,000円	0円	440,000円
初年度総額	240,000円	480,000円	200,000円	530,000円	1,450,000円

※期日までに入学辞退を申し出た場合、施設費を返金

◎寄付金：1口5万円、2口以上（任意）
◎授業料：10期分納
◎奨学金・特待生制度：成績優秀で経済的に援助を必要とする者に授業料相当額を免除（1年間・更新あり）

学期制　週5・6日制　プール　冷房　寮　食堂　私服通学　海外研修

サピックスからの合格実績（過去3年）	'22	'23	'24
	24名	24名	32名

進学指導の概要

高2より各自の進路に合わせて、外国語・国語・社会を重視する私立文系コース、数学にも力を入れる国公立文系コース、理系大学・学部への進学に適した理系コースの3つに分かれます。また、英語・フランス語のいずれかを第一外国語として選択します。英語や理系コースの数学など、いろいろな科目で少人数習熟度別授業が行われるほか、各コースとも多彩な演習科目が用意されており、応用力と実戦力をつける指導が行われます。また、高2から、大学受験に向けての講演会や大学の模擬授業を設定。高3では、進路希望調査や個人面談をもとに、生徒一人ひとりに対応した希望進路の実現をサポートします。

■現役大学進学者の進路の内訳

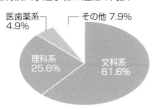

医歯薬系 4.9%
その他 7.9%
理科系 25.6%
文科系 61.6%

■併設高校から主要大学への合格実績

※上段は現役合格者数、下段は浪人を含めた合格者数。

	東京大	京都大	一橋大	東京工業大	筑波大	お茶の水女子大	電気通信大	東京外国語大	東京学芸大	東京芸術大	東京農工大	東京都立大	横浜国立大	千葉大	早稲田大	慶應義塾大	上智大	東京理科大
22年	1	—	1	—	—	3	—	3	—	—	—	1	2	—	12	15	21	6
	1	—	1	—	—	3	—	3	—	—	—	1	2	—	13	16	23	8
23年	1	1	—	—	1	1	—	—	1	—	1	1	—	—	22	15	26	5
	1	1	—	—	1	1	—	—	1	—	1	1	—	—	23	15	27	5
24年	1	—	1	—	—	—	1	—	1	—	—	1	1	—	18	9	14	6
	1	—	1	1	—	—	1	—	1	—	—	1	1	—	18	10	14	6

	学習院大	明治大	青山学院大	立教大	中央大	法政大	日本大	東洋大	駒澤大	専修大	国際基督教大	津田塾大	東京女子大	日本女子大	文部科学省管外の大学校	海外の大学	国公立・医学部	私立・医学部
22年	8	20	17	25	13	6	13	10	3	2	3	8	15	11	—	4	—	2
	10	20	17	25	13	6	14	11	4	2	3	9	16	13	1	4	—	12
23年	2	28	13	19	12	6	15	12	4	7	1	4	5	7	—	—	—	5
	2	28	13	19	12	7	16	12	4	7	1	4	5	7	—	—	—	6
24年	4	17	14	18	19	11	8	6	2	6	—	—	5	4	1	4	—	2
	4	17	17	19	19	11	8	6	2	6	—	—	6	4	1	4	—	2

★指定校推薦枠（2024年度)慶應義塾大2名、上智大2名、学習院大4名、明治大5名、青山学院大6名、立教大1名、中央大6名、法政大2名、津田塾大3名、東京女子大3名、日本女子大4名など

入試情報

■2024年度の入試結果

	募集人員	出願者	受験者	合格者	実質倍率
1回	約30	157	150	40	3.8
2回	約35	351	334	141	2.4
3回	約30	287	224	82	2.7
英語資格	若干	25	21	11	1.9
4回	約15	179	141	25	5.6
帰国12月	若干	39	38	30	1.3
帰国2月	若干	4	3	1	3.0

■2024年度入試 合格者の教科別平均点

	算数	国語	理科	社会
1回	74.2	70.4	37.7	38.3
2回	78.3	74.7		
3回	71.3	70.4	80.4	
英語資格		74.5		
4回	75.7	70.9	38.4	37.1

○配点：算国=各100点　社=各50点 理=1回・4回各50点、3回100点
○合格最低点：1回209点　2回137点　3回135点　英語資格67点 4回210点
※帰国は非公表

24年の募集要項

※以下は2024年の募集要項です。2025年の要項は学校の発表をお待ちください。

入 試 日／一般入試：①2月1日午前 ②2月1日午後 ③・英語資格2月2日午後 ④2月3日午前
帰国：①12月16日午前 ②2月1日午前 ③2月1日午後 ④・英語資格2月2日午後 ⑤2月3日午前

募集人員／女子約110名(一般：①約30名 ②約35名 ③約30名 英語資格若干名 ④約15名 帰国：①特に定めず ②③④⑤・英語資格若干名)

合格発表／ホームページで即日

手続締切／2月6日

試験科目／一般入試：国語・算数(各50分・各100点)、理科・社会(各30分・各50点) ※②は2科、③は国語＋算数・理科(各50分・各100点)から1科選択、英語資格は国語。

面　　接／帰国生のみ

帰国生のための試験／①作文(40分・50点)、算数(30分・50点)、外国語(50分・100点)、面接 ②③⑤国語・算 数(各50分・各100点)、 面 接 ④国語＋算数・理科から1科選択(各50分・各100点)、面接 英語資格 国語(50分・100点)、面接
※外国語は英語・フランス語選択

受 験 料／22,000円(複数回出願の場合は減免措置あり)

公開行事・説明会予定

※すべて要予約
【学校説明会】10月26日(土)
【Le Tour de Caritas】8月26日(月)、3月25日(火)
【入試説明会・入試過去問解説】11月23日(祝)
【カリタスDEナイト(オンライン)】
6月19日(水)、12月12日(木)
【帰国生入試説明会】10月5日(土)オンライン
【入試直前説明会】1月18日(土)、1月28日(火)オンライン
【サイエンス・カリタス】7月20日(土)
【カリタス見学会】7月13日(土)、3月8日(土)
【マルグリット祭(文化祭)】
9月22日(祝)、23日(振休)

◆変更・中止の可能性もあります。必ず学校ホームページで確認してください。

北鎌倉女子学園 中学校

所在地／〒247-0062 鎌倉市山ノ内913
TEL／0467-22-6900
学校長／佐野 朗子
創　立／1940年に北鎌倉高等女学校として設立。1948年に併設中学校を設置し、1978年に現校名に。
URL／www.kitakama.ac.jp

	1年	2年	3年
男子	—	—	—
女子	46名	53名	46名
クラス数	2組	2組	2組

中高総生徒数／492名

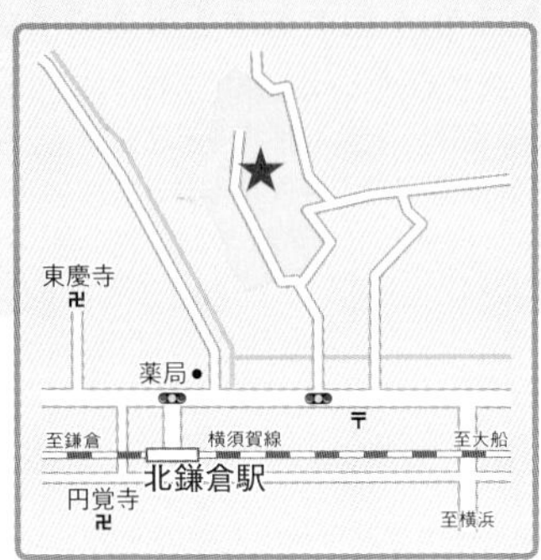

〈交通アクセス〉
JR横須賀線「北鎌倉」駅より徒歩7分

音楽コースも設置。古都鎌倉の明るく元気な雰囲気の女子校

「心身共に健康で科学的な思考力を身につけた女性を育成する」という創立者・額賀豊博士の考え方を受け継ぎ、「のびやかな自立した女性を育てる」を教育目標としています。先進的なICT教育と伝統教育とを掛け合わせた「ハイブリッド教育」を実践。生徒一人ひとりの学習意欲を引き出し、得意分野を伸ばす教育が特徴です。幅広い進路の実現をめざす「先進コース」と、音楽を専門的に学ぶ「音楽コース」があります。2025年度より「国際コース」（中3～高3）を設置。国際社会で活躍できる人材を育成します。

スクールライフ

●教育内容

アウトプットを授業目標に設定し、従来型の基礎学力を担保しながら、ツールとなる知識の習得をめざします。1人1台の端末を持ち、授業の内外でICTを用いた学習活動を実践。「スタディサプリ」などを活用し、一人ひとりに合わせた内容・時間で家庭学習を進めます。学びを通して得た知識とスキルを用いて他者と協働し、ゼロから何かを生み出せる生徒を育成するために総合探究に力を入れ、生徒の探究テーマに基づいた学びを展開。鎌倉に密着したフィールドワークをはじめ、世界とつながる機会を多く提供します。英語で海外の情報を得たり、自身の学びを発信したりできるよう、英語教育の抜本的強化を図ります。

■主要5教科の週当たり時間（コマ）数

	英語	数学	国語	理科	社会
1年	6	4	4	3	3
2年	6	3	4	4	3
3年	6	4	3	4	4
合計	18	11	11	11	10

※授業5日制

◎1日当たりの授業コマ数：45分×7時限
　※土曜日は学校行事など
◎登校時間：8時20分

●部活動

ダンス部、コーラス部などが大会で活躍。参加率は中高ともに70%です。

○文化系／演劇、科学、家庭、日本文化、ギター、コーラス、吹奏楽、箏曲、美術、文芸、礼法、漫画研究、社会科研究

○体育系／新体操、ソフトテニス、体操、卓球、バレーボール、バスケットボール、バトン、ワンダーフォーゲル、陸上、ダンス、バドミントン

●行事

合唱コンクール、文化祭、体育祭は中高合同のイベントです。ほかにも、スピーチ大会が中学3学年合同で開催されるなど、さまざまな行事が組まれています。また、神奈川県埋蔵文化財センターの方を招いて考古学セミナーを行っています。

●修学旅行・研修旅行

中2は修学旅行として奈良・京都歴史学習を行います。研究発表など事前学習に取り組み、実りの多い旅となります。また、全学年の希望者を対象とした3日間のグローバルスタディキャンプが年2回行われています。中3では希望者を対象にニュージーランドでのターム留学の機会があります。

マネーガイド

■2024年度納付金（先進コース、諸経費を含む）

	入学金	授業料	施設費	その他	計
入学手続時	200,000円	0円	170,000円	0円	370,000円
初年度総額	200,000円	354,000円	362,000円	277,090円	1,193,090円

※期日までに入学辞退の申し出・手続きをした場合、施設費を返金
※その他には制服代を含む

◎寄付金：なし
◎授業料：月納
◎奨学金・特待生制度：経済的理由により就学困難と判断される者に授業料を免除（1年間・定員2名）。また、高校では成績優秀者に奨学金を支給（1年間・定員各学年3名）

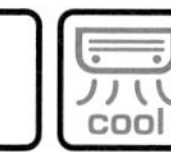

学期制　週5・6日制　プール　冷房　寮　食堂　私服通学　海外研修

サピックスからの合格実績（過去3年）	'22	'23	'24
	1名	0名	0名

進学指導の概要

中1から6年後を見据えた進路指導を展開しています。自分を知り世界を知り、自分が世界に対して何ができるかを模索し、そこで自身の探究テーマを見つけます。その探究の先に進学を据えることで、「学びの一貫性」が保たれます。高校生は特進コースを中心に夏の勉強合宿に参加。この合宿には教科学習のみならず、エンパワーメントやリーダー研修の側面もあります。進路進学指導では面談や個別指導を重視し、一人ひとりに合わせて展開します。音楽科は、音楽に特化したカリキュラムと生徒の専門に合わせた教員、講師陣をそろえ、レッスン室も充実しており、高い実績を挙げています。

■2024年3月卒業生の進路の内訳

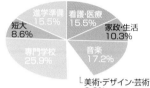

■併設高校から主要大学への合格実績

※上段は現役合格者数、下段は浪人を含めた合格者数。

	東京大	京都大	一橋大	東京工業大	筑波大	お茶の水女子大	電気通信大	東京外国語大	東京学芸大	東京芸術大	東京農工大	東京都立大	横浜国立大	千葉大	早稲田大	慶應義塾大	上智大	東京理科大
22年	—	—	—	—	1	—	—	—	—	1	—	—	—	—	—	1	1	—
	—	—	—	—	1	—	—	—	—	1	—	—	—	—	—	1	1	—
23年	—	—	—	—	—	—	—	—	—	1	—	—	—	—	7	—	3	—
	—	—	—	—	—	—	—	—	—	1	—	—	—	—	7	—	3	—
24年	—	—	—	—	—	—	—	—	—	—	—	—	—	—	2	—	—	—
	—	—	—	—	—	—	—	—	—	2	—	—	—	—	2	—	—	—

	学習院大	明治大	青山学院大	立教大	中央大	法政大	日本大	東洋大	駒澤大	専修大	国際基督教大	津田塾大	東京女子大	日本女子大	文部科学省所管外の大学校	海外の大学	国公立・医学部	私立・医学部
22年	1	1	2	2	—	3	2	—	—	2	—	—	1	—	1	—	—	—
	2	2	4	2	1	3	2	—	—	2	—	—	1	—	1	—	—	—
23年	2	—	3	4	3	2	6	—	—	—	—	2	2	2	—	1	—	—
	2	—	3	4	3	2	6	—	—	—	—	2	2	2	—	1	—	—
24年	2	1	8	1	—	2	8	1	1	—	—	—	1	5	—	1	5	—
	2	1	8	1	—	2	8	1	1	—	—	—	1	5	—	1	6	—

★指定校推薦枠（2024年度）横浜市立大1名、青山学院大2名、法政大2名、日本大3名、成蹊大1名、成城大6名、明治学院大2名、学習院女子大4名、大妻女子大4名、清泉女子大5名、聖心女子大6名など

入試情報

■2024年度の入試結果

		入試区分	募集人員	出願者	受験者	合格者	実質倍率
先進	2月1日午前	2科①	95 ※1	32	28	23	1.2
	2月1日午後	算数①		16	9	9	1.0
	2月2日午前	2科②		29	7	3	2.3
		4科総合		12	5	4	1.3
	2月3日午後	エッセイ①		8	1	1	1.0
		英語プレゼン①		2	0	0	—
		プログラミング		0	1	1	1.0
	2月4日午前	国語①		38	10	6	1.7
	2月4日午後	算数②		25	3	1	3.0
	2月5日午前	国語②		30	6	6	1.0
	2月5日午後	エッセイ②		12	1	0	—
		英語プレゼン②		1	0	0	—
	2月3日・7日から選択	オンラインエッセイ	10 ※2	9	5	2	2.5
		オンライン英語		1	1	1	1.0
音楽	2月2日午前	2科②	25	10	10	10	1.0

※1 帰国生を含む　※2 先進定員の内数
○配点(コース)：算国＝各100点　4科総合＝100点
※英語プレゼン・プログラミング・エッセイ(オンライン含む)の配点は非公開
○合格最低点：非公開

24年の募集要項

※以下は2024年の募集要項です。2025年の要項は学校の発表をお待ちください。

入 試 日／<先進>2月1日午前：2科①、2月1日午後：算数①、2月2日午前：2科②、2月2日午後：4科総合、2月3日午後：エッセイ①・英語プレゼン①・プログラミング、2月4日午前：国語①、2月4日午後：算数②、2月5日午前：国語②、2月5日午後：エッセイ②・英語プレゼン② ※オンライン(英語プレゼン・エッセイ)は2月3日、7日から選択 <音楽>2月1日・2日

募集人数／<先進>女子95名(2科① 算数① 2科② 4科総合 エッセイ① 英語プレゼン① プログラミング 国語① 算数② 国語② エッセイ② 英語プレゼン②) ※2科①②は帰国生を含む。オンライン(英語プレゼン・エッセイ)は10名(先進の内数)
<音楽>女子25名

合格発表／先進 即日(オンライン英語プレゼン・エッセイは翌日)。音楽 2月2日

手続締切／2科①・音楽2月6日 その他はすべて2月9日

試験科目／2科①②：国語・算数(各45分・各100点) 4科総合：4科総合(60分・100点) 国語①②：国語(60分・100点) 算数①②：算数(60分・100点) エッセイ①②：エッセイ、質疑応答 プログラミング：プログラミング、質疑応答 英語プレゼン:英語プレゼンテーション、質疑応答 音楽：学科(2科①)、実技

面　　接／なし

受 験 料／先進 20,000円(複数回受験も一律20,000円)
音楽 20,000円

公開行事・説明会予定

【学校説明会】要予約
※土曜は各回10時～、平日は16時30分～
7月 6日(土)、8月31日(土)、9月14日(土)、9月20日(金)
11月14日(木)、12月14日(土)、1月11日(土)
【学園生活体験会】6月15日(土)10時～ 要予約
【夏の自由研究教室】7月21日(日)10時～ 要予約
【入試体験会】10月26日(土)9時～ 要予約
【過去問題学習会】11月9日(土)9時～ 要予約
【文化祭】※説明会あり
10月19日(土)、20日(日)10時～16時
◆変更・中止の可能性もあります。必ず学校ホームページで確認してください。

湘南白百合学園 中学校

所在地／〒251-0034 藤沢市片瀬目白山4-1
TEL／0466-27-6211
学校長／岩瀬 有子
創　立／1938年にシャルトル聖パウロ修道女会が設立した乃木高等女学校が前身。1947年に中学校を設置。
URL／chukou.shonan-shirayuri.ac.jp

	1年	2年	3年
男子	―	―	―
女子	192名	195名	175名
クラス数	4組	4組	4組

中高総生徒数／1016名　併設小から 約46%

〈交通アクセス〉
湘南モノレール「片瀬山」駅より徒歩7分　JR東海道線・小田急線「藤沢」駅下車、江の電バス「片瀬山入口」より徒歩3分　江ノ島電鉄「江ノ島」駅より徒歩15分

聖書に示される価値観を指針に、豊かな情操教育を行う

1938年にフランスのシャルトル聖パウロ修道女会を母体に設立された乃木高等女学校を前身に、カトリックの精神に基づいた女子教育を行っています。全国7校の姉妹校とともに、「従順」「勤勉」「愛徳」を校訓に、神と人の前に誠実で、社会に奉仕できる女性の育成をめざしています。湘南の高台に立つ校舎は、江の島や相模湾が一望できる自然あふれる環境で、校地内ではリスの姿も見られるほど。併設大学があるものの、理系の大学や医学部、国公立大への志願者も増加しており、豊かな情操教育を行う一方で、進学校の色を濃くしています。

スクールライフ

●教育内容

宗教的情操教育を重視した中高6年間の完全一貫教育を行っています。中1から高3まで週1時間、聖書を読み、祈り、人間･神様について深く考える「宗教倫理」の授業があります。また、授業では中1から高2までの生徒がテーマと形態を学年ごとに進化させながら、教化の枠を超えた探究学習を行います。語学研修プログラムも充実しており、中1から高1までICTを組み合わせた国内型の研修をはじめ、24年度からは高1時にアメリカ、マルタ島、VR留学のいずれかを選択して研修を実施します。世界で活躍するには、まず、確かな英語力を身につけることが大切だという基本方針の下、人間性を高める国際教育にも力を入れ、多様なプログラムを通して、未知の自分を発見する貴重な時間を過ごしてほしいと考えています。

■主要5教科の週当たり時間（コマ）数

	英語	数学	国語	理科	社会
1年	6	5	5	3	4
2年	6	5	5	4	3
3年	6	5	5	4	4
合計	18	15	15	11	11

◎1日当たりの授業コマ数：45分×7時限
◎登校時間：8時15分

●部活動

文化系・体育系合わせて24の部・同好会があり、参加率は中学が90%、高校が80%となっています。

○文化系／美術、演劇、英語、管弦楽、コーラス、生物、物理化学、文芸、軽音楽、カトリック研究、書道、茶道、英語ディベート、イラスト、写真、放送、かるた、フランス語

○体育系／バドミントン、バレーボール、バスケットボール、ソフトボール、新体操、卓球

●行事

2日間にわたって行われる聖ポーロ祭（文化祭）、中高合同の体育大会・球技大会や、音楽コンクールなどがあり、生徒が主体となって運営しています。クリスマスミサをはじめ、学園記念日ミサ、修養会があり、奉仕活動も熱心に行うなど宗教行事も盛んです。

●修学旅行・研修旅行

中3の研修旅行では、2泊3日で函館を訪ねます。このほか、中2は語学研修プログラムでブリティッシュヒルズを訪問します。高2は2泊3日で長崎を訪ねます。

マネーガイド

■2024年度納付金（諸経費を含む）

	入学金	授業料	施設費	その他	計
入学手続時	300,000円	0円	200,000円	40,000円	540,000円
初年度総額	300,000円	498,000円	344,000円	130,000円	1,272,000円

◎寄付金：1口10万円、3口以上（任意）
◎授業料：月納
◎奨学金・特待生制度：なし

進学指導の概要

英語は中2から、数学は中3から習熟度別少人数授業を行い、高1までは共通科目を履修します。高2より主要5教科と芸術・家庭科で多様な選択必修科目が設定され、フランス語も履修できます。また、コース制ではありませんが、国公立大や私立文系・理系から医歯薬系、音楽・美術系まで、幅広い進路に対応した学習へのサポート態勢が整っています。高2の後半から放課後に無料の受験対策講座を複数の科目で開設し、さらに高度な学力を養います。英語が堪能な中1～高1を対象としたEクラス（英語取り出し授業）は海外の教材を用いたオールイングリッシュの授業で表現力を磨きます。

■現役大学進学者の進路の内訳

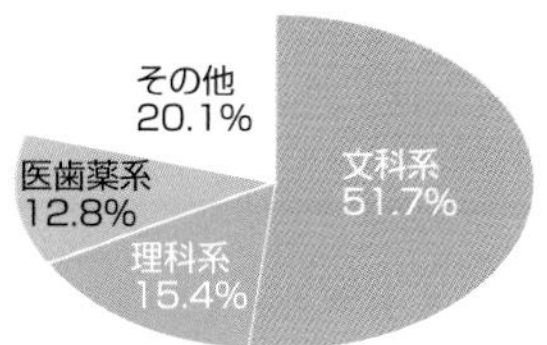

■併設高校から主要大学への合格実績

※上段は現役合格者数、下段は浪人を含めた合格者数。

	東京大	京都大	一橋大	東京工業大	筑波大	お茶の水女子大	電気通信大	東京外国語大	東京学芸大	東京芸術大	東京農工大	東京都立大	横浜国立大	千葉大	早稲田大	慶應義塾大	上智大	東京理科大
22年	2	1	—	1	1	1	—	1	—	—	—	1	1	—	26	27	14	13
	2	1	—	1	1	1	—	1	—	1	—	2	1	—	28	27	15	14
23年	1	—	—	—	1	1	—	—	—	1	—	1	2	—	16	23	23	7
	1	1	—	—	1	1	—	—	—	1	—	1	2	1	18	24	23	7
24年	1	—	—	1	—	1	—	—	—	—	—	3	1	—	17	28	25	7
	1	—	—	1	—	1	—	—	—	—	—	3	2	—	18	31	34	11

	学習院大	明治大	青山学院大	立教大	中央大	法政大	日本大	東洋大	駒澤大	専修大	白百合女子大	津田塾大	東京女子大	日本女子大	文部科学省所管外の大学校	海外の大学	国公立・医学部	私立・医学部
22年	11	33	22	25	24	25	13	3	6	5	10	5	8	11	2	7	7	22
	13	36	23	27	26	25	14	4	8	5	10	5	8	11	2	7	9	26
23年	9	18	22	40	20	20	18	4	7	2	12	10	4	8	1	5	4	22
	9	18	23	40	22	20	18	4	7	2	12	10	4	8	2	5	6	28
24年	5	12	14	19	13	9	15	13	2	—	14	5	3	20	—	7	5	4
	5	14	19	20	14	12	18	14	4	—	14	7	3	21	2	7	6	7

★指定校推薦枠（2024年度）早稲田大、慶應義塾大、東京理科大、学習院大、青山学院大、立教大 、中央大、津田塾大、東京女子大、白百合女子大など　※人数は非公表

入試情報

■過去3年間の入試結果

		募集人員	出願者	受験者	合格者	実質倍率
22年	4教科	45	222	136	93	1.5
	算数1教科	20	110	108	69	1.6
	国語1教科		148	144	90	1.6
	英語資格	若干	19	13	11	1.2
	帰国	約10	38	34	32	1.1
23年	4教科	45	332	227	116	2.0
	算数1教科	20	152	148	60	2.5
	国語1教科		271	261	70	3.7
	英語資格	若干	23	19	11	1.7
	帰国	約10	44	[illegible]	[illegible]	1.3
24年	4教科	45	313	192	94	2.0
	算数1教科	20	225	216	79	2.7
	国語1教科		275	269	79	3.4
	英語資格	若干	33	26	14	1.9
	帰国	約10	33	29	23	1.3

■2024年度入試 受験者・合格者の教科別平均点

		算数	国語	理科	社会	合計
4教科	受験者	62.5	65.1	54.1	63.3	245.0
	合格者	76.6	68.9	61.9	69.4	276.8
算数1教科	受験者	54.9				54.9
	合格者	72.2				72.2
国語1教科	受験者		62.8			62.8
	合格者		75.2			75.2
英語資格	受験者	47.3	64.1	英/71.5		182.9
	合格者	60.5	69.0	英/75.0		204.5

○配点：算国＝各100点　理社＝各100点　英＝100点(実用英語技能検定の3級以上を得点化。1級・準1級100点、2級90点、準2級70点、3級30点)

○合格最低点：4教科250点　国語1教科70点　算数1教科63点　英語資格179点

※帰国は非公表

25年の募集要項

入試日／1教科：2月1日午後 ①15時30分 ②16時30分
4教科・英語資格：2月2日午前
帰国：12月14日 ※試験時に海外在住の受験生はオンライン受験も可

募集人員／女子75名(1教科20名 4教科45名 英語資格若干名 帰国10名)

合格発表／ホームページで即日。

手続締切／2月4日　帰国12月21日

試験科目／1教科：算数(60分・各100点)、国語(60分・各100点)※1教科①15時30分の実施会においては、算数と国語の併願受験が可能
4教科：国語・算数(各45分・各100点)、社会・理科(各40分・各100点)
英語資格：国語・算数(各45分・各100点)、英語資格(100点) ※実用英語技能検定3級以上を得点化し、国算2科の得点と合算して判定

帰国生のための試験／A方式：英語(100点)・国語(100点)・算数(100点)を受験し、高得点の2教科で合否を判定
B方式：国語(100点)・算数(100点)

受験料／25,000円(1教科は15,000円。複数回出願の場合に受験料の減免措置あり)

公開行事・説明会予定

【学校見学会】要予約 各回10時15分～
6月13日(木)、7月13日(土)
9月 6日(金)、10月 5日(土)

【オープンスクール】10月26日(土)午前 要予約

【入試説明会】11月16日(土)午前・午後 要予約

【入試直前説明会】12月 7日(土) 9時30分～ 要予約 6年生対象

【聖ポーロ祭(文化祭)】要予約
9月14日(土)、15日(日)

◆変更・中止の可能性もあります。必ず学校ホームページで確認してください。

聖セシリア女子 中学校

所在地／〒242-0006 大和市南林間3-10-1
TEL／046-274-7405
学校長／森永 浩司
創　立／1929年にカトリック信者・伊東静江が大和学園として設立。1980年に現校名に改称し現在に至る。
URL／www.cecilia.ac.jp

	1年	2年	3年
男子	—	—	—
女子	125名	119名	107名
クラス数	4組	4組	4組

中高総生徒数／736名　併設小から 約18%

〈交通アクセス〉
小田急江ノ島線「南林間」駅より徒歩5分
東急田園都市線、小田急江ノ島線「中央林間」駅より徒歩10分

カトリック精神の下、特色あるオリジナル教育を行う

1929年に教育者・伊東静江によって大和学園が開校しました。創設者がカトリック信者であったため、カトリック精神の宗教教育を基盤としています。戦後に校訓を「信じ、希望し、愛深く」とし、1980年に音楽の守護聖人「聖セシリア」を校名に用いました。「心と力」のバランスのとれた教育を行い、「幸せな人」づくりをめざす学校です。中高6年間を「基礎養成期」（中1･2）、「自己確立期」（中3・高1）、「自己挑戦期」（高2・3）の3ブロックに分け、成長段階に応じた適切な指導を行っています。

スクールライフ

●教育内容

中高6年一貫教育で週2回7時限目に授業を組み、週32コマを確保しています。土曜日は希望者を対象に土曜講座を開講。1クラス30名前後での少人数教育やオリジナル副教材の活用などによるきめ細かな指導を行っています。特に英語には力を入れおり、留学生との交流を通して英語に触れる喜びを味わうグローバルワークショップを実施しています。中学卒業時に英検®3級、高校卒業時に準2級の全員取得を目標に、「発信できる英語力」を育成しています。中1から高1までは全員が必修科目を学ぶため、全教科でシラバスおよび基礎・基本事項を作成して活用。数学・英語は、中3で高校の内容の一部を先行学習しています。全学年で希望者対象の講習が春・夏休みに開かれます。心の教育の一環として、芸術教育に力を入れています。

■主要5教科の週当たり時間（コマ）数

	英語	数学	国語	理科	社会
1年	7	4	4	3	4
2年	7	4	4	4	4
3年	6	4	4	4.5	4.5
合計	20	12	12	11.5	12.5

◎1日当たりの授業コマ数：50分×6時限・7時限（週2）
※土曜日は希望者対象の土曜講座
◎登校時間：8時30分

●部活動

部活動は全員参加を推奨しており、ほぼ全員が参加しています。クラシックバレエ部があるのが特徴です。
○文化系／ハンドベルクワイア、吹奏楽、演劇、ギター・マンドリン、コーラス、テレサ会（ボランティア）、E.S.S.、コンピュータ、家庭、美術、自然科学、茶道、クラシックバレエ
○体育系／バレーボール、バスケットボール、水泳、バドミントン、ソフトボール、硬式テニス

●行事

5月には体育祭、7月には林間学校や英語研修、10月には音楽・演劇の発表、学習成果や作品を展示・出店で伝える聖セシリア祭（文化祭）が行われます。また、12月にはクリスマスミサ、2月にはスキー教室や合唱会などがあります。

●修学旅行・研修旅行

中1ではオリエンテーションキャンプを、中2では国内語学研修を、中3では研修旅行（奈良・京都）と、希望制の海外語学研修（カナダ・ビクトリア）を実施。研修旅行では古都の自然と文化に触れ、その歴史を学びます。

マネーガイド

■2024年度納付金（諸経費を含む）

	入学金	授業料	施設費	その他	計
入学手続時	250,000円	0円	0円	0円	250,000円
初年度総額	250,000円	420,000円	144,000円	192,000円	1,006,000円

◎寄付金：1口10万円、2口以上（任意）
◎授業料：月納
◎奨学金・特待生制度：入試成績優秀者に入学金を免除。年度末の成績上位者に次年度から奨学金を贈与

学期制

週5・6日制

プール

冷房
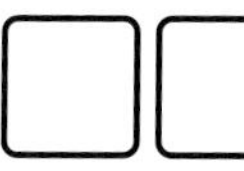
寮
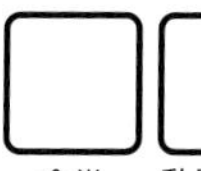
食堂
私服通学

海外研修

サピックスからの合格実績（過去3年）	'22	'23	'24
	0名	1名	2名

進学指導の概要

高1では全員がほぼ共通の科目を履修しますが、数学・英語は習熟度別授業を行っています。高2・3で科目選択制となり、各自の希望進路や適性に合わせて科目を選択します。高3ではより幅広い選択科目と演習が用意されており、多様な進路に対応。食生活・平和学習・環境科学などの教養を深める授業も展開しています。また、高校ではボランティアが単位化されています。進路学習として、「キャリアプログラム」が中1から高3まで合計80時間あります。また、夏期講習や勉強合宿、主要教科のゼミを実施し、生徒一人ひとりが希望の進路を実現できるよう、学力の向上をめざしています。

■浪人を含む大学進学者の進路の内訳

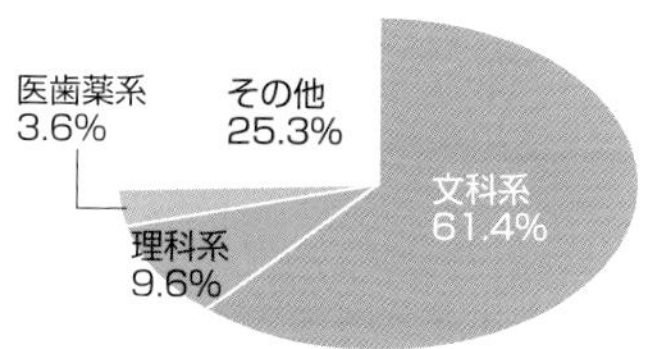

■併設高校から主要大学への合格実績

※上段は現役合格者数、下段は浪人を含めた合格者数。

	東京大	京都大	一橋大	東京工業大	筑波大	お茶の水女子大	電気通信大	東京外国語大	東京学芸大	東京芸術大	東京農工大	東京都立大	横浜国立大	東北大	早稲田大	慶應義塾大	上智大	東京理科大
22年	—	—	—	—	—	—	—	—	—	—	—	1	1	—	—	—	5	1
	—	—	—	—	—	—	—	—	—	—	—	1	1	—	—	2	6	1
23年	—	—	—	—	—	—	—	—	—	1	—	—	—	—	3	1	—	—
	—	—	—	—	—	—	—	—	—	1	—	—	—	—	3	1	—	—
24年	—	—	—	—	—	—	—	—	—	—	—	—	—	—	2	—	4	—
	—	—	—	—	—	—	—	—	—	—	—	—	—	—	2	—	4	—

	学習院大	明治大	青山学院大	立教大	中央大	法政大	日本大	東洋大	駒澤大	専修大	国際基督教大	津田塾大	東京女子大	日本女子大	文部科学省所管外の大学校	海外の大学	国公立・医学部	私立・医学部
22年	1	4	7	2	1	3	2	—	1	2	—	1	4	3	—	2	—	—
	2	4	9	7	1	5	2	1	1	2	—	1	4	3	—	2	—	—
23年	—	4	6	—	—	1	—	1	5	—	—	2	2	1	—	・	—	1
	—	4	6	—	—	1	—	1	5	—	—	2	2	1	—	・	—	1
24年	3	1	5	2	3	2	8	1	—	4	—	1	1	3	—	3	1	—
	3	1	5	2	3	2	8	1	—	4	—	1	1	3	—	3	1	—

★指定校推薦枠（2024年度）青山学院大6名、法政大2名、日本女子大4名、明治学院大2名、成蹊大1名、成城大1名、東京都市大5名、東京農業大10名、昭和女子大3名、北里大2名、立命館大1名など

入試情報

■2024年度の入試結果

			募集人員	出願者	受験者	合格者	実質倍率
A方式	1次	4科	30	44	34	10	3.4
		2科		71	68	24	2.8
	2次	4科	25	59	44	18	2.4
		2科		90	71	29	2.4
	3次	2科	25	159	95	54	1.8
B方式	スカラシップ※1	算数	10	22	22	12	1.8
		国語		26	25	10	2.5
	英語		10	38	33	25	1.3
	英語表現※2		5	30	9	7	1.3
帰国※3			若干	6	6	6	1.0

※1 算国より1科
※2 英語面接・身体表現
※3 算国英より2科＋面接

■2024年度入試 受験者の教科別平均点

			算数	国語	理科	社会	合計
A方式	1次	4科	61	61	33	31	184
		2科					123
	2次	4科	60	63	31	36	193
		2科					124
	3次	2科	61	58			119
B方式	スカラシップ		59	68			
	英語		英語／68				
	英語表現		英語面接・身体表現／57				

○配点：算国英＝各100点　理社＝各50点
英語面接・身体表現＝計100点
○帰国配点：算国英より2科選択＝各100点
○合格最低点：A方式1次4科197点・2科131点　A方式2次4科190点・2科126点　A方式3次2科111点　B方式スカラシップ算67点・国65点　B方式英語60点　B方式英語表現57点

24年の募集要項

※以下は2024年の募集要項です。2025年の要項は学校の発表をお待ちください。

入試日／【A方式】①2月1日午前 ②2月2日午後 ③2月3日午後
【B方式】スカラシップ2月1日午後 英語2月2日午前 英語表現2月3日午前
【帰国】12月10日
募集人数／女子105名(A①30名 A②25名 A③25名 Bスカラシップ10名 B英語10名 B英語表現5名 帰国若干名)
合格発表／ホームページで即日(掲示は翌日)
手続締切／2月6日　帰国12月22日
試験科目／A①②：国語・算数(各50分・各100点)、理科・社会(各30分・各50点)より2科4科選択
A③：国語・算数(各50分・各100点)
Bスカラシップ：算数(50分・100点)または国語(50分・100点)
B英語：英語(50分・100点)
B英語表現：英語面接・身体表現(100点)
面接／帰国生のみあり(保護者同伴)
帰国生のための試験／国語・算数・英語(各50分・各100点)より2科選択、面接(保護者同伴)
受験料／A方式：20,000円(A方式のすべての試験を受験可)
B方式：10,000円(英語、英語表現は両方受験可)

公開行事・説明会予定

【学校説明会】要予約 校内見学、個別相談あり
6月14日(金)10時15分～、7月 6日(土)10時～
9月11日(水)10時15分～、10月 5日(土)10時～
11月13日(水)10時15分～、12月 7日(土)10時～
1月 8日(水)10時15分～
【オープンキャンパス】要予約
6月22日(土)10時～
7月28日(日)10時～
【聖セシリア祭(文化祭)】要予約
10月19日(土)、20日(日)10時～15時
◆変更・中止の可能性もあります。必ず学校ホームページで確認してください。

せいせん
清泉女学院 中学校

所在地／〒247-0074 鎌倉市城廻200
TEL／0467-46-3171
学校長／小川 幸子
創 立／聖心侍女修道会が1947年に横須賀に設立。翌年に高等学校が開校され、1963年に現在地に移転。
URL／www.seisen-h.ed.jp

	1年	2年	3年
男子	—	—	—
女子	183名	178名	178名
クラス数	5組	4組	4組

中高総生徒数／1047名 併設小から 約32%

〈交通アクセス〉
JR東海道線・横須賀線、湘南モノレール「大船」駅よりバス5分

湘南の緑豊かな丘の上に建つ、スペインがルーツのミッションスクール

「隣人を愛せよ」というキリストの教えに基づき、自分のためだけではなく、自分の周りの人を幸せにする生き方を大切にしています。また、その精神を自分の使命として実現する力を身につけることを学びの本質としています。主体的・対話的で深い学習のため、導入から振り返りまでのつながりを重視した1コマ65分の授業を展開。2024年度からは、下校鈴を延長して使用できる自習スペースにチューター制度を導入しました。土曜日は、中高ともに隔週で登校し、教育課程に縛られない独自の教育活動を実施しています。

スクールライフ

●教育内容

英語の授業は中2までSE（基礎クラス）、AE（英検®3級以上の力のある生徒のクラス）、ARE（帰国生B方式・グローバル試験合格者対象のオールイングリッシュのクラス）の習熟度別に分かれており、中3以降も3つの習熟度のクラスで授業を展開します。数学は中1の2学期から習熟度別。理科は4つの理科教室を使って、実験・観察を重点的に行います。また、中1～高1では年に一度、野外学習が校内、箱根・真鶴・三浦で実施されます。中1からプログラミング学習が行われるほか、各教科で各自のChromebookを活用して学習が進められます。中学3年間を通じて行われる「My Story Project」では、発信力・論理的思考・協働性・探究心が培われます。全学年に置かれる「倫理」では、多角的な視点からみずからの生き方を探ります。

■主要5教科の週当たり時間（コマ）数

	英語	数学	国語	理科	社会
1年	4.5	4	4	3	3
2年	4.5	4	4	3	3
3年	5	4	4	3	3
合計	14	12	12	9	9

◎1日当たりの授業コマ数：65分×5時限
※土曜日は隔週登校（午前授業）
◎登校時間：8時40分

●部活動

参加率は90%以上。週2回活動しています。
○文化系／E.S.S.、化学、写真、生物、料理、演劇、華道、手工芸、美術、音楽、管弦楽、書道、文芸、軽音楽
○体育系／器械体操、ソフトテニス、ソフトボール、テニス、バレーボール、陸上競技、バスケットボール、卓球、ダンス

●行事

文化祭、体育祭、合唱祭の三大行事をはじめ、学年行事、福祉活動が盛ん。各活動を「人間力」を育む機会として大切にしています。年3回のミサには全校で参加します。

●修学旅行・研修旅行

中1・2で1泊2日の宿泊プログラム、中3は広島で2泊3日の宿泊プログラム、高1はスキー実習、高2で修学旅行があります。また、希望者対象に、ニュージーランドでの3か月短期留学（中3・高1）、アイルランドでの12日間の語学研修（中3・高1）、姉妹校「清泉インターナショナル・スクール」での国内留学（中3）、ボストン大学で行われるリーダー養成プログラムやベトナムスタディーツアー（高1・2）が用意されています。

マネーガイド

■2024年度納付金（諸経費を含む）

	入学金	授業料	施設費	その他	計
入学手続時	300,000円	0円	120,000円	0円	420,000円
初年度総額	300,000円	432,000円	120,000円	362,000円	1,214,000円

◎寄付金：なし
◎授業料：月納
◎奨学金・特待生制度：①各入試（帰国生入試を除く）で、優秀な合格者に入学金と施設費を免除。②中学卒業時の成績優秀者3名に高校入学金を免除。③経済的理由による就学困難者4名に授業料1年分を免除。

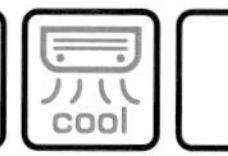
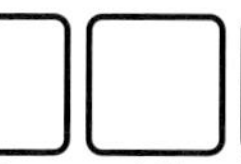

3期 学期制 | 他 days 週5・6日制 | プール | cool 冷房 | 寮 | 食堂 | 私服通学 | 希 海外研修

サピックスからの合格実績（過去3年）	'22	'23	'24
	9名	18名	15名

進学指導の概要

高校では、生徒が目標とする進路をめざせるように、柔軟な学習課程を編成しています。文理選択は高2から。英語では徹底した習熟度別・少人数制を導入。夏季休暇には各教科ぐ単元別・出題形式別の講座が開講されます。ほかにも高1～3に志望大学別の受験問題演習を実施しています。高3では大学入試に向けて、より実戦的な力を鍛えるため、多様な選択科目や演習の授業を取り入れています。また、音大や美大をめざす生徒を対象として、実技の授業も設定しています。推薦・総合型選抜入試に対しては、その分野の専門の教員が面接対策を行います。特に本校は例年、高等学校特別入学試験の合格者を多数輩出しています。

■現役大学進学者の進路の内訳

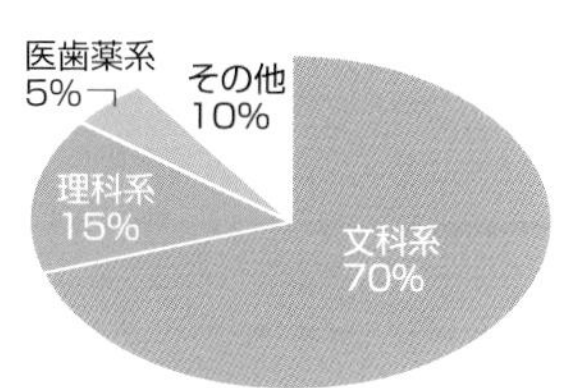

■併設高校から主要大学への合格実績

※上段は現役合格者数、下段は浪人を含めた合格者数。

	東京大	京都大	一橋大	東京工業大	筑波大	お茶の水女子大	電気通信大	東京外国語大	東京学芸大	東京芸術大	東京農工大	東京都立大	横浜国立大	千葉大	早稲田大	慶應義塾大	上智大	東京理科大
22年	3	—	—	—	1	1	—	—	—	—	—	—	—	—	11	11	24	3
	3	—	—	—	1	1	—	—	—	1	—	1	—	—	14	13	24	3
23年	—	—	1	—	—	—	—	—	—	—	1	—	1	—	7	7	23	—
	—	—	1	—	—	—	—	—	—	—	1	—	1		7	10	24	—
24年	2	—	—	—	—	—	—	1	1	—	—	—	2	—	16	14	28	—
	2	—	—	—	—	—	—	1	1	—	—	—	2	—	16	15	34	2

	学習院大	明治大	青山学院大	立教大	中央大	法政大	日本大	東洋大	駒澤大	専修大	清泉女子大	津田塾大	東京女子大	日本女子大	文部科学省所管外の大学校	海外の大学	国公立・医学部	私立・医学部
22年	1	16	17	16	7	15	4	12	5	2	28	—	1	5	1	—	1	8
	1	20	17	22	8	16	7	12	5	2	28	—	1	5	1	—	1	10
23年	9	17	10	16	13	9	5	7	2	5	31	—	7	18	1	1	1	2
	11	17	13	16	13	12	5	10	2	5	31	2	8	20	1	1	1	5
24年	6	10	5	23	5	10	2	10	3	6	32	3	11	16	—	5	1	9
	6	11	6	24	6	10	2	10	3	6	32	3	11	16	—	5	1	10

★指定校推薦枠（2024年度） 横浜市立大2名、慶應義塾大5名、上智大1名、東京理科大1名、学習院大7名、明治大3名、青山学院大7名、立教大3名、中央大3名、法政大1名、東京女子大4名、北里大1名など

入試情報

■2024年度の入試結果

		募集人員	出願者	受験者	合格者	実質倍率
1期	4科	40	133	124	55	2.3
2期	2科	20	158	148	69	2.1
3期	4科	25	283	188	93	2.0
	3科※1		14	9	4	2.3
	グローバル※2	若干	3	3	3	1.0
AP	※3	10	65	55	14	3.9
SP	算数	10	53	43	10	4.3
帰国1期	A方式※4	約15	10	10	9	1.1
	B方式※5		6	6	5	1.2
帰国2期	A方式※4		0	0	0	—
	B方式※5		1	1	1	1.0

※1. 国算英(実用英語技能検定4級程度)
※2. 英語＋英語による面接
※3. 思考力・表現力・総合力を測る試験＝100点
※4. 日本語による作文＋算数＋面接
※5. 日本語による作文＋英語＋英語による面接

■2024年度入試 受験者の教科別平均点

		算数	国語	理科	社会	合計
1期	4科	57.9	60.2	53.4	59.9	—
2期	2科	61.5	64			—
3期	4科	63.3	52.2	27.8	29.6	—

○配点：算国理社英＝各100点 ※3期の理社は各50点
○合格最低点：1期241点 2期131点 3期4科175点 ※3期3科・グローバル、AP、SP帰国は非公表

24年の募集要項

※以下は2024年の募集要項です。2025年の要項は学校の発表をお待ちください。

入 試 日／1期2月1日午前 2期2月1日午後 3期2月2日午後 AP2月4日午後 SP2月4日午後 帰国1期12月9日 帰国2期1月6日

募集人員／女 子 約120名(1期40名 2期20名 3期4科・3科25名 3期グローバル若干名 AP10名 SP 10名 帰国15名程度)

合格発表／1期・2期・帰国1期・2期は即日、3期・AP・SPは翌日

手続締切／1期・2期・3期2月5日 AP・SP2月9日 帰国1期12月12日 帰国2期1月10日

試験科目／1期：国語・算数(各50分・各100点)、理科・社会(各45分・各100点) 2期：国語・算数(各50分・各100点) 3期：4科は国語・算数(各50分・各100点)、理科・社会(計60分・各50点) 3科は国語・算数・英語(各50分・各100点) ※合格者の約7割は国・算の合計点(200点満点)により判定。約3割は受験科目の総得点(300点満点)と実用英語技能検定4級以上を得点化したものを合計し判定。 グローバル入試は英語(45分・100点)、英語による面接(10分) AP：思考力・表現力・総合力を測る試験(60分・100点) SP：算数(60分・100点)

面 接／あり(3期グローバル入試・帰国)

帰国生のための試験／A方式：作文(45分)、算数(45分・100点)、日本語による面接 B方式：作文(45分)、英語(45分・100点)、英語による面接

受 験 料／1期・2期・3期は23,000円(複数回同時出願の場合、2回40,000円、3回46,000円)、AP・SPは20,000円(両方同時出願は35,000円)

公開行事・説明会予定

【入試説明会】要予約
11月16日(土) 9時30分～、13時30分～
12月14日(土) 9時30分～

【親子見学会】要予約
7月20日(土) 9時30分～

【清泉祭(文化祭)】
9月14日(土)、16日(祝)9時～16時

【バザー】
6月29日(土)

◆変更・中止の可能性もあります。必ず学校ホームページで確認してください。

洗足学園（せんぞく） 中学校

所在地／〒213-8580 川崎市高津区久本2-3-1
TEL／044-856-2777
学校長／宮阪 元子
創　立／1924年創立。1947年に洗足学園女子中学校、翌年に高等学校を設立。幼稚園から大学までを擁する総合学園。
URL／www.senzoku-gakuen.ed.jp

	1年	2年	3年
男子	—	—	—
女子	265名	265名	265名
クラス数	6組	6組	6組

中高総生徒数／1522名　併設小から約2%

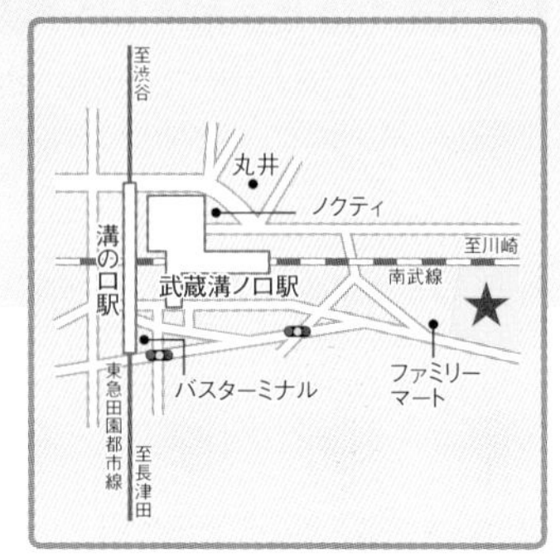

〈交通アクセス〉
JR南武線「武蔵溝ノ口」駅、東急田園都市線・大井町線「溝の口」駅より徒歩8分

教育目標「社会に有為な女性を育てる」の具現化に羽ばたく

1924年に創立された洗足学園は、川崎市溝の口にある校地に幼稚園から小学校、中学校・高等学校、短期大学、音楽大学、大学院までを擁する総合学園です。広い敷地に建つ豪華客船を思わせる楕円形の中高校舎には、大小2つの講堂も備えられています。英語教育の充実には定評があり、帰国生の受け入れにも熱心。また、音楽を通した情操教育も重視しています。近年は目覚ましい大学進学実績で注目を集めており、教育目標を確実に具現化するために、さまざまな教育改革を実行しています。

スクールライフ

●教育内容

中1から高1までは基礎学力の充実を図るために共通の科目を履修し、主要3教科では補習なども積極的に行われています。英語では、教科書に「NEW TREASURE」を使用し、外国人講師による1クラス2分割の少人数制での英会話や多読に力を入れ、高3までの英検®準1級取得を目標としています。さらに放課後の自由選択講座として「TOEFL講座」などハイレベルな講座も設けられています。また、音楽でもバイオリン、クラリネット、トランペット、フルートのなかから1つを選択し、授業内でグループレッスンを実施。2年後のクラス単位でのオーケストラ授業をめざします。

■主要5教科の週当たり時間（コマ）数

	英語	数学	国語	理科	社会
1年	5	4	4	4	4
2年	5	4	4	4	4
3年	5	5	4	4	4
合計	15	13	12	12	12

◎1日当たりの授業コマ数：65分×5時限
◎登校時間：8時20分

●部活動

市内大会入賞経験のある剣道部、バレーボール部など27の部があり、中高一緒に活動しています。参加率は中学生が約96%、高校生が約86%です。

○文化系／弦楽合奏、吹奏楽、軽音楽、合唱、演劇、写真、美術、書道、華道、茶道、科学、イラストマンガ、クッキング

○体育系／バレーボール、バスケットボール、バドミントン、スキー、ソフトボール、硬式テニス、ソフトテニス、陸上競技、ダンス、スカッシュ、剣道、サッカーなど

●行事

文化祭と体育祭がメインイベント。毎年、両行事とも生徒が自発的に準備・運営を行っています。ほかにも、舞台演劇などを鑑賞する芸術鑑賞会、中2のEnglish Speech Contestなどがあります。

●修学旅行・研修旅行

中3の修学旅行は北九州方面へ、高2の修学旅行は関西方面へそれぞれ出掛けます。また、中3以上の希望者を対象にアメリカ、イギリス、フィリピン、オーストラリア、ニュージーランド、マルタ島での2～3週間の語学研修プログラムがあるほか、現地アメリカ人の家庭にホームステイしながら授業を受ける4か月間の短期留学制度や、1年間の長期留学制度など、国際交流が非常に活発です。

マネーガイド

■2024年度納付金（諸経費を含む）

	入学金	授業料	施設費	その他	計
入学手続時	240,000円	0円	178,000円	0円	418,000円
初年度総額	240,000円	532,400円	178,000円	約250,000円	約1,200,400円

◎寄付金：1口2万円、1口以上（任意）
◎授業料：4期分納
◎奨学金・特待生制度：経済的理由により就学困難と判断される者に12万円を免除

学期制 週5·6日制 プール 冷房 寮 食堂 私服通学 海外研修 希

サピックスからの合格実績（過去3年）	'22	'23	'24
	135名	142名	134名

進学指導の概要

主要教科については中3の段階で高校の内容を先取りした授業を行っているため、高2からは各人の志望に合わせて、文系・理系に分かれて勉強します。主要教科では選択科目を中心に、演習形式の授業が取り入れられ、大学入学共通テストを含めた大学入試に対応できるようになっているほか、放課後の進学講習や受験補習ゼミ、勉強合宿など、大学進学に向けた支援態勢が整っています。併設の短大・大学への進学者は少なく、近年は国公立大や難関私立大へ進学する傾向がさらに強くなっています。医歯薬系志望者も多く、毎年コンスタントに医学部医学科への合格者を輩出しています。

■現役大学進学者の進路の内訳

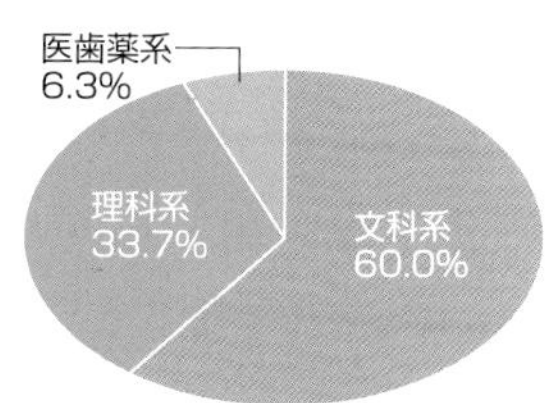

■併設高校から主要大学への合格実績

※上段は現役合格者数、下段は浪人を含めた合格者数。

	東京大	京都大	一橋大	東京工業大	筑波大	お茶の水女子大	電気通信大	東京外国語大	東京学芸大	東京芸術大	東京農工大	東京都立大	横浜国立大	千葉大	早稲田大	慶應義塾大	上智大	東京理科大
22年	18	2	6	3	1	5	1	3	—	—	4	4	9	1	116	106	72	49
	20	2	6	3	2	5	2	3	—	—	5	4	9	1	119	112	74	53
23年	19	1	5	2	6	3	1	4	2	1	1	—	16	2	122	99	107	46
	22	1	5	2	6	3	2	4	2	1	2	—	16	3	127	104	108	57
24年	14	1	2	5	2	3	—	5	1	—	3	2	12	1	99	74	87	76
	15	2	2	6	2	3	1	5	1	1	3	2	12	1	101	81	91	82

	学習院大	明治大	青山学院大	立教大	中央大	法政大	日本大	東洋大	駒澤大	専修大	国際基督教大	津田塾大	東京女子大	日本女子大	文部科学省所管外の大学校	海外の大学	国公立・医学部	私立・医学部
22年	10	135	50	78	53	45	12	8	7	1	3	12	32	22	2	10	4	6
	15	144	54	81	56	51	14	8	8	1	3	14	34	23	3	10	6	26
23年	7	137	62	72	49	54	17	9	7	12	7	12	12	12	5	8	7	26
	7	153	65	75	50	60	29	9	9	14	7	12	13	13	5	8	8	40
24年	13	130	69	92	43	56	20	23	17	16	3	11	12	18	3	8	7	26
	14	137	75	95	44	64	23	26	17	17	3	11	12	20	3	9	8	34

★指定校推薦枠（2024年度）早稲田大、慶應義塾大など

入試情報

■2024年度の入試結果

		募集人員	出願者	受験者	合格者	実質倍率
1回	4科	80	259	246	83	3.0
2回	4科	100	649	505	163	3.1
3回	4科	40	437	361	73	4.9
帰国A	※1	20	96	91	42	2.2
帰国B	※2		107	103	44	2.3

※1 英語＋面接(英語による質疑応答)
※2 算国英＋面接(英語による質疑応答)

■2024年度入試 受験者の教科別平均点

		算数	国語	理科	社会	合計
1回	4科	37.2	59.2	43.0	41.9	180.8
2回	4科	44.1	53.4	43.1	47.6	188.3
3回	4科	47.2	54.8	32.1	52.7	186.8
帰国A	※1	英語／61.0		面接/48.2		109.1
帰国B	※2	32.0	44.8	英語/58.2	面接/37.3	172.3

○配点：算国＝各100点　理社＝各75点
○帰国配点：算国英＝各100点　面接＝100点
○合格最低点：1回194点　2回201点　3回212点　帰国A113点　帰国B177点

24年の募集要項

※以下は2024年の募集要項です。2025年の要項は学校の発表をお待ちください。

入 試 日／①2月1日 ②2月2日 ③2月5日　帰国1月13日
募集人員／女子240名(①80名 ②100名 ③40名 帰国20名)
合格発表／ホームページで即日
手続締切／①②③2月10日 帰国1月15日
試験科目／国語(50分・100点)、算数(50分・100点)、理科・社会(計60分・各75点)
面　　接／なし
帰国生のための試験／A方式：英語(60分・100点)、面接(100点)
B方式：国語(50分・100点)、算数(50分・100点)、英語(50分・100点)、面接(100点)
受 験 料／25,000円

公開行事・説明会予定

【学校説明会】要予約
7月 6日(土)
【入試問題体験会】要予約
12月14日(土)
【オープンキャンパス】要予約
10月12日(土)
【彩羽祭(文化祭)】入試相談コーナーあり
9月 7日(土)、8日(日)
◆変更・中止の可能性もあります。必ず学校ホームページで確認してください。

サピックスOGの声

●体育祭はとても盛り上がります。生徒は誕生月で青（春）、赤（夏）、黄（秋）、白（冬）の4チームに分かれ、色は6年間変わりません。

私立 神奈川 女子 せ

捜真女学校（そうしん） 中学部

所在地／〒221-8720　横浜市神奈川区中丸8
TEL／045-491-3686
学校長／島名 恭子
創　立／1886年、横浜山手に米国バプテスト派宣教師ブラウン夫人によって創立。1910年、現在地に移転。
URL／www.soshin.ac.jp

	1年	2年	3年
男子	—	—	—
女子	143名	161名	135名
クラス数	4組	4組	4組

中高総生徒数／863名　併設小から 約10%

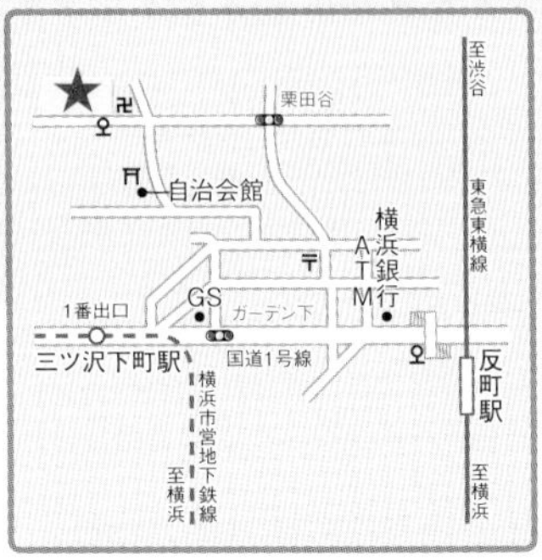

〈交通アクセス〉
東急東横線「反町」駅より徒歩15分　横浜市営地下鉄「三ツ沢下町」駅より徒歩15分　JRほか「横浜」駅西口よりバス12分

異文化理解のプログラムも充実した、情操教育を行う伝統校

1886年、横浜・山手にアメリカのバプテスト派宣教師シャーロッテ・ブラウンが7名の少女を集め、「英和女学校」の看板を掲げて教えたことに始まる、プロテスタントの女子校です。第2代校長のクララ・A・カンヴァースが、教育の究極の目標は「真理を捜すことである」と考え、1892年に現校名となりました。「キリスト教信仰に立って真理を捜し求めつつ、人間形成を行う」を建学の精神とし、静かで緑豊かな環境、130周年記念事業として完成したカフェテリアと自習室など、充実した施設も魅力です。

スクールライフ

●教育内容

「やさしさと　たくましさと」という教育ビジョンを掲げ、毎日の礼拝・聖書の授業・修養会などのキリスト教教育を通じ、愛に基づいた人格形成をめざします。4技能を重視した英語教育や多くの実験を行う理科教育、プロの講師陣による芸術教育など、「本物に触れ、本物の力を身につける」授業を展開し、ことばによる思考力・表現力を養う「ことばにフォーカスした教育」を全学年にわたって進めます。大きな盛り上がりを見せる捜真三大行事（合唱コンクール・捜真祭・体育祭）は実行委員の生徒が主体となって開催。海外研修や生徒の自発的な取り組みなど、生徒による活動がたいへん盛んです。

■主要5教科の週当たり時間（コマ）数

	英語	数学	国語	理科	社会
1年	5	4	5	3	4
2年	6	4	5	4	3.5
3年	6	4	4	4	4
合計	17	12	14	11	11.5

◎1日当たりの授業コマ数：45分×6時限
　※月曜日は7時限（L.H.R)、火～金曜は6時限後20分間の自習
◎登校時間：8時5分

●部活動

NHK全国大会に出場した放送部や全国レベルの水泳部、バトン部などのクラブがあり、中学部の生徒の約90%、高等学部の生徒の約70%が所属しています。
○文化系／軽音、クラシックギター、美術、ESS、家庭科、弦楽、演劇、放送、聖歌隊、化学、ブラスバンド、ユニセフ、イラスト研究、YWCA、インターアクトクラブ、JOC、文芸
○体育系／ソフトボール、合氣道、体操競技、水泳、バスケットボール、陸上競技、バドミントン、バレーボール、ダンス、バトン、新体操、硬式テニス、空手道

●行事

捜真祭（文化祭)、体育祭、合唱コンクール、クリスマス礼拝、中1のキリスト教史跡巡りなどがあります。学年ごとの宿泊行事「自然教室」も行っています。

●修学旅行・研修旅行

高2の5月に4泊5日の日程で実施される沖縄修学旅行は高1から事前学習を始め、各教科の授業でも沖縄に関連した教材を取り上げます。高1以上の生徒を対象に、夏休みの2～3週間のホームステイ研修、1～3月までオーストラリアの学校で過ごす学期研修、カンボジア研修、海外姉妹校からの留学生受け入れなどを行っています。どの研修も事前学習が充実しています。

マネーガイド

■2024年度納付金（諸経費を含む）

	入学金	授業料	施設費	その他	計
入学手続時	250,000円	0円	0円	0円	250,000円
初年度総額	250,000円	450,000円	282,000円	300,000円	1,282,000円

◎寄付金：任意
◎授業料：月納
◎奨学金・特待生制度：スカラシップ試験上位3位以内合格者は、入学金250,000円および中学部1年次の授業料450,000円全額免除。上位10位以内合格者は、入学金250,000円免除

学期制　週5・6日制　プール　冷房　寮　食堂　私服通学　海外研修

サピックスからの合格実績（過去3年）	'22	'23	'24
	4名	7名	0名

進学指導の概要

数学は中3の後半から高校数学に入ります。高2からは主要教科を中心に、自分の進路選択に合わせた選択科目があります。ホームルームクラスには多彩な進路の生徒が混在し、自分の進路以外の世界にも視野を広げることができます。高3では全授業の半分近くが選択科目となり、各自に必要な学習に専念できます。入試に直結した演習科目、総合型入試などを視野に入れた小論文指導や面接指導などのきめ細かな進路サポート、夏休みの理系勉強合宿や全校補習を通して、入試に対応できる学力だけでなく、人間としての「本物の力」を身につける指導をしていきます。

■浪人を含む大学進学者の進路の内訳

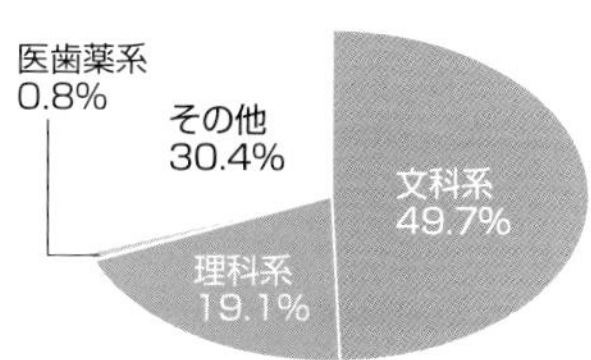

■併設高校から主要大学への合格実績

※上段は現役合格者数、下段は浪人を含めた合格者数。

	東京大	京都大	一橋大	東京工業大	筑波大	お茶の水女子大	電気通信大	東京外国語大	東京学芸大	東京芸術大	東京農工大	東京都立大	横浜国立大	千葉大	早稲田大	慶應義塾大	上智大	東京理科大
22年	—	—	—	—	—	—	—	—	—	—	—	—	—	—	1	1	7	—
	—	—	—	—	—	—	—	—	—	—	—	—	—	—	1	1	7	—
23年	—	—	—	1	—	—	—	—	—	1	—	1	—	—	—	4	6	1
	—	—	—	1	—	—	—	—	—	1	—	1	—	—	—	4	6	1
24年	—	—	—	—	—	—	—	—	—	—	—	—	1	—	1	2	4	1
	—	—	—	—	—	—	—	—	—	—	—	—	1	—	1	2	4	1

	学習院大	明治大	青山学院大	立教大	中央大	法政大	日本大	東洋大	駒澤大	専修大	国際基督教大	津田塾大	東京女子大	日本女子大	文部科学省所管外の大学校	海外の大学	国公立・医学部	私立・医学部
22年	1	2	6	4	—	6	3	2	4	—	—	1	7	4	—	1	—	—
	1	3	6	4	—	7	7	2	4	—	—	3	8	4	—	1	—	1
23年	2	4	8	7	4	4	5	1	—	—	1	2	5	9	—	3	—	—
	3	8	8	7	4	4	5	1	1	—	1	3	5	9	—	5	—	1
24年	2	—	6	5	1	3	1	1	1	—	1	1	6	2	—	—	—	—
	3	—	6	5	1	4	1	1	1	—	1	1	6	2	—	—	—	—

★指定校推薦枠（2024年度）横浜市立大2名、慶應義塾大1名、上智大4名、東京理科大4名、学習院大2名、青山学院大22名、立教大4名、法政大2名、国際基督教大1名、東京女子大16名、明治学院大5名、聖路加国際大1名など

入試情報

■2024年度の入試結果

		募集人員	出願者	受験者	合格者	実質倍率
スカラシップA1	4科	50	62	53	47	1.1
	2科		55	52	40	1.3
スカラシップA2	2科	40	175	163	128	1.3
スカラシップA3	4科	20	65	33	19	1.7
	2科		45	17	7	2.4
B	2科	20	120	31	21	1.5
対話学力	※	5	41	5	1	5.0
C	2科	10	110	20	14	1.4
帰国1回	2科	若干	1	1	1	1.0
帰国2回	2科	若干	0	0	0	—

※対話による学力試験

■2024年度入試 合格者の教科別平均点

		算数	国語	理科	社会	合計
スカラシップA1	4科	38.8	69.6	31.6	26.3	—
	2科					—
スカラシップA2	2科	55.5	65.4			—
スカラシップA3	4科	48.8	66.3	27.3	33.4	—
	2科					—
B	2科	58.2	53.0			—
C	2科	56.4	61.5			—

○配点：算国＝各100点　理社＝各50点
○合格最低点：スカラシップA1 4科121点・2科86点　スカラシップA2 102点　スカラシップA3 4科180点・2科113点　B162点　C92点　※対話学力、帰国は非公表

24年の募集要項

※以下は2024年の募集要項です。2025年の要項は学校の発表をお待ちください。

入 試 日／スカラシップA① 2月1日午前 スカラシップA②2月1日午後 スカラシップA③2月2日午前 B2月2日午後 対話学力2月3日午前 C2月3日午後 帰国①12月9日 ②2月1日
募集人員／女子約145名(スカラシップA①50名 スカラシップA②40名 スカラシップA③20名 B20名 対話学力5名 C10名 帰国若干名) ※スカラシップA①②③は一般合格を含む
合格発表／ホームページで即日
手続締切／スカラシップA①②③・B2月5日 C・対話学力・帰国②2月6日 帰国①12月11日
試験科目／国語(50分・100点)、算数(50分・100点)、理科(30分・50点)、社会(30分・50点)
※スカラシップA②・B・Cは2科、スカラシップ①③は2科4科選択、対話学力は対話による学力試験
面　　接／あり
帰国生のための試験／国語・算数(各50分・各100点)
受 験 料／20,000円(2回以上は35,000円)

公開行事・説明会予定

【学校説明会】要予約
10月19日(土)10時～
11月29日(金)18時30分～
1月11日(土)10時～
【捜真クルーズ(少人数学校ツアー)】要予約 各回10時～
9月 7日(土)、10月26日(土)、11月 9日(土)
12月14日(土)
【捜真クルーズ 拡大版】要予約
7月27日(土)
【捜真祭（文化祭）】
9月21日(土) 9時～15時
9月23日(振休) 9時～15時
◆変更・中止の可能性もあります。必ず学校ホームページで確認してください。

日本女子大学附属 中学校

所在地／〒214-8565　川崎市多摩区西生田1-1-1
TEL／044-952-6705（中高事務室）
学校長／野中 友規子
創　立／1901年開校。1979年、西生田キャンパスに中高統合校舎が完成し、中学校が東京・目白より移転。
URL／www.jwu.ac.jp/jhsc

	1年	2年	3年
男子	—	—	—
女子	251名	250名	247名
クラス数	6組	6組	6組

中高総生徒数／1859名　併設小から 約39%

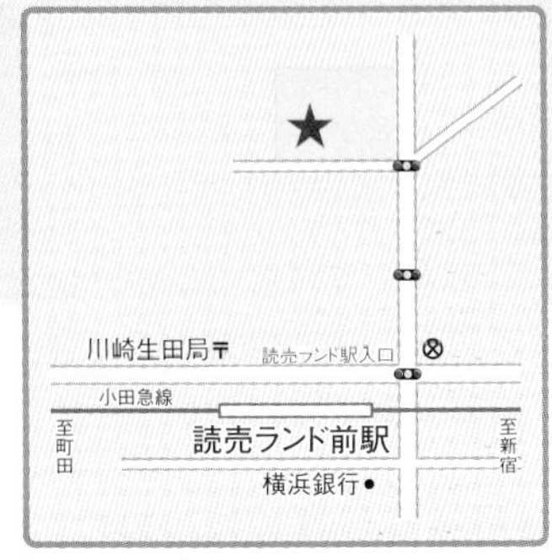

〈交通アクセス〉
小田急線「読売ランド前」駅より徒歩10分
京王相模原線「京王よみうりランド」駅、「京王稲田堤」駅、JR南武線「稲田堤」駅よりバスあり

日本初の女子大学の付属校として自立した女性を育成する

1901年、日本で最初の女子大学として創立された日本女子大学校の附属高等女学校を前身に、1948年に新制の中学校として開校しました。学園創立者である成瀬仁蔵が残した「信念徹底」「自発創生」「共同奉仕」を教育方針の三綱領とし、「自ら考え、学び、行動する意欲的な生徒の育成」をめざしています。多摩丘陵の一角に位置する約29万㎡の広大な校地には、中高校舎のほか、中高専用グラウンドに6面のテニスコートや講堂などがあります。

スクールライフ

●教育内容

中学時代は「自ら学ぶ姿勢を育てる」ことを主眼に置き、自主性を重んじた学習への支援体制として個別指導に力を入れています。3期・週5日制で、夏は1時限50分、冬は45分の6時限授業で、土曜日は学校行事や総合的な学習を実施。英語・数学・国語・理科などで1クラス2分割の少人数制授業を実施し、数学では習熟度別授業も行っています。実技教科はチームティーチングを行い、音楽ではバイオリンが全学年必修となっていることも大きな特徴で、音楽を通じた情操教育にも力を入れています。卒業研究では、中3の1年間をかけて個別のテーマに取り組みます。さらに、各分野で活躍している卒業生を講師にしたキャリア教室を中3で実施するなど、しっかりとした進路指導体制も敷かれています。

■主要5教科の週当たり時間（コマ）数

	英語	数学	国語	理科	社会
1年	5	4	4	3	3
2年	5	4	4	4	3
3年	5	4	4	4	4
合計	15	12	12	11	10

◎1日当たりの授業コマ数：50分×6時限
　※冬（11月～3月）は45分×6時限
◎登校時間：8時50分

●部活動

中高別に活動しており、計23のクラブがあります。
○文化系／イラスト、インターナショナル、演劇、家庭科、軽音楽、弦楽合奏、コーラス、茶道、社会科研究、書道、生物天文、物理化学、文芸、ミュージカル
○体育系／硬式テニス、水泳、ソフトテニス、体操、卓球、バスケットボール、バドミントン、バレーボール、陸上

●行事

十月祭（中学文化祭）、運動会、音楽会や球技会などが行事委員を中心に行われています。行事を中学と高校で別々に行うので、十月祭などの行事の準備はすべて中学校の生徒で企画・実行されます。

●修学旅行・研修旅行

全学年で宿泊を伴う校外学習を行っています。中1は軽井沢で夏季寮生活を行い、中2は東北を巡ります。中3は国内各地から生徒が興味・関心を持ったコース（平和学習や自然学習、英語研修など）を選択。また、希望者を対象にスキー教室、スケート教室を行っています。

マネーガイド

■2024年度納付金（諸経費を含む）

	入学金	授業料	施設費	その他	計
入学手続時	250,000円	0円	95,000円	0円	345,000円
初年度総額	250,000円	511,000円	283,000円	143,000円	1,187,000円

◎寄付金：20万円以上と3万円以上の2種類（任意）
◎授業料：3期分納または一括納入
◎奨学金・特待生制度：独自の奨学金制度あり

※高校は私服可

学期制 週5・6日制 プール 冷房 寮 食堂 私服通学 海外研修

サピックスからの合格実績（過去3年）	'22	'23	'24
	18名	19名	11名

進学指導の概要

高校では高入生と混合のクラスとなります。カリキュラムの最大の特徴は、「しっかりとした基礎学力と応用力を育成」することで、文系・理系などのコースに分けず、高3まで全員が全教科を偏りなく学びます。バランスの取れた知識と教養を身につけることで人間としての豊かさが育まれ、コース分けをしてしまわないことで、進路についてじっくり考えることも可能になります。興味を持った分野の知識をさらに深めるため、高2で週2時間、高3で週10時間の選択科目を設け、フランス語、中国語などの第二外国語、古典、児童文学、現代世界史、情報総合、ディスカッション、声楽、工芸など、幅広い分野をより深く学べるようにしています。日本女子大学へは、希望すれば原則として推薦され、多くの定員数が用意されているので、ほとんどの生徒が第一志望の学科に進学することができます。また、医学部、法学部など、日本女子大学にない学部であれば、利用できる併願制度も用意されています。例年約75%の生徒が日本女子大学へ進学しますが、他大学進学を選んだ生徒を応援する雰囲気もあります。優秀な卒業生の活躍により、多くの大学に指定校推薦枠があります。大学授業見学や研究室訪問、学部学科説明会などの機会が設けられ、担任教員との面談を経て、最適な進路をじっくり選択していくことができます。

■現役大学進学者の進路の内訳

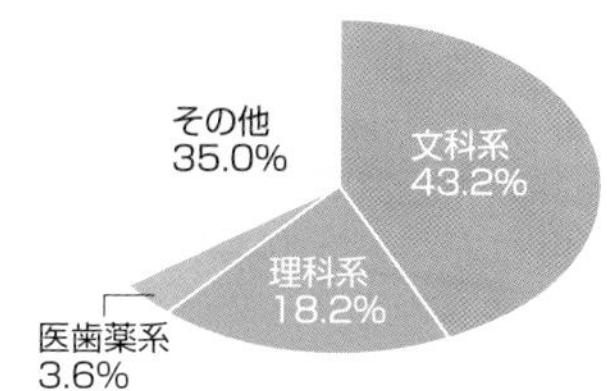

★他大学への合格状況（2024年度）北海道大1名、東北大1名、東京医科歯科大1名、防衛医科大1名、早稲田大12名、慶應義塾大19名、上智大11名、東京理科大11名、立教大9名、中央大15名、明治大11名、青山学院大5名、北里大5名、昭和大1名、東京女子医科大1名、東邦大1名など

■併設大学（日本女子大学）への推薦状況

	文学部	理学部	家政学部	人間社会学部	国際文化学部	建築デザイン学部
22年	32名	19名	141名	95名	―	―
23年	12名	26名	129名	74名	35名	―
24年	30名	17名	96名	70名	33名	33名

★指定校推薦枠（2024年度）早稲田大1名、慶應義塾大5名、上智大5名、東京理科大9名、学習院大8名、青山学院大5名、立教大3名、法政大2名、中央大11名、北里大4名、東京歯科大1名など

入試情報

■過去2年間の入試結果

		募集人員	出願者	受験者	合格者	実質倍率
23年	一般1回	約100	245	213	120	1.8
	一般2回	約40	336	163	59	2.8
	帰国	約10	3	3	2	1.5
24年	一般1回	約110	231	199	126	1.6
	一般2回	約40	282	118	53	2.2
	帰国	若干	4	4	2	2.0

■2024年度入試 受験者・合格者の教科別平均点

		算数	国語	理科	社会	合計
一般1回	受験者	31.2	36.7	22.8	22.9	113.7
	合格者	36.9	38.4	25.1	24.7	125.2
一般2回	受験者	26.5	38.4	26.3	23.6	114.8
	合格者	36.0	41.5	29.4	26.3	133.3

○配点：算国＝各60点　理社＝各40点
○合格最低点：1回109点　2回114点　帰国は非公表

25年の募集要項

入試日／①2月1日午前 ②2月1日午後 ③2月3日午前 帰国2月1日午前
募集人員／女子約160名(①約90名 ②約30名 ③約40名 帰国若干名)
合格発表／ホームページで即日
手続締切／①②③2月5日 帰国2月3日
試験科目／①③国語(50分・60点)、算数(50分・60点)、理科(30分・40点)、社会(30分・40点)
②算数(60分・100点)
面接／帰国生のみあり
帰国生のための試験／国語・算数(①と同じ問題)、面接(個人)
受験料／①③25,000円 ②10,000円(2回同時出願の場合は40,000円、3回同時出願の場合は50,000円)

公開行事・説明会予定

【学校説明会】要予約
9月 7日(土)
【授業見学説明会】要予約
10月15日(火)
【オープンスクール】要予約
7月27日(土)、8月25日(日)
【入試問題解説会】要予約 6年生対象
11月16日(土)
【十月祭(中学文化祭)】要予約
10月 5日(土)、6日(日)
【親子天体観望会】要予約
12月 7日(土)
◆変更・中止の可能性もあります。必ず学校ホームページで確認してください。

サピックスOGの声

● 「森の中の学校」といわれるように、キャンパスは多摩丘陵の緑豊かな環境にあるので、常に自然が感じられます。女子大の付属校らしさを感じるのは家庭科です。裁縫や料理など実践的かつ本格的なものが多く、料理ではアジの三枚おろしのほか、ギョーザは皮から作り、裁縫ではかっぽう着を製作しました。長期の休みには、自分で献立を考えて調理し、それをレポートにして提出しました。

フェリス女学院 中学校

所在地／〒231-8660　横浜市中区山手町178
TEL／045-641-0242
学校長／阿部 素子
創　立／1870年、婦人宣教師メアリー・E・キダーによって創設。1947年に中学部、1948年に高等学部を設置。1950年、現校名に改名。
URL／www.ferris.ed.jp

	1年	2年	3年
男子	—	—	—
女子	184名	183名	184名
クラス数	4組	4組	4組

中高総生徒数／1074名

〈交通アクセス〉
JR根岸線「石川町」駅より徒歩7分　みなとみらい線「元町・中華街」駅より徒歩10分

東京の女子御三家に並ぶ神奈川県最難関の女子進学校

1870年、アメリカの改革派教会のメアリー・エディー・キダー女史によって設立された、女子学院と並ぶキリスト教に基づく日本で最初の女子校です。「For Others（他人のために）」をモットーに、プロテスタント精神を教育の基盤とした人格教育を主眼としています。「自覚と責任を伴った自由こそが真の自由である」とし、フェリス生としての“自覚を持った自由”な校風で知られます。都内の女子御三家と並ぶ難関校で、横浜雙葉、横浜共立学園とともに横浜・山手に立つ、「横浜女子御三家」をリードする存在です。

スクールライフ

●教育内容

6年間完全中高一貫教育で2期制、週3日は7時限授業を行っています。キリスト教信仰に基づく人格教育を主眼としているため、毎朝、全校生徒が講堂に集まって礼拝を行うほか、聖書の時間や宗教に関係する音楽の授業は6年間必修となっています。また、開校以来、日曜日は教会に行くことを奨励して週5日制としています。中学では自主的な学習姿勢の育成をめざし、基礎学力の充実を図ります。英語は週6時間の1クラス2分割の少人数授業で、外国人講師による英会話もあります。教科書は「New Treasure」です。理科では実験を重視し、中3で三浦半島の自然を観察する野外実習を行います。

■主要5教科の週当たり時間（コマ）数

	英語	数学	国語	理科	社会
1年	6	4	5	4	3
2年	5.75	5	4	4	4
3年	6	5	5	4	4
合計	17.75	14	14	12	11

※2025年度カリキュラム改訂予定

◎1日当たりの授業コマ数：45分×6時限
　※週3日は7時限
◎登校時間：8時20分

●部活動

クラブ活動は盛んで、中1から高2まで一緒に活動しており、中学生はほぼ100％が参加。文化系、体育系のほかにキリスト教関連のグループがあります。
○文化系／生物、化学、天文、写真、美術、音楽、管弦楽、演劇、英語、料理、華道、茶道、文芸、新聞、アマチュア無線、ポピュラーミュージック、手芸、数学、かるた
○体育系／バレーボール、バスケットボール、テニス、卓球、バドミントン、ハイキング、体操
○キリスト教関連／YWCA、聖歌隊、ハンドベル・クワイア

●行事

5月の体育大会、11月のフェリス祭（文化祭）のほか、6月の宗教講演会、7月・9月の修養会（中1は1日、中2・高1は2泊3日）、11月の感謝祭礼拝、12月のクリスマス礼拝と、キリスト教関連の行事が多いのが特徴です。

●修学旅行・研修旅行

高1の2月には広島への研修旅行があります。広島平和記念資料館や放射能の影響を研究している専門機関を見学し、現地の高校生との交流や被爆者の方から被爆体験を直接伺うことで、平和について深く考える機会にします。そのほか、中3では5月にフィールドワークとして信州を訪ねます。

マネーガイド

■2024年度納付金（諸経費を含む）

	入学金	授業料	施設費	その他	計
入学手続時	300,000円	0円	100,000円	0円	400,000円
初年度総額	300,000円	516,000円	258,000円	100,400円	1,174,400円

◎寄付金：1口10万円、3口以上/1口1万円、4口以上の2種類（いずれも任意）
◎授業料：月納・半期ごとのいずれか
◎奨学金・特待生制度：経済的理由により就学困難と判断される者に校納金を半額もしくは全額貸与

   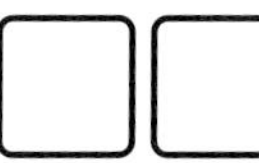 

2期 学期制 / 完5 days 週5・6日制 / プール / cool 冷房 / 寮 / 食堂 / 私服通学 / 希 海外研修 ※2025年度より

サピックスからの合格実績（過去3年）	'22	'23	'24
	77名	84名	68名

進学指導の概要

「広く、深く、自主的に学ぶ」ことを旨として、コース制を敷かず、基礎学力の徹底を図っています。高2・3で科目選択制により進路に対応します。高1は1科目2単位、高2は3～5科目9単位、高3は最低8単位を選択科目のなかから履修します。高1～3の英会話と英語、高2の数学は少人数授業です。独自のカリキュラムとして英語の講読や作文、プレゼンテーションの授業のほか、国語・社会・体育・音楽・美術・家庭科の特別講座などがあります。4年制大学への現役進学率が高く、近年は医学部や薬学部を含め理系への進学者が増加しています。併設大へは推薦入学制度がありますが、進学者数は多くありません。

■現役大学進学者の進路の内訳

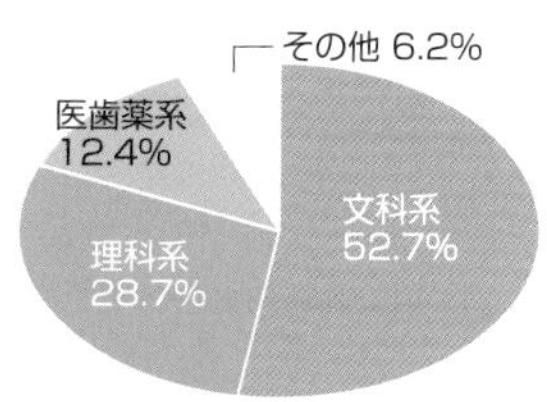

■併設高校から主要大学への合格実績

※上段は現役合格者数、下段は浪人を含めた合格者数。

	東京大	京都大	一橋大	東京工業大	筑波大	お茶の水女子大	電気通信大	東京外国語大	東京学芸大	東京芸術大	東京農工大	東京都立大	横浜国立大	千葉大	早稲田大	慶應義塾大	上智大	東京理科大
22年	10	1	6	4	1	3	2	—	—	—	—	—	5	1	67	59	31	37
	10	1	6	5	2	3	2	—	—	1	—	—	6	1	81	69	37	52
23年	8	3	1	4	2	1	1	1	—	—	2	1	2	—	69	39	45	34
	9	4	1	4	3	1	1	1	—	—	3	1	2	—	77	49	47	35
24年	5	1	3	3	—	—	—	—	—	—	—	3	9	3	76	46	42	38
	6	4	4	5	1	—	—	—	—	2	—	4	10	4	82	53	47	52

	学習院大	明治大	青山学院大	立教大	中央大	法政大	日本大	東洋大	駒澤大	専修大	フェリス女学院大	津田塾大	東京女子大	日本女子大	文部科学省管外の大学校	海外の大学	国公立・医学部	私立・医学部
22年	6	61	35	45	22	22	20	6	5	7	1	3	9	13	1	3	7	27
	13	83	44	58	26	30	27	10	5	8	1	4	14	18	2	3	14	40
23年	10	46	33	28	20	16	11	1	2	6	—	2	2	12	—	2	5	11
	11	53	44	37	24	22	14	9	2	6	—	2	2	12	—	2	6	21
24年	7	58	38	34	16	34	7	2	3	2	3	2	3	7	—	1	7	21
	8	77	39	37	22	39	17	6	3	3	3	3	3	7	—	1	9	32

★指定校推薦枠（2024年度）フェリス女学院大、横浜市立大、早稲田大、慶應義塾大、上智大、東京理科大、学習院大、青山学院大、中央大、国際基督教大、北里大、同志社大、立命館大、立命館アジア太平洋大など　※人数は非公表

入試情報

■過去3年間の入試結果

	募集人員	出願者	受験者	合格者	実質倍率
22年	180	464	435	200	2.2
23年	180	450	432	200	2.2
24年	180	431	415	205	2.0

■2024年度入試 受験者の教科別平均点

	算数	国語	理科	社会	合計
受験者	57	74	34	37	—

○配点：算国＝各100点　理社＝各60点
○合格最低点：非公表

24年の募集要項

※以下は2024年の募集要項です。2025年の要項は学校の発表をお待ちください。

入試日／2月1日
募集人員／女子180名
合格発表／2月2日(ホームページで発表)
手続締切／2月3日
試験科目／国語(50分・100点)、算数(50分・100点)、理科(30分・60点)、社会(30分・60点)、人物考査(10分)
面　接／なし
受験料／25,000円

公開行事・説明会予定

【学校説明会】要予約
11月 9日(土)
【オープンスクール】要予約 4年生以上対象
6月22日(土) 9時～、11時30分～、14時～
7月13日(土) 9時～、11時30分～、14時～
【フェリス祭(文化祭)】要予約 3年生以上対象
11月 2日(土)・4日(振休) 9時30分～16時
【クリスマスの集い】要予約
12月14日(土)
◆変更・中止の可能性もあります。必ず学校ホームページで確認してください。

サピックスOGの声

●とても活発な生徒が多く、堅苦しい雰囲気はまったくありません。校則は特に厳しくありませんが、フェリスの伝統を守るため、リボンの結び方、スカートの長さについてはしっかり指導されます。自由な校風ですが、それは自分の行動に責任を持たなければならないということ。みんなフェリス生としてのけじめを持って学校生活を送っています。

●毎朝、礼拝を行っています。英語・数学の定期テストの成績が悪い生徒のために補習が行われるなど、教育熱心な学校です。他人とは比較しないという方針から、成績の順位は発表されません。

●体育大会は5月に外部の体育館を借りて行われます。勝敗はクラス対抗で競い、A組が赤、B組が白、C組が青、D組が緑という色分けになっています。特に見応えがあるのは、激しい戦いが繰り広げられる高1の騎馬戦や高2の棒倒しと、高3の先輩たちが優雅に踊るフェリス伝統のダンスです。

聖園(みその)女学院 中学校

所在地／〒251-0873 藤沢市みその台1-4
TEL／0466-81-3333
学校長／ミカエル・カルマノ
創 立／1946年、「聖心の布教姉妹会」によって旧制高等女学校創立。1947年、学制改革で名称変更。聖園女学院中を併設。
URL／www.misono.jp

	1年	2年	3年
男子	―	―	―
女子	91名	73名	62名
クラス数	3組	2組	2組

中高総生徒数／425名

〈交通アクセス〉
小田急江ノ島線「藤沢本町」駅より徒歩10分
同「善行」駅より徒歩15分

一人ひとりの「使命」の実現を後押しするサポート体制を拡充

1920年設立のカトリック女子修道会「聖心(みこころ)の布教姉妹会」によって、1946年に高等学校が設立され、翌年に中学校が併設されました。南山学園の教育モットー「人間の尊厳のために」をすべての教育基盤とし、生徒が「自分は世界でただ一人しかいない貴い存在であること」「一人ひとりにはかけがえのない使命があること」を自覚しながら、他者と共に成長していくことをめざしています。

スクールライフ

●教育内容

中高一貫の女子校。週5日制で、定期試験を年5回実施。英語・国語・数学の授業を多く設け、中1の数学では習熟度別授業により基礎学力の定着を図ります。また中学の英語では、分級による少人数での英会話や選抜による取り出し授業を実施しています。中1～高2では英検®を授業時間内に受検します。専任のネイティブ教員が3名おり、昼休みや放課後には英語だけで活動するミニ留学が毎日行われるほか、スピーチや暗唱の指導にも力を入れています。理科では自然豊かなキャンパスを舞台にフィールドワークを行い、チームティーチングによる実験が多いことも特徴です。小テストや希望制・指名制の補習も定期的に実施。AIオリジナル教材や女子大学生の学習メンターによる放課後の学習支援や受験指導も充実しています。週1回宗教の授業が行われるほか、毎授業前には黙想の時間を取り入れています。

■主要5教科の週当たり時間（コマ）数

	英語	数学	国語	理科	社会
1年	6	5	5	3	3
2年	6	5	5	4	3
3年	6	5	5	4	4
合計	18	15	15	11	10

◎1日当たりの授業コマ数：50分×6時限
　※火曜日の7時限目はHR。水曜日は7時限まで授業
◎登校時間：8時25分

●部活動

全国大会に出場した経験を持つ弓道部を含め、文化部・運動部合わせて17の部があり、中高一緒に活動しています。参加は任意ですが、中高ともに多くの生徒が参加しています。また、部活動に加えて聖歌隊、ハンドベルクワイアなどに参加することもできます。

○文化系／演劇、科学、軽音楽、コーラス、茶道、書道、美術、手芸

○体育系／弓道、剣道、硬式テニス、ソフトボール、ダンス、バスケットボール、バドミントン、陸上競技、バレーボール

●行事

9月に行われる聖園祭（文化祭）は一大イベント。球技大会やクリスマス行事も盛んです。生徒会を中心に実施する「まごころプロジェクト（フードドライブ活動）」や、希望者による各種ボランティアは通年の活動となっています。

●修学旅行・研修旅行

中3は京都・奈良、高2は平戸・長崎で現地研修を行います。また、中3の希望者を対象に1月から3月までニュージーランドへの中期留学、7月には高1の希望者を対象としたカナダ研修、高1の希望者を対象に1月から11月までニュージーランドへの1年留学が組まれています。

マネーガイド

■2024年度納付金（諸経費を含む）

	入学金	授業料	施設費	その他	計
入学手続時	240,000円	0円	0円	0円	240,000円
初年度総額	240,000円	480,000円	200,000円	291,720円	1,211,720円

◎寄付金：なし
◎授業料：月納
◎奨学金・特待生制度：学院に1年以上在籍し経済的理由で就学困難な者に校納金の一部または全額を貸与

学期制

週5･6日制

プール

冷房
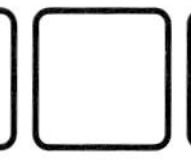
寮

食堂

私服通学

海外研修

サピックスからの合格実績（過去3年）	'22	'23	'24
	2名	4名	2名

進学指導の概要

高1では全員が共通の科目を履修し、主要5教科を中心としてバランスの取れた学習をします。高2からは幅広い科目選択制を導入。主要教科はもちろん、食生活・書道・被服製作などの科目も用意されています。各教科は少人数制で開講されるため、効果的な学習が可能です。また、休日や長期休暇中の補習講習はもちろん、相談コーナーでの「ちょこっと補習」や自習室など、生徒がみずから学ぶ意欲を後押しする環境を整えています。加えて自習支援と受験支援のプログラムを展開し、生徒一人ひとりのミッションを実現させる取り組みを行っています。

■浪人を含む大学進学者の進路の内訳

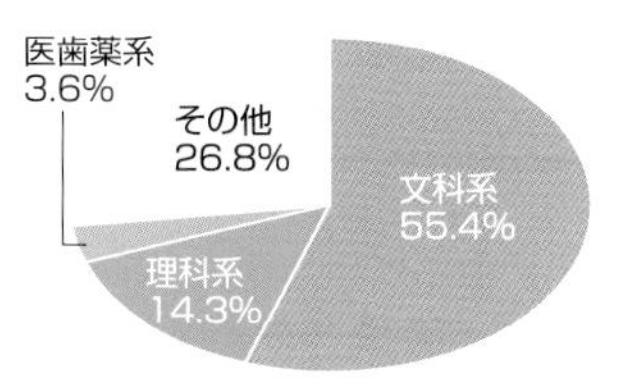

■併設高校から主要大学への合格実績

※上段は現役合格者数、下段は浪人を含めた合格者数。

	東京大	京都大	一橋大	東京工業大	筑波大	お茶の水女子大	電気通信大	東京外国語大	東京学芸大	東京芸術大	東京農工大	東京都立大	横浜国立大	千葉大	早稲田大	慶應義塾大	上智大	東京理科大
22年	—	—	—	—	—	—	—	—	—	—	—	—	—	—	1	3	5	—
	—	—	—	—	—	—	—	—	—	—	—	—	—	—	1	3	5	—
23年	1	—	—	—	—	—	—	—	—	—	—	—	1	—	—	2	10	1
	1	—	—	—	—	—	—	—	—	—	—	—	1	—	—	2	10	1
24年	—	—	—	—	—	—	—	—	—	—	—	—	—	—	—	—	3	—
	—	—	—	—	—	—	—	—	—	—	—	—	—	—	—	—	3	—

	学習院大	明治大	青山学院大	立教大	中央大	法政大	日本大	東洋大	駒澤大	専修大	国際基督教大	津田塾大	東京女子大	日本女子大	文部科学省所管外の大学校	海外の大学	国公立・医学部	私立・医学部
22年	2	3	4	9	—	3	2	2	2	2	—	—	—	—	—	—	—	—
	2	3	4	9	—	3	3	3	2	2	—	3	1	4	—	—	—	—
23年	1	8	9	5	4	2	3	1	—	2	—	1	—	5	—	—	—	—
	1	8	9	5	4	2	4	1	—	2	—	1	—	5	—	—	—	—
24年	3	—	9	2	1	2	—	3	3	7	—	—	2	4	—	—	—	—
	3	—	9	2	1	2	—	5	3	7	—	—	2	4	—	—	—	—

★指定校推薦枠（2024年度）上智大1名、学習院大1名、青山学院大6名、日本大5名、東京女子大1名、日本女子大2名、聖心女子大4名、東洋英和女学院大8名、明治学院大5名など

入試情報

■2024年度の入試結果

		募集人員	出願者	受験者	合格者	実質倍率
1次	4科	30	42	41	28	1.5
	2科		35	35	21	1.7
2次	2科	25	104	71	58	1.2
適性検査型	適性検査	10	22	22	18	1.2
3次	4科	25	39	17	15	1.1
	2科		31	14	10	1.4
得意1科	選択1科	15	63	29	17	1.7
英語チャレンジ	グループ活動	定めず	5	3	3	1.0
得意2科	選択2科	10	45	14	9	1.6
国算ハーフ	2科	5	45	12	7	1.7
帰国	※1	定めず	7	7	7	1.0

※1 日本語の作文＋計算力確認試験または英語＋計算力確認試験

■2024年度入試 受験者の教科別平均点

		算数	国語	理科	社会	合計
1次	4科	62.3	71.9	30.4	31.3	196.6
	2科					134.1
2次	2科	58.5	65.4			123.9
適性検査型	適性検査	適性検査/66.2				66.2
3次	4科	65.5	69.8	35.7	32.2	205.4
	2科					135.3
得意1科	選択1科	85.0	68.3			70.0
得意2科	選択2科	28.1	27.2	26.3	33.3	57.4
国算ハーフ	2科	32.1	28.2			60.3

○配点：算国＝各100点　理社＝各50点　適性検査＝100点
得意2科・国算ハーフ配点：算国理社＝各50点
○合格最低点：1次4科199点・2科133点　2次115点　適性検査型50点　3次4科193点・2科122点　得意1科71点　得意2科63点　国算ハーフ59点　※英語チャレンジ・帰国は非公表

24年の募集要項

※以下は2024年の募集要項です。2025年の要項は学校の発表をお待ちください。

入試日／①2月1日午前 ②・特待適性検査型2月1日午後 ③2月2日午前 得意1科・英語チャレンジ2月2日午後 得意2科2月3日午前 国算ハーフ2月4日午後 帰国12月2日午前

募集人員／女子120名(①30名 ②25名 特待適性検査型10名 ③25名 得意1科15名 得意2科10名 国算ハーフ5名) ※英語チャレンジ・帰国は特に定めず

合格発表／掲示、ホームページとも即日 ※②・特待適性検査型・得意1科・英語チャレンジ・国算ハーフは掲示のみ翌日

手続締切／2月4日 国算ハーフ2月5日 特待適性検査型2月10日 帰国12月18日

試験科目／国語(50分・100点)、算数(50分・100点)、理科・社会(計50分・各50点)、適性検査(45分・100点) 得意2科・国算ハーフは国語・算数・理科・社会(各30分・各50点) ※①・③は2科4科選択、②・国算ハーフは2科、得意1科は国語または算数を選択、得意2科は国算・国社・国理・算社・算理のいずれかを選択、特待適性検査型は適性検査、英語チャレンジは英語によるグループ活動

面接／帰国生のみあり

帰国生のための試験／計算力確認試験(30分・100点)、日本語の作文(50分・100点)または英作文とスピーキング(100点：英作文35分・50点、スピーキング10分・50点)、面接(保護者同伴)

受験料／20,000円(複数回同時出願の場合は2回目以降各10,000円)

公開行事・説明会予定

【学校説明会】要予約
10月12日(土) 9時30分～、11月23日(祝) 9時30分～
【ナイト説明会】要予約
6月28日(金)18時～、8月23日(金)18時～
【帰国生説明会】要予約
8月 2日(金)10時～、10月15日(火)動画配信型
【授業・校内見学会】要予約 各回10時～ ※1月16日は6年生対象
6月25日(火)、11月14日(木)、1月16日(木)
【聖園祭(文化祭)】
9月21日(土)、22日(祝)
◆変更・中止の可能性もあります。必ず学校ホームページで確認してください。

横浜共立学園 中学校

所在地／〒231-8662 横浜市中区山手町212
TEL／045-641-3785
学校長／小澤 伸男
創　立／1871年に設立された亜米利加婦人教授所が起源。1947年、横浜共立学園中学部に改称。1951年、現校名に改称。
URL／www.kjg.ed.jp

	1年	2年	3年
男子	—	—	—
女子	183名	188名	189名
クラス数	4組	4組	4組

中高総生徒数／1087名

至関内
石川町駅
根岸線
首都高速狩場線
石川町2
山手イタリア山庭園
蓮光寺
地蔵坂上
至根岸

〈交通アクセス〉
JR根岸線「石川町」駅より徒歩10分

風格漂う本校舎を持つキリスト教教育の「横浜女子御三家」

1871年、米国婦人一致外国伝道協会から派遣された3人の女性宣教師、プライン、クロスビー、ピアソンによって創立された亜米利加婦人教授所（アメリカン・ミッション・ホーム）を母体として、153年の歴史を持つ、プロテスタントの女子教育機関です。「1人の人間を無条件に尊重し愛する」というキリスト教信仰に基づく教育を行っています。1937年にミッションから経済的に独立し、1951年に現在の校名になりました。1931年に建築家W・M・ヴォーリズによって建設された校舎は横浜市指定の文化財にもなっています。

スクールライフ

●教育内容

2期・週5日制、火・水・木の3日間は7時限授業で、土曜日は部活動や希望制の課外授業などを実施しています。授業進度は速く、中1･2では主要5教科を中心に、学習習慣の確立と基礎の徹底を図り、中3になると高校の内容に入ります。英語の教科書は中高一貫教育用の「NEW TREASURE」を使用。高2まで、週1時間は外国人講師による1クラス2分割の少人数制で授業を行っています。英語・国語・数学をはじめ、各教科で小テストがこまめに行われています。高1までは各自の適性を発見する時期として、共通科目を履修します。

■主要5教科の週当たり時間（コマ）数

	英語	数学	国語	理科	社会
1年	6	4	5	4	4
2年	6	5	5	4	4
3年	5	5	6	4	4
合計	17	14	16	12	12

◎1日当たりの授業コマ数：50分×7時限
　※月・金曜日は6時限
◎登校時間：8時20分

●部活動

参加率は9割以上と高く、中高合同で活動しています。体育系の部では他校との対外試合があります。カッコ内は同好会です。
○文化系／英語、音楽、演劇、新聞、美術、文学、生物、化学、天文、家庭科、書道、放送、写真、イラスト、管弦楽、(手話、ロボット研究会、競技かるた、ガーデニング、グローバル研究会)
○体育系／バスケットボール、バレーボール、バドミントン、卓球、硬式テニス、ダンス、器械体操、ソフトボール、(陸上、サッカー、自然愛好会)
○宗教系／ YWCA、KJGクワイヤー、ハンドベルクワイヤー

●行事

10月の秋桜祭（文化祭）や運動競技大会、6月の球技大会のほか、ページェント（聖誕劇）やハレルヤ合唱を行うクリスマス礼拝、収穫感謝礼拝、卒業記念礼拝、修養会、宗教改革記念礼拝など、キリスト教関連行事が多いのが特徴です。

●修学旅行・研修旅行

修学旅行の行き先は学年によって異なります。中2が2泊3日の信州方面旅行、中3が3泊4日の東北方面旅行、高2が3泊4日の関西方面旅行です。また、中1･高1･高3は同じ時期に2泊3日の修養会が開かれます。

マネーガイド

■2024年度納付金（諸経費を含む）

	入学金	授業料	施設費	その他	計
入学手続時	300,000円	0円	200,000円	0円	500,000円
初年度総額	300,000円	504,000円	368,000円	97,200円	1,269,200円

◎寄付金：1口10万円、2口以上（任意）
◎授業料：3期分納
◎奨学金・特待生制度：経済的理由により就学困難な者に授業料・施設費を給付または貸与

学期制　週5・6日制　プール　冷房　寮　食堂　私服通学　海外研修

サピックスからの合格実績（過去3年）	'22	'23	'24
	34名	35名	42名

進学指導の概要

高校の外部募集はありません。高2からはⅠ類-1（文系）・Ⅰ類-2（文系・数学必修）・Ⅱ類（理系）の3類型が設定され、科目選択制が組まれます。高3では大幅な科目選択制となるほか、演習中心の授業となり、各自の希望進路に沿った学習ができるような体制が整っています。高1の数学、高2・3の選択英語は習熟度別授業を実施しているほか、夏休みに中1～高1で指名制補習が、高2・3で希望者対象の受験補習が実施されます。また、部活動も盛んで、いずれの部も中学生と高校生が一緒に活動しています。

■現役大学進学者の進路の内訳

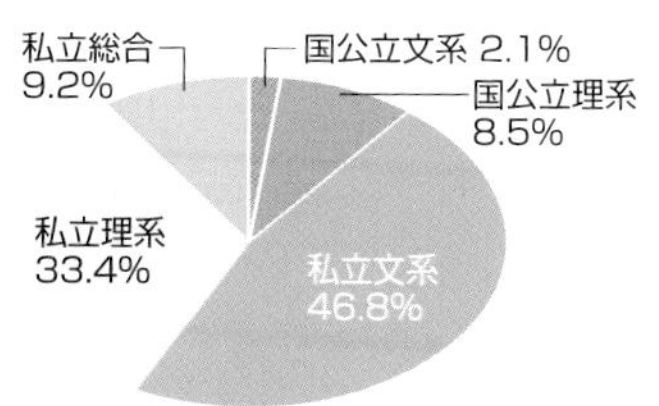

■併設高校から主要大学への合格実績

※上段は現役合格者数、下段は浪人を含めた合格者数。

	東京大	京都大	一橋大	東京工業大	筑波大	お茶の水女子大	電気通信大	東京外国語大	東京学芸大	東京芸術大	東京農工大	東京都立大	横浜国立大	千葉大	早稲田大	慶應義塾大	上智大	東京理科大
22年	—	—	—	—	1	—	—	—	—	—	2	—	4	2	40	28	27	22
	—	1	1	—	1	—	—	2	—	—	2	—	4	2	41	30	33	23
23年	1	—	1	1	1	3	—	2	2	—	3	2	2	—	46	32	22	17
	2	—	1	1	1	3	—	2	2	—	4	3	2	—	51	35	23	19
24年	1	—	1	2	—	1	1	—	—	—	1	3	—	—	35	25	21	17
	1	—	1	2	—	1	2	—	—	—	1	3	—	—	41	27	21	20

	学習院大	明治大	青山学院大	立教大	中央大	法政大	日本大	東洋大	駒澤大	専修大	国際基督教大	津田塾大	東京女子大	日本女子大	文部科学省所管外の大学校	海外の大学	国公立・医学部	私立・医学部
22年	10	65	32	63	16	37	23	8	7	11	1	8	13	36	1	—	—	5
	11	71	37	66	20	41	25	8	11	13	1	8	16	37	3	—	3	17
23年	14	69	35	47	21	30	29	12	1	15	3	4	19	25	—	—	1	8
	15	70	37	50	22	30	30	13	3	17	3	5	21	25	—	—	2	10
24年	21	46	38	38	24	16	18	6	7	11	—	9	8	19	1	—	1	7
	21	51	43	39	25	23	20	6	7	12	—	9	9	20	1	—	3	10

★指定校推薦枠（2024年度）横浜市立大2名、早稲田大7名、慶應義塾大7名、学習院大5名、明治大2名、青山学院大3名、立教大1名、中央大2名、国際基督教大1名、津田塾大3名、東京女子大3名、北里大8名など

入試情報

■過去3年間の入試結果

		募集人員	出願者	受験者	合格者	実質倍率
22年	A	150	273	247	176	1.4
	B	30	443	212	79	2.7
23年	A	150	237	215	168	1.3
	B	30	384	161	98	1.6
24年	A	150	242	224	167	1.3
	B	30	421	177	90	2.0

■2024年度入試 受験者の教科別平均点

	算数	国語	理科	社会	合計
A	63.0	69.6	61.8	59.2	—
B	55.9	72.2			—

○配点：算国理社＝各100点
○合格最低点：A232点　B130点

24年の募集要項

※以下は2024年の募集要項です。2025年の要項は学校の発表をお待ちください。

入試日／A2月1日 B2月3日
募集人員／女子180名(A150名 B30名)
合格発表／A2月2日 B2月3日 ※合否照会システム・ホームページで発表
手続締切／A2月3日 B2月5日
試験科目／A：国語(45分・100点)、算数(45分・100点)、理科(40分・100点)、社会(40分・100点)
B：国語(50分・100点)、算数(50分・100点)
面接／あり(2024年度は中止)
受験料／25,000円

公開行事・説明会予定

【学校紹介と見学会】要予約 4年生以上対象
6月15日(土) 9時～
7月 6日(土) 9時～
【学校説明会】要予約
11月 9日(土)10時～、13時30分～
【秋桜祭(文化祭)】要予約
10月12日(土) 9時15分～15時
10月14日(祝) 9時15分～15時
◆変更・中止の可能性もあります。必ず学校ホームページで確認してください。

サピックスOGの声

●趣のある本校舎は横浜市指定の文化財にもなっていて、見るたびにここの生徒であることを誇らしく感じています。校舎に愛着を持つ生徒はたくさんいて、それがよくわかるのが8月の創立記念日です。この日は全校生徒で大掃除をするのですが、次の1年を気持ちよく過ごせるようにと、ふだんできないところもていねいに掃除しています。

●キリスト教主義の学校なので、宗教に関する行事も多く、ページェント（聖誕劇）やハレルヤ合唱を行うクリスマス礼拝のほか、入学して間もない5月には、静岡県伊豆市にある天城山荘で修養会もありました。レクリエーションなどを通じて、みんなと仲良くなれました。

横浜女学院 中学校

所在地／〒231-8661　横浜市中区山手町203
TEL／045-641-3284
学校長／平間 宏一
創　立／1947年、横浜千歳女子商業学校と神奈川女子商業学校が合併し、横浜学院女子商業学校・横浜女子中学校に改称。1999年、現校名に改称。
URL／www.yjg.y-gakuin.ed.jp

	1年	2年	3年
男子	―	―	―
女子	147名	149名	148名
クラス数	4組	5組	5組

中高総生徒数／890名

〈交通アクセス〉
JR根岸線「石川町」駅より徒歩7分

優しい風が吹く横浜・山手のプロテスタント校

1947年に創設された横浜女学院（当時の名称は「横浜学院」）は、1952年に金子正校長の「プロテスタント超宗派の立場で、日本人による日本人にふさわしいキリスト教教育を行う」というキリスト教教育開始宣言を建学の精神に、3つの教育理念「キリスト教教育」「学習指導」「共生教育」を掲げ、「愛と誠」を校訓とした人間教育を行っています。また、さまざまな課題で探究的な学習を行う「ESD（持続可能な開発のための教育）」のプログラムも実施。グローバル社会で活躍できる女性リーダーの育成をめざします。

スクールライフ

●教育内容

複雑化する現代社会では、各教科で得られた知識を統合し、他者と話し合い、創造的に思考し、自分の考えを再構築することが大切です。これらの力を身につけていくため、2022年度より「65分授業」を導入し、月曜日から金曜日までは5時間、土曜日は3時間（国際教養クラスは4時間）の週6日授業より主体的に学ぶ力を育みます。「国際教養クラス」と「アカデミークラス」に分け、「国際教養クラス」では、CLIL（クリル）を導入し、英語で学ぶ力を身につけます。また、第二外国語（スペイン・中国・ドイツ）を必修化、中3でのニュージーランド海外セミナーを約1か月間とし、高1でアメリカ3か月語学研修も実施。「アカデミークラス」では、従来の特進クラスレベルの内容を実践し、より深い学びを身につけます。また、学期末には「探究DAY」を設定し、新しい発見から学びの楽しさを身につけます。

■主要5教科の週当たり時間（コマ）数

	英語	数学	国語	理科	社会
1年	6	4	4	3	3
2年	6	4	4	3	3
3年	6	5	4	3	3
合計	18	13	12	9	9

◎1日当たりの授業コマ数：65分×5時限
　※土曜日は3時限（国際教養クラスは4時限）
◎登校時間：8時15分

●部活動

全国大会で数々の賞を受賞しているチアリーディング部をはじめ25の部があり、中高合同で楽しく活動しています。

○文化系／演劇、自然、写真、理科、吹奏楽、調理、文芸、書道、YCA、美術、コーラス、華道、茶道など
○体育系／チアリーディング、バレーボール、バスケットボール、ソフトテニス、バドミントン、体操など

●行事

11月のなでしこ祭（文化祭）、6月の体育祭のほか、コーラスコンクールや芸術鑑賞会、百人一首かるた大会などがあります。中1・2と高3による「八学会」や、クリスマス礼拝、イースター礼拝、花の日礼拝などの宗教行事もあります。

●修学旅行・研修旅行

中3の秋に全員参加の海外セミナーを実施。約2週間（国際教養クラスは30日間）、ニュージーランドでホームステイをしながら姉妹校で学びます。

マネーガイド

■2024年度納付金（諸経費を含む）　※カッコ内は国際教養クラス

	入学金	授業料	施設費	その他	計
入学手続時	300,000円	0円	0円	0円	300,000円
初年度総額	300,000円	432,000円 (552,000円)	156,000円	約467,600円	約1,355,600円 (約1,475,600円)

◎寄付金：1口5万円、2口以上（任意）
◎授業料：年2回の分納または月納
◎奨学金・特待生制度：特待生合格者に入学金や3年間または1年間の授業料免除

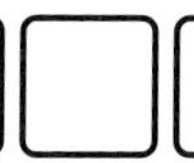

3期 学期制 ｜ 完6 days 週5・6日制 ｜ プール ｜ cool 冷房 ｜ 寮 ｜ 食堂 ｜ 私服通学 ｜ 全 海外研修

サピックスからの合格実績（過去3年）	'22	'23	'24
	13名	24名	14名

進学指導の概要

2009年度より高校での募集を停止し、完全中高一貫校に移行しました。高2から特進、普通とも文系・理系に分かれ、科目選択制を実施。高3ではさらに多くの選択科目が設けられます。進路教育も行き届いており、個人面談はもちろん、進路講演会や卒業生の受験体験報告、職場体験も実施するなど、さまざまな角度から進路をサポートします。また、多様な課外授業が用意されており、指名制のものから希望制のもの、受験対策講座まで、それぞれの必要性に応じて開講。生徒の学力と目標に合わせてバックアップします。そのほか、朝の礼拝や週1時間の聖書の時間があります。

■現役大学進学者の進路の内訳

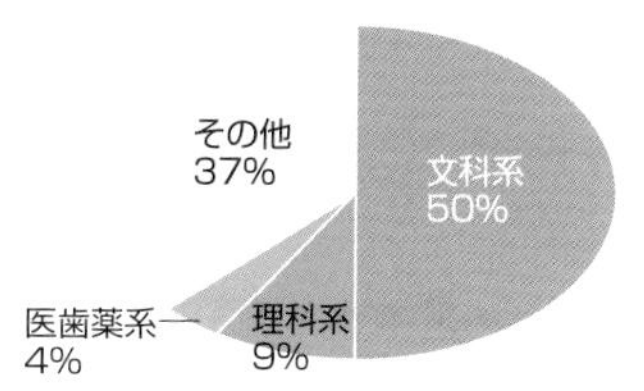

■併設高校から主要大学への合格実績

※上段は現役合格者数、下段は浪人を含めた合格者数。

	東京大	京都大	一橋大	東京工業大	筑波大	お茶の水女子大	電気通信大	東京外国語大	東京学芸大	東京芸術大	東京農工大	東京都立大	横浜国立大	千葉大	早稲田大	慶應義塾大	上智大	東京理科大
22年	—	—	—	—	—	—	—	—	—	—	—	—	—	—	—	1	2	—
	—	—	—	—	—	—	—	—	—	—	—	—	—	—	—	1	2	—
23年	—	—	—	—	—	—	—	1	—	—	—	—	1	—	—	3	2	1
	—	—	—	—	—	—	—	1	1	—	—	—	1	—	—	3	2	2
24年	—	—	—	—	—	—	—	1	—	—	—	—	—	—	1	—	2	—
	—	—	—	—	—	—	—	1	—	—	—	—	—	—	1	—	2	—

	学習院大	明治大	青山学院大	立教大	中央大	法政大	日本大	東洋大	駒澤大	専修大	国際基督教大	津田塾大	東京女子大	日本女子大	文部科学省所管外の大学校	海外の大学	国公立・医学部	私立・医学部
22年	1	3	4	6	5	3	8	1	—	1	1	—	2	3	—	—	—	—
	1	3	5	6	5	3	9	2	—	1	1	—	2	3	—	—	1	—
23年	1	1	1	4	4	2	2	1	1	2	1	3	6	4	—	1	—	—
	1	1	2	4	4	2	2	1	1	2	1	3	6	4	—	1	—	—
24年	5	1	6	7	3	7	7	3	—	—	1	1	2	4	—	1	—	—
	5	1	6	7	3	7	7	3	—	—	1	1	2	4	—	1	—	—

★指定校推薦枠（2024年度）横浜市立大3名、上智大3名、学習院大2名、青山学院大13名、立教大4名、中央大4名、法政大1名、国際基督教大1名、東京女子大25名、日本女子大7名、成蹊大5名、成城大12名、明治学院大4名、國學院大9名、武蔵大2名など

入試情報

■2024年度の入試結果

		募集人員	出願者	受験者	合格者	実質倍率
A	国際教養	5	91	40	8	5.0
	アカデミー	40	124	63	41	1.5
特別奨学Ⅰ	国際教養 アカデミー	3	274	221	4	55.3
B	国際教養	10	188	150	34	4.4
	アカデミー	27	264	210	159	1.3
C	国際教養	5	130	61	22	2.8
	アカデミー	30	174	88	75	1.2
D	国際教養	5	192	74	27	2.7
	アカデミー	25	265	111	70	1.6
特別奨学Ⅱ	国際教養 アカデミー	3	354	152	10	15.2
E	国際教養	5	239	93	62	1.5
	アカデミー	22	333	130	102	1.3

■2024年度入試 受験者の教科別平均点

	算数	国語	理科	社会	合計
A	62.3	50.4	32.3	42.5	—
特別奨学Ⅰ	—	—	—	—	—
B	40.6	75.7	29.4	39.2	—
C	48.7	70.4	33.5	40.6	—
D	39.0	67.2	29.7	35.6	—
特別奨学Ⅱ	—	—	—	—	—
E	65.6	56.8	42.4	41.6	—

○合格最低点：A国際4科224点　Aアカ4科176点・算国110点　B国際4科223点　Bアカ4科176点・算国110点　C国際4科218点　Cアカ4科170点・算国106点　D国際4科208点　Dアカ4科160点・算国100点　E国際4科208点　Eアカ4科160点・算国100点

24年の募集要項

※以下は2024年の募集要項です。2025年の要項は学校の発表をお待ちください。

入 試 日／A2月1日午前 B・特別奨学Ⅰ2月1日午後 C2月2日午前 D2月2日午後 E・特別奨学Ⅱ2月3日午後 帰国A11月27日 帰国B12月4日 帰国C2月21日

募集人員／女子180名(A国際教養5名・アカデミー40名 B国際教養10名・アカデミー27名 C国際教養5名・アカデミー30名 D国際教養5名・アカデミー25名 E国際教養5名・アカデミー22名 特別奨学Ⅰ・Ⅱ各3名 帰国若干名)

合格発表／ホームページ、校内掲示で即日発表(BDE特別奨学Ⅰ・Ⅱの校内掲示は翌日)

手続締切／2月12日 帰国AB1月9日 帰国C3月4日

試験科目／国語(50分・100点)、算数(50分・100点)、社会(30分・60点)、理科(30分・60点)、英語(30分・60点) ※国際教養は4科・国英・算英から選択、アカデミーは算国・4科・国英・算英から選択

面　　接／なし

帰国生のための試験／①国語・算数・作文(日本語)・面接、②国語・英語・作文(日本語)・面接、③算数・英語・作文(日本語)・面接から選択

受 験 料／20,000円(複数回同時出願の場合、2回目以降不要)

公開行事・説明会予定

【学校説明会】要予約
6月29日(土)10時～12時
9月21日(土)10時～12時
11月16日(土)10時～12時
12月14日(土) 9時15分～12時
1月11日(土) 8時15分～12時30分

【ミニ説明会】要予約
1回20組の説明会です。日時は、本校のホームページをご覧ください。

【コーラスコンクール】県立音楽堂
9月18日(水)13時～16時

【なでしこ祭(文化祭)】
11月 1日(金)、2日(土)10時～15時

◆変更・中止の可能性もあります。必ず学校ホームページで確認してください。

私立 神奈川 女子 よ

横浜雙葉 中学校

所在地／〒231-8653　横浜市中区山手町88
TEL／045-641-1004
学校長／木下 庸子
創　立／1900年、横浜紅蘭女学校として創立。1951年、現校名に変更し、2020年に創立120周年を迎えた。
URL／yokohamafutaba.ed.jp/highsch/

	1年	2年	3年
男子	—	—	—
女子	175名	179名	182名
クラス数	5組	4組	4組

中高総生徒数／1068名　併設小から 約45%

〈交通アクセス〉
JR根岸線「石川町」駅より徒歩13分　みなとみらい線「元町・中華街」駅より徒歩6分

大学合格実績が躍進する「横浜女子御三家」のカトリック校

1872年に来日した「幼きイエス会」の修道女マザー・マチルドによって始まり、1900年に横浜紅蘭女学校として設立されたフランス系カトリックのミッションスクールです。1951年に設立母体を同じくする学校が名称統一されるのに伴い、現校名に。国内に5校、世界に多くの姉妹校があり、「徳においては純真に 義務においては堅実に」という校訓と校章は全世界共通です。計画的でよく練られた教科指導には定評があり、東大をはじめ、国公立大や難関私立大への進学者を多数輩出。近年は医・歯・薬学部進学者も増えています。

スクールライフ

●教育内容

2期・週5日制の7時間授業。土曜日には課外講座を実施しています。特に外国語教育に力を入れており、英語は少人数授業で教科書に「Progress21」を使用。各学年とも週1時間の英会話は外国人講師による授業です。中3では希望制のフランス語の課外授業もあります。国語は中1で口語文法、中2で古典文法を扱います。週ごと、あるいは単元ごとに英語・数学や漢字・百人一首の小テストを実施。放課後と夏休みを利用して、指名制の補習が全学年の英語と数学で行われるほか、中3からは、授業の発展的な内容の補習（希望制）も、数学では放課後と夏休みに、英語では夏休みに行われます。主要5教科は中3で高校の内容を先取りします。また、週1時間の宗教の授業、平和教育や命の尊さを学ぶ総合学習が実施されています。

■主要5教科の週当たり時間（コマ）数

	英語	数学	国語	理科	社会
1年	6	5	5	4	4
2年	6	5	5	4	4
3年	6	5	5	5	4
合計	18	15	15	13	12

◎1日当たりの授業コマ数：45分×7時限
※土曜日は土曜講座など
◎登校時間：8時15分

●部活動

中高合同で活動し、中学生は全員参加が原則です。
○文化系／器楽、吹奏楽、演劇、新聞、音楽、茶道、書道、家庭、生物、英語、史学、科学、美術、写真、文芸、フランス語、数学研究、地理研究、カトリック研究、軽音楽、競技かるた、聖歌隊、THE EYES（奉仕活動グループ）
○体育系／テニス、バレーボール、バスケットボール、ハイキング、ダンス

●行事

雙葉祭（文化祭）と運動会が中高合同で開催されるほか、中学合唱コンサートなどがあります。年5回のミサなどの宗教関連行事も多く、クリスマス行事としてコンサートのほか、奉仕活動も行います。

●修学旅行・研修旅行

中1は2泊3日の校外学習で仲間づくりをし、中2は春には1泊2日、秋には日帰りで、自然と人間とのかかわりについて考えます。中3は3泊4日の奈良・京都への校外学習で、日本文化の美しさと趣、歴史の奥深さを味わい、世界平和についても考えます。

マネーガイド

■2024年度納付金（諸経費を含む）

	入学金	授業料	施設費	その他	計
入学手続時	300,000円	0円	0円	0円	300,000円
初年度総額	300,000円	552,000円	200,000円	252,000円	1,304,000円

※期日までに入学辞退を申し出た場合、施設費を返金

◎寄付金：あり（任意）
◎授業料：3期分納
◎奨学金・特待生制度：保護者死亡等により就学困難と判断される者に授業料を給付（1年間・毎年申込）

2期 学期制　完5 days 週5･6日制　プール　cool 冷房　寮　食堂　私服通学　希 海外研修

サピックスからの合格実績（過去3年）	'22	'23	'24
	17名	24名	44名

進学指導の概要

英語では中学に引き続き、教材に「Progress21」を使用し、高3までにBook5を終了します。英語・数学ともに中3より3段階の習熟度別授業を行い、高2からは文系と理系に分かれて科目選択制が導入されます。高3には自由選択科目が多く設定されており、希望進路に応じた学習が可能です。一方で宗教の時間が週1時間あるほか、音楽や美術などの情操教育も充実。総合学習として、高1では現代の諸問題を調査し、高2では自分の関心のある事柄について探究活動を行います。進路選択の手がかりにすることを目的とした講演会や、高大連携による見学会、実験指導なども開催します。

■浪人を含む大学進学者の進路の内訳

芸術･体育系 3%
海外 1%
文･教育･語学･教養系 26%
法･政治･経･商系 19%
国際･総合･社会･環境系 13%
理･工･農系 17%
医･歯･薬･獣医系 22%

■併設高校から主要大学への合格実績

※上段は現役合格者数、下段は浪人を含めた合格者数。

	東京大	京都大	一橋大	東京工業大	筑波大	お茶の水女子大	電気通信大	東京外国語大	東京学芸大	東京芸術大	東京農工大	東京都立大	横浜国立大	千葉大	早稲田大	慶應義塾大	上智大	東京理科大
22年	3	—	5	—	—	2	—	1	1	—	1	—	2	1	36	41	20	13
	4	—	5	—	—	2	—	1	1	—	1	—	2	1	41	44	20	16
23年	1	—	2	—	3	3	—	2	1	1	1	1	4	—	36	27	37	28
	2	—	2	—	3	3	—	2	1	1	1	1	4	—	36	29	38	30
24年	2	—	2	1	—	1	1	2	—	1	1	—	—	—	21	27	36	14
	2	—	2	1	—	2	2	2	—	2	1	—	—	—	21	27	36	18

	学習院大	明治大	青山学院大	立教大	中央大	法政大	日本大	東洋大	駒澤大	専修大	国際基督教大	津田塾大	東京女子大	日本女子大	文部科学省所管外の大学校	海外の大学	国公立・医学部	私立・医学部
22年	8	35	28	38	21	6	12	8	6	2	2	3	10	23	3	—	7	36
	9	42	29	39	23	8	12	8	6	2	2	4	12	26	3	—	7	51
23年	9	41	33	33	23	16	7	1	6	4	2	8	12	21	1	2	4	34
	10	46	38	40	26	18	12	2	6	4	2	8	12	21	1	2	6	50
24年	6	37	19	32	16	12	5	3	3	9	2	4	15	11	1	1	3	22
	6	40	19	32	16	13	5	4	4	10	2	5	15	11	1	1	3	23

★指定校推薦枠（2024年度）早稲田大6名、慶應義塾大7名、東京理科大2名、学習院大4名、青山学院大1名、立教大2名、中央大4名、国際基督教大1名、北里大8名、東京薬科大3名、横浜市立大5名、上智大（カトリック校推薦あり）など

入試情報

■入試結果

		募集人員	出願者	受験者	合格者	実質倍率
24年	帰国生	若干名	25	23	15	1.5
	1期	60	197	178	75	2.4
	2期	30	306	179	72	2.5

■2024年入試 受験者・合格者の科目別平均点

		算数	国語	理科	社会	合計
1期	受験者	54.4	76.0	49.7	53.2	—
	合格者	67.6	80.1	55.0	58.7	—
2期	受験者	54.8	75.8	58.0	60.0	—
	合格者	72.3	81.9	66.3	66.6	—

○配点：算国＝各100点　理社＝各80点
○合格最低点：1期242点　2期269点　帰国は非公表

25年の募集要項

入 試 日／①2月1日 ②2月2日 ③帰国12月7日
募集人員／女子90名(①60名 ②30名 ③若干名)
合格発表／①②は即日 ③12月8日
手続締切／①2月3日 ②2月4日 ③未定
試験科目／国語(50分・100点)、算数(50分・100点)、理科(40分・80点)、社会(40分・80点)
面　　接／①②なし ③あり
帰国生のための試験／作文方式 算数＋作文＋面接
検定方式 算数＋外部検定試験の成績(CEFR)を得点化＋面接
受 験 料／25,000円

公開行事・説明会予定

【学校説明会】要予約、保護者対象
6月13日(木)10時～
6月18日(火)10時～
【オープンキャンパス】要予約
6月15日(土) 9時～、11時～ 授業体験
6月22日(土) 9時～、11時～ 授業体験
7月 6日(土) 9時～11時30分 クラブ体験
【校内ツアー】要予約
8月 5日(月)～9日(金)
9時～、10時30分～、13時～、14時30分～
【入試問題に触れる会】要予約、6年生対象
11月16日(土)
【雙葉祭(文化祭)】
10月19日(土)
10月20日(日)
◆変更・中止・追加の可能性もあります。必ず学校ホームページで確認してください。

サピックスOGの声

●「時間を守る」「登下校中は届出なしに寄り道はしない」などの決まりはありますが、その範囲内で自由に自分を出せる雰囲気があります。入学当初は横浜雙葉小出身者の輪の中に入っていけるのか心配でしたが、すぐに仲良くなりました。みんな優しくて、さりげない気遣いができる人ばかりです。

青山学院横浜英和 中学校

所在地／〒232-8580　横浜市南区蒔田町124
TEL／045-731-2861
学校長／小久保 光世
創　立／1880年に創立。1886年、女子部は横浜英和女学校となる。2016年に現校名に改称。2018年、男女共学化。
URL／www.yokohama-eiwa.ac.jp/chukou/

	1年	2年	3年
男子	49名	38名	48名
女子	134名	136名	135名
クラス数	4組	4組	4組

中高総生徒数／1098名　併設小から 約30%

至井土ヶ谷駅　蒔田駅　至関内　大岡川　横浜市営地下鉄線　ファミリーマート　鎌倉街道　通町　百階段　蒔田の森公園　正門　至上大岡　勝国寺　横浜英和幼稚園

〈交通アクセス〉
横浜市営地下鉄「蒔田」駅より徒歩8分
京急線「井土ヶ谷」駅より徒歩18分

「心を清め、人に仕えよ」。キャリアを持って社会貢献できる人材を育成

1880年、H・G・ブリテン女史によって創立されたプロテスタントの学校です。「心を清め、人に仕えよ」を校訓に、キリスト教に基づいた3つの教育方針を掲げ、隣人と共に生き、キャリアを持って社会貢献できる人間の育成をめざしてきました。青山学院大学の系属校として、創立144年の伝統を生かしつつ、今後も、周りの人々と共に生きることを大事にする教育を実践していきます。青山学院大学への進学のほか、他大学や海外大学など、希望の進路を実現できるように指導しています。

スクールライフ

●教育内容

6年間完全中高一貫教育。2期・週5日制で、土曜日は希望制の土曜セミナーを実施。心の教育として礼拝や聖書の授業などがあります。中1から高1までは基礎学力の充実を目標とし、主要科目に重点を置いた授業時間配分がなされています。特に英語教育に力を注いでおり、中1前期は1クラス2分割の少人数制、中1後期からはグレード別少人数制となっています。また「アイリス学習センター」では、生徒一人ひとりの弱点をAIが分析して補充する個別最適化学習を実施。放課後や土曜日の自主学習を効率良く行っています。

■主要5教科の週当たり時間（コマ）数

	英語	数学	国語	理科	社会
1年	6	4	4	4	3
2年	6	4	4	4	4
3年	5	5	4	4	4
合計	17	13	12	12	11

◎1日当たりの授業コマ数：50分×6時限
　※木・金曜日は7時限
◎登校時間：8時15分

●部活動

クラブ活動には希望者が参加しています。29の部があります。
○文化系／新聞、放送、英語、写真、演劇、美術、オーケストラ、フォークソング、YWCA、歴史、科学、手作り、イラスト、茶道、華道、文芸、コーラス、ハンドベル
○体育系／バレーボール、バスケットボール、ソフトボール、ソフトテニス、卓球、ハンドボール、体操、ダンス、サッカー、バドミントン、剣道

●行事

幼稚園から高校まで合同で行う11月のシオン祭（文化祭）のほか、体育祭、合唱コンクール、音楽教室などがあります。また、修養会、クリスマス礼拝など、多彩なキリスト教関連行事も行われています。

●修学旅行・研修旅行

中3では京都、広島で2泊3日の国内研修を行います。高1ではカナダへ全員が行く海外研修があります。また、オーストラリア、ニュージーランドの姉妹校・提携校への短期留学制度や、シアトルサマープログラム、カナダへのターム留学、単位認定1年留学などもあります。留学生が在校生と一緒に登校するなど、国際交流が盛んです。

マネーガイド

■2024年度納付金（給食費・諸経費を含む）

	入学金	授業料	施設費	その他	計
入学手続時	280,000円	0円	120,000円	0円	400,000円
初年度総額	280,000円	648,000円	204,000円	370,920円（※）	1,502,920円

※給食費含む

◎寄付金：1口5万円、2口以上（任意）
◎授業料：月納
◎奨学金・特待生制度：成績優秀かつ経済的理由で就学困難な者に授業料相当額を免除（1年間・定員3～4名）

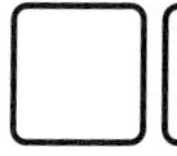

学期制	週5·6日制	プール	冷房	寮	食堂	私服通学	海外研修
2期	完5 days		cool				全

サピックスからの合格実績（過去3年）	'22	'23	'24
	54名	54名	55名

進学指導の概要

高1から科目選択制を導入。演習授業を通して、大学への一般入試対策も整っています。進路指導も徹底しており、個別面談、年20回ほどの土曜ゼミナー、夏期補講、模擬試験などを行い、主体的に自分の将来の進路を決定できるように指導します。また、系属校となっている青山学院大学が定める条件を満たせば、同大学に推薦で進学できます。青山学院大学での「キャンパス体験」や「学問入門講座」「青山学院大学の学生とのワークショップ」を通して、中高生のときから大学での学びを体験できます。

■浪人を含む大学進学者の進路の内訳

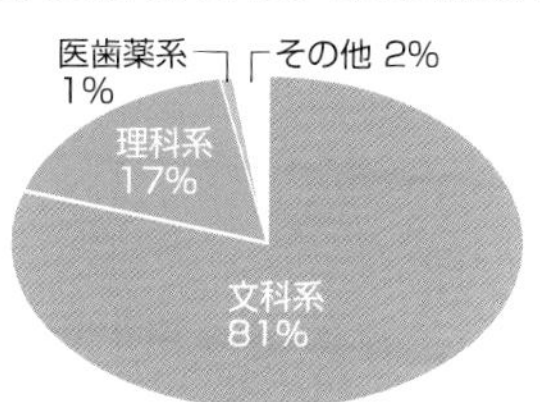

■併設高校から主要大学への合格実績

※上段は現役合格者数、下段は浪人を含めた合格者数。

	東京大	京都大	一橋大	東京工業大	筑波大	お茶の水女子大	電気通信大	東京外国語大	東京学芸大	東京芸術大	東京農工大	東京都立大	横浜国立大	千葉大	早稲田大	慶應義塾大	上智大	東京理科大
22年	—	—	—	—	—	—	—	—	—	—	—	1	—	—	—	3	3	—
	—	—	—	—	—	—	—	—	—	1	—	1	2	—	2	4	3	2
23年	—	—	—	—	—	—	—	—	—	—	—	1	—	—	2	2	1	—
	—	—	—	—	—	—	—	—	—	—	—	1	—	—	4	3	4	—
24年	1	—	2	2	—	—	—	—	—	—	—	1	1	—	16	7	9	6
	1	—	2	2	—	—	—	—	—	—	—	1	1	—	16	7	9	6

	学習院大	明治大	青山学院大	立教大	中央大	法政大	日本大	東洋大	駒澤大	専修大	国際基督教大	津田塾大	東京女子大	日本女子大	文部科学省所管外の大学校	海外の大学	国公立・医学部	私立・医学部
22年	—	3	86	2	—	2	5	1	1	—	1	—	—	3	—	—	—	2
	—	3	86	2	—	2	5	1	1	—	1	—	—	3	—	—	1	6
23年	—	5	92	1	2	1	1	—	1	—	2	2	4	1	—	7	—	6
	—	9	92	2	5	3	1	—	1	—	2	2	4	2	—	7	—	6
24年	—	12	141	11	7	7	9	1	1	1	—	3	2	1	—	12	1	2
	1	14	141	12	7	11	9	1	1	1	—	3	2	1	—	12	1	4

★指定校推薦枠（2024年度）横浜市立大2名、神奈川県立保健福祉大2名、学習院大1名、立教大3名、法政大1名、国際基督教大1名、東京女子大1名　※その他、青山学院大学系属校推薦あり

入試情報

■2024年度の入試結果

		募集人員	出願者	受験者	合格者	実質倍率
帰国	男子	60（帰国10含）	2	1	1	1.0
	女子		15	15	5	3.0
A	男子		68	61	27	2.5
	女子		177	166	62	2.9
B	男子	30	171	139	36	3.9
	女子		363	293	63	4.7
C	男子	30	188	133	20	0.7
	女子		360	266	44	6.0

■2024年度入試 受験者の合格者平均点

	算数	国語	理科	社会	合計
帰国	49.7	65.5			115
A	61.3	70.6	24.4	28.4	185
B	62.7	69.2			132
C	54.9	68.1			122

○配点：算国＝各100点　理社＝各50点　○帰国配点：算国＝各100点
○合格最低点：A166点　B118点　C112点　帰国106点

24年の募集要項

※以下は2024年の募集要項です。2025年の要項は学校の発表をお待ちください。

入 試 日／A2月1日午前 B2月2日午後 C2月3日午後 帰国2月1日
募集人員／男女120名(A60名〈帰国10名程度含む〉B30名 C30名)
合格発表／ホームページで即日
手続締切／2月5日
試験科目／国語(50分・100点)、算数(50分・100点)、理科(30分・50点)、社会(30分・50点)
※Aは4科、BCは2科
面　　接／なし
帰国生のための試験／国語、算数(各50分・各100点)、面接(個人)
受 験 料／20,000円(2回同時出願の場合は35,000円、3回同時出願の場合は45,000円)

公開行事・説明会予定

【学校説明会】要予約
6月15日(土)10時〜、14時〜
9月21日(土)10時〜、14時〜
10月26日(土)10時〜、14時〜
11月23日(祝)10時〜 ※6年生対象
【キャンパス見学会】要予約、5・6年生対象
7月 6日(土)10時〜、13時30分〜
◆変更・中止の可能性もあります。必ず学校ホームページで確認してください。

神奈川大学附属 中学校

所在地／〒226-0014 横浜市緑区台村町800
TEL／045-934-6211
学校長／小林 道夫
創 立／1985年、神奈川大学附属の男子校として開校。1988年に共学化し、2004年に併設型中高一貫校に移行。
URL／www.fhs.kanagawa-u.ac.jp

	1年	2年	3年
男子	130名	114名	103名
女子	103名	131名	120名
クラス数	6組	6組	6組

中高総生徒数／1372名

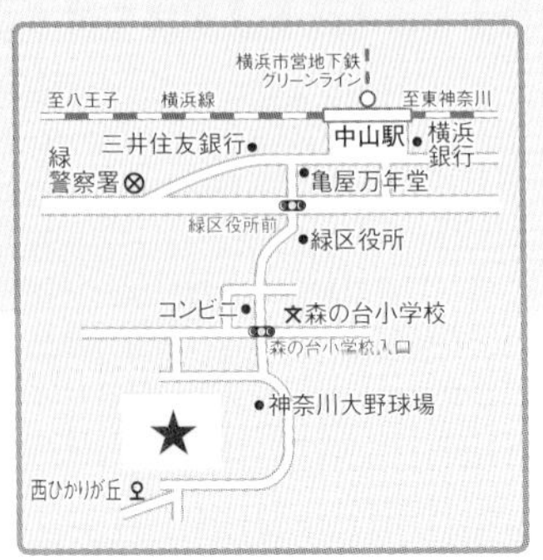

〈交通アクセス〉
JR横浜線、横浜市営地下鉄グリーンライン「中山」駅より徒歩15分　相鉄線「鶴ヶ峰」駅よりバス20分

伸び伸びとした校風のなかで生徒の希望を確かに実現させる進学校

「自ら考え、判断し、行動する人へ」を合言葉に、創立以来の建学精神を体現できる知力と人間力を備えた人材の育成に取り組んでいます。緑あふれる約5万坪の広大なキャンパスのなかでは、1学年220名程度という「ちょうどよい」規模の下、生徒たちが伸び伸びと中学高校の6年間を過ごし、互いを高め合う雰囲気が醸成されていきます。未来の社会を生きていく生徒たちが「学び続ける」ために、ICT・グローバル教育はもちろん、探究活動やSTEAM教育なども重視しています。付属校ながら、卒業生の90%以上が国公立をはじめとする他大学への進学を志望し、多様な進路を支援しています。

スクールライフ

●教育内容

中高6年間を2年ごとの3ブロックに分け、中高一貫教育を行っています。中1・2は基礎学力定着のため、数学・英語は1クラスを2分割した少人数授業を行います。中3・高1では数学・英語は習熟度別クラスを編成し、生徒一人ひとりの能力にあった授業を展開します。中1から高1までの週1時間の英会話は、外国人講師による1クラス2分割の少人数授業です。英語の教科書は「NEW TREASURE」、数学は「体系数学 代数編・幾何編」などを使用。中1・2は英語・数学のウィークリーテストで学習習慣の定着を図ります。放課後には指名・希望制の補習・講習を行い、計算・英単語コンテストも定期的に開催しています。中学ではBreakthrough English Camp（3日間）を実施し、グローバル社会で通用する表現・発言力を養います。

■主要5教科の週当たり時間（コマ）数

	英語	数学	国語	理科	社会
1年	6	5	4	4	4
2年	6	5	5	4	4
3年	7	6	5	4	4
合計	19	16	14	12	12

◎1日当たりの授業コマ数：50分×6時限(月・火曜日は7時限)※土曜日は4時限
◎登校時間：8時20分

●部活動

18の部活があり、活動日は週4日以内、中学生の入部率は9割以上となっています。顧問教員のほかに、部活動コーチや部活動指導員が指導にあたります。

○文化系／技術家庭（Webコンテストやロボットなど）、理科、音楽（オーケストラ）、演劇、囲碁・将棋など

○体育系／野球、硬式庭球、バスケットボール、サッカー、なぎなたなど

●行事

生徒会の自主的運営の場として、くすのき祭（文化祭）、体育大会、合唱コンクールがあります。

●修学旅行・海外研修

中1・2の横浜探究と、校外学習として中1は箱根、中2は岩手安比高原スキー場、中3は京都・奈良に行きます。高1では、3泊4日で沖縄本島に行き、グループ活動を行います。海外研修は、中3～高2を対象に問題解決型（ベトナム）、国際交流・文化交流型（イギリス）、語学型（セブ島）の3つのプログラムを実施しています。

マネーガイド

■2024年度納付金（諸経費を含む）

	入学金	授業料	施設費	その他	計
入学手続時	250,000円	0円	0円	0円	250,000円
初年度総額	250,000円	610,000円	180,000円	177,000円	1,217,000円

※その他内訳：学年費、生徒会費、PTA会費

◎寄付金：なし
◎授業料：一括納入、2期分納、月納から選択
◎奨学金・特待生制度：成績優秀であり、模範となる生徒（各学年5名以内）に1年間の授業料に相当する奨学金を給付

3期	完6 days		cool				他
学期制	週5·6日制	プール	冷房	寮	食堂	私服通学	海外研修

サピックスからの合格実績（過去3年）	'22	'23	'24
	102名	105名	106名

進学指導の概要

高2よりコース制を導入し、高3では大学受験に合わせた科目選択となります。全学年を対象とした「放課後自習室学習支援プロジェクト」では、各学年に合わせて学校完結型・自律型の学習環境を整え、OB・OGを含む学習コーチが、質問対応や大学入試問題対応、学習アドバイスを行います。また、高2・3を対象とした受験科目の通年講習、中3・高1を対象とした英数の成績上位層に向けた特別講習などを行い、生徒の多様な進路希望を確かに実現させます。高大連携プログラムとして、神奈川大学の指導の下、DNA講習、宇宙エレベーターロボット製作なども行い、粘り強い探究力をつけることも重視しています。

■現役大学進学者の進路の内訳

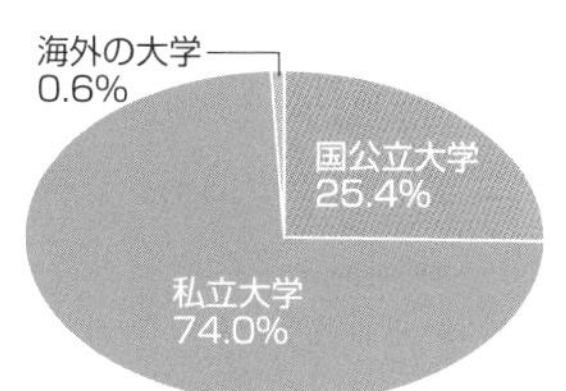

■併設高校から主要大学への合格実績

※上段は現役合格者数、下段は浪人を含めた合格者数。

	東京大	京都大	一橋大	東京工業大	筑波大	お茶の水女子大	電気通信大	東京外国語大	東京学芸大	東京芸術大	東京農工大	東京都立大	横浜国立大	千葉大	早稲田大	慶應義塾大	上智大	東京理科大
22年	3	—	2	6	1	1	2	—	1	—	4	11	9	4	40	29	16	32
	3	—	2	6	1	1	3	—	2	—	5	11	9	4	43	29	16	35
23年	2	1	3	2	1	1	2	2	—	—	2	4	9	2	42	28	26	43
	3	2	3	3	1	1	2	2	—	—	3	6	9	2	46	32	26	49
24年	3	—	4	3	—	—	1	1	—	—	—	8	9	3	37	26	22	28
	4	1	4	3	—	—	2	1	—	—	1	9	9	3	37	28	22	30

	学習院大	明治大	青山学院大	立教大	中央大	法政大	日本大	東洋大	駒澤大	専修大	神奈川大	津田塾大	東京女子大	日本女子大	文部科学省所管外の大学校	海外の大学	国公立・医学部	私立・医学部
22年	3	114	46	43	28	64	27	14	11	7	32	—	1	3	—	4	1	3
	3	124	48	46	36	72	37	16	11	8	37	—	1	3	1	4	2	4
23年	4	79	32	49	32	55	24	11	2	13	59	2	11	7	1	8	2	15
	4	85	36	52	33	58	33	11	2	13	59	2	11	7	1	8	2	20
24年	7	86	47	40	44	48	20	16	12	15	61	5	1	1	1	6	2	9
	7	88	51	44	47	53	23	16	14	15	62	5	1	1	1	6	2	12

★指定校推薦枠（2024年度）東京都立大1名、早稲田大5名、慶應義塾大1名、東京理科大7名、学習院大7名、明治大3名、青山学院大2名、立教大1名、中央大7名、法政大2名、北里大2名、横浜市立大1名など

入試情報

■2024年度の入試結果

		募集人員	出願者	受験者	合格者	実質倍率
帰国	男子	若干名	35	34	23	1.5
	女子		15	14	6	2.3
1回	男子	60	394	370	154	2.4
	女子		323	302	136	2.2
2回	男子	120	475	389	125	3.1
	女子		348	276	78	3.5
3回	男子	20	274	172	17	10.1
	女子		279	181	20	9.1

■2024年度入試 受験者・合格者の教科別平均点

			算数	国語	理科	社会	合計
帰国	受験者	男子	65.9	英語/53.2			119.2
		女子	58.6	英語/45.8			104.4
	合格者	男子	76.7	英語/61.1			137.8
		女子	72.5	英語/61.8			134.3
1回	受験者	男子	63.9	59.8			123.7
		女子	62.8	64.7			127.5
	合格者	男子	78.5	67.4			146.0
		女子	76.2	71.3			147.5
2回	受験者	男子	70.3	65.8	50.5	45.5	232.1
		女子	67.8	71.7	48.2	44.3	231.4
	合格者	男子	81.6	73.0	55.8	52.7	263.2
		女子	79.5	77.1	54.8	53.1	264.6
3回	受験者	男子	56.8	58.5	53.0	42.5	210.9
		女子	53.4	62.4	51.6	41.7	209.1
	合格者	男子	74.7	71.4	61.3	50.1	257.5
		女子	74.5	72.6	59.7	49.2	256.0

○帰国配点：算英＝各100点 ○1回配点：算国＝各100点 ○2回3回配点：算国＝各100点 理社＝各75点
○合格最低点：帰国110点 1回131点 2回249点 3回245点

24年の募集要項

※以下は2024年の募集要項です。2025年の要項は学校の発表をお待ちください。

入 試 日／1回2月1日 2回2月2日 3回2月4日
帰国12月22日
募集人員／男女200名
(1回60名 2回120名 3回20名 帰国若干名)
合格発表／ホームページで即日
手続締切／1回2回2月3日 3回2月5日 帰国1月6日
試験科目／国語(50分・100点)、算数(50分・100点)、理科(40分・75点)、社会(40分・75点)
※1回は2科、2回3回は4科
面　　接／なし
帰国生のための試験／算数(50分・100点)、英語(50分・100点)
受 験 料／25,000円(第1回～第3回を同時出願の場合は50,000円)

公開行事・説明会予定

【学校説明会】要予約
10月 5日(土)13時30分～、11月 9日(土)13時30分～
1月11日(土)13時30分～、 1月18日(土)13時30分～
3月22日(土)10時～
【入試説明会】要予約
10月 5日(土)10時～
10月23日(水)14時30分～
11月16日(土)14時30分～
11月27日(水)14時30分～
【くすのき祭(文化祭)】
10月19日(土)・20日(日)
【学校見学】要予約
7月20日(土)13時～、15時～
7月27日(土)13時～、15時～
12月14日(土)13時～、15時～
【学校見学(校舎外)】随時
◆変更・中止の可能性もあります。必ず学校ホームページで確認してください。

関東学院 中学校

所在地／〒232-0002　横浜市南区三春台4
TEL／045-231-1001
学校長／森田 祐二
創　立／1884年創立の横浜バプテスト神学校を前身とし、1919年に中学を設置。1947年、新制関東学院中学校を開校。
URL／www.kantogakuin.ed.jp

	1年	2年	3年
男子	179名	178名	186名
女子	75名	110名	67名
クラス数	6組	7組	6組

中高総生徒数／1547名　併設小から 約20%

正門
霞ヶ丘
東門
普門院
初音町
至井土ヶ谷
初音町　至桜木町
黄金町駅
京急線
至金沢八景
至横浜
阪東橋駅
至戸塚
横浜市営地下鉄線
至横浜

〈交通アクセス〉
京急線「黄金町」駅より徒歩5分　横浜市営地下鉄「阪東橋」駅より徒歩8分

OLIVE STREAMの教育ビジョンを掲げ、進学指導体制をさらに強化

明治の神学校が源流のプロテスタント校です。キリスト教を学院の根幹としており、校訓は「人になれ 奉仕せよ」。学年ごとに週2回礼拝を行い、聖書の授業も6年間続けるなかで、生徒の人間性を磨いています。一方、学力養成にも熱心で、併設の関東学院大学以外の進路もサポート。2019年に創立100周年を迎えたこともあり、進学指導体制をさらに強化していきます。キャンパスは小高い丘の上にあり、横浜市認定歴史的建造物だった旧本館のステンドグラスなどを保存。現在の校舎は機能美あふれる構造で、伝統と革新が融合した環境です。

スクールライフ

●教育内容

2学期制、週6日制のカリキュラムの下、成績中位者もMARCHレベル以上の大学に合格することをめざします。中2から高1までは、学年に1クラスずつ成績上位者を集めた「選抜クラス」を設置。講習会や受験対策講座なども多数用意して、主要5教科を中心に確かな学力を養います。英語は4技能をバランス良く鍛えることが信条。中3での目標は英検®準2級の取得です。また、中学校舎には物理・化学・生物・地学の専門教室が合計5つありますが、この設備は県内でもトップクラス。中1・2は週1回以上の頻度で理科実験を行います。専門の陶芸室も備えており、中1の美術では生徒全員が陶芸にチャレンジします。

■主要5教科の週当たり時間（コマ）数

	英語	数学	国語	理科	社会
1年	7	5	5	3	3
2年	8	5	5	4	4
3年	8	5	5	4	4
合計	23	15	15	11	11

◎1日当たりの授業コマ数：50分×6時限
　※土曜日は4時限
◎登校時間：8時30分

●部活動

生徒の自主性や社会性などを育てる場として、活動を支援しています。マーチングバンド部は学外のイベントにもゲスト出演する強豪です。
○文化系／インターアクト、オーケストラ、将棋、生物、鉄道研究、ハンドベル、美術、マーチングバンド、漫画研究、歴史研究、英語など
○体育系／剣道、硬式テニス、サッカー、少林寺拳法、水泳、卓球、バスケットボール、バドミントン、バレーボール、ハンドボール、野球、ラグビー、陸上競技、ダンスなど

●行事

5月の運動会と9月のかんらんさい（文化祭）は、生徒主導で行う二大イベント。2月の合唱コンクールはクラスが心を1つにして、美しい歌声を競い合います。また、12月にクリスマス礼拝やキャンドルサービスなどを行うのも、プロテスタント校ならではの行事です。

●修学旅行・研修旅行

「現場主義・地球的視点・人権と平和」をモットーに、教室外での学びを重視しています。毎年11月の校外研修週間には、各学年で宿泊研修を実施。このほか、希望制のオーストラリア、カナダ、台湾での語学研修ホームステイや、英国パブリックスクールでのサマースクールなどもあります。

マネーガイド

■2024年度納付金（諸経費を含む）

	入学金	授業料	施設費	その他	計
入学手続時	230,000円	0円	200,000円	0円	430,000円
初年度総額	230,000円	444,000円	368,000円	177,600円	1,219,600円

◎寄付金：任意
◎授業料：月納

2期 学期制 | 完6 days 週5・6日制 | プール | 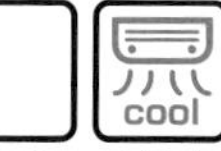  cool 冷房 | 寮 | 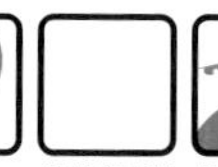 食堂 |  私服通学 | 全 海外研修

サピックスからの合格実績（過去3年）	'22	'23	'24
	25名	32名	36名

進学指導の概要

関東学院大学への学内推薦制度がありますが、利用して進学する生徒は1割未満にとどまっており、ほとんどが他大学に進学します。こうした状況に対応して、基本的には他大学進学を考えてのカリキュラムとなっています。高2になると、それまでの「選抜クラス」は「難関大学受験クラス」となり、文系・理系に分かれるとともに、授業は選択科目・少人数制となります。高3では、さらにそれぞれが国公立系・私立系に分かれ、自分の受験する科目に応じた授業選択ができます。英検®は高校で準2級、2級取得が目標。夏・冬休みには希望制の進学補習が平均20～30講座開かれ、難関大学受験に備えます。

■現役大学進学者の進路の内訳

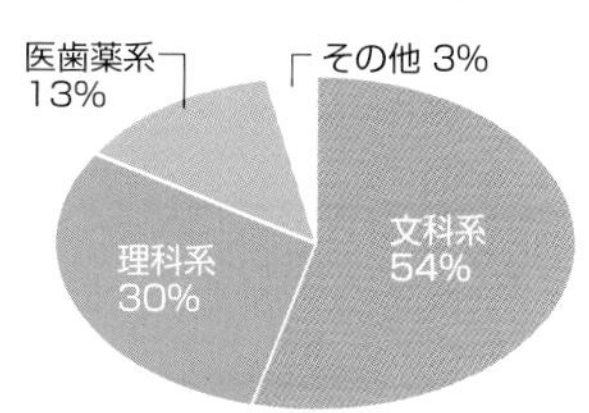

■併設高校から主要大学への合格実績

※上段は現役合格者数、下段は浪人を含めた合格者数。

	東京大	京都大	一橋大	東京工業大	筑波大	お茶の水女子大	電気通信大	東京外国語大	東京学芸大	東京芸術大	東京農工大	東京都立大	横浜国立大	千葉大	早稲田大	慶應義塾大	上智大	東京理科大
22年	—	—	—	—	—	—	2	—	—	—	—	—	3	—	6	7	5	9
	—	—	—	—	—	—	3	—	—	1	—	—	3	—	6	7	5	9
23年	—	—	—	—	—	—	—	—	—	1	—	1	1	1	4	8	4	20
	—	—	—	—	—	—	—	—	—	1	—	1	1	1	5	9	5	20
24年	—	—	—	—	—	—	1	1	—	—	—	1	1	—	11	13	7	16
	—	—	—	—	—	—	1	1	—	—	—	1	1	—	11	13	7	16

	学習院大	明治大	青山学院大	立教大	中央大	法政大	日本大	東洋大	駒澤大	専修大	関東学院大	津田塾大	東京女子大	日本女子大	文部科学省所管外の大学校	海外の大学	国公立・医学部	私立・医学部
22年	5	12	14	15	13	12	27	15	3	9	22	—	—	—	—	—	—	—
	5	12	14	15	14	12	28	20	4	9	22	—	—	—	—	—	—	—
23年	8	18	23	24	17	15	37	8	1	9	28	—	1	—	3	2	—	1
	10	18	23	25	17	18	39	9	1	9	29	—	1	—	3	2	1	7
24年	2	30	10	25	8	23	23	32	6	12	27	1	—	1	1	1	—	3
	3	31	11	28	9	25	24	32	6	12	27	1	—	1	1	1	1	5

★指定校推薦枠（2024年度）慶應義塾大1名、東京理科大5名、学習院大5名、明治大1名、青山学院大7名、中央大3名、法政大1名、北里大（医）2名など

入試情報

■2024年度の入試結果

		募集人員	出願者	受験者	合格者	実質倍率
1期A	男子	若干	30	30	22	1.4
	女子					
1期B	男子	50	167	144	43	3.3
	女子		75	70	23	3.0
1期C	男子	65	403	378	187	2.0
	女子		146	139	57	2.4
2期	男子	65	226	252	76	3.3
	女子		126	94	24	3.9
帰国A	男子	20	288	211	25	8.4
	女子		107	74	8	9.3

■2024年度入試 受験者・合格者の教科別平均点（男女合計データ）

		算数	国語	理科	社会	合計
1期A	受験者	63.2	50.8	26.2	26.7	166.9
	合格者	79.5	57.6	34.0	32.5	203.6
1期B	受験者	52.1	54.4			106.4
	合格者	66.4	61.1			127.5
1期C	受験者	65.9	58.6	28.9	33.4	186.9
	合格者	85.1	70.4	33.4	39.8	228.8
2期	受験者	44.0	63.6			107.5
	合格者	70.1	74.5			144.5

○配点：算国＝各100点　理社＝各60点
○合格最低点：1期A209点　1期B107点　1期C180点　2期137点　帰国は非公表

24年の募集要項

※以下は2024年の募集要項です。2025年の要項は学校の発表をお待ちください。

入試日／1期A2月1日午前 1期B2月1日午後 1期C2月3日午前 2期2月5日午後 帰国11月23日午前
募集人員／男女約200名(1期A50名 1期B65名 1期C65名 2期20名 帰国若干名)
合格発表／ホームページで即日(帰国のみ12月1日)
手続締切／1期A1期B1期C2月4日 2期2月7日 帰国1月15日
試験科目／国語(50分・100点)、算数(50分・100点)、理科(30分・60点)、社会(30分・60点)
※1期B2期は2科、1期A1期Cは4科
面接／なし
帰国生のための試験／算数(40分)、国語または英語(40分)
受験料／22,000円
(2回受験は40,000円、3回以上は55,000円)

公開行事・説明会予定

【関東学院basic(学校基本情報説明会)】要予約、各回10時～、授業見学あり
6月15日(土)
10月 5日(土)
11月 5日(火)
1月18日(土)
【入試説明会】要予約(同時開催 入試シミュレーション)
12月 7日(土)
【かんらんさい(文化祭)】
9月23日(振休) 9時～15時
【オープンキャンパス(授業・部活動体験)】
10月26日(土)
◆変更・中止の可能性もあります。必ず学校ホームページで確認してください。

私立 神奈川 共学 か

関東学院六浦（むつうら） 中学校

所在地／〒236-8504 横浜市金沢区六浦東1-50-1
TEL／045-781-2525
学校長／黒畑 勝男
創 立／1919年に私立中学関東学院として創立。1953年、関東学院中学・高等学校より分離独立。
URL／www.kgm.ed.jp

	1年	2年	3年
男子	123名	130名	133名
女子	63名	68名	64名
クラス数	5組	6組	5組

中高総生徒数／1221名 併設小から 14.4%

〈交通アクセス〉
京急線「金沢八景」駅より徒歩15分、バスの便あり

進学校として併設大学以外への進路もこまやかにサポート

前身は1884年に開かれた横浜バプテスト神学校。「人になれ 奉仕せよ」を校訓に、キリスト教に基づいて「共に励まし合う人」「社会に奉仕する人」「平和を尊重する人」を育成しています。校地は併設の関東学院大学と隣り合っていますが、他大学進学に対応するカリキュラムを整備。10年後、20年後を見据え、今後より求められる問題解決力、語学力、コミュニケーション力を磨いています。さらに外国人講師8名で展開する総合型の英語教育「CLIL（クリル）」や、世界の諸問題に目を向ける総合学習「地球市民講座」も行っています。

スクールライフ

●教育内容

魅力の一つが、「CLIL」を導入した英語教育。8名の外国人講師が日々の授業を行い、社会科学や自然科学などさまざまなテーマを扱いながら、それらを英語で学ぶ実践的な教育を展開しています。また、「地球市民講座」では、地球規模の課題である「持続可能な社会」の実現に向けて、主体的に行動するための学びを得ます。SDGs（持続可能な開発目標）を指標として、自分たちが取り組むべき課題や役割を発見し、プレゼンテーションを通して共有します。さらに、生徒は1人1台ノートパソコンを使い、インターネットを介してさまざまな情報に触れ、情報収集能力を高めます。そして、集めた情報を整理しわかりやすく伝えるプレゼンテーションの機会を持ち、思考力や判断力、表現力を養います。

■主要5教科の週当たり時間（コマ）数

	英語	数学	国語	理科	社会
1年	5	4	4	4	3
2年	5	4	4	4	4
3年	5	5	4	4	4
合計	15	13	12	12	11

◎1日当たりの授業コマ数：50分×7時限
◎登校時間：8時25分

●部活動

硬式テニス、吹奏楽、弓道、鉄道研究、陸上競技などのほか、礼拝での奏楽奉仕を行うオルガニストギルドなど、多くのクラブがそろっています。併設大学の施設を使用するクラブもあり、充実した環境で活動することができます。全国大会や関東大会へ出場しているクラブも少なくなく、多くの生徒が活躍しています。

○文化系／オルガニストギルド、吹奏楽、家庭、演劇、茶道、軽音楽、鉄道研究、美術、YMCA、写真、生物、化学、漫画研究など

○体育系／サッカー、硬式テニス、バスケットボール、バドミントン、ラグビー、陸上競技、弓道、野球など

●行事

六浦祭（文化祭）やスポーツ大会、合唱コンクールなどのほか、クリスマス礼拝をはじめとする宗教行事も数多く実施。さらに施設訪問や定期的な地域清掃など、奉仕活動にも力を入れています。

●修学旅行・研修旅行

中1ではオリエンテーション、中2では自然教室を実施。ほかにも国内・海外での選択制研修や、留学制度を用意。カンボジア研修、カナダ夏季研修、アラスカ理系研修、ドバイ短期研修など、多くのプログラムを実施しています。

マネーガイド

■2024年度納付金（諸経費を含む）

	入学金	授業料	施設費	その他	計
入学手続時	230,000円	0円	200,000円	65,000円	495,000円
初年度総額	230,000円	510,000円	302,000円	357,600円	1,399,600円

※期日までに入学辞退を申し出た場合、施設費を返金

◎寄付金：なし
◎授業料：月納
◎奨学金・特待生制度：保護者死亡や経済的理由で就学困難な者に月額3万円または2万円を給付

3期 学期制　授5 days 週5･6日制　プール　cool 冷房　高 寮　高 食堂　私服通学　希 海外研修

サピックスからの合格実績（過去3年）	'22	'23	'24
	2名	2名	3名

進学指導の概要

中3と高1ではアドバンスクラスを設置。高2からの2年間は希望進路別のクラス制となり、各自の希望進路に応じて科目を選択します。卒業生によるキャリア研修や、複数の大学を招いて行う大学学部説明会を校内で開催するなど、早い時期から進路に対する意識を高めていきます。また、平日や土曜に大学入試に向けた演習講座、外部講師による校内予備校も行い、さらなる学力向上をめざします。海外大学への推薦制度、ハワイ・カピオラニ・コミュニティカレッジと提携した進学制度「デュアルディプロマプログラム」など、海外大学へチャレンジできる環境が整っていることも魅力です。

■現役大学進学者の進路の内訳

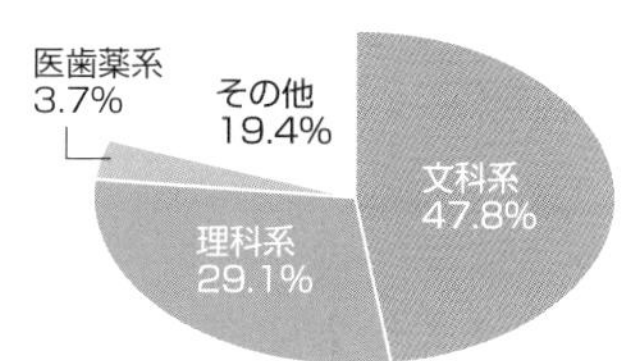

■併設高校から主要大学への合格実績

※上段は現役合格者数、下段は浪人を含めた合格者数。

	東京大	京都大	一橋大	東京工業大	筑波大	お茶の水女子大	電気通信大	東京外国語大	東京学芸大	東京芸術大	東京農工大	東京都立大	横浜国立大	千葉大	早稲田大	慶應義塾大	上智大	東京理科大
22年	—	—	—	—	—	1	—	—	—	—	—	—	—	—	2	—	—	1
	—	—	—	—	—	1	—	—	—	—	—	—	—	—	2	—	—	1
23年	1	—	—	—	—	—	—	—	—	—	—	—	1	—	2	3	1	4
	1	—	—	—	—	—	—	—	—	—	—	—	1	—	2	3	1	4
24年	—	—	—	—	1	—	—	—	1	—	—	—	—	—	1	—	—	1
	—	—	—	—	1	—	—	—	1	—	—	—	—	—	1	—	—	1

	学習院大	明治大	青山学院大	立教大	中央大	法政大	日本大	東洋大	駒澤大	専修大	関東学院大	津田塾大	東京女子大	日本女子大	文部科学省所管外の大学校	海外の大学	国公立・医学部	私立・医学部
22年	1	3	4	2	2	3	10	1	2	3	30	—	1	1	—	3	—	—
	2	4	6	2	2	3	12	1	2	3	30	—	1	1	—	3	—	—
23年	1	2	7	5	2	3	7	3	—	5	32	—	1	1	—	—	1	—
	1	2	7	5	2	3	9	3	—	5	32	—	1	1	—	—	1	—
24年	—	2	—	3	1	5	11	—	—	5	35	—	—	3	—	3	—	—
	—	2	—	3	1	5	11	—	—	5	35	—	—	3	—	3	—	—

★指定校推薦枠（2024年度）横浜市立大1名、東京理科大2名、青山学院大1名、中央大1名、明治大2名、法政大1名、国際基督教大1名、明治学院大2名、北里大1名、日本大2名など

入試情報

■2024年度の入試結果

			募集人員	出願者	受験者	合格者	実質倍率
A1	4科	男子	50	40	33	20	1.7
		女子		20	18	10	1.8
	2科	男子		33	32	14	2.3
		女子		46	44	18	2.4
A2	2科	男子	25	120	94	52	1.8
		女子		84	62	23	2.7
B1	4科	男子	20	65	31	22	1.4
		女子		26	14	10	1.4
	2科	男子		38	23	6	3.8
		女子		45	32	11	2.9
B2	2科	男子	10	109	50	27	1.9
		女子		76	39	14	2.8
C	2科	男子	5	104	38	22	1.7
		女子		64	23	7	3.3
英語型			10	11	9	6	1.5
				9	9	6	1.5
自己アピール型			10	12	9	4	2.3
				14	6	3	2.0

○配点：算国＝各100点　理社＝各50点
○合格最低点：非公表

24年の募集要項

※以下は2024年の募集要項です。2025年の要項は学校の発表をお待ちください。

入 試 日／A①2月1日午前　A②2月1日午後　B①2月2日午前　B②2月2日午後　C2月4日午前　英語型2月2日午後　自己アピール型2月3日午後　帰国Ⅰ期12月9日　Ⅱ期1月13日
募集人数／男女130名(A①50名　A②25名　B①20名　B②10名　C5名　英語型10名　自己アピール型10名　帰国若干名)
合格発表／いずれもホームページで即日
手続締切／2月4日(C2月6日、自己アピール型2月5日、帰国1月26日)
※国公立中受検者は事前申請で延納可
試験科目／国語(45分・100点)、算数(45分・100点)、社会・理科(計50分・各50点)　※A①B①2科4科選択、A②B②C2科　英語型：英語、面接　自己アピール型：総合、プレゼンテーション
面　　接／英語型のみあり
帰国生のための試験／国語、算数、面接(日本語・保護者同伴)
受 験 料／22,000円(ABCのうち2試験以上出願の場合は上限44,000円、英語型・自己アピール型は10,000円)

公開行事・説明会予定

【ミニ説明会】要予約
6月22日(土)10時～
7月20日(土)10時～
【学校説明会】要予約
9月21日(土)、11月16日(土)
【オープンキャンパス】要予約
10月12日(土)　9時～
【小学6年生の勉強会】要予約
11月16日(土)　8時50分～
【自己アピール型入試説明会】要予約、各回10時～
11月30日(土)、12月14日(土)
【入試説明会】要予約 各回10時～
12月　7日(土)、12月21日(土)
【六浦祭（文化祭）】
10月
◆変更・中止の可能性もあります。必ず学校ホームページで確認してください。

公文（くもん）国際学園 中等部

所在地／〒244-0004 横浜市戸塚区小雀町777
TEL／045-853-8200
学校長／梶原 晃
創 立／学校法人公文学園が母体。1993年、公文国際学園中等部を開校、1996年、高等部を開校する。
URL／www.kumon.ac.jp

	1年	2年	3年
男子	88名	81名	93名
女子	88名	89名	77名
クラス数	4組	4組	4組

中高総生徒数／1012名

〈交通アクセス〉
JR東海道線ほか「大船」駅より直通バス8分
神奈川中央バス「小雀」下車徒歩5分

寮完備の国際学園には全国からの生徒に加え、帰国生も多数

「21世紀の国際社会で活躍できる人材の育成」をめざし、未来志向型の教育を行う中高一貫共学校です。帰国生や外国籍生を積極的に受け入れるとともに、敷地内に寮を保有しているので、全国各地から生徒が集います。制服や校則がない代わりに、自由と責任をうたった「生徒憲章」を設けているのも特徴的です。中高6年間をイエローゾーン（中1・2)、グリーンゾーン（中3・高1)、ブルーゾーン（高2・3）に分け、それぞれ別の校舎で学習に臨み、生徒の発達段階に応じて、きめ細かい指導を行っています。

スクールライフ

●教育内容

60分授業、2週で1組というユニークなカリキュラムの下、中1は数・英・国を重点的に学習。英語は入学時の英語学習の経験度により、3クラスに分割し、外国人講師と日本人教員が連携して、少人数授業を展開します。また、数学も中1から、国語は高1から習熟度別授業を実施。そして週1回、公文式教材を使用した公文式放課後教室（中2までは数・英・国から1教科必修。希望すれば複数教科を学習可）を開き、基礎学力の定着を図るほか、毎朝20分の朝学習を通して、みずから机に向かう習慣を確立します。さらに、集団生活による人間形成を目的として、「寮体験プログラム」も用意。これは自宅から通学する中1の希望者が、前期または後期の4か月間にわたり、正規の寮生とともに寮生活を送るというもの。自立心や協調性の伸長はもちろん、自学自習の習慣づけにも役立てています。

■主要5教科の週当たり時間（コマ）数

	英語	数学	国語	理科	社会
1年	5	4	3	3	3
2年	5	4	4	3	2.5
3年	5	4	4	3	2.5
合計	15	12	11	9	8

◎1日当たりの授業コマ数：60分×5時限
※土曜日は休校
◎登校時間：8時20分（高等部は8時40分）

●部活動

ビーチバレーの全国大会で優勝実績のあるバレーボール部をはじめ、23の団体が熱心に活動しています。
○文化系／囲碁将棋、吹奏楽、科学技術研究、日本伝統文化、MMC、数学、美術、フィールドサイエンスなど
○体育系／弓道、サッカー、水泳、ダンス、テニス、バレーボール、バスケットボール、陸上競技など

●行事

体育祭、表現祭（文化祭）は、生徒が主体となって企画、準備、運営を行う一大イベントです。

●修学旅行・研修旅行

宿泊行事として、中1ではふれあいキャンプ、中2では冒険型体験学習、中3では生徒が企画書を作り、学年プレゼンテーションを経て選ばれた6つのテーマを、日本全国に分散して体験する「日本探究」を行います。高2では従来の修学旅行に代わり、英語で学ぶ総合学習として、LEE（Liberal arts Education in English）を実施。また、校内で行う模擬国連のMUNKのほか、オランダ、シンガポール、カタールで行われる海外模擬国連にも参加しています。

マネーガイド

■2024年度納付金（諸経費を含む）

	入学金	授業料	施設費	その他	計
入学手続時	270,000円	0円	0円	0円	270,000円
初年度総額	270,000円	690,000円	210,000円	55,200円	1,225,200円

◎寄付金：なし
◎授業料：2期分納
◎奨学金・特待生制度：成績優秀で学年を代表する生徒と認めた者に、授業料と施設設備費の半額を給付(1年間)

2期 学期制 / 完5 days 週5･6日制 / 温 プール / cool 冷房 / 寮 / 食堂 / 私服通学 / 希 海外研修

サピックスからの合格実績（過去3年）	'22	'23	'24
	21名	13名	14名

進学指導の概要

高1までに豊かな職業観や学部・学科の知識を持ち、高2で自己の適性と将来の希望に合った学部・学科を決めて、高3で志望校を決定するという流れで進路指導を行います。進路講演会、インターネットによる大学講義の受講などを積極的に取り入れ、発達段階に応じた進路指導を実践。特に高3では幅広い選択科目制を導入し、演習を中心とした実戦的な授業を行うとともに、難関大学をめざす生徒用の放課後学習ゼミも実施します。また、公文式放課後教室では、ドイツ語やフランス語を選択履修することもできます。さらに、漢検、GTEC for Studentsの全校受検も行っています。

■2024年3月卒業生の進路の内訳

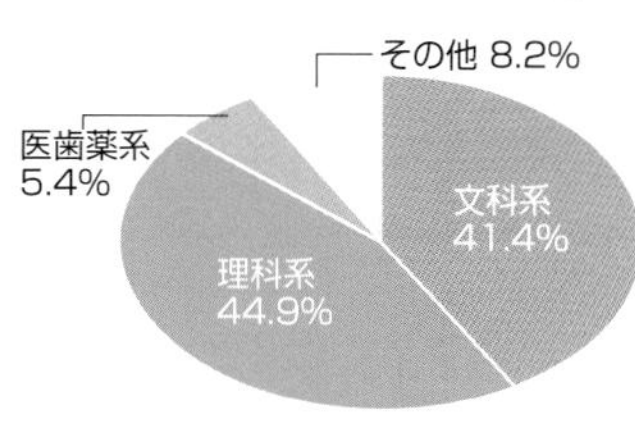

■併設高校から主要大学への合格実績

※上段は現役合格者数、下段は浪人を含めた合格者数。

	東京大	京都大	一橋大	東京工業大	筑波大	お茶の水女子大	電気通信大	東京外国語大	東京学芸大	東京芸術大	東京農工大	東京都立大	横浜国立大	千葉大	早稲田大	慶應義塾大	上智大	東京理科大
22年	6	1	2	2	—	—	—	2	—	—	—	2	5	1	28	29	19	20
	6	1	3	2	—	—	—	2	—	—	—	2	5	1	33	36	25	21
23年	5	—	—	3	1	—	—	—	1	—	1	1	3	1	34	34	38	17
	5	—	—	3	1	—	—	1	1	—	1	1	4	1	40	38	38	22
24年	4	1	—	2	3	—	—	—	2	—	—	—	4	—	26	13	22	10
	5	1	—	2	3	—	—	—	2	—	—	—	5	—	28	14	22	14

	学習院大	明治大	青山学院大	立教大	中央大	法政大	日本大	東洋大	駒澤大	専修大	国際基督教大	津田塾大	東京女子大	日本女子大	文部科学省所管外の大学校	海外の大学	国公立・医学部	私立・医学部
22年	3	42	24	14	15	15	11	9	4	—	—	4	1	3	3	1	3	9
	7	50	27	26	18	22	12	12	7	—	—	4	1	3	4	1	3	14
23年	1	35	22	25	17	19	19	8	5	5	4	1	—	1	—	5	3	7
	4	43	26	30	21	31	27	13	7	6	5	2	2	4	—	5	3	14
24年	3	20	26	15	18	14	17	7	3	—	3	—	2	1	2	9	—	14
	4	25	29	16	19	19	19	9	4	—	3	—	2	1	2	9	—	19

★指定校推薦枠（2024年度）北里大（医学部医学科）1名、早稲田大6名、慶應義塾大1名、中央大3名、法政大1名、東京理科大2名、上智大2名、日本大1名、東洋大3名など

入試情報

■2024年度の入試結果

			募集人員	出願者	受験者	合格者	実質倍率
A	国+算	男子	40	66	64	16	4.0
		女子		75	72	33	2.2
	国+数	男子	70	57	57	42	1.4
		女子		34	34	31	1.1
	国+英	男子		12	12	7	1.7
		女子		16	14	9	1.6
	数+英	男子		6	6	3	2.0
		女子		9	9	7	1.3
B	4科	男子	40	104	74	26	2.8
		女子		93	52	17	3.1
帰国		男子	10	28	26	13	2.0
		女子		22	20	6	3.3

■2024年度入試 合格者の教科別平均点(男女合計データ)

		算数	国語	理科	社会	合計
A	国+算	国/74.3 算/79.0				153.3
	国+数	国/69.3 数/66.9				136.2
	国+英	国69.9/ 英/72.1				142.0
	数+英	数/59.7 英/71.0				130.7
B		70.0	78.8	56.2	58.7	263.7
帰国		適性69.9/ 英/76.8				146.7

○配点：算国英数＝各100点　理社＝各75点
○帰国配点：英＝100点　適性検査＝100点
○合格最低点：A国＋算140点・国＋数98点・国＋英110点・数＋英108点　B232点　帰国128点

24年の募集要項

※以下は2024年の募集要項です。2025年の要項は学校の発表をお待ちください。

入 試 日／A2月1日 B2月3日 帰国12月16日
募集人員／男女160名(A110名 B40名 帰国10名)
合格発表／A2月2日 B2月4日 帰国12月16日 すべてホームページで発表
手続締切／2月8日 帰国12月22日
試験科目／A国語＋算数、国語＋数学、国語＋英語、数学＋英語(各50分・各100点)から選択
B国語(50分・100点)、算数(50分・100点)、理科(40分・75点)、社会(40分・75点)
面　接／なし
帰国生のための試験／適性検査・英語(各50分・各100点)、面接
受 験 料／25,000円

公開行事・説明会予定

【学校説明会】
6月15日(土)
7月20日(土)
8月25日(日)
【授業見学会】
7月　5日(金)
【入試説明会】
10月　5日(土)
11月　2日(土)
12月　1日(日)
【表現祭(文化祭)】
10月19日(土)
10月20日(日)
◆変更・中止の可能性もあります。必ず学校ホームページで確認してください。

慶應義塾湘南藤沢 中等部

所在地／〒252-0816　藤沢市遠藤5466
TEL／0466-49-3585・3586
学校長／尾上 義和
創　立／1858年に福澤諭吉によって創立された蘭学塾を前身とする慶應義塾により、1992年、高等部とともに開校。
URL／www.sfc-js.keio.ac.jp

	1年	2年	3年
男子	120名	118名	101名
女子	101名	100名	105名
クラス数	6組	6組	6組

中高総生徒数／1383名　併設小から 約50%

〈交通アクセス〉
小田急江ノ島線、相模鉄道いずみ野線、横浜市営地下鉄線「湘南台」駅よりバス15分
JR東海道本線「辻堂」駅よりバス21分

「異文化交流」と「情報教育」を軸に国際社会に羽ばたく力を養成

歴史と伝統を継承しつつ、未来を見据えて国際的に活躍できる「先導者」の育成に努めています。教育目標は知性、感性、体力のバランスを大切に、生徒一人ひとりの教養を高めること。なかでも語学と情報リテラシーを重視しており、7か国12校との交換留学プログラム「異文化交流」と、充実したICT環境を駆使する「情報教育」の2つは、同校の核ともいえるものです。校風は明るく自由。慶應義塾横浜初等部の卒業生を受け入れており、帰国生が中等部全体の約20%を占めるのもポイントです。

スクールライフ

●教育内容

中高一貫教育で、異文化交流と情報教育を大きな柱としています。英語教育には特に力を入れており、「英語について学ぶ」のではなく、「英語で何かができるようにする」ことを目標に、全学年で少人数習熟度別授業を行うほか、外国人講師による授業が週2～6時間あります。情報教育は中2・3で週1時間の「情報」を軸に、コンピューターやネットワークのリテラシー教育を行います。英語以外の主要教科では基礎の確実な習得に努め、国語では文学作品のコンピューター・イメージ作成など、情報教育との連携も行っています。

■主要5教科の週当たり時間（コマ）数

	英語	数学	国語	理科	社会
1年	5	4	5	4	4
2年	6	4	5	4	3
3年	6	4	4	4	4
合計	17	12	14	12	11

◎1日当たりの授業コマ数：50分×6時限
　※土曜日は4時限
◎登校時間：8時40分

●部活動

中高合同を含め32の部があります。中等部の活動は週4日以内で、原則として日曜日は休みです。弓術部は例年、関東大会以上に進出しています。
○文化系／演劇、吹奏楽、室内楽、合唱、美術、SFC新聞、コンピュータ、クッキング、ESS、理科、棋道、歌留多、茶道、創作、電子工学研究会など
○体育系／バスケットボール（男女別）、硬式テニス（男女別）、サッカー（男女別）、剣道、柔道、空手、フェンシング、水泳、弓術、競走、軟式野球（男子）、バレーボール（女子）、体操（女子）、ソフトボール（女子）など

●行事

合唱コンクール、文化祭、球技大会のほか、留学生も加わり、国際交流の場にもなっている体育祭などがあります。また、東京六大学野球の慶早戦応援にも参加します。

●修学旅行・研修旅行

旅行週間には、中1は富士山麓自然教室、中2は東北旅行、中3は四国・広島修学旅行、高1は北陸旅行、高2は奈良・京都旅行、高3は北海道修学旅行を実施。海外短期留学プログラムとしては、中3～高3を対象にアメリカ、イギリス、オーストラリア、ニュージーランド、カナダ、シンガポール、韓国交換留学などがあります。

マネーガイド

■2024年度納付金（諸経費を含む）

	入学金	授業料	施設費	その他	計
入学手続時	340,000円	450,000円	280,000円	25,000円	1,095,000円
初年度総額	340,000円	900,000円	280,000円	25,000円	1,545,000円

※制服代を除く
※期日までに入学辞退を申し出た場合、入学金以外を返金

◎寄付金：①慶應義塾債（大学卒業時あるいは慶應義塾離籍時に償還）1口10万円、3口以上（任意）／②教育振興資金1口3万円、2口以上（任意）
◎授業料：一括もしくは2期分納
◎奨学金・特待生制度：成績優秀で経済的理由により就学困難と判断される者に授業料を給付（半年間～1年間・中2以上）

学期制　週5・6日制　プール　冷房　寮　食堂　私服通学　海外研修

サピックスからの合格実績（過去3年）	'22	'23	'24
	46名	40名	42名

進学指導の概要

高等部卒業生は、原則として全員が慶應義塾大学のいずれかの学部に推薦入学を許可されます。そのため、ほぼ100%の生徒が同大学へ進学します。

高2から志望する学部について考えるように指導し、成績のみによる学部選びではなく、生徒自身が本当に何を学びたいかを考えさせるようにしています。

高等部では、中等部からの内進生211名のほか、三田の慶應中等部生、日吉の慶應普通部生、高入生（全国枠生と帰国生）の合計約40名が加わり、高1から混合クラス編成となります。英語は1クラスを2つに分けて、少人数習熟度別授業で学びます。

高3では「MUN（模擬国連）」や英語劇を通して、さらなる英語表現力を育成するほか、高2〜3では選択外国語も設置。ドイツ語、フランス語、中国語、スペイン語、朝鮮語から選択が可能です。また、各自の志望学部に合わせて、文系（Ⅰ類）と理系（Ⅱ類）に分かれるのも高3次。Ⅰ類選択者には各自のテーマを設定し、資料検索・調査・分析・考察を通じて導き出す「論文実習」が課せられます。受験勉強に追われることなく、一人ひとりが自由に好きな学業に打ち込んでいるのが特徴です。

■併設大学進学者の進路の内訳

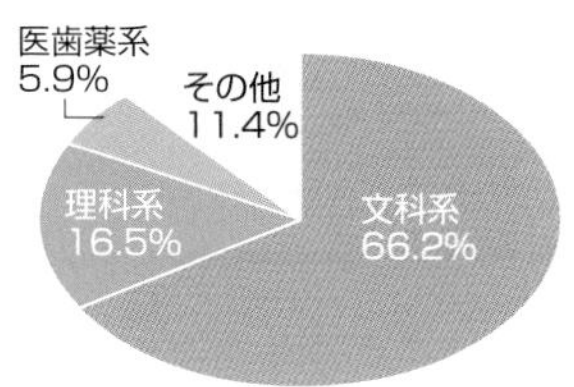

■併設大学（慶應義塾大学）への推薦状況

※データは慶應湘南藤沢高等部のもの

	文学部	経済学部	法学部	商学部	医学部	理工学部	総合政策学部	環境情報学部	看護医療学部	薬学部
22年	8名	56名	64名	17名	7名	42名	15名	19名	4名	4名
23年	5名	60名	64名	16名	7名	37名	15名	21名	—名	6名
24年	12名	69名	64名	12名	7名	39名	12名	15名	—名	7名

★指定校推薦枠（2024年度）制度なし

入試情報

■2024年度の入試結果

		募集人員	出願者	受験者	合格者	実質倍率
一般1次	男子	約70	男子 計201 女子 計271	419	199	2.1
	女子					
一般2次	男子			182	86	2.1
	女子					
帰国1次	男子	約30	帰国男子 計87 帰国女子 計55	109	69	1.6
	女子					
帰国2次	男子			68	40	1.7
	女子					

○一般1次配点：算国＝各100点　理社＝各50点
○合格最低点：非公表

24年の募集要項

※以下は2024年の募集要項です。2025年の要項は学校の発表をお待ちください。

入 試 日／1次2月2日
2次(1次合格者のみ)2月4日
募集人員／男女約100名(一般約70名　帰国約30名)
合格発表／1次2月3日 2次2月5日
手続締切／2月5日・6日
試験科目／1次：一般4科・帰国4科＝国語(45分・100点)、算数(45分・100点)、理科(25分・50点)、社会(25分・50点)または一般3科・帰国3科＝国語(45分・100点)、算数(45分・100点)、英語(60分・100点)
2次：体育実技
面　　接／あり(2次で保護者同伴)
受 験 料／30,000円

公開行事・説明会予定

【学校見学会】
7月13日(土)予定
7月27日(土)予定
9月14日(土)予定
◆変更・中止の可能性もあります。必ず学校ホームページで確認してください。

サピックスOB・OGの声

●広々としたキャンパスは、緑がとても豊かな環境です。鴨池という大きな池のほとりで、野鳥のさえずりが聞こえてきたり、近くの森でキノコを見つけたりと、季節が変わるたびに新しい発見があります。また、隣接する大学の売店まで買い物に行き、一足早く大学生気分を味わっています。

●帰国生が多く、英語以外の言語に堪能な生徒もいて、国際感覚を磨くのにうってつけの環境です。高2からは第二外国語の授業も始まります。フランス語、ドイツ語、中国語などのなかから好きなものを選べるので、何に挑戦しようかと今から楽しみにしています。

自修館（じしゅうかん） 中等教育学校

所在地／〒259-1185　神奈川県伊勢原市見附島411
TEL／0463-97-2100
学校長／小河　亨
創　立／1910年創立の自修学校を前身とし、1999年、中高一貫校の中学校を開校。2001年、中等教育学校となる。
URL／www.jsk.kojo.ed.jp

	1年	2年	3年
男子	82名	83名	72名
女子	57名	42名	33名
クラス数	4組	4組	4組

中高総生徒数／709名

〈交通アクセス〉
小田急線「愛甲石田」駅より徒歩18分、またはスクールバス、南口よりバス5分　JR東海道本線「平塚」駅南口よりスクールバス

探究的な学びで世界に目を向け、新たな一歩を踏み出す人に

建学の精神「明知・徳義・壮健」の下、人間性豊かなグローバル人材の育成に努めています。教科教育の充実はもちろん、心の成熟を促す「EQ」の活用や、みずから選んだテーマを掘り下げる「探究」の授業も実施。また、英語ではCLIL（内容言語統合型学習）を導入しているほか、いつでも異文化交流ができるグローバルラウンジを開設しています。1年を3か月ごとに区切る4学期制を敷き、初夏と秋にも休みを導入。さらに校内にフーコーの振り子や囲炉裏を配し、生徒の知的好奇心を刺激しているのもユニークです。

スクールライフ

●教育内容

教育システムは「2・3・4」制。6年間を1～3年次の前期課程と、4～6年次の後期課程に分け、前期は「自己の発見」、後期は「自己の実現」をテーマにしています。また、心身の発達段階に合わせ、6年間を3ステップに分割。それぞれ「基礎」「発展」「実践」を意識した学習を展開します。さらに4学期制でめりはりをつけ、主要5教科は中3から高校の内容に。英語では外国人講師による英会話も実施します。6年間の探究プログラム「C-AIR」では、1・2年次は地域社会や自然について、3・4年次は自分で決めたテーマについて探究活動を行い、探究に必要なスキルを習得します。そのスキルを基に、5・6次年は大学などでの学修や研究に接続する研究活動を行い、「『社会』とのつながりを持ち、『社会』に働きかける資質・能力」を育みます。さらに心の知能指数を育むEQ教育を行うのも特徴です。

■主要5教科の週当たり時間（コマ）数

	英語	数学	国語	理科	社会
1年	6	5	5	4	3
2年	6	5	5	4	3
3年	6	5	4	4	4
合計	18	15	14	12	10

◎1日当たりの授業コマ数：50分×6時限
※土曜日は4時限
◎登校時間：8時25分

●部活動

原則として前期生・後期生合同で活動。生徒は趣味を通して固い絆を育んでいます。

◯文化系／ダンス、美術、器楽、囲碁将棋、新聞、科学、ESS、文芸

◯体育系／サッカー、軟式野球、バスケットボール（男子・女子）、陸上競技、水泳、卓球、テニス（男子・女子）、バドミントン

●行事

学年を超えたチームで競い合うスポーツ大会、「探究」の成果を展示・発表する探究発表会、クラスや部活、有志団体が出し物を行う自修祭（文化祭）、クラスが一致団結する合唱コンクールが四大行事です。

●修学旅行・研修旅行

3年次は2泊3日で京都・奈良へ。5年次は7泊9日でオーストラリアへ飛び、見識を広げます。ほかにも、2週間のニュージーランドの姉妹校との交換留学や、ハワイ、セブ島、シンガポールでの短期研修もあります。

マネーガイド

■2024年度納付金(諸経費を含む)

	入学金	授業料	施設費	その他	計
入学手続時	230,000円	0円	150,000円	0円	380,000円
初年度総額	230,000円	504,000円	150,000円	約632,000円	約1,516,000円

※期日までに入学辞退を申し出た場合、施設費を返金（公立中高一貫校を受験する場合に限り、2月10日まで延納可）

◎寄付金：なし
◎授業料：一括納入、2期分納、月納から選択
◎奨学金・特待生制度：入試成績優秀者に入学手続金・授業料・学校維持費・施設費を免除

学期制

週5･6日制

プール

冷房

寮

食堂

私服通学

海外研修

サピックスからの合格実績（過去3年）	'22	'23	'24
	7名	4名	0名

進学指導の概要

高1に当たる4年次からは後期課程に入り、実戦力を養いながら高1・2の内容を学びます。5・6年次の英語・数学は少人数習熟度別授業。5年次から文系・理系に分かれ、6年次の1学期には高校の学習内容を修了し、演習を中心とした選択授業で大学受験に備えます。また、放課後には全学年の希望者を対象とした主要5教科の特別講座や指名制の補習が数多く開かれます。進路情報室・自習室・図書館も充実。6年次からは模擬試験の校外受験を行い、本番の入試に見合う学力を養います。学年団の教員が生徒の個性を見極めて指導に当たり、論述や難関大学の対策についても、個別にサポートしています。

■現役大学進学者の進路の内訳

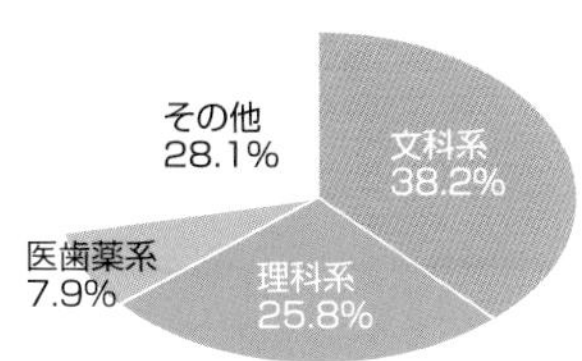

■併設高校から主要大学への合格実績

※上段は現役合格者数、下段は浪人を含めた合格者数。

	東京大	京都大	一橋大	東京工業大	筑波大	お茶の水女子大	電気通信大	東京外国語大	東京学芸大	東京芸術大	東京農工大	東京都立大	横浜国立大	千葉大	早稲田大	慶應義塾大	上智大	東京理科大
22年	—	—	—	1	1	—	1	—	—	—	1	—	1	1	1	1	—	4
	—	—	—	1	1	—	1	—	—	—	1	—	1	1	2	1	—	4
23年	1	—	1	—	—	—	—	—	—	1	1	—	2	—	4	3	4	3
	1	—	1	—	—	—	—	—	—	1	1	—	2	—	4	3	4	3
24年	—	—	—	—	1	—	—	—	—	—	—	—	1	1	1	—	5	11
	—	—	—	—	1	—	—	—	—	—	—	—	1	1	1	—	5	12

	学習院大	明治大	青山学院大	立教大	中央大	法政大	日本大	東洋大	駒澤大	専修大	国際基督教大	津田塾大	東京女子大	日本女子大	文部科学省管外の大学校	海外の大学	国公立・医学部	私立・医学部
22年	—	4	10	2	7	6	13	4	6	5	—	—	—	—	1	3	2	2
	—	7	11	4	7	8	13	5	6	5	—	—	—	—	1	3	2	2
23年	—	14	16	1	9	3	11	8	6	8	—	—	—	—	2	—	1	2
	—	14	16	1	10	3	14	9	6	8	—	—	—	—	2	—	1	6
24年	—	5	10	3	11	7	7	6	8	17	—	2	—	1	1	5	—	3
	—	5	10	3	12	8	7	6	8	17	—	2	—	1	2	5	—	3

★指定校推薦枠（2024年度）非公表

入試情報

■2024年度入試結果

			募集人員	出願者	受験者	合格者	実質倍率
A1	4科	男子	45	38	29	14	2.1
		女子		18	16	12	1.3
	2科	男子		33	28	11	2.5
		女子		28	24	9	2.7
	探究	男子		60	55	31	1.8
		女子		54	47	34	1.4
A2	2科	男子	35	137	103	48	2.1
		女子		70	45	20	2.3
B1	4科	男子	10	59	20	10	1.0
		女子		21	4	3	1.3
	2科	男子		51	23	8	2.9
		女子		38	17	3	5.7
B2	2科	男子	15	132	40	16	2.5
		女子		65	23	13	1.8
C	2科	男子	帰国含10	126	36	14	2.6
		女子		73	23	16	1.4
D	4科	男子	5	67	11	4	2.8
		女子		28	1	0	—
	2科	男子		60	16	5	3.2
		女子		40	6	4	1.5

○配点：算国＝各100点　理社＝各50点
○合格最低点：非公開

24年の募集要項

※以下は2024年の募集要項です。2025年の要項は学校の発表をお待ちください。

入 試 日／探究2月1日午前 A①2月1日午前 A②2月1日午後 B①2月2日午前 B②2月2日午後 C2月3日午後 D2月5日午前 帰国12月9日
募集人員／男女120名（探究・A①45名 A②35名 B①10名 B②15名 C10名［帰国若干名含］D5名）
合格発表／ホームページで即日(探究入試は翌日)
手続締切／2月7日（公立中高一貫校・国立校の受験票提示で2月10日まで延納可）帰国1月8日
試験科目／国語(50分・100点)、算数(50分・100点)、理科(30分・50点)、社会(30分・50点)
探究入試(適性検査型入試Ⅰ・Ⅱ)
※A①B①Dは2科4科選択、A②B②Cは2科
面　　接／なし
帰国生のための試験／国語・算数・英語から2科選択、面接(本人のみ)
受 験 料／22,000円(帰国生入試を含む複数回同時出願の場合は33,000円)

公開行事・説明会予定

【学校説明会】要予約
10月26日(土)
【オープンスクール】要予約
9月 7日(土)
【一般入試説明会】要予約
11月16日(土)
【探究入試説明会】要予約
12月14日(土)
【探究発表会】要予約
10月12日(土)
【自修祭(文化祭)】
11月 9日(土)、10日(日)
※上記以外の日程で学校見学等を希望される場合は学校にお問い合わせください。
◆変更・中止の可能性もあります。必ず学校ホームページで確認してください。

湘南学園 中学校

所在地／〒251-8505 藤沢市鵠沼松が岡4-1-32
TEL／0466-23-6611
学校長／伊藤 眞哉
創　立／1933年、幼稚園と小学校を創立し、1947年に中学校を、1950年には高等学校を設立。
URL／www.shogak.ac.jp/highschool

	1年	2年	3年
男子	123名	109名	116名
女子	81名	97名	88名
クラス数	5組	5組	5組

中高総生徒数／1131名　併設小から 約39%

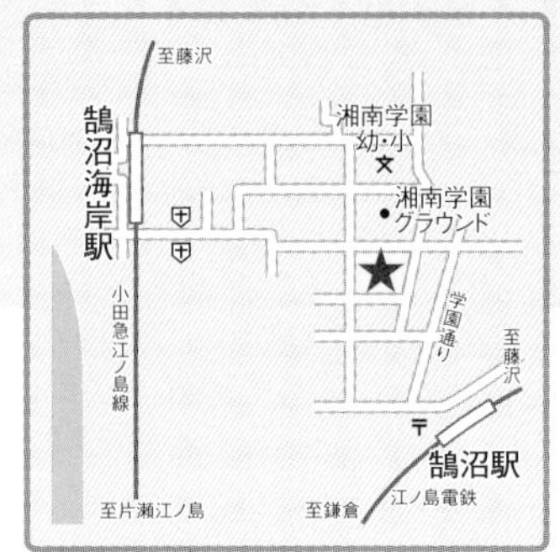

〈交通アクセス〉
小田急江ノ島線「鵠沼海岸」駅より徒歩8分
江ノ電「鵠沼」駅より徒歩8分

保護者有志により設立。「総合学習」を柱に自主性を育む

戦前に鵠沼地域の保護者の有志によって創立され、80周年を迎えた2013年にユネスコスクールに加盟した共学校です。「社会の進歩に貢献する、明朗で実力ある人間を育てる」ことを教育目標に置き、6か年一貫教育を推進しています。グローバル時代のなかで、生徒がやりがいのある幸福な人生を築けることを願い、中高6年間でさまざまな体験の機会を用意。明るく活気あふれる校風のなか、自主性を伸ばしています。生徒が希望する進路の実現に向けて高い学力を培うとともに、将来の積極的な人生につながる「人間力」を育みます。

スクールライフ

●教育内容

ユネスコスクールとして、「持続可能な社会のつくり手」であると同時に、一人ひとりが自分らしく幸せに生きる力や、人間性を育むことをめざす教育活動「湘南学園ESD」を推進。教科教育はもちろん、独自の総合学習や多様なグローバルプログラムの実践とともに、日常のすべての出来事が「学び」であるという視点に立ち、それらの学びをつなげ、発展させることで、社会のなかで主体者として考えて歩む力を養います。発達段階に合わせた総合学習は、自己から他者、身近な地域から世界へと、段階的に視野が広がる設定となっています。高校ではSDGs（持続可能な開発目標）にも着目し、地球規模の課題に目を向けられるだけの広い視野と、豊かな認識力を身につけ、人間らしく生きられる主体者として、自分はどう生きるのかを考えます。

■主要5教科の週当たり時間（コマ）数

	英語	数学	国語	理科	社会
1年	6	5	5	4	3
2年	6	6	5	4	3
3年	6	5	4	4	5
合計	18	16	15	12	11

◎1日当たりの授業コマ数：50分×6時限
　※土曜日は3時限
◎登校時間：9時

●部活動

文化系・体育系ともに、専門のコーチやトレーナー制度を積極的に導入し、全国大会に出場する部もあるなど、実績を残しています。
○文化系／吹奏楽、美術、理科研究、将棋、鉄道研究、演劇、書道、合唱、写真、動画研究、パソコンなど
○体育系／野球、サッカー、水泳、卓球、剣道、ダンス、バスケットボール、バレーボール、陸上競技、ラグビー、ハンドボールなど

●行事

完全中高一貫の環境を生かした縦割りチームで行う体育祭、クラスやクラブが本気で取り組む学園祭（文化祭）、1年間をともに過ごしたクラスメートと最後に挑む合唱コンクールが三大行事です。

●修学旅行・研修旅行

台湾、イギリス、カナダ、ポーランド・リトアニア、オーストラリアと、多彩な訪問先を用意するグローバルセミナーズは、6年間を通して何度でも参加が可能。中1ハートグローバル、中2イングリッシュキャンプ、中3海外研修旅行と新たなプログラムも加え、グローバル市民の育成をめざしています。

マネーガイド

■2024年度納付金(諸経費を含む)

	入学金	授業料	施設費	その他	計
入学手続時	250,000円	0円	150,000円	0円	400,000円
初年度総額	250,000円	528,000円	246,000円	355,200円	1,379,200円

※期日までに入学辞退を申し出た場合、施設費を返金

◎寄付金：1口5万円、2口以上（任意）
◎授業料：月納
◎奨学金・特待生制度：なし

2期 完6 days cool 全

学期制 週5・6日制 プール 冷房 寮 食堂 私服通学 海外研修

サピックスからの合格実績（過去3年）	'22	'23	'24
	2名	6名	4名

進学指導の概要

中高の学習内容を系統的に精選・整備したカリキュラムの下、完全一貫教育を行います。中学では基礎学力の定着に努め、全員が参加する夏期講習（英語・数学）は習熟度別で実施し、到達度に応じた学習で確実な理解をめざします。高校での文理分けは行わず、各自の進路に合わせて授業を選択することができます。高3では豊富な選択科目を設定し、それぞれの願う進路への学びを強化。高校生対象の夏期講習は希望制で、多彩な講座を開いています。また、高3の進路ガイダンスは、生徒向けのみならず、保護者向けのものも開催。個人面談もこまめに行い、教員は生徒とじっくりと話し合いながら、進路選択をサポートします。

■浪人を含む大学進学者の進路の内訳

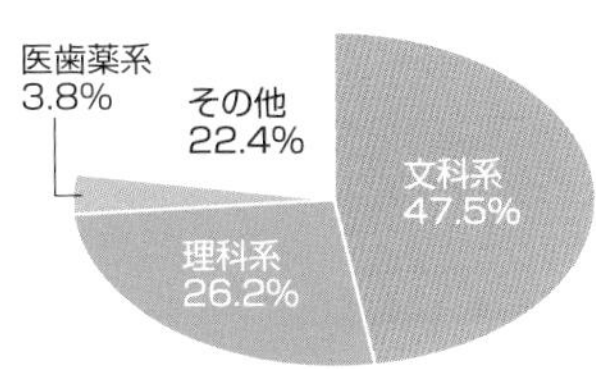

■併設高校から主要大学への合格実績

※上段は現役合格者数、下段は浪人を含めた合格者数。

	東京大	京都大	一橋大	東京工業大	筑波大	お茶の水女子大	電気通信大	東京外国語大	東京学芸大	東京芸術大	東京農工大	東京都立大	横浜国立大	千葉大	早稲田大	慶應義塾大	上智大	東京理科大
22年	—	—	—	—	1	—	—	—	—	—	—	—	1	—	5	8	3	10
	—	—	—	—	1	—	—	—	—	—	—	—	1	—	7	8	3	13
23年	—	—	—	—	—	—	1	2	1	—	—	—	—	—	12	5	4	1
	—	—	—	—	—	—	1	2	1	—	—	—	1	—	15	5	4	1
24年	—	—	1	—	1	—	—	—	2	—	—	—	4	—	8	3	6	3
	—	—	1	—	1	—	—	1	2	—	—	—	4	—	8	4	6	6

	学習院大	明治大	青山学院大	立教大	中央大	法政大	日本大	東洋大	駒澤大	専修大	国際基督教大	津田塾大	東京女子大	日本女子大	文部科学省所管外の大学校	海外の大学	国公立・医学部	私立・医学部
22年	7	18	13	14	9	17	17	15	10	8	—	2	—	5	—	—	1	3
	7	23	13	15	11	21	24	15	10	14	—	2	—	5	—	—	2	9
23年	4	12	10	15	5	9	19	6	8	8	—	—	1	5	—	—	—	—
	4	23	11	16	7	10	22	6	9	8	—	—	1	5	—	—	—	—
24年	7	14	9	11	6	9	17	12	1	4	1	—	1	6	—	2	—	2
	8	14	10	13	7	9	17	13	1	4	1	—	1	6	—	2	—	10

★指定校推薦枠（2024年度）横浜市立大2名、慶應義塾大1名、上智大2名、東京理科大3名、学習院大6名、明治大2名、青山学院大4名、立教大4名、中央大3名、法政大3名、日本大6名、明治学院大4名、成蹊大2名、成城大3名など

入試情報

■2024年度の入試結果

			募集人員	出願者	受験者	合格者	実質倍率
ESD		男子	15程度	12	12	5	2.4
		女子		23	23	10	2.3
A	4科	男子	30	45	42	8	5.3
		女子		38	36	5	7.2
	2科	男子		12	12	9	1.3
		女子		16	15	4	3.8
B	4科	男子	35	101	78	38	2.1
		女子		64	55	15	3.7
	2科	男子		25	18	6	3.0
		女子		23	18	3	6.0
C	2科	男子	35	75	49	20	2.5
		女子		63	51	21	[illegible]
D	2科	男子	15	63	36	10	3.6
		女子		40	24	5	4.8

■2024年度入試 受験者の教科別平均点

			算数	国語	理科	社会	合計
A	4科	男子	102	120.7	63.4	60.8	358.3
		女子					334.3
	2科	男子					230
		女子					214.9
B	4科	男子	83.1	80	61.1	66.9	302.6
		女子					284.4
	2科	男子					167.8
		女子					156.9
C	2科	男子	88.9	103			192.1
		女子					191.6
D	2科	男子	75.6	101.9			180.3
		女子					177.3

○配点：算国＝各150点　理社＝各100点
○合格最低点：A4科394点・2科237点　B4科312点・2科188点　C207点　D215点　ESDは非公表

24年の募集要項

※以下は2024年の募集要項です。2025年の要項は学校の発表をお待ちください。

入試日／A2月1日午前 湘南学園ESD入試2月1日午後 B2月2日 C2月3日 D2月5日
募集人員／男女130名(A30名 ESD15名程度 B35名 C35名 D15名)
合格発表／ホームページで即日(ESDのみ翌日)
手続締切／ABCおよびESD2月4日 D2月6日
試験科目／国語(50分・150点)、算数(50分・150点)、理科(40分・100点)、社会(40分・100点)
※ABは2科4科選択、CDは2科
ESD：記述・論述(60分)※事前に動画提出
面　接／なし
受験料／20,000円(複数回同時出願の場合は各15,000円)

公開行事・説明会予定

【学校説明会】要予約
6月22日(土)10時～
【入試説明会】要予約
11月16日(土)10時～
12月14日(土)　9時30分～(6年生対象)
【オープンキャンパス】要予約
10月13日(日)　9時30分～12時30分
【夕涼み説明会】要予約 各回16時～
8月23日(金)
8月26日(月)
8月27日(火)
8月28日(水)
【入試直前学校見学・ミニ説明会】要予約　各回10時～(6年生対象)
1月11日(土)
1月18日(土)
【4・5年生集まれ！体験入学】要予約(4・5年生対象)
2月22日(土)10時～
【学園祭(文化祭)】
9月28日(土)　9時30分～15時30分(予定)
9月29日(日)　9時30分～15時30分(予定)
【合唱コンクール】
1月22日(水)10時～16時　鎌倉芸術館
◆変更・中止の可能性もあります。必ず学校ホームページで確認してください。

中央大学附属横浜 中学校

所在地／〒224-8515 横浜市都筑区牛久保東1-14-1
TEL／045-592-0801
学校長／木下 耕児
創 立／1908年、横浜女子商業補習学校として設立。1994年、横浜山手女子中学校・高等学校と改称。2010年、中央大学の付属校に。
URL／www.yokohama-js.chuo-u.ac.jp

	1年	2年	3年
男子	75名	67名	78名
女子	118名	126名	115名
クラス数	5組	5組	5組

中高総生徒数／1637名

〈交通アクセス〉
横浜市営地下鉄「センター北」駅より徒歩7分

大学付属一貫教育で育む、将来を見据えた人間形成

「謝恩礼節・自立実践」が校訓です。中学課程では、通常授業で基礎学力を身につけたうえで、校外研修で日本文化を体験し、海外研修で国際理解を深め、行事や部・同好会活動で企画力やコミュニケーション力を養います。これらの取り組みを循環させ、人間の土台を築きます。内部進学制度により、多数の生徒が中央大学へ進学できますが、付属生といえど、中高時代に修めるべき学力は、しっかりと備えさせて大学へ送り出します。当たり前のことに地道に取り組む6年間。基礎学力を重視したカリキュラムでみずから考え、行動し、社会で活躍できる力を育てます。

スクールライフ

●教育内容

クラス単位での授業を大切にし、生徒の集中を促す工夫を盛り込んだシラバスを作成しています。また、教員によるノートの点検や添削、通常授業のなかで小テストを実施するなどして、みずから進んで学習する習慣が身につくように指導しています。さらに、学習内容を精選して先取り学習を行い、国・数・英は、中3の1学期で中学校の内容を修了。2学期からは高校の内容に入ります。一方で、授業に遅れがちな生徒のフォローも万全です。定期試験前には、成績不振者に対して指名制の補習を実施。個別課題も出して支援します。このほか、高校では平日の放課後に主要教科を中心とした進学対策講座なども行っています。

■主要5教科の週当たり時間（コマ）数

	英語	数学	国語	理科	社会
1年	5	6	6	4	4
2年	6	6	6	4	4
3年	6	6	6	5	4
合計	17	18	18	13	12

◎1日当たりの授業コマ数：50分×6時限
※土曜日は4時限
◎登校時間：8時30分

●部活動

学校全体で文化系18、体育系16の部があります。陸上競技部は全国・関東大会出場。ダンス部、バトン部も全国大会出場。ワンダーフォーゲル部・競技歌留多部は関東大会に出場しています。

○文化系／演劇、合唱、華道、茶道、書道、ハンドクラフト、美術、料理、文芸、吹奏楽、軽音楽、作画研究、英語、科学、写真、競技歌留多、将棋、鉄道研究

○体育系／中学軟式野球、高校硬式野球、サッカー、体操、卓球、硬式テニス、バスケットボール（男女）、バドミントン、バレーボール、陸上競技、フットサル、バトン、ダンス、ソフトボール、剣道、ワンダーフォーゲル

●行事

紅央祭（文化祭）、体育祭、スピーチコンテストや芸術鑑賞会、スキー教室などがあります。

●修学旅行・研修旅行

中1オリエンテーション合宿などを実施。中2の希望者はニュージーランドでホームステイ体験、高1の希望者はカナダで大学ドミトリーに滞在しての語学研修、高2は全員でシンガポールを訪ねるなど、国際交流も盛んです。中3の研修旅行は奈良・京都を訪ね、自国の伝統文化への理解を深めます。

マネーガイド

■2024年度納付金（制服代、制定品代別途）

	入学金	授業料	施設費	その他	計
入学手続時	290,000円	0円	0円	0円	290,000円
初年度総額	290,000円	588,000円	290,000円	340,200円	1,508,200円

◎寄付金：任意
◎授業料：2期分納
◎奨学金・特待生制度：なし

学期制	週5·6日制	プール	冷房	寮	食堂	私服通学	海外研修
3期	完6 days		cool				全

サピックスからの合格実績（過去3年）	'22	'23	'24
	151名	137名	114名

進学指導の概要

高2で文理にコースを分けますが、このとき高入生と混合クラスになります。高3の2学期より、進路に応じた特色化プログラムを行い、課題研究など受験準備学習が本格化します。

併設の中央大学との連携や交流が盛んなのは、付属校ならでは。学年または学校単位での大学訪問、大学の先生による講演会や特別授業の実施、オープンキャンパスへの参加などを積極的に行っています。また、内部進学制度による中央大学への進学のほか、国公立をはじめとする難関大学受験に対応する指導にも注力。第一志望校への進学を可能にするためのカリキュラムを展開しています。

■2024年3月卒業生の進路の内訳

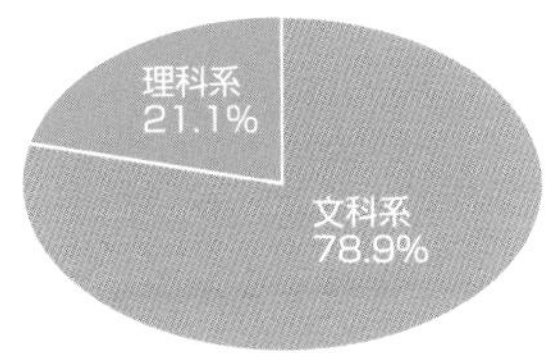

■併設高校から主要大学への合格実績

※上段は現役合格者数、下段は浪人を含めた合格者数。

	東京大	京都大	一橋大	東京工業大	筑波大	お茶の水女子大	電気通信大	東京外国語大	東京学芸大	東京芸術大	東京農工大	東京都立大	横浜国立大	千葉大	早稲田大	慶應義塾大	上智大	東京理科大
22年	1	—	4	—	—	—	2	1	1	—	1	6	6	—	19	12	9	7
	2	—	4	—	—	—	2	1	1	—	1	6	6	—	21	14	9	7
23年	—	—	3	6	—	2	1	1	1	—	—	5	13	—	18	24	16	42
	—	—	3	6	—	2	1	1	1	—	—	5	13	—	18	24	16	43
24年	3	1	7	2	—	1	—	3	—	1	—	1	11	1	18	22	15	15
	3	1	7	2	—	1	—	3	—	1	—	1	11	1	18	22	15	15

	学習院大	明治大	青山学院大	立教大	中央大	法政大	日本大	東洋大	駒澤大	専修大	国際基督教大	津田塾大	東京女子大	日本女子大	文部科学省所管外の大学校	海外の大学	国公立・医学部	私立・医学部
22年	—	19	11	25	282	7	3	—	—	—	—	—	—	—	—	—	—	6
	2	19	11	25	282	7	5	—	—	—	—	—	—	—	2	—	—	6
23年	—	38	14	10	261	7	8	—	—	—	2	—	1	2	—	1	—	6
	—	38	14	11	261	8	8	—	—	—	2	—	1	3	—	1	—	6
24年	1	23	9	19	250	5	7	—	1	1	—	1	1	—	—	1	2	10
	1	23	9	19	250	5	7	—	1	1	—	1	1	—	—	1	2	10

★指定校推薦枠（2024年度）非公表

入試情報

■過去2年間の入試結果

			募集人員	出願者	受験者	合格者	実質倍率
23年	1回	男子	80	170	154	58	2.7
		女子		234	225	89	2.5
	2回	男子	80	483	406	154	2.6
		女子		497	390	137	2.8
24年	1回	男子	80	152	140	51	2.7
		女子		264	249	107	2.3
	2回	男子	80	450	397	167	2.4
		女子		452	379	104	3.6

■2024年度入試 受験者の教科別平均点

	算数	国語	理科	社会	合計
1回	91.3	84.1	58.7	73.6	307.7
2回	97.0	102.3	58.5	56.5	314.4

○配点：算国＝各150点　理社＝各100点
○合格最低点：1回324点 2回338点

24年の募集要項

※以下は2024年の募集要項です。2025年の要項は学校の発表をお待ちください。

入 試 日／①2月1日午前 ②2月2日午後
募集人員／男女160名(①80名 ②80名)
合格発表／①ホームページで即日 ②ホームページで翌日
手続締切／2月5日
試験科目／国語(50分・150点)、算数(50分・150点)、理科(35分・100点)、社会(35分・100点)
面　　接／なし
受 験 料／30,000円

公開行事・説明会予定

【学校説明会】要予約
8月24日(土)10時〜
12月 7日(土)14時30分〜
【学校見学会】要予約
7月20日(土)13時30分〜
3月22日(土)13時30分〜
【紅央祭(文化祭)】
9月 7日(土)
9月 8日(日)
◆変更・中止の可能性もあります。必ず学校ホームページで確認してください。

サピックスOB・OGの声

●校舎は、大きなガラス窓から自然光が差し込む明るい開放的な造りになっています。野球、サッカー、陸上などの部活に利用する人工芝のグラウンドが2つあるなどスポーツ施設が充実し、メニューが豊富なランチルームも自慢です。

鶴見大学附属 中学校

所在地／〒230-0063 横浜市鶴見区2-2-1
TEL／045-581-6325
学校長／岸本 力也
創 立／1924年、曹洞宗總持寺により光華女学校として設立。1947年、鶴見女子中学校・高等学校となる。2008年に共学化、現校名に改称。
URL／www.tsurumi-fuzoku.ed.jp

	1年	2年	3年
男子	94名	82名	76名
女子	47名	52名	45名
クラス数	5組	4組	4組

中高総生徒数／1079名

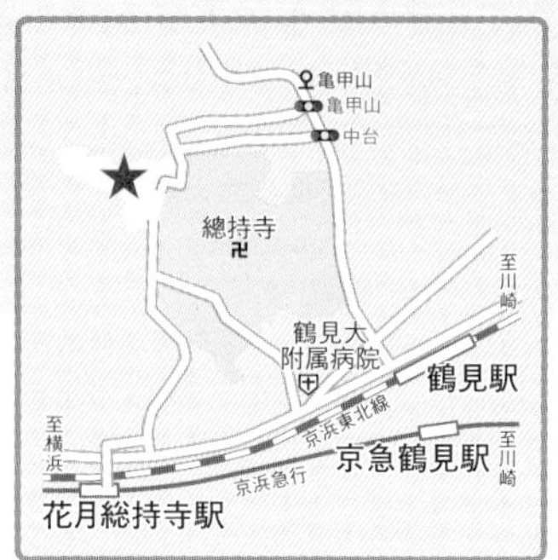

〈交通アクセス〉
JR京浜東北線「鶴見」駅より徒歩15分
京浜急行「花月総持寺前」駅より徒歩10分
JR横浜線・東急東横線「菊名」駅、東急東横線「綱島」駅より「鶴見駅西口」行きバス「亀甲山」下車徒歩7分

学力向上・人間形成を柱として、学びの心で世界を変える

伝統ある總持寺を母体とする共学校です。学力向上・人間形成・国際教育を学園の柱とし、主体性を持って国際社会に貢献できる人間の育成に努めています。入学時から「難関進学クラス」と「進学クラス」に分かれて学び、希望進路の実現を図ります。校舎は教科エリア型で、HRや昼食などクラス単位で過ごす「ホームベース」を軸に、授業ごとに教科エリアに移動して学習するシステム。最新のICT環境やメディアセンターも充実し、学びの空間と生活の空間、2つのエリアでめりはりのある学校生活を送れるよう配慮しています。

スクールライフ

●教育内容

2コース・3ステージ制を導入し、難関進学クラスでは数学・英語について、「アドバンス」と「ベーシック」に分かれての少人数習熟度別授業を実施。各学年で日本人教師と外国人講師のチームティーチングによる英会話を週1時間設けています。また、週1回の7時限目はグローカルカリキュラムを実施しています。定期試験の1週間前には主要5教科の教師が個別指導を行う「フェローシップ制」があります。難関進学クラスは、中3から主要3教科で高校の内容に入ります。毎朝10分間、「こころの時間」を設けるなど、禅の精神と作法に基づく心の教育にも力を入れています。

■主要5教科の週当たり時間（コマ）数

	英語	数学	国語	理科	社会
1年	7	5	5	4	4
2年	7	5	6	4	4
3年	7	5	5	4	4
合計	21	15	16	12	12

◎1日当たりの授業コマ数：50分×6時限
※金曜日は7時限、土曜日は4時限
◎登校時間：8時30分

●部活動

学校全体で文化系19、体育系9の部があり、ほとんどが中高合同で厳しくも楽しく活動しています。

○文化系／英語、数学、放送、美術、漫画研究、写真、ダンス、調理、茶道、書道、囲碁・将棋、JRC国際ボランティア、吹奏楽、アンサンブルクレイン、自然科学、鉄道研究、洋裁、パソコン、社会科

○体育系／バレーボール、バドミントン、テニス、陸上競技、バスケットボール、ソフトボール、硬式野球(高校)、サッカー、バトン

●行事

合唱祭や体育祭、光華祭（文化祭）は全校挙げて盛り上がるイベント。花まつりや耐寒参禅会などの宗教行事も行います。

●修学旅行・研修旅行

中1・2ではイングリッシュキャンプ、中3のオーストラリア語学研修では、ファームステイなどで異文化交流を体験し、高2では「広島・関西体験研修旅行」を実施しています。希望者を対象とした海外語学研修（イギリス・オーストラリア・アメリカ・台湾）では、体験や交流を通して語学力の向上と異文化理解を深めます。

マネーガイド

■2024年度納付金（諸経費を含む） ※女子の場合

	入学金	授業料	施設費	その他	計
入学手続時	200,000円	0円	0円	0円	200,000円
初年度総額	200,000円	420,000円	308,000円	約118,600円	約1,046,600円

◎寄付金：1口2千円、1口以上（任意）
◎授業料：一括納入、月納　選択制
◎奨学金・特待生制度：難関進学クラス入試（1次）の4科受験生と、適性検査入試の受験生のなかから、成績上位者各30名を特待生に。また、本校奨学金、大本山總持寺奨学金などもあり

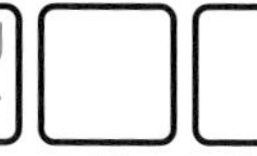

※高校仏教専修科のみ全寮制

学期制 週5・6日制 プール 冷房 寮 食堂 私服通学 海外研修

サピックスからの合格実績（過去3年）	'22	'23	'24
	1名	0名	2名

進学指導の概要

高入生とは高2で混合クラスに。大学受験に特化したカリキュラムを取り入れた特進（国公立大・難関私立大・併設大歯学部進学）コース、文系・理系に偏らない、自由度の高いカリキュラム編成で幅広い進路希望に対応する総合進学（中堅大学進学）コースの2コースに分かれて学びます。中学の難関進学クラス生は、原則として特進コースに進みます。両コースとも高2から科目選択制を設け、適性や希望に合わせたきめ細かい進路指導を行います。総合進学コースは、高2に進級する際、本人の希望進路と学力に応じて特進コースへの転籍も可能。進路ガイダンスも一層の充実を図っています。

■現役大学進学者の進路の内訳

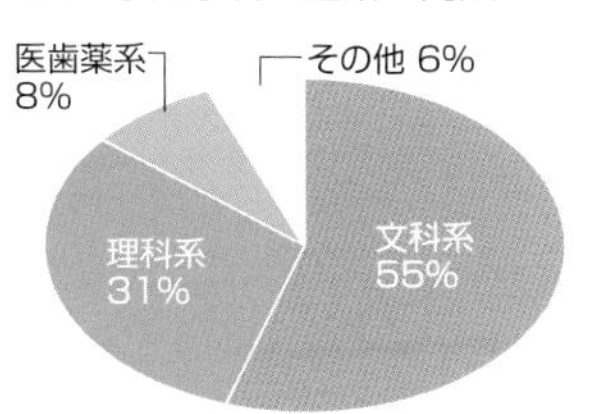

■併設高校から主要大学への合格実績

※上段は現役合格者数、下段は浪人を含めた合格者数。

	東京大	京都大	一橋大	東京工業大	筑波大	お茶の水女子大	電気通信大	東京外国語大	東京学芸大	東京芸術大	東京農工大	東京都立大	横浜国立大	千葉大	早稲田大	慶應義塾大	上智大	東京理科大
22年	—	—	—	—	—	—	—	—	—	—	—	1	—	—	2	—	—	4
	—	—	—	1	—	—	—	—	—	—	—	1	—	—	2	—	—	4
23年	—	—	—	—	1	—	—	—	—	—	—	—	—	1	2	3	1	2
	—	—	—	—	1	—	—	—	—	—	—	—	—	1	3	3	1	2
24年	—	—	—	—	—	—	—	2	1	—	1	—	—	—	11	1	6	2
	—	—	—	—	—	—	—	2	1	—	1	—	—	—	11	1	6	2

	学習院大	明治大	青山学院大	立教大	中央大	法政大	日本大	東洋大	駒澤大	専修大	鶴見大	津田塾大	東京女子大	日本女子大	文部科学省所管外の大学校	海外の大学	国公立・医学部	私立・医学部
22年	5	5	5	2	6	7	18	8	7	6	6	—	—	2	—	—	—	—
	5	7	9	3	10	8	19	12	7	6	6	—	—	2	—	—	—	—
23年	2	17	5	2	9	14	22	11	11	11	3	—	—	1	—	—	—	—
	2	17	5	2	9	14	22	11	11	11	3	—	—	1	1	—	—	—
24年	2	12	9	11	9	17	17	21	6	17	9	—	—	—	1	—	—	—
	3	13	11	11	11	17	20	21	6	17	9	—	—	—	1	—	—	—

★指定校推薦枠（2024年度）明治学院大1名、日本大3名、駒澤大6名、神奈川大22名、専修大2名、玉川大20名など

入試情報

■2024年度の入試結果

		募集人員	出願者	受験者	合格者	実質倍率
進学1次4科	男子	40	41	21	難関2 進学16	1.2
	女子		20	17	難関2 進学14	
進学1次2科	男子		34	27	難関7 進学16	
	女子		25	19	難関3 進学12	
適性検査	男子	30	70	69	難関58 進学11	1.0
	女子		60	60	難関44 進学12	
難関進学1次4科	男子	30	78	59	難関43 進学4	1.6
	女子		37	33	難関25 進学1	
難関進学1次2科	男子		45	36	難関17 進学6	
	女子		21	16	難関7 進学1	
進学2次4科	男子	15	76	27	難関8 進学14	1.3
	女子		29	4	難関1 進学2	
進学2次2科	男子		42	12	難関1 進学8	
	女子		28	9	難関0 進学7	
難関進学2次4科	男子	15	93	44	難関25 進学2	2.1
	女子		39	13	難関5 進学3	
難関進学2次2科	男子		50	17	難関5 進学2	
	女子		23	6	難関3 進学0	
難関進学3次4科	男子	10	105	28	難関7 進学6	3.9
	女子		37	7	難関2 進学1	
難関進学3次3科	男子		8	5	難関3 進学0	
	女子		2	1	難関1 進学0	
難関進学3次2科	男子		33	7	難関1 進学1	
	女子		24	2	難関0 進学0	
難関進学3次算数1科	男子		8	4	難関0 進学1	
	女子		1	1	難関0 進学1	

24年の募集要項

※以下は2024年の募集要項です。2025年の要項は学校の発表をお待ちください。

入 試 日／進学クラス①2月1日午前 ②2月2日午前
難関進学クラス①2月1日午後 ②2月2日午後 ③2月4日午前 適性検査入試2月1日午前

募集人員／男女140名(進学①40名 ②15名 難関進学①30名 ②15名 ③10名 適性30名)

合格発表／掲示、ホームページで即日。難関進学①②適性の掲示は翌日

手続締切／2月10日

試験科目／国語(45分・100点)、算数(45分・100点)、社会・理科(計45分・各50点)
※進学と難関進学①②は2科4科選択 ③は1科(算)2科3科(国算＋理・社または英)4科選択、適性は算数＋適性検査

面　　接／なし

受 験 料／20,000円(複数回同時出願の場合、2回目以降は不要)

公開行事・説明会予定

【学校説明会】要予約 各回10時～
7月 6日(土)、9月 7日(土)
10月 5日(土)、11月 9日(土)
【入試直前説明会】要予約
1月11日(土)10時～
【入試問題の傾向と対策】要予約
11月30日(土)10時～
【サテライト説明会】要予約 ※鶴見大学2号館
12月 5日(木)19時～
【入試模擬体験】要予約
12月14日(土) 9時～
【入試直前個別相談会】要予約
1月18日(土)10時～、1月25日(土)10時～
【校長先生と学校散歩】要予約 各回10時～
8月 3日(土)、8月17日(土)
9月21日(土)、12月 7日(土)
【体験イベント】要予約
6月23日(日)10時～ ※「ミツバチを観察しよう」
7月14日(日)10時～ ※夏休み体験イベント
7月25日(木)10時～ ※鶴見大学歯学部親子体験
【体育祭】10月 1日(火) 9時～15時
【合唱祭】11月21日(木)13時～14時30分
【光華祭(文化祭)】
11月 2日(土)～4日(振休)9時～15時
◆変更・中止の可能性もあります。必ず学校ホームページで確認してください。

私立 神奈川 共学 つ

桐蔭学園 中等教育学校

所在地／〒225-8502 横浜市青葉区鉄町1614
TEL／045-971-1411
学校長／玉田 裕之
創　立／1964年に高校を開校し、1966年に中学、2001年に中等教育学校を設置。2019年に中学と中等教育学校を統合。
URL／toin.ac.jp/ses/

	1年	2年	3年
男子	170名	177名	166名
女子	137名	158名	112名
クラス数	8組	8組	7組

総生徒数／1727名　併設小から約25%

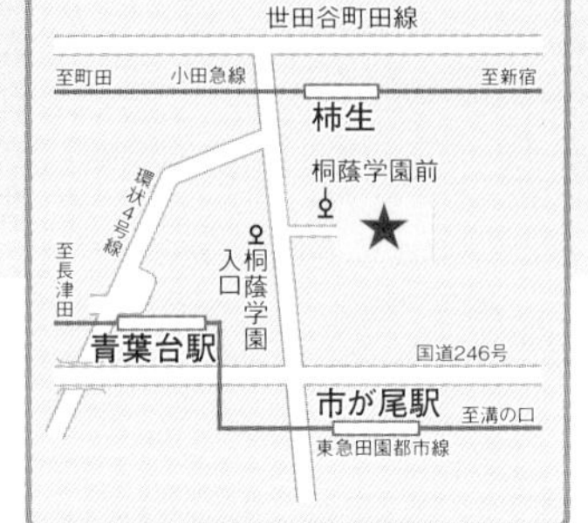

〈交通アクセス〉
小田急線「柿生」「新百合ヶ丘」駅、東急田園都市線「市が尾」「青葉台」駅、東急田園都市線・横浜市営地下鉄「あざみ野」駅よりバス

男女共学の中等教育学校として再出発

「自ら考え判断し行動できる子どもたち」を育てるため、大がかりな教育改革を実践中の桐蔭学園。長らく男子の中等教育学校、中学男子部、中学女子部の3校体制でしたが、2019年度から中等教育学校に一本化。6年一貫の男女共学校として、再スタートを切りました。この変革は現代社会における「多様性」や「協働」の大切さを鑑みての措置です。異性とも日常的に意見を交わし、互いに認め合う環境を整えることで、教育の柱の一つである「アクティブラーニング型授業」の推進・深化にもつなげます。

スクールライフ

●教育内容

教育の3本柱は「アクティブラーニング型授業」「探究」「キャリア教育」です。「アクティブラーニング型授業」では、バランスの良い学力の育成をめざします。生徒がみずから選んだテーマを掘り下げ、学び続ける力を育む「探究」をはじめ、すべての教科でペアワークやグループ学習などに取り組み、課題解決力や協働力を伸ばします。「キャリア教育」では成長し続ける力の育成を図ります。開校以来、英語や数学などでは習熟度別授業を行っており、そのメンバーは定期考査ごとに入れ替える仕組みです。また、アフタースクールとして、グローバルラウンジでのさまざまなプログラムも用意。さらに生徒全員が3年次に海外語学研修に出かけるほか、「15歳のグローバルチャレンジ」という魅力的なプログラムも企画しています。

■主要5教科の週当たり時間（コマ）数

	英語	数学	国語	理科	社会
1年	6	5	5	4	4
2年	6	6	4	4	4
3年	6	6	4	6	3
合計	18	17	13	14	11

◎1日当たりの授業コマ数：50分×6時限
◎登校時間：8時20分

●部活動

併設高校とは基本的に分かれており、文化部・運動部ともに活発に活動しています。

○文化系／吹奏楽、器楽、茶道、化学、生物、鉄道研究、電気工作、競技かるたなど

○体育系／バスケットボール、硬式テニス、水泳、卓球、陸上競技、サッカー、ラグビー、軟式野球、武道など

●行事

学園最大の行事は併設高校も同日開催する鸞鳳祭（文化祭）。生徒が一から企画を練り、日ごろの活動の成果を披露します。また、運動会やシンフォニーホールでの舞台芸術鑑賞会など、充実した施設を使った行事が、生徒の学校生活を彩ります。

●修学旅行・研修旅行

3年次に全員が参加する海外語学研修があります。約2週間、身につけた語学のスキルを発揮するとともに、グローバルな視点を育みます。このほかに希望制の留学制度もあります。また5年次には、修学旅行（国内）があります。

マネーガイド

■2024年度納付金(諸経費を含む)

	入学金	授業料	施設費	その他	計
入学手続時	240,000円	153,000円	287,000円	177,900円	857,900円
初年度総額	240,000円	612,000円	287,000円	291,100円	1,430,100円

◎寄付金：1口14万円、2口以上（任意）
◎授業料：4期分納
◎奨学金・特待生制度：入試成績上位者に特別奨学生として授業料を給付（1年間・2年次以降毎年審査）

3期 学期制　完6 days 週5･6日制　温 プール　cool 冷房　寮　食堂　私服通学　全 海外研修

サピックスからの合格実績（過去3年）	'22	'23	'24
	82名	75名	51名

進学指導の概要

併設高校とは別組織で、カリキュラムも別編成です。中等教育学校は4年次から後期課程となり、全員が国公立大学を受験できるような総合的なカリキュラムを組んでいきます。また「キャリア教育」を重視しており、各種の講演会や職場訪問、企業・大学・NPOなどと連携した実習プログラムも積極的に計画。生徒は自分の将来をきちんと見据えたうえで、自己実現に必要な学力を養います。さらにアフタースクールでも、こまやかなサポート体制を整えています。特に後期課程では、放課後の補習をはじめ、希望制の講習も充実しているほか、夏休み（5年次）には校外宿泊講習も行う予定です。

■現役大学進学者の進路の内訳

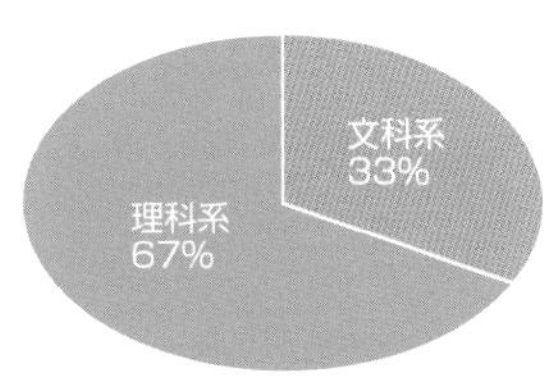

■併設高校から主要大学への合格実績

※上段は現役合格者数、下段は浪人を含めた合格者数。

	東京大	京都大	一橋大	東京工業大	筑波大	お茶の水女子大	電気通信大	東京外国語大	東京学芸大	東京芸術大	東京農工大	東京都立大	横浜国立大	千葉大	早稲田大	慶應義塾大	上智大	東京理科大
22年	2	—	4	2	2	—	—	—	1	—	—	2	5	—	22	25	18	21
	2	—	4	2	2	—	1	1	1	—	1	2	6	1	29	36	23	30
23年	5	—	3	3	1	—	—	—	1	—	—	1	4	—	27	30	26	32
	5	—	3	3	1	—	1	—	1	—	—	2	5	—	33	35	32	42
24年	2	—	1	3	—	—	2	—	—	—	3	4	2	—	11	10	7	24
	2	—	2	3	—	—	2	—	1	—	4	4	2	—	11	15	8	31

	学習院大	明治大	青山学院大	立教大	中央大	法政大	日本大	東洋大	駒澤大	専修大	国際基督教大	津田塾大	東京女子大	日本女子大	文部科学省所管外の大学校	海外の大学	国公立・医学部	私立・医学部
22年	—	27	28	10	12	11	25	6	1	1	—	—	—	—	2	—	4	8
	—	40	36	11	20	22	30	10	4	6	—	—	—	—	2	—	9	20
23年	4	55	34	20	33	30	27	6	8	9	2	—	—	—	4	—	7	18
	7	72	40	25	41	35	32	12	9	11	2	—	—	—	4	—	10	35
24年	1	28	23	13	20	15	29	6	6	15	2	—	—	—	1	—	1	17
	2	32	27	14	25	22	35	7	10	17	2	—	—	—	1	—	3	32

★指定校推薦枠（2024年度）早稲田大、慶應義塾大、東京理科大など

入試情報

■2024年度の入試結果

			募集人員	出願者	受験者	合格者	実質倍率
1回	4科	男子	男子30 女子30	124	116	37	3.1
		女子		69	68	34	2.0
	探究型	男子		30	30	8	3.8
		女子		20	20	9	2.2
1回午後	2科	男子	男子35 女子35	383	361	144	2.5
		女子		207	196	90	2.2
2回	2科	男子	男子30 女子30	328	262	65	4.0
		女子		148	115	45	2.6
	グローバル	男子		51	42	21	2.0
		女子		44	34	20	1.7
3回	4科	男子	男子10 女子10	163	108	11	9.8
		女子		80	44	11	4.0
	2科	男子		75	54	2	27.0
		女子		57	42	4	10.5
帰国		男子	男子10 女子10	40	35	15	2.3
		女子		18	18	13	1.4

○4科配点：算国＝各150点　理社＝各100点　○2科配点：算国＝各100点
○合格最低点：1回4科男子360点・女子340点　探究型男子70点・女子65点　1回午後2科男子165点・女子160点　2回2科男子165点・女子144点　グローバル男子240点・女子225点　3回4科男子402点・女子356点　2科男子172点・女子156点　帰国は非公表

24年の募集要項

※以下は2024年の募集要項です。2025年の要項は学校の発表をお待ちください。

入 試 日／①2月1日午前・午後②2月2日午後③2月5日午前
募集人数／①午前男女各30名 ①午後男女各35名 ②男女各30名 ③男女各10名
合格発表／すべてホームページで即日
手続締切／2月8日
試験科目／4科：国語(50分・150点)、算数(50分・150点)、社会(40分・100点)、理科(40分・100点)
2科：国語(50分・100点)、算数(50分・100点)
探究型(みらとび)入試：総合思考力問題(50分・100点)、算数基礎(50分・100点)
グローバル入試：国語・算数基礎(各50分・各100点)＋英語資格等による加点あり
①午前は4科または探究型、①午後は2科、②は2科またはグローバル入試、③は2科4科選択
面　　接／なし
受 験 料／25,000円
※複数回受験の場合は、2回目以降各10,000円

公開行事・説明会予定

【学校説明会】要予約
6月15日(土)14時30分～※5年生以上対象
7月20日(土)14時30分～※4年生以上対象
11月 2日(土)14時30分～
【入試体験会・入試説明会】要予約
12月14日(土) 9時30分～※6年生対象
【鸞鳳祭(文化祭)】
9月22日(祝)
9月23日(振休)
◆変更・中止の可能性もあります。必ず学校ホームページで確認してください。

桐光学園(とうこう) 中学校

所在地／〒215-8555 川崎市麻生区栗木3-12-1
TEL／044-987-0519
学校長／岡村 薫
創 立／1978年、桐光学園高等学校を設立し、1982年に桐光学園中学校を併設。1991年に女子部を開校する。
URL／www.toko.ed.jp

	1年	2年	3年
男子	202名	228名	203名
女子	138名	125名	152名
クラス数	10組	10組	10組

中高総生徒数／2788名 併設小から約16%

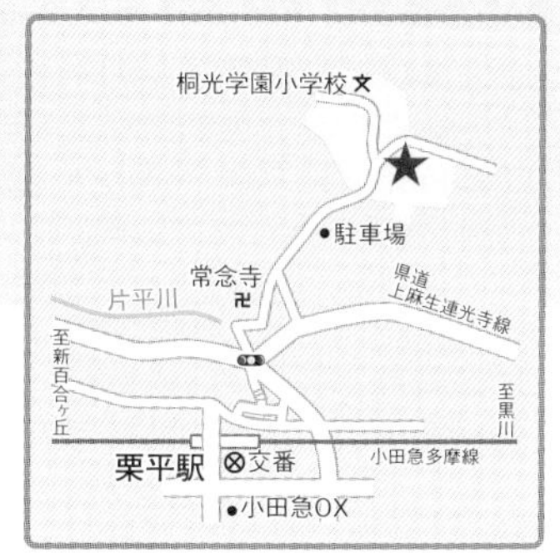

〈交通アクセス〉
小田急多摩線「栗平」駅より徒歩12分

50周年に向け、国際化をさらに加速させる新体制をスタート

国際社会で活躍し、社会的課題に立ち向かうリーダーの育成にさらに力を入れるべく、2024年度から新しい校長と副校長による新体制が発足しました。特に力を入れているのが国際教育です。世界が注目するチャータースクール「High Tech High」のエッセンスを取り入れた研修プログラムや、名門イートン校で行うサマースクールなど、生徒の目を海外に向けるための機会を多数用意。クラブ活動も充実しており、生徒の多様性を伸ばしています。2028年に迎える高校創立50周年に向け、学園生活の一層の充実が期待されます。

スクールライフ

●教育内容

中高一貫教育2期制・週6日制で、月～金曜日は6時限授業です。土曜日は3時限まで授業で、4時限目はユニーク講習、大学訪問授業を実施します。また、中3になる段階で特進クラスを設置し、ハイレベルな授業を展開。高校受験ならびに3年後の大学受験に向けて学習します。また、始業前に主要5教科の10分間テストを行い、2週間を1クールとして、最初の1週間をテスト、次の1週間を補講・追試・課題などのフォローに充てるシステムです。定期試験でも個々の結果によってフォロー講習を実施しています。

■主要5教科の週当たり時間（コマ）数

	英語	数学	国語	理科	社会
1年	6	5	5	4	3
2年	6	5	5	4	3
3年	6	5	5	4	4
合計	18	15	15	12	10

◎1日当たりの授業コマ数：50分×6時限
◎登校時間：8時20分

●部活動

文化系31、体育系20のクラブがそろっています。高校男子サッカー部、高校男子バスケット部、高校硬式野球部だけでなく、文化部も全国レベルの実力を持つクラブが多数あります。参加率は非常に高く、文化部は中高合同、運動部は中高男女別の活動がほとんどです。
○文化系／演劇、合唱、吹奏楽、囲碁・将棋、映画研究、英語、模擬国連、インターアクト、鉄道研究、航空研究、落語、華道、ギター、弦楽、競技かるた、JRC、写真など
○体育系／野球、テニス、陸上、サッカー、バスケットボール、空手道、弓道、ソフトボール、ラグビー、水泳、バレーボール、ダンス、バドミントン、卓球、山岳など

●行事

9月の輝緑祭(文化祭)のほか、体育大会、合唱コンクール、芸術鑑賞などがあり、生徒が中心となって「自分たちの行事」を作り上げます。高3ではOBの案内による東大見学ツアーも行います。

●修学旅行・研修旅行

7月下旬には学年別の中学サマースクール、1月には中1・2と高2はスキースクール、中3と高2は国内での英語プログラムを実施します。夏休みには、中3から高2までの希望者を対象に、最新のPBL型授業を盛り込んだサンディエゴや英国イートン校での研修などさまざまな英語研修プログラムがあります。

マネーガイド

■2024年度納付金（諸経費を含む） ※女子の場合

	入学金	授業料	施設費	その他	計
入学手続時	220,000円	0円	0円	0円	220,000円
初年度総額	220,000円	528,000円	180,000円	423,320円	1,351,320円

◎寄付金：10万円以上（任意）
◎授業料：4期分納
◎奨学金・特待生制度：2年次より成績優秀者に年額45万円を支給。また、入試成績優秀者に授業料を免除（1年間）

学期制　週5・6日制　プール　冷房　寮　食堂　私服通学　海外研修

サピックスからの合格実績（過去3年）	'22 男16名 女5名	'23 23名	'24 20名

進学指導の概要

男女とも高1では高入生と別クラス編成。それぞれ学力レベルで特進クラスのSAコースとAコースに分かれます。高2からは高入生と混合クラスとなり、SA、Aコースの枠を発展的に解消し、文Ⅰ（国公立大文系中心）、理Ⅰ（国公立大理系中心）、文Ⅱ（私立大文系中心）、理Ⅱ（私立大理系中心）の4コースに分かれ、文Ⅰ・理Ⅰにはそれぞれ国立の最難関校をめざす特進のαクラスを設置。高2・高3では演習授業や選択授業を多く行い、高2末には高校の内容を修了し、大学受験に対応した実戦力を身につける学習に入ります。放課後や長期休暇中には、進路に合わせた希望制の講習を600講座開講しています。

■現役大学進学者の進路の内訳

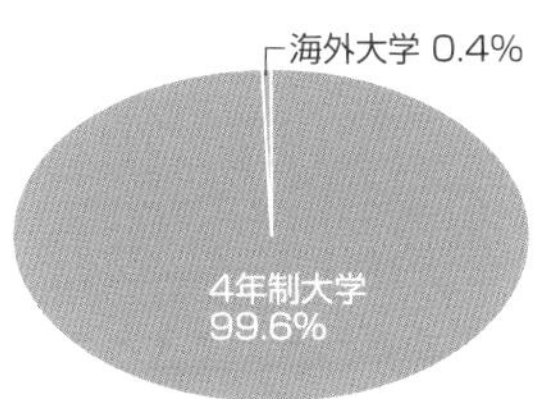

■併設高校から主要大学への合格実績

※上段は現役合格者数、下段は浪人を含めた合格者数。

	東京大	京都大	一橋大	東京工業大	筑波大	お茶の水女子大	電気通信大	東京外国語大	東京学芸大	東京芸術大	東京農工大	東京都立大	横浜国立大	千葉大	早稲田大	慶應義塾大	上智大	東京理科大
22年	2	1	2	2	4	1	2	8	3	1	3	15	13	2	40	30	39	49
	3	1	3	3	5	1	2	8	3	2	3	17	13	2	52	40	44	59
23年	—	—	2	1	6	2	2	2	—	—	3	17	14	2	54	53	51	57
	—	—	3	1	6	2	3	3	—	1	4	19	16	2	62	60	55	70
24年	3	4	4	5	2	1	6	3	—	2	3	19	9	—	57	73	48	55
	5	4	4	5	2	2	9	3	—	2	4	21	10	—	66	81	51	67

	学習院大	明治大	青山学院大	立教大	中央大	法政大	日本大	東洋大	駒澤大	専修大	国際基督教大	津田塾大	東京女子大	日本女子大	文部科学省管外の大学校	海外の大学	国公立・医学部	私立・医学部
22年	12	104	44	53	102	63	65	22	15	17	3	10	6	8	3	—	5	12
	15	132	52	61	117	101	87	37	25	22	4	11	9	9	4	2	7	24
23年	15	122	78	43	87	63	66	38	12	30	1	4	6	5	1	—	3	7
	19	152	96	53	112	89	85	42	14	35	3	4	6	5	2	—	5	11
24年	13	142	78	67	83	70	59	39	13	28	2	11	11	10	5	4	—	4
	14	155	92	70	105	85	71	47	17	29	2	11	11	10	5	6	—	11

★指定校推薦枠（2024年度）東京都立大6名、横浜市立大3名、早稲田大4名、上智大11名、東京理科大12名、明治大1名、青山学院大7名、立教大7名、中央大6名など

入試情報

■2024年度　男子の入試結果

		募集人員	出願者	受験者	合格者	実質倍率
1回	4科	80	187	174	84	2.1
2回	4科	80	321	233	94	2.5
3回A	4科	60	272	198	87	2.3
3回B	2科		45	36	13	2.8
帰国	※	若干	47	46	26	1.8

※算・国・英から2科選択
○配点：算国＝各150点　理社＝各100点　○帰国配点：算国英＝100点
○合格最低点：1回316点　2回288点　3回A301点・B-点　帰国算国128点・算英119点・国英148点

■2024年度　女子の入試結果

		募集人員	出願者	受験者	合格者	実質倍率
1回	4科	50	91	89	54	1.6
2回	4科	50	169	128	75	1.7
3回A	4科	30	109	67	40	1.7
3回B	2科		17	11	10	1.1
帰国	※	若干	18	18	11	1.6

※算・国・英から2科選択
○配点：算国＝各150点　理社＝各100点　○帰国配点：算国英＝100点
○合格最低点：1回269点　2回230点　3回A241点・B-点　帰国算国132点　算英128点・国英149点

24年の募集要項

※以下は2024年の募集要項です。2025年の要項は学校の発表をお待ちください。

入試日／①2月1日 ②2月2日 ③A③B(英語資格入試・T&M入試)2月3日 帰国1月5日
募集人員／男女350名(①男子80名・女子50名 ②男子80名・女子50名 ③A③B男子60名・女子30名)、帰国若干名
合格発表／ホームページで即日 ※帰国および掲示は翌日
手続締切／①2月3日 ②2月4日 ③A③B2月5日　帰国1月8日
試験科目／国語(50分・150点)、算数(50分・150点)、理科(40分・100点)、社会(40分・100点)
③Bは2科＋面接(本人)
面　接／③Bと帰国のみあり(本人)
帰国生のための試験／国語、算数、英語より2科選択(計80分・各100点)、面接(本人)
受験料／22,000円(2回出願33,000円、3回出願40,000円)

公開行事・説明会予定

【学校説明会】要予約
6月23日(日)、7月14日(日)、9月15日(日)
10月 5日(土)、11月 9日(土)、12月22日(日)
【帰国生対象説明会】要予約
8月10日(土)午前
【3回B(英語資格入試・T&M入試)入試説明会】要予約
10月27日(日)
【入試問題説明会】要予約
11月 2日(土)帰国生対象
12月 7日(土)
【オープンスクール】要予約
6月15日(土)10時～
【学校見学ツアー】要予約
10月20日(日)
3月16日(日)
【輝緑祭(文化祭)】
9月22日(祝)、23日(振休)
【体育大会】
10月24日(木)
◆変更・中止の可能性もあります。必ず学校ホームページで確認してください。

日本大学 中学校

所在地／〒223-8566 横浜市港北区箕輪町2-9-1
TEL／045-560-2600
学校長／中園 健二
創 立／1930年、日本大学第四中学校として横浜市神奈川区に開校。1947年、現在地に移転。1999年に共学化。
URL／www.yokohama.hs.nihon-u.ac.jp

	1年	2年	3年
男子	129名	141名	113名
女子	75名	87名	84名
クラス数	5組	6組	6組

中高総生徒数／2100名

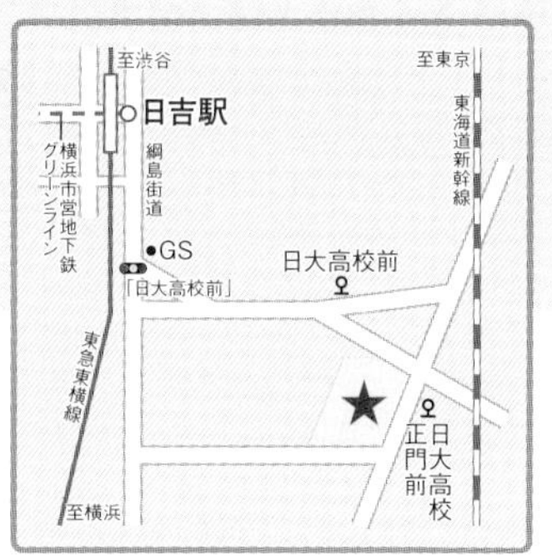

〈交通アクセス〉
東急東横線・目黒線・新横浜線、横浜市営地下鉄「日吉」駅よりスクールバスで5分（徒歩12分）

「中高一貫2・1・3システム」で、未来を創造しよう！

校訓に「情熱と真心」、教育目標に「自覚と責任」を掲げ、教育理念「自主創造」の精神を体現できる生徒の育成をめざします。2022年度より中学1･2年次は「アカデミックフロンティア（AF）」と「グローバルリーダーズ（GL）」の2コース制。3年次は高校での「特進」「総進」「スーパーグローバル（SG）クラス」の2コース1クラス制の「プレコース」化を導入。主体的に学べるＡＬ型授業と体験型キャリア教育プログラムで未来を創造する「確かな力」を育みます。「Aiming high!（高みをめざそう！）」を合言葉に、グローバルリーダーを養成します。

スクールライフ

●教育内容

1人1台のiPadや全教室に設置された電子黒板を効果的に活用し、アクティブ・ラーニング型授業を展開しています。双方向授業や調べ学習、グループワーキングやプレゼンテーションの機会を通し、生徒が主体的に協働しながら学び、確かな学力を身につけます。また、7名の外国人講師による少人数制英会話授業や、放課後イングリッシュラウンジで英語4技能の「話す」「聞く」力を高めるとともに、海外研修での異文化体験を通して多様性への理解力を養い、グローバルリーダーの素地を形成しています。さらに、日本大学16学部への学部訪問や、日本銀行･新聞社･JICA訪問、大相撲観戦や歌舞伎･ミュージカル鑑賞など、さまざまな体験型キャリア教育を展開して人間力を高めます。

■主要5教科の週当たり時間（コマ）数

	英語	数学	国語	理科	社会
1年	6	5	5	4	4
2年	6	5	5	4	4
3年	6	6	6	4	4
合計	18	16	16	12	12

◎1日当たりの授業コマ数：50分×6時限
※土曜日は4時限
◎登校時間：8時10分

●部活動

中高合わせて運動部、学芸部ともに多彩な選択肢があり、各クラブがそれぞれの目標を掲げて活動しています。2021年度は水泳部が全国優勝するなど、多くの部が全国レベルの大会で活躍しています。

○文化系／物理、生物、美術、軽音楽、放送、吹奏楽、演劇など

○体育系／サッカー、野球、バスケットボール、剣道、射撃、水泳、チアリーディング、ラクロス、陸上競技、バレーボールなど（2024年度現在）※スキー部・体操部は男女ともに募集停止。その他、募集停止を検討中の部もあるため、事前にお問い合わせください。

●行事

桜苑祭（文化祭）、体育祭、マラソン大会など、クラスの絆を深め、一人ひとりが輝ける場を用意しています。

●修学旅行・研修旅行

中1で長野県車山林間学校、ブリティッシュヒルズ研修（GL）、中2でシンガポール海外研修（GL）、広島・山口国内研修（AF）、中3で台湾研修（特進・総進プレ）、ニュージーランド研修（SGプレ）に全員が参加します。このほか、オーストラリアでの希望制による夏季短期海外研修があります。

マネーガイド

■2024年度納付金（諸経費を含む） ※GL女子の制服・研修費等を含んだ場合

	入学金	授業料	施設費	その他	計
入学手続時	230,000円	0円	0円	0円	230,000円
初年度総額	230,000円	516,000円	165,000円	454,509円	1,365,509円

◎寄付金：なし
◎授業料：3期分納
◎奨学金・特待生制度：学業成績・人物ともに優れた生徒に対し、特待生・奨学生の各種制度あり

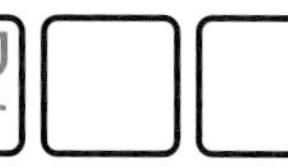

学期制　週5・6日制　プール　冷房　寮　食堂　私服通学　海外研修

サピックスからの合格実績（過去3年）	'22	'23	'24
	44名	33名	23名

進学指導の概要

高校では生徒各自がめざす進路や学校生活のスタイルに合わせ、特別進学コース、総合進学コース、総合進学コース・スーパーグローバルクラスの2コース1クラスを設置しています。医歯薬獣医系を含む16学部86学科を有する国内最大の総合大学「日本大学」の付属校という優位性を保持しつつ、さらなる高みをめざし、国公立大学や難関私立大学、海外大学への進学も視野に入れることが可能な進学ハイブリッド校としての夢を育み、実現できる環境を整えています。特に、生徒一人ひとりが持つiPad内のスタディサプリを使った演習や教材動画学習は、生徒のやる気と学力向上を促しており、チューターが常駐して学習サポートを行う「スタディルーム（中学生から利用が可能）」では、学習習慣と基礎学力の定着を促します。また、高校生から受講可能な「Nゼミ（現役予備校講師が指導する学内予備校）」では、受験に直結する指導を行うなど、外部サポート体制も充実しています。この「スタディルーム」と「Nゼミ」は校内完結型のため、文武を無理なく両立することができます。

■2024年3月卒業生の進路の内訳

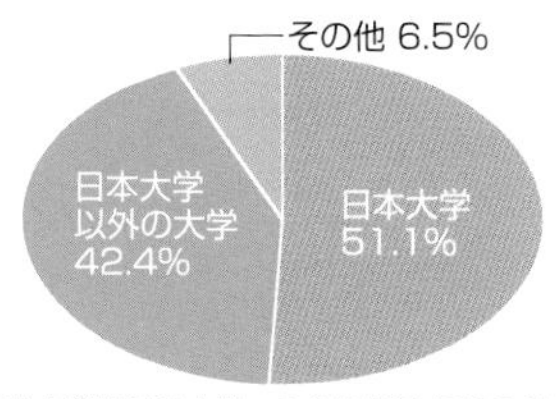

★日本大学以外の大学への合格状況（2024年度）東北大2名、名古屋大1名、東京外国語大2名、電気通信大4名、東京農工大1名、筑波大1名、お茶の水女子大2名、横浜国立大3名、東京都立大1名、横浜市立大7名など

■併設大学（日本大学）への推薦状況

	法学部	文理学部	経済学部	商学部	芸術学部	国際関係学部	危機管理学部	スポーツ科学部	理工学部	生産工学部	工学部	医学部	歯学部	松戸歯学部	薬学部	生物資源科学部	短期大学部
22年	52名	30名	32名	17名	4名	—名	4名	3名	34名	5名	—名	—名	2名	—名	3名	34名	—名
23年	43名	35名	31名	20名	10名	3名	7名	1名	45名	5名	—名	—名	—名	1名	3名	41名	3名
24年	67名	53名	31名	10名	5名	2名	2名	1名	44名	9名	—名	3名	3名	1名	4名	44名	2名

★指定校推薦枠（2024年度）横浜市立大5名、早稲田大2名、東京理科大15名、上智大2名、学習院大2名、青山学院大1名、明治大2名、法政大7名、中央大3名など

入試情報

■2024年度の入試結果

		募集人員	出願者	受験者	合格者	実質倍率
帰国（国・算）	男子	若干	21	20	13	1.5
	女子					
帰国（英・算）	男子		38	38	22	1.7
	女子					
A①	男子	90	218	170	57	3.0
	女子					
適性検査型	男子		201	199	80	2.5
	女子					
A②（国・算）	男子	50	439	407	157	2.6
	女子					
A②（英・算）	男子		30	26	11	2.4
	女子					
B	男子	40	464	315	65	4.8
	女子					
C	男子	20	392	227	45	5.0
	女子					

○配点：算国英＝各100点　理・社＝各50点　適性検査Ⅰ＝100点　適性検査Ⅱ＝200点
○合格最低点：A①179点　適性検査型110点　A②(国・算)131点　A②(英・算)120点　B119点　C180点　帰国(国・算)135点　帰国(英・算)141点

24年の募集要項

※以下は2024年の募集要項です。2025年の要項は学校の発表をお待ちください。

入試日／A①2月1日午前 適性検査型2月1日午前 A②2月1日午後 B2月2日午後 C2月5日午前 帰国12月9日
募集人員／男女200名(A①・適性検査型90名 A②50名 B40名 C20名 帰国若干名)
合格発表／A①A②BCはホームページで即日。適性検査型は翌日、帰国は12月12日
手続締切／A①A②B2月4日 C2月7日 適性検査型2月10日 帰国12月20日(分納2月4日)
試験科目／国語(50分・100点)、算数(50分・100点)、理科・社会(60分・各50点)、英語(50分・100点) A①とCは4科 A②は国語または英語、算数 Bは2科 適性検査型：Ⅰ(50分・100点)、Ⅱ(50分・200点)
面接／なし
帰国生のための試験／国語または英語、算数
受験料／25,000円(複数回同時出願50,000円)

公開行事・説明会予定

【中学校説明会】要予約
10月12日(土)
11月16日(土)
【オープンスクール】要予約
6月15日(土)
【桜苑祭(文化祭)】
9月14日(土)、15日(日)
◆変更・中止の可能性もあります。必ず学校ホームページで確認してください。

私立 神奈川 共学 に

日本大学藤沢 中学校

所在地／〒252-0885 藤沢市亀井野1866
TEL／0466-81-0125
学校長／渡辺 博
創 立／1949年に創設された日本大学農林高等学校が前身。1950年、日本大学の付属校として、日本大学藤沢高等学校に改称する。2009年4月に中学校を併設。
URL／www.fujisawa.hs.nihon-u.ac.jp

	1年	2年	3年
男子	92名	64名	81名
女子	73名	71名	45名
クラス数	4組	4組	3組

中高総生徒数／1754名

〈交通アクセス〉
小田急江ノ島線「六会日大前」駅より徒歩8分

独自の中高一貫教育で、「みらい」を切り開く次世代のリーダーを育成

2009年4月、日本大学藤沢高校に併設された中学校です。日本大学の建学の精神に基づき、「健康」「有為」「品格」を校訓とし、豊かな環境の下、未来を担う有能な人材を養成します。日大藤沢高校はもともと高い学力と大学進学率で、湘南地区でも評価の高い精鋭校。中学では、高校の特進クラスに直結するハイレベルな教育の実践を目標とし、早期から進学指導の強化を図ります。日大の生物資源科学部に隣接していることもあり、約3万5000坪のキャンパスに大学レベルの設備が備わっているのも大きな魅力です。

スクールライフ

●教育内容

中高一貫プログラムの下、中1･2では基礎学力の徹底、中3・高1では応用力の定着を図り、高2・3では多様な進学目標に向けて、より実戦的な授業を展開。「先取り学習」で生徒の学習意欲を高めながら、高校のカリキュラムに無理なく移行します。国語・数学・英語の3教科は公立中学校の約1.7倍の時間数を確保し、基礎固めを徹底。1クラス40名程度のクラス編成で、さらに少人数制授業も実施します。週1時間の英会話は、1クラスを少人数グループに分け、外国人講師と日本人教師による授業を実施。中学卒業までに英検®準2級以上の取得が目標。英語と数学は習熟度別授業を行い、放課後の補習や、夏・冬休みに特別授業を開催するなど、理解の不十分な生徒を出さないよう対策を練っています。

■主要5教科の週当たり時間（コマ）数

	英語	数学	国語	理科	社会
1年	6	5	4	4	4
2年	6	5	5	4	4
3年	6	6	4	5	4
合計	18	16	13	13	12

◎1日当たりの授業コマ数：50分×6時限
※土曜日は4時限
◎登校時間：8時30分

●部活動

中高合同の部活として、16の文化部と10の運動部を設置。高校にはサッカー部をはじめ、全国的に名を知られる強豪クラブがそろっています。

○文化系／新聞･写真、文芸、吹奏楽、コーラス、科学、茶道、華道、生物、天文、鉄道研究、放送、演劇、書道、家庭、データテクノロジー、英語

○体育系／柔道、剣道、テニス、軟式野球、バレーボール、卓球、サッカー、ラグビー、陸上競技、ウエイトリフティング

●行事

日藤祭（文化祭）や体育祭のほか、芸術鑑賞会やマラソン大会を開催。隣接する日大生物資源科学部の農場では野菜の栽培を、食品加工実習センターではソーセージづくりを体験します。食の大切さや自然と人間のかかわりについて学びます。

●修学旅行・研修旅行

中2では夏の林間学校、中3では関西・中国地方への修学旅行を行うほか、希望者を対象にオーストラリアへの海外語学研修も実施。高2の修学旅行は選択制で、海外はカナダ、国内は北海道を訪れます。

マネーガイド

■2024年度納付金（諸経費を含む）

	入学金	授業料	施設費	その他	計
入学手続時	230,000円	0円	0円	0円	230,000円
初年度総額	230,000円	492,000円	195,000円	206,500円	1,123,500円

◎寄付金：なし
◎授業料：3期分納
◎奨学金・特待生制度：成績優秀者に10万円を支給(奨学金)。成績優秀者に授業料相当額を全額または半額を給付(特待生)

3期	完6 days		cool				他
学期制	週5・6日制	プール	冷房	寮	食堂	私服通学	海外研修

サピックスからの合格実績（過去3年）	'22	'23	'24
	6名	15名	9名

進学指導の概要

高1から特進クラスを3クラス設置し、うち1クラスは内進生のみのクラスで、他のクラスは高入生との混合クラス。高2より文系と理系クラスに分かれます。他大学への進学を希望する生徒も増加傾向にあるため、進学対策には力を入れ、高2から夏季休暇を利用した夏季講習を、高3では5日間の集中講習である基礎学力到達度テスト対策講座や一般受験対策講座などを実施します。また、大学受験対策講座や英検®対策講座をはじめとした「放課後講座」も行っています。日本大学への推薦入学は、在学中の学業成績、付属高校を対象とした一斉テストの成績および面接・小論文などの総合判定により、各学部から入学が許可されます。

■現役大学進学者の進路の内訳

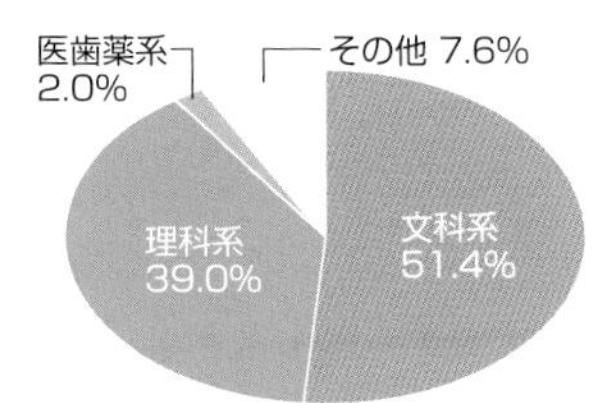

■併設高校から主要大学への合格実績

※上段は現役合格者数、下段は浪人を含めた合格者数。

	東京大	京都大	一橋大	東京工業大	筑波大	お茶の水女子大	電気通信大	東京外国語大	東京学芸大	東京芸術大	東京農工大	東京都立大	横浜国立大	千葉大	早稲田大	慶應義塾大	上智大	東京理科大
22年	—	—	—	—	2	1	2	—	—	1	—	4	3	1	11	4	8	7
	—	—	—	—	2	1	2	—	—	1	—	4	5	1	12	5	8	7
23年	—	—	—	—	1	—	—	—	1	—	—	3	3	1	12	4	11	13
	1	—	—	—	1	—	—	—	1	—	—	3	3	1	15	4	11	13
24年	—	—	—	1	1	1	1	—	2	—	—	2	5	—	16	12	6	7
	—	—	—	1	1	1	1	—	2	—	—	2	5	—	19	13	6	8

	学習院大	明治大	青山学院大	立教大	中央大	法政大	日本大	東洋大	駒澤大	専修大	国際基督教大	津田塾大	東京女子大	日本女子大	文部科学省所管外の大学校	海外の大学	国公立・医学部	私立・医学部
22年	12	29	23	12	18	41	295	12	5	6	—	2	2	3	1	—	—	3
	13	33	24	12	24	43	295	12	5	6	—	2	2	3	2	—	—	3
23年	15	33	29	16	24	44	602	14	6	15	—	—	4	8	—	—	—	1
	16	35	30	16	24	47	602	14	6	15	—	—	4	8	—	—	—	1
24年	19	39	30	26	26	44	572	18	7	11	—	1	4	3	2	—	—	1
	23	44	32	28	28	45	572	18	7	11	—	1	4	3	2	—	—	1

★指定校推薦枠（2024年度）早稲田大1名、上智大4名、東京理科大7名、学習院大7名、明治大6名、青山学院大8名、立教大3名、法政大10名、中央大2名、明治学院大12名、横浜市立大2名など

入試情報

■過去2年間の入試結果

			募集人員	出願者	受験者	合格者	実質倍率
23年	1回	男子	20	120	109	40	2.7
		女子	20	91	86	45	1.9
	2回	男子	若干	231	198	23	8.6
		女子	若干	101	79	23	3.4
	3回	男子	10	140	111	20	5.6
		女子	10	76	57	16	3.6
24年	1回	男子	20	84	76	53	1.4
		女子	20	77	77	54	1.4
	2回	男子	若干	134	117	49	3.6
		女子	若干	69	54	20	2.7
	3回	男子	10	103	77	12	6.4
		女子	10	61	37	10	3.7

■2024年度入試 合格者の教科別平均点

		算数	国語	理科	社会	合計
1回	男子	69.2	68.3	35.4	40.9	214.2
	女子	63.0	74.0	33.6	39.5	210.1
2回	男子	80.0	77.8			243.6
	女子	71.8	83.3			240.7
3回	男子	71.3	66.6	36.0	46.3	220.1
	女子	55.5	67.8	29.6	41.5	194.4

○配点：算・国＝各100点　理・社＝各60点
○合格最低点：非公表

24年の募集要項

※以下は2024年の募集要項です。2025年の要項は学校の発表をお待ちください。

入 試 日／①2月1日 ②2月2日 ③2月4日
募集人員／男子30名(①20名 ②若干名 ③10名)、女子30名(①20名 ②若干名 ③10名)
合格発表／ホームページで即日
手続締切／①2月3日 ②2月4日 ③2月7日
試験科目／国語(50分・100点)、算数(50分・100点)、理科(30分・60点)、社会(30分・60点)
①③は2科4科選択、②は2科
面　　接／なし
受 験 料／20,000円

公開行事・説明会予定

【入試説明会】要予約
11月 2日(土)14時30分～
11月16日(土)14時30分～
11月30日(土)14時30分～
【学校見学会】要予約
6月18日(火)10時30分～
【オープンスクール】要予約
7月27日(土)10時～
8月17日(土)10時～
【学校見学ツアー】要予約
7月25日(木)13時30分～
7月26日(金)10時～
7月27日(土)13時30分～
8月17日(土)13時30分～
8月19日(月)10時～
8月20日(火)13時30分～
【日藤祭(文化祭)】要予約
6月15日(土)
6月16日(日)
◆変更・中止の可能性もあります。必ず学校ホームページで確認してください。

法政大学第二 中学校

所在地／〒211-0031 川崎市中原区木月大町6-1
TEL／044-711-4321
学校長／五十嵐 聡
創 立／1939年に旧制法政大学第二中学校を設立。1986年、現在の法政大学第二中学校を設置。2016年に共学化。
URL／www.hosei2.ed.jp

	1年	2年	3年
男子	115名	146名	142名
女子	115名	84名	89名
クラス数	8組	8組	6組

中高総生徒数／2570名

〈交通アクセス〉
JR南武線「武蔵小杉」駅より徒歩12分 JR横須賀線「武蔵小杉」駅より徒歩15分 東急東横線、同目黒線「武蔵小杉」駅より徒歩10分

法政大学の付属校として「自由を生き抜く実践知」を育成

140年超の歴史を持つ法政大学の学風「自由と進歩」を受け継ぎ、中・高・大の10年一貫教育を通して、「世界のどこでも生き抜く力」を育成しています。そのために高い学力の習得はもちろん、行事や部活動などにも注力。付属校ならではの「総合的な学び」を追求し、生徒を「平和で民主的な社会の担い手」になるよう導いています。キャンパスは閑静な住宅街の一画にあり、白い時計塔が印象的。調べ学習の拠点となる図書館や1300人収容のホール、広大なグラウンドなど、充実した施設がそろっているのも魅力です。

スクールライフ

●教育内容

大学付属校としての利点を生かした中高一貫教育で、高い学力の習得をめざします。英語と数学は全学年で、クラスを2分割した少人数授業も実施。英語は外国人講師による英会話を週に1時間行います。一方、体験重視のプログラムも充実しています。理科は毎週必ず実験を実施し、その考察を毎回実験ノートにまとめます。実験は安全面にも配慮して、教員2名のチームティーチング。社会は調査研究を重視しており、中3では公民分野から自分でテーマを選び、1年かけて卒業レポートを作成します。また、全学年の英語と中2・3の数学で、定着テストを実施。不合格者には再テストや補習を課すなど、理解力を高めるきめ細かい指導を徹底しています。さらに中1・2は1クラス30名以下の少人数学級で、確実な学力定着を図ります。

■主要5教科の週当たり時間（コマ）数

	英語	数学	国語	理科	社会
1年	6(1)	5	5	3	3
2年	7(1)	6(1)	4	4	4
3年	7(1)	5(1)	4	4	4
合計	20(3)	16(2)	13	11	11

（ ）は定着テストの時間

◎1日当たりの授業コマ数：50分×6時限
※土曜日は4時限
◎登校時間：8時30分

●部活動

生徒が自主性や個性、社会性を伸ばす場となっています。全国レベルの成績を挙げる部も多々あります。
○文化系／カメラ、社会科学歴史研究、囲碁将棋、吹奏楽、美術、放送、合唱、科学、家庭科、茶華道
○体育系／空手、剣道、柔道、重量挙、スキー競技、体操、卓球、テニス、バスケットボール、バレーボール、ハンドボール、フェンシング、ラグビー、陸上競技、サッカー、野球、水泳、チアリーディング

●行事

6月の体育祭と、10月の中高合同開催の二中文化祭が二大イベント。また、特徴ある行事として、各学年に分かれて行うフィールドワークがあります。

●修学旅行・研修旅行

中3では研修旅行があり、1年間を通じて調べ学習を行い、学年末には成果を発表します。中1は校外授業、中2は林間学校もあります。全学年を通して志賀高原でスキー教室を行います。また、中3の希望者を対象にニュージーランド研修を実施。高校では高2で修学旅行があり、行き先は沖縄です。

マネーガイド

■2024年度納付金（諸経費を含む）

	入学金	授業料	施設費	その他	計
入学手続時	300,000円	0円	50,000円	0円	350,000円
初年度総額	300,000円	558,000円	320,000円	223,580円	1,401,580円

◎寄付金：1口10万円（任意）
◎授業料：2期分納
◎奨学金・特待生制度：なし

3期 学期制 | 完6 days 週5·6日制 | プール | cool 冷房 | 寮 | 食堂 | 私服通学 | 他 海外研修

サピックスからの合格実績（過去3年）	'22	'23	'24
	71名	74名	61名

進学指導の概要

高入生とは混合クラスで、高1・2は共通クラスで全教科を等しく学びます。高3で文系・理系のクラス分けを実施。法政大学へ推薦進学する生徒は例年9割程度。知識を生かして他者に表現することができる力の育成を重視しており、全学年を通じて「調べること・討論すること・発表すること」を多く取り入れた付属校ならではの授業を展開。また、高3の選択授業は、各教員が自分の専門を生かした講座を開き、希望生徒が10名集まれば授業として成立する仕組みで、「日本文学特講」「実験物理」「スポーツ学」など、通常の授業では扱いきれない内容を少人数で学ぶ、大学のゼミのような授業を行っています。このほか、高1ではオンラインを用いた自宅学習用の英語の課題配信を実施。高3の2学期までに全員がTOEIC Bridgeの一定スコア取得をめざすなど、英語教育には特に力を入れています。希望者を募り、夏休みには短期カナダ語学留学を実施。また、学校独自のニュージーランド留学制度や、一定の条件を満たせば留年せずに留学できる制度があります。

■現役大学進学者の進路の内訳

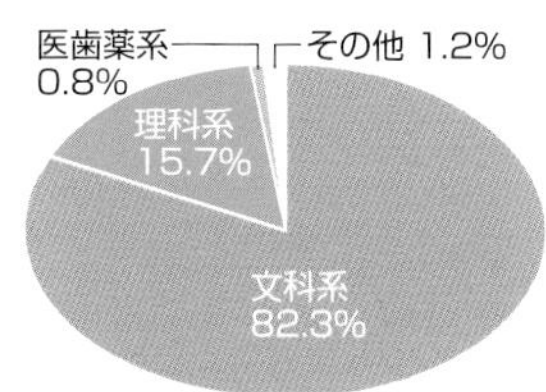

★他大学への進学状況（2024年度）
東京工業大1名、横浜国立大2名、電気通信大1名、早稲田大2名、慶應義塾大12名、上智大9名、東京理科大10名、明治大7名、中央大4名など

■併設大学（法政大学）への推薦状況

	法学部	文学部	経済学部	社会学部	経営学部	理工学部	デザイン工学部	国際文化学部	人間環境学部	現代福祉学部	キャリアデザイン学部	情報科学	生命科学部	スポーツ健康科学部	グローバル教養学部
22年	73名	56名	81名	60名	69名	46名	27名	23名	31名	16名	26名	16名	16名	16名	3名
23年	74名	60名	77名	63名	68名	41名	28名	23名	31名	10名	27名	16名	13名	11名	3名
24年	72名	62名	71名	66名	67名	35名	25名	23名	31名	16名	27名	12名	5名	17名	6名

★指定校推薦枠（2024年度）非公開

入試情報

■過去2年間の入試結果

			募集人員	出願者	受験者	合格者	実質倍率
23年	1回	男子	90	630	549	144	3.8
		女子	40	430	323	78	4.1
	2回	男子	50	491	423	67	6.3
		女子	30	357	295	43	6.9
	帰国	男子	若干	35	32	18	1.8
		女子	若干	29	25	12	2.1
24年	1回	男子	70	565	480	106	4.5
		女子	70	406	309	102	3.0
	2回	男子	35	443	367	53	6.9
		女子	35	300	236	67	3.5
	帰国	男子	若干	25	23	14	1.6
		女子	若干	32	23	12	1.9

■2024年度入試 合格者の教科別平均点(男女合計データ)

		算数	国語	理科	社会	合計
1回	男子	75.9	67.6	37.4	56.8	237.7
	女子					
2回	男子	73.7	61.0	51.0	48.8	234.6
	女子					

○配点：算国＝各100点　理社＝各75点
○合格最低点：1回218点　2回218点 帰国は非公表

24年の募集要項

※以下は2024年の募集要項です。2025年の要項は学校の発表をお待ちください。

入 試 日／①2月2日 ②2月4日 帰国1月7日
募集人員／男女210名(①男子70名 女子70名 ②男子35名 女子35名 帰国若干名)
合格発表／ホームページで即日(掲示あり)
手続締切／①2月4日 ②2月7日 帰国1月27日
試験科目／国語(50分・100点)、算数(50分・100点)、理科(40分・75点)、社会(40分・75点)
面　　接／帰国生のみ(保護者同伴)
帰国生のための試験／国語(50分・100点)、算数(50分・100点)、面接
受 験 料／30,000円

公開行事・説明会予定

【学校説明会】要予約
9月 7日(土)10時～
9月28日(土)10時～
10月19日(土)14時30分～
11月16日(土)14時30分～
【帰国生向け学校説明会】要予約
8月24日(土)10時～
【二中文化祭】
10月26日(土)、27日(日)
【学校公開】
9月14日(土)
◆変更・中止の可能性もあります。必ず学校ホームページで確認してください。

森村学園 中等部

所在地／〒226-0026 横浜市緑区長津田町2695
TEL／045-984-2505
学校長／ブレットマックスウェル
創　立／1910年、東京・高輪に創立。1948年、中等科・高等科を開校。1978年、現在地に移転し、男女共学となる。1997年、中等部と高等部を一本化。
URL／www.morimura.ac.jp

	1年	2年	3年
男子	102名	103名	91名
女子	103名	102名	106名
クラス数	5組	5組	5組

中高総生徒数／1126名　併設小から 約50%

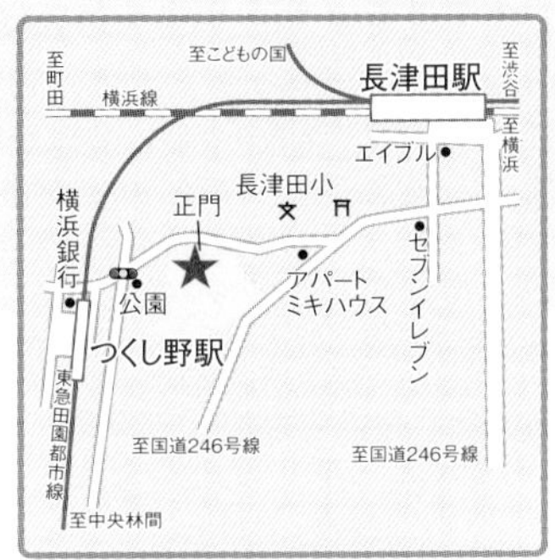

〈交通アクセス〉
東急田園調布線「つくし野」駅より徒歩5分
JR横浜線、東急田園都市線「長津田」駅より徒歩13分

「世界に伍す」「正直・親切・勤勉」なグローバル人材の育成

森村学園は、幕末から明治にかけて日米貿易の先駆者として活躍した森村市左衛門を創立者とするグローバル志向の豊かな学園です。その一方で、家庭と学校が信頼し合う温かい校風が今も息づいている学園としても知られています。未来志向型教育をさらに発展させ、ランゲージアーツ（言語技術）やPBL型授業のアカデミックマインド、外国語（英語）教育のグローバルマインド、ICT環境のテクノロジーマインドの3要素を柱として、予測不能な未来社会をたくましく生きていくためのイノベーションマインドを育んでいます。

スクールライフ

●教育内容

6年一貫教育の独自のカリキュラムの下、自分の道を進む力を育成します。週6日制を敷き、土曜日は4時限授業です。高い学力・豊かな情操を育む教育環境を実現し、独自のプリントや副教材を多用して基礎学力の養成に努めながら無理のない先取り授業を一部で行っています。英語では上級者向けに海外のテキストを使用して英語のみで授業を進めるコースもあり、週1時間の英会話は外国人講師によるクラス2分割の少人数授業です。総合学習では学年ごとにテーマを設け、中1では創立者研究、中2では職業調べレポートを作成します。また世界標準の母語教育「ランゲージアーツ」（言語技術）を、教科として中1～3まで週2時間ずつ実施しています。

■主要5教科の週当たり時間（コマ）数

	英語	数学	国語	理科	社会
1年	5	6	4	4	4
2年	6	5	5	4	3
3年	6	6	5	4	4
合計	17	17	14	12	11

◎1日当たりの授業コマ数：50分×6時限
※土曜日は4時限
◎登校時間：8時30分

●部活動

20の部があり、中高合同で活動する部もあります。全国大会での実績を誇る新体操部をはじめ、管弦楽部なども活躍しています。

○文化系／ESS、科学、演劇、管弦楽、囲碁将棋、茶道、華道、美術、合唱
○体育系／新体操、ゴルフ、テニス、サッカー、バスケットボール、バレーボール、バドミントン、野球、剣道、空手道、陸上競技

●行事（変更の場合あり）

みずき祭（文化祭）、体育祭のほか、中等部の合唱コンクールなどがあります。

●修学旅行・研修旅行（変更の場合あり）

中1の研修旅行は箱根に2泊3日、中2はイングリッシュ・キャンプとして木更津に2泊3日、中3はオーストラリアでの修学旅行を予定しています。また、中2から高2までの希望者を対象に、オーストラリア語学研修に加え、留学奨励金付きのターム留学制度もあります。高2の修学旅行は、奈良・京都を訪れます。

マネーガイド

■2024年度納付金

	入学金	授業料	施設費	その他	計
入学手続時	250,000円	0円	125,000円	0円	375,000円
初年度総額	250,000円	600,000円	125,000円	102,000円	1,077,000円

※その他の金額は男女で違いあり

◎寄付金：1口5万円、4口以上（任意）
◎授業料：10期分納
◎奨学金・特待生制度：入試成績優秀者に入学金と授業料相当額を給付（1年間）

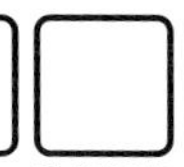

3期 学期制 / 完6 days 週5・6日制 / プール / cool 冷房 / 寮 / 食堂 / 私服通学 / 希 海外研修

サピックスからの合格実績（過去3年）	'22	'23	'24
	5名	6名	4名

進学指導の概要

高1では全員が共通科目を履修し、高2から希望進路に応じて文系と理系に分かれ、主要5教科の演習などの選択科目のなかから履修します。高3ではさらに大幅な科目選択制が導入され、演習中心の授業も一人ひとりの希望進路に沿って受講できます。進路指導部を中心に、時には予備校の協力も得て、多様化する大学の入試制度のレクチャーを行うなど、進学支援体制を整えています。指名制・希望制の補習が放課後や長期休暇中に開かれるほか、高2では勉強合宿も実施されます。3月には、受験を終えたばかりの高3生たちが、下級生たちに勉強方法や受験体験を伝える「大学受験を語る会」を開いています。

■現役大学進学者の進路の内訳

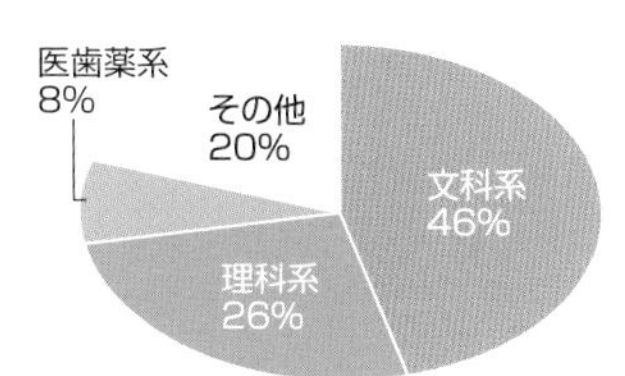

■併設高校から主要大学への合格実績

※上段は現役合格者数、下段は浪人を含めた合格者数。

	東京大	京都大	一橋大	東京工業大	筑波大	お茶の水女子大	電気通信大	東京外国語大	東京学芸大	東京芸術大	東京農工大	東京都立大	横浜国立大	千葉大	早稲田大	慶應義塾大	上智大	東京理科大
22年	1	—	—	2	—	—	1	1	—	1	—	—	2	—	17	9	8	14
	1	—	—	2	—	—	1	1	—	1	—	2	2	—	20	10	12	17
23年	1	2	—	—	—	1	3	—	—	—	—	1	—	—	12	7	13	10
	1	2	—	—	—	1	3	—	—	—	1	3	—	—	12	7	13	11
24年	—	—	1	—	—	1	—	1	—	—	—	4	—	1	14	12	12	11
	—	—	1	—	—	1	—	1	—	—	—	4	—	1	15	14	12	14

	学習院大	明治大	青山学院大	立教大	中央大	法政大	日本大	東洋大	駒澤大	専修大	国際基督教大	津田塾大	東京女子大	日本女子大	文部科学省管外の大学校	海外の大学	国公立・医学部	私立・医学部
22年	3	30	22	8	50	24	14	1	9	23	1	1	7	9	1	1	1	5
	4	40	25	9	57	28	19	3	10	23	1	2	8	9	1	1	1	10
23年	4	13	13	12	22	21	22	8	4	8	1	1	1	11	—	5	—	6
	4	14	13	12	22	21	24	8	4	9	1	1	1	11	—	5	1	16
24年	11	31	19	21	16	20	13	15	9	7	—	2	3	5	—	—	—	3
	11	33	19	21	18	24	16	15	10	7	—	2	3	5	2	—	1	6

★指定校推薦枠（2024年度）横浜市立大3名、早稲田大2名、慶應義塾大1名、上智大1名、学習院大5名、明治大2名、青山学院大7名、立教大1名、中央大5名、法政大1名など

入試情報

■2024年度の入試結果

			募集人員	出願者	受験者	合格者	実質倍率
1回	4科	男子	40	77	68	25	2.7
		女子		71	64	25	2.6
	2科	男子		14	13	4	3.3
		女子		18	14	6	2.3
2回	4科	男子	30	118	80	26	3.1
		女子		104	64	20	3.2
	2科	男子		22	19	5	3.8
		女子		31	22	4	5.5
3回	4科	男子	20	156	89	15	5.9
		女子		129	76	11	6.9
	2科	男子		23	17	0	—
		女子		27	16	1	16.0
帰国		男子	若干	26	26	22	1.2
		女子		12	11	8	1.4

■2024年度入試 合格者の教科別平均点(男女合計データ)

			算数	国語	理科	社会	合計
1回	4科	男子	71.7	73.0	49.1	47.4	145.5
		女子					
	2科	男子					
		女子					
2回	4科	男子	74.0	70.3	46.2	49.9	144.9
		女子					
	2科	男子					
		女子					
3回	4科	男子	64.4	72.0	51.5	52.8	139.8
		女子					
	2科	男子					
		女子					
帰国		男子	52.4	65.7	英語資格/96.2		137.4
		女子					

○配点：算国＝各100点　理社＝各75点(1・2回の4科の合格最低点と合計点は200点満点に換算)　帰国：算国英＝各100点
○合格最低点：1回131.0点(換算点)　2回132.6点(換算点)　3回130.3点(換算点)　帰国109.0点(換算点)

24年の募集要項

※以下は2024年の募集要項です。2025年の要項は学校の発表をお待ちください。

入 試 日／①2月1日 ②2月2日 ③2月4日 帰国12月17日
募集人員／男女90名(①40名 ②30名 ③20名 帰国若干名)
合格発表／ホームページで即日
手続締切／①②③2月6日 帰国1月9日
試験科目／国語(50分・100点)、算数(50分・100点)、理科(40分・75点)、社会(40分・75点)
①②③は2科4科選択
面　　接／なし
帰国生のための試験／国語(50分・100点)、算数(50分・100点) A型・B型選択(B型は英語検定試験のスコア要)
受 験 料／25,000円(複数回同時出願の場合、2回目以降は1回5,000円)

公開行事・説明会予定

【学校説明会】要予約
6月26日(水)10時～
10月26日(土)10時～、15時～
1月11日(土)15時～
【帰国生向け学校説明会】
7月27日(土)15時～
【夏休み少人数説明会】
8月 3日(土)、5日(月)、6日(火)
【入試問題解説会】要予約
12月 7日(土)15時～
【ミニ説明会】要予約
11月 2日(土)15時～
11月 9日(土)15時～
11月30日(土)15時～
【オープンスクール】要予約
8月25日(日)
【みずき祭(文化祭)】要予約
9月21日(土)
9月22日(祝)
◆変更・中止の可能性もあります。必ず学校ホームページで確認してください。

山手学院（やまて） 中学校

所在地／〒247-0013 横浜市栄区上郷町460
TEL／045-891-2111
学校長／簑田 大
創 立／1966年に男子校として開校。1969年に高等学校が設置されるとともに男女共学となる。
URL／www.yamate-gakuin.ac.jp

	1年	2年	3年
男子	113名	119名	133名
女子	84名	74名	75名
クラス数	5組	5組	6組

中高総生徒数／2161名

〈交通アクセス〉
JR根岸線「港南台」駅より徒歩12分

「世界の舞台」をめざし、国際交流・大学進学に力を入れる

1966年、「世界を舞台に活躍でき、世界に信頼される人間の育成」を建学の趣旨に男子校として開校され、1969年に男女共学となりました。国際交流に注力し、英語教育はもちろん、中3と高2で2回実施される全員参加の海外研修プログラムのほか、リターン・ビジットや1年間の海外留学、国連世界高校生会議、スカラシップ提供など、さまざまなプログラムを用意。学校生活の大きな柱としてクラブ活動を奨励しつつ、大学進学にも積極的に取り組み、難関大学への合格実績を伸ばしています。

スクールライフ

●教育内容

授業週5日制で、通常授業は月～金曜日に集中して行います。土曜日の午前中には、中高全学年の希望者を対象に、学習サポート・英検®対策・大学入試対策などを行う「土曜講座」を開講。英語は通常授業に加え、総合的な学習の「English」が独立した科目として週2時間あります。これは独自教材を用いた外国人講師による1クラス2分割の授業で、英会話のほか、英語圏の文化や習慣について学び、中3の海外研修へつなげます。中3からの2年間は、200名を6分割し、すべての授業を少人数クラスで行います。夏・冬休み明けの実力テストのほか、年に4回、漢字コンテストが行われます。長期休暇中には希望制の補習が開かれます。

■主要5教科の週当たり時間（コマ）数

	英語	数学	国語	理科	社会
1年	7	5	5	4	3
2年	7	5	4	5	4
3年	7	5	5	4	4
合計	21	15	14	13	11

◎1日当たりの授業コマ数：45分×7時限
◎登校時間：8時30分

●部活動

36ある部・同好会については参加が奨励されており、中学生の参加率は90%を超えています。

○文化系／アニメーション、美術、囲碁・将棋、日本画、ボランティア、理工学、演劇、華道、箏曲、ねころ（猫）、合唱、軽音楽、写真など

○体育系／剣道、サッカー、柔道、水泳、ダンス、卓球、チアリーダー、テニス、陸上、バスケットボール、マウンテンバイク、ラグビー、空手道、弓道、軟式野球など

●行事

中高合同開催の山手祭（文化祭）や新入生歓迎スポーツ大会、冬の全校ロードレース大会、水泳大会などのほか、スケッチコンクール（中1・2）、野外教室（中2）などがあります。

●修学旅行・研修旅行

リターン・ビジットなどの国際交流プログラムも多数。中3の11月初旬には全員参加で6泊7日のオーストラリア・ホームステイが実施され、ホストファミリー宅に2名一組で4泊します。高2の4月中旬には、15泊16日の北米研修プログラムを実施。カナダ、アメリカで2名一組、2週間のホームステイを行います。

マネーガイド

■2024年度納付金（諸経費を含む）

	入学金	授業料	施設費	その他	計
入学手続時	200,000円	0円	0円	0円	200,000円
初年度総額	200,000円	480,000円	240,000円	354,200円	1,274,200円

◎寄付金：1口10万円、1口以上（任意）
◎授業料：6期分納
◎奨学金・特待生制度：経済的理由により就学困難と判断される者に授業料の半額を給付。また、入試成績優秀者は施設費・授業料を免除（3年間継続）

3期 学期制 / 授5 days 週5・6日制 / プール / cool 冷房 / 寮 / 食堂 / 私服通学 / 全 海外研修

サピックスからの合格実績（過去3年）	'22	'23	'24
	105名	116名	101名

進学指導の概要

6年間一貫制を採用し、高入生とは別クラスで6年間ホームルームを編成。中3より2クラスを「選抜クラス」として選抜します。また、高2から「(文理混在の) 選抜クラス」「理系クラス」「文系クラス」の3つに分かれ、希望の進路の実現をめざします。中3・高1で「選抜クラス」に在籍した生徒は、基本的に文理混在の「選抜クラス」に進みます。国際交流プログラムが充実しているのも特徴。なかでも注目されるのは、相互訪問交流による「北米研修プログラム」です。これは高2全員が参加し、2週間のホームステイで現地ハイスクールでの授業や行事を体験するもので、1969年度から続く名物行事です。

■現役大学進学者の進路の内訳

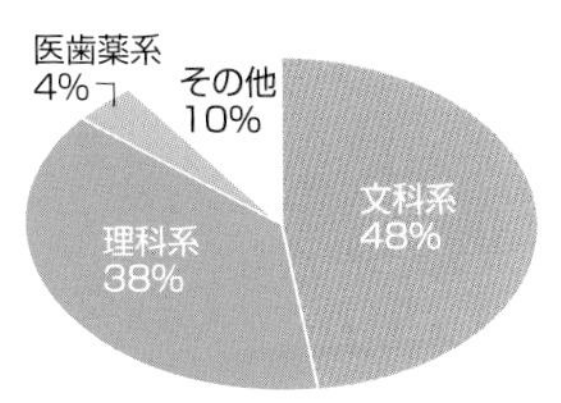

■併設高校から主要大学への合格実績

※上段は現役合格者数、下段は浪人を含めた合格者数。

	東京大	京都大	一橋大	東京工業大	筑波大	お茶の水女子大	電気通信大	東京外国語大	東京学芸大	東京芸術大	東京農工大	東京都立大	横浜国立大	千葉大	早稲田大	慶應義塾大	上智大	東京理科大
22年	1	—	4	2	2	3	3	5	1	—	1	10	14	5	68	41	30	85
	1	1	5	2	2	3	4	5	1	2	1	11	15	5	73	48	30	96
23年	—	1	5	5	1	—	4	1	1	—	4	6	15	2	55	58	44	79
	—	2	5	5	1	—	4	1	1	1	4	6	17	2	60	62	50	100
24年	1	—	3	7	3	—	3	4	1	1	6	13	13	3	94	46	36	71
	1	—	3	8	3	—	3	4	1	2	7	14	13	3	96	49	36	81

	学習院大	明治大	青山学院大	立教大	中央大	法政大	日本大	東洋大	駒澤大	専修大	国際基督教大	津田塾大	東京女子大	日本女子大	文部科学省管外の大学校所	海外の大学	国公立・医学部	私立・医学部
22年	25	161	103	121	105	128	116	86	27	69	1	13	36	47	2	3	5	11
	26	178	108	128	122	146	126	91	27	74	1	15	38	47	3	3	7	12
23年	23	182	87	98	78	114	84	63	21	41	1	9	26	22	1	3	—	1
	24	199	103	108	93	131	94	74	23	47	1	11	28	24	2	3	1	7
24年	23	189	101	90	89	112	60	50	30	42	1	13	24	12	2	5	2	6
	24	199	106	90	92	117	63	55	30	42	1	13	24	12	2	5	3	9

★指定校推薦枠（2024年度）早稲田大12名、慶應義塾大7名、上智大2名、東京理科大13名、学習院大8名、明治大4名、青山学院大8名、立教大6名、中央大8名、法政大5名など

入試情報

■2024年度の入試結果

			募集人員	出願者	受験者	合格者	実質倍率
A	4科	男子	80	156	133	62	2.1
		女子		117	98	37	2.6
	2科	男子		40	36	10	3.6
		女子		37	35	10	3.5
特待選抜	2科	男子	60	430	394	43	9.2
		女子		203	178	21	8.5
B	4科	男子	40	213	114	56	2.0
		女子		153	94	49	1.9
	2科	男子		34	28	10	2.8
		女子		35	24	12	2.0
後期	4科	男子	20	256	146	20	7.3
		女子		155	70	11	6.4
	2科	男子		56	43	8	5.4
		女子		45	29	7	4.1

■2024年度入試 合格者の教科別平均点(男女合計データ)

			算数	国語	理科	社会	合計
A	4科	男子	55.9	62.7	47.7	44.9	213.9
		女子					
	2科	男子					118.6
		女子					
特待選抜	2科	男子	57.4	50.3			107.8
		女子					
B	4科	男子	42.9	51.3	49.4	50.5	196.3
		女子					
	2科	男子					94.2
		女子					
後期	4科	男子	43.5	42.7	49.9	50.2	186.7
		女子					
	2科	男子					86.3
		女子					

○配点：算国＝各100点　理社＝各80点
○合格最低点：A4科231点・2科128点 特待選抜135点 B4科202点・2科100点 後期4科233点・2科115点

24年の募集要項

※以下は2024年の募集要項です。2025年の要項は学校の発表をお待ちください。

入 試 日／A2月1日 特待選抜2月1日午後 B2月3日
後期2月6日
募集人員／男女200名(A80名 特待選抜60名 B40名 後期20名)
合格発表／ホームページで即日
手続締切／A・特待選抜・B2月6日 後期2月8日
試験科目／国語(50分・100点)、算数(50分・100点)、理科(40分・80点)、社会(40分・80点)
A・B・後期2科4科選択、特待選抜2科
面　接／なし
受 験 料／25,000円(複数回同時出願者は40,000円)

公開行事・説明会予定

【学校説明会】要予約、オンラインでも実施
10月12日(土)10時～
11月 9日(土)10時～
11月30日(土)14時～
【入試直前説明会】要予約、6年生対象、オンラインでも実施
1月11日(土)10時～
【夏休み学校説明会】要予約、オンラインでも実施
8月24日(土)10時～
【山手祭(文化祭)】
9月28日(土)・29日(日)10時～15時
◆変更・中止の可能性もあります。必ず学校ホームページで確認してください。

横浜富士見丘学園 中学校

所在地／〒241-8502 横浜市旭区中沢1-24-1
TEL／045-367-4380
学校長／永川 尚文
創 立／1923年創立。1946年に中学校、翌年に高等学校を設置。2019年より共学化。
URL／www.fujimigaoka.ed.jp

	1年	2年	3年
男子	20名	11名	23名
女子	9名	14名	23名
クラス数	2組	2組	2組

中高総生徒数／392名

〈交通アクセス〉
相鉄線「二俣川」駅より徒歩15分

未来を創造し、幸せに生きる力を育む

現在、社会を取り巻く環境は急速に変化しています。本校では、「敬愛」「誠実」「自主」の校訓の下、この変化に対応した、22世紀を見据えた教育を実施しています。グローバル化に応じた「活きた英語力」の育成、主体的な学びを通して生きる力を身につける「ジェネリックスキル」の育成、深い学びによる「確かな学力」の育成、AI時代にも対応した「理数教育」の育成を4つの柱に据え、未来志向の教育改革を推進しています。これらに加えて、男女の特徴を生かした本校独自の共学スタイルにより「たくましくしなやかに自ら未来を創造する人」を育成します。

スクールライフ

●教育内容

中学３年間は男女別学クラス編成ですが、カリキュラムは男女共に同じものを学びます。中1・2では「ネイティブ副担任制」「多読多聴」、中3では「オンライン英会話」「教養講座」などで生きた英語を学び、グローバルな視点で探究する力を育みます。2021年度からは、バイオリンやデッサン・油絵制作などを通常のカリキュラムに導入（FLAP〈※〉）。豊かな情操とそれに続く興味や関心・意欲を養います。このほか、数国英では、狭い範囲の課題テストを効果的に行い、無理のない前倒しを進める一方、放課後の中学生向け補習（TERAKOYA）によるきめ細かい補習指導を実施しています。疑問を明日に持ち込ませないていねいな学習だけでなく、主体的・対話的な深い学びを行い、キャリア形成に必要な「ジェネリックスキル」を身につけます。

※FLAP（Fujimigaoka Liberal Arts Programの略）

■主要5教科の週当たり時間（コマ）数

	英語	数学	国語	理科	社会
1年	7	5	5	4	3
2年	7	5	5	4	4
3年	7	5	5	4	4
合計	21	15	15	12	11

◎1日当たりの授業コマ数：50分×6時限
※土曜日は4時限
◎登校時間：8時30分

●部活動

ダンス部、バドミントン部、ソフトテニス部、地理研究部、吹奏楽部などが大会で活躍しています。中学生の参加率は90%以上です。

○文化系／放送演劇、茶道・華道、JRC・インターアクト、地理研究、軽音楽、創作など
○体育系／剣道、ダンス、チアリーディング、バドミントン、ソフトテニスなど

ほかに、男子フットサル、男子卓球同好会もあります。

●行事

5月に体育祭、7月に音楽祭、10月に文化祭を行います。また、中学生はイングリッシュレシテーション、高1・2ではスピーチコンテストを実施しています。

●修学旅行・研修旅行

中学1年次に林間学校、2年次にスキー教室、3年次にオーストラリア研修を実施。高校2年次には沖縄修学旅行で、平和学習・日本文化探究を行います。また、セブ島マンツーマン英語研修（希望制）やオーストラリアターム留学（希望制）も実施しています。

マネーガイド

■2024年度納付金（諸経費を含む）

	入学金	授業料	施設費	その他	計
入学手続時	250,000円	0円	100,000円	60,000円	410,000円
初年度総額	250,000円	456,000円	232,000円	369,400円	1,307,400円

◎寄付金：なし
◎授業料：月納
◎奨学金・特待生制度：入試成績優秀者に入学金や授業料を免除。また、家計急変時の補助制度もあり

2期 学期制 / 完6days 週5・6日制 / プール / cool 冷房 / 寮 / 食堂 / 私服通学 / 全 海外研修

サピックスからの合格実績（過去3年）	'22	'23	'24
	4名	2名	1名

進学指導の概要

先取り学習により、高1までに卒業要件となる必修科目を集中的に学習。高2からは大学受験の科目に絞った学習で合格力をつけます。また、中1から全員GTECを受検。英検®講習も実施するほか、充実した学習フォロー体制で、高校卒業までにCEFRでB2レベル以上をめざします。高校でのクラス編成は、高1で私立文系中心の「女子進学クラス」と、難関大学合格をめざす「特進クラス」に分かれ、さらに特進クラスのうち理数系進学者は、高2で「理数特進クラス」、文系進学者は「文系特進クラス」に進級します。進路カウンセラーによる面談や、小論文対策模試の実施など、進路指導体制も充実しています。

■現役大学進学者の進路の内訳

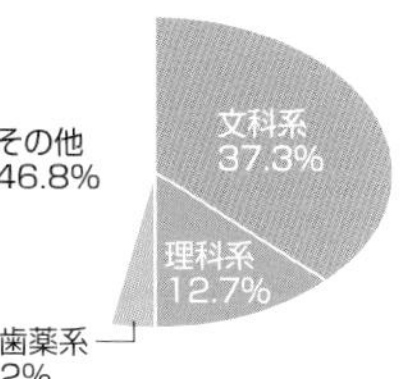

■併設高校から主要大学への合格実績

※上段は現役合格者数、下段は浪人を含めた合格者数。

	東京大	京都大	一橋大	東京工業大	筑波大	お茶の水女子大	電気通信大	東京外国語大	東京学芸大	東京芸術大	東京農工大	東京都立大	横浜国立大	千葉大	早稲田大	慶應義塾大	上智大	東京理科大
22年	—	—	—	—	—	—	—	—	—	—	—	—	—	—	—	—	1	2
	—	—	—	—	—	—	—	1	—	—	—	—	—	—	—	—	1	2
23年	—	—	—	—	—	—	—	—	—	—	—	1	—	—	—	—	—	—
	—	—	—	—	—	—	1	—	—	—	—	1	—	—	—	—	—	—
24年	—	—	—	—	—	—	—	—	—	1	—	—	—	—	—	—	1	—
	—	—	—	—	—	—	—	—	—	1	—	—	—	—	—	—	1	—

	学習院大	明治大	青山学院大	立教大	中央大	法政大	日本大	東洋大	駒澤大	専修大	国際基督教大	津田塾大	東京女子大	日本女子大	文部科学省所管外の大学校	海外の大学	国公立・医学部	私立・医学部
22年	1	—	2	—	—	—	4	—	1	—	—	—	—	—	—	1	—	—
	1	1	3	2	—	—	4	1	1	1	—	—	—	—	—	1	—	—
23年	—	1	4	—	3	9	6	2	—	3	—	—	—	2	—	—	—	—
	—	1	4	—	3	9	6	2	—	3	—	—	—	2	—	—	—	—
24年	—	—	—	—	—	1	4	4	1	5	—	—	—	—	—	1	—	—
	—	—	—	—	—	1	4	4	1	5	—	—	—	—	—	1	—	—

★指定校推薦枠（2024年度）日本大1名、成蹊大2名、東京都市大5名、芝浦工業大3名、清泉女子大4名、東洋英和女学院大8名、フェリス女学院大10名、白百合女子大7名、東京農業大12名、大妻女子大5名、関東学院大21名など

入試情報

■2024年度の入試結果

		募集人員	出願者	受験者	合格者	実質倍率
1回4科	男子	30	1	1	1	1.0
	女子		4	3	3	1.0
1回2科	男子		15	13	8	1.6
	女子		4	3	2	1.5
1回英語4科・2科	男子		4	4	3	1.3
	女子		1	1	1	1.0
2回2科	男子	30	26	22	12	1.8
	女子		22	21	12	1.8
2回英語2科	男子		5	3	1	3.0
	女子		0	0	0	—
3回4科	男子	10	3	2	2	1.0
	女子		6	4	3	1.3
3回2科	男子		16	8	2	4.0
	女子		6	3	2	1.5
4回2科	男子	10	23	12	7	1.7
	女子		15	6	5	1.2
5回4科	男子	10	9	4	2	2.0
	女子		6	2	1	2.0
5回2科	男子		18	7	4	1.8
	女子		12	4	4	1.0
5回英語4科・2科	男子		7	1	1	1.0
	女子		0	0	0	—
6回4科	男子	5	10	2	1	2.0
	女子		4	1	0	—
6回2科	男子		18	0	0	—
	女子		6	0	0	—
表現力	男子	5	11	5	2	2.5
	女子		4	1	0	—

○配点：算国英=各100点　理社=各50点
○合格最低点：1回4科158点・2科100点・英語4科2科非公表　2回2科87点・英語2科87点　3回4科166点・2科99点　4回2科89点　5回4科155点・2科84点・英語4科2科非公表　6回・表現力非公表

24年の募集要項

※以下は2024年の募集要項です。2025年の要項は学校の発表をお待ちください。

入 試 日／①2月1日 ②2月1日午後 ③2月2日 ④2月2日午後 ⑤2月3日 ⑥2月5日 表現力2月3日午後
募集人数／男女100名(①30名 ②30名 ③10名 ④10名 ⑤10名 ⑥5名 表現力5名)
合格発表／掲示、ホームページとも即日
※②④表現力の提示は翌日
手続締切／①②③④⑤2月5日、⑥表現力は2月7日
試験科目／国語(50分・100点)、算数(50分・100点)、英語(50分・100点)、理科(30分・50点)、社会(30分・50点)※①⑤は4科・英語4科・2科・英語2科から選択、②は国算英から2科または英語2科、③⑥は2科・4科選択、④は2科　表現力:国語力のテスト(20分)、面接(10分)
面　　接／表現力のみあり
受 験 料／20,000円(2回以上は、25,000円)

公開行事・説明会予定

【学校説明会】要予約
7月 6日(土)、9月 7日(土)、11月 2日(土)
【体験イベント】要予約
6月23日(日)オープンスクール(クラブ体験)
7月28日(日)オープンスクール(授業体験)
10月20日(日) 過去問解説会
11月24日(日) 入試対策会
1月 5日(日) プレ入試体験会
【文化祭】個別相談コーナーあり
9月29日(日)
◆変更・中止の可能性もあります。必ず学校ホームページで確認してください。

私立 神奈川 共学 よ

国府台女子学院（こうのだい） 中学部

所在地／〒272-8567 千葉県市川市菅野3-24-1
TEL／047-322-7770
学校長／平田 史郎
創　立／1926年に国府台高等女学校として設立。1951年の私立学校法により学校法人平田学園が設立され現校名に。
URL／www.konodai-gs.ac.jp

	1年	2年	3年
男子	—	—	—
女子	193名	198名	191名
クラス数	5組	5組	5組

中高総生徒数／1464名　併設小から 約32%

〈交通アクセス〉
JR総武線「市川」駅より徒歩12分　京成線「市川真間」駅より徒歩5分

大学への高い現役合格率を誇る、県下有数の女子進学校

1926年に国府台高等女学校として設立された仏教精神に基づく女子校です。小学部も併設しており、高等部の普通科には美術・デザインコースもあります。仏教の教え「敬虔・勤労・高雅」を校訓に、「教養」とともに「智慧と慈悲」を身につける真の教育をめざしています。英語教育には定評があり、国際交流プログラムも充実。花まつりなど年8回の宗教行事があるほか、週1回の仏教朝礼などを通じた情操教育が重んじられています。大学への現役進学率が高いことで知られる、千葉県有数の女子進学校です。

スクールライフ

●教育内容

6年間を1つのタームとした中高一貫教育で、効率的に深い知識形成ができる教育体制が組まれています。3期・6日制で月～金曜日が6時限、土曜日は4時限授業。中1・2は演習によって基礎学力の定着を図り、中3で国公立・私立の難関大学をめざす選抜クラスが設けられます。選抜クラスを除き、英語と数学は習熟度別授業で、週1時間の英会話は外国人講師による、1クラスを2分割する少人数制授業です。読解力・表現力・発信力を養う週１時間の情報リテラシーの時間があるほか、隔週で行う仏教朝礼を通して人間教育・国際理解・環境問題について学びます。全学年で週1時間の「仏教」があり、情操面での成長を促す教育も充実しています。また、全学年希望者を対象に10日間（前期5日、後期5日）の夏期講習が開かれます。

■主要5教科の週当たり時間（コマ）数

	英語	数学	国語	理科	社会
1年	6	5	4	4	4
2年	7	5	4	4	4
3年	6	5	5	4	4
合計	19	15	13	12	12

◎1日当たりの授業コマ数：50分×6時限
　※土曜日は4時限
◎登校時間：8時20分

●部活動

38の部があり、ほとんどの部が中高合同で活動しています。中高とも90%を超える生徒が部活動に参加しています。

○文化系／マンドリン、演劇、合唱、百人一首競技かるた、吹奏楽、美術、オーケストラ、クッキングなど
○体育系／ダンス、陸上競技、タッチラグビー、バスケットボール、ソフトボール、剣道、水泳など

●行事

小・中・高合同で行う学院祭（文化祭）のほか、運動会、スポーツ大会などがあります。合唱コンクールやスキー学校も生徒たちが楽しみにしている行事です。また、花まつり、盂蘭盆会（うらぼんえ）、報恩講などの宗教行事も行っています。

●修学旅行・研修旅行

中3の修学旅行は関西方面へ行きます。このほか、中2・3の希望者を対象に夏休みを利用して16日間のオーストラリア語学研修を実施するなど、国際交流も活発です。学校の授業で身につけた英語力を生かして、現地の人たちとのコミュニケーションに挑戦します。

マネーガイド

■2024年度納付金（諸経費を含む）

	入学金	授業料	施設費	その他	計
入学手続時	200,000円	0円	150,000円	36,500円	386,500円
初年度総額	200,000円	360,000円	288,000円	426,360円	1,274,360円

◎寄付金：任意
◎授業料：4期分納
◎奨学金・特待生制度：家計を支える保護者が死亡した者に授業料・施設費・各種会費を給付

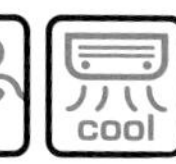

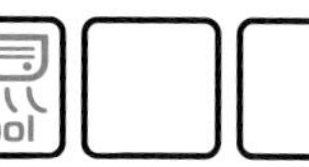

学期制　週5·6日制　プール　冷房　寮　食堂　私服通学　海外研修

サピックスからの合格実績（過去3年）	'22	'23	'24
	91名	76名	98名

進学指導の概要

高等部の普通科には美術・デザインコースもあります。普通科の高1は、2クラスの選抜クラスと普通クラスからなり、高入生は中入生との混合クラスになります。高2で文系・理系、国公立大・私立大と志望や実力に応じて4つのコースに分かれ、高3に引き継がれます。美術・デザインコースは、普通科の単位を履修しながら3年間でさまざまな実技を学び、美術系大学の進学をめざします。2024年3月卒業生の4年制大学への現役進学率は91.3%でした。医歯薬・看護・医療系の4年制大学へは、11.0%の生徒が進学します。

■現役大学進学者の進路の内訳

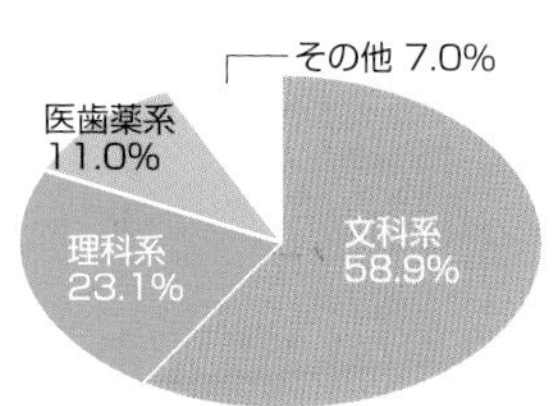

■併設高校から主要大学への合格実績

※上段は現役合格者数、下段は浪人を含めた合格者数。

	東京大	京都大	一橋大	東京工業大	筑波大	お茶の水女子大	電気通信大	東京外国語大	東京学芸大	東京芸術大	東京農工大	東京都立大	横浜国立大	千葉大	早稲田大	慶應義塾大	上智大	東京理科大
22年	—	—	—	—	1	2	—	—	—	1	—	2	—	4	23	5	6	4
	—	—	—	—	1	2	—	—	—	1	—	2	—	6	23	6	6	5
23年	—	—	—	—	1	—	—	—	—	—	1	—	—	4	21	4	13	13
	1	—	—	—	1	—	—	—	—	—	1	—	—	4	22	7	13	13
24年	—	—	—	—	3	—	—	—	3	2	—	1	—	2	16	7	9	11
	—	—	—	—	3	—	—	—	3	3	—	1	—	3	16	8	9	11

	学習院大	明治大	青山学院大	立教大	中央大	法政大	日本大	東洋大	駒澤大	専修大	国際基督教大	津田塾大	東京女子大	日本女子大	文部科学省管外の大学校	海外の大学	国公立・医学部	私立・医学部
22年	14	21	9	29	7	19	23	20	6	3	—	11	20	34	—	—	—	2
	15	24	10	33	11	19	26	21	6	3	—	11	21	36	—	—	1	5
23年	22	30	13	38	9	15	25	35	6	11	—	9	37	31	—	—	—	2
	23	33	13	40	11	17	29	37	6	11	—	9	37	31	—	—	1	6
24年	23	29	14	21	17	25	20	22	9	5	1	10	20	41	—	11	—	—
	23	29	14	21	17	25	20	22	9	5	1	10	20	41	—	11	—	1

★指定校推薦枠（2024年度）早稲田大3名、慶應義塾大2名、上智大5名、東京理科大7名、学習院大13名、明治大4名、青山学院大1名、立教大6名、中央大6名、法政大3名、成蹊大5名、成城大5名、津田塾大5名など

入試情報

■過去2年間の入試結果

		募集人員	出願者	受験者	合格者	実質倍率
23年	推薦	約50	147	147	72	2.0
	1回	約95	856	816	511	1.6
	2回	約15	90	80	31	2.6
24年	推薦	約50	164	163	76	2.1
	1回	約95	1060	1017	570	1.8
	2回	約15	104	88	40	2.2

■2024年度入試 受験者・合格者の教科別平均点

		算数	国語	理科	社会	合計
推薦	受験者	41.7	56.5	21.5	24.2	140.8
	合格者	56.4	62.7	25.6	28.6	173.3
1回	受験者	61.4	51.5	32.9	33.5	179.3
	合格者	72.7	59.0	36.5	38.0	206.3
2回	受験者	57.9	54.0	35.2	27.0	174.0
	合格者	77.8	62.1	40.3	33.2	213.4

○推薦配点：算国＝各100点　理社＝各50点　1・2回：算国＝各100点　理社＝各60点
○合格最低点：推薦151点 1回178点 2回189点

24年の募集要項

※以下は2024年の募集要項です。2025年の要項は学校の発表をお待ちください。

入 試 日／推薦12月1日 ①1月21日 ②2月5日
募集人員／女子約160名(推薦約50名 ①約95名 ②約15名)
合格発表／推薦12月2日 ①1月22日 ②2月5日
手続締切／推薦12月11日 ①1月27日 ②2月8日
試験科目／推薦 国語(40分・100点)、算数(40分・100点)、理科・社会(計50分・各50点)
①②国語(50分・100点)、算数(50分・100点)、理科(30分・60点)、社会(30分・60点)
面　　接／なし
受 験 料／22,000円(推薦非内定者は①の受験料は不要)

公開行事・説明会予定

【学校説明会】要予約
6月22日(土)10時30分～
9月 7日(土)10時30分～
12月15日(日)10時30分～
【夏休み学校見学会】要予約
7月23日(火)10時30分～
8月23日(金)10時30分～
【入試説明会】要予約、6年生対象
10月12日(土)10時30分～
11月 9日(土)10時30分～
◆変更・中止の可能性もあります。必ず学校ホームページで確認してください。

和洋国府台女子（わようこうのだい） 中学校

所在地／〒272-8533　市川市国府台2-3-1
TEL／047-371-1120
学校長／宮﨑 康
創　立／1897年に和洋裁縫女学院として創立。1950年に和洋女子大の付属校となり改称。1992年、現校名に改称。
URL／www.wayokonodai.ed.jp

	1年	2年	3年
男子	—	—	—
女子	112名	86名	99名
クラス数	4組	3組	3組

中高総生徒数／893名

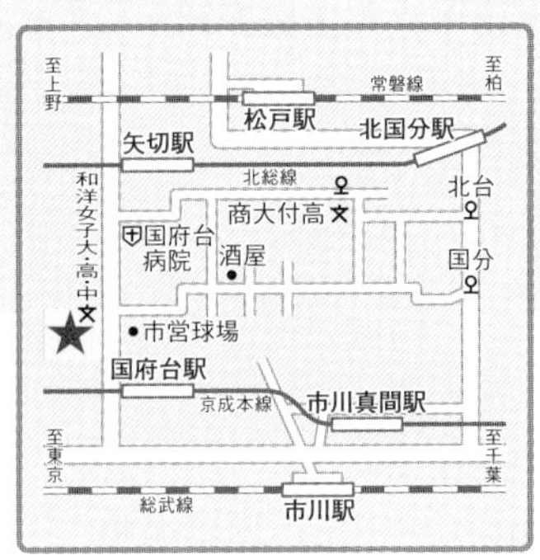

〈交通アクセス〉
JR「市川」駅よりバス8分、同「松戸」駅よりバス20分、北総線「矢切」駅よりバス7分、京成本線「国府台」駅より徒歩9分

知性と品格を備えた、自立した女性の育成をめざす

1897年、教育者・堀越千代により設立された歴史ある女子校です。日本の伝統文化を学びながら、海外の優れたものを取り入れる国際教育と、科学的なものの見方を身につける教育で、国際社会で活躍できる知性と品格を備えた女性の育成をめざします。中高大の一貫校ながら他大学進学者も多く、幅広い進路の選択が可能です。最新設備が整った環境のなかで、6年間のカリキュラムも一新し、さらに豊かな学びが広がっています。

スクールライフ

●教育内容

中高6年間の一貫教育で、中学では基礎学力の充実を第一に考え、主要5教科に多くの時間を割り当てています。英語では、子どもが母国語を習得するプロセスを英語で学ぶ「ラウンドシステム」を採用しています。また、週1時間の英会話は全学年必修で、1年生では、クラスを3分割した少人数のグループで学びます。理科では実験実習に重きを置き、3年間で100以上の実験実習を、社会では裁判傍聴、租税教室などの校外学習を行います。また、同校の特色の1つである日本文化の学びでは、1年生で書写と華道、2年生では箏、3年生では茶道を、各週1時間行います。成績不振者には放課後・夏休みに指名制の補習があります。さらに、全学年希望者対象の夏期講座を行っています。

■主要5教科の週当たり時間（コマ）数

	英語	数学	国語	理科	社会
1年	5	5	5	4	4
2年	5	5	5	4	4
3年	5	5	5	4	4
合計	15	15	15	12	12

◎1日当たりの授業コマ数：50分×6時限
　※土曜日は4時限
◎登校時間：8時30分

●部活動

全国大会常連の卓球部や水泳部など28の部があり、参加率は中学89%、高校75%です。
○文化系／吹奏楽、美術、茶道、華道、箏、音楽、演劇、理科、数学、英語、被服・手芸、書道、栄養など
○体育系／水泳、卓球、ソフトボール、ソフトテニス、陸上、バスケットボール、バドミントン、ダンスなど

●行事

学園祭（文化祭）は9月に開催し、日頃の学習の成果を発表しています。合唱コンクール、体育大会、耐寒マラソン大会など、数多くの「挑戦する場」を設けています。

●修学旅行・研修旅行

中1・2の夏休みに林間学校を開校します。会津磐梯に行き、自然や文化と触れ合いながら仲間や地元の方との交流を深めます。中3の2学期後半には奈良・京都を修学旅行で訪ねます。

マネーガイド

■2024年度納付金（諸経費を含む）

	入学金	授業料	施設費	その他	計
入学手続時	320,000円	0円	0円	0円	320,000円
初年度総額	320,000円	370,800円	156,000円	388,198円	1,234,998円

◎寄付金：周年行事などで任意でお願いする場合があります。
◎授業料：4期分納
◎奨学金・特待生制度：成績優秀者に授業料の一部を給付（学年ごとに若干名）

学期制　週5・6日制　プール　冷房　寮　食堂　私服通学　海外研修

サピックスからの合格実績（過去3年）	'22	'23	'24
	21名	27名	24名

進学指導の概要

コースは「特進」「進学」「和洋」の3つ。2020年度に新設された和洋コースは、高校と併設大学が連携する7年制。高2から大学の授業を受講できることが特徴です。特進コースでは、共通テスト7教科受験に対応した授業を展開します。全学年の夏期・冬期講座のほか、勉強合宿も実施。自学自習の習慣や、忍耐力を身につけます。さらに、受験特訓講座も開講し、一般選抜への支援も万全です。資料をそろえ、教員が進路に関する質問や相談に応じる進路情報室を設置するなど、多様な進路にきめ細かく対応します。

■現役大学進学者の進路の内訳

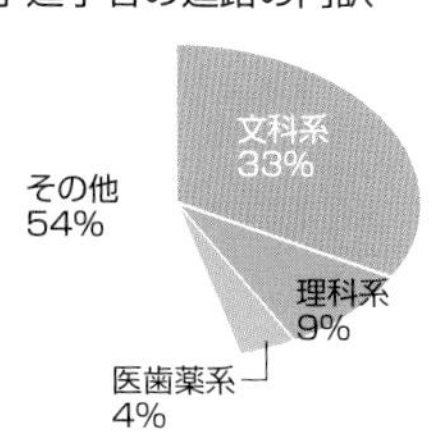

■併設高校から主要大学への合格実績

※上段は現役合格者数、下段は浪人を含めた合格者数。

	東京大	京都大	一橋大	東京工業大	筑波大	お茶の水女子大	電気通信大	東京外国語大	東京学芸大	東京芸術大	東京農工大	東京都立大	横浜国立大	千葉大	早稲田大	慶應義塾大	上智大	東京理科大
22年	—	—	—	—	—	—	—	—	—	—	—	—	—	—	—	—	—	—
	—	—	—	—	—	—	—	—	—	—	—	—	—	—	—	—	—	—
23年	—	—	—	—	1	—	—	—	—	—	1	—	—	—	—	—	1	1
	—	—	—	—	1	—	—	—	—	—	1	—	—	—	1	—	1	1
24年	—	—	—	—	1	1	—	—	—	—	—	—	—	1	—	—	—	—
	—	—	—	—	1	1	—	—	—	—	—	—	—	1	—	—	—	—

	学習院大	明治大	青山学院大	立教大	中央大	法政大	日本大	東洋大	駒澤大	専修大	和洋女子大	津田塾大	東京女子大	日本女子大	文部科学省所管外の大学校	海外の大学	国公立・医学部	私立・医学部
22年	—	—	1	—	2	—	6	5	—	1	65	—	6	9	—	1	—	—
	—	—	1	—	2	—	6	5	—	1	65	—	6	9	—	1	—	—
23年	—	1	—	2	—	2	2	1	—	3	57	—	—	3	—	—	—	—
	—	1	—	2	—	2	2	1	—	3	57	—	—	3	—	—	—	—
24年	1	—	1	1	2	3	9	9	—	2	65	—	3	7	—	—	—	—
	1	—	1	1	2	3	9	9	—	2	65	—	3	7	—	—	—	—

★指定校推薦枠（2024年度）東京理科大、学習院大、法政大、日本大、津田塾大、東京女子大、日本女子大、学習院女子大、昭和女子大学、白百合女子大、聖心女子大、共立女子大、女子栄養大、東京女子医科大、昭和薬科大、横浜薬科大、東京医療保健大、東邦大、明治学院大、獨協大、東京都市大、芝浦工業大、東京電機大、東京農業大、千葉工業大、成蹊大、成城大

入試情報

■過去2年間の入試結果

			募集人員	出願者	受験者	合格者	実質倍率
23年	推薦	2科 2科+英 探究型	40	80	76	55	1.4
	1回	4科	40	469	449	394	1.1
		3科		49	46	46	1.0
		2科		149	146	84	1.7
	2回	4科	20	228	78	57	1.4
		2科		138	71	37	1.9
24年	推薦	2科 2科+英 探究型	45	85	84	68	1.2
	1回	4科	45	534	516	420	1.2
		3科		43	40	38	1.1
		2科		126	121	55	2.2
	2回	4科	20	295	117	104	1.1
		2科		112	68	35	1.9

○配点：算国英＝各100点　理社＝各60点
○合格最低点：非公表

24年の募集要項

※以下は2024年の募集要項です。2025年の要項は学校の発表をお待ちください。

入試日／推薦12月1日 ①1月20日 ②1月24日
募集人員／女子100名(推薦45名 ①45名 ②20名)
※帰国若干名
合格発表／ホームページで即日。①②の掲示は翌日
手続締切／推薦は12月4日 ①②2月7日
試験科目／推薦：基礎学力テスト2科目型(国算)・3科目型(国算英)、または探究型
①②：国語(50分・100点)、算数(50分・100点)、理科(30分・60点)、社会(30分・60点)、英語(40分・100点)
※①は2科・4科・国算英から選択、②は2科・4科から選択
面接／推薦の基礎学力テスト2科目型・3科目型のみあり(グループ)
受験料／25,000円(複数回同時出願の場合、2回目以降不要)

公開行事・説明会予定

【オープンスクール】要予約
7月28日(日) 9時30分～
8月24日(土) 9時30分～
【学校説明会】要予約
7月28日(日) 9時30分～
10月26日(土)14時～
12月 7日(土)14時～
【学校見学会】要予約
1月 6日(月)10時～
【ナイト説明会】要予約
6月13日(木)18時～
10月31日(木)18時～
◆変更・中止の可能性もあります。必ず学校ホームページで確認してください。

市川 中学校

所在地／〒272-0816 千葉県市川市本北方2-38-1
TEL／047-339-2681
学校長／及川 秀二
創 立／1937年に市川中学校開学。戦後、新制市川中学校・高等学校となり、2002年から男女共学に。
URL／https://www.ichigaku.ac.jp

	1年	2年	3年
男子	203名	206名	200名
女子	123名	127名	118名
クラス数	8組	8組	8組

中高総生徒数／2245名

〈交通アクセス〉
京成本線「鬼越」駅より徒歩20分　JR総武線、都営新宿線「本八幡」駅、JR武蔵野線「市川大野」駅よりバス11分、「市川学園」または「市川学園正門前」下車　JRほか「西船橋」駅より直通バス20分（登下校時のみ運行）

新しい世界への挑戦、第三教育を実践する課外活動の充実

1937年に古賀米吉によって創立。2002年に現在地に移転し、同時に男女共学となりました。個性の尊重と自主自立を教育方針として、人はみな、かけがえのない存在であるという「独自無双の人間観」、一人ひとりをよく見て能力を引き出す「よく見れば精神」、自分で自身を教育する「第三教育」の3つを柱とした教育を行っています。第三教育の場である図書館には蔵書が約12万冊もあります。また、日々の学びのなかで得た知識を生かす実践の場として、課外活動に参加し、体験することで大きな資産としています。

スクールライフ

●教育内容

主要教科の時間数を大幅に確保し、基礎学力の向上を図ります。リベラルアーツ教育をめざし、「真の学力」「教養力」「国際力」「科学力」（SSH_スーパーサイエンスハイスクール指定校）、「人間力」の5つの力を身につけるカリキュラムを実施。英語は全学年で週1時間、外国人講師による少人数制の英会話授業を行っています。さらに、自主自立のための第三教育として、全学年を通じて毎朝10分間の読書があるほか、小テストや定期考査などで自分の学力把握に努めます。また、アカデミック・ライティングとして「読めて、書ける」をめざし、自分の考えをまとめ、伝える力を育てます。映像やタブレット端末を駆使し、能動的かつ参加型の学習を行っています。

■主要5教科の週当たり時間（コマ）数

	英語	数学	国語	理科	社会
1年	7	6	4	4	4
2年	7	6	5	4	4
3年	6	7	6	4	3
合計	20	19	15	12	11

◎1日当たりの授業コマ数：50分×6時限
※土曜日は4時限
◎登校時間：8時10分

●部活動

43の部・同好会・愛好会があり、体育系の一部と文化系は中高合同で活動。参加率は中学90%、高校60%です。
○文化系／英語、音楽、オーケストラ、調理、茶道、生物、化学、物理、美術、演劇、囲碁・将棋、写真など
○体育系／ハンドボール、硬式テニス、バスケットボール、バレーボール、陸上競技、サッカー、水泳、剣道、応援、硬式野球、軟式野球、卓球など

●行事

中高合同開催のなずな祭（文化祭）は毎年、たいへん盛り上がります。そのほかの大きな行事としては、クラス対抗でしのぎを削る中学体育大会、プロのオーケストラや劇団の公演を鑑賞する芸術鑑賞会、研究の成果を発表するIchikawa Academic Dayなどがあります。

●修学旅行・研修旅行

アメリカ、ニュージーランド、シンガポールでの研修をはじめ、世界とオンラインでつなぐ研修や留学生との交流を図るGlobal Studies Program、大学と提携した研修など、多彩な国際交流プログラムを導入。「日本を知って、世界へ広げること」を大切にし、「真の国際人は自国文化への理解が必要である」と考えていることから、地元である市川市の自然を観察したり、富士山周辺・京都を訪れたりする行事も実施しています。

マネーガイド

■2024年度納付金（諸経費を含む）

	入学金	授業料	施設費	その他	計
入学手続時	330,000円	0円	0円	0円	330,000円
初年度総額	330,000円	420,000円	210,000円	76,000円	1,036,000円

※延納手続あり（第2回入試合格者を除く）

◎寄付金：古賀研究基金（1口2千円。任意）
◎授業料：3期分納
◎奨学金・特待生制度：第1回入試成績優秀者に入学金相当額を給付。第1回入試成績が極めて優秀であった者に入学金および1年分の授業料、施設整備・運営費相当額を給付

学期制　週5･6日制　プール　冷房　寮　食堂　私服通学　海外研修

サピックスからの合格実績（過去3年）	'22	'23	'24
	548名	575名	572名

進学指導の概要

高1では高入生とは別クラス編成。高2で高入生と合流し、文系と理系に分かれます。高校では、表現力を育むために、論理的思考力と記述力を育てるアカデミックライティングを重視し、授業･考査･課外活動の体験や研究を通じて実践しています。また、生徒それぞれに合った受験指導を心掛けているのも特徴です。土曜日の放課後には外部の講師を招いて土曜講座を行い、生徒の興味･関心に基づき、教科学習の枠組みを超えた、第三教育の実践を支援します。高2･3の夏休みには、希望者を対象に勉強合宿を実施しています。また、第三教育センター･自習室（高3に限り20時まで使用可）など、充実した学習環境を整えています。

■現役大学合格者の進路の内訳

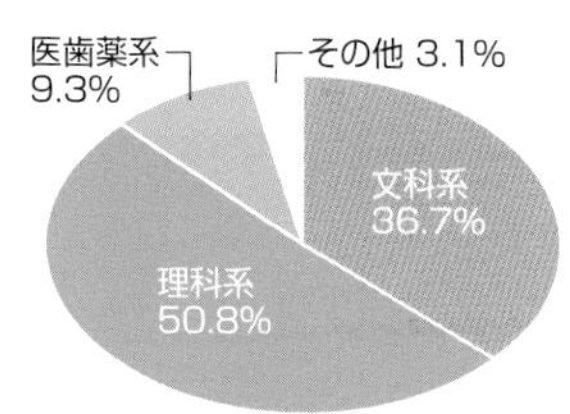

■併設高校から主要大学への合格実績

※上段は現役合格者数、下段は浪人を含めた合格者数。

	北海道大	東北大	東京大 文科Ⅰ類	東京大 文科Ⅱ類	東京大 文科Ⅲ類	東京大 理科Ⅰ類	東京大 理科Ⅱ類	東京大 理科Ⅲ類	東京大 合計	京都大	一橋大	東京工業大	東京芸術大	東京医科歯科大	東京外国語大	お茶の水女子大	千葉大	筑波大
22年	7	5	3	4	1	6	4	—	18	6	12	6	1	4	5	4	39	10
	8	9	3	4	2	8	4	—	23	7	12	8	1	5	6	5	48	12
23年	5	10	—	1	1	5	2	—	9	7	6	13	1	—	5	3	25	13
	6	12	1	2	3	7	2	—	15	7	9	17	1	1	5	3	35	17
24年	15	5	2	6	6	9	4	—	27	4	9	8	—	3	2	4	25	9
	17	6	3	6	7	9	6	—	31	5	10	9	—	4	2	4	33	11

	早稲田大	慶應義塾大	上智大	東京理科大	国際基督教大	学習院大	明治大	青山学院大	立教大	中央大	法政大	津田塾大	東京女子大	日本女子大	文部科学省管外の大学校所	海外の大学	国公立・医学部	私立・医学部
22年	123	85	47	112	4	8	120	51	71	44	46	5	7	13	3	11	17	22
	149	114	53	151	5	15	156	59	83	58	69	6	10	14	3	11	29	51
23年	112	86	74	165	3	8	136	26	51	51	56	—	11	15	5	—	14	8
	140	105	89	233	4	13	188	36	64	62	82	1	11	15	7	1	20	30
24年	140	83	58	104	1	12	133	50	55	66	55	—	2	3	2	11	8	23
	167	111	70	158	1	17	171	54	63	78	69	—	3	3	2	11	17	27

★指定校推薦枠（2024年度）早稲田大10名、慶應義塾大4名、東京理科大14名、国際基督教大1名、明治大2名、青山学院大2名、立教大1名、中央大4名、法政大3名など

入試情報

■2024年度の入試結果

		募集人員	出願者	受験者	合格者	実質倍率
12月帰国	男子	若干名	61	61	27	2.3
	女子		54	53	24	2.2
帰国	男子	男子180 女子100	30	28	15	1.9
	女子		22	22	10	2.2
1回	男子		1731	1675	745	2.2
	女子		890	862	288	3.0
2回	男子	40	322	302	35	8.6
	女子		238	215	17	12.6

■2024年度入試 受験者の教科別平均点

		算数	国語	理科	社会	合計
1回	男子	46.2	55.4	56.6	62.6	220.8
	女子	40.4	58.5	53.6	59.5	211.9
2回	男子	54.6	68.7	57.8	59.5	240.6
	女子	54.5	76.3	53.9	55.2	239.9

○配点：算国理社＝各100点　英ⅠⅡ＝各100点
○合格最低点：1回227点　2回285点 帰国は非公開

24年の募集要項

※以下は2024年の募集要項です。2025年の要項は学校の発表をお待ちください。

入試日／一般①・4科帰国生1月20日(幕張メッセ国際展示場) 一般②2月4日 12月帰国生入試12月3日

募集人員／男女約320名(一般①男子180名　女子100名〔4科帰国生入試を含む〕一般②男女40名 12月帰国生若干名)

合格発表／一般①1月22日 一般②2月4日(ホームページで即日) 12月帰国生12月4日

手続締切／一般①1月24日 一般②2月5日 12月帰国生12月6日

試験科目／国語(50分・100点)、算数(50分・100点)、理科(40分・100点)、社会(40分・100点)
※12月帰国生入試の試験科目／国語(50分・100点)、算数(50分･100点)、英語Ⅰ(40分･100点)、英語Ⅱ(40分・100点)。英語Ⅰはリスニングとライティング、英語Ⅱはリーディング

面接／なし

受験料／26,000円(外部会場の入試は28,000円)

公開行事・説明会予定

【学校説明会】要予約
10月19日(土)
3月 1日(土)
【土曜スクールツアー】
7月13日(土)中学体験授業
【なずな祭(文化祭)】
9月21日(土)・22日(祝)
◆変更・中止の可能性もあります。必ず学校ホームページで確認してください。

私立 千葉・茨城 共学 い

江戸川学園取手 中学校

所在地／〒302-0025 茨城県取手市西1-37-1
TEL／0297-74-8771
学校長／山本 宏之
創 立／1978年、江戸川学園取手高等学校開校。1987年に江戸川学園取手中学校開校。
URL／www2.e-t.ed.jp

	1年	2年	3年
男子	151名	138名	157名
女子	167名	173名	150名
クラス数	8組	8組	8組

中高総生徒数／2243名

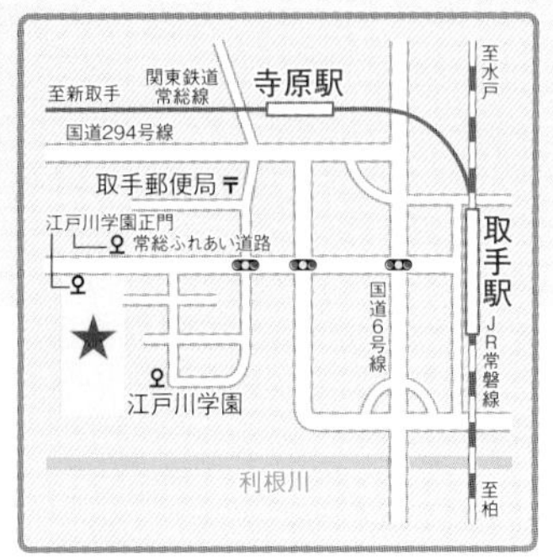

〈交通アクセス〉
JR常磐線ほか「取手」駅より徒歩25分またはバス5～10分
関東鉄道常総線「寺原」駅より徒歩20分
つくばエクスプレスほか「守谷」駅よりバス20分

難関大への安定した合格実績を誇る「規律ある進学校」

JR取手駅の西、茨城県取手市の利根川のほとりに位置する中高一貫の共学校です。創立以来、「規律ある進学校」として「心力・学力・体力の三位一体の教育」を実践しています。高い学力の養成とともに「心の教育」を重視しており、生徒が校門で一礼する姿は印象的です。「授業が一番」をモットーに進路に応じた3つのコースを設置するなど、独自の取り組みを行っています。現役大学合格率も非常に高く、茨城県では国公立・難関私立大、医学部への安定した合格実績で知られています。

スクールライフ

●教育内容

コースは、「難関大ジュニアコース」「東大ジュニアコース」「医科ジュニアコース」の3つ。授業は3コースとも同じカリキュラムで実施され、主要5教科は中3で高校の内容に入ります。英語と数学は中高一貫教育用の教科書を使用。全学年で外国人講師による英会話を週1時間設けています。さらに各学年とも、放課後や長期休暇中に希望者対象のアフタースクールを行っています。また、中1では道徳の授業「心の教育」があり、ベテラン講師による講話、グループ討論・意見発表、道徳のノートへの記録といったステップで、人間性の陶冶に努めています。このほか「医科ジュニアコース」では病院見学を行うなど、生徒のモチベーションを高めるプログラムも用意しています。

■主要5教科の週当たり時間（コマ）数

	英語	数学	国語	理科	社会
1年	6	5	5	3	3
2年	6	6	5	4	3
3年	6	6	5	4	4
合計	18	17	15	11	10

◎1日当たりの授業コマ数：45分×6時限
※中1・中2は週1回、中3は週2回7時限
※土曜日は45分×4時限（原則隔週登校）
◎登校時間：8時30分

●部活動

全国大会への出場経験があるテニス部をはじめ、多くの部が活躍中。42の部・同好会がそろっています。
○文化系／茶道、書道、美術、筝曲、イラスト、陶芸、囲碁・将棋、演劇、科学、吹奏楽など
○体育系／アメリカンフットボール、剣道、弓道、サッカー、テニス、陸上競技、チアリーダー、軟式野球など

●行事

最も力を入れているのが紫峰祭（文化祭）です。そのほか、体育祭、球技大会、オーディションを通過した生徒が練習の成果を披露する校内コンサートなどを実施しています。

●修学旅行・研修旅行

中3の修学旅行は広島や神戸などを巡ります。高2の修学旅行はカナダを訪れます。また、中1は箱根、高1は福島の研修旅行、中2は白樺湖での探究学習があります。さらに、中3・高1の希望者を対象にオーストラリア短期留学も実施しています。春休みには、中1～高2の希望者が国連本部やハーバード大学などを訪問するアメリカアカデミックツアーのほか、大英博物館やケンブリッジ大学などを訪問するイギリス・フランスアカデミックツアーもあります。

マネーガイド

■2025年度納付金

	入学金	授業料	施設費	その他	計
入学手続時	150,000円	0円	200,000円	0円	350,000円
初年度総額	150,000円	396,000円	416,000円	約152,000円	約1,114,000円

※別途、学校規定品・教材費、宿泊行事費用等の諸経費あり。延納手続あり

◎寄付金：任意
◎授業料：月納
◎奨学金・特待生制度：入試成績優秀者に入学金や授業料を免除(1年ごとの継続審査あり)

学期制　週5･6日制　プール　冷房　寮　食堂　私服通学　海外研修

サピックスからの合格実績（過去3年）	'22	'23	'24
	129名	143名	116名

進学指導の概要

高校には「難関大コース」と、選抜によって編成される「医科コース」「東大コース」があります。高1から中入生と高入生とは別クラス編成で、高2で文系と理系に分かれます。高3では志望大学別になります。放課後や長期休暇中にアフタースクールが開かれるほか、校内で英検®や模試が受けられます。また、中・高全学年に対し、大学生や社会人として活躍中の卒業生による講話も実施。さらに、希望者には、発掘体験や博物館訪問を行うなど主体的な学びを支えるプログラムがそろっています。医科コースでは、現役の医師を月に1回招いて話を聞く「医科講話」なども実施しています。

■現役大学進学者の進路の内訳

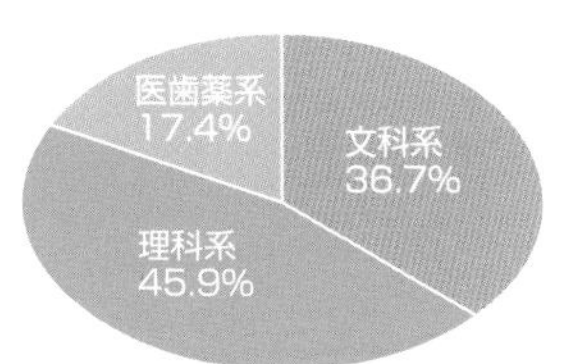

■併設高校から主要大学への合格実績

※上段は現役合格者数、下段は浪人を含めた合格者数。

	北海道大	東北大	東京大 文科Ⅰ類	東京大 文科Ⅱ類	東京大 文科Ⅲ類	東京大 理科Ⅰ類	東京大 理科Ⅱ類	東京大 理科Ⅲ類	東京大 合計	京都大	一橋大	東京工業大	東京芸術大	東京医科歯科大	東京外国語大	お茶の水女子大	千葉大	筑波大
22年	3	2	1	1	—	1	1	1	5	—	—	—	—	1	—	—	5	11
	4	5	1	1	—	1	2	1	6	1	—	1	—	1	—	—	8	19
23年	4	2	—	1	1	—	2	—	4	—	1	2	1	—	2	—	8	8
	5	2	—	1	1	—	2	—	4	—	1	2	1	—	2	1	8	12
24年	3	1	—	1	—	1	1	—	3	1	1	4	—	2	—	—	6	17
	4	2	—	1	—	1	3	—	5	1	1	6	—	2	—	—	6	17

	早稲田大	慶應義塾大	上智大	東京理科大	国際基督教大	学習院大	明治大	青山学院大	立教大	中央大	法政大	津田塾大	東京女子大	日本女子大	文部科学省所管外の大学校	海外の大学	国公立・医学部	私立・医学部
22年	26	31	20	63	1	10	28	11	20	32	27	2	5	10	13	1	17	45
	36	36	21	79	1	16	44	20	31	61	40	2	8	12	16	1	26	78
23年	27	30	16	82	1	16	55	20	45	22	57	18	14	18	5	—	12	61
	38	36	20	107	1	24	77	29	55	36	71	18	17	21	6	—	18	80
24年	48	33	30	62	3	20	46	34	37	25	37	7	9	17	12	—	14	32
	63	49	38	89	3	25	71	36	46	35	55	9	13	23	12	—	15	46

★指定校推薦枠（2024年度）早稲田大9名、慶應義塾大3名、東京理科大10名、国際基督教大2名、明治大4名、青山学院大2名、立教大8名、中央大6名、津田塾大5名、東京女子大5名など

入試情報

■2024年度の入試結果

		募集人員	出願者	受験者	合格者	実質倍率
適性型東大	男子	40	89	88	12	8.9
	女子		92	90	8	
適性型医科	男子		51	51	11	6.2
	女子		55	54	6	
適性型難関大	男子		69	67	31	6.5
	女子		75	75	42	
1回東大	男子	180	187	180	60	3.1
	女子		140	129	41	
1回医科	男子		99	97	40	2.4
	女子		82	79	32	
1回難関大	男子		139	134	137	2.9
	女子		112	102	93	
2回東大	男子	70	132	90	30	3.7
	女子		120	85	27	
2回医科	男子		80	56	17	3.1
	女子		77	51	18	
2回難関大	男子		102	72	52	4.3
	女子		86	54	46	
3回東大	男子	30	103	39	7	4.7
	女子		87	31	8	
3回医科	男子		70	29	6	5.1
	女子		63	27	5	
3回難関大	男子		75	33	1	17.3
	女子		68	19	2	

※難関大の合格者数には東大・医科からのスライド合格を含む(除く3回)
○配点：5科目型(算国＝各100点　理社＝計100点、英＝50点)、英語型(算国英＝各100点)、適性型(適性型A・B＝各100点、英＝50点、質問シート5段階評価
○合格最低点：適性型東大183点・医科176点・難関大166点　1回5科目型東大236点・医科221点・難関大191点　2回5科目型東大249点・医科232点・難関大225点　2回適性型東大178点・医科169点・難関大161点　3回5科目型東大225点・医科226点・難関大225点　英語型は非公表

25年の募集要項

入 試 日／適性型12月16日　①1月17日　②1月25日　③2月5日　※①③は英語型を含む　②は英語型・適性型を含む
募集人員／男女320名(内部進学者を含む)
合格発表／適性型12月19日　①1月18日　②1月27日　③2月6日　※ホームページで掲示と同時発表
手続締切／適性型12月20日　①1月19日　②1月29日　③2月7日
試験科目／適性型は適性A・適性B・英、①③は5科目型(算国理社英)・英語型(算国英)から選択、②は5科目型・英語型・適性型から選択
面　　接／なし
受 験 料／1回のみ受験20,000円､複数回受験30,000円
※試験科目・面接・受験料の詳しい情報は､学校ホームページの発表をお待ちください。

公開行事・説明会予定

【外部説明会】要予約
7月15日(祝)10時～　柏の葉カンファレンスセンター
7月21日(日)10時～　つくば国際会議場
8月 3日(土)10時～　北千住シアター1010
8月10日(土)10時30分～　スターツおおたかの森ホール
【入試説明会】要予約
7月 7日(日)　9時～(施設見学も可)
9月 1日(日)　9時～(施設見学も可)
9月16日(祝)　9時～(施設見学も可)
9月21日(土)　9時50分～(授業見学も可)
10月19日(土)　9時50分～(授業参観も可)
11月 2日(土)　9時50分～(授業参観も可)
11月 3日(祝)　9時～(施設見学も可)
12月 8日(日)　9時～(施設見学も可)
【オープンスクール】要予約
7月 6日(土)　9時～
【学校見学】　要予約
随時
【紫峰祭(文化祭)】要予約、要チケット
10月12日(土)　9時～16時
10月13日(日)　9時～15時30分
◆変更・中止の可能性もあります。必ず学校ホームページで確認してください。

光英VERITAS（ヴェリタス）中学校

所在地／〒270-2223 千葉県松戸市秋山600
TEL／047-392-8111
学校長／川並 芳純
創　立／1933年に聖徳家政学院創立。1983年に聖徳短期大学付属中（女子）開校。2021年に現校名に改称し共学化。
URL／www.veritas.ed.jp

	1年	2年	3年
男子	45名	53名	50名
女子	54名	53名	78名
クラス数	3組	3組	4組

中高総生徒数／717名　併設小から 約11%

〈交通アクセス〉
北総鉄道北総線「北国分」駅、同「秋山」駅より徒歩11分　JR常磐線・新京成線「松戸」駅、JR総武線「市川」駅よりバス20分

2021年度に共学化。難関大学をめざす進学校としてスタート

2021年4月、光英VERITAS中学校は、建学の精神「和」の下に「地球規模で考え、人・社会・自然に貢献する次世代リーダー」を育成する共学・進学校としてスタートしました。「答えを求める学びから問いを持つ学びへの変革」を相言葉に、プロセスを重視する「トルネード・ラーニング（探究的な学び）」を展開するほか、「英語・グローバル教育」、真理を追究する「理数・サイエンス教育」にも重点を置いています。また、難関大学進学を念頭に、万全のサポート体制で人間力を高める教育とともに「学力向上」をめざします。

スクールライフ

●教育内容

中高一貫カリキュラムの下、無理のない先取り学習を行っています。コースは、4年生（高1）から「Global Language Artsコース（人文社会・グローバル系）」と、「Medical Science コース（理工系・医歯薬系）」の２コースに分かれます。英語教育では、国内外の留学やオンライン英会話、タブレットを用いた「英語多読」を取り入れ、スキルを徹底的に高めます。理数教育では、基礎・基本をしっかりと習得し、「課題解決のプロセス」を繰り返しながら、自分で課題を発見する力、解決方法を考える発想力、人に伝える表現力などを育成していきます。また、1人1台のタブレットを用いたICT教育は、首都圏トップクラスの実績があり、探究力・協働力の育成を推進しています。

■主要5教科の週当たり時間（コマ）数

	英語	数学	国語	理科	社会
1年	7	5	6	3	3
2年	7	5	5	4	3
3年	7	5	5	4	4
合計	21	15	16	11	10

◎1日当たりの授業コマ数：50分×6時限
※土曜日は4時限
◎登校時間：8時15分

●部活動

希望制で、ほとんどの部が中高合同で活動します。
○文化系／吹奏楽（ウィンドオーケストラ・マーチングバンド）、書道、科学、児童文化、放送写真、英会話、模擬国連、管弦楽、競技かるた、家政、インターアクト、日本音楽、茶道、華道、美術、礼法、ディベート、軽音楽同好会、鉄道研究同好会
○体育系／硬式野球、バスケットボール、硬式テニス、陸上競技、水泳、バトン、ソフトテニス、バドミントン、サッカー、ゴルフ、バレーボール、ダンス

●行事

9月の文化祭、春と秋のスポーツ大会のほか、マラソン大会や書き初め大会など、さまざまな行事がそろっています。

●修学旅行・研修旅行

中1・2で北蓼科にある同校のセミナーハウスでの宿泊研修があるほか、修学旅行ではオーストラリアを訪ねます。また、希望者を対象とした約2週間のアメリカ語学研修、国内英語研修のグローバル・エクスプローラー・プロジェクト（中3）、ブリティッシュヒルズ研修（福島、高1・2）、約3か月のニュージーランドターム留学なども用意されています。

マネーガイド

■2024年度納付金（諸経費を含む）

	入学金	授業料	施設費	その他	計
入学手続時	150,000円	0円	150,000円	0円	300,000円
初年度総額	150,000円	384,000円	342,000円	261,500円	1,137,500円

※別途、制服代、iPad代、実習費、修学旅行費等あり

◎寄付金：なし
◎授業料：年2期分納
◎奨学金・特待生制度：第1種特待生は初年度524,400円、2・3年目192,000円、第2種特待生は初年度300,000円、2・3年目96,000円、第3種特待生は初年度のみ150,000円を免除（入学試験で第1～3種特待生を選考）。兄弟姉妹在学生の授業料免税制度あり

学期制

週5･6日制

プール

冷房

寮

食堂

私服通学

海外研修

サピックスからの合格実績（過去3年）	'22	'23	'24
	26名	31名	20名

進学指導の概要

探究的学びと連携させた生徒主体の進学指導を実施しています。加えて、学級担任を中心にした全教員で進路決定に必要なプロセスを指導。年4回以上の個別面談で生徒の希望や適性を見極め、ベストな進路選択に導いています。また、放課後の自習室システム「VERITAS AFTER SCHOOL（VAS）」では現役大学生の学習メンター9名が常駐し、質問対応、受験相談、試験対策などの学習支援を行っています。

大学受験に向けては、多様な入試に対応するために大学入試対策に精通した教員が入試問題を分析したり、アップデートしたりしながら過去問題や模試などを活用した指導をしています。

■現役大学進学者の進路の内訳

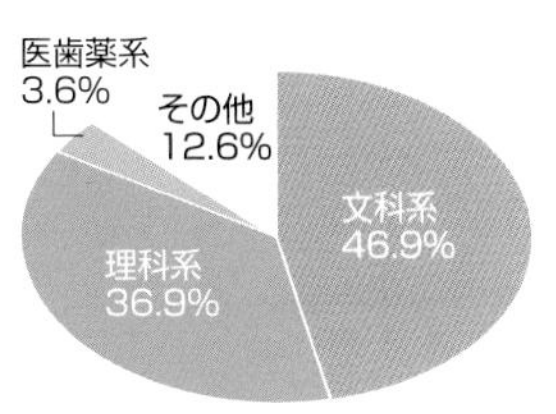

■併設高校から主要大学への合格実績

※上段は現役合格者数、下段は浪人を含めた合格者数。

	東京大	京都大	一橋大	東京工業大	筑波大	お茶の水女子大	電気通信大	東京外国語大	東京学芸大	東京芸術大	東京農工大	東京都立大	横浜国立大	千葉大	早稲田大	慶應義塾大	上智大	東京理科大
22年	—	—	—	—	—	—	—	—	—	1	—	1	—	—	1	1	2	1
	—	—	—	—	—	—	—	—	—	1	—	1	—	—	1	1	2	1
23年	—	—	—	—	—	—	—	—	—	1	—	—	—	—	—	—	1	—
	1	—	—	—	—	—	—	—	—	1	—	—	—	—	—	—	1	1
24年	—	—	—	—	—	—	—	—	1	—	—	1	—	—	2	—	1	2
	—	—	—	—	—	—	—	—	1	—	—	1	—	—	2	—	1	2

	学習院大	明治大	青山学院大	立教大	中央大	法政大	日本大	東洋大	駒澤大	専修大	聖徳大	津田塾大	東京女子大	日本女子大	文部科学省所管外の大学校	海外の大学	国公立・医学部	私立・医学部
22年	4	3	—	3	—	1	9	3	2	2	25	—	2	6	—	—	—	—
	4	3	—	3	—	1	11	3	2	2	25	—	2	6	—	—	—	—
23年	—	1	1	2	—	1	3	1	—	—	24	—	4	2	—	1	—	—
	—	2	1	2	—	1	3	1	—	—	24	—	4	2	—	1	—	—
24年	—	1	1	2	3	3	8	5	1	—	19	—	2	1	—	—	—	—
	—	1	1	2	5	3	8	5	1	—	19	—	2	1	—	—	—	—

★指定校推薦枠（2024年度）上智大1名、法政大3名、東京女子大3名、日本女子大2名など　※2023年までの大学合格実績は聖徳大学附属女子のデータ

入試情報

■2024年度の入試結果

		募集人員	出願者	受験者	合格者	実質倍率
第一志望	4科	35	31	29	40	2.0
	2科		49	49		
1回	4科	35	294	280	246	1.5
	2科		104	94		
VERITAS探究		若干	27	25	8	3.1
VERITAS理数特待選抜		10	72	68	21	3.2
特待生選抜	4科	20	116	81	31	3.6
	2科		43	30		
2回	4科	25	104	84	79	1.6
	2科		55	44		
VERITAS英語		5	6	5	3	1.7
3回	2科	若干	62	34	17	2.0

○配点：算国＝各100点　理社＝各60点　英語＝150点　SDGsに関するテーマの探究活動＝100点　算理融合問題＝100点
○合格最低点：第一志望4科114点・2科80点　1回4科154点・2科89点　VERITAS探究62点　VERITAS理数特待選抜55点　特待選抜4科171点・2科108点　2回4科155点・2科96点　VERITAS英語188点　3回86点

24年の募集要項

※以下は2024年の募集要項です。2025年の要項は学校の発表をお待ちください。

入 試 日／第一志望・帰国生12月1日 ①・VERITAS探究・VERITAS理数特待選抜1月20日 特待選抜1月22日 ②・VERITAS英語 1月24日 ③2月4日
募集人数／120名(第一志望35名 帰国生若干名 ①35名 VERITAS探究若干名 VERITAS理数特待選抜10名 特待選抜20名 ②25名 VERITAS英語5名 ③若干名)
合格発表／第一志望・帰国生は翌日、ほかはすべて即日
手続締切／第一志望は12月5日、③は2月7日、ほかはすべて2月4日
試験科目／国語(50分・100点)、算数(50分・100点)、理科(30分・60点)、社会(30分・60点)　※第一志望・帰国生・①・②・特待選抜は2科(国算)4科選択、③2科(国算)、VERITAS英語は国語(50分・100点)、算数(50分・100点)、英語(筆記45分とインタビューテスト 100点)、VERITAS探究は調査・まとめ(50分)・発表・質疑(20分)(ルーブリック評価100点)、VERITAS理数特待選抜は算数・理科(計60分・計100点)
面　　接／第一志望、帰国生はあり
受 験 料／22,000円。複数回受験の場合、2回目以降(同時出願者は3回目以降)1回5,000円、ただし指定試験回の同時出願者は2回22,000円

公開行事・説明会予定

【学校説明会】要予約、各回9時30分～(4・5年生対象)
12月14日(土)、2月15日(土)、3月 8日(土)
【入試説明会】要予約、各回9時30分～
10月 5日(土)、11月 2日(土)、12月 7日(土)、1月 5日(日)
【1hour入試説明会】要予約
12月25日(水) 9時～
【オープンスクール】要予約、各回9時30分～
8月11日(祝)・31日(土)
【夏のVERITAS祭】要予約
7月15日(祝)8時30分～
【部活動見学会】要予約、各回14時～
6月22日(土)、9月 7日(土)、10月19日(土)
【光英祭(文化祭)】個別相談コーナーあり、要チケット(受験生とその保護者は不要)
9月21日(土)、22日(祝)9時～15時
◆変更・中止の可能性もあります。必ず学校ホームページで確認してください。

芝浦工業大学柏 中学校

所在地／〒277-0033　千葉県柏市増尾700
TEL／04-7174-3100
学校長／中根 正義
創　立／1980年、高等学校開校。1990年に男女共学となる。1999年に中学校開校。
URL／www.ka.shibaura-it.ac.jp

	1年	2年	3年
男子	120名	122名	134名
女子	68名	69名	60名
クラス数	5組	5組	5組

中高総生徒数／1495名

〈交通アクセス〉
東武野田線「新柏」駅よりスクールバス5分、または徒歩25分、JR常磐線・東武野田線「柏」駅よりスクールバス15分

情報教育・環境教育で「創造性の開発と個性の発揮」をめざす

1927年、東京帝国大学工学博士・有元史郎氏が創立した東京高等工商学校を前身とする芝浦工業大学。創立以来90年あまり、わが国の工業界に多くの人材を送出してきました。同校はこの歴史を踏まえ、新しい中等教育をめざして1980年に創立。増尾城址総合公園に隣接した緑豊かな環境のなか、「創造性の開発と個性の発揮」の建学精神を守りながら新しい文化を創り出す豊かな人間性を育んでいます。また、自由な心と人への思いやりにあふれ、自然を愛し、家庭・社会・人類に対する責任を進んで果たす人材を育成します。

スクールライフ

●教育内容

中1・2では、主要3教科を中心に基礎学力を習得。特に英語は、外国人講師による少人数制の英会話授業などを行い、中学卒業までに英検®準2級合格を目標としています。中3・高1では研究発表などにより、生徒自身が興味・関心のあることを形にする技法を学習。この時期までに英語・数学・国語の3科目については大学入学共通テストに対応できる基礎学力を身につけます。入学時には各自がタブレット端末を購入し、中1の「技術」の授業で基本的な使い方や設定を学習。英語・国語・社会・数学・理科すべての教科でタブレット端末を利用します。また、「グローバル・サイエンス（GS）クラス」を用意し、独自のサイエンス教育をさらに発展させています。2004～2008年および2018～2022年にスーパーサイエンスハイスクール（SSH）として教育活動をしていたほか、2024年から再びSSH指定校となり、新たなカリキュラムを展開しています。

■主要5教科の週当たり時間（コマ）数

	英語	数学	国語	理科	社会
1年	5	5	4.5	4	4
2年	6	5	4.5	4	4
3年	6	5	4.5	4	4
合計	17	15	13.5	12	12

◎1日当たりの授業コマ数：50分×6時限
※土曜日は4時限
◎登校時間：8時15分

●部活動

全生徒の7割が参加しています。活動は中高別で週4日以内となっています。

○文化系／英語、吹奏楽、コンピュータ、美術、科学、演劇、囲碁、鉄道、数学研究サークル

○体育系／サッカー、バスケットボール（男子）、バレーボール（女子）、卓球、野球、水泳、ソフトテニス、ハンドボール（女子）、剣道、ダンス（女子）

●行事

年間行事としては、運動会、合唱祭、中高合同の文化祭である増穂祭などがあります。さらに、中1の国立科学博物館見学に関する準備・発表や国立劇場を訪れる芸術鑑賞会などのように、生徒たちの感受性や発信力を育む行事にも力を入れています。

●修学旅行・研修旅行

中2の5月に学校専有の分収造林でのグリーンスクールを実施します。中2では実践的な英語教育を行い、中3の海外研修（全員参加）ではニュージーランドで12日間のホームステイを行います。

マネーガイド

■2024年度納付金（諸経費を含む）

	入学金	授業料	維持費	その他	計
入学手続時	250,000円	0円	0円	170,000円	420,000円
初年度総額	250,000円	402,000円	273,000円	203,780円	1,128,780円

※別途、学年経費（副教材費、校外学習費用、模擬試験受験料等）、ホームステイ研修積立金、スクールバス代（利用者のみ）等あり

◎寄付金：1口5万円×4口以上（任意）
◎授業料：4期分納
◎奨学金・特待生制度：入学試験成績優秀者に入学金相当額を給付。経済的理由により就学困難と判断される者に授業料相当額を給付

2期	完6 days	温	cool				全
学期制	週5·6日制	プール	冷房	寮	食堂	私服通学	海外研修

サピックスからの合格実績（過去3年）	'22	'23	'24
	114名	107名	96名

進学指導の概要

高校では希望の進路に合わせて、最難関国公立大をめざす「GSクラス」と国公立大・難関私立大をめざす「GLクラス」に分かれます。「GSクラス」は高入生との混合クラス、「GLクラス」は高1のみ別クラス編成です。高2からは、各クラスとも文系と理系のコースに分離。さらにGLクラスは高3から、私立文・理、国公立文・理、理工学、薬農看などのコースへと、より細分化されます。高1・2では全員がWebコンテスト（中高生によるWeb教材開発コンテスト）に参加。また、芝浦サイエンスや高大連携プログラム、手帳指導や目標達成シートなどのさまざまな取り組みで、国際社会に必要な力を育みます。

■2024年3月卒業生の進路の内訳

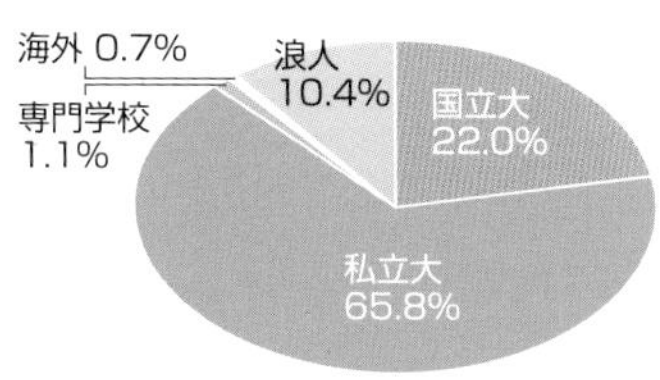

■併設高校から主要大学への合格実績

※上段は現役合格者数、下段は浪人を含めた合格者数。

	東京大	京都大	一橋大	東京工業大	筑波大	お茶の水女子大	電気通信大	東京外国語大	東京学芸大	東京芸術大	東京農工大	東京都立大	横浜国立大	千葉大	早稲田大	慶應義塾大	上智大	東京理科大
22年	1	—	1	3	6	—	1	1	—	—	—	2	1	12	16	11	9	46
	1	—	1	4	7	—	1	2	—	—	—	2	1	13	20	14	14	57
23年	1	1	2	4	11	1	—	—	—	—	—	3	2	11	34	18	27	84
	1	1	2	4	13	1	1	—	—	—	—	3	2	14	37	19	27	100
24年	4	—	2	2	8	2	2	—	1	—	—	2	4	13	36	7	9	68
	4	—	2	2	9	2	2	—	1	—	—	2	4	15	37	7	11	71

	学習院大	明治大	青山学院大	立教大	中央大	法政大	日本大	東洋大	駒澤大	専修大	芝浦工業大	津田塾大	東京女子大	日本女子大	文部科学省管外の大学校	海外の大学	国公立・医学部	私立・医学部
22年	11	52	12	37	22	35	37	24	6	5	49	—	7	5	—	1	1	4
	13	62	12	37	36	47	60	32	8	5	58	—	7	5	—	1	2	4
23年	14	56	16	30	26	37	45	25	3	8	95	4	14	6	1	11	2	5
	14	57	18	33	30	37	47	25	3	8	139	4	14	7	1	11	2	7
24年	17	57	14	28	23	43	53	43	7	10	69	—	2	5	2	2	3	7
	17	59	17	29	25	51	60	43	7	11	71	—	2	5	2	2	5	14

★指定校推薦枠（2024年度）早稲田大3名、慶應義塾大2名、上智大3名、東京理科大11名、学習院大13名、明治大3名、立教大6名、中央大6名など

入試情報

■過去2年間の入試結果

			募集人員	出願者	受験者	合格者	実質倍率
23年	1回	男子	帰国含 GS30 一般80	768	673	311	2.2
		女子		371	326	155	2.1
	2回	男子	帰国含 GS10 一般45	501	280	79	3.5
		女子		266	142	38	3.7
	課題作文	男子	帰国含 一般15	240	66	9	7.3
		女子		146	51	7	7.3
24年	1回	男子	帰国含 GS30 一般80	793	692	296	2.3
		女子		370	303	161	1.9
	2回	男子	帰国含 GS10 一般45	559	328	84	3.9
		女子		247	130	26	5.0
	課題作文	男子	帰国含 一般15	219	56	15	3.7
		女子		129	30	11	2.7

■2024年度入試 受験者・合格者の教科別平均点(男女合計データ)

			算数	国語	理科	社会	合計
1回	4科	受験者	55.8	58.7	46.1	42.3	203.3
		合格者	67.3	66.9	52.3	48.9	235.8
2回	4科	受験者	53.2	55.4	37.1	41.2	187.3
		合格者	75.8	62.2	46.0	49.6	233.8
課題作文	※	受験者	理数系作文/46.2		人文社会系作文/63.4		
		合格者	非公表				

※課題作文＋面接
○配点：算国＝各100点　理社＝各75点　課題作文＝各100点
○合格最低点：1回213点　2回217点　課題作文122点

24年の募集要項

※以下は2024年の募集要項です。2025年の要項は学校の発表をお待ちください。

入 試 日／①1月23日 ②1月27日 課題作文2月4日
募集人員／男女約180名(①一般80名 ①GS30名 ②一般45名 ②GS10名 課題作文一般15名)
合格発表／①1月24日 ②1月28日 課題作文2月4日
手続締切／①1月25日 ②1月30日 課題作文2月6日
試験科目／①②国語(45分・100点)、算数(45分・100点)、理科(40分・75点)、社会(40分・75点)
課題作文(人文社会系テーマ・理数系テーマ各45分・各100点)
①②の希望者には4科に加え、英語リスニングの試験あり(加点として扱う)
面　　接／あり(①②は個別、課題作文は集団)
受 験 料／22,000円(複数回同時出願の場合は36,000円)

公開行事・説明会予定

【中学説明会】 要予約
6月19日(水)10時～
7月 2日(火)10時～
8月25日(日)10時～
【入試説明会】 要予約
9月 1日(日)14時～
9月22日(祝)14時～
10月13日(日)14時～
11月 3日(祝)10時～
12月15日(日)14時～
【学校見学会】 要予約
10月19日(土)14時～
11月 9日(土)14時～
【増穂祭(文化祭)】
10月 5日(土)11時～16時
10月 6日(日)10時～15時
◆変更・中止の可能性もあります。必ず学校ホームページで確認してください。

渋谷教育学園幕張 中学校

所在地／〒261-0014 千葉市美浜区若葉1-3
TEL／043-271-1221
学校長／田村 聡明
創　立／1983年に学校法人渋谷教育学園が幕張に高校を設立し、1986年に中学校を開校。
URL／www.shibumaku.jp

	1年	2年	3年
男子	202名	206名	161名
女子	90名	102名	130名
クラス数	9組	9組	8組

中高総生徒数／1961名

至市川
幕張駅
JR総武線
至京成船橋
京成幕張駅
京成千葉線
至千葉
旧国道14号線
国道14号線
放送大学
県総合教育センター
東関東自動車道
幕張テクノガーデン
幕張総合高
至東京
海浜幕張駅
JR京葉線
至蘇我

〈交通アクセス〉
JR京葉線「海浜幕張」駅より徒歩10分
JR総武線「幕張」駅より徒歩16分
京成千葉線「京成幕張」駅より徒歩14分

生徒の個性を大切にして、21世紀の社会に貢献できる人材を育成

1983年、幕張新都心に創立された男女共学の進学校です。教育目標は「自調自考の力を伸ばす」「倫理感を正しく育てる」「国際人としての資質を養う」の3つで、思いやりのある心・向上心・自主性にあふれ、個性豊かな人間の育成をめざしています。教科学習では、基礎学力を重視して、そのうえで生徒の思考力や創造性を育てます。学校行事や部活動も、自調自考の精神に基づき、生徒が主体となって運営します。留学生や帰国生の受け入れにも積極的で、学校全体に多様な価値観を主張できるムードが漂っています。

スクールライフ

●教育内容

学年の初めにシラバス（授業の計画）を配布して、1年間の授業をどのように行っていくかを生徒に理解させています。主要教科ではプリントなどのオリジナル教材を多く用いて、わかりやすさを追求した効率的な授業を行っています。中1・2では少人数教育で基礎学習の徹底を図り、英・数・国の3教科については中2で中学の内容を終え、中3からは高校の内容に入ります。また、「授業は生徒との共同作業である」という考えの下、生徒に授業アンケートを実施。外国人講師による英会話の授業や、中3から高2の希望者を対象に開講する第二外国語講座なども用意しています。

■主要5教科の週当たり時間（コマ）数

	英語	数学	国語	理科	社会
1年	6	6	6	4	4
2年	6	6	6	4	4
3年	6	6	6	4	4
合計	18	18	18	12	12

◎1日当たりの授業コマ数：50分×6時限
　※土曜日は4時限
◎登校時間：8時25分

●部活動

約40のクラブ・同好会が活動し、生徒の参加率は9割程度。体育系ではテニス部、水泳部、空手道部、陸上競技部が、文化系ではディベート部、化学部、電気部、囲碁同好会が全国大会に出場しています。
○文化系／美術、吹奏楽、室内楽、アニメーション、合唱、演劇、軽音楽、書道、ディベート、科学など
○体育系／野球、水泳、陸上競技、卓球、バドミントン、バスケットボール、サッカー、剣道、硬式テニス、体操、ハンドボール、弓道、ドリルチーム、ダンス同好会など

●行事

学校最大のイベント、9月の槐祭（えんじゅ）（文化祭）をはじめ、多くの行事があります。2日間にわたって行われるスポーツフェスティバルも人気のある行事の1つ。5月には校外学習で、中1は千葉県野田、中2は神奈川県鎌倉を訪れます。また、卒業生医師による特別授業など、実社会や自身の将来について考える行事もあります。

●修学旅行・研修旅行

10月に中1は南房総に、中2は東北に2泊3日の宿泊研修に出掛けます。研修は「自調自考」の一環として、現地集合・現地解散で、事前に調べた見学場所を巡る班別行動が中心です。また、留学生の受け入れや、中3のニュージーランドホームステイ研修など、国際交流に力を入れていることも特徴です。

マネーガイド

■2024年度納付金（諸経費を含む）

	入学金	授業料	施設費	その他	計
入学手続時	280,000円	0円	0円	0円	280,000円
初年度総額	280,000円	444,000円	192,000円	347,930円	1,263,930円

※入学金の延納が可能

◎寄付金：なし
◎授業料：3期分納
◎奨学金・特待生制度：入学後、家計状況の急変等により就学が困難となった場合、学資金を貸与または給付。また、入試成績優秀者に入学金・授業料・施設拡充費相当額の奨学金を給付（1年間・更新あり）

学期制　週5・6日制　プール　冷房　寮　食堂　私服通学　海外研修

サピックスからの合格実績（過去3年）	'22	'23	'24
	378名	413名	383名

進学指導の概要

内部進学者は中3より高校の内容に入るため、高入生は、高1では別クラス・別カリキュラムとなります（ただし、芸術・体育は混合）。また、高1の国語では少人数授業を設定。高2からは、自己の可能性を最大限に発揮できるよう、それぞれの適性や進路に合わせて文系・理系の選択制となり、科目ごとに教室を分けての授業が増えます。進学指導としては、夏期講習や放課後の講習などを実施。国際教育の一環として中国語・スペイン語・フランス語・ドイツ語、ハングルなどの講座を開講します。このほか、生徒に授業アンケートを実施するなど、充実した授業を行うための工夫をしています。

■2024年3月卒業生の進路の内訳

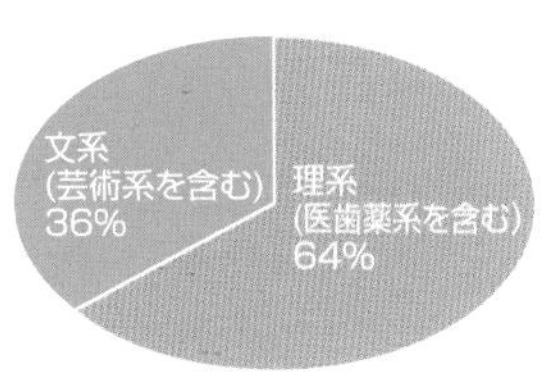

■併設高校から主要大学への合格実績

※上段は現役合格者数、下段は浪人を含めた合格者数。

	北海道大	東北大	東京大 文科Ⅰ類	東京大 文科Ⅱ類	東京大 文科Ⅲ類	東京大 理科Ⅰ類	東京大 理科Ⅱ類	東京大 理科Ⅲ類	東京大 合計	京都大	一橋大	東京工業大	東京芸術大	東京医科歯科大	東京外国語大	お茶の水女子大	千葉大	筑波大
22年	4	6	9	7	10	18	8	2	54	6	9	7	2	3	1	—	21	10
	7	7	11	10	14	25	12	2	74	7	10	9	2	3	1	—	32	15
23年	8	2	9	13	8	18	9	2	59	7	16	9	—	5	—	—	19	10
	8	4	9	15	10	26	12	2	74	12	19	11	—	5	1	1	28	13
24年	5	8	3	6	3	33	5	1	51	6	6	10	2	1	—	—	15	9
	5	10	4	8	5	36	10	1	64	13	7	11	3	1	—	1	23	13

	早稲田大	慶應義塾大	上智大	東京理科大	国際基督教大	学習院大	明治大	青山学院大	立教大	中央大	法政大	津田塾大	東京女子大	日本女子大	文部科学省所管外の大学校	海外の大学	国公立・医学部	私立・医学部
22年	157	104	39	72	2	2	61	12	15	9	11	—	—	—	3	36	21	60
	220	153	59	126	2	4	95	21	26	36	43	2	—	—	5	36	41	91
23年	176	100	39	102	1	1	50	14	10	17	12	—	2	4	2	16	25	43
	235	138	70	145	1	2	88	20	22	30	26	—	10	4	2	17	38	76
24年	156	119	26	92	2	6	30	4	10	19	6	—	5	—	2	58	33	51
	209	151	45	131	4	11	65	8	22	38	28	1	5	3	2	64	42	77

★指定校推薦枠（2024年度）非公表

入試情報

■2024年度の入試結果

		募集人員	出願者	受験者	合格者	実質倍率
1次※	男子	約215	1427	1377	508	2.7
	女子		632	592	157	3.8
2次	男子	約45	371	349	53	6.6
	女子		185	172	15	11.5
帰国	男子	約20	74	71	16	4.4
	女子		77	77	18	4.3

※1次の数字には、帰国生入試との併願者を含む。

■2024年度入試 受験者・合格者の教科別平均点(男女合計データ)

		算数	国語	理科	社会	合計
1次	受験者	37.7	59.1	31.2	41.0	169.7
	合格者	54.9	64.6	38.0	46.4	203.9
2次	受験者	44.0	64.4	35.1	46.1	189.6
	合格者	65.5	72.1	43.7	52.8	234.0
帰国	受験者	英語（筆記・リスニング・エッセイ）/ 73.5				
	合格者	英語（筆記・リスニング・エッセイ）/ 84.9				

○配点：算国＝各100点　理社＝各75点　帰国：英語＝100点
○合格最低点：1次185点　2次223点　帰国82点

24年の募集要項

※以下は2024年の募集要項です。2025年の要項は学校の発表をお待ちください

入試日／帰国1月20日 ①1月22日 ②2月2日
募集人員／男女約280名
(①約215名 ②約45名 帰国約20名)
合格発表／①・帰国1月24日 ②2月3日
※ホームページで発表
手続締切／①・帰国1月25日 ②2月3日
試験科目／①②国語(50分・100点)、算数(50分・100点)、理科(45分・75点)、社会(45分・75点)
帰国 英語(筆記・リスニング50分、エッセイ30分)、面接＝計100点
面接／帰国のみ(英・日)
受験料／26,000円

公開行事・説明会予定

【入試説明会】
11月 9日(土)
【槐祭(文化祭)】
9月15日(日)
◆変更・中止の可能性もあります。必ず学校ホームページで確認してください。

サピックスOB・OGの声

●とても自由な校風で、ルールも生徒に委ねられています。わたしのクラスには帰国生が多く、日本語よりも英語で話すほうが楽だという子も少なくないので、そういうクラスメートと早く英語で話せるよう、昼休みにネイティブの先生と話したり、英語のゲームをしたりするイングリッシュクラブに入ってがんばっています。

●宿泊研修・修学旅行では、「自調自考」という教育目標や、生徒みずからが考えて行動するという姿勢が端的に表れます。班単位で活動するこの宿泊研修はすべて現地集合、現地解散。最初は戸惑いましたが、今ではルート検索にも慣れて、時間も正確に守っています。

常総学院 中学校

所在地／〒300-0849　茨城県土浦市中村西根1010
TEL／029-842-0708
学校長／坂田 英一
創　立／1905年に創設された常総学院が前身。その校名を継承し、1983年に高校、1996年に中学校を開校。
URL／www.joso.ac.jp

	1年	2年	3年
男子	45名	42名	58名
女子	51名	42名	52名
クラス数	3組	3組	4組

中高総生徒数／1903名

〈交通アクセス〉
JR常磐線「土浦」駅よりバス　同「荒川沖」駅、つくばエクスプレス「つくば」駅よりタクシー利用20分　※JR「荒川沖」駅ほか12路線のスクールバスあり

社会に貢献する21世紀型リーダーの育成

創立以来、一貫して「社会に貢献するリーダーの育成」を教育目標に掲げてきました。一人ひとりの個性を伸ばし将来に生かすためには、「社会のこんな課題を解決したい」「こんな分野で自分の力を試してみたい」と自覚する時機に、それを深められる学力や能力を持ち合わせていることが求められます。また、グローバル化やAIなど科学技術の急速な発展が進む時代においては、語学力や論理的思考力、プレゼン能力なども磨く必要があります。同校では、これらを「JOSO Core Skill」「JOSO 未来 Skill」という形で明確化し、日々の教育活動を通して、こうした能力を確実に育て、将来幅広い分野で活躍するための基盤づくりに力を注いでいます。

スクールライフ

●教育内容

大学や職業に対する意識の育成と、専門職として社会に貢献できる人材の育成を目的に、医学・科学・人文の探究フィールドのいずれかに所属し、フィールドごとに施設見学や多分野の職業講演などの課外活動を充実させています。主要教科は中3で高校課程に入ります。また、国際化する社会に対応するため、探究フィールド別発表会、さらにICT教育にも取り組んでいます。これまでに48名の東大合格者を輩出した「AD（アドバンスト）クラス」を中1から設置。英語は読解・単語・文法を中心としたREを5時間、また10名の外国人講師による英作文・英会話・リスニングを中心とした、1クラスを3分割する少人数制のCEを4時間用意。週当たり合計9時間の授業があり、中3終了時の英検®準2級以上の取得率は75%に達しています。

■主要5教科の週当たり時間（コマ）数

	英語	数学	国語	理科	社会
1年	9	5	4	3	3
2年	8	5	4	4	3
3年	9	5	3	4	4
合計	26	15	11	11	10

◎1日当たりの授業コマ数：50分×6時限
　※隔週6日制。登校土曜日は4時限
◎登校時間：8時45分

●部活動

2023年度より、従来の“サークル活動”に変わって「J-プロジェクト」を立ち上げました。今までの「活動」を発展させ、コンテストやコンクールなどへの参加や、成果の発表や表現、企業と連携しての社会貢献などの活動を行います。

○文化系／PC，JOSOアンバサダー，SDGs推進，書道，みんなの歌，美術，図書，ハンドクラフト，科学，active performer，Using English
○体育系／サッカー，Ball Sports Masters，Top Speed

●行事

5月の体育祭、11月の常友祭（文化祭）のほか、野球応援、希望制のスキースクール、探究フィールド別施設見学などがあります。

●修学旅行・研修旅行

中1では1泊2日で語学研修施設での国内留学、中2では2泊3日で京都・広島国内研修、中3では6泊7日でニュージーランド海外研修を実施しています。海外研修ではファームステイと学校訪問を行い、現地での経験を紀行文集にまとめるほか、11月の常友祭で発表もしています。

マネーガイド

■2024年度納付金（諸経費を含む）

	入学金	授業料	施設費	その他	計
入学手続時	250,000円	0円	150,000円	0円	400,000円
初年度総額	250,000円	360,000円	150,000円	186,000円	946,000円

◎寄付金：なし
◎授業料：月納
◎奨学金・特待生制度：学業特待生として合格した場合、入学金・授業料・維持費等学納金を免除（毎年審査）

3期 学期制 | 他 days 週5·6日制 | プール | cool 冷房 | 高 寮 | 食堂 | 私服通学 | 全 海外研修

サピックスからの合格実績（過去3年）	'22	'23	'24
	15名	22名	15名

進学指導の概要

国公立大学や難関私立大学への進学を目標にした中高一貫教育を実践しています。探究フィールド活動のほか、進路講演会を実施したり、毎年発行の合格体験談集で志望大学に合格した卒業生の取り組みを紹介したりすることで、大学や職業に対して意識するためのサポートをしっかりと行っています。

また、さらなる高みに挑戦するスーパーADを設置しています。中1次から、独自の教育プログラムを用意し、10名程度の選抜された少人数制で個々に応じた指導を行います。東大をはじめとする最難関大学への合格をめざし、ハイレベルな内容をより深く習得します。

■現役大学進学者の進路の内訳

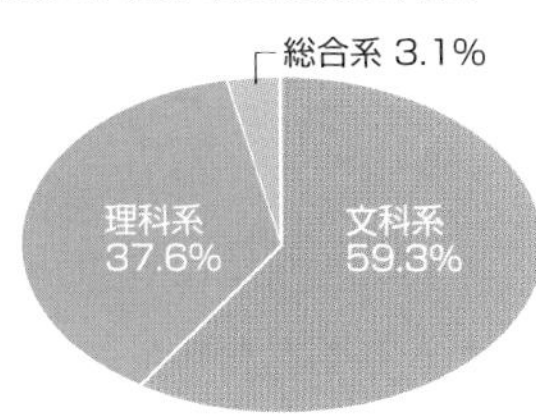

■併設高校から主要大学への合格実績

※上段は現役合格者数、下段は浪人を含めた合格者数。

	東京大	京都大	一橋大	東京工業大	筑波大	お茶の水女子大	電気通信大	東京外国語大	東京学芸大	東京芸術大	東京農工大	東京都立大	横浜国立大	千葉大	早稲田大	慶應義塾大	上智大	東京理科大
22年	2	—	—	—	10	1	—	1	1	—	—	—	—	1	9	3	4	15
	2	—	—	—	11	1	1	1	1	—	—	—	—	1	13	6	5	17
23年	2	—	—	—	13	—	1	—	3	—	—	1	—	2	3	4	6	26
	2	—	—	—	13	—	1	—	3	—	—	1	—	2	7	5	7	26
24年	2	—	—	—	10	—	1	1	1	—	—	2	1	3	2	3	7	26
	2	—	—	—	11	—	1	1	1	—	—	2	1	3	2	3	7	27

	学習院大	明治大	青山学院大	立教大	中央大	法政大	日本大	東洋大	駒澤大	専修大	国際基督教大	津田塾大	東京女子大	日本女子大	文部科学省所管外の大学校	海外の大学	国公立・医学部	私立・医学部
22年	17	17	7	10	21	24	30	9	14	9	—	2	4	6	22	—	2	6
	17	19	7	11	24	30	35	15	16	9	—	2	4	6	22	—	2	6
23年	10	19	7	8	15	37	35	19	19	16	—	1	5	2	37	—	4	6
	12	21	8	8	17	39	41	23	22	16	—	1	5	2	37	—	4	7
24年	7	9	11	10	21	29	22	44	11	11	—	2	8	8	22	—	2	5
	8	11	11	10	21	30	26	45	11	11	—	2	8	8	22	—	4	7

★指定校推薦枠（2024年度）早稲田大1名、上智大1名、東京理科大9名、学習院大7名、明治大3名、青山学院大1名、立教大2名、中央大5名、法政大8名、成蹊大3名、成城大2名、明治学院大4名、日本大20名、東洋大23名など

入試情報

■2024年度の入試結果

		募集人員	出願者	受験者	合格者	実質倍率
適性検査型	男子	AD10 ST30	410	407	363	1.1
	女子		423	421	362	1.2
推薦・専願	男子	AD15 ST55	16	15	14	1.1
	女子		27	27	25	1.1
一般1回	男子	AD10 ST30	77	74	59	1.3
	女子		95	92	74	1.2
一般2回4科	男子	AD若干 ST10	4	4	2	2.0
	女子		6	5	5	1.0
一般2回2科	男子		4	3	3	1.0
	女子		18	18	13	1.4

■2024年度入試 受験者の教科別平均点（男女合計データ）

		算数	国語	理科	社会	合計
適性検査型	適性	適性Ⅰ/32.1		適性Ⅱ/54.7		87
推薦・専願	2科	30.4	63.4			算/25.7 2科/94.6
一般1回	4科	60.7	62.4	23.8	33.2	180.2
一般2回	4科	45.3	62.3	17.2	28.3	148.6
	2科					107.5

○配点：算国＝各100点　理社＝各50点　適性検査Ⅰ・Ⅱ＝各100点

○合格最低点：適性検査型AD91点・ST53点　推薦・専願AD124点・ST54点　一般1回AD181点・ST138点　一般2回4科AD167点・ST125点・2科AD130点・ST83点

24年の募集要項

※以下は2024年の募集要項です。2025年の要項は学校の発表をお待ちください。

入試日／推薦・専願12月9日 適性検査型12月2日
①1月8日 ②1月25日

募集人員／男女160名(推薦・専願70名 適性検査型40名 ①40名 ②10名)

合格発表／推薦・専願12月12日 適性検査型12月6日
①1月11日 ②1月28日
※いずれもホームページにて

手続締切／推薦・専願12月19日 適性検査型2月7日
①②2月6日

試験科目／国語(50分・100点)、算数(50分・100点)、理科(30分・50点)、社会(30分・50点)
適性検査型：適性検査Ⅰ・Ⅱ(各45分・各100点)
※推薦・専願は2科、②は2科4科選択

面接／推薦・専願は個人、適性検査型はグループ

受験料／20,000円

公開行事・説明会予定

【オープンスクール】要予約
6月15日(土)10時～
7月13日(土)10時～

【オンラインオープンスクール】要予約
7月27日(土)20時～
8月24日(土)20時～

【学校入試説明会】要予約
10月 5日(土)、11月16日(土)

【学校入試説明会in柏の葉】要予約
11月23日(祝)

【オンライン学校入試説明会】要予約
11月23日(祝)

【English Summer Lesson】要予約
8月27日(火)

【学校見学】要予約
随時

◆変更・中止の可能性もあります。必ず学校ホームページで確認してください。

昭和学院 中学校

所在地／〒272-0823 千葉県市川市東菅野2-17-1
TEL／047-323-4171
学校長／山本 良和
創　立／1940年、昭和女子商業学校として開校。1947年、学制改革により昭和学院中学校を開校。2003年、共学化。
URL／www.showa-gkn.ed.jp

	1年	2年	3年
男子	59名	64名	59名
女子	94名	87名	87名
クラス数	5組	5組	6組

中高総生徒数／1694名
併設小から　約22%

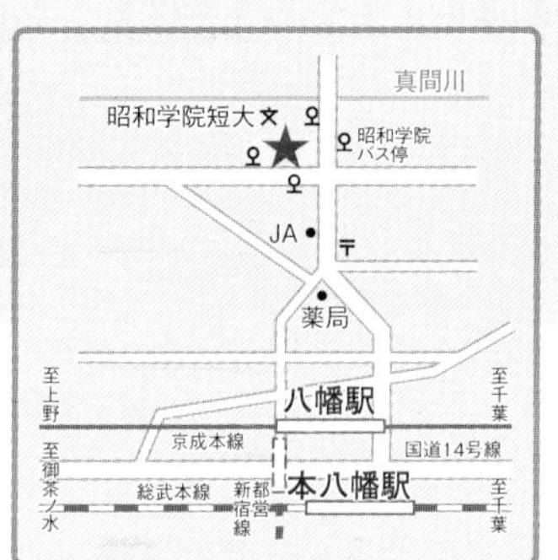

〈交通アクセス〉
JR総武線・都営新宿線「本八幡」駅より徒歩15分、京成本線「京成八幡」駅より徒歩15分、北総鉄道「東松戸」駅・JR武蔵野線「市川大野」駅よりバスあり

コース制を設け、それぞれの特性を伸ばし夢の実現をめざす

「明敏謙譲」を建学の精神に、「明朗にして健康で、自主性に富み、謙虚で個性豊かな人間」の育成をめざし、教科学習や部活動などにおいて「知・徳・体」のバランスの取れた全人教育を実践。教育目標に「自ら考え、自ら学び、自ら行動する」「高い志を持ち“文武両道”をめざす」「自主自律・豊かな人間性」を掲げ、生徒の可能性を引き出す教育が行われます。また、プラネタリウムなど施設も充実しています。創立80年を迎えた2020年度にはコース制を設定。より充実した学びの環境を整え、未来に活躍できる人材を養成しています。

スクールライフ

●教育内容

中1より、海外大学や国際教養系大学への進学をめざす「インターナショナルアカデミー」、難関国公立大や難関私立大をめざす「アドバンストアカデミー」、探究的に物事を考える思考力を育成する「サイエンスアカデミー」、学びたいことや進路を見つけ、自分でデザインする「ジェネラルアカデミー」の4コースに分かれ、生徒の興味や学ぶ意欲を引き出し、基礎学力の充実を図ります。さらに、中3進級時には、東大など最難関国立大進学を目標とする「トップグレードアカデミー」を加えた5つのコースに再編成します。このほか、「SGアカデミー：未来講座」「探究学習」「読書」「ビブリオバトル」を通して、想像力・思考力・表現力を磨いています。

■主要5教科の週当たり時間（コマ）数（AAコース）

	英語	数学	国語	理科	社会
1年	6	4	5	3	3
2年	7	4	5	4	3
3年	7	5	4	4	4
合計	20	13	14	11	10

◎1日当たりの授業コマ数：50分×6時限
※土曜は4時限
◎登校時間：8時20分

●部活動

文武両道を教育指針の1つとしている同校では、女子バスケットボール部や新体操部のように全国レベルで活躍している部も少なくありません。

○文化系／音楽、演劇、吹奏楽、ESS、放送、美術、書道研究、弦楽、バトン、自然科学、家庭科研究、児童文化、パソコン、地域研究、ボランティア活動、ダンスなど

○体育系／新体操、体操競技、ソフトテニス、バレーボール、バスケットボール、卓球、陸上競技、水泳、ハンドボール、バドミントン、剣道、サッカー、軟式野球、空手など

●行事

スポーツ大会は6月に行われます。9月には桜和祭（文化祭）が盛大に催されるほか、芸術鑑賞会、合唱コンクール、朗読コンテンスト、スピーチコンテスト、ビブリオバトルなどが実施されます。

●修学旅行・研修旅行

中1は千葉県内の施設を利用してのイングリッシュアクティビティ、中2は国内イングリッシュキャンプ、中3は約1週間のオーストラリア語学研修に参加します。そのほか、中2・3の希望者を対象とした「カナダ郊外語学研修」など、海外研修プログラムを設定し、英語力や会話力を磨いています。

マネーガイド

■2024年度納付金（諸経費を含む）

	入学金	授業料	施設費	その他	計
入学手続時	160,000円	0円	160,000円	0円	320,000円
初年度総額	160,000円	396,000円	304,000円	90,760円	950,760円

※別途旅行積立

◎寄付金：あり（任意）1口あたり1000円以上
◎授業料：3分割払い
◎奨学金・特待生制度：学業特待生は入学時納入金＋授業料支給。入学時特待生は入学時納入金支給

※希望者のみの研修も実施

3期	完6 days	温	cool				全
学期制	週5・6日制	プール	冷房	寮	食堂	私服通学	海外研修

サピックスからの合格実績（過去3年）	'22 4名	'23 12名	'24 9名

進学指導の概要

高校では、中3進級時に選択した各コースに進学します。ただし、高2進学時には希望進路に合わせて、コースの変更も可能です。また、放課後や長期休暇中には講習や学習会を実施するなど、学力向上を徹底的にサポートするほか、部活動との両立も支援しています。さらに、進路選択についてのガイダンスや、複数の大学を招いた説明会を実施するほか、自習室にはチューターを配置しています。高2では、文系・理系に応じた選択科目制を設定。高3では幅広い希望進路に対応したカリキュラムが組まれ、演習形式の授業を増やしています。入試直前には、各大学の出題傾向に応じたきめ細かな指導を行い、現役合格をめざします。

■2024年3月卒業生の進路の内訳

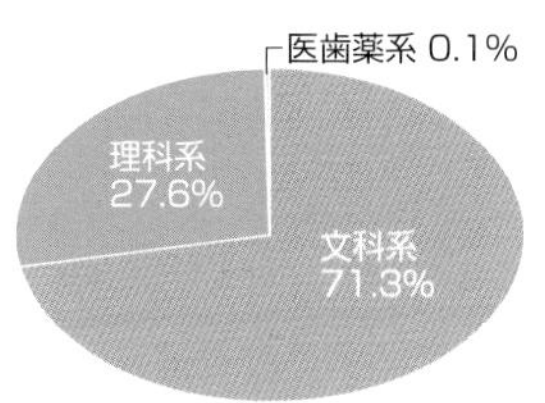

■併設高校から主要大学への合格実績

※上段は現役合格者数、下段は浪人を含めた合格者数。

	東京大	京都大	一橋大	東京工業大	筑波大	お茶の水女子大	電気通信大	東京外国語大	東京学芸大	東京芸術大	東京農工大	東京都立大	横浜国立大	千葉大	早稲田大	慶應義塾大	上智大	東京理科大
22年	—	—	1	—	1	—	—	—	—	—	—	1	—	2	6	—	1	2
	—	—	1	—	1	—	—	—	—	—	—	1	—	2	6	—	1	2
23年	—	—	—	—	1	—	—	—	—	—	—	—	—	4	5	1	1	1
	—	—	—	—	1	—	—	—	—	—	—	—	—	4	5	2	1	1
24年	—	—	—	—	—	—	—	1	1	—	1	—	—	1	6	1	4	2
	—	—	—	—	—	—	—	1	1	—	1	—	—	1	7	2	4	3

	学習院大	明治大	青山学院大	立教大	中央大	法政大	日本大	東洋大	駒澤大	専修大	国際基督教大	津田塾大	東京女子大	日本女子大	文部科学省所管外の大学校	海外の大学	国公立・医学部	私立・医学部
22年	3	9	3	9	2	7	29	16	4	7	—	—	—	—	—	—	—	—
	3	9	3	9	2	7	29	16	4	7	—	—	—	—	—	—	—	—
23年	1	4	4	7	3	20	41	24	11	26	—	2	1	1	8	4	—	—
	1	4	6	8	3	24	41	24	11	30	—	2	1	1	8	4	—	1
24年	2	8	6	9	8	13	20	21	9	11	2	—	—	—	1	3	—	—
	2	8	6	10	8	14	22	21	9	11	2	—	—	—	1	3	—	1

★指定校推薦枠（2024年度）法政大1名、明治学院大1名、日本大5名、駒澤大1名など

入試情報

■2024年度の入試結果

			募集人員	出願者	受験者	合格者	実質倍率
第一志望	2科	男子	52	66	65	27	2.4
		女子		89	86	22	3.9
	MP①	男子		5	5	2	2.5
		女子		24	24	19	1.3
一般	国語1科	男子	72	93	92	19	4.8
		女子		155	147	55	2.7
	MP②	男子		8	7	2	3.5
		女子		12	12	6	2
	算数1科	男子		201	192	79	2.4
		女子		139	134	43	3.1
	適性検査型	男子		92	80	18	4.4
		女子		123	107	30	3.6
	アドバンストチャレンジ	男子		184	125	19	6.6
		女子		214	156	16	9.8
帰国1回		男子	20	10	10	10	1
		女子		7	7	6	1.2
帰国2回		男子		1	1	1	1
		女子		2	2	2	1
帰国3回		男子		4	4	2	2
		女子		3	3	1	3

○配点：算国＝各100点　理社＝各50点　適性検査Ⅰ・Ⅱ＝各100点
MP〈マイプレゼンテーション〉：自己表現文、プレゼンテーション、質疑応答
○合格最低点：非公表

24年の募集要項

※以下は2024年の募集要項です。2025年の要項は学校の発表をお待ちください。

入 試 日／第一志望(2科・マイプレゼンテーション①)帰国生①12月1日 国語1科 算数1科 マイプレゼンテーション② 帰国生②1月20日 適性検査型1月22日 アドバンストチャレンジ 帰国生③1月24日

募集人員／男女約144名(第一志望52名 一般72名 帰国20名)

合格発表／第一志望 帰国生①12月1日 国語1科 算数1科 1月21日適性検査型1月23日 アドバンストチャレンジ 帰国生③1月25日

手続締切／第一志望 マイプレゼンテーション①帰国生①12月11日 国語1科 算数1科 マイプレゼンテーション② 帰国生② 適性検査型 アドバンストチャレンジ 帰国生③1月30日

試験科目／国語(50分・100点)、算数(50分・100点)、理科(00分・50点)、社会(30分・50点)、英語(50分・100点)
※第一志望2科は国算英から2科選択、マイプレゼンテーション①②は自己表現文＋プレゼンテーションおよび質疑応答、適性検査型は適性検査Ⅰ・Ⅱ(各45分)、アドバンストチャレンジは国算英から2科または、国算英から2科目選択＋理社の4科 帰国①国算英から2科選択＋面接 帰国②プレゼンテーションおよび質疑応答、帰国③国算英から2科選択＋面接または国算英から2科目選択＋理社の4科＋面接

面　　接／帰国はあり(本人)

受 験 料／25,000円

公開行事・説明会予定

【オープンスクール】要予約
7月13日(土)14時～、8月31日(土)9時30分～

【学校説明会】要予約　各回14時～
10月12日(土)、11月2日(土)、12月14日(土)

【桜和祭(文化祭)】入試相談コーナーあり
9月

◆変更・中止の可能性もあります。必ず学校ホームページで確認してください。

私立 千葉・茨城 共学 し

昭和学院秀英（しゅうえい） 中学校

所在地／〒261-0014 千葉市美浜区若葉1-2
TEL／043-272-2481
学校長／田中 尚子
創　立／1940年創立の昭和女子商業学校が母体。1983年に高校、1985年に付属中学校を開校。1996年より現校名となる。
URL／www.showa-shuei.ed.jp

	1年	2年	3年
男子	86名	82名	84名
女子	90名	95名	97名
クラス数	5組	5組	5組

中高総生徒数／1424名

〈交通アクセス〉
JR総武線「幕張」駅、京成千葉線「京成幕張」駅より徒歩15分　JR京葉線「海浜幕張」駅より徒歩10分

独自の中高一貫カリキュラムで、生徒の自己実現を支える

「明朗謙虚・勤勉向上」の校訓の下、「自律した自己」の確立と、次世代を担うにふさわしい学力・教養を身につける「骨太な資質」を育てる為の「豊かな学び」の場として、自分らしい生き方を見つける生徒の「自己実現」を支えます。学習環境にも注力し、読書教育推進のため図書館を充実させ、4つの理科実験室を活用した実験授業も豊富です。各教科でICTを活用した授業を実施し、校舎全館に無線LANを整備のうえ、全教室に電子黒板を設置。生徒は個人端末としてのPCを持ち、探究学習をはじめ、各教科の授業や課題などで活用しています。

スクールライフ

●教育内容

秀英独自のシラバスを作成し、一人ひとりの生徒にとって最適な学習システムで目標達成への学力アップをめざします。中1・2で基礎力の充実、中3・高1では実力の養成を重視した授業内容を実施します。また、卒業生や大学教授を招いての進路講演会など、進学指導体制も確立しています。英語・数学では6年一貫用テキストと検定教科書を併用し、2年終了までの基本的事項の習得を目標にしています。さらに、英会話にも力を入れており、各学年とも週1時間は外国人講師による授業を設定しています。また、理数科目ではコンピューターを利用した情報教育にも注力。授業開始前、放課後、長期休暇などに、全学年で希望制・指名制の補習を設けています。

■主要5教科の週当たり時間（コマ）数

	英語	数学	国語	理科	社会
1年	5	6	5	3	4
2年	5	6	5	3	5
3年	5	6	5	6	3
合計	15	18	15	12	12

◎1日当たりの授業コマ数：50分×6時限
◎登校時間：8時

●部活動

29の部・同好会があり、9割以上の生徒が所属。
○文化系／吹奏楽、放送、合唱、美術、演劇、弦楽、写真、将棋、ボランティア、科学、調理、国際文化研究、文芸、天文、書道、自然探索、クイズ研究、パソコン
○体育系／軟式野球、サッカー、陸上、男子バスケットボール、女子バスケットボール、卓球、チアダンス、剣道、女子バレーボール、水泳、新体操

●行事

文化講演会、体育祭、雄飛祭（文化祭）、合唱コンクールなどを実施。国際人として活躍するためには自国文化への理解が重要との考えから、全校で行う芸術鑑賞会のほか、歌舞伎（中3）、能楽（高2）を鑑賞します。

●修学旅行・研修旅行

修学旅行は、中3で奈良・京都方面、高校は高2で3泊4日の沖縄へ。平和祈念公園資料館を訪れるほか、米軍基地を見学するなど、現在の社会問題を含めて世界平和の在り方について考えます。7月から8月にかけては、中3の希望者を対象にアメリカとカナダでの約3週間の海外語学研修を実施。高1の希望者には、マレーシアのスウィンバーン工科大学での研修が用意されています。

マネーガイド

■2024年度納付金（諸経費を含む）

	入学金	授業料	施設費	その他	計
入学手続時	150,000円	0円	150,000円	0円	300,000円
初年度総額	150,000円	360,000円	210,000円	260,000円	980,000円

※延納手続あり

◎寄付金：あり（任意）
◎授業料：月納
◎奨学金・特待生制度：あり

他

学期制 週5·6日制 プール 冷房 寮 食堂 私服通学 海外研修

サピックスからの合格実績（過去3年）	'22 168名	'23 152名	'24 169名

進学指導の概要

いわゆる「特進コース」や「特別クラス」を設けず、どのクラスも「特進クラス」としての授業を展開。高2から理系と文系に分かれて授業が行われます。高3よりさらに選択科目を増やし、志望進路に対応します。日常授業の補充に加え、大学受験に向け、各学年とも、朝、放課後、春・夏・冬休みに多くの講習を設けていますまた、生徒・保護者対象の進路ガイダンスを実施するほか、生徒それぞれの目標を実現するため、卒業生や大学教授などによる進路講演会を開催するなど、進路指導も充実。高い目標に向かうチャレンジ精神を育成します。

■現役大学進学者の進路の内訳

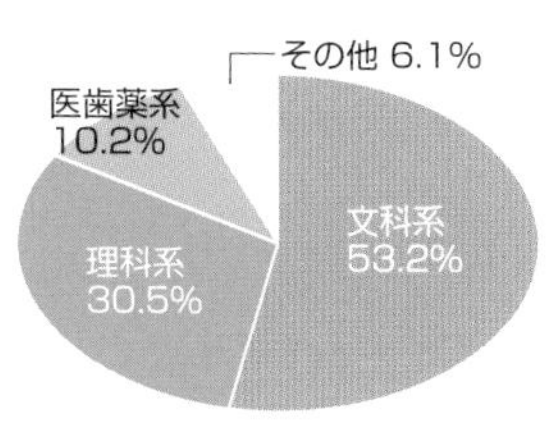

■併設高校から主要大学への合格実績

※上段は現役合格者数、下段は浪人を含めた合格者数。

	東京大	京都大	一橋大	東京工業大	筑波大	お茶の水女子大	電気通信大	東京外国語大	東京学芸大	東京芸術大	東京農工大	東京都立大	横浜国立大	千葉大	早稲田大	慶應義塾大	上智大	東京理科大
22年	1	1	7	7	4	1	—	2	2	—	3	3	4	27	65	40	46	97
	3	1	9	9	5	1	—	2	2	1	3	4	4	40	81	57	51	117
23年	6	—	3	5	3	3	—	1	—	—	—	—	1	18	47	33	33	84
	8	—	5	5	4	4	1	2	—	1	—	—	1	19	61	44	39	107
24年	5	3	10	8	4	3	1	2	1	—	—	—	5	32	60	47	50	91
	6	3	11	10	4	3	1	2	1	—	1	—	5	39	69	52	54	111

	学習院大	明治大	青山学院大	立教大	中央大	法政大	日本大	東洋大	駒澤大	専修大	国際基督教大	津田塾大	東京女子大	日本女子大	文部科学省所管外の大学校	海外の大学	国公立・医学部	私立・医学部
22年	12	92	31	65	38	50	49	33	13	2	—	4	21	26	1	—	5	18
	14	109	36	74	48	65	66	34	14	3	—	5	23	29	4	—	12	27
23年	11	85	21	71	36	40	33	31	9	8	1	3	11	18	3	—	5	13
	11	105	23	80	42	57	58	38	14	8	1	4	12	20	3	—	8	17
24年	17	93	31	53	34	60	35	20	12	11	1	3	14	20	4	1	6	15
	20	115	36	62	46	72	43	25	12	12	2	3	15	21	4	1	8	19

★指定校推薦枠（2024年度）早稲田大、慶應義塾大、東京理科大、学習院大、明治大、青山学院大、立教大、中央大、法政大、津田塾大、東京女子大、東京薬科大、東邦大、北里大、明治薬科大など

入試情報

■過去2年間の入試結果

			募集人員	出願者	受験者	合格者	実質倍率
23年	午後特別一般	男子	30	302	292	80	3.7
		女子		330	317	67	4.7
	1回一般	男子	110	663	600	204	2.9
		女子		660	590	189	3.1
	2回一般	男子	20	126	123	13	9.5
		女子		186	180	7	25.7
24年	午後特別一般	男子	30	352	343	87	3.9
		女子		338	326	66	4.9
	1回一般	男子	110	685	616	200	3.1
		女子		672	597	184	3.2
	2回一般	男子	20	107	103	17	6.1
		女子		137	132	13	10.2

■2024年度入試 合格者の教科別平均点（男女合計データ）

	算数	国語	理科	社会	合計
午後特別一般	97.2	50.1			147.3
1回一般	76.5	70.2	34.7	32.4	213.8
2回一般	56.5	62.9	21.3	28.0	168.8

○一般配点：算国＝各100点　理社＝各50点　午後特別配点：算＝120点 国＝80点
○合格最低点：午後特別一般133点　1回199点　2回159点

24年の募集要項

※以下は2024年の募集要項です。2025年の要項は学校の発表をお待ちください。

入 試 日／午後特別1月20日 ①1月22日 ②2月3日
募集人員／男女160名(午後特別30名 ①110名 ②20名)
合格発表／午後特別1月21日 ①1月24日 ②2月3日
※いずれもホームページで発表
手続締切／午後特別1月23日 ①1月25日 ②2月5日
試験科目／①②国語(50分・100点)、算数(50分・100点)、理科(40分・50点)、社会(40分・50点)
午後特別：国語(40分・80点)、算数(60分・120点)
面　　接／なし
受 験 料／25,000円

公開行事・説明会予定

【学校説明会】要予約
7月27日(土)
8月17日(土)
10月12日(土)
【雄飛祭(文化祭)】
9月15日(日)
◆変更・中止の可能性もあります。必ず学校ホームページで確認してください。

サピックスOB・OGの声

●生徒は大学進学への意識が高く、先生方も面倒見が良くて全力でサポートしてくれます。その一方、特進コースなど進学に特化したクラスがないのは、生徒一人ひとりを同じように大切に考えているからだと思います。先生も生徒もみんな仲が良く、勉強にも部活にも取り組んで、落ち着いた学校生活を送ることができます。

専修大学松戸 中学校

所在地／〒271-8585 千葉県松戸市上本郷2-3621
TEL／047-362-9102
学校長／五味 光
創 立／1959年に専修大学松戸高等学校を開校。2000年に中学校を開校し、中高一貫教育をスタート。
URL／www.senshu-u-matsudo.ed.jp

	1年	2年	3年
男子	63名	85名	117名
女子	68名	66名	66名
クラス数	4組	4組	5組

中高総生徒数／1767名

〈交通アクセス〉
JR常磐線「北松戸」駅より徒歩10分　新京成線「松戸新田」駅より徒歩15分

生徒を基本に据えた学校づくりの下、リーダーとしてにふさわしい品格を育成

1880年以来の伝統を持つ専修大学と1959年開校の付属高校を基盤に、2000年に中学校が開校。「社会に貢献できる知性豊かな人材の育成」という教育ビジョンの下、建学の精神である「報恩奉仕」「質実剛健」「誠実力行」を根幹に据えた教育を実践しています。校舎は高校と同じ敷地内にあり、教室棟、第1・第2体育館、アンビションホールなどから構成されています。アメリカの学校を思わせるようなアンビションホールには、アメリカのボードゲームや英語の本、漫画も置かれ、海外の文化に触れながら全身で英語を学べます。

スクールライフ

●教育内容

中高の6年間を「基礎期（中1・2）」「充実期（中3・高1）」「発展期（高2・3）」の3段階に分けたプログラムを実施。充実期よりⅠ類（選抜クラス）・Ⅱ類のクラス編成を導入し、各生徒の学習目的に即した学習指導を行います。特に数学は中3から高校の内容に入ります。英語教材は「NEW TREASURE」を使用。さらに、中1から高1までの各学年で英語とは別に英会話の授業を週2時間設け、外国人講師と日本人教員のチームティーチングにより、英語を「話す」「聞く」力を養成しています。ほかにも、時代の要求度の高い理数系教科への取り組み、朝の読書指導や放課後の英語・数学の講座などにも注力します。タブレット端末を1台ずつ貸与し、家庭学習にも活用しています。

■主要5教科の週当たり時間（コマ）数

	英語(英会話)	数学	国語	理科	社会
1年	5(2)	5	5	5	4
2年	5(2)	5	5	5	4
3年	5(2)	6	5	4	5
合計	15(6)	16	15	14	13

◎1日当たりの授業コマ数：45分×6時限
※週3回7時限、週2回45分の講座（英・数）、土曜日は授業および特別活動
◎登校時間：8時10分

●部活動

毎年、定期演奏会を開催する吹奏楽部、専門の先生を招いて学ぶ茶華道部、地元イベントで活躍する和太鼓部など24部(中高合同あり)が熱心に活動しています。中学では学業とのバランスを取り、なるべく多くの生徒が継続できるよう、活動日や時間を制限しています。
○文化系／合唱、美術、ESS、理科、吹奏楽、コンピュータ、演劇、書道、文芸、茶華道、和太鼓、競技かるた
○体育系／陸上、剣道、バドミントン、バスケットボール、サッカー、バレーボール、チアリーディング、ラグビー、卓球、テニス、ソフトテニス、体操

●行事

主な行事には5月の体育大会、9月の文化祭、11月の合唱祭などがあります。ほかに、講演会や百人一首大会、芸術鑑賞会など、仲間との絆を深める行事や学習の動機づけとなる活動が多数行われています。

●修学旅行・研修旅行

フィールドワーク、田植え＆稲刈りなどの体験型学習が豊富。入学直後にオリエンテーション合宿を行い、中3では全員がアメリカ・ネブラスカ州への修学旅行に出掛けます。

マネーガイド

■2024年度納付金(諸経費を含む)

	入学金	授業料	施設費	その他	計
入学手続時	360,000円	0円	0円	0円	360,000円
初年度総額	360,000円	384,000円	48,000円	623,400円	1,415,400円

※入学金には延納手続あり。制服代等は含まず
※その他には教材費や各種検定料、旅行積立金など年度ごとに精算する預り金を含む

◎寄付金：なし
◎授業料：4期分納
◎奨学金・特待生制度：あり（川島奨学生制度）

学期制　週６日制　プール　冷房　寮　食堂　私服通学　海外研修

サピックスからの合格実績（過去3年）	'22	'23	'24
	109名	92名	104名

進学指導の概要

中高一貫教育のメリットを最大限に生かした効率的なカリキュラム編成と先取り学習を実施。一人ひとりの進路実現を目標に、英検®、漢検、数検などにも全員で挑戦しながら、基礎学力の向上、応用力養成、また土曜日を中心に行う多様な特別活動を通じて豊かな心の育成などにも注力しています。

高校ではアジア圏の留学生を招いて行う2日間の国内英語研修、アメリカ、ニュージーランド、マレーシアでのグローバル研修など、「国際的なフィールドで使う」ための英語教育をさらに継続。大学受験に向けた「放課後講座」、長期休暇中の講座などのサポートも豊富に用意されています。

■現役大学進学者の進路の内訳

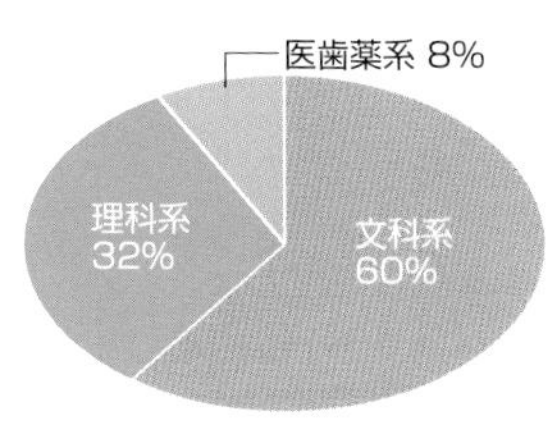

■併設高校から主要大学への合格実績

※上段は現役合格者数、下段は浪人を含めた合格者数。

	東京大	京都大	一橋大	東京工業大	筑波大	お茶の水女子大	電気通信大	東京外国語大	東京学芸大	東京芸術大	東京農工大	東京都立大	横浜国立大	千葉大	早稲田大	慶應義塾大	上智大	東京理科大
22年	—	1	1	2	7	—	—	1	2	—	2	2	2	10	32	8	23	48
	—	1	1	3	7	—	—	1	2	—	2	2	3	12	39	15	25	56
23年	1	—	—	—	4	—	3	1	—	—	2	—	—	13	29	5	18	36
	1	—	—	—	5	—	3	1	—	1	2	—	—	14	31	9	20	51
24年	—	1	—	—	7	1	—	1	2	—	—	1	—	18	21	14	32	39
	1	1	—	—	9	1	1	1	2	—	—	1	—	19	33	16	32	42

	学習院大	明治大	青山学院大	立教大	中央大	法政大	日本大	東洋大	駒澤大	専修大	国際基督教大	津田塾大	東京女子大	日本女子大	文部科学省所管外の大学校	海外の大学	国公立・医学部	私立・医学部
22年	20	85	18	43	42	69	60	48	9	8	2	6	13	12	1	2	—	1
	22	89	22	46	48	74	72	56	10	8	2	6	14	13	2	2	1	4
23年	17	54	31	54	42	62	110	57	7	67	1	3	15	12	1	—	1	1
	18	69	34	57	27	70	142	65	10	68	1	3	16	12	1	—	1	15
24年	31	60	23	69	35	66	64	66	16	23	1	6	11	8	2	2	2	1
	33	71	26	76	45	75	72	80	19	23	1	6	11	8	2	2	4	7

★指定校推薦枠（2024年度）早稲田大3名、上智大8名、東京理科大13名、学習院大9名、明治大3名、青山学院大3名、立教大7名、中央大9名、法政大9名、国際基督教大1名など

入試情報

■過去２年間の入試結果

			募集人員	出願者	受験者	合格者	実質倍率
23年	1回	男子	100	962	933	373	2.5
		女子		601	587	236	2.5
	2回	男子	帰国含30	618	401	80	5.0
		女子		431	271	46	5.9
	3回	男子	20	380	113	26	4.3
		女子		264	77	23	3.3
24年	1回	男子	100	911	877	389	2.3
		女子		555	536	227	2.4
	2回	男子	帰国含30	622	354	82	4.3
		女子		406	250	48	5.2
	3回	男子	20	396	100	28	3.7
		女子		251	70	13	5.4

■2024年度入試 合格者の教科別平均点

		算数	国語	理科	社会	合計
1回	男子	70.8	67.6	40.9	37.0	216.3
	女子	67.9	72.4	40.1	35.1	215.4
2回	男子	72.8	63.3	39.0	33.3	208.5
	女子	64.7	72.3	37.6	34.7	209.1
3回	男子	72.9	57.0	39.1	34.1	203.1
	女子	61.2	61.5	38.9	34.9	196.5

○配点：算国＝各100点　理社＝各50点
○合格最低点：1回201点　2回193点　3回190点
※合格最低点は、学科試験の得点に英語検定の加算点を加えた総合得点です

24年の募集要項

※以下は2024年の募集要項です。2025年の要項は学校の発表をお待ちください。

入 試 日／①1月20日 ②1月26日 ③2月3日 帰国生1月26日
募集人員／男女150名(①100名 ②30名 ③20名 帰国若干名)
合格発表／①②帰国生翌日 ※ホームページで同時発表
③ホームページで即日 ※翌日に掲示もあり
手続締切／①1月22日 ②帰国生1月28日 ③2月5日
試験科目／国語(50分・100点)、算数(50分・100点)、理科(30分・50点)、社会(30分・50点)
面　　接／帰国生のみ
受 験 料／25,000円(複数回同時出願は35,000円)

公開行事・説明会予定

【テーマ別説明会】要予約
7月　7日(日)　9時30分～、11時～、13時～、14時30分～
【英会話・理科実験体験授業】要予約　4年生以上対象
7月　7日(日)　9時30分～、11時～、13時～、14時30分～
【学校見学会】要予約
7月13日(土)　9時30分～、11時～、13時～、14時30分～
7月14日(日)　9時30分～、11時～、13時～、14時30分～
【学校説明会】
10月　5日(土)10時～
11月　3日(祝)13時30分～
12月14日(土)13時30分～
【学校説明会ダイジェスト版】要予約　説明会参加が初となる6年生対象
1月　5日(日)14時～
【文化祭】予約不要
9月14日(土)　9時～15時30分
9月15日(日)　9時～15時
◆変更・中止の可能性もあります。必ず学校ホームページで確認してください。

千葉日本大学第一 中学校

所在地／〒274-0063 千葉県船橋市習志野台8-34-1
TEL／047-466-5155
学校長／羽鳥 和弘
創 立／1968年、日本大学第一高等学校の分身校として千葉日本大学第一高等学校を開校。1970年に中学校を併設開校。
URL／www.chibanichi.ed.jp

	1年	2年	3年
男子	151名	139名	138名
女子	89名	95名	86名
クラス数	6組	6組	6組

中高総生徒数／1805名 併設小から 約20%

〈交通アクセス〉
東葉高速鉄道「船橋日大前」駅西口より徒歩12分 新京成線「習志野」駅より徒歩18分 同「北習志野」駅、JR総武線「津田沼」駅よりバス

付属校ならではの「ゆとりの教育」で、世界に役立つ人材を育成

開校当初は男子校でしたが、1998年に中学、2001年に高校が共学となりました。校舎は日大の理工学部に隣接。緑に包まれた広々とした環境のなか、日大の建学の精神でもある「世界に役立つ日本人の育成」に基づき、勉強と部活動を両立させながら、バランスの取れた生徒の育成に努めています。進学指導では併設の日大はもとより、他大学を希望する生徒にも対応できるカリキュラム、コースを設定しています。1周400mの全天候型陸上競技用トラックや野球専用のグラウンドなど、充実した施設が整っています。

スクールライフ

●教育内容

中高で重複する内容を整理・統合し、合理的な学習指導を実践しています。主要科目の時間数を増やすだけでなく、時間外講習などにも力を入れ、完全な理解に基づいた学力の養成と、高校の先取り学習を進めます。全学年とも週1時間の英会話では、外国人講師とのチームティーチングやiPadを用いたオンライン英会話で生きた英語を学習。中1のHRクラスを2分割して実施しています。情報教育については、中1でWord、中2でExcelの基礎操作を習得。中3ではインターネットでの情報処理とホームページの作成を学んでいきます。授業のほかにも、演劇教室や音楽教室を開講するなど、質の高い文化に触れる機会も多く設けています。英検®の受検も奨励し、取得率も上昇しています。

■主要5教科の週当たり時間（コマ）数

	英語	数学	国語	理科	社会
1年	6	5	5	4	4
2年	6	6	5	4	4
3年	7	6	5	4	4
合計	19	17	15	12	12

◎1日当たりの授業コマ数：50分×6時限
※土曜日は4時限
◎登校時間：8時20分(20分間朝読書)

●部活動

約30のクラブ・同好会が活動し、生徒の参加率は約8割。文化系では吹奏楽部、物理部、書道部などが、体育系ではアメフト部、野球部、陸上部などが上位大会に進出しています。

○文化系／化学、地理歴史、鉄道、物理、書道、華道、茶道、美術、英語、写真、地球科学、演劇、放送など
○体育系／ゴルフ、ラグビー、陸上、サッカー、ダンス、卓球、剣道、テニス、バドミントン、野球、アメリカンフットボール、水泳など

●行事

習陵祭（文化祭）をはじめ、体育祭、百人一首大会、音楽鑑賞教室、模擬裁判、レシテーションコンテストなどの行事があります。

●修学旅行・研修旅行

修学旅行は中3の5月。京都・奈良を訪れます。有名寺院を巡り、古都の市街や周辺の山道を散策。中1で移動教室（水上高原）、中2でスキー教室（菅平高原）に出掛け、中3では希望制のシンガポール語学研修（3月）があります。

マネーガイド

■2024年度納付金(諸経費を含む)

	入学金	授業料	施設費	その他	計
入学手続時	200,000円	0円	100,000円	0円	300,000円
初年度総額	200,000円	366,000円	178,000円	348,860円	1,092,860円

※第1期入試のみ延納手続あり

◎寄付金：なし
◎授業料：3期分納
◎奨学金・特待生制度：なし

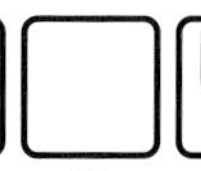

学期制　週5･6日制　プール　冷房　寮　食堂　私服通学　海外研修

サピックスからの合格実績（過去3年）	'22	'23	'24
	31名	58名	38名

進学指導の概要

高1では、進学クラスは内進生と高入生は別クラス編成。特進クラスは内進生と高入生が混合となります。高1で2クラス、高2・3で文・理コースそれぞれ1クラスの特進クラスを設けています。具体的な受験への対応を考慮した授業内容で、少人数選択授業も実施し、各進学目標に向けて進路指導も行われます。高3で展開される小論文講座の授業では、国語・理科・社会・英語・体育の教員によるチームティーチング授業を実施して、もう一度自分の希望進路を見直し、「何のために大学に行くのか」を考えさせます。高2では、さまざまな大学から先生を招いて行う「大学説明会」や日大の各学部の特色を説明する「大学学部説明会」などを開催。さらに、大学付属校ならではのメリットを生かした日本大学連携授業では、「理工学部研究体験」「夏季体験授業」「医歯薬学部研修」など、将来につながるプログラムが用意されています。また、進路指導室と100席のブース型自習室、職員室の質問カウンターが近く、学びの場として活用しやすくなっています。生徒からの質問や進路に関するサポート体制も整えています。

■2024年3月卒業生の進路の内訳

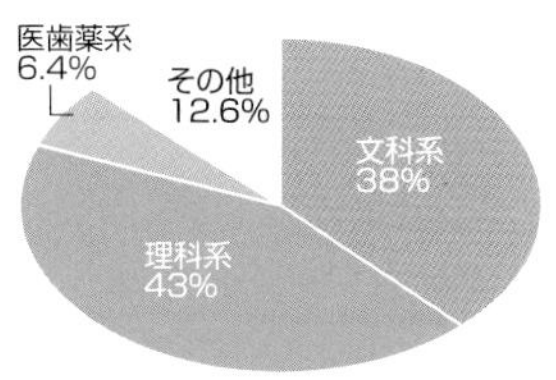

★他大学への合格状況（2024年度）※現役生のみ　早稲田大4名、上智大2名、東京理科大10名、学習院大10名、明治大23名、青山学院大6名、中央大23名、立教大12名、法政大34名、千葉大学2名、北海道大学1名、茨城大学1名、会津大学1名、防衛大学校2名など

■併設大学（日本大学）への進学状況

	法学部	文理学部	経済学部	商学部	芸術学部	国際関係学部	危機管理学部	スポーツ科学部	理工学部	生産工学部	工学部	医学部	歯学部	松戸歯学部	生物資源科学部	薬学部	短期大学部
22年	28名	32名	26名	13名	3名	3名	2名	3名	54名	10名	1名	―名	3名	4名	10名	15名	―名
23年	28名	23名	21名	11名	8名	―名	1名	3名	54名	16名	―名	―名	3名	1名	15名	13名	2名
24年	19名	20名	24名	6名	5名	―名	4名	4名	20名	20名	2名	―名	1名	3名	12名	12名	3名

入試情報

■2024年度の入試結果(男女合計データ)

	募集人員	出願者	受験者	合格者	実質倍率
自己推薦	70	131	129	54	2.4
		87	87	30	2.9
1期	150	474	454	238	1.9
		291	285	136	2.1
2期	20	170	160	50	3.2
		137	128	42	3.0

■2024年度入試 受験者の教科別平均点（男女合計データ）

	算数	国語	理科	社会	合計
自己推薦	非公表				
1期	48.5	54.4	45.8	55.4	204.1
2期	52.9	47.8			100.7

○配点：算国＝各100点　理社＝各80点
○合格最低点：自己推薦209点　1期209点　2期116点

24年の募集要項

入 試 日／第一志望12月1日 ①1月21日 ②1月26日
募集人員／男女240名(第一志望70名 ①150名 ②20名)
合格発表／いずれもホームページで翌日
手続締切／第一志望12月6日 ①1月25日 ②2月5日
試験科目／国語(50分・100点)、算数(50分・100点)、理科(40分・80点)、社会(40分・80点) ②は2科
面　　接／あり
受 験 料／20,000円

公開行事・説明会予定

【学校説明会】要予約
9月14日(土)14時～
10月19日(土)14時～
11月 9日(土)14時～
【オープンスクール】要予約
7月20日(土)
【習陵祭(文化祭)】
11月 2日(土)、3日(祝)
◆変更・中止の可能性もあります。必ず学校ホームページで確認してください。

私立 千葉・茨城 共学 ち

土浦日本大学 中等教育学校

所在地／〒300-0826 茨城県土浦市小松ヶ丘町4-46
TEL／029-835-3907
学校長／堀切 浩一
創 立／1963年、土浦高等学校を設立。2003年、中学校を開校。2007年、同校を廃止し、土浦日本大学中等教育学校を開校。
URL／www.tng.ac.jp/sec-sch

	1年	2年	3年
男子	73名	72名	84名
女子	75名	87名	76名
クラス数	4組	5組	5組

中高総生徒数／863名

〈交通アクセス〉
JR常磐線「土浦」駅より徒歩20分またはバス10分。各方面からスクールバスあり

多様化する世界において格差を乗り越え、国際社会に貢献できる人材を育てる

茨城県初の中等教育学校として2007年に開校。コミュニケーション力を重視した6年一貫のカリキュラムを編成しています。国際教育に力を入れ、外国人講師による会話指導、海外研修などを設け、高校卒業時には英語でもスピーチやディベートができる「国際社会で活躍する人材」を育成します。校舎内の随所に無線LANがあり、1人に1台ずつタブレット、パソコンを貸与。授業やレポート作成などに活用しています。今年度より1年次から理系インタークラスとリベラルアーツクラスを設置し、国内外の難関大学への進学をめざします。

スクールライフ

●教育内容

6年間を3つのタームに区切っています。最初の2年間は「ファウンデーション期間」として、具体的な学習方法論である「スタディスキル」を身につけ、勉強の基礎となる「リサーチ学習」に当たります。次の2年間は、身につけた基礎をベースに、さまざまな教科を学ぶ「アカデミック期間」。将来のどのような目標にも対応できるよう、全教科を偏りなく学習します。そして、最後の2年間が大学への橋渡しを行う「ブリッジング期間」。具体的な志望校の受験に向けて入試対策を行います。進路指導では「キャリア・プランニング・センター」を設け、個人別の進路指導・留学支援を実施。英語教育にも力を注ぎ、海外研修をはじめ、スピーチやディベートといった実践的なプログラムの導入、外国人講師による少人数制のオーラル・コミュニケーション授業などを行っています。

■主要5教科の週当たり時間（コマ）数

	英語	数学	国語	理科	社会
1年	6	5	4	4	3
2年	7	5	4	4	3
3年	7	5	4	4	4
合計	20	15	12	12	10

◎1日当たりの授業コマ数：50分×6時限
※水曜日は7時限授業
◎登校時間：8時40分

●部活動

25の部・サークルに約7割の生徒が参加。
○文化系／文芸、美術、吹奏楽、演劇、鉄道研究、ロボットエンジニアリング・科学、囲碁将棋、報道、茶道、サイバーテック、軽音楽、写真など
○体育系／陸上、テニス、サッカー、野球、バドミントン、剣道、バスケットボール、合気道、弓道、ダブルダッチ、ダンス、ゴルフ、水泳、柔道など

●行事

「教室だけでは学べない貴重な体験」を提供するべく、美術館・博物館見学、芸術鑑賞、ボランティア活動など校外で行うイベントが豊富。このほか、オープンハウス（文化祭）とスピーチコンテストが10月に行われ、特にスピーチコンテストは予選からスタートし、英語科・OC科の教員によって審査されます。スポーツデイ、合唱コンクールなども人気行事の1つです。

●修学旅行・研修旅行

2024年のイギリスでの海外研修は2年次では約3週間の日程で実施予定。4年次にも再びイギリスを訪れて研究調査を進めます。1年次の奈良・京都、3年次の広島への国内研修と関連させ、日本とイギリスの文化を対比して学びます。

マネーガイド

■2024年度納付金

	入学金	授業料	施設費	その他	計
入学手続時	250,000円	0円	110,000円	0円	360,000円
初年度総額	250,000円	444,000円	350,000円	52,000円	1,096,000円

※延納手続あり

◎寄付金：なし
◎授業料：月納／教材費は授業料・施設費に含む。
◎奨学金・特待生制度：成績優秀者に入学金・施設費・授業料を給付

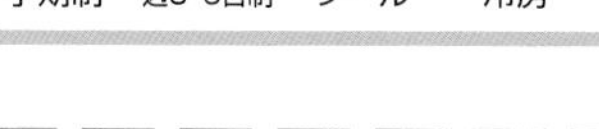

学期制 週5・6日制 プール 冷房 寮 食堂 私服通学 海外研修

サピックスからの合格実績（過去3年）	'22	'23	'24
	8名	7名	8名

進学指導の概要

前期課程でも、朝のホームルームで学習時間をつくり、放課後には課外授業を開催しています。図書室のセルフスタディーエリアで、自主学習を行う生徒も多くいます。また、高2となる5年次からは文系と理系に分かれ、主要5教科の演習を実施。夏休みにはすべての学年で英・国・数中心の集中講座を行います。そのほか、日本大学の付属校であることを最大限に生かし、各学部から教員を招いて、大学と同様の講義を実施する「出張講義」を用意する一方、3年次に大学見学会、希望者対象に医歯薬講演会や法曹界講話を行うなど、進学指導にも力を入れています。

■現役大学進学者の進路の内訳

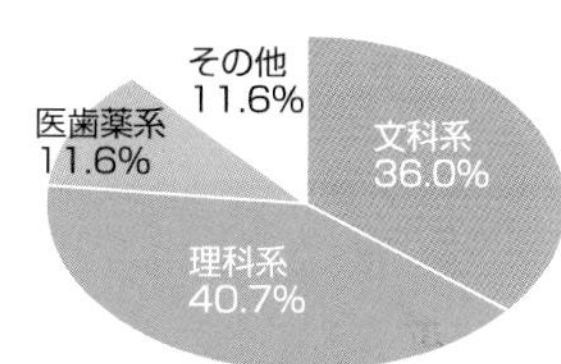

■併設高校から主要大学への合格実績

※上段は現役合格者数、下段は浪人を含めた合格者数。

	東京大	京都大	一橋大	東京工業大	筑波大	お茶の水女子大	電気通信大	東京外国語大	東京学芸大	東京芸術大	東京農工大	東京都立大	横浜国立大	千葉大	早稲田大	慶應義塾大	上智大	東京理科大
22年	—	—	—	—	2	—	—	1	—	—	—	—	—	—	3	3	3	1
	—	—	—	—	2	—	—	1	—	—	—	—	—	—	3	3	3	2
23年	—	—	1	—	1	—	—	—	—	—	—	—	—	1	3	4	2	11
	—	—	1	—	1	—	—	—	—	—	—	—	—	1	3	4	2	11
24年	—	—	—	1	1	—	—	—	—	—	—	—	—	—	3	2	—	2
	—	—	—	1	2	—	—	—	—	—	—	—	1	—	3	2	—	3

	学習院大	明治大	青山学院大	立教大	中央大	法政大	日本大	東洋大	駒澤大	専修大	国際基督教大	津田塾大	東京女子大	日本女子大	文部科学省所管外の大学校	海外の大学	国公立・医学部	私立・医学部
22年	—	4	3	4	1	3	214	3	—	—	—	1	1	3	3	2	—	3
	—	4	3	4	1	4	216	3	—	—	—	1	1	3	3	2	—	3
23年	1	5	—	3	3	—	99	—	1	1	—	—	3	1	1	2	2	1
	1	5	—	4	3	—	99	—	1	1	—	—	3	1	1	2	2	1
24年	1	3	3	5	1	1	134	—	—	—	—	1	1	3	2	—	—	—
	2	4	3	6	1	1	134	1	—	—	—	1	1	5	2	—	—	3

★指定校推薦枠（2024年度）非公表

入試情報

■2024年度の入試結果

		募集人員	出願者	受験者	合格者	実質倍率
ICAP	男子	10	28	28	6	4.7
	女子		26	26	20	1.3
CSAT	男子	10	166	163	116	1.4
	女子		188	185	134	1.4
ICL	男子	60	43	43	37	1.2
	女子		37	34	25	1.4
ISAT	男子	20	132	127	98	1.3
	女子		158	152	110	1.4
KBT	男子	30	116	113	81	1.4
	女子		90	87	60	1.5
KBT特待	男子	若干	34	28	16	1.8
	女子		35	29	17	1.7

○配点：算国英=各100点　理社=各50点　CSAT I 型・II 型=各100点　ISAT I 型・II 型=各100点
○合格最低点：非公表

24年の募集要項

※以下は2024年の募集要項です。2025年の要項は学校の発表をお待ちください。

入 試 日／ICAP10月3日 CSAT11月25日 ICL12月2日 ISAT12月9日 KBT1月6日 KBT特待1月23日 帰国・国際1月23日

募集人員／男女145名(ICAP10名 CSAT5名 ICL70名(総合60名・英語10名) ISAT20名 KBT30名 KBT特待および帰国・国際：各5名)

合格発表／ICAP 10月27日 CSAT 12月1日 ICL 12月5日 ISAT 12月15日 KBT 1月8日 KBT特待および帰国・国際1月25日 ※いずれもホームページにて

手続締切／ICAP11月4日 ICL12月8日 CSAT12月22日 ISAT12月26日 KBT1月8日 KBT特待・帰国国際2月6日

試験科目／KBT・KBT特待：国語(45分・100点)、算数(45分・100点)、理科・社会(計50分・各50分)※ICAPはパフォーマンス課題30分程度＋面接15分程度、CSATはⅠ型(国語・社会総合型、45分・100点)、Ⅱ 型(算数・理科総合型、45分・100点)、ICLは総合学力型(思考力・表現力)60分・100点満点+面接 15分(グループ5人)、ISATはⅠ型(算数・理科総合型、45分・100点)、Ⅱ型(国語・社会総合型、45分・100点)、帰国はA方式(英語45分・100点)かB方式(国語・算数各45分・100点)

面　　接／帰国A：本人面接・保護者面接(各20分)、帰国B：本人(個人)面接(20分)

受 験 料／20,000円(CSAT、ISAT、KBT、KBT特待で最大3試験受験可能、4試験目からは再び受験料20,000円(1回分)が必要)

公開行事・説明会予定

【学校説明会】要予約
10月12日(土)
【オープンスクール(授業体験)】要予約
8月24日(土)
【オープンハウス(文化祭)】
10月26日(土)、10月27日(日)
◆変更・中止の可能性もあります。必ず学校ホームページで確認してください。

私立 千葉・茨城 共学 つ

東海大学付属浦安高等学校 中等部

所在地／〒279-8558　千葉県浦安市東野3-11-1
TEL／047-351-2371
学校長／茂泉 吉則
創　立／1955年、東京都渋谷区に高等学校を創立。1975年、現在地に移転する。1988年に付属浦安中学校を開校。
URL／www.urayasu.tokai.ed.jp

	1年	2年	3年
男子	85名	100名	91名
女子	39名	35名	51名
クラス数	4組	4組	4組

中高総生徒数／1701名

〈交通アクセス〉
JR京葉線「舞浜」駅より徒歩18分　東京メトロ東西線「浦安」駅、JR京葉線「舞浜」「新浦安」駅よりバス各10分

知・徳・体のバランスが取れた教育を根底とした人格の形成をめざす

東海大学の建学理念を基盤とする国際協調の精神を持ち、広い視野に立った人間性豊かな社会的リーダーを育成するシティズンシップ教育をめざしています。「大学の先にある人としての在り方生き方」の探究を軸に、「高い目標を持ち限界までチャレンジする」「思いやりを持ち相手のことを考える」「自主的・意欲的に取り組むことができる」生徒を育てます。「東海大浦安学び方スタンダード」を基軸に、学習と部活動の両立を図りながら、生き生きと主体的・能動的な学校生活を展開しています。

スクールライフ

●教育内容

中等部では付属高校につながることを展望しながら、知育偏重ではない総合教育を実践。主要5教科は、授業時間を多く取っているほか、チームティーチングにより基礎学力の徹底を図ります。数学・英語については習熟度別少人数授業を実施。特に英語は外国人講師による英会話授業を導入しています。また、週6日制の下、土曜日は「思いやり」「キャリア教育」「課題学習」を軸とした「総合的な学習の時間」「土曜講座」を行い、正しいものの見方を学び、コミュニケーション力を高め、社会参画、勤労の意義、自己の将来設計につながるグローバルな人材育成に努めます。

■主要5教科の週当たり時間（コマ）数

	英語	数学	国語	理科	社会
1年	5	4	5	3	3
2年	6	4	4	4	3
3年	6	4	4	4	4
合計	17	12	13	11	10

◎1日当たりの授業コマ数：50分×6時限
◎登校時間：8時35分

●部活動

約20の部活動があり、文化系は中高合同で行っています。生徒の参加率は90%を超えています。
○文化系／吹奏楽、物理・化学・生物、放送、演劇、英会話、美術、鉄道研究、コンピュータサイエンス、つり部、茶華道教室
○体育系／野球、剣道、柔道、陸上競技、テニス、バスケットボール、サッカー、卓球、バレーボール、水泳、ダンス

●行事

5月には体育祭が行われます。8月にはGTECを中2・3全員が受験。10月開催の建学祭（文化祭）では、中等部生はクラスごとの作品展示や研究発表を行います。ほかにも、職場体験や校外学習、合唱祭、中1・2で行う書き初め大会などがあります。

●修学旅行・研修旅行

中等部では、国際感覚を早い段階から身につけるため、国内・国外の語学研修が充実。中1ではTOKYO GLOBAL GATEWAYを、中2では国内英語研修としてブリティッシュヒルズ（福島県）を利用した英語研修を行います。中3では全員がニュージーランドに行き、ホームステイを主体とした研修を実施。このほか、中1は南房総で2泊3日の自然体験教室を実施します。

マネーガイド

■2024年度納付金（諸経費を含む）

	入学金	授業料	施設費	その他	計
入学手続時	160,000円	0円	160,000円	0円	320,000円
初年度総額	160,000円	336,000円	328,000円	427,128円	1,251,128円

※延納手続あり

◎寄付金：なし
◎授業料：3期分納
◎奨学金・特待生制度：なし

学期制　週5・6日制　プール　冷房　寮　食堂　私服通学　海外研修

サピックスからの合格実績（過去3年）	'22	'23	'24
	20名	27名	23名

進学指導の概要

高入生とは混合編成。高3では主要教科で科目選択制が取られ、志望学部に合わせた学習指導が行われます。東海大学建学の理念を反映した「高校現代文明論」という教科が高1を対象に週1時限設けられています。授業では時事問題を中心に、現代文明の諸問題から論題を設定。生徒自身が調べ、学習を行うことを通じて、主体的に人生を考えたり、進路を考えたりする重要な機会にもなっています。そのほかに、学園傘下14校の生徒が東海大学に集まり、国語、数学、英語、造形芸術、ディベートなどの能力を競う「学園オリンピック」も開催されます。

推薦では、東海大学または同大の系列短期大学への進学が可能で、高校3年間の学業成績と統一テストなどを判断基準に、学校長が推薦する形式となっており、例年、約80%ほどの生徒が東海大学に進学しています。

高1の「東海大学湘南校舎見学会」では大学全体を知り、高2の「付属生のためのオープンキャンパス」では自分の希望する学部に絞って説明を受け、具体的な進路を決定していきます。

■現役大学進学者の進路の内訳

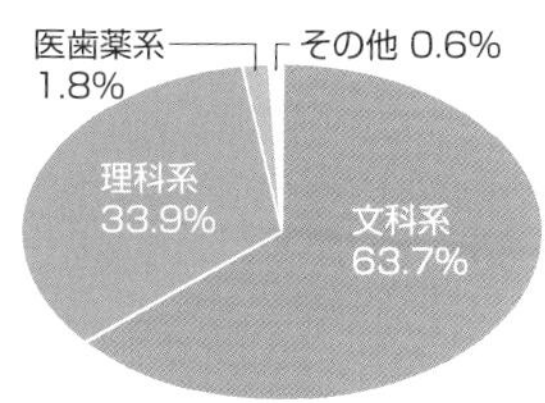

★他大学への進学状況　(2024年度、浪人含む)
東京理科大1名、明治大4名、中央大2名、法政大1名、日本大3名、成城大1名、東洋大1名など

■併設大学（東海大学）への推薦状況

	法学部	文学部	医学部	工学部	理学部	政治経済学部	教養学部	国際文化学部	情報理工学部	情報通信学部	生物学部	海洋学部	農学部	体育学部	観光学部	健康(科)学部	基盤工学部	経営学部	文化社会学部	HTIC(ハワイ東海)
22年	15名	16名	5名	30名	13名	30名	10名	10名	18名	35名	7名	17名	3名	21名	20名	21名	—名	12名	22名	7名
23年	9名	10名	9名	33名	9名	36名	15名	6名	4名	32名	2名	12名	2名	18名	26名	18名	—名	21名	19名	4名
24年	10名	13名	6名	27名	12名	31名	16名	21名	11名	32名	3名	9名	1名	26名	16名	13名	—名	24名	13名	3名

★指定校推薦枠（2024年度）なし

入試情報

■2024年度の入試結果

			募集人員	出願者	受験者	合格者	実質倍率
推薦	4科+面	男子	70	115	14	76	0.2
		女子		51	50	35	1.4
A	4科	男子	30	377	364	164	2.2
		女子		196	193	87	2.2
B	4科	男子	20	164	147	56	2.6
		女子		64	61	30	2.0
	2科	男子		66	65	19	3.4
		女子		64	61	30	2.0

■2024年度入試 受験者の教科別平均点

			算数	国語	理科	社会	合計
A	4科	男子	68.9	59.8	27.5	28.3	184.5
		女子	66.6	65.8	27.2	26.5	186.1
B	4科	男子	68.9	42.2	21.4	29.1	161.6
		女子	67.9	50.5	21.1	28.5	168.0
	2科	男子	61.2	37.5			98.8
		女子	66.7	47.8			113.7

○配点：算国＝各100点　理社＝各50点
○合格最低点：A198点　B4科180点・2科117点　推薦は非公表

25年の募集要項

入試日／推薦12月1日 A1月20日 B1月24日
募集人員／男女120名(推薦70名 A30名 B20名)
合格発表／いずれもホームページで翌日
入学手続／推薦12月5日 A1月23日 B1月29日
試験科目／国語(50分・100点)、算数(50分・100点)、理科・社会(計60分・各50点)　推薦・Aは4科、Bは2科4科選択
面　接／推薦のみあり(本人)
受験料／20,000円(A、B同時出願の場合は30,000円)

公開行事・説明会予定

【学校説明会】要予約
7月 6日(土) 9時30分～
10月12日(土) 9時30分～
11月 2日(土) 9時30分～
12月 7日(土)13時30分～
【オープンスクール】要予約
8月25日(日) 9時～
9月21日(土) 9時～
【建学祭(文化祭)】
10月26日(土) 9時～
10月27日(日) 9時～
◆変更・中止の可能性もあります。必ず学校ホームページで確認してください。

東邦大学付属東邦 中学校

所在地／〒275-8511 千葉県習志野市泉町2-1-37
TEL／047-472-8191
学校長／松本 琢司
創　立／1952年に東邦大学付属東邦高等学校が設立。その併設中学校として1961年に開校。1970年より男女共学化。
URL／www.tohojh.toho-u.ac.jp

	1年	2年	3年
男子	177名	177名	181名
女子	126名	130名	126名
クラス数	8組	8組	8組

中高総生徒数／1819名

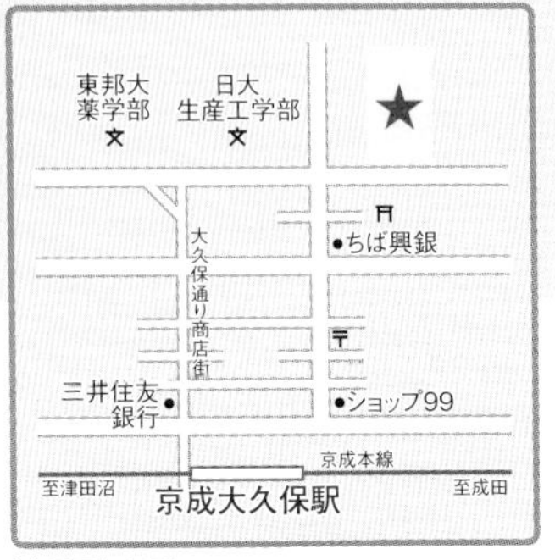

〈交通アクセス〉
京成線「京成大久保」駅より徒歩10分
JR総武線「津田沼」駅よりバス15分

理系志望者が多い大学付属校。他大学受験でも高い実績

「自然・生命・人間」を尊重する建学理念・教育方針に基づき、「学問への強い意志」「絶え間のない自己鍛練」「謙虚な自己省察」を備えた志の高い青年を育成します。生徒一人ひとりが自己の可能性を見いだす「自分探し学習の時間」を展開し、併設大との連携による「学問体験講座」など教科学習支援講座も設けています。大学付属校ですが、他大学進学希望者への指導が中心。特に医歯薬系に大きな実績を残しています。中高一貫ならではのカリキュラムで、高2で高校の基礎学習範囲を終える「早期完習学習」が展開されます。

スクールライフ

●教育内容

中・高6か年の中で、生徒一人ひとりが自己の可能性の開拓に向かって学校生活を主体的に送るためのプログラム「自分探し学習（EXPLORING STUDY）」を展開。オリジナル教材や問題集を使用し、理解しやすい授業に努めています。数学では、年5回の基礎テストや「数学トレーニングマラソン」を実施しながら、中3からは高校の内容に入ります。理科では実験・観察を重視した授業が進められます。さらに「自分探し学習の時間」と題した総合学習を実施。中学では各学年とも3期に分け、Ⅰ期は校外学習（中3は修学旅行）に関するテーマ学習を、Ⅱ・Ⅲ期は合わせて約60の講座のなかから各自が選択します。講座は大きく分けて、基礎的内容の「教科学習支援講座」と、応用的内容の「発見・発展学習講座」の2つ。定期テスト前には対策補習、夏休みには主要5教科を中心に補習や講習が実施されます。

■主要5教科の週当たり時間（コマ）数

	英語	数学	国語	理科	社会
1年	6	5	4	5	4
2年	6	5	4	5	4
3年	6	5	4	6	4
合計	18	15	12	16	12

◎1日当たりの授業コマ数：50分×6時限
※水曜日は7時限、土曜日は4時限
◎登校時間：8時25分

●部活動

文化系・体育系合わせて約20の部が活動し、生徒の参加率は8割ほど。体育系では、全国大会出場のハンドボール部やスキー部、水泳部などが活躍。
◯文化系／美術陶芸、科学、英語、書道、文芸など
◯体育系／卓球、硬式テニス、剣道、バレーボール、サッカー、バスケットボール、軟式野球など

●行事

応援合戦などで例年大きな盛り上がりを見せる体育祭、中高合同の銀杏祭（文化祭）は、学校行事のなかでも2大イベント。ほかにも、競技大会、音楽祭、環境美化活動、スピーチコンテスト、クラシックコンクールなど、多彩な行事があります。

●修学旅行・研修旅行

校外学習と修学旅行は、自然・生命・人間をテーマとした体験学習の一環となっています。中1は富士山・河口湖を訪れます。中2では京都で歴史文化体験。中3修学旅行は九州・長崎を訪問し、平和学習。時期はそれぞれ6月です。

マネーガイド

■2024年度納付金（諸経費を含む）

	入学金	授業料	施設費	その他	計
入学手続時	340,000円	0円	0円	0円	340,000円
初年度総額	340,000円	444,000円	108,000円	398,300円	1,290,300円

※延納手続あり

◎寄付金：なし
◎授業料：4期分納
◎奨学金・特待生制度：経済的理由により就学困難と判断される者に授業料・施設費等月額4万円を上限に給付。さらに、入試または年間成績優秀者に授業料を給付（1年間）

学期制　週5・6日制　プール　冷房　寮　食堂　私服通学　海外研修

サピックスからの合格実績（過去3年）	'22	'23	'24
	413名	416名	410名

進学指導の概要

高2から緩やかに文系と理系に分かれます。さらに自由選択科目によって国公立受験向け、私立受験向けと、自分の進路に合わせて履修することができます。生徒の7割が理系、3割が文系を志望。高大連携の取り組みとして、大学講師による体験型キャリア学習の「学問体験講座」が開講され、さまざまな高度な学問を体験することができます。また、東邦大学医療センター佐倉病院において、医学部志望者に対し外科の実習（手術）体験「ブラック・ジャックセミナー」を開催しています。ほかにも、12日間の夏期講習、高3の希望者に大学入試直前講習などを実施しています。

■現役大学進学者の進路の内訳

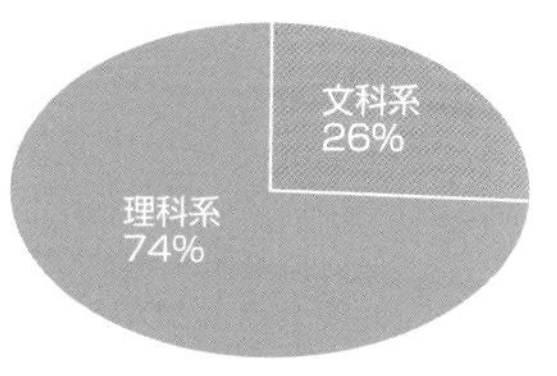

■併設高校から主要大学への合格実績

※上段は現役合格者数、下段は浪人を含めた合格者数。

	北海道大	東北大	東京大 文科Ⅰ類	東京大 文科Ⅱ類	東京大 文科Ⅲ類	東京大 理科Ⅰ類	東京大 理科Ⅱ類	東京大 理科Ⅲ類	東京大 合計	京都大	一橋大	東京工業大	東京芸術大	東京医科歯科大	東京外国語大	お茶の水女子大	千葉大	筑波大
22年	1	6	—	—	—	—	—	—	—	2	1	15	—	—	1	3	17	7
	1	6	—	—	—	—	—	—	—	2	2	16	—	—	1	3	23	8
23年	4	1	1	—	—	1	—	—	2	—	2	8	—	1	—	—	13	6
	6	1	1	—	—	1	2	—	4	—	2	11	—	2	—	—	18	7
24年	4	3	—	—	—	4	2	—	6	—	5	5	—	1	2	2	23	1
	5	4	—	2	—	5	3	—	10	2	5	7	—	1	2	3	23	1

	早稲田大	慶應義塾大	上智大	東京理科大	学習院大	明治大	青山学院大	立教大	中央大	法政大	東邦大	津田塾大	東京女子大	日本女子大	文部科学省所管外の大学校	海外の大学	国公立・医学部	私立・医学部
22年	56	43	20	128	7	69	15	42	29	59	32	—	7	11	5	—	3	53
	63	52	32	163	10	89	19	55	48	76	38	2	10	14	6	—	18	85
23年	39	33	32	90	9	74	33	30	37	48	37	6	4	12	3	—	1	49
	53	43	42	131	11	105	39	47	46	60	41	6	4	12	3	—	3	64
24年	51	39	35	131	15	62	20	36	41	55	38	—	3	14	4	1	10	67
	66	52	44	171	18	84	23	41	48	72	46	2	4	16	4	1	19	110

★指定校推薦枠（2024年度）早稲田大10名、慶應義塾大8名、上智大1名、東京理科大7名、明治大1名、中央大2名、学習院大9名、国際基督教大1名、東邦大特別推薦（医15名、薬2名、理20名、看5名、健康科学1名）など

入試情報

■2024年度の入試結果

		募集人員	出願者	受験者	合格者	実質倍率
推薦	男子	40	319	314	21	15.0
	女子		291	284	19	14.9
帰国生	男子	若干	50	48	25	1.9
	女子		34	32	15	2.1
前期	男子	240	1415	1339	648	2.1
	女子		861	804	324	2.5
後期	男子	20	202	186	9	20.7
	女子		175	159	11	14.5

■2024年度入試 受験者の教科別平均点（男女合計データ）

	算数	国語	理科	社会	合計
推薦	53.0	58.1	30.5	27.7	169.4
帰国生	52.5	60.0	英語/56.6		169.1
前期	69.3	64.7	59.6	59.1	252.8
後期	64.9	66.9	29.3	27.4	188.6

○前期配点：算国＝各100点　理社＝各100点
○推薦・後期配点：算国＝各100点　理社＝各50点
○合格最低点：推薦218点　帰国生168点　前期264点　後期231点

24年の募集要項

※以下は2024年の募集要項です。2025年の要項は学校の発表をお待ちください。

入試日／推薦12月1日 帰国12月1日 前期1月21日 後期2月3日
募集人員／男女300名
（推薦40名 前期240名 後期20名[帰国生含む]）
合格発表／推薦・帰国12月2日 前期1月23日 後期2月4日
※いずれもホームページで発表
手続締切／推薦・帰国12月3日 前期1月24日 後期2月4日
試験科目／推薦 国語(45分・100点)、算数(45分・100点)、理科(30分・50点)、社会(30分・50点)、自己推薦書、帰国 国語、算数、英語(各45分・各100点)、前期 国語、算数、理科、社会(各45分・各100点)
後期 国語(45分・100点)、算数(45分・100点)、理科(30分・50点)、社会(30分・50点)
面　接／なし
受験料／26,000円

公開行事・説明会予定

【学校見学会・説明会】要予約 Web配信あり
7月27日(土)14時～、10月19日(土)10時～
11月 2日(土)10時～
【入試説明会】要予約
10月12日(土)10時～、14時～
【帰国生個別相談会】要予約 時間未定 オンラインあり
8月 2日(金)
8月 3日(土)
【銀杏祭(文化祭)】公開未定 ※事前にホームページを確認してください。
9月14日(土)、15日(日)
◆変更・中止の可能性もあります。必ず学校ホームページで確認してください。

サピックスOB・OGの声

●体育祭や銀杏祭（文化祭）だけでなく、音楽祭、競技大会なども盛り上がります。部活動も盛んで、人工芝のグラウンドや温水プール、3面のハンドボールコート、5面のテニスコートなど、施設・設備も整っています。

日出学園 中学校

所在地／〒272-0824 千葉県市川市菅野3-23-1
TEL／047-324-0071
学校長／堀越 克茂
創 立／1934年、幼稚園と小学校を創設。1947年に中学校、1950年に高等学校を開校する。
URL／high.hinode.ed.jp

	1年	2年	3年
男子	77名	66名	57名
女子	49名	56名	59名
クラス数	4組	4組	4組

中高総生徒数／886名 併設小から 約45%

至上野
菅野6
菅野小
日出学園
市川真間駅
オリンピック
京成本線
日出学園幼稚園
至東京
市川駅
国道14号線
総武本線
菅野駅
至成田
至千葉

〈交通アクセス〉
京成線「菅野」駅より徒歩5分、JR総武線「市川」駅より徒歩15分

協調性を養いながら個性を伸長し、社会に羽ばたく人材を育成

「誠（心を重んじる）・明（明朗快活にして責任を重んずる）・和（共同で力を合わせて苦楽を共にする）」を校訓とし、そこに「夢」という要素を取り入れ、学校を「未来に向けた大いなる飛躍の場」ととらえています。また、近隣や地域の人々と協調を図りながら、自己の確立をめざし、自己実現を達成できる生徒を育成します。少人数制授業や習熟度別授業、個別指導などを行い、生徒一人ひとりに行き届いた指導をしています。また、ICT教育にも力を入れ、情報系のカリキュラムも充実。IELTSなど英語資格試験を校内で実施しています。

スクールライフ

●教育内容

中学で基礎・基本をしっかりと身につけ、高校で応用力を養います。英語・数学は中2から習熟度別授業を行い、きめ細かい授業を展開。中3で高校の内容に入り、早い時期から大学受験に対応します。英会話も重視し、中学3年間は外国人講師による授業を設けているほか、必要に応じて、朝や放課後に補習を行い、授業に遅れがちな生徒や学習意欲の高い生徒をきめ細かくフォローします。また、英語の資格試験日を1日設け、英検®、TOEIC、TOEFL、GTECを全生徒が受検します。このほか、各生徒が勉強の成果や学校生活で感じたことを記録する「私の記録」というノートがあり、生徒と教員、家庭をつなぐ役割を担っています。

■主要5教科の週当たり時間（コマ）数

	英語	数学	国語	理科	社会
1年	6	5	5	3	4
2年	5	4	5	4	4
3年	5	6	4	4	4
合計	16	15	14	11	12

◎1日当たりの授業コマ数：50分×6時限
※土曜日は3時限
◎登校時間：8時25分

●部活動

約20のクラブがあり、参加率は中学生が約9割、高校生が約8割となっています。

○文化系／茶道、美術、吹奏楽、写真、軽音楽、囲碁・将棋、生物、パソコン、英語など

○体育系／野球、バレーボール（女子）、陸上、バトントワリング、バスケットボール、サッカーなど

●行事

中高合同の日出祭（文化祭）は例年9月もしくは10月に行われます。6月に行われる体育祭も、中学・高校同時開催の人気行事。クラス別に4色に分かれた中高合同のチーム編成で優勝を争います。ほかにも、創作ダンス発表会や、スピーチコンテストなど多彩な行事があります。

●修学旅行・研修旅行

軽井沢にある「日出学園山荘」では、中1の入学当初にオリエンテーションを行うほか、8月には中3で全員参加の合宿を実施。また、オーストラリアの姉妹校から受け入れた留学生を、希望制で在校生の家庭にホームステイさせる「研修生受け入れ制度」を実施し、語学力や異文化理解を高めます。一方、希望者を対象にオーストラリアへのホームステイも実施しています。なお、修学旅行先は毎年生徒の希望により決定します。

マネーガイド

■2024年度納付金（諸経費を含む）

	入学金	授業料	施設費	その他	計
入学手続時	150,000円	0円	200,000円	0円	350,000円
初年度総額	150,000円	324,000円	200,000円	約330,000円	約1,004,000円

◎寄付金：1口10万円、1口以上（任意）
◎授業料：4期分納
◎奨学金・特待生制度：経済的理由により就学困難な者に36万円、成績優秀者に24万円を給付（1年間）。また、入試成績上位者に初年度納入金約80万円を免除

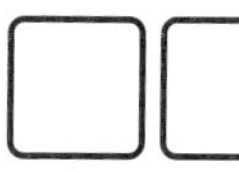

3期 学期制　完6 days 週5・6日制　プール　cool 冷房　寮　食堂　私服通学　希 海外研修

サピックスからの合格実績（過去3年）	'22	'23	'24
	11名	6名	6名

進学指導の概要

高入生とは混合クラス編成ですが、英語は1年間別クラスにして、授業の進行を調整します。高2では文系・理系、高3では文系・理系の各グループ内でブロックごとに授業を選択します。中学課程から引き続き、高校3年間は英語、数学で少人数習熟度別授業を展開。高3では演習授業が中心となり、早い時期から大学受験を意識します。また、高2・3のフロアでは、大小さまざまな教室を数多く用意し、授業に合わせて柔軟に使い分けています。夏休みには高1・2の成績上位者を対象に、1日9時間、5泊6日で勉強する学習合宿を軽井沢の日出学園山荘で開催し、学力向上をめざします。

■現役大学進学者の進路の内訳

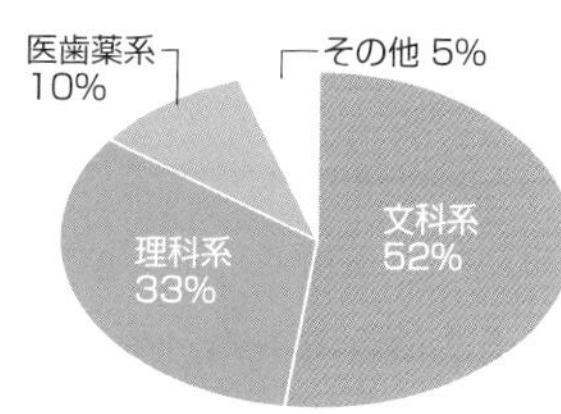

■併設高校から主要大学への合格実績

※上段は現役合格者数、下段は浪人を含めた合格者数。

	東京大	京都大	一橋大	東京工業大	筑波大	お茶の水女子大	電気通信大	東京外国語大	東京学芸大	東京芸術大	東京農工大	東京都立大	横浜国立大	千葉大	早稲田大	慶應義塾大	上智大	東京理科大
22年	—	—	—	—	—	—	—	1	1	—	—	—	—	6	7	1	2	7
	—	—	—	—	2	—	—	1	1	—	—	—	—	6	9	1	2	7
23年	—	—	—	—	1	—	—	—	—	—	1	—	—	4	2	—	7	7
	—	—	—	—	1	—	—	—	—	—	1	—	—	4	3	—	7	8
24年	—	—	—	—	—	—	—	—	—	—	—	—	—	3	5	—	4	13
	—	—	—	—	—	—	—	—	—	—	—	—	—	4	6	—	4	14

	学習院大	明治大	青山学院大	立教大	中央大	法政大	日本大	東洋大	駒澤大	専修大	国際基督教大	津田塾大	東京女子大	日本女子大	文部科学省所管外の大学校	海外の大学	国公立・医学部	私立・医学部
22年	6	12	3	2	9	18	44	22	12	17	—	2	3	5	—	—	—	—
	7	16	4	4	10	20	47	22	12	17	—	2	3	5	—	5	—	—
23年	11	10	4	12	7	19	31	23	10	8	—	—	1	3	—	1	—	—
	12	13	4	12	11	23	35	26	10	8	—	—	1	3	—	1	1	2
24年	20	32	6	21	12	37	58	46	23	43	—	2	5	5	—	2	1	1
	20	34	7	21	13	37	59	48	24	44	—	2	5	5	—	2	1	2

★指定校推薦枠（2024年度）東京理科大4名、立教大3名、学習院大3名、東京歯科大学1名、日本薬科大1名、成蹊大2名、成城大3名、日本大6名など

入試情報

■2024年度の入試結果

			募集人員	出願者	受験者	合格者	実質倍率
推薦		男子	50	41	41	27	1.5
		女子		27	27	20	1.4
Ⅰ期	4科	男子	30	87	81	50	1.6
		女子		60	59	40	1.5
	2科	男子		11	10	4	2.5
		女子		16	16	10	1.6
Ⅱ期	4科	男子	20	86	49	13	3.8
		女子		65	34	10	3.4
	2科	男子		9	7	0	—
		女子		8	4	0	—

■2024年度入試 受験者の教科別平均点（男女合計データ）

		算数	国語	理科	社会	合計
推薦		9.4	10.5	作文/24.5		44.4
Ⅰ期	4科	68.8	66.0	29.6	31.8	196.2
	2科	68.0	72.3			140.3
Ⅱ期	4科	59.8	54.7	26.7	28.1	169.8
	2科	44.9	49.7			94.6

○推薦配点：算国＝各30点　作文＝40点
○Ⅰ・Ⅱ期配点：算国＝各100点　理社＝各50点
○合格最低点：推薦50点　Ⅰ期4科併願200点・2科135点　Ⅱ期4科併願190点・2科130点

24年の募集要項

※以下は2024年の募集要項です。2025年の要項は学校の発表をお待ちください。

入 試 日／推薦12月1日 一般Ⅰ期1月20日 一般Ⅱ期1月23日
募集人員／男女100名(推薦50名 一般Ⅰ期30名 一般Ⅱ期20名)
合格発表／いずれもインターネットで翌日
手続締切／推薦12月7日、一般Ⅰ期1月26日、一般Ⅱ期1月28日
試験科目／推薦：国語(30分・30点)、算数(30分・30点)、作文(40分・40点)　一般：国語(50分・100点)、算数(50分・100点)、理科(25分・50点)、社会(25分・50点)
※一般は2科4科選択
面　　接／あり(グループ)
受 験 料／25,000円

公開行事・説明会予定

【入試説明会】
10月26日(土)14時～(推薦入試)
12月14日(土)14時～(一般入試)
【日出祭(文化祭)】
10月 5日(土)、6日(日) 9時～15時
【学校見学】要予約
随時
◆変更・中止の可能性もあります。必ず学校ホームページで確認してください。

茗溪学園 中学校

めいけい

所在地／〒305-8502 茨城県つくば市稲荷前1-1
TEL／029-851-6611
学校長／宮﨑 淳
創 立／1979年、東京教育大学や筑波大学などの同窓会「茗渓会」によって創立。帰国生の受け入れを積極的に行う共学校。
URL／www.meikei.ac.jp

	1年	2年	3年
男子	121名	127名	116名
女子	117名	109名	112名
クラス数	6組	6組	6組

中高総生徒数／1554名

〈交通アクセス〉
つくばエクスプレス「つくば」駅よりバス15分 JR常磐線「ひたち野うしく」駅よりバス15分

実験やフィールドワーク導入の学習指導で、自分で考える力を養う

「筑波研究学園都市の各機関で働く研究者の子弟に対する質の高い教育を」という要請を受け、東京教育大学や筑波大学などの同窓会に当たる「茗溪会」によって創設された中高一貫の共学校です。人類ならびに国家に貢献し得る「世界で活躍できる若者」の育成をめざしています。また、2022年度より文部科学省から第3期「スーパーサイエンスハイスクール」の指定を受け、「VUCAとなる未来において、総合知をいかして活躍する『価値創造人材』の育成」を目標に、研究開発などに取り組んでいます。

スクールライフ

●教育内容

各教科とも教科書以外のオリジナル教材を多く用いて、高校レベル以上の発展的な内容も積極的に学べるようにしています。特に理科では4科目それぞれに実験室を設けて多くの実験を盛り込んでいます。「フィールドワーク」は開校以来のプログラムで、自然科学・社会科学分野のテーマに即し、事前調査から探索、データ分析、レポート作成、発表までの流れを経験します。また、英語教育にも力を入れ、中1で外国人講師とのチームティーチングによる英会話授業を導入。また、英語圏からの帰国生を対象とした特別クラスを設け、英語力の向上に努めています。

■主要5教科の週当たり時間（コマ）数

	英語	数学	国語	理科	社会
1年	5	5	4	2	2
2年	5	5	4	2	2
3年	4	5	3	2	2
合計	14	15	11	6	6

◎1日当たりの授業コマ数：50分×6時限
◎登校時間：8時50分

●部活動

約30の部・同好会があり、全国中学ラグビー大会で優勝経験のあるラグビー部をはじめ、たくさんのクラブが活躍しています。
○文化系／文芸、美術、演劇、写真、吹奏楽、合唱、科学、地歴、ギター、室内楽、書道など
○体育系／ラグビー、サッカー、バレーボール、バスケットボール、器械体操、水泳、バドミントン、テニス、卓球、軟式野球、柔道、剣道、ダンス

●行事

桐創祭（文化祭）をはじめ、北風祭（スポーツ大会）、校技（男子はラグビー、女子は剣道）大会、芸術鑑賞、凧上げ大会などのイベントがあります。

●修学旅行・研修旅行

中1では2泊3日のキャンプ、中2では理科・社会の実習を行う3泊4日の筑波山キャンプに参加。自炊しながら自然のなかで過ごし、多くのことを学びます。中3の修学旅行では京都・広島を訪れ、生徒みずから訪問場所などを調べ、事前調査レポートを作成します。高校は4泊6日のシンガポール海外研修。企業訪問や現地校との交流などを行います。開校以来、帰国生の受け入れ校としての役割を担い、特別なカリキュラム編成で対応しています。留学する生徒も多く、長期留学を推奨しています。

マネーガイド

■2025年度納付金（諸経費を含む）

	入学金	授業料	施設費	その他	計
入学手続時	250,000円	0円	160,000円	0円	410,000円
初年度総額	250,000円	420,000円	160,000円	410,900円	1,240,900円

※一般入試（第1回）に限り、延納制度あり。期日までに入学辞退を申し出た場合、入学金を除いた金額を返金

◎寄付金：なし
◎授業料：4期分納
◎奨学金・特待生制度：なし

2期 学期制　完5 days 週5・6日制　プール　cool 冷房　寮　食堂　私服通学　全 海外研修

サピックスからの合格実績（過去3年）	'22	'23	'24
	32名	17名	18名

進学指導の概要

高1から高入生との混合クラス編成になります。高2から始まる選択科目はコース制ではなく個別選択制で、生徒の希望進路に応じた学習体制を整備。数学と英語では3クラスを4つに分けた習熟度別授業を導入し、学年ごとに3つのグレードを設けています。高2で必修となる「個人課題研究」では、1年間かけて1つのテーマを研究することで、目的意識を明確に持った進路選択にも役立っています。保護者や卒業生、実務家によるセミナー、2者面談などを年間通じて実施し、進路意識、目標を高めます。また、筑波大、ICU、成蹊大、順天堂大、APUと高大連携や、世界各地の海外名門校との連携協定を締結しています。

■現役大学進学者の進路の内訳

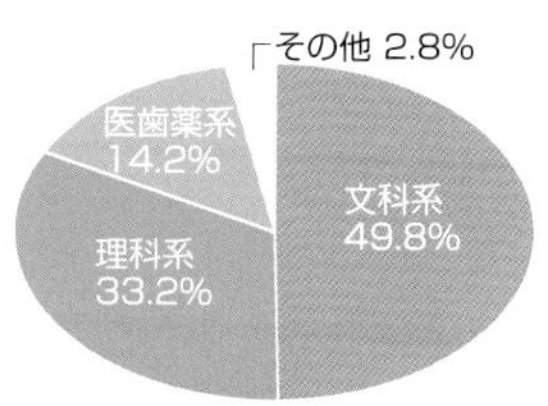

■併設高校から主要大学への合格実績

※上段は現役合格者数、下段は浪人を含めた合格者数。

	東京大	京都大	一橋大	東京工業大	筑波大	お茶の水女子大	電気通信大	東京外国語大	東京学芸大	東京芸術大	東京農工大	東京都立大	横浜国立大	千葉大	早稲田大	慶應義塾大	上智大	東京理科大
22年	1	—	—	—	14	4	—	1	—	—	1	—	1	2	16	8	17	25
	1	—	—	—	15	4	—	1	1	—	1	—	1	3	18	12	17	28
23年	—	—	2	1	17	—	—	—	—	—	—	2	2	1	15	9	7	24
	—	—	3	1	20	—	—	—	—	—	—	2	2	1	18	11	9	26
24年	—	—	1	1	17	1	—	—	2	1	1	2	2	1	22	6	9	11
	—	—	1	1	19	1	—	—	3	1	1	2	2	1	26	7	13	18

	学習院大	明治大	青山学院大	立教大	中央大	法政大	日本大	東洋大	駒澤大	専修大	国際基督教大	津田塾大	東京女子大	日本女子大	文部科学省所管外の大学校	海外の大学	国公立・医学部	私立・医学部
22年	8	18	15	22	19	22	16	16	4	2	5	7	6	5	1	94	4	11
	9	23	16	27	22	27	27	18	4	2	5	9	10	5	1	95	6	16
23年	6	14	19	25	16	26	22	13	4	1	3	4	3	6	1	103	7	13
	7	19	21	32	22	36	30	15	6	1	3	6	4	7	1	103	7	13
24年	7	11	14	15	10	15	14	12	6	2	4	1	6	6	1	70	3	14
	9	17	19	20	13	23	25	19	6	6	4	1	6	7	1	73	6	27

★指定校推薦枠（2024年度）早稲田大6名、慶應義塾大7名、東京理科大9名、国際基督教大2名、上智大2名、学習院大9名、明治大3名、青山学院大1名、立教大8名、中央大4名、法政大3名、同志社大6名、関西学院大9名など

入試情報

■2024年度の入試結果

		募集人員	出願者	受験者	合格者	実質倍率
AC国際生A方式	男子	25※1	17	17	8	2.1
	女子		13	13	5	2.6
AC国際生B方式	男子		11	11	3	3.7
	女子		13	13	5	2.6
MG国際生A方式	男子		8	8	2	4.0
	女子		10	10	3	3.3
MG国際生B方式	男子		3	3	0	—
	女子		5	5	1	5.0
AC1回推薦専願	男子	30	52	51	32	1.6
	女子		64	62	36	1.7
AC1回国際B方式	男子		20	20	14	1.4
	女子		23	23	12	1.9
MG1回推薦専願	男子	65	46	46	22	2.1
	女子		46	46	26	1.8
MG1回国際B方式	男子		0	0	0	—
	女子		3	3	1	3.0
AC2回国際A方式	男子	※1に含む	6	4	1	4.0
	女子		11	9	7	1.3
AC2回国際B方式	男子	35	144	132	73	1.8
	女子		140	115	65	1.8
AC2回一般	男子		13	6	2	3.0
	女子		14	12	4	3.0
MG2回国際A方式	男子	※1に含む	8	8	5	1.6
	女子		7	7	2	3.5
MG2回国際B方式	男子	55	102	83	28	3.0
	女子		78	57	21	2.7
MG2回一般	男子		1	0	0	—
	女子		5	4	1	4.0
AC3回一般	男子	5	104	54	20	2.7
	女子		98	47	13	3.6
MG3回一般	男子	10	82	49	10	4.9
	女子		58	33	4	8.3

○合格最低点：AC1回推薦専願115点　MG1回推薦専願95点　AC2回一般170点　MG2回一般155点　AC3回一般74点　MG3回一般65点　ほかは非公表

25年の募集要項

入 試 日／AC国際生A・B11月16日 AC①(推薦〈専願〉・国際生B)12月21日 ②国際生A・B・一般1月12日 ③1月25日 MG国際生A・B11月16日 MG①(推薦〈専願〉・国際生B)12月21日 ②国際生A・B・一般1月12日 ③一般総合1月25日

募集人員／220名 AC国際生A・B&MG国際生A・B25名 AC①30名②一般35名③5名　MG①65名②55名③10名

合格発表／AC・MG国際生A・B11月25日 AC・MG①(推薦〈専願〉・国際生B)12月24日 AC・MG②国際生A・B・一般1月15日 AC・MG③一般総合1月28日

手続締切／AC・MG(推薦〈専願〉・国際生A・B)12月25日 その他は1月16日、2月4日

試験科目／国 語(50分・100点)、算 数(50分・100点)、理科(30分・50点)、社会(30分・50点)、英語（50分・100点）AC国際生Aは国算英、AC国際生Bは国算 AC・MG①(推薦〈専願〉・国際生B)は国算、国際生Aは国算英、MG国際生Aは英語エッセイ(50分・100点)、AC・MG一般②は4科、③は総合学力試験

面　　接／あり(本人・保護者同伴)

受 験 料／20,000円

公開行事・説明会予定

【IB説明会】オンライン開催　※要予約
7月13日(土)
【学校見学会】※要予約
7月22日(月)～7月26日(金)
【学園説明会】※要予約
8月 3日(土)
【授業公開】※要予約
9月14日(土)
【入試説明会】オンライン開催※要予約
10月19日(土)
◆延期・中止の可能性もあります。必ず学校ホームページを確認してください。

流通経済大学付属柏 中学校

所在地／〒277-0872 千葉県柏市十余二1-20
TEL／04-7131-5611
学校長／赤城 政広
創 立／1985年に流通経済大学付属柏高等学校が開校。2020年より3類型制から3コース制に変更し、全コースを共学化。2023年に中学校を新設。
URL／www.ryukei.ed.jp

	1年	2年	3年
男子	75名	91名	—
女子	75名	68名	—
クラス数	4組	—	—

中高総生徒数／1502名

〈交通アクセス〉
東武野田線「江戸川台」駅、つくばエクスプレス「柏の葉キャンパス」駅、JR常磐線ほか「柏」駅よりバス
※「江戸川台」駅、「柏の葉キャンパス」駅よりスクールバスあり

次世代を見据えた「未来創造教育」を掲げて2023年に開校

日通学園流通経済大学の付属校として1985年に開校した高校と同じ敷地内に、2023年4月に中学校が開校。中高一貫教育を始動させました。母体である日本通運の企業理念「社会に貢献し、豊かな未来を創る」と、流通経済大学の教育理念「世界に雄飛する社会有為な人材の育成」をバッグボーンに、「グローバルコミュニケーション教育」「ICT共創教育」「流経リーダーシップ教育」を3つの柱に据えた「未来創造教育」を展開。日本や世界の礎となって活躍できる人材の育成をめざします。

スクールライフ

●教育内容

校内全域に高速通信環境を整え、1人1台のタブレット端末を活用しながら独自のSTEAM学習「SDGs探究グループ学習」に取り組みます。グローバル教育にも力を入れ、外国人教員による授業を毎日設定。外部講師を招いて世界と日本文化について学ぶ「実学×未来プログラム」で生徒の視野を広げ、外国人教員が常駐する「Englishラウンジ」や大画面での迫力ある映像で世界とつながる「バーチャル留学ルーム」などの学習環境も整備。始業前には朝読書の時間を設け、放課後には検定試験対策や第二外国語（中国語・ドイツ語・フランス語）が履修できる多様な講座も用意されています。一方、「流経リーダーシップ教育」では地域との交流行事や、日本通運、流通経済大学との連携・サポートによる体験型学習を導入しています。

■主要5教科の週当たり時間（コマ）数

	英語	数学	国語	理科	社会
1年	6	5	4	4	3
2年	6	4	5	4	4
3年	6	5	4	5	4
合計	18	14	13	13	11

◎1日あたりの授業コマ数：50分×6時限
　※土曜日は4時限
◎登校時間：8時20分

●部活動

高校にあるクラブのなかで、中学生が積極的に参加できるものを設定。活動は週3～4日が目安です。
○文化系／吹奏楽、書道、放送、演劇、文芸、茶華道、美術、軽音楽、箏曲、競技かるた、STC（科学）など
○体育系／サッカー、バスケットボール、バレーボール、テニス、ラグビー、軟式野球、柔道、剣道、駅伝、新体操、チアリーディング、バドミントン、弓道など

●行事

6月の体育祭、9月の流輝祭（文化祭）などの学校行事は、生徒会本部や各実行委員会が取り仕切り、生徒が主体となって企画・運営を行います。中学では学期ごとに、古典芸能鑑賞や美術館・博物館などを見学する校外学習を設定します。

●修学旅行・研修旅行

中3の修学旅行の行き先は、シンガポール、マレーシアを予定。高2では生徒が主体となって計画するクラス単位の修学旅行を実施します。ニュージーランド語学研修やフランス・リヨンの学校との短期交換留学など、希望者を対象とした国際交流プログラムも設定されています。

マネーガイド

■2024年度納付金（諸経費を含む）

	入学金	授業料	施設費	その他	計
入学手続時	280,000円	0円	0円	0円	280,000円
初年度総額	280,000円	360,000円	240,000円	232,000円	1,112,000円

※制服代は別途必要

◎寄付金：なし
◎授業料：月納
◎奨学金・特待生制度：成績優秀者には入学金や授業料等を免除

2期 学期制 | 完6 days 週5・6日制 | プール |  cool 冷房 |  寮 |  食堂 | 私服通学 |  希 海外研修

サピックスからの合格実績（過去3年）	'22	'23	'24
	—	16名	3名

進学指導の概要

中高6年間を2年ごとの3期に分けた一貫教育を行うため、中学からの内部進学生と高校からの入学生は別クラス編成となります。中1・2は学力均　のクラス編成ですが、中3・高1の実力養成期からは習熟度別クラスに移行。中高一貫の利点を生かしたカリキュラムで無理なく先取り授業を進め、特に英語・数学・理科は中学から高校の内容を学びます。完成期に当たる高2・3では理系・文系に分かれ、一人ひとりの目標に応じたカリキュラムとなります。流通経済大学へは推薦入学制度を利用した内部進学も可能で、大学見学会や研修会なども毎年実施されます。

■現役大学進学者の進路の内訳

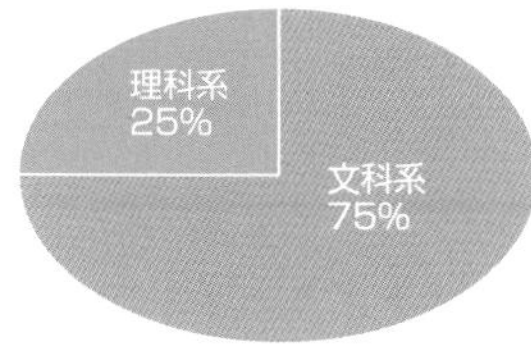

■併設高校から主要大学への合格実績

※上段は現役合格者数、下段は浪人を含めた合格者数。

	東京大	京都大	一橋大	東京工業大	筑波大	お茶の水女子大	電気通信大	東京外国語大	東京学芸大	東京芸術大	東京農工大	東京都立大	横浜国立大	千葉大	早稲田大	慶應義塾大	上智大	東京理科大
22年	—	—	1	—	2	1	—	1	1	—	1	1	—	—	5	1	7	13
	—	—	1	1	2	1	—	1	1	—	1	1	—	—	8	1	7	15
23年	1	—	—	—	4	1	—	—	—	—	—	—	—	—	3	—	1	5
	1	—	—	—	5	1	—	—	—	—	—	—	—	—	3	—	1	7
24年	—	—	—	—	1	1	—	—	1	—	—	1	—	5	8	—	—	14
	—	—	—	—	1	1	—	—	1	—	—	1	—	5	8	—	—	14

	学習院大	明治大	青山学院大	立教大	中央大	法政大	日本大	東洋大	駒澤大	専修大	流通経済大	津田塾大	東京女子大	日本女子大	文部科学省所管外の大学校	海外の大学	国公立・医学部	私立・医学部
22年	14	10	3	10	8	10	30	37	13	7	83	—	2	4	—	—	—	—
	14	11	3	13	8	10	34	40	13	7	83	—	2	4	—	—	—	—
23年	11	11	3	6	2	6	27	13	5	4	57	—	1	1	2	—	—	—
	11	13	3	9	5	7	32	21	5	10	58	—	1	1	2	—	—	—
24年	10	9	5	6	5	15	37	17	13	9	75	—	1	2	—	—	—	—
	12	9	5	8	6	17	38	18	16	11	75	—	1	2	—	—	—	—

★指定校推薦枠（2024年度）東京理科大2名、学習院大3名、青山学院大1名、法政大3名、芝浦工業大5名、成城大2名、聖心女子大3名、日本女子大1名、明治学院大3名、武蔵大2名、東邦大9名など

入試情報

■2024年度の入試結果

		募集人員	出願者	受験者	合格者	実質倍率
第一志望	男子	50	73	72	30	2.4
	女子		70	70	39	1.8
1回	男子	60	116	97	51	1.9
	女子		115	105	63	1.7
2回	男子	15	93	42	21	2.0
	女子		79	29	21	1.4
3回	男子	15	104	49	27	1.8
	女子		87	33	19	1.7
4回	男子	若干	86	12	3	4.0
	女子		65	9	2	4.5

○配点：算国＝各100点　理社＝各50点　作文＝50点
○合格最低点：非公表

24年の募集要項

※以下は2024年の募集要項です。2025年の要項は学校の発表をお待ちください。

入 試 日／第一志望12月1日 ①1月22日 ②1月26日午前 ③1月26日午後 ④2月4日
募集人員／男女140名(第一志望50名 ①60名 ②15名 ③15名 ④若干名)
合格発表／第一志望12月2日 ①1月23日 ②③1月27日 ④2月5日 ※ホームページで発表
手続締切／第一志望12月3日 ①1月24日 ②③1月28日 ④2月6日
試験科目／第 一 志 望：国 語(50分・100点)、算 数(50分・100点)、作文(50分・100点)
①②国語(50分・100点)、算数(50分・100点)、理科(30分・50点)、社会(30分・50点)
③④国語(50分・100点)、算数(50分・100点)
面　　接／なし
受 験 料／22,000円

公開行事・説明会予定

【学校説明会】要予約
7月　6日(土)10時～、　8月24日(土)13時30分～
【入試説明会】要予約 6年生対象
10月　5日(土)13時30分～、10月19日(土)10時～
11月　9日(土)13時30分～、11月23日(祝)10時～
【オープンスクール】要予約
7月20日(土)10時～
【流輝祭(文化祭)】
9月　7日(土)、8日(日)
◆変更・中止の可能性もあります。必ず学校ホームページで確認してください。

麗澤(れいたく) 中学校

所在地／〒277-8686　千葉県柏市光ケ丘2-1-1
TEL／04-7173-3700
学校長／櫻井 讓
創　立／1935年、前身の道徳科学専攻塾を開塾。1948年、高等学校を開校し、1951年に現校名に。2002年、中学校開校。
URL／www.hs.reitaku.jp

	1年	2年	3年
男子	80名	74名	65名
女子	84名	75名	94名
クラス数	5組	5組	5組

中高総生徒数／1197名

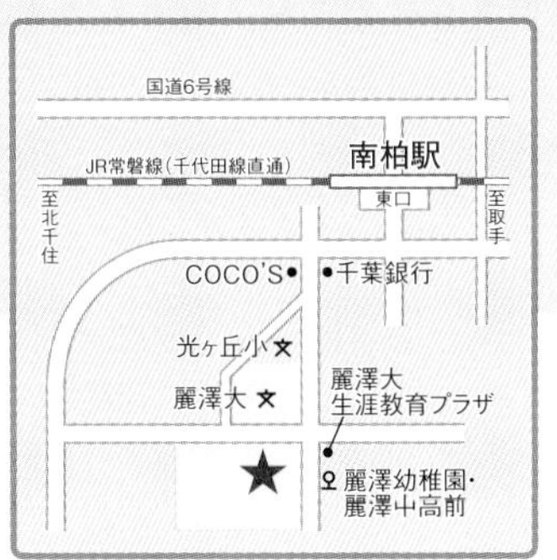

〈交通アクセス〉
JR常磐線（東京メトロ千代田線直通）「南柏」駅より徒歩20分またはバス5分

道徳教育で「心の力」を養い、国際社会で活躍できる人材を育成

創設者・廣池千九郎先生が提唱したモラロジー（道徳科学）を礎に、「感謝の心・思いやりの心・自立の心」を養うための道徳教育を重視しています。約41万m²の広大なキャンパスは、小動物や野鳥なども生息する緑豊かな環境で、体験型探究学習プログラム「自分(ゆめ)プロジェクト」のフィールドワークにも活用されています。また、「言語技術教育」で論理的思考力、判断力、表現力を磨くなど、グローバル社会のなかで物事の本質を見抜き、複雑な諸問題を解決していける人間力を備えた人材育成をめざしています。

スクールライフ

●教育内容

東京大学をはじめとする最難関国立大学・国立医学部を目標とする「アドバンスト叡智（AE）コース」と難関国公私立大学を目標とする「エッセンシャル叡智（EE）コース」の2コース体制です。冷静かつ客観的に物事を見つめ得る深い洞察力、世界にあふれるさまざまな課題の本質に切り込むことのできる分析力、複雑な諸問題に立ち向かう問題解決力、仲間と協力し合い、時に周囲を牽引していく行動力。これら「Language（英語力）」「Logical Thinking（論理的思考力）」「Liberal Arts（教養）」「Literacy（情報活用力）」「Leadership（リーダーシップ）」の5つのLを伸ばすことで、世界的規模で物事を考え、能力を発揮できる「本物の叡智」を兼ね備えたグローバル人材を育成します。

■主要5教科の週当たり時間（コマ）数

	英語	数学	国語	理科	社会
1年	6	6	6	4	3
2年	6	5	6	4	4
3年	6	6	6	4	4
合計	18	17	18	12	11

◎1日当たりの授業コマ数：50分×6時限
※木曜日は7時限
◎登校時間：8時15分

●部活動

文化系・体育系合わせて約20の部・研究会が活動し、参加率は約9割。全国大会最優秀賞のSDGs研究会、全国大会入賞経験のある空手道などの各部が活躍。

○文化系／日本文化、美術、吹奏楽、科学、囲碁、競技かるた、和太鼓研究会、SDGs研究会

○体育系／軟式野球、剣道、ゴルフ、サッカー、バスケットボール、硬式テニス、空手道、ラグビー、弓道、バドミントン、バレーボール

●行事

中高合同の行事は、麗鳳祭（文化祭）、体育祭などがあります。麗鳳祭では各部・研究会・クラスの発表や展示が行われ、体育祭では実行委員の下、熱戦が繰り広げられるなど、どちらの行事も非常に盛大です。そのほかにも、合唱コンクール、芸術鑑賞、百人一首大会など、魅力ある行事が多数あります。

●修学旅行・研修旅行

中1では奥利根水源の森へのフィールドワーク、中2では伊勢・奈良・京都への関西研修、中3ではイギリスを訪れる海外研修があります。

マネーガイド

■2024年度納付金（諸経費を含む）

	入学金	授業料	施設費	その他	計
入学手続時	300,000円	0円	0円	0円	300,000円
初年度総額	300,000円	354,000円	261,000円	512,000円	1,427,000円

※その他には、制服代、教材費、各種検定料、タブレット端末、研修旅行積立金等を含む。

◎寄付金：学校法人／1口1千円、保護者会／1口1万円　いずれも任意
◎授業料：2期分納
◎奨学金・特待生制度：入学試験の上位成績者に第1～3種の特別奨学金を給付。

学期制　週5·6日制　プール　冷房　寮　食堂　私服通学　海外研修

サピックスからの合格実績（過去3年）	'22	'23	'24
	26名	44名	27名

進学指導の概要

アドバンスト叡智コースは6年間のコースです。エッセンシャル叡智コースは高2から叡智TKコース（難関国立大学・国公立医学部）、叡智SKコース（難関私立大学・国公立大学）に分かれ、高入生との混合になります。さらに、叡智TKコース、叡智SKコースは文系・理系コースに分かれます。すべての学年に、ネイティブの副担任を配置し、グローバルな環境を学校生活の一部として整えています。また、演習中心の授業、充実した課外講座に加え、徹底した個別指導により、「行きたい大学」にとどまらず「行くべき大学」を見つけ、その進学を実現します。

■現役大学進学者の進路の内訳

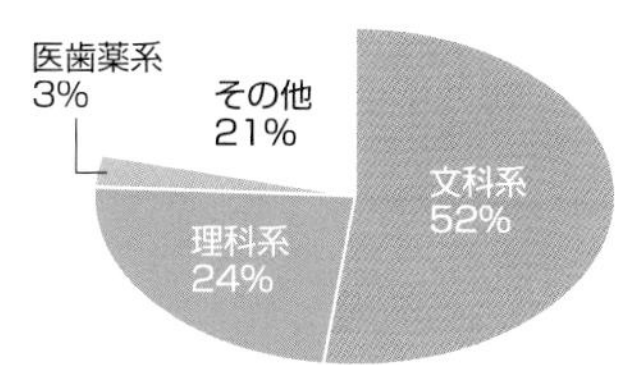

■併設高校から主要大学への合格実績

※上段は現役合格者数、下段は浪人を含めた合格者数。

	東京大	京都大	一橋大	北海道大	筑波大	お茶の水女子大	電気通信大	東京外国語大	東京学芸大	東京農工大	横浜国立大	千葉大	東京都立大	横浜市立大	早稲田大	慶應義塾大	上智大	東京理科大
22年	—	—	—	—	6	1	—	1	1	—	—	2	—	—	14	6	7	14
	—	—	—	1	6	1	—	1	1	—	—	3	—	—	16	7	7	15
23年	—	—	—	1	1	1	—	—	—	—	—	4	—	—	2	2	10	14
	—	1	—	1	2	1	—	—	—	—	—	4	—	—	4	3	12	18
24年	—	1	—	—	6	1	1	4	1	—	—	6	1	—	19	3	5	24
	—	1	—	—	7	1	2	4	1	—	—	7	1	—	22	3	5	28

	学習院大	明治大	青山学院大	立教大	中央大	法政大	日本大	東洋大	駒澤大	専修大	麗澤大	津田塾大	東京女子大	日本女子大	文部科学省管外の大学校	海外の大学	国公立・医学部	私立・医学部
22年	13	23	17	28	13	44	58	43	6	15	25	1	9	12	1	1	3	4
	15	24	18	28	20	48	64	46	6	19	51	1	10	12	1	1	5	5
23年	6	11	8	17	16	18	44	18	4	6	51	—	7	2	1	—	—	—
	6	19	8	18	18	26	46	18	4	6	51	—	7	2	1	—	1	1
24年	14	32	18	27	19	34	36	42	10	14	118	6	9	8	4	4	—	—
	14	35	20	29	20	37	39	44	10	14	119	6	9	8	4	4	1	1

★指定校推薦枠（2024年度）早稲田大1名、東京理科大6名、学習院大3名、明治大1名、青山学院大2名、立教大4名、法政大5名、中央大4名、成城大1名、日本大7名、日本女子大6名、明治学院大5名など

入試情報

■2024年度の入試結果

		募集人員	出願者	受験者	合格者	実質倍率
1回AE	男子	帰国含30	187	179	42	4.3
	女子		157	152	41	3.7
1回EE	男子	帰国含30	253	202	60	3.4
	女子		256	208	62	3.4
2回AE	男子	帰国含25	153	122	47	2.6
	女子		131	108	46	2.3
2回EE	男子	帰国含30	196	114	30	3.8
	女子		212	134	32	4.2
3回AE	男子	帰国含15	108	80	12	6.7
	女子		89	69	15	4.6
3回EE	男子	帰国含15	142	93	21	4.4
	女子		159	108	19	5.7
4回AE	男子	帰国含5	42	27	5	5.4
	女子		36	23	3	7.7
4回EE	男子	帰国含若干	57	32	4	8.0
	女子		74	45	5	9.0

※AE=アドバンスト叡智コース EE=エッセンシャル叡智コース

■2024年度入試 合格者の教科別平均点（男女合計データ）

	算数	国語	理科	社会	合計
1回AE	80.9	95.0	37.6	38.0	251.5
1回EE	算/ 国/ 理/ 社/ 英/ 60.1/70.9/34.9/36.8/86.8				4科202.7 算国英218.2
2回AE	84.4	90.9	28.4	34.5	238.2
2回EE	算/ 国/ 理/ 社/ 英/ 64.4/72.0/26.0/32.2/89.2				4科195.7 算国英213.0
3回AE	83.0	79.9			163.0
3回EE	75.8	77.0			152.8
4回AE	71.4	77.0			148.4
4回EE	65.4	77.9			143.3

○配点：算国英＝各100点、理社＝各50点 1回・2回のAEコースは国算を1.2倍で算出する傾斜配点

○合格最低点：1回AE235点　EE4科193点・算国英200点　2回AE219点　EE4科188点・　算　国　英202点　3回AE155点　EE151点　4回AE142点　4回EE141点

24年の募集要項

※以下は2024年の募集要項です。2025年の要項は学校の発表をお待ちください。

入 試 日／①1月21日 ②1月25日 ③1月28日 ④2月1日
募集人員／男女150名(①60名 ②55名 ③30名 ④5名)
合格発表／①②③④ホームページで翌日
手続締切／①②③2月3日 ④2月5日
試験科目／国語(50分・100点)、算数(50分・100点)、理科(30分・50点)、社会(30分・50点)、英語(60分・100点) ※①②は4科(EEコースは国算英の3科を選択可)、③④は2科 ※AEコース受験時は国算各120点で算出
面　　接／なし
受 験 料／22,000円(2回以上出願の場合は2回目から1回につき11,000円)

公開行事・説明会予定

【学校見学会】要予約
6月15日(土) 9時30分～
【オープンキャンパス】要予約
7月14日(日) 9時30分～
3月20日(木) 9時30分～
【学校説明会】要予約
8月10日(土)10時～
9月22日(祝)10時～
【入試説明会】要予約
10月13日(日)10時～
10月19日(土)14時30分～
11月17日(日)10時～
【ミニ入試説明会】要予約
12月15日(日)10時～
【部活動見学・体験会】要予約
6月15日(土)14時30分～、 9月14日(土)14時30分～
10月12日(土)14時30分～、 2月15日(土)14時30分～
【麗鳳祭(文化祭)】要予約
9月 7日(土)
◆変更・中止の可能性もあります。必ず学校ホームページで確認してください。

城西川越 中学校

所在地／〒350-0822　埼玉県川越市山田東町1042
TEL／049-224-5665
学校長／渡辺 聡
創　立／1972年、城西大学付属川越高等学校としてスタート。1992年に中学校を開校。
URL／www.k-josai.ed.jp

	1年	2年	3年
男子	93名	85名	99名
女子	—	—	—
クラス数	3組	3組	4組

中高総生徒数／977名

〈交通アクセス〉
JR川越線、東武東上線「川越」駅、西武新宿線「本川越」駅よりスクールバス各20分　JR高崎線「桶川」駅、東武東上線「坂戸」駅よりスクールバス30分

多様化する社会で、「報恩感謝」の校是の下、教育を実践

「報恩感謝」を校是とし、教育方針は「心豊かな人間の育成」「個性・学力の伸長」です。他人を思いやることができ、目標に向かって最善の努力ができる人間を育成しています。生徒一人ひとりの目標を実現するための充実したカリキュラム・サポート体制により、国公立・難関私立大学現役合格を視野に入れた、きめの細かい学習指導を行っています。豊かな自然環境の下、生徒は6年間伸び伸びと勉強・部活動・学校行事に取り組みながら、自分の将来を見つめ、考える力を身につけていきます。

スクールライフ

●教育内容

大学現役合格を目標とした6年一貫教育を実践しています。入学時より特別選抜クラスと総合一貫クラスを編成。中高一貫のカリキュラムの下、主要教科の授業時間を多く配当しています。中2では、各教科とも中学の学習内容の完成をめざし、中3には主要5教科で、高校課程の先取り学習を実施しています。授業のなかで数多く小テストを行い、理解不足の生徒には補習を実施してサポートします。また、ゲームなどを使って「気がついたらたくさん話している」という独自の仕掛けを多く用意して、英会話の指導にも力を入れており、中3までに英検®準2級取得をめざしています。

■主要5教科の週当たり時間（コマ）数

	英語	数学	国語	理科	社会
1年	5.7	6	5	4	3.7
2年	6	6	5	4	4
3年	6	6	6	4	4
合計	17.7	18	16	12	11.7

◎1日当たりの授業コマ数：50分×6時限
　※土曜日は4時限
◎登校時間：8時50分

●部活動

文化系・体育系合わせて16の部が活動し、生徒の参加率はほぼ100%。勉強との両立を果たしています。
○文化系／美術、吹奏楽、科学、囲碁将棋、ロボット、鉄道研究、生物、和太鼓「欅」
○体育系／テニス、野球、ラグビー、卓球、ハンドボール、バスケットボール、サッカー、陸上競技

●行事

体育祭とけやき祭（文化祭）が中高合同で行われる二大イベント。そのほか、職場体験やスピーチコンテスト、音楽鑑賞会など、さまざまな行事があります。

●修学旅行・研修旅行

中1の林間学校では大自然のなかで友人同士が協力することを学びます。中2に行われるアメリカン・サマーキャンプは、外国人講師のもと英語力を身につけます。ほかにも、奈良・京都の研修旅行、社会科理科見学など、さまざまな校外学習が設けられています。中3では海外研修事前プログラムがあり、3学期にはオーストラリアを訪れ、特選クラスはターム留学、総合一貫クラスは短期海外研修を行います。

マネーガイド

■2024年度納付金（諸経費を含む）

	入学金	授業料	施設費	その他	計
入学手続時	250,000円	0円	200,000円	0円	450,000円
初年度総額	250,000円	372,000円	200,000円	約330,000円	約1,152,000円

※期日までに入学辞退を申し出た場合、施設費を返金

◎寄付金：なし
◎授業料：3期分納
◎奨学金・特待生制度：S入試特待生（入学金免除＋授業料免除・進級時の成績等によって継続可）、A入試特待生（1年間、月額2万円給付）。城西川越学園奨学生制度（入学後）：奨学生A（1年間、月額2万円給付）、奨学生B（1年間、月額1万円給付）

進学指導の概要

生徒にキャリアデザインを意識させながら、進路指導を行っています。高校は、高入生とは別クラス編成です。高2から文系・理系に分かれますが、難関国立大の受験に十分対応できる学力養成を目標に、全方位型の濃いカリキュラムを組み、偏りのない学習を進めています。高3では、受験科目を加味したコース別のクラス編成を展開。受験科目中心のコース選択制（14コース）を導入し、大学受験に的を絞った指導を徹底しているため、効率良く実戦力を鍛えられます。放課後には、希望者を対象に課外講習を実施するほか、夏・冬期休暇中にも講習会を開講するなど、課外授業は非常に充実しています。

■現役大学合格者の進路の内訳

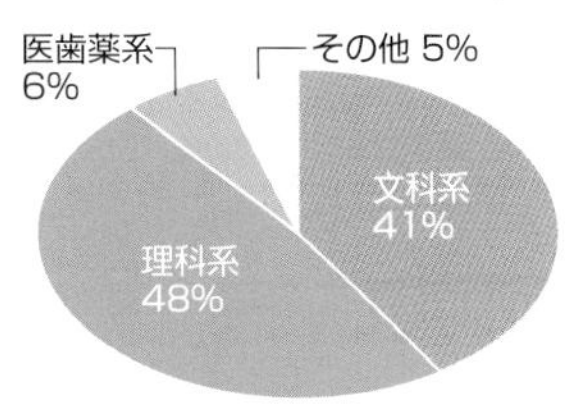

■併設高校から主要大学への合格実績

※上段は現役合格者数、下段は浪人を含めた合格者数。

	東京大	京都大	一橋大	東京工業大	筑波大	電気通信大	東京外国語大	東京学芸大	東京芸術大	東京農工大	東京都立大	横浜国立大	横浜市立大	千葉大	早稲田大	慶應義塾大	上智大	東京理科大
22年	—	1	—	—	1	3	—	—	—	—	—	—	—	—	8	1	1	7
	—	1	—	—	1	3	—	—	—	—	—	—	—	—	9	1	1	7
23年	—	—	1	1	—	1	—	1	—	—	—	—	—	—	3	—	—	24
	—	—	1	1	—	1	—	1	—	—	—	—	—	—	3	—	—	24
24年	—	—	—	—	2	—	1	—	—	1	1	—	—	—	12	2	5	14
	—	—	—	—	3	—	1	—	—	2	1	—	—	—	12	2	5	14

	学習院大	明治大	青山学院大	立教大	中央大	法政大	日本大	東洋大	駒澤大	専修大	城西大	成蹊大	成城大	神奈川大	文部科学省所管外の大学校	海外の大学	国公立・医学部	私立・医学部
22年	6	9	1	12	17	17	64	39	8	14	25	6	3	1	1	—	—	6
	10	13	4	17	19	23	77	39	11	14	27	6	4	1	1	—	—	7
23年	12	4	2	5	19	23	82	48	11	24	14	6	1	3	—	—	—	1
	14	6	4	5	23	32	91	52	11	24	14	7	1	3	—	—	—	1
24年	12	33	4	18	29	31	93	60	5	14	20	7	7	—	1	—	—	1
	13	35	6	18	30	35	100	63	7	14	20	8	7	—	1	—	—	1

★指定校推薦枠（2024年度）早稲田大1名、東京理科大4名、学習院大7名、明治大2名、青山学院大2名、立教大2名、中央大5名、法政大2名、成蹊大2名、成城大2名など

入試情報

■2024年度の入試結果

		募集人員	出願者	受験者	合格者	実質倍率
特別選抜1回	2科	約25	150	147	特選48 総合60	特選3.1 特選+総合1.4
特別選抜2回	4科		113	89	特選61 総合10	特選1.5 特選+総合1.3
	2科		26	18	特選4 総合7	特選4.5 特選+総合1.6
総合一貫1回	4科	約60	115	112	93	1.2
	2科		64	64	41	1.6
総合一貫2回	2科		175	83	71	1.2
総合一貫3回	4科		51	11	6	1.8
	2科		21	4	1	4.0
総合一貫4回	2科		30	4	2	2.0

合格者・実質倍率内「総合」…スライド合格

■2024年度入試　合格者の教科別平均点

		算数	国語	理科	社会	合計
特別選抜1回	2科	70.8	51.0			121.9
特別選抜2回	4科	62.1	42.1	26.8	30.0	161.1
	2科	76.3	51.0			127.3
総合一貫1回	4科	61.6	63.1	29.1	33.0	186.9
	2科	55.1	60.3			115.4
総合一貫2回	2科	56.7	80.9			137.6
総合一貫3回	4科	82.8	66.5	30.0	37.3	216.7
	2科	80.0	60.0			140.0
総合一貫4回	2科	84.0	64.0			148.0

○配点：算国＝各100点　理社＝各50点
○合格最低点：特別選抜1回111点　特別選抜2回4科123点・2科101点　1回4科142点・2科96点　2回111点　3回4科193点・2科140点　4回144点

24年の募集要項

※以下は2024年の募集要項です。2025年の要項は学校の発表をお待ちください。
※詳しくは学校の発表をお待ちください。

入試日／総合一貫①1月10日 ②1月11日午後 ③1月14日 ④2月5日 特別選抜⑤1月10日午後 ⑥1月11日 帰国生⑦1月10日
募集人員／85名(①②③④約60名 ⑤⑥約25名 ⑦若干名)
合格発表／ホームページで即日
手続締切／2月6日 ④は2月8日
試験科目／国語(50分・100点)、算数(50分・100点)、理科・社会(50分・各50点)
①③⑥は2科4科選択、②④⑤⑦は2科
面接／帰国のみあり(英語・日本語)
帰国生のための試験／国語(50分・100点)、算数(50分・100点)、面接
受験料／25,000円(複数回同時出願の場合、2回の受験までは25,000円、3回目からは1回ごとに10,000円)

公開行事・説明会予定

【学校説明会】要予約
6月29日(土)10時30分～、7月25日(木)10時30分～
8月22日(木)10時30分～、9月22日(祝) 時間未定
10月 6日(日) 時間未定
11月 2日(土)10時30分～、12月7日(土)14時30分～
【入試相談会】要予約
9月 7日(土)10時30分～
9月 8日(日)10時30分～
11月30日(土) 9時30分～、12月 7日(土)9時30分～
【オープンスクール・体験授業】要予約
9月22日(祝) 9時～、10月 6日(日)9時～
【問題解説学習会】要予約
11月22日(金) オンライン配信予定
【けやき祭(文化祭)】10時～
9月 7日(土)、8日(日) 入試相談会あり(10時30分～15時30分)
【3年～5年生対象イベント】要予約
3月 1日(土)10時30分～
※時間未定のイベントは事前に学校ホームページを確認してください。
◆変更・中止の可能性もあります。必ず学校ホームページで確認してください。

城北埼玉 中学校

所在地／〒350-0014　埼玉県川越市古市場585-1
TEL／049-235-3222
学校長／森泉 秀雄
創　立／1980年、東京都板橋区の城北中・高等学校の元理事長・校長、近藤薫明が高等学校を創立。2002年、中学校設立。
URL／www.johokusaitama.ac.jp

	1年	2年	3年
男子	89名	94名	106名
女子	—	—	—
クラス数	3組	3組	3組

中高総生徒数／842名

〈交通アクセス〉
JR埼京線「南古谷」駅、東武東上線「上福岡」駅より徒歩25分　「南古谷」駅、東武東上線「ふじみ野」駅、西武新宿線「本川越」駅よりスクールバスあり

合理的な学習指導の下、「人間形成」と「大学進学指導」を両立

県内屈指の男子進学校・城北埼玉高校が、きめ細かい指導で生徒の可能性を引き出す中高一貫教育を実現すべく2002年に開校した中学校です。「着実・勤勉・自主」の校訓の下、「人間形成」と「大学進学指導」を2本の柱とした教育で、心身共に健全で自律的な努力に徹し得る人間の育成をめざしています。授業前には、30秒ほど姿勢を正して目を閉じる「静座」をして、気持ちを落ち着けてから勉強に取り組みます。また、放課後や長期休暇時の補習・講習会や、企業や大学、研究機関、弁護士会などの団体の協力を得て実施されるJSプログラムなどで、未来を開く“志”と“学力”を育みます。

スクールライフ

●教育内容

中高6年間を2学年ずつの3期に分け、国公立大をはじめ、難関大突破をめざす合理的な学習指導を行います。基礎力習得期の中1・2は主要5教科を中心に基礎学力の充実に努め、授業→家庭学習（予習・復習）→授業という流れを徹底して習慣化させます。中3からは高校の内容に入ります。週1時間の中学総合の授業では、情報化社会に対応するための教育プログラムとして、コンピューター実習を展開。また、英・数・国を中心に、小テストや長期休暇明けの宿題テストなどを行い、生徒の理解度を頻繁に確認します。放課後や夏・冬休みには、指名制の補習や希望制の特別講習を開催。3学期には、大学進学を決めた高3生が中1・2生に苦手科目を教える「勉強会」を実施しています。

■主要5教科の週当たり時間（コマ）数

	英語	数学	国語	理科	社会
1年	7	5	5	4	3
2年	6	6	5	4	3
3年	6	6	5	4	4
合計	19	17	15	12	10

◎1日当たりの授業コマ数：50分×6時限
※土曜日は4時限
◎登校時間：8時40分

●部活動

「文武両道」をモットーに、中高合わせて49の部・同好会が活動。中学生の加入率は約90%です。
○文化系／デジタル技術研究、化学、生物、物理、地歴、美術、写真、囲碁将棋、模型、書道、漫画・動画研究、鉄道研究など
○体育系／硬式テニス、サッカー、野球、剣道、少林寺拳法、陸上、スキー、水泳、バスケットボールなど

●行事

けやき祭は9月に行われる文化祭で、生徒が企画運営する自立性の高い行事です。6月に川越陸上競技場で開催される体育祭も非常に大きな盛り上がりを見せ、多くの保護者が観戦に訪れます。そのほか、音楽鑑賞会、球技大会などの多彩な行事があります。

●修学旅行・研修旅行

中学では各学年で2回の宿泊行事があります。中1は4月にオリエンテーション合宿、2月にスキー教室、中2は夏に尾瀬林間学校、11月にイングリッシュキャンプ（英語研修）、中3は10月に修学旅行（京都・奈良）、2月にイングリッシュキャンプ（福島県ブリティッシュヒルズでの英語研修）を実施。また、高1・2の希望者を対象にオーストラリア語学研修も行います。

マネーガイド

■2024年度納付金（諸経費を含む）

	入学金	授業料	施設費	その他	計
入学手続時	260,000円	0円	0円	0円	260,000円
初年度総額	260,000円	408,000円	180,000円	345,600円	1,193,600円

◎寄付金：なし
◎授業料：3期分納
◎奨学金・特待生制度：入試成績上位者（特待合格者）に奨学金50万円を支給

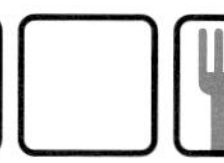

学期制　週5・6日制　プール　冷房　寮　食堂　私服通学　海外研修

サピックスからの合格実績（過去3年）	'22	'23	'24
	57名	60名	54名

進学指導の概要

高校では、2020年度よりコース制を導入。従来型の本科コースに加え、フロンティアコースが1クラス新設されました。フロンティアは高1から高入生と混合クラス編成。体験学習を重視し、自分の好奇心と向き合いながら主体的・対話的で深い学びを実践します。また、文理にとらわれず、大学進学をめざします。本科は、高2から志望別クラス編成で、高3より高入生と混合になります。両コースとも、高1・2の長期休暇に実施する講習会や勉強合宿への参加を促し、高3では通年で設置される受験講座や夏期・冬期休暇の受験合宿を通じて、希望進路実現に向けたサポートを万全にしています。

■現役大学進学者の進路の内訳

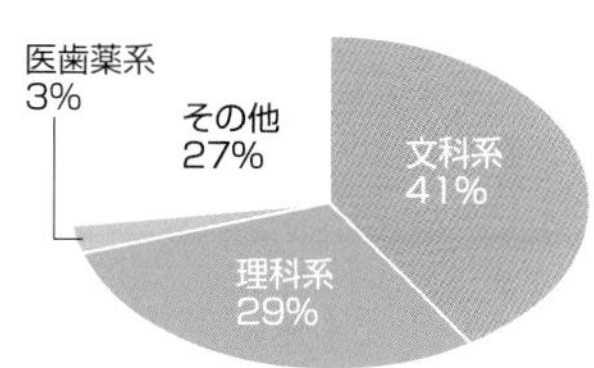

■併設高校から主要大学への合格実績

※上段は現役合格者数、下段は浪人を含めた合格者数。

	東京大	京都大	一橋大	東京工業大	筑波大	電気通信大	東京外国語大	東京学芸大	東京芸術大	東京農工大	東京都立大	横浜国立大	横浜市立大	千葉大	早稲田大	慶應義塾大	上智大	東京理科大
22年	—	—	1	—	—	—	—	—	—	—	—	—	—	—	4	3	1	7
	—	—	1	—	—	—	—	—	—	1	1	—	—	1	7	6	1	8
23年	—	—	—	—	—	1	—	1	—	1	—	—	—	—	5	2	1	18
	—	—	—	—	—	1	—	1	—	1	—	1	—	2	7	3	1	23
24年	1	—	1	—	2	—	—	1	—	1	—	—	—	—	13	5	1	19
	1	—	2	—	2	—	—	1	—	1	1	2	—	—	17	10	3	27

	学習院大	明治大	青山学院大	立教大	中央大	法政大	日本大	東洋大	駒澤大	専修大	国際基督教大	成蹊大	成城大	神奈川大	文部科学省管外の大学校所	海外の大学	国公立・医学部	私立・医学部
22年	4	6	3	3	16	1	21	13	7	3	—	2	1	—	—	—	—	5
	8	13	5	5	22	6	32	20	10	11	—	5	3	—	—	—	—	6
23年	13	4	5	3	12	7	32	30	6	12	—	6	3	1	2	—	—	4
	13	8	8	4	16	16	46	40	9	17	—	9	4	1	5	—	1	5
24年	14	15	5	14	24	20	56	55	7	14	—	10	9	—	4	—	—	—
	18	20	5	21	29	29	71	75	11	16	—	16	11	—	5	—	—	2

★指定校推薦枠（2024年度）早稲田大2名、慶應義塾大1名、上智大1名、東京理科大6名、明治大2名、立教大2名、青山学院大2名、中央大8名、学習院大9名など

入試情報

■2024年度の入試結果

	募集人員	出願者	受験者	合格者	実質倍率
特待	20	352	341	特待183 一般102	特待1.8 特待+一般1.2
1回	60	340	327	特待85 選抜64 一般131	特待3.8 特待+選抜2.2 特待+選抜+一般1.2
2回	40	380	255	特待35 選抜48 一般140	特待7.3 特待+選抜3.1 特待+選抜+一般1.1
3回	40	270	127	特待15 選抜26 一般71	特待8.5 特待+選抜3.1 特待+選抜+一般1.1
4回	若干	90	40	特待6 一般29	特待6.7 特待+一般1.1
5回	若干	25	6	5	1.2

■2024年度入試 受験者の教科別平均点

	算数	国語	理科	社会	合計
特待	59.7		50.6	英語/36.6	146.9
1回	50.2	70.7	27.4	23.7	172.0
2回	57.1	67.9	28.0	22.0	175.0
3回	61.3	56.9	26.2	26.3	170.7
4回	54.7	66.6			121.3
5回	30.0	77.0			107.0

○配点：算国＝各100点　理社＝各50点　特待算＝100点　特待理＝70点
○合格最低点：非公表

24年の募集要項

※以下は2024年の募集要項です。2025年の要項は学校の発表をお待ちください。

入 試 日／①1月10日午前 特待1月10日午後 ②1月11日 ③1月12日 ④1月18日 ⑤2月4日
募集人員／男子160名(①60名 特待20名 ②③各40名 ④⑤若干名)
合格発表／特待は即日 ③は翌日 ※ホームページにて
手続締切／④1月20日、特待①②③⑤2月6日
試験科目／国語(50分・100点)、算数(50分・100点)、理科(30分・50点)、社会(30分・50点)
特待は算数(50分・100点)、理科(40分・70点)、英語(40分・70点)のうち、算・理または算・英を選択
面　　接／なし
受 験 料／26,000円(同時出願の場合、2回まで26,000円、3回以上の出願は追加1回につき5,000円)

公開行事・説明会予定

【学校説明会】要予約　各回10時〜
7月15日(祝)、8月 3日(土)、8月25日(日)
9月28日(土)、10月26日(土)、11月16日(土)
【入試直前説明会】要予約　6年生対象
12月 7日（土）、8日(日)
【オープンスクール】要予約 各回14時〜
10月 5日(土)、11月 2日(土)
【けやき祭(文化祭)】
9月 7日(土)、8日(日)
◆変更・中止の可能性もあります。必ず学校ホームページで確認してください。

立教新座 中学校

所在地／〒352-8523　埼玉県新座市北野1-2-25
TEL／048-471-2323
学校長／佐藤 忠博
創　立／1874年創設の立教学校を母体に、1948年に高等学校を創立。1960年、現校地へ移転し、2000年に中学校を開校。
URL／niiza.rikkyo.ac.jp

	1年	2年	3年
男子	204名	228名	201名
女子	—	—	—
クラス数	6組	6組	6組

中高総生徒数／1619名　併設小から 約28.4%

〈交通アクセス〉
東武東上線「志木」駅より徒歩15分、バス10分　JR武蔵野線「新座」駅より徒歩25分、バス10分

キリスト教に基づく人間教育を実践する自由の学府

「キリスト教に基づく人間教育」を建学の精神とし、生徒一人ひとりをかけがえのない存在として、その素質や可能性を伸ばすために、「テーマを持って真理を探求する力」と「共に生きる力」を育てています。「グローバル教育」と「リーダーシップ教育」を通じて、世界の人々と共に生きる力を備えたグローバルリーダーを育成します。また、全天候型フィールド、人工芝のサッカー場、屋内温水プール（50m×10コース）、蔵書数17万冊以上の図書館など、設備の整った施設がそろっています。

スクールライフ

●教育内容

基礎学力を育成しながら自主性と向上心を身につけさせ、個性と応用力を磨きます。中1の「表現・書写」では1クラスを2分割して授業を行っているほか、国語（中3）、数学（中2・3）、英語（全学年）で習熟度別授業を導入しています。特に英語は国際社会で活躍するための「手段」としてとらえ、外国人講師の指導の下、日常会話の習得から始め、中3では意見発表ができるレベルを目標にしています。また、的確に日本語を使う能力の養成にも力を入れ、国語では作文や小論文を通して、論理的な思考に基づく文章表現法を学習させます。

■主要5教科の週当たり時間（コマ）数

	英語	数学	国語	理科	社会
1年	5	5	5	4	4
2年	6	5	5	4	4
3年	6	5	5	4	4
合計	17	15	15	12	12

◎1日当たりの授業コマ数：50分×6時限
※木曜日は5時限、土曜日は4時限
◎登校時間：8時30分

●部活動

文化系・体育系合わせて25の部が活動。生徒の参加率は約95%です。フェンシング部、テニス部が全国大会、関東大会で活躍しています。
○文化系／鉄道研究、理科、吹奏楽、美術、チャペルギルド、英語、文芸、写真、地歴、映画研究など
○体育系／卓球、テニス、柔道、剣道、バレーボール、水泳、サッカー、ラグビー、野球、フェンシング、バスケットボール、サイクル、体操、陸上競技など

●行事

S.P.F.（文化祭）は中高合同で行われ、運動会は中学の3学年を縦割りにしたクラス対抗形式で激戦が繰り広げられます。マラソン大会では、中1・2は5km、中3と高校生は10kmに挑戦します。また、社会科・理科校外学習、音楽鑑賞、合唱コンクール、英語スピーチコンテストは、教科学習を発展させる場となっています。

●修学旅行・研修旅行

新入生オリエンテーションキャンプ（中1、群馬県みなかみ町）では、生徒間の交流を深めながら自然について学びます。さらに、北海道、屋久島などの5コースから選択できる4泊5日の校外研修旅行（中3）のほか、夏期休暇中には、中3の希望者を対象としたアメリカでの国際交流キャンプも行っています。

マネーガイド

■2024年度納付金（諸経費を含む）

	入学金	授業料	施設費	その他	計
入学手続時	300,000円	0円	100,000円	0円	400,000円
初年度総額	300,000円	624,000円	378,000円	31,000円	1,333,000円

※期日までに入学辞退手続をした場合、施設費を返金

◎寄付金：1口10万円以上　複数口以上（任意）
◎授業料：3期分納
◎奨学金・特待生制度：なし

学期制　週5・6日制　プール　冷房　寮　食堂　私服通学　海外研修

サピックスからの合格実績（過去3年）	'22	'23	'24
	221名	227名	187名

進学指導の概要

高校では高入生と混合のクラス編成になります。卒業生の約80%が、推薦により立教大学に進学しており、高1から実施される大学教授による「特別授業」や、学部学科説明会などを通じて、大学でどのような学問、研究が進められるのかを知り、それぞれの進路を考えます。高3の選択科目として、立教大学の授業を大学生と一緒に履修する「立教大学特別聴講生制度」があり、レポートやテストに合格すると、進学した際の履修単位としても認められます。

他大学進学を希望する生徒のために、高2からは「他大学進学クラス」が1クラス設けられ、主要科目で受験に適したテキストを使用し、受験対応の選択科目を履修するなど、ほかのクラスとは異なる進度、内容の授業を行います。高3の11月に行われる最終の進路調査で、条件を満たしていれば、立教大学への推薦入学が可能です。また、高3では卒業研究論文に取り組み、論文を書くプロセスを通じて大学での研究・自己表現のスキルを磨くほか、各種講演会や進学説明会を実施するなど、きめ細かい指導も行われています。

■他大学合格者の内訳

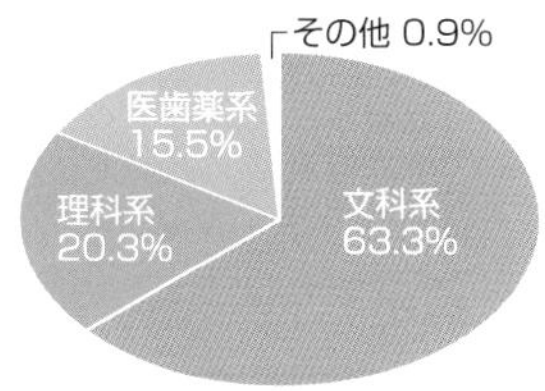

★他大学への合格状況（2024年度）京都大学1名、早稲田大12名、慶應義塾大14名、国際教養大1名、東京工業大1名、東北大3名、一橋大1名、北海道大2名など

■併設大学（立教大学）への推薦状況

	文学部	異文化コミュニケーション学部	経済学部	経営学部	理学部	社会学部	法学部	観光学部	コミュニティ福祉学部	現代心理学部	スポーツウエルネス学部	Global Liberal Arts Program
22年	29名	12名	60名	36名	14名	42名	55名	15名	2名	11名	—名	—名
23年	26名	12名	60名	36名	9名	42名	49名	13名	—名	4名	—名	—名
24年	25名	17名	60名	36名	2名	42名	52名	6名	1名	3名	1名	1名

★指定校推薦枠（2024年度）早稲田大3名、慶應義塾大3名、東京理科大7名、学習院大3名、国際基督教大1名、埼玉医科大4名、北里大2名、聖マリアンナ医科大1名、獨協医科大(制限なし)など

入試情報

■過去2年間の入試結果

		募集人員	出願者	受験者	合格者	実質倍率
23年	一般1回	約100	1760	1685	804	2.1
	一般2回	約40	280	217	46	4.7
	帰国	若干	3	3	3	1.0
24年	一般1回	約100	1744	1680	742	2.3
	一般2回	約40	266	213	41	5.2
	帰国	若干	5	5	2	2.5

■2024年度入試 受験者の教科別平均点

	算数	国語	理科	社会	合計
一般1回	48.2	70.0	26.6	28.1	—
一般2回	52.8	62.0	28.6	27.4	—
帰国	28.2	63.2			—

○配点：算国＝各100点　理社＝各50点
○合格最低点：1回183点　2回196点　帰国90点

25年の募集要項

入試日／①1月25日 ②2月3日 帰国1月25日
募集人員／男子140名(①約100名 ②約40名 帰国若干名)
合格発表／①帰国 1月26日 ②即日
※いずれもホームページにて
手続締切／①帰国2月2日 ②2月4日 ※Webでの決済のみ
試験科目／国語(50分・100点)、算数(50分・100点)、理科(30分・50点)、社会(30分・50点)
面接／なし
帰国生のための試験／国語、算数、面接(個人)
受験料／30,000円

公開行事・説明会予定

【オープンキャンパス】要予約
7月15日(祝) 時間未定
【生徒による学校説明会】 要予約・オンライン同時開催
9月15日(日)　9時30分～、11時～
【S.P.F.(文化祭)】
10月26日(土)、27日(日)時間未定
【学校見学】
随時
◆6月2日開催の学校説明会のアーカイブ配信中
◆変更・中止の可能性もあります。参加方法などの詳細は、学校ホームページで確認してください。

サピックスOBの声

●広いキャンパスの中に、とても充実した施設が整っています。なかでも図書館は2階建ての独立棟。蔵書が豊富で、最新機器もそろっています。部活のない日はDVDを見に行くなど、よく利用しています。

●授業では、理科の実験がおもしろいです。ウシの眼球を解剖する際には、硝子体を取り出し、顕微鏡で観察しながらスケッチしました。理科は苦手でしたが、実際に見たり触れたりすることでよく理解でき、好きになりました。

浦和明の星女子 中学校

所在地／〒336-0926 さいたま市緑区東浦和6-4-19
TEL／048-873-1160
学校長／島村 新
創　立／カナダのカトリック女子修道会が母体。1967年に浦和明の星女子高校が誕生し、2003年に併設の中学校を開設。
URL／www.urawa-akenohoshi.ed.jp

	1年	2年	3年
男子	—	—	—
女子	176名	175名	173名
クラス数	4組	4組	4組

中高総生徒数／1019名

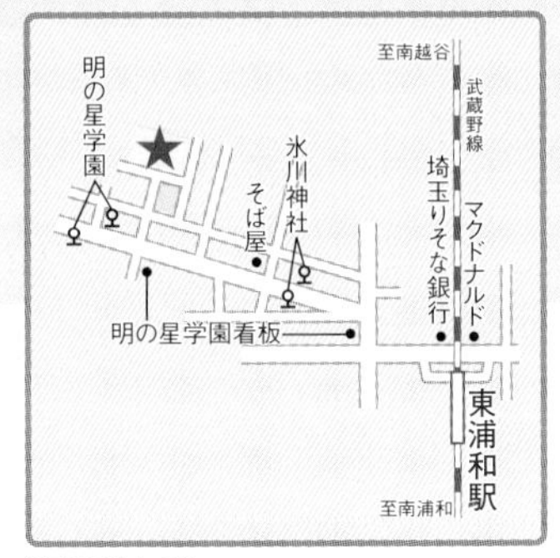

〈交通アクセス〉
JR武蔵野線「東浦和」駅より徒歩8分

最難関大合格の実績で人気のミッションスクール

埼玉県唯一のカトリックミッションスクールで、「Be your best and truest self〈最善のあなたでありなさい。そして最も真実なあなたでありなさい〉」をモットーとした教育精神の下、生徒一人ひとりの個性を把握した教育を実践しています。キャンパスは広々として緑も豊富。図書館には約10万冊の蔵書が備えられ、昼休みや放課後には多くの生徒が利用しています。月1回（土曜日）の「自主の日（自主登校日）」には、部活動や教室・図書館での自主学習が行われています。2019年には新校舎が完成しました。

スクールライフ

●教育内容

中高6年間を3つのブロックに分け、特に中1・2では主要5教科に時間を割き、基礎学力の定着を図ります。授業の進度は英・数では中3で高校の内容に入るなど、高校課程の先取り学習をしている教科もあります。外国人講師による英会話の授業は、クラスを半分に分けて実施。生徒一人ひとりの理解度に合わせたサポートにも気を配り、成績不振者には指名制の補習も行います。全学年で週1時間ある「宗教」の授業ではキリスト教の基本を学びます。また、金曜7時限の「特別活動」の時間には、「アッセンブリ（全校集会）」「礼法」「ロングホームルーム」などが行われます。

■主要5教科の週当たり時間（コマ）数

	英語	数学	国語	理科	社会
1年	6	5	5	4	4
2年	5	5	4	5	4
3年	6	5	5	4	4
合計	17	15	14	13	12

◎1日当たりの授業コマ数：50分×6時限
　※火・金曜日は7時限
◎登校時間：8時25分

●部活動

30の部があり、一部を除きほとんどが中高合同で活動しています。生徒の参加率は約90%。硬式テニス部や水泳部、百人一首部などが活躍しています。
○文化系／アンサンブル、英語、演劇、科学、茶道、放送、グリー、バトントワリング、百人一首など
○体育系／エアロビクス、剣道、サッカー、新体操、バスケットボール、ダンスなど

●行事

クラス対抗で行われる球技大会や合唱コンクール、中高合同で行われる明の星祭（文化祭）やスポーツデー（体育祭）、年2回の修養会など多くの行事があります。クリスマス行事では、例年ホールに集い、キリスト生誕の場面を再現し、全校生徒でハレルヤを合唱します。また、社会奉仕委員会が中心となって福祉施設などに贈り物をするほか、学年ごとのチャリティー活動を実施しています。

●修学旅行・研修旅行

中1の4月には新入生オリエンテーション合宿、中2では7月に林間学校があります。中3の修学旅行は九州に向かい、高2は京都・奈良修学旅行へ出掛けます。ふだんの学習からは学べないことを学び、仲間との絆を深め、心身共に成長していくのがこれらの旅行の目的です。12月にはスキー教室も開催されています。

マネーガイド

■2024年度納付金（諸経費を含む）

	入学金	授業料	施設費	その他	計
入学手続時	250,000円	0円	250,000円	0円	500,000円
初年度総額	250,000円	336,000円	250,000円	409,720円	1,245,720円

※第1回入学試験は延納手続あり

◎寄付金：1口5万円、2口以上（任意）
◎授業料：月納
◎奨学金・特待生制度：聖母被昇天修道会奨学金と後援会奨学金がある。両制度とも、経済的理由により就学困難な者に50万円を給付（1年間）

2期 学期制　完5 days 週5・6日制　温 プール　cool 冷房　寮　高 食堂　私服通学　希 海外研修

サピックスからの合格実績（過去3年）	'22	'23	'24
	470名	475名	441名

進学指導の概要

高2より科目選択制となり、進路に対応したカリキュラムとなります。受験指導の一環として、外部模試や高2・3の希望者を対象とした進学補習が長期休暇中にありますが、ハードな補習や勉強合宿などは行わず、少人数だからできる授業中心のていねいな勉強を大切にしています。ほぼ100%の生徒が大学へ進学していますが、大学進学を最終目的とせず、生徒一人ひとりの自己実現を助けていく進路指導を徹底しています。偏差値による大学選びではなく、自分の進む道と大学・学部の特色とのマッチングを優先した進路指導に努め、その指導は担任とのきめ細かな面接を中心に行われています。

■現役大学進学者の進路の内訳

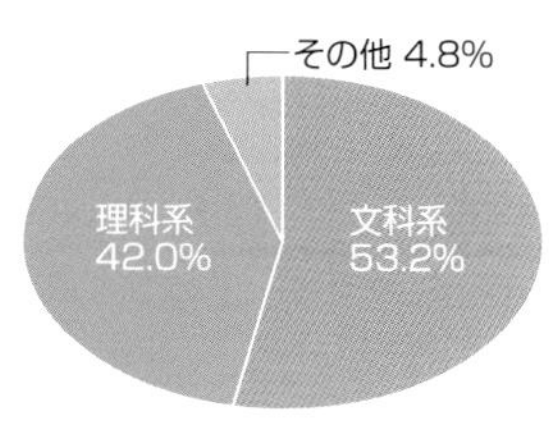

■併設高校から主要大学への合格実績

※上段は現役合格者数、下段は浪人を含めた合格者数。

	東京大	京都大	一橋大	東京工業大	筑波大	お茶の水女子大	電気通信大	東京外国語大	東京学芸大	東京芸術大	東京農工大	東京都立大	横浜国立大	千葉大	早稲田大	慶應義塾大	上智大	東京理科大
22年	4	1	2	—	4	4	—	2	2	—	1	2	—	3	44	29	29	35
	7	2	2	2	4	4	—	2	2	—	1	2	—	4	48	36	32	44
23年	4	—	1	—	2	4	—	—	—	—	3	—	2	4	45	38	33	34
	4	—	1	1	2	4	—	—	—	—	3	—	1	4	52	46	45	44
24年	2	1	3	1	6	—	—	1	—	1	2	1	—	3	42	24	26	22
	2	1	4	1	6	1	—	1	—	1	2	1	1	3	54	25	32	29

	学習院大	明治大	青山学院大	立教大	中央大	法政大	日本大	東洋大	駒澤大	専修大	国際基督教大	津田塾大	東京女子大	日本女子大	文部科学省所管外の大学校	海外の大学	国公立・医学部	私立・医学部
22年	14	55	17	34	24	25	13	5	3	1	3	4	19	26	5	—	4	13
	16	56	18	40	27	29	15	6	3	1	3	5	19	28	5	—	5	41
23年	9	65	14	43	19	13	13	11	—	3	1	4	10	14	2	5	3	17
	11	69	21	52	22	19	19	15	1	4	1	7	13	18	2	5	7	31
24年	4	36	11	37	16	26	9	10	3	5	2	2	6	6	1	1	6	36
	7	45	14	41	25	31	11	10	3	7	2	3	8	9	1	1	8	57

★指定校推薦枠（2024年度）早稲田大7名、慶應義塾大6名、上智大1名、東京理科大1名、青山学院大2名、立教大2名、国際基督教大1名、北里大2名、埼玉医科大1名など

入試情報

■過去2年間の入試結果

		募集人員	出願者	受験者	合格者	実質倍率
23年	1回	120	1987	1949	1047	1.9
	2回	40	335	305	69	4.4
24年	1回	120	1980	1935	1058	1.8
	2回	40	324	284	44	6.5

■2024年度入試 受験者・合格者の教科別平均点

		算数	国語	理科	社会	合計
1回	受験者	69.7	67.8	24.5	36.7	198.8
	合格者	77.7	73.6	28.4	39.3	219.0
2回	受験者	54.7	65.3	28.1	35.0	183.1
	合格者	74.6	72.3	33.8	39.2	219.9

○配点：算国＝各100点　理社＝各50点
○合格最低点：1回199点　2回210点

25年の募集要項

※詳しくは学校のホームページをご確認ください。
入 試 日／①1月14日 ②2月4日
募集人員／女子160名(①120名 ②40名)
合格発表／①1月16日 ②2月5日
手続締切／①1月20日 ②2月6日
試験科目／国語(50分・100点)、算数(50分・100点)、理科・社会(計50分・各50点)
面　　接／なし
受 験 料／25,000円

公開行事・説明会予定

【学校説明会】要予約
10月　5日(土)　9時30分～、13時30分～
11月　[illegible]日(土)　[illegible]時30分～、1[illegible]時30分～
12月　7日(土)　9時30分～
【学校見学会】要予約
7月24日(水)　9時30分～
8月22日(木)　9時30分～
【明の星祭（文化祭）】要予約
9月　7日(土)10時～
9月　8日(日)　9時30分～
◆日程や内容は変更になる場合があります。また、予約は学校ホームページから行います。最新の情報や予約についての詳細は学校ホームページ上でお知らせいたしますので、しばらくお待ちください。

サピックスOGの声

●学年を超えて生徒の仲が良い学校です。これは「みんなで協力してやることを大切にしている」という学校の方針に由来するもの。たとえば、明の星祭（文化祭）のクラス発表では、夏休みも集まって準備を進め、スポーツデー（体育祭）や合唱コンクールでもクラスが一致団結し、協力しながらがんばりました。
●授業でおもしろいのは英会話。『シンデレラ物語』の英語版を何人かのグループで劇にして演じ、さらに自分たちで物語をアレンジした劇を小道具なども用意して披露したこともあります。理科の実験も多く、「塾で解いた演習問題を実際にやると、こうなるのだ」ということがよくわかります。
●ミッションスクールなので、朝の礼拝が日課になっています。校長先生のお話や先輩の聖書の朗読などがあり、みんなで聖歌を歌って一日が始まります。クリスマス行事でも全校生徒でハレルヤを合唱し、とても感動的でした。

大妻嵐山（らんざん） 中学校

所在地／〒355-0221　埼玉県比企郡嵐山町菅谷558
TEL／0493-62-2281
学校長／榎本 克哉
創　立／1967年、嵐山女子高等学校を開校。大妻女子大嵐山女子高等学校を経て、1995年に大妻嵐山高等学校に改称。2003年、中学校を開設。
URL／www.otsuma-ranzan.ed.jp

	1年	2年	3年
男子	—	—	—
女子	52名	50名	44名
クラス数	2組	2組	3組

中高総生徒数／481名

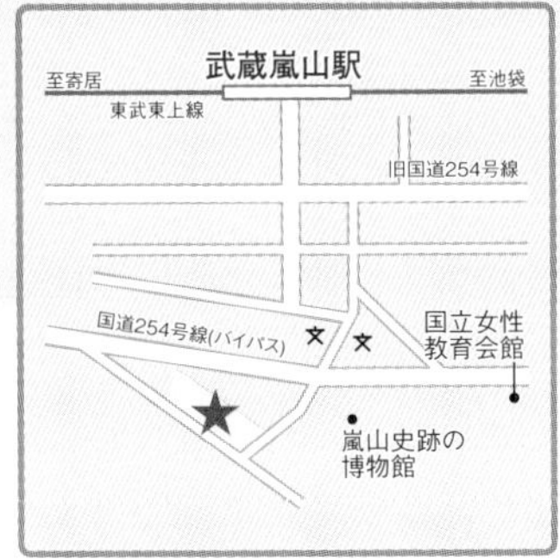

〈交通アクセス〉
東武東上線「武蔵嵐山」駅より徒歩13分　東武東上線「森林公園」駅、JR高崎線「深谷」「熊谷」「北本」「桶川」「北上尾」、西武池袋線「飯能」の各駅よりスクールバス

伝統の女子教育を継承しつつ、時代とともに進化

建学の精神「学芸を修めて人類のために— Arts for Humankind —」を柱に、学祖・大妻コタカがめざした「思いやりのある自立した女性」「教養豊かな聡明な女性」、社会が求める「国際的な視野を持った女性」を育成しています。また、不確実な未来を生き抜くために「探究する力」「表現する力」「感じる力」「みずから学ぶ力」の4つの力を重視。これまで実践してきた理科教育と国際理解教育をさらに発展させ、伝統の女子教育を継承しつつ、時代とともに進化させていきます。

スクールライフ

●教育内容

3学期制を採用し、土曜日にも正課の授業を配置することで、文部科学省が定めた標準授業時間数と比較して、英語では1.5倍、国語では1.4倍、数学では1.5倍の授業時間数を確保しています。理解の度合いによって放課後に補習を行い、中1から英会話講座を行うなど、生徒一人ひとりの進度にきめ細かく対応したていねいな指導を展開しています。また、長期休暇には、反復練習を目的としたゼミを開講。中1で実施する「国蝶オオムラサキの飼育・観察研究」では、レポート作成のほか、プレゼンテーションを通じて考える力と発表する力を養っています。

■主要5教科の週当たり時間（コマ）数

	英語	数学	国語	理科	社会
1年	6	5	5	3	3
2年	6	5	5	4	4
3年	6	5	5	4	4
合計	18	15	15	11	11

◎1日当たりの授業コマ数：50分×6時限
※水・金曜日は6時限、土曜日は4時限
◎登校時間：8時40分

●部活動

学習面以外の力をつけることも大切と考え、中学生に部・同好会に極力入部するよう指導しています。体育系の部では、成長過程にある中学生の体力づくりに配慮した指導を行っています。
○文化系／吹奏楽、ギター、コーラス、書道など
○体育系／バスケットボール、バレーボール、サッカー、ハンドボール、バドミントン、ソフトテニス、硬式テニス、ダンスなど

●行事

サイエンス発表会では、中1は1年かけて飼育・観察したオオムラサキの研究を、中3は科学論文をスライドにまとめて発表します。大妻女子大学見学会は中1の早い時期にキャンパスを訪れ、大学の学びを体感します。また、国語の授業で鑑賞し、暗唱して臨む百人一首大会は、非常に盛り上がる行事です。ほかにも体育祭や大妻祭（文化祭）など、高校生と共に取り組む行事が数多くあります。

●修学旅行・研修旅行

中2で英会話合宿（福島・ブリティッシュヒルズ、2泊3日）があります。中3の沖縄修学旅行では、日本の歴史や伝統に触れます。また、中3では希望者を対象にしたイギリス語学研修もあります。

マネーガイド

■2024年度納付金（諸経費を含む）

	入学金	授業料	施設費	その他	計
入学手続時	250,000円	0円	0円	0円	250,000円
初年度総額	250,000円	380,000円	200,000円	294,580円	1,124,580円

◎寄付金：なし
◎授業料：3期分納
◎奨学金・特待生制度：入試成績上位者に入学金・授業料の全額または半額の免除。当校卒業生子女または姉妹が在籍の場合に12.5万円を給付

学期制 週5・6日制 プール 冷房 寮 食堂 私服通学 海外研修

サピックスからの合格実績（過去3年）	'22	'23	'24
	8名	10名	7名

進学指導の概要

「ゆとりのある先取り学習」を行い、中学3年間は基礎力の定着を主眼に取り組みます。高校では進学目的別に、難関国公立大学と最難関私立大学をめざす「特別進学コース」、国公立大学と難関私立大学をめざす「総合進学コース」、大妻女子大学への内部進学などをめざす「大妻進学コース」という3つのコースを設け、それぞれの目的に応じた指導を行っています。このほかにも高大連携や職業体験など、キャリア教育を充実させていることも特徴です。さらに、大妻女子大学への合格を確保した状態で他大学にチャレンジできる特別推薦制度もあります。

■現役大学進学者の進路の内訳

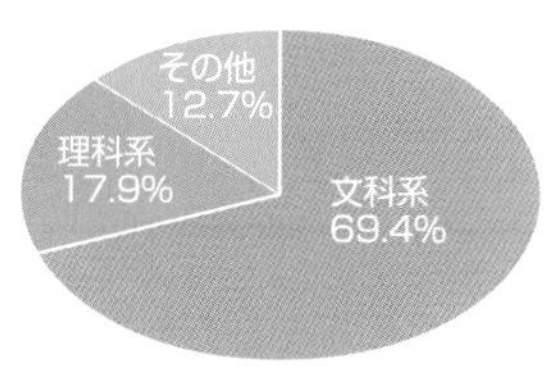

■併設高校から主要大学への合格実績

※上段は現役合格者数、下段は浪人を含めた合格者数。

	東京大	京都大	一橋大	東京工業大	筑波大	お茶の水女子大	電気通信大	東京外国語大	東京学芸大	東京芸術大	東京農工大	東京都立大	横浜国立大	千葉大	早稲田大	慶應義塾大	上智大	東京理科大
22年	—	—	—	—	—	—	—	—	—	—	—	—	—	—	—	—	1	—
	—	—	—	—	—	—	—	—	—	—	—	—	—	—	—	—	1	—
23年	—	—	—	—	—	—	—	—	—	—	—	—	—	—	—	1	—	—
	—	—	—	—	—	—	—	—	—	—	—	—	—	—	—	1	—	—
24年	—	—	—	—	—	—	—	—	—	—	1	—	—	—	—	—	1	—
	—	—	—	—	—	—	—	—	—	2	1	—	—	—	—	—	1	—

	学習院大	明治大	青山学院大	立教大	中央大	法政大	日本大	東洋大	駒澤大	専修大	国際基督教大	津田塾大	東京女子大	日本女子大	文部科学省所管外の大学校	海外の大学	国公立・医学部	私立・医学部
22年	2	1	—	1	—	—	4	2	—	1	—	—	1	4	—	—	—	—
	2	1	—	1	1	—	4	2	—	1	—	—	4	5	—	—	—	—
23年	4	2	—	2	—	3	5	6	—	1	—	1	1	5	—	—	—	—
	4	2	—	2	—	3	5	6	—	1	—	1	1	5	—	—	—	—
24年	5	—	—	1	1	2	—	5	1	2	—	2	3	3	—	—	—	—
	5	—	—	1	1	2	—	5	1	2	—	2	3	3	—	—	—	—

★指定校推薦枠（2024年度）学習院大3名、立教大1名、法政大1名、北里大1名、立命館大1名、日本大1名、東洋大8名、駒澤大1名、成蹊大2名、成城大6名、芝浦工業大3名、日本女子大5名、明治学院大3名、埼玉医科大3名、東邦大1名、東京女子大3名など

入試情報

■2024年度の入試結果

		募集人員	出願者	受験者	合格者	実質倍率
まなび力 エキスパート		30	61	61	58	1.1
1回	4科	30	260	254	267	1.4
	2科		122	117		
適性検査型			54	32	26	1.2
大妻特待		20	134	96	54	1.8
2回	4科	若干	91	23	31	1.0
	2科		56	9		
帰国生		若干	2	2	2	1.0

■2024年度 受験者の教科別平均点

		算数	国語	理科	社会	合計
まなび力 エキスパート		75.0	66.5	英語/63.5		205
1回	4科	60.5	57	30.1	34.5	182.1
	2科					117.5
大妻特待		39.2	59.4	25.9	36.5	161
2回	4科	65.7	57.5	17.5	25.0	165.7
	2科					123.2

○配点：算国英＝各100点　理社＝各50点　まなび力は算国英から2科選択
○合格最低点：1回4科165点・2科105点　大妻特待157点　ほかは非公表

24年の募集要項

※以下は2024年の募集要項です。2025年の要項は学校の発表をお待ちください。

入 試 日／帰国12月2日 ①まなび力エキスパート1月10日 ②特待生1月11日 ③1月23日
募集人員／80名(①②30名 ③若干 まなび力エキスパート30名 特待生20名 帰国若干名
合格発表／ホームページで即日(午後入試は翌日)
手続締切／2月5日(帰国・まなび力エキスパートは1月16日)
試験科目／国語(50分・100点)、算数(50分・100点)、英語(50分・100点)、理科・社会(計50分・各50点) ①②③は2科4科選択、まなび力エキスパートは算国英から2科、特待生は4科、帰国は総合・面接
面　　接／帰国 ※まなび力エキスパートは9～12月実施の事前個別面談への参加
受 験 料／22,000円(複数回同時出願は2回まで22,000円、以降は1回追加するごとに5000円)

公開行事・説明会予定

【学校説明会】要予約
10月27日(日)
【授業見学会・ミニ説明会】要予約
6月15日(土)、 9月21日(日)
【入試・学校説明会】要予約
11月10日(日)、12月10日(日)
【入試体験会・学校説明会】要予約
12月 1日(日)
【個別相談会】要予約
10月12日(土)、10月19日(土)、11月17日(日)、12月15日(日)
【オープンスクール＋バス体験】要予約
7月21日(日)
【わくわくワークショップ】要予約
6月15日(土)、 8月 3日(土)、 9月28日(土)、11月16日(土)
【大妻祭(文化祭)】
9月 7日(土)、8日(日)
◆変更・中止の可能性もあります。必ず学校ホームページで確認してください

淑徳与野 中学校

所在地／〒338-0001 さいたま市中央区上落合5-19-18
TEL／048-840-1035
学校長／黒田 貴
創 立／東京小石川の伝通院に開設した淑徳女学校が前身。1946年、淑徳高等女学校与野分校を開設。2005年、現在地に中学校を開校。
URL／www.shukutoku.yono.saitama.jp

	1年	2年	3年
男子	—	—	—
女子	174名	126名	123名
クラス数	4組	3組	3組

中高総生徒数／1422名

〈交通アクセス〉
JR埼京線「北与野」駅、JR京浜東北線ほか「さいたま新都心」駅より徒歩7分　JR各線「大宮」駅より徒歩15分

仏教主義による「心の教育」を現代に受け継ぐ

高い品性・感性・知性を持った国際感覚豊かな女性を育てるための、中高一貫教育を実践する女子校。仏教主義に基づく情操教育を柱に、人として生きるうえで最も大切な徳目「清純·礼節·敬虔」を校訓に、「身·口·意三業（身体とことばと心で実践する）」によって品性にまで昇華させる心の教育をめざしています。世界8か国に姉妹校・提携校があり、積極的に国際交流を行っているのも特徴です。「自然との共生」をテーマにした地上7階建ての校舎は、風力発電やエコ・ガーデンを備えた環境に優しい構造です。

スクールライフ

●教育内容

2024年度より、コース制を導入。出願時に医学部、薬学部や超難関理系学部への進学をめざす「医進コース」と、文系・理系を問わず、国公立大学・難関私立大学への進学をめざす6年一貫教育の「特進コース」を選択しますが、入学後、本人の希望と成績を考慮して、コースを変更することも可能となっています。1年間を大きく5つのステージに分ける「5ステージ通年制」を採用しています。一般に採用されている2学期制や3学期制に比べて1期間が短く、勉強も行事も集中して取り組むことができます。国語・数学・英語などを中心に、標準時間数の1.5倍から2倍の時間を確保して充実したカリキュラムを展開しています。主要5教科は、中3から高校の内容に入ります。英語・数学では、中高一貫校用の教材を使用。中1から外国人講師による英会話の授業も設けています。

■主要5教科の週当たり時間（コマ）数

	英語	数学	国語	理科	社会
1年	6	6	5	4	4
2年	6	5	5	5	4
3年	6	6	5	4	5
合計	18	17	15	13	13

◎1日当たりの授業コマ数：45分×7時限
※水曜日は6時限、土曜日は土曜講座90分×2コマ（年間14回実施）
◎登校時間：8時30分

●部活動

文化系・体育系合わせて21の部が活動し、バトン部、硬式テニス部、吹奏楽部などが盛んです。高校生になると、全国大会で活躍する剣道部など、さらにたくさんのクラブ活動に参加できます。

○文化系／吹奏楽、E.S.S.、歴史研究、茶道、競技かるた、科学、写真、ディベートなど
○体育系／バドミントン、硬式テニス、バスケットボール、サッカー、バトンなど

●行事

中高合同の淑煌祭（しゅくこう）（文化祭）、中学生だけのスポーツ大会、合唱コンクール、なでしこ発表会（文化祭）など行事が多彩です。お釈迦様の誕生日を祝う花まつりをはじめ、お釈迦様が悟りを開いた日を記念する成道会など、年4回の仏教行事もあります。

●修学旅行・研修旅行

中2の台湾海外研修では現地姉妹校を訪れ、アジアの文化に触れる4日間を過ごします。中3の11月には京都・奈良修学旅行を実施。史跡巡りや舞妓さんとの交流もあります。希望者にはイギリスでの語学研修プログラムも用意。国際交流にも力を入れています。

マネーガイド

■2024年度納付金（諸経費を含む）

	入学金	授業料	施設費	その他	計
入学手続時	200,000円	0円	50,000円	2,000円	252,000円
初年度総額	200,000円	384,000円	273,000円	約430,000円	約1,287,000円

◎寄付金：1口5万円、1口以上（任意）
◎授業料：3期分納
◎奨学金・特待生制度：なし

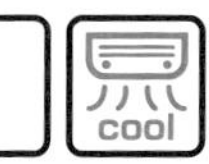

学期制	週5・6日制	プール	冷房	寮	食堂	私服通学	海外研修
他	他		cool				全

サピックスからの合格実績（過去3年）	'22	'23	'24
	192名	194名	261名

進学指導の概要

高校からの入学生とは原則として別クラス編成。高校進学後はそれぞれの進路に適したカリキュラムで効率良く学習できるよう、3つの類型に分かれて学びます。さらに高2からは文系と理系に分かれます。受験のサポートも万全で、長期休暇中の「登校講座」、部活との両立も可能な「放課後講座」、高3になると「受験対策特別授業」や小論文指導なども実施しています。各学年で具体的な目標設定を行うなど、きめ細かい進路指導により、早慶をはじめとする難関私立大の合格者のほとんどが現役。医学部、薬学部などの理系難関学部への合格者が多いのも特徴です。

■現役大学進学者の進路の内訳

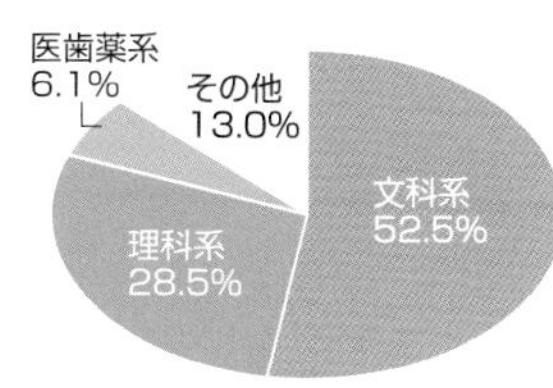

■併設高校から主要大学への合格実績

※上段は現役合格者数、下段は浪人を含めた合格者数。

	東京大	京都大	一橋大	東京工業大	筑波大	お茶の水女子大	電気通信大	東京外国語大	東京学芸大	東京芸術大	東京農工大	東京都立大	横浜国立大	千葉大	早稲田大	慶應義塾大	上智大	東京理科大
22年	—	—	—	—	2	2	—	3	1	—	2	1	1	3	65	20	46	30
	—	—	—	—	3	2	—	3	1	—	3	1	1	3	65	21	46	31
23年	—	—	—	—	3	2	—	1	2	1	4	6	—	5	47	5	60	42
	—	—	—	—	3	2	—	1	2	1	4	6	—	5	47	5	60	42
24年	—	—	1	—	2	2	—	—	2	—	2	1	1	1	48	15	59	35
	1	—	1	—	2	2	—	—	2	—	2	1	1	1	49	15	62	35

	学習院大	明治大	青山学院大	立教大	中央大	法政大	日本大	東洋大	駒澤大	専修大	国際基督教大	津田塾大	東京女子大	日本女子大	文部科学省所管外の大学校	海外の大学	国公立・医学部	私立・医学部
22年	54	101	27	144	37	52	32	59	—	—	—	18	63	156	2	—	1	18
	54	103	27	147	38	54	35	60	—	—	—	18	64	157	2	—	1	27
23年	29	76	31	133	33	54	38	29	—	—	—	23	47	122	6	—	4	15
	29	80	31	138	35	58	38	31	—	—	—	25	49	123	6	—	4	16
24年	34	90	23	117	43	49	13	45	—	—	—	19	67	100	10	1	—	7
	36	91	24	120	43	50	17	48	—	—	—	21	68	102	10	1	1	9

★指定校推薦枠（2024年度）早稲田大6名、慶應義塾大1名、上智大7名、東京理科大14名、学習院大10名、明治大9名、青山学院大5名、立教大12名、中央大12名、法政大9名、津田塾大8名、東京女子大22名、日本女子大12名など

入試情報

■過去2年間の入試結果

		募集人員	出願者	受験者	合格者	実質倍率
23年	1回	95	1771	1705	884	1.9
	2回	25	242	231	26	8.9
24年	医進	医進25	525	508	208	2.4
	1回	医進15 特進95	1793	1560	992	1.6
	2回	医進若干 特進25	161	149	27	5.5

■2024年度入試 受験者の教科別平均点

	算数	国語	理科	社会	合計
医進	48.8		67.3		116.1
1回	60.4	59.6	28.9	34.0	182.8
2回	55.1	57.7	30.0	28.0	170.7

○配点：算国＝各100点　理社＝各50点
○合格最低点：医進124点　1回医進210点・特進177点　2回医進232点・特進196点

25年の募集要項

入試日／医進コース特別入試1月10日 ①1月13日 ②2月4日
募集人員／女子約160名(医進特別25名 ①医進15名 特進95名 ②医進若干名 特進25名)
合格発表／医進特別1月11日 ①1月14日 ②2月5日 ※ホームページ・掲示
手続締切／医進特別①2月4日 ②2月5日
試験科目／医進特別は算数(50分・100点)、理科(50分・100点)
①は国語(60分・100点)、算数(60分・100点)、理科・社会(計60分・各50点)
②は国語(50分・100点)、算数(50分・100点)、理科・社会(計50分・各50点)
面接／なし
受験料／25,000円(複数回受験の場合、2回目は10,000円)

公開行事・説明会予定

【学校説明会】要予約
9月28日(土)10時～
10月12日(土)10時～
11月 2日(土)10時～
12月 6日(金)13時～
【淑煌祭(文化祭)】
6月22日(土)、23日(日)
◆変更・中止の可能性もあります。必ず学校ホームページで確認してください。

青山学院大学系属浦和ルーテル学院 中学校

所在地／〒336-0974　さいたま市緑区大崎3642
TEL／048-711-8221
学校長／福島 宏政
創　立／1953年創設。1974年に浦和ルーテル学院小・中・高校に改称し、2019年より青山学院大学系属浦和ルーテル学院小・中・高校に校名を変更。
URL／www.uls.ed.jp/js/

	1年	2年	3年
男子	28名	32名	23名
女子	46名	62名	43名
クラス数	3組	4組	3組

中高総生徒数／458名

〈交通アクセス〉
埼玉高速鉄道「浦和美園」駅よりスクールバス、JR 武蔵野線「東川口」駅、東武スカイツリーライン「北越谷」駅、JR京浜東北線「北浦和」駅

一人ひとりの才能を見いだして伸ばす少人数教育を実践

ドイツの宗教改革者マルティン・ルターの教えを受け継ぐルーテル教団により、埼玉初のミッションスクールとして小学校を創設。その後、中学・高校を増設し、12年一貫教育体制を整えました。「神様から贈られた才能や個性」を伸ばす「ギフト教育」の下、キリスト教を基盤とした「心の教育」、1クラス20～25名の少人数制によるきめ細かい指導、充実した英語教育や国際交流などを展開しています。2019年には青山学院大学の系属校となり、中高大連携教育を推進するとともに、同大学への内部進学制度も拡充させています。

スクールライフ

●教育内容

徹底した少人数指導で基礎学力の確立をめざします。週1時間の学習活動「フィールド・プログラム」では、A（アーツ）、E（イングリッシュ）、S（サイエンス）の3分野から1つを選択して、自分の興味・関心のあるテーマを1年かけて深めていきます。英語では「4技能をバランスよく高める」をモットーに、単語テストや暗唱チェックなどで基礎力を養成しながら、英語劇、スピーチコンテスト、ディベートなどにも挑戦。2024年度から中1・2の希望者を対象に夏季オーストラリア研修を、中3～高2の希望者を対象に米国研修を実施。キリスト教の精神に触れながら学ぶオンライン英会話講座、夏休み期間を利用したアメリカ研修など、国際交流プログラムも充実しています。

■主要5教科の週当たり時間（コマ）数

	英語	数学	国語	理科	社会
1年	5	4	5	4	4
2年	5	5	4	4	4
3年	5	6	4	4	4
合計	15	15	13	12	12

◎1日あたりの授業コマ数：45分×7時限
　※金曜日は6時限、土曜日は授業なし
◎登校時間：8時30分

●部活動

少人数制の学校ですが、バラエティーに富んだクラブが活発に活動しています。
○文化系／演劇、美術、英語、自然科学研究、音楽、バレエ、家庭科、書道、社会科研究
○体育系／軟式野球、バスケットボール、硬式テニス、ソフトテニス、サッカー、体操
○奉仕活動／聖歌隊、ハンドベルクワイヤー

●行事

5月の体育祭は初等部・中等部・高等部の12学年が一堂に会して実施。11月のスクールフェアでは初等部・中等部・高等部が同一日に行い、中学生はクラス内展示、高校生は模擬店やクラブの発表などを行います。新入生オリエンテーション、スピーチコンテスト、芸術鑑賞会、学年別で実施する校外学習のほか、聖霊降誕祭やイースター、クリスマスの礼拝なども催されます。

●修学旅行・研修旅行

夏の山の学校では登山やキャンプを、冬の山の学校ではスキーを体験します。大学寮や教会付属の中学校に滞在するアメリカ研修は、中3～高2の約25名の希望者が参加します。

マネーガイド

■2024年度納付金（諸経費を含む）

	入学金	授業料	施設費	その他	計
入学手続時	200,000円	73,300円	0円	0円	273,300円
初年度総額	200,000円	384,000円	180,000円	315,600円	1,079,600円

※制服代は別途必要

◎寄付金：「校舎移転新築事業寄付金」1口10万円、2口以上（任意）、「学校債」1口10万円、1口以上（任意）
◎授業料：月納
◎奨学金・特待生制度：なし

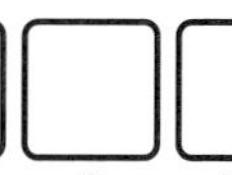
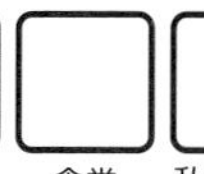

学期制 3期 ／ 週5・6日制 授5days ／ プール ／ 冷房 cool ／ 寮 ／ 食堂 ／ 私服通学 ／ 海外研修 他

サピックスからの合格実績（過去3年）	'22	'23	'24
	24名	35名	42名

進学指導の概要

少人数制ならではのきめ細かい進学指導に定評があります。高1は内部進学生と新入生の混成で始まります。行事や授業を通して人間関係を構築し、高2からは進路志望により、国公立大学や私立大学の理系をめざす「文理系」と、私立大学の文系をめざす「文系」に分かれ、さらに高3では「文理系」は「文系」と「理系」に分かれて学びを深化させます。学期ごとに何度も重ねる面談により、学習や進路について徹底サポート。放課後や長期休暇中には受験講座や講習を無料で開講しています。系属校である青山学院大学へは「大学が別途定める進学基準」を満たすことを条件に、推薦入学制度を利用できます。

■現役大学進学者の進路の内訳

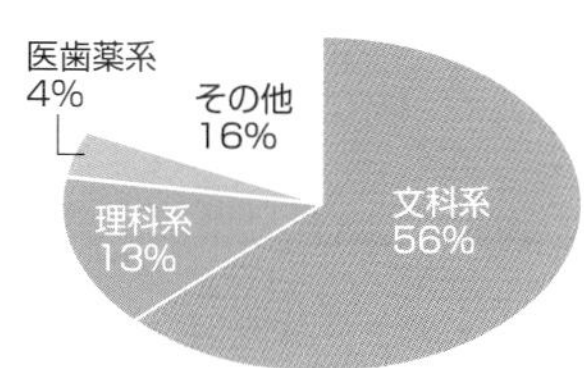

■併設高校から主要大学への合格実績

※上段は現役合格者数。下段の浪人を含めた合格者数は未集計のため「—」としました。

	東京大	京都大	一橋大	東京工業大	筑波大	お茶の水女子大	電気通信大	東京外国語大	東京学芸大	東京芸術大	東京農工大	東京都立大	横浜国立大	千葉大	早稲田大	慶應義塾大	上智大	東京理科大
22年	—	—	—	—	—	—	—	1	—	—	—	—	—	—	5	—	7	2
	—	—	—	—	—	—	—	—	—	—	—	—	—	—	—	—	—	—
23年	—	—	—	—	—	—	—	—	—	—	—	—	—	—	2	—	—	2
	—	—	—	—	—	—	—	—	—	—	—	—	—	—	—	—	—	—
24年	—	—	—	—	—	1	—	—	—	—	—	—	—	—	—	—	1	1
	—	—	—	—	—	—	—	—	—	—	—	—	—	—	—	—	—	—

	学習院大	明治大	青山学院大	立教大	中央大	法政大	日本大	東洋大	駒澤大	専修大	国際基督教大	津田塾大	東京女子大	日本女子大	文部科学省所管外の大学校	海外の大学	国公立・医学部	私立・医学部
22年	2	3	15	7	—	2	1	2	3	—	—	—	2	2	—	—	—	1
	—	—	—	—	—	—	—	—	—	—	—	—	—	—	—	—	—	—
23年	1	3	21	10	—	3	7	3	—	—	—	1	3	—	1	1	—	—
	—	—	—	—	—	—	—	—	—	—	—	—	—	—	—	—	—	3
24年	—	—	14	—	2	1	4	3	2	2	—	—	1	2	—	6	—	—
	—	—	—	—	—	—	—	—	—	—	—	—	—	—	—	—	—	—

★指定校推薦枠（2024年度）東京理科大1名、青山学院大2名（系属校推薦とは別）、国際基督教大1名、東京女子大2名、学習院女子大1名、東京農業大4名、東京電機大5名、女子栄養大5名、明治学院大2名、日本大学松戸歯学部1名など

入試情報

■2024年度の入試結果

			募集人員	出願者	受験者	合格者	実質倍率
1回	4科	男子	30	105	104	36	2.9
		女子		214	213	106	2.0
	英検	男子		20	20	8	2.5
		女子		34	33	27	1.2
2回	4科	男子	10	68	57	6	9.5
		女子		90	75	10	7.5
	英検	男子		7	5	1	5.0
		女子		11	10	1	10.0

○4科型配点：算国＝各100点　理社＝各50点
○英検利用型配点：算国＝各100点　理社＝各25点　英検＝50点
○合格最低点：非公表

24年の募集要項

※以下は2024年の募集要項です。2025年の要項は学校の発表をお待ちください。

入 試 日／①1月10日 ②1月14日
募集人員／男女40名（①30名 ②10名）
合格発表／ホームページで即日
手続締切／1月18日
試験科目／4科型：国語(45分・100点)、算数(45分・100点)、理科・社会(計45分・各50点)　英検Ⓡ利用型：国語(45分・100点)、算数(45分・100点)、理科・社会(計45分・各25点)、英検Ⓡ取得換算(50点)
面　　接／あり
受 験 料／25,000円

公開行事・説明会予定

【学校説明会】要予約
6月19日(水)現5・6年生向け
10月 5日(土)、11月2日(土)現6年生限定
◆詳細は学校ホームページで確認してください。

浦和実業学園 中学校

所在地／〒336-0025　さいたま市南区文蔵3-9-1
TEL／048-861-6131
学校長／岡田 慎一
創　立／1946年創設。1975年に校名を浦和実業学園高等学校と改称。2005年、新校舎が完成し、中学校を開校。
URL／www.urajitsu.ed.jp/jh

	1年	2年	3年
男子	53名	46名	28名
女子	46名	54名	35名
クラス数	3組	3組	2組

中高総生徒数／330名

至大宮
武蔵野線
南浦和駅
至北朝霞
丸広百貨店
至三郷
南浦和陸橋通り
南浦和陸橋
京浜東北線
国道17号線
東京外環自動車道
至上野

〈交通アクセス〉
JR武蔵野線、京浜東北線「南浦和」駅より徒歩14分

人生を自分で切り開き、社会に貢献できる人材を育てる

建学の精神として掲げている「実学に勤め徳を養う」とは、「社会に出て実際に役に立つ学問」を身につけ、「日常生活のなかでの礼儀作法」をわきまえた人物になることを指しています。めざしているのは、相手の立場に立って考え、行動できるような、豊かな人間性を社会に反映できる人物の育成。また、英語で主張し、議論できる能力を培ってほしいと考え、中学の全クラスにネイティブの副担任を配置し、朝のホームルーム、保健体育・技術家庭・音楽・美術で「英語漬け」（英語イマージョン）の授業を行っています。

スクールライフ

●教育内容

週6日制の週34単位で授業時間をしっかり確保しています。中学では基礎学力の充実に努め、なかでも英語には力を入れており、保健体育・技術家庭・音楽・美術の実技科目と英会話の授業は、外国人講師と日本人教員のチームティーチングで進められます。また、英検®や漢検、数検にも積極的に取り組ませています。一方、毎日行う15分間の朝トレーニングでは、読書のほか、「書く」「聞く」「話す」トレーニングを実施。放課後には理解の遅れがちな生徒へのフォローとして「キャッチアップ補習」、発展的内容を学ぶ「アドバンス補習」を行っています。さらに、夏休みなどの長期休暇中にも約2週間の補習に取り組んでいます。

■主要5教科の週当たり時間（コマ）数

	英語	数学	国語	理科	社会
1年	7	5	4	4	4
2年	7	5	4	4	4
3年	7	6	5	4	4
合計	21	16	13	12	12

◎1日当たりの授業コマ数：50分×6時限
　※土曜日は50分×4時限（偶数週は休日）
◎登校時間：8時15分

●部活動

中学ではほぼ全員が部活動に参加。県の文化祭で優秀賞を受賞した生物部のほか、空手道部、ハンドボール部、チアダンス部などの活躍が目立ちます。

○文化系／生物、科学、箏曲、軽音楽、ブラスバンド、図書、鉄道研究、英語、競技カルタ
○体育系／ハンドボール、陸上、バドミントン、バスケットボール、卓球、テニス、山岳、空手道、チアダンス、弓道

●行事

浦実祭（文化祭、中高合同）やスポーツ・フェスティバル（体育祭）、芸術鑑賞会、合唱祭、美術館・博物館学習、社会見学、強歩大会、中2の職業体験と、併設の浦和大学での福祉体験などがあります。このほか、自分の意見を客観的に見つめる力を養うためのディベート大会（中1・2）、英語イマージョンの集大成としてのスピーチコンテスト（中3）なども行われます。

●修学旅行・研修旅行

校外学習では、中1はオリエンテーションキャンプで千葉に、中3は教育旅行として奈良・京都に出掛けます。高1ではハワイへの短期留学が予定されており、それまでの学習で培われた英語力やディベート力が試されます。

マネーガイド

■2024年度納付金（諸経費を含む）

	入学金	授業料	施設費	その他	計
入学手続時	230,000円	0円	120,000円	32,500円	382,500円
初年度総額	230,000円	390,000円	120,000円	315,700円	1,055,700円

◎寄付金：なし
◎授業料：月納
◎奨学金・特待生制度：各学年で成績優秀者に5万円給付。入試成績優秀者には入学金または入学手続納入金・学費を免除（第4回入試は特待なし）

3期	完6 days		cool		高		全
学期制	週5･6日制	プール	冷房	寮	食堂	私服通学	海外研修

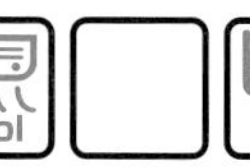

サピックスからの合格実績（過去3年）	'22	'23	'24
	48名	62名	36名

進学指導の概要

発達段階に応じたキャリア教育プログラム「キャリアステップ24」により、1年に4回、中高6年間で24回のキャリアガイダンスを行い、生徒･保護者･学校が三位一体となって生徒の将来を具体的に描きます。習熟度別授業は中1～3の英会話・数学で実施。高2から文理に分かれ、高3では生徒の進路に応じて選択科目が設けられます。放課後の補習は、各種テストで基準に達しなかった者を対象とするキャッチアップ補習と、希望者を対象とした発展的内容のアドバンス補習を用意。夏期講習、春期・冬期講習もあり、塾・予備校不要の学校完結型学習指導を実践しています。

■現役大学進学者の進路の内訳

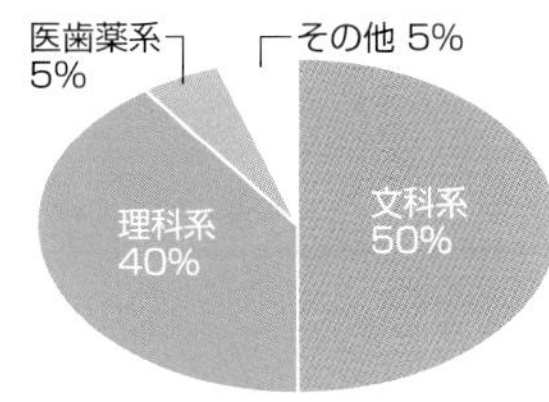

■併設高校から主要大学への合格実績

※上段は現役合格者数、下段は浪人を含めた合格者数。

	東京大	京都大	一橋大	東京工業大	筑波大	お茶の水女子大	電気通信大	東京外国語大	東京学芸大	東京芸術大	東京農工大	東京都立大	横浜国立大	千葉大	早稲田大	慶應義塾大	上智大	東京理科大
22年	—	1	—	—	—	—	1	—	1	—	—	—	—	—	1	3	—	6
	—	1	—	—	—	—	1	—	1	—	—	—	—	—	1	3	—	7
23年	—	—	—	—	—	—	—	—	—	—	—	—	—	—	2	—	2	1
	—	—	—	—	—	—	—	—	—	1	—	—	—	—	3	—	2	2
24年	—	—	1	—	1	—	—	1	—	—	—	1	—	—	2	—	1	11
	—	—	1	—	1	—	—	1	—	—	—	1	—	1	2	—	1	11

	学習院大	明治大	青山学院大	立教大	中央大	法政大	日本大	東洋大	駒澤大	専修大	国際基督教大	津田塾大	東京女子大	日本女子大	文部科学省所管外の大学校	海外の大学	国公立・医学部	私立・医学部
22年	3	7	3	8	6	6	60	37	11	28	—	—	2	4	—	—	—	—
	3	7	3	9	7	6	61	38	11	29	—	—	2	4	—	—	—	—
23年	3	11	—	8	7	12	73	34	12	12	—	2	9	2	—	—	—	—
	3	12	1	8	7	12	77	35	13	12	—	2	9	2	—	—	—	—
24年	7	7	3	12	18	13	26	33	11	9	—	—	2	7	—	1	—	—
	9	9	3	12	18	16	37	33	11	10	—	—	2	7	—	1	—	—

★指定校推薦枠（2024年度）東京理科大2名、学習院大1名、立教大1名、法政大3名、日本大13名、東洋大24名、駒澤大3名、専修大7名、日本女子大2名、成蹊大2名、獨協大7名、明治学院大3名など

入試情報

■2024年度の入試結果

		募集人員	出願者	受験者	合格者	実質倍率
1回午前特待	男子	15	224	207	139	1.5
	女子		260	247	173	1.4
1回午後特待	男子	15	225	212	128	1.7
	女子		250	236	161	1.5
2回午前特待	男子	10	162	108	75	1.4
	女子		156	99	57	1.7
2回午後特待	男子	10	57	39	26	1.5
	女子		65	52	30	1.7
3回	男子	5	122	46	24	1.9
	女子		135	50	35	1.4
適性検査型1回	男子	10	226	211	163	1.3
	女子		288	267	200	1.3
適性検査型2回	男子	10	274	245	189	1.3
	女子		329	294	222	1.3
英語	男子	5	23	—	—	—
	女子		25	—	—	—

○配点：算国英＝各100点　理社＝各50点
○適性検査配点：適性Ⅰ・適性Ⅱ＝各100点
※第2回のみ適性Ⅲ(100点)実施
○合格基準点：1回午前特待143点　1回午後特待114点　2回午前特待168点　2回午後特待120点　3回165点　適性1回93点　適性2回140点　英語は非公表

24年の募集要項

※以下は2024年の募集要項です。2025年の要項は学校の発表をお待ちください。

入 試 日／①午前特待・午後特待1月10日 ②午前特待・午後特待1月12日 適性①1月10日午後 適性②1月19日 英語1月17日 ③1月25日
募集人員／男女80名(①午前15名 午後15名 ②午前10名　午後10名 ③5名 適性①10名 適性②10名 英語5名)
合格発表／ホームページは即日、掲示は翌日(適性は2日後)
手続締切／2月10日
試験科目／国語(50分･100点)、算数(50分･100点)、理科(30分・50点)、社会(30分・50点)、②特待午後は国語・算数(2科合わせて50分・100点)・英語(50分・100点)、適性①は適性検査Ⅰ・Ⅱ(各50分・各100点)、適性②は適性検査Ⅰ・Ⅱ・Ⅲ(各50分・各100点)、英語は筆記(50分・100点)と英語面接(5分程度・50点)
※①午前②午前③は4科、①午後②午後は2科
面　　接／英語入試のみ
受 験 料／20,000円(複数回同時出願の場合、25,000円。同時出願でない場合は追加受験料1回5,000円。1月10日・12日に限り、午前と午後の両方受験する場合は20,000円で受験可能)

公開行事・説明会予定

【学校説明会】要予約
7月28日(日)10時～
9月23日(振休)10時～
10月26日(土)10時～
11月14日(木・県民の日)10時～
【入試問題学習会】要予約
受験生対象(保護者対象の学校説明会を同時開催)
12月14日(土)　9時30分～、13時30分～
【ミニ説明会】要予約
12月21日(土)14時～
1月　5日(日)10時～
【浦実祭(文化祭)】
9月　8日(日)10時～14時
【スポーツ・フェスティバル(体育祭)】未定
◆変更・中止の可能性もあります。必ず学校ホームページで確認してください。

私立　埼玉　共学　う

大宮開成 中学校

所在地／〒330-8567 さいたま市大宮区堀の内町1-615
TEL／048-641-7161
学校長／松﨑 慶喜
創 立／1942年創設。1959年、高等学校を設立し現在地に移転する。2005年、中学校を開校。
URL／www.omiyakaisei.jp

	1年	2年	3年
男子	70名	105名	76名
女子	66名	73名	61名
クラス数	5組	5組	5組

中高総生徒数／2136名

〈交通アクセス〉
JR各線、東武野田線「大宮」駅より徒歩19分
駅前よりバス便もあり

中学校開校、20周年を迎え次のステージへ

校訓「愛知・和」の精神に基づき、「利他の心」「豊かな知識知性による的確な判断力」「多様性」を大切にした教育を実践していきます。高度な学力と人間力・発信力を備えたグローバル人材の育成はもちろんのこと、自習環境の整備やハイレベル補習の充実化を図り、自立した学習者となれるよう支援していきます。中高一貫部は中学校開校20周年を経て2025年度には21期生を迎えます。類型別クラスは2種類から、2019年度には「英数特科クラス」に一本化。さらに"NEXT20"として、21期生の中3次からは最上位クラス「TXクラス（仮）」を設定。新たな次元へレベルアップした学校活動を展開していきます。

スクールライフ

●教育内容

「英数特科コース」はT・Sクラスに分かれ、共通カリキュラムのほか、「アドバンスト演習」「スタンダード演習」では、各クラスの学力を定着させ、応用力をつけるための特別演習を行い、実力アップ、モチベーションアップにつなげます。授業では日常的に生徒間で「考える」「書く」「発表する」を重視する一方、小まめな小テストや日常的な課題といった「学力の幹」づくりも抜かりありません。月曜日～金曜日の6時間授業の後に設けられた「Review time」では、直近の内容をその日にすぐ復習。学習内容に自信を持ち、安心して課外活動に向かいます。また、中3次からは「ハイレベルゼミ（仮）」を設定。東大をはじめ最難関大に対応する思考力をじっくり育てます。仮説→検証の思考パターンを養う週2時間連続の「科学実験」、ネイティブ英会話・オンライン英会話で4技能を鍛える英語教育も特色です。最も力を入れている探究活動「プレゼンテーション教育」では、グループでSDGsに沿った科学的・社会的課題を探究し、社会貢献意識につなげます。

■主要5教科の週当たり時間（コマ）数

	英語	数学	国語	理科	社会
1年	8	6	5	4	3
2年	8	7	5	4	3
3年	9	7	5	4	4
合計	25	20	16	12	10

◎1日当たりの授業コマ数：50分×6時限
※週1回7時限、土曜日は4時限
◎登校時間：8時10分

●部活動

文化系・体育系合わせて約17の部が活動し、学習との両立の下に全生徒が参加。2023年度はチアダンス部や吹奏楽部が全国・県上位レベルとなりました。

○文化系／吹奏楽、科学、コーラスなど
○体育系／サッカー、バスケットボール、アーチェリー、卓球、ソフトテニス、チアダンスなど

●行事

秋の開成祭（文化祭）や、英語スピーチ・レシテーションコンテスト、プレゼンテーション大会である「開成文化週間」など多彩な催しが用意されています。芸術鑑賞会、球技大会、高校生との交流合宿など多種多様な行事があるほか、任意参加の博物館見学、各種理数系コンペがあります。

●修学旅行・研修旅行

中1のフレッシュマンキャンプでは、高2生主導でチームワークを高める研修を実施。中2では奈良・京都校外研修で伝統文化に触れ、中3では沖縄にて平和研修を行います。

マネーガイド

■2024年度納付金（諸経費を含む）

	入学金	授業料	施設費	その他	計
入学手続時	210,000円	0円	150,000円	0円	360,000円
初年度総額	210,000円	360,000円	120,000円	約500,000円	約1,200,000円

※期日までに入学辞退を申し出た場合、施設費を返金

◎授業料：4期分納
◎奨学金・特待生制度：入学時特待生は中学3年間授業料免除

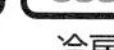

学期制 2期 ｜ 週5・6日制 完6 days ｜ プール ｜ 冷房 cool ｜ 寮 ｜ 食堂 ｜ 私服通学 ｜ 海外研修 全

サピックスからの合格実績（過去3年）	'22	'23	'24
	208名	282名	288名

進学指導の概要

中高6年間は、成長に合わせた2年ごとのステージ制で、基礎学力の鍛錬・温かな人間関係づくり（第1・2ステージ）、大学受験実戦力の完成（第3ステージ）をめざします。夏期講習の実施のほか、綿密な二者・三者面談を行うなど、きめ細かい進路指導も徹底しています。さらに、卒業生進路報告会などを開催し、生徒のモチベーションを高めます。また、"学ぶことは当然"という文化があり、放課後は職員室前の質問ボードが、いつも生徒でにぎわっています。このほか、図書館（司書常駐）と自習室は、年間ほとんど開室しており、深い学びと快適な学習環境に貢献しています。

■現役大学進学者の進路の内訳

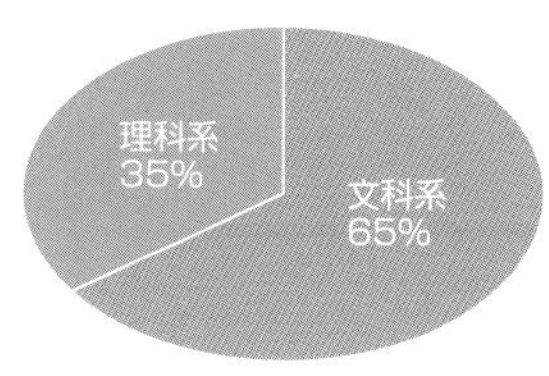

■併設高校から主要大学への合格実績

※上段は現役合格者数、下段は浪人を含めた合格者数。

	東京大	京都大	一橋大	東京工業大	筑波大	お茶の水女子大	電気通信大	東京外国語大	東京学芸大	東京芸術大	東京農工大	東京都立大	横浜国立大	千葉大	早稲田大	慶應義塾大	上智大	東京理科大
22年	2	1	3	2	1	—	3	1	4	—	2	5	3	5	80	54	19	72
	2	1	3	3	1	—	3	1	4	—	2	5	4	5	81	55	19	75
23年	1	—	2	1	8	2	—	2	2	—	1	6	1	5	84	49	39	127
	1	—	2	1	8	2	—	2	2	—	1	6	1	6	85	53	39	128
24年	1	—	2	2	5	—	3	2	7	—	1	1	1	3	67	27	30	63
	2	1	2	2	5	—	3	2	7	—	2	1	1	4	70	27	31	65

	学習院大	明治大	青山学院大	立教大	中央大	法政大	日本大	東洋大	駒澤大	専修大	国際基督教大	津田塾大	東京女子大	日本女子大	文部科学省所管外の大学校	海外の大学	国公立・医学部	私立・医学部
22年	85	103	95	218	174	156	174	425	35	34	—	15	30	43	4	—	2	3
	85	109	98	219	179	161	181	429	35	34	—	15	30	43	6	—	3	3
23年	92	153	59	233	136	218	202	413	57	36	2	13	30	68	4	9	1	3
	96	160	65	233	139	226	202	413	57	36	2	13	30	68	4	9	1	3
24年	45	95	50	95	72	136	113	224	30	33	—	12	11	20	1	—	2	8
	45	96	50	95	72	136	114	224	30	33	—	12	11	20	1	—	3	8

★指定校推薦枠（2024年度）早稲田大4名、東京理科大8名、学習院大8名、明治大2名、青山学院大3名、立教大4名、中央大11名、法政大8名など

入試情報

■2024年度の入試結果

		募集人員	出願者	受験者	合格者	実質倍率
1回	男子	約80	1380	1342	696	1.9
	女子		979	953	499	1.9
特待生選抜	男子	約50	657	514	260	2.0
	女子		474	368	175	2.1
2回	男子	約20	865	554	186	3.0
	女子		523	332	97	3.4

■2024年度入試 合格者の教科別平均点

		算数	国語	理科	社会	合計
1回	男子	72.7	57.0	35.9	32.0	197.6
	女子	68.6	65.3	34.4	31.5	199.9
特待生選抜	男子	68.3	64.7	35.3	32.2	200.5
	女子	64.4	71.1	34.0	31.6	201.1
2回	男子	71.7	59.5	31.9	29.7	192.9
	女子	67.2	65.5	29.5	28.5	190.7

○配点：算国＝各100点　理社＝各50点
○合格最低点：1回特待236点・T194点・S176点　特待生選抜6年特待235点・3年特待211・T195点・S179点　2回特待221点・T190点・S174点

24年の募集要項

※以下は2024年の募集要項です。2025年の要項は学校の発表をお待ちください。

入 試 日／①1月10日 特待生選抜1月12日 ②1月14日
募集人員／男女約150名(①約80名 特待生選抜約50名 ②約20名)
合格発表／いずれも翌日
手続締切／2月5日
試験科目／国語(50分・100点)、算数(50分・100点)、理科(30分・50点)、社会(30分・50点)
面　　接／なし
受 験 料／1回25,000円(複数回受験の場合、2回目以降は1回ごとに5,000円)

公開行事・説明会予定

【学校説明会】時間はホームページにて発表
7月13日(土)、 8月 3日(土)、8月25日(日)
9月14日(土)、12月 7日(土)
3月 8日(土)※4・5年生対象
【入試対策会】時間はホームページにて発表
10月19日(土)、11月23日(祝)
※入試問題解説(受験生・保護者)および体験授業(受験生)
【開成祭(文化祭)】時間はホームページにて発表
10月26日(土)、27日(日)
◆変更・中止の可能性もあります。必ず学校ホームページで確認してください。

私立 埼玉 共学 お

開智（かいち） 中学校

所在地／〒339-0004　さいたま市岩槻区徳力186
TEL／048-795-0777
学校長／菅沼 健児
創　立／1983年、埼玉第一高等学校として、埼玉県岩槻市に設立。1997年、中高一貫教育を行う中学・高校を新設し、名称を「開智」に統一。
URL／ikkanbu.kaichigakuen.ed.jp

※一貫部のみ

	1年	2年	3年
男子	184名	145名	199名
女子	123名	93名	132名
クラス数	10組	8組	12組

中高総生徒数／1948名　総合部から約20%

〈交通アクセス〉
東武アーバンパークライン「東岩槻」駅より徒歩15分

みずから学ぶ力を育てる創造型教育を実践する学校

「創造型・発信型の心豊かな国際的リーダー」の育成をめざし、豊かな社会をつくることが生きがいとなる本物の力を育てます。①高質な知識と思考力を育てる学び合い・協働学習による教科の学習、②学ぶ力を育て、探究力・発信力を養う探究テーマ・フィールドワーク、③自主性・主体性を育成する行事・部活動・生徒会活動、という3つの柱により、みずから学ぶ力を育てる創造型教育を実践。みずから考え、学ぶなかから生きた知識や思考力を培い、本質を見抜く力を育てる先端的授業を展開しています。

スクールライフ

●教育内容

中学では、従来までのコース制をさらに進化させ、4コース制に移行。東大・早慶をはじめ、進学したい大学が決まっている生徒を対象とした「先端IT」、医師・歯科医師などをめざす「先端MD」、グローバルな活躍をめざす「先端GB」、進路が決まっていない生徒を対象とした「先端FD」を設置しています。2024年度からはS特待生を対象とした「創発クラス」を新たに設置。各コースとも2～3クラス編成で、生徒は入学前の登校日に4コースから選択します。中1・2は、どのコースも「探究型授業」「知識を獲得する授業」「英単語や漢字・計算力をつける繰り返しの学び」を中心に展開。学級活動や一部の行事のみ、コース別に内容が変わりますが、授業や一般的な行事、講習などは同じ内容で行います。また、中3進級時にコース変更も可能です。中3・高1の2年間は同じコース内で学力別にクラス編成を行います。

■主要5教科の週当たり時間（コマ）数

	英語	数学	国語	理科	社会
1年	7	6	5	4	3
2年	7	6	5	4	3
3年	6	6	6	4	4
合計	20	18	16	12	10

◎1日当たりの授業コマ数：50分×6時限
※週6日制、土曜日は4時限
◎登校時間：8時25分

●部活動

部活動は自主性・主体性を育成し、豊かな学校生活を送るためのもの。中学での参加率は8割程度です。
○文化系／科学、音楽、英会話、囲碁将棋、演劇、美術、鉄道研究、文芸、華道、ディベートなど
○体育系／バスケットボール、バレーボール、軟式野球、バドミントン、サッカー、硬式テニス、卓球、陸上、剣道、柔道、バトンチア、水泳など

●行事

行事・生徒会活動は生徒が主体となって運営。4月には、2年生が1年生に開智での生活を紹介するオリエンテーションがあります。このほか、5月の体育祭、6月の合唱コンクール、9月の開智発表会（文化祭）、芸術鑑賞会など多彩な行事を用意しています。

●修学旅行・研修旅行

中1は「磯のフィールドワーク」で千葉県の鴨川に、中2は「森のフィールドワーク」で新潟に、中3は「関西圏フィールドワーク」に出掛けます。高2の「英国フィールドワーク」は5年間の集大成となります。

マネーガイド

■2024年度納付金（諸経費を含む）

	入学金	授業料	施設費	その他	計
入学手続時	100,000円	0円	0円	0円	100,000円
初年度総額	100,000円	480,000円	58,000円	134,000円	772,000円

※期日までに入学辞退を申し出た場合、入学金を除き、納付金を全額返金

◎寄付金：1口5万円、4口以上（任意）
◎授業料：一括、2期分納、月納
◎奨学金・特待生制度：入試成績優秀者に63万8000円を給付。経済的理由で就学困難な者に20万円～80万円を給付。学業成績優秀者には32万円または53万円を給付

学期制	週5・6日制	プール	冷房	寮	食堂	私服通学	海外研修
3期	完6 days	温	cool		○		全

サピックスからの合格実績（過去3年）	'22	'23	'24
	354名	339名	457名

進学指導の概要

高入生（高等部）とは別校舎で、別カリキュラムを設けています。5・6年次は進路別のコースに編成され、受験演習中心の授業となります。希望者対象の特別講座のほか、春・夏・冬休みなどの長期休暇中には学習目標の達成、進学目標の実現などに応じた多くの講習を選択・履修できます。6年次では特別講座のほか、各入試形態に合わせて細かく用意された講座から選択・履修が可能です。また、4月に行われる3泊4日の勉強合宿では、みずから計画を立て、仲間と共に4日間で91コマの独習をやり遂げます。このような6年間のきめ細かい指導によって、生徒の希望進路の実現をめざしています。

■浪人を含む大学進学者の進路の内訳

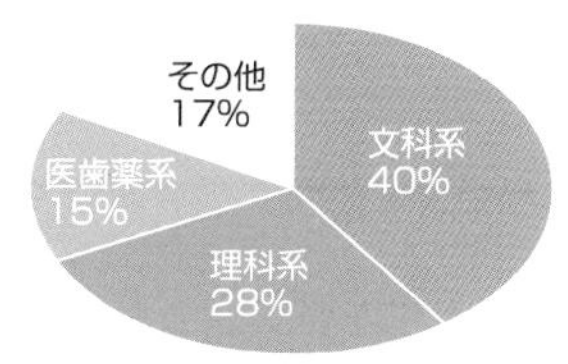

■併設高校から主要大学への合格実績

※上段は現役合格者数、下段は浪人を含めた合格者数。

	北海道大	東北大	東京大 文科Ⅰ類	東京大 文科Ⅱ類	東京大 文科Ⅲ類	東京大 理科Ⅰ類	東京大 理科Ⅱ類	東京大 理科Ⅲ類	東京大 合計	京都大	一橋大	東京工業大	東京芸術大	東京医科歯科大	東京外国語大	お茶の水女子大	千葉大	筑波大
22年	2	2	—	—	—	3	—	—	3	1	1	10	—	—	3	6	7	8
	2	2	—	—	1	4	—	1	6	1	1	10	—	—	3	6	8	8
23年	6	10	—	1	1	4	—	—	6	—	2	4	1	—	—	—	5	4
	7	11	—	1	1	4	1	—	7	—	2	5	2	—	—	1	5	7
24年	1	5	1	—	2	2	—	1	6	—	—	2	—	—	—	4	5	8
	1	5	2	—	2	2	—	1	7	—	—	2	3	—	—	4	5	8

	早稲田大	慶應義塾大	上智大	東京理科大	国際基督教大	学習院大	明治大	青山学院大	立教大	中央大	法政大	津田塾大	東京女子大	日本女子大	文部科学省管外の大学校	海外の大学	国公立・医学部	私立・医学部
22年	50	35	30	96	3	15	81	21	35	35	46	10	21	11	3	—	6	9
	54	36	31	105	3	18	89	23	39	45	56	13	24	11	3	—	9	20
23年	48	27	21	75	—	10	67	28	46	32	39	6	9	23	4	—	5	15
	56	33	23	98	—	16	79	32	52	41	51	6	9	24	8	—	8	25
24年	66	30	31	85	—	20	70	26	57	39	57	7	16	20	1	—	9	30
	76	39	33	91	—	22	75	30	60	43	64	8	18	21	2	4	11	49

★指定校推薦枠（2024年度）非公表

入試情報

■2024年度の入試結果

		募集人員	出願者	受験者	合格者	実質倍率
1回	男子	110	1372	1299	828	1.6
	女子		1153	1085	628	1.7
特待A	男子	30	528	381	147	2.6
	女子		403	270	45	6.0
特待B	男子	85	771	563	360	1.6
	女子		620	412	246	1.7
算数特待	男子	10	521	363	194	1.9
	女子		319	179	63	2.8
2回	男子	40	1088	484	176	2.8
	女子		886	404	135	3.0
日本橋併願	男子	5	159	67	7	9.6
	女子		188	106	34	3.1

■2024年度入試 受験者の教科別平均点

		算数	国語	理科	社会	合計
1回	男子	67.8	64.0	36.1	37.9	205.7
	女子	60.2	69.1	32.2	36.2	197.7
特待A	男子	59.9	52.0	34.7	28.9	175.5
	女子	45.5	53.4	29.6	25.7	154.1
特待B	男子	57.8	59.2	28.6	33.7	179.2
	女子	50.4	64.7	25.7	32.5	173.3
算数特待	男子	56.4				
	女子	47.0				
2回	男子	79.7	60.8	33.4	37.3	211.3
	女子	75.4	64.7	31.1	34.0	205.2
日本橋併願	男子	—	—	—	—	—
	女子	—	—	—	—	—

○合格基準点：1回/193点・S特待310点　特待A/192点　特待B/165点・S特待240点・A特待210点・準特待189点　算数特待/S特待86点・A特待72点・準特待56点　2回/252点・S特待305点・A特待294点・準特待275点　日本橋併願/2科145点・4科198点

24年の募集要項

※以下は2024年の募集要項です。2025年の要項は学校の発表(9月予定)をお待ちください。

入試日／①1月10日 特待A1月11日 特待B・算数特待1月12日 ②1月15日 日本橋併願2月4日

募集人員／男女280名(①110名 特待A30名 特待B85名 算数特待10名 ②40名 日本橋併願5名)

合格発表／ホームページで翌日(日本橋併願のみ当日)

手続締切／2月10日

試験科目／国語(50分・100点)、算数(60分・120点)、理科・社会(計60分・各60点) ※算数特待は算数(60分・120点)、日本橋併願は2科・4科選択(国語50分・100点、算数50分・120点、理科・社会各25分・各50点)

面接／なし

受験料／20,000円

公開行事・説明会予定

【学校説明会】要予約
6月29日(土)体験入学の講座と同時開催
9月28日(土)14時～15時30分
10月19日(土)14時～15時30分
12月 7日(土)14時～15時30分

【体験入学】要予約
6月29日(土)

【開智発表会(文化祭)】
9月14日(土) 9時～15時30分
9月15日(日) 9時～15時

◆変更・中止の可能性もあります。必ず学校ホームページで確認してください。

開智所沢（かいち） 中等教育学校

所在地／〒359-0027 埼玉県所沢市松郷169
TEL／04-2951-8088
学校長／青木 徹
創 立／2024年4月、埼玉県をはじめ首都圏に多くの学校を展開する開智学園グループが、小学校を併設した中等教育学校を所沢市に新設。
URL／secondary.kts.ed.jp

	1年	2年	3年
男子	232名	—	—
女子	158名	—	—
クラス数	12組	—	—

中高総生徒数／390名

〈交通アクセス〉
JR武蔵野線「東所沢」駅より徒歩12分

開智学園の探究型の学びを軸に、国際標準の教育をめざす

開智学園が掲げる「世界の人々や文化を理解・尊重し、平和で豊かな社会の実現に貢献できる人材の育成」を共通理念とする中等教育学校として、2024年に開校。「探究型の学び」を核としたフィールドワークやプロジェクト授業を数多く実施するほか、「世界に通用する英語の学び」「最新のICTを活用した授業」も重視しています。国際教育にも力を注ぎ、国際バカロレア（IB）の中等教育プログラム（MYP）と高等教育プログラム（DP）の認定をめざしています。4階建ての校舎は、1階を系列の小学校が、2～4階を中等教育学校が利用。

スクールライフ

●教育内容

1～6年生まで1クラス約30名の少人数制で授業を行い、きめ細かく指導していきます。入試の成績によって、1年生から特待コース（特待合格者）とレギュラーコース（一般合格者）に分け、3年進級時に成績によって再編成します。特待コースは理系・医系・国際系の3クラス編成で、どの分野も探究授業を多く扱います。一方、レギュラーコースは、グローバルクラスではバイリンガルの教員が担当し、英語でホームルームを実施。リーディングクラスは、数学と英語を少人数・習熟度別で、ていねいな授業を心がけます。特に英語の指導では、6年間で2500時間以上の学習時間を確保。週7時間の英語の授業のほか、AI搭載型アプリを使ったeラーニング、海外フィールドワークなどを通じて「英語を使いこなす力」を養います。フィールドワークでは自然観察や史跡見学などに訪れ、グループで探究活動を行います。1年生は自然科学系、2年生は人文・社会・経済系などとし、成長段階に応じてバランス良く学びます。

■主要5教科の週当たり時間（コマ）数

	英語	数学	国語	理科	社会
1年	7	6	5	4	3
2年	7	6	5	4	3
3年	7	6	5	4	4
合計	21	18	15	12	10

◎1日当たりの授業コマ数：50分×6時限
　※土曜日は4時限
◎登校時間：8時10分

●部活動（生徒による希望調査より）

生徒が主体となって、ルールや方針、目標を定めて活動する予定です。
○文化系／科学（生物・化学など）、鉄道、ディベート、競技かるた、CG・写真、パフォーマンスアート、フランス語、マインクラフト、クイズ、eスポーツなど
○体育系／サッカー、テニス、バドミントン、バスケットボール、ダンス、野球、陸上、卓球、アーチェリー、クライミング、スキー、ボッチャ、釣りなど

●行事

6月の体育祭、11月の文化祭・合唱祭をはじめ、さまざまな行事を実施する予定です。

●修学旅行・研修旅行

1年生の9月に2泊3日の校外学習「磯のフィールドワーク」に出掛け、グループ学習を通して探究するスキルを身につけます。2025年度以降は、2～5年生の希望者を対象にした海外語学研修を8月に実施する予定です。

マネーガイド

■2024年度納付金（諸経費を含む）

	入学金	授業料	施設費	その他	計
入学手続時	250,000円	0円	0円	0円	250,000円
初年度総額	250,000円	540,000円	108,000円	582,000円	1,480,000円

※制服代も含む

◎寄付金：1口5万円、4口以上（任意）
◎授業料：4期分納
◎奨学金・特待生制度：入学試験の成績が特に優れている受験生に対し、特待生・奨学生として教育支援金を給付（奨学生は2年次以降給付）

3期 完6 days cool 希

学期制 週5･6日制 プール 冷房 寮 食堂 私服通学 海外研修

サピックスからの合格実績（過去3年）	'22	'23	'24
	—	—	254名

進学指導の概要

5年生からは、進路希望に合わせて、「国公立大」「私立大」「医系」「国際系」の4コース編成となります。国際系は海外の大学をめざすコース。医系以外の3コースはさらに文系・理系に分かれます。5・6年生では授業以外に放課後特別講座を開講。5年生は120分、6年生は180分の講座を無料で受けられます。医系は、授業外でも医学部入試に必要な小論文や面接の対策を早期から実施。このほか、探究活動の集大成として、5年生全員が5泊7日の海外フィールドワークでイギリスを訪れます。6年生では国際系と他コースの希望者を対象に、大学とも連携した個人研究に取り組みます。

■開智所沢中等教育学校の学びの目標

学びの目標
自己を高めるために
生徒がめざすこと
人のために
学び行動する
人のため、社会のために学び
活動する体験を通して、
専門分野で活躍できる学力と
社会貢献する姿勢を
身につける
志高く学ぶ
自分の目標を高く持ち、
自分で考え、決定し、行動し、
その志に向かって
粘り強く努力を続ける
得意を伸ばし
挑戦する
互いの独自性を尊重し、
自分の得意を伸ばし、
さまざまなことに貢献する

入試情報

■2024年度の入試結果

		募集人員	出願者	受験者	合格者	実質倍率
1回	男子	100	1219	1146	886	1.3
	女子		1090	1008	742	1.4
特待A	男子	30	488	345	141	2.4
	女子		422	273	67	4.1
特待B	男子	45	753	550	426	1.3
	女子		632	420	313	1.3
算数特待	男子	15	541	366	253	1.4
	女子		341	191	98	1.9
2回	男子	45	1094	477	354	1.3
	女子		939	427	[illegible]	1.4
日本橋併願	男子	5	186	68	9	7.6
	女子		208	100	28	3.6

■2024年度入試 受験者の教科別平均点（男女合計データ）

	算数	国語	理科	社会	合計
1回	61.2	65.2	33.1	36.3	195.8
特待A	49.8	51.4	31.3	26.2	158.7
特待B	54.0	61.0	26.8	32.6	174.4
算数特待	52.2				52.2
2回	76.8	61.6	31.7	35.2	205.2
日本橋併願	52.7	54.5	23.8	22.6	156.8

○配点：算＝120点　国＝100点　理社＝各60点
○合格基準点：1回 S特待303点・一般167点　特待A 174点　特待B S特待231点・A特待195点・準特待175点・一般147点　算数特待 S特待78点・A特待64点・準特待46点　2回 S特待300点・A特待290点・準特待270点・210点　日本橋併願 4科一般198点 2科A特待173点・一般139点

24年の募集要項

※以下は2024年の募集要項です。2025年の要項は学校の発表(9月予定)をお待ちください。

入試日／①1月10日 特待A1月11日 特待B1月12日 算数特待1月12日午後 ②1月15日 日本橋併願2月4日
募集人員／男女240名(①100名 特待A30名 特待B45名 算数特待15名 ②45名 日本橋併願5名)
合格発表／ホームページで翌日発表(日本橋併願のみ当日発表)
手続締切／2月10日
試験科目／①②特待A・B：国語(50分・100点)、算数(60分・120点)、社会・理科(60分・各60点) 算数特待：算数(60分・120点) 日本橋併願：国語(50分・100点)、算数(50分・120点)、社会(25分・50点)、理科(25分・50点)※2科4科選択
面接／なし
受験料／20,000円(複数回受験可。開智中・開智未来中・開智日本橋中を受験した場合は料金優遇あり)

公開行事・説明会予定

【入試説明会】要予約
7月13日(土)10時30分～、10月19日(土)10時30分～
11月 9日(土)10時30分～、12月14日(土)10時30分～
12月21日(土)10時30分～
【平日ミニ学校説明会】要予約
6月12日(水)10時30分～、 7月 4日(木)10時30分～
9月 4日(水)10時30分～、10月 9日(水)10時30分～
11月13日(水)10時30分～、11月27日(水)10時30分～
【イブニング学校説明会】要予約
10月 2日(水)18時～
【オープンスクール（学校説明会）】要予約
8月24日(土)、9月16日(祝)
【入試体験会】要予約
11月23日(祝)
【入試問題説明会】日時未定
◆変更・中止の可能性もあります。必ず学校ホームページで確認してください。

開智未来（かいち）中学校

所在地／〒349-1212　加須市麦倉1238
TEL／0280-61-2021
学校長／藤井 剛
創　立／2009年に閉校した埼玉県立北川辺高等学校の跡地に2011年に開校。開智中学・高等学校の姉妹校として教育理念を受け継ぐ。
URL／www.kaichimirai.ed.jp

	1年	2年	3年
男子	62名	54名	46名
女子	33名	37名	39名
クラス数	3組	3組	3組

中高総生徒数／725名

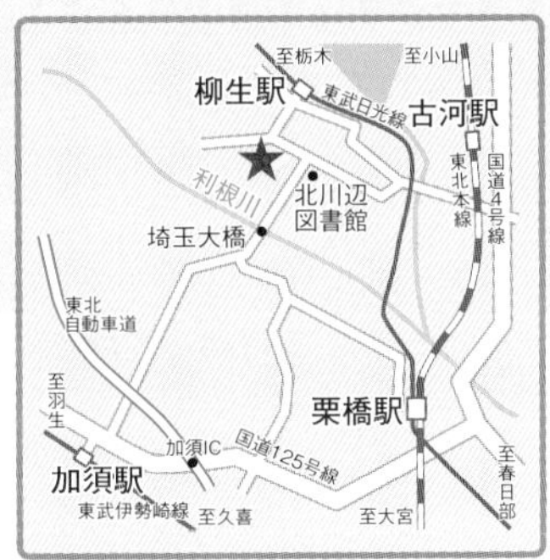

〈交通アクセス〉
東武日光線「柳生」駅より徒歩20分
※以下の各駅よりスクールバスを運行
JR宇都宮線・東武日光線「栗橋」駅、JR宇都宮線「古河」駅、東武伊勢崎線「加須」「館林」駅、東武伊勢崎線・秩父本線「羽生」駅、JR高崎線「鴻巣」駅

開智の教育理念をさらに発展させ、未来に羽ばたく学び舎を開校

2011年、さいたま市にある開智中学・高校の姉妹校として開校。開智学園に受け継がれる理念「創造・発信・貢献」を校訓とし、「国際社会に貢献する心豊かな“創造型・発信型”リーダーの育成」をめざします。また、開智中学・高校の教育システムをさらに発展。Inquiry（各学年フィールドワーク等を通じた探究活動）、Internationalization（海外フィールドワークや東大ゼミを通じた英語発信力や世界水準の思考力）、ICT（つなげる知能としてのICT活用）など、先進的な教育を実践し、「知性」と「人間」をともに育てます。

スクールライフ

●教育内容

東大や国立医学部をはじめとした最難関大をめざす「T未来クラス」と、国公立および難関私立大をめざす「未来クラス」「開智クラス」の編成。探究活動を重視し、中1の里山フィールドワーク、中2のブリティッシュヒルズフィールドワーク、中3の探究フィールドワーク、高1の才能発見プログラム、高2のワシントンフィールドワークと、研究成果を日本語や英語で発表するプログラムが充実しています。また中学課程では「哲学」の授業を通じて、「6つの授業姿勢」や「学び合い」「メモのスキル」を鍛えるといった学びの基盤作りや、社会のさまざまな課題をグループでディスカッションし、発表し合うといった世界水準の思考力を育てる取り組みも行っています。英語教育に力を入れ、英検®取得を推進しているほか、全員参加や希望者を対象にした海外研修も充実しています。

■主要5教科の週当たり時間（コマ）数

	英語	数学	国語	理科	社会
1年	6	6	6	4	3
2年	6	6	5	4	4
3年	6	6	6	4	4
合計	18	18	17	12	11

◎1日当たりの授業コマ数：50分×6時限
　※土曜日は4時限
◎登校時間：8時40分

●部活動

「文武一体」をモットーとし、平日の週5日までを活動日と定め、希望制でほぼ全員が加入しています。
○文化系／情報、科学、競技かるた、将棋、コーラス、鉄道研究など
○体育系／陸上、サッカー、バスケットボール、バドミントン、ダンス、軟式野球、硬式テニス、卓球など

●行事

9月に未来祭（文化祭）を開催。6月の体育発表会、11月の合唱祭、12月のこいのぼりマラソン大会、年3回のスポーツ大会など、さまざまな行事を用意しています。

●修学旅行・研修旅行

各学年におけるフィールドワークが「探究活動」として宿泊行事となっています。ICTを活用しながら研究を行い、毎年2月に実施される「未来TED」という行事で、各学年の代表がその成果を日本語や英語で発表しています。

マネーガイド

■2024年度納付金（諸経費を含む）

	入学金	授業料	教育充実費	その他	計
入学手続時	100,000円	0円	0円	0円	100,000円
初年度総額	100,000円	480,000円	58,000円	94,000円	732,000円

※期日までに入学辞退を申し出た場合、生徒納入金を全額返金

◎寄付金：1口5万円、4口以上（任意）
◎授業料：4期分納
◎奨学金・特待生制度：成績優秀者または経済的理由により就学困難と判断される者に授業料・施設費を給付（1年間）

3期 学期制 / 完6 days 週5・6日制 / プール / cool 冷房 / 寮 / 高 食堂 / 私服通学 / 全 海外研修

サピックスからの合格実績（過去3年）	'22	'23	'24
	32名	31名	26名

進学指導の概要

内進生と高入生は、基本的に別クラス編成です。ただし、高3の大学進学講座などは、内進生と高入生が合流します。高1・2では大学入試を意識した夏期・冬期講習を実施しています。高3では長期の夏期講習と冬期講習をはじめ、レベル別や大学別の講座を設置して実力を高めていきます。通常の授業においては、習熟度別クラスでT未来クラスはより発展的な内容を学ぶ一方、未来クラスと開智クラスは基礎・基本を振り返るなど、「伸びない生徒をつくらない」をモットーに、一人ひとりをサポートします。高1では、進路を考える機会として才能発見プログラムを実施しています。

■現役大学進学者の進路の内訳

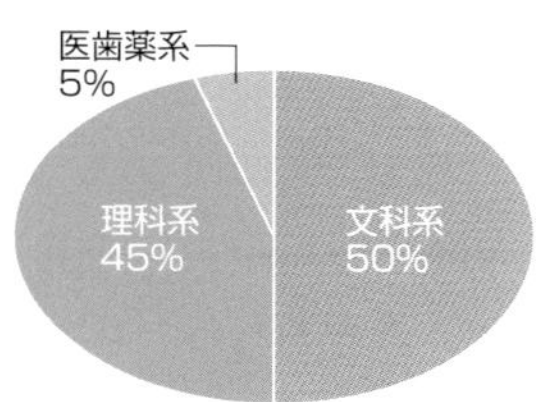

■併設高校から主要大学への合格実績

※上段は現役合格者数、下段は浪人を含めた合格者数。

	東京大	京都大	一橋大	東京工業大	筑波大	お茶の水女子大	電気通信大	東京外国語大	東京学芸大	東京芸術大	東京農工大	東京都立大	横浜国立大	千葉大	早稲田大	慶應義塾大	上智大	東京理科大
22年	—	—	—	—	3	2	—	—	—	—	—	—	1	1	3	10	9	7
	—	—	—	—	3	2	—	—	—	—	—	1	3	2	4	10	11	10
23年	1	—	—	1	—	1	—	—	1	—	—	1	—	1	3	5	1	14
	1	—	—	1	1	1	—	—	1	—	—	1	—	1	4	7	2	17
24年	—	—	—	—	3	1	2	—	1	—	—	—	—	1	6	2	4	15
	—	—	—	—	3	1	2	—	1	—	—	—	—	1	6	2	4	16

	学習院大	明治大	青山学院大	立教大	中央大	法政大	日本大	東洋大	駒澤大	専修大	国際基督教大	津田塾大	東京女子大	日本女子大	文部科学省所管外の大学校	海外の大学	国公立・医学部	私立・医学部
22年	14	29	5	26	18	10	39	34	7	15	—	5	3	7	1	—	1	1
	15	33	6	35	26	18	52	50	9	18	—	5	3	8	2	—	1	11
23年	7	9	7	4	9	9	23	27	6	9	—	1	5	2	1	—	1	3
	7	12	8	6	9	11	23	31	6	9	—	1	5	2	1	—	1	5
24年	10	13	9	11	7	11	32	43	11	16	—	4	3	11	3	—	1	10
	12	17	9	13	13	15	32	45	12	16	—	4	3	11	3	—	1	14

★指定校推薦枠（2024年度）非公表

入試情報

■2024年度の入試結果

		募集人員	出願者	受験者	合格者	実質倍率
探究1	男子	T未来10 未来5 開智10	50	41	T未来24 未来16 開智12	T未来1.7 T未来+未来+開智0.8
	女子		32	23	T未来3 未来19 開智6	T未来10.0 T未来+未来+開智1.1
1回	男子	T未来10 未来5 開智5	156	140	T未来39 未来62 開智17	T未来3.6 T未来+未来+開智1.2
	女子		132	117	T未来36 未来48 開智12	T未来3.3 T未来+未来+開智1.2
探究2	男子	T未来5 未来5 開智10	63	47	T未来15 未来9 開智11	T未来3.1 T未来+未来+開智1.3
	女子		49	33	T未来14 未来11 開智5	T未来2.4 T未来+未来+開智1.1
T未来	男子	T未来20	101	65	34	1.9
	女子		82	53	24	2.2
算数1科	男子	T未来5 未来5	93	42	T未来18 未来7	T未来2.3 T未来+未来1.7
	女子		57	25	T未来8 未来2	T未来3.1 T未来+未来2.5
2回	男子	T未来5 未来5 開智5	101	45	T未来17 未来14 開智9	T未来2.7 T未来+未来+開智1.1
	女子		83	40	T未来20 未来8 開智6	T未来2.0 T未来+未来+開智1.2
開智併願型	男子	T未来5 未来5	793	368	T未来49 未来235	T未来7.5 T未来+未来1.3
	女子		681	318	T未来31 未来210	T未来10.3 T未来+未来1.3

○配点　開智併願型：算=120点　国=100点　理社=各60点　T未来：算国理=各100点　第1回：算国=各100点　算数1科：算=100点　第2回：算国英=各100点　理社=各50点　探究1・探究2：計算基礎・読解基礎=各50点　探究(科学)・探究(社会)・英語=各100点

○合格最低点：探究1/S特待119点・A特待102点・準特待94点・未来89点・開智74点　第1回/S特待143点・A特待131点・準特待117点・未来107点・開智91点　探究2/S特待140点・A特待128点・準特待121点・未来111点・開智93点　T未来/S特待190点・A特待165点　算数1科/S特待76点・A特待66点・準特待65点・未来62点　第2回/S特待4・3科236点 2科160点 A特待4科・3科222点 2科149点・準特待4科・3科213点 2科141点・未来4科・3科191点 2科128点・開智4科・3科167点 2科109点　開智併願型/S特待271点・A特待252点・準特待230点・未来180点

24年の募集要項

※以下は2024年の募集要項です。2025年の要項は学校の発表をお待ちください。

入 試 日／探求①1月10日 ①1月10日午後 探究②1月11日 T未来1月11日午後 算数1科1月12日午後 ②1月14日 開智併願型1月15日

募集人員／男女120名(T未来クラス60名、未来クラス30名、開智クラス30名)

合格発表／ホームページで即日
※探究①②開智併願型はホームページで翌日

手続締切／2月10日

試験科目／国 語(40分・100点)、算 数(40分・100点)、理科(40分・100点)、理科・社会(計40分・計100点)、英語(40分・100点)※開智併願型は国語（50分100点)、算数（60分120点)、理科・社会（計60分・各60点）算数1科は算数（60分100点)
※探究は3領域(計算基礎・読解基礎・①は探究科学・②は探究社会または英)、①は2科、T未来は3科、②は2・3・4科選択(国算・国算英・国算社理から選択)

面　　接／なし

受 験 料／20,000円(複数回受験可。開智学園5校も20,000円ですべて受験可)

公開行事・説明会予定

【探究型入試演習】要予約、6年生対象
10月14日(祝) 9時30分～
11月30日(土) 9時50分～
【4科入試解説会】要予約、6年生対象
11月23日(祝) 9時30分～
12月15日(日) 9時30分～
【オープンキャンパス】要予約、4年生以上対象
9月 7日(土) 9時50分～
10月 5日(土) 9時50分～
11月 9日(土) 9時50分～
◆変更・中止の可能性もあります。必ず学校ホームページで確認してください。

春日部共栄 中学校

所在地／〒344-0037 春日部市上大増新田213
TEL／048-737-7611
学校長／加藤 和己
創　立／1980年、高等学校を設立。2003年、中学校を設立。2005年、高校OBが設計した中学校の新校舎が完成。
URL／www.k-kyoei.ed.jp/jr

	1年	2年	3年
男子	72名	71名	72名
女子	63名	60名	53名
クラス数	4組	4組	4組

中高総生徒数／2219名

〈交通アクセス〉
東武アーバンパークライン「豊春」駅より徒歩20分、東武スカイツリーライン・アーバンパークライン「春日部」駅よりバス10分 ※「春日部」駅西口よりスクールバスあり

世界のリーダー育成のための2コース制を導入

次世代のリーダーを育成するために、次の2コースを設置しています。「プログレッシブ政経コース」では、ビブリオバトルや模擬国連、ディベート、模擬トレードなど、オリジナルのプログラムを通して、世界のリーダーにふさわしい知識や発信力を身につけます。「IT医学サイエンスコース」では、プログラミング、メディカル論文講習、理科実験といったオリジナルのプログラムを通して、世界に通用する問題解決力や論理的思考力を身につけます。どちらのコースも、未来社会を創造できる生徒を育てます。

スクールライフ

●教育内容

履修内容の重複などを省き、有機的に再構築した独自のカリキュラムをベースに、小テストや単元テストを利用しながら、自学自習力を鍛えます。数学の飛び級や社会科のワールドビューなど、ユニークなシステムで個々に促した教育を実現します。英語教育には特に力を入れており、実践的な授業を行っています。外国人講師も加わったチームティーチングを週に1時間導入し、英会話、英文法、英作文指導へと発展的に実力を磨いていきます。また、大学入試改革に対応するため、各種検定（英検®・数検・漢検・文章検）の受検を奨励しています。

■主要5教科の週当たり時間（コマ）数

	英語	数学	国語	理科	社会
1年	6	6	4	3	3
2年	6	5	4	4	3
3年	5	6	4	4	4
合計	17	17	12	11	10

◎登校時間：8時15分

●部活動

約40の部があり、ほとんどの生徒が参加しています。同好会、研究会もあります。
○文化系／吹奏楽、管弦楽、合唱、インターアクト、コンピュータ・囲碁将棋部、茶華道・家庭科部、数学・サイエンス部、美術・コミックアート部など
○体育系／野球、水泳、柔道、サッカー、バスケットボール、テニス、剣道、卓球、ハンドボール、バドミントン、ダンス、陸上競技など

●行事

全校挙げての一大イベントとなる藤桐祭（文化祭）のほかに、体育祭、英語スピーチコンテスト、スキー合宿、球技大会など、多彩な行事が用意されています。

●修学旅行・研修旅行

中1の1学期には2泊3日で富士山麓の研修施設に宿泊し、勉強合宿を行います。中3の夏に共栄生のためのプログラムであるKyoei Summer English Program（K-SEP）を実施。生徒はこれまで培った英語力のすべてを発揮します。また、日本にいながら本格的な留学体験ができるブリティッシュヒルズ研修を希望制で実施しています。福島県会津地方で行われる中2の林間学校など、校外学習も活発です。中3の修学旅行では、京都・神戸での探求学習で自主的な学びを養います。

マネーガイド

■2024年度納付金（諸経費を含む）

	入学金	授業料	施設費	その他	計
入学手続時	250,000円	0円	100,000円	0円	350,000円
初年度総額	250,000円	384,000円	100,000円	433,200円	1,167,200円

※期日までに入学辞退を申し出た場合、施設費を返金

◎寄付金：1口5万円、1口以上（任意）
◎授業料：10期分納
◎奨学金・特待生制度：就学困難と判断される者に月額2万円を貸与（1年間）。入試成績優秀者に入学手続時納入金および授業料・維持費を3年間または1年間免除

学期制　週5·6日制　プール　冷房　寮　食堂　私服通学　海外研修

サピックスからの合格実績（過去3年）	'22	'23	'24
	22名	18名	12名

進学指導の概要

カリキュラムが異なるため、一貫生と高入生とは別クラス編成です。高2から文系と理系に分かれ、高2終了までに高校の学習内容を学び終えます。また、放課後の多様な講座をはじめ、「最難関大学の最新問題徹底解説」「本校卒業の現役一流大生による特別講習」を展開。ほかにも､高1・2から最新入試問題にチャレンジする講習など、現役合格を達成するためのさまざまなプログラムを用意しています。今年度も難関大学へ多数の合格者を輩出しました。また、海外の名門大学への進学も視野に入れ、英語での論文作成やTOEFLなどへの挑戦とスキルアップにも力を注いでいます。

■浪人を含む大学進学者の進路の内訳

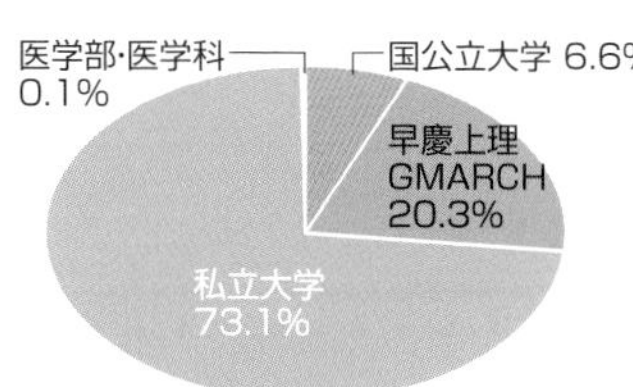

■併設高校から主要大学への合格実績

※上段は現役合格者数、下段は浪人を含めた合格者数。

	東京大	京都大	一橋大	東京工業大	筑波大	お茶の水女子大	電気通信大	東京外国語大	東京学芸大	東京芸術大	東京農工大	東京都立大	横浜国立大	千葉大	早稲田大	慶應義塾大	上智大	東京理科大
22年	—	—	—	1	3	—	—	1	2	—	—	4	3	3	9	6	6	31
	—	—	—	1	3	—	—	1	2	—	—	4	3	5	9	6	7	32
23年	—	1	—	—	3	1	—	2	1	—	—	—	—	8	13	2	8	15
	—	1	—	2	4	1	—	2	1	—	1	—	—	9	15	8	11	20
24年	—	—	—	—	1	—	—	2	1	—	1	1	—	3	12	1	6	16
	—	—	—	—	4	—	—	2	1	—	1	1	1	3	17	4	8	18

	学習院大	明治大	青山学院大	立教大	中央大	法政大	日本大	東洋大	駒澤大	専修大	共栄大	津田塾大	東京女子大	日本女子大	文部科学省所管外の大学校	海外の大学	国公立・医学部	私立・医学部
22年	16	28	18	28	24	56	51	69	22	14	15	9	14	10	15	—	—	—
	19	30	20	28	29	59	66	72	22	14	15	9	14	10	16	—	—	4
23年	14	44	12	44	18	46	52	61	25	16	11	6	8	11	14	—	—	2
	16	57	15	51	23	56	65	68	29	16	12	6	8	11	15	—	—	10
24年	18	22	10	27	24	24	65	100	17	9	9	4	9	3	12	—	—	—
	21	31	12	33	28	30	67	103	19	11	10	4	9	4	12	—	—	1

★指定校推薦枠（2024年度）上智大1名、東京理科大8名、学習院大6名、明治大1名、青山学院大3名、立教大6名、中央大4名、法政大6名、成蹊大3名、成城大3名、明治学院大6名、同志社大2名など

入試情報

■2024年度の入試結果

		募集人員	出願者	受験者	合格者	実質倍率
1回午前4科 IT医学サイエンス	男子 女子	IT医学サイエンスコース計80 プログレッシブ政経コース計80	168	150	77	1.9
1回午前4科 プログレッシブ政経	男子 女子		148	137	76	1.8
1回午後4科 IT医学 サイエンス	男子 女子		139	130	76	1.7
1回午後4科 プログレッシブ政経	男子 女子		117	108	61	1.8
1回午後2科 IT医学 サイエンス	男子 女子		100	93	47	2.0
1回午後2科 プログレッシブ政経	男子 女子		75	70	36	1.9
2回午前4科 IT医学 サイエンス	男子 女子		171	87	46	1.9
2回午前4科 プログレッシブ政経	男子 女子		126	66	39	1.7
2回特待4科 IT医学 サイエンス	男子 女子		151	102	39	2.6
2回特待4科 プログレッシブ政経	男子 女子		124	84	26	3.2
2回特待2科 IT医学 サイエンス	男子 女子		77	54	16	3.4
2回特待2科 プログレッシブ政経	男子 女子		33	25	3	8.3
3回2科 IT医学 サイエンス	男子 女子		144	81	38	2.1
3回2科 プログレッシブ政経	男子 女子		145	81	51	1.6
3回算数1科 IT医学 サイエンス	男子 女子		51	22	10	2.2
4回特待2科IT医学 サイエンス	男子 女子		204	106	44	2.4
4回特待2科 プログレッシブ政経	男子 女子		144	81	59	1.4

○配点：算国＝各100点　理社＝各50点

25年の募集要項

入 試 日／①午前･午後1月10日 ②午前･午後1月11日 ③1月13日 ④1月15日

募集人員／男女160名(プログレッシブ政経80名 IT医学サイエンス80名)

合格発表／ホームページで即日

手続締切／すべて2月7日

試験科目／国語(50分･100点)、算数(50分･100点)、理科･社会(計60分・各50点)
①午後は2科4科選択、②午後は特待入試4科、③は2科、④は特待チャレンジ入試2科

面　　接／なし

受 験 料／25,000円

公開行事・説明会予定

【学校見学会・説明会】要予約
- 6月15日(土)10時～12時　学校説明会・体験授業
- 7月20日(土)10時～12時　授業見学会
- 9月18日(水)18時30分～19時30分　ナイト説明会(越谷コミュニティセンター)
- 9月28日(土)10時～12時　学校見学会
- 10月19日(土)10時～12時　学校説明会・体験授業
- 11月16日(土)10時～12時　学校説明会・入試問題体験会・過去問解説会
- 11月30日(土)10時～12時　学校説明会・入試問題体験会・過去問解説会
- 3月15日(土)10時～12時　学校説明会・体験授業(新6年生以下対象)

◆変更・中止の可能性もあります。必ず学校ホームページで確認してください。

埼玉栄 中学校

所在地／〒331-0078 さいたま市西区西大宮3-11-1
TEL／048-621-2121
学校長／町田 弦
創 立／1972年、高等学校開校。2000年、中学校を開校し、中高一貫校となる。2016年に新校舎へ移転。
URL／www.saitamasakae-h.ed.jp

	1年	2年	3年
男子	89名	71名	65名
女子	52名	46名	45名
クラス数	5組	4組	4組

中高総生徒数／3170名

〈交通アクセス〉
JR埼京線・川越線（りんかい線直通）「西大宮」駅より徒歩4分

主体的に学び、自分の未来を自分の手で創造する生徒を育成

「人間是宝」を建学の精神に、「今日学べ」を校訓に掲げ、確かな学力形成と豊かな人間形成の両立を達成させながら、生徒のあらゆる可能性を伸ばす教育を目標にしています。さらに、学習・部活動・学校行事・社会貢献など、すべてに全力を尽くす生徒を育成し、文武技芸で日本一の学校をめざしています。東京ドーム約14個分の広さを誇る敷地には、室内温水プール、陸上競技場、総合体育館などがそろい、「1クラブにつき1施設」が与えられているなど、校内施設、校外施設ともに充実しています。

スクールライフ

●教育内容

6年間を3期に分けた一貫教育を行い、豊富な授業時間と効率的なカリキュラムによって生徒の可能性を伸ばします。中1・2は「基礎力養成期」とし、学習習慣と基礎学力の定着を図ります。中3～高2は「応用力確立期」とし、みずからの適性や能力を知り、自己の将来を考え、目標をしっかり見定めます。そして、高3を「総合力完成期」とし、自己実現に挑戦するための最後の仕上げを行います。また、生徒一人ひとりの学力を向上させ、希望大学への進学を実現するために中1から「医学」「難関大」「進学」クラスを設置。

■主要5教科の週当たり時間（コマ）数

	英語	数学	国語	理科	社会
1年	6	5	6	4	4
2年	6	5	6	4	4
3年	6	5	4	5	5
合計	18	15	16	13	13

◎1日当たりの授業コマ数：50分×6時限
※土曜日は4時限、第3土曜日は家庭学習
◎登校時間：8時45分

●部活動

文化系13、体育系31の部活動があり、ほぼ全員が何らかの部に所属しています。関東大会・全国大会出場、全国大会優勝など、優秀な成績を収めている部活が多数あります。

○文化系／科学、美術、吹奏楽、家庭、茶道、写真、マーチングバンド、コーラス、総合型探究など

○体育系／陸上、サッカー、バドミントン、バスケットボール、テニス、柔道、体操、剣道、空手道、バトン、バレーボール、ウエイトリフティング、水球、アイスホッケー、フィギュアスケート、レスリング、競泳、ハンドボール、ゴルフ、相撲、フェンシングなど

●行事

中高合同で大いに盛り上がる文化・美の祭典（文化祭）は9月に行われ、毎年5000人以上の来校者でにぎわいます。ほかにも、体育祭、合唱コンクール、芸術鑑賞会など、6年間を通して多彩な学校行事があります。

●修学旅行・研修旅行

中2では、京都・奈良校外学習を行い、中3の修学旅行では沖縄を訪れます。自然文化体験や平和公園などの見学を通して、知識・教養を深めるとともに、オーストラリアへの語学研修も実施しています。

マネーガイド

■2024年度納付金（諸経費を含む）

	入学金	授業料	施設費	その他	計
入学手続時	250,000円	0円	0円	0円	250,000円
初年度総額	250,000円	360,000円	200,000円	631,930円（男子）	1,441,930円

※その他諸経費の内訳：制服代、制定品代、教材費、修学旅行積立金、諸会費など

◎寄付金：1口5万円、2口以上（任意）
◎授業料：2期分納
◎奨学金・特待生制度：入試成績優秀者はスカラシップ奨学生として入学金・授業料等を免除

3期 学期制

週5･6日制

プール

冷房

寮　食堂

私服通学　海外研修

サピックスからの合格実績（過去3年）	'22	'23	'24
	149名	193名	237名

進学指導の概要

中学生から利用できる「進路指導センター」を設置。これまで担任の教員が担っていた進路指導を、プロパーのスタッフが行います。具体的には、希望の進路や外部テストの成績などを入力する個人専用のカルテを、中1次から作成し、目標に向かってどのような学習をすればいいのか、学習プランを立てるサポートをしていきます。そのほか、放課後補習、夏期講習、合宿補習など、一人ひとりの学力を伸ばす機会も多数用意しています。

■現役大学進学者の進路の内訳

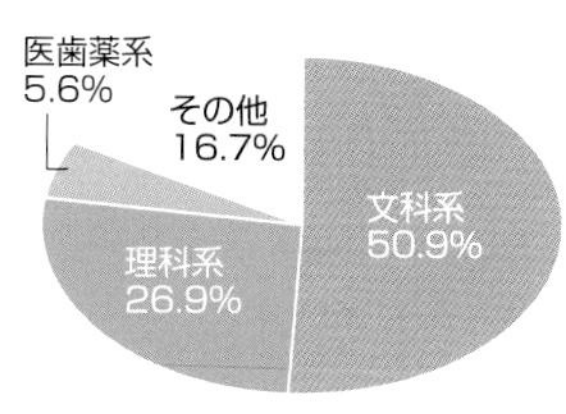

■併設高校から主要大学への合格実績

※上段は現役合格者数、下段は浪人を含めた合格者数。

	東京大	京都大	一橋大	東京工業大	筑波大	お茶の水女子大	電気通信大	東京外国語大	東京学芸大	東京芸術大	東京農工大	東京都立大	横浜国立大	千葉大	早稲田大	慶應義塾大	上智大	東京理科大
22年	—	—	—	—	1	—	—	—	3	1	—	—	—	2	8	—	1	5
	—	—	—	—	1	—	—	—	3	1	—	—	—	2	11	—	1	5
23年	—	—	—	—	—	—	1	1	1	—	—	2	1	1	4	1	3	14
	—	—	—	—	—	—	1	1	1	1	—	3	1	1	5	1	3	14
24年	—	—	—	—	4	—	1	—	1	—	—	—	1	—	4	1	—	9
	—	—	—	—	4	—	1	—	1	—	—	—	1	—	4	3	—	10

	学習院大	明治大	青山学院大	立教大	中央大	法政大	日本大	東洋大	駒澤大	専修大	国際基督教大	津田塾大	東京女子大	日本女子大	文部科学省所管外の大学校	海外の大学	国公立・医学部	私立・医学部
22年	—	8	3	10	12	13	77	45	13	17	—	2	3	2	—	—	—	—
	2	15	5	11	17	18	86	46	14	19	—	2	3	3	1	—	—	4
23年	5	12	6	16	9	13	89	64	15	25	—	1	1	—	—	—	—	1
	5	18	8	16	10	19	94	66	15	27	—	1	1	—	—	—	—	2
24年	1	28	10	13	15	23	64	93	14	27	—	3	3	—	—	—	2	6
	1	32	13	14	18	26	76	99	14	30	—	3	3	—	—	—	2	12

★指定校推薦枠（2024年度）非公表

入試情報

■2024年度の入試結果

		募集人員	出願者	受験者	合格者	実質倍率
医学クラス1回	男子	50	男子997 女子943	男子970 女子914	324	男子1.5 女子1.3
	女子				360	
難関大クラス1回	男子				209	
	女子				210	
進学クラス1回	男子				130	
	女子				120	
医学クラス2回	男子	10	男子834 女子722	男子792 女子706	295	男子1.6 女子1.5
	女子				301	
難関大クラス2回	男子				195	
	女子				163	
医学クラス3回	男子	30	男子414 女子391	男子351 女子323	96	男子1.5 女子1.6
	女子				84	
難関大クラス3回	男子				60	
	女子				71	
進学クラス2回	男子				74	
	女子				54	
医学クラス4回	男子	10	男子343 女子267	男子285 女子211	97	男子1.5 女子1.6
	女子				75	
難関大クラス4回	男子				88	
	女子				61	
医学クラス5回	男子	20	男子302 女子216	男子224 女子160	64	男子1.3 女子1.5
	女子				47	
難関大クラス5回	男子				57	
	女子				31	
進学クラス3回	男子				47	
	女子				27	

○配点：算国＝各100点　理社＝各50点
○合格基準点：医学クラス1回200点　難関大クラス1回184点　進学クラス1回174点　医学クラス2回148点　難関大クラス2回134点　医学クラス3回204点　難関大クラス3回188点　進学クラス3回175点　医学クラス4回152点　難関大クラス4回135点　医学クラス5回213点　難関大クラス5回190点　進学クラス5回173点　　帰国は非公表

24年の募集要項

※以下は2024年の募集要項です。2025年の要項は学校の発表をお待ちください。

入試日／医学①･難関大①･進学①1月10日午前、医学②･難関大②1月10日午後、医学③･難関大③･進学②1月11日午前、医学④･難関大④1月11日午後、医学⑤･難関大⑤･進学③1月13日
募集人員／男女120名
合格発表／ホームページで即日
手続締切／2月6日
試験科目／国語(50分･100点)、算数(50分･100点)、理科･社会(計50分･各50点)
※進学は4科、医学･難関大①③⑤は4科、医学･難関大②④は2科
面　接／なし
受験料／25,000円(複数回受験の場合、2回目以降1回につき5,000円)

公開行事・説明会予定

【学校説明会】要予約
6月15日(土)　9時30分～、11時30分～
7月15日(祝)　9時30分～、11時30分～
9月 7日(土)　9時～、11時～
10月12日(土)　9時～、11時～
3月 1日(土)10時30分～
【入試リハーサルテスト】要予約、6年生対象
11月10日(日)　9時～
【入試問題分析会】要予約、6年生対象
11月23日(祝)　9時～、11時30分～
【体育栄光祭(体育祭)】
10月26日(日)
【文化・美の祭典(文化祭)】
9月14日(土)・15日(日)
◆変更・中止の可能性もあります。必ず学校ホームページで確認してください。

さかえひがし
栄東 中学校

所在地／〒337-0054　さいたま市見沼区砂町2-77
TEL／048-666-9200(アドミッションセンター)
学校長／田中 淳子
創　立／埼玉栄東高校として1978年に開校。1992年、校名を栄東高校に改称し、中学校を開校。
URL／www.sakaehigashi.ed.jp

	1年	2年	3年
男子	219名	203名	178名
女子	118名	126名	145名
クラス数	9組	9組	9組

中高総生徒数／2419名

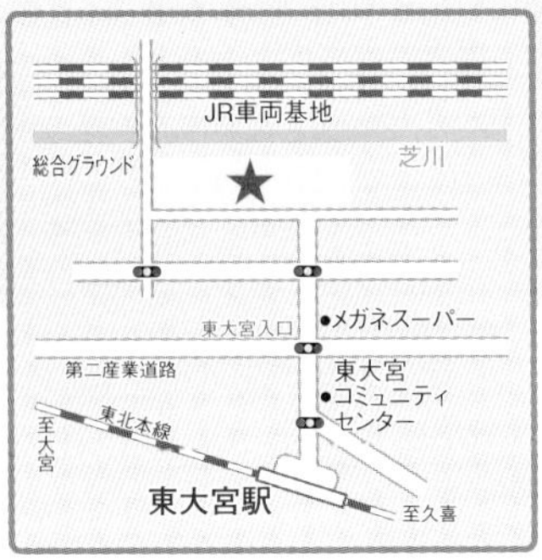

〈交通アクセス〉
JR宇都宮線「東大宮」駅より徒歩8分

「知る・探る・究める」アクティブ・ラーニングを展開

東京大学をはじめ難関国公立、医歯薬系、早慶に毎年多くの合格者を輩出している同校の特色は、個性と応用力を育むという観点から「アクティブ・ラーニング（AL）」を展開していることです。これは、グループワーク、ディスカッション、プレゼンテーションなど、生徒の能動的な学習を取り込んだ授業の総称。みずから課題を見つけ、それを解決していくといった能動的な学びを積極的に取り入れていくことで、自立的な学習態度を身につけるとともに、現代社会で活躍するために必要な「生きる力」を育んでいます。

スクールライフ

●教育内容

中高一貫教育の下、入学時より東大クラスと難関大クラスに分かれます。東京大学、医学部医学科への現役合格に目標を絞った東大クラスは、実験や探究活動、演習授業を通して原理・法則を考える力とそれを表現する真の学力を高めます。難関大クラスは、個々の生徒の能力を高めるための、よりていねいな指導を実施。成績によって毎年クラス替えがあり、成績上位者は東大クラスへ移籍することも可能です。両クラスとも、英会話はチームティーチングとなります。

■主要5教科の週当たり時間（コマ）数（例）

	英語	数学	国語	理科	社会
1年	7	6	5	4	3
2年	7	6	5	4	3
3年	7	6	5	4	4
合計	21	18	15	12	10

◎1日当たりの授業コマ数：50分×6時限
※土曜日は4時限
◎登校時間：8時35分

●部活動

文化系・体育系合わせて31の部活・同好会が活動し、ほとんどの生徒が参加しています。全国大会で活躍するコーラス部、アーチェリー部、水泳部、チアダンス部をはじめ、吹奏楽部、野球部などの活動が盛んです。
○文化系／コーラス、吹奏楽、美術、茶道、箏曲、理科研究、鉄道研究、競技数学、クイズ研究など
○体育系／アーチェリー、チアダンス、水泳、野球、テニス、剣道、バスケットボール、陸上、卓球、サッカー、バレーボールなど

●行事

中高合同で行われる栄東祭（文化祭・体育祭）、球技大会、合唱コンクールなどの校内行事のほか、事前のグループワークを検証する校外学習、中1・2に社会人として活躍する卒業生から自身の職業について講演してもらうジョブ・コンテンツなど、生徒の見識を広げる行事が盛んに行われています。

●修学旅行・研修旅行

河口湖、京都、信州などへの宿泊を伴う校外ALを豊富に用意。修学旅行は、中3で沖縄・長崎、高2でオーストラリアを訪れます。オーストラリアでは、現地校訪問やホームステイを体験します。また、希望者はディベート世界交流大会や海外でのポスターセッションに参加。インターナショナルスクールでの語学研修も実施。

マネーガイド

■2024年度納付金（諸経費を含む）

	入学金	授業料	施設費	その他	計
入学手続時	250,000円	0円	0円	0円	250,000円
初年度総額	250,000円	360,000円	200,000円	429,000円	1,239,000円

※その他の金額は男女で違いあり
※制服代、給食費は含まず

◎寄付金：任意
◎授業料：月納
◎奨学金・特待生制度：特待生合格者に入学金・授業料・施設費相当額を授与（更新あり）

学期制　週5･6日制　プール　冷房　寮　食堂　私服通学　海外研修

サピックスからの合格実績（過去3年）	'22	'23	'24
	2226名	2623名	2692名

進学指導の概要

東京大学をめざす東大クラス、多様な進路に対応する難関大クラスに分かれます。さらに高2からは、それぞれ文系と理系に分かれます。いずれのクラスも効果的なカリキュラムで先取り学習を実施し、高3では演習中心の授業で実戦力を養成。卒業生を招いての進路ガイダンス、進学情報を提供する進学ガイダンスのほか、一人ひとりの現状を複数の教員によって多角的に分析しています。希望に見合った進路選択ができるよう、生徒、担任、進路指導部が三位一体となって、面談の機会を数多く設けるなど、きめ細かい指導が行われ、その成果は高い現役合格率にも表れています。

■現役大学進学者の進路の内訳

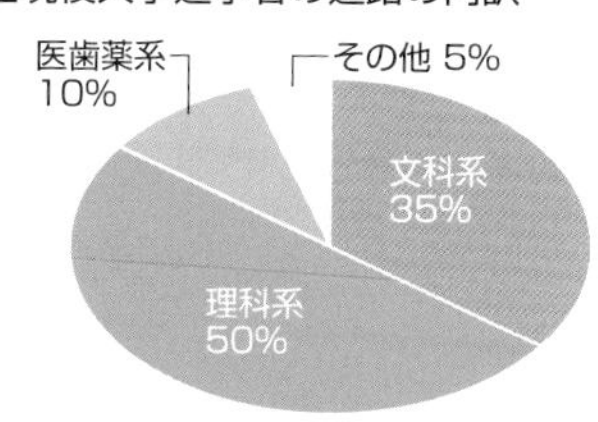

■併設高校から主要大学への合格実績

※上段は現役合格者数、下段は浪人を含めた合格者数。

	北海道大	東北大	東京大 文科Ⅰ類	東京大 文科Ⅱ類	東京大 文科Ⅲ類	東京大 理科Ⅰ類	東京大 理科Ⅱ類	東京大 理科Ⅲ類	東京大 合計	京都大	一橋大	東京工業大	東京芸術大	東京医科歯科大	東京外国語大	お茶の水女子大	千葉大	筑波大
22年	3	13	1	2	3	4	—	—	10	—	2	2	—	4	1	1	11	5
	4	16	1	3	5	5	—	—	14	1	2	5	—	4	1	1	14	6
23年	6	13	2	2	3	2	1	—	10	3	3	1	—	1	2	5	7	10
	8	15	2	3	3	3	2	—	13	3	3	2	—	1	2	5	8	11
24年	7	14	—	1	3	8	5	—	17	1	2	2	1	3	3	3	6	5
	10	16	—	1	4	8	6	—	19	2	2	2	1	3	4	3	8	9

	早稲田大	慶應義塾大	上智大	東京理科大	国際基督教大	学習院大	明治大	青山学院大	立教大	中央大	法政大	津田塾大	東京女子大	日本女子大	文部科学省所管外の大学校	海外の大学	国公立・医学部	私立・医学部
22年	117	58	16	157	—	15	110	36	49	43	41	6	35	34	1	—	9	39
	139	78	26	216	—	24	137	46	66	67	57	6	39	39	3	—	13	81
23年	133	65	23	231	—	27	87	29	49	42	66	7	22	18	1	1	15	58
	143	77	29	266	—	35	116	36	61	55	94	8	26	20	2	1	22	86
24年	132	95	22	204	1	23	120	28	34	53	80	29	20	23	6	1	8	30
	163	117	33	241	1	31	167	40	63	72	110	31	31	29	8	1	13	61

★指定校推薦枠（2024年度）早稲田大9名、慶應義塾大3名、東京理科大3名、学習院大8名、明治大2名、青山学院大1名、中央大2名、立教大1名、法政大1名、獨協医科大複数名、埼玉医科大4名、北里大2名など

入試情報

■2024年度の入試結果

		募集人員	出願者	受験者	合格者	実質倍率
A 1/10	男子	東大40 難関大100	3715	3660	2439	1.5
	女子		1882	1862	1152	1.6
A 1/11	男子		1584	1525	825	1.8
	女子		837	800	396	2.0
帰国A	男子	若干	3	3	1	3.0
	女子		8	7	2	3.5
東大特待Ⅰ 4教科型	男子	30	1041	921	502	1.8
	女子		294	230	96	2.4
東大特待Ⅰ 算数1教科型	男子		147	126	34	3.7
	女子		15	15	0	—
B	男子	難関大40	2271	1330	565	2.4
	女子		1229	678	305	2.2
帰国B	男子	若干	4	3	3	1.0
	女子		6	4	2	2.0
東大Ⅱ	男子	東大30	694	454	233	1.9
	女子		286	167	76	2.2

■2024年度入試 受験者の教科別平均点

		算数	国語	理科	社会	合計
A 1/10	男子	58.9	57.6	34.4	37.7	188.6
	女子					
A 1/11	男子	46.7	68.6	33.5	32.8	181.6
	女子					
東大特待Ⅰ 4教科型	男子	88.0	87.1	51.1	47.1	273.2
	女子					
東大特待Ⅰ 算数1教科型	男子	算①/77.1		算②/85.9		163.0
	女子					
B	男子	65.2	75.2	38.1	38.0	216.5
	女子					
東大Ⅱ	男子	100.4	81.4	47.2	41.2	270.2
	女子					

○AB配点：算国＝各100点　理社＝各50点　東大特待Ⅰ東大Ⅱ配点：算国＝各150点　理社＝各75点　東大特待算数1教科配点：算①・②＝各150点
○合格基準点：A：1年特待228点・東大クラス201点・難関大クラス181点　東大特待Ⅰ4教科：3年特待329点・1年特待274点　東大特待Ⅰ算数1教科：3年特待265点・1年特待207点　B：難関大クラス225点　東大Ⅱ：1年特待335点・東大クラス276点

24年の募集要項

※以下は2024年の募集要項です。2025年の要項は学校の発表をお待ちください。

入試日／A1月10日、1月11日(選択制) 東大特待Ⅰ1月12日 B1月16日 東大Ⅱ1月18日 帰国生A1月11日 帰国生B1月16日
募集人員／男女約240名(A140名 B40名 東大特待Ⅰ30名 東大Ⅱ30名 帰国生AB若干名)
合格発表／ホームページで翌日
手続締切／2月9日
試験科目／AB：国語(50分・100点)、算数(50分・100点)、理科・社会(計50分・計100点)
東大特待Ⅰ東大Ⅱ(4科)：国語(50分・150点)、算数(50分・150点)、理科(40分・75点)、社会(40分・75点)、東大特待Ⅰ(1科)：算数①(50分・150点)、算数②(50分・150点)
※帰国生ABは算国(各50分・各100点)、日本語面接または算英(各50分・各100点)、英語面接
面　接／帰国生のみあり(日本語または英語)
受験料／1・2回目までは25,000円。4回目までは30,000円

公開行事・説明会予定

【学校説明会】要予約、6年生対象
7月13日(土)10時～
9月28日(土)10時～
【入試説明会】要予約、6年生対象
11月23日(祝) 9時～、12時～
◆変更・中止の可能性もあります。必ず学校ホームページで確認してください。

私立 埼玉 共学 さ

狭山ヶ丘高等学校付属 中学校

所在地／〒358-0011　入間市下藤沢981
TEL／04-2962-3844
学校長／小川 義男
創　立／1950年に開校した飯能高等家政女学校が前身。1960年に男女共学の狭山ヶ丘高等学校となり、2013年に付属中学校を開校。
URL／www.sayamagaoka-h.ed.jp

	1年	2年	3年
男子	21名	15名	29名
女子	24名	16名	25名
クラス数	2組	1組	2組

中高総生徒数／958名

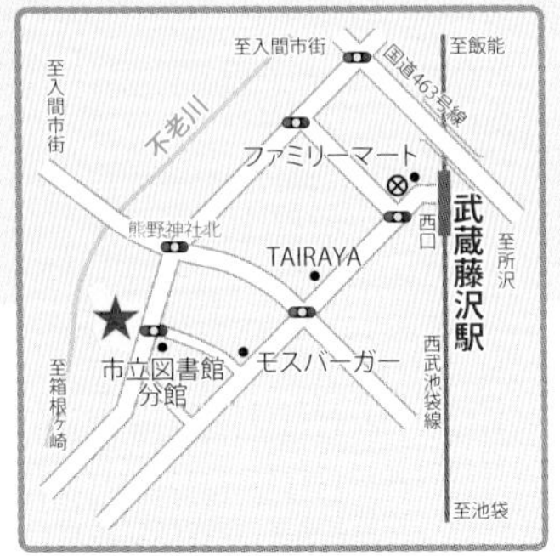

〈交通アクセス〉
西武池袋線「武蔵藤沢」駅より徒歩13分
JR川越線・東武東上線「川越」駅、西武新宿線「入曽」駅・「狭山市」駅、JR八高線「箱根ヶ崎」駅より無料スクールバスあり

日本版ボーディングスクールをめざし、自学自習の姿勢を確立

埼玉県南西部の進学校・狭山ヶ丘高等学校の付属校として2013年に開校した共学校です。「事にあたって意義を感ぜよ」を校訓に、みずからを深く見つめる心の教育「自己観察教育」を実践。最難関国立大学突破をめざし、自学自習の姿勢の確立を支援する多彩な取り組みをしています。自習用ブースを完備した図書館は、中学生は夏期間19時、冬期間18時まで、高校生は全期間21時まで特別自習室としても利用できます。また、中学卒業までに全員が英検®準2級以上の取得をめざしており、その対策講座も開講し、合格をサポートしています。

スクールライフ

●教育内容

予習→授業→復習のサイクルを徹底し、難関大学に合格するための高い学力を身につけます。毎週実施する小テストで「定着」を確かめます。各教科ともに学びを深める各種補講を用意し、始業前の7時20分からは「朝ゼミ」も行っています。中学生の朝ゼミは実践的な英語などを学習。コミュニケーションに使える英語力を身につけます。一方、放課後ゼミも開講し、問題演習に挑み、実践的な力を養います。「黙想」から始める通常授業は密度が濃く、英語・数学・国語では、中3の後半から高校の学習内容にも踏み込んでいきます。また、総合的な学習の時間に行う農作業も特徴の一つ。生徒は個別に割り当てられた農地で作物を育て、生命の尊さを体感するだけでなく、リーダーになるために求められる豊かな経験と責任感を育みます。このように生きた体験を通して、高い学力だけでなく、他者との違いを理解し、受け入れる寛容性、忍耐力、交渉力、問題解決能力、そして高いコミュニケーション能力を培うのが同校の教育です。

■主要5教科の週当たり時間（コマ）数（例）

	英語	数学	国語	理科	社会
1年	5	5	5	4	4
2年	5	6	5	5	4
3年	5	5	5	5	5
合計	15	16	15	14	13

◎1日あたりの授業コマ数：50分×6～7時限
※土曜日は4時限
◎登校時間：8時25分

●部活動

高校には約40の部と同好会があり、その一部に中学生が加わっています。

○文化系／吹奏楽、茶道、インターアクト、書道、創作研究、科学、文芸、演劇、囲碁・将棋同好会、交通研究会、美術、英語愛好会など

○体育系／卓球、合気道、剣道、なぎなた、バスケットボール、バドミントンなど

●行事

狭丘祭（文化祭）とベルーナドーム（旧西武ドーム）で行う体育祭は中高合同で実施。年に2回、軽登山を行い、体力面とともに精神面も鍛えます。このほか、社会科見学や理科実習、芸術鑑賞会、合唱コンクールなどがあります。

●修学旅行・語学研修

2022・23年度の中3の修学旅行は愛知・岐阜・三重へ。高2は沖縄を訪れました。また、2024年度は5年ぶりに海外（イギリス・フランスまたはシンガポールを選択）に行く予定です。春休みには、希望者対象のカナダ語学研修も実施しています。

マネーガイド

■2024年度納付金（諸経費を含む）

	入学金	授業料	施設費	その他	計
入学手続時	250,000円	0円	100,000円	0円	350,000円
初年度総額	250,000円	360,000円	160,000円	12,000円	782,000円

◎寄付金：なし
◎授業料：月納
◎奨学金・特待生制度：入試において得点率80％程度以上の成績優秀者に対して入学金・授業料を原則として1年間免除

    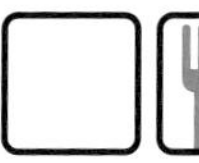  

学期制 週5・6日制 プール 冷房 寮 食堂 私服通学 海外研修

 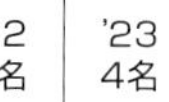

サピックスからの合格実績（過去3年）	'22	'23	'24
	4名	4名	1名

進学指導の概要

原則として中入生と高入生は、高1次では同一クラスになりません。中3から職業研究を進め、高1の秋に文系・理系を選択します。卒業生の大学受験体験談を聞く場も設けています。高校では特別自習室は、平日は21時まで開室（土曜は19時、日祝は18時まで）。4月1日から5日まで1日8時間の「入学前ゼミ」をはじめ、朝7時20分からの「朝ゼミ」、放課後開講の「放課後ゼミ」、夏期・冬期の講習など、正規の授業以外にもさまざまな学習の機会を設けています。こうした補講やゼミは、中学・高校ともにすべて無料です。なお、登下校が早朝・夜間になる生徒のため、安全面を考慮して無料スクールバスも各方面へ運行しています。

■現役大学進学者の進路の内訳

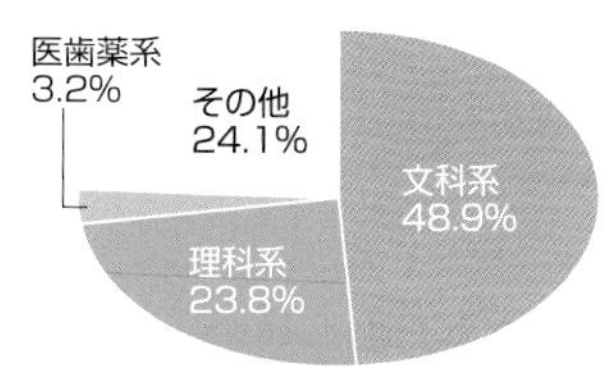

■併設高校から主要大学への合格実績

※上段は現役合格者数、下段は浪人を含めた合格者数。

	東京大	京都大	一橋大	東京工業大	筑波大	電気通信大	東京外国語大	東京学芸大	東京芸術大	東京農工大	東京都立大	横浜国立大	横浜市立大	千葉大	早稲田大	慶應義塾大	上智大	東京理科大
22年	—	—	—	—	1	—	1	—	—	1	1	—	—	1	10	3	10	7
	—	—	—	—	2	—	1	—	—	1	2	—	—	1	11	4	10	8
23年	2	—	—	—	—	1	1	1	—	—	1	—	—	1	8	4	1	15
	2	—	—	—	—	1	1	1	—	—	1	—	—	1	8	4	1	16
24年	2	—	—	—	—	1	—	—	—	1	1	—	—	2	9	6	9	13
	2	—	—	—	—	1	—	1	—	1	1	—	—	2	12	7	9	14

	学習院大	明治大	青山学院大	立教大	中央大	法政大	日本大	東洋大	駒澤大	専修大	国際基督教大	成蹊大	成城大	神奈川大	文部科学省所管外の大学校	海外の大学	国公立・医学部	私立・医学部
22年	4	24	12	33	35	24	44	55	8	18	—	12	7	3	8	—	—	-
	6	25	17	35	46	28	51	58	8	20	—	15	9	3	8	—	—	2
23年	4	21	12	9	15	32	45	41	13	24	—	10	7	7	4	3	2	5
	4	22	16	11	16	33	52	47	17	25	—	11	9	8	5	3	3	6
24年	5	18	16	24	27	22	28	39	20	8	1	10	7	1	10	—	2	—
	5	19	18	27	29	23	28	42	20	8	1	10	7	1	10	—	2	1

★指定校推薦枠（2024年度）慶応義塾大1名、東京理科大5名、学習院大3名、明治大1名、青山学院大3名、立教大2名、中央大4名、法政大3名など

入試情報

■2024年度の入試結果

			募集人員	出願者	受験者	合格者	実質倍率
1回	4科	男子	40	22	22	21	1.0
		女子		38	36	28	1.3
	2科	男子		13	13	11	1.2
		女子		16	16	11	1.5
	1科	男子		0	0	0	—
		女子		0	0	0	—
2回	4科	男子	25	27	19	17	1.1
		女子		45	28	22	1.3
	2科	男子		16	6	3	2.0
		女子		11	6	2	3.0
	1科	男子		1	1	1	1.0
		女子		0	0	0	—
3回	4科	男子	15	18	9	8	1.1
		女子		37	13	10	1.3
	2科	男子		14	3	1	3.0
		女子		11	6	2	3.0
	1科	男子		2	1	1	1.0
		女子		1	0	0	—
4回	4科	男子	若干	13	3	2	1.5
		女子		16	0	0	—
	2科	男子		8	0	0	—
		女子		6	1	1	1.0
	1科	男子		0	0	0	—
		女子		2	0	0	—

○配点：算国＝各100点　理社＝各60点
○合格最低点：非公表

24年の募集要項

※以下は2024年の募集要項です。2025年の要項は学校の発表をお待ちください。

入 試 日／①1月10日 ②1月12日 ③1月16日 ④2月6日
募集人員／男女80名(①40名 ②25名 ③15名 ④若干名)
合格発表／①②ホームページで翌日
　　　　　③④ホームページで即日
手続締切／①②③2月5日 ④2月13日
試験科目／国語(50分・100点)、算数(50分・100点)、理科(30分・60点)、社会(30分・60点)、1科(算)、2科(算・国)、4科(算・国・理・社)選択
面　　接／なし
受 験 料／20,000円(2回同時出願20,000円、3回同時出願25,000円、4回同時出願30,000円)

公開行事・説明会予定

【学校見学説明会】要予約
7月15日(祝)10時～11時30分
9月 8日(日)10時～11時30分
10月 5日(土)14時～15時30分
11月 2日(土)14時～15時30分
11月30日(土)14時～15時30分
【オープンスクール】要予約
8月24日(土)10時～12時30分
【狭丘祭(文化祭)】
9月 7日(土)、8日(日)
◆変更・中止の可能性もあります。必ず学校ホームページで確認してください。

私立 埼玉 共学 さ

昌平（しょうへい）中学校

所在地／〒345-0044 埼玉県北葛飾郡杉戸町下野851
TEL／0480-34-3381
学校長／村田 貴也
創 立／1979年、東和大学附属昌平高等学校として設立。2007年に学校法人昌平学園となり、2010年に中学校を開校。
URL／www.shohei.sugito.saitama.jp

	1年	2年	3年
男子	76名	80名	55名
女子	65名	55名	61名
クラス数	4組	4組	4組

中高総生徒数／1908名

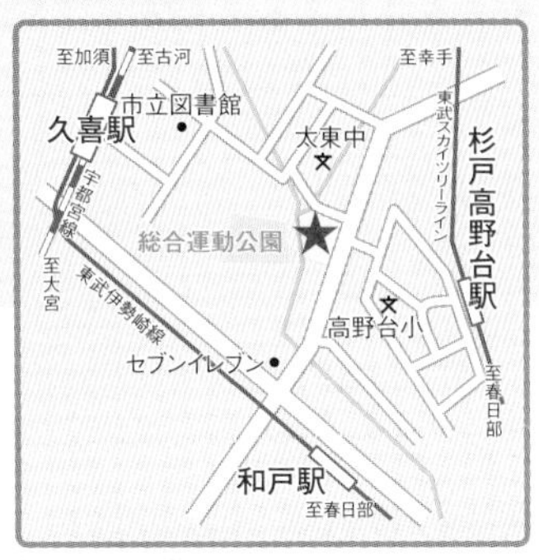

〈交通アクセス〉
JR宇都宮線「久喜」駅よりバス10分　東武スカイツリーライン「杉戸高野台」駅よりバス5分
※両駅から中学生専用直通スクールバスあり

県内初のIB（国際バカロレア）MYP認定校

「手をかけ、鍛えて、送り出す」をモットーに、生徒一人ひとりの能力を引き出し、最大限に伸ばす教育を実践しています。2015年度には最難関国立大学をめざす「Tクラス」を新設。さらに2017年3月には、本部をスイスのジュネーブに置く国際バカロレア機構による審査を経て、埼玉県初の中等教育プログラム（MYP）の認定校となり、全生徒を対象にプログラムを実践する、全国でも数少ない学校の1つとなっています。一貫コースには、東京大学をはじめ難関大学への進学をめざす生徒が多く、年々その実績を伸ばしています。

スクールライフ

●教育内容

中学開校以来、全校生徒が英語を得意教科にする徹底的な取り組みとして、PEP（パワー・イングリッシュ・プロジェクト）を推進。英語の教員のみならず、全教職員がプロジェクトメンバーとなり、英語を学びたいと生徒自身が思うようになるプログラムを多く用意しています。その結果、高校へ進級する中高一貫生は、中学卒業時に80％以上の生徒が英検®準2級以上取得します。また、IBプログラムについては、グループディスカッション、プレゼンテーション、ディベートなどが中心で、「みずから主体的に動く」姿勢が自然に身につきます。このプログラムに生徒たちが積極的に取り組んでいけるのは、常に対話が人と人をつないでいて、コミュニケーションを取ること自体に楽しさがあるからでしょう。

■主要5教科の週当たり時間（コマ）数

	英語	数学	国語	理科	社会
1年	5	6	5	4	5
2年	6	6	5	4	4
3年	6	6	5	5	4
合計	17	18	15	13	13

◎1日当たりの授業コマ数：50分×6時限
※8時限は放課後講習（火・金）、土曜日は4時限　4週のみ休み
◎登校時間：8時40分

●部活動

中学には16の文化系クラブ・同好会、8の体育系クラブがあります。

○文化系／吹奏楽、ESS、茶道、美術、華道、書道、パソコン、生物化学、社会歴史研究、写真、菓子研究、囲碁・将棋、英語学習クラブ、鉄道研究同好会、イラスト文芸同好会、クイズ研究同好会

○体育系／サッカー、硬式テニス、ラグビー、ダンス、バスケットボール、バドミントン、剣道、陸上

●行事

クラス対抗で学年を超えて競い合う行事が3つあります。まずは春の体育祭、次に秋の昌平祭（文化祭）のクラス企画、そして冬の合唱コンクールです。クラス一丸となり、朝から夕まで一生懸命練習し、協働性と友情を育んでいます。

●修学旅行・研修旅行

中3の修学旅行では、全員でハワイに行き（5泊7日）、自然・文化・歴史・持続可能性を英語で探究します。また、希望者には、オーストラリアにある2つの姉妹校での2週間のホームステイもあります。そのほか、希望者対象の短期交換留学（約2か月）も人気です。

マネーガイド

■2024年度納付金（諸経費を含む）

	入学金	授業料	施設費	その他	計
入学手続時	250,000円	0円	0円	0円	250,000円
初年度総額	250,000円	345,600円	70,000円	156,400円	822,000円

◎寄付金：1口2万円（任意）
◎授業料：月納
◎奨学金・特待生制度：入試成績優秀者に対して3種類の奨学金を用意（初年度。継続あり）。①入学金・施設設備費・授業料・維持管理費の全額、②入学金の全額と、授業料・維持管理費の半額、③入学金の金額

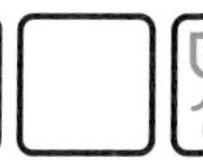

3期 学期制 / 他 週5・6日制 / プール / cool 冷房 / 寮 / 食堂 / 私服通学 / 希 海外研修

サピックスからの合格実績（過去3年）	'22	'23	'24
	6名	4名	5名

進学指導の概要

社会のグローバル化が進むなか、10年後には国境を越えて人々が移動し、さまざまな価値観が飛び交う環境の下で、わたしたちは暮らしているでしょう。大学入試においても教科横断型の出願が増加しています。高校は2019年度よりIB（DP）クラスを新設しました。これにより中高一貫生も希望者はIB（DP）クラスに進むことができ、海外大学の入学資格試験にチャレンジできます。また、中高一貫生のほとんどが進む一貫クラスにおいても、中学3年間のIB（MYP）で学問の本質に触れた経験は、難関大学の合格につながり、IBを実践した卒業生の進学実績にも表れ始めています。

■現役大学進学者の進路の内訳

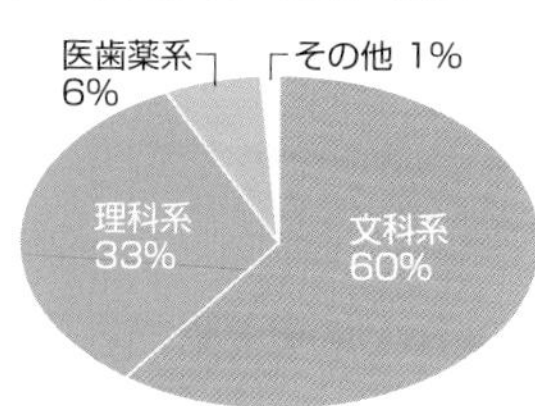

■併設高校から主要大学への合格実績

※上段は現役合格者数、下段は浪人を含めた合格者数。

	東京大	京都大	一橋大	東京工業大	筑波大	お茶の水女子大	電気通信大	東京外国語大	東京学芸大	東京芸術大	東京農工大	首都大学東京	横浜国立大	千葉大	早稲田大	慶應義塾大	上智大	東京理科大
22年	2	—	—	2	9	4	4	3	5	—	1	2	3	3	19	3	7	41
	2	—	1	2	9	4	4	3	5	—	1	3	4	3	22	4	7	47
23年	—	—	1	2	10	3	1	—	1	—	—	—	—	4	15	6	7	44
	—	—	1	2	10	3	1	—	1	—	—	—	—	4	19	7	7	48
24年	1	—	1	2	9	2	2	2	1	—	1	—	1	2	7	2	15	16
	1	—	1	3	9	2	2	2	1	—	1	—	1	3	11	6	17	22

	学習院大	明治大	青山学院大	立教大	中央大	法政大	日本大	東洋大	駒澤大	専修大	国際基督教大	津田塾大	東京女子大	日本女子大	文部科学省所管外の大学校	海外の大学	国公立・医学部	私立・医学部
22年	22	43	6	41	34	57	52	114	30	15	2	6	5	3	5	—	1	2
	25	55	6	45	42	63	57	118	31	15	2	6	5	3	6	—	1	2
23年	19	23	15	25	25	37	38	70	19	18	—	6	—	3	3	1	1	4
	19	28	19	27	36	41	42	73	21	18	—	6	—	3	4	1	2	4
24年	22	39	17	46	25	32	60	92	23	23	—	2	6	7	1	4	—	3
	24	44	18	47	32	34	64	96	25	23	—	2	7	7	1	4	—	6

★指定校推薦枠（2024年度）早稲田大1名、上智大2名、東京理科大6名、学習院大3名、青山学院大1名、立教大3名、中央大1名、法政大4名、成蹊大2名、成城大1名など

入試情報

■2024年度の入試結果

			募集人員	出願者	受験者	合格者	実質倍率
帰国	3科	男子	130	5	4	3	1.3
		女子		0	0	0	—
1回	4科	男子		68	60	47	1.3
		女子		59	53	49	1.1
	2科	男子		28	27	20	1.4
		女子		25	23	16	1.4
	グローバル	男子		14	13	10	1.3
		女子		11	11	10	1.1
2回	4科	男子		80	42	33	1.3
		女子		62	28	21	1.3
	2科	男子		27	10	5	2.0
		女子		25	12	7	1.7
	グローバル	男子		15	8	5	1.6
		女子		10	4	2	2.0
3回	4科	男子		81	17	13	1.3
		女子		66	14	11	1.3
	2科	男子		27	6	2	3.0
		女子		31	10	6	1.7
4回	4科	男子		76	5	1	5.0
		女子		60	3	0	—
	2科	男子		27	2	0	—
		女子		29	6	1	6.0
Tクラ1回	4科	男子		92	80	61	1.3
		女子		83	74	62	1.2
Tクラス2回	1科	男子		49	30	4	7.5
		女子		38	15	1	15.0
Tクラス3回	4科	男子		84	36	21	1.7
		女子		71	30	15	2.0

○配点：算国英＝各100点　理社＝各50点　Tクラス4科配点：算国理社＝各100点　Tクラス1科配点：算＝200点
○合格最低点：1回4科181点・2科126点 グローバル169点 2回4科183点・2科126点・グローバル173点 3回4科180点・2科120点 4回4科213点・2科147点　Tクラス1回148点　Tクラス2回122点　Tクラス3回142点　帰国2科107点・英68点

24年の募集要項

※以下は2024年の募集要項です。2025年の要項は学校の発表をお待ちください。

入試日／①・グローバル①1月10日午前 Tクラス①1月10日午後 ②・グローバル②1月11日午前 Tクラス②1月11日午後 ③1月12日午前 Tクラス③1月13日午前 ④2月5日午前 帰国子女 11月16日午後
募集人員／男女130名
合格発表／ホームページで即日(午後入試は翌日)
手続締切／①～③Tクラス①②③2月5日 ④2月7日
試験科目／一般：国語(50分・100点)、算数(50分・100点)、理科・社会(計50分・各50点) ※2科4科選択
グローバル：国語(50分・100点)、算数(50分・100点)、英語(50分・100点)
Tクラス：国語(50分・100点)、算数(50分・100点)、理科・社会(計60分・各50点) 算数1科(60分・200点)
面　接／なし
帰国生のための試験／英語(50分・200点)、日本語作文(40分・100点)、面接または国語・算数(各40分・各100点)、面接
受験料／20,000円(複数回受験の場合は30,000円)

公開行事・説明会予定

【学校説明会】要予約
6月15日(土)10時～
7月13日(土)10時～
8月31日(土)10時～　腕だめしテスト同時開催9時～
9月21日(土)10時～
10月14日(祝)10時～　腕だめしテスト同時開催9時～
11月 9日(土)10時～
12月 7日(土)10時～　入試直前対策講座同時開催
【昌平祭(文化祭)】
9月 7日(土)、9月8日(日)
◆変更・中止の可能性もあります。必ず学校ホームページで確認してください。

西武学園文理 中学校

所在地／〒350-1336　狭山市柏原新田311-1
TEL／04-2954-4080
学校長／マルケス　ペドロ
創　立／1981年、高等学校開設。1993年、中学校開設。2004年、小学校を開設し、小中高12年一貫教育を開始。
URL／www.bunri-s.ed.jp

	1年	2年	3年
男子	81名	66名	59名
女子	48名	31名	31名
クラス数	4組	4組	4組

中高総生徒数／1417名　併設小から30%

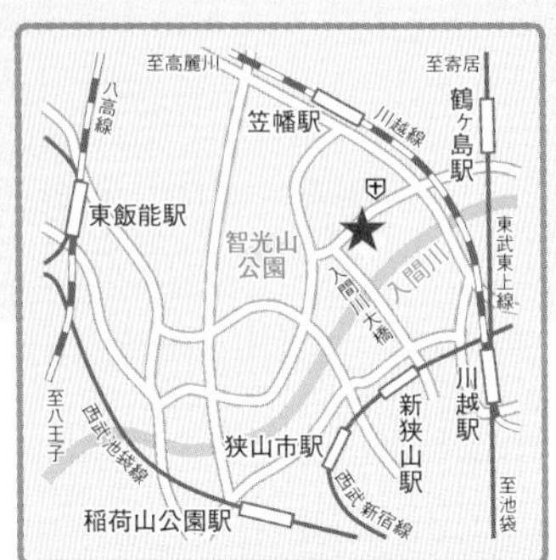

〈交通アクセス〉
西武新宿線「新狭山」駅、JR川越線・東武東上線「川越」駅、JR八高線・西武池袋線「東飯能」駅、西武池袋線「稲荷山公園」駅、東武東上線「鶴ヶ島」駅の各駅よりスクールバス10〜30分

グローバル社会で活躍する新しい時代のリーダーを育む

「情報技術を活用してグローバルな視点から新しい世界を創造する。みずから課題を発見し、多様な仲間と協働しながら解決する。ホスピタリティ精神をもって多様な人間と尊重し合いながら、日本の魅力を発信できる」という生徒像を掲げ、希望の大学に進学するための確かな学力と、実社会で求められる豊かな教養・人間力を身につける教育を実践。世界と自分自身の未来をしっかりと見据えながら、学園生活のなかで多くの仲間とかけがえのない経験を重ね、「新しい時代のリーダーとなりうる人材」へと飛躍をめざします。

スクールライフ

●教育内容

生徒一人ひとりが持つ能力を発見し、最大限まで伸ばすため、個々の学習の進度・深度に応じた学力の定着をはかるほか、豊かな国際感覚を涵養し、異文化理解につなげます。また、みずからの興味関心に基づき、ICTツールを活用しながら学ぶ探究的な授業を実践。2024年度から授業や理論的な学びのみならず、民間企業や自治体と協力する生徒プロジェクト（ガチ・プロジェクト）や、開校時から実践している探究的学習として、学年を超えた他者との協働経験を積むなかで、主体性や創造性が輝く「Creative Activity」（創造的活動）のほか、1年半かけて手掛ける卒業論文などを実践。なお、2025年度からは新クラス体制（アカデミックチャレンジクラス、クリエイティブクラス、スポーツ＆アートクラス）がスタートします。

■主要5教科の週当たり時間（コマ）数

	英語	数学	国語	理科	社会
1年	5	4.5	4	3.5	3.4
2年	5	4.5	4.5	4	3
3年	6	4.5	3.5	4	4
合計	16	13.5	12	11.5	10.4

◎1日当たりの授業コマ数：50分×6時限
　※月曜日は7時限、土曜日は自主研修日
◎登校時間：8時35分

●部活動

20の部が活動中で、生徒の参加率は約8割です。ライフル射撃、合唱をはじめ、陸上競技、硬式テニス、バレーボール（女子）、吹奏楽などが盛んです。

〇文化系／文芸、美術、合唱、鉄道研究、デジタルクリエイト、漫画研究、科学など

〇体育系／軟式野球、サッカー、バスケットボール、スキー、ダンス、バドミントン、剣道など

●行事

中1の5月に行われる校外学習では、中学からの学習の取り組み方を学び、新しい友だちとの親睦を深めます。保護者参加型のもちつき大会や、中高合同の文理祭（文化祭）、体育祭、イングリッシュキャンプ、合唱コンクールなど、イベントは豊富です。

●修学旅行・研修旅行

中1でスキー教室、中2で奈良・京都研修旅行を実施。中3の海外研修旅行は全員でオーストラリアを訪れます。団体行動やグループ活動のなかで、リーダーシップやコミュニケーション力を段階的に習得するとともに、日本の伝統文化と現地でのファームステイを体験しながらその文化を学び、国際感覚を養います。

マネーガイド

■2024年度納付金（諸経費を含む）

	入学金	授業料	施設費	その他	計
入学手続時	250,000円	0円	0円	0円	250,000円
初年度総額	250,000円	360,000円	150,000円	717,600円	1,477,600円

◎寄付金：1口10万円以上（任意）
◎授業料：4期分納
◎奨学金・特待生制度：学業成績・生活態度などを勘案し、授業料・施設設備費・教育充実費の相当額を免除（1年間・更新あり）

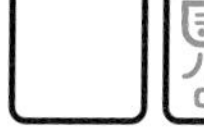

学期制　週5･6日制　プール　冷房　寮　食堂　私服通学　海外研修

サピックスからの合格実績（過去3年）	'22	'23	'24
	66名	76名	56名

進学指導の概要

全員が大学進学を希望するため、現役合格をめざす進路指導体制が組まれています。高2までは全員が文系・理系の区別なく、多くの科目をしっかりと学ぶので、国公立大学の受験にも対応した教育課程となっています。また、数学と英語は習熟度による分割授業を展開して手厚く指導。高3から、国公立文系・理系進学コース、私立文系・理系進学コースに細分化され、実践力を高める演習が中心の授業となります。また、課外ゼミとして高1・2では基礎力・応用力を養成するゼミ、高3では大学受験のためのゼミが、主要5教科の基礎から応用までさまざまなレベルで開講。さらに長期休業中のゼミや大学入試直前ゼミなど、年間150講座以上が開講されています。

■現役大学進学者の進路の内訳

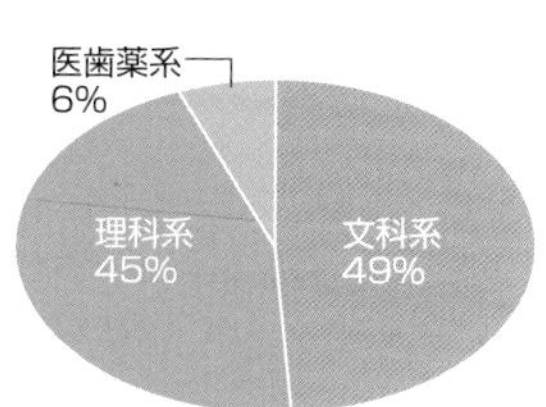

■併設高校から主要大学への合格実績

※上段は現役合格者数、下段は浪人を含めた合格者数。

	東京大	京都大	一橋大	東京工業大	筑波大	お茶の水女子大	電気通信大	東京外国語大	東京学芸大	東京芸術大	東京農工大	東京都立大	横浜国立大	千葉大	早稲田大	慶應義塾大	上智大	東京理科大
22年	1	—	1	—	—	—	—	1	—	—	—	—	2	2	9	5	13	6
	1	—	1	1	—	—	—	1	1	—	—	—	2	2	11	8	13	9
23年	1	—	—	—	1	2	1	1	3	1	3	—	—	—	13	2	10	12
	1	—	—	—	1	2	1	1	3	1	3	1	—	—	15	3	14	16
24年	—	—	—	—	1	—	—	1	—	—	1	—	—	—	7	7	10	3
	1	—	—	—	1	—	—	1	1	1	1	—	—	1	10	11	10	10

	学習院大	明治大	青山学院大	立教大	中央大	法政大	日本大	東洋大	駒澤大	専修大	国際基督教大	津田塾大	東京女子大	日本女子大	管外の大学校 文部科学省所	海外の大学	国公立・医学部	私立・医学部
22年	10	10	7	30	12	10	20	30	3	7	1	1	8	12	5	—	2	1
	13	16	15	34	21	21	30	43	6	12	1	1	8	13	5	—	2	31
23年	14	18	9	25	18	29	33	6	5	6	—	6	7	5	3	—	—	8
	15	25	14	26	22	36	45	9	6	9	1	6	7	5	3	—	2	25
24年	9	17	6	28	14	19	30	43	4	8	—	5	1	9	5	2	—	2
	10	20	10	30	21	28	46	51	5	15	—	5	2	10	7	2	2	12

★指定校推薦枠（2024年度）早稲田大3名、上智大2名、東京理科大10名、中央大10名、学習院大12名、青山学院大7名、立教大7名、明治大5名、津田塾大5名、日本女子大14名、聖マリアンナ医科大1名、北里大(医)1名、日本歯科大(生命医)2名、明治薬科大3名など

入試情報

■2024年度の入試結果

		募集人員	出願者	受験者	合格者	実質倍率
1回	男子	35	410	401	306	1.3
	女子		384	376	281	1.3
1回特待	男子	20	156	151	97	1.6
	女子		150	144	74	1.9
2回	男子	20	141	76	52	1.5
	女子		132	96	76	1.3
2回特待	男子	13	68	51	36	1.4
	女子		58	45	24	1.9
適性検査型	男子	20	208	204	66	3.1
	女子		324	319	140	2.3
英語4技能	男子	7	10	9	5	1.8
	女子		13	10	7	1.4
3回	男子	10	81	28	17	1.6
	女子		76	37	25	1.5

○配点：算国＝各100点　理社＝計120点　適性検査Ⅰ・Ⅱ＝各100点　英語Ⅰ＝80点　英語Ⅱ・Ⅲ＝各60点
○合格最低点：非公表

24年の募集要項

※以下は2024年の募集要項です。2025年の要項は学校の発表をお待ちください。

入 試 日／①1月10日午前 ①特待1月10日午後 ②1月12日午前 ②特待・適正検査型・英語4技能 1月13日午前 ③1月23日午前
募集人員／男女125名(①35名 ②20名 ③10名 ①特待20名 ②特待13名 適性検査型20名 英語4技能7名)
合格発表／インターネットで翌日発表(得点開示)、適性検査型1月17日
手続締切／2月10日
試験科目／国語(50分・100点)、算数(50分・100点)、理科・社会(計60分・計120点)
面　　接／なし
受 験 料／1回20,000円、2回25,000円、3回30,000円、4回35,000円、5回40,000円、6回45,000円

公開行事・説明会予定

【学校説明会】要予約
6月23日(日)時間未定
7月21日(日)時間未定
9月29日(日)時間未定
10月13日(日)時間未定
11月10日(日)時間未定
12月 7日(土)時間未定
【文理祭(文化祭)】
10月25日(金)
◆変更・中止の可能性もあります。必ずホームページにてご確認ください。

獨協埼玉（どっきょう） 中学校

所在地／〒343-0037 越谷市恩間新田寺前316
TEL／048-977-5441
学校長／尾花 信行
創 立／1980年、獨協中学・高等学校(東京・目白)の兄弟校として高等学校開校。1982年より男女共学に。2001年、中学校を開校。
URL／www.dokkyo-saitama.ed.jp

	1年	2年	3年
男子	88名	107名	91名
女子	43名	65名	85名
クラス数	4組	5組	5組

中高総生徒数／1548名

〈交通アクセス〉
東武スカイツリーライン（東京メトロ日比谷線・半蔵門線乗り入れ）「せんげん台」駅よりバス5分

体験を通じて本質を追究し、「自ら考え判断し、行動する力」を養う

目白にある獨協中学・高等学校の兄弟校として、1980年に高校が、2001年に中学が開校しました。「自ら考え判断し、行動することのできる若者を育てる」という教育理念の下、中高一貫だからこそのゆとりある6年間で、じっくりと物事に取り組み、調べ、考え、判断できる生徒の育成をめざします。語学教育の重視と基礎学力の充実を柱に、実験や経験を通して物事の本質を追究する学習方法を導入。中1の総合学習の時間には、隣接する稲田において、地元農家の協力を得て田植えから収穫までを体験します。

スクールライフ

●教育内容

ドイツ語の勉強会からスタートした獨逸学協会学校がルーツであるだけに、語学教育を重視しています。英会話の授業は1クラスを2分割し、外国人講師がきめ細かく指導します。また、国語の作文指導をはじめ、あらゆる教科でレポート提出を繰り返すことにより、考査のための学力にとどまらない高い表現力を身につけ、卒業論文を執筆します。さらに、生徒全員が1台のChromebookを所有し、Google Workspaceを活用することで、生徒同士の対話や意見共有、教員からのフィードバックをリアルタイムで行っています。

■主要5教科の週当たり時間（コマ）数

	英語	数学	国語	理科	社会
1年	6	5	5	4	4
2年	7	5	5	4	4
3年	6	5	6	4	4
合計	19	15	16	12	12

◎1日当たりの授業コマ数：50分×6時限
※土曜日は4時限
◎登校時間：8時20分

●部活動

中学は16のクラブ（ほかに同好会が8つ）が活動し、生徒の参加率は100%です。県大会出場経験もあるサッカー部、硬式テニス部をはじめ、軟式野球部、バスケットボール部、吹奏楽部などが盛んです。

○文化系／吹奏楽、放送、美術、コーラス、写真、サイエンス、華道、茶道など

○体育系／軟式野球、サッカー、陸上競技、バレーボール、水泳、バスケットボール、剣道、硬式テニスなど

●行事

中1の稲作体験、中2の国内留学体験、中3の福祉体験など、体験型学習を活発に行っています。さらに、中高合同の蛙鳴祭（あめいさい）（文化祭）やマラソン大会のほか、中高別に行う、体育祭、合唱祭（中学）、クラス対抗球技大会（中学）などが開催されます。

●修学旅行・研修旅行

中1ではオリエンテーション合宿、中2では全員参加の国内留学体験（2泊3日）、中3では修学旅行（奈良・京都）が行われます。ニュージーランドの姉妹校との間には短期交換留学制度もあります。現地の学校の授業に参加して英語力の向上に努めるとともに、国際的な視野を広げます。高校では2年次に希望者を対象にしたシンガポールでの海外語学研修があります。

マネーガイド

■2024年度納付金（諸経費を含む）

	入学金	授業料	施設費	その他	計
入学手続時	230,000円	0円	120,000円	0円	350,000円
初年度総額	230,000円	444,000円	120,000円	316,461円	1,110,461円

※延納手続制度あり

◎寄付金：1口10万円、1口以上（任意）
◎授業料：3期分納
◎奨学金・特待生制度：応急奨学金として、家計の急変により、就学困難となった者に30万円を給付。後援会奨学金として、経済的困窮により、就学困難となった者に月額2万円（最高24万円）を給付

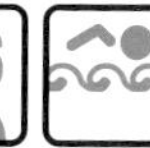

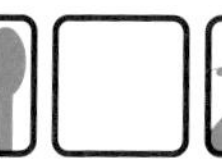

3期 学期制 | 完6 days 週5·6日制 | プール | cool 冷房 | 寮 | 高 食堂 | 私服通学 | 他 海外研修

サピックスからの合格実績（過去3年）	'22	'23	'24
	61名	57名	50名

進学指導の概要

高1は高入生と別クラスで、高2から混合クラスとなります。高3で文系Ⅰ（国公立）、理系Ⅰ（国公立）、文系Ⅱ（私立）、理系Ⅱ（私立）、獨協コースの5コースに分かれ、希望する進路に対応したカリキュラムで学びます。授業は少人数制のゼミ形式や習熟度別の形式で実施し、個々の進学希望をサポート。また、「語学の獨協」と呼ばれるように外国語教育が充実しています。希望者は3年間を通じて第2外国語としてドイツ語を履修できるほか、多様な国際交流プログラムも用意。校内成績などの条件を満たしたうえで、獨協大学の推薦入試を受験することができ、さらに他大学も受験できる併願推薦制度があります。

■現役大学進学者の進路の内訳

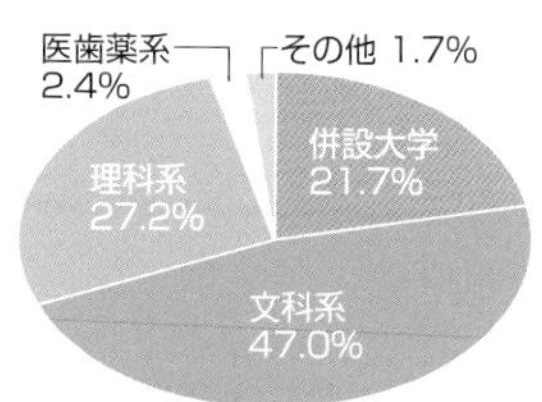

■併設高校から主要大学への合格実績

※上段は現役合格者数、下段は浪人を含めた合格者数。

	東京大	京都大	一橋大	東京工業大	筑波大	お茶の水女子大	電気通信大	東京外国語大	東京学芸大	東京芸術大	東京農工大	東京都立大	横浜国立大	千葉大	早稲田大	慶應義塾大	上智大	東京理科大
22年	—	—	—	—	2	—	—	—	—	—	—	—	—	—	2	3	9	8
	—	—	—	—	2	—	—	—	—	—	—	—	—	—	2	5	9	11
23年	—	—	—	—	1	—	—	1	1	—	1	—	—	1	6	2	1	8
	—	—	—	—	1	—	—	1	1	—	1	—	—	1	6	2	1	9
24年	—	—	—	—	1	1	—	—	—	—	1	—	1	1	8	—	10	10
	—	—	—	—	1	1	—	—	—	—	1	—	1	1	9	—	10	10

	学習院大	明治大	青山学院大	立教大	中央大	法政大	日本大	東洋大	駒澤大	専修大	獨協大	津田塾大	東京女子大	日本女子大	文部科学省所管外の大学校	海外の大学	国公立・医学部	私立・医学部
22年	20	28	20	32	26	38	36	40	8	15	99	5	4	10	—	1	—	3
	24	29	24	33	28	42	42	44	9	15	103	5	5	10	—	1	—	8
23年	17	19	14	15	14	41	49	33	13	22	76	2	7	4	—	2	—	1
	17	20	15	15	15	42	57	39	13	22	78	2	7	4	—	2	—	2
24年	17	21	16	44	21	32	35	48	20	21	117	3	4	11	—	1	—	1
	17	23	16	44	22	35	37	58	20	21	117	3	4	11	—	1	—	1

★指定校推薦枠（2024年度）早稲田大1名、東京理科大5名、学習院大12名、明治大1名、立教大3名、青山学院大6名、中央大3名、法政大7名など

入試情報

■過去2年間の入試結果

			募集人員	出願者	受験者	合格者	実質倍率
23年	1回	男子	50	758	732	488	1.5
		女子	50	577	559	428	1.3
	2回	男子	20	409	190	96	2.0
		女子	20	280	113	69	1.6
	3回	男子	10	404	129	77	1.7
		女子	10	288	64	42	1.5
24年	1回	男子	50	638	613	420	1.5
		女子	50	500	470	351	1.4
	2回	男子	20	373	166	86	1.9
		女子	20	284	126	80	1.6
	3回	男子	10	374	111	70	1.6
		女子	10	248	65	28	2.3

■2024年度入試 合格者の教科別平均点

		算数	国語	理科	社会	合計
1回	男子	54.4	64.8	39.2	42.5	200.9
	女子	46.1	68.5	36.0	39.6	190.2
2回	男子	61.6	55.7	34.8	38.3	190.3
	女子	58.5	60.3	31.8	33.3	184.1
3回	男子	80.3	56.9	34.7	46.1	218.0
	女子	73.2	63.1	36.0	45.7	218.0

○配点：算国＝各100点　理社＝各70点
○合格最低点：1回男子163点・女子151点　2回男子162点・女子151点　3回男子197点・女子185点

24年の募集要項

※以下は2024年の募集要項です。2025年の要項は学校の発表をお待ちください。

入 試 日／①1月11日 ②1月12日 ③1月17日
募集人員／男女160名(①100名[男女各50名] ②40名[男女各20名] ③20名[男女各10名])
合格発表／インターネットで即日発表
手続締切／①1月12日 ②1月13日 ③1月18日
試験科目／国語(50分・100点)、算数(50分・100点)、理科(30分・70点)、社会(30分・70点)
面　　接／なし
受 験 料／20,000円(同時出願の場合は2回25,000円、3回30,000円)

公開行事・説明会予定

【学校説明会】要予約
9月22日(祝)10時～
10月20日(日)10時～
11月17日(日)10時～
12月15日(日)10時～
【体験授業】要予約
8月24日(土) 9時30分～
【蛙鳴祭(文化祭)】
9月14日(土)10時～15時
9月15日(日)10時～15時
【体育祭】
10月26日(土)10時～15時
◆変更・中止の可能性もあります。必ず学校ホームページで確認してください。

<ruby>武南<rt>ぶなん</rt></ruby> 中学校

所在地／〒335-0002　蕨市塚越5-10-21
TEL／048-441-6948
学校長／遠藤 修平
創　立／1963年に中高を同時開校。中学は1972年に一度募集を停止したが、創立50周年に当たる2013年に再設置された。
URL／www.bunan.ed.jp/j-highschool

	1年	2年	3年
男子	31名	31名	25名
女子	24名	21名	8名
クラス数	2組	2組	2組

中高総生徒数／1597名

〈交通アクセス〉
JR京浜東北線「西川口」駅より徒歩10分

グローバルリーダーにふさわしい確固たる人間性と知性を育む

武南学園が2013年に再設置した共学校です。完全中高一貫体制の下、中高6年間を通して独自の先進的教育を行うシステムを、同校では「BUNAN Advanced」と呼んでいます。目的としているのは、「豊かな教養を身につけたグローバルリーダーの育成」。そのために重視しているのが「変革する心」「豊かな教養を愛する心」「人間力を高める心」「世界を知る心」の養成です。BUNAN Advanced用に新設された校舎は、教室と廊下が一体化したオープンな構造で、電子黒板や1人1台の端末を導入するなど、ICT環境も充実しています。

スクールライフ

●教育内容

質にも量にもこだわった多角的な授業を行い、中1・2は月曜に、中3は月・火曜に7時限授業を実施。加えて、長期休暇の期間を見直すことで、豊富な授業数を確保しています。特に英語は、公立校の約1.5倍の授業時間を設定し、実践的な英語の習得をめざしてイングリッシュキャンプなども実施。すべての授業でICTを積極活用するほか、各フロアの中央にオープンスペースのラーニングコモンズを設置。自由討論やグループワークなども頻繁に行い、探究的な学びにつなげています。また、放課後に30分間の自習時間を設けることで、復習習慣の定着を図ると同時に、資格試験にも全員でチャレンジし、中3までに英検®準2級、数検3級、漢検2級の取得をめざしています。さらに、ノーチャイム制を敷くことで、生徒自身のマネジメント能力も養っています。

■主要5教科の週当たり時間（コマ）数

	英語	数学	国語	理科	社会
1年	6	6	5	4	4
2年	6	6	5	4	4
3年	7	6	6	4	4
合計	19	18	16	12	12

◎1日当たりの授業コマ数：50分×6時限
　※週1～2回7時限、土曜日は4時限
◎登校時間：8時15分

●部活動

7時限目の授業を行う関係もあり、部活動は週2日で、1日につき最大2時間としています。生徒は限られた時間のなかで、工夫して活動しています。

○文化系／合唱、英語、華道、茶道、科学
○体育系／卓球、柔道、バスケットボール、バレーボール、硬式テニスなど

●行事

武南祭（文化祭）と体育祭は9月に実施。古典芸能フィールドワークとして、中1で歌舞伎、中2で文楽、中3で能・狂言を鑑賞します。そのほか、長瀞での理科フィールドワーク（中1）をはじめ、社会科、音楽科、美術科などでもフィールドワークを行っています。

●修学旅行・研修旅行

全員参加の海外研修を6年間で2回実施。中2のアジア研修では、世界遺産修復活動やものづくり体験、現地の中学校との交流などを行います。高1ではボストンとニューヨークを訪れ、ハーバード大学やマサチューセッツ工科大学での研修にも参加。世界の空気に触れたうえで、高2では日本人としてのアイデンティティーを見つめ直す意味で、京都・奈良を探訪する予定です。

マネーガイド

■2024年度納付金（諸経費を含む）

	入学金	授業料	施設費	その他	計
入学手続時	250,000円	0円	150,000円	0円	400,000円
初年度総額	250,000円	360,000円	150,000円	497,522円	1,257,522円

◎寄付金：なし
◎授業料：月納
◎奨学金：なし
◎特待生制度：各入試および年度末の審査で基準を満たした者を対象とし、入学金や授業料を免除

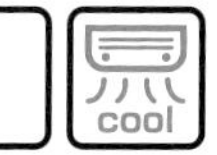

3期 他 days cool 高 全

学期制 週5･6日制 プール 冷房 寮 食堂 私服通学 海外研修

サピックスからの合格実績（過去3年）	'22	'23	'24
	6名	10名	7名

進学指導の概要

高校からの入学生とは校舎が異なり、まったくな別のカリキュラムで学びます。中高一貫生は国公立大学受験を意識し、全員が5教科7科目を履修。中学から先取り学習を行うため、高3では進路に即した演習中心の授業に移行します。また、長期休暇中には特別講座を開講するほか、高2・3の夏休みには学習合宿も実施。高3では個別受験対策なども行い、生徒一人ひとりに希望進路に見合った学力をつけさせます。高1のボストン研修では、生徒全員がホームステイを体験。ハーバード大学やマサチューセッツ工科大学の学生とのリーダーシップセッションを行うなど、同校ならではの内容となっています。

■現役大学進学者の進路の内訳

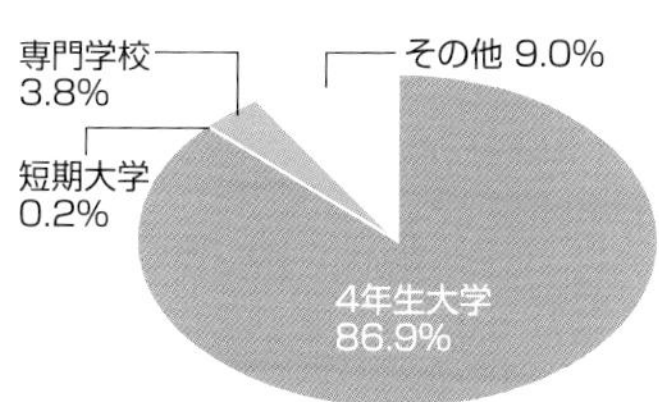

■併設高校から主要大学への合格実績

※上段は現役合格者数、下段は浪人を含めた合格者数。

	東京大	京都大	一橋大	東京工業大	筑波大	お茶の水女子大	電気通信大	東京外国語大	東京学芸大	東京芸術大	東京農工大	東京都立大	横浜国立大	千葉大	早稲田大	慶應義塾大	上智大	東京理科大
22年	—	—	—	—	2	1	—	—	1	—	—	—	—	1	3	—	1	5
	—	—	—	—	2	1	—	—	2	—	—	—	—	1	6	—	1	5
23年	—	—	1	—	—	—	—	—	2	—	—	1	—	1	4	2	2	7
	—	—	1	—	—	—	—	—	2	—	—	1	—	1	4	2	2	8
24年	—	—	—	—	2	—	1	—	1	—	2	—	—	1	15	1	4	2
	—	—	—	—	2	—	1	—	1	—	2	—	—	1	15	1	4	2

	学習院大	明治大	青山学院大	立教大	中央大	法政大	日本大	東洋大	駒澤大	専修大	国際基督教大	津田塾大	東京女子大	日本女子大	文部科学省所管外の大学校	海外の大学	国公立・医学部	私立・医学部
22年	8	15	9	10	9	26	54	82	29	23	—	4	7	12	—	—	—	—
	13	20	10	11	11	29	61	90	31	23	—	4	8	12	—	—	—	—
23年	8	22	4	9	12	17	49	74	23	33	—	7	5	8	—	1	—	—
	11	25	6	9	13	21	53	75	25	34	—	7	5	8	—	1	—	—
24年	6	18	12	20	17	16	51	79	12	13	—	2	5	3	—	—	—	—
	6	19	12	23	18	17	54	84	12	16	—	2	5	3	—	—	—	—

★指定校推薦枠（2024年度）東京理科大、青山学院大、中央大、法政大、学習院大など

入試情報

■2024年度の入試結果

			募集人員	出願者	受験者	合格者	実質倍率
1回午前	4科	男子	80	122	118	91	1.3
		女子		100	96	79	1.2
	2科	男子		69	69	48	1.4
		女子		88	84	55	1.5
	適性検査	男子		46	45	36	1.3
		女子		55	55	48	1.1
1回午後	4科	男子		90	83	63	1.3
		女子		[illegible]	63	55	1.1
	2科	男子		94	91	58	1.6
		女子		103	98	69	1.4
2回	4科	男子		33	24	20	1.2
		女子		23	14	12	1.2
	2科	男子		28	21	13	1.6
		女子		25	18	15	1.2
	適性検査	男子		11	11	8	1.4
		女子		5	4	3	1.3
3回	4科	男子		31	25	19	1.3
		女子		23	18	18	1.0
	2科	男子		22	18	11	1.6
		女子		17	13	11	1.2
4回	2科	男子		16	10	4	2.5
		女子		5	4	2	2.0
5回	1科	男子		6	4	1	4.0
		女子		2	2	0	—

○配点：算国＝各100点　理社＝各50点　適性検査＝各100点
○合格最低点：非公表

24年の募集要項

※以下は2024年の募集要項です。2025年の要項は学校の発表をお待ちください。

入 試 日／①午前・適性検査型1月10日午前 ①午後1月10日午後 ②・適性検査型1月12日 ③1月20日 ④1月27日 ⑤2月4日
募集人員／男女80名
合格発表／翌日発表(①午前・適性検査型は即日発表)
手続締切／すべて2月10日
試験科目／国語(50分・100点)、算数(50分・100点)、理科(30分・50点)、社会(30分・50点)
※2科4科選択、適性検査型はⅠ・Ⅱ(各50分・各100点)、④⑤は2科
面　　接／あり(④⑤のみ、受験生個人)
受 験 料／20,000円(複数回受験の場合、2回目以降はそれぞれ5000円)

公開行事・説明会予定

【学校説明会】要予約
7月21日(日)10時～(オープンスクール・体験授業あり)
8月25日(日)10時～(オープンスクール・体験授業あり)
10月 6日(日)10時～
【イブニング説明会】要予約
11月 8日(金)18時30分～
12月13日(金)18時30分～
【授業公開&説明会】要予約
10月19日(土)10時～
【入試体験会】要予約
11月17日(日) 8時30分～
12月 8日(日) 8時30分～
【文化祭】
9月 7日(土)10時～15時
9月 8日(日)10時～15時
◆変更・中止の可能性もあります。必ず学校ホームページで確認してください。

星野学園 中学校

所在地／〒350-0824 川越市石原町2-71-11
TEL／049-223-2888
学校長／星野 誠
創　立／1897年、星野塾を創立。1964年、星野女子高校を開校。2000年、中学校を開校し、共学の中高一貫校に。
URL／www.hoshinogakuen.ed.jp

	1年	2年	3年
男子	60名	61名	52名
女子	95名	124名	110名
クラス数	5組	5組	4組

中高総生徒数／2181名　併設小から32%

〈交通アクセス〉
JR川越線、東武東上線「川越」駅、西武新宿線「本川越」駅、JR高崎線「熊谷」駅「宮原」駅、西武池袋線「入間市」駅よりスクールバスあり

高い知性と品性を身につけ、社会に貢献できる人間を育む

前身の星野塾から数えて127年の伝統を受け継ぎ、21世紀を担える人間づくりをめざして、難関大学への現役合格を可能にするための学力の養成に加え、人格・体力のすべてを高める全人教育で国際社会に通用する人間を育成しています。「学ぶことの楽しさ」「理解することの充実感」を体験させるため、「生徒の誰もがよくわかり楽しく学べる授業」を展開します。教室にはプロジェクターを完備するほか、全員にタブレット端末を配布。全天候型グラウンドの「星野ドーム」も完備しています。

スクールライフ

●教育内容

6年間を見通した独自のカリキュラムで、主要教科は公立校の1.5倍の授業時間を確保。アクティブ・ラーニングを取り入れているほか、数学では先取り学習を行い、中3で高校の内容に入ります。また、英語は中1から、数学は中2から習熟度別授業を導入。英語は全学年で週1時間の外国人講師による英会話があります。さらに、補習、朝自習、昼休みや放課後の個別指導といったフォローにも力を入れています。定期試験以外にも、目的の異なる各種テストを設け、各人の学習状況や到達度に応じた具体的な学習指導に役立てています。英検®、GTEC、数検、漢検は全員が受検します。

■主要5教科の週当たり時間（コマ）数

	英語	数学	国語	理科	社会
1年	6.2	6.2	5.2	4	4
2年	6	6	5	4	4
3年	6	6	6	4	4
合計	18.2	18.2	16.2	12	12

◎1日当たりの授業コマ数：50分×6時限
　※土曜日は4時限
◎登校時間：8時30分

●部活動

文化系・体育系合わせて40以上の部があり、全員が参加しています。弓道部、硬式テニス部、バトン部、書道部などが全国大会で好成績を収めています。

○文化系／箏曲、吹奏楽（マーチングバンド・ウインドオーケストラ）、バトン、音楽、書道、茶道、美術、文芸、科学、調理、囲碁、英語、百人一首、プログラミング、鉄道研究など

○体育系／サッカー、軟式野球、硬式テニス、バスケットボール、バレーボール、バドミントン、ソフトテニス、卓球、陸上、新体操、器械体操、弓道、剣道、水泳、ソフトテニスなど

●行事

5月の体育祭、9月の小中高合同で行う星華祭（文化祭）のほか、11月の合唱祭、芸術鑑賞、日独交流コンサート、歩け歩け大会など、さまざまな行事があります。

●修学旅行・研修旅行

中1は7月に白樺湖畔で野外芸術実習が、2月には全学年、苗場で野外体育実習（スキー）があります。中学ではオーストラリアでホームステイを体験する修学旅行のほか、ブリティッシュヒルズでの英語宿泊研修、東京グローバルゲートウェイでの研修を企画しています。高校ではロンドン・パリの修学旅行や、希望者対象のバンクーバーホームステイを夏休みに実施予定。

マネーガイド

■2024年度納付金（諸経費を含む）

	入学金	授業料	施設費	その他	計
入学手続時	250,000円	0円	150,000円	0円	400,000円
初年度総額	250,000円	360,000円	270,000円	357,000円	1,237,000円

◎寄付金：なし
◎授業料：月納
◎奨学金・特待生制度：高校入学時にあり

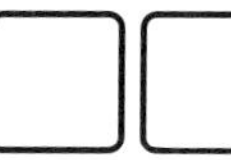
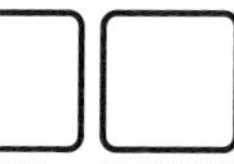

学期制　週5・6日制　プール　冷房　寮　食堂　私服通学　海外研修

サピックスからの合格実績（過去3年）	'22	'23	'24
	54名	22名	27名

進学指導の概要

中学では、入試で「理数選抜クラス」と「進学クラス」に分かれますが、「進学クラス」で成績の伸びた生徒は進級時に「理数選抜クラス」に入ることができます。中3次に文理選択や職業への関心を高める進路指導を行うほか、高校の「理数選抜コース」は、中高一貫生のみで構成されたクラスで東大・京大・国公立大学医学部などの最難関大学をめざします。高校では、高1から7時間目の授業が組み込まれ、高2で文系・理系を選択。そして、高3からは志望大学の受験に備え、問題演習を中心とする授業に入ります。また、授業以外にレベル別の講習も豊富に用意。すべて無料で受講できます。

■浪人を含む大学進学者の進路の内訳

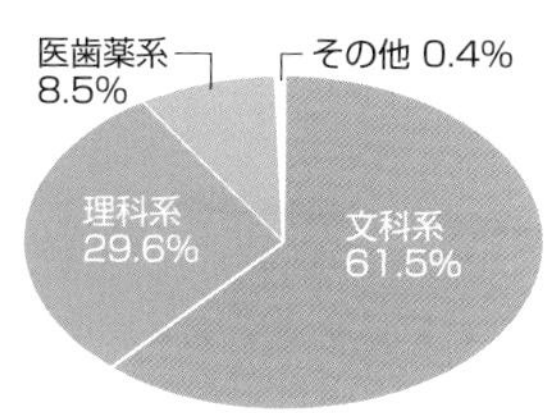

■併設高校から主要大学への合格実績

※上段は現役合格者数、下段は浪人を含めた合格者数。

	東京大	京都大	一橋大	東京工業大	筑波大	お茶の水女子大	電気通信大	東京外国語大	東京学芸大	東京芸術大	東京農工大	東京都立大	横浜国立大	千葉大	早稲田大	慶應義塾大	上智大	東京理科大
22年	—	—	—	—	—	1	2	—	5	—	2	3	1	—	9	4	15	5
	—	—	—	1	—	1	2	—	5	1	2	4	1	—	10	5	15	12
23年	—	—	1	—	3	1	1	1	5	—	4	3	3	2	14	6	11	22
	—	—	1	—	3	1	1	1	5	—	4	3	3	2	14	6	11	23
24年	—	—	—	—	4	2	1	1	6	—	2	3	2	3	13	5	8	11
	1	—	—	—	4	2	1	1	6	—	2	3	2	3	14	5	8	12

	学習院大	明治大	青山学院大	立教大	中央大	法政大	日本大	東洋大	駒澤大	専修大	国際基督教大	津田塾大	東京女子大	日本女子大	文部科学省所管外の大学校	海外の大学	国公立・医学部	私立・医学部
22年	14	20	12	42	27	30	46	82	11	11	1	14	23	39	—	—	1	9
	17	24	12	43	30	35	50	85	13	12	1	14	23	40	1	—	3	10
23年	23	37	13	39	28	44	65	103	26	34	—	21	19	43	9	—	—	1
	23	37	13	41	30	49	68	104	29	36	—	21	19	43	11	—	—	4
24年	18	24	5	62	23	59	61	154	32	33	1	25	32	32	4	5	—	5
	19	29	6	68	27	66	70	163	35	40	1	26	32	35	5	5	—	4

★指定校推薦枠（2024年度）上智大、東京理科大、明治薬科大、学習院大、明治大、青山学院大、立教大、中央大、津田塾大、東京女子大、日本女子大など

入試情報

■2024年度の入試結果

			募集人員	出願者	受験者	合格者	実質倍率
進学1回	男子	2科	内進含計160	113	87	63	1.4
	女子			370	301	218	1.4
理数1回	男子	3科①		154	127	37	3.4
	女子			410	357	121	3.0
理数2回	男子	4科		142	100	44	2.3
	女子			398	260	89	2.9
進学2回	男子	2科		149	66	35	1.9
	女子			436	201	[illegible]	[illegible]
総合選抜	男子	4科		110	29	20	1.5
	女子			277	105	66	1.6
	男子	3科②		5	2	1	2.0
	女子			16	8	3	2.7
	男子	2科		28	7	3	2.3
	女子			92	11	3	3.7

■2024年度入試 受験者の教科別平均点

		算数	国語	理科	社会	合計
進学1回	男子	67.3	65.6			—
	女子					
理数1回	男子	65.4	63.4	55.2		—
	女子					
理数2回	男子	62.2	69.0	34.8	28.0	—
	女子					
進学2回	男子	49.1	65.7			—
	女子					
総合選抜4科	男子	48.1	61.1	28.5	32.9	—
	女子					
総合選抜3科	男子			英／28.4		—
	女子					
総合選抜2科	男子					—
	女子					

○配点：算国＝各100点　理社＝各50点　理数1回の理科＝80点　英＝50点

○合格最低点：進学1回122点　理数選抜1回理数193点・進学171点　理数選抜2回理数211点・進学182点　進学2回121点　総合選抜4科理数191点・4科進学164点・3科理数183点・3科進学139点 2科111点

24年の募集要項

※以下は2024年の募集要項です。2025年の要項は学校の発表をお待ちください。

入 試 日／進学①1月10日午前 理数①1月10日午後 理数②1月11日午前 進学②1月11日午後 総合選抜1月14日午前

募集人員／男女160名(内部進学60名含む)

合格発表／ホームページで即日発表　※郵送あり

手続締切／2月5日(延納手続の必要なし)

試験科目／4科：国語(50分・100点)、算数(50分・100点)、理科・社会(計60分・各50点)、3科①：国語(50分・100点)、算数(50分・100点)、理科(40分・[illegible]点)、3科②：国語(50分・100点)、算数(50分・100点)、英語(30分・50点)、2科：国語(50分・100点)、算数(50分・100点)、理数①は3科、理数②は4科、進学①②は2科、総合選抜は2科3科4科選択

面　　接／なし

受 験 料／25,000円(複数回受験可)

公開行事・説明会予定

【入試説明会】要予約 各回とも10時～
7月14日(日)
9月21日(土) 授業見学
10月14日(祝) 入試対策講座
11月 4日(振休) 入試対策講座
11月23日(祝) 入試対策講座
12月 8日(日) 入試対策講座

【オープンスクール】要予約
6月15日(土)14時～

【首都圏PRE中学入試】要予約 5年生対象
2月 2日(日) 9時～
※保護者対象の入試講演会を同時実施

【星華祭(文化祭)】
9月14日(土) 9時～16時
9月15日(日) 9時～16時

◆変更・中止の可能性もあります。必ず学校ホームページで確認してください。

細田学園 中学校

所在地／〒353-0004 志木市本町2-7-1
TEL／048-471-3255
学校長／荒井 秀一
創　立／1921年に細田裁縫女学校として開校。1999年に男女共学化を果たし、2019年4月に併設の中学校を設置。
URL／www.hosodagakuen.jp/juniorhighschool

	1年	2年	3年
男子	35名	20名	30名
女子	36名	31名	29名
クラス数	3組	2組	2組

中高総生徒数／932名

〈交通アクセス〉
東武東上線・東京メトロ有楽町線「志木」駅より徒歩15分

次世代型進学校で「最高の原体験を、そして未来へ」

コアコンセプトは“Making dots and Connecting the dots”。そこには生徒が活躍する未来を考え、そのなかを自分らしく生き抜くために、中高6年間という人生で最も多感な時期にたくさんのdots（原体験）を得るべきという理念があります。このdotsの特性を考慮してデザインした教育には、3つの方向性があります。それは、①次世代型教育を実践して未来創造力、国際力・英語力、人間力を培い、②学びたい大学に行ける学力を身につけ、③国内外にとらわれない進学を実現することです。

スクールライフ

●教育内容

未来創造力では、次世代型教育の手法としてDITOメソッドを採用しています。DITOとは学びを深めていくときの「Define（定義する）→Input（入力する）→Think over（熟考する）→Output（出力する）」という一連の行為を表す頭文字。教育活動のすべてがこのDITOでデザインされており、未来を創造するための「とらえる力」「考える力」「動く力・動かす力」「乗り越える力」が身につきます。そして1人が1台所有するデバイスは、DITOを効率的にする効果的なツールとなっています。全館にWi-Fiを完備しているほか、帰宅後もビデオチャットなどを駆使してミーティングや資料作成をすることができます。課題の配布や提出もオンラインでスムーズです。オンライン英会話では、独自の教材とカリキュラムで授業と連動。自然な英語を自然な形で学び、発話力を培います。ほかにも外国人講師との少人数授業、長期・短期留学制度など、充実した英語教育のプログラムが用意されており、大学入試に十分対応していることはもちろん、世界レベルで活躍できる国際力を身につけることができます。

■主要5教科の週当たり時間（コマ）数

	英語	数学	国語	理科	社会
1年	4	4	4	3	3
2年	5	3	4	4	3
3年	5	4	3	4	4
合計	14	11	11	11	10

◎1日あたりの授業コマ数：50分×6時限
◎登校時間：8時20分

●部活動

併設高校には全国大会常連の女子バレーボール部をはじめ、2017年度に全国優勝を果たした囲碁将棋部など、体育・文化系ともに活発に活動をしています。また、中学校では、通常の部活動以外に選択クラブを夏冬2回1週間程度行います。

●行事

体育祭、白梅祭（文化祭）、合唱コンクールなど、大切なdotsを獲得できるチャンス。生徒主体のコンテンツをたくさん準備しています。

●修学旅行・研修旅行

オリエンテーション合宿や修学旅行のほか、高2ではニューヨーク・ボストンへの国際体験学習を通じて国際感覚を身につけます。希望者を対象としたプログラムとしては、世界のトップレベルの大学での語学研修や、各教員が得意とする分野に特化したフィールドワークを年3回実施する予定です。

マネーガイド

■2024年度納付金（諸経費を含む）

	入学金	授業料	施設費	その他	計
入学手続時	250,000円	0円	0円	0円	250,000円
初年度総額	250,000円	360,000円	約120,000円	約250,000円	約980,000円

◎寄付金：任意
◎授業料：3期分納
◎奨学金・特待生制度：特待生入試合格者は入学金免除・6年間授業料・教育充実費を給付(1年毎の審査あり)、特別合格者は、各回上位若干名は入学金免除・教育充実費を給付、上位5～10%は入学金免除

※希望制の海外研修もあり

3期	完5 days		cool		高		全
学期制	週5·6日制	プール	冷房	寮	食堂	私服通学	海外研修

サピックスからの合格実績（過去3年）	'22	'23	'24
	17名	10名	13名

進学指導の概要

併設の高校とはクラスを合流せず、6年一貫の利点を生かした教科教育を実施します。英語・数学は中1から習熟度別授業を展開し、理数系科目は中3で高校課程を学び始め、難関大学の受験にも対応しています。高3では大学入試に向けた演習授業を行います。理系・文系の選択科目を高2から設置し、国公立大学と私立大学いずれの入試にも対応したカリキュラムを準備しています。国内の最難関大学をめざす生徒には、教員が個別にきめ細かく指導。また、海外大学への進学を希望する生徒には、海外留学に精通する企業などと協力し、その実現をサポートします。

■現役大学進学者の進路の内訳

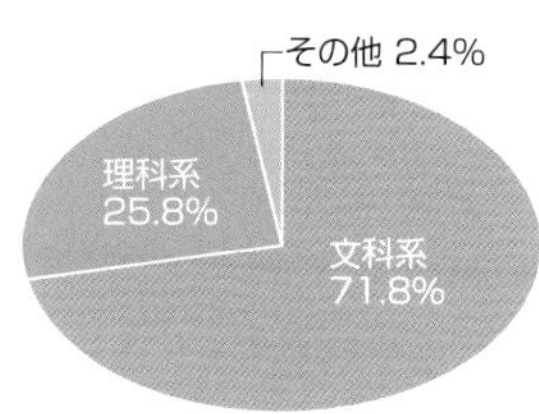

■併設高校から主要大学への合格実績

※上段は現役合格者数、下段は浪人を含めた合格者数。

	東京大	京都大	一橋大	東京工業大	筑波大	お茶の水女子大	電気通信大	東京外国語大	東京学芸大	東京芸術大	東京農工大	東京都立大	横浜国立大	千葉大	早稲田大	慶應義塾大	上智大	東京理科大
22年	—	—	—	—	—	—	—	—	—	—	1	—	—	—	1	1	1	9
	—	—	—	—	—	—	—	—	—	—	1	—	—	—	1	1	1	9
23年	—	—	—	1	—	—	—	—	—	—	—	—	—	—	10	3	—	9
	—	—	—	1	—	—	—	—	—	—	—	—	—	—	12	3	1	9
24年	—	—	—	—	1	—	—	1	—	—	—	—	—	1	9	1	7	4
	1	—	—	—	1	—	—	1	—	—	—	—	—	1	9	1	7	4

	学習院大	明治大	青山学院大	立教大	中央大	法政大	日本大	東洋大	駒澤大	専修大	国際基督教大	津田塾大	東京女子大	日本女子大	文部科学省管外の大学校所	海外の大学	国公立・医学部	私立・医学部
22年	8	6	7	11	9	12	19	36	10	10	1	—	—	2	—	1	—	—
	9	10	10	12	11	14	25	47	10	12	1	—	—	2	—	1	—	—
23年	5	14	6	9	13	22	19	36	3	8	—	1	5	1	—	3	—	—
	5	14	7	12	16	28	29	43	3	8	—	1	5	1	—	3	—	—
24年	5	8	3	16	2	13	39	52	12	7	—	1	5	3	—	2	—	—
	6	8	3	16	4	14	41	53	13	7	—	1	5	3	—	3	—	—

★指定校推薦枠（2024年度）非公表

入試情報

■2024年度の入試結果

		募集人員	出願者	受験者	合格者	実質倍率
一般1回4科	男子	40	57	57	36	1.6
	女子		111	101	84	1.2
dots1回(適性検査型)	男子	20	63	63	57	1.1
	女子		89	88	73	1.2
特待生1回4科	男子	15	男子40 女子63	男子38 女子53	男子2 女子7	男子19.0 女子7.6
	女子					
特待生1回2科	男子					
	女子					
一般2回4科	男子	20	55	29	10	2.9
	女子		100	44	29	1.5
一般2回3科	男子		3	0	0	—
	女子		8	6	4	1.5
特待生2回4科	男子	15	8	6	0	—
	女子		17	13	2	6.5
一般3回4科	男子	10	41	6	2	3.0
	女子		67	1	1	1.0

○配点：算国＝各100点　理社＝各50点　適性検査ⅠⅡⅢ＝各100点 英＝100点
○合格最低点：非公表

24年の募集要項

※以下は2024年の募集要項です。2025年の要項は学校の発表をお待ちください。

入 試 日／一般①・dots①(適性検査型)1月10日午前
特待①1月10日午後
一般②・特待②1月12日午前
一般③2月4日午前
帰国①12月1日 帰国②1月5日
募集人員／男女120名
合格発表／即日発表(一般①・特待①は翌日発表)
手続締切／2月7日
試験科目／①～③・特待①②：国語(50分・100点)、算数(50分・100点)、理科・社会(計60分・各50点)
dots：適性検査型ⅠⅡⅢまたは適性検査型ⅠⅡⅢ＋グループワークと面接
③は国語＋算数＋英語も可
帰国①②：英語または国語＋算数＋面接(日本語)またはエッセイライティング(英語)＋面接(日本語と英語)
面　　接／なし(帰国①②はあり)
受 験 料／25,000円(同時出願の場合のみ、一般・特待生入試から4回受験可能)、10,000円(特待)、15,000円(dots)、20,000円(帰国)
※dotsのグループワーク・面接までは20,000円

公開行事・説明会予定

【中学校入試体験会・説明会】要予約
11月24日(日)　9時～
12月14日(土)　9時～
【オープンスクール】要予約
7月20日(土)　9時～
10月27日(日)　9時～
【白梅祭(文化祭)】
9月　8日(日)　9時30分～16時
※学校説明会あり
◆変更・中止の可能性もあります。必ず学校ホームページで確認してください。

大阪星光学院 中学校

所在地／〒543-0061 大阪市天王寺区伶人町1-6
TEL／06-6771-0737
学校長／田沢 幸夫
創 立／1950年、カトリック系のサレジオ修道会により設立。1953年に高校を併設して中高一貫体制をとり、現在に至る。
URL／www.osakaseiko.ac.jp

	1年	2年	3年
男子	192名	193名	190名
女子	—	—	—
クラス数	4組	4組	4組

中高総生徒数／1129名

〈交通アクセス〉
大阪メトロ谷町線「四天王寺前夕陽ヶ丘」駅より徒歩2分　JR大阪環状線ほか「天王寺」駅、近鉄南大阪線「大阪阿部野橋」駅より徒歩10分　近鉄奈良・大阪線「大阪上本町」駅より徒歩15分

課外授業を通じて「共生」を実践するキリスト教系進学校

キリスト教の立場から人間と社会を考えていき、高い倫理観と確固たる人生観の養成をめざすカトリック系のミッションスクールです。毎年、現役で東大や京大などに多くの合格者を輩出している進学校ですが、校外行事やクラブ活動にも力を注いでいます。また、勉強合宿をはじめとした課外授業の時間を多く設定し、共同生活を通して生徒同士や教師との信頼関係を深めるほか、自分自身を見つめる目を養っています。大阪の中心地に位置しながらも、史跡に囲まれた閑静な環境にあり、伸び伸びと勉学に励むことができます。

スクールライフ

●教育内容

サレジオ修道会の創始者である聖ヨハネ・ボスコの教育理念「理解と信頼」に導かれるサレジアン・スクールの1つ。「世の光であれ」を校是としており、生徒には単に知識･学力だけを身につけるのでなく、高い人格を伴った人として生きることを求めます。そのため、6年一貫教育のゆとりあるカリキュラムを生かし、一人ひとりの資質を大切に育みます。中学3年間では基礎学力の定着を重視し、国語・数学・英語の3教科には特に注力しています。授業の進度は速く、中3から高校課程に入る教科もあります。また、週3回程度の小テストを行うことで、生徒の理解度を確認したうえで、指名制や希望制の補習、校外施設を利用した勉強合宿を実施するなど、きめ細かく指導します。専門のカウンセラーや聖職者（司祭）も学校に常駐し、生徒の相談役を務めています。

■主要5教科の週当たり時間（コマ）数

	英語	数学	国語	理科	社会
1年	7	6	5	3	4
2年	6	6	6	4	4
3年	7	6	6	4	3
合計	20	18	17	11	11

◎1日当たりの授業コマ数：50分×6時限
※火・金曜日は50分×7時限、土曜日は50分×4時限
◎登校時間：8時35分

●部活動

35のクラブ・同好会があり、中学生は9割が所属しています。

○文化系／ESS、書道、文芸、新聞、地理歴史研究、カトリック研究、放送、ライフサイエンス、数学研究、吹奏楽、天文、物理、化学、囲碁将棋、電気工学、ボランティア、合唱、写真、美術、クイズ研究会、けん玉同好会

○体育系／フィールドホッケー、中学野球（軟式）、高校野球（硬式）、卓球、弓道、硬式テニス、柔道、バスケットボール、バレーボール、サッカー、陸上、剣道、ライフル射撃同好会

●行事

スクールフェア（文化祭）や体育大会はもちろん、英語暗唱大会やクリスマス会、各種講演会、映画鑑賞会、球技大会など、多彩な行事を実施しています。

●修学旅行・研修旅行

中1・2の黒姫星光山荘登山合宿（長野県）、各学年で実施される南部学舎合宿（和歌山県）をはじめ、校外施設を利用した宿泊型の研修授業が多く、課外授業の日数は中学3年間で約50日に上ります。修学旅行は中3と高2で行われます。

マネーガイド

■2024年度納付金（諸経費を含む）

	入学金	授業料	施設費	その他	計
入学手続時	300,000円	0円	0円	約85,000円	約385,000円
初年度総額	300,000円	540,000円	60,000円	約127,200円	約1,027,200円

◎寄付金：なし
◎授業料：3期分納
◎奨学金・特待生制度：なし

3期	完6 days		cool				他
学期制	週5･6日制	プール	冷房	寮	食堂	私服通学	海外研修

サピックスからの合格実績（過去3年）	'22	'23	'24
	6名	9名	3名

進学指導の概要

学習面では「繊細かつ骨太な学習」をキーワードに、中学で基礎学力を身につけ、高校では各自の進路に向けて、徹底して学力の充実を図るとともに、卒業後に「世の光」として社会に貢献できる人間力の育成をめざします。「化学グランプリ」「物理オリンピック」「数学オリンピック」などへの参加を奨励し、生徒が自主的に高度な学びに取り組むよう、促しています。クラスは高2から文系・理系に分かれますが、主要科目は必修となり、すべての生徒が国公立大に進学可能なプログラムで進行します。毎年、理系志望者が多く、卒業後は医歯薬系の学部に進学する生徒も少なくありません。

■現役大学進学者の進路の内訳

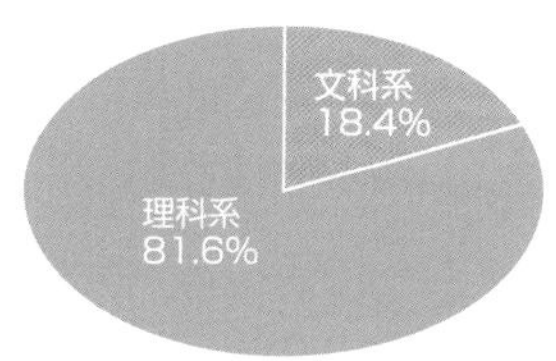

■併設高校から主要大学への合格実績

※上段は現役合格者数、下段は浪人を含めた合格者数。

	北海道大	東北大	東京大	一橋大	東京工業大	東京芸術大	東京医科歯科大	横浜国立大	名古屋大	金沢大	京都大	大阪大	神戸大	大阪教育大	京都工芸繊維大	大阪公立大	兵庫県立大	京都府立大
22年	3	—	13	1	—	—	—	—	—	—	22	10	8	1	2	9	6	—
	3	1	16	2	—	—	—	—	—	—	27	14	9	1	4	19	7	2
23年	—	3	9	—	—	—	—	1	1	—	45	7	9	—	—	15	1	-
	4	3	16	1	1	—	—	1	1	1	56	11	15	—	1	20	3	—
24年	3	1	10	1	—	—	—	—	—	—	24	10	12	—	1	14	—	—
	6	1	14	5	1	—	—	—	—	—	37	14	16	—	4	23	—	—

	滋賀医科大	京都府立医科大	奈良県立医科大	和歌山県立医科大	早稲田大	慶應義塾大	上智大	東京理科大	関西大	関西学院大	同志社大	立命館大	大阪医科薬科大	関西医科大	文部科学省所管外の大学校	海外の大学	国公立・医学部	私立・医学部
22年	1	1	6	4	7	3	1	1	5	8	11	—	4	6	—	—	23	13
	5	1	6	7	17	10	2	7	16	12	41	33	7	10	3	—	36	31
23年	1	—	3	3	6	7	—	1	7	9	21	10	7	4	—	—	31	20
	1	1	5	4	15	23	6	6	24	25	61	41	12	8	—	—	41	35
24年	—	2	2	5	8	2	—	4	4	5	16	9	4	1	2	—	24	12
	—	2	3	6	25	13	—	18	13	19	54	39	8	9	3	—	31	35

★指定校推薦枠（2024年度）早稲田大、慶應義塾大、東京理科大、関西学院大、同志社大、立命館大など

入試情報

■過去3年間の入試結果

		募集人員	出願者	受験者	合格者	実質倍率
22年	Ⅰ型	190	532	513	209	2.5
	Ⅱ型		195	172	69	
23年	Ⅰ型	190	541	517	225	2.4
	Ⅱ型		[illegible]	178	64	
24年	Ⅰ型	190	518	495	228	2.2
	Ⅱ型		189	166	72	

■2024年度入試 受験者・合格者の教科別平均点

		算数	国語	理科	社会	合計
Ⅰ型・Ⅱ型	受験者	66.0	70.6	56.5	51.6	246.4
	合格者	79.3	75.9	61.6	55.8	275.4

※Ⅰ型(4教科)またはⅡ型(算数･国語･理科の3教科)を選択。Ⅰ型の場合は、4教科の合計点、算数･国語･理科の合計点を1.25倍した点数、算数･国語・社会の合計点を1.25倍した点数の3つのうち、最も高得点のものが受験者の成績として判定されます。また、Ⅱ型の場合は、算数･国語･理科の合計点を1.25倍した点数が受験者の成績として判定されます。
○配点：算国＝各120点　理社＝各80点
○合格最低点：252.50点

24年の募集要項

※以下は2024年の募集要項です。2025年の要項は学校の発表をお待ちください。

入試日／1月13日
募集人員／男子約190名(連携校特別選抜者を含む)
合格発表／1月14日
手続締切／1月15日
試験科目／国語(60分・120点)、算数(60分・120点)、理科(40分・80点)、社会(40分・80点)
3科(国算理)4科選択
面接／あり(遠隔地からの受験生対象)
受験料／20,000円

公開行事・説明会予定

【入試説明会】
10月12日(土)午後
11月 9日(土)午後
【スクールフェア(文化祭)】
11月 3日(祝)
◆変更・中止の可能性もあります。必ず学校ホームページで確認してください。

サピックスOBの声

●体育大会は学年縦割りのチームで団結し、優勝をめざして男同士の本気の勝負が繰り広げられます。長野県にある黒姫星光山荘、和歌山県にある南部学舎での勉強合宿やスキー合宿、登山合宿などの宿泊行事では、クラスを超えてたくさんの同級生と交流できて、とにかく楽しいです。

甲南（こうなん） 中学校

所在地／〒659-0096 兵庫県芦屋市山手町31-3
TEL／0797-31-0551
学校長／山内 守明
創 立／1919年に甲南中学校を設立、1947年に新制甲南中学校を開校。1963年に神戸市から現在の芦屋市に移転。
URL／www.konan.ed.jp

	1年	2年	3年
男子	178名	177名	175名
女子	―	―	―
クラス数	5組	5組	5組

中高総生徒数／1100名 併設小から約12%

〈交通アクセス〉
阪急神戸線「芦屋川」駅より徒歩20分 JR神戸線「芦屋」駅より徒歩25分 阪急バス「甲南高校前」下車

海外大学・難関大学への進学をめざす2コースを設置

1919年、実業家であり教育者である平生釟三郎（ひらおはちさぶろう）によって、現在の甲南大学の地に甲南中学校が設立されました。創立者がめざした「世界に通用する紳士」を育成するため、「徳育」「体育」「知育」のバランスがとれた学びを実践しています。難関国公立大学および医学部医学科への進学をめざす「フロントランナー・コース」と、甲南大学や難関大学への進学をめざす「メインストリーム・コース」の2コースを設置。個性を伸ばす甲南独自の教育システムが注目を集めています。

スクールライフ

●教育内容

両コースともに主要5教科について十分な授業時間数を取り、高い学力を身につけます。フロントランナー・コース（Fコース）は中2で、メインストリーム・コース（Mコース）は中3の2学期で中学校課程を終了して、高校の学習内容に入ります。成績次第でコース変更も可能です。Fコースでは、中1から高1までの間、理系科目にウエートを置き、「サイエンス・ラボ」や「グローバル・ラボ」というプログラムを履修し、理系の専門的な実習・実験を行うとともに、異文化との共生の意識、コミュニケーション能力を高めていきます。

■主要5教科の週当たり時間（コマ）数 フロントランナー・コース

	英語	数学	国語	理科	社会
1年	6	6	5	4	3
2年	7	6	5	4	4
3年	6	6	5	6	4
合計	19	18	15	14	11

◎1日あたりの授業コマ数：50分×7時限
※土曜日は 50分×4時限
◎登校時間：8時20分

●部活動

多くの部が中高合同で活動しています。文化系ではブラスアンサンブル部がスチューデント・ジャズ・フェスティバルで活躍。将棋部も全国クラスです。体育系ではテニス部のほか、アーチェリー部、ホッケー部、ゴルフ部などが全国大会の常連です。

○文化系／生物研究、化学研究、ブラスアンサンブル、ESS、美術、鉄道研究、器楽、将棋、書道、放送、ボランティア、クラシックなど

○体育系／野球、卓球、陸上、ラグビー、テニス、柔道、バスケットボール、剣道、弓道、ホッケー、サッカー、水泳、バドミントン、アーチェリー、ゴルフ、山岳、バレーボールなど

●行事

体育祭と文化祭のほか、水泳大会、球技大会、灘甲戦、六甲登山、芸術鑑賞など多彩な行事があります。

●修学旅行・研修旅行

新入生オリエンテーション合宿は1泊2日で篠山に、中3修学旅行は3泊4日で九州に出掛けます。希望者は、ニュージーランド語学研修とオーストラリア語学研修のほか、高校では4つの姉妹校への中・長期の留学も可能です。

マネーガイド

■2024年度納付金（諸経費を含む）

	入学金	授業料	施設費	その他	計
入学手続時	200,000円	0円	0円	0円	200,000円
初年度総額	200,000円	F 646,800円 M 626,800円	235,000円	416,400円	F 1,498,200円 M 1,478,200円

◎寄付金：任意
◎授業料：3期分納
◎奨学金・特待生制度：家庭状況と成績などを加味した、4つの奨学金制度あり

3期	完6 days		cool				希
学期制	週5･6日制	プール	冷房	寮	食堂	私服通学	海外研修

サピックスからの合格実績（過去3年）	'22	'23	'24
	1名	3名	4名

進学指導の概要

Fコースでは、週37時間のカリキュラムで学び、夏休みなどの長期休暇中は特別授業を実施します。そして高2で文系・理系に分かれ、サイエンスとグローバルの視点を持って、難関国公立大学や医学部医学科など希望の進路をめざします。

一方、Mコースでは、「グローバル・スタディ」（留学を含むプログラム）を履修し、海外留学で自己を磨き、視野を広げることも可能です。また、甲南大学の教員による授業をはじめ、大学でのゼミ見学、模擬裁判、研究室訪問など、高大連携の取り組みも頻繁に実施されており、約2分の1の生徒が甲南大学へ内部進学しています。また、どのコースからでも甲南大学への被推薦権を留保したうえで、海外大学や国公立大学、私立大学（学部によっては一部制限あり）を受験することができます。

■現役大学進学者の進路の内訳

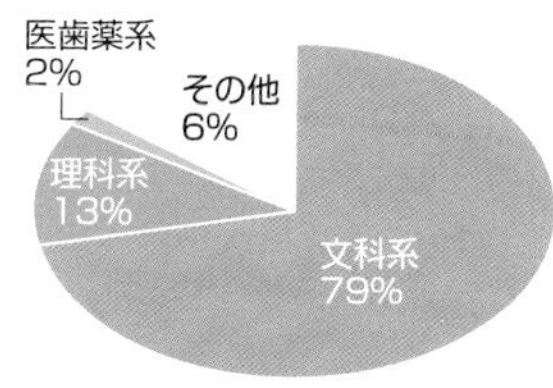

★他大学への合格状況（2024年度）大阪大3名、神戸大2名、北海道大1名、東北大1名、名古屋大1名、滋賀医科大(医)1名、金沢大(医)1名、徳島大4名(医1名)、愛媛大4名(医1名)、慶應義塾大3名、早稲田大2名など

■併設大学（甲南大学）への推薦状況

	文学部	理工学部	知能情報学部	フロンティアサイエンス学部	経済学部	法学部	経営学部	マネジメント創造学部	グローバル教養学環
22年	17名	2名	9名	1名	15名	13名	35名	7名	
23年	11名	2名	7名	—名	21名	4名	33名	18名	
24年	10名	3名	3名	3名	18名	10名	35名	15名	3名

★指定校推薦枠（2024年度）慶應義塾大1名、上智大2名、明治大2名、法政大1名、学習院大1名、北里大(獣医)1名、同志社大6名、関西学院大3名、関西大2名、立命館大2名など

入試情報

■2024年度の入試結果

	募集人員	出願者	受験者	合格者	実質倍率
Ⅰ期午前Fa	Ⅰ期M計約85 Ⅰ期F計約30	68	63	M27 F21	3.0
Ⅰ期午前Ma Ⅰ期午前Mb		91	90	61	1.5
Ⅰ期午後F		187	183	M57 F79	2.3
Ⅰ期午後M		79	76	29	2.1
Ⅱ期F	約10	208	109	M29 F39	F2.8
Ⅱ期M	約15	89	39	8	2.9
Ⅲ期F	約5	101	50	M6 F9	5.6
Ⅲ期M	約5	61	25	1	9.1

■2024年度入試 合格者の教科別平均点

	算数	国語	理科	社会	合計
Ⅰ期午前Fa	71.4	75.7	82.7		229.8
Ⅰ期午前Ma	55.5	70.6	76.0		202.0
Ⅰ期午前Mb	総合基礎算数／—		総合基礎国語—		—
Ⅰ期午後F	69.6	66.0	63.3		198.9
Ⅰ期午後M	55.6	57.2	53.2		173.6
Ⅱ期F	75.3	72.2			147.9
Ⅱ期M	60.9	62.5			128.9
Ⅲ期F	95.1	77.9			173.0
Ⅲ期M	83.8	73.3			164.8

○配点：算国理＝各100点
○合格最低点：Ⅰ期F217点　Ⅰ期Ma184点　Ⅰ期午後F175点　Ⅰ期午後M153点　Ⅱ期F133点　Ⅱ期M120点　Ⅲ期F166点　Ⅲ期M162点

24年の募集要項

※以下は2024年の募集要項です。2025年の要項は学校の発表をお待ちください。

入 試 日／Ⅰ期午前F・Ⅰ期午前M 1月13日午前
Ⅰ期午後F・Ⅰ期午後M 1月13日午後
Ⅱ期F・Ⅱ期M 1月14日午後
Ⅲ期F・Ⅲ期M 1月16日午後
募集人員／男子約150名(Ⅰ期F約30名 Ⅰ期M約85名 Ⅱ期F約10名 Ⅱ期M約15名 Ⅲ期F約5名 Ⅲ期M約5名)
合格発表／掲示、ホームページとも翌日発表
手続締切／Ⅰ期午前1月16日 Ⅰ期午後・Ⅱ期・Ⅲ期1月20日
試験科目／Ⅰ期午前（a方式）国語(50分・100点)・算数(50分・100点)・理科(50分・100点)、Ⅰ期午前(b方式) 総合基礎(50分・100点)、Ⅰ期午後 国語(40分・100点)・算数(40分・100点)・理科(40分・100点)、Ⅱ期・Ⅲ期国語(50分・100点)・算数(50分・100点)
面　　接／なし
受 験 料／20,000円(複数回出願し合格した場合、それ以降の受験料は返還)

公開行事・説明会予定

【入試説明会】要予約
6月22日(土)14時～
9月 7日(土)14時～
11月 2日(土)14時～
12月 7日(土)14時～　甲南大学岡本キャンパス
【文化祭】要予約
9月29日(日)10時～15時
◆変更・中止の可能性もあります。必ず学校ホームページで確認してください。

私立 関西 男子 こ

甲陽学院 中学校

所在地／〒662-0955　兵庫県西宮市中葭原町2-15
TEL／0798-33-5012
学校長／衣川 伸秀
創　立／1917年、私立甲陽中学として創立。1947年に甲陽学院と改称。1978年、高等学校のみ移転し、現在に至る。
URL／www.koyo.ac.jp

	1年	2年	3年
男子	207名	209名	208名
女子	—	—	—
クラス数	5組	5組	5組

中高総生徒数／1231名

〈交通アクセス〉
阪神本線「香櫨園」駅より徒歩10分　JR神戸線「さくら夙川」駅より徒歩17分　阪急神戸線「夙川」駅より徒歩20分

礼儀と作法、自主性と創造性を重んじる関西屈指の進学校

教育方針に「気品高く教養豊かな有為の人材の育成」を掲げ、規律の励行、礼儀作法の実践体得などを重視しています。中高一貫校ですが、中学校と高校を別の場所に設置し、年齢に合わせた環境づくりを心がけています。中学校では学力・体力の基礎づくり、高校では自主性・創造性の養成など、成長過程に対応した指導を行います。自由と自立を尊ぶ校風で、クラブ活動やさまざまな行事が生徒によって運営されているのも特徴の1つ。中学校舎は緑豊かな夙川河畔にあり、学業に集中しやすい環境です。

スクールライフ

●教育内容

成長過程に対応した指導が行えるよう、中学と高校のキャンパスをそれぞれ別の場所に独立して設置。主要教科の教員や担任団は6年間の持ち上がり制で、学習指導面はもちろん、精神面も継続的にケアしながら6年一貫カリキュラムを実践します。特に国語・数学・英語の教員は学年にそれぞれ原則2名が専従し、きめ細かい指導を徹底。毎日の予習、復習によって確実に理解させるため、全員一律の補習制度は設けていませんが、担当教員の判断で個別指導を行うなど、ていねいな指導を実践しています。英語では中1で週3回、高2・3で週1回、外国人講師の指導を導入しています。

■主要5教科の週当たり時間（コマ）数

	英語	数学	国語	理科	社会
1年	6	6	5	3	4
2年	6	5	5	4	4
3年	5	6	5	5	4
合計	17	17	15	12	12

◎1日当たりの授業コマ数：50分×6時限
※土曜日は4時限
◎登校時間：8時30分

●部活動

生徒全員が参加することを奨励。入部制限はなく、兼部も可能です。中学と高校のキャンパスが異なることから、活動は中高別々に行います。学業成績不振者に対しても、即座に活動停止にせず、学習とクラブ活動の両立ができるよう、状況に応じて個々に判断しています。

○文化系／将棋、学報、社会Ⅰ、社会Ⅱ（鉄研）、音楽、天文、生物、化学、物理、美術
○体育系／水泳、剣道、柔道、卓球、サッカー、バスケットボール、バレーボール、陸上競技、野球、テニス

●行事

体育祭や音楽と展覧の会（文化祭）などは、生徒による企画・運営で実施され、生徒全員が積極的に参加することを推奨しています。

●修学旅行・研修旅行

中1・2の夏の合宿、中3のスキー合宿は、集団行動を身につける場とするほか、自然に触れ、伝統工芸や地場産業を体験させることを目的としています。中3では希望者を対象に海外語学研修も実施しています。高2の修学旅行は北海道を訪れます。

マネーガイド

■2024年度納付金（諸経費を含む）

	入学金	授業料	施設費	その他	計
入学手続時	200,000円	0円	260,000円	3,000円	463,000円
初年度総額	200,000円	408,000円	529,000円	20,000円	1,157,000円

※教材費、野外野外活動費は含みません

◎寄付金：なし
◎授業料：4期分納
◎奨学金：同窓会奨学金あり

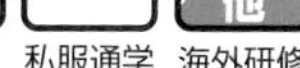

3期 学期制 | 完6 days 週5･6日制 | プール | cool 冷房 | 寮 | 食堂 | 私服通学 | 他 海外研修

サピックスからの合格実績（過去3年）	'22	'23	'24
	9名	11名	13名

進学指導の概要

完全中高一貫制でありながら中学と高校でキャンパスが異なるため、心機一転して学校生活を送ることができます。習熟度別授業、文系・理系コースなど進路別のクラス編成は行わず、高3まで全クラス平等編成で進みます。ただし、高2・3の地理・歴史、公民、数学、理科においては、進路に対応した選択制少人数授業を実施。また、中学では制服の着用が義務づけられていますが、高校では自主性を重んじることから、私服通学が可能です。進路については、生徒、保護者、教師が相互理解することを大切にしており、6年間で何度も話し合いの場を設け、生徒自身の希望する進路へ導きます。

■浪人を含む大学進学者の進路の内訳

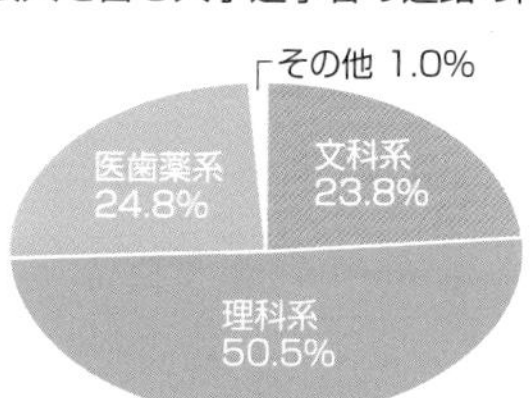

■併設高校から主要大学への合格実績

※上段は現役合格者数、下段は浪人を含めた合格者数。

	北海道大	東北大	東京大	一橋大	東京工業大	東京芸術大	東京医科歯科大	横浜国立大	名古屋大	金沢大	京都大	大阪大	神戸大	大阪教育大	京都工芸繊維大	大阪公立大	兵庫県立大	京都府立大
22年	1	—	12	1	—	—	1	1	—	—	38	10	14	1	—	7	1	—
	2	1	16	3	—	—	2	4	—	—	53	14	26	1	1	17	3	—
23年	—	1	29	1	—	—	1	-	—	—	33	8	12	—	1	10	1	—
	5	2	36	1	—	—	1	1	—	—	47	14	18	—	2	23	1	—
24年	2	2	19	4	3	—	—	1	—	1	29	16	6	—	—	2	1	—
	6	3	27	4	4	—	—	2	—	1	47	19	16	—	—	12	3	—

	滋賀医科大	京都府立医科大	奈良県立医科大	和歌山県立医科大	早稲田大	慶應義塾大	上智大	東京理科大	関西大	関西学院大	同志社大	立命館大	大阪医科薬科大	関西医科大	文部科学省所管外の大学校	海外の大学	国公立・医学部	私立・医学部
22年	—	2	2	1	—	1	—	2	2	2	3	2	—	3	7	—	36	—
	3	3	3	2	7	12	—	20	29	24	50	35	9	12	11	—	60	—
23年	—	2	4	1	7	8	—	—	—	2	2	3	1	5	1	3	21	—
	—	2	6	1	16	19	—	13	15	17	39	38	2	8	5	3	33	—
24年	1	—	3	—	15	5	2	3	1	—	5	2	1	2	1	—	25	11
	1	3	4	—	32	27	6	22	18	14	45	30	8	17	7	—	43	52

★指定校推薦枠（2024年度）非公表

入試情報

■過去3年間の入試結果

	募集人員	出願者	受験者	合格者	実質倍率
22年	200	344	327	211	1.5
23年	200	381	366	221	1.7
24年	200	394	373	220	1.7

■2024年度入試 受験者・合格者の教科別平均点

	算数	国語	理科	社会	合計
受験者・第1日	41.8	62.9	62.5		—
受験者・第2日	47.1	55.0			—
合格者	101.6	124.8	67.6		294.0

○配点：算国＝各200点　理＝100点
○合格最低点：263点

24年の募集要項

※以下は2024年の募集要項です。2025年の要項は学校の発表をお待ちください。

入 試 日／第1日：1月13日　第2日：1月14日
募集人員／男子200名
合格発表／1月15日
手続締切／1月18日
試験科目／第1日：国語(55分・100点)、算数(55分・100点)、理科(55分・100点)
　　　　　第2日：国語(55分・100点)、算数(55分・100点)
面　　接／なし
受 験 料／20,000円

公開行事・説明会予定

【入試説明会】
9月21日(土)14時～
10月12日(土)14時～
11月16日(土)10時～
【校舎見学会】
8月 3日(土) 9時～
【音楽と展覧の会(文化祭)】
11月 3日(祝) 9時～
◆変更・中止の可能性もあります。必ず学校ホームページで確認してください。

サピックスOBの声

●中学と高校が別の場所にあり、校風も異なります。中学には制服があり、礼節を守った行動をとるよう求められます。学習面では個々の理解に応じた個別指導もあります。一方、高校は私服通学で自由な雰囲気。校則はほとんどなく、学習にもみずから取り組むのが基本です。

清風（せいふう） 中学校

所在地／〒543-0031 大阪市天王寺区石ケ辻町12-16
TEL／06-6771-5757
学校長／平岡 宏一
創　立／1945年に創立した浅香山電気工業学校が前身。1948年に現在地へ移転。1949年、現校名に変更。
URL／www.seifu.ac.jp

	1年	2年	3年
男子	326名	372名	325名
女子	—	—	—
クラス数	8組	9組	9組

中高総生徒数／2705名

〈交通アクセス〉
近鉄線・阪神なんば線「大阪上本町」駅より徒歩3分、大阪メトロ「谷町九丁目」駅より徒歩7分、JR環状線「鶴橋」駅より徒歩12分

仏教に基づいた人間教育で、「知慧（ちえ）」を社会に役立てるリーダーを育成

高野山真言宗の大僧正・平岡宕峯（とうほう）が創設した、70余年の歴史を持つ男子校です。建学の精神は、「徳・健・財、三拍子そろった姿でルールを守り、世の中のために尽くす人間となるために勤勉努力する人物を育成する」。仏教に基づいた人間教育を行い、社会から「安心」「尊敬」「信頼」の対象となる人物の育成をめざしています。自身を成長させていくことで、人の役に立てるようになる「福の神コース」という生き方を奨励し、「時間を守る」「きちんとしたことば遣いをする」「身だしなみを整える」など、基本的な生活習慣を重視した生活指導にも力を入れています。

スクールライフ

●教育内容

東大・京大、国公立大の医学部医学科をめざす「理Ⅲコース」、難関国公立大をめざす「理Ⅱコース」、国公立大や難関私立大をめざす「理Ⅰコース」の3コース制を導入しています。中2から高3までの各年度の進級時には、学習能力に応じたコース変更があり、高2進級時には各コースとも文系または理系を選択します。学習進度は、全コースとも中2まではほぼ同じですが、各コースに応じた問題集や副教材を使用。また、コースごとに小テストや補習も積極的に行い、学力の定着に努めています。

■主要5教科の週当たり時間（コマ）数

	英語	数学	国語	理科	社会
1年	4	5	5	5	5
2年	5	5	4	5	5
3年	6	6	5	5	4
合計	15	16	14	15	14

◎1日当たりの授業コマ数：50分×6または7時限
　※土曜日は4時限
◎登校時間：8時35分

●部活動

部活動も盛んで、中学生の約8割は何らかのクラブ活動に参加。進学校でありながら、国体やインターハイに出場するなど、活躍する部も多くあります。

○文化系／囲碁、将棋、吹奏楽、コーラス、クラシックギター、邦楽、数学物理研究、生物、電気（パソコン・ロボット）、写真、美術、鉄道研究、ESSインターアクト、茶道など

○体育系／テニス、卓球、バスケットボール、バレーボール、陸上競技、体操競技、剣道、柔道、日本拳法、新体操、フェンシング、ボート、ヨット、ハンドボールなど

●行事

全校生徒で行う文化祭や体育祭、合唱祭などのほか、中学３年間で60ほどの行事があります。特に、高野山修養行事、希望者を対象とする年4回のハイキングやスキー実習、富士登山、「高野山100km歩行」「四天王寺どやどや」など、校外へ出る行事が多いのが特徴です。また、海外の伝統ある姉妹校と積極的に交換留学を行っています。

●修学旅行・研修旅行

修学旅行は中3(6月)と高2(10月)の2回、中学では北海道、高校では沖縄に行きます。このほか、高野山や法隆寺、伊勢神宮などで「修養行事」を行います。

マネーガイド

■2024年度納付金（諸経費を含む）

	入学金	授業料	施設費	その他	計
入学手続時	260,000円	0円	0円	0円	260,000円
初年度総額	260,000円	720,000円	0円	363,590円	1,343,590円

◎寄付金：なし
◎授業料：3期分納
◎特待生制度：前期プレミアム・理Ⅲ選抜、プレミアム最終選抜における成績優秀者を特別給費生として認定し、在学中の授業料を全額給費

3期	完6 days		cool				他
学期制	週5・6日制	プール	冷房	寮	食堂	私服通学	海外研修

サピックスからの合格実績（過去3年）	'22 9名	'23 7名	'24 3名

進学指導の概要

補習や講習も多く、習熟度別の補習のほかに、受験対策用の講習も実施しています。また、入試に小論文を導入する大学が増えていることを受け、論述や小論文の指導も中学の段階から行っています。高2で高校課程をほぼ終了し、高3ではコース別に受験に向けた学習を進めます。「理Ⅲコース」は、東大・京大入試に向けた実戦的な演習やテストを実施、「理Ⅱコース」は、1年次からの復習を交えながら演習やテストを実施するほか、「理Ⅰコース」では1年次からの復習に重点を置いた演習やテストを行っていきます。なお、自習室は月～土曜日が21時まで、日曜日が9時から19時まで利用できます。

■現役大学進学者の進路の内訳

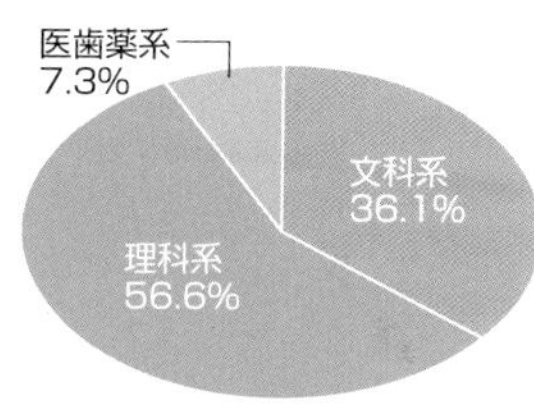

■併設高校から主要大学への合格実績

※上段は現役合格者数、下段は浪人を含めた合格者数。

		北海道大	東北大	東京大	一橋大	東京工業大	東京芸術大	東京医科歯科大	横浜国立大	名古屋大	金沢大	京都大	大阪大	神戸大	大阪教育大	京都工業繊維大	大阪公立大	兵庫県立大	京都府立大
22年	上段	1	3	2	—	—	—	—	—	—	—	10	7	8	3	4	22	13	2
	下段	2	3	2	—	—	—	—	—	—	—	17	10	12	4	5	31	17	3
23年	上段	4	—	—	—	—	—	—	1	—	—	9	10	9	2	4	23	9	1
	下段	6	—	—	—	—	—	—	1	—	—	11	16	16	2	6	29	19	2
24年	上段	—	—	1	—	1	—	—	1	—	—	3	8	4	2	2	17	8	2
	下段	—	1	1	—	1	—	—	1	—	—	5	12	9	2	5	29	14	3

		滋賀医科大	京都府立医科大	奈良県立医科大	和歌山県立医科大	早稲田大	慶應義塾大	上智大	東京理科大	関西大	関西学院大	同志社大	立命館大	大阪医科薬科大	関西医科大	文部科学省所管外の大学校	海外の大学	国公立・医学部	私立・医学部
22年	上段	—	—	—	1	3	1	1	1	76	50	43	36	—	2	8	—	9	3
	下段	1	—	1	2	5	4	1	4	136	68	73	100	2	5	10	—	16	32
23年	上段	—	—	3	—	5	2	—	1	79	58	65	85	6	6	11	—	7	16
	下段	—	—	5	1	6	4	—	4	116	89	93	131	13	9	12	—	16	65
24年	上段	—	—	1	—	3	3	—	2	108	76	50	67	5	1	6	1	5	15
	下段	1	—	3	4	6	6	3	3	137	101	71	110	13	2	8	2	16	41

★指定校推薦枠（2024年度）早稲田大2名、東京理科大2名、明治大1名、立教大1名、中央大1名、関西大6名、関西学院大7名、同志社大6名、立命館大11名など

入試情報

■2024年度の入試結果

		募集人員	出願者	受験者	合格者	実質倍率
前期	理Ⅲ3・4科	理Ⅲ110 理Ⅱ50 理Ⅰ50	237	237	65	1.1
	理Ⅱ3・4科				76	
	理Ⅰ3・4科				85	
前期プレミアム理Ⅲ選抜試験			530	515	理ⅢP140 理Ⅲ152 理Ⅱ118	1.2
後期チャレンジ選抜	理Ⅲ3・4科	60	610	389	156	1.1
	理Ⅱ3・4科	30			161	
	理Ⅰ3・4科	30			53	
プレミアム最終選抜		30	135	98	理ⅢP51 理Ⅲ31	1.2
プレミアム最終選抜・国際		5	8	7	4	1.2

■2024年度入試 受験者の教科別平均点

		算数	国語	理科	社会	合計
前期	理Ⅲ3・4科	63.0	75.3	63.3	56.1	256.4
	理Ⅱ3・4科					
	理Ⅰ3・4科					
前期プレミアム理Ⅲ選抜試験		65.0	71.0			136.0
後期チャレンジ選抜	理Ⅲ3・4科	77.0	82.5	55.2	54.6	270.7
	理Ⅱ3・4科					
	理Ⅰ3・4科					
プレミアム最終選抜・国際		64.9	71.8	42.5	40.9	178.7

※プレミアム以外の入試は、4教科型と3教科型(算数・国語・理科)のどちらか一方の受験型を選択。4教科型の場合は、4教科の合計点と、算数・国語・理科の合計点を1.25倍した点数のうち、高いほうが受験者の成績とされます。3教科型の場合は、算数・国語・理科の合計点を1.25倍した点数。また、前期プレミアム理Ⅲ選抜、後期チャレンジ選抜、プレミアム最終選抜(理Ⅲ・国際)については、複数回受験している場合、得点に10点を加算して合否・合格コースが判定されます。

○配点：算国＝各120点　理社＝各80点

○合格最低点：前期理Ⅲ292点 前期理Ⅱ248点 前期理Ⅰ162点 前期P理ⅢP154点 前期P理Ⅲ131点 前期P理Ⅱ105点 後期理Ⅲ292点　後期理Ⅱ238点 後期理Ⅰ191点 最終理ⅢP188点 最終理Ⅲ151点

24年の募集要項

※以下は2024年の募集要項です。2025年の要項は学校の発表をお待ちください。

入 試 日／前期1月13日　前期プレミアム1月13日午後　後期チャレンジ1月15日　プレミアム最終・プレミアム最終・国際1月16日

募集人員／男子365名(理Ⅲ200名、理Ⅱ80名、理Ⅰ80名、国際5名)

合格発表／前期・前期プレミアム1月14日　後期チャレンジ1月16日 プレミアム最終・プレミアム最終国際1月16日

手続締切／いずれも発表日の翌日

試験科目／前期・後期 国語(50分・120点)、算数(50分・120点)、理科(40分・80点)、社会(40分・80点)の3科(国・算・理)4科選択、前期プレミアム2科(国・算)、プレミアム最終・国際3科(国・算・理or社)

面　　接／あり(保護者同伴の全体面接)

受 験 料／20,000円

公開行事・説明会予定

【中学入試説明会(本校)】要予約
9月14日(土)14時30分～
10月12日(土)14時30分～
11月16日(土)14時30分～
12月　7日(土)14時30分～

【中学入試説明会】要予約
9月28日(土)14時～　なでしこホール(西宮北口)

【文化祭】
9月　7日(土)　9時～16時

【体育祭】
9月17日(火)京セラドーム大阪

【合唱祭】
11月14日(木)大阪府立国際会議場(グランキューブ大阪)

◆変更・中止の可能性もあります。必ず学校ホームページで確認してください。

東大寺学園 中学校

所在地／〒631-0803 奈良県奈良市山陵町1375
TEL／0742-47-5511
学校長／本郷 泰弘
創　立／1926年、金鐘中等学校として東大寺境内に設立。1963年に現校名に改称。1986年、現在地へ移転。
URL／www.tdj.ac.jp

	1年	2年	3年
男子	204名	208名	204名
女子	—	—	—
クラス数	5組	5組	5組

中高総生徒数／1244名

〈交通アクセス〉
近鉄京都線「高の原駅」より徒歩20分、同駅より「東大寺学園」行きバス6分

自由闊達な校風でも知られる、全国トップクラスの男子進学校

難関国立大に多数の合格者を輩出するなど、優れた進学実績で全国的に名を知られる進学校。2026年に創立100周年を迎える歴史と伝統を有する仏教系私立学校ですが、生徒の個性や自主性を重んじ、個性を伸ばす自由な校風でも知られます。中高ともに制服や生徒手帳がないことは、そうした精神の表れ。「基礎学力の重視」「進取的気力の養成」「豊かな人間性の形成」という教育方針の下、生徒たちは学問・探究を楽しみ、それぞれの進路を見つけていきます。クラブ活動や生徒会活動も活発で、伸び伸びとした明るい雰囲気が特徴です。

スクールライフ

●教育内容

授業の進度はかなり速めで、数学や古文などでは中3で高校課程に入ります。しかし、原則として先取り学習は行っていません。自分自身で課題を見つけ、集中して深くじっくり取り組み、「進度」より「深度」を重視する姿勢が貫かれます。英語では1クラスを2分割し、3名の外国人講師による英会話の授業が行われます。中学各学年において、道徳教育の1つとして「東大寺学」を導入。中1ではパワーポイントを使ったプレゼンテーションを習得する「情報教育」の授業があります。このほか、放課後や春、夏、冬の長期休暇には補習を実施し、確実な理解による実力養成を徹底。

■主要5教科の週当たり時間（コマ）数

	英語	数学	国語	理科	社会
1年	5	6	5	4	4
2年	6	4	5	4	4
3年	5	5	5	5	4
合計	16	15	15	13	12

◎1日当たりの授業コマ数：50分×6時限
　※土曜日は4時限
◎登校時間：8時30分

蔵書数6万冊を超える広い図書館などで、生徒たちはそれぞれ自学自習に励んでいます。

●部活動

約30の部があるほか、和太鼓、ロケット、折紙などの同好会も活動が盛んです。クイズ研究部はTV番組などでも全国的に活躍。囲碁将棋部や百人一首部、電子工作部なども全国レベルの成績を残しています。
○文化系／写真、書道、園芸、科学、美術、囲碁将棋、菁史会（歴史研究）、英語研究、数学研究など
○体育系／陸上競技、サッカー、軟式野球、バスケットボール、ハンドボール、テニス、卓球など

●行事

運営母体である東大寺の行事に参加する機会が多くあります。菁々祭（せいせい）（文化祭）などの行事は、生徒たちがみずから企画・運営を行う伝統があります。また、球技大会やマラソン大会なども盛んなほか、希望者によるスキー実習（中3）や夏山登山（高1）もあり、スポーツや課外活動を通して心身を鍛えます。

●修学旅行・研修旅行

中1は宿泊研修、中2は九州・沖縄・東京などで研修旅行、中3は志賀高原でスキー合宿を行います。高2で行く修学旅行は、生徒による投票で毎年行き先や内容を変更。また高2の希望者を対象に、イギリスでの短期留学も実施します。

マネーガイド

■2024年度納付金（諸経費を含む）

	入学金	授業料	施設費	その他	計
入学手続時	200,000円	0円	100,000円	0円	300,000円
初年度総額	200,000円	662,000円	100,000円	47,000円	1,009,000円

◎寄付金：なし
◎授業料：一括もしくは3期分納
◎奨学金・特待生制度：なし

     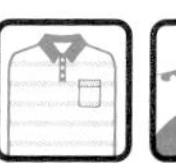 

学期制　週5・6日制　プール　冷房　寮　食堂　私服通学　海外研修

サピックスからの合格実績（過去3年）	'22	'23	'24
	12名	21名	11名

進学指導の概要

高2で文系・理系に分かれ、高3で6クラス編成になる場合もあります。補習は指名制と希望制。進路指導は学校が主導するのではなく、あくまでも各人の自主性に任されています。大学入学がゴールではなく、社会のリーダーとなる人材の育成を指導方針の柱としており、医師や弁護士といった卒業生による「進路講演会」などの行事があります。進学実績は、全国的に見てもトップクラスで、毎年、東大や京大などの国公立大学に多くの生徒が現役で合格します。例年、およそ7割を超える生徒が理数系の分野に進学。2024年度は46名が国公立大学の医学部医学科に合格しました。

■現役大学進学者の進路の内訳

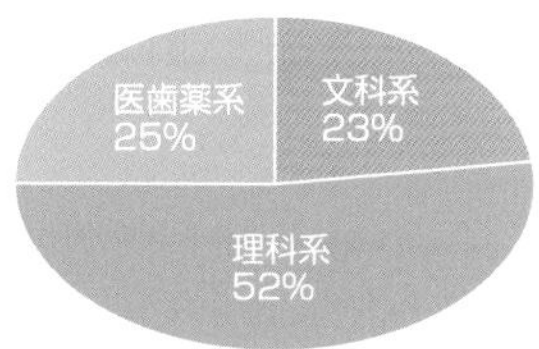

■併設高校から主要大学への合格実績

※上段は現役合格者数、下段は浪人を含めた合格者数。

	北海道大	東北大	東京大 文科Ⅰ類	東京大 文科Ⅱ類	東京大 文科Ⅲ類	東京大 理科Ⅰ類	東京大 理科Ⅱ類	東京大 理科Ⅲ類	東京大 合計	一橋大	東京工業大	東京芸術大	東京医科歯科大	京都大	大阪大	神戸大	大阪教育大	大阪府立大
22年	2	1	4	2	1	3	3	1	14	2	—	—	—	50	13	4	—	—
	5	2	4	5	2	8	4	2	25	3	—	—	—	76	18	15	—	—
23年	6	1	1	3	2	8	1	—	15	2	1	—	—	51	6	4	1	—
	9	1	2	4	2	9	1	—	18	2	1	—	1	64	9	10	2	—
24年	3	4	1	1	2	19	3	1	27	—	—	1	1	50	4	2	—	—
	6	4	1	2	2	24	5	1	35	—	—	2	2	71	9	12	2	1

	大阪公立大	京都府立大	滋賀医科大	京都府立医科大	奈良県立医科大	和歌山県立医科大	早稲田大	慶應義塾大	関西大	関西学院大	同志社大	立命館大	大阪医科薬科大	関西医科大	文部科学省所管外の大学校	海外の大学	国公立・医学部	私立・医学部
22年	6	—	2	5	8	—	3	1	2	—	7	2	1	3	1	—	44	6
	21	—	2	5	15	—	21	20	14	8	69	34	10	8	7	—	68	24
23年	2	—	1	2	11	—	4	4	5	4	8	10	3	5	3	9	39	11
	12	—	2	4	16	—	13	13	14	16	33	42	8	12	6	9	58	36
24年	8	—	—	3	6	—	5	—	—	1	7	6	5	6	2	1	30	11
	18	—	—	7	7	1	17	10	20	8	50	40	10	15	6	1	46	32

★指定校推薦枠（2024年度）早稲田大、東京理科大、学習院大、同志社大、立命館大など

入試情報

■過去3年間の入試結果

		募集人員	出願者	受験者	合格者	実質倍率
22年	4科	176	902	856	372	2.3
	3科					
23年	4科	200	967	903	409	2.2
	3科					
24年	4科	200	970	923	408	2.3
	3科					

■2024年度入試 合格者の教科別平均点

	算数	国語	理科	社会	合計
4科	56.8	59.2	66.8	70.6	254.9
3科	66.4	60.0	70.0		261.8

※4教科型の場合は、受験した4教科の合計点と、社会を除く算数・国語・理科の合計点を3分の4倍した点数のうち、得点の高いほうが受験者の成績として判定されます。また、3教科型の場合は、算数・国語・理科の合計点を3分の4倍した点数が受験者の成績として判定されます。
○配点：算国理社＝各100点
○合格最低点：4科233点 3科233.3点

24年の募集要項

※以下は2024年の募集要項です。2025年の要項は学校の発表をお待ちください。
入 試 日／1月15日
募集人員／男子200名
合格発表／1月17日
手続締切／1月18日
試験科目／国語(60分・100点)、算数(60分・100点)、理科(50分・100点)、社会(50分・100点)
※3科(算・国・理)・4科選択
面　　接／なし
受 験 料／20,000円

公開行事・説明会予定

【入試説明会】要予約
10月24日(木)14時～
10月25日(金)14時～
10月26日(土)10時～、14時～
【学校見学会】要予約
8月 4日(日)10時～、14時～
8月24日(土)10時～、14時～
8月25日(日)10時～、14時～
※各回とも体験授業あり
【菁々祭(文化祭)】
9月 7日(土) 9時～15時
9月 8日(日) 9時～15時
◆変更・中止の可能性もあります。必ず学校ホームページで確認してください。

サピックスOBの声

●菁々祭（文化祭）は、企画から運営までを生徒が主体となって執り行う学校の一大イベント。準備に時間がかかることも多いのですが、時には先生が手伝ってくれることもあり、生徒の自主性に任せながらも、困っていたら手を差し伸べるという先生たちの柔軟な指導に“東大寺らしさ”を感じ、入学できたことをあらためてうれしく思いました。

灘（なだ） 中学校

所在地／〒658-0082 神戸市東灘区魚崎北町8-5-1
TEL／078-411-7234
学校長／海保 雅一
創 立／1927年創設。1947年に新制灘中学校が、翌1948年に新制灘高等学校が開校される。
URL／www.nada.ac.jp

	1年	2年	3年
男子	187名	187名	183名
女子	—	—	—
クラス数	4組	4組	4組

中高総生徒数／1219名

〈交通アクセス〉
阪神本線「魚崎」駅、JR神戸線「住吉」駅より徒歩10分 阪急神戸線「岡本」駅より徒歩25分

全国トップクラスの進学実績を誇る、 中高一貫教育のパイオニア

創立は1927（昭和2）年。当時、講道館館長であった嘉納治五郎を顧問に迎えたこともあって、校是には柔道の精神でもある「精力善用」「自他共栄」を採用しています。戦後いち早く、中高一貫教育の灘中学校・高等学校として再出発。創立以来、自由で伸び伸びした校風で知られ、勉学でも学校生活でも、強制はせず、規則は最少限にとどめ、生徒が自分で判断して行動することを尊重しています。生徒たちは自主性、責任感、自己管理能力、協調性をみずからの力で身につけていきます。

スクールライフ

●教育内容

各教科の教員が担任団を組み、入学から卒業までの6年間を通して受け持つ「担任持ち上がり制」の下、大学入試を射程に置いた6年間のカリキュラムを構成しています。授業の進度は速く、中3で高1の課程を終え、高2で高校の課程を終了します。しかし、ただ速いだけでなく、従来の課程を復習しながら進む「らせん的な学習」を実践。考える力を養う幾何の学習や、実験重視の理科の授業など、学びの深さを大事にしています。英語は全学年で週1時間、外国人講師による少人数授業を導入。このほか、教養を深める機会としてキャリアガイダンス（土曜講座）を設け、各業界で活躍するOBによる講演などが行われています。

■主要5教科の週当たり時間（コマ）数

	英語	数学	国語	理科	社会
1年	5	4	5	4	4
2年	4	4	5	5	3
3年	4	4	4	6	4
合計	13	12	14	15	11

◎1日当たりの授業コマ数：50分×6時限
※週2回7時限、土曜日は授業なし
◎登校時間：8時40分

●部活動

約40の部があり、8割を超える生徒が参加しています。全国大会5連覇の偉業を成し遂げた囲碁部、全国大会出場経験のあるテニス部をはじめ、生徒たち自身で活発な活動を展開しています。
○文化系／ブラスバンド、生物研究、化学研究、物理研究、数学研究、地学研究、地歴研究、ESS、鉄道研究、将棋、囲碁、アマチュア無線研究など
○体育系／野球、ラグビー、バスケットボール、バレーボール、バドミントン、テニス、柔道、剣道、卓球、ワンダーフォーゲルなど

●行事

文化部や同好会などによる研究発表が中心の文化祭は一般にも公開され、毎年多くの来場者でにぎわいます。甲南中学・高校の運動部との毎年6月の定期親善試合は60年以上の伝統があります。

●修学旅行・研修旅行

修学旅行に当たる中3の野外活動では、3泊4日で信州方面へ出掛けます。高2の修学旅行の行き先は、各年度によって異なります。

マネーガイド

■2024年度納付金（諸経費を含む）

	入学金	授業料	施設費	その他	計
入学手続時	250,000円	0円	250,000円	0円	500,000円
初年度総額	250,000円	468,000円	250,000円	204,000円	1,172,000円

※入学辞退の場合、施設費を返金

◎寄付金：随意
◎授業料：4期分納
◎奨学金・特待生制度：経済的理由により就学困難な生徒に対し、同窓会が基金を集め、各学年2人程度に奨学金を給付

学期制　週5・6日制　プール　冷房　寮　食堂　私服通学　海外研修

サピックスからの合格実績（過去3年）	'22	'23	'24
	34名	30名	33名

進学指導の概要

教科によっては中3で高1の教育課程を終了します。40名ほどの高校からの入学生とは混合クラス編成になります。高校からの新しい生徒が加わることで、内部進学生に刺激を与え、お互いに切磋琢磨し合える関係を築きます。ただし、高1の国語・理科の一部と数学は別授業となります。高2からは文系・理系のコースに分かれますが、例年、理系希望者が多く、全体の約8割を占めています。また、高2までに高校課程を終え、高3の夏休みには英語・数学・国語・理科・社会の5教科で夏期講習が実施されます。高1の夏休みには、希望者を対象としたイギリス異文化研修も実施しています。

■現役大学進学者の進路の内訳

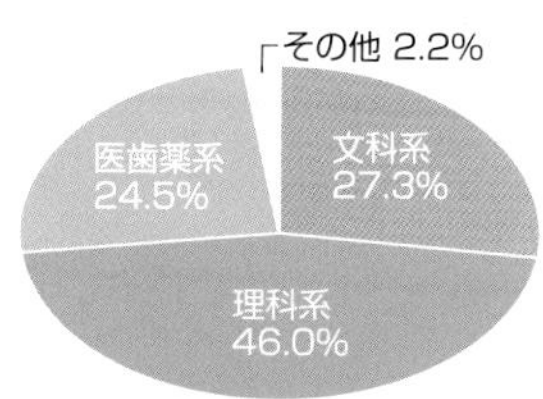

■併設高校から主要大学への合格実績

※上段は現役合格者数、下段は浪人を含めた合格者数。

	北海道大	東北大	東京大 文科Ⅰ類	東京大 文科Ⅱ類	東京大 文科Ⅲ類	東京大 理科Ⅰ類	東京大 理科Ⅱ類	東京大 理科Ⅲ類	東京大 合計	一橋大	東京工業大	東京芸術大	東京医科歯科大	京都大	大阪大	神戸大	九州大	大阪教育大
22年	1	—	11	2	5	34	2	8	62	3	—	—	2	36	6	1	1	—
	4	1	16	2	9	44	11	10	92	3	1	—	3	48	11	5	4	—
23年	3	1	8	5	3	30	6	14	66	2	1	—	2	32	9	4	—	—
	3	1	10	8	3	37	13	15	86	2	3	1	3	45	12	6	3	—
24年	3	—	8	9	6	34	2	12	71	3	1	—	2	38	2	3	2	—
	8	1	9	13	8	44	8	12	94	3	1	—	2	53	8	9	3	1

	大阪公立大	京都府立大	滋賀医科大	京都府立医科大	奈良県立医科大	和歌山県立医科大	早稲田大	慶應義塾大	関西大	関西学院大	同志社大	立命館大	大阪医科薬科大	関西医科大	文部科学省管外の大学校所	海外の大学	国公立・医学部	私立・医学部
22年	6	—	—	1	7	—	23	8	2	4	13	5	2	—	8	—	40	—
	12	—	—	2	9	1	64	36	3	8	26	20	6	3	20	—	64	—
23年	3	—	—	1	1	—	8	4	1	2	6	3	—	—	8	3	49	1
	10	—	—	2	6	—	35	20	4	10	21	14	—	2	18	3	82	5
24年	2	—	—	1	1	—	18	10	—	3	8	4	—	1	4	10	34	5
	14	—	1	2	3	—	40	33	1	5	21	9	2	4	11	10	70	13

★指定校推薦枠（2024年度）早稲田大（政経・商）、慶應義塾大（商）、東京理科大（A類理工）など

入試情報

■過去3年間の入試結果

	募集人員	出願者	受験者	合格者	実質倍率
22年	180	652	623	255	2.4
23年	180	745	730	281	2.6
24年	180	747	736	265	2.8

■2024年度入試 受験者・合格者の教科別平均点

	算数1	算数2	国語1	国語2	理科	合計
受験者	60.7	59.2	54.7	66.9	70.5	311.9
合格者	72.7	72.2	60.5	72.9	77.6	355.8

○配点：算1・算2＝各100点　国1＝80点　国2＝120点　理＝100点
○合格最低点：330点

24年の募集要項

※以下は2024年の募集要項です。2025年の要項は学校の発表をお待ちください。

入 試 日／1日目：1月13日　2日目：1月14日
募集人員／男子約180名
合格発表／1月16日
手続締切／1月19日
試験科目／1日目：国語(40分・80点)、算数(60分・100点)、理科(60分・100点)
2日目：国語(70分・120点)、算数(60分・100点)
面　　接／なし
受 験 料／20,000円

公開行事・説明会予定

【入試説明会】
10月 5日(土)
10月12日(土)
11月 2日(土)
◆詳細は8月ごろ学校ホームページで発表。必ず学校ホームページで確認してください。

私立　関西　男子　な

サピックスOBの声

●自由で伸び伸びとした校風で、校則が少なく、制服もありません。ただし、その自由は自律心を前提にしたもの。常に灘校生としての規律ある行動が求められます。
●各教科の先生が担任団を組み、6年間を通じて受け持つ「担任持ち上がり制」が採用されているため、先生とは深く長くつき合うことができます。

明星（めいせい） 中学校

所在地／〒543-0016 大阪市天王寺区餌差町5-44
TEL／06-6761-5606
学校長／野中 豊彦
創　立／1898年、カトリック修道会のマリア会により創立。1947年、明星高等学校・明星中学校を併設する大阪明星学園となる。
URL／www.meisei.ed.jp

	1年	2年	3年
男子	218名	244名	220名
女子	—	—	—
クラス数	6組	6組	6組

中高総生徒数／1537名

〈交通アクセス〉
JR環状線「玉造」駅より徒歩10分　大阪メトロ長堀鶴見緑地線「玉造」駅より徒歩7分近鉄「大阪上本町」駅より徒歩12分　大阪メトロ谷町線・長堀鶴見緑地線「谷町六丁目」駅より徒歩12分

全人教育と高度な学識の育成を両輪とするカトリック校

カトリック修道会の「マリア会」によって創設された、120年以上の歴史を持つ男子校です。キリスト教精神による人間教育を行い、「よき明星紳士たれ」をモットーに、知的にも精神的にもバランスの取れた人間性の育成をめざします。大阪市の中心部という立地にありながら、広々としたグラウンドや1800席を有する巨大な講堂を備え、とても恵まれた環境です。毎朝の登校時には校長先生が校門前に立ち、生徒一人ひとりに声を掛けながら迎えるのが創立以来の伝統。生活態度や身だしなみ、ことば遣いなどの生活指導も行き届いています。

スクールライフ

●教育内容

6か年一貫コースは、入学時より「S特進」「特進」「英数」の3コースに分かれます。S特進は将来、難関国立大学の理系学部もしくは医学科への進学をめざします。特進・英数コースの学習進度は同じですが、英数では差のつきやすい英語と数学を中心にていねいに指導し、基礎学力の定着を図ります。また、各コースでは能力・学力に合わせた多彩な取り組みも用意されており、将来の目標進路の実現に向けた、しっかりとしたサポート体制の下、明星での生活を送ることができます。S特進コースは原則的に理系進学ですが、特進と英数コースでは高2次に本人の希望や適性に合わせて文系・理系を選択します。そのほか、高1までの各学年終了時には成績や希望に応じたコース替えも実施されます。

■主要5教科の週当たり時間（コマ）数　※（　）内はS特進

	英語	数学	国語	理科	社会
1年	8	6	5	4	4
2年	8	6	5	4	4
3年	7	7	6	4（6）	4
合計	23	19	16	12（14）	12

◎1日当たりの授業コマ数：50分×6～7時限
　※土曜日は50分×4時限
◎登校時間：8時25分

●部活動

約30の部があり、中1では9割以上の生徒が部活に励んでいます。

○文化系／カトリック研究、新聞、弁論、吹奏楽、美術、生物、化学、写真、天文気象、英語、書道、放送、地歴、グリークラブ、ディベート、囲碁将棋など

○体育系／野球、サッカー、バスケットボール、陸上競技、ソフトテニス、バレーボール、ワンダーフォーゲル、剣道、体操、卓球、水泳など

●行事

11月1日の創立記念日に全校生徒および全教職員が参加して行う慰霊ミサや12月のクリスマスの集いなどの宗教行事のほか、9月下旬の学園祭（文化祭）とその1週間後に行われる体育大会、中学と高校それぞれの球技大会、3月のウォークラリーなど、さまざまな行事が用意されています。特に本校の広いグラウンドで開催される体育大会は勇壮で、中学全生徒が登場する姿は圧巻です。

●修学旅行・研修旅行

研修旅行は、中2が3泊4日で長崎に、高2は4泊5日で北海道に行きます。このほか、中学では岐阜県での2泊3日のオリエンテーション合宿があります。

マネーガイド

■2024年度納付金（諸経費を含む）

	入学金	授業料	施設費	その他	計
入学手続時	240,000円	0円	0円	118,000円	358,000円
初年度総額	240,000円	648,000円	0円	419,600円	1,307,600円

◎寄付金：なし
◎授業料：学期ごとに分納
◎奨学金・特待生制度：学業成績・人物優秀な生徒に奨学金を給付する制度を複数用意

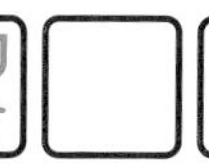

3期 学期制 ／ 完6 days 週5･6日制 ／ プール ／ cool 冷房 ／ 寮 ／ 食堂 ／ 私服通学 ／ 希・他 海外研修

サピックスからの合格実績（過去3年）	'22	'23	'24
	9名	20名	11名

進学指導の概要

明星では自学自習の習慣づけから学習指導が始まります。ノートの取り方、授業の受け方、家庭学習の仕方など、基本的なことから徹底して身につけていきます。「夢手帳」や「ポートフォリオ」を活用することで、学習の計画、実行、見直しを繰り返し行い、生徒みずからが学習を進めていく力を養います。通常授業に加え、補講や講習会、勉強合宿、個別学習会など多彩なメニューを用意。また、大学などの研究者、卒業生を招いての各種セミナーも定期的に実施し、学習意欲アップに役立てます。このように生徒の進路実現に向け、さまざまな角度からサポートしています。

■現役大学進学者の進路の内訳

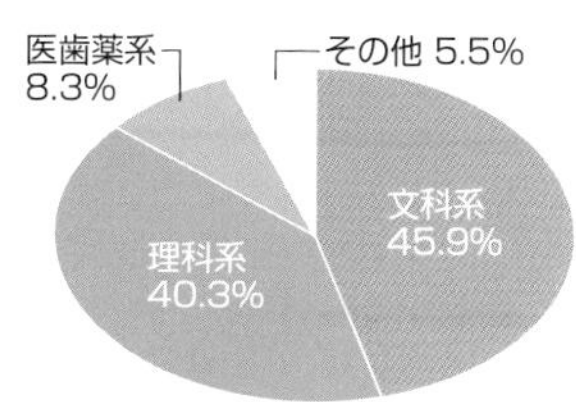

■併設高校から主要大学への合格実績

※上段は現役合格者数、下段は浪人を含めた合格者数。

	北海道大	東北大	東京大	一橋大	東京工業大	東京芸術大	東京医科歯科大	横浜国立大	名古屋大	金沢大	京都大	大阪大	神戸大	九州大	大阪公立大	大阪教育大	京都工芸繊維大	京都府立大
22年	2	—	3	1	—	—	—	-	1	1	8	2	7	1	13	2	2	—
	3	—	3	1	—	—	—	1	2	1	12	8	13	1	18	5	4	—
23年	2	—	—	—	—	1	—	—	—	—	1	7	2	1	14	4	1	1
	3	—	—	—	1	1	—	—	—	—	2	9	3	3	20	5	2	1
24年	2	—	1	—	—	—	—	1	—		3	5	6	—	10	—	1	2
	4	—	1	—	—	—	—	1	—	1	4	9	9	1	23	—	5	2

	滋賀医科大	京都府立医科大	奈良県立医科大	和歌山県立医科大	早稲田大	慶應義塾大	上智大	東京理科大	関西大	関西学院大	同志社大	立命館大	大阪医科薬科大	関西医科大	文部科学省所管外の大学校	海外の大学	国公立・医学部	私立・医学部
22年	—	—	—	—	1	9	5	3	67	53	63	66	—	—	4	—	2	1
	1	—	—	—	4	13	5	7	111	79	110	127	1	5	6	—	7	22
23年	—	—	—	—	4	—	3	1	38	53	45	58	1	—	—	—	2	3
	—	—	—	—	5	4	4	5	64	69	81	121	1	—	—	—	5	24
24年	—	—	—	—	5	4	3	3	46	81	36	21	1	2	5	—	3	5
	—	1	1	—	7	9	6	9	72	110	83	64	2	3	8	—	12	36

★指定校推薦枠（2024年度）早稲田大2名、東京理科大1名、関西学院大12名、関西大3名、同志社大5名、立命館大3名、中央大2名、近畿大(医)1名、学習院大1名、聖マリアンナ医科大1名など

入試情報

■2024年度の入試結果

		募集人員	出願者	受験者	合格者	実質倍率
前期	特進	特進約80 英数約70 S特若干名	133	127	36	1.2
	英数				66	
後期	S特		479	449	53	1.2
	特進				169	
	英数				165	
午後特進	S特	約30	445	4[illegible]0	158	1.3
	特進	約40			191	

■2024年度入試 受験者・合格者の教科別平均点

		算数	国語	理科	社会	合計
前期	受験者	71.3	65.7	48.2	47.2	233.85
	合格者	77.0	69.8	51.3	48.8	249.59
後期	受験者	68.2	87.3	54.8	52.3	264.80
	合格者	73.9	90.6	57.7	54.2	279.63
午後特進	受験者	71.8	69.6			141.43
	合格者	77.9	74.0			151.92

※前期・後期では、4教科型と3教科型(算数・国語・理科)のどちらか一方の受験型を選択します。4教科型の場合は、4教科の合計点と、算数・国語・理科の合計点を1.25倍した点数のうち、高いほうが受験者の成績とされます。また、3教科型の場合は、算数・国語・理科の合計点を1.25倍した点数が受験者の成績とされます。

○配点：算国＝各120点　理社＝各80点

○合格最低点：前期特進267.50点・前期英数201.25点　後期S特進321.00点・後期特進264.00点・後期英数222.50点　午後S特進153.00点・特進113.00点

24年の募集要項

※以下は2024年の募集要項です。2025年の要項は学校の発表をお待ちください。

入試日／前期1月13日午前　午後特進1月13日午後
後期1月14日午前

募集人員／男子約220名(S特進約30名 特進約120名、英数約70名)

合格発表／いずれも翌日

手続締切／前期1月15日、午後特進・後期1月17日

試験科目／国語(60分・120点)、算数(60分・120点)、理科(40分・80点)、社会(40分・80点)　※前期と後期は3科(国算理)4科選択、午後特進は2科(国算)。後期において前期もしくは午後特進を受験した受験生には、合否判定の際、10点を加点して判定します。

面接／なし

受験料／20,000円

公開行事・説明会予定

【中学校説明会】要予約
7月21日(日)10時～、14時～

【中学校入試説明会】
9月14日(土)14時～
11月 2日(土) 8時30分～(プレテストと同時開催)
11月30日(土)14時～

【プレテスト】要予約
11月 2日(土) 8時15分～(入試説明会を同時開催)

【個別相談・キャンパス見学会】要予約
6～7月の間の毎週土曜日
14時～、15時30分～

【オープンスクール】要予約 4・5年生対象
8月25日(日) 9時30分～、14時～

【学園祭(文化祭)】要予約
9月21日(土)10時～16時

◆変更・中止の可能性もあります。必ず学校ホームページで確認してください。

洛星 中学校

所在地／〒603-8342 京都市北区小松原南町33
ＴＥＬ／075-466-0001
学校長／小田 恵
創 立／1952年に中学校、1955年に高校が開校。2004年、中学・高校とも5クラス編成になる。
ＵＲＬ／www.rakusei.ac.jp

	1年	2年	3年
男子	201名	224名	225名
女子	—	—	—
クラス数	5組	5組	5組

中高総生徒数／1298名

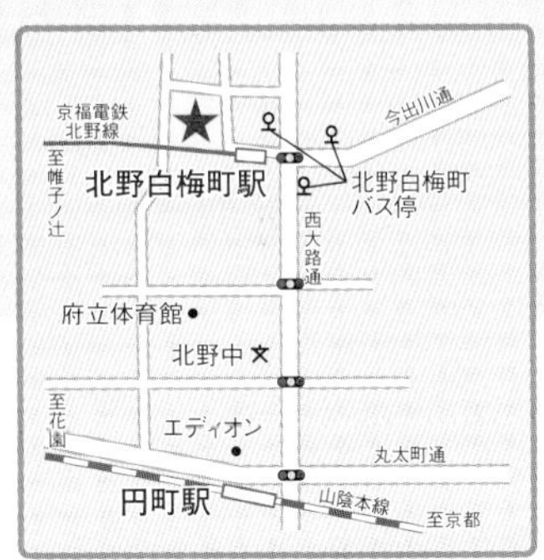

〈交通アクセス〉
京都市バス停「北野白梅町」より徒歩3分　JR嵯峨野線「円町」駅より徒歩15分

全人教育を理念とし、自主性を重んじるカトリック進学校

フランスのリヨン市に創立された聖ヴィアトールカトリック修道会を母体とする進学校です。キリスト教精神に基づく「全人教育」を目標に掲げ、心・頭・体のバランスの取れた豊かな人間性の育成をめざしています。クラブ活動をはじめとする特別教育活動や宗教行事などにより、相互尊重の精神や自主的な生活態度を身につけます。厳正な教育指導が行われていますが、校風は伸びやか。学校は閑静な住宅街にあり、東棟と西棟に分かれた本館や大講堂など、施設が充実しています。

スクールライフ

●教育内容

ほぼ全員が4年制大学に進学するため、中高一貫のメリットを生かした、効果的でゆとりある教科指導を徹底しています。授業編成では教科を細分化し、高校の学習内容の基礎を含む基礎力の完成をめざします。特に、英語は週6時間と授業数を多く確保し、うち1～2時間は外国人講師による少人数制の分割授業やチームティーチングを実施しています。カトリック校として、中学と高3の正課に「宗教」の授業を設けているほか、毎週木曜日の放課後の「宗教探究」の時間では、生徒が関心を持った事柄についてみずから探究し、理解を深めていきます。

■主要5教科の週当たり時間（コマ）数

	英語	数学	国語	理科	社会
1年	6	6	5	3	5
2年	6	6	5	4	4
3年	6	6	5	4	5
合計	18	18	15	11	14

◎1日当たりの授業コマ数：45分×6～7時限
※土曜日は4時限
◎登校時間：8時25分

●部活動

約40のクラブのほか、同好会もあります。原則として全員参加で、中高合同で活発に活動しています。
○文科系／オーケストラ、演劇、謡曲、茶道、生物、写真、天文、地理、美術、囲碁将棋、歴史（中学）、ECL（中学）、無線（中学）、地学（中学）、ロボット研究（中学）、ESS（高校）、文芸（高校）、料理研究（高校）、新聞局、放送局、図書委員会
○体育系／バドミントン、バスケットボール、サッカー、バレーボール、ハンドボール、スケート、野球、ソフトテニス、テニス、卓球、水泳、山岳、陸上競技、剣道、柔道、弓道、ラグビー（高校）
○同好会／鉄道研究、マイコン、模型、ラグビー（中学）、料理研究（中学）、折り紙研究（中学）、軽音楽（高校）、グリー（高校）、レゴ（高校）、歴史（高校）、クイズ（高校）、漫才（高校）、スポーツデータ解析（高校）、視覚効果（高校）、反響板（高校）など

●行事

年間を通じて多くの宗教行事があり、特に12月のクリスマス・タブローは最大の行事です。福祉を肌で学ぶため、目の不自由な方による講演会や、手話講習会なども行われます。文化祭や体育祭は生徒たちの手で運営され、自主性や協調性を育む機会にもなっています。

●修学旅行・研修旅行

修学旅行（研修旅行）は、中3では長崎に、高2では北海道に出掛けます。

マネーガイド

■2024年度納付金（諸経費を含む）

	入学金	授業料	施設費	その他	計
入学手続時	150,000円	0円	50,000円	約80,000円	約280,000円
初年度総額	150,000円	588,000円	338,000円	約161,600円	約1,237,600円

※教材費等は含まず

◎寄付金：1口3万円、6口以上（任意）
◎授業料：2期分納または月納
◎奨学金・特待生制度：経済的理由により就学困難と判断される者に20万円の支給または授業料貸与

2期 学期制　完6 days 週5・6日制　 温 プール　 cool 冷房　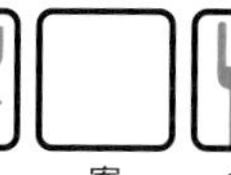 寮　 食堂　私服通学　 他 海外研修

サピックスからの合格実績（過去3年）	'22	'23	'24
	6名	6名	7名

進学指導の概要

進路指導も人間教育の一環として、きめ細かく行われます。高1では「進路のしおり」、高2・3では「進学指導資料」を配布するほか、各学年とも担任による個人面談を中心に随時対応し、必要に応じてロングホームルームも利用します。現在の力を確認するため、高1では年3回、高2では年4回、高3では年6回の模擬試験を実施。進学補習も高2・3では夏期に2～3週間、冬期に約1週間行われます。また、土曜日には進路講演会や講座制選択授業を実施するなど、大学での研究や職業に興味を持ち、自己を見つめるための機会が設けられています。各種資料や書籍が充実した進路指導室は、休憩時間や放課後に活発に利用されています。

■現役大学進学者の進路の内訳

■併設高校から主要大学への合格実績

※上段は現役合格者数、下段は浪人を含めた合格者数。

	北海道大	東北大	東京大	一橋大	東京工業大	東京芸術大	東京医科歯科大	横浜国立大	名古屋大	金沢大	京都大	大阪大	神戸大	滋賀大	大阪教育大	大阪公立大	京都工芸繊維大	京都府立大
22年	1	—	5	—	1	—	—	—	3	—	28	6	8	1	—	5	6	—
	5	1	8	1	1	—	—	2	3	—	39	12	14	1	—	11	8	—
23年	3	—	6	3	1	—	—	—	1	1	30	9	8	3	—	2	4	—
	5	2	7	4	1	—	—	1	3	1	39	16	12	4	—	9	6	2
24年	6	3	3	2	—	—	—	—	—	1	32	8	10	3	—	14	7	—
	11	3	6	2	—	—	—	—	—	2	48	16	22	4	—	21	12	1

	滋賀医科大	京都府立医科大	奈良県立医科大	和歌山県立医科大	早稲田大	慶應義塾大	上智大	東京理科大	関西大	関西学院大	同志社大	立命館大	大阪医科薬科大	関西医科大	文部科学省管外の大学校	海外の大学	国公立・医学部	私立・医学部
22年	2	8	—	3	4	7	3	3	2	1	1	7	1	4	—	—	20	7
	4	9	—	3	10	20	8	9	12	7	32	44	7	8	—	—	35	26
23年	—	7	1	—	2	6	2	1	3	5	18	25	3	4	—	—	17	8
	1	9	1	1	12	13	6	12	13	11	46	64	11	8	—	—	31	42
24年	—	5	—	—	2	3	—	—	7	5	19	28	4	3	1	—	13	12
	2	7	1	2	11	10	5	2	16	10	67	86	15	10	4	—	37	68

★指定校推薦枠（2024年度）早稲田大、東京理科大、関西学院大、同志社大、立命館など　※枠数非公表

入試情報

■過去2年間の入試結果

			募集人員	出願者	受験者	合格者	実質倍率
23年	前期	4科	約180	317	312	201	1.6
		3科		127	116	55	2.1
	後期	4科	約45	123	116	25	4.6
		3科		125	110	28	3.9
24年	前期	4科	約165	353	346	189	1.8
		3科		118	109	56	1.9
	後期	4科	約35	151	142	14	10.1
		3科		131	114	23	5.0

■2024年度入試 受験者の教科別平均点

		算数	国語	理科	社会	合計
前期	4科	76.4	63.4	61.2	69.3	268.2
	3科					
後期	4科	63.3	67.0	40.9	49.9	219.4
	3科					

※4教科型または3教科型(算数・国語・理科)のどちらか一方の受験型を選択します。前期は全体を440点満点で判定し、3教科型の場合は、算数・国語・理科の合計点を34分の44倍した点数が受験者の成績となります。後期は400点満点で判定し、3教科型の場合は、算数・国語・理科の合計点を32分の40倍した点数が受験者の成績となります。
○前期配点：算国＝各120点　理社＝各100点
○後期配点：算国＝各120点　理社＝各80点
○合格最低点：前期265.3点　後期239.0点

24年の募集要項

※以下は2024年の募集要項です。2025年の要項は学校の発表をお待ちください。

入 試 日／前期1月13日 後期1月18日
募集人員／男子約200名(前期約165名 後期約35名)
合格発表／前期1月14日 後期1月20日
手続締切／前期1月18日 後期1月22日
試験科目／前期：国語(60分・120点)、算数(60分・120点)、社会(50分・100点)、理科(50分・100点)計440点
後期：国語(70分・120点)、算数(70分・120点)、社会(40分・80点)、理科(40分・80点)計400点
※前期・後期とも3科(算・国・理)・4科選択
面　接／なし
受 験 料／20,000円

公開行事・説明会予定

【学校見学会】要予約
7月27日(土)　9時～、11時～、13時30分～、15時30分～
7月28日(日)　9時～、11時～、13時30分～、15時30分～
8月24日(土)　9時～、11時～、13時30分～、15時30分～
【入試説明会】
10月　1日(火)～1月中旬(後期入試終了まで)
学校ホームページにてオンデマンド配信
【オープンスクール】
11月16日(土)午後
【文化祭】時間未定
9月13日(金)
9月14日(土)
9月15日(日)
【体育祭】
9月25日(水)　8時30分～15時30分(雨天順延あり)
【クリスマス・タブロー】
12月23日(月)16時～18時
◆変更・中止の可能性もあります。必ず学校ホームページで確認してください。

六甲学院 中学校

所在地／〒657-0015　神戸市灘区篠原伯母野山町2-4-1
TEL／078-871-4161
学校長／髙橋 純雄
創　立／1938年に六甲中学校開校。1947年に新制六甲中学校・高等学校発足。2016年に学校法人上智学院となる。
URL／www.rokko.ed.jp

	1年	2年	3年
男子	188名	184名	184名
女子	—	—	—
クラス数	4組	4組	4組

中高総生徒数／1073名

〈交通アクセス〉
阪急電鉄神戸線「六甲」駅より徒歩20分
神戸市営バス「六甲台南口」より徒歩10分
神戸市営バス「篠原本町2丁目」より徒歩15分

“生徒が生徒を育てる” 六甲学院

イエズス会により創設されたカトリック男子校で、「For others, With others(他者のために、他者とともに)」を合いことばに、「仕えるリーダー」の育成に取り組んでいます。長きにわたる伝統のなかで、高２の先輩が新入生と生活を共にする「指導員」、清掃や規律を監督する「訓育生」など、「生徒が生徒を育てる」ことによって、先輩自身も伸びていく、六甲独自の仕組みがたくさんあります。中高６学年一体となって取り組む行事もとても多く、先輩後輩・同級生のつながり、教員と生徒のつながりが濃密で、居場所と仲間が必ず見つかる学校です。

スクールライフ

●教育内容

中高一貫教育の利点を最大限に生かし、6年間を2年間ごとに区切り、各段階で学習目標を定めています。教科の全体的なバランスを考えたカリキュラムで、必要であれば高校の内容を中学で学ぶなど、効果的な指導を実施。中1・2では基礎学力の養成と学習習慣の確立をめざします。英語は中高一貫校向けのハイレベルな教科書「NEW TREASURE」を使用。数学は中2の前半で、ほかの教科も中2終了時に中学レベルの内容をおおむね学び終えます。中3・高1は広く深く学力の充実を図ります。英語は中3で文法・語彙の基礎を終了、数学は高1で大学入学共通テスト出題範囲を終えます。

■主要5教科の週当たり時間（コマ）数

	英語	数学	国語	理科	社会
1年	7	5	5	4	4
2年	7	6	5	4	4
3年	6	6	5	5	5
合計	20	17	15	13	13

◎1日当たりの授業コマ数：50分×6時限
※水曜日は50分×7時限。土曜日は50分×4時限
◎登校時間：8時15分

また、キリスト教の精神を学ぶ機会として、週に1時間の宗教の授業を設けています。一日のスタートは朝礼から始まり、さらに授業の開始前には瞑目を行い、心を落ち着かせて授業に臨みます。

●部活動

約20の部があり、活動は週3日以内。ほとんどの生徒が部に所属しています。

○文化系／音楽、化学、生物、地理歴史研究、美術、物理、演劇、囲碁将棋

○体育系／アメリカンフットボール、弓道、剣道、サッカー、卓球、テニス、バスケットボール、バレーボール、野球、ラグビー、陸上競技、バドミントン

●行事

6月の体育祭、秋の文化祭のほか、「訓育」「社会奉仕」といった委員会活動があり、学校生活のさまざまな場面で生徒がリーダーシップをとっていきます。上級生が下級生を指導するため、異学年交流の機会がとても多いのも特徴です。

●修学旅行・研修旅行

中1は海でキャンプ、中3は学校所有の立山ヒュッテに宿泊し、立山登山に挑戦します。このほか、中2は1月に東北でスキー研修旅行を実施。高2の研修旅行では、シンガポール、マレーシアに4泊5日の旅をして、学びを深めます。

マネーガイド

■2024年度納付金（諸経費を含む）

	入学金	授業料	施設費	その他	計
入学手続時	280,000円	0円	0円	90,000円	370,000円
初年度総額	280,000円	518,400円	250,000円	441,000円	1,489,400円

◎寄付金：なし
◎授業料：3期分納
◎奨学金・特待生制度：経済的な理由により就学困難と判断される者に授業料の必要額を給付

学期制 3期 / 週5・6日制 完6 / プール / 冷房 / 寮 / 食堂 / 私服通学 / 海外研修 全

サピックスからの合格実績（過去3年）	'22	'23	'24
	4名	8名	10名

進学指導の概要

高2からは進路と適性に応じて文系・理系を選択。文系は英・数で受験対応の演習を中心に、理系は物理・化学・生物で発展的な内容を学習するとともに、数学では演習および数学Ⅲを学びます。こうして高2終了時には、理・社以外の教科について高校レベルの学習内容をおおむね終えます。また、将来の進路を具体的に考える機会として、高1・2を対象に、卒業生が講演する「進路の日」を設定。高3では、英・数は習熟度別授業に移行、3段階レベルでのクラス選択となります。さらに、夏休みには特別講習（高2は8日間、高3は20日間）、大学入学共通テスト後には2次に向け、試験直前特別授業を実施しています。

■現役大学進学者の進路の内訳

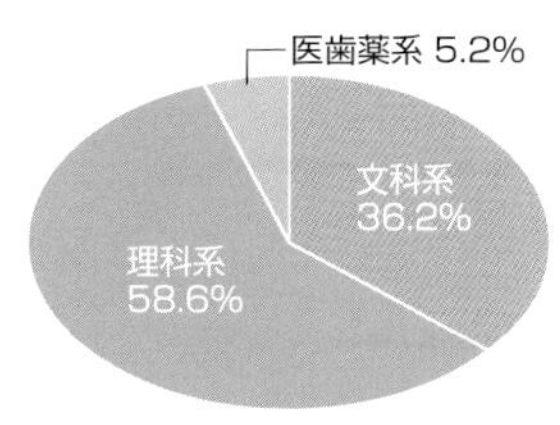

■併設高校から主要大学への合格実績

※上段は現役合格者数、下段は浪人を含めた合格者数。

		北海道大	東北大	東京大	一橋大	東京工業大	東京芸術大	東京医科歯科大	横浜国立大	名古屋大	金沢大	京都大	大阪大	神戸大	大阪教育大	京都工芸繊維大	兵庫県立大	大阪公立大	京都府立大
22年	上段	7	3	1	5	—	—	—	1	1	1	9	20	10	—	—	2	7	—
	下段	8	3	1	7	—	—	1	2	1	1	14	25	13	—	1	5	13	2
23年	上段	2	1	3	—	—	—	—	1	1	—	17	9	15	—	—	6	9	—
	下段	2	1	3	—	—	—	—	1	1	—	23	15	19	—	—	7	11	—
24年	上段	6	3	2	—	1	—	—	—	—	1	5	6	12	—	1	1	6	—
	下段	7	3	4	—	3	—	—	—	1	2	11	11	17	—	1	1	11	—

		滋賀医科大	京都府立医科大	奈良県立医科大	和歌山県立医科大	早稲田大	慶應義塾大	上智大	東京理科大	関西大	関西学院大	同志社大	立命館大	大阪医科薬科大	関西医科大	文部科学省所管外の大学校	海外の大学	国公立・医学部	私立・医学部
22年	上段	—	—	—	—	5	4	6	3	13	22	49	21	2	1	1	—	8	7
	下段	—	—	—	—	10	11	7	6	22	43	87	30	6	2	5	—	19	22
23年	上段	—	—	—	—	5	9	6	3	23	57	63	34	6	5	5	—	3	15
	下段	—	—	—	—	12	12	6	4	28	69	87	45	8	7	7	—	9	21
24年	上段	—	—	—	—	3	4	5	8	14	10	24	22	2	1	3	—	5	9
	下段	—	—	—	—	8	13	6	15	19	20	56	36	4	4	3	—	14	18

★指定校推薦枠（2024年度）慶應義塾大学1名、上智大学10名、東京理科大学1名、関西大学1名、関西学院大学1名、同志社大学1名など

入試情報

■過去3年間の入試結果

			募集人員	出願者	受験者	合格者	実質倍率
22年	A	3科	約145	279	253	167	1.5
	B	2科	約40	507	240	156	1.5
23年	A	3科	約145	303	283	161	1.8
	B	2科	約40	595	294	174	1.7
24年	A	3科	約145	294	275	162	1.7
	B	2科	約40	622	318	189	1.7

■2024年度入試 受験者の教科別平均点

	算数	国語	理科	社会	合計
A	95.5	76.2	57.6		229.3
B	75.7	80.1			155.8

○配点：算国＝各150点　理＝100点
○合格最低点：A224点　B144点

24年の募集要項

※以下は2024年の募集要項です。2025年の要項は学校の発表をお待ちください。

入 試 日／A1月13日 B1月16日
募集人員／男子184名(A約145名 B約40名)
合格発表／A1月14日 B1月17日
※ホームページにて発表
手続締切／A1月15日 B1月18日
試験科目／A国語(60分・150点)、算数(60分・150点)、理科(50分・100点)
B国語(60分・150点)、算数(60分・150点)
面　　接／なし
受 験 料／20,000円

公開行事・説明会予定

【学校説明会】要予約
6月22日(土)10時～
【入試説明会】要予約、時間未定
10月　5日(土)
10月26日(土)
※クラブまたは授業の見学・個別相談可
【オープンスクール】要予約
7月21日(日)　9時30分～
【文化祭】要予約、時間未定
9月21日(土)、22日(祝)
◆変更・中止の可能性もあります。時間未定のものも併せて、必ず学校ホームページで確認してください。

大阪女学院 中学校

所在地／〒540-0004 大阪市中央区玉造2-26-54
TEL／06-6761-4451
学校長／丹羽 朗
創　立／1884年開校のウヰルミナ女学校が前身。1940年、現校名に改称し、1947年に中学校が、翌年に高校が発足。
URL／www.osaka-jogakuin.ed.jp

	1年	2年	3年
男子	—	—	—
女子	178名	164名	166名
クラス数	5組	5組	5組

中高総生徒数／1303名

〈交通アクセス〉
JR環状線「玉造」駅より徒歩8分、大阪メトロ長堀鶴見緑地線「玉造」駅より徒歩3分、JR環状線・大阪メトロ中央線「森ノ宮」駅より徒歩12分

キリスト教に基づく人間教育と実践的な英語教育に特色

ミッションスクールとして開校した130年以上の伝統を持つ女子校。キリスト教に基づき、神を畏れ、真理を追究し、愛と奉仕の精神で社会に貢献する人を育成することを教育方針としています。自分自身で考え、行動し、その結果を引き受けるという「責任ある自由」を教え、その自由に基づく自主性を尊重するのが特色です。キリスト教教育とともに英語教育を柱としており、国際理解を深めるさまざまなプログラムを用意しています。キャンパスは大阪市の中心部にありながら自然に恵まれ、施設も充実しています。

スクールライフ

●教育内容

中学ではコース分けを行わず、全員が同じカリキュラムで授業を行い、3年間のさまざまな学びを通じて自分の適性や関心を見極めます。中学から高校までの全学年で、必修教科として聖書の授業があります。実践的な英語力を養成する英語教育に力を入れており、テキスト中心の授業のほか、外国人講師による「アクティブ・コミュニケーション」という独自の授業を設けています。中1は外国人講師と日本人教師によるチームティーチングからスタート。6年一貫教育の利点を生かして、段階的に実用英語を学びます。また、GTEC、TOEIC、英検®に積極的にチャレンジするほか、英語礼拝や英語暗唱大会など、英語に触れる機会も豊富にあります。

■主要5教科の週当たり時間（コマ）数

	英語	数学	国語	理科	社会
1年	7	5	5	4	4
2年	7	5	5	4	3
3年	7	5	5	4	4
合計	21	15	15	12	11

◎1日当たりの授業コマ数：50分×6時限
※土曜日は4時限
◎登校時間：8時25分

●部活動

中学では文化系12、体育系10、宗教系4の部が活動しています（中高合同を含む）。例年、平均して70～80％程度の生徒が何らかの部に所属しています。

○文化系／演劇、吹奏楽、ペン習字、軽音楽、パラム、環境問題研究、アニメ、ESS、美術など
○体育系／バドミントン、バレーボール、陸上、水泳、バスケットボール、サッカー、ソフトボール、スキー、バトン、テニス
○宗教系／ハンドベル、学校YWCA、聖歌隊など

●行事

花の日礼拝や修養会、公開クリスマスなどの宗教行事、文化祭や合唱祭などの文化行事、体育大会や水泳大会などの体育行事があり、これらの多くは生徒たちが自主的に運営。自立心や仲間との共生を学びます。

●修学旅行・研修旅行

異なる民族の文化を理解・尊重し、正しい国際感覚を身につけることを目的として国際理解教育を実施。海外研修（中3・高1）や交換留学（高校）、異文化の理解につながる授業や行事など、さまざまなプログラムを用意しています。修学旅行は、中3では沖縄に、高2では北海道に出掛けます。

マネーガイド

■2024年度納付金（諸経費を含む）

	入学金	授業料	施設費	その他	計
入学手続時	230,000円	0円	0円	174,200円	404,200円
初年度総額	230,000円	678,000円	0円	390,600円	1,298,600円

◎寄付金：1口20万円、1口以上（任意）
◎授業料：3期分納
◎奨学金・特待生制度：なし（在学中、経済的急変が生じた場合のためにPTAによる奨学金制度あり）

学期制　週5・6日制　プール　冷房　寮　食堂　私服通学　海外研修

サピックスからの合格実績（過去3年）	'22	'23	'24
	0名	0名	1名

進学指導の概要

高校からは、人文科学系・社会科学系・芸術学系の学部をめざす「普通科文系コース」、医療系・理工学系・農学系などの学部をめざす「普通科理系コース」、そして英語について高度な技能を習得する「英語科英語コース」と、一般の高校卒業資格と国際バカロレア・フルディプロマの両方が取得できる「英語科国際バカロレア（IB）コース」に分かれます。普通科文系、英語科英語コースは高3から、進路に合わせたコースに分かれて、受験に向けた学力を養います。また、各学科・コースとも高2で大学訪問プログラムを実施。大学での講義を受講し、学部・学科の理解を深めます。このほか、進路指導の一環としてガイダンス、説明会、セミナーなどを実施しています。

■2024年3月卒業生の進路の内訳

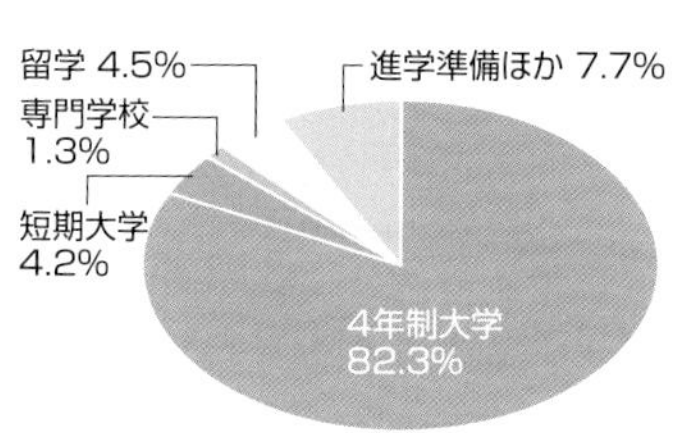

■併設高校から主要大学への合格実績

※上段は現役合格者数、下段は浪人を含めた合格者数。

	北海道大	東北大	東京大	一橋大	東京工業大	東京芸術大	東京医科歯科大	京都大	大阪大	神戸大	大阪教育大	奈良女子大	大阪公立大	兵庫県立大	京都府立大	神戸市外国語大	滋賀医科大	京都府立医科大
22年	1	—	—	—	—	—	—	—	1	3	4	—	4	—	1	—	—	—
	1	—	—	—	—	—	—	—	1	3	4	—	4	—	1	—	—	—
23年	1	—	—	—	—	—	—	—	—	2	—	—	2	—	1	—	—	—
	1	—	—	—	—	—	—	—	—	2	—	—	3	—	1	—	—	—
24年	—	—	—	—	—	—	—	—	1	—	1	—	5	—	1	2	—	—
	—	—	—	—	—	—	—	—	2	—	1	—	6	—	1	2	—	1

	早稲田大	慶應義塾大	上智大	明治大	青山学院大	立教大	中央大	法政大	関西大	関西学院大	同志社大	立命館大	大阪医科薬科大	大阪女学院大	文部科学省管外の大学校	海外の大学	国公立・医学部	私立・医学部
22年	1	1	1	2	—	1	1	—	17	54	21	17	2	4	—	6	2	2
	3	3	1	3	—	3	1	—	19	54	22	18	2	4	—	6	3	4
23年	1	—	3	1	1	1	2	2	14	45	15	14	4	—	—	4	2	2
	2	—	4	1	1	1	2	3	14	45	15	21	5	—	—	4	2	3
24年	1	2	2	4	1	1	2	—	17	61	18	17	4	—	—	9	—	—
	1	2	2	4	1	2	3	1	22	72	20	20	4	—	—	9	—	2

★指定校推薦枠（2024年度）早稲田大1名、国際基督教大1名、青山学院大12名、関西学院大48名、関西大10名、同志社大12名、立命館大6名、大阪医科薬科大2名、神戸薬科大1名、同志社女子大10名、神戸女学院大6名など

入試情報

■2024年度の入試結果

			募集人員	出願者	受験者	合格者	実質倍率
前期	A方式	4科	190	160	130	118	1.1
		3科					
	B方式	4科		89	84	81	1.0
		3科					
後期				117	50	35	1.4
国際特別				50	49	45	1.1

※前期は、4科目型と3科目型（算数・国語・理科）のどちらか一方の受験型を選択。選抜方法に区別はなく、全体を400点満点として判定されます。

■2024年度入試 合格者の教科別平均点

			算数	国語	理科	社会	合計
前期	A方式	4科	52.2	89.7	44.8	32.6	234.40
		3科					
	B方式	4科	71.4	100.6	55.9	48.2	285.75
		3科					
後期			64.7	72.9			137.6

※前期の4科目型は、4教科の合計点、算国理の合計点を1.25倍した点数、算国社の合計点を1.25倍した点数の3つのうち、最も高得点のものを受験者の成績とし判定。3科目型の場合は、算国理の合計点を1.25倍した点数を受験者の成績として判定。
○前期配点：算国＝各120点　理社＝各80点(4科型または3科型を選択)
○後期配点：算国＝各100点
○合格最低点：前期A157.5点　前期B型173.75点　後期94点　国際特別は非公表

24年の募集要項

※以下は2024年の募集要項です。2025年の要項は学校の発表をお待ちください。

入 試 日／国際特別1月13日 前期AB1月14日 後期1月15日
募集人員／女子190名(国際特別 専願20名以内)
合格発表／ホームページで即日発表
手続締切／国際・前期A1月15日 前期B・後期1月19日
試験科目／国際：国語(30分・50点)、算数(30分・50点) 前期AB：国語(50分・120点)、算数(50分・120点)、理科(40分・80点)、社会(40分・80点)、3科(国・算・理)4科選択 後期：国語(50分・100点)、算数(50分・100点)
面　　接／なし
受 験 料／20,000円(入学者には未受験分の受験料を返還)

公開行事・説明会予定

【学校説明会】要予約
6月15日(土)10時30分～ 奈良会場
6月22日(土)10時～ 天王寺会場
【夏のevening説明会 梅田会場】要予約
7月25日(木)18時30分～
【オープンキャンパスFamily based】要予約 3・4年生対象
8月31日(土)14時30分～
【オープンキャンパスPRIME】要予約 5・6年生対象
9月 7日(土)14時30分～
【キャンパスNAVI YOUNGSTERS】要予約 2～4年生対象
9月14日(土)14時30分～
【イブニング説明会On Campus】要予約
9月27日(金)18時30分～
【入試説明会】
10月 5日(土)10時～
11月16日(土)10時～
12月 7日(土)10時～
【文化祭】
11月 2日(土)
【公開クリスマス】
12月17日(火)
◆変更・中止の可能性もあります。必ず学校ホームページで確認してください。

大谷（おおたに） 中学校

所在地／〒545-0041　大阪市阿倍野区共立通2-8-4
TEL／06-6661-0385
学校長／萩原 英治
創　立／1909年、左藤了秀が難波別院内に大谷裁縫女学校を設置。それを母体とし、1948年に大谷中学校・高等学校となる。
URL／www.osk-ohtani.ed.jp

	1年	2年	3年
男子	―	―	―
女子	158名	183名	174名
クラス数	5組	6組	5組

中高総生徒数／1126名

〈交通アクセス〉
大阪メトロ谷町線・阪堺電車上町線「阿倍野」駅より徒歩8分　JR大阪環状線・大和路線ほか「天王寺」駅、近鉄南大阪線「大阪阿部野橋」駅より徒歩17分など

仏教による情操教育を根幹に、知性と感性を備えた女性を育む

「建学の精神に基づく宗教的情操教育」「豊かな人間性を培うしつけ教育」「中高完全6年一貫のきめ細やかな学習指導」を教育方針に、「やさしく、かしこく、うつくしい女性」を育て、社会に送り出すことを目標にしています。浄土真宗大谷派の関係校として、「朝に礼拝、夕に感謝」の校訓の下、宗教行事や宗教ノートでの対話を通じて“感謝の心を大いに育む”情操教育を実践。114年の伝統を礎に、キャリア教育の充実、コミュニケーション能力の育成、海外研修の充実など、多方面にわたる教育の成果が期待されています。

スクールライフ

●教育内容

最難関国公立大や医系・ハイレベルな理系学部の進学をめざす「医進」、難関国公私立大の現役合格をめざす「特進」、大谷の伝統を受け継ぎ、充実・発展させた「凛花」の3コースを設定しています。凛花コースではICT機器を活用しながらグローバルマインドを養い、次世代で活躍できる女性を育てるため他コースとは別の教材やカリキュラムを用意しています。中学の医進・特進コースでは基礎学力の強化に取り組み、学力考査や模試ごとに自分の弱点を確認させて、授業や補習などでフォローする態勢を敷いています。医進コースでは、大学医学部・薬学部の教員を招いての特別講義や解剖授業、大学医学科見学なども実施します。

■主要5教科の週当たり時間（コマ）数

	英語	数学	国語	理科	社会
1年	7	5	5	4	4
2年	7	7	5	4	4
3年	7	7	6	4	4
合計	21	19	17	12	12

◎1日あたりの授業コマ数：50分×6時限
　※火・金曜日は7時限、土曜日は4時限(第2土曜日は休)
◎登校時間：8時20分

●部活動

文化系、体育系ともに活発に活動。全国大会での受賞歴があるバトントワリングのほか、文化系では演劇、吹奏楽、囲碁、競技かるたなどが活躍しています。
○文化系／アートデザイン、ギターマンドリン、コーラス、軽音楽、箏曲、ESS、映画研究、科学、華道、写真、もぐら（ボランティア活動）、手芸、食物など
○体育系／硬式テニス、卓球、ダンス、ハンドボール、バスケットボール、バトントワリング、バドミントン、バレーボール、陸上

●行事

文化祭、体育大会、春・秋の校外学習、耐寒登山、球技大会、留学生交流会、芸術鑑賞会、英語暗唱大会、英語弁論大会など、1年を通じて多彩な行事を設定。東本願寺への本山参拝や花まつり、報恩講など仏教関連の行事があるのも特徴です。

●修学旅行・研修旅行

中1の林間学舎は2泊3日の日程で奈良を、中2の自然教室は2泊3日で琵琶湖・近江八幡を訪れます。中3の修学旅行は沖縄を巡ります。海外教育にも熱心で、姉妹校と提携したオーストラリア、ニュージーランド、タイへの海外研修（希望者）や1年間・3か月間留学（凛花コースの希望者）制度があります。

マネーガイド

■2024年度納付金（諸経費を含む）

	入学金	授業料	施設費	その他	計
入学手続時	200,000円	0円	0円	0円	200,000円
初年度総額	200,000円	612,000円	30,000円	約558,400円	約1,400,400円

※別途、制服代（約85,700円）あり。

◎寄付金：任意
◎授業料：3期分納
◎奨学金・特待生制度：医進コースは成績優秀者約30名の授業料を免除。姉妹優遇制度(入学金免除)あり

第2土曜日は休み

 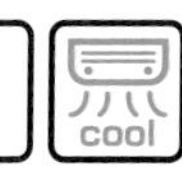 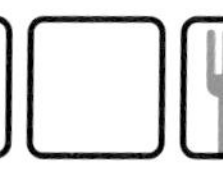  

3期	完6 days		cool				希
学期制	週5･6日制	プール	冷房	寮	食堂	私服通学	海外研修

サピックスからの合格実績（過去3年）	'22	'23	'24
	3名	0名	0名

進学指導の概要

高校では大学教員を招いての特別講義や各大学のオープンキャンパスへの参加など、自分の進路を考える機会を多く設けます。中3から高3までは過去3年間の卒業生の入試データや体験談をまとめた「進路の手引き」を毎年配布。自分の現状とデータの比較による自己点検で学習意欲の向上や進路の意識づけを図ります。医進コースでは高1からドクターをめざすS医志クラスを増設し、特進コースでは高2から文・理系別の選択科目を受講します。さらに、全コースで学年の教員がチームを組んで小論文を指導。卒業までに20本以上の小論文に取り組み、文章を論理的に構成する能力を養います。

■現役大学進学者の進路の内訳

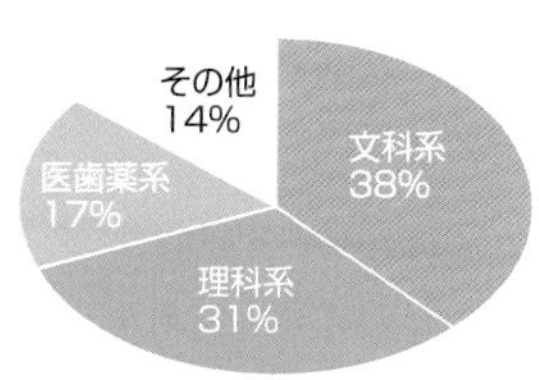

■併設高校から主要大学への合格実績

※上段は現役合格者数、下段は浪人を含めた合格者数。

	北海道大	東北大	東京大	一橋大	東京工業大	東京芸術大	東京医科歯科大	京都大	大阪大	神戸大	大阪教育大	奈良女子大	滋賀医科大	大阪公立大	兵庫県立大	京都府立大	神戸市外国語大	京都府立医科大
22年	—	—	—	—	—	—	—	—	1	3	4	5	1	9	3	—	—	—
	—	—	—	—	—	—	—	—	2	3	4	5	1	9	3	—	—	—
23年	—	—	—	—	—	—	—	1	4	2	1	3	1	8	2	—	—	—
	—	—	—	—	—	—	—	1	4	3	1	3	1	12	2	—	—	—
24年	—	—	—	—	—	—	—	—	2	1	1	4	—	4	2	—	1	—
	—	—	—	—	—	—	—	—	2	1	1	4	—	6	2	—	1	—

	早稲田大	慶應義塾大	上智大	明治大	青山学院大	立教大	中央大	法政大	関西大	関西学院大	同志社大	立命館大	大阪医科薬科大	大阪大谷大	文部科学省所管外の大学校	海外の大学	国公立・医学部	私立・医学部
22年	5	—	1	—	—	—	—	—	27	25	8	33	7	19	1	—	2	3
	5	—	1	—	—	—	—	—	27	26	9	34	8	19	1	—	3	9
23年	1	—	—	1	—	—	—	—	39	30	19	31	11	17	—	2	2	8
	1	—	—	1	—	—	—	—	39	31	21	38	12	17	—	2	2	21
24年	—	1	1	—	—	—	—	1	51	21	14	18	7	34	—	—	1	1
	—	1	1	—	—	—	—	1	63	24	14	22	8	34	—	2	3	5

★指定校推薦枠（2024年度）関西大3名、関西学院大5名、同志社大4名、立命館大5名、立命館アジア太平洋大2名、京都女子大7名、神戸女学院大5名、同志社女子大6名、東京理科大2名、大阪医科薬科大1名など

入試情報

■2024年度の入試結果

	募集人員	出願者	受験者	合格者	実質倍率
医進1次A	60	72	60	43	1.4
医進1次B		182	177	157	1.1
医進1次C		168	99	84	1.2
医進2次		155	88	78	1.1
特進1次A	90	26	42	35	1.2
特進1次B		44	64	60	1.1
特進1次C		43	26	19	1.4
特進2次		21	16	15	1.1
凛花1次A	60	20	27	27	1.0
凛花1次B		22	25	23	1.1
凛花1次C		21	12	11	1.1
凛花2次		6	4	4	1.0

○配点：算国＝各120点　理社＝各80点　未来力＝80点
○合格最低点：1次A医進264点・特進176点・1次A凛花131点　1次B医進154点・特進104点・凛花72点　1次C医進155点・特進121点・凛花77点　2次医進239点・特進170点・凛花113点

24年の募集要項

※以下は2024年の募集要項です。2025年の要項は学校の発表をお待ちください。

入 試 日／1次A1月13日午前 1次B1月13日午後
1次C1月14日午後 2次1月15日午前
募集人員／女子210名(医進60名 特進90名 凛花60名)
合格発表／いずれも翌日
手続締切／1次Aで凛花の特別専願1月14日
1次Aで凛花の特別専願以外1月15日 そのほかは1月17日
試験科目／1次A4科・2次4科：国語・算数(各60分・各120点)、理科・社会(各40分・各80点)
1次A3科・2次3科：国語・算数(各60分・各120点)　理科(40分・80点)
1次A適性未来型：国語・算数(各60分・各120点)、理科・未来力(各40分・各80点)、1次A凛花の特別専願：国語・算数(各60分・各120点)、面接
1次B・1次C：国語・算数(各60分・各120点)
面　　接／凛花の特別専願はあり(個人)
受 験 料／20,000円(同時出願による割引あり)

公開行事・説明会予定

【入試説明会】要予約
9月21日(土)　9時30分～ ※6年生対象
10月26日(土)14時30分～ ※4年生以上対象
【コース説明会】要予約　4～6年生対象
特進　6月22日(土)14時30分～
凛花　9月　7日(土)11時～
【エンジョイ体験授業】要予約　4年生以上対象
7月　6日(土)13時30分～
【個別相談会＆ミニ説明会】要予約　4年生以上対象
11月24日(日)　9時～、12月14日(土)　9時～
【プレテスト】要予約　6年生対象
11月　2日(土)　8時20分～
【体育大会】要予約
9月20日(金)　9時～15時 京セラドーム大阪
【文化祭】要予約、各日10時～15時
9月28日(土)、29日(日)
◆変更・中止の可能性もあります。必ず学校ホームページで確認してください。すべて学校ホームページよりWEB申し込みが必要。

甲南女子（こうなん） 中学校

所在地／〒658-0001　神戸市東灘区森北町5-6-1
TEL／078-411-2531
学校長／米田 明美
創　立／1920年、英米流の自由主義思想を取り入れた教育の実践をめざし、甲南高等女学校を設立。1947年に中学校を併設。
URL／www.konan-gs.ed.jp

	1年	2年	3年
男子	—	—	—
女子	180名	185名	197名
クラス数	5組	5組	5組

中高総生徒数／1061名

〈交通アクセス〉
阪急神戸線「芦屋川」駅より徒歩15分
JR神戸線「甲南山手」駅より徒歩10分

人間教育に重きを置き、「つながり」を大切にする校風

2020年に100周年を迎えた伝統ある女子校です。建学の精神に「まことの人間をつくる」を掲げ、「全人教育」「個性尊重」「自学創造」を教育方針の三本柱としています。校訓は「清く、正しく、優しく、強く」。校歌が2つあり、第2校歌は毎年、高3生が後輩のために作って残していくなど、「つながり」を大切にする校風が根づいています。校舎は見晴らしの良い高台にあり、吹き抜けがあるなど開放的な造りになっています。総合的な学習の時間は人間教育のために使い、特に「対話」や「環境」の教育で協働する力を育みます。

スクールライフ

●教育内容

6年間を3段階に分け、成長段階に適した指導を行っています。国公立大への進学をめざす「Sアドバンストコース」と、甲南女子大を含む私立大・国公立大への進学をめざす「スタンダードコース」の2コース制を敷き、約36人の少人数クラスできめ細かい指導を実践しています。両コースの違いは週当たりの授業時間数、進度、使用教材などで、スタンダードコースでは中1～3の各学年の終了時にSアドバンストコース変更試験を受けられます。英会話の授業は中学3年間、クラスを二分割した少人数制で実施し、外国人講師の指導の下で正しい発音の定着を図っています。

■主要5教科の週当たり時間（コマ）数　※( )はSアドバンスト

	英語	数学	国語	理科	社会
1年	6	5	6	3（4）	3（4）
2年	6	5	5	4（5）	3（4）
3年	6（7）	5（6）	5	4	4
合計	18（19）	15（16）	16	11（13）	10（12）

◎1日当たりの授業コマ数：50分×6時限
※Sアドバンストは週2日7時限
◎登校時間：8時20分

●部活動

クラブ活動も重視しており、文化系15、体育系11の部活がそろっています。
○文化系／ESS、演劇、オーケストラ、科学、華道、コーラス、茶道、JRC（ボランティア）、写真、書道、箏曲、地歴、美術、文芸、放送
○体育系／アーチェリー、弓道、硬式テニス、水泳、ソフトテニス、ソフトボール、卓球、バレーボール、バスケットボール、陸上競技、ダンス

●行事

体育大会では「団」というチーム分けの仕組みがあり、生徒は入学後、赤・白・黄・緑の各団のいずれかに所属。卒業まで団は変わらないため、6年の間に先輩や後輩と絆で結ばれます。特に団対抗の応援合戦やマスゲームには力が入り、勇壮です。生徒の手でつくり上げる文化祭や英語学習の成果を発表する英語劇コンテスト、コーラスコンクールも盛り上がります。

●修学旅行・研修旅行

中2は和歌山へ研修旅行、中3は長野へスキー実習に。高2の秋には総合学習を兼ねて沖縄修学旅行を実施。国際交流も盛んで、希望者を対象とした海外短期留学を行っているほか、毎年、留学生を受け入れています。現在は情勢を鑑み、オンラインでの交流プログラムや講演会を実施し、国際理解を深めています。

マネーガイド

■2024年度納付金（諸経費を含む）

	入学金	授業料	施設費	その他	計
入学手続時	350,000円	0円	0円	0円	350,000円
初年度総額	350,000円	360,000円	132,000円	約426,000円	約1,268,000円

※別途、制定品代（制服・体操服・制かばん等約130,000円）あり

◎寄付金：1口30万円、1口以上（任意）
◎授業料：3期分納
◎奨学金・特待生制度：入学後、想定外の経済的困窮により就学困難と判断される者に奨学金を給付・貸与

学期制 3期 週5·6日制 完6days プール 冷房 寮 食堂 私服通学 海外研修 他

サピックスからの合格実績（過去3年）	'22	'23	'24
	3名	1名	2名

進学指導の概要

併設高校から甲南女子大へ進学する卒業生は10%程度です。理系を中心に、他大学に進む生徒も徐々に増えています。進路指導は中3からスタートしており、さまざまな職業の方を招いた講演会を開いたり、いろいろな大学・学部から卒業生を招いて体験談を聞いたりする取り組みのほか、大学の先生による模擬授業なども行っています。国公立大をめざすSアドバンストコースでは、高2からクラス編成と履修科目が文系・理系に分かれます。一方、スタンダードコースでは高2より進路別のクラス編成となり、多様な選択授業を設けることで、さまざまな進路志望に対応しています。

■浪人を含む大学進学者の進路の内訳

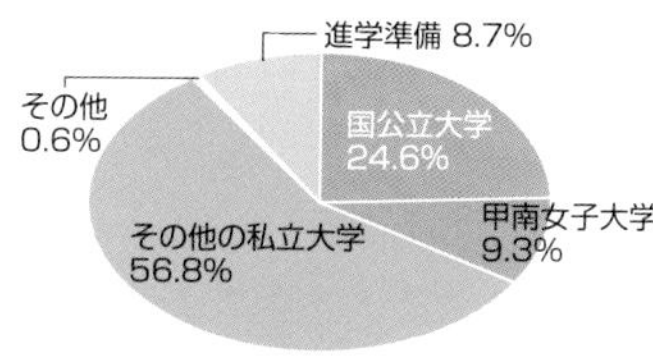

■併設高校から主要大学への合格実績

※上段は現役合格者数、下段は浪人を含めた合格者数。

	北海道大	筑波大	京都大	大阪大	神戸大	滋賀大	岡山大	広島大	徳島大	京都工芸繊維大	大阪教育大	奈良女子大	滋賀医科大	大阪公立大	神戸市外国語大	京都府立大	兵庫県立大	京都府立医科大
22年	2	—	3	2	4	1	1	—	6	3	—	7	—	1	1	1	2	1
	2	—	3	2	5	1	2	—	7	3	—	7	—	2	1	1	3	1
23年	—	1	1	2	1	—	—	1	4	1	1	2	1	2	1	1	5	1
	—	1	1	3	1	—	—	1	5	1	1	2	2	2	1	1	5	1
24年	—	1	1	4	2	1	3	—	—	—	1	—	—	3	—	2	5	—
	—	2	2	5	3	1	4	1	—	1	1	—	—	3	—	2	9	—

	早稲田大	慶應義塾大	上智大	明治大	青山学院大	立教大	中央大	法政大	関西大	関西学院大	同志社大	立命館大	甲南大	甲南女子大	文部科学省管外の大学校	海外の大学	国公立・医学部	私立・医学部
22年	2	7	—	4	3	1	4	1	47	67	22	19	22	74	—	—	6	8
	2	7	—	5	3	1	4	1	51	74	24	23	23	79	—	—	8	14
23年	4	1	5	4	2	7	5	7	19	70	16	42	30	48	—	—	3	5
	4	1	5	6	2	7	5	7	22	70	21	44	30	48	—	—	7	15
24年	1	1	1	1	1	1	—	—	22	42	14	30	37	81	—	—	—	—
	6	1	1	1	2	2	2	1	23	42	15	38	37	81	—	—	3	13

★指定校推薦枠（2024年度）関西大7名、関西学院大20名、同志社大6名、立命館大4名、甲南大10名、近畿大6名、神戸薬科大4名、神戸女学院大4名、神戸学院大3名、早稲田大1名、中央大1名など

入試情報

■2024年度の入試結果

			募集人員	出願者	受験者	合格者	実質倍率
A入試	1次	スタンダード	約155名	111	106	60	1.2
		Sアドバンスト		67	61	36	1.7
	2次	スタンダード		343	336	148	1.2
		Sアドバンスト		264	257	154	1.7
B入試		スタンダード		92	[illegible]	12	1.5
		Sアドバンスト		66	24	13	1.8

■2024年度入試 合格者の教科別平均点

			算数	国語	理科	社会	合計
A入試	1次	スタンダード	65.2	69	26.6	29.6	193.1
		Sアドバンスト	81.6	80.2	33.5	31.9	234.7
	2次	スタンダード	57.6	58.6			116.3
		Sアドバンスト	78.1	71.7			149.8
B入試		スタンダード	52.1	71			123.1
		Sアドバンスト	81.8	77			158.8

○配点：算国＝各100点　理社＝各50点
○合格最低点：A入試1次スタンダード136.8点・Sアドバンスト210点　A入試2次スタンダード91点・Sアドバンスト129点　B入試スタンダード108点・Sアドバンスト138点

24年の募集要項

※以下は2024年の募集要項です。2025年の要項は学校の発表をお待ちください。

入 試 日／A①1月13日　A②1月14日　B1月17日
募集人員／女子約155名(スタンダード約90名 Sアドバンスト約65名)
合格発表／A①・A②1月15日　B1月18日 ホームページにて発表
手続締切／A①・A②1月16日　B1月18日
試験科目／国語(60分・100点)、算数(60分・100点)、理科(40分・50点)、社会(40分・50点)
※A①は4科または国算理の3科、A②・Bは国算の2科
面　　接／なし
受 験 料／20,000円(Aは①②の複数回受験可)

公開行事・説明会予定

【学校説明会およびオープンスクール】要予約
6月16日(日) 午前
9月21日(土)
11月17日(日) 午前
【オンライン説明会】要予約
詳細未定。開催約1か月前に情報を公開
【個別相談会】要予約、6年生対象
11月30日(土)午後
◆変更・中止の可能性もあります。必ず学校ホームページで確認してください。

神戸海星女子学院 中学校

所在地／〒657-0805 神戸市灘区青谷町2-7-1
TEL／078-801-5601
学校長／野手 数弘
創　立／1951年、「マリアの宣教者フランシスコ修道会」を母体に学校法人を設置。小・中・高が設立される。
URL／www.kobekaisei.ed.jp/jr-high

	1年	2年	3年
男子	—	—	—
女子	151名	149名	146名
クラス数	4組	4組	4組

中高総生徒数／833名

〈交通アクセス〉
阪急神戸線「王子公園」駅より徒歩12分
JR神戸線「灘」駅より徒歩13分

「真理と愛に生きる」を礎に「学び続ける力」をもつ女性を育成

キリストの愛の精神を基盤とするカトリック系の総合学園で、生徒一人ひとりの個性を大事に育んでいます。一貫した全人教育により生徒の人格を完成させ、「相手を大切にする」女性に成長できるように指導しています。「心の教育」として「自己を見つめる・自分を役立たせる・異文化を理解する」という3本の柱を掲げており、「知の教育」（学びの定着・多様な進路に応じた授業・体験型学習）を実践して「学び続ける力」を育てています。卒業後もみずから考えて行動し、未来に羽ばたいていける女性の育成をめざしています。

スクールライフ

●教育内容

授業では、学びのきっかけとして出会いや体験の機会を多く提供しています。生徒の興味・関心を大切にし、それぞれが夢を見出し、その夢を実現していけるように指導しています。中高6年間を3段階に分け、中1･2の「勉強期」には授業と家庭学習を中心として基礎学力や学習習慣の定着を図ります。学習計画の立案や小テストで振り返りを行い、補習によるサポート体制も万全に整えています。中3・高1の「学習期」には時間をかけてていねいに学んで基礎を固め、応用力を養成します。「学び期」にあたる高2以上は選択授業とし、生徒は各自の夢に応じたカリキュラムで未来を切り拓く力を培います。また、中1から外国人講師による英会話の授業を導入。英語暗唱大会や異文化理解合宿に加え、中3からはフランス語の選択授業も行うなど、語学教育に定評があります。

■主要5教科の週当たり時間（コマ）数

	英語	数学	国語	理科	社会
1年	6※1	5	5	4	3
2年	5	5	5	4	3
3年	6※2	6	5	4	4
合計	17	16	15	12	10

※1 英会話1を含む ※2 英会話1またはフランス語（選択制）1を含む

◎1日当たりの授業コマ数：50分×6時限
※土曜日は3時限
◎登校時間：8時30分

●部活動

20の部があり、ほとんどが中高合同で活発に活動。
○文化系／コーラス、弦楽アンサンブル、クラシックギター、ESS（ドラマ・文化）、演劇（中学・高校）、科学、家庭、美術、イラスト、歴史など
○体育系／バレーボール、バスケットボール、ソフトボール、テニス、ソフトテニス、バドミントンなど

●行事

5月に行う学院祭は生徒主導で作りあげる一大行事で、毎年多くの来校者で賑わいます。また、9月の体育祭は中高6学年対抗です。野外活動合宿（中2）、異文化理解合宿（中3）、球技大会、英語暗唱大会（中2・3）もあり、クリスマス会では各学年が合唱によりキリストの誕生を祝います。特別支援学校との交流（中2）など、実体験を通して社会福祉を学ぶ機会も豊富です。

●修学旅行・研修旅行

修学旅行（10月・高2）はフランスへ。観光旅行では経験できないカトリック校ならではのプログラムが数多く組まれています。また、オーストラリアの高校との交換プログラムやイギリス語学研修、フランス語選択者のCORIBRIによるフランス交換留学を行っています。

マネーガイド

■2024年度納付金（諸経費を含む）

	入学金	授業料	施設費	その他	計
入学手続時	400,000円	0円	0円	0円	400,000円
初年度総額	400,000円	660,000円	0円	約133,200円	約1,193,200円

◎寄付金：なし
◎授業料：3期分納
◎奨学金・特待生制度：奨学金2種類あり。在学中に家計急変の理由により就学困難と判断される者に学費相当額を給付

学期制　週5・6日制　プール　冷房　寮　食堂　私服通学　海外研修

※希望者のみの研修もあり

サピックスからの合格実績（過去3年）	'22	'23	'24
	4名	4名	3名

進学指導の概要

中3からキャリアプログラムをスタートし、企業訪問をしたり、社会で活躍する卒業生の話を聞いたりする機会を設けています。高校生になると、大学教員による出張授業や、卒業生が実体験を交えながら話す進路ガイダンスなど、生徒がみずからの適性を考え、未来を選択していく力を培うためのプログラムを用意しています。また、面談なども取り入れ、本人の主体性を尊重したきめ細かな指導も行っています。同校では、卒業生の多くが国公立大、難関私立大へ進学します。近年は医学系・理系学部への進学者が増加しており、数学・理科の教育にも重点を置いた教育課程を組んでいます。

■現役大学進学者の進路の内訳

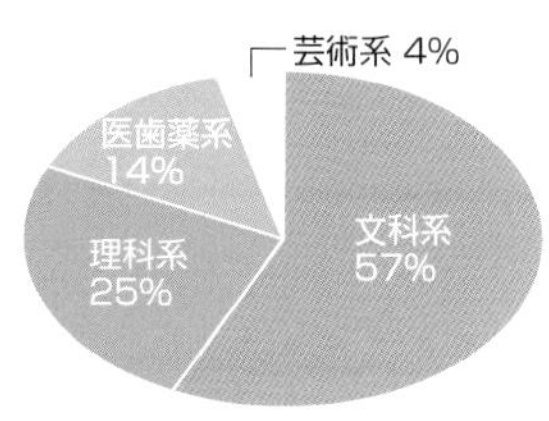

■併設高校から主要大学への合格実績

※上段は現役合格者数、下段は浪人を含めた合格者数。

	北海道大	東北大	東京大	一橋大	東京工業大	東京芸術大	東京医科歯科大	京都大	大阪大	神戸大	九州大	大阪教育大	奈良女子大	大阪公立大	兵庫県立大	神戸市外国語大	京都府立医科大	兵庫医科大
22年	—	—	1	—	—	—	—	2	9	8	—	1	1	2	4	—	—	16
	1	—	1	—	—	—	—	3	11	9	—	2	1	4	6	—	1	19
23年	1	—	—	1	—	—	—	2	7	6	—	2	2	4	3	—	—	4
	1	—	1	1	—	—	—	3	7	8	—	2	3	6	3	—	—	7
24年	2	—	—	—	—	—	—	—	6	9	1	1	1	3	5	—	—	9
	2	—	—	—	—	—	—	3	9	12	1	1	1	3	6	—	—	14

	早稲田大	慶應義塾大	上智大	明治大	青山学院大	立教大	中央大	法政大	関西大	関西学院大	同志社大	立命館大	関西医科大	神戸海星女子学院大	文部科学省所管外の大学校	海外の大学	国公立・医学部	私立・医学部
22年	5	—	2	2	—	—	1	1	36	53	29	32	—	—	—	—	7	14
	5	—	2	2	—	—	1	1	39	75	35	42	3	—	—	—	12	28
23年	4	—	3	2	1	1	—	—	20	61	30	16	6	2	2	—	2	4
	6	2	3	2	1	1	—	—	23	72	42	20	9	2	2	—	3	17
24年	9	3	1	7	3	1	1	—	27	50	38	28	6		—	—	3	3
	12	3	1	7	4	1	2	—	29	57	48	38	6		1	—	7	18

★指定校推薦枠（2024年度）早稲田大2名、慶応義塾大1名、関西大2名、関西学院大20名、同志社大4名、立命館大2名、京都薬科大1名など

入試情報

■過去3年間の入試結果

		募集人員	出願者	受験者	合格者	実質倍率
22年	A	約100	147	135	98	1.4
	B	約20	129	122	61	2.0
23年	A	約100	140	130	111	1.2
	B	約20	114	109	61	1.8
24年	A	約100	157	146	110	1.3
	B	約20	135	127	50	2.5

※B合格者はAとの重複合格を除く

■2024年度入試 受験者・合格者の教科別平均点

		算数	国語	理科	社会	合計
A	受験者	58.0	76.1	62.2	60.9	254.1
	合格者	64.1	81.1	65.8	63.1	272.9
B	受験者	60.6	62.6			123.2
	合格者	80.3	71.8			152.1

○配点：算国＝各100点 理社＝各80点
○合格最低点：A233.7点　B126点

24年の募集要項

※以下は2024年の募集要項です。2025年の要項は学校の発表をお待ちください。

入 試 日／A1月13日　B1月14日
募集人員／女子約120名(A約100名 B約20名)
合格発表／1月15日
手続締切／1月16日
試験科目／国語(50分・100点)、算数(50分・100点)、理科(40分・80点)、社会(40分・80点)
※Aは4科・3科(国算理)選択、Bは2科(国算)
面　　接／なし
受 験 料／20,000円

公開行事・説明会予定

【入試説明会】要予約
10月　5日(土)14時～
11月　9日(土)14時～
【オープンスクール】要予約
6月15日(土)　9時～
【学校見学会】要予約　各日9時～
9月14日(土)
10月26日(土)
11月23日(祝)
2月22日(土)
【体育祭】要予約
9月29日(日)　9時～14時
◆変更・中止の可能性もあります。詳細は必ず学校ホームページで確認してください。

神戸女学院 中学部

所在地／〒662-8505　兵庫県西宮市岡田山4-1
TEL／0798-51-8570
学校長／森谷 典史
創　立／1875年に設立された「神戸ホーム」が前身。1894年、神戸女学院に改称し、1933年に現在地に移転。
URL／www.kobejogakuin-h.ed.jp

	1年	2年	3年
男子	—	—	—
女子	144名	143名	142名
クラス数	4組	4組	4組

中高総生徒数／848名

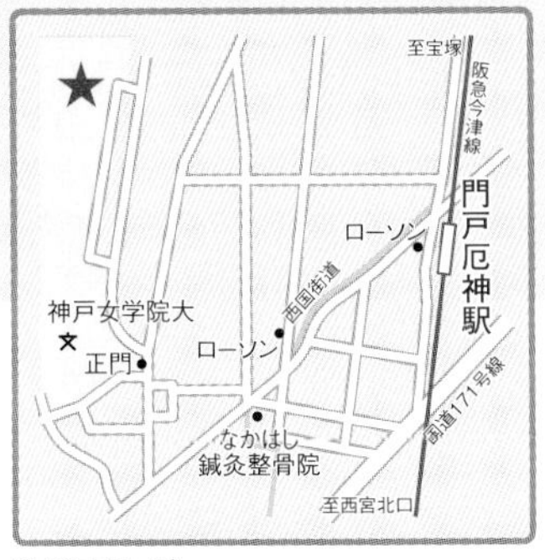

〈交通アクセス〉
阪急今津線「門戸厄神」駅より徒歩15分

キリスト教の精神に基づき、国際感覚豊かな自立した女性を育成

「愛神愛隣」の精神を基盤としたキリスト教主義の中高一貫校。国際社会や地域社会に貢献できる女性の育成をめざしており、創立以来、生徒・教員は毎朝学院講堂で礼拝を守ることから一日を始めます。生徒自身が自治会活動や行事の企画・運営をするなど、生徒一人ひとりの自主性を培っています。ボランティア活動に積極的に参加することにより、公正で社会的な視点を養ってもいます。約14万㎡の緑豊かな広い敷地に中学・高校・大学の校舎が点在し、国の重文指定の伝統を体感できる環境に加え、最新設備を備える充実した学びの場となっています。

スクールライフ

●教育内容

中高6年一貫のゆとりある教育プログラムの下、学習面だけでなく、学校行事や自治会活動も推進し、生徒の個性と才能を伸ばします。特に英語によるコミュニケーション能力の向上に力を入れており、中1でインターナショナル教員とのペアティーチングによる授業を導入しています。中学部では原則として授業中に日本語を使用しません。3年間を通じて「聞く、話す、読む、書く」の4技能をバランスよく養います。中学修了時までに各学年で英検®準1級5名以上、2級55名以上、準2級20名以上の取得者がいるほか、1級取得者がいる年もあります。高等学部では2・3年生全員がTOEFL/ITPを受検します。平均点は毎年500/677点程度です。また、理科・数学の授業も充実しており、生徒の半数以上が理系学部に進学しています。

■主要5教科の週当たり時間数

	英語	数学	国語	理科	社会
1年	6	4	4	3	3
2年	6	4	4	4	3
3年	6	4	4	4	4
合計	18	12	12	11	10

◎1日当たりの授業コマ数：45分×6時限
※水曜日のみ7時限
◎登校時間：8時30分

●部活動

中学は全員参加。各部とも必要に応じて外部から専門の指導者を招き、技術の向上を図っています。
○文化系／ESS、演劇研究、家庭科研究、美術、書道、コーラス、ギター、軽音楽、文芸、コンピュータ、漫画・イラスト研究
○体育系／テニス、バスケットボール、バドミントン、バレーボール、サッカー、卓球、新体操

●行事

愛校バザー、体育祭、文化祭、芸術鑑賞会、クリスマス燭火讃美礼拝、新入生デイキャンプ、希望者によるリーダー養成のためのリーダーシップトレーニングキャンプ、夏山登山・冬山スキーなど、さまざまな行事が行われます。ボランティア活動も盛んです。

●修学旅行・研修旅行

中3は金沢・高山方面へ小旅行に出掛け、高2の修学旅行は九州方面を訪れます。海外研修にも力を入れ、希望者にはアメリカでの語学研修旅行とオーストラリアの姉妹校での研修旅行を毎年交互に実施しています。海外からの留学生の受け入れにも積極的で、姉妹校やAFSを通じて世界各地の留学生を迎えています。

マネーガイド

■2024年度納付金(諸経費を含む)

	入学金	授業料	教育充実費	その他	計
入学手続時	400,000円	0円	0円	100,000円	500,000円
初年度総額	400,000円	420,000円	277,800円	100,000円	1,197,800円

※別途学年会計費、旅行積立金、PTA会費、生徒会費、学校指定品費等あり。期日までに入学辞退届を提出した場合、協力金（入学手続時その他10万円）のみ返金

◎寄付金：学校法人宛に任意
◎授業料：3期分納
◎奨学金・特待生制度：奨学金あり

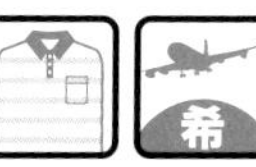

学期制　週5・6日制　プール　冷房　寮　食堂　私服通学　海外研修

サピックスからの合格実績（過去3年）	'22	'23	'24
	10名	9名	9名

進学指導の概要

高校課程では、自由度の高いカリキュラムを編成しています。生徒は進路希望に応じた科目を選択でき、深い思考を養う専門性の高い内容の講座も豊富に用意されています。英語の授業では、日本人の教員が文法や長文読解、翻訳技術などを、ネイティブの教員がオーラルやessay writingを担当。オーラルでは日常的な英会話だけでなく、スピーチやディスカッションをはじめ、プレゼンテーションやシャドーイングといった言語活動も取り入れています。全科目ともに高レベルの授業を展開しており、毎年、多数の卒業生が難関大学に進学していますが、進学先については非公表です。

■浪人を含む大学進学者の進路の内訳

非公表

■併設高校から主要大学への合格実績

※上段は現役合格者数、下段は浪人を含めた合格者数。

	北海道大	東北大	東京大	一橋大	東京工業大	東京芸術大	東京医科歯科大	京都大	大阪大	神戸大	大阪教育大	奈良女子大	大阪公立大	兵庫県立大	京都府立大	神戸市外国語大	滋賀医科大	京都府立医科大
22年	— —	— —	— —	— —	— —	— —	— —	— —	— —	— —	— —	— —	— —	— —	— —	— —	— —	— —
23年	— —	— —	— —	— —	— —	— —	— —	— —	— —	— —	— —	— —	— —	— —	— —	— —	— —	— —
24年	— —	— —	— —	— —	— —	— —	— —	— —	— —	— —	— —	— —	— —	— —	— —	— —	— —	— —

	早稲田大	慶應義塾大	上智大	明治大	青山学院大	立教大	中央大	法政大	関西大	関西学院大	同志社大	立命館大	大阪医科薬科大	関西医科大	文部科学省管外の大学校	海外の大学	国公立・医学部	私立・医学部
22年	— —	— —	— —	— —	— —	— —	— —	— —	— —	— —	— —	— —	— —	— —	— —	— —	— —	— —
23年	— —	— —	— —	— —	— —	— —	— —	— —	— —	— —	— —	— —	— —	— —	— —	— —	— —	— —
24年	— —	— —	— —	— —	— —	— —	— —	— —	— —	— —	— —	— —	— —	— —	— —	— —	— —	— —

★非公表

入試情報

■過去3年間の入試結果

	募集人員	出願者	受験者	合格者	実質倍率
22年	約135	229	228	154	1.5
23年	約135	254	250	159	1.6
24年	約135	229	227	155	1.5

※体育実技テストは次の4種目で実施。①バスケットボールのシュート(5号ボール・20秒間)　②縄とび(二重とび・20秒間)　③マット運動の後転　④ボール投げ(ハンドボール)
○配点：算国＝各120点 理社＝各100点 体育実技＝20点
○合格最低点：233点

24年の募集要項

※以下は2024年の募集要項です。2025年の要項は学校の発表をお待ちください。

入 試 日／筆記試験1月13日 体育実技1月15日
募集人員／女子約135名
合格発表／1月16日
手続締切／1月18日
試験科目／国語(50分・120点)、算数(50分・120点)、理科(45分・100点)、社会(45分・100点)、体育実技（20点）
面　　接／なし
受 験 料／24,000円

公開行事・説明会予定

【入試説明会】保護者対象
9月24日(火)13時30分～　講堂
【キャンパス見学会】
児童・保護者対象、中学部・高等学部校舎、講堂
11月　2日(土)　9時～
【校外用文化祭】　中学部・高等学部校舎、講堂
9月14日(土)　9時15分～16時15分
◆すべて事前申し込みが必要となる場合があります。
変更・中止の可能性もあります。各行事の詳細は事前に必ず学校ホームページで確認してください。

サピックスOGの声

●生徒はみんな個性的ですが、自分と違うからといって突き放すようなことはなく、互いを認め合い、応援し合うような雰囲気があります。先生もフレンドリーな方が多く、ニックネームで呼んだり、先生の研究室にお邪魔して雑談や悩み相談をしたりすることもあります。

四天王寺 中学校

所在地／〒543-0051 大阪市天王寺区四天王寺1-11-73
TEL／06-6772-6201
学校長／中川 章治
創　立／1922年、天王寺高等女学校が発足。1947年に中学校を設立し、翌1948年に高校を現在の四天王寺高等学校に改称。
URL／www.shitennoji.ed.jp/stnnj

	1年	2年	3年
男子	—	—	—
女子	337名	323名	270名
クラス数	9組	9組	8組

中高総生徒数／2333名

〈交通アクセス〉
JRほか「天王寺」駅より徒歩10分
大阪メトロ谷町線「四天王寺前夕陽ヶ丘」駅より徒歩5分

静寂な環境に包まれた関西屈指の女子進学校

聖徳太子の和の精神を礎とし、円満で深い人間性と信念を持って世界に貢献できる女性の育成をめざします。高い進学実績で知られる学校ですが、仏教精神における全人教育を根底に据えた「叡智と実力の養成」を理念としており、「四恩に報いよ」「誠実を旨とせよ」といった学園訓の下、礼節ある人格形成を実践していることでも有名です。四天王寺境内の静寂な環境で、生徒たちはじっくりと将来の道を選択し、勉学に励んでいます。週6日制ですが、第4土曜は休校日としています。

スクールライフ

●教育内容

2021年度よりコースを改編し、中高6か年4コース制に移行しています。新たな制度では、文系・理系の枠を超え、幅広い教養を身につけた国際人を育成する「英数S」(最難関国公立大学文系・理系、海外大学進学)、全人教育を礎に社会で活躍できるリーダーをめざし、学習面では基礎から応用まで手厚くサポートする「英数」(最難関国公立大学文系・理系進学)、強い使命感と高い倫理観を備えた医療者を志す「医志」(最難関医歯薬系進学)、前制度から続く「文化・スポーツ」の4コースを開設しています。中2進級時には「英数」から「医志」「英数S」へのコース変更が可能で、生徒それぞれの個性や特性に応じた進路を選択できるようになっています。一方、「文化・スポーツ」コースは、個人の才能を発揮できるように配慮しています。全コースに共通しているのは、女子教育には欠かせない、心の教育と細やかな指導を徹底していることです。

■主要5教科の週当たり時間（コマ）数 ※英数・英数S、医志の場合

	英語	数学	国語	理科	社会
1年	7	6	5	4	4
2年	7	6	5	4	4
3年	6	6	6	4	5
合計	20	18	16	12	13

◎1日当たりの授業コマ数：50分×6時限
※月・火・木曜日は7時限、土曜日は4時限（第4土曜日は休校）
◎登校時間：8時30分

●部活動

7割程度の生徒が参加しています。中高別の部もあり、高校になると選択肢がさらに広がります。

○文化系／国文、演劇、華道、新聞、仏教、箏曲、日本舞踊、インターアクト、軽音楽、コーラス、コミッククリエーション、囲碁、自然科学、書道、茶道、手芸・洋裁、古典文学研究、競技かるた、ダンス、バトントワリングなど

○体育系／合氣道、ソフトテニス、バスケットボール

●行事

大阪城ホールで行う中高合同の体育祭、1月の創作ダンス発表会などがあり、生徒は積極的に運営に携わっています。英語教育に力を注ぎ、2月には英語暗唱大会を実施。仏教行事も年間を通じて多く催され、入学時には「授戒」、高校卒業時には「授戒灌頂」という厳粛な行事が四天王寺本坊で行われます。

●修学旅行・研修旅行

中1・2の夏季合宿は蒜山高原や飛騨高山などに赴き、中3の修学旅行は海外にも出掛けています。

マネーガイド

■2024年度納付金（諸経費を含む）

	入学金	授業料	施設費	その他	計
入学手続時	200,000円	0円	0円	0円	200,000円
初年度総額	200,000円	565,200円	0円	約492,900円	約1,258,100円

◎寄付金：教育振興協力金1口(10万円)以上（任意）
◎授業料：4期分納
◎奨学金・特待生制度：なし

3期	他		cool				希
学期制	週5･6日制	プール	冷房	寮	食堂	私服通学	海外研修

サピックスからの合格実績（過去3年）	'22	'23	'24
	6名	8名	7名

進学指導の概要

高校は「文理選抜」「文理」「文化・スポーツ」の3コースで、6か年一貫生とは別カリキュラム。3か年生、6か年生とも生徒一人ひとりの資質・能力を最大限に引き出すカリキュラムとなっています。高2進級時には「文理選抜」「文理」間のコース変更が可能です。進路指導も充実しており、豊富な資料と実績に基づいたきめ細かな指導を行い、それぞれの生徒の適性や希望に対応。三者懇談や学年主任を交えた四者懇談も実施しています。例年、難関国公立大や医歯薬系への現役合格者を多数輩出していることで知られ、なかでも東大、京大、大阪大、神戸大の4大学に多くの合格者を輩出しています。

■2024年3月卒業生の進路の内訳

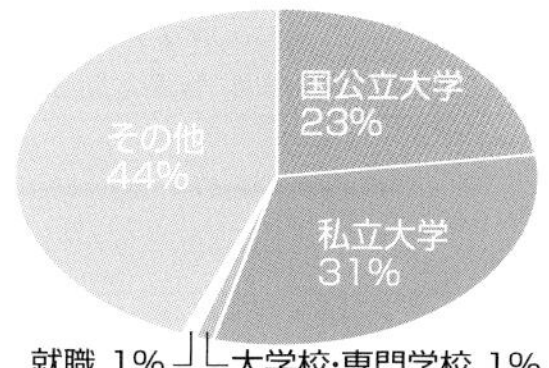

■併設高校から主要大学への合格実績

※上段は現役合格者数、下段は浪人を含めた合格者数。

	北海道大	東北大	東京大	一橋大	東京工業大	東京芸術大	東京医科歯科大	京都大	大阪大	神戸大	大阪教育大	奈良女子大	滋賀医科大	大阪公立大	兵庫県立大	京都府立大	奈良県立医科大	京都府立医科大
22年	2	—	1	—	—	—	—	11	22	9	6	7	2	17	6	—	5	2
	4	—	1	—	—	—	—	14	26	14	7	12	3	25	12	—	7	3
23年	1	1	1	—	—	—	1	3	10	6	2	6	—	18	5	2	8	2
	1	1	2	—	—	1	1	4	14	9	2	8	1	24	10	2	13	4
24年	2	—	—	—	—	—	—	9	11	9	10	7	3	19	4	4	8	2
	5	—	—	1	—	—	—	11	17	13	10	14	6	28	6	4	10	2

	早稲田大	慶應義塾大	上智大	明治大	青山学院大	立教大	中央大	法政大	関西大	関西学院大	同志社大	立命館大	大阪医科薬科大	四天王寺大	文部科学省管外の大学校所	海外の大学	国公立・医学部	私立・医学部
22年	9	2	4	1	2	—	1	—	38	52	32	44	30	7	1	1	26	42
	10	6	4	3	2	—	9	1	58	76	57	78	59	9	3	1	42	108
23年	5	4	1	1	2	3	7	2	73	51	32	61	28	6	7	1	21	48
	12	7	3	2	2	3	7	2	91	67	56	97	40	6	9	3	43	86
24年	8	5	1	4	—	4	7	—	68	80	61	56	13	5	7	8	30	43
	12	10	4	7	—	7	10	1	88	101	97	94	26	5	9	8	46	96

★指定校推薦枠（2024年度）早稲田大6名、慶應義塾大2名、東京理科大3名、立教大2名、関西大3名、関西学院大16名、同志社大4名、立命館大8名、京都薬科大2名、大阪医科薬科大(薬)2名など

入試情報

■過去2年間の入試結果

		募集人員	出願者	受験者	合格者	実質倍率
23年	英数S	約40	120	110	英数33 英数S61	英数+英数S1.2 英数S1.8
	英数(併)	約170	15	13	6	2.2
	英数(専)		401	392	208	1.9
	医志	約40	155	147	英数41 医志82	英数+医志1.2 医志1.8
	文化・スポーツ	約20	16	16	16	1.0
24年	英数S	約40	122	121	英数44 英数S60	英数+英数S1.2 英数S2.0
	英数(併)	約170	11	9	3	3
	英数(専)		370	361	200	1.8
	医志	約40	155	153	英数49 医志83	英数+医志1.2 医志1.8
	文化・スポーツ	約20	20	20	20	1.0

※医志・英数Sの受験者については、そのコースの合格点に達していなくても、英数へのスライド合格を認めています。

■2024年度入試 受験者・合格者の教科別平均点

		算数	国語	理科	社会	合計
英数S 英数 医志	受験者	80	81	44	56	269
	合格者	91	86	49	59	293

※英数S・英数・医志は、4教科型と3教科型(算数・国語・理科)のどちらか一方の受験型を選択。選抜方法に区別はなく、いずれも全体を400点満点として判定されます。
○配点：算国＝各120点　理社＝各80点
○合格最低点：英数S298点　英数(併)265点　英数(専)249点　医志301点　文化・スポーツ275点

24年の募集要項

※以下は2024年の募集要項です。2025年度の要項は学校の発表をお待ちください。

入 試 日／1月13日
募集人員／女子約270名
(英数Sコース約40名 英数コース約170名 医志コース約40名 文化・スポーツコース約20名)
合格発表／1月15日
※ホームページでも発表
手続締切／1月19日
試験科目／国語(60分・120点)、算数(60分・120点)、理科(40分・80点)、社会(40分・80点)
※3科(国算理)4科選択。文化・スポーツコースは国語・作文(40分・80点)・面接(各5分、受験者、保護者)
面　　接／なし(文化・スポーツコースのみあり)
受 験 料／20,000円

公開行事・説明会予定

【学校説明会】要予約、オンラインも実施
7月13日(土)、7月14日(日) 各日14時～
【入試説明会】要予約、オンラインも実施
11月中旬 詳細未定
【学校見学会】要予約　5年生以上対象
10月19日(土)時間未定
【体育祭】要予約、女性保護者対象
6月19日(水)詳細はHPで要確認
【文化祭】要予約、児童・女性保護者対象
9月14日(土)、15日(日) 時間未定
◆変更・中止の可能性もあります。必ず学校ホームページで確認してください。

親和(しんわ) 中学校

所在地／〒657-0022　神戸市灘区土山町6-1
TEL／078-854-3800
学校長／中村 晶平
創　立／1887年に親和女学校として神戸元町に開校し、1947年に中学校をした。1989年に現在地（六甲）に移転。
URL／www.kobe-shinwa.ed.jp

	1年	2年	3年
男子	ー	ー	ー
女子	107名	133名	136名
クラス数	5組	4組	4組

中高総生徒数／915名

〈交通アクセス〉
阪急神戸線「六甲」駅より徒歩15分　JR神戸線「六甲道」駅・阪神本線「御影」駅よりバス、北神・西神方面よりスクールバス

人間形成を軸に、学力も国際力も高い女性の育成をめざす

神戸市内で最も歴史のある女子校で、2024年には創立137年を迎えます。伝統を受け継ぎ、建学の精神である「誠実（まことの心）」「堅忍不抜（耐え忍ぶ心）」「忠恕温和（思いやりの心）」の3つを教育の柱に掲げています。学校生活では学力を鍛えるのはもちろんのこと、「人間力」「国際力」「情報力」といった多彩なスキルや個性を磨くことに注力。変化の激しいこれからの国際社会を生き抜いていける、バランスの取れた女性の育成をめざしています。2024年度からコースを改編し、より充実したカリキュラムによる指導を展開しています。

スクールライフ

●教育内容

2024年度から、従来の2コース（Sコース、総合進学コース）を新設した3コースに改編。全コースとも探究活動や教科横断型のプログラムを通し、文理に関係なく必要な「サイエンスマインド」と「グローバルマインド」を育成します。新3コースのうち、「スーパーサイエンスコース」では自然科学教科を重視。探究学習・特別プログラムを通して、卓越した科学系リーダーの育成や先端研究に取り組む難関大学への進学をめざします。「スティーム探究コース」ではSTEAM教育を取り入れて科学系分野で幅広く活躍できるリーダーを育成し、国公立大学等諸分野への進学をめざします。「グローバル探究コース」ではグローバル探究教育と国際教育により国際社会へ羽ばたくグローバル系リーダーを育成し、国公立大学・難関私立大学などの国際・人文・社会科学分野への進学をめざします。

■主要5教科の週当たり時間（コマ）数 ※スーパーサイエンスコース

	英語	数学	国語	理科	社会
1年	6	5	5	5	3
2年	6	5	5	5	4
3年	6	6	5	6	4
合計	18	16	15	16	11

◎1日当たりの授業コマ数：50分×6時限
　※水曜日は7時限、土曜日は4時限
◎登校時間：8時30分

●部活動

クラブの数は全部で30。中高合同で活動します。
○文化系／ESS、演劇、家庭、器楽、ギター、軽音楽、コーラス、社会、写真、書道、新聞、生物など
○体育系／テニス、ソフトボール、水泳、バスケットボール、バドミントン、卓球、バレーボールなど

●行事

5月の文化祭、9月の体育祭、11月の音楽会は、生徒主導で行っており盛り上がります。そのほか、親睦を深める歓迎遠足、クラス対抗で熱くなる球技大会、校祖・友國晴子を偲ぶ追弔会などは、中学校・高等学校の生徒が一緒になって取り組んでいます。

●修学旅行・研修旅行

中3と高2で実施する研修旅行には全員が参加します。行き先はコースごとに異なり、九州やアジア圏・英語圏の各国です。また、学年やコースにより、「アメリカ・サイエンスツアー」「オーストラリア（メルボルン）交換ホームステイ」「イギリス英語・文化研修」「USデュアル・ディプロマ・プログラム」など希望者制の多彩な海外研修プログラムが用意されています。

マネーガイド

■2024年度納付金（諸経費を含む）

	入学金	授業料	施設費	その他	計
入学手続時	350,000円	0円	0円	0円	350,000円
初年度総額	350,000円	408,000円	180,000円	約425,300円	1,363,300円

※スティーム探究コース・グローバル探究コースの納付金。スーパーサイエンスコースの授業料は456,000円

◎寄付金：なし
◎授業料：4期分納
◎奨学金・特待生制度：前期Ⅰ（3教科）入試・後期Ⅰ（探究または3教科）入試の成績上位各1名に授業料の全額を、前期Ⅰ（3教科）入試・後期Ⅰ（探究または3教科）入試の成績上位各15名程度に授業料の半額を給付。スポーツ・芸術活動奨励金制度、ファミリー特典制度もあり

3期 学期制 ／ 完6 days 週5・6日制 ／ プール ／ cool 冷房 ／ 寮 ／ 食堂 ／ 私服通学 ／ 希 海外研修

サピックスからの合格実績（過去3年）	'22	'23	'24
	6名	4名	4名

進学指導の概要

大学進学後の将来を見据え、中高6年間を通したキャリア教育を実施。仕事の現場に触れる機会を設け、早期に進路を意識づけてモチベーションを上げながら自己分析力を養います。また、中学から面談を繰り返し、多様な進路実現をサポート。とりわけ理系学部への進学率が高いことが特長です。在学中に生の英語に触れる機会も多く、海外大学への進学も後押ししています。一方、高入生は国公立大や難関私立大をめざす「アドバンスト」、スポーツや芸術活動との両立を図る「スポーツ・カルチャー」、国際力を育む「グローバル」の3コース編成。内進生も高1進級時に後者2コースへ編入可能です。

■現役大学進学者の進路の内訳

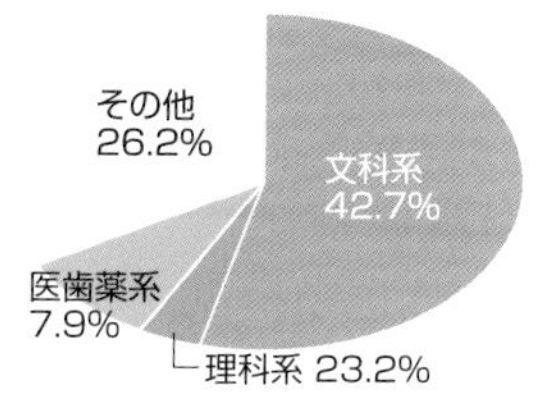

■併設高校から主要大学への合格実績

※上段は現役合格者数、下段は浪人を含めた合格者数。

	北海道大	東京大	東京工業大	東京外国語大	お茶の水女子大	東京医科歯科大	京都大	大阪大	神戸大	奈良女子大	徳島大	九州大	大阪公立大	兵庫県立大	京都府立大	神戸市外国語大	京都工芸繊維大	京都府立医科大
22年	—	—	—	—	—	—	—	—	1	1	2	—	—	4	1	1	1	—
	—	—	—	—	—	—	—	—	1	1	2	—	2	4	1	1	1	—
23年	—	—	—	1	1	—	—	2	1	2	—	—	—	3	—	—	—	—
	—	—	—	1	1	—	—	4	1	2	1	—	—	3	—	—	2	—
24年	—	—	—	—	—	—	—	1	1	—	2	1	2	5	—	1	—	—
	—	—	—	—	—	—	—	2	1	1	4	1	2	7	—	1	—	—

	早稲田大	慶應義塾大	上智大	明治大	青山学院大	立教大	中央大	法政大	関西大	関西学院大	同志社大	立命館大	大阪医科薬科大	関西医科大	文部科学省所管外の大学校	海外の大学	国公立・医学部	私立・医学部
22年	2	—	—	—	—	1	1	—	33	27	20	8	2	—	1	—	1	—
	2	—	—	—	—	1	1	—	35	33	22	13	2	—	1	—	2	1
23年	1	—	—	—	—	1	—	—	17	28	17	15	1	1	—	6	—	1
	1	—	—	—	—	1	—	—	20	35	19	18	2	1	—	6	1	4
24年	1	—	1	—	—	3	—	—	31	35	13	9	6	—	2	2	—	1
	1	—	1	—	—	3	—	—	34	50	13	21	7	—	2	2	1	2

★指定校推薦枠（2024年度）早稲田大1名、立教大1名、法政大1名、関西大10名、関西学院大15名、同志社大12名、立命館大5名、神戸薬科大3名、甲南大11名など

入試情報

■2024年度の入試結果

		募集人員	出願者	受験者	合格者	実質倍率
前期Ⅰ	SS	SS30 ST80 GT80	31	28	SS12 ST20 GL19	1.1
	ST		12	11		
	GL		18	18		
	ST総合		2	2	2	1.0
	GL総合		2	2	2	1.0
	GL英語資格		9	9	9	1.0
前期Ⅱ	SS		154	152	SS46 ST92 GL65	1.3
	ST		38	37		
	GL		65	65		
後期Ⅰ	SS		73	71	SS20 ST62 GL31	1.1
	ST		30	27		
	GL		31	31		
	SS探究		26	26	SS11 ST18 GL7	
	ST探究		9	9		
	GL探究		5	5		
	GL英語資格		7	7	7	1.0
後期Ⅱ	SS		139	133	SS38 ST95 GL53	1.1
	ST		34	30		
	GL		41	38		
後期Ⅲ	SS		16	11	SS6 ST8 GL4	1.1
	ST		7	4		
	GL		12	5		
チャレンジ	SS		—	—	—	—
	ST		—	—		
	GL		—	—		

※SS＝スーパーサイエンスコース　ST＝スティーム探究コース　GL＝グローバル探究コース

○算国＝各100点　理社＝各80点　言語探究・自然探究・数理探究＝各100点

○合格最低点：前期ⅠSS212点・ST145点・GL144点　前期ⅡSS140点・ST60点・GL45点　後期ⅠSS205点・ST129点・GL128点・SS探究198点・ST探究147点・GL探究140点　後期ⅡSS140点・ST82点・GL84点　後期ⅢSS139点・ST97点・GL74点　総合型、英語資格、チャレンジは非公表(ST・GLは合格ボーダーライン)

24年の募集要項

※以下は2024年の募集要項です。2025年の要項は学校の発表をお待ちください。

入試日／前期Ⅰ1月13日午前 前期Ⅱ1月13日午後 後期Ⅰ1月14日午前 後期Ⅱ1月14日午後　後期Ⅲ1月17日午前　チャレンジ・急病対応1月20日午前

募集人員／女子約190名(スーパーサイエンスコース(SS)30名、スティーム探究コース(ST)80名、グローバル探究コース(GL)80名)

合格発表／前期Ⅰ・前期Ⅱ1月14日(追加合格1月16日) 後期Ⅰ・後期Ⅱ1月15日(追加合格1月16日) 後期Ⅲ1月17日　チャレンジ・急病対応1月20日 ホームページにて発表

手続締切／前期Ⅰ・前期Ⅱ・後期Ⅰ(教科型・英語資格)・後期Ⅱ1月16日 後期Ⅲ1月18日 後期Ⅰ(探求)・チャレンジ・急病対応1月22日

試験科目／国語・算数・理科・社会・言語探究・自然探究・数理探究(各50分　各100点)、作文(50分・600字以上) 前期Ⅰ：SS国算理 STの教科型は2科(国算または算理)3科(国算理)選択、総合型は作文・プレゼンテーション・面接(約10分)　GLの教科型は2科(国算)3科(国算理または国算社)選択、総合型は作文・プレゼンテーション・面接(約10分)、英語資格は面接(英・日、約10分) 前期Ⅱ：SS国算 ST算 GL国 後期Ⅰ：SS・ST・GLの探究は言語探究・自然探究・数理探究 SS教科型は国算理 ST教科型は2科(国算または算理)3科(国算理)選択、GL教科型は2科(国算)3科(国算理)選択、GL英語資格は面接(英・日、約10分) 後期Ⅱ・後期Ⅲ・チャレンジ・急病対応：国算

面接／総合型入試、英語資格はあり

受験料／20,000円

公開行事・説明会予定

【入試説明会】時間未定
9月 8日(日)、10月 6日(日)、10月27日(日)

【サマーオープンスクール】
7月28日(日) 時間未定

【プレテスト】要予約
11月 3日(祝)時間未定 ※解説会＆個別相談会は11月10日(日)

【体育祭】時間未定
9月19日(木)

【音楽会】時間未定
11月 9日(土)

◆変更・中止の可能性もあります。必ず学校ホームページで確認してください。各イベントはホームページから要予約。

私立 関西 女子 し

同志社女子 中学校

所在地／〒602-0893 京都市上京区今出川通寺町西入
TEL／075-251-4305（事務室）
学校長／中村 久美子
創　立／1875年に同志社英学校を設立。1876年に同志社女子部が始まる。1877年に同志社女学校と改称。
URL／www.girls.doshisha.ac.jp

	1年	2年	3年
男子	—	—	—
女子	242名	242名	250名
クラス数	6組	6組	6組

中高総生徒数／1537名　併設小から1.8%

〈交通アクセス〉
京都市営地下鉄烏丸線「今出川」駅より徒歩7分　京阪本線・叡山電鉄叡山本線「出町柳」駅より徒歩12分

良心教育を土台に、強さとしなやかさを備えた女性を育てる

同志社系列の中高で唯一の女子校として、自由な環境のなかでみずから考える力を身につけ、自身を律する強さとしなやかさを備えた女性を育てています。創立者・新島襄のめざした「一人ひとりの人格を重んじ、型にはめずに伸び伸びと育てる」教育方針は、今も多くの点で受け継がれています。また、社会の各方面で奉仕するための心の豊かさと、それを実践に移す行動力を身につけるための「徳育」も重視。毎朝の礼拝や聖書の授業といった宗教教育を通して、キリスト教の精神と文化に触れ、自分を見つめ、他者を尊重する心を養います。

スクールライフ

●教育内容

同志社大学、同志社女子大学への推薦進学を基本とした「リベラル・アーツコース」（LA）と、医療系など理系分野への進学をめざす完全6日制の「ワイルド・ローヴァーコース」（WR）の2コース制を敷き、中学では混合クラス、高1からはコース別のクラス編成となります。両コースとも中高6年間を同一の教師陣が担当し、生徒の成長を見守りながら学習面・生活面できめ細かく指導します。卒業生による中学の学習サポート、中高合同のクラブ活動など、中高一貫校ならではの活発な人的交流を通じて互いが成長するため、コミュニケーション力の向上が図れます。中学ではアメリカのヌエーバ校との交換留学やオーストラリア語学研修、高校ではイギリス語学研修などを行っており、国際理解教育にも力を注いでいます。

■主要5教科の週当たり時間（コマ）数　※（ ）はWRコース

	英語	数学	国語	理科	社会
1年	5(7)	4(6)	4	4	3
2年	5(7)	4(6)	4	4	4
3年	5(7)	4(6)	4	4	4
合計	15(21)	12(18)	12	12	11

◎1日当たりの授業コマ数：50分×6時限
　※土曜日は4時限（WAのみ）
◎登校時間：8時25分

●部活動

文化系・体育系合わせて30以上のクラブがあります。中高合同の部が多く、6年間をかけて鍛錬を積むため、好成績を挙げている強豪チームも多数あります。
○文化系／書道、茶道、華道、箏曲、演劇、美術、文芸、コミック、家庭科、サイエンス、管弦楽、マンドリン、ハンドベル、ESS、YWCA、放送、写真など
○体育系／陸上、ソフトボール、テニス、バスケットボール、バドミントン、体操、フェンシング、アーチェリー、ワンダーフォーゲル、バレーボール、スキー

●行事

中1から高3まで縦割りでチームをつくる体育祭、文化系クラブや有志団体が日ごろの成果を発表する文化祭は、大いに盛り上がります。キリストの生誕を音楽と無言劇で表現する「クリスマス・ページェント」は、開場前に見学者の列ができるほどの人気行事です。

●修学旅行・研修旅行

修学旅行は中2は長崎、高2は沖縄を訪れ、地域の文化に触れると同時に平和の尊さを学びます。このほか、希望制のオーストラリア語学研修（中学）やイギリス語学研修（高校）なども用意しています。

マネーガイド

■2024年度納付金（諸経費を含む）

	入学金	授業料	教育充実費	その他	計
入学手続時	100,000円	280,000円	50,000円	15,750円	445,750円
初年度総額	100,000円	670,000円	130,000円	233,750円	1,133,750円

※LAコースの納付金

◎寄付金：任意
◎授業料：3期分納
◎奨学金・特待生制度：在学中に経済的理由で就学に困難が生じた者に奨学金を給付または貸与

※LAコース
※WRコース
は週6日制

3期	完5 days		cool				他
学期制	週5・6日制	プール	冷房	寮	食堂	私服通学	海外研修

サピックスからの合格実績（過去3年）	'22	'23	'24
	2名	9名	2名

進学指導の概要

LA・WRコースともに同志社大学・同志社女子大学への推薦制度があり、内部進学者のうち約85%が同志社大学へ、約5%が同志社女子大学へ進学しています。WRコースでは、他大学への進学を視野に入れたサポート体制を組んでおり、中学3年間の土曜日に英・数の特別授業を設けるなどして他大学受験に対応できる発展力を養います。実験や実習が多く、長期休暇にはフィールドワークや勉強合宿も実施。LAコースでは、高2までに幅広く基礎学力を定着させた後、高3からは進路希望に応じた選択制授業となります。中学では英会話の授業でハーフサイズクラスを導入し、外国人講師と日本語教師の両方による少人数教育を行っています。定期テスト期間や学期末には随時補習を行い、チューターによる指導体制も導入。中学ではGTEC for STUDENTS、高校ではTOEIC Bridge、TOEIC IP を全員が受検します。高校からは、隣接する同志社大学の公開講座の受講も可能です。

■現役大学進学者の進路の内訳

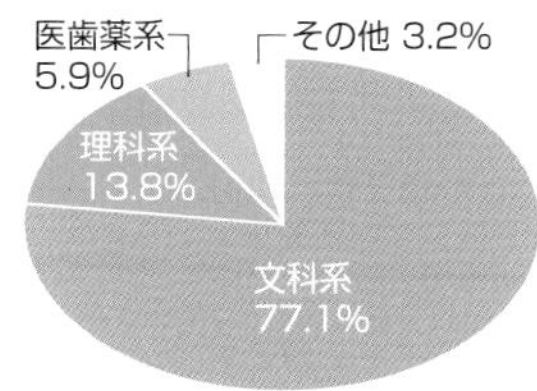

★他大学への合格状況（2024年度） 京都大1名、大阪大1名、京都工芸繊維大1名、滋賀医科大1名、大阪公立大1名、京都府立医科大1名、関西学院大2名、立命館6名など ※過年度生を含む

■併設大学への推薦状況

	同志社大学														同志社女子大学					
	神学部	文学部	社会学部	法学部	経済学部	商学部	政策学部	文化情報学部	理工学部	生命医科学部	スポーツ健康科学部	心理学部	グローバルコミュニケーション学部	グローバル地域文化学部	表象文化学部	生活科学部	学芸学部	現代社会学部	薬学部	看護学部
22年	1名	27名	24名	41名	19名	31名	20名	10名	17名	8名	7名	10名	5名	9名	―名	1名	6名	2名	4名	3名
23年	1名	21名	22名	35名	19名	31名	19名	10名	17名	6名	7名	10名	5名	9名	―名	4名	4名	2名	5名	3名
24年	2名	23名	23名	32名	19名	31名	18名	9名	21名	7名	5名	10名	6名	10名	―名	4名	4名	1名	4名	1名

★指定校推薦枠（2024年度）早稲田大3名、国際基督教大1名、京都薬科大2名、大阪歯科大2名など

入試情報

■2024年度の入試結果

		募集人員	出願者	受験者	合格者	実質倍率
前期WR	4科	約25	101	98	26	3.8
	3科					
前期LA	4科	約135	258	250	137	1.8
	3科					
後期WR	4科	約5	171	162	42	3.9
	3科					
後期LA	4科	約20	339	325	163	2.0
	3科					
自己推薦WR	国算+面接	約10	54	13	13	1.0
自己推薦LA	国算+面接	約45	145	53	53	1.0

※前期と後期は、4教科型と3教科型(国算理)のどちらか一方の受験型を選択。選抜方法に区別はありません。

■2024年度入試 合格者の教科別平均点

	算数	国語	理科	社会	合計
前期WR 3・4科	106.8	125.0	74.9	72.1	385.6
前期LA 3・4科	57.8	71.7	65.1	69.9	265.8
後期WR 3・4科	130.5	120.9	77.5	89.6	417.6
後期LA 3・4科	73.0	72.9	67.7	82.4	294.3

※4教科型の場合は、4科目の合計点と、国算理の合計点を換算した点数のうち、得点の高い方が受験者の成績として判定されます。また、3教科型の場合は、算国理の合計点を換算した点数が受験者の成績として判定されます。
○LAコース配点：算国理社＝各100点　○WRコース配点：算国＝各150点 理社＝各100点
○合格最低点：前期WR355.6点・LA234.0点　後期WR395.0点・LA265.0点

24年の募集要項

※以下は2024年の募集要項です。2025年の要項は学校の発表をお待ちください。

入 試 日／自己推薦・一般前期1月13日 一般後期1月14日
募集人員／女子約240名(LAコース：自己推薦約45名 一般前期約135名 一般後期約20名、WRコース：自己推薦約10名 一般前期約25名 一般後期約5名)
合格発表／自己推薦1月13日(HP)
一般前期1月14日(HP)
一般後期1月16日(HP)
手続締切／1月18日
試験科目／自己推薦：国算(各45分・各100点)、面接(個人) 一般：LAコース国語・算数・理科・社会(各45分・各100点) WRコース国語・算数(各45分・各150点)、理科・社会(各45分・各100点)
※いずれも3科(国算理)4科選択
面　　接／自己推薦入試のみあり
受 験 料／20,000円(一般前期・後期の両日程を受験し、いずれかの入試に合格して入学した場合は、入学後に20,000円を返金)

公開行事・説明会予定

【入試説明会】要予約
9月14日(土)10時～(6年生対象)、13時30分～(4年生以上対象)
10月19日(土)10時～(4年生以上対象)
【オープンキャンパス】要予約
6月15日(土)10時～、13時30分～
【秋のUKIUKI学校見学会】要予約、5年生以下対象
11月 9日(土)10時～、13時30分～
【中学入試出願前最終個別相談会】要予約、6年生対象
12月14日(土) 9時30分～
【文化祭・バザー、中高入試相談会】要予約
10月 5日(土) 9時30分～15時
◆変更・中止の可能性もあります。必ず学校ホームページで確認してください。

大阪桐蔭(とういん) 中学校

所在地／〒574-0013　大阪府大東市中垣内3-1-1
TEL／072-870-1001
学校長／今田 悟
創　立／1983年、大阪産業大学高等学校大東校舎（分校）を創設。1988年、大阪桐蔭高等学校として分離独立。1995年に中学校を設置。
URL／www.osakatoin.ed.jp

	1年	2年	3年
男子	102名	129名	131名
女子	102名	112名	111名
クラス数	6組	6組	6組

中高総生徒数／2502名

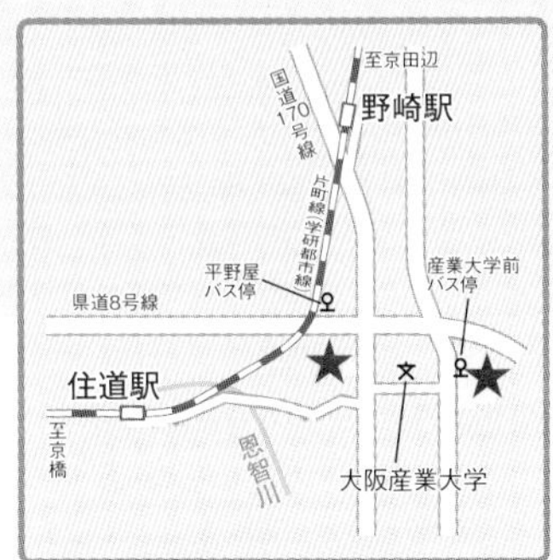

〈交通アクセス〉
JR学研都市線「野崎」駅より徒歩13分　JR学研都市線「住道」駅よりシャトルバス10分　近鉄京都線「高の原」駅よりスクールバス60分　近鉄けいはんな線「新石切」駅よりバス14分、近鉄奈良線「東花園」駅よりバス25分

「学ぶ姿勢がつく」きめ細かい指導で、難関大学への合格を実現

開校以来、「挑戦する教育」を実践。年間266日の授業日数、週39時間の授業を行っています。学習する習慣が自然と身につくように、朝夕の小テスト、自習室の設置、職員室内の質問スペースの確保、受験対策講座の開講などの工夫を凝らしています。さらに、毎日の小テストの結果などから、教員は生徒一人ひとりの習得具合を常に把握。個々の生徒に合った効果的な指導を実施しています。また、物理・地学教室、化学・生物教室、1人1台ずつのパソコンを備えたIT教室、夜間まで利用できる自習室など、施設面も充実しています。

スクールライフ

●教育内容

中学入学時から、東大・京大・国公立大学医学部をめざす「英数選抜コース」と、難関国公立大学をめざす「英数コース」の2コースに分かれます。中高の6年間を前期・中期・後期の3段階に分け、前・中期は主に基礎的な学力の習得に焦点を充て、後期は応用力、実戦力の育成に重きを置いた授業を展開しています。先取り学習を導入し、中2で英・数・国の3教科の中学課程を終了、高2で大学受験に必要な学習内容を終了します。中1から主要3科目にかかわる検定（実用英語検定・数学検定・漢字検定）の受検を積極的に勧めています。体験型学習にも力を入れ、総合的な学習の時間に実施する「プロジェクトワーク」では、医学研究やロボット講座、グリーンワークなど、多様なテーマのなかから各自が好きなものを選んで学びます。

■主要5教科の週当たり時間（コマ）数

	英語	数学	国語	理科	社会
1年	7	7	6	5	4
2年	7	7	6	5	4
3年	7	7	6	6	4
合計	21	21	18	16	12

◎1日当たりの授業コマ数：50分×7時限
　※水曜日は6時限、土曜日は5時限
◎登校時間：8時45分

●部活動

中・高ともに文化系・体育系合わせて39のクラブがあり、週1～2回活動。先輩や後輩、顧問との交流を通じて、充実した時間を過ごしています。

○文化系／インターアクト、かるた、茶華道、囲碁・将棋、パソコン、ブラスバンド、合唱、クラシックギター、ディベート、ロケット、鉄道研究、ドローン同好会など

○体育系／剣道、フラッグフットボール、テニス、ゴルフ、山岳、ソフトボール、サッカー、男子バスケットボール、女子バスケットボール、陸上競技、ラグビー、器械体操、女子チアリーダー、リズムダンス、少林寺拳法、バレーボール、軟式野球、バドミントン、卓球

●行事

10月の体育祭では、リレー競技や綱引きなどのほか、女子生徒がリズムダンスを披露します、このほか、11月の文化祭、1月の音楽祭をはじめ、芸術鑑賞会や教育講演会があります。

●修学旅行・研修旅行

毎年4月に春期学習合宿、6月に夏期研修（中1：小豆島、中2：姫路・岡山、中3：比叡山）を実施しています。中3の3月には海外語学研修を行います。

マネーガイド

■2024年度納付金（諸経費を含む）※男子の場合

	入学金	授業料	施設費	その他	計
入学手続時	200,000円	0円	0円	254,000円	454,000円
初年度総額	200,000円	660,000円	0円	254,000円	1,114,000円

※併願合格者で期日までに入学を辞退した場合、納入金（入学金は1/2の10万円）を返金

◎寄付金：なし
◎授業料：2期分納
◎奨学金・特待生制度：入試成績優秀者およびスポーツ活動、文化芸術活動に秀でた者を対象に、入学金・授業料を全額または半額免除

3期	完6 days		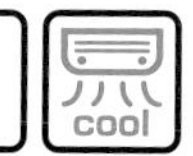 cool				全
学期制	週5・6日制	プール	冷房	寮	食堂	私服通学	海外研修

サピックスからの合格実績（過去3年）	'22	'23	'24
	1名	2名	4名

進学指導の概要

中高一貫生は大阪桐蔭高校のⅠ類に進学します。最終学年の高3を志望大学合格のための演習期間と位置づけ、実戦力の養成に充て、大学入学共通テストや2次試験に対応できる力を養います。担任教師と進路指導部の専門スタッフが連携して、データに基づいた的確なアドバイスを提供しています。

■浪人を含む大学進学者の進路の内訳

生徒それぞれの長所を最大限に引き出すためには、生徒・教員・保護者の信頼関係が大切との方針から、「学習と生活の記録ノート」を活用。生徒は一日の過ごし方と家庭での学習の様子を、担任教員はそれに対するアドバイスを、保護者は感想や相談を書き込むことで、常に情報を共有しています。

■併設高校から主要大学への合格実績

※上段は現役合格者数、下段は浪人を含めた合格者数。

	北海道大	東北大	東京大	一橋大	東京工業大	東京芸術大	東京医科歯科大	京都大	大阪大	神戸大	大阪教育大	奈良女子大	滋賀医科大	大阪公立大	兵庫県立大	京都府立大	神戸市外国語大	京都府立医科大
22年	1	—	—	—	1	—	—	17	25	20	3	1	1	12	8	4	—	1
	3	—	—	—	1	—	—	28	31	27	4	1	1	22	15	4	—	1
23年	—	—	—	—	1	—	—	22	10	16	4	5	—	18	15	1	2	1
	2	—	2	—	1	—	—	25	19	21	4	5	—	27	15	1	2	1
24年	—	—	—	—	—	—	—	26	14	18	7	3	1	22	10	1	1	1
	4	—	—	—	—	—	—	30	20	21	7	3	1	38	12	1	1	1

	早稲田大	慶應義塾大	上智大	明治大	青山学院大	立教大	中央大	法政大	関西大	関西学院大	同志社大	立命館大	大阪医科薬科大	関西医科大	文部科学省所管外の大学校	海外の大学	国公立・医学部	私立・医学部
22年	4	1	2	2	1	1	2	1	82	74	67	78	8	—	5	—	11	28
	9	4	4	4	1	1	7	4	117	99	117	129	8	4	7	—		
23年	4	3	—	1	2	1	1	—	82	52	78	85	4	1	2	—	16	23
	6	7	—	3	2	1	2	1	106	65	116	114	19	8	4	—		
24年	6	—	1	2	4	1	2	6	66	72	84	96	18	9	3	—	13	10
	6	1	1	3	4	1	2	7	99	89	123	125	23	11	5	—		

★指定校推薦枠（2024年度）慶應義塾大、中央大、東京理科大、関西大、関西学院大、同志社大、立命館大、甲南大など ※人数は非公表

入試情報

■2024年度の入試結果(男女合計データ)

		募集人員	出願者	受験者	合格者	実質倍率
前期英数選抜	専願	90	90	90	選抜52 英数27	英数選抜1.7 英数選抜+英数1.1
	併願		236	230	選抜192 英数34	
後期英数選抜	専願		90	88	選抜47 英数34	英数選抜1.2 英数選抜+英数1.0
	併願		151	137	選抜102 英数26	
S特別英数選抜	専願		49	43	選抜19 英数9	英数選抜2.3 英数選抜+英数1.5
	併願		115	81	選抜61 英数14	英数選抜1.3 英数選抜+英数1.1
L特別英数選抜	専願		57	47	選抜25 英数13	英数選抜1.9 英数選抜+英数1.2
	併願		88	60	選抜35 英数19	英数選抜1.7 英数選抜+英数1.1
前期英数	専願	135	7	7	4	1.8
	併願		8	8	8	1.0
後期英数	専願		7	7	3	2.3
	併願		3	3	2	1.5
S特別英数	専願		5	3	0	—
	併願		1	1	0	—
L特別英数	専願		8	6	1	6.0
	併願		5	4	4	1.0

※前期・後期：4教科で受験した場合は、4教科の合計点と算国理の合計点を1.2倍した得点のうち、いずれか高い方で合否を判定。3教科の場合は算国理の合計点を1.2倍した得点で判定。S特別：2教科の合計点を2倍した得点で判定。L特別：国算で受験した場合は2教科の合計点を1.5倍、算英で受験した場合は2教科の合計点を2倍して判定。

○配点：算国＝各120点　理社＝各60点　英(インタビューテスト)＝60点

○合格最低点：前期英数選抜専願210点・併願220点 前期英数専願150点・併願168点 後期英数選抜専願202点・併願212点 後期英数専願167点・併願174点 S特別英数選抜専願198点・併願210点 S特別英数専願152点・併願170点 L特別英数選抜専願223点・併願234点 L特別英数専願180点・併願192点

24年の募集要項

※以下は2024年の募集要項です。2025年の要項は学校の発表をお待ちください。

入試日／前期1月13日 後期1月14日 S特別1月15日　L特別1月16日

募集人員／男女225名(英数選抜コース90名 英数コース135名)

合格発表／いずれも翌日(ホームページで発表)

手続締切／前期1月16日 後期1月17日 S特別1月18日 L特別1月19日

試験科目／国語(60分・120点)、算数(60分・120点)、理科(40分・60点)、社会(40分・60点)、英語(約10分・60点)
前期・後期は3科(国算理)4科選択、S特別は算理、L特別は国算または算英 ※英語はインタビューテスト(面接試験)あり

面接／L特別で算英受験を選択した場合あり(インタビューテスト)

受験料／20,510円(L特別入試は20,000円)

公開行事・説明会予定

【入試説明会＆個別相談会】要予約
8月24日(土)10時～
10月 5日(土)10時～
11月30日(土)10時30分～

【体験授業】要予約
6月22日(土)10時～　4年生以上対象
9月 7日(土)10時～　4・5年生対象

【学校見学】要予約
随時受付(日曜・祝日を除く)

【中学入試プレテスト】要予約
11月30日(土)10時(集合)

【文化祭】
11月3日(祝)10時～15時

◆変更・中止の可能性もあります。必ず学校ホームページで確認してください。

開明(かいめい) 中学校

所在地／〒536-0006 大阪市城東区野江1-9-9
TEL／06-6932-4461
学校長／林 佳孝
創 立／1914年に大阪貿易語学校として開校。1995年に現校名に改名し、2001年に中学を、2004年に高校を共学化した。
URL／kaimei.ed.jp

	1年	2年	3年
男子	163名	160名	146名
女子	137名	137名	140名
クラス数	7組	7組	7組

中高総生徒数／1625名

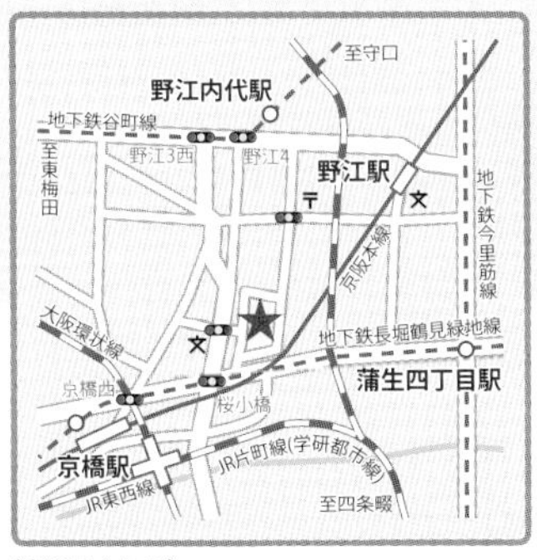

〈交通アクセス〉
JR・京阪本線ほか「京橋」駅より徒歩8分
JR・京阪本線「野江」駅、大阪メトロ長堀鶴見緑地線・今里筋線「蒲生四丁目」駅、大阪メトロ谷町線「野江内代」駅より徒歩12分

リーダー育成にふさわしい教科と連動した多彩な行事を実施

校訓「研精(けんせい)して倦(う)まず」の下、男女共同参画社会で活躍するリーダーの育成に努めています。そのために学力だけでなく、ITの素養や国際感覚、社会常識、人間性や感性なども重視し、「知・徳・体」のバランスに留意した教育を続けています。中学3年間は行事が多く、およそ3か月に2回の割合で実施。生徒は貴重な経験を重ねることで、心身ともに大きく成長します。また、創立100周年記念事業として建設された新校舎には、230席を有する食堂なども備わっています。週4回、中学生に提供する給食は、この食堂で調理しています。

スクールライフ

●教育内容

中学は「スーパー理数」と「理数」の2コース体制。IT時代に必須といえる数学・理科の素養を重視した教育を展開します。スーパー理数コースでは、東大や京大、国公立大学医学部医学科などの最難関大学への現役合格を目標とし、日々の授業に応用的な内容を多く取り入れ、発展学習を行っています。一方、理数コースは、国公立大学や難関私立大学への現役進学が目標。しっかりと基礎を固め、学力向上の可能性を高めていきます。コースは入試の成績で決定しますが、中3と高1の進級時にクラス替えを実施。生徒・保護者・教員で話し合い、個々の生徒にとって最善のクラスを選択します。また、週当たりの授業数は37コマと豊富で、長期休暇中には特別授業も実施しています。

■主要5教科の週当たり時間（コマ）数

	英語	数学	国語	理科	社会
1年	6	7	5	4	4
2年	7	6	6	4	4
3年	7	7	6	4	4
合計	20	20	17	12	12

◎1日当たりの授業コマ数：50分×7時限
※月・水曜日は6時限、土曜日は4時限
◎登校時間：8時20分

●部活動

勉強との両立を第一に考え、活動は週3回まで。生徒は思い思いに参加し、高2の冬で引退します。
○文化系／生物、将棋、美術、ESS、書道、合唱、家庭科、クラシック音楽、かるた、クイズ研究、文芸、茶道、科学、囲碁、インターアクト、物理
○体育系／剣道、卓球、野外活動、サッカー、ラグビー、男子バスケットボール、女子バスケットボール、女子ソフトテニス、水泳

●行事

文化祭は9月に実施。体育大会は10月（高校は6月）に行っています。志賀高原で登山をする林間学校（中1）、和歌山県の加太湾で磯の生物を採取する臨海生物実習（中2）、瀬戸内しまなみ海道を夜通し約43km歩く夜間歩行（中3）、中学全体で代表弁士を出し合って盛り上がる弁論大会など、行事は多彩です。

●修学旅行・研修旅行

中1のオリエンテーション合宿は大阪南部の山間部へ。中2では志賀高原スキー合宿を行い、中3の修学旅行では沖縄に行きます。高1の夏休みには、希望者を対象としたオーストラリア語学研修も実施。高2の修学旅行では北海道を訪れます。

マネーガイド

■2024年度納付金（諸経費を含む）

	入学金	授業料	施設費	その他	計
入学手続時	200,000円	170,000円	0円	10,000円	380,000円
初年度総額	200,000円	680,000円	0円	263,200円	1,143,200円

※給食費、学校行事費および学級費、修学旅行積立金等を含む。別途、制服・制定品・教材費あり

◎寄付金：なし
◎授業料：4期分納
◎奨学金・特待生制度：なし

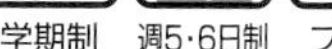

高校

学期制 3期　週5･6日制 完6 days　プール 温　冷房 cool　寮　食堂　私服通学　海外研修 希

サピックスからの合格実績（過去3年）	'22	'23	'24
	3名	8名	5名

進学指導の概要

高校では行事を絞り、生徒が自分の進路と向き合う態勢を整えます。高校からの入学生とは高2で混合クラスになり、「東大･京大･国公立医学科」「難関国公立文系」「難関国公立理系」の3コースに分かれ、よりきめ細かい指導を行います。高3からは通常の授業とは別に、現役合格に向けた演習を行い、長期休暇中には全員参加の特別授業も実施します。それを3年分合計すると、公立高校の1年間の授業日数に相当するほどで、学校の学習だけで大学受験をめざす生徒が多数派です。論文や英語ヒアリングなどもていねいに指導するなど、さまざまな入試スタイルに対応できるように備えています。

■浪人を含む大学進学者の進路の内訳

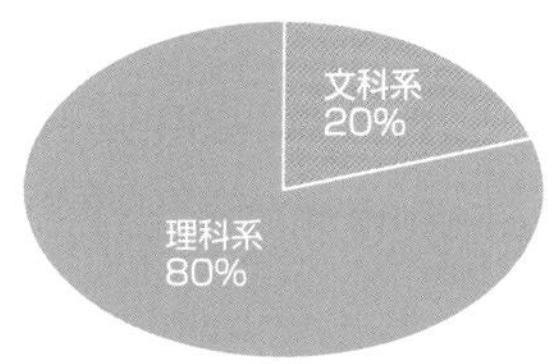

■併設高校から主要大学への合格実績

※上段は現役合格者数，下段は浪人を含めた合格者数。

	北海道大	東北大	東京大	一橋大	東京工業大	東京芸術大	東京医科歯科大	京都大	大阪大	神戸大	大阪教育大	奈良女子大	滋賀医科大	大阪公立大	兵庫県立大	京都府立大	神戸市外国語大	京都府立医科大
22年	3	1	1	—	—	—	—	16	6	8	6	5	1	13	13	2	1	1
	3	1	1	—	—	—	—	18	9	11	6	5	3	21	17	3	1	1
23年	2	—	—	1	—	—	—	8	3	18	3	1	1	19	11	1	—	1
	8	—	1	1	—	—	—	16	7	23	3	1	1	30	16	1	—	1
24年	2	1	—	—	—	—	—	12	4	7	5	3	—	13	3	2	—	—
	4	1	1	—	—	—	—	18	5	12	5	3	—	23	3	2	—	—

	早稲田大	慶應義塾大	上智大	明治大	青山学院大	立教大	中央大	法政大	関西大	関西学院大	同志社大	立命館大	大阪医科薬科大	関西医科大	文部科学省所管外の大学校	海外の大学	国公立・医学部	私立・医学部
22年	—	—	1	1	—	1	—	1	44	42	23	40	4	2	2	—	5	3
	—	—	1	2	—	1	—	1	63	49	42	62	8	6	4	—	9	26
23年	2	—	—	—	—	1	1	—	49	52	33	54	13	4	1	—	5	4
	4	3	1	—	—	1	1	—	80	68	63	83	17	5	4	—	8	10
24年	—	—	1	—	1	—	—	—	62	32	29	25	10	6	1	2	5	5
	1	2	1	1	1	—	2	1	87	43	65	58	11	8	3	2	9	13

★指定校推薦枠（2024年度）非公表

入試情報

■2024年度の入試結果

			募集人員	出願者	受験者	合格者	実質倍率
1次前期	専願	男子	S理数120 理数120	123	123	S理数12 理数52	S理数10.3 S理数+理数1.9
		女子		116	115	S理数12 理数46	S理数9.6 S理数+理数2.0
	併願	男子		25	24	S理数6 理数8	S理数4.0 S理数+理数1.7
		女子		35	34	S理数13 理数4	S理数2.6 S理数+理数2.0
1次後期A	専願	男子		133	139	S理数8 理数[illegible]	S理数17.4 S理数+理数2.1
		女子		130	128	S理数12 理数49	S理数10.7 S理数+理数2.1
	併願	男子		180	174	S理数40 理数46	S理数4.4 S理数+理数2.0
		女子		160	157	S理数45 理数43	S理数3.5 S理数+理数1.8
1次後期B	専願	男子		149	147	S理数22 理数56	S理数6.7 S理数+理数1.9
		女子		125	125	S理数12 理数46	S理数10.4 S理数+理数2.2
	併願	男子		218	184	S理数51 理数53	S理数3.6 S理数+理数1.8
		女子		192	177	S理数70 理数38	S理数2.5 S理数+理数1.6
2次	専願	男子		162	110	S理数11 理数45	S理数10.0 S理数+理数2.0
		女子		146	101	S理数14 理数46	S理数7.2 S理数+理数1.7
	併願	男子		129	39	S理数12 理数7	S理数3.3 S理数+理数2.1
		女子		113	30	S理数10 理数5	S理数3.0 S理数+理数2.0

※1次前期･後期A、2次はアラカルト方式を採用。国算理社の4教科を受験し、①国算理各100点、②国算社各100点、③国算各80点、理社70点(各300点満点)のうち最も合計得点の高いものを受験者の成績として判定。1次後期Bは国算に加え、理社から1教科を選択。理科を選択した場合は配点①、社会を選択した場合は配点②で判定。

○配点：算国＝各100点　理社＝各50点

○合格最低点：1次前期専願S246点・理数213点 併願S246点・理数231点　1次後期A専願S236点・理数203点 併願S236点・理数221点　1次後期B専願229点・理数196点 併願S229点・理数214点　2次専願S240点・理数212点 併願S240点・理数230点

24年の募集要項

※以下は2024年の募集要項です。2025年の要項は学校の発表をお待ちください。

入 試 日／1次前期1月13日　1次後期1月14日　2次1月16日

募集人員／男女240名(スーパー理数コース120名、理数コース120名)

合格発表／1次前期・後期1月15日　2次1月17日

手続締切／1次専願1月15日 1次併願1月16日 2次専願1月17日 2次併願1月18日

試験科目／国語(60分･100点)、算数(60分･100点)、理科(40分･50点)、社会(40分･50点)　1次後期Bは3科(国算理または国算社)

面　　接／なし

受 験 料／20,000円(2次の欠席者には受験料を返金)

公開行事・説明会予定

【入試説明会】要予約、各回14時～
8月31日(土)
9月14日(土)
10月 5日(土)
11月16日(土)

【授業見学会】要予約、各日とも第1部9時20分～、第2部11時20分～
6月15日(土)・22日(土)
7月 6日(土)・13日(土)・20日(土)・27日(土)(第1部のみ)
8月31日(土)(第1部のみ)
9月14日(土)・21日(土)
10月 5日(土)・26日(土)
11月 2日(土)・9日(土)・16日(土)
12月14日(土)

【放課後見学会】要予約、各回17時～
6月26日(水)、9月24日(火)、11月25日(月)

【文化祭】要予約
9月 8日(日)時間未定

【中学体育大会】要予約
未定

◆変更・中止の可能性もあります。必ず学校ホームページで確認してください。

私立　関西　共学　か

関西大学 中等部

所在地／〒569-1098　大阪府高槻市白梅町7-1
TEL／072-684-4326
学校長／松村 湖生
創　立／1886年に関西法律学校を開校。1905年に関西大学と改称。2010年4月、併設校として、関西大学中等部・高等部が開校。
URL／www.kansai-u.ac.jp/junior

	1年	2年	3年
男子	51名	51名	52名
女子	61名	66名	68名
クラス数	3組	3組	3組

中高総生徒数／795名　併設小から 約38%

高槻病院
高槻阪急スクエア
歩道橋
JR京都線
至京都
高槻駅
至大阪
大阪医科薬科大学病院
大桑皮フ科
高槻市駅
至大阪梅田
阪急京都線
至京都河原町

〈交通アクセス〉
JR東海道本線・京都線「高槻」駅より徒歩7分
阪急京都線「高槻市」駅より徒歩10分

知的好奇心を刺激して、「高い人間力」を備えた人材を育てる

関西大学の併設校として、「関西大学中等部・高等部」の名称で2010年に開校。「学の実化」の教育理念の下、一貫教育を通じて「確かな学力」「国際理解力」「情感豊かな心」「健やかな体」を育み、高い倫理観と品格を有する「高い人間力」を備えた人材を育成します。生徒の知的好奇心を高める授業やプログラムを展開する一方、マナーや道徳的実践力を身につける生活指導も徹底。コンピューター教室やマルチメディア教室のほか、キャンパス全域に無線LANを整備するなど、ICT環境も充実しています。

スクールライフ

●教育内容

主要5教科では課題・点検・確認のサイクルなどを通して、自主学習習慣の定着を重視した基礎・基本的な学習内容の習得をめざします。なかでも英語教育には力を入れており、コミュニケーション能力の育成に重点を置いて多彩な国際交流プログラムを展開しています。また、海外の学校との短期交換留学もあります。「英語考動力」（情報収集力・意見発表力・対話力・交渉力）を育成し、相手のメッセージを正確に受け取る力と英語で自分の意見を明確に表現する力を育てます。独自の科目「考える科」は、人が物事を考えるときの心の仕組みを理解して「考え方そのものを学ぶ」時間です。思考ツールやコンピューター・情報ネットワークを活用して、文章だけでなく図や映像で表現しながら、他人に見える形にすることを体験的に学びます。

■主要5教科の週当たり時間（コマ）数

	英語	数学	国語	理科	社会
1年	6	5	5	4	4
2年	6	5	5	4	3
3年	6	5	5	4	4
合計	18	15	15	12	11

◎1日当たりの授業コマ数：50分×6時限
　※週1日7時限、土曜日は3時限
◎登校時間：8時25分

●部活動

室内温水プールや人工芝のグラウンド、アイスアリーナなど、部活動でも充実した施設を活用しています。
○文化系／吹奏楽、英字新聞、フィールドワーク、マルチメディア、囲碁将棋、クイズ、茶道、華道、アート、能楽、合唱、写真同好会、科学同好会
○体育系／水泳、日本拳法、ラクロス（女子）、アイススケート、バスケットボール、サッカー、ダンス同好会

●行事

5月の体育祭と9月の葦葉祭（文化祭）は中高合同で開催し、大いに盛り上がります。吹奏楽部クリスマスコンサート、芸術・文化鑑賞をするオータムセミナーのほか、京都・奈良に足をのばして行うフィールドワークなど校外学習も多彩に取り入れています。

●修学旅行・研修旅行

春は琵琶湖でオリエンテーション合宿（中1）、秋の宿泊研修では和歌山県日置川で民泊体験（中2）、中3では全員参加のカナダ海外研修を実施しています。現地ではホームステイをしながら、交流校などで学校生活を体験し、研究テーマに基づいた学習を行います。

マネーガイド

■2024年度納付金（諸経費を含む）

	入学金	授業料	施設費	その他	計
入学手続時	200,000円	0円	0円	0円	200,000円
初年度総額	200,000円	700,000円	200,000円	約332,000円	約1,432,000円

※「その他」には給食費（96,000円）や制服・制定品（約124,000円）等を含む。
別途、中3の海外研修旅行費、個人情報端末費（タブレット等）あり

◎寄付金：任意
※教育研究促進募金
◎授業料：4期分納
◎奨学金・特待生制度：なし

2期 学期制 | 完6 days 週5・6日制 | 温 プール | cool 冷房 | 寮 | 食堂 | 私服通学 | 全 海外研修

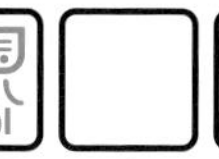

サピックスからの合格実績（過去3年）	'22	'23	'24
	1名	1名	0名

進学指導の概要

高等部では、「高い学力」と「豊かな人間力」の養成をめざしています。大学進学に際しては、在学中に一定以上の成績を収めれば関西大学へ内部進学できる制度がある一方、基礎・基本の定着を重視し、国公立大学への進学を見据えた発展的な内容の授業を展開しています。夏休みをはじめとした長期休暇中には、全員参加型の進学補習も行っています。また、高等部では学びたいテーマに沿ってゼミを選び、卒業研究に取り組みます。高等部の第1学年は、高等部からの入学生と中等部からの進学生からなる4学級編成になります。第2学年からは文系・理系の選択とともに希望進路と成績に従ってクラスが構成されるようになり、国公立大学を志望する学級が1クラス、関西大学を志望する学級が3クラスとなっています。国公立大学を志望する生徒は、国公立大学への進学を目標に大学入学共通テストおよび2次試験に対応した授業を受け、より深い学習内容の問題演習を行います。

■2024年3月卒業生の進路の内訳

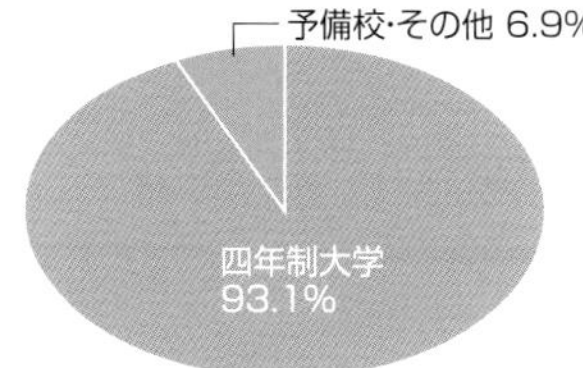

★他大学への合格状況（2024年度） 京都大1名、大阪大3名、神戸大5名、京都工芸繊維大2名、奈良女子大1名、奈良教育大3名、滋賀大1名、大阪公立大7名など ※過年度生を含む

■併設大学（関西大学）への推薦状況

	法学部	文学部	経済学部	商学部	社会学部	政策創造学部	外国語学部	人間健康学部	総合情報学部	社会安全学部	システム理工学部	環境都市工学部	化学生命工学部
22年	12名	13名	12名	12名	18名	9名	3名	4名	6名	3名	3名	4名	7名
23年	10名	14名	14名	13名	18名	9名	5名	1名	8名	3名	5名	2名	3名
24年	12名	14名	14名	12名	16名	9名	4名	3名	6名	4名	7名	6名	4名

入試情報

■過去2年間の入試結果

			募集人員	出願者	受験者	合格者	実質倍率
23年	前期 3・4科	男子	約60	87	77	34	2.3
		女子		73	69	26	2.7
	前期 英検型	男子	5〜10	2	2	2	1.0
		女子		6	6	3	2.0
	後期	男子	5〜10	196	131	23	5.7
		女子		207	141	34	4.1
24年	前期 3・4科	男子	約60	61	55	29	1.9
		女子		58	55	33	1.7
	前期 英検型	男子	5〜10	6	6	4	1.5
		女子		8	8	5	1.6
	後期	男子	5〜10	132	90	19	4.7
		女子		166	104	29	3.6

■2024年度入試　受験者の教科別平均点

		算数	国語	理科	社会	合計
前期 3・4科	男子	54.1	62.1	64.3	69.0	243.3
	女子	55.0	65.3	65.3	68.7	248.8
前期 英検型	男子	57.5	58.2	英検®/45.0		103.2
	女子	44.9	66.8	英検®/45.0		100.9
後期	男子	53.3	66.8			120.1
	女子	56.0	72.8			128.8

※前期3教科・4教科型：出願時に①4教科もしくは②3教科(国算理)を選択。①の4教科を選択した場合、4教科(各100点)の合計点と3教科(国算理もしくは国算社)の合計点×4/3(400点満点換算)のいずれかのうち最高得点のものを受験者の得点とする。②の3教科を選択した場合、3教科(国算理、各100点)を受験し、合計点×4/3(400点満点換算)したものを得点とする。また、合否判定は①および②を一括して行う。　前期英検型：2教科(国算、各100点)を受験し、合計点×1/2(100点満点換算)に英検加点(50点満点)した合計点(150点満点)を得点とする。英検加点は2級以上50点、準2級40点、3級20点　後期：国算(各100点)

○配点：算国理社＝各100点

○合格最低点：前期3・4科243点　前期英検型102点　後期143点

24年の募集要項

※以下は2024年の募集要項です。2025年の要項は学校の発表をお待ちください。

入試日／前期1月13日 後期1月15日

募集人員／男女約70名(前期4教科・3教科型約60名 前期英検® 加点型5〜10名　後期5〜10名)

合格発表／いずれも翌日(ホームページで発表)

手続締切／前期1月19日 後期1月22日

試験科目／前期4教科・3教科型：出願時に①②のいずれかを選択

①4教科(国算理社 各45分・各100点)を受験し、下記のうち、最高得点のものを受験生の得点とする

・4教科(国算理社)の合計点(400点満点)

・3教科(国算理)の合計点×4/3(400点満点換算)

・3教科(国算社)の合計点×4/3(400点満点換算)

②3教科(国算理 各45分・100点)を受験し、合計点×4/3(400点満点換算)したものを得点とする

前期英検型：2教科(国算、各45分・100点)を受験し、合計点×1/2(100点満点換算)に英検加点(50点満点)した合計点(150点満点)を得点とする。英検加点は2級以上50点、準2級40点、3級20点

後期：国算(各45分・100点)

面接／なし

受験料／20,000円

公開行事・説明会予定

【学校説明会】要予約
10月 5日(土)13時30分〜

【入試〔オンライン〕説明会＋校舎見学・個別相談 等】要予約
11月16日(土) 9時〜

【オープンスクール】要予約
7月20日(土) 9時〜

【サイエンス体験】要予約、小学5・6年生対象
8月31日(土)13時30分〜

【葦葉祭(文化祭)】要予約、受験生対象公開
9月15日(日) 時間未定

◆変更・中止の可能性もあります。必ず学校ホームページで確認してください。各説明会開催日の約1か月前からお申し込み可能。

関西大学第一 中学校

所在地／〒564-0073 大阪府吹田市山手町3-3-24
TEL／06-6337-7750
学校長／狩場 治秀
創 立／1913年創立の関西甲種商業学校を起源とし、1947年に関西大学第一中学校を開校。1995年に中学が、98年に高校が共学化。
URL／www.kansai-u.ac.jp/dai-ichi/junior

	1年	2年	3年
男子	131名	134名	117名
女子	109名	100名	102名
クラス数	6組	6組	6組

中高総生徒数／1861名

〈交通アクセス〉
阪急千里線「関大前」駅より徒歩3分

ゆとりある学習環境のなかで「考動」するリーダーを育成

関西大学の併設校として、高校・大学・大学院へと展開する高度な学習を支えるための基礎学力を徹底して習得させます。大学受験にとらわれない、ゆとりある学習環境のなかで、現代社会を見つめ、その変化に挑み、柔軟かつ迅速に「考動」するリーダーの育成をめざします。生徒の多くは、関西大学第一高等学校を経て関西大学に進学しますが、ほかの進路を希望する生徒には、補習など充実したサポート体制も用意。人間教育の場として、宿泊行事や学校行事、部活動も大切にしています。

スクールライフ

●教育内容

大学での学業生活に必要な学力をしっかりと養うため、国語・社会・数学・理科・英語の5教科を中心に、バランスの取れた授業を展開しています。生徒が避けて通りたがる反復学習や「読み・書き・考える」ことに重点を置いた指導を行い、「将来を見据えた基礎学力」を身につけます。2年生からの英語では、1クラスを2分割した少人数クラスを設けて週3時間の授業を実施しています。生徒全員が三大検定（英検®・漢検・数検）を受検しており、中3の英検®受検料については学校が負担しています。高校では、講義受入型プログラムやリレー講義型プログラム、KUSP-C（単位認定プログラム）を開講するなど、高大連携の取り組みも活発に行っています。

■主要5教科の週当たり時間（コマ）数

	英語	数学	国語	理科	社会
1年	5	5	5	4	4
2年	5	4	5	5	4
3年	5	5	4	5	5
合計	15	14	14	14	3

◎1日当たりの授業コマ数：50分×6時限
※土曜日は4時限
◎登校時間：8時25分

●部活動

「真の文武両立」を達成し、充実した学生生活を過ごせるよう、部活動への参加を推奨しています。限られた時間でありながら、文化系・体育系ともにどの部も熱心に活動しています。

○文化系／科学、文芸、美術、交通研究、ESS、料理、生物、茶華道、ブラスバンド、放送

○体育系／陸上競技、水泳、バスケットボール、バレーボール（女子）、野球（男子）、サッカー（男子）、柔道、剣道、空手道、ラグビー（男子）

●行事

球技大会、体育大会、合唱コンクールなど全校挙げてのイベントをはじめ、美術観賞会や芸術鑑賞会、環境学習、校外学習も充実しています。

●修学旅行・研修旅行

中1の4月に行われる宿泊研修では、岡山県の湯郷温泉でのオリエンテーリングやスポーツ活動を通して仲間づくりをめざします。中3の研修旅行の行き先は沖縄・八重山諸島で、環境や平和について学びます。中3の希望者を対象に、オーストラリアのケアンズで2週間の海外英語研修を実施。現地校訪問、ホームステイ、ファームステイを体験します。

マネーガイド

■2024年度納付金（諸経費を含む）

	入学金	授業料	施設費	その他	計
入学手続時	200,000円	0円	0円	0円	200,000円
初年度総額	200,000円	640,000円	200,000円	154,700円	1,194,700円

※別途、入学時に制服代、制定品費、副教材費、タブレット教材費あり

◎寄付金：なし
◎授業料：5期分納
◎奨学金・特待生制度：なし

学期制 週5･6日制 プール 冷房 寮 食堂 私服通学 海外研修

サピックスからの合格実績（過去3年）	'22	'23	'24
	0名	0名	3名

進学指導の概要

第一高校への進学は、中学3年間の成績をもとにした推薦制です。高校では、社会の中核を成す「考動する」リーダーの育成をめざしたキャリア教育を展開しています。関西大学との高大連携授業のほか、民間企業へのインターンシップや出前授業、卒業生の講演会など、自分自身の将来を考えさせるさまざまな授業や行事があります。高2からは希望進路別の3コース編成となり、関西大学の文系学部を目標とする「文Ⅰコース」、国公立大学の文系学部をめざす「文Ⅱコース」、関西大学・国公立大学の理系学部をめざす「理コース」に分かれます。このうち文Ⅱと理コースへの推薦は、希望者が定員を超えた場合、1年次の成績により決定。一方、関西大学への進学は、高校3年間の成績と生活状況、そして高3で実施される独自テストの成績をもとに、学部ごとに決定されます。また、関西大学への進学が決定した後、大学入学共通テストを受けて国公立大学を受験することも可能です。

■2024年3月卒業生の進路の内訳

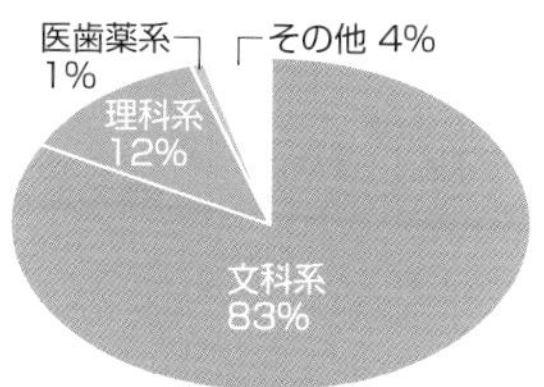

★他大学への合格状況（2024年度） 筑波大1名、神戸大4名、大阪教育大1名、大阪公立大2名、京都府立大1名、奈良県立医科大1名など ※現役生のみ

■併設大学（関西大学）への推薦状況

	法学部	文学部	経済学部	商学部	社会学部	政策創造学部	外国語学部	人間健康学部	総合情報学部	社会安全学部	システム理工学部	環境都市工学部	化学生命工学部
22年	48名	56名	60名	52名	52名	13名	7名	4名	28名	3名	14名	14名	16名
23年	47名	54名	50名	53名	52名	14名	8名	6名	30名	2名	16名	15名	12名
24年	49名	56名	48名	55名	48名	8名	6名	9名	26名	2名	13名	17名	16名

入試情報

■過去2年間の入試結果

			募集人員	出願者	受験者	合格者	実質倍率
23年	4科	男子	約240	178	170	100	1.7
		女子		117	113	61	1.9
	2科	男子		106	102	49	2.1
		女子		115	108	46	2.3
24年	4科	男子	約240	148	141	82	1.7
		女子		114	112	75	1.5
	2科	男子		103	102	59	1.7
		女子		93	92	42	2.2

■2024年度入試 受験者の教科別平均点

		算数	国語	理科	社会	合計
4科	男子	76	67	65	71	—
	女子					
2科	男子	73	65			—
	女子					

※4教科の場合は、算国の合計点を2倍した点数、または4教科の合計点のうち、高い方の得点で合否を判定。2教科の場合は、合計点を2倍にした点数で合否を判定。合計点は非公表
○配点：算国理社＝各100点
○合格最低点：285点

24年の募集要項

※以下は2024年の募集要項です。2025年の要項は学校の発表をお待ちください。

入 試 日／1月13日
募集人員／男女約240名
合格発表／1月15日
手続締切／1月20日
試験科目／国算理社(各50分・各100点)
2科(国算)4科選択(出願時に①②のいずれかを選択)
①2教科の合計点×2(400点満点換算)
②4教科を受験し、下記のうち高い方を得点とする
・2教科の合計点×2(400点満点換算)
・4教科の合計点(400点満点)
合否判定は①および②を同列、高得点順に並べて行う。
面　　接／あり(グループ)
受 験 料／20,000円

公開行事・説明会予定

【入試説明会】要予約、関西大学100周年記念会館、6年生対象
9月 7日(土)13時30分～
9月28日(土)13時30分～
【校内見学会】要予約、4・5年生対象
11月16日(土)13時30分～
◆急激な感染拡大等のやむを得ない事情により、変更・中止の可能性もあります。必ず学校ホームページで確認してください。

関西(かんせい)学院 中学部

所在地／〒662-8501 兵庫県西宮市上ヶ原一番町1-155
TEL／0798-51-0988
学校長／宮川 裕隆
創 立／1889年、中学部の前身である関西学院普通学部が誕生。1915年に普通学部を中学部と改称し、1947年に新制中学部となる。
URL／www.kwansei.ac.jp/

	1年	2年	3年
男子	134名	135名	147名
女子	111名	98名	101名
クラス数	6組	6組	6組

中高総生徒数／1877名 併設小から 約33%

〈交通アクセス〉
阪急今津線「甲東園」駅より徒歩15分 阪急今津線「仁川」駅より徒歩15分

大学まで続く一貫教育。世に尽くす力を養うために自分を磨く

1889年、アメリカ人の宣教師W.R.ランバス博士によって創設された関西学院の普通学部を前身として、1947年に新制中学部が開校されました。スクールモットーは「Mastery for Service」で、世に尽くそうという願いを持ちつつ、本気で自分を磨きます。キリスト教主義を教育の中心に置いて、神への畏敬の念、隣人愛、奉仕の心を土台にした人格の形成をめざしています。高山の懐に抱かれる緑豊かな環境の下、大学受験に縛られずに、伸び伸びと自身の才能を伸ばす学校生活を送ることができます。

スクールライフ

●教育内容

自学自習の精神と、自主独立の心を養うため、自分で課題を見つけ、自分で考え、自分で調べ、研究する姿勢を身につけさせます。各教科の授業では、自主的に教材を手作りし、学力の定着と向上に努めています。「英語の関学」の伝統を受け継ぐ英語教育は、中学部でも健在。基礎知識習得の段階を大切に、徹底的な反復練習によって英語力の土台を築き上げます。その後、コンピューターを使ったリーディングやLL教室でのリスニングの練習、外国人講師の指導によるライティングやスピーキング活動を行い、英語技能を発展させていきます。帰国生については、国語力を補い、英会話力を伸ばすため、帰国生だけの授業を行っています。また、奉仕をするためのたくましい体と精神づくりに向けて、体育も重視。授業のほかに、週4日、毎回20分以上の駆け足を行っています。

■主要5教科の週当たり時間（コマ）数

	英語	数学	国語	理科	社会
1年	6	5	4	4	4
2年	6	4	5	4	4
3年	6	5	5	4	4
合計	18	14	14	12	12

◎1日当たりの授業コマ数：45分×6時限
※水曜日は7時限、土曜日は3時限、月・火・木・金曜日は7時限に駆け足の授業あり
◎登校時間：8時20分

●部活動

宗教部、文化部はすべて男女共に入部可能です。タッチフットボール部は日本中学生アメリカンフットボール選手権で優勝経験がある実力派です。

○宗教部／JHC（宗教）、聖歌隊
○文化系／美術、図書、グリークラブ（合唱）、理科、英語、吹奏楽など
○体育系／陸上競技、水泳、サッカー、タッチフットボール（男子）、テニス、バレーボール（女子）、バスケットボール、卓球、ラグビー、剣道、ダンスなど

●行事

新入生を歓迎するために行われる5月の体育大会、クラス対抗の音楽コンクール、クラスやPTAの出し物など、バラエティー豊かな発表・展示がある11月の文化祭は、全校挙げてのイベントです。

●修学旅行・研修旅行

中2の夏休みには、瀬戸内海に浮かぶ無人島・青島で4泊5日の野外キャンプを体験します。中3の修学旅行では九州・長崎を訪れ、平和の尊さを学びます。

マネーガイド

■2024年度納付金（諸経費を含む）

	入学金	授業料	教育充実費	その他	計
入学手続時	200,000円	305,000円	0円	87,000円	592,000円
初年度総額	200,000円	915,000円	0円	183,000円	1,298,000円

◎寄付金：任意で30万以上
◎授業料：3期分納
◎奨学金：経済的理由により就学困難と判断される者に学費・授業料相当額を支給または貸与

3期 完6days 温 cool 希

学期制 週5・6日制 プール 冷房 寮 食堂 私服通学 海外研修

サピックスからの合格実績（過去3年）	'22	'23	'24
	2名	2名	3名

進学指導の概要

高等部では、多くの生徒が推薦により関西学院大学に進学しています。推薦においては学業成績の基準を満たし、その人物・態度が推薦に値すると判断された生徒について面接を行い、決定。高校3年間の真面目な取り組みと、建学の精神を理解した豊かな人間性が備わっていることが要求されます。このため、高等部では、心の世界を知る芸術や聖書の授業、問う力を養う読書の授業を大切にしています。3年間にわたる人権講座では人間の尊厳を考えます。また、高2から文系と理系の2つのコースに分かれ、より深い学びを行います。高3の選択授業では、スポーツ・芸術・各種演習授業・第二外国語・大学関連科目などから選び、自分で自分の学びを構築します。そして、学びの集大成として、みずから研究テーマを定め、卒業論文の作成に取り組んでいきます。国際交流プログラムも充実しており、オーストラリア、イギリス、アメリカなどの海外提携校との交流も活発です。

■現役大学進学者の進路の内訳

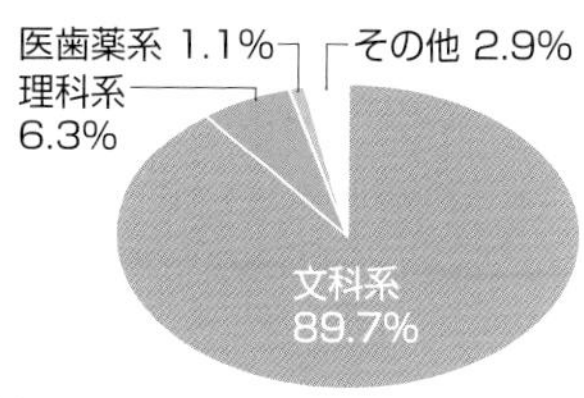

★他大学への進学状況（2024年度）
東京大1名、京都大1名、大阪大1名、神戸大1名、兵庫医科大1名、国際基督教大1名、青山学院大1名など

■併設大学（関西学院大学）への推薦状況

※は2021年度から新設された学部

	商学部	法学部	経済学部	総合政策学部	社会学部	文学部	理工学部	神学部	人間福祉学部	教育学部	国際学部	理学部※	工学部※	生命環境学部※	建築学部※
22年	75名	46名	65名	10名	50名	28名	—名	—名	21名	16名	25名	2名	13名	4名	7名
23年	75名	52名	61名	6名	50名	25名	—名	—名	20名	8名	25名	3名	16名	8名	12名
24年	75名	30名	68名	13名	50名	25名	—名	—名	20名	19名	25名	—名	12名	2名	8名

★指定校推薦枠（2024年度）兵庫医科大3名、国際基督教大1名、神戸薬科大1名、青山学院大1名など

入試情報

■過去2年間の入試結果

			募集人員	出願者	受験者	合格者	実質倍率
23年	A	男子	約65	161	150	75	2.0
		女子	約35	93	87	46	1.9
	帰国生	男子	若干	2	2	2	1.0
		女子		3	3	3	1.0
	B	男子	約25	199	157	46	3.4
		女子	約15	162	123	43	2.9
24年	A	男子	約65	158	142	70	2.0
		女子	約35	86	81	47	1.7
	帰国生	男子	若干	2	2	1	2.0
		女子		2	2	1	2.0
	B	男子	約25	222	170	57	3.0
		女子	約15	166	119	65	1.8

■2024年度入試 受験者の教科別平均点

			算数	国語	理科	合計
一般	A	男子	128	123	62	313
		女子	143	141	66	350
	B	男子	110	143		257
		女子	123	160		286

○配点：算・国＝各200点　理＝100点
○合格最低点：A男子324点・A女子349点　B男子280点・B女子288点　帰国生は非公表

24年の募集要項

※以下は2024年の募集要項です。2025年の要項は学校の発表をお待ちください。

入試日／帰国・A日程1月13日 B日程1月16日
募集人員／約140名(A日程：男子約65名・女子約35名 B日程：男子約25名・女子約15名 帰国生若干名)
合格発表／帰国・A日程1月14日 B日程1月17日
手続締切／帰国・A日程1月23日 B日程1月25日
試験科目／A日程：国語(60分・200点)、算数(60分・200点)、理科(45分・100点)
B日程：国語(60分・200点)、算数(60分・200点)
面接／あり(B日程はなし)
帰国生のための試験／国語(60分)、算数(60分)、英語面接、保護者同伴面接
受験料／20,000円

公開行事・説明会予定

【学校説明会】要予約 保護者同伴
6月22日(土)午前・午後
9月 7日(土)午前
10月 5日(土)午前
【オープンスクール】要予約 保護者同伴
9月14日(土)午前
9月21日(土)午前
10月19日(土)午前
11月10日(日)午前
【文化祭】
11月 2日(土) 9時～15時
※個別相談コーナーあり(4年生以上対象)
◆変更・中止の可能性もあります。必ず学校ホームページで確認してください。

金蘭千里（きんらんせんり） 中学校

所在地／〒565-0873 大阪府吹田市藤白台5-25-2
TEL／06-6872-0263
学校長／大中 章
創 立／大阪府立堂島高等女学校の同窓会が創設した金蘭会高等女学校が前身。改組を経て、1965年に金蘭千里中学校・高等学校となる。
URL／www.kinransenri.ed.jp

	1年	2年	3年
男子	94名	83名	82名
女子	123名	122名	126名
クラス数	7組	6組	7組

中高総生徒数／1123名

〈交通アクセス〉
大阪メトロ堺筋線・阪急千里線「北千里」駅より徒歩10分 大阪メトロ御堂筋線・北大阪急行・大阪モノレール「千里中央」駅からバス10分

1学級30名の少人数制を採用。卒業生の75%が難関大学へ進学

国公立大や医学部に多数の合格者を輩出する男女共学の進学校です。建学の精神は、「私塾」「道場」「自主独立」「スポーツマンシップの涵養」「自然に接する」の5つ。師と仰ぐ人の下でみずからを鍛え、個人で行動する力を身につけるとともに、スポーツや自然から多くを学ぶという理念が教育のベースになっています。中間・期末テストなどの定期考査のかわりに毎朝の「20分テスト」を実施し、学習習慣の確立とともに学力の向上を図っています。明るい光が差し込む校舎や、府下最大規模のグラウンドなど、充実した施設も魅力の一つです。

スクールライフ

●教育内容

創立以来、実施しているのが毎朝の「20分テスト」です。短期間での学習対応が可能な定期テストを設けず、2週間分の授業内容を出題範囲とするこの復習テストによって、学期末・学年末の成績評定を行います。「予習→授業→復習→20分テスト」というサイクルで、学力の向上を図っています。また、男子はサッカー、女子はバレーボールを校技として、毎学期、クラス対抗の校内大会を行います。自然の力強さを身につけるため、毎年、宿泊を伴うキャンプやオリエンテーリング風の徒歩訓練も行っています。ICTを活用した授業を各教科に取り入れ、生徒の課題発見・解決能力やコミュニケーション能力の育成にも力を入れています。

■主要5教科の週当たり時間（コマ）数

	英語	数学	国語	理科	社会
1年	6	7	5	5	4
2年	6	7	5	5	4
3年	6	7	5	6	4
合計	18	21	15	16	12

◎1日当たりの授業コマ数：50分×6～7時限
※土曜日は50分×4時限
◎登校時間：8時30分

●部活動

クラブ活動の時間は最長18時まで。活動日は原則として週4日までとなっています。
○文化系／合唱、美術、写真、科学、文芸・新聞、百人一首、PLS（視聴覚）、家庭科、吹奏楽、ESS、演劇、ボランティア、茶道、鉄道研究、PC、書道、囲碁・将棋
○体育系／サッカー（男子）、バレーボール（女子）、硬式テニス、ダンス（女子）、バスケットボール、剣道、卓球、陸上、バドミントン、ワークアウト

●行事

秋の文化祭、体育祭のほか、球技大会、博物館見学や伝統文化に触れたりする校外学習、国内外の一流アーティストを招いてのファミリーコンサート、合唱祭、英語暗唱コンテストなどがあります。

●修学旅行・研修旅行

中1は大阪府吹田市、中2は滋賀県今津町で2泊3日のキャンプ活動を実施。中3は立山・信州で3泊4日の自然研修を行います。高1でキャンプ活動の応用を実践し、高2では自然研修旅行として北海道を訪れ、さまざまなことを体験します。また、高1の希望者を対象に、イギリスのイートン校、ハロウ校を訪れる約3週間の海外研修を実施しています。

マネーガイド

■2024年度納付金（諸経費を含む）

	入学金	授業料	施設費	その他	計
入学手続時	240,000円	0円	0円	0円	240,000円
初年度総額	240,000円	659,000円	36,000円	約133,200円	約1,068,200円

◎寄付金：なし
◎授業料：3期分納
◎奨学金・特待生制度：なし

3期 学期制　完6 days 週5・6日制　プール　cool 冷房　寮　食堂　私服通学　希 海外研修

サピックスからの合格実績（過去3年）	'22	'23	'24
	29名	16名	15名

進学指導の概要

高2から文理別・進路別のクラス編成となり、高2までに高校の学習範囲を学び終え、高3では受験に向けた学習に取り組みます。全学年で学期末に「総合テスト」や「校内模試」を行い、5教科の既習範囲の実力を測ります。少人数制を生かした英作文の添削を行うなど、ていねいな個別指導を展開しており、医学部進学希望者には小論文・面接対策や補講なども実施しています。また、将来を考えるキャリア教育として、外部講師を招いての講演や企業訪問、職業体験などのプログラムが、中1から用意されています。自発的な学習を促すため、毎日の学習内容を記入する「学習記録システム」も活用されています。

■浪人を含む大学進学者の進路の内訳

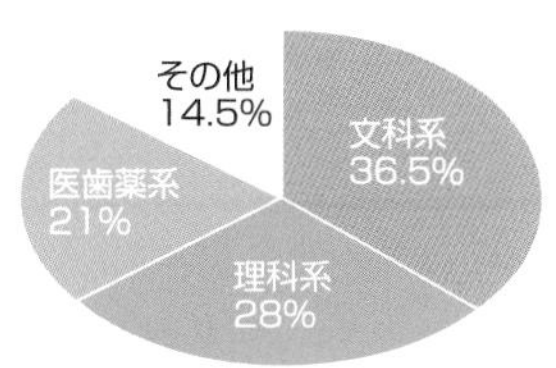

■併設高校から主要大学への合格実績

※上段は現役合格者数、下段は浪人を含めた合格者数。

	北海道大	東北大	東京大	一橋大	東京工業大	東京芸術大	東京医科歯科大	京都大	大阪大	神戸大	大阪教育大	奈良女子大	大阪公立大	兵庫県立大	京都府立大	神戸市外国語大	滋賀医科大	京都府立医科大
22年	2	—	—	—	—	—	—	3	6	10	2	1	7	1	—	2	—	1
	2	1	—	—	—	—	—	3	8	11	2	1	8	3	—	2	—	2
23年	1	2	—	—	—	—	—	1	14	5	—	3	6	1	—	—	3	1
	2	2	—	—	—	—	—	2	17	6	2	3	9	3	—	—	3	1
24年	—	—	—	—	—	—	—	2	8	7	1	—	11	9	—	—	1	—
	—	—	—	—	—	—	—	3	9	7	2	—	11	9	—	—	2	—

	早稲田大	慶應義塾大	上智大	明治大	青山学院大	立教大	中央大	法政大	関西大	関西学院大	同志社大	立命館大	大阪医科薬科大	関西医科大	文部科学省所管外の大学校	海外の大学	国公立・医学部	私立・医学部
22年	2	2	3	1	—	3	1	1	33	50	28	31	14	—	3	—	5	8
	2	3	5	1	—	3	1	1	38	54	31	46	18	2	3	—	9	25
23年	3	1	—	2	—	—	—	1	40	52	39	54	19	8	2	7	6	8
	4	1	—	4	2	—	2	1	44	68	52	80	23	9	2	8	10	25
24年	3	3	12	4	6	1	1	3	24	42	18	43	10	11	—	1	9	14
	3	3	12	4	6	1	1	3	28	51	24	49	12	11	1	2	16	32

★指定校推薦枠（2024年度）非公表

入試情報

■2024年度の入試結果

		募集人員	出願者	受験者	合格者	実質倍率
前期	A	180	152	143	97	1.5
	E		13	13	8	1.6
中期	B		441	433	345	1.3
	J		57	55	25	2.2
	M		39	37	21	1.8
後期	C		293	282	195	1.4
	T（適性）		32	32	18	1.8
	R（帰国生）		12	12	8	1.5

■2024年度入試 合格者の教科別平均点(男女合計データ)

		算数	国語	理科	社会	合計
前期	A	98.1	79.5	40.9	36.0	266.9
	E	90.4	72.4	英語/78.6		241.4
中期	B	79.7	94.7			174.4
	J		103.6			103.6
	M	101.7				101.7
後期	C	86.0	84.2			170.2
	T（適性）	適性検査(言語能力)/―		適性検査(数的能力)/―		―
	R（帰国生）	適性検査(言語能力)/―		適性検査(数的能力)/―		―

※前期Aのみ下記3パターンのうち最高点を合否判定の得点とする。
(1)国＋算＋理＋社、(2)国＋算＋理×1.2、(3)国＋算＋社×1.2
○配点　算国英＝各120点　理社＝各60点
○合格最低点：前期A231点　前期E215点　中期B140点　中期J97点　中期M87点　後期C138点　後期T・Rは非公表

24年の募集要項

※以下は2024年の募集要項です。2025年の要項は学校の発表をお待ちください。

入試日／前期AE1月13日午前 中期BJM1月13日午後 後期CTR1月14日午前
募集人員／男女180名
合格発表／前期AE中期BJM1月14日 後期CTR1月15日
手続締切／前期AE中期BJM1月15日 後期CTR1月16日
試験科目／国語(60分・120点)、算数(60分・120点)、社会(30分・60点)、理科(30分・60点)、英語(70分・120点) ※前期Aは4科、前期Eは算国英、中期B・後期Cは2科、中期Jは国、中期Mは算、後期TRは適性検査(言語能力)60分、適性検査(数的能力)60分
面接／なし
受験料／20,000円

公開行事・説明会予定

【学校説明会】要予約
6月22日(土)14時～
9月14日(土)14時～
11月30日(土)14時～
【文化祭】要予約
9月29日(日) 9時～15時30分
【オープン模試】要予約
10月20日(日) 8時35分～(一般向け説明会9時～)
【クリスマスパーティー】
12月14日(土)14時～
【きんらんせんりデー】要予約
2月22日(土)14時～
【吹奏楽部定期演奏会】
3月23日(日)14時～
◆変更・中止の可能性もあります。必ず学校ホームページで確認してください。

三田学園（さんだ） 中学校

所在地／〒669-1535 兵庫県三田市南が丘2-13-65
TEL／079-564-2291
学校長／眞砂 和典
創 立／第11代神戸市長・小寺謙吉が、英国式の全人教育を掲げて1912年に開校。2009年に中学、2012年に高校を共学化。
URL／www.sandagakuen.ed.jp

	1年	2年	3年
男子	166名	157名	150名
女子	84名	92名	89名
クラス数	6組	6組	6組

中高総生徒数／1568名

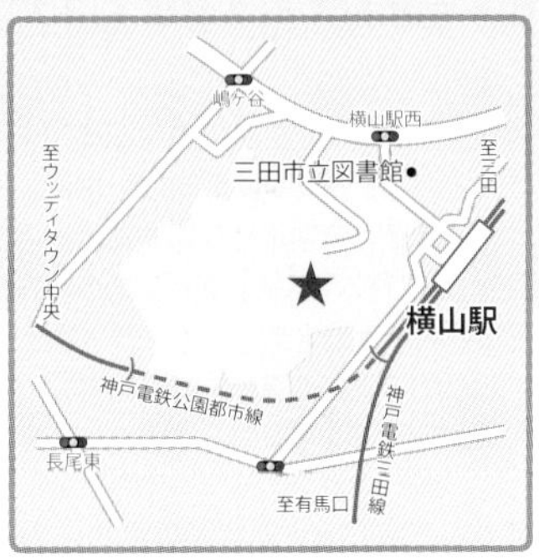

〈交通アクセス〉
神戸電鉄「横山」駅よりすぐ

全人教育の伝統を守り、「知・徳・体」をバランス良く育む

イギリスの名門イートン校を手本とし、1912年に開校した伝統校です。「質実剛健・親愛包容」を校訓に掲げ、「知・徳・体」のバランスを重視した全人教育を行っています。部活動や行事にも力を入れており、全国屈指の規模を誇る人工芝グラウンドのほか、中高それぞれの専用野球場も完備。中学にコース制を導入し、生徒の習熟度に合わせた授業を展開しています。新しい大学入試への対応、ICT環境の整備など、これからの時代に向けた教育改革にも意欲的に取り組んでいます。

スクールライフ

●教育内容

中学は、発展問題にも積極的に取り組むSコースと、基礎からじっくり学ぶAコースの2コース制を導入。担任団全員が、全クラスの情報を共有する「学年担任制」で指導しています。始業前には読書または小テストを実施し、学習習慣や自己管理能力を養うために中高生向けビジネス手帳も活用。英語では外国人教員による少人数制授業によって「使える英語」の習得をめざします。

全クラスに電子黒板を設置し、全生徒にタブレットを貸与するなどICT教育も充実。16万㎡のキャンパス内には農園があり、教室だけでは学べない貴重な体験もできます。心の教育も大切にしており、あいさつ、礼儀、校内美化についても、ていねいに指導しています。

■主要5教科の週当たり時間（コマ）数

	英語	数学	国語	理科	社会
1年	6	5	5	4	3
2年	6	5	5	4	4
3年	6	6	6	4	4
合計	18	16	16	12	11

◎1日当たりの授業コマ数：50分×6時限
※月・木曜日は7時限、土曜日は4時限
◎登校時間：8時30分

●部活動

文武両道を推奨しており、多くの生徒が部活動に参加。弓道部や卓球部など全国大会常連の部も多くあります。参加率は中学で約96%、高校で約77%です。

○文化系／物理、化学、美術、吹奏楽、ESS、文芸、軽音楽、放送、鉄道研究、コミック研究、日本文化研究（JCA）、写真

○体育系／野球、ハンドボール、水泳、バレーボール、剣道、柔道、サッカー、バスケットボール、テニス、卓球、バドミントン、陸上競技、弓道、ダンス

●行事

9月の体育大会と11月の桜陵祭（文化祭）が二大行事。探究関連の講演会や研修が各学年に設定されています。探究では他校との交流や大学との連携を行いながら進めています。

●修学旅行・研修旅行

長期休暇中に希望者に向けた北米・オーストラリア・ニュージーランドでの海外研修を実施。ホームステイを通じて異国の生活習慣や文化に触れ、さまざまなプログラムで英会話力を養います。修学旅行の行き先は、中学は関東・東北方面、高校はシンガポールと沖縄方面の選択制を予定しています。

マネーガイド

■2024年度納付金（諸経費を含む）

	入学金	授業料	施設費	その他	計
入学手続時	300,000円	0円	200,000円	0円	500,000円
初年度総額	300,000円	436,800円	257,600円	80,400円	1,074,800円

◎寄付金：なし
◎授業料：月納
◎奨学金・特待生制度：入試の成績優秀者は入学金を免除。中2以降、学業成績優秀者に奨学金を支給

3期 学期制｜他 週5･6日制｜プール｜冷房｜寮｜食堂｜私服通学｜他 海外研修

サピックスからの合格実績（過去3年）	'22	'23	'24
	0名	3名	0名

進学指導の概要

「主体的に学習に取り組む生徒」を育てるために、進路や職業に対する意識・関心を刺激することを重視。国際的な資質を高めるプログラム「Global Competence Program（GCP）」や、ロボット制作にかかわることで思考力・創造力・適応力を高めるSTREAM教育、未来の価値創造と社会に貢献できる力の育成をめざす総合学習・探究の授業が特徴的です。「先輩を囲む会」（高1）「キャリア講演会」（高2･3）では、医師・公認会計士など社会で活躍する人たちと触れ合えます。また、早期から進路への意識を高めるため、中3での進路学習を充実させ、高2からは文系・理系に分かれます。夏期休業中には高校生向けの多様な講習プログラムを準備しています。

■現役大学進学者の進路の内訳

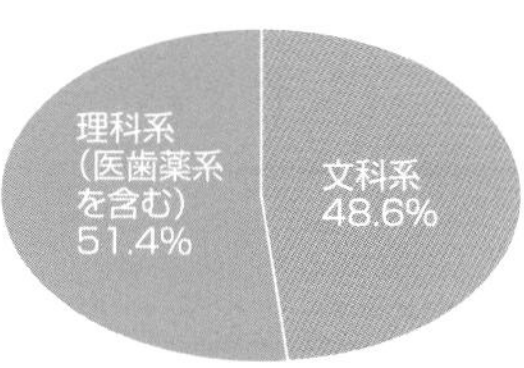

■併設高校から主要大学への合格実績

※上段は現役合格者数、下段は浪人を含めた合格者数。

	北海道大	東北大	東京大	一橋大	東京工業大	東京芸術大	東京医科歯科大	京都大	大阪大	神戸大	大阪教育大	奈良女子大	大阪公立大	兵庫県立大	京都府立大	神戸市外国語大	滋賀医科大	京都府立医科大
22年	1	1	—	—	—	—	—	2	14	17	2	1	16	6	1	3	—	—
	1	1	1	—	—	—	—	2	16	21	2	1	16	7	1	4	—	—
23年	1	2	—	—	—	—	—	2	3	8	1	1	15	14	1	1	—	—
	2	3	—	—	—	—	—	3	6	10	1	1	18	19	1	1	—	—
24年	1	1	—	—	1	—	—	7	11	11	—	1	16	8	—	—	—	—
	2	1	—	—	2	—	—	9	12	13	—	1	17	9	—	—	—	—

	早稲田大	慶應義塾大	上智大	明治大	青山学院大	立教大	中央大	法政大	関西大	関西学院大	同志社大	立命館大	大阪医科薬科大	関西医科大	文部科学省所管外の大学校	海外の大学	国公立・医学部	私立・医学部
22年	3	1	1	2	—	4	5	1	101	127	113	41	2	—	—	—	2	2
	5	2	1	2	1	6	12	2	115	132	126	67	2	2	1	—	4	9
23年	7	2	6	1	1	1	1	—	72	171	84	73	—	1	3	—	4	2
	8	2	6	3	2	1	1	—	86	184	106	82	—	1	3	—	7	12
24年	10	2	—	3	1	3	6	1	63	161	111	44	3	3	1	—	5	—
	11	3	2	6	1	4	9	1	76	181	127	54	4	3	1	—	6	3

★指定校推薦枠（2024年度）早稲田大1名、明治大1名、立教大1名、中央大2名、東京理科大1名、関西大6名、関西学院大13名、同志社大4名、立命館大1名、近畿大2名、甲南大7名、龍谷大2名、大阪歯科大2名、京都薬科大1名、大阪工業大4名など

入試情報

■2024年度の入試結果

			募集人員	出願者	受験者	合格者	実質倍率
前期A	4･3科	男子	約220	324	318	221	1.4
		女子					
前期B	2科	男子		464	293	149	2.0
		女子					
後期	2科	男子	約20	302	134	21	6.4
		女子					

■2024年度入試 合格者の教科別平均点

		算数	国語	理科	社会	合計
前期A	男子	70.1	77.2	50.5	63.4	251.4
	女子					
前期B	男子	39.0	61.9			100.9
	女子					
後期	男子	89.8	69.9			159.7
	女子					

※4教科の場合は、受験した4教科の合計点と算国理の合計点を1.25倍した点数のうち、得点の高いほうで合否を判定。3教科型の場合は、算国理の合計点を1.25倍した点数で合否を判定。
○前期A配点：算国＝各120点　理社＝各80点　前期B・後期配点：算国＝各100点
○合格最低点：前期A206点　前期B80点　後期149点

24年の募集要項

※以下は2024年の募集要項です。2025年の要項は学校の発表をお待ちください。

入試日／前期A1月13日 前期B1月14日午後 後期1月16日
募集人員／男女240名(前期約220名 後期約20名)
合格発表／いずれも翌日発表
手続締切／前期1月16日 後期1月18日
試験科目／前期A：算数(60分・120点)、国語(60分・120点)、理科(40分・80点)、社会(40分・80点)※3科(算国理)4科選択 前期B・後期：算数(50分・100点)、国語(50分・100点)
面　　接／なし
受験料／20,000円

公開行事・説明会予定

【中学入試説明会】要予約
9月14日(土)14時～
10月19日(土)14時～
11月 9日(土)14時～
【授業見学＋個別相談会】要予約
6月15日(土)10時～
2月15日(土)10時～
【ミニ説明会＋個別相談会】要予約
7月14日(日) 8時40分～、10時～
12月 8日(日) 8時40分～、10時～
【入試報告会】要予約
2月22日(土)時間未定
【桜陵祭(文化祭)】
11月 2日(土)10時～15時
◆変更・中止の可能性もあります。必ず学校ホームページで確認してください。

夙川（しゅくがわ）中学校

所在地／〒652-0043 神戸市兵庫区会下山町1-7-1
TEL／078-578-7226
学校長／西 泰子
創　立／1880年開設の裁縫塾が前身。1948年に夙川学院と改称し、中高を設置。2019年から学校法人須磨学園に移管され、校地移転。
URL／www.sumashuku.jp

	1年	2年	3年
男子	42名	41名	38名
女子	46名	40名	39名
クラス数	3組	3組	3組

中高総生徒数／590名

〈交通アクセス〉
神戸電鉄「湊川」駅、神戸市営地下鉄「湊川公園」駅より徒歩12分

須磨学園の教育内容を導入し、「個性を伸ばす」教育を展開

「Learning for tomorrow ～明日への学び～」をスローガンに、生徒一人ひとりの個性を尊重し、持てる能力を最大限に伸ばし、希望する進路の実現をめざす教育を実践しています。須磨学園の姉妹校として、須磨学園と同じ教育プログラムを導入・展開し、1人1台の「制パソコン」や「制スマホ」を活用したICT教育も同様に行われています。その一方で、1クラス36名前後の少人数制の指導を行い、生徒一人ひとりの「個性を伸ばす」「得意を伸ばす」ことを目標としています。

スクールライフ

●教育内容

入学時に1人1台の「制パソコン」と「制スマホ」が支給され、危険性やルールについて指導したうえで、授業や課題活動に積極的に活用。英語では、「音から始める、耳を鍛える教育」を重視。低学年のうちにオーラルコミュニケーションの能力を伸ばし、海外研修につなげていきます。国公立大・難関私立大をめざすAコースと、難関国立大をめざすBコースの2コース制を敷き、「授業が基本」をモットーに、毎回の授業のなかで「確認テスト」を行うことで、その日の学習内容の徹底理解を図っています。土曜日の探究では、教科書より高度な思考力を問う数学と、実験を行う理科と英会話を実施。放課後や長期休暇中には各教科で習熟度に合わせた特別講座や特別授業（全員参加）が開講され、生徒は希望する講座を選択して受講することが可能です。自習室が21時まで開放され（保護者の承認が必要）、学食も夕方に営業しています。

■主要5教科の週当たり時間（コマ）数

	英語	数学	国語	理科	社会
1年	7	6	6	4	4
2年	6	6	6	4	4
3年	6	6	6	6	4
合計	19	18	18	14	12

◎1日あたりの授業コマ数：50分×7時限
※土曜日は4時限
◎登校時間：8時30分

●部活動

文化系18、体育系13のクラブがあり、多くが中高合同で活動しています。

○文化系／理科研究、演劇・映画研究、吹奏楽、ESS、放送、囲碁将棋、箏曲、茶道、クッキング、文芸、競技カルタなど

○体育系／バスケットボール、水泳、野球（男子）、空手、柔道、バドミントン、テニス、サッカー（男子）など

●行事

文化祭や体育祭のほか、スプリングキャンプ、サマーキャンプ、ウインターキャンプなど校外学習型の行事も豊富です。オーケストラを招いての芸術鑑賞は須磨学園と合同で開催されます。

●研修旅行（全員参加）・短期留学

台湾・香港・ベトナムに行くアジア研修旅行（中2）では、現地校との交流を通じてアジアの一員としての見識を深めます。全員参加のアメリカ研修（中3）、ヨーロッパ研修（高1）のほか、希望者制のカナダやイギリスへの短期留学制度（高1）も用意しています。

マネーガイド

■2024年度納付金（諸経費を含む）

	入学金	授業料	施設費	その他	計
入学手続時	220,000円	0円	200,000円	160,000円	580,000円
初年度総額	220,000円	528,000円	200,000円	802,000円	1,750,000円

◎寄付金：なし
◎授業料：月納
◎奨学金・特待生制度：なし

3期 学期制　完6days 週5・6日制　プール　cool 冷房　寮　食堂　私服通学　全 海外研修

サピックスからの合格実績（過去3年）	'22	'23	'24
	9名	2名	2名

進学指導の概要

個々の目標設定のために、須磨学園で実施しているプロジェクトマネジメント（PM）教育とタイムマネジメント（TM）教育を導入。時間を有効に使うための1週間のスケジュールを考え、記入したシートは授業後に回収し、担任がコメントを書き込みます。さらに、その情報は学年の教師陣で共有し、生徒指導にも活用されています。一貫生はAコース、Bコースの構成です。高校からの入学生は難関大をめざす「特進コース」と、部活と両立させながら大学進学をめざす「進学コース」に分かれます。高1の古都研修、高2の東京研修では、政府機関や大学・企業などを訪ね、進路について考える機会としています。

■現役大学進学者の進路の内訳

■併設高校から主要大学への合格実績

※上段は現役合格者数、下段は浪人を含めた合格者数。

	北海道大	東北大	東京大	一橋大	東京工業大	東京芸術大	東京医科歯科大	京都大	大阪大	神戸大	大阪教育大	奈良女子大	大阪公立大	兵庫県立大	東都府立大	神戸市外国語大	滋賀医科大	京都府立医科大
22年	—	—	—	—	—	—	—	—	—	—	—	—	—	—	—	—	—	—
23年	—	—	—	—	—	—	—	—	—	—	—	—	—	—	—	—	—	—
24年	—	—	—	—	—	—	—	—	—	—	—	—	—	—	—	—	—	—

	早稲田大	慶應義塾大	上智大	明治大	青山学院大	立教大	中央大	法政大	関西大	関西学院大	同志社大	立命館大	大阪医科薬科大	関西医科大	文部科学省管外の大学校所	海外の大学	国公立・医学部	私立・医学部
22年	—	—	—	—	—	—	—	—	—	—	—	—	—	—	—	—	—	—
23年	—	—	—	—	—	—	—	—	—	—	—	—	—	—	—	—	—	—
24年	—	—	—	—	—	—	—	—	—	—	—	—	—	—	—	—	—	—

※一貫生の卒業生がまだいないため、空欄としました

入試情報

■2024年度の入試結果

			募集人員	出願者	受験者	合格者	実質倍率
1回	Aコース	男女	Aコース40 Bコース40	113	106	35	2.1
	Bコース	男女				15	
2回	Aコース	男女		341	335	83	2.2
	Bコース	男女				69	
3回	Aコース	男女		259	203	61	2.1
	Bコース	男女				37	

■2024年度入試 合格者の教科別平均点（男女合計データ）

		算数	国語	理科	社会	合格平均点
1回	Aコース	102.8	97.3	68.8	82.0	269.7
	Bコース	113.9	107.5	80.7		302.1
2回	Aコース	102.0	101.9	100.5	103.8	算国202.5 算理204.8 算社206.0
	Bコース	120.0	107.9	116.3	108.3	算国225.2 算理237.4 算社229.5
3回	Aコース	100.2	100.7	103.1		算国200.1 算理204.2
	Bコース	121.6	114.1	118.2		算国231.3 算理243.5

○配点：1回算国＝各150点　理社＝各100点　2回算国理社＝各150点　3回算国理＝各150点
合格最低点：1回Aコース249点　Bコース285点　2回Aコース193点　Bコース216点　3回Aコース194点　Bコース226点

24年の募集要項

※以下は2024年の募集要項です。2025年の要項は学校の発表をお待ちください。

入試日／①1月13日 ②1月13日午後 ③1月15日
募集人員／男女80名(Aコース40名、Bコース40名)
合格発表／いずれも翌日発表 ※校内掲示およびホームページ
手続締切／①1月15日 ②1月15日 ③1月18日
試験科目／①国語(60分・150点)、算数(60分・150点)、理科(40分・100点)、社会(40分・100点) ②③国語(60分・150点)、算数(60分・150点)、理科(60分・150点)、社会(60分・150点) ※①は3科(国算理または国算社)、②は2科(算国または算理または算社)、③は2科(算国または算理)
面接／なし
受験料／20,000円

公開行事・説明会予定

【学校説明会・見学会】要予約
9月14日(土)10時～
9月28日(土)10時～
10月19日(土)10時～
【学校説明・入試説明会 見学会】要予約 6年生対象
11月16日(土) 9時～
12月 7日(土)10時～
【プレテスト】要予約
11月16日(土) 8時20分～
◆変更・中止の可能性もあります。必ず学校ホームページで確認してください。

須磨学園 中学校

所在地／〒654-0009 神戸市須磨区板宿町3-15-14
TEL／078-732-1968
学校長／西 泰子
創 立／前身は1922年創立の須磨裁縫女学校。1999年、須磨学園高等学校に改称して男女共学化。2004年に中学校を新設。
URL／www.suma.ac.jp

	1年	2年	3年
男子	78名	72名	70名
女子	61名	76名	60名
クラス数	4組	4組	4組

中高総生徒数／867名

〈交通アクセス〉
神戸市営地下鉄、山陽電鉄「板宿」駅より徒歩15分

須磨独自の取り組みを実施し、ダブルスクール不要で難関大へ

「to be myself,… なりたい自分になる。そして…」をスローガンに、自主性を育てることを大切にしています。「授業が基本」というポリシーの下、毎回の授業のなかで行う「確認テスト」で、その日のうちに徹底理解を図り、補習や特別講座、映像授業の配信を充実させ、志望校突破をめざします。また、携帯電話を禁止する学校が少なくないなか、生徒全員にフィルタリング機能のある「制携帯」を支給し、学校の管理・指導の下で正しい使い方を教育。さらに、ノートパソコンも各人に支給するなど、ICT環境が充実しています。

スクールライフ

●教育内容

難関国公立大をめざす「Aコース」と、最難関国公立大をめざす「Bコース」の2コース制を取り、高2進級時に文系・理系に分かれるまで、コースの入れ替えが毎年あります。「その日のうちに徹底理解」を目標としており、毎時間の授業のなかで理解度を測る「確認テスト」を実施。8割以上得点できない場合は、昼休みや放課後に補習や個別指導を行うこともあります。また、放課後には各教科で習熟度に合わせた特別講座を開講しているほか、毎週土曜の午後、Bコースは必修、Aコースは希望制で、英会話（少人数指導）と理科実験を重視した「探究」の授業を交互に実施しています。

■主要5教科の週当たり時間（コマ）数

	英語	数学	国語	理科	社会
1年	8	6	6	4	4
2年	8	6	6	4	4
3年	7	6	6	6	4
合計	23	18	18	14	12

◎1日当たりの授業コマ数：50分×7時限
※土曜日は1～4時限
◎登校時間：8時30分

●部活動

授業に力を入れる一方、部活動への参加も奨励。部活の加入率は、中学生で90%以上です。活動は原則として週3日です。弓道部が全国大会で優勝した実績があるほか、女子陸上部が全国高校駅伝で2回優勝。吹奏楽部が全国レベルで活躍しています。

○文化系／吹奏楽、弦楽、管弦楽、ハンドベル、コンピューター、放送、演劇、将棋、鉄道研究、数学研究、理科研究、競技かるた、美術、ESS、茶道、華道、文芸、料理研究、書道、合唱など

○体育系／水泳、アーチェリー、バスケットボール、バドミントン、ダンス、硬式テニス、卓球、空手道、軟式野球、サッカー、弓道、陸上競技など

●行事

入学後すぐのスプリングキャンプに始まり、文化祭、サマーキャンプ、体育祭、球技大会、芸術鑑賞会、ウィンターキャンプ、書き初め大会などがあります。

●修学旅行・研修旅行

経験から得る学びを重視し、宿泊を伴う研修旅行を6年間で14回実施。うち3回は海外で、中2はアジア、中3はアメリカ、高1はヨーロッパに行くのが恒例です。いずれも現地の学校を訪問して生徒たちと交流するプログラムが組まれています。

マネーガイド

■2024年度納付金（諸経費を含む）

	入学金	授業料	施設費	その他	計
入学手続時	220,000円	0円	220,000円	160,000円	600,000円
初年度総額	220,000円	576,000円	220,000円	778,000円	1,794,000円

◎寄付金：なし
◎授業料：月納
◎奨学金・特待生制度：なし

学期制　週5･6日制　プール　冷房　寮　食堂　私服通学　海外研修

サピックスからの合格実績（過去3年）	'22	'23	'24
	13名	2名	9名

進学指導の概要

通常の授業や補習のほかに、テーマごとに理解度の低い生徒を集めて行う「少人数指導」や、習熟度に合わせて放課後に行う「特別講座」を実施。この「特別講座」については、生徒が希望の講座を選択でき、高校では志望大学別の実戦的な内容となります。また、朝・昼休み・放課後など、生徒の時間に合わせて教師が個別指導を行っていることも特徴です。進路指導においては、生徒の個別ファイルを作成し、定期テストや模試などの成績を管理・分析。そのデータを学級担任・教科担任・進路指導部が共有し、数値に基づいた進路指導を行っています。

■現役大学進学者の進路の内訳

■併設高校から主要大学への合格実績

※上段は現役合格者数、下段は浪人を含めた合格者数。

	北海道大	東北大	東京大	一橋大	東京工業大	東京芸術大	東京医科歯科大	京都大	大阪大	神戸大	大阪教育大	奈良女子大	大阪公立大	兵庫県立大	京都府立大	神戸市外国語大	滋賀医科大	京都府立医科大
22年	5	2	2	1	2	1	—	13	16	18	1	—	9	19	1	1	—	1
	7	2	2	1	2	1	—	17	17	25	1	—	13	22	1	1	—	1
23年	7	3	4	—	2	2	—	18	18	28	4	3	9	17	—	4	2	—
	9	3	4	—	2	2	—	21	21	34	4	3	11	22	—	4	3	—
24年	5	4	8	—	1	—	—	17	31	49	1	2	18	32	—	1	—	—
	5	5	10	—	1	—	—	18	34	54	1	2	20	37	—	1	1	—

	早稲田大	慶應義塾大	上智大	明治大	青山学院大	立教大	中央大	法政大	関西大	関西学院大	同志社大	立命館大	大阪医科薬科大	関西医科大	文部科学省所管外の大学校	海外の大学	国公立・医学部	私立・医学部
22年	19	22	5	12	2	3	5	4	59	114	89	58	8	3	15	—	26	9
	27	27	7	12	3	3	5	4	73	132	109	72	13	4	18	—	30	15
23年	15	16	4	5	3	—	7	3	50	235	149	144	9	6	34	—	21	12
	20	18	8	7	3	—	8	4	66	273	172	182	11	7	34	2	27	20
24年	15	9	3	11	3	2	10	3	71	380	153	206	6	2	32	2	14	5
	20	11	5	15	3	2	10	4	74	403	177	228	6	3	32	2	17	13

★指定校推薦枠（2024年度）早稲田大、慶應義塾大、東京理科大、明治大、関西大、関西学院大、同志社大、立命館大など　※人数は非公表

入試情報

■2024年度の入試結果

			募集人員	出願者	受験者	合格者	実質倍率
1回	Aコース	男女	Aコース80 Bコース40	171	165	57	2.0
	Bコース	男女				26	
2回	Aコース	男女		362	356	97	2.2
	Bコース	男女				67	
3回	Aコース	男女		400	376	94	2.1
	Bコース	男女				87	

■2024年度入試 合格者の教科別平均点（男女合計データ）

		算数	国語	理科	社会	合計
1回	Aコース	112.1	98.8	64.3	63.8	3科275.5 4科337.5
	Bコース	124.2	105.0	79.7	80.5	3科308.8 4科409.5
2回	Aコース	104.2	99.4	68.7	64.0	3科272.3 4科331.5
	Bコース	118.9	109.2	72.1	64.0	3科300.2 4科368.1
3回	Aコース	104.1	101.8	97.2		算国203.1 算理204.8
	Bコース	118.3	114.4	112.4		算国224.0 算理223.6

○1回・2回配点：算国＝各150点　理社＝各100点　3回配点：算国理＝各150点

合格最低点：1回Aコース3科260点・4科325点　1回Bコース3科293点・4科367点　2回Aコース3科263点・4科329点　2回Bコース3科289点・4科362点　3回Aコース202点　3回Bコース219点

24年の募集要項

※以下は2024年の募集要項です。2025年の要項は学校の発表をお待ちください。

入 試 日／①1月13日 ②1月14日午前 ③1月14日午後
募集人員／男女120名(Aコース80名、Bコース40名)
合格発表／いずれも翌日発表 ※校内掲示およびホームページ
手続締切／①1月15日 ②1月17日 ③1月18日
試験科目／①②国語(60分・150点)、算数(60分・150点)、理科(40分・100点)、社会(40分・100点) ③国語(60分・150点)、算数(60分・150点)、理科(60分・150点) ※①②は3科(国算理)4科選択、③は2科(算国または算理)
面　　接／なし
受 験 料／20,000円

【学校説明会・見学会】要予約
9月 7日(土)10時～
9月21日(土)10時～
10月12日(土)10時～
【学校説明・入試説明会・見学会】要予約 6年生対象
11月30日(土)10時～
【文化祭】
6月15日(土)午前・午後
6月16日(日)午前・午後
◆変更・中止の可能性もあります。必ず学校ホームページで確認してください。

私立　関西　共学　す

サピックスOBの声

●海外での研修旅行が充実しています。中2はアジア、中3はアメリカ、高1はヨーロッパと、さまざまな地域を訪れることができます。日本と海外の文化の違いや、コミュニケーションツールとしての英語の重要性について、身をもって認識できることは、とても有意義だと思います。

清風南海（せいふうなんかい） 中学校

所在地／〒592-0014　大阪府高石市綾園5-7-64
TEL／072-261-7761
学校長／平岡 正
創　立／南海高校が清風学園に委譲される形で1963年に創設。1983年に中学校を併設し、1999年に中学、2002年に高校が共学化。
URL／www.seifunankai.ac.jp

	1年	2年	3年
男子	196名	197名	168名
女子	93名	87名	104名
クラス数	7組	7組	7組

中高総生徒数／1749名

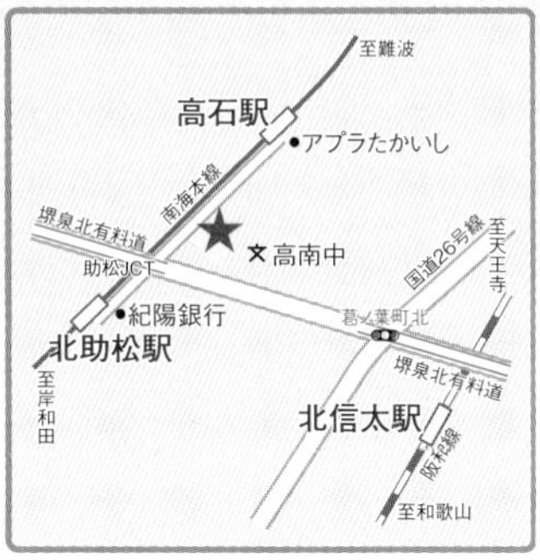

〈交通アクセス〉
南海本線「北助松」駅より徒歩5分　「高石」駅より徒歩7分　JR阪和線「北信太」駅より徒歩20分

勤勉と責任を重んじる仏教教育で、社会の中核を担う人材を育成

大阪府でもトップクラスの進学実績を誇る共学校です。それを支えているのは、徹底した「授業第一主義」です。中高6年間の授業時間は、公立校の1.5倍にも上ります。その一方で、仏教精神に基づいた人間教育をしっかり行っていることにも特徴があります。「徳・健・財」の三拍子そろった姿で、ルールを守り、誰からも信頼され、世の中のために尽くす人間となるために勤勉努力する、理想的な人物の育成をめざしています。グローバル教育の内容も年々進化しています。

スクールライフ

●教育内容

入学時に、東大や京大など最難関国立大学への現役合格をめざす「スーパー特進コース」と、大阪大、神戸大など難関国立大学への現役合格をめざす「特進コース」に分かれます。中高とも50分授業で、1日7時限（土曜日は4時限）の週39時間授業を基本とした「授業第一主義」を徹底。少人数制で、特別補習や放課後のマンツーマン指導など、一人ひとりの個性を大切にしながら能力を伸ばします。英語教育にも力を入れ、外国人講師による英会話指導でコミュニケーション能力を高め、国際性を身につけます。「仏教」を中心とした宗教教育では、毎朝の朝礼で般若心経を読誦するほか、「宗教」を必修科目としています。校内にある約1000㎡の畑で農耕作業を体験し、勤労の尊さを学ぶと同時に、収穫の喜びと生命を大切にする心を育んでいます。

■主要5教科の週当たり時間（コマ）数

	英語	数学	国語	理科	社会
1年	7.5	6	6	4	4
2年	6	7	7	4	4
3年	7	7	7	4	4
合計	20.5	20	20	12	12

◎1日当たりの授業コマ数：50分×7時限
※土曜日は4時限
◎登校時間：8時30分

●部活動

中学では文化系10、体育系7、高校では文化系11、体育系10の部があります。

○文化系／インターアクト、吹奏楽、科学研究、鉄道研究、美術、囲碁将棋、演劇、フィールドワーク、茶道研究、ESS

○体育系／陸上、剣道、卓球、バスケットボール、硬式テニス、サッカー、ソフトボール

●行事

体育大会は中高別で開催。中1から高2が参加する文化芸術の日（文化祭）には、中1から高2の全クラスと文化部が日ごろの成果を発表します。学業成就と健康で幸福な暮らしを祈願する修養行事では、高野山（中1・高1）、法隆寺（中2・高2）、伊勢神宮（中3・高3）を参拝します。

●修学旅行・研修旅行

中3ではカナダに海外研修旅行に行きます。希望者は海外留学制度（短期交換留学約30日）を利用できます。高2の修学旅行では北海道を訪れます。

マネーガイド

■2024年度納付金（諸経費を含む）

	入学金	授業料	施設費	その他	計
入学手続時	220,000円	140,000円	60,000円	0円	420,000円
初年度総額	220,000円	660,000円	60,000円	117,000円	1,057,000円

◎寄付金：なし
◎授業料：3期分納
◎奨学金・特待生制度：なし

3期	完6 days		cool				全
学期制	週5･6日制	プール	冷房	寮	食堂	私服通学	海外研修

サピックスからの合格実績（過去3年）	'22	'23	'24
	8名	9名	11名

進学指導の概要

進路希望により、高2で文系・理系のコースを選択。また、高1では週2時間、放課後にグローバル活動を行うことが可能です。先取り学習を導入したゆとりのあるシステムで進路指導の徹底を図っています。過去の実績と豊富な大学進学資料をベースに、難関国公立大学への現役合格を目標とした学力アップのための授業時間を確保。日常的な学習の取り組みに対しては、定期考査や実力テスト、模擬試験の結果を分析して個別指導を行っています。また、長期休暇中だけでなく、放課後にも希望制・指名制の補習なども実施。さらに、大学の第一線で活躍している方々を講師に招いての講演・セミナーも行っています。

■現役大学進学者の進路の内訳

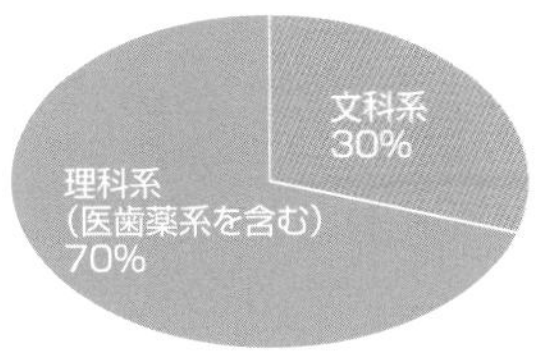

■併設高校から主要大学への合格実績

※上段は現役合格者数、下段は浪人を含めた合格者数。

	北海道大	東北大	東京大	一橋大	東京工業大	筑波大	東京外国語大	横浜国立大	京都大	大阪大	神戸大	大阪教育大	奈良女子大	大阪公立大	兵庫県立大	京都府立大	神戸市外国語大	京都府立医科大
22年	1	—	5	1	—	2	—	1	38	14	16	1	5	27	5	1	—	—
	2	—	5	1	—	4	—	1	53	23	23	1	7	38	9	1	—	—
23年	2	—	5	—	1	—	—	1	18	19	13	1	1	33	2	—	—	1
	5	1	6	—	2	—	—	1	29	30	18	1	2	42	4	—	—	2
24年	7	2	5	1	2	—	—	—	23	10	23	1	—	22	—	1	—	1
	7	3	5	1	2	—	—	1	35	15	32	2	—	34	—	1	—	1

	早稲田大	慶應義塾大	上智大	明治大	青山学院大	立教大	中央大	関西大	関西学院大	同志社大	立命館大	近畿大	大阪医科薬科大	関西医科大	文部科学省所管外の大学校	海外の大学	国公立・医学部	私立・医学部
22年	14	4	3	—	2	—	—	54	34	47	34	69	9	5	2	—	21	15
	23	9	5	—	4	—	1	93	68	93	86	123	17	8	3	—	35	32
23年	13	4	—	2	—	—	—	28	38	37	40	80	7	7	1	—	31	23
	23	9	2	3	—	—	2	53	76	82	67	136	10	9	2	—	46	37
24年	—	—	—	—	—	—	—	—	—	—	—	—	—	—	3	—	23	—
	—	—	—	—	—	—	—	—	—	—	—	—	—	—	3	—	31	—

★指定校推薦枠（2024年度）早稲田大5名、慶應義塾大1名、同志社大4名ほか

※2024年の私立大学は未集計

入試情報

■2024年度の入試結果

			募集人員	出願者	受験者	合格者	実質倍率
SG	特進	男子	約20	76	75	18	2.7
		女子					
	S特進	男子	約20			10	
		女子					
A	特進	男子	約110	864	843	251	1.9
		女子					
	S特進	男子	約70			193	
		女子					
B	特進	男子	約30	971	549	151	2.1
		女子					
	S特進	男子	約20			109	
		女子					

■2024年度入試　受験者の教科別平均点

		算数	国語	理科	社会	合計
SG特進	男子	74.3	67.9	53.6		3科244.7 算国236.96 算理255.73
	女子					
SGスーパー特進	男子					
	女子					
A特進	男子	76.3	73.1	56.2	44	3科理256.95 3科社241.35 4科248.69
	女子					
Aスーパー特進	男子					
	女子					
B特進	男子	84	74.7	63	54.7	3科理277.17 3科社264.87 4科274.1
	女子					
Bスーパー特進	男子					
	女子					

※AとBでは、4教科型の場合は、4教科の合計点、算数・国語・理科の合計点を1.25倍した点数、算数・国語・社会の合計点を1.25倍した点数の三つのうち、最も高いものを受験者の成績として判定。3教科型の場合は、算数・国語・理科の合計点を1.25倍した点数で判定。SGでは、3教科の合計得点を1.25倍した点数、算数・国語の合計点を400点満点に換算した点数、算数・理科の合計点を400点満点に換算した点数のうち、最も高いものを受験者の成績として判定。

○配点：算国＝各120点　理社＝各80点

○合格基準点：SG特進307点・SGスーパー特進341点　A特進257.5点・Aスーパー特進288点　B特進285点・Bスーパー特進315点

24年の募集要項

※以下は2024年の募集要項です。2025年の要項は学校の発表をお待ちください。

入 試 日／A1月14日 SG1月14日 B1月16日

募集人員／男女約270名(Aスーパー特進コース約70名、特進コース約110名 SGスーパー特進コース約20名 特進コース約20名 Bスーパー特進コース約20名、特進コース約30名)

合格発表／いずれもホームページで翌日発表

手続締切／A1月16日 SG1月16日 B1月18日

試験科目／国語(60分・120点)、算数(60分・120点)、理科(40分・80点)、社会(40分・80点)

※ABは3科(国算理)4科選択、SGは3科(国算理)

面　　接／なし

受 験 料／20,000円

公開行事・説明会予定

【プレテスト】要予約 6年生対象
11月 9日(土)

【学校見学会】要予約
6月22日(土)14時～(4年生以上対象)

【入試説明会】要予約
9月21日(土)14時～(6年生対象)
11月16日(土)14時～(4年生以上対象)

【文化芸術の日(文化祭)】
9月 7日(土)10時30分～14時30分

◆変更・中止の可能性もあります。必ず学校ホームページで確認してください。

高槻 中学校

所在地／〒569-8505　大阪府高槻市沢良木町2-5
TEL／072-671-0001
学校長／工藤 剛
創　立／1941年に高槻中学校（旧制）開校。1948年の学制改革により高槻中学・高校となる。学校法人名は大阪医科薬科大学。
URL／www.takatsuki.ed.jp

	1年	2年	3年
男子	179名	160名	115名
女子	103名	113名	114名
クラス数	6組	6組	6組

中高総生徒数／1634名

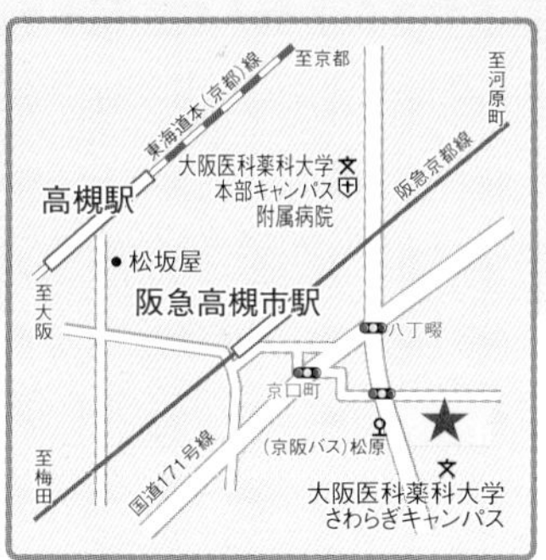

〈交通アクセス〉
阪急京都線「高槻市」駅より徒歩6分　JR東海道本線「高槻」駅より徒歩15分　京阪本線「枚方市」駅より京阪バス20分

世界に挑む人材を送り出す文武両道の進学校

校訓に「真面目に、強く、上品に」を掲げ、旧制中学からの良き伝統を受け継ぎながら、知識の習得だけに偏らず、あらゆることに挑戦させる指導を実践しています。卓越した語学力や国際的な視野を持ち、世界を舞台に活躍できる「次世代のリーダー」の育成をめざす同校は、スーパーサイエンスハイスクール（SSH）とスーパーグローバルハイスクール（SGH）ネットワークの認定を受けています。2017年から男女共学校となり、2020年には校舎の改築が完了。中学・高校としては最大級の規模の図書館も自慢です。

スクールライフ

●教育内容

中学では幅広い基礎知識の習得と定着、主体的な学習態度の養成をめざします。高3の早い段階で主要5教科の学習を終え、受験対策用の授業を展開します。希望者には「学期中講習」や「夏期講習」も実施。中1・2では週2時間、外国人専任講師による英会話の授業があり、中3では週2時間のオンライン英会話を行い、「臆することなく英語で表現し、考え、説明できる能力」を養います。中3～高2の希望者を対象にしたアメリカでの2週間の研修プログラムと、高校生以上の英検®2級取得者を対象にしたケンブリッジ大とオックスフォード大の両大学で学ぶプログラムを実施。中3では週1時間の「情報基礎」があります。中3からはGSコース（理数の課題研究を行う）、GAコース（国際問題の課題研究を行う）、GLコース（科学倫理を軸とした課題研究を行う）に分かれます。それぞれのコースで探究型教育を取り入れています。

■主要5教科の週当たり時間（コマ）数

	英語	数学	国語	理科	社会
1年	8	6	5	4	3
2年	8	6	4	4	3
3年	7	6	4	4	4
合計	23	18	13	12	10

◎1日当たりの授業コマ数：50分×6時限
　※月・火曜日は7時限、土曜日は4時限
◎登校時間：8時15分

●部活動

ほぼ全生徒がクラブに加入し、学業との両立を考えて、短い時間で効率的に活動しています。

○文化系／生物、電気物理研究、ESS、美術、化学研究、鉄道研究、囲碁、将棋、吹奏楽など

○体育系／剣道、バドミントン、陸上競技、バスケットボール（男子）、軟式野球（男子）、ラグビー（男子）、卓球（女子）、ダンス（女子）など

●行事

遠足や野外学習、体育祭、文化祭、スキー研修などを実施。豊かな情操を育むと同時に、生徒の人間形成を促すことを目標としています。希望者を対象とした放課後の講演会（SSセミナー）や、中2以上対象の基礎薬学講座、高1以上対象の医学部実習や基礎医学講座もあります。これ以外に大学訪問も行っています。

●修学旅行・研修旅行

修学旅行は中3で沖縄を訪れます。また、高2ではコース別に国内外で研修旅行を行います。

マネーガイド

■2024年度納付金（諸経費を含む）

	入学金	授業料	施設費	その他	計
入学手続時	240,000円	0円	0円	0円	240,000円
初年度総額	240,000円	678,000円	0円	246,576円	1,164,576円

※制服を除く

◎寄付金：なし
◎授業料：3期分納
◎奨学金・特待生制度：家計が急変した生徒に校内奨学金を給付

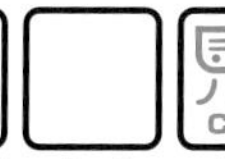

学期制　週5・6日制　プール　冷房　寮　食堂　私服通学　海外研修

サピックスからの合格実績（過去3年）	'22	'23	'24
	25名	30名	28名

進学指導の概要

6年制完全一貫教育によるレベルの高い教育を実践するため、高校では生徒募集を行わず、中学生全員が高槻高校に進学します。高校では「自分で切り開く進路・志望する大学」に入学できる学力の養成をめざし、進路指導でもさまざまな取り組みをしています。校内模試と外部模試の結果を参考資料に、大学の研究者による講演を聞くなど進路学習を行い、受験校を決定。ほとんどの生徒が国公立大学や難関私立大学をめざし、その約3分の2が理系志望です。国公立大学と難関私立大学の学校概要や関連書籍などを取りそろえた進路情報室を整備するほか、「進路シンポジウム」や「卒業生による大学説明会」なども頻繁に開催しています。

■現役大学進学者の進路の内訳

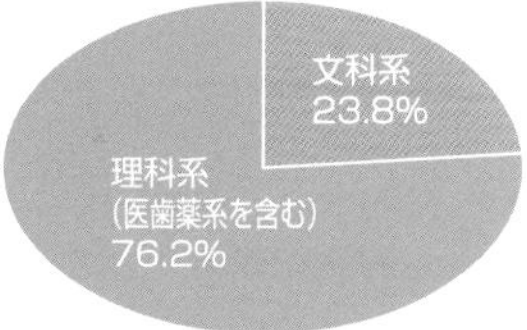

■併設高校から主要大学への合格実績

※上段は現役合格者数、下段は浪人を含めた合格者数。

	北海道大	東北大	東京大	一橋大	東京工業大	東京芸術大	東京医科歯科大	横浜国立大	名古屋大	京都大	大阪大	神戸大	大阪教育大	京都工芸繊維大	大阪公立大	神戸市外国語大	京都府立大	兵庫県立大
22年	3	3	2	2	2	—	—	—	1	17	13	10	1	1	15	—	3	5
	3	4	3	2	3	—	—	—	3	24	18	17	1	4	25	—	3	5
23年	2	—	4	2	—	—	—	—	1	23	15	17	1	2	20	2	1	3
	7	3	5	2	—	—	—	1	2	27	25	22	2	6	26	2	1	6
24年	1	2	2	1	—	—	—	1	2	20	13	13	—	5	17	—	—	4
	4	3	2	2	—	—	—	1	2	27	19	24	—	5	30	—	—	7

	滋賀医科大	京都府立医科大	奈良県立医科大	和歌山県立医科大	早稲田大	慶應義塾大	上智大	東京理科大	関西大	関西学院大	同志社大	立命館大	大阪医科薬科大	関西医科大	文部科学省所管外の大学校	海外の大学	国公立・医学部	私立・医学部
22年	—	2	1	—	8	5	3	11	33	29	52	47	4	2	1	—	8	21
	2	3	2	—	9	12	3	27	49	51	54	105	13	5	3	—	14	51
23年	1	2	2	1	7	4	5	6	26	46	53	67	16	5	2	2	24	29
	1	2	2	1	15	4	6	36	39	50	79	96	19	8	5	2	33	67
24年	3	2	1	1	20	10	2	15	29	40	36	60	6	10	1	9	26	21
	6	2	1	1	22	15	7	19	50	54	71	122	9	14	2	10	37	36

★指定校推薦枠（2024年度）早稲田大2名、慶應義塾大1名、東京理科大1名、学習院大1名、明治大1名、立教大1名、中央大1名、関西大1名、関西学院大8名、同志社大1名、大阪医科薬科大（医）2名、（薬）1名、近畿大6名、甲南大3名、龍谷大1名など

入試情報

■2024年度の入試結果

		募集人員	出願者	受験者	合格者	実質倍率
A日程	男子	約100	427	389	131	3.0
	女子	約80	294	289	130	2.2
B日程	男子	約60	991	854	354	2.4
	女子	約30	482	392	111	3.5
英語選択型	男子	若干	23	22	8	2.8
	女子					

■2024年度入試 合格者の教科別平均点

		算数	国語	理科	社会	合計
A日程	男子	84.6	77.9	46.8	61.2	277.6
	女子	89.7	84.7	50.4	65.0	296.9
B日程	男子	93.8	74.7	61.7		230.2
	女子	88.0	84.9	60.7		233.5
英語選択型	男子	64.4	73.3	英語/128.5		266.1
	女子					

※Aについては、4教科型の場合は、4教科の合計点と、算数・国語・理科の合計点を1.25倍した点数、算数・国語・社会の合計点を1.25倍した点数の三つのうち、最も高得点のものを受験者の成績として判定。また、3教科型の場合は、算数・国語・理科の合計点を1.25倍した点数で判定。
○配点：算国＝各120点　理社＝各80点　英＝160点
○合格最低点：A日程男子251点・女子263点　B日程男子206点・女子210点　英語選択型241点

24年の募集要項

※以下は2024年の募集要項です。2025年の要項は学校の発表をお待ちください。

入 試 日／A1月13日 B1月14日午後 英語選択型1月13日
募集人員／男女約270名(A男子約100名 女子約80名 B男子約60名 女子約30名 英語選択型若干名)
合格発表／A1月14日 B1月16日 英語選択型1月14日
※ホームページで同時発表
手続締切／A1月15日 B1月17日 英語選択型1月15日
試験科目／国語(60分・120点)、算数(60分・120分)、理科(40分・80点)、社会(40分・80点)
※Aは3科(国算理)4科選択、Bは3科(国算理)
面　　接／なし
英語選択型／国語(60分・120点)、算数(60分・120分)、英語(40分・100点)、リスニング(30分・60点)
受 験 料／20,000円

公開行事・説明会予定

【学校見学会】要予約
6月22日(土)14時～、15時40分～(6年生対象)
6月29日(土)14時～、15時40分～(5年生以上対象)
7月13日(土)14時～、15時40分～(5年生以上対象)
7月14日(日)14時～、15時40分～(5年生以上対象)
【学校入試説明会】要予約
10月 5日(土)14時～(6年生対象)
10月12日(土)10時～(6年生対象)、14時～
10月13日(日)10時～(4年生以上対象)、14時～
11月17日(日)10時30分～
【オープンキャンパス】要予約
11月 2日(土)14時～(5年生対象)
◆変更・中止の可能性もあります。必ず学校ホームページで確認してください。

智辯(ちべん)学園和歌山 中学校

所在地／〒640-0392 和歌山県和歌山市冬野2066-1
ＴＥＬ／073-479-2811
学校長／宮口 祐司
創 立／1964年に智辯学園設立。設立母体の建学の精神を継承し、1978年に智辯学園和歌山中学校・高等学校を開校。
ＵＲＬ／www.chiben.ac.jp/wakayama

	1年	2年	3年
男子	109名	117名	98名
女子	103名	86名	110名
クラス数	5組	5組	5組

中高総生徒数／1384名

セブン-イレブン
至和歌山
亀ノ川
紀勢本線
黒江駅
至海南

〈交通アクセス〉
JR紀勢本線「黒江」駅より徒歩10分

誠実・明朗で知性あふれ、将来各分野で活躍するリーダーの養成

「誠実・明朗で知性あふれ、将来各分野で活躍するリーダーの養成」を教育目標としており、それを実現するための2本柱として次のポイントを重視しています。一つは宗教的情操教育を基盤とした「豊かな人間性を育む」ことで、美しいもの、優れたものに接して感動する心豊かな人間の育成を図っています。もう一つは「知力の徹底的訓練を期す」ことです。全国でも有数の授業時間を確保し、これらの時間を最大限活用。授業では教科書の内容にとどまらず、大学入試問題の演習やタブレットを用いたICT教育なども行っています。

スクールライフ

●教育内容

一貫教育の利点を生かし、中高の学習内容を再編成。足踏みや重複を避けることで、必要なところにじっくりと時間をかけながら、効率的なスケジュールで学習を進めていきます。中1・2の一期は基礎力養成課程とし、中学段階の基礎学力の養成と、学習姿勢、学習方法の確立、総合的思考力の基礎作りとしての訓練に充てています。中3・高1・2の二期は実力養成課程。高校段階の基礎固めと、実力の養成をめざします。最終段階となる高3の三期では総合的な実力の養成を図り、多様化する大学入試を考慮しながら、各自の目的に合った合理的な学習を行い、応用力をつけていきます。また、「人と心」の問題を研鑽するため、「宗教」の時間は必修。毎朝始業前に読経をします。高校生を対象に、アメリカ、韓国、オーストラリアの姉妹校と相互交換留学を行うなど、視野の広い国際人の育成にも努めています。

■主要5教科の週当たり時間（コマ）数

	英語	数学	国語	理科	社会
1年	6	6	6	5	3
2年	7	6	6	5	3
3年	6	6	6	3	5
合計	19	18	18	13	11

◎1日当たりの授業コマ数：60分×6時限
※土曜日は4時限(第2土曜日は休み)
◎登校時間：8時30分

●部活動

文化系21、体育系8の部と研究会があります。夏の甲子園で優勝経験を持つ野球部が有名ですが、選手は高校スポーツコースの生徒たちです。

○文化系／ESS、美術、天文、演劇、書道、茶華道、新聞、ブラスバンド、写真、放送、生物、コンピュータ、箏曲、囲碁将棋、合唱、科学、競技かるた、クイズ研究会、文芸、数学研究会、歴史

○体育系／少林寺拳法、テニス、バレーボール、陸上競技、バスケットボール、サッカー、卓球、剣道

●行事

秋の二大行事は文化祭と体育大会。そのほか、球技大会、音楽鑑賞会などがあります。

●修学旅行・研修旅行

自主性・協調性を養うために、3～4日の校外研修を実施。中1は国立曽爾青少年自然の家で林間学校に、中2は国立淡路青少年交流の家で臨海学校に挑戦します。中3は修学旅行で中学生活のまとめを行います。高1ではアメリカとオーストラリアへの短期留学制度（希望者）があり、高2の修学旅行では山陽地方（予定）を訪れます。

マネーガイド

■2024年度納付金(諸経費を含む)

	入学金	授業料	施設費	その他	計
入学手続時	200,000円	0円	0円	約160,000円	約360,000円
初年度総額	200,000円	456,000円	0円	約412,600円	約1,068,600円

※「その他」は制服代、諸会費、旅行費等

◎寄付金：なし
◎授業料：3期分納
◎奨学金・特待生制度：なし

3期 学期制 / 他 ※第2土曜は休 週5・6日制 / プール / 冷房 / 寮 / 食堂 / 私服通学 / 希 海外研修

サピックスからの合格実績（過去3年）	'22	'23	'24
	0名	1名	0名

進学指導の概要

中学の学習範囲は中2で、高校の学習範囲は高2で学び終え、高3では大学入試問題の演習に全力で取り組みます。高2から文系・理系に分かれ、進路に合わせた選択科目を履修。高校からの入学生とは高2で合流します。「共通テスト演習」などで大学入学共通テスト対策に力を入れるほか、夏期講習や直前2次対策で実戦力を養います。また、高3では、小論文対策、リスニング対策、自由英作文対策の授業なども行っています。国際人を育てる教育にも力を入れており、アメリカ、韓国、オーストラリアにある姉妹校などとの交換留学を実施しています。

■現役大学進学者の進路の内訳

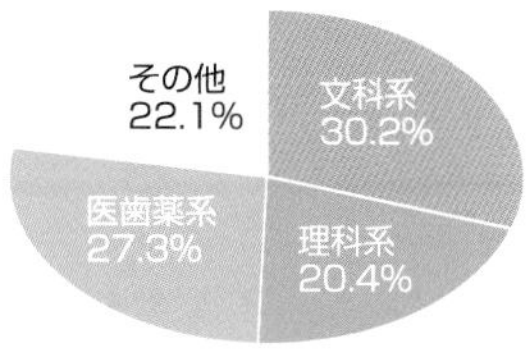

■併設高校から主要大学への合格実績

※上段は現役合格者数、下段は浪人を含めた合格者数。

	北海道大	東北大	東京大	一橋大	東京工業大	東京芸術大	東京医科歯科大	京都大	大阪大	神戸大	大阪教育大	奈良女子大	大阪公立大	京都府立大	兵庫県立大	神戸市外国語大	京都府立医科大	和歌山県立医科大
22年	—	1	6	1	2	—	—	7	10	9	1	—	11	—	6	—	—	11
	—	2	7	1	3	—	—	9	14	9	1	—	12	—	6	—	—	16
23年	4	—	5	1	—	—	—	12	9	10	—	1	16	—	2	1	1	21
	4	—	6	1	—	—	—	15	9	11	—	1	20	—	3	1	2	25
24年	2	—	1	1	—	—	1	8	—	8	—	—	11	—	—	—	2	12
	2	—	2	1	—	—	1	9	3	8	—	—	13	—	—	1	2	15

	早稲田大	慶應義塾大	上智大	明治大	青山学院大	立教大	中央大	法政大	関西大	関西学院大	同志社大	立命館大	大阪医科薬科大	関西医科大	文部科学省管外の大学校	海外の大学	国公立・医学部	私立・医学部
22年	19	4	4	4	3	2	5	3	23	31	61	34	11	6	13	—	32	18
	20	10	4	4	4	3	5	3	24	37	67	36	13	11	18	—	46	39
23年	17	10	1	9	3	—	1	4	27	43	71	34	12	2	14	1	40	18
	21	12	2	9	3	1	7	4	33	48	80	49	18	8	16	1	53	40
24年	13	7	1	7	1	—	3	—	15	12	22	9	7	4	14	—	31	14
	15	8	1	8	1	—	3	1	17	14	29	15	9	4	16	—	40	29

★指定校推薦枠（2024年度）非公表

入試情報

■過去2年間の入試結果

			募集人員	出願者	受験者	合格者	実質倍率
23年	前期S選抜	男子	40	155	155	44	1.1
		女子					
	前期総合選抜	男子	65			95	
		女子					
	後期S選抜	男子	10	197	155	33	2.1
		女子					
	後期総合選抜	男子	20			41	
		女子					
24年	前期S選抜	男子	40	158	153	45	1.1
		女子					
	前期総合選抜	男子	65			93	
		女子					
	後期S選抜	男子	10	220	180	34	1.9
		女子					
	後期総合選抜	男子	20			61	
		女子					

■2024年度入試 受験者の教科別平均点（男女合計データ）

	算数	国語	理科	社会	合計
前期S選抜	63.2	61.6	62.7		187.6
前期総合選抜					
後期S選抜	54.3	54.8			109.1
後期総合選抜					

○配点：算国理＝各100点
○合格最低点：前期S選抜206点・総合選抜150点　後期S選抜131点・総合選抜100点

24年の募集要項

※以下は2024年の募集要項です。2025年の要項は学校の発表をお待ちください。

入 試 日／前期1月13日 後期1月15日
募集人員／男女約135名(前期S選抜40名 総合選抜約65名 後期S選抜10名 総合選抜約20名)
合格発表／インターネットで即日(後期は翌日)
手続締切／前期1月14日 後期1月17日
試験科目／国語(60分・100点)、算数(60分・100点)、理科(60分・100点)
※前期は3科、後期は2科(国算)
面　　接／なし
受 験 料／20,000円(前期・後期とも出願し、前期で合格し、後期を受験しなかった場合は、後期受験料20,000円を本校入学後に返金。ただし、総合選抜クラス合格者で、後期を受験した場合は返金なし)

公開行事・説明会予定

【学校説明会】要予約
6月15日(土)10時～　エブノ泉の森ホール(泉佐野市)
6月22日(土)10時～　テクスピア大阪(泉大津市)
7月 6日(土)10時～　本校
9月21日(土)10時～　サラダホール(阪南市)
9月21日(土)10時～　御坊商工会議所(御坊市)
9月28日(土)10時～　和泉市コミュニティセンター(和泉市)
9月28日(土)10時～　有田市文化福祉センター(有田市)
10月 5日(土)10時～　ホテルいとう(岩出市)
10月 5日(土)10時～　ガーデンホテルハナヨ(田辺市)
【入試アドバイス】要予約、6年生対象
10月19日(土)13時～　本校
10月26日(土)13時～　本校(10月19日分の映像配信)
【入試説明会】要予約、小学生対象(主に保護者向け)
10月19日(土)13時～　本校

帝塚山(てづかやま) 中学校

所在地／〒631-0034 奈良県奈良市学園南3-1-3
TEL／0742-41-4685
学校長／小林 健
創 立／1941年、旧制男子中学校として設立。1947年、新制中学になると同時に男女共学化し、翌年に新制高等学校を設置。
URL／www.tezukayama-h.ed.jp

	1年	2年	3年
男子	113名	122名	96名
女子	214名	240名	199名
クラス数	9組	10組	10組

中高総生徒数／2003名 併設小から 約10%

〈交通アクセス〉
近鉄奈良線「学園前」駅すぐ

クラスは男女別、行事は合同の「男女併学」で能力を伸ばす

建学の祖である森礒吉先生のことば「子どもや若い人たちは学園の宝」を教育理念とし、一人ひとりの個性を伸ばす教育を大切にしています。男女共学と別学の両方の良さを取り入れた「男女併学」というスタイルで、男女が別クラスで学び、行事や課外活動は合同で行うのが特徴です。進学校でありながら、校風はおおらかで自由で、勉強、部活動、学校行事ともに全力で取り組むのが帝塚山流。キャンパスは近鉄奈良線「学園前」駅とデッキで直結されており、通学には絶好の立地です。

スクールライフ

●教育内容

総合的な人間力を高める「力の教育」を伝統としています。「知の力」「情の力」「意志の力」「躯幹(くかん)（身体）の力」をバランス良く鍛え、高い知性と豊かな情操を備えた、次代をリードするたくましい人間の育成をめざしています。将来の進路目標に応じて、男子英数コース（スーパー理系選抜クラス・英数クラス）、女子英数コース（スーパー選抜クラス・英数クラス）、女子特進コースを中1から設置。目標や能力に合わせた、きめ細かい教育を実現しています。また、グローバルな人材を育てるために、外国人講師による英語の授業のほか、国際交流にも力を入れています。

■主要5教科の週当たり時間（コマ）数

	英語	数学	国語	理科	社会
1年	7	7	5	5	3
2年	7	7	5	4	4
3年	7	7	6	4	4
合計	21	21	16	13	11

◎1日当たりの授業コマ数：50分×6時限
※週2回7時限、土曜日は4時限
◎登校時間：8時40分（月曜日は8時20分）

●部活動

多くの生徒が勉強とクラブ活動を両立。中学では全員がいずれかの部に所属しています。
○文化系／美術、英語、書道、華道、茶道、日本舞踊、琴、吹奏楽、コーラス、弦楽、ギターマンドリン、ボランティア、放送、演劇、理科、家庭、地歴、園芸、写真、図書、数学研究、社会問題研、文芸（高校）
○体育系／野球、サッカー、陸上競技、卓球、剣道、山岳・野外活動、バスケットボール、水泳、ダンス、バレーボール、ソフトボール、ソフトテニス、バドミントンなど

●行事

学園祭・文化祭、スポーツ大会が全校を挙げて盛り上がる行事。英語暗唱大会や弁論大会などの伝統的な催しもあり、学校行事は多彩です。

●修学旅行・研修旅行

中2の学年旅行は、男子は鹿児島県種子島、女子は九州地方（福岡・長崎・熊本）を訪れます。高2の学年旅行は男女とも北海道へ。また、アメリカ・シアトルへの研修旅行（中3男女希望者のみ）、ハワイでのサイエンスキャンプ（中3男子希望者のみ）とサンディエゴ・STEAMプログラム（中3女子希望者のみ）、姉妹校であるシンガポールACJC校との交流など、国際感覚を養うプログラムを多数用意しています。

マネーガイド

■2024年度納付金（諸経費を含む）

	入学金	授業料	施設費	その他	計
入学手続時	180,000円	0円	0円	0円	180,000円
初年度総額	180,000円	655,000円	117,000円	39,100円	991,100円

◎寄付金：任意
◎授業料：3期分納
◎奨学金・特待生制度：なし

学期制　週5･6日制　プール　冷房　寮　食堂　私服通学　海外研修

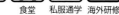

サピックスからの合格実績（過去3年）	'22	'23	'24
	23名	15名	20名

進学指導の概要

全コースで高2までに高校の内容を学び終え、高3は受験対策に専念。高校進学時にはコース変更も可能です。「女子特進コース」以外は高2から男女合併授業となり、「男子英数コース・スーパー理系選抜クラス」と「女子英数コース・スーパー選抜クラス」が、「男子英数コース・英数クラス」と「女子英数コース・英数クラス」が合同で授業をします。また、「男子英数コース・スーパー理系選抜クラス」には、大学教授による出張講義や東大・京大レベルの受験セミナー、東大・京大模試と対策補習があるのが特徴。「男子英数コース・英数クラス」では、英語と数学の授業で到達度別クラス編成を採用しています。

■現役大学進学者の進路の内訳

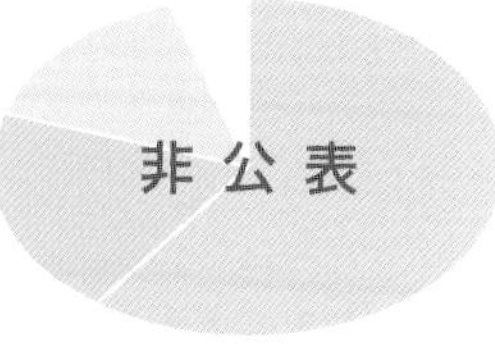

■併設高校から主要大学への合格実績

※上段は現役合格者数、下段は浪人を含めた合格者数。

	北海道大	東北大	東京大	一橋大	東京工業大	東京芸術大	東京医科歯科大	京都大	大阪大	神戸大	大阪教育大	奈良女子大	大阪公立大	京都府立大	兵庫県立大	神戸市外国語大	滋賀医科大	京都府立医科大
22年	—	—	—	—	—	—	—	11	14	11	3	4	15	2	6	—	1	—
	1	—	1	—	—	—	—	15	20	14	3	5	21	2	6	—	1	1
23年	5	2	1	1	—	—	—	9	11	14	1	1	23	2	3	1	3	1
	6	2	1	1	—	—	—	16	12	18	1	1	31	2	4	2	4	3
24年	6	2	2	—	—	—	—	7	13	10	3	8	25	1	2	—	1	—
	10	2	3	—	—	1	—	13	15	12	4	9	28	1	2	—	2	1

	早稲田大	慶應義塾大	上智大	明治大	青山学院大	立教大	中央大	法政大	関西大	関西学院大	同志社大	立命館大	大阪医科薬科大	帝塚山大	文部科学省管外の大学校	海外の大学	国公立・医学部	私立・医学部
22年	1	1	4	3	1	—	2	1	33	68	48	79	20	—	1	—	16	20
	4	2	4	7	3	—	3	1	51	88	79	119	39	1	3	—	26	64
23年	7	3	2	7	5	—	1	7	61	76	45	78	15	5	3	8	19	14
	14	5	4	14	8	—	10	8	78	94	75	124	24	5	3	8	29	57
24年	7	3	3	10	2	—	3	1	64	62	65	85	6	2	5	4	9	16
	12	4	3	13	3	2	5	2	77	71	94	109	16	3	5	4	22	47

★指定校推薦枠（2024年度）非公表

入試情報

■2024年度の入試結果

		募集人員	応募者	出願者	合格者	実質倍率	合格最低点
1次A英数・英数専願	男子	300（内部進学含）	40	40	31	1.3	285/450
1次A英数・英数併願	男子		12	12	9	1.3	322/450
1次A英数S理選抜専願	男子		48	47	10	4.7	340/450
1次A英数S理選抜併願	男子		15	14	2	7.0	360/450
1次B英数・英数併願	男子		126	126	87	1.4	198/300
1次B英数S理選抜併願	男子		228	219	93	2.4	226/300
2次A英数・英数専願ライン	男子		40	40	22	1.8	268/450
2次A英数・英数併願	男子		81	81	53	1.5	277/450
2次A英数S理選抜専願ライン	男子		42	42	6	7.0	304/450
2次A英数S理選抜併願	男子		134	114	33	3.5	320/450
2次B英数・英数併願	男子		113	113	78	1.4	223/300
2次B英数S理選抜併願	男子		209	151	38	4.0	258/300
1次A特進専願	女子		34	33	22	1.5	240/450
1次A特進併願	女子		8	8	7	1.1	270/450
1次A英数・英数専願	女子		67	67	38	1.8	295/450
1次A英数・英数併願	女子		12	12	4	3.0	335/450
1次A英数S選抜専願	女子		91	89	30	3.0	340/450
1次A英数S選抜併願	女子		17	15	3	5.0	360/450
1次B特進併願	女子		134	134	106	1.3	175/300
1次B英数・英数併願	女子		255	255	121	2.1	208/300
1次B英数S選抜併願	女子		408	396	141	2.8	232/300
2次A特進専願ライン	女子		35	34	15	2.3	244/450
2次A特進併願	女子		66	66	39	1.7	256/450
2次A英数・英数専願ライン	女子		69	69	37	1.9	270/450
2次A英数・英数併願	女子		108	108	42	2.6	289/450
2次A英数S選抜専願ライン	女子		88	88	25	3.5	304/450
2次A英数S選抜併願	女子		192	184	76	2.4	320/450
2次B特進併願	女子		115	115	80	1.4	210/300
2次B英数・英数併願	女子		173	173	58	3.0	238/300
2次B英数S選抜併願	女子		304	217	44	4.9	258/300

※1次Aでは、4科型の場合、4科の合計点、算国理の合計点を1.2倍した点数、算国社の合計点を1.2倍した点数のうち、最も高いものが受験者の成績とされます。3科型の場合、算国理の合計点を1.2倍した点数が受験者の成績とされます。2次Aでは、受験科目を理社のいずれかにするかを出願時に選択。算国理の合計点を1.2倍した点数、算国社の合計点を1.2倍した点数のうち、高いほうが受験者の成績とされます。2次Bでは、算国の合計点で合格基準点を設定。合格基準点を下回った場合でも、算100点+国200点、もしくは算200点+国100点に換算した得点が合格基準点以上の場合は合格とします。

○配点：算国＝各150点　理社＝各75点

24年の募集要項

※以下は2024年の募集要項です。2025年の要項は学校の発表をお待ちください。

入 試 日／①A1月13日午前 ①B1月13日午後 ②A1月14日 ②B1月15日

募集人員／男女300名(内部進学含む。男子：スーパー理系選抜クラス1学級、英数クラス2学級 女子：スーパー選抜クラス2学級、英数クラス2学級、特進コース2学級)

合格発表／いずれも翌日(すべてホームページ。ただし、②Bのみ翌々日)

手続締切／1月18日 ※①A専願のみ1月15日

試験科目／国語(60分･150点)、算数(60分･150点)、理科(30分･75点)、社会(30分･75点)

※①Aは3科(国算理)4科選択、②Aは3科(理科か社会を選択)、①B②Bは2科(国算)

面　　接／なし

受 験 料／20,000円

公開行事・説明会予定

【学校説明会】要予約
7月 6日(土)14時～　堺市民芸術文化ホール(フェニーチェ堺)(堺東)

【入試説明会】要予約、先着順、4～6年生と保護者対象
9月 9日(土)13時30分～　ヒルトンプラザウエスト
9月16日(土)14時　京都JAビル
9月24日(日) 9時30分～　本校
10月 7日(土)13時30分～　あべのハルカス(予定)
10月22日(日) 9時30分～　本校
11月26日(日) 9時30分～　本校

【オープンスクール】要予約、抽選制、5・6年生と保護者対象
8月20日(日)午前中

◆変更・中止の可能性もあります。必ず学校ホームページで確認してください。

同志社 中学校

所在地／〒606-8558 京都市左京区岩倉大鷺町89
TEL／075-781-7253
代 表／竹山 幸男
創 立／1875年、新島襄らにより同志社英学校設立。1916年、同志社中学校と改称。1947年、男女共学の同志社中学校に。
URL／jhs.js.doshisha.ac.jp

	1年	2年	3年
男子	153名	154名	149名
女子	139名	139名	141名
クラス数	8組	8組	8組

中高総生徒数／1963名 併設小から約25%

〈交通アクセス〉
京都市営地下鉄烏丸線「国際会館」駅すぐ
叡山電鉄鞍馬線「八幡前」駅より徒歩5分

大学進学が約束されたゆとりのなか、豊かな人間性を育む

同志社ならではの自由な校風の下、中高一貫教育を展開。考える力、表現する力を徹底して養うことで、生徒一人ひとりの知性と個性を存分に伸ばしていく「全人教育」を実施しています。「キリスト教主義」による徳育に基づき、毎朝の礼拝のほか、聖書の授業も用意。全生徒に対するiPad1人1台体制を実現し、充実したICT教育を進めています。中学校は「教科センター方式」を採用し、国語、英語、数学をはじめとするすべての教科で「教科専門教室」での授業を行うなど、より専門的な学びを深めるための環境を整備しています。

スクールライフ

●教育内容

各教科でオリジナル教材や電子黒板などを用いて、興味や意欲を引き出しながら授業を進めます。英語では、中1は18名授業、オンライン授業を導入しています。また、アメリカ・ヌエーバスクールとの交換留学や、ニュージーランド、カナダほか、年間20以上の国際交流プログラムを実施。各教科とも、単元レポート、学習内容のグループ発表などを取り入れ、生徒の自発性を高め、夏休みには自由研究を奨励。中3は2月にポスターセッションでプレゼンします。特別課外授業「同中学びプロジェクト」は年間300件を超える圧倒的な規模で実施されています。

■主要5教科の週当たり時間（コマ）数

	英語	数学	国語	理科	社会
1年	4	4	5	3	4
2年	5	4	4	4	4
3年	5	5	4	4	4
合計	14	13	13	11	12

◎1日当たりの授業コマ数：6時限
◎登校時間：8時50分
※1コマあたりの分数は非公表

●部活動

中学では文化系13、体育系9のクラブがあります。

○文化系／放送、演劇、英語、ハンドベル・ピースリンク、和太鼓、鉄道、コミック&アート、工業、地歴、ホザナコーラス、管弦楽、サイエンス、かるちゃんぷる

○体育系／野球、サッカー、バスケットボール、バレーボール、ラグビー、テニス、卓球、陸上、ワンゲルJr

●行事

人間性を豊かに育み、生徒一人ひとりの個性を引き出し、伸ばしていく意味で、重要な役割を果たすのが学校行事です。学園祭や体育祭は生徒会が中心となって行います。そのほか、花の日礼拝や収穫感謝礼拝、クリスマス礼拝などの宗教行事など、さまざまな行事があります。

●修学旅行・研修旅行

中1は春のオリエンテーションキャンプ、中2、中3はコース別研修を実施しています。そのほか、国際交流については毎年さまざまなプログラムが企画されており、欧米圏からアジア諸国までバラエティーに富んだ留学・研修があるほか、国内でもイングリッシュキャンプ、英語エクステンション講座など英語力強化プログラムを拡充しています。いずれも希望制です。

マネーガイド

■2024年度納付金（予定、諸経費を含む）

	入学金	授業料	施設費	その他	計
入学手続時	120,000円	0円	0円	0円	120,000円
初年度総額	120,000円	708,000円	140,000円	143,900円	1,111,900円

◎寄付金：教育研究協力資金として1口10万円、教育施設建設資金として1口10万円（いずれも任意）
◎授業料：3期分納（申し出により月納可能）
◎奨学金・特待生制度：経済的理由により就学困難と判断される者に授業料相当額を給付または貸与

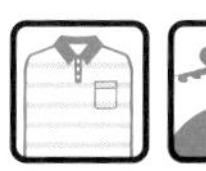

3期 学期制 / 完5 days 週5・6日制 / プール / cool 冷房 / 寮 / 食堂 / 私服通学 / 他 海外研修

サピックスからの合格実績（過去3年）	'22	'23	'24
	2名	2名	2名

進学指導の概要

中学において、通常の学習を修めた生徒は、推薦で同志社高校に進学します。また、高校からも同志社大学・同志社女子大学への推薦の道が開かれています。高校卒業生の約85%は同志社大学に進学します。一方、約15%の卒業生は医学・理学など同志社大学にない学部・学科をめざし、国公私立の他大学に進学。東大、京大をはじめとする難関国公立大学や医歯薬系大学へも毎年合格者を出しています。中学校では年間300以上の課外特別プログラム「同中学びプロジェクト」を実施し、大学・企業の研究室や裁判所を見学するなど、さまざまな企画を展開しています。高校では、文系・理系などのコース制を敷かず、ホームルームを基礎とした共通履修科目を設定。高2からは、興味や関心、希望する進路を開拓するうえで、必要に応じて学ぶことのできる選択科目を用意。特に高3の選択科目では、発表やディスカッション、ディベートといったさまざまな形式で、大学進学後の学習にも役に立つ総合的な力を育んでいきます。

■浪人を含む大学進学者の進路の内訳

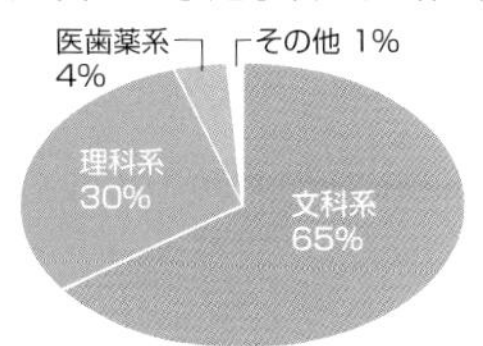

★他大学への進学状況（2024年度）
京都大2名、大阪大1名、金沢大1名、国際基督教大2名、慶應義塾大5名、早稲田大1名、上智大1名など

■併設大学（同志社大学、同志社女子大学）への推薦状況

	同志社大学														同志社女子大学					
	神学部	文学部	社会学部	法学部	経済学部	商学部	政策学部	文化情報学部	理工学部	生命医科学部	スポーツ健康科学部	心理学部	グローバル・コミュニケーション学部	グローバル地域文化学部	学芸学部	現代社会学部	薬学部	看護学部	表象文化学部	生活科学部
22年	―名	22名	23名	79名	45名	43名	21名	13名	36名	6名	9名	10名	5名	8名	1名	1名	3名	3名	―名	2名
23年	1名	22名	23名	62名	45名	43名	19名	10名	40名	8名	6名	10名	2名	10名	―名	―名	5名	3名	―名	2名
24年	2名	22名	23名	67名	45名	43名	21名	10名	31名	6名	10名	11名	5名	10名	1名	―名	1名	3名	―名	―名

★指定校推薦枠（2024年度）国際基督教大1名、慶應義塾大5名、京都薬科大2名、大阪歯科大1名など

入試情報

■過去2年間の入試結果

		募集人員※	出願者	受験者	合格者	実質倍率
23年	男子	約220	457	425	265	1.6
	女子					
24年	男子	約220	534	513	293	1.8
	女子					

※外部募集の人数

■2024年度入試 受験者の教科別平均点（男女合計データ）

	算数	国語	理科	社会	合計
受験者	53.0	51.3			104.3

○配点：算国＝各80点
○合格最低点：103点

24年の募集要項

※以下は2024年の募集要項です。2025年の要項は学校の発表をお待ちください。

入試日／1月13日
募集人員／男女288名(内部進学含む)
合格発表／1月15日(郵送、ホームページ)
手続締切／1月19日
試験科目／国語(40分・80点)、算数(40分・80点)
面　接／なし
受験料／20,000円

公開行事・説明会予定

【学校(入試)説明会】
9月 7日(土)10時～
10月27日(日) 9時30分～
【秋のオープンキャンパス】
11月 9日(土)10時30分～
【体育祭】
未定
【学園祭・演劇フェスティバル】
未定
◆変更・中止の可能性もあります。必ず学校ホームページで確認してください。

サピックスOB・OGの声

●プロテスタントの学校なので、毎日、礼拝を行っています。同志社では創立以来、礼拝を守り続けているのです。お祈りと賛美歌から始まる礼拝の時間を過ごすと、自然と心が落ち着きます。

同志社香里(こうり) 中学校

所在地／〒572-8585 大阪府寝屋川市三井南町15-1
TEL／072-831-0285
代 表／瀧 英次
創 立／1940年、前身の学校が開校。1951年、同志社と合併し、現校名に。2002年、中学校を男女共学化。
URL／www.kori.doshisha.ac.jp

	1年	2年	3年
男子	126名	141名	125名
女子	124名	128名	125名
クラス数	6組	6組	6組

中高総生徒数／1675名 併設小から 約2.2%

〈交通アクセス〉
京阪本線「香里園」駅より徒歩18分

ゆとりのカリキュラムで、受験勉強にとらわれない真の教養を育む

同志社大学・同志社女子大学への推薦制度があるため、受験勉強にとらわれない、真の教養を身につけるための中高一貫教育が展開されています。新島襄が創設した同志社の校章が象徴するとおり、知・徳・体の円満な人格の形成をめざしており、特に徳育については、同志社建学の精神であるキリスト教主義に基づいた全人教育を実施。標準服はあっても着用を義務づけないなど、自由な校風も大きな特徴です。また、海外の学校との交流や語学研修旅行の機会も豊富に用意されています。

スクールライフ

●教育内容

中学校の3年間で、将来に続く学業の基礎を築くとともに、人間形成における心身両面の大きな成長を図るため、週6日制・週35時間（木曜5時限、土曜4時限）のカリキュラムでバランスの良い教育を実践しています。英語や国語では複数の教師が協力して指導するチームティーチングを実施。さらに、少人数制によるクラス編成、補講制度など、教師の手厚いサポートの下、生徒が自主的に学び、学力を伸ばせる環境を整えています。また、表現力やコミュニケーション力、論理的思考力、プレゼンテーション力を養うため、各教科で特色ある授業を展開しています。

■主要5教科の週当たり時間（コマ）数

	英語	数学	国語	理科	社会
1年	5	4	4	4	4
2年	5	5	4	5	4
3年	5	5	4	4	5
合計	15	14	12	13	13

◎1日当たりの授業コマ数：50分×6時限
※木曜日は5時限、土曜日は4時限
◎始業時間：8時50分

●部活動

文化部と運動部を合わせて36（中高合同のクラブを含む）のクラブが活発に活動。文化とスポーツの両面で海外団体との交流を奨励しています。

○文化系／化学、生物、天文、物理、吹奏楽、マンドリン、地歴、囲碁将棋、旅鉄、ボランティア、書道、美術、演劇、写真、奇術同好会、ESS同好会、技術同好会　※高校のみのクラブとして軽音楽部がある

○体育系／器械体操、卓球、剣道、バスケットボール、バレーボール、陸上競技、柔道、スキー、ワンダーフォーゲル、サッカー、野球、ラグビー、レスリング、水泳、テニス、ダンス　※高校のみのクラブとして少林寺拳法部、ハンドボール部がある

●行事

生徒が団結する体育祭、文化祭のほか、クリスマス礼拝などの宗教行事があります。新入生は4月に校祖墓参を行い、新島襄の志に触れます。

●修学旅行・研修旅行

修学旅行は中2が北海道、高2はハワイを訪れます。春休みには中2～高2がサンフランシスコ・ヌエーバスクールと交流するほか、中2～高3を対象にイギリスで語学研修を実施しています。また、夏休みには中3～高3を対象に、カナダ、オセアニアで語学研修を実施しています。

マネーガイド

■2024年度納付金（諸経費を含む）

	入学金	授業料	施設費	その他	計
入学手続時	130,000円	0円	0円	0円	130,000円
初年度総額	130,000円	656,000円	0円	153,300円	939,300円

※入学辞退を申し出た場合、入学金は返還しない

◎寄付金：任意
◎授業料：3期分納
◎奨学金・特待生制度：「同志社香里奨学金」あり。特待生制度はなし

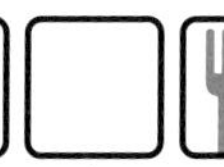

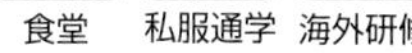

サピックスからの合格実績（過去3年）	'22	'23	'24
	2名	13名	4名

進学指導の概要

中学で通常のカリキュラムを修め、推薦基準を満たした生徒は同志社香里高校に進学できます。例年、高校からは生徒のおよそ95%が内部推薦制度で同志社大学または同志社女子大学に進学。このため、高校での3年間は、大学での学問に求められる思考力や読解力、グローバル社会に通用する力を養う期間と位置づけられています。たとえば、英語では外国人講師による少人数制授業を実施し、優れたコミュニケーション能力を養います。具体的な進路は高3で選択することになっていますが、進路選択の参考にするため、高2の段階で週4時限だけ文系・理系に分かれて授業を受けます。高3では大学進学に向けて、文系·理系に分かれます。それらの選択科目では、ハイレベルで密度が高く、専門性も高い授業を実施。生徒たちの知的好奇心を引き出します。また、同志社大学・同志社女子大学以外の大学受験もサポート。国公立大学への進学に向けてのアドバンス講座、高大連携講座などを開設し、生徒の多様な進路を支えています。

■現役大学進学者の進路の内訳

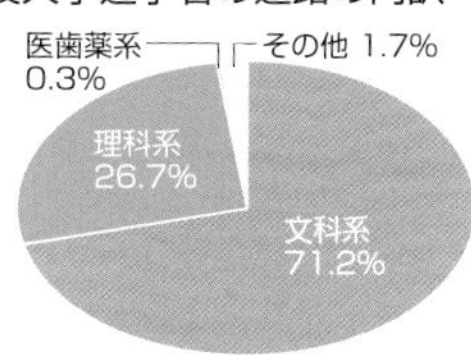

★他大学への進学状況（2024年度）
神戸大1名、国際基督教大1名、多摩美術大1名など

■併設大学（同志社大学・同志社女子大学）への推薦状況

	同志社大学														同志社女子大学					
	神学部	文学部	社会学部	法学部	経済学部	商学部	政策学部	文化情報学部	理工学部	生命医科学部	スポーツ健康科学部	心理学部	グローバル・コミュニケーション学部	グローバル地域文化学部	学芸学部	表象文化学部	現代社会学部	生活科学部	薬学部	看護学部
22年	—名	11名	24名	63名	33名	45名	19名	10名	29名	10名	7名	10名	7名	10名	2名	—名	1名	—名	6名	2名
23年	1名	15名	22名	64名	33名	45名	20名	10名	26名	10名	7名	10名	6名	7名	1名	—名	—名	1名	4名	1名
24年	—名	22名	22名	53名	33名	45名	19名	10名	32名	14名	8名	10名	4名	6名	2名	—名	—名	1名	—名	2名

★指定校推薦枠（2024年度）国際基督教大1名など

入試情報

■過去2年間の入試結果

			募集人員	出願者	受験者	合格者	実質倍率
23年	前期	男子	約95	262	241	105	2.3
		女子	約95	205	199	101	2.0
	後期	男子	約25	432	268	72	3.7
		女子	約25	378	253	96	2.6
24年	前期	男子	約95	244	236	101	2.3
		女子	約95	255	245	103	2.4
	後期	男子	約25	453	286	68	4.2
		女子	約25	410	272	64	4.3

■2024年度入試 受験者・合格者の教科別平均点

			算数	国語	理科	社会	合計
前期	受験者	男子	72.1	54.7	54.7	55.2	240.2
		女子	69.4	61.7	52.7	53.8	240.6
	合格者	男子	86.0	61.9	60.0	61.4	272.7
		女子	85.3	70.9	59.4	61.0	279.6
後期	受験者	男子	82.5	73.5	54.2	53.6	271.8
		女子	81.1	78.0	52.8	52.4	272.3
	合格者	男子	101.0	89.1	60.3	60.6	321.9
		女子	101.2	90.8	60.8	57.3	321.1

※前期・後期ともに、「4科目の合計点」「算国理の合計点を1.25倍した点数」「算国社の合計点を1.25倍した点数」の3つのうち、最も高得点のものを受験者の成績として判定します。
○配点：算国＝各120点　理社＝各80点
○合格最低点：前期男子250.00点・女子252.00点 後期男子302.50点・女子301.25点

24年の募集要項

※以下は2024年の募集要項です。2025年の要項は学校の発表をお待ちください。

入 試 日／前期1月13日 後期1月15日
募集人員／男女約240名(前期約190名〈男子約95名・女子約95名〉後期約50名〈男子約25名·女子約25名〉)
合格発表／いずれも翌日
※ホームページで発表するほか、簡易書留速達にて郵送
手続締切／前期1月19日、後期1月20日
試験科目／国語(50分・120点)、算数(50分・120点)、理科(40分・80点)、社会(40分・80点)
面　　接／なし
受 験 料／20,000円

公開行事・説明会予定

【秋のオープンキャンパス・学校説明会兼入試説明会】要予約
9月29日(日)
【秋のオンライン個別相談会】要予約
オンライン(Zoom)にて、本校の教員との個別相談を実施します。
9月30日(月)～10月31日(木)
【文化祭】
11月 2日(土)9時30分～15時30分
◆変更・中止の可能性もあります。必ず学校ホームページで確認してください。

奈良学園 中学校

所在地／〒639-1093 奈良県大和郡山市山田町430
TEL／0743-54-0351
学校長／河合 保秀
創 立／1979年、中高一貫教育の男子校として設立。2000年、男女共学化。2006年、中学入学生にコース制度を導入。
URL／www.naragakuen.ed.jp/

	1年	2年	3年
男子	106名	86名	92名
女子	61名	60名	63名
クラス数	4組	4組	4組

中高総生徒数／1024名

〈交通アクセス〉
JR大和路線「大和小泉」駅よりバス15分、近鉄橿原線「近鉄郡山」駅よりバス25分、近鉄奈良線「学園前」駅よりバス35分

恵まれた教育環境で、人間力と難関大学への進学力を養う

建学の精神は「次世代の社会を担い、世界に雄飛する人材の育成」。校訓「至誠力行」は、力の限り目標に向かって努力することを意味します。矢田丘陵の山腹に広がる約13万㎡というキャンパスには、生徒の意見を設計に取り入れて建設された校舎をはじめ、人工芝のサッカー場、テニスコート、2つの体育館などがあり、施設も充実しています。また、キャンパス内にはホタルが生息する里山もあり、そこでの取り組みなどが評価され、高校が文部科学省のスーパーサイエンスハイスクール（SSH）に指定されています。

スクールライフ

●教育内容

難関国公立大学への現役合格をめざす「特進コース」と、医学部をめざす「医進コース」を設置。中1・2は、特進・医進とも同じクラス・同一カリキュラムで学び、中3以降に別カリキュラムとなります。また、特進の生徒は高2進級時に文系・理系に分かれます。課題研究をさらに深めたい生徒はSS発展グループに所属します。2023年度より、全コースから選択が可能となりました。ただし、コース変更は若干名のみ、原則として中3進級時のみ可能（例外的に高2進級時も可能）です。中1・2の英語と数学では約20名の少人数制授業を行い、きめ細かい学習指導を実施。自主性の育成に力を入れ、中3の1年間をかけてテーマ選択から調査・研究まで生徒がみずから取り組む「課題研究J」も導入しています。

■主要5教科の週当たり時間（コマ）数

	英語	数学	国語	理科	社会
1年	6	6	5	3	5
2年	6	6	4	4	5
3年	5	6	6	6	4
合計	17	18	15	13	14

◎1日当たりの授業コマ数：50分×6時限
※金曜日は7時限、土曜日は4時限
◎登校時間：8時40分

●部活動

受験勉強と部活動を両立させる生徒が多く、加入率は中1で90％を超え、高3でも約半数の生徒が夏まで活動を続けています。運動部の練習は中高別ですが、施設が充実しているため、練習場所には不自由しません。

○文化系／囲碁将棋、歴史研究、交通問題研究、ダンス＆ボーカル、茶華道、園芸、室内楽、科学、ESS、天文、文芸、軽音楽、美術、クイズ研究同好会

○体育系／陸上競技、卓球、テニス、剣道、アーチェリー、柔道、サッカー、バスケットボール、バドミントン、野球、バレーボール、水泳同好会

●行事

生徒の自主性を重視し、行事も生徒主体で運営。特に文化祭では、クラス単位の展示などで高校生が中学生を指導するなど、縦のつながりも大切にしています。特色ある行事としては、矢田丘陵の山道12kmを走る「矢田山縦走」などがあります。

●修学旅行・研修旅行

研修旅行として、2023年度は、中3では信州、高2では九州を訪れます。高1の希望者を対象にシンガポールでの海外語学研修も実施します。

マネーガイド

■2024年度納付金（諸経費を含む）

	入学金	授業料	施設費	その他	計
入学手続時	150,000円	0円	100,000円	0円	250,000円
初年度総額	150,000円	618,000円	100,000円	163,400円	1,031,400円

◎寄付金：なし
◎授業料：3期分納
◎奨学金・特待生制度：なし

3期 学期制 / 完6 days 週5・6日制 / プール / cool 冷房 / 寮 / 食堂 / 私服通学 / 他 海外研修

サピックスからの合格実績（過去3年）	'22	'23	'24
	0名	3名	1名

進学指導の概要

特進コースでは、高2から志望大学別の授業で大学入学共通テスト対策演習や、国公立大2次試験に向けた対策を行います。また、医進コースも高2から医学部進学に向けた大学入学共通テストや国公立2次試験対策のための演習を実施し、学力の定着を図ります。さらに、志望大学への現役合格をめざし、さまざまな学力アッププログラムや補習を実施しているのが特徴です。補習については、成績が思わしくない生徒を対象としたフォローアップ補習のほか、ハイレベル補習（希望制）や基礎力強化のための補習も実施。高3向けには、大学入学共通テスト対策補習や2次試験対策補習も実施しています。

■現役大学進学者の進路の内訳

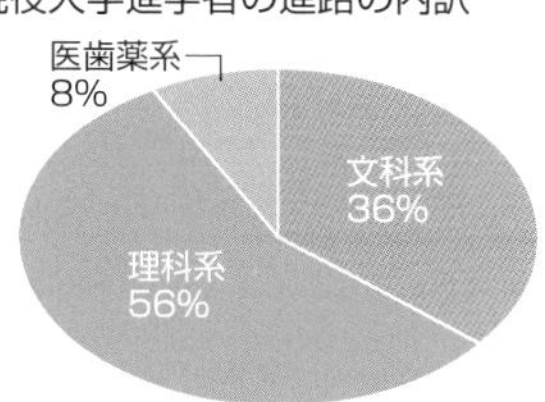

■併設高校から主要大学への合格実績

※上段は現役合格者数、下段は浪人を含めた合格者数。

	北海道大	東北大	東京大	橋大	東京工業大	東京芸術大	東京医科歯科大	京都大	大阪大	神戸大	大阪教育大	奈良女子大	大阪公立大	京都府立大	兵庫県立大	神戸市外国語大	滋賀医科大	京都府立医科大
22年	—	—	—	—	—	—	—	3	2	3	3	2	16	—	3	—	—	—
	2	—	1	—	—	—	—	6	5	4	3	3	20	—	4	—	—	—
23年	—	1	—	—	—	—	1	4	5	4	3	2	10	1	1	—	—	1
	2	1	—	—	—	—	1	10	9	7	3	2	15	1	1	—	—	1
24年	2	—	—	—	—	—	—	4	8	5	2	2	9	1	2	1	4	1
	4	—	1	—	—	—	1	10	13	8	4	2	12	1	3	2	6	1

	早稲田大	慶應義塾大	上智大	明治大	青山学院大	立教大	中央大	法政大	関西大	関西学院大	同志社大	立命館大	大阪医科薬科大	関西医科大	文部科学省所管外の大学校	海外の大学	国公立・医学部	私立・医学部
22年	—	—	1	2	—	—	—	—	31	34	25	39	1	—	2	—	5	7
	3	—	1	3	—	—	—	—	51	45	52	53	1	—	4	—	7	15
23年	3	1	—	2	—	—	1	—	27	37	36	20	4	—	2	—	6	—
	4	7	—	3	—	—	1	3	53	52	75	49	13	1	2	—	9	16
24年	5	2	—	1	1	—	—	—	44	39	25	45	3	—	1	—	4	1
	5	5	—	3	1	—	1	1	65	60	53	78	4	1	1	—	10	9

★指定校推薦枠（2024年度）非公表

入試情報

■2024年度の入試結果

			募集人員	出願者	受験者	合格者	実質倍率
A日程	特進	男子	特進125 医進35	28	26	17	1.5
		女子		19	19	15	1.3
	医進	男子		69	66	14（47）	4.7
		女子		37	37	8（20）	4.6
B日程	特進	男子		48	47	30	1.6
		女子		35	34	23	1.5
	医進	男子		125	121	33（74）	3.7
		女子		53	49	18（18）	2.7
C日程	特進	男子		46	14	6	2.3
		女子		33	11	7	1.6
	医進	男子		138	64	20（41）	3.2
		女子		62	25	5（18）	5.0

※カッコ内は特進コースへの回し合格

■2024年度 合格者の教科別平均点

			算数	国語	理科	社会	合計
A日程	特進	男子	83.4	98.4	65.2	68.7	315.5
		女子					
	医進		108.5	110.7	114.5	75.9	412.1
B日程	特進	男子	90.9	97.4	62.0	68.3	319.3
		女子					
	医進		120.0	112.5	110.6	76.3	422.2
C日程	特進	男子	76.8	101.2			178.0
		女子					
	医進		114.2	113.9			228.0

※3科型の場合は3科目の合計の1.25倍を、4科型の場合は3科目の合計の1.25倍と4科目の合計のうち高いほうを総合点とします。
○配点：算国＝各150点　理＝特100点・医150点　社＝100点
○合格最低点：A特進272.50点・医進389.00点　B特進281.00点・医進397.83点　C特進149点・医進209点
※特進コースの教科別平均点は第2希望での合格者を含めたもの

24年の募集要項

※以下は2024年の募集要項です。2025年の要項は学校の発表をお待ちください。

入 試 日／A1月13日　B1月14日　C1月15日
募集人員／男女160名(特進125名、医進35名)
合格発表／掲示・ホームページとも翌日(B・Cはホームページのみ)
手続締切／発表の翌日(Cのみ翌々日)
試験科目／国語(60分・150点)、算数(60分・150点)、理科(40分・100点)、社会(40分・100点)
※ABは3科(国算理）4科選択、Cは2科のみ。また、A・Bの医進コースについては、理科の配点を150点満点に換算
面　　接／なし
受 験 料／18,000円(A・Bで合格した者で、Cにも応募し、受験せずに入学した場合、Cの受験料の全額を授業料に充当。

公開行事・説明会予定

【入試説明会】要予約
10月 5日(土)14時～
11月 2日(土)14時～
【学校見学会】要予約
6月22日(土)14時～
7月13日(土)14時～
7月20日(土)14時～
8月24日(土)14時～
◆変更・中止の可能性もあります。必ず学校ホームページで確認してください。

西大和学園（にしやまと） 中学校

所在地／〒636-0082　奈良県河合町薬井295
TEL／0745-73-6565
学園長／岡田 清弘
創　立／1985年、学校法人西大和学園設立。1988年、中学校を開校。2014年より中学においても女子募集を開始。
URL／www.nishiyamato.ed.jp

	1年	2年	3年
男子	168名	164名	150名
女子	68名	72名	68名
クラス数	6組	6組	5組

中高総生徒数／1793名

〈交通アクセス〉
JR大和路線、近鉄生駒線「王寺」駅、近鉄田原本線「新王寺」駅よりバス5分、もしくは徒歩18分　近鉄田原本線「大輪田」駅より徒歩8分

世界に羽ばたく次代のリーダーを育てる進学校

次代を担う高い理想と豊かな人間性を持った生徒の育成を目標に、1986年に男女共学の西大和学園高校を開校。2年後の1988年、中高一貫教育を実施するために男子のみの中学校を併設し、2014年には女子中等部を設置しました。東大、京大をはじめ、国公立大医学部医学科などの最難関大学に高い進学実績を誇るのは、高3の長期休暇受験特別講座や進路カウンセリングなど、多様なサポートのたまものといえます。なお、中学の3年間は男女が別のクラスで授業を行うスタイルをとっています。

スクールライフ

●教育内容

みずから「知りたい」「やってみたい」と思える「内発的な動機」を生むきっかけと選択肢を体系的に整えています。英語は、週2時間の「国際理解」授業のみならず、芸術教科を英語で実施したり、洋書を使った多読やオンライン英会話を行ったりするなど、4技能をバランス良く習得します。中3は各自が興味のあるテーマを決めて卒業研究に取り組みます。低学年の希望者を中心に行う体験学習では、農作業体験やフィールドワーク、職業体験など、さまざまなプログラムを用意しています。

■主要5教科の週当たり時間（コマ）数

	英語	数学	国語	理科	社会
1年	※7	5	5	3	4
2年	※8	5	5	4	3
3年	※8	6	6	4	4
合計	23	16	16	11	11

※英会話の2時間を含む

◎1日当たりの授業コマ数：50分×6時限
※火曜日は50分×7時限、土曜日は50分×4時限
◎登校時間：8時55分

●部活動

文化系19、体育系10のクラブがあり、中学では約8割、高校では約6割の生徒が参加しています。

○文化系／放送、吹奏楽、新聞、ESS、ハートフル、茶華道、写真、囲碁将棋、現代美術研究、書道、地理歴史、コンピューター、鉄道研究、映画研究、クイズ研究、数学研究、科学、競技かるた、模擬国連
○体育系／陸上競技、硬式野球、中学軟式野球、サッカー、バスケットボール、バレーボール、硬式テニス、剣道、柔道、卓球

●行事

生徒会がテーマを決めて、生徒たちが自主的に企画・運営する清栄祭（文化祭）、応援合戦やパフォーマンスで盛り上がる体育祭のほか、新入生オリエンテーション、富士登山、ファームステイ、球技大会、水泳大会、芸術鑑賞会、スキースクール、カルタ大会などの多彩な行事が設けられています。

●修学旅行・研修旅行

中3でアメリカ西海岸でのグローバル研修プログラム（12日間）を実施。希望者には短期・長期のアメリカ留学制度もあります。高1の海外探究プログラムは、アジア圏の複数の国から選択して訪問します。

マネーガイド

■2024年度納付金（諸経費を含む）

	入学金	授業料	施設費	その他	計
入学手続時	200,000円	0円	0円	0円	200,000円
初年度総額	200,000円	576,000円	60,000円	120,000円	956,000円

※別途、旅行積立金30,000円×12回（宿泊を伴うすべての行事の費用）あり

◎寄付金：なし
◎授業料：3期分納
◎奨学金・特待生制度：なし

学期制

週5･6日制

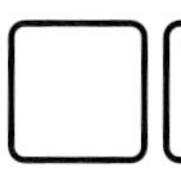
プール

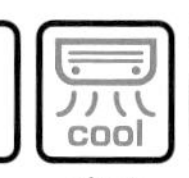

冷房

※男子のみ

寮

食堂

私服通学

海外研修

サピックスからの合格実績（過去3年）	'22	'23	'24
	53名	58名	54名

進学指導の概要

高校は文部科学省のスーパーサイエンスハイスクールに指定されており、これに対応するスーパーサイエンスクラスでは、大学や大学院との連携による最先端科学研究に挑戦します。また、グローバル・ビジネス・リーダーを育成するAIP(Action Innovation Program)では、世界を舞台に活躍する夢を実現する魅力的なプログラムを展開しています。130名前後の男子生徒が生活する青雲寮では、高校進学とともに8人部屋から4人部屋に移ります。寮では夜に勉強の時間を設定するなど、学習面の指導も万全です。集団生活を通じて人間的な成長をめざします。

■現役大学進学者の進路の内訳

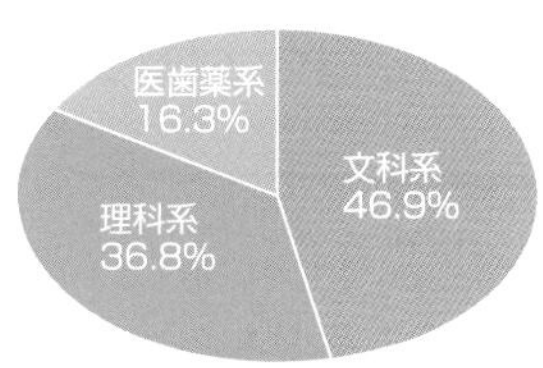

■併設高校から主要大学への合格実績

※上段は現役合格者数、下段は浪人を含めた合格者数。

	北海道大	東北大	東京大 文科Ⅰ類	東京大 文科Ⅱ類	東京大 文科Ⅲ類	東京大 理科Ⅰ類	東京大 理科Ⅱ類	東京大 理科Ⅲ類	東京大 合計	一橋大	東京工業大	東京芸術大	東京医科歯科大	京都大	大阪大	神戸大	大阪教育大	大阪公立大
22年	6	1	10	13	6	20	11	1	61	2	—	—	—	26	13	7	—	18
	7	1	13	16	10	24	15	1	79	6	—	—	—	40	16	15	—	21
23年	5	3	7	8	8	19	8	—	50	—	1	—	1	23	14	19	—	8
	8	3	14	13	12	20	13	1	73	2	4	—	1	39	25	29	—	14
24年	4	1	7	15	6	17	7	1	53	1	2	—	1	17	16	14	1	9
	10	1	10	17	7	24	11	2	71	4	3	—	1	29	20	24	2	24

	京都府立大	兵庫県立大	滋賀医科大	京都府立医科大	奈良県立医科大	和歌山県立医科大	早稲田大	慶應義塾大	関西大	関西学院大	同志社大	立命館大	大阪医科薬科大	関西医科大	文部科学省管外の大学校所	海外の大学	国公立・医学部	私立・医学部
22年	—	1	—	2	7	2	16	14	9	4	34	20	1	2	3	—	24	11
	—	1	—	5	9	4	42	30	23	12	86	53	4	2	7	—	40	32
23年	—	1	—	2	4	1	9	16	15	11	34	22	3	7	4	—	27	14
	1	3	—	3	6	2	49	49	26	27	90	42	9	11	7	—	50	36
24年	—	3	1	—	2	3	35	19	18	23	38	20	2	2	—	3	15	14
	—	3	1	—	6	4	60	49	25	35	86	39	9	9	1	3	32	38

★指定校推薦枠（2024年度）非公表

入試情報

■2024年度の入試結果

	募集人員	出願者	受験者	合格者	実質倍率
県外・札幌	男子約180 女子約40	50	48	17	2.8
県外・東京		233	233	118	2.0
県外・東海		257	257	62	4.1
県外・岡山		74	71	17	4.2
県外・広島		51	51	29	1.8
県外・福岡		83	82	58	1.4
県外・沖縄		54	50	2	25.0
21世紀型特色		188	181	18	10.1
本校		男子979 女子286	男子874 女子271	男子398 女子78	男子2.2 女子3.5

■2024年度入試 合格者の教科別平均点

	算数	国語	理科	社会	合計
県外 札幌・沖縄	104.3	105.8	89.9	87.8	387.8
県外 東京・東海	3科132.4 4科82.6	3科138.4 4科101.7	3科71.9 4科72.2	4科79.7	3科342.7 4科336.1
県外 岡山・広島・福岡	3科155.2 4科103.4	3科126.1 4科95.7	3科74.6 4科74.2	4科79.0	3科355.9 4科355.2
本校	男子107.9 女子100.7	男子102.9 女子110.4	男子72.8 女子70.7	男子69.2 女子71.5	男子356.7 女子356.3

○配点：算国＝各150点　理社＝各100点(東海・岡山のみ、3科は算国＝各200点)、英語A　算国＝各150点　英語筆記＝100点 英語エッセイ＝70点 英語面接＝30点、英語B　算国＝各150点　日本語面接
○合格最低点：本校男子339点　女子344点　県外札幌・沖縄 専願366点 併願376点 東京・東海 専願288点 併願308点　岡山・広島・福岡 専願320点 併願330点
※本校入試の4科受験は4科合計と算国理の合計の5/4倍の高いほうを総合点とする。3科受験は算国理の合計の5/4倍を総合点とする

24年の募集要項

※以下は2024年の募集要項です。2025年の要項は学校の発表をお待ちください。

入 試 日／県外入試 東京･東海1月6日、岡山･広島･福岡1月7日、札幌・沖縄1月10日
21世紀型特色入試(専願)1月13日
本校入試1月14日
募集人員／男女約220名(男子約180名 女子約40名)
合格発表／県外入試 東京・東海1月9日、岡山・広島・福岡1月10日、札幌・沖縄1月12日
本校・21世紀型特色入試1月15日
手続締切／札幌・東京・東海・岡山・広島・福岡・沖縄 合格発表翌日 本校・21世紀型特色入試1月16日
試験科目／県外入試　国語(60分・150点)、算数(60分・150点)、理科(40分・100点)、社会(40分・100点)
※東海・岡山のみ3科(国200点、算200点、理100点)4科選択
英語重視型入試：A国語(60分・150点)、算数(60分・150点)、英語筆記試験(40分・100点)、英語エッセイ(30分・70点)、英語面接(30点) B国語(60分・150点)、算数(60分・150点)、日本語面接
※Aは東京と本校のみ、Bは全会場で受験可
21世紀型特色入試　筆記試験(適性検査型の総合問題)、グループディスカッション、プレゼンテーション、面接等＋提出書類(入学希望理由書、模擬試験成績票等)
本校入試　国語(60分・150点)、算数(60分・150点)、理科(40分・100点)、社会(40分・100点)
※3科(国算理)4科選択
面　　接／なし
受 験 料／県外入試25,000円(複数回受験は割引あり)
21世紀型特色入試・本校入試20,000円

公開行事・説明会予定

【西大和学園を理解するための説明会】要予約
6月16日(日)　9時30分～(男子対象)、14時～(女子対象)
【受験希望者のための説明会】要予約
9月29日(日)10時～、14時～
10月　5日(土)10時～、13時～
10月14日(祝)10時～、14時～
11月　9日(土)10時～

◆変更・中止の可能性もあります。必ず学校ホームページで確認してください。

私立　関西　別学　に

白陵（はくりょう） 中学校

所在地／〒676-0827 兵庫県高砂市阿弥陀町阿弥陀2260
TEL／079-447-1675
学校長／宮﨑 陽太郎
創 立／1963年、白陵高等学校・中学校開校。1998年に中学校女子1期生入学。2020年、中学校が新制服に。
URL／www.hakuryo.ed.jp

	1年	2年	3年
男子 女子	197名	199名	194名
クラス数	5組	5組	5組

中高総生徒数／1153名

〈交通アクセス〉
JR神戸線「曽根」駅より徒歩15分

日常生活におけるしつけを重視した、少数精鋭の英才教育を実施

深遠なる洞察力と高い学識を持ち、事に当たって責任感と勇猛心ある人材たる基礎を培うことを本旨として1963年に創設されました。人本主義の精神にのっとり、「cura et disciplina（研究と訓練）・独立不羈（ふき）・正明闊達（せいめいかったつ）」の校是の下、日常生活ではしつけを重視して、責任を重んじ節度ある行動を取るよう、指導を徹底しています。山の懐にあるキャンパスは、勉学を妨げる騒音もなく、四季折々の自然や生物の営みを肌で触れられる恵まれた環境。遠方から入学する生徒のために、敷地内には男子寮（白陵寮）も備えています。

スクールライフ

●教育内容

6年間一貫した教育の利点を生かした独自のカリキュラムの下、英才教育を実施。国語・数学・外国語の主要3教科に力を入れており、綿密な思考力、的確な判断力、果敢な行動力の涵養をめざします。たとえば、高校文系でも数学Ⅲに挑戦します。さらに、夏休みや冬休みなどの長期休暇中には特別授業を行うなど、サポート体制も整えています。理科や社会では、実験や自由研究などの体験的プログラムが多いことも特徴です。その一方で、健康の増進と安全な生活の指導にも努め、体育の授業では柔道が必修（週1時間、中高で合計4年）となっています。

■主要5教科の週当たり時間（コマ）数

	英語	数学	国語	理科	社会
1年	6	6	4	4	4
2年	5	6	5	4	4
3年	5	6	6	4	4
合計	16	18	15	12	12

◎1日当たりの授業コマ数：50分×6時限
※月～金曜日は6時限または7時限、土曜日は4時限
◎登校時間：8時50分

●部活動

文化系17、体育系10の部があります。放課後の限られた時間での活動でありながら、生徒の参加率は高く、各部とも熱心に練習に励んでいます。
○文化系／吹奏楽、放送、写真、化学、生物、E.S.S.、美術、書道、茶道、歴史研究、鉄道研究、天文、将棋、文芸、C.P.C.（コンピューター・プログラミング・クラブ）、数学研究、競技かるた
○体育系／柔道、剣道、バレーボール、バスケットボール、サッカー、陸上競技、卓球、ソフトテニス、軟式野球（中学）、硬式野球（高校）

●行事

9月の運動会や文化祭のほか、球技大会や柔道大会、百人一首大会など、1年を通じてさまざまな行事が設定されています。秋に行われる文化公演会は、オーケストラや狂言鑑賞、各界で活躍する方を招いての講演会など多彩な内容で展開しています。

●修学旅行・研修旅行

中1の校外オリエンテーションや中2の校外学習など、野外学習も充実しています。修学旅行は、中3は東北・北海道（3泊4日）に、高2は沖縄方面（4泊5日）に行きます。

マネーガイド

■2024年度納付金（諸経費を含む）

	入学金	授業料	施設費	その他	計
入学手続時	150,000円	0円	0円	0円	150,000円
初年度総額	150,000円	408,000円	0円	553,600円	1,111,600円

※別途、旅行積立金等あり

◎寄付金：1口10万円、2口以上（任意）
◎授業料：月納
◎奨学金・特待生制度：なし

※男子のみ

学期制　週5･6日制　プール　冷房　寮　食堂　私服通学　海外研修

サピックスからの合格実績（過去3年）	'22	'23	'24
	0名	0名	0名

進学指導の概要

高校では志望に合わせ、2年次より文系・理系に分かれます。高3の授業では、問題演習、総復習、模擬試験を中心に行い、大学進学の準備に万全の態勢で臨みます。全員が大学入試に向けて大学入学共通テストを受験し、国公立大学に進学することをめざします。また、自宅からの通学が困難な生徒や、自立した規則正しい生活を身につけたい生徒のために白陵寮を用意（男子のみ）。そこでは、「教養と節度」を目標に、日常生活が快適かつ規則正しく行われ、平日・休日ともに約3時間の学習時間が設定されています。

■浪人を含む大学進学者の進路の内訳

■併設高校から主要大学への合格実績

※上段は現役合格者数、下段は浪人を含めた合格者数。

	北海道大	東北大	東京大	一橋大	東京工業大	東京芸術大	東京医科歯科大	京都大	大阪大	神戸大	大阪教育大	奈良女子大	大阪公立大	京都府立大	兵庫県立大	神戸市外国語大	滋賀医科大	京都府立医科大
22年	3	1	14	—	—	—	2	11	9	6	2	—	6	—	5	—	—	1
	3	1	20	—	—	—	2	16	10	9	2	—	8	—	5	—	—	1
23年	4	—	15	—	1	—	—	11	9	12	1	—	7	1	3	—	—	2
	4	1	16	1	1	1	—	16	14	17	1	—	9	1	5	—	—	3
24年	4	2	13	—	1	—	—	12	11	16	—	—	4	—	5	—	1	1
	5	2	16	1	1	—	—	14	13	19	—	—	5	—	9	—	1	1

	早稲田大	慶應義塾大	上智大	明治大	青山学院大	立教大	中央大	法政大	関西大	関西学院大	同志社大	立命館大	大阪医科薬科大	関西医科大	文部科学省管外の大学校所	海外の大学	国公立・医学部	私立・医学部
22年	14	8	1	2	2	—	4	1	6	12	22	17	1	4	1	—	—	—
	20	14	3	4	4	—	5	1	12	19	38	26	6	5	5	—	28	28
23年	10	9	2	2	1	—	2	—	8	20	14	13	6	6	6	—	—	—
	24	23	4	7	7	2	8	—	19	30	35	32	9	9	9	—	39	34
24年	18	16	1	3	2	1	3	—	14	28	26	22	5	4	2	—	—	—
	27	22	2	7	3	1	6	1	20	40	41	31	5	6	6	—	32	36

★指定校推薦枠（2024年度）なし

入試情報

■過去3年間の入試結果

		募集人員	出願者	受験者	合格者	実質倍率
22年	前期	175	364	339	200	1.7
	後期	若干	152	112	31	3.6
23年	前期	175	406	384	202	1.9
	後期	若干	164	124	30	4.1
24年	前期	175	365	341	204	1.7
	後期	若干	178	133	37	3.6

○前期配点：算国＝120点　理＝100点　後期配点：算国＝各100点　面接20点
○合格最低点：前期200点　後期132点

24年の募集要項

※以下は2024年の募集要項です。2025年の要項は学校の発表をお待ちください。

入 試 日／前期1月13日 後期1月16日
募集人員／男女175名（前期：男女175名　後期：男女若干名）
合格発表／前期1月14日 後期1月17日
手続締切／前期1月15日 後期1月18日
試験科目／国語(前期：70分・120点、後期：60分・100点)、
算数(前期：70分・120点、後期：60分・100点)、
理科(前期のみ：70分・100点)
面接(後期のみ：20点)
面　　接／後期のみ
受 験 料／20,000円

公開行事・説明会予定

【学校説明会】
6月29日(土)
【入試説明会】
10月 5日(土)
10月26日(土)
【文化祭】
9月22日(祝)
【運動会】
9月 8日(日)
◆変更・中止の可能性もあります。必ず学校ホームページで確認してください。

雲雀丘学園(ひばりがおか) 中学校

所在地／〒665-0805 兵庫県宝塚市雲雀丘4-2-1
TEL／072-759-1300
学校長／中井 啓之
創　立／1949年、兵庫県川辺郡西谷村立西谷小学校雲雀丘分校として開校。1953年に中学校、1956年に高等学校を開校。
URL／www.hibari.jp

	1年	2年	3年
男子	63名	65名	57名
女子	108名	103名	99名
クラス数	4組	4組	4組

中高総生徒数／1470名

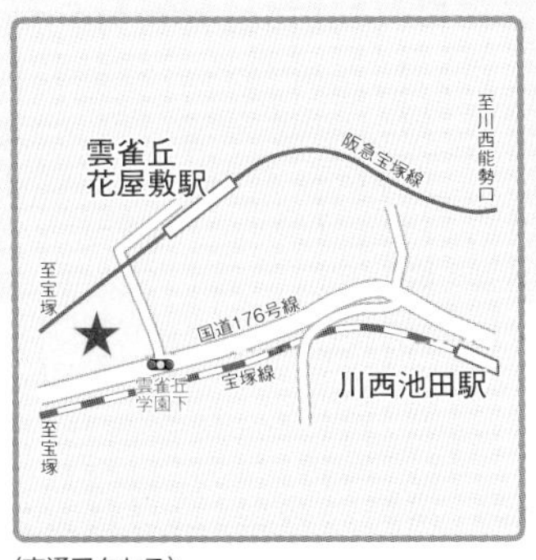

〈交通アクセス〉
阪急宝塚線「雲雀丘花屋敷」駅より徒歩3分
JR宝塚線「川西池田」駅より徒歩12分

実体験から得る学びを重視し、人間教育の柱として環境教育を実施

創立以来、「孝道」を中心とした全人教育を標榜。校是としている「高志」「自律」「努力」の3つは、「高い志を持ち、自らを律し、その達成に向けてたゆまぬ努力を続ける生徒の育成を図る」ことを意味します。そうした建学の精神を具現化する教育方針として、「社会で活躍するリーダーの育成」を掲げています。創立以来、学校改革を着実に続けることで進学校へと成長。加えて、人間性を高めることにも力を入れており、その柱の1つとして環境教育を実施。特に中学では、実体験から得る学びを重視した学習プログラムを導入しています。

スクールライフ

●教育内容

人間力を基礎として、体力、忍耐力などを備えたうえで、何事にもチャレンジする生徒を育てます。本物の学びを通して知的好奇心を育て、主体的に学べる環境を整備。校内の「探究ゼミ」や課外活動の「探究プロジェクト」があり、たとえば大学の研究室を訪れ、そこで経験したことを発表する機会も与えられます。授業改革に着手し、知識を詰め込むばかりでなく、「なぜ」を問い、考える授業を大切にするとともに、即興型英語ディベートなど、英語教育を強化しています。研修旅行や留学生の受け入れを通じて多様な価値観や異文化を経験し、柔軟に対応できる力を伸ばします。

■主要5教科の週当たり時間（コマ）数

	英語	数学	国語	理科	社会
1年	6	5	5	4	4
2年	6	6	5	4	4
3年	7	6	5	4	4
合計	19	17	15	12	12

◎1日当たりの授業コマ数：50分×6時限
※週1回7時限、土曜日は4時限
◎登校時間：8時20分

●部活動

豊かな人間性を育むことを目的として、部活動には特に力を入れています。生徒の入部率も高く、中学で9割を超え、中高全体でも7割に達します。

○文化系／美術、ESS、茶道、華道、演劇、科学、鉄道研究、箏曲、ボランティア、書道、合唱、囲碁・将棋、ギター・マンドリン、吹奏楽、放送、写真

○体育系／軟式野球、硬式テニス、ソフトテニス、サッカー、バレーボール、バスケットボール、水泳、柔道、剣道、以下3部は高校のみ：硬式野球、陸上、ダンス同好会

●行事

体育大会（5月）、文化祭（9月）、演劇鑑賞、英語暗唱大会、職業人レクチャー、グローバル研修など

●修学旅行・研修旅行

中1の林間学舎では大山(だいせん)に登頂し、中2は沖縄で平和教育と環境学習に取り組みます。中3は生徒が立案、計画する「行き先から作る修学旅行」を実施します。中2・3の希望者には夏期にカナダへの短期語学研修、中3の3学期にカナダへの中期留学を用意しています。高1・2の希望者はオーストラリア／アイルランド語学研修やボストングローバル研修に参加します。高2での修学旅行は国内か国外（シンガポール、マレーシア）を選び、環境や文化の多様性を学びます。

マネーガイド

■2024年度納付金（諸経費を含む）

	入学金	授業料	施設費	その他	計
入学手続時	280,000円	0円	200,000円	0円	480,000円
初年度総額	280,000円	542,000円	200,000円	172,000円	1,194,000円

※研修旅行（選択制）の費用は別途徴収

◎寄付金：なし
◎授業料：4期分納
◎奨学金・特待生制度：入試成績優秀者

学期制 週5・6日制 プール 冷房 寮 食堂 私服通学 海外研修

サピックスからの合格実績（過去3年）	'22	'23	'24
	3名	9名	9名

ライフデザイン教育として、さまざまな業界の第一線で活躍する社会人を招く「職業人に学ぶ」や、30以上の大学から招いた講師によって興味のある内容を体験できる「One Day College」、大学の研究室で実験をさせてもらう「探究プロジェクト」や「高大連携講座」などを実施しています。また、高1から英数国の補習授業としてスタディアップ講座を週に2回実施しています。高2から文系・理系に分かれ、スタディアップ講座にも理科、社会が加わります。高3では0限と7・8限に多くの講習が用意され、自由に選ぶことができます。自習体制も整えており、夜8時まで残って勉強できます。

■2024年3月卒業者の進路の内訳

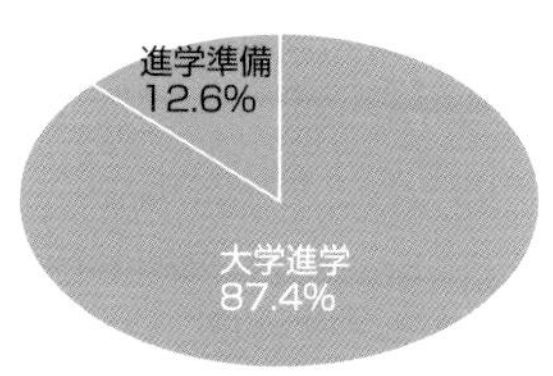

■併設高校から主要大学への合格実績

※上段は現役合格者数、下段は浪人を含めた合格者数。

	北海道大	東北大	東京大	筑波大	東京工業大	電気通信大	京都大	大阪大	神戸大	九州大	大阪教育大	奈良女子大	大阪公立大	京都府立大	兵庫県立大	神戸市外国語大	滋賀医科大	京都府立医科大
22年	—	—	—	1	—	1	4	14	12	—	3	2	24	1	4	1	—	—
	—	—	1	1	—	1	6	15	12	—	3	2	28	2	5	1	—	—
23年	2	1	1	—	—	1	2	14	6	2	9	3	21	1	11	—	—	1
	2	1	1	—	1	1	2	17	8	2	9	4	21	1	11	—	—	1
24年	1	2	—	—	—	—	4	13	13	—	2	3	11	1	9	2	—	—
	2	2	1	—	—	—	6	15	18	—	2	4	12	1	10	3	—	—

	早稲田大	慶應義塾大	上智大	東京理科大	明治大	青山学院大	中央大	法政大	関西大	関西学院大	同志社大	立命館大	大阪医科薬科大	関西医科大	文部科学省所管外の大学校	海外の大学	国公立・医学部	私立・医学部
22年	5	1	—	—	1	2	—	2	91	80	65	91	7	2	5	2	3	1
	7	2	—	—	1	3	—	2	104	92	75	104	9	2	5	2	6	8
23年	6	2	1	2	4	2	1	—	114	76	53	89	6	2	1	3	3	1
	6	2	1	4	4	2	1	3	123	83	64	94	7	2	1	3	5	3
24年	4	1	—	—	2	1	7	—	124	123	75	79	8	3	2	1	1	3
	6	1	—	3	2	1	8	1	147	144	85	99	8	3	2	1	1	4

★指定校推薦枠（2024年度） 非公表

入試情報

■過去3年間の入試結果

		募集人員	出願者	受験者	合格者	実質倍率
22年	A日程午前	160	302	295	150	2.0
	A日程午後		418	415	142	2.9
	B日程理科		329	320	110	2.9
	B日程英語		17	17	2	8.5
23年	A日程午前	160	263	258	96	2.7
	A日程午後		464	452	160	2.8
	B日程理科		353	345	114	3.0
	B日程英語		8	7	4	1.8
24年	A日程午前	160	246	239	119	2.0
	A日程午後		427	418	140	3.0
	B日程理科		358	347	70	5.0
	B日程英語		11	11	3	3.7

■2024年度入試 合格者の教科別平均点（男女合計データ）

	算数	国語	理科	社会	合計
A日程午前	105.9	117.0	76.8	76.5	381.0
A日程午後	76.7	83.9			163.1
B日程理科	113.6	122.7	77.8		314.1
B日程英語	96.0	112.7	英語/84.3		301.8

○A日程午前配点：算国＝各150点 理社＝各100点
A日程午後配点：算国＝各100点 B日程理科配点：算国＝各150点 理＝100点
B日程英語配点：算国＝150点 英＝100点（筆記60点、面接40点）
○合格最低点：A日程午前352点 A日程午後149点 B日程理科300点 B日程英語289点
※合格者の平均点合計と合格最低点には、英検®取得者などへの優遇措置の点数（A日程午前：準2級以上には30点、3級には15点、A日程午後：準2級以上には12点、3級には6点）が加算されています。

24年の募集要項

※以下は2024年の募集要項です。2025年の要項は学校の発表をお待ちください。

入試日／A日程午前1月13日午前 A日程午後1月13日午後 B日程1月14日
募集人員／男女160名
合格発表／いずれも翌日(掲示、ホームページ)
手続締切／A日程午前1月15日 A日程午後1月16日 B日程1月17日
試験科目／A日程午前 国語(60分・150点)、算数(60分・150点)、理科(40分・100点)、社会(40分・100点)
※3科・4科を出願時に選択。4科選択者は3科(国算理×1.25)・4科の高いほうの得点で判定
A日程午後 国語(60分・100点)、算数(60分・100点)
B日程 理科入試 国語(60分・150点)、算数(60分・150点)、理科(40分・100点)
B日程 英語入試 国語(60分・150点)、算数(60分・150点)、英語(筆記30分・60点＋面接5分・40点)
※理科入試と英語入試は別々に選考
面接／なし
受験料／20,000円

【中学入試説明会】要予約
11月 2日(土)午後
【中学オープンスクール】要予約
7月13日(土)午後
8月24日(土)午前
9月28日(土)午前
【クラブ見学会】要予約
6月15日(土)午後
10月 5日(土)午後
11月16日(土)午後
◆変更・中止の可能性もあります。必ず学校ホームページで確認してください。

洛南高等学校附属 中学校

所在地／〒601-8478 京都市南区壬生通八条下る東寺町559
TEL／075-672-2661
学校長／西村 文宏
創　立／1962年、洛南高校として発足。1985年、附属中学校を併設。2006年に共学化される。
URL／www.rakunan-h.ed.jp

	1年	2年	3年
男子	184名	182名	183名
女子	109名	108名	106名
クラス数	7組	7組	7組

中高総生徒数／2119名　併設小から約30%

至四条大宮
大宮通
堀川通
至二条
至山科
嵯峨野線
京都駅
京都線
八条口
大宮八条
至大阪
市バス
東寺東門前
東寺
東寺駅
九条通
京阪国道口
九条大宮
近鉄京都線
至伏見

〈交通アクセス〉
JRほか「京都駅」より徒歩13分　近鉄「東寺」駅より徒歩10分　京福嵐山本線「四条大宮」駅よりバス10分「東寺東門」下車徒歩3分

礼儀作法とけじめを身につけ、知性と人間性にあふれた生徒を育成

弘法大師・空海によって828年に開校された日本最古の私学「綜藝種智院（しゅげいしゅちいん）」の流れをくむ学校です。学祖である弘法大師の建学の精神を受け継ぎ、「知育・徳育・体育・共同・自省」の5つを教育の柱に、礼儀作法とけじめを身につけ、温かい心と自立心を持った独立者たる人物を養成しています。東寺に隣接した校舎は、コンピュータ室や蔵書約6万冊の冷暖房完備の図書館、生徒食堂などの快適かつ高機能な設備を完備。オールシーズン使用できる屋内プールなどスポーツ施設も充実しており、学力とともに体力も育んでいます。

スクールライフ

●教育内容

英語は中2で中学の内容を終了し、発展した学習に移行。小テストなども活用して「聞く力」「話す力」「読む力」「書く力」を徹底的に養成します。数学は表現力の育成に力を入れるとともに、大学受験を見据えた内容を、学校独自の教材で繰り返し学んで定着を図ります。国語は毎週の小テストやレポートを通じて語句の力を習得。読解力を高めると同時に見識を広げ、「考える力」の養成を重視しています。理科や社会でも、事実・事象への興味を培い、みずから考え、分析・探究できるよう工夫しています。高校課程は最難関大学・学部をめざす「空パラダイム」と難関国公立大・有名私立大をめざす「海パラダイム」の2コース制となり、附属中学校の生徒は「空パラダイム」(内部進学コース)につなげていきます。

■主要5教科の週当たり時間（コマ）数

	英語	数学	国語	理科	社会
1年	6	6	5	4	4
2年	6	6	5	4	4
3年	6	6	6	4	4
合計	18	18	16	12	12

◎1日当たりの授業コマ数：45分×6時限
※土曜日は4時限。第2土曜日は休み
◎登校時間：8時25分

●部活動

中学では文化系20、体育系9の部があり、参加率は約9割。中高合同の部もあり、活発に活動しています。全国大会でも活躍する囲碁部やディベート部、吹奏楽部など、文化部の活躍も目立ちます。

○文化系／地理歴史研究、数学研究、理科、囲碁、ESS、吹奏楽、放送、書道、将棋、コンピュータ、鉄道研究、文芸、美術、クイズ研究、競技かるた、合唱、華道、茶道、俳句創作、ディベート

○体育系／陸上、サッカー、卓球、バレーボール、バスケットボール、水泳、柔道、剣道、硬式テニス

●行事

歌かるた大会や合唱祭、弁論大会、芸術鑑賞のほか、2～4人の生徒たちが英語の脚本を考えて実演する「スピーキングコンテスト」、弘法大師・空海に報恩感謝する法要「御影供（みえいく）」など、多彩な行事で豊かな人間性を育みます。

●修学旅行・研修旅行

中1の高野山オリエンテーション合宿をはじめ、スキー研修合宿、登山合宿など、校外行事も盛んです。研修旅行は中3で沖縄を訪れます。

マネーガイド

■2024年度納付金（諸経費を含む）

	入学金	授業料	施設費	その他	計
入学手続時	100,000円	0円	0円	0円	100,000円
初年度総額	100,000円	643,200円	0円	約250,000円	約993,200円

◎寄付金：1口30万円（任意）
◎授業料：3期分納、月納可
◎奨学金・特待生制度：なし

3期 学期制　他 週5・6日制　温 プール　cool 冷房　寮　食堂　私服通学　希 海外研修

サピックスからの合格実績（過去3年）	'22	'23	'24
	4名	5名	6名

進学指導の概要

附属中卒業生は、高入生とは別クラス編成で、難関国公立大学を志望する生徒のための「空パラダイム」へと進学します。予習－授業－復習の流れを重視し、小テストで基礎学力を充実させる「check&study」の学習を展開。1日7時限授業に加え、毎学期終了時の補習授業、学習合宿（高野山）などを行い、高度で綿密な学習指導で学力の充実・向上を図っています。

高2からは文系・理系別の選択授業が導入され、一人ひとりの志望と適性に応じた進路指導を徹底。学級担任や教科担当が保護者との連携を緊密にした親身な指導を行い、全国屈指の進学実績を誇っています。

■現役国公立大学合格者の進路の内訳

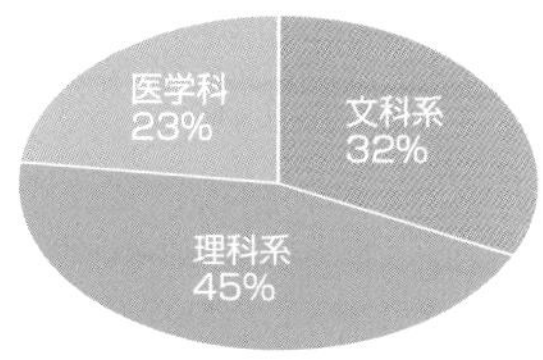

■併設高校から主要大学への合格実績

※上段は現役合格者数、下段は浪人を含めた合格者数。

	北海道大	東北大	東京大	一橋大	東京工業大	東京芸術大	東京医科歯科大	京都大	大阪大	神戸大	大阪教育大	奈良女子大	大阪公立大	京都府立大	兵庫県立大	神戸市外国語大	滋賀医科大	京都府立医科大
22年	7	3	8	—	1	—	1	56	22	18	—	1	16	1	5	—	2	8
	11	4	10	1	1	—	1	76	33	21	—	1	29	1	6	—	3	12
23年	4	1	12	2	1	—	—	62	25	13	2	1	15	3	3	—	—	8
	4	3	13	5	3	—	—	76	33	17	2	1	28	3	5	—	3	12
24年	2	—	9	1	1	1	—	72	16	18	2	1	19	1	2	—	3	7
	5	1	12	2	2	1	—	83	22	27	3	2	35	1	4	—	3	11

	早稲田大	慶應義塾大	上智大	明治大	青山学院大	立教大	中央大	法政大	関西大	関西学院大	同志社大	立命館大	大阪医科薬科大	関西医科大	文部科学省所管外の大学校	海外の大学	国公立・医学部	私立・医学部
22年	24	9	3	9	2	1	5	2	28	31	76	103	11	5	6	—	42	22
	35	23	3	13	3	6	10	3	42	59	121	184	20	10	13	1	61	56
23年	18	19	3	2	1	2	5	1	32	47	85	135	16	8	18	6	48	30
	25	28	5	5	4	2	8	4	50	63	148	195	29	15	22	6	77	65
24年	21	19	3	2	1	—	4	6	52	28	68	99	10	10	17	25	49	24
	28	30	4	9	3	—	4	6	79	43	114	163	15	20	20	25	70	65

★指定校推薦枠（2024年度）非公表

入試情報

■過去3年間の入試結果

		募集人員	出願者	受験者	合格者	実質倍率
22年	男子	約280(内進約90含)	510	428	191	2.2
	女子		265	257	99	2.6
23年	男子	約280(内進約90含)	617	529	200	2.6
	女子		266	252	90	2.8
24年	男子	約280(内進約90含)	643	541	195	2.8
	女子		271	257	95	2.7

■2024年度入試 合格者の教科別平均点（男女合計データ）

		算数	国語	理科	社会	合計
併願専願	3科	93.8	86.9	66.3		246.9
	4科	82.8	92.6	62.6	72.8	243.3
				67.8		

※併願・専願ともに3科型(算国理)または4科型(算国理社)を選択
○3科型配点：算国＝各150点　理＝100点
○4科型配点：算国＝各150点　理＝50点(3科型の100点を50点に換算)　社＝50点
○合格最低点(3科型・4科型の区別なく、合計400点満点で判定)男子専願201点　女子専願217点　男女併願252点
※附属小学校からの内進者は含まない

24年の募集要項

※以下は2024年の募集要項です。2025年の要項は学校の発表をお待ちください。

入試日／1月15日
募集人員／男女約280名(内進者約90名を含む)
合格発表／1月17日
手続締切／1月18日
試験科目／国語(60分・150点)、算数(70分・150点)、理科(45分・100点/4科の場合は50点に換算)、社会(45分・50点)
3科(国算理)4科選択
面　接／なし
受験料／20,000円

公開行事・説明会予定

【入試説明会】
10月26日(土)10時～
【オープンキャンパス】体験授業、クラブ活動見学等
6月22日(土)10時～
10月19日(土)11時30分～
【体育祭】
9月22日(祝)　9時～16時
【文化祭】
10月 4日(金)、10月5日(土)　9時～15時
◆変更・中止の可能性もあります。必ず学校ホームページで確認してください。

サピックスOB・OGの声

●空海が創設した「綜藝種智院」をルーツとする学校で、その基礎となっているのが大乗仏教の教え。大乗とは「たくさんの人々を乗せる大きな船」の意味で、生きとし生けるものを救い、良い方向に導くことを表しています。だから、生徒の間にも「自分さえ良ければいい」という個人主義的な考え方はありません。

●行事の種類が豊富で、特に体育祭や各種スポーツ大会などは、高校からスポーツ推薦の生徒が入学してくることもあり、非常に盛り上がります。高校生による応援団も名物の1つです。

立命館 中学校

所在地／〒617-8577　京都府長岡京市調子1-1-1
TEL／075-323-7111
学校長／東谷 保裕
創　立／1905年に京都法政大学の付属校として清和普通学校を設立。1906年に清和中学校と、1913年に立命館中学校とそれぞれ改称。
URL／www.ritsumei.ac.jp/hkc

	1年	2年	3年
男子	117名	92名	115名
女子	133名	152名	124名
クラス数	8組	8組	8組

中高総生徒数／1811名

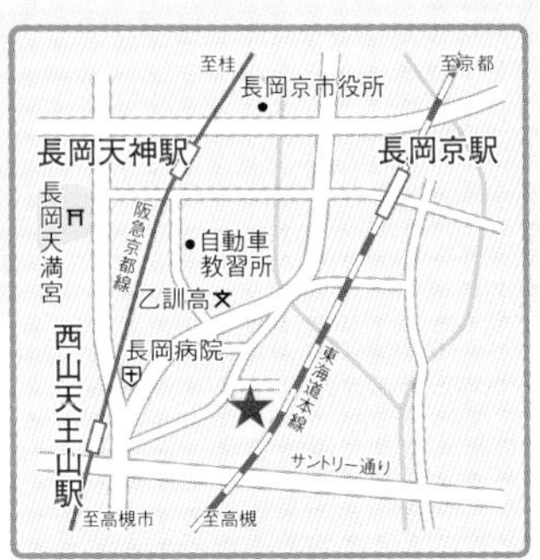

〈交通アクセス〉
阪急京都線「西山天王山」駅より徒歩8分、JR京都線「長岡京」駅より徒歩15分 京阪本線「淀」駅よりバス12分調子バス停下車

学園一体となった一貫教育で、国際社会に貢献する人材を育成

100年を超える歴史のなか､「自由と清新」を建学の精神に､「平和と民主主義」を教学理念に掲げ、一人ひとりの可能性を伸ばす独自の教育を実践。「新たな価値を創造し、社会に貢献できるグローバルリーダーの育成」をミッションとして、国際社会を先導する自立した人材を育てています。大学との一貫教育体制の強化、国際教育の推進などの特色化を図っている一方で、立命館高校はスーパーサイエンスハイスクール（SSH）に指定されており、新しい科学教育の研究開発にも力を注いでいます。

スクールライフ

●教育内容

医学系大学や難関国公立大学への進学を可能にする「ALコース」、基礎を育み将来の可能性を大きく広げる「CLコース」の2コースを設定。中学入学時から各コースに分かれます。各コースとも、1クラス30人前後の少人数制です。

学力の基盤をつくるため、毎朝10分間の読書を実践し、毎日の課題や自主学習によって、学習習慣を確立していきます。また､実験や観察など理科への興味をかき立てる授業も豊富に用意しており､グループで研究・発表する｢ポスターセッションコンテスト｣も開催しています。

■主要5教科の週当たり時間（コマ）数

	英語	数学	国語	理科	社会
1年	6	5	4	4	3
2年	6	5	5	4	4
3年	6	6	5	4	4
合計	18	16	14	12	11

◎1日当たりの授業コマ数：45分×7時限
◎登校時間：8時40分

●部活動

中学は文化系6、体育系18のクラブ、高校は文化系8、体育系20のクラブ、さらに中高一貫の2つの同好会と2つの特別委員会があります。

○文化系／吹奏楽、美術、サイエンス、情報メディア、書道、演劇

○体育系／サッカー、水泳、スキー、卓球、ソフトテニス（男女）、陸上競技、バスケットボール（男女）、バレーボール（男女）、野球、陸上ホッケー（男女）、空手道、剣道、フェンシング、ラグビー

●行事

自治の気風が強く、さまざまな学校行事を生徒会が中心となり､一から生徒たちの手でつくっていきます。また、全校集会や始業式・終業式などの運営も生徒会執行部が主体となって行っています。

●修学旅行・研修旅行

入学後すぐに行われる卯月祭（新入生歓迎会）、戦争や平和について深く考え、日常に感謝できる心を育てる沖縄平和研修（中2）、外国や異文化を肌で体験するための2週間にわたるオーストラリア研修（中3）など、多くの研修が実施されています。また、世界各国の提携校や姉妹校に留学できる制度のほか、アジア学生交流会議、模擬国連、海外ボランティア研修など、国際交流の機会も多く設けられています。

マネーガイド

■2024年度納付金（諸経費を含む）　※CLコースの場合

	入学金	授業料	施設費	その他	計
入学手続時	120,000円	0円	0円	0円	120,000円
初年度総額	120,000円	672,000円	264,000円	約265,880円	約1,321,880円

◎寄付金：任意
◎授業料：3期分納
◎奨学金制度：成績優秀者でかつ経済的理由で就学困難な者に奨学金を給付

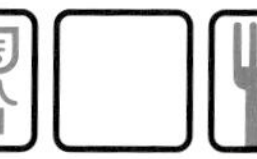

全

学期制　週5・6日制　プール　冷房　寮　食堂　私服通学　海外研修

サピックスからの合格実績（過去3年）	'22	'23	'24
	0名	4名	0名

進学指導の概要

ほとんどの生徒が立命館高校に進学します。中3からはMSコース（文理特進）、コアコース（文理総合）に分かれ、高1からはコアコースのなかにGJクラス（グローバルジュニア）ができます。コアコースは高2でSS（理数）・SSG（理数系・国際）・GL（国際）・CE（文社）の4コースのいずれかを選択します。MSコースは立命館大学以外の難関国公立大学への進学が基本で、コアコース（GJクラス含む）は主に立命館大学に進学します。また、早くから進路について考えさせようと、高1よりキャリアガイダンスを積極的に開催しています。さらに、国際性とコミュニケーション能力を養成する取り組みも充実。コミュニケーション英語の授業、外国人講師による授業、海外の高校生との共同研究や国際フェアへの参加など、コースに合わせた取り組みで、国際舞台で活躍できる実力を養成しています。一定以上の成績を収めた生徒に対しては、立命館大学と立命館アジア太平洋大学への推薦制度があり、7割以上の生徒がこの制度を利用して両大学に進学しています。

■2024年3月卒業生の進路の内訳

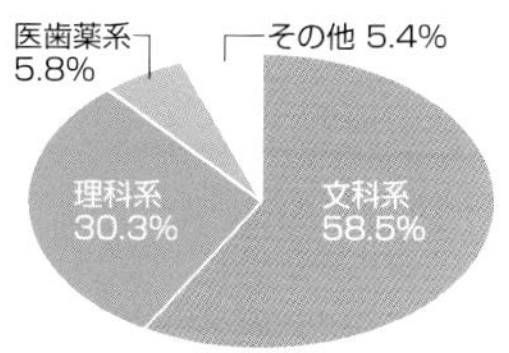

★他大学への進学状況(2024年度)京都大8名、大阪大3名、神戸大3名、九州大3名、北海道大1名など

■併設大学（立命館大学、立命館アジア太平洋大学）への推薦状況

	立命館大学																立命館アジア太平洋大学		
	法学部	文学部	産業社会学部	政策科学部	国際関係学部	映像学部	経済学部	経営学部	理工学部	情報理工学部	生命科学部	総合心理学部	薬学部	スポーツ健康科学部	食マネジメント学部	グローバル教養学部	国際経営学部	アジア太平洋学部	サステイナビリティ観光学部
22年	28名	24名	7名	20名	9名	8名	22名	43名	15名	29名	13名	15名	12名	13名	16名	―名	1名	2名	
23年	30名	26名	9名	20名	13名	7名	20名	40名	20名	31名	17名	13名	9名	8名	16名	―名	―名	1名	1名
24年	16名	23名	16名	18名	6名	7名	24名	38名	28名	38名	16名	14名	8名	6名	6名	1名	3名	2名	1名

★指定校推薦枠（2024年度）非公表

入試情報

■2024年度の入試結果

		募集人員	出願者	受験者	合格者
前期A	AL	AL 約60 CL 約60	96	90	41
	CL		33	33	40(22)
前期B	AL		137	122	43
	CL		66	66	18(6)
後期	AL		414	398	85
	CL		107	106	59(51)

※カッコ内の数字はALからの回し合格者数(内数)

■2024年度入試 受験者・合格者の教科別平均点

			算数	国語	理科	社会	合計
前期A	受験者	AL	非公表				
		CL					
	合格者	AL					
		CL					
前期B	受験者	AL	50.4	49.1	27.3	33.0	159.1
		CL	45.5	45.8	24.3	30.4	145.1
	合格者	AL	65.4	58.0	34.5	36.6	195.3
		CL	57.2	50.8	29.2	34.0	175.4
後期	受験者	AL	53.3	57.7	30.0	36.3	176.3
		CL	41.7	50.8	24.8	31.0	145.1
	合格者	AL	70.5	67.3	37.4	41.8	217.2
		CL	64.7	63.5	33.7	39.1	200.7

※筆記試験は、前期A・CL(2科〈算国〉)以外は3科(算国理)4科選択。合否判定は以下のように行われます。前期A：筆記試験、面接、書類による総合評価　前期B・後期：筆記試験による評価。ただし、3科は①「(算国理の合計)×1.2」、②「(国理の合計)+(算×1.5)」の高いほうで、4科は①「(算国理の合計)×1.2」、②「(国理の合計)+(算×1.5)」、③「4科の合計」のうち最も高い点数で、それぞれ判定。

○合格最低点：前期A非公表　前期B AL177点・CL170点　後期 AL205点・CL194点

24年の募集要項

※以下は2024年の募集要項です。2025年の要項は学校の発表をお待ちください。

入 試 日／前期A・B 1月13日 後期 1月14日

募集人員／前後期合わせて男女約120名

※ALコース約60名、CLコース約60名。ALコース志望者はCLコースを第2志望とすることができる

合格発表／1月16日(ホームページ)

手続締切／1月19日

試験科目／国語(50分・100点)、算数(50分・100点)、理科(40分・50点)、社会(40分・50点)

・前期AのALコース：3科(国算理)4科選択＋個人面接

・前期AのCLコース：2科(国算)＋個人面接

・前期B・後期(AL・CL共通)：3科(国算理)4科選択

面　　接／あり(前期Aのみ)

受 験 料／20,000円

公開行事・説明会予定

【学校説明会・入試相談会】要予約、4～6年生対象
11月16日(土) 9時～

【オープンキャンパス】要予約、5・6年生対象
6月15日(土) 9時～、11時40分～

【ナビゲーションDay】要予約、4～6年生対象
10月 5日(土)11時50分～、14時30分～

【第2回クラブ体験日】要予約、4～6年生対象
10月27日(日)

【RSGF見学会】要予約、4～6年生対象
11月16日(土)

【Decision-making Day(最終相談会)】要予約、6年生対象
12月 8日(日)

◆変更・中止の可能性もあります。必ず学校ホームページで確認してください。

函館ラ・サール 中学校

所在地／〒041-8765 北海道函館市日吉町1-12-1
TEL／0138-52-0365
学校長／齋藤 瑞木
創 立／1960年、カトリック・ラ・サール修道会によって、函館市日吉町に高等学校を設立。1999年、中学校を開校。
URL／www.h-lasalle.ed.jp

	1年	2年	3年
男子	72名	60名	63名
女子	—	—	—
クラス数	2組	2組	2組

中高総生徒数／514名

〈交通アクセス〉
JR函館本線「函館」駅よりバス30分 市電「湯の川」駅より徒歩10分 函館空港よりバス15分

大部屋寮生活など、ファミリースピリットに満ちた進学校

鹿児島県のラ・サール中・高とは兄弟校です。カトリックのミッションスクールとして人間教育を重視すると同時に、問題を抱えた子をあくまでも支援しています。また、全国唯一の50人大部屋寮生活を通して、生徒たちは深く多様な友人関係と、たくましい人間関係力、コミュニケーション能力を身につけます。東京・大阪・名古屋でも入試が行われているため、首都圏や京阪神・名古屋周辺からの進学者だけで全入学者の過半数を占めています。勉学では基礎学力を確立したうえで、レベルの高い学習を能率的に進めていきます。

スクールライフ

●教育内容

週37時間授業によって主要教科に多くの時間を充てると同時に、実技教科にも公立校と同じ時間数を確保し、バランスのとれた教育を行っています。全教科統一的な先取り学習は行いませんが、生徒のレベルの高さや授業コマ数の多さにより、実質的な進度は速く、中3になると高校の学習内容に入ります。英語は外国人講師によるオーラルコミュニケーションなどを行い、英語に親しみを持たせながら効率的な指導を実践しています。そのほか、ミッションスクールならではの倫理宗教の科目を設け、自分の心と他者の心を大切にすることを教えています。

■主要5教科の週当たり時間（コマ）数

	英語	数学	国語	理科	社会
1年	6	6	6	4	3
2年	6	6	6	4	4
3年	6	6	6	4	4
合計	18	18	18	12	11

◎1日当たりの授業コマ数：45分×7時限
※月・水曜日は6時限、土曜日は4時限
◎登校時間：8時30分

●部活動

中学には文化系、体育系合わせて18の部があり、約8割の生徒がいずれかの部に加入しています。近年では3回の全国大会出場を果たした高校ラグビー部の活躍が目立ちます。

○文化系／棋道、グリー、茶道、写真、吹奏楽、放送、理科

○体育系／硬式テニス、サッカー、柔道、水泳、体操、卓球、バスケットボール、バレーボール、野球、ラグビー、陸上

●行事

学園祭は生徒会・文化委員会が中心となって運営。全国区の学校であることの特長が随所に表れるものになっています。また、球技大会、芸術鑑賞、フィールドワーク、クリスマス会のほか、2月に行われる雪中運動会など、北国ならではのイベントもあります。このほか、伝統ある名物行事「速歩遠足」には高校生が参加し、約27kmコースの完走歩をめざします。

●修学旅行・研修旅行

中3の12月に実施される海外研修旅行は、7泊9日の日程でアメリカを訪れ、ホームステイをしながら現地校の生徒と一緒に、現地で行われている授業に参加する短期留学的な形式をとっています。

マネーガイド

■2024年度納付金（諸経費を含む）

	入学金	授業料	施設費	その他	計
入学手続時	150,000円	0円	0円	0円	150,000円
初年度総額	150,000円	456,000円	102,000円	170,200円	878,200円

※1次入試合格者には延納手続あり。「その他」には研修旅行積立金132,000円を含む。入寮者は別途寮費が必要

◎寄付金：「寮債」1口1万円、3万円以上（任意）
◎授業料：月納
◎奨学金・特待生制度：経済的理由により就学困難と判断される者に「ラ・サール会奨学金」「同窓会奨学金」がある（返還義務はなし）

学期制　週5・6日制　プール　冷房　寮　食堂　私服通学　海外研修

サピックスからの合格実績（過去3年）	'22	'23	'24
	91名	97名	65名

進学指導の概要

週の授業コマ数は中学37時限、高校39時限で、毎週土曜日も4時限の授業を行っています。高2で高校からの入学生と混合編成になり、文系と理系の2コースに分かれます。また、2021年度から東大・京大・医学部への進学をめざす「特進コース」を設置。中学からの内部進学生で成績上位者は、高校からの特進入学者と共に、高2から特進クラスで学びます。さらに、近年の大学入試の多様化にも対応できるように、高3では大学入試に即応する「特講」科目を設定するとともに、難関国公立大や医学部受験を想定した個別指導の充実も図っています。

■現役大学進学者の進路の内訳

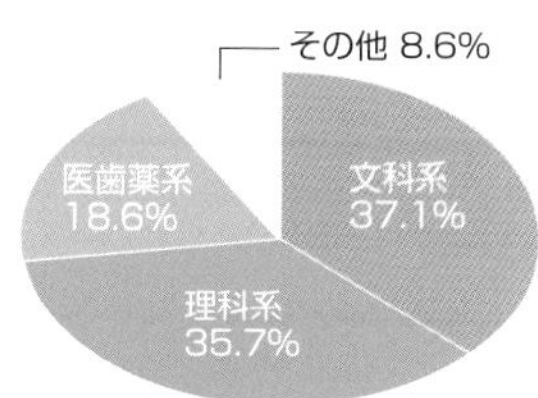

■併設高校から主要大学への合格実績

※上段は現役合格者数、下段は浪人を含めた合格者数。

	東京大	京都大	一橋大	東京工業大	名古屋大	北海道大	東北大	弘前大	筑波大	千葉大	東京農工大	横浜国立大	金沢大	札幌医科大	旭川医科大	早稲田大	慶應義塾大	上智大
22年	1	—	—	—	—	4	2	1	—	—	1	—	1	2	1	3	1	5
	1	1	—	—	—	5	2	2	1	—	1	—	1	2	2	5	3	5
23年	—	—	1	1	—	5	—	3	2	1	—	—	—	2	—	7	1	6
	—	1	1	1	—	5	—	4	2	1	—	—	—	4	—	8	4	6
24年	—	—	—	2	—	2	3	3	1	—	—	1	—	1	—	5	2	2
	1	—	1	2	—	3	3	3	1	—	—	1	—	1	—	5	3	2

	東京理科大	学習院大	明治大	青山学院大	立教大	中央大	法政大	日本大	北里大	国際基督教大	成城大	同志社大	立命館大	関西学院大	文部科学省所管外の大学校	海外の大学	国公立・医学部	私立・医学部
22年	7	—	5	1	4	2	1	3	1	1	—	2	—	1	2	2	3	—
	12	—	11	3	6	4	2	8	5	1	—	2	1	2	2	3	4	8
23年	5	—	4	5	3	3	4	1	—	1	2	1	2	1	—	—	5	2
	7	—	9	7	8	3	8	2	—	1	2	1	2	2	—	—	9	11
24年	7	2	4	2	5	2	1	2	1	2	—	2	1	1	2	1	3	1
	9	2	6	2	5	2	2	5	1	2	1	2	2	2	2	1	5	5

★指定校推薦枠（2024年度）早稲田大2名、上智大（全学部）、東京理科大4名、学習院大3名、明治大1名、立教大4名、中央大5名、法政大1名、北里大2名、獨協医科大1名、同志社大7名、関西学院大2名など

入試情報

■2024年度の入試結果

		募集人員	出願者	受験者	合格者	実質倍率
1次・本校	4科		21	21	4	5.3
	3科(理)		2	2	0	—
	3科(社)		5	5	0	—
1次・札幌	4科		2	1	0	—
	3科(理)		0	0	0	—
	3科(社)		0	0	0	—
1次・東京	4科		175	171	118	1.4
	3科(理)		9	9	3	3.0
	3科(社)		16	15	9	1.7
1次・大阪	4科		12	12	9	1.3
	3科(理)		13	12	11	1.1
	3科(社)		1	1	1	1.0
1次・名古屋	4科		10	10	4	2.5
	3科(理)		0	0	0	—
	3科(社)		0	0	0	—
2次・本校	4科	80	16	16	9	1.8
	3科(理)		1	1	0	—
	3科(社)		6	6	3	2.0
	2科		2	2	1	2.0
2次・東京	4科		33	26	21	1.2
	3科(理)		1	1	1	1.0
	3科(社)		4	4	3	1.3
	2科		7	6	2	3.0
2次・大阪	4科		2	1	1	1.0
	3科(理)		3	2	1	2.0
	3科(社)		0	0	0	—
	2科		0	0	0	—
2次・名古屋	4科		3	2	1	2.0
	3科(理)		0	0	0	—
	3科(社)		1	1	1	1.0
	2科		0	0	0	—

○配点：算国＝各100点　理社＝各50点
○合格最低点：1次157.2点　2次159.0点

24年の募集要項

※以下は2024年の募集要項です。2025年の要項は学校の発表をお待ちください。

入 試 日／1次1月8日 2次2月3日
募集人員／男子80名
※本校・他会場合計
合格発表／1次1月10日 2次2月4日
※ホームページで同時発表
手続締切／1次1月15日 2次2月13日
試験科目／国語(60分・100点)、算数(60分・100点)、理科(40分・50点)、社会(40分・50点)
※1次は3科(国算理または国算社)・4科選択、2次は2科・3科・4科のいずれかを選択
面　　接／なし
受 験 料／20,000円

公開行事・説明会予定

【学校説明会】
7月15日(祝)10時～ (東京)
7月20日(土)13時30分～ (函館)
11月 9日(土)13時30分～ (函館)
※この日程以外にも、予約制の説明会や見学会を多数用意しています。詳しくは学校のホームページでご確認ください
【学園祭】
7月13日(土)、14日(日)
【雪中運動会】
2月 8日(土) 9時～12時
【学校見学】
随時受付　事前に電話で要相談
◆変更・中止の可能性もあります。必ず学校ホームページで確認してください。

北嶺（ほくれい） 中学校

所在地／〒004-0839 札幌市清田区真栄448-1
TEL／011-883-4651
学校長／谷地田 穣
創 立／1986年に北嶺中学校開校。1989年に北嶺高等学校開校。柔道とラグビーを校技とする。
URL／www.kibou.ac.jp/hokurei

	1年	2年	3年
男子	129名	132名	126名
女子	—	—	—
クラス数	3組	3組	3組

中高総生徒数／747名

〈交通アクセス〉
札幌市営地下鉄東西線「大谷地」駅、同東豊線「福住」駅よりタクシーで20分　同東豊線「福住」駅よりバスで「アンデルセン福祉村」下車、徒歩10分　登下校時、札幌市営地下鉄東西線・南北線・東豊線方面にスクールバスを運行

少数精鋭の男子教育。文武両道で心豊かな人間を形成する

「めざすなら高い嶺」を合言葉に、東京大学や医学部医学科など難関大学への進学を目標とする男子進学校。中高一貫教育ならではの独自の教育プログラムにより、毎年多数の生徒の夢を実現させています。学業だけではなく、授業では、校技として全員に「柔道・ラグビー」に取り組ませることで、体力面や精神面を鍛えています。新しい教育改革に向けて「英語教育」に力を入れており、ハーバード大学での研修も全員で行います。「青雲寮」を併設し、学習体制が整った「青雲寮コース」が注目を集めています。

スクールライフ

●教育内容

中高一貫の特性を生かし、大学受験に向けた効率的な授業を実践しています。中学校の英・数・国は、公立中学校の約1.8倍の授業数を確保。深い思考力を養成する一方、中3から高校の内容に入り、高3では大学入試に向けた応用問題に取り組みます。また、柔道とラグビーを必修化しているのも特徴です。新しい大学入試やグローバル社会に対応するため、さまざまなプログラムを展開。英語力を高めるため、英検®・TOEICなどの英語能力テストに全生徒が挑戦します。ハーバード大学の学生を招いた「北嶺ハーバードキャンプ」、ニュージーランドの兄弟校との国際交流・短期留学などの取り組みにより、語学力の向上だけではなく、グローバル社会で必要な国際性を養っています。

■主要5教科の週当たり時間（コマ）数

	英語	数学	国語	理科	社会
1年	7	7	6	4	3
2年	7	7	6	4	3
3年	7	7	6	4	4
合計	21	21	18	12	10

◎1日当たりの授業コマ数：50分×6時限
　※月・火曜日は7時限、土曜日は4時限
◎登校時間：8時35分

●部活動

文化系16、体育系10のクラブと同好会があり、全員が何らかのクラブに加入することになります。テニス部、ラグビー部、柔道部、将棋部、ディベート部は全国大会にも出場しています。

○文化系／美術、囲碁・将棋、科学、数楽、ディベート、放送局、図書局、新聞局、クイズ研究会、写真、パソコン、ロボット、鉄道、ESS、映像、国連コース

○体育系／柔道、ラグビー、卓球、テニス、野球、サッカー、バスケットボール、バレーボール、陸上、剣道

●行事

学校行事として「全校登山」を実施。高2までの5年間、毎年進級するごとに標高も難度も高い山に挑みます。

●修学旅行・研修旅行

国際性の涵養を目的に、中3で京都・奈良研修旅行を実施します。日本の古き歴史と文化を学ぶとともに、京都大学留学生との国際交流を行います。高1では、グローバルリーダー養成プログラムの一環として、全員でハーバード大学・マサチューセッツ工科大学にて特別研修を実施。ニューヨークでも研修を行います。

マネーガイド

■2024年度納付金（諸経費を含む）

	入学金	授業料	施設費	その他	計
入学手続時	300,000円	0円	0円	3,000円	303,000円
初年度総額	300,000円	600,000円	0円	100,000円	1,000,000円

※青雲寮コース生は別途寮費が必要

◎寄付金：1口10万円（任意）
◎授業料：月納
◎奨学金・特待生制度：入学金・授業料免除、奨励金（1万円／月）を給付する特待生制度あり（中学入試で特待を選抜）

学期制　週5·6日制　プール　冷房　寮　食堂　私服通学　海外研修

サピックスからの合格実績（過去3年）	'22	'23	'24
	60名	71名	64名

進学指導の概要

放課後や長期休暇に講習を実施し、さらなる学習の定着を図ります。高2までは主要3教科ごとに「ハイレベル」と「スタンダード」の2コースを、高3ではさらに細分化した志望校別の講座を開講します。そして、志望大学を絞り始める高1を対象に開催するのが、東京の大学を見学に行く「大学見学ツアー」です。ガイド役は各大学に在学する先輩たち。後輩からのさまざまな疑問に答えながら、キャンパス内を案内してくれます。また、年に複数回実施する「進路講演会」では、さまざまな分野で活躍している方々を講師に招き、生徒の進路選択や職業選択に役立てています。

■現役大学進学者の進路の内訳

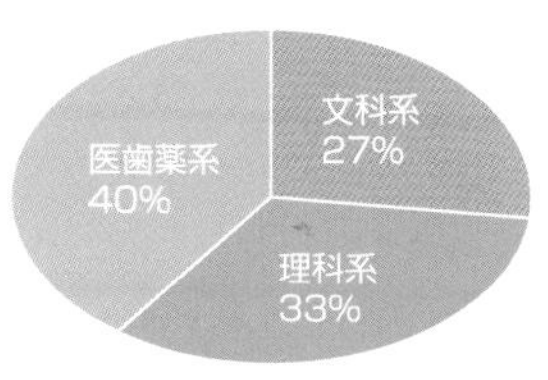

■併設高校から主要大学への合格実績

※上段は現役合格者数、下段は浪人を含めた合格者数。

	東京大	京都大	一橋大	東京工業大	北海道大	東北大	筑波大	電気通信大	東京外国語大	東京学芸大	東京芸術大	東京農工大	東京都立大	横浜国立大	早稲田大	慶應義塾大	上智大	東京理科大
22年	6	2	2	—	17	3	1	1	1	—	—	1	—	3	7	2	1	13
	7	2	2	—	23	4	1	2	1	—	—	1	—	3	10	4	3	13
23年	8	—	—	1	13	3	—	—	1	—	—	—	1	1	12	7	1	3
	9	1	—	2	13	3	—	—	1	—	—	—	2	1	13	8	4	13
24年	5	3	5	—	12	7	—	1	—	—	—	—	—	1	16	4	3	6
	7	3	5	—	15	8	—	1	—	—	—	—	—	1	17	9	5	7

	学習院大	明治大	青山学院大	立教大	中央大	法政大	日本大	東洋大	駒澤大	専修大	国際基督教大	成蹊大	成城大	神奈川大	文部科学省所管外の大学校	海外の大学	国公立・医学部	私立・医学部
22年	1	3	3	—	4	5	1	—	—	1	—	—	—	—	28	—	37	11
	1	4	3	—	6	5	1	—	—	1	—	—	—	—	32	—	48	20
23年	1	4	3	1	11	1	2	1	—	—	1	—	—	—	31	—	30	1
	1	6	5	2	11	3	2	1	—	—	1	—	—	—	32	—	36	16
24年	1	5	2	1	5	1	2	2	—	—	—	—	1	—	15	—	31	6
	1	8	3	1	5	2	2	2	—	—	—	—	1	—	18	—	40	22

★指定校推薦枠（2024年度）早稲田大、慶應義塾大、東京理科大、学習院大、中央大、同志社大など
※人数は非公表

入試情報

■過去3年間の入試結果

	募集人員	出願者	受験者	合格者	実質倍率
22年	120	1195	1162	883	1.3
23年	120	1333	1295	1033	1.3
24年	120	1303	1269	1044	1.2

■2024年度入試 受験者・合格者の教科別平均点

	算数	国語	理科	社会	合計
受験者	71.9	78.4	52.8	54.6	257.4
合格者	77.4	81.6	56.4	58.7	272.5

○配点：算国＝各120点　理社＝各80点
○合格最低点：特待選抜305点・専願212点・併願A227点・併願B228点

25年の募集要項

入試日／1月8日(本校・東京・大阪・名古屋・仙台・旭川・函館・帯広・釧路)
募集人員／男子120名(青雲寮コース60名)
合格発表／1月11日　※ウェブ、郵送
手続締切／1月24日
試験科目／国語(60分・120点)、算数(60分・120点)、理科(40分・80点)、社会(40分・80点)
※大阪会場は3科(国算理)4科選択
面　接／なし
受験料／20,000円

公開行事・説明会予定

【オープンスクール(本校)】要予約
8月24日(土)、10月12日(土)
【学校説明会】要予約
横浜会場
8月 3日(土)13時～　TKPガーデンシティ横浜
11月30日(土)13時～　TKPガーデンシティ横浜
東京会場
8月 4日(日)10時～　ベルサール八重洲
9月29日(日)10時～　ベルサール八重洲
12月 1日(日)10時～　ベルサール八重洲
名古屋会場
8月17日(土)14時～　ウインクあいち
11月23日(祝)14時～　ウインクあいち
大阪会場
8月18日(日)10時～　ナレッジキャピタルカンファレンスルーム TOWER-C
11月24日(日)10時～　ナレッジキャピタルカンファレンスルーム TOWER-C
神戸会場
8月18日(日)14時～　三宮研修センター
11月24日(日)14時～　三宮研修センター
【北嶺祭(文化祭)】
7月20日(土)10時～15時
7月21日(日) 9時～14時
◆変更・中止の可能性もあります。必ず学校ホームページで確認してください。

静岡聖光学院 中学校

所在地／〒422-8021　静岡市駿河区小鹿1440
TEL／054-285-9136
学校長／工藤 誠一
創　立／ヨーロッパのカトリック団体であるキリスト教教育修士会が、1969年に中学を、1972年に高校を開校。
URL／www.s-seiko.ed.jp

	1年	2年	3年
男子	85名	81名	84名
女子	—	—	—
クラス数	3組	3組	3組

中高総生徒数／511名

〈交通アクセス〉
JR「東静岡」駅より登下校用のシャトルバス（7時50分〜8時45分、東静岡駅発）10〜15分
JR「静岡」駅より「東大谷」または「静岡大学」行きバス20分、「小鹿公民館前」下車、徒歩15分

高尚かつ有能な「ジェントルマン」を育成

母体はローマを本拠地とするキリスト教教育修士会。神奈川県の聖光学院をはじめ、世界各国に姉妹校を持つ男子のミッションスクールです。カトリックの教えをすべての教育活動の基盤としており、校訓は「Be Gentleman（紳士たれ）」。訓育目標として「快活と素朴・思慮深い心・探究心に基づく緻密さ・真摯な態度」を掲げ、生徒の人格と学力をていねいに養成しています。キャンパスは駿河湾を望む景勝地・日本平に位置し、1969年の中学開校当初から寮を完備。県内だけでなく、関東などからも生徒が多く集まり、互いに刺激を与え合っています。

スクールライフ

●教育内容

生徒一人ひとりの学びに天井をつくらず、夢を実現するための教育プログラムや学習支援・進路指導体制を整えています。知識定着と基礎学力向上を促すだけでなく、最難関大学や医歯薬獣医系学部の受験にも対応した学習支援、旺盛な知的好奇心を受け止め育むSTEAM教育や探究活動、海外へ羽ばたきたいという願いを形にする英語教育・進学プログラムなど、学びとキャリアが結びついた6年間の教育プログラムがデザインされています。

●部活動

活動日は火・木・土曜日。平日の活動時間は90分で、11月〜2月は60分に短縮しています。この制約から、生徒は密度や効率を考えながら練習を工夫しています。ラグビー部は全国大会にも出場する強豪です。
○文化系／吹奏楽、美術、人文科学、自然科学（ミニ四駆班、ドローン班、プログラミング班、ボードゲーム班）
○体育系／テニス、バスケットボール、剣道、ラグビー、サッカー

●行事

秋の聖光祭（文化祭）は生徒が企画・運営する年間最大のイベントで、大いに盛り上がります。12月のクリスマスの集い、特別ミサや演劇、講演会といった宗教行事もあり、ボランティア活動にも取り組みます。

●国際交流

英語を習得することだけが目的ではなく、「英語を使ってプライスレスな体験」をすることに主眼を置いています。日本を飛び出し、他言語が飛び交う世界にどっぷり浸かり、日本にいるだけでは知り得なかった価値観に触れることは、生徒自身の人生観にも大きな刺激を与える体験となります。日本代表として国際サミットや模擬国連会議に出席したり、各国のトップ校の同世代の学生たちと交流したりと、生徒が主体的に取り組める多種多様なプログラムを用意しています。

■主要5教科の週当たり時間（コマ）数　※ほかに演習あり

	英語	数学	国語	理科	社会
1年	6	6	4	4	3
2年	6	6	5	4	3
3年	6	6	5	4	4
合計	18	18	14	12	10

◎1日あたりの授業コマ数：45分×6時限
※土曜日は4時限
◎登校時間：8時20分〜9時5分

マネーガイド

■2024年度納付金（諸経費を含む）

	入学金	授業料	施設費	その他	計
入学手続時	240,000円	0円	0円	0円	240,000円
初年度総額	240,000円	612,000円	0円	236,000円	1,088,000円

※入寮者は別途寮費が必要

◎寄付金：なし
◎授業料：月納
◎奨学金・特待生制度：特待生入試の合格者の入学金と授業料（最低3年間）を免除

   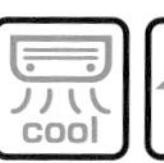  

学期制　週5･6日制　プール　冷房　寮　食堂　私服通学　海外研修

サピックスからの合格実績（過去3年）	'22	'23	'24
	19名	31名	31名

進学指導の概要

中2からは教科別（英・数）習熟度クラス編成で、得意な教科はどんどん先取り学習を進め、不得手な教科は基本に立ち返ります。高2から目標進路に応じたクラス編成を行い、受験合理性も踏まえた学習へと移行します。また生徒一人ひとりの状況や希望に応じた進路指導を実践するため、コーチング研修を受けた「学力向上委員」の教員による学習指導面談を行います。学年外・担任以外の教員が担当生徒と毎週面談し、家庭学習の教材や難易度の選び方、学習計画などについてアドバイスします。リアルでの対面とオンラインの双方に対応し、社会情勢や個人の状況によって機会を逸することのないハイブリッド体制を構築し、生徒を全力でサポートします。

■現役大学進学者の進路の内訳

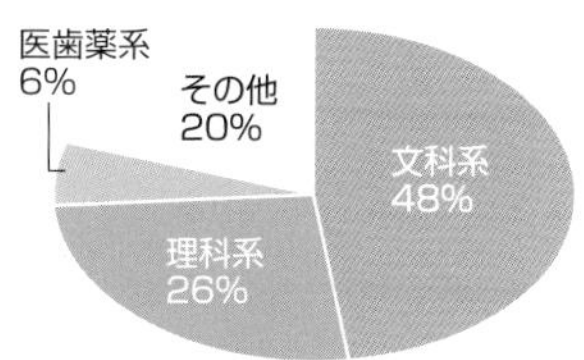

■主要大学への合格実績

※上段は現役合格者数、下段は浪人を含めた合格者数。

	東京大	京都大	一橋大	東京工業大	北海道大	東北大	筑波大	電気通信大	東京外国語大	東京学芸大	東京芸術大	東京農工大	東京都立大	横浜国立大	早稲田大	慶應義塾大	上智大	東京理科大
22年	—	—	—	1	—	—	1	—	—	—	—	1	2	—	4	4	6	6
	—	—	—	1	—	—	1	—	—	—	—	1	2	—	4	4	6	7
23年	—	—	—	1	—	1	1	—	—	—	—	—	—	—	2	—	—	4
	—	—	—	1	—	1	1	—	—	—	—	—	—	—	2	—	—	4
24年	—	—	—	—	—	—	—	1	—	—	—	—	—	—	—	—	—	—
	—	—	—	—	1	—	—	1	—	—	—	—	—	—	—	—	—	—

	学習院大	明治大	青山学院大	立教大	中央大	法政大	日本大	東洋大	駒澤大	専修大	関西大	関西学院大	同志社大	立命館大	文部科学省管外の大学校	海外の大学	国公立・医学部	私立・医学部
22年	—	2	—	1	2	1	1	1	—	—	—	—	1	9	2	—	—	—
	—	2	5	1	2	4	3	1	3	1	—	—	1	9	2	—	2	11
23年	—	6	2	5	5	4	6	—	2	2	8	3	—	10	1	—	—	2
	—	6	2	5	5	5	6	—	2	2	8	3	—	11	1	—	—	5
24年	—	1	3	3	—	5	2	1	—	1	—	—	1	2	—	1	—	2
	—	4	3	3	1	7	4	1	2	2	—	—	2	2	—	1	—	2

★指定校推薦枠（2024年度）非公表

入試情報

■2024年度の入試結果

		募集人員	出願者	受験者	合格者	実質倍率
一般（本校）	4科	100	50	48	45	1.1
	2科		39	38	37	1.0
一般（東京）	4科		172	170	152	1.1
	2科		36	36	26	1.4
特待（本校・東京）		10	155	151	—	—
1科選択		若干	41	39	17	2.3
21世紀型		若干	21	20	15	1.3
BIGIRION		若干	0	0	0	—
Ⅱ期		11	11	11	10	1.1

■2024年度入試 受験者の教科別平均点

		算数	国語	理科	社会	合計
一般（本校）	4科	61.3	50.3	22.8	24.1	158.5
一般（東京）	4科	55.2	59.7	28.8	31.6	175.3
特待		58.4	63.5			121.9
1科選択		算数/59.7　国語/58.6　英語/81.1				

※21世紀型・BIGIRION・Ⅱ期は非公表
○配点：算国英＝各100点　理社＝各50点
○合格最低点：非公表

24年の募集要項

※以下は2024年の募集要項です。2025年は入試日程のみ決まっています。帰国生(静岡・横浜)は11月23日、一般(東京)・特待生(東京)は1月8日、一般(静岡)・特待生(静岡)・21世紀型(静岡)は1月11日、英語1科(静岡) BIGIRION(静岡)は1月12日。そのほかの情報は学校の発表をお待ちください。

入 試 日／一般(静岡)・21世紀型1月6日　一般(東京)・特待生(東京・静岡)・1科選択・BIGIRION1月8日　2期(静岡)1月21日　帰国11月26日

募集人員／男子120名(一般100名　特待生10名　2期10名　1科選択・21世紀型・BIGIRION・帰国はすべて若干名)

手続締切／一般・21世紀型・1科選択・BIGIRION1月15日　2期1月26日　特待生2月5日　帰国12月1日

試験科目／国語(50分・100点)、算数(50分・100点)、理科(30分・50点)、社会(30分・50点) ※一般は2科4科選択、特待生・2期は2科、21世紀型は作文・個人ワーク・グループワーク、1科選択は国語・算数・英語(筆記・面接)から選択、BIGIRIONはプログラミング作品事前提出・プレゼンテーション

帰国生のための試験／算数・国語または英語、面接

受 験 料／一般(東京)・特待生(東京)・帰国は23,000円、そのほかは18,000円(複数受験の場合は組み合わせにより受験料を減免)

公開行事・説明会予定

【学校説明会&授業体験会】要予約
7月13日(土)
【学校説明会】要予約
9月 7日(土)
【入試傾向説明会&授業体験会】要予約
10月19日(土)
【全国寮のある学校合同相談会(東京・横浜)】
11月 9日(土)、10日(日)
【入試傾向説明会&プレテスト&日帰り寮体験会】要予約
11月16日(土)、12月14日(土)
【聖光祭(文化祭)】
9月28日(土)、29日(日)

◆変更・中止の可能性もあります。必ず学校ホームページで確認してください。

海陽（かいよう）中等教育学校

所在地／〒443-8588　愛知県蒲郡市海陽町3-12-1
TEL／0533-58-2406
学校長／西村 英明
創　立／トヨタ自動車、JR東海、中部電力をはじめとする企業の賛同を得て2006年、全寮制の中等教育学校として開校。
URL／www.kaiyo.ac.jp

	1年	2年	3年
男子	62名	61名	59名
女子	—	—	—
クラス数	2組	2組	2組

中高総生徒数／377名

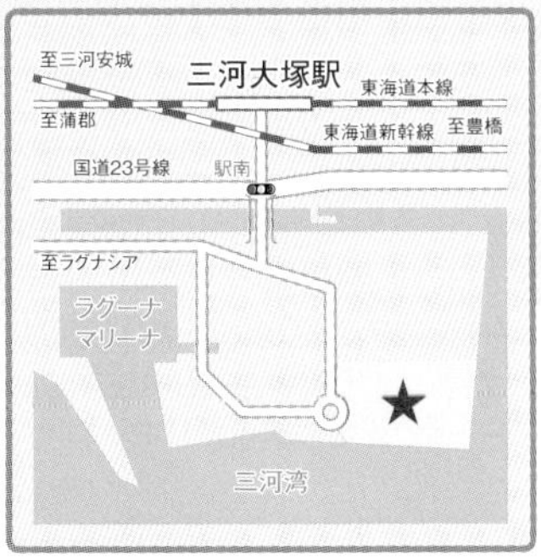

〈交通アクセス〉
JR東海道本線「三河大塚」駅より徒歩20分

リーダーに必要な人格と学力を養成する全寮制の中高一貫校

リーダーシップに欠かせない優れた人間性とたくましい行動力を養うことを目的に、多数の大手企業の賛同を得て誕生したボーディングスクールです。ボーディングスクールとは、生徒と教師が寝食を共にして、リーダーとしての人格や学力を身につけていく全寮制学校のこと。寮生活を通じて、自由と規律との均衡が取れた生活習慣や独立心、協調性を身につけていきます。新たな教育の方向性を提案する学校として、大いに注目を集めています。大手企業の協力により、将来の進路につながる機会もたくさんあります。

スクールライフ

●教育内容

中学3年間を前期課程、高校3年間を後期課程としています。国語では、小説や随筆などの読解を通じて、テーマを読み解く力を磨きます。数学では、中学校数学の計算に関する抽象化と図形を通しての論証力を学びます。英語では「聞く・話す・書く・読む」のバランスがとれた学習をめざし、中1から外国人講師による授業を導入。国内はもちろん海外の大学進学をめざせる段階にまで語学力を高めます。一方、情報教育にも力を入れ、学園内のどこからでもネットワークに接続できるIT環境を整え、生徒たちの相互交流や、教師や家庭とのコミュニケーションなどに役立てています。「ハウス」と呼ばれる寮では、夜8時～10時の2時間を夜間学習の時間とし、自習を行います。

■主要5教科の週当たり時間（コマ）数　※ほかに演習あり

	英語	数学	国語	理科	社会
1年	8	6	6	4	4
2年	8	7	5	4	4
3年	8	8	5	5	4
合計	24	21	16	13	12

◎1日当たりの授業コマ数：50分×6～7時限
※土曜日は4時限。演習講座を正規授業時間に配置
◎登校時間：8時

●部活動

放課後の課外活動ではさまざまな活動を通じ、新たな才能を見つけます。

○文化系／サイエンス、数学、囲碁将棋、ロボット、放送、舞台芸術、音楽
○体育系／硬式野球、軟式野球、サッカー、アメリカンフットボール、硬式テニス、柔道、剣道、卓球、バドミントン、バスケットボール、陸上
○同好会／模擬国連、水泳、鉄道、プログラミング、ボランティア、クイズ、演劇、芸術

●行事

毎年4月の入寮の集い、ウェルカムパーティーに始まり、5月のスポーツフェスタ（体育祭）、9月の海陽祭（文化祭）、11月の工場見学、2月の時事調査発表会（ディベート）など、多くの学校行事があります。

●修学旅行・研修旅行

中3は伊勢研修に出掛けます。前期課程の早い段階から希望者を対象に、海外研修・留学などの機会を設けているほか、イギリスの伝統ある全寮制学校イートン校や韓国ハナ高校との交換留学、ギャップイヤー生の受け入れなど、国際交流を活発に行っています。

マネーガイド

■2024年度納付金（諸経費を含む）　※その他には寮費を含む

	入学金	授業料	施設費	その他	計
入学手続時	400,000円	0円	0円	200,000円	600,000円
初年度総額	400,000円	732,000円	504,000円	約1,900,000円	約3,536,000円

※期日までに入学辞退手続きを行った場合、入寮費20万円を返金

◎寄付金：1口5千円、1口以上（任意）
◎授業料：3期分納（5月、9月、1月）
◎奨学金・特待生制度：学納金がほぼ全額免除になる特別給費生入試を実施。入試Ⅰでは年間100万円を卒業時まで減免する特待生制度あり

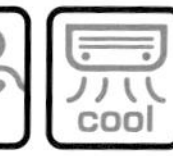

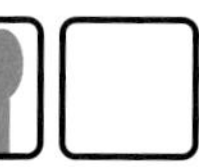

学期制 週5・6日制 プール 冷房 寮 食堂 私服通学 海外研修

サピックスからの合格実績（過去3年）	'22	'23	'24
	24名	14名	17名

進学指導の概要

6年一貫教育の下、1～3年（中1～3）を前期課程、4～6年（高1～3）を後期課程とし、体系的なカリキュラムを組んでいます。前期課程の2年次までに中学校の教育課程を学び終え、5年次の早い段階までに高校の教育課程終了を目標にしています。前期課程で習得した基礎学力をベースとして、特に国語・数学・英語・理科・社会について、大学レベルの発展的な学習・演習に取り組みます。また、第一線で活躍する、さまざまな分野の専門家による「特別講義」は幅広い教養の函養とともに、将来の進路を考えるきっかけづくりの機会となっています。

■2024年3月卒業生の進路の内訳

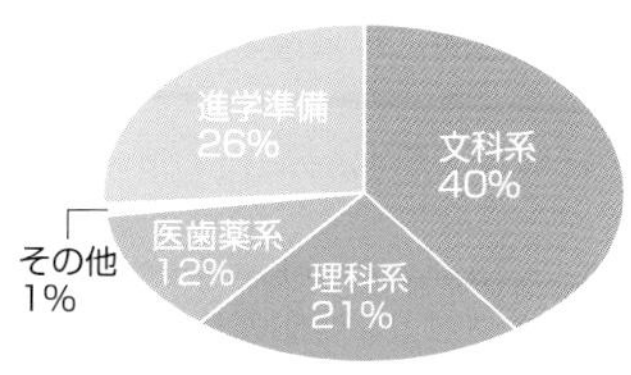

■主要大学への合格実績

※上段は現役合格者数、下段は浪人を含めた合格者数。

	東京大	京都大	一橋大	東京工業大	東京医科歯科大	横浜国立大	北海道大	東北大	名古屋大	岐阜大	三重大	大阪大	九州大	奈良県立医科大	早稲田大	慶應義塾大	上智大	東京理科大
22年	4	1	—	—	1	1	1	—	1	—	—	—	—	—	8	10	3	7
	5	1	—	—	1	1	2	—	1	1	1	—	—	—	12	13	3	7
23年	7	1	2	1	—	1	1	—	2	—	—	—	—	—	20	11	—	14
	8	2	2	1	1	1	3	1	2	1	—	1	—	—	22	13	2	15
24年	6	3	—	1	—	—	2	—	—	1	—	—	1	1	18	11	—	5
	6	4	—	1	—	2	2	—	—	1	—	—	1	1	21	15	—	15

	学習院大	明治大	青山学院大	立教大	中央大	法政大	日本大	東洋大	駒澤大	専修大	国際基督教大	成蹊大	成城大	神奈川大	文部科学省所管外の大学校	海外の大学	国公立・医学部	私立・医学部
22年	—	8	1	—	10	14	8	—	—	1	2	—	—	8	3	3	6	9
	2	15	1	—	10	16	9	—	—	1	2	—	—	12	4	3	8	21
23年	1	20	5	5	7	13	7	2	2	4	—	1	—	2	6	—	3	2
	1	26	7	6	9	18	8	2	2	6	—	2	3	22	7	—	3	22
24年	—	11	2	7	11	3	6	1	1	1	1	—	1	7	4	—	2	4
	—	15	5	8	14	4	7	3	1	2	1	—	1	22	6	—	4	17

★指定校推薦枠（2024年度）早稲田大1名、慶應義塾大1名など

入試情報

■過去2年間の入試結果

		募集人員	出願者	受験者	合格者	実質倍率
23年	特給	約20	345	343	97	3.5
	Ⅰ	約70	447	433	338	1.3
	帰国Ⅰ		若干	若干	若干	—
	Ⅱ	約30	78	69	53	1.3
	帰国Ⅱ		若干	若干	若干	—
	Ⅲ	若干	14	12	6	2.0
24年	特給	約20	288	287	100	2.9
	Ⅰ	約60	576	561	483	1.2
	帰国Ⅰ		若干	若干	若干	—
	Ⅱ	約40	73	64	52	1.2
	帰国Ⅱ		若干	若干	若干	—
	Ⅲ	若干	12	11	5	2.2

※各試験会場については、特別給費生・入試Ⅰ・帰国Ⅰ・入試Ⅱ・帰国Ⅱが本校・東京・横浜・名古屋・大阪・デマンド会場（視聴覚型の受験は本校・東京のみ）、入試Ⅲが本校・東京となっています。

■2024年度入試 受験者・合格者の教科別平均点

		算数	国語	理科	社会	視聴型
特給	受験者	45.7	54.2	23.4	27.9	
	合格者	60.9	62.0	30.5	31.2	
Ⅰ	受験者	65.4	52.2	20.9	29.5	91.2
	合格者	70.7	54.9	22.2	30.7	101.9
Ⅱ	受験者	45.2	48.4	11.3	27.4	83.3
	合格者	49.8	51.4	12.4	28.7	100.3
Ⅲ	受験者	29.0	40.2			
	合格者	34.8	49.8			

○配点：算国＝各100点　理社＝各50点　視聴型総合問題＝200点
○合格最低点：非公表

24年の募集要項

※以下は2024年の募集要項です。2025年の要項は学校の発表をお待ちください。

入試日／特別給費生12月16日　入試Ⅰ・帰国Ⅰ12月23日　入試Ⅱ・帰国Ⅱ1月6日　入試Ⅲ2月4日
募集人員／男子約120名(特別給費生約20名、入試Ⅰ・帰国Ⅰ約60名、入試Ⅱ・帰国Ⅱ約40名、入試Ⅲ若干名)
合格発表／特別給費生12月18日　入試Ⅰ・帰国Ⅰ12月25日　入試Ⅱ・帰国Ⅱ1月8日　入試Ⅲ2月5日
手続締切／特別給費生12月20日　入試Ⅰ・帰国Ⅰ12月27日　入試Ⅱ・帰国Ⅱ1月10日　入試Ⅲ2月7日
試験科目／国語(60分・100点)、算数(60分・100点)、理科(40分・50点)、社会(40分・50点)　※特別給費生は3科(国算理)または4科、入試Ⅰ・入試Ⅱは3科(国算理)4科または視聴型総合問題と算数1科・3科・4科から選択　入試Ⅲは2科
面談／あり(保護者同伴)　※オープンスクールや説明会、オンライン個別相談会で面談をした者は免除
帰国生のための試験／国語(60分・100点)、算数(60分・100点)、英語(40分・100点)、保護者同伴面接　※英語は選択制
受験料／20,000円

公開行事・説明会予定

【学校説明会】要予約
6月16日(日)東京、6月21日(金)豊洲
6月23日(日)大阪・名古屋・横浜
【忙しいお父さんお母さんのための学校説明会】要予約 保護者限定
6月28日(金)東京、10月11日(金)東京、11月15日(金)東京
【入試説明会】要予約
9月27日(金)名古屋、9月29日(日)東京
10月 6日(日)本校、10月13日(日)大阪・横浜
10月27日(日)東京・名古屋、11月10日(日)本校
11月24日(日)東京・名古屋、12月 1日(日)本校
【帰国生および海外在住者対象説明会(オンライン)】要予約
7月14日(日)、8月24日(土)
【オープンスクール】要予約
6月30日(日)、8月25日(日) 5・6年生対象
10月 6日(日)、12月 1日(日) 4・5年生対象
【宿泊体験入学(本校)】要予約 5・6年生対象
7月20日(土)～21日(日)、7月27日(土)～28日(日)
8月 3日(土)～4日(日)
【視聴覚型問題説明会・練習会】要予約
7月 6日(土)東京、7月7日(日)名古屋
【視聴覚型問題説明会・練習会(オンライン)】要予約
9月 7日(土)、10月 5日(土)
11月 9日(土)、12月 7日(土)

ラ・サール 中学校

所在地／〒891-0192 鹿児島県鹿児島市小松原2-10-1
TEL／099-268-3121
学校長／ドミンゴ・ビヤミル
創 立／1950年に高等学校が、1956年に中学校が、カトリック教育修道会ラ・サール会によって設立。
URL／www.lasalle.ed.jp

	1年	2年	3年
男子	173名	174名	171名
女子	—	—	—
クラス数	4組	4組	4組

中高総生徒数／1159名

〈交通アクセス〉
市電「谷山電停」駅より徒歩5分 JR指宿枕崎線「谷山」駅より徒歩15分

東京大学、医学部への高い進学実績で知られる九州の名門

カトリック教育修道会ラ・サール会は、世界80か国で1000校を超える学校を経営していますが、ラ・サール学園もその1つ。1950年に高校が、1956年に中学校が設立されました。記憶力が良く、心身共に伸び盛りの中学で基礎力を充実させるとともに、高校課程と関連させたカリキュラムで無駄を省いた効果的な学習が行われています。7割以上が県外からの入学者で占められ、下宿や遠距離通学の生徒も少なくありません。中高合わせて1200名程度の生徒のうち、約1割が関東出身者です。

スクールライフ

●教育内容

全国から優秀な生徒が集まるため、効率的な学習指導が進められています。主要5教科の授業では、副教材を多用することで高校分野の組み入れを可能とし、特に数学は中3の1学期から高校の内容に入る先取り学習が行われています。英語教育にも力を入れていて、外国人講師による「口語英語」では、1クラスを2分割した少人数制の授業を展開。中学の「倫理」と高校の「人間学」は独自の教科で、社会生活の在り方を示し、神・隣人・自分に対する義務を理解して、実行することを目標としています。また、人間的な育成に関しては、寮が優れた修練の場となっています。

■主要5教科の週当たり時間（コマ）数

	英語	数学	国語	理科	社会
1年	7	6	6	4	4
2年	7	6	6	4	4
3年	7	6	6	5	5
合計	21	18	18	13	13

◎1日当たりの授業コマ数：50分×6～7時限（学年、曜日によって異なる）
※土曜日は4時限
◎登校時間：8時30分

●部活動

中学では文化系と体育系合わせて30以上の部と同好会があり、中学では約9割、高校では約8割の生徒が参加しています。県大会優勝の中学テニス、九州大会出場の体操、ラグビー、全国大会出場の高校山岳、囲碁、将棋、英語ディベートなどが盛んです。

○文化系／社会、化学、生物、地学、ロザリオ会、囲碁、将棋、園芸、文芸、写真、茶道、音楽、美術、ボランティア、マイコン、クイズ研究会、鉄道研究会、ロボット研究会、数学研究会、英語ディベートなど

○体育系／剣道、柔道、弓道、空手、バスケットボール、バレーボール、サッカー、軟式野球、テニス、卓球、水泳、体操、ラグビー、山岳、バドミントン、陸上

●行事

二大イベントである文化祭と体育祭のほか、春・秋の遠足、観劇、弁論大会などがあります。「遠行」は40年以上続く伝統行事。高2以下の生徒が、桜島1周35kmを歩きます。聖ラ・サールの日、クリスマス・バスケット・バザー、クリスマスの催しなど、ミッションスクールならではの行事もあります。

●修学旅行・研修旅行

中1の宿泊研修、中2の夏のキャンプ、中3の修学旅行など多彩な行事があります。修学旅行の行き先は年度によって異なります。

マネーガイド

■2024年度納付金（諸経費を含む）

	入学金	授業料	施設費	その他	計
入学手続時	150,000円	0円	0円	0円	150,000円
初年度総額	150,000円	462,000円	240,000円	45,030円	897,030円

※入寮者は別途寮費が必要

◎寄付金：「学園貯金」として1口1万円（卒業時返金）
◎授業料：6期分納
◎奨学金・特待生制度：学園奨学金、同窓会奨学金、修道院奨学金がある。月額25,000円

学期制　週5·6日制　プール　冷房　寮　食堂　私服通学　海外研修

サピックスからの合格実績（過去3年）	'22	'23	'24
	28名	19名	17名

進学指導の概要

6年間を通じて特色のあるカリキュラムを組むことによって、無駄のない効果的な学習を行います。教師陣にも中学・高校の区別はありません。高2より高入生との混合クラスとなり、理系と文系に分かれます。英語の2時間は、クラスを2分割した外国人教師によるオーラルの授業。中3以上は夏休み後半に、6日間に及ぶ「午前授業」が実施されます。ほかにも朝テストや、高2後半からは授業中の週テストが主要教科で行われます。自宅から通学できない生徒のために生徒寮がありますが、高3は寮に入れないため、高2の終わりになると、寮生は全員下宿に移ります。

■現役大学進学者の進路の内訳

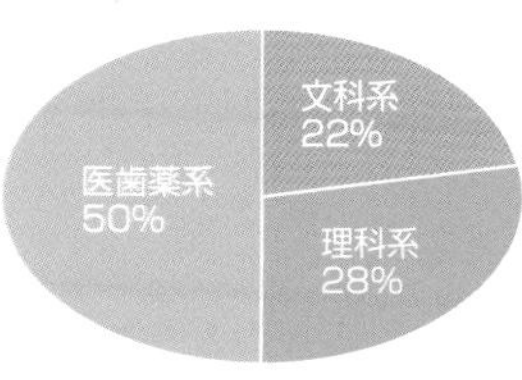

■併設高校から主要大学への合格実績

※上段は現役合格者数、下段は浪人を含めた合格者数。

	北海道大	東北大	東京大							京都大	一橋大	東京工業大	東京医科歯科大	東京外国語大	九州大	大阪大	千葉大	筑波大
			文科Ⅰ類	文科Ⅱ類	文科Ⅲ類	理科Ⅰ類	理科Ⅱ類	理科Ⅲ類	合計									
22年	1	1	6	4	2	9	2	2	25	4	2	—	1	—	16	2	1	1
	2	1	6	5	5	13	5	3	37	8	3	1	1	—	31	9	2	2
23年	1	2	3	3	5	9	3	3	26	3	—	1	—	2	16	1	1	—
	1	2	5	4	7	14	3	4	37	7	2	2	1	2	32	4	1	—
24年	2	1	4	3	—	14	2	1	24	3	3	1	2	—	13	5	—	2
	4	1	8	6	2	16	4	1	37	6	6	1	3	—	25	8	—	3

	横浜国立大	横浜市立大	鹿児島大	早稲田大	慶應義塾大	上智大	東京理科大	国際基督教大	明治大	青山学院大	立教大	中央大	法政大	立命館大	文部科学省所管外の大学校	海外の大学	国公立・医学部	私立・医学部
22年	4	—	15	11	14	—	3	—	2	1	—	2	—	—	6	—	31	13
	5	—	27	32	38	7	30	—	11	6	3	17	6	9	11	—	76	64
23年	4	—	13	10	10	2	5	—	—	2	—	1	—	2	3	—	39	6
	5	1	16	37	33	7	25	—	11	2	1	10	2	5	9	—	66	31
24年	5	—	6	13	8	1	2	—	4	—	—	3	1	—	1	—	39	16
	6	—	15	37	25	5	19	1	15	5	—	14	2	9	6	—	76	50

★指定校推薦枠（2024年度）早稲田大4名、東京理科大1名など

入試情報

■過去3年間の入試結果

	募集人員	出願者	受験者	合格者	実質倍率
22年	160	685	632	非公表	—
23年	160	913	846	非公表	—
24年	160	901	817	非公表	—

■2024年度入試 受験者・合格者の教科別平均点

	算数	国語	理科	社会	合計
受験者	55.7	39.8	31.0	30.2	156.7
合格者	69.1	46.2	36.4	34.2	186.0

○配点：算国＝各100点　理社＝各50点
○合格最低点：163点

25年の募集要項

入 試 日／1月25日
募集人員／男子160名
合格発表／1月28日(ウェブにて)
手続締切／2月5日
試験科目／国語(60分・100点)、算数(60分・100点)、理科(40分・50点)、社会(40分・50点)
面　　接／なし
受 験 料／20,000円

公開行事・説明会予定

【学校説明会】
6月15日(土)14時～ 福岡会場
7月 7日(日)11時～ 大阪会場
7月27日(土) 名古屋会場
9月 7日(土)10時30分～ サピックス代々木ホール
【入試説明会】
10月27日(日)13時～(午前中は授業参観)
【体育祭】
9月15日(日) 8時30分～16時
【クリスマス・バスケット・バザー】
11月24日(日)10時～
◆変更・中止の可能性もあります。必ず学校ホームページで確認してください。

<ruby>不二<rt>ふじ</rt></ruby>聖心女子学院 中学校

所在地／〒410-1126 静岡県裾野市桃園198
TEL／055-992-0213
学校長／大原 眞実
創 立／1920年、前身の温情舎小学校創立。1952年に聖心温情舎中学校が設立され、1957年、現校名に改称。
URL／www.fujiseishin-jh.ed.jp

	1年	2年	3年
男子	—	—	—
女子	74名	79名	82名
クラス数	2組	2組	2組

中高総生徒数／480名

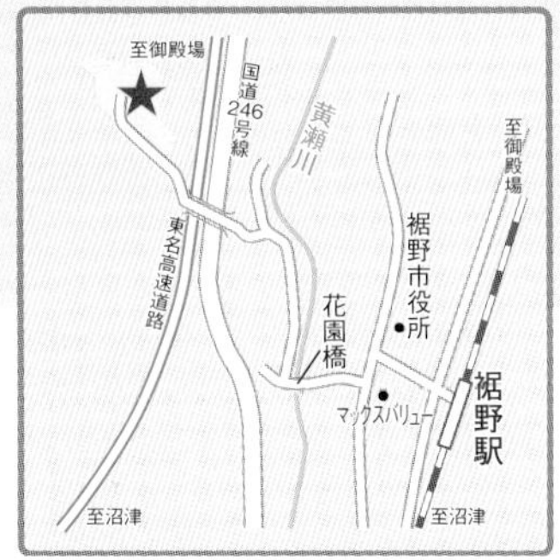

〈交通アクセス〉
JR御殿場線「裾野」駅よりスクールバス8分
JR東海道新幹線、東海道本線「三島」駅よりスクールバス25分

富士山を望む自然環境のなか、豊かな心と高い知性を身につける

設置者は聖心女子大学などを経営し、東京都渋谷区に本部を置く学校法人聖心女子学院。キリスト教精神に基づいた「魂を育てる」「知性を磨く」「実行力を養う」を教育方針に、生徒一人ひとりを大切にする指導で、豊かな心と高い知性と堅実な行動力を育て、人が大切にされ、命が尊ばれる社会をつくることに貢献できる女性の育成をめざしています。新入生1人に高3生が1人ついて学校生活の手助けをする「エンジェル制度」でも知られています。創立者の名前から、寄宿舎の名称が「セント・マドレーヌ」となっています。

スクールライフ

●教育内容

総合的な学習として、「学年研究」「卒業研究」に取り組みます。英語では、Z会の教科書を使用し、中1では少人数授業、中2・3では少人数習熟度別授業を実施。高校卒業時までに英検®2級もしくはTOEIC Bridge160点以上の取得をめざすほか、英語と日本語のスピーチコンテストや、英単語と漢字のコンテストを開催。毎朝の「お祈り」の時間をはじめ、各学年週1時間の「宗教」の授業やさまざまな宗教行事を通じて、キリスト教的価値観に基づく心の育成にも熱心に取り組んでいます。それに関連し、福祉施設の慰問や駅の清掃などの奉仕活動も盛んです。5つの聖心姉妹校でつくる「SOFIS」という生徒組織では、毎年さまざまなテーマを取り上げる合同ワークショップを開くなどして交流を深めています。

■主要5教科の週当たり時間（コマ）数

	英語	数学	国語	理科	社会
1年	5.5	5	4.5	3.5	3.5
2年	6	5	4.5	4	3.5
3年	6	5	5	4	4
合計	17.5	15	14	11.5	11

◎1日当たりの授業コマ数：45分×6時限
※月・火・水曜日は7時限（水曜日の7時限はL.H.R）
◎登校時間：8時20分

●部活動

文化系、体育系合わせて14の部があり、中学ではほぼ全員が、高校では約9割の生徒が所属しています。

○文化系／美術、ESS、日本語演劇、吹奏楽、アンサンブル、自然探索

○体育系／陸上、テニス、水泳、バレーボール、バスケットボール、サッカー、ゴルフ、ダンス

○プライベートレッスン／茶道、華道、硬筆、箏曲

●行事

体育大会、秋のつどい（学院祭）、球技大会のほか、祈りの会、聖マグダレナ・ソフィアの祝日、クリスマス・キャロルなど、キリスト教行事も多くあります。

●修学旅行・研修旅行

校外活動の研修先は、中1は静岡（ふじのくに地球環境ミュージアムなど）、中2は相模原（JAXA、相模原市立博物館）、中3は河口湖（音楽と森の美術館、クラフト体験）。中2ではEnglish Campも行います。中3では長崎を祈りの会で訪れ、キリスト教弾圧、原爆などの歴史について研修します。

マネーガイド

■2024年度納付金（諸経費を含む）

	入学金	授業料	施設費	その他	計
入学手続時	200,000円	0円	150,000円	31,000円	381,000円
初年度総額	200,000円	300,000円	234,000円	約204,000円	約938,000円

※延納制度あり。入寮者は別途寮費が必要

◎寄付金：1口5万円以上、3口以上（任意）
◎授業料：3期分納
◎奨学金・特待生制度：なし

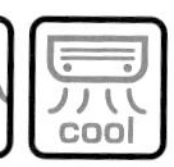

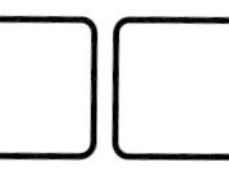

2期	完5 days		cool				全
学期制	週5･6日制	プール	冷房	寮	食堂	私服通学	海外研修

サピックスからの合格実績（過去3年）	'22	'23	'24
	18名	28名	26名

進学指導の概要

英語と数学で少人数制習熟度別授業を導入。高2で週4時間、高3で週12時間が科目選択制の授業となります。また、総合学習として、高1では環境について学び、高2で「ルーツへの旅」を実施。高3では授業や講演、グループ学習などを通じて「人間学」について考えます。アメリカ、イギリス、韓国、カンボジアなどでの海外研修も実施しています。世界の一員としての連帯感と使命感を持った人材の育成を理念に、ていねいな進路指導が行われます。卒業生は理科系や芸術系など幅広い学部・学科に進み、海外の大学にも合格者を出しています。併設の聖心女子大学にも多くの生徒が推薦を受け、進学しています。

■2024年3月卒業生の進路の内訳

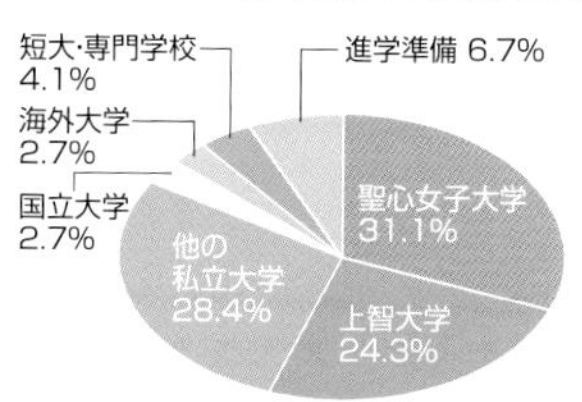

■併設高校から主要大学への合格実績

※上段は現役合格者数、下段は浪人を含めた合格者数。

	東京大	京都大	一橋大	東京工業大	筑波大	お茶の水女子大	電気通信大	東京外国語大	東京学芸大	東京芸術大	東京農工大	東京都立大	横浜国立大	千葉大	早稲田大	慶應義塾大	上智大	東京理科大
22年	—	—	—	—	—	1	—	1	—	—	—	—	—	—	1	2	11	—
	—	—	—	—	—	1	—	1	—	—	—	—	—	—	1	2	11	—
23年	—	—	—	—	—	—	—	—	1	—	—	—	—	—	1	1	16	—
	—	—	—	—	—	—	—	—	1	—	—	—	—	—	1	1	16	—
24年	—	—	1	—	—	—	—	—	—	—	—	—	—	—	—	2	18	—
	—	—	1	—	—	—	—	—	—	—	—	—	—	—	—	2	19	1

	学習院大	明治大	青山学院大	立教大	中央大	法政大	日本大	東洋大	駒澤大	専修大	聖心女子大	津田塾大	東京女子大	日本女子大	文部科学省所管外の大学校	海外の大学	国公立・医学部	私立・医学部
22年	1	1	3	3	—	—	—	3	—	—	29	—	—	—	—	—	—	2
	1	1	3	3	—	—	—	3	—	—	29	—	—	—	—	—	—	2
23年	—	1	3	—	—	1	—	—	1	—	22	1	2	2	—	—	—	1
	—	1	3	—	—	1	1	—	1	—	22	1	2	2	—	—	—	3
24年	—	2	1	—	4	—	—	—	—	—	23	—	—	—	—	2	—	—
	—	2	3	—	7	—	—	—	—	—	23	—	—	—	—	2	—	—

★指定校推薦枠（2024年度）清泉女子大2名、東洋英和女学院大6名、フェリス女学院大3名、神戸女学院大1名、白百合女子大3名、南山大1名、横浜薬科大1名、東京電機大5名、芝浦工業大3名、聖マリアンナ医科大2名など

入試情報

■過去2年間の入試結果

			募集人員	出願者	受験者	合格者	実質倍率
23年	S東京	4科	80	180	175	146	1.2
		2科		36	30	16	1.9
	B東京	2科		15	7	5	1.4
	A本校	4科		43	37	27	1.4
		2科		56	56	54	1.0
	B本校	2科		6	2	2	1.0
	帰国	2科	若干	8	8	8	1.0
24年	S東京	4科	66	156	145	123	1.2
		2科		30	26	17	1.5
	A本校	4科		42	41	41	1.0
		2科		54	54	53	1.0
	帰国	2科		3	3	3	1.0
	B東京	2科	10	11	3	3	1.0
	B本校	2科		7	5	3	1.7

■2024年度入試 受験者の教科別平均点

	算数	国語	理科	社会	合計
S東京4科	55.9	63.6	28.7	35.4	—
S東京2科					—
A本校4科	53.8	61.7	35.0	29.9	—
A本校2科					—

※B東京・B本校・帰国は非公表
○配点：算国＝各100点　理社＝各50点
○合格最低点：非公表

25年の募集要項

入 試 日／A1月11日(本校) S1月13日(東京会場) B2月3日午後(本校・東京会場) 帰国1月11日
募集人員／女子76名(A・帰国・S66名、B10名)
合格発表／A1月11日(HP) S1月15日(HP) B2月3日(HP) 帰国1月11日
手続締切／A1月17日 S1月31日 B2月5日 帰国1月17日
試験科目／国語(45分・100点)、算数(45分・100点)、理科(30分・50点)、社会(30分・50点)
※Sは2科4科選択、Aは国語・算数・英語から2科または4科の選択、Bは国語・算数・英語から1科選択
面　　接／A・S・Bは自己紹介シート記入(A5用紙)あり
帰国生のための試験／国語･算数･英語から2科選択、面接(親子)
受 験 料／17,000円(予定)

公開行事・説明会予定

【学校説明会・体験教室】要予約
6月22日(土)、9月28日(土)
【首都圏説明会】要予約
7月12日(金)19時～、10月11日(金)19時～
11月30日(土)14時～、 1月13日(祝) 9時15分～
【オンライン説明会】要予約
11月 1日(金)19時～、 1月 7日(火)19時～
【入試説明会】要予約
11月23日(祝) 9時40分～
【学校見学会】要予約
7月20日(土)、10月 7日(月)
12月21日(土)、 1月25日(土)
【夏休み子供自然観察ツアー】要予約
7月30日(火)、 8月 3日(土)10時～
【キャンパスツアー week】要予約
7月22日(月)～ 7月26日(金)
8月21日(水)～ 8月23日(金)
10月21日(月)・23日(水)～10月25日(金)
11月 5日(月)～11月 8日(金)
12月 9日(月)～12月13日(金)
12月23日(月)～12月27日(金)
1月20日(月)～ 1月24日(金)
【秋のつどい(学院祭)】
11月 2日(土)
◆変更・中止の可能性もあります。必ず学校ホームページで確認してください。

片山学園 中学校

所在地／〒930-1262　富山県富山市東黒牧10
TEL／076-483-3300
学校長／片山 愛子
創　立／北陸最大の塾「育英センター」を母体に、2005年に中学校が、2008年に高等学校が 開校。富山県唯一の中高一貫校となる。
URL／www.katayamagakuen.jp

	1年	2年	3年
男子	24名	34名	26名
女子	36名	27名	36名
クラス数	3組	3組	3組

中高総生徒数／405名

〈交通アクセス〉
JR「富山」駅よりバス30分

成長を促す教育で医学部進学に実績を築く

卒業生の約12%が医学の道に進む、富山県の進学校。今春の卒業生は67名ですが、東京大学1名、京都大学2名、大阪大学1名をはじめ国公立大学に計38名（既卒生含む）が合格。そのなかで、国公立大学医学部医学科には京都大学1名、富山大学5名など既卒生を合わせて6名が合格しています。生徒たちは中学入学時より「目標」を明確にし、それを達成するための活動を主体的に考え、実行していきます。充実した授業をはじめ、探究活動や海外研修、さまざまな学校行事を通して、生徒を力強くサポートしています。

スクールライフ

●教育内容

月～金曜まで7時限の授業があり、月1回の土曜授業ではその月に学んだことの演習を行います。さらに土曜は各種検定や模擬試験を実施しています。夏は7月末までと8月のお盆明けから授業があり、1年を通して緩みなく継続して学習します。中2までに中学校の内容を、高2までに高校の内容を習得し、高3では大学入試に向けた総まとめを行います。中1時より選抜クラスを設け、基礎学力の定着を図りながら生徒を伸ばす体制をとっています。教員の多くは同校の母体である学習塾「育英センター」での指導経験があり、培ったノウハウを学校教育にも生かしています。また、英語教育にも力を入れ、高1時には全員がイギリスに留学します。

■主要5教科の週当たり時間（コマ）数

	英語	数学	国語	理科	社会
1年	5	5	5	4	4
2年	5	5	5	5	4
3年	6	6	5	4	4
合計	16	16	15	13	12

◎1日当たりの授業コマ数：50分×7時限
◎登校時間：8時40分

●学生寮

全国から約100名の寮生が集っています。「自律」をめざし、学年が上がるにつれて規則正しい生活と自分のことは自分で行う習慣が身につきます。毎日の全体学習では医学部に進学した卒業生がチューターとして学習指導に当たります。

●部活動

クイズ研究部は「東大王」でおなじみの同校卒業生が指導。吹奏楽部はコンクールで金賞を受賞し、全国大会にも出場しています。硬式テニスは全中に出場する実力派です。

○文化系／吹奏楽、放送演劇、科学、美術、書道、ESS（英語）、クイズ研究
○体育系／陸上競技、サッカー、バスケットボール、硬式テニス、卓球、バドミントン、弓道、剣道、空手道、ダンス、ゴルフ

●行事

9月に体育大会、10月に学園祭（文化祭）が開催されるほか、合唱コンクール、球技大会など、多彩な行事が催されています。

●修学旅行・研修旅行

研修旅行としては、まず中1では2つの地域の文化の比較を行い、中2では日本の歴史と平和をテーマに京都・広島を訪ねます。中3では修学旅行として東京などに行き、企業や大学を見学します。

マネーガイド

■2024年度納付金（諸経費を含む）

	入学金	授業料	施設費	その他	計
入学手続時	150,000円	0円	0円	0円	150,000円
初年度総額	150,000円	360,000円	240,000円	約140,000円	約890,000円

※期日までに入学辞退を申し出た場合、入学金以外を返金。入寮者は別途寮費が必要

◎寄付金：1口10万円（任意）
◎授業料：一括納入または分納
◎奨学金・特待生制度：片山学園中学の生徒を対象とする特待生制度あり

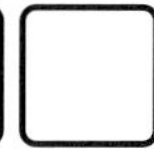
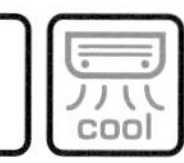

学期制　週5・6日制　プール　冷房　寮　食堂　私服通学　海外研修

サピックスからの合格実績（過去3年）	'22	'23	'24
	6名	1名	2名

進学指導の概要

中3時の修学旅行で東京大学や早稲田大学を訪問し、同校卒業生から大学活動の話を聞いて大学進学の意識を高めます。高1時には文理選択のためのガイダンスを行ったり、さまざまな分野で活躍している社会人の話を聞いたりしながら、進路のイメージを具現化していきます。高2からは文系・理系に分かれ、大学入試問題に触れながら、より専門性の高い授業を行います。さらには学習塾「育英センター」との連携により、塾講師の直接指導や情報の提供を受けていきます。また、東大・京大・医学部希望者に向けた説明会や各大学によるガイダンスを行うなど、さまざまな側面からサポートしています。

■浪人を含む大学進学者の進路の内訳

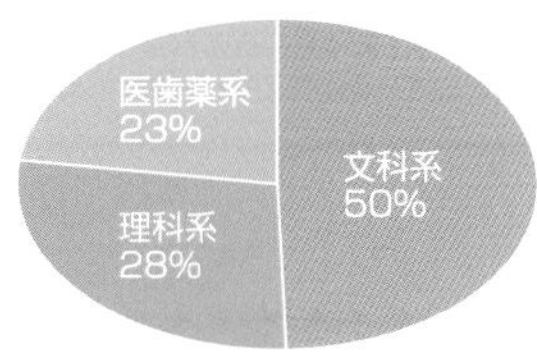

■併設高校から主要大学への合格実績

※上段は現役合格者数、下段は浪人を含めた合格者数。

	東京大	京都大	一橋大	東京工業大	筑波大	お茶の水女子大	電気通信大	東京外国語大	東京学芸大	東京芸術大	東京農工大	東京都立大	横浜国立大	千葉大	早稲田大	慶應義塾大	上智大	東京理科大
22年	—	—	—	—	—	1	—	—	—	—	—	—	1	—	9	3	—	—
	1	—	—	1	—	1	—	—	—	—	—	1	1	—	9	5	—	2
23年	1	6	—	—	1	—	—	—	—	—	—	1	—	—	10	7	4	6
	1	6	—	—	1	—	—	—	—	—	1	1	—	—	11	7	4	9
24年	1	1	—	—	1	—	—	—	—	—	—	—	—	1	7	1	1	1
	1	2	—	1	1	—	—	—	—	—	—	—	—	1	12	1	1	3

	学習院大	明治大	青山学院大	立教大	中央大	法政大	日本大	東洋大	駒澤大	専修大	国際基督教大	津田塾大	東京女子大	日本女子大	文部科学省所管外の大学校	海外の大学	国公立・医学部	私立・医学部
22年	3	10	4	7	8	5	3	7	5	7	—	3	—	2	1	—	9	9
	3	10	5	8	10	5	6	9	5	7	—	3	—	2	1	—	9	14
23年	—	13	8	5	9	6	6	3	2	—	1	—	1	—	1	—	11	2
	—	15	8	7	9	8	9	4	4	1	1	—	1	—	1	—	15	3
24年	—	4	1	3	2	2	2	10	1	5	—	—	1	—	—	—	4	—
	—	5	3	3	2	2	4	10	1	5	—	—	1	—	1	—	5	2

★指定校推薦枠（2024年度）早稲田大、慶應義塾大、立教大など 人数は非公表

入試情報

■2024年度の入試結果

		募集人員	出願者	受験者	合格者	実質倍率
推薦	男子	80	15	15	15	1.0
	女子					
国内入試	男子		478	463	421	1.1
	女子					
一般前期	男子		121	118	99	1.2
	女子					
一般後期	男子		9	7	5	1.4
	女子					

■2024年度入試 合格者の教科別平均点

		算数	国語	理科	社会	合計
国内入試	男子	32.7	34.6	32.6	29.9	130.6
	女子					
一般前期	男子	37.5	34.0	40.9	40.2	152.5
	女子					
一般後期	男子	—	—	—	—	—
	女子					

○配点：算国理社＝各50点
○合格最低点：国内入試93点　一般前期135点　一般後期は非公表

24年の募集要項

※以下は2024年の国内入試（関東・東海・関西会場）の募集要項です。2025年の要項は学校の発表をお待ちください。

入 試 日／1月8日午前
募集人員／男女計80名(全入試の合計)
合格発表／1月9日 ※ホームページで発表
手続締切／専願1月26日 併願2月9日
試験科目／国語(50分・50点)、算数(50分・50点)、理科(40分・50点)、社会(40分・50点) ※関西は3科(国算理)4科選択
面　　接／なし
受 験 料／13,000円

公開行事・説明会予定

【学校説明会】要予約
9月16日(祝)10時〜
11月24日(日)10時〜
【自由研究対策講座】要予約
7月21日(日)10時〜
【理科実験教室】要予約
10月14日(祝)10時〜
【体育大会(中学)】
9月21日(土) 9時〜
【学園祭】
10月27日(日) 9時〜
◆変更・中止の可能性もあります。必ず学校ホームページで確認してください。

佐久長聖（さくちょうせい） 中学校

所在地／〒385-0022　長野県佐久市岩村田3638
TEL／0267-68-6688
学校長／小林 浩
創　立／1964年、佐久高等学校として開校。1995年、長野県初の中高一貫教育校として佐久長聖中学校を併設。
URL／sakuchosei.ed.jp

	1年	2年	3年
男子	59名	55名	48名
女子	45名	61名	47名
クラス数	3組	4組	4組

中高総生徒数／1316名

〈中学への交通アクセス〉
JR「佐久平」「岩村田」駅よりスクールバスを運行 上信越自動車道佐久インターから車で1分

「自由と愛」を教育理念に掲げ、心豊かな人づくりをめざす

長野県初の中高一貫校である同校は、「自由と愛」を教育理念に掲げ、中高6年間を通して心豊かな人づくりをめざすとともに、生徒の秘められた能力を見いだし、英語に堪能で、なおかつ世界の舞台で活躍できるような有為な人材育成に取り組んでいます。それに加えて、国内難関大学への現役合格を可能とする学力の錬成にも力を入れており、中2からは、それぞれの個性と学力を伸ばすために、英語と数学で「東大医進講座」を設け、プラスアルファの学習を計画的に行っています。

スクールライフ

●教育内容

詰め込み型教育ではなく、双方向の授業や体験学習、海外研修、探究型学習によって、生徒の知的好奇心とプレゼンテーション能力を高め、一人ひとりの学力を確実に伸ばすことを目標としています。授業中の発問を工夫し、生徒の学習意欲を高めるとともに、確認テストなどによって、個々の学力を把握。学習内容の定着度が低い生徒には、個別指導や補習などを行う一方、学習意欲が旺盛な生徒には、プラスアルファの課題を与えるなど、きめ細かい指導を行っています。また、英語を重視し、オンライン英会話に加え、外国人講師による実践的な英語学習で、国際感覚を養成します。

■主要5教科の週当たり時間（コマ）数

	英語	数学	国語	理科	社会
1年	6	5	4	3	4
2年	6	5	5	4	4
3年	6	6	5	4	3
合計	18	16	14	11	11

◎1日当たりの授業コマ数：50分×7時限
※第2・4土曜日は休日、第1・3・5土曜日は体験学習
◎登校時間：8時15分

●部活動

高校では、マラソン前日本記録を持つ大迫傑選手を生んだ駅伝部、春・夏で9回の甲子園出場を誇る野球部、インターハイと国体で優勝経験のあるスケート部、全国大会常連の剣道部などが有名です。こうした先輩たちの活躍に刺激され、多くのクラブが積極的に活動しています。

〇文化系／管弦楽
〇体育系／バスケットボール、卓球、バドミントン
※部活動については、学校のホームページをご確認ください。

●行事

聖華祭（文化祭）、体育祭のほか、第1・3・5の土曜日は乗馬、オペラ鑑賞、地元商店街などでの職業体験など、数多くの「体験学習」が計画的に実施されます。

●修学旅行・研修旅行

中3で奈良・京都への国内研修を、中2でカナダ語学研修を実施しています。ホームステイ体験や現地教員による英語研修で生きた英語力と国際感覚を磨きます。高校では希望者を対象にカナダ、アメリカで語学研修を行います。

マネーガイド

■2024年度納付金（諸経費を含む）

	入学金	授業料	施設費	その他	計
入学手続時	200,000円	0円	100,000円	0円	300,000円
初年度総額	200,000円	432,000円	100,000円	418,560円	1,150,560円

※初年度に入寮した場合は、生徒寮入館金として170,000円を入学手続時に加算。さらに、毎月の館費69,000円が必要

◎寄付金：任意
◎授業料：月納
◎奨学金・特待生制度：第1回本校入試、東京入試における成績優秀者に入学金・施設費・入館金・授業料・館費のすべてまたは一部を免除

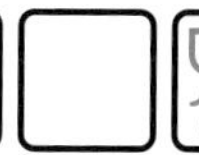
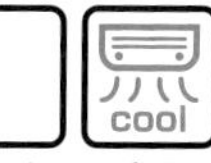

3期 学期制　他 週5・6日制　プール　cool 冷房　寮　食堂　私服通学　全 海外研修

サピックスからの合格実績（過去3年）	'22	'23	'24
	1145名	1187名	1157名

進学指導の概要

志望大学への現役合格をめざし、全教職員が一丸となって、学習・進学指導に取り組んでいます。中2から学力の伸長度合いに合わせて、英語と数学の授業でのみ選抜クラスを設置。どの教科も、生徒みずから考え、多面的なアプローチができるよう、グループでの話し合いやICT教育も取り入れています。また、目的意識を持って進路実現ができるよう、キャリア教育にも力を入れています。

高校からは中高一貫課程のカリキュラムに基づき、完全習熟度別授業が行われます。高2からは文理分けが行われ、高3では希望進路に応じた、より実戦的な授業が行われます。

■現役大学進学者の進路の内訳

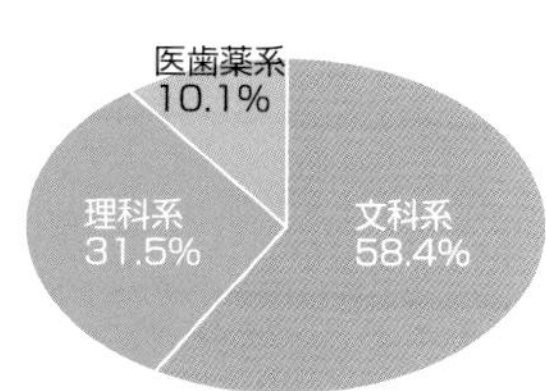

■併設高校から主要大学への合格実績

※上段は現役合格者数、下段は浪人を含めた合格者数。

	東京大	京都大	一橋大	東京工業大	筑波大	お茶の水女子大	電気通信大	東京外国語大	東京学芸大	東京芸術大	東京農工大	東京都立大	横浜国立大	千葉大	早稲田大	慶應義塾大	上智大	東京理科大
22年	1	1	—	1	2	—	—	—	2	—	—	1	—	—	10	3	—	7
	1	1	—	1	2	—	—	—	3	—	—	1	—	—	10	3	—	9
23年	—	—	—	—	—	—	—	—	1	—	—	—	—	—	3	2	2	4
	—	—	—	—	—	—	—	—	1	1	—	—	—	—	3	2	2	5
24年	—	1	—	1	1	1	2	—	—	1	—	—	1	1	10	2	4	4
	—	1	—	1	1	1	2	—	—	1	—	—	1	1	10	3	4	5

	学習院大	明治大	青山学院大	立教大	中央大	法政大	日本大	東洋大	駒澤大	専修大	国際基督教大	津田塾大	東京女子大	日本女子大	文部科学省所管外の大学校	海外の大学	国公立・医学部	私立・医学部
22年	2	2	3	4	3	2	20	6	3	5	1	—	2	3	4	2	4	5
	2	4	4	7	6	7	24	8	3	8	1	—	2	3	4	2	6	6
23年	2	4	2	5	5	4	17	7	2	3	1	1	1	1	1	—	—	7
	2	4	3	5	8	5	22	12	5	3	1	1	1	1	1	—	4	23
24年	4	19	4	12	12	4	14	14	7	9	1	1	3	1	1	1	3	3
	4	23	5	12	13	5	17	16	7	12	1	1	3	1	1	1	7	6

★指定校推薦枠（2024年度）早稲田大2名、東京理科大5名、国際基督教大1名、学習院大2名、青山学院大1名、立教大4名、中央大3名、法政大1名、同志社大6名など

入試情報

■2024年度の入試結果

			募集人員	出願者	受験者	合格者	実質倍率
本校入試①	3科	男子	140	39	37	31	1.2
		女子					
	4科	男子		125	124	109	1.1
		女子					
本校入試②	4科	男子		31	28	25	1.1
		女子					
東京入試①	4科	男子		3360	3278	2771	1.2
		女子					
東京入試②	4科	男子		1238	960	826	1.2
		女子					

■2024年度入試 受験者の教科別平均点

			算数	国語	理科	社会	合計
本校入試①	3科	男子	49.8	45.9	42.2		137.9
		女子					
	4科	男子	55.4	47.6	42.8	47.5	191.8
		女子					
本校入試②	4科	男子	38.0	44.5	41.5	47.9	171.9
		女子					
東京入試①	4科	男子	56.9	58.4	48.9	49.5	213.8
		女子					
東京入試②	4科	男子	52.4	52.4	41.5	47.9	194.2
		女子					

○配点：算国＝各100点　理社＝各75点
○合格最低点：第1回本校入試　122点(3科)、154点(4科)・第2回本校入試　135点(4科)・東京入試①　181点(4科)・東京入試②　155点(4科)

25年の募集要項

入 試 日／本校入試①11月23日 ②1月25日
　　　　　東京入試①1月13日 ②1月14日
募集人員／男女90名
合格発表／本校入試①11月29日 ②1月30日
　　　　　東京入試①1月17日 ②1月18日
　　　　　※いずれもウェブ出願システムにて
手続締切／本校入試①12月20日
　　　　　本校入試②・東京入試2月7日
試験科目／国語・算数(50分・100点)、理科・社会(計60分・各75点)
　　　　　※本校入試①は3科・4科選択制、本校入試②と東京入試①②は4科
面　　接／なし
受 験 料／22,000円

公開行事・説明会予定

【学校説明会・体験授業・公開授業・入試体験など】本校／要予約
6月15日(土)学校説明会(公開授業)11時～
7月20日(土)個別相談会(6年生対象)9時30分～
8月24日(土)個別相談会(6年生対象)9時30分～
9月14日(土)学校説明会(体験授業、クラブ活動体験)10時～
10月19日(土)学校説明会(体験授業、入試アドバイス)10時～
【学校説明会】東京／要予約
6月29日(土)10時30分～　TKP市ヶ谷カンファレンスセンター
9月 7日(土)10時30分～　TKP市ヶ谷カンファレンスセンター
【聖華祭(文化祭)】
9月21日(土)　9時30分～15時
9月22日(祝)　9時30分～15時
◆変更・中止の可能性もあります。必ず学校ホームページで確認してください。

岡山白陵（はくりょう） 中学校

所在地／〒709-0715　岡山県赤磐市勢力588
ＴＥＬ／086-995-1255
学校長／大森 博幸
創　立／兵庫県高砂市の三木学園白陵中学校・高等学校の姉妹校として1976年に開校。
ＵＲＬ／www.okahaku.ed.jp

	1年	2年	3年
男子	82名	79名	56名
女子	68名	75名	47名
クラス数	4組	4組	4組

中高総生徒数／914名

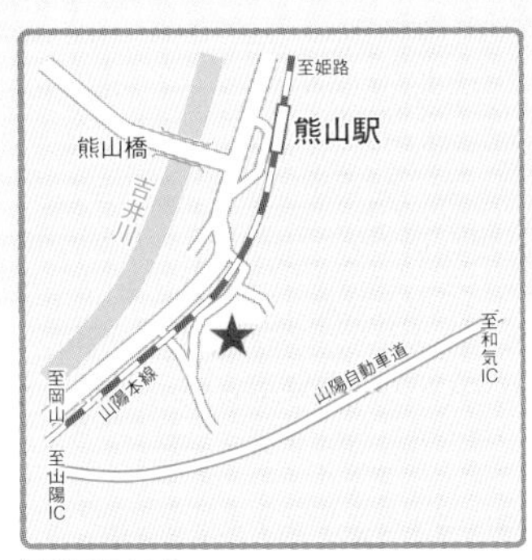

〈交通アクセス〉
JR山陽本線「熊山」駅より徒歩8分

高い教養と愛知の精神を備えた有為の青年を育成

1976年の開校以来、学問へのあこがれと人としての品格の修得を学校生活の基礎としています。時代の波に柔軟に対応しながら、各分野のリーダーとなるべき人材に不可欠な資質である洞察力や責任感を養い、難題にも果敢に挑戦する姿勢を持った有為な青年を育てる教育をめざしています。東大をはじめとする最難関の大学への合格実績が高く評価され、県外より入学する生徒も多く、キャンパス内に定員220名の碧翠寮（男子寮）が、学校の近隣には定員48名の茜寮（高校女子寮）があります。

スクールライフ

●教育内容

中高一貫校の特質を生かした、少数精鋭の徹底した英才教育を実践。教員1名に対して生徒11名という充実した体制で、学習指導・生活指導の両面から、目の行き届いたきめ細かい指導を実施しています。週6日、平日350分の充実した授業で、特に中学では、国語・数学・英語に重点を置きながら基礎学力を養成します。また、放課後には、習熟度に応じた補習授業や個人指導などきめ細かくサポート。春・夏・冬の休暇中には特別授業を行い、学力向上を図ります。また、アメリカのノーザンバレーハイスクールとの国際交流プログラムも用意されています。

■主要5教科の週当たり時間（コマ）数

	英語	数学	国語	理科	社会
1年	7	7	6	5	4
2年	7	7	6	5	4
3年	7	8	6	5	4
合計	21	22	18	15	12

◎1日当たりの授業コマ数：50分×7時限
　土曜日は4時限
◎登校時間：8時55分

●部活動

友情や連帯感を高め、集中力を養い、学校生活を充実したものとするために部活動を奨励。文化系11、体育系10の部と同好会が活発に活動しています。
○文化系／新聞、放送、図書、音楽、美術、写真、科学、演劇、合唱、ディベート、将棋同好会
○体育系／硬式野球（高校）、軟式野球、サッカー、陸上、柔道、バレーボール、卓球、バスケットボール、テニス、剣道

●行事

文化発表会（文化祭）、運動会、芸術鑑賞会、夏季・冬季球技大会、マラソン大会、百人一首大会など、1年を通してさまざまな行事があります。また、授業参観や懇談会、保護者と教職員の集い、保護者個人面談など、保護者と学校が情報を交換しやすい態勢が整えられています。

●修学旅行・研修旅行

中1・2では宿泊研修を実施。中3の修学旅行は東北・北海道を訪れ、土地の文化や自然に触れます。高2の修学旅行は、歴史と文化の国であるイギリス・ロンドンで見聞を広め、国際人としての感覚やマナーを身につけます（近年の高2の修学旅行は北海道全域です）。

マネーガイド

■2024年度納付金（諸経費を含む）

	入学金	授業料	施設費	その他	計
入学手続時	150,000円	0円	0円	0円	150,000円
初年度総額	150,000円	408,000円	250,000円	391,200円	1,199,200円

※入寮者は別途寮費が必要

◎寄付金：あり（任意）
◎授業料：月納
◎奨学金・特待生制度：なし

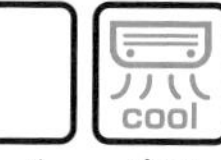

学期制　週5・6日制　プール　冷房　寮　食堂　私服通学　海外研修

サピックスからの合格実績（過去3年）	'22	'23	'24
	2名	2名	2名

進学指導の概要

高入生とは高2まで別カリキュラム。進路指導に当たっては、実績ある資料をもとに、生徒・保護者・担任教師の三者面談を行いながら、個々に合った指導を行っていきます。また、各方面で活躍する講師を招き、進路講演会を実施。高1を対象にした東京大学見学会では、東大のオープンキャンパスに参加するほか、夜には本校卒業生の東大現役生やOB・OGとの交流会が開催されます。

寮では、生活指導担当の専任寮監のほか、夜間の学習指導や悩み事相談に応じる寮監兼務教員や寮担当教員を配置。一方、寮生みずからが計画する寮祭や映画鑑賞会、クリスマス会など、生徒の自主性を生かした活動も盛んです。

■現役大学進学者の進路の内訳

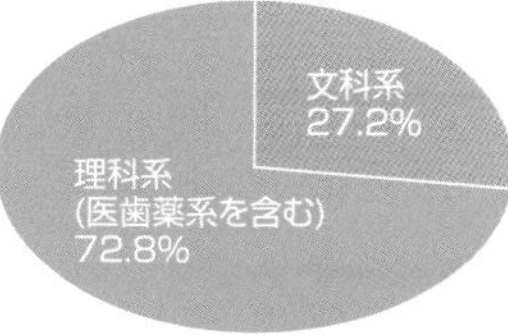

■併設高校から主要大学への合格実績

※上段は現役合格者数、下段は浪人を含めた合格者数。

	北海道大	東北大	東京大	一橋大	東京工業大	東京芸術大	東京医科歯科大	京都大	大阪大	神戸大	大阪教育大	奈良女子大	大阪公立大	兵庫県立大	京都府立大	神戸市外国語大	滋賀医科大	京都府立医科大
22年	—	—	1	—	—	—	—	—	1	1	—	—	2	3	—	—	—	—
	1	—	2	—	1	—	—	—	6	3	—	—	2	4	—	—	—	1
23年	1	1	8	—	—	—	—	1	2	1	—	1	1	3	1	—	—	—
	1	2	12	1	—	—	—	3	3	1	—	1	2	7	1	—	—	—
24年	5	—	1	—	—	—	—	2	—	1	—	—	3	1	—	—	—	—
	7	1	4	—	—	—	—	2	1	2	—	—	4	3	—	—	—	—

	早稲田大	慶應義塾大	上智大	明治大	青山学院大	立教大	中央大	法政大	関西大	関西学院大	同志社大	立命館大	大阪医科薬科大	関西医科大	文部科学省管外の大学校	海外の大学	国公立・医学部	私立・医学部
22年	5	1	1	—	3	1	2	—	2	13	4	13	—	—	2	—	8	—
	8	4	2	5	5	1	5	—	8	24	13	24	6	10	5	—	28	50
23年	5	2	—	1	—	—	1	2	6	15	2	21	3	1	—	—	16	17
	9	6	4	8	4	7	4	2	9	29	11	30	9	5	1	—	33	56
24年	4	1	—	—	—	—	—	—	1	12	7	10	8	—	10	—	18	2
	11	6	3	7	1	6	4	1	5	20	12	27	10	2	15	—	33	27

★指定校推薦枠（2024年度）早稲田大、上智大、東京理科大、立教大、ICU、同志社大、学習院大、立命館大など

入試情報

■2024年度の入試結果

		募集人員	出願者	受験者	合格者	実質倍率
専願	男子	160	45	44	27	1.6
	女子		35	35	28	1.3
非専願	男子		386	377	343	1.1
	女子		207	204	185	1.1

■2024年度入試 受験者の教科別平均点(男女合計データ)

	算数	国語	理科	社会	合計
専願	50.9	44.7	42.0	40.6	180.8
非専願	67.3	55.3	56.9	56.2	233.5

○配点：算国＝各100点、理社＝各80点
○合格最低点：専願165点　非専願180点
※受験者平均点合計、合格最低点は360点に換算したもの

24年の募集要項

※以下は2024年の募集要項です。2025年の要項は学校の発表をお待ちください。

入 試 日／1月5日
募集人員／男女160名
合格発表／1月7日
手続締切／1月10日(専願を希望しない場合は2月8日)
試験科目／国語(50分・100点)、算数(50分・100点)、理科(40分・80点)、社会(40分・80点)
3科(算国理)、4科(算国理社)選択
面　　接／なし
受 験 料／15,000円(専願予納金30,000円)
※専願予納金は、合格者は入学後の施設設備費の一部に充当され、不合格者には返却されます

公開行事・説明会予定

【授業見学会】
6月22日(土)
7月28日(日)
【入試説明会、オープンスクール】
10月26日(土) 本校
【地区別学校説明会】
6月15日(土)津山地区　津山文化センター
6月16日(日)鳥取地区　とりぎん文化会館
7月14日(日)倉敷地区　倉敷市芸文館
8月25日(日)高松地区　高松商工会議所
9月22日(祝)西播地区　じばさんびる(姫路・西はりま地場産業センター)
9月23日(振休)西宮地区　(西宮)なでしこホール
9月29日(日)福山地区　広島県民文化センターふくやま
【文化発表会(文化祭)】
9月 7日(土)
【運動会】
9月16日(祝) 岡山ドーム
◆変更・中止の可能性もあります。必ず学校ホームページで確認してください。

愛光(あいこう) 中学校

所在地／〒791-8501　愛媛県松山市衣山5-1610-1
TEL／089-922-8980
学校長／中村 道郎
創　立／1953年、男子校として創立。1972年に創立20周年を記念し、現在地に移転。2002年に男女共学化する。
URL／www.aiko.ed.jp

	1年	2年	3年
男子	190名	155名	162名
女子	53名	63名	53名
クラス数	5組	5組	5組

中高総生徒数／1412名

〈交通アクセス〉
伊予鉄道高浜線「西衣山」駅より徒歩7分
JR予讃線「松山」駅、松山空港、松山観光港よりタクシー10分

男子寮を備える四国随一の中高一貫校

聖ドミニコ修道会を設立母体とし、カトリック精神に基づいた「愛（Amor）と光（Lumen）の使徒たらんこと」を信条として、社会の各分野で指導的役割を果たし得る世界的教養人の育成を教育目標としています。開校以来、全国屈指の男子進学校として認知されてきましたが、創立50周年に当たる2002年度より男女共学となりました。生徒会や部活動も盛んで、明るく活気のある校風となっています。遠方からの入学者も多く、約390名の男子生徒が学校隣接の寮で共同生活をしています。一方、女子は通学生のみです。

スクールライフ

●教育内容

第4土曜日を除き、土曜日にも4時限の授業を行い、週35時限程度の授業時間数を確保しています。特に英・数・国の主要3科目に時間を割き、基礎学力の徹底を図るとともに、高校の内容にも踏み込む発展型学習を導入しています。なかでも力を入れている英語では、中1～3の一部に外国人講師による授業を実施しています。また、全学年で、主要3科目の小テストを頻繁に行っており、不合格の生徒には放課後補習できめ細かくフォローしています。さらに、全員参加の夏季特別授業を開催し、効果を上げています。

■主要5教科の週当たり時間（コマ）数

	英語	数学	国語	理科	社会
1年	5	5	6	3	3
2年	5	6	5	4	3
3年	6	6	5	4	4
合計	16	17	16	11	10

◎1日当たりの授業コマ数：50分×6時限
　※土曜日は4時限（月1回休み）
◎登校時間：8時30分

●部活動

15の文化部と12の運動部があり、放課後はグラウンドや体育館、教室などで活発に活動しています。
○文化系／吹奏楽、ロボコン、自然探究、文芸、写真、茶道、鉄道研究、美術、パソコン、棋道、ESS、俳句、競技かるた、書道、カトリック学生の会
○体育系／陸上競技、サッカー、バレーボール、バスケットボール、テニス、柔道、剣道、ソフトボール、卓球、ラグビー、弓道、バドミントン

●行事

生徒会主催の文化祭や体育大会、合唱コンクール、弁論大会、スポーツ大会、校内柔道大会など、6年間を通して多彩な学校行事が設けられています。それに加え、クリスマス祝会や聖トマスの祝日のようなミッションスクールならではの行事もあります。

●修学旅行・研修旅行

日帰り遠足は、中1・2では春秋2回、中3では春1回実施。学年単位での旅行行事には、中1で大洲青年の家での宿泊研修、中3で2泊3日の東京研修旅行があります。東京研修旅行では、班別での企業・研究室等の訪問、本校卒業生との交流会等を実施します。国際交流行事としては、①台湾の姉妹校との相互訪問・ホームステイ、②ヨーロッパ研修旅行、③英語語学研修旅行などがあります。

マネーガイド

■2024年度納付金（諸経費を含む）

	入学金	授業料	施設費	その他	計
入学手続時	200,000円	0円	100,000円	0円	300,000円
初年度総額	200,000円	374,400円	100,000円	223,600円	898,000円

※期日までに入学辞退を申し出た場合、施設充実費を返還。入寮者は別途寮費が必要

◎寄付金：なし（ただし、卒業時に返還される学校債あり。1口5万円）
◎授業料：4期分納
◎奨学金・特待生制度：経済的理由により就学困難と判断される者に奨学金を貸与

学期制　週5・6日制　プール　冷房　寮　食堂　私服通学　海外研修

サピックスからの合格実績（過去3年）	'22	'23	'24
	68名	83名	98名

進学指導の概要

高2で文系と理系のクラス分けが行われます。例年の傾向では学年の約3分の2が理系、約3分の1が文系を選択します。国公立の医学部進学を考えて理系を選択する生徒が多いのも特徴です。授業の進度は速く、英語と数学は高1で高校の教科書を終えますが、全生徒が理解できるように徹底した反復指導が行われます。新入生のための特別補習、全員参加の夏季特別授業のほか、高2の3学期から高3の2学期にかけて、希望者対象の補習を実施。また、進路を考える手がかりとして、卒業生の大学合否などの入試状況をまとめた「進学のしおり」を毎年発行。大学入試のデータだけでなく、卒業生による学習アドバイスなども充実しています。

■現役大学進学者の進路の内訳

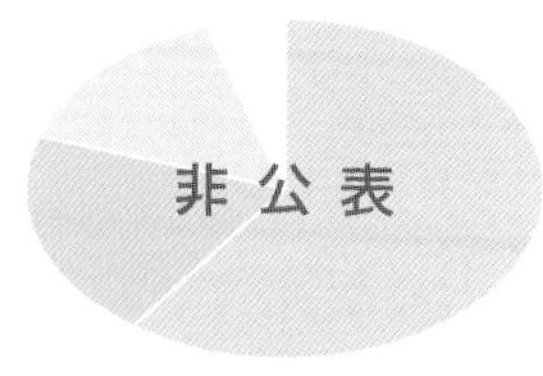

■併設高校から主要大学への合格実績

※上段は現役合格者数、下段は浪人を含めた合格者数。

	北海道大	東北大	東京大 文科Ⅰ類	東京大 文科Ⅱ類	東京大 文科Ⅲ類	東京大 理科Ⅰ類	東京大 理科Ⅱ類	東京大 理科Ⅲ類	東京大 合計	京都大	一橋大	東京工業大	東京芸術大	東京医科歯科大	大阪大	神戸大	広島大	九州大
22年	4	2	2	4	4	3	—	—	13	5	1	—	—	1	5	4	3	7
	5	3	3	4	4	4	2	—	17	6	2	1	—	1	7	4	4	11
23年	3	1	3	—	—	2	2	—	7	5	—	3	—	1	5	1	3	5
	4	1	4	1	1	4	4	—	14	7	1	4	—	1	10	2	6	6
24年	—	2	2	2	—	3	—	—	7	3	2	1	—	1	3	7	2	6
	1	3	2	2	—	3	2	3	12	5	2	1	—	1	7	8	6	9

	早稲田大	慶應義塾大	上智大	東京理科大	国際基督教大	学習院大	明治大	青山学院大	立教大	中央大	法政大	津田塾大	東京女子大	日本女子大	文部科学省所管外の大学校	海外の大学	国公立・医学部	私立・医学部
22年	27	16	7	5	—	3	18	25	5	11	4	25	36	25	9	—	26	5
	34	22	9	15	1	3	29	28	7	18	6	34	50	28	9	—	46	35
23年	17	8	1	5	1	1	6	6	2	4	1	20	27	16	5	3	38	15
	28	16	4	21	1	1	23	7	7	6	6	32	42	20	12	3	59	53
24年	13	7	13	2	—	—	2	9	4	2	2	11	10	5	8	—	31	13
	16	12	14	3	—	—	12	13	4	6	4	20	26	6	12	—	66	30

★指定校推薦枠（2024年度）早稲田大6名、慶應義塾大1名、国際基督教大1名、学習院大1名、青山学院大1名など

入試情報

■2024年度の入試結果

		募集人員	出願者	受験者	合格者	実質倍率
本校会場	男子	200	725	714	525	1.4
	女子					
東京会場	男子		981	951	810	1.2
	女子					
大阪会場	男子					
	女子					
福岡会場	男子					
	女子					

■2024年度入試 受験者の教科別平均点（男女合計データ）

	算数	国語	理科	社会	合計
本校会場	80.7	72.7	50.9	48.9	—
東京会場					—
大阪会場					—
福岡会場					—

※3科4科選択
○配点：算国＝各120点　理社＝各80点
○合格最低点：本校会場193点　東京・大阪・福岡会場243点

24年の募集要項

※以下は2024年の募集要項です。2025年の要項は学校の発表をお待ちください。

募集人員／男女約200名
本校、東京・大阪・福岡会場
入 試 日／1月 7日
合格発表／1月 9日(ホームページ)、10日(書類郵送)
手続締切／1月18日
試験科目／国語(60分・120点)、算数(60分・120点)
理科(40分・80点)、社会(40分・80点)
3科(国算理)4科選択
面　　接／なし
受 験 料／20,000円

公開行事・説明会予定

【入試説明会】
10月 5日(土)大阪、広島
10月 6日(日)名古屋、岡山
10月12日(土)東京、福岡
10月13日(日)横浜、北九州
10月19日(土)徳島、高知
10月20日(日)高松
【学校説明会】
11月 9日(土)10時～
【オープンスクール】
8月18日(日)
【文化祭】
9月15日(日)10時～16時
◆変更・中止の可能性もあります。必ず学校ホームページで確認してください。

久留米大学附設 中学校

所在地／〒839-0862 福岡県久留米市野中町20-2
TEL／0942-44-2222
学校長／町田 健
創　立／1950年に久留米大学商学部構内に附設高等学校を設立。1969年に附設中学校を開設し、中高一貫教育を開始。
URL／fusetsu.kurume-u.ac.jp/

	1年	2年	3年
男子	101名	103名	94名
女子	70名	55名	68名
クラス数	4組	4組	4組

中高総生徒数／1110名

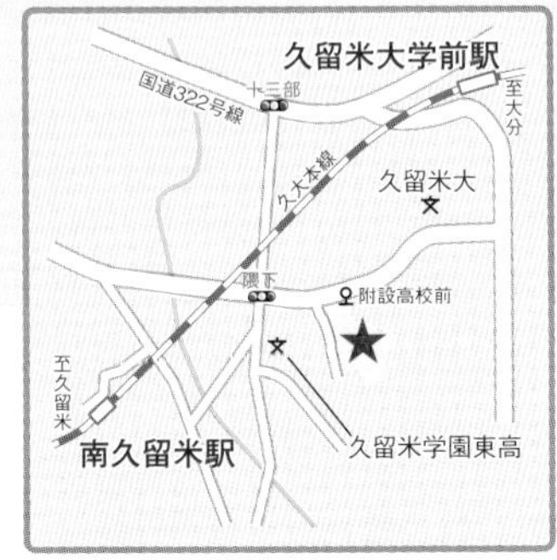

〈交通アクセス〉
JR久大線「久留米大学前」駅より徒歩15分
JR鹿児島本線「久留米」駅よりバス25分
西鉄天神大牟田線「西鉄久留米」駅よりバス15分

医学部進学の実績で名をはせる西日本有数の進学校

「国家社会に貢献しようとする、為他の気概をもった誠実・努力の人物の育成」を建学の精神として、生徒の個性・能力を尊重した全人教育を実践しています。東京大学や医学部への合格率が高く、西日本有数の男子進学校として広く全国に知られてきましたが、2005年に高校が、2013年には中学が男女共学となりました。自宅通学が困難な男子生徒を対象に寄宿舎（扶桑学寮）を整備。集団生活を通じて豊かな教養と高い人格を育成することを目標に、教科指導やレクリエーションなどを実施しています。

スクールライフ

●教育内容

中高の6年間を2年ずつ3段階のステージに分けて展開。中1･2では学習習慣の確立をめざし、教師と生徒、生徒同士の誠実な信頼関係を築きながら、「学校・自宅（寮）での学習パターン」に転換していきます。中学課程をこの2年間で終了させ、中3・高1では、自分の志望を確立することをめざします。基礎学力の定着と確かな学力の向上に努め、国語・数学・英語・地歴・理科など高校卒業に必要な単位のほとんどを習得します。高2からは志望に応じて文系・理系に分かれ、高3の6月までに教科書の内容を終わらせた後、大学入試に対応した実戦的な授業を展開。志望大学への道を確実なものにしていきます。また、自主学習の楽しさ、学問・芸術の厳しさなどを体験させるため、中学卒業論文・制作を実施。長期休暇などを利用して調査・実験などを重ね、中3の夏休みまでに完成させます。

■主要5教科の週当たり時間（コマ）数

	英語	数学	国語	理科	社会
1年	6	5	5	4	3
2年	6	5	5	3	4
3年	6	5	5	4	4
合計	18	15	15	11	11

◎1日当たりの授業コマ数：50分×6時限または7時限
※土曜日は4時限
◎登校時間：8時40分

●部活動

中学には文化系8、体育系9、高校には文化系14、体育系12の部と同好会があります。

○文化系／化学、地理研究、美術、囲碁将棋、鉄道研究、ディベート、レゴ、百人一首

○体育系／テニス、バスケットボール、バレーボール、サッカー、剣道、柔道、陸上競技、卓球同好会、バドミントン同好会

●行事

高校体育祭などの行事は、生徒会の総務委員会が中心となって運営します。なかでも、「男く祭（おとこくさい）」（高校学校祭）は生徒たちのみで行われる一大イベント。そのほか、中学歓迎行事、中学体育大会や芸術週間など、楽しい行事がめじろ押しです。

●修学旅行・研修旅行

中1では1泊2日の校外学習（平戸）、中2では2泊3日の校外学習（鹿児島）、中3では3泊4日の奈良・京都修学旅行があります。高2の修学旅行は、北海道で3泊4日のスキー訓練を行います。

マネーガイド

■2024年度納付金（諸経費を含む）

	入学金	授業料	施設費	その他	計
入学手続時	100,000円	0円	200,000円	0円	300,000円
初年度総額	100,000円	432,000円	388,400円	35,350円	955,750円

※教材費・修学旅行積立は含まず。寄宿舎利用者は別途納入金が必要

◆マネーガイド
◎寄付金：なし
◎授業料：月納
◎奨学金：あり
◎特待生制度：なし

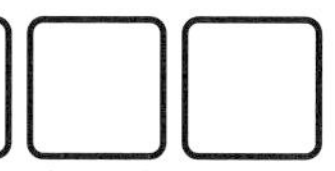

3期 学期制 | 完6 days 週5·6日制 | プール | cool 冷房 | ※男子のみ 寮 | 食堂 | 私服通学 | 海外研修

サピックスからの合格実績（過去3年）	'22	'23	'24
	4名	2名	2名

進学指導の概要

高2から志望に応じて文系・理系に分かれます。徹底したマンツーマン指導が特徴で、生徒一人ひとりの成績資料を丹念に分析・検討しながら、学年や教科で検討した後、全教職員が参加する検討会を開き、生徒への的確な指導・助言を行っています。また、進路の選択、志望の確立のために、卒業生のレポートをまとめた「志望の確立」や、大学入試の結果をまとめた「進学ガイド」、合格者が後輩のためにつづった「合格体験記」などの情報資料を提供しています。さらに、卒業生から在校生に向けて、大学や研究の実績、さまざまな職業などについて語る「進路講座」も開講しています。

■浪人を含む大学進学者の進路の内訳

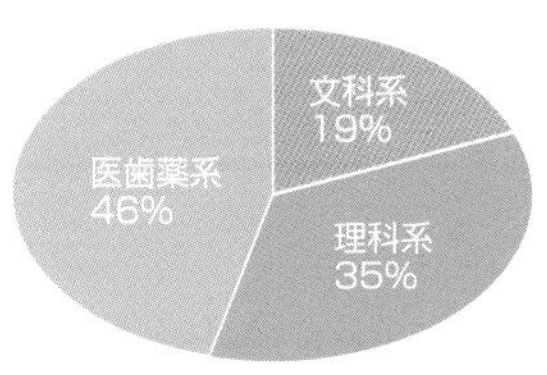

■併設高校から主要大学への合格実績

※上段は現役合格者数、下段は浪人を含めた合格者数。

	北海道大	東北大	東京大							京都大	一橋大	東京工業大	東京芸術大	東京医科歯科大	東京外国語大	お茶の水女子大	千葉大	筑波大
			文科Ⅰ類	文科Ⅱ類	文科Ⅲ類	理科Ⅰ類	理科Ⅱ類	理科Ⅲ類	合計									
22年	1	—	6	8	6	9	2	3	34	5	1	2	—	1	1	1	1	2
	1	—	6	10	8	11	4	4	43	17	2	2	1	1	1	1	2	2
23年	3	—	3	4	2	20	3	—	32	6	3	2	—	1	2	2	1	2
	4	1	4	5	2	20	6	—	37	11	5	4	—	1	2	2	1	3
24年	1	1	3	3	—	14	5	—	25	8	1	3	—	—	2	—	—	2
	1	1	4	3	1	17	6	1	32	10	2	7	1	—	3	—	—	3

	早稲田大	慶應義塾大	上智大	東京理科大	国際基督教大	学習院大	明治大	青山学院大	立教大	中央大	法政大	津田塾大	東京女子大	日本女子大	文部科学省所管外の大学校	海外の大学	国公立医学部	私立医学部
22年	9	11	—	1	—	—	9	1	3	5	2	—	—	—	9	1	44	11
	29	30	3	10	1	—	19	4	8	13	6	2	1	—	10	2	63	35
23年	10	10	5	7	—	—	5	—	1	7	2	—	—	—	4	—	43	14
	32	25	15	13	—	—	27	6	2	25	10	—	—	—	10	—	69	32
24年	15	8	1	4	—	—	6	—	—	1	—	—	—	—	8	1	49	10
	28	22	3	13	—	—	9	2	—	12	1	—	—	—	12	1	74	37

★指定校推薦枠（2024年度）早稲田大3名、慶應義塾大1名、久留米大5名など

入試情報

■過去3年間の入試結果

		募集人員	出願者	受験者	合格者	実質倍率
22年	男子	160	375	—	219	—
	女子		285	—		—
23年	男子	160	582	—	236	—
	女子		297	—		—
24年	男子	160	573	—	233	—
	女子		272	—		—

■2024年度入試 受験者·合格者の教科別平均点(男女合計データ)

	算数	国語	理科	社会	合計
受験者	88.6	79.1	52.7	50.9	271
合格者	114.8	92.7	63.5	58.8	330

○配点：算国＝各150点　理社＝各100点
○合格最低点：301点

25年の募集要項

入 試 日／1月25日
募集人員／男女160名
合格発表／1月28日(インターネットで発表)
手続締切／2月4日
試験科目／国語(60分・150点)、算数(60分・150点)、理科(45分・100点)、社会(45分・100点)
面　　接／なし
受 験 料／20,000円

公開行事・説明会予定

【学校説明会】要予約 ※予約受付期間は6月上旬までを予定
6月15日(土)熊本
6月22日(土)北九州
7月 6日(土)福岡
9月21日(土)本校
◆変更・中止の可能性もあります。必ず学校ホームページで確認してください。

早稲田大学系属 早稲田佐賀 中学校

所在地／〒847-0016　佐賀県唐津市東城内7-1
TEL／0955-58-9000
学校長／渡邉 義浩
創　立／2010年、早稲田大学の創立者・大隈重信の出身地である佐賀県に同大学の系属校として開校。
URL／www.wasedasaga.jp

	1年	2年	3年
男子	89名	81名	75名
女子	47名	56名	48名
クラス数	4組	4組	3組

中高総生徒数／1064名

唐津城
二の門
ローソン
唐津市役所
唐津バスセンター
大手口
至西唐津
県道347号線
唐津駅
唐津線
至佐賀

〈交通アクセス〉
JR唐津線、筑肥線「唐津駅」より徒歩15分
唐津駅よりスクールバスあり。また、博多駅・天神バスターミナルより直通バスあり

確かな学力と豊かな人間性を兼ね備えたグローバルリーダーを育成

2010年に設立された早稲田大学の系属校。早稲田の建学の精神を根底に、同校独自の精神を定め、地球市民の育成をめざします。豊かな人間形成を育む場として寮も完備。自然、文化、風土に優れた唐津で、愛情と厳しさのある教育を通じて、確かな学力を身につけることができます。各界で活躍する講師を招いた特別授業のほか、大学講義のオンデマンド受講など、早稲田大学の知的財産を享受することが可能です。早稲田大学への推薦枠は現在120名ですが、2027年度の高3生より144名となる予定です。また、難関国公立・医歯薬系大学を希望する生徒にも対応できるカリキュラムを実施しています。

スクールライフ

●教育内容

基礎学力の定着を図る週テストや放課後補充学習、学ぶ意欲に火をともす「ワセクエ（放課後希望制探究講座）」、ポスターセッションや卒業研究発表会など、学校生活のあらゆる場面で「確かな学力」を鍛える取り組みを行っています。また、学校行事やプロジェクト活動など、さまざまな活動に積極果敢に挑戦し、粘り強く最後までやり遂げる力も養っています。そして、「Think Locally Act Globally －唐津から世界へ－」をスローガンに掲げ、唐津体験プログラムや佐賀フィールドワークなど五感を使って、地域（唐津・佐賀）で学ぶ体験的な学習を重視。地域を知り、地域の良さに触れながら、社会に潜む問題点を見つけ出し、率先して社会問題を解決するために「考動」できる人財を育成しています。

■主要5教科の週当たり時間（コマ）数

	英語	数学	国語	理科	社会
1年	5	5	5	4	4
2年	6	5	5	4	4
3年	6	6	5	4	4
合計	17	16	15	12	12

◎1日当たりの授業コマ数：45分×6時限
※月・木曜日は7時限、土曜日は3時限
◎登校時間：9時

●部活動

中学には以下のクラブがあり、「文主武励」の精神にのっとり、活動に取り組んでいます。
○文化系／吹奏楽、美術、書道、放送、サイエンス、写真、ESS
○体育系／軟式野球、競走、剣道、弓道、サッカー、男子バスケットボール、応援（チアリーディング）

●行事

文化祭・体育祭・大隈記念講演会など、さまざまな行事を開催。地元の伝統的な祭り「唐津くんち」のボランティアへの参加、虹の松原・東の浜海岸清掃など、地域に根づいたイベントへの参加も重視しています。寮の行事も盛んで、夏祭りやクリスマス会、蛍鑑賞ツアーやプロ野球観戦ツアーなど、毎月1回以上のイベントを実施しています。

●修学旅行・研修旅行

希望者に対して海外研修（オーストラリアホームステイ・アメリカ3大大学ツアー・ベトナム新未来都市視察ツアー）を実施。中3では希望者に対して留学制度を用意しています。異文化を肌で感じ、異文化への理解を深め、国際感覚を身につけます。また、修学旅行は生徒が企画・立案し、校内コンペで勝ち残った企画が実施されます。学校行事を通して、創る難しさや楽しさを体感し、解なき問題に挑む力を養います。

マネーガイド

■2024年度納付金（変更の可能性あり）

	入学金	授業料	施設費	その他	計
入学手続時	110,000円	262,200円	153,000円	14,400円	539,600円
初年度総額	110,000円	524,400円	306,000円	28,800円	969,200円

※入寮者は別途寮費が必要

◎寄付金：1口10万円、1口以上（任意）
◎授業料：2期分納
◎奨学金・特待生制度：未定
また、高校に奨学金制度あり

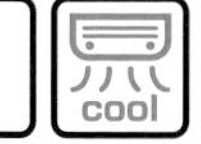

学期制 週5・6日制 プール 冷房 寮 食堂 私服通学 海外研修

サピックスからの合格実績（過去3年）	'22	'23	'24
	184名	222名	215名

進学指導の概要

★進学指導の概要

高1までは中学から入学した生徒のみのクラス、高2から理系・文系のコースに分かれます。学校推薦型選抜試験により早稲田大学への進学が可能で、高3では大学で学ぶ基礎となるアカデミックライティングや統計学などの授業があります。他大学進学をめざす生徒には医歯薬系対策講座などを開講しています。

★寮生活について

附設寮「八太郎館」は、中学校男子、高校男子、中・高女子寮に分かれています。中1から高1までは4人部屋、高2・3には個室が用意されます。また、全員がセキュリティカードを携帯し、安全面を確保。冷暖房を完備するほか、ランドリーサービスも備えるなど、快適な寮生活が送れる環境が整っています。おいしい地元産の食材を中心に安心・安全な料理を3食提供します。4人部屋の生徒は学習室の指定されたブースで学習します。教員も毎日3名以上が宿泊し、主に生活面を指導します。

■現役大学進学者の進路の内訳

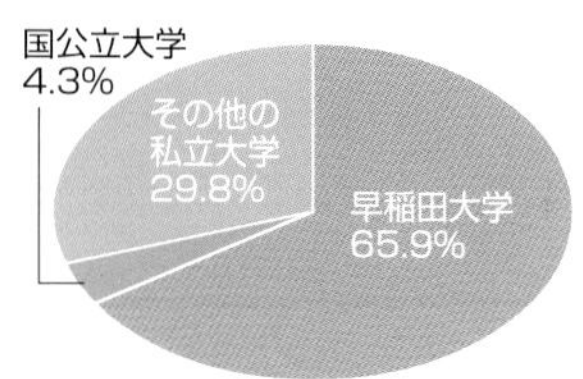

★他大学への合格状況（2024年度）
九州大4名、長崎大（医）2名、佐賀大（医）2名、横浜市立大（医）1名、神戸大1名、慶應義塾大2名、東京理科大3名、上智大4名など

■併設大学（早稲田大学）への推薦状況

	政治経済学部	法学部	文化構想学部	文学部	教育学部	商学部	基幹理工学部	創造理工学部	先進理工学部	社会科学部	人間科学部	スポーツ科学部	国際教養学部
22年	10名	7名	10名	10名	10名	10名	8名	2名	4名	10名	10名	10名	9名
23年	7名	6名	10名	10名	9名	9名	4名	1名	1名	8名	10名	10名	7名
24年	8名	7名	10名	10名	10名	10名	5名	5名	2名	9名	10名	10名	10名

★指定校推薦枠（2024年度）非公表

入試情報

■2024年度の入試結果

			募集人員	出願者	受験者	合格者	実質倍率
12/3	新思考力・帰国生 九州	男子	九州 約80 首都圏 約40	149	147	58	2.5
		女子		91	91	41	2.2
	新思考力・帰国生 首都圏	男子		90	90	49	1.8
		女子		34	34	20	1.7
1/8	一般1月 九州	男子		397	396	231	1.7
		女子		163	160	107	1.5
	一般1月 首都圏	男子		[illegible]	[illegible]	[illegible]	1.5
		女子		180	177	131	1.4
2/5	2月入試	男子		非公表			
		女子					

■2024年度入試 受験者の教科別平均点

			算数	国語	理科	社会	合計
12/3	新思考力・帰国生 九州	男子	総合Ⅰ／47.8 総合Ⅱ／47.7 英語／48.0				—
		女子					
	新思考力・帰国生 首都圏	男子					
		女子					
1/8	一般1月 九州	男子	62.7	62.1	29.5	34.0	—
		女子					
	一般1月 首都圏	男子					
		女子					
2/5	2月入試	男子	非公表				
		女子					

○配点：算国＝各100点 理社＝各50点
○合格最低点：非公表

25年の募集要項

入 試 日／新思考入試(12月入試・帰国生入試)：12月8日【唐津・首都圏】
一般入試(1月入試)：1月13日【唐津ほか九州5会場・首都圏】
一般入試(2月入試)：2月5日【唐津・首都圏】
募集人員／九州入試約80名 首都圏入試約40名
合格発表／新思考入試12月13日、一般入試(1月)1月18日、(2月)2月6日
試験科目／新思考入試：「総合Ⅰ・総合Ⅱ」または「総合Ⅰ・英語」(各60分・各100点)、面接(専願・帰国生のみ、個人または集団)
一般入試(1月)：国語・※算数(各60分・各100点)、社会・理科(各40分・各50点)
一般入試(2月)：国語・算数(各60分・各100点)、集団面接
※算数は1.2倍換算で判定
受 験 料／25,000円(変更の可能性あり)

公開行事・説明会予定

【オープンスクール】要予約
6月15日(土)10時～ 唐津/本校
【学校説明会】要予約
6月29日(土)14時～ 横浜
6月30日(日)11時～ 早稲田大学(附属系属合同説明会)
7月 6日(土)10時～ 佐賀、14時～ 鹿児島
7月 7日(日)10時～ 熊本・長崎・宮崎
7月13日(土)14時～ 北九州・佐世保
7月14日(日)10時～ 大分
7月21日(日)10時～ 福岡(大学オープンスクール共催)
9月 8日(日)10時～ 早稲田大学
9月18日(水)18時30分～ 福岡ナイト
【学校・寮見学会】要予約
7月28日(日) ①9時～ ②12時～ 唐津/本校
【入試説明会】要予約
10月20日(日)10時～ 唐津/本校
10月27日(日)10時～ 早稲田大学
【オンライン個別相談会】要予約
6月より月曜日・土曜日、隔週で開催
◆変更・中止の可能性もあります。必ず学校ホームページで確認してください。

青雲 中学校

所在地／〒851-2197 長崎県西彼杵郡時津町左底郷245-2
TEL／095-882-0678
学校長／本田 善久
創　立／1975年に青雲中学校・高等学校開校。1995年に高校を、2009年に中学を共学化。
URL／www.seiun-jh.ed.jp

	1年	2年	3年
男子	134名	135名	136名
女子	62名	75名	44名
クラス数	5組	5組	5組

中高総生徒数／1197名

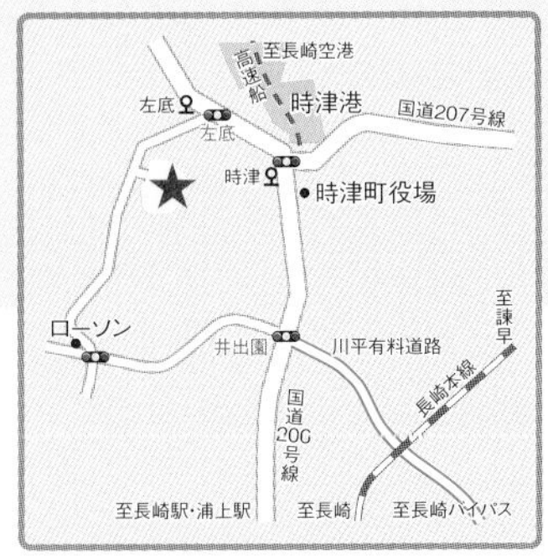

〈交通アクセス〉
JR長崎本線「長崎」駅、同「浦上」駅よりバスで「時津」または「左底」で下車。諫早、東長崎、西山、三原、大村、佐世保からスクールバスあり

「師弟同行」の教育体制で、難関大・医学部の合格実績を築く

「いまをだいじに」を校訓に、知・徳・体の調和の取れた全人教育による人間づくりをめざしています。教育愛に燃える教師と学習意欲の盛んな生徒による「師弟同行」の教育体制で、今年で創立50周年を迎え、東京大学や国公立医学部への高い合格実績により、全国から生徒を集めています。キャンパス内には「望山寮」「和敬寮」の2つの男子寮を整備。寮では自習時間を確保した日課を設定し、自立した生活態度、集団生活に必要な規律、人間的な触れ合いの心を育てています。高校の女子生徒には、学校近辺に指定下宿を用意しています。

スクールライフ

●教育内容

中高一貫教育の利点を生かし、6年間を見据えた独自の教育課程を展開。徳育や体育の充実を図りながら、ゆとりある教育を実現しています。中2で中学校の課程を、高2で高校の課程をそれぞれ終了し、最終学年では演習中心の授業で大学受験に備えます。中学では主要3教科を中心に、十分な時間をかけて学習内容の充実を図り、学力向上に努めています。中3からは英語・数学・国語において習熟度別授業を実施。外国人講師によるリスニングとスピーキングの授業も導入しています。また、理科・社会については、実験や教材に工夫を凝らし、全専門分野の基礎学力充実を図ります。さらに、たくましい体づくりのため、柔道と剣道を必修科目としています。

■主要5教科の週当たり時間（コマ）数

	英語	数学	国語	理科	社会
1年	6	6	7	4	4
2年	6	6.5	6	4	4
3年	6	7	6.5	4	4
合計	18	19.5	19.5	12	12

◎1日当たりの授業コマ数：50分×7時限
　※土曜日は4時限
◎登校時間：8時30分

●部活動

学習のために必要な心身の鍛錬を目的に、文化系13、体育系12の部と同好会が活動しています。1日約1時間半の限られた活動時間でありながら、各部とも計画的で密度の濃い練習に励んでいます。

○文化系／サイエンス、囲碁、将棋、吹奏楽、英語、ディベート、美術、写真、百人一首カルタ、書道、創造ものつくり、クイズ、プログラミング

○体育系／剣道、柔道、陸上競技、バスケットボール、バレーボール、卓球、バドミントン、硬式テニス、サッカー、ハンドボール、空手道、水泳

●行事

中高合同の体育大会、青雲祭（文化祭）をはじめ、スケッチ大会、クラスマッチ、青雲ラリー、卒業生に贈る餅つきなど、1年を通じて多彩な行事があります。

●修学旅行・研修旅行

国立諫早青少年自然の家での新入生合宿、中2の信州・京都・名古屋への修学旅行、高1のスキー旅行を兼ねた北海道修学旅行など、校外行事がとても盛んです。中3・高1の希望者を対象として、夏にはイギリスを訪れるイートンカレッジサマースクールを実施し、春にはオーストラリアのシドニーでの語学研修を実施しています。

マネーガイド

■2024年度納付金（諸経費を含む）

	入学金	授業料	施設費	その他	計
入学手続時	150,000円	0円	0円	0円	150,000円
初年度総額	150,000円	444,000円	186,000円	135,600円	915,600円

※寮費 約919,800円

◎寄付金：なし
◎授業料：月納
◎奨学金・特待生制度：なし（高校は奨学金あり）

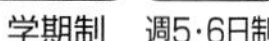

3期 学期制　完6 days 週5･6日制　プール　cool 冷房　※男子のみ 寮　食堂　私服通学　希 海外研修

サピックスからの合格実績（過去3年）	'22	'23	'24
	5名	3名	6名

進学指導の概要

夏季、冬季の長期休暇中には、中学・高校ともに課外授業を実施。全学年を通して、校内テストや対外模試を含めた成績データの処理を行い、適切な指導を行っています。高入生とは高2で合流し、文系と理系に分かれます。高3の6月以降は、大学入試に向けて学力を強化するため、平日8時間授業体制になります。

■現役大学進学者の進路の内訳

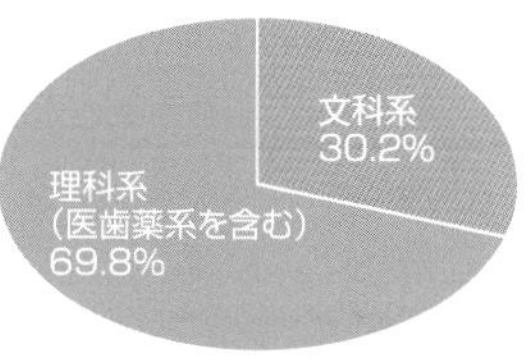

さらに、十分な応用力の育成を目的に、生徒の希望に合わせたコース別の授業を主要5教科で実施。東大や国公立大医学部の入試においては、特に効果を発揮しています。また、国公立大・主要私立大の出題傾向を研究し、志望校別特別ゼミ、年末年始の強化学習を行うなど、十分な入試対策を行っています。

■併設高校から主要大学への合格実績

※上段は現役合格者数、下段は浪人を含めた合格者数。

	東京大	京都大	一橋大	東京工業大	筑波大	お茶の水女子大	電気通信大	東京外国語大	東京学芸大	東京芸術大	東京農工大	東京都立大	横浜国立大	千葉大	早稲田大	慶應義塾大	上智大	東京理科大
22年	12	2	—	—	2	1	1	1	—	—	—	—	2	3	6	7	—	5
	12	2	1	1	2	1	1	1	—	—	—	—	2	3	8	11	1	10
23年	3	2	—	2	1	—	1	—	1	—	—	—	—	1	7	3	2	4
	6	3	—	2	1	—	1	—	1	—	—	—	—	1	10	7	4	11
24年	6	2	—	—	—	—	—	—	—	—	—	—	—	—	9	6	—	5
	7	3	—	1	1	—	—	—	—	—	—	—	—	—	10	9	—	10

	学習院大	明治大	青山学院大	立教大	中央大	法政大	日本大	東洋大	駒澤大	専修大	国際基督教大	津田塾大	東京女子大	日本女子大	文部科学省所管外の大学校	海外の大学	国公立・医学部	私立・医学部
22年	—	5	2	—	3	3	1	—	1	—	—	1	1	—	5	—	36	4
	1	12	5	2	13	8	4	3	1	1	—	2	1	—	7	—	50	49
23年	—	3	1	2	3	4	3	1	—	—	1	2	—	—	8	—	30	10
	—	9	4	3	8	10	5	1	—	—	1	2	—	—	10	—	55	47
24年	—	6	1	1	4	1	—	—	1	—	—	—	—	—	4	—	23	9
	—	7	2	3	6	1	2	3	2	1	—	—	1	1	4	—	36	29

★指定校推薦枠のある主な大学（2024年度）早稲田大、慶應義塾大、東京理科大、学習院大、明治大など

入試情報

■2024年度の入試結果

		募集人員	出願者	受験者	合格者	実質倍率
専願	男子	200	180	177	138	1.3
	女子					
併願	男子		601	598	498	1.2
	女子					

■2024年度入試 受験者･合格者の教科別平均点（男女合計データ）

	算数	国語	理科	社会	合計（得点率）
受験者	88	100	67	75	66%
合格者	94	105	70	78	69%

○配点：算国＝各150点　理社＝各100点
○合格最低点：専願236点・併願267点

24年の募集要項

※以下は2024年の募集要項です。2025年の要項は学校の発表をお待ちください。

入 試 日／1月6日
募集人員／男女200名
合格発表／1月10日
　※郵送およびホームページで発表
手続締切／1月17日
試験科目／国語(60分・150点)、算数(60分・150点)、理科(40分・100点)、社会(40分・100点)
面　　接／なし
受 験 料／20,000円

公開行事・説明会予定

【学校説明会】予約不要
9月28日(土)諫早市、佐世保市
10月12日(土)熊本市、佐賀市
10月13日(日)福岡市、久留米市
10月19日(土)宇部市、宮崎市
10月20日(日)北九州市、鹿児島市
11月 2日(土)本校(授業参観を含む)
【青雲祭(文化祭)】
9月 8日(日)
◆変更・中止の可能性もあります。必ず学校ホームページで確認してください。

長崎日本大学 中学校

所在地／〒854-0063　長崎県諫早市貝津町1555
TEL／0957-26-0061
学校長／池内 一郎
創　立／1967年に長崎日本大学高等学校を創立。1991年、長崎日本大学学園に改称し、中学校を開校する。
URL／nng.ac.jp

	1年	2年	3年
男子	58名	66名	53名
女子	50名	53名	48名
クラス数	3組	3組	3組

中高総生徒数／1607名

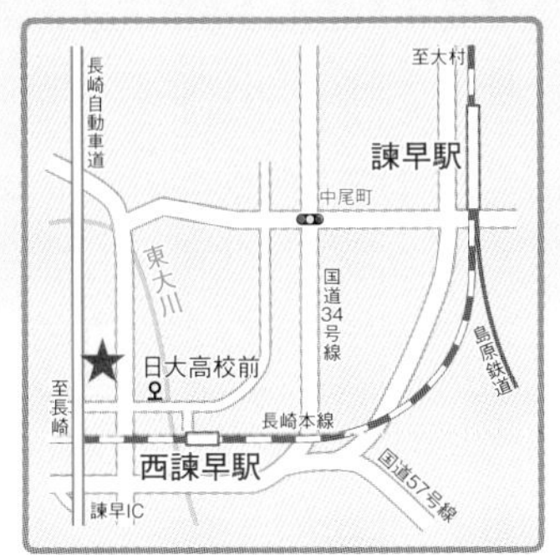

〈交通アクセス〉
JR長崎本線「西諫早」駅より徒歩10分

県外からの入学者も多い中高一貫校

中高一貫教育の実践をめざし、長崎日本大学高等学校に併設された中学校です。中学・高校を通した独自の教育課程によって、「未来の社会を支えるにふさわしい人材」「高い学力と確かな判断力、実践力を備え、豊かで品位ある人間性を身につけたエネルギーあふれる若者」の育成をめざします。緑豊かな恵まれた教育環境にあり、県外からも多くの生徒が入学。進学寮「明倫館」で先輩・後輩・友だちと切磋琢磨しながら夢を育んでいます。2023年6月には新体育館が完成しました。

スクールライフ

●教育内容

6年間の学習を「入門基礎期」(1年次)、「適性探求期」(2・3年次)、「専門基礎期」(4・5年次)、「専門伸長期」(6年次)に分け、段階的にレベルアップを図ります。「入門基礎期」「適性探求期」である中学では、特に国数英の基礎教科に時間を取り、学力の向上に努めます。国語では、作文や感想文を書く機会を多く設けるなど、読解力・表現力・思考力を養います。数学は週6時間以上の授業を実施。1・2年次は基本的な数理の理解と計算の習熟を図り、3年次で高1の内容に取り組みます。英語の授業は週8時間。1・2年次は基礎的な英語の理解と「読む」「書く」「聞く」「話す」力の育成に重点を置き、3年次ではまとまった文章の読解力を養うために、文法および構文の基礎を体系的に学習します。また、外国人講師による英会話の授業も行っています。

■主要5教科の週当たり時間(コマ)数

	英語	数学	国語	理科	社会
1年	8	6	6	4	3
2年	8	6	5	4	4
3年	8	7	5	4	4
合計	24	19	16	12	11

◎1日当たりの授業コマ数：45分×7時限
※第1・3・5土曜日は3時限
◎登校時間：8時45分

●部活動

中学には文化系7、体育系8の部があり、週4日活動しています。高校では野球部や柔道部、空手道部などの活躍が目立ちます。

○文化系／英会話、科学、音楽(ダンス・コーラス・バイオリン)、報道、文芸、美術、演劇

○体育系／軟式野球、サッカー、卓球、空手道、テニス、柔道、陸上競技、剣道

●行事

桜菊祭(文化祭)、体育大会、芸術鑑賞会、球技大会、海外研修など、さまざまなイベントがあります。「生徒が主役」を合言葉に全員参加型の自治組織を作っており、学校行事には生徒会をはじめとする各種委員がさまざまな形で意見を持ち寄り、企画・立案・運営に携わります。

●修学旅行・研修旅行

入学直後に行われるスプリングスクールのほか、中学の修学旅行では広島・山口を訪問。高校の修学旅行は、香港・マカオまたはマレーシア・シンガポールに出掛けます。また、中学サマーキャンプやオーストラリア語学研修旅行などもあります。

マネーガイド

■2024年度納付金(諸経費を含む)

	入学金	授業料	施設費	その他	計
入学手続時	100,000円	0円	0円	0円	100,000円
初年度総額	100,000円	337,200円	56,400円	228,242円	721,842円

※その他にはICT教育費などを含む、入寮者は別途寮費が必要

◎寄付金：なし
◎授業料：月納／入学金分納可
◎奨学金・特待生制度：入試成績優秀者に入学金・授業料・施設設備費・交通費を全額または半額免除

3期 学期制 | 他 days 週5･6日制 | プール | cool 冷房 | 寮 | 食堂 | 私服通学 | 希 海外研修

サピックスからの合格実績（過去3年）	'22	'23	'24
	106名	130名	96名

進学指導の概要

普通科は、生徒の資質や志望進路に柔軟に対応できるコース別、類型別の教育を展開。基礎学力の充実を図る「プログレスコース」、国公立大難関学部をめざす生徒対象の「アカデミーコースⅠ類」、国公立大進学希望者向け「アカデミーコースⅡ類」と、高1で大きく3つの類型に分かれ、それぞれの目標に応じたカリキュラム編成で学びます。2年次からは6文理系、7カリキュラムに分かれますが、毎年の進級時には本人の希望と適性に応じてコースを変更することも可能です。また、美術専門に特化したデザイン美術科でも、難関美術系大学への合格をめざし、志望校と専攻科に合わせた独自のカリキュラムを編成しています。いずれも大学入試に向けて実戦的な授業を行い、大学入試支援プログラムとして多数の講座を開講するなど、進路実現をきめ細かくサポート。全国26校の付属校が一斉に受験する「基礎学力到達度テスト」の得点および3年間の成績による推薦を中心として、特別推薦・選抜推薦・公募制推薦・総合型選抜など多彩な推薦制度も利用できます。

■他大学進学者の進路の内訳（過去3年平均）

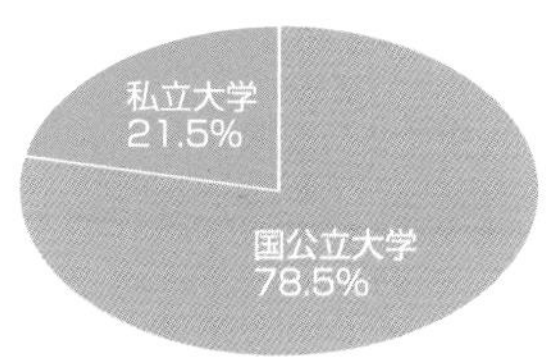

★他大学への合格状況
国公立大学へは96名が合格。神戸大、横浜国立大、久留米大医学部医学科のほか長崎大学へは11名が合格

■併設大学（日本大学）への推薦状況

	法学部	文理学部	経済学部	商学部	芸術学部	国際関係学部	危機管理学部	スポーツ科学部	理工学部	生産工学部	工学部	医学部	歯学部	松戸歯学部	薬学部	生物資源科学部	短期大学部
22年	11名	10名	9名	11名	3名	14名	2名	1名	19名	22名	12名	2名	—名	2名	5名	16名	2名
23年	9名	7名	10名	8名	4名	5名	2名	1名	10名	13名	1名	2名	1名	—名	2名	8名	2名
24年	21名	9名	9名	13名	7名	14名	2名	3名	18名	30名	10名	—名	—名	4名	4名	12名	1名

★指定校推薦枠（2024年度）非公表

入試情報

■2024年度の入試結果

	募集人員	出願者	受験者	合格者	実質倍率
男子	120	1360	1346	1231	1.1
女子					

■2024年度入試 受験者の教科別平均点（男女合計データ）

算数	国語	理科	社会	合計
75.0	96.2	59.5	76.7	281.8

○配点：算国＝各150点　理社＝各100点　○合格最低点：非公表

24年の募集要項

※以下は2024年の首都圏入試(東京・神奈川会場)の募集要項です。2025年の要項は学校の発表をお待ちください。

入 試 日／1月6日
募集人員／男女120名
合格発表1月12日
※ホームページで発表し、受験者全員に合否通知を郵送
手続締切／2月16日
試験科目／国語(50分･150点)、算数(50分･150点)、理科(40分･100点)、社会(40分･100点)
2科(国算)4科選択
面　　接／なし
受 験 料／15,000円

公開行事・説明会予定

【オープンスクール】
7月　7日(日)10時～
10月　5日(土)10時～
【桜菊祭(文化祭)】
11月　3日(祝)　9時～
◆変更・中止の可能性もあります。必ず学校ホームページで確認してください。

筑波大学附属駒場 中学校

所在地／〒154-0001　世田谷区池尻4-7-1
TEL／03-3411-8521
学校長／北村 豊
創　立／1947年、東京農業教育専門学校附属中学校として開校。1952年、東京教育大学附属駒場中・高と改称。1978年、現校名に。
URL／www.komaba-s.tsukuba.ac.jp

	1年	2年	3年
男子	123名	123名	121名
女子	—	—	—
クラス数	3組	3組	3組

中高総生徒数／852名

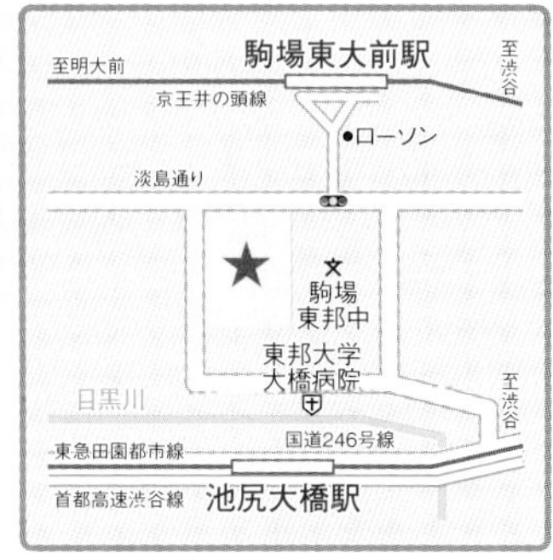

〈交通アクセス〉
京王井の頭線「駒場東大前」駅より徒歩7分
東急田園都市線「池尻大橋」駅より徒歩15分

社会のトップリーダーを育成する「駒場の自由」

1947年の設立以来、中高一貫教育を柱とした教育の実践と研究に力を注ぎ、時代をリードする人材を数多く育成してきました。現在、筑波大学の付属校は11校ありますが、そのなかで同校は、「トップリーダーを育てる教育の実験的実践校」として位置づけられています。教育で重視しているのは生徒の自主性。「自由・闊達の校風の下、挑戦し、創造し、貢献する生き方をめざす」という学校目標が示すように、学校生活のあらゆる面で生徒の自主性が尊重され、文化祭や体育祭などの行事は生徒を中心に企画・運営されています。

スクールライフ

●教育内容

中学では表現力や思考力の育成を重視。各教科ともプリントや映像などの自主教材を活用しながら、物事の見方・考え方の基本を身につけるとともに、発展的な応用力の育成をめざします。英語・数学は基礎事項・重要事項の学習に重点を置き、英語では全学年でLL授業と外国人講師とのチームティーチングをそれぞれ週1～2時間実施。国語では読書ノートやレポートの作成・発表などの機会を多く設けて、表現力や思考力の育成を図り、理科では実験・観察などを通して自然科学の本質を理解できるようにします。中3の総合学習では少人数の選択講座で研究レポートをまとめる「テーマ学習」などを実施しています。土曜日は月に2回程度、総合学習などの授業を行います。

■主要5教科の週当たり時間（コマ）数

	英語	数学	国語	理科	社会
1年	4	4	4	3	4
2年	4	4	5	4	3
3年	4	4	4	4	4
合計	12	12	13	11	11

◎1日当たりの授業コマ数：50分×6時限
※土曜日は隔週で4時限
◎登校時間：8時20分

●部活動

活動は盛んで、中学での参加率は約8割。駒場棋院（囲碁部）は全国大会や都大会上位の常連です。また近年、硬式テニス部や卓球部が都大会上位に進出しています。

○文化系／音楽、駒場棋院（囲碁）、将棋、生物、科学、数学科学研究、語学、鉄道研究、農芸、パソコン研究、パズル、文芸、演劇など

○体育系／陸上競技、軟式野球、水泳、サッカー、バスケットボール、硬式テニス、軟式テニス、ハンドボール、卓球、剣道、山岳など

●行事

芸術鑑賞会、音楽祭、体育祭、弁論大会など多数の行事がめじろ押しです。なかでも注目されるのは文化祭。校内には模擬店が並び、演劇や音楽の発表会なども催され、大いに盛り上がります。中1・高1の「水田学習」も同校ならではのプログラムです。

●修学旅行・研修旅行

校外学習として、中1では黒姫高原での共同生活、中2では東京の地域研究、中3では東北の地域研究を実施。さらに、高1では菅平を、高2では関西方面を訪れます。

マネーガイド

■2024年度納付金（諸経費を含む）

	入学金	授業料	施設費	その他	計
入学手続時	0円	0円	0円	0円	0円
初年度総額	0円	0円	0円	約150,000円	約150,000円

◎寄付金：あり（任意）
◎授業料：なし
◎奨学金・特待生制度：奨学金（経済的援助）あり

学期制

週5·6日制

プール

冷房

寮

食堂

私服通学

海外研修

サピックスからの合格実績（過去3年）	'22	'23	'24
	104名	81名	98名

進学指導の概要

併設の高校へは原則として全員進学でき、高校から入学した生徒との混合クラス編成になります。高2まではほとんどの科目が共通履修。高3には週21時間までの科目選択制が設けられ、各自の希望進路に応じた科目を選び、進学に備えます。授業は特に受験を意識したものではなく、手作りプリントや原書などの副教材を併用し、考察・研究を中心にしたレベルの高い学習を展開して、思考力・論理力を養います。年3回の定期考査のほか、高2で1回、高3で3回の特別考査が実施されます。進路指導については、高1から卒業生などによる進路講演や懇談会などが行われます。

■現役大学進学者の進路の内訳

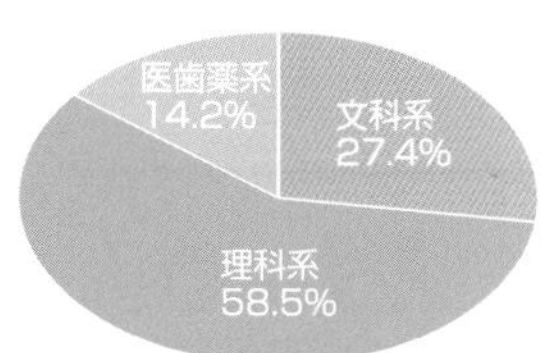

■併設高校から主要大学への合格実績

※上段は現役合格者数、下段は浪人を含めた合格者数。

	北海道大	東北大	東京大							京都大	一橋大	東京工業大	東京芸術大	東京医科歯科大	東京外国語大	東京農工大	千葉大	筑波大
			文科Ⅰ類	文科Ⅱ類	文科Ⅲ類	理科Ⅰ類	理科Ⅱ類	理科Ⅲ類	合計									
22年	1	—	8	7	—	40	4	4	※66	—	1	—	—	5	—	—	2	1
	1	—	12	11	2	54	9	6	※97	1	1	2	—	6	—	—	2	1
23年	1	1	7	5	7	40	6	6	※73	1	3	4	—	1	—	—	2	2
	2	1	8	6	9	45	10	7	※87	2	3	4	—	3	—	—	6	2
24年	—	—	11	7	1	37	4	7	※69	3	2	—	—	5	—	—	—	1
	2	1	15	10	4	41	10	8	※90	4	3	1	—	7	—	—	1	1

	横浜国立大	東京都立大	横浜市立大	早稲田大	慶應義塾大	上智大	東京理科大	国際基督教大	学習院大	明治大	青山学院大	立教大	中央大	法政大	文部科学省管外の大学校	海外の大学	国公立・医学部	私立・医学部
22年	—	—	1	39	40	7	4	1	—	17	1	1	1	4	4	1	14	11
	—	—	1	75	66	15	22	1	—	17	1	1	1	4	4	1	17	19
23年	1	—	1	50	36	12	7	—	—	2	—	1	3	—	1	—	5	11
	2	—	3	81	62	20	15	—	—	15	2	1	7	4	4	—	15	24
24年	1	—	2	73	45	4	13	—	—	2	1	—	1	2	1	—	20	29
	2	—	2	114	70	13	22	—	—	10	2	1	4	3	4	—	30	35

★指定校推薦枠（2024年度）非公表
※2022年・2023年・2024年の東京大学の合計には推薦入試合格者が含まれています。

入試情報

■過去3年間の入試結果

	募集人員	出願者	受験者	合格者	実質倍率
22年	120	1次579	479	129	3.7
23年	120	1次627	521	128	4.1
24年	120	1次660	555	128	4.3

○配点：算国＝各100点　理社＝各100点　報告書＝100点
○合格最低点：353点

24年の募集要項

※以下は2024年の募集要項です。2025年の要項は学校の発表をお待ちください。

入 試 日／1次(抽選)1月16日 2次(学力検査)2月3日
※募集定員の約8倍を超えると抽選
募集人員／男子120名
合格発表／2月5日
手続締切／2月19日(2月11日の入学手続説明会には要出席)
試験科目／国語(40分・100点)、算数(40分・100点)、理科(40分·100点)、社会(40分·100点)、報告書(100点) ※通学区域の指定あり
面　　接／なし
受 検 料／5,000円

公開行事・説明会予定

【学校説明会】
10月12日(土)
10月13日(日)
時間・回数未定
【文化祭】
11月　1日(金)～3日(祝)　9:30～16:30(予定)
◆変更・中止の可能性もあります。必ず学校ホームページで確認してください。

サピックスOBの声

●活発な生徒が多く、授業ではみんな積極的に自分の意見を発表します。学習指導要領の枠を超えた内容も多く、たとえば音楽の授業でイタリア語を教えてくれたり、数学の授業で準正多面体について検証したり、おもしろい授業がたくさんあります。
●クラブ活動は3つぐらい兼部するのが当たり前で、ぼくも軟式テニス部、野山を愛する会、数学科学研究会に入っています。筑駒ならではのプログラムといえば「水田学習」です。ぼくは水田委員として田植え作業の準備や餅つきの下準備などを行い、卒業生や新入生に赤飯を振る舞いました。

お茶の水女子大学附属 中学校

所在地／〒112-8610 文京区大塚2-1-1
TEL／03-5978-5862
学校長／相川 京子
創 立／1875年、東京女子師範学校が開校。1980年、お茶の水女子大学文教育学部附属から大学の付属校になる。
URL／www.fz.ocha.ac.jp/ft

	1年	2年	3年
男子	37名	35名	33名
女子	75名	76名	79名
クラス数	4組	4組	4組

中高総生徒数／698名 併設小から 約40%

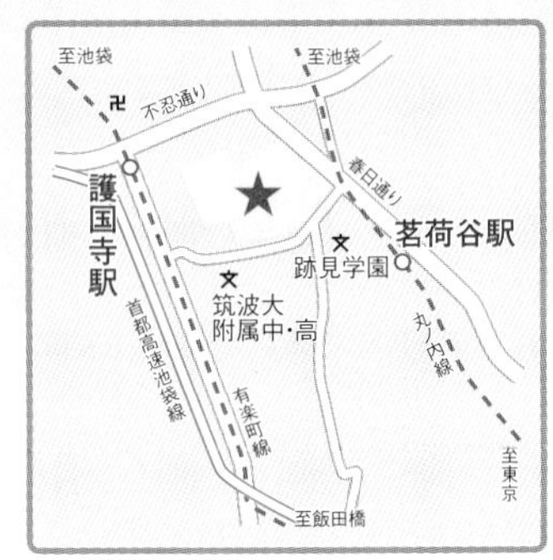

〈交通アクセス〉
東京メトロ丸ノ内線「茗荷谷」駅より徒歩7分
東京メトロ有楽町線「護国寺」駅より徒歩13分

国立の中学校として最も古い歴史を持つ男女共学の付属校

国立の中学校としては最も古い歴史を持つ学校の一つで、「お茶中」の愛称で親しまれています。「自主自律の精神を持ち、広い視野に立って行動する生徒の育成」を目標としており、「習得・活用・探究」をキーワードとした自主研究など、主体性を重視した教育を実践しているほか、大学の付属校として研究開発や教育実習にも協力しています。併設高校は女子校で、例年、東大をはじめ難関大学に多数の進学者を出しています。

スクールライフ

●教育内容

中1は帰国生が別クラスですが、中2・3は一緒に学びます。3学期制(週5日が基本・月1回程度土曜授業あり)で、授業時間数は公立とほぼ同じですが、それぞれの教科で質の高い授業が展開されています。英語の一部は少人数分割授業で、ALTによる授業も行われています。また、中1・2の数学はチームティーチングで、小テストなどを行いながら基礎学力の向上をはかっています。中1後半より、総合学習の一環として「芸術と人間」「言語と記号」「自然と環境」「くらしと文化」「運動」の5領域13グループに分かれた「自主研究」を設定。自分で選んだテーマごとに、学年を超えたグループに分かれて調査・研究を行い、定期的に全員が発表の場を経験します。学校生活については、大学の緑豊かなキャンパス内にあり、広いグラウンドと自然豊かな環境も魅力の一つです。1人1台端末環境下での盛んなICT活用のほか、2023年度からお弁当注文システムやスラックス制服も導入しています。

■主要5教科の週当たり時間(コマ)数

	英語	数学	国語	理科	社会
1年	4	4	4	3	3
2年	4	3	4	4	3
3年	4	4	3	4	4
合計	12	11	11	11	10

◎1日当たりの授業コマ数：50分×6時限
◎登校時間：8時15分

●部活動

部活動は自主参加制ですが、中学校ではほぼ全員が加入しています。2024年4月現在、以下の部が新規部員を募集しています。
○文化系／吹奏楽、科学、文化創造、演劇
○体育系／硬式テニス、バレーボール、バスケットボール、サッカー、ダンス、バドミントン、卓球

●行事

生徒が企画・運営する秋の生徒祭（文化祭）と、学年縦割りの4色対抗で盛り上がる春の体育大会が二大イベントです。ほかにも、大学研究室訪問、新入生歓迎会、音楽行事、芸能鑑賞会、ランニングフェスティバルなどがあります。

●修学旅行・研修旅行

中1では、英語体験を中心とした1泊2日のグローバル・キャンプが行われます。中2で2泊3日の林間学校があり、志賀高原に行きます。中3では東北方面を訪れる2泊3日の修学旅行があります。

マネーガイド

■2024年度納付金(諸経費を含む)

	入学金	授業料	教育充実金	その他	計
入学手続時	0円	0円	0円	0円	0円
初年度総額	0円	0円	180,000円	143,200円※	323,200円

※学年費、生徒会費、PTA費、行事費

◎寄付金：教育充実金（3年間分を初年度に納入、教育後援会に寄付）
◎授業料：なし
◎奨学金・特待生制度：なし

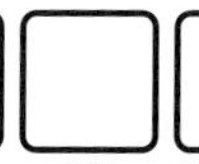
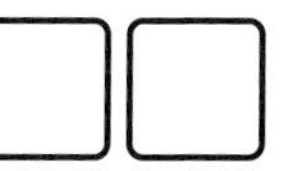

学期制　週5･6日制　プール　冷房　寮　食堂　私服通学　海外研修

サピックスからの合格実績（過去3年）	'22	'23	'24
	17名	26名	16名

進学指導の概要

中学からは内部試験を経て女子の約7〜8割が附属高校に進学。ほか、男女とも、国公立・私立含めさまざまな進路があります。専門性の高い学校に進学する生徒もいます。各自が自分の進路に向き合い進学先を決定できるよう、早い段階からていねいな進路指導を行っています。附属高校は文部科学省のスーパーサイエンスハイスクール（SSH）に指定されています。高3は現代文やコミュニケーション英語など週11時間の必修授業以外は選択授業となり、個々の進路に対応しています。

■現役大学進学者の進路の内訳

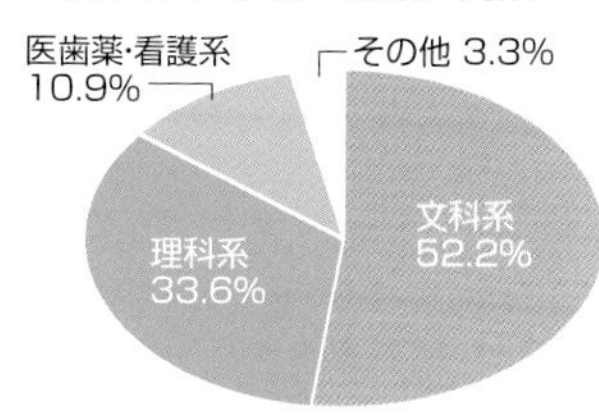

■併設高校から主要大学への合格実績

※上段は現役合格者数、下段は浪人を含めた合格者数。

	東京大	京都大	一橋大	東京工業大	筑波大	お茶の水女子大	電気通信大	東京外国語大	東京学芸大	東京芸術大	東京農工大	東京都立大	横浜国立大	千葉大	早稲田大	慶應義塾大	上智大	東京理科大
22年	4	3	1	3	1	17	—	2	—	1	1	—	1	1	20	15	10	17
	4	3	1	3	1	18	—	2	—	2	4	—	1	1	25	24	12	25
23年	1	—	2	3	4	13	1	5	—	—	—	2	1	3	26	12	17	28
	4	—	2	3	4	15	1	5	—	—	—	2	2	4	32	17	21	33
24年	5	—	4	3	2	7	—	—	2	1	3	—	1	1	36	24	25	23
	5	—	4	3	3	8	—	—	2	1	3	—	1	3	40	28	29	28

	学習院大	明治大	青山学院大	立教大	中央大	法政大	日本大	東洋大	駒澤大	専修大	国際基督教大	津田塾大	東京女子大	日本女子大	文部科学省所管外の大学校	海外の大学	国公立・医学部	私立・医学部
22年	2	22	10	18	6	6	—	4	—	—	3	6	—	8	1	—	2	2
	4	32	11	21	11	13	—	8	—	2	3	9	3	10	1	—	3	7
23年	3	29	5	16	30	19	6	2	—	1	—	3	2	3	1	—	2	3
	4	34	7	22	34	20	7	2	—	2	—	4	4	3	2	—	4	13
24年	3	37	15	14	9	11	3	4	2	1	—	9	2	10	—	—	2	4
	4	43	17	21	15	17	8	7	2	1	—	11	2	10	—	—	4	8

★指定校推薦枠（2024年度）早稲田大5名、慶應義塾大4名、東京理科大6名、学習院大8名、中央大3名、津田塾大1名、立命館大2名など

入試情報

■2024年度の入試結果

		募集人員	出願者	受験者	合格者	実質倍率
一般	男子	約25	72	52	28	1.9
	女子	約30	281	201	34	5.9
帰国	男子	約15	4	3	2	1.5
	女子		10	6	6	1.0

○配点：非公表
○合格最低点：非公表

24年の募集要項

※以下は2024年の募集要項です。2025年の要項は学校の発表をお待ちください。

検査日／2月3日 帰国2月6日
募集人員／男女約55名(男子約25名 女子約30名)
　帰国男女15名
合格発表／2月4日 帰国2月7日
　※ウェブシステム上で発表
手続締切／2月5日 帰国2月7・8日
選抜方法／検査Ⅰ、検査Ⅱ、検査Ⅲとして実施。
　国語(30分)、算数(30分)、
　理科、社会、および教科の枠を超えた出題(45分)
　報告書
　※通学区域の指定あり。
　※詳細は本校ホームページを参照。
面接／なし
帰国生のための試験／筆答と面接(個人・保護者)
受検料／5,000円

公開行事・説明会予定

【学校説明会】
10月19日(土)、11月2日(土)
※10月19日(土)は校舎見学会も実施します。
※入試説明会も兼ねた内容です。
【オープンスクール】
7月20日(土)
【生徒祭(文化祭)】
9月21日(土)、22日(祝)
◆変更・中止の可能性もあります。必ず学校ホームページで確認してください。

サピックスOB・OGの声

●学校を象徴する授業は、自分で決めたテーマについて、中2から本格的に取り組む「自主研究」です。わたしがテーマに選んだのは「人気」。言語と心理の両面から研究を進めていて、中3になったら小論文にまとめて発表します。
●学校のいちばんの魅力は、生徒の自主性がとても重んじられていること。生徒会が中心となって学校生活が充実するようなさまざまなきまりも作っています。たとえば、夏の暑さをしのぐために、自由服期間というものがあって、この期間は私服で登校しても構いません。これも生徒自身が決めたものです。

筑波大学附属 中学校

所在地／〒112-0012 文京区大塚1-9-1
ＴＥＬ／03-3945-3231
学校長／水上 勝義
創　立／1888年に高等師範学校尋常中学科として設立。1949年、東京教育大学附属中学校となり、1978年に現校名に。
ＵＲＬ／www.high-s.tsukuba.ac.jp

	1年	2年	3年
男子	102名	101名	102名
女子	103名	103名	102名
クラス数	5組	5組	5組

中高総生徒数／1328名　併設小から　約54%

至池袋
不忍通り
至池袋
お茶の水女子大
春日通り
護国寺駅
茗荷谷駅
跡見学園
首都高速池袋線
丸ノ内線
有楽町線
至東京
至飯田橋

〈交通アクセス〉
東京メトロ有楽町線「護国寺」駅より徒歩8分
東京メトロ丸ノ内線「茗荷谷」駅より徒歩10分

伝統のなかに自主・自律の精神や自由な校風が

1888年、昌平黌（しょうへいこう）跡（現・文京区湯島１丁目）に師範学校の附属学校として創設され、合併や校名変更の後、現在に至っています。調和的な心身の発達と確かな知性の育成、豊かな個性の伸長を図るとともに、民主的社会の一員として人生を主体的に開拓し、人類社会の伸展に寄与することができる人間の育成を教育目標としています。また、筑波大学における生徒の教育に関する研究に協力することも大切な使命。伝統のなかに自主・自律の精神やたくましい実践力に基づく自由な校風が育まれ、生徒の自治活動が尊重されています。

スクールライフ

●教育内容

前期・後期の2期制を導入。高校・大学進学後も通用する学力を育成するため、オリジナル教材を活用するなど、工夫を凝らした授業を行っています。各教科とも先取り学習はせず、探究心や思考力、表現力を育む指導に主眼が置かれているのが特徴で、話し合い、意見発表やレポートの提出機会を数多く設けています。英語では「聞く」「話す」を重視し、外国人講師と日本人教師によるチームティーチングを週1時間、各学年で半年間実施。また、興味あるテーマを選択して追究・解決する「総合学習」は、中1では情報の収集・整理や発表の方法などを学習し、中2・3では約10講座からそれぞれテーマを選択して研究成果を発表することになっています。なお、隔週土曜日には4時限の授業を行っています。

■主要5教科の週当たり時間（コマ）数

	英語	数学	国語	理科	社会
1年	4	4	4.5	3	3.5
2年	4	4	3.5	4.5	3.5
3年	4	4	3.5	4	3
合計	12	12	11.5	11.5	10

◎1日当たりの授業コマ数：50分×6時限
　※隔週土曜日休み。登校土曜日は4時限
◎登校時間：8時10分

●部活動

活動するのは原則週3日です。水泳部、野球部、サッカー部、陸上競技部、テニス部などが都大会で健闘。音楽、競技かるたなどの研究会も積極的に活動しています。

○文化系／化学、天文、イラスト、家庭科、文芸、演劇、音楽、電子電脳技術、鉄道、競技かるたなど
○体育系／野球、サッカー、バドミントン、バレーボール、バスケットボール、硬式テニス、剣道、水泳、ダンス、卓球など

●行事

学芸発表会(文化祭)、海浜生活、高原生活、フィールドワーク、運動会など、行事は盛りだくさん。毎年11月の委員長陣(生徒会役員)選挙は大いに盛り上がります。

●修学旅行・研修旅行

中1で富浦海浜生活、中2で黒姫高原生活があります。中3の5月に行われる修学旅行は、文学・自然・社会などのコースに分かれて行われ、旅行後にレポートをまとめるなど、修学旅行発祥の学校として、その伝統を引き継いでいます。春季休業中には10日間のアメリカ短期留学も行われています（希望者）。

マネーガイド

■2024年度納付金（諸経費を含む）

	入学金	授業料	施設費	その他	計
入学手続時	0円	0円	0円	0円	0円
初年度総額	0円	0円	0円	363,300円	363,300円

◎寄付金：任意
◎授業料：なし
◎奨学金・特待生制度：あり

学期制　週5･6日制　プール　冷房　寮　食堂　私服通学　海外研修

サピックスからの合格実績（過去3年）	'22	'23	'24
	65名	76名	87名

進学指導の概要

筑波大学附属高校へは内部試験などの審査を経て、例年8割程度の生徒が進学し、高入生と混合クラス編成になります。高1から独自の教材を用いたり、生徒の知的好奇心を高めるようなテーマを扱ったりして、密度の濃い授業が展開されます。高2からは第二外国語として中国語、ドイツ語、フランス語を希望者は学ぶことができます。高3は最大週18時限の科目選択制になっており、数学Ⅲ、数学C、古典探究、世界史探究、物理などが履修できます。

また、高2では社会で活躍している卒業生を招く分野別進路説明会、高3では校内実力テストなども行われています。

■現役大学進学者の進路の内訳

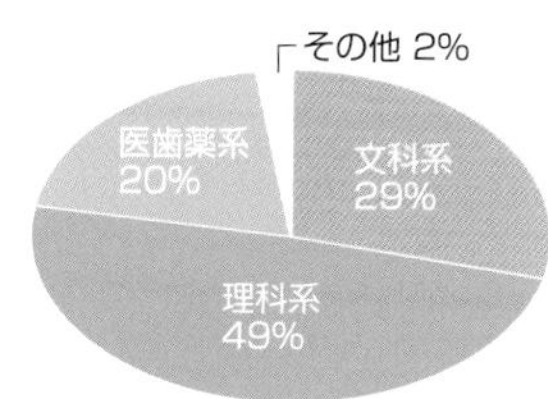

■併設高校から主要大学への合格実績

※上段は現役合格者数、下段は浪人を含めた合格者数。

	北海道大	東北大	東京大 文科Ⅰ類	東京大 文科Ⅱ類	東京大 文科Ⅲ類	東京大 理科Ⅰ類	東京大 理科Ⅱ類	東京大 理科Ⅲ類	東京大 合計	京都大	一橋大	東京工業大	東京芸術大	東京医科歯科大	東京外国語大	お茶の水女子大	千葉大	筑波大
22年	1	2	6	1	3	10	4	2	※28	8	3	7	1	3	1	—	5	6
	4	3	8	1	5	16	7	3	※42	10	4	9	2	3	1	—	5	8
23年	1	3	2	2	1	11	5	—	※22	5	6	3	1	2	3	—	1	6
	1	4	2	4	2	15	5	—	※29	6	6	5	1	2	3	2	3	6
24年	4	4	6	4	3	6	6	1	※28	5	4	3	—	6	1	1	7	3
	4	4	8	4	3	10	8	1	※36	9	7	4	—	7	1	2	11	4

	早稲田大	慶應義塾大	上智大	東京理科大	国際基督教大	学習院大	明治大	青山学院大	立教大	中央大	法政大	津田塾大	東京女子大	日本女子大	文部科学省所管外の大学校	海外の大学	国公立・医学部	私立・医学部
22年	57	56	18	53	1	3	30	8	20	28	10	—	—	—	5	1	16	19
	85	80	21	73	1	3	46	10	24	34	17	—	—	—	8	2	25	44
23年	82	58	43	49	—	8	49	16	28	21	19	—	—	—	2	3	12	25
	105	72	58	72	—	11	61	22	35	33	24	—	—	—	4	4	17	47
24年	79	52	29	48	2	7	41	11	13	37	12	—	—	3	5	2	23	35
	113	70	49	79	2	8	59	15	17	46	20	1	1	3	7	3	35	63

★指定校推薦枠（2024年度）非公表

※東京大学の2022年･2023年の合計には工学部推薦入試合格者1名が、2024年の合計には工学部と理学部推薦入試合格者が各1名含まれています。

入試情報

■過去3年間の入試結果

		募集人員	出願者	受験者	合格者	実質倍率
22年	男子	約80	268	196	52	3.8
	女子		357	254	52	4.9
23年	男子	約80	289	209	62	3.4
	女子		320	226	62	3.6
24年	男子	約80	252	194	62	3.1
	女子		269	195	62	3.1

○配点：算国各50点　理社各25点　報告書点42点
○合格最低点：男子142点　女子146点

24年の募集要項

※以下は2024年の募集要項です。2025年の要項は学校の発表をお待ちください。

検 査 日／2月3日
募集人員／男女約80名(男女ほぼ同数)
国語(40分・50点)、算数(40分・50点)、社会・理科(計40分・各25点)
合格発表／2月4日
手続締切／2月5日
報告書点／6年生12月末の、英語を含め9教科の学習の記録(評定) 計42点満点
面　　接／なし
受 検 料／5,000円

公開行事・説明会予定

【学校説明会】
8月下旬　午前、午後、オンライン
【生徒による学校紹介&公開授業】
7月　6日(土)
【学芸発表会(文化祭)】
9月13日(金)、14日(土)　9時～15時ごろ
【運動会】
10月26日(土)　8時30分～16時ごろ
◆変更・中止の可能性もあります。必ず学校ホームページで確認してください。

サピックスOB・OGの声

●英語では発音を重視しています。1年生はアルファベットの発音から始まり、ようやく教科書を開いたのは、5月の連休明けでした。外国人になりきり、発音に強弱を付け、身振り手振りを交えて文章を読む発表会もありましたが、一人ひとりの個性を知ることができて楽しかったです。

東京大学教育学部 附属中等教育学校

サピックスからの合格実績（過去3年）	'22	'23	'24
	4名	1名	3名

所在地／〒164-8654　中野区南台1-15-1
TEL／03-5351-9050
学校長／小国 喜弘
創　立／1948年創設。1951年、東京大学教育学部附属中学校・高等学校と校名を変更。2000年に中等教育学校となる。
URL／www.hs.p.u-tokyo.ac.jp

	1年	2年	3年
男子	60名	60名	60名
女子	60名	60名	60名
クラス数	3組	3組	3組

中高総生徒数／705名

〈交通アクセス〉
東京メトロ丸ノ内線「中野新橋」駅より徒歩10分　京王新線「幡ヶ谷」駅より徒歩15分　都営大江戸線「西新宿五丁目」駅より徒歩15分　各線新宿駅、JR「中野」駅、JRほか「渋谷」駅よりバスあり

独自の総合学習など特色あるカリキュラムで、生きる力を育成

「ことばの力」「論理の力」「身体・表現の力」「情報の力」「関係の力」という5つの力の育成をめざし、教科学習と総合学習を主軸として、生きる力を身につける教育を展開しています。東京大学の総長による授業や、大学の施設を利用した行事など、東京大学と連携を取りながら、その豊富な知的資源を活用した質の高い授業が行われています。大きな行事は生徒が企画・運営するなど、生徒の自治活動も盛んで、上級生が下級生の面倒を見ながら、伸び伸びとした学校生活を送っています。

スクールライフ

●教育内容

4年生までは、芸術科以外の全教科が必修。総合学習は、1・2年生では週2時間設けられ、「国際理解」「フィールドワーク」「情報とメディア」の3つのプログラムに取り組みます。3・4年生では、総合学習として「課題別学習」という少人数のゼミ形式の学習が行われます。これは「創作・表現」「人間・社会」「科学・産業」「自然・環境」の4領域から1つを選び、2つの学年の混合クラスで学習を進めるもの。課題によっては宿泊を伴う活動もあります。夏休みには3年生を対象に指名制の補習が行われます。5・6年生では生徒一人ひとりの関心に基づいたテーマを探究し、1万6000字以上の論文にまとめて発表する「卒業研究」に取り組みます。

●部活動

1年生から6年生までがともに交じり合い、中高合同で活動しています。

○文化系／演劇、管弦楽、写真、書道、生活科学、生物、鉄道研究、美術、計算機科学、天文、マンガメディア、文芸

○体育系／サッカー（男子）、水泳、ソフトテニス（女子）、卓球、テニス、バスケットボール、バレーボール（女子）、軟式野球、剣道、陸上競技

●行事

宿泊行事は、1·3·5年生で行われています。そのほか、生徒会が企画・運営する銀杏祭（文化祭）と体育祭、音楽祭、校内競技大会、さらに芸術鑑賞教室など、年間を通じて多彩な行事を実施しています。

24年の募集要項

※以下は2024年の募集要項です。2025年の要項は学校の発表をお待ちください。

検査日／推薦：第1次選考(書類審査) 第2次選考12月21日
一般：2月3日

募集人数／男女約120名(推薦：第1次選考合格者より男子約15名 女子約15名 一般：男子約45名 女子約45名)
※一般合計90名中、双生児·三つ子最大20組

合格発表／推薦<第1次選考>：11月24日～(郵送のみ)
推薦<第2次選考>：12月23日　一般：2月5日

手続締切／推薦：12月25日　一般：2月6日

試験科目／推薦<第1次選考>：書類審査(小学校長の推薦書、報告書、保護者の志願理由書、誓約書、志願票)
推薦<第2次選考>：適性検査·面接·書類審査
一般：適性検査Ⅰ・適性検査Ⅱ·実技(50分)、書類審査(小学校作成の報告書、保護者の志願票)
※配点非公表
※通学時間の指定あり(90分以内)

面　接／推薦のみあり

帰国生のための試験／算数、英語または国語、保護者同伴面接

受験料／推薦：第1次選考1,300円 第2次選考3,700円
一般：5,000円

公開行事・説明会予定

【学校説明会】時間はホームページにてお知らせします
10月 5日(土)
【銀杏祭(文化祭)】
9月21日(土)、22日(祝)
【学校見学】要予約
◆変更・中止の可能性もあります。必ず学校ホームページで確認してください。

サピックスOB・OGの声

●授業は先生のオリジナル教材で進みます。このため、「今日は何を学ぶんだろう」とわくわくした気持ちで、毎日授業に臨むことができます。

国立　東京　共学　と

東京学芸大学附属小金井 中学校

サピックスからの合格実績（過去3年）	'22	'23	'24
	7名	9名	4名

所在地／〒184-8501　小金井市貫井北町4-1-1
TEL／042-329-7833
学校長／坂口 謙一
創　立／1947年、東京都第二師範学校男子部内に創設。2004年、国立大学法人化に伴い現校名に改称。
URL／www.u-gakugei.ac.jp/˜gkoganei

	1年	2年	3年
男子	71名	69名	71名
女子	69名	71名	69名
クラス数	4組	4組	4組

総生徒数／420名（中学校）　併設小から 約60%

至萩山
西武多摩湖線
新小金井街道
五日市街道
小金井街道
学芸大
本多5
学芸大正門
貫井北町1
ドン・キホーテ
至新宿
国分寺駅
中央線
武蔵小金井駅

〈交通アクセス〉
JR「武蔵小金井」駅より徒歩20分　同駅よりバス8分　JR「国分寺」駅より徒歩15分

自主・自立の精神を重んじ、主体的に行動できる生徒を育成

東京学芸大学の広大なキャンパス内にあり、緑豊かな恵まれた環境のなかで、生徒の自主・自立の心を重んじる教育を行っています。目標とする生徒像は、「みずから考え、実践する生徒」「思いやりや奉仕の気持ちを持つ生徒」「創意を働かせ工夫する生徒」など。日常の学習では、体験・活動を重視し、実験・実習・観察、作文、討論など、五感を働かせて学ぶ機会が多いのが特徴です。何事にも積極的に取り組む好奇心旺盛な生徒が多く、学校行事などでも主体的に活動する姿が見られます。

スクールライフ

●教育内容

教材などに工夫を凝らし、豊かな思考力を養う中身の濃い授業を展開。特にみずから学ぶ力をつけるため、学習方法の理解と習得を促す指導を心がけています。英語では外国人講師による英会話の授業を月2回設けています。また、総合的な学習の時間として、中2では週1時間の「課題研究」が設けられ、多様な授業のなかから、各自の興味に合わせて履修できるようになっています。このほか、修学旅行等の校外学習による「グループ研究」、情報・国際理解・環境・福祉と健康などの「課題研究」など、さまざまな形で研究を進めていきます。

●部活動

生徒の9割以上が参加。基本的には月・火・木・金の活動で、運動部は土・日に練習を行うこともあります。
○文化系／音楽、アート、演劇、技術家庭科、創作、天文科学、軽音楽
○体育系／バスケットボール（男女）、サッカー（男女）、水泳、ハンドボール、卓球、陸上競技

●行事

校外学習が盛んです。中1では社会科の調査学習として、北総・常南方面で地域調査や農家訪問などを行います。中2では理科の野外学習として、秩父・長瀞方面で地層観察や化石採取などを行います。中3では歴史・美術・国語の総合学習として、奈良・京都を訪れる修学旅行があります。ほかに、文化部の展示や授業での作品・レポート・課題研究の展示、舞台発表などを行う学芸発表会、スポーツ・フェスティバル、合唱祭などたくさんの行事があります。

24年の募集要項

※以下は2024年の募集要項です。2025年の要項は学校の発表をお待ちください。
検 査 日／2月3日
募集人員／男女52名
合格発表／2月5日(合格者説明会あり)
手続締切／2月7日
選抜方法／検査Ⅰ(国語・40分)、検査Ⅱ(算数・40分)、検査Ⅲ(社会・30分)、検査Ⅳ(理科・30分)、報告書
面　　接／なし
受 検 料／5,000円

公開行事・説明会予定

【学校説明会】
6月(学校説明会・対面)
7月(生徒会による学校説明会)
9月(授業公開＋学校説明会)
12月(受験生対象説明会)
◆変更・中止の可能性もあります。必ず学校ホームページで確認してください。

サピックスOB・OGの声

●修学旅行が3年間で3回あるのが特徴です。中1では北総・常南方面に出掛け、千葉県のしょうゆ工場や茨城県の製鉄所などを見学しました。

東京学芸大学附属国際 中等教育学校

サピックスからの合格実績（過去3年）	'22	'23	'24
	2名	2名	3名

所在地／〒178-0063　練馬区東大泉5-22-1
TEL／03-5905-1326
学校長／荻野 勉
創　立／2007年、東京学芸大学附属大泉中学校と、同附属高等学校大泉校舎とを統合・再編し、中高一貫の中等教育学校を開校。
URL／www.iss.oizumi.u-gakugei.ac.jp

	1年	2年	3年
男子	43名	40名	33名
女子	69名	73名	88名
クラス数	4組	4組	4組

中高総生徒数／719名　併設小からの内進生の割合は非公表

〈交通アクセス〉
西武池袋線「大泉学園」駅より徒歩7分　JR「吉祥寺」駅、同「西荻窪」駅、西武新宿線「上石神井」駅などよりバスの便あり

国公立学校初の国際バカロレア（IB）認定校

2007年、東京学芸大学附属大泉中学校と同附属高等学校大泉校舎の統合・再編によって開校した中高一貫校です。帰国生、外国籍生徒を広く受け入れ、これからの国際社会を主体的に切り開くことのできる生徒の育成をめざします。2010年2月、国際バカロレア機構（IB）中等教育プログラム（MYP）認定、2011年1月、ユネスコスクールに加盟、2014年3月よりスーパーサイエンスハイスクール（SSH）指定、2015年3月よりスーパーグローバルハイスクール（SGH）指定、2015年3月、国際バカロレア機構（IB）ディプロマプログラム（DP）認定。

スクールライフ

●教育内容

①「国際教養」の設定

国際社会のなかで共生・共存できる力を育成するために設定された学習領域です。「グローバルスタンダードの教育」である国際バカロレア（IB）の中等教育プログラム（MYP）の考えをもとに、国際理解・人間理解・理数探究という3つの柱で構成される、6年一貫教育のなかで実施するカリキュラムの一つです。

②「課題解決学習」の重視

すべての教科・科目においてIBの趣旨に基づいた学習を行います。そのなかで特に、SSHでは課題発見力、問題解決力、論理的思考力等を伸長し、またSGHでは国際社会で活躍する人材に必要な組織力、対話力、実行力等の育成を進めます。

③少人数・習熟度別の英語教育

英語で教科的内容を取り扱うラーニング・イン・イングリッシュ（LE）、イマージョン授業を受けることができます。英語を使った高度なディスカッションができることをめざします。

④海外教育体験生徒へのケア

初期日本語指導・教科学習（教科授業）を支援するための日本語指導（Japanese as a Second Language）などを行います。

●部活動

○文化系／音楽、美術、管弦楽、ボランティアなど
○体育系／サッカー、硬式テニス、ダンス、水泳、バスケットボール、バレーボール、バドミントンなど

●行事

6月にスポーツフェスティバル、9月にスクールフェスティバル（文化祭）が行われます。ジュニアインターンシップ、キャリアエデュケーションワークショップ、大学フィールドワークなどのキャリア教育関係の行事や日本文化探訪、社会科見学、サイエンスフィールドワーク、シーズンスポーツ、アートフィールドワーク、英語劇などの教科行事も充実しています。宿泊を伴う行事は、1年次に富士、3年次に沖縄、5年次に海外でワークキャンプを実施。1年生は体験学習を通じて、思索する力、表現する力、コミュニケーション力を育みます。3年生は各自が研究テーマを設定し、現地でのフィールドワークやプレゼンテーションを通して、学びのあり方を探究します。5年生は異文化理解とともに、現地の学校において現代的な課題について英語でディスカッションを行います。

※以下は2024年の募集要項です。2025年の要項は学校の発表をお待ちください。

検 査 日／2月3日
募集人員／男女約60名(A約30名 B約30名)
合格発表／2月8日(合格者保護者会あり)
手続締切／2月13日
選抜方法／A作文(外国語45分・85点、基礎日本語30分・15点) B適性検査Ⅰ・Ⅱ(各45分・各50点)
※いずれも所定の提出書類あり
面　　接／あり(集団面接50点。原則として日本語)
受 検 料／5,000円

【学校説明会】要予約
7月13日(土)、10月12日(土)
※両日とも実施形態は未定
※帰国生対象の教育相談は随時行っています(要予約)
【学校見学】帰国生のみ 要予約
◆変更・中止の可能性もあります。必ず学校ホームページで確認してください。

国立　東京　共学　と

東京学芸大学附属世田谷 中学校

サピックスからの合格実績（過去3年）	'22	'23	'24
	24名	40名	20名

所在地／〒158-0081　世田谷区深沢4-3-1
TEL／03-5706-3301
学校長／前原 健二
創　立／1947年、東京第一師範学校男子部付属の中学校として開校。1952年、現在地に移転。
URL／www.u-gakugei.ac.jp/~setachu

	1年	2年	3年
男子	73名	68名	67名
女子	69名	70名	69名
クラス数	4組	4組	4組

総生徒数／416名（中学校）　併設小から 約55%

首都高速渋谷線
駒沢大学駅
国道246号線
東急田園都市線
至渋谷
駒沢大
マルエツ
駒沢公園
東京医療センター
駒沢通り
サンライズ会館
自由通り
附属世田谷中学校前

〈交通アクセス〉
東急田園都市線「駒沢大学」駅より徒歩25分
JRほか「渋谷」駅、同「恵比寿」駅、東急東横線ほか「自由が丘」駅などよりバスあり

自由な校風の下、工夫を凝らした高水準の授業を展開

東京学芸大学の附属校として、教育に関する研究を進めるとともに、教育実習に協力しています。教育目標は「個性的で人間性豊かな人格をつくる」「創造性豊かな人間を育てる」「敬愛の精神にあふれた人間を育てる」の3つ。学校行事に生徒が自発的に取り組むなど､生徒の自主的な活動を大切にしています。自由な校風で、厳しい校則もなく、生徒一人ひとりがみずからの判断でモラルを守って行動しています。授業は教師手作りのプリントなど独自の教材を活用し、生徒の興味・意欲を引き出すさまざまな工夫がなされています。

スクールライフ

●教育内容

教科の学習では、基礎・基本を徹底させるとともに、野外学習や創作活動など、教科書の内容をさらに広げた応用・発展的な学習が行われます。特に教科の教育に力を注ぎ、教育方法の研究・開発が積極的に進められています。総合学習は「テーマ研究」と「教科総合」に分かれます。「テーマ研究」は、教師が設定したテーマのなかから、希望に合わせて選択・研究します。生徒たちを取り巻く今日的な課題などをもとに、教科の枠にとらわれない横断的、総合的な学習を行います。また、「教科総合」では、表現力や創造性を身につけるための学習を行うほか、国語や英語のスピーチコンテストといった教科行事も実施しています。さらに、生活学習として、情報教育や心の健康の学習なども行います。

●部活動

文化系、体育系とも多彩な部があり、週2日活動しています。

〇文化系／ブラスバンド、イラスト･絵画、軽音楽、科学、文芸

〇体育系／サッカー、バスケットボール（男子・女子）、陸上、テニス（男子・女子）、卓球、野球、バドミントン

●行事

クラスごとの美術制作や合唱コンクールが行われる芸術発表会（文化祭）、運動会、遠足などの行事があります。校外行事としては、中1のオリエンテーションキャンプ、地域に関する課題解決学習を行う中2のスタディ・ツアー、奈良・京都方面への中3の修学旅行があります。中2では、1泊2日で長瀞地学実習も行われます。

24年の募集要項

※以下は2024年の募集要項です。2025年の要項は学校の発表をお待ちください。

検 査 日／2月3日
募集人員／男女約60名(男子約30名 女子約30名)
合格発表／2月4日(入学説明会あり)
手続締切／2月5日
選抜方法／試験科目:国語(40分・100点)、算数(40分・100点)、理科(40分・100点)、社会(40分・100点)、自己推薦書
※国語・算数は1.5倍
※通学地域の指定あり
面　　接／なし
受 検 料／5,000円

公開行事・説明会予定

【学校説明会】
9月21日(土)10時30分～、14時～
【オープンスクール】※保護者同伴に限る
9月21日(土)10時30分～ 5・6年生対象、14時～ 4年生対象
【芸術発表会(文化祭)】
10月18日(金)12時～15時
10月19日(土) 9時～16時
【テーマ研究発表会】
11月 8日(金) 9時～14時
◆変更・中止の可能性もあります。必ず学校ホームページで確認してください。

サピックスOB・OGの声

●国立の学校は校則が厳しく、真面目な人が多いという印象を持っていましたが、実際は意外に自由です。たとえば、制服はありますが、夏は襟のある白いシャツなら問題なく、ポロシャツもOK。休み時間に、図書室に行って将棋を指すなど伸び伸びと過ごしています。

東京学芸大学附属竹早 中学校

サピックスからの合格実績（過去3年）	'22	'23	'24
	20名	26名	14名

所在地／〒112-0002　文京区小石川4-2-1
TEL／03-3816-8601
学校長／馬場 哲生
創　立／1947年、東京第一・第二師範学校女子部附属中学校として創設。1960年、現校名に改称。
URL／www.u-gakugei.ac.jp/˜takechu

	1年	2年	3年
男子	70名	70名	70名
女子	70名	70名	69名
クラス数	4組	4組	4組

総生徒数／419名（中学校）　併設小から 約50%

〈交通アクセス〉
東京メトロ丸ノ内線「茗荷谷」駅より徒歩12分「後楽園」駅より徒歩15分　都営三田線「春日」駅より徒歩15分　JR「大塚」駅よりバスあり

授業も行事も、生徒主体の取り組みで質の高い内容を創出

「自ら求め、考え、表現し、実践できる生徒」「他人の立場や意志を尊重できる生徒」「心身ともに明るくたくましい生徒」を育てることを教育目標としています。習熟度別授業や少人数制授業は行わず、授業の進度も速くありませんが、独自の教材を活用するなど、工夫を凝らした質の高い授業を展開しており、高い学力形成につなげています。生徒の自主性を重んじており、学校行事の多くは生徒が中心になって運営しています。おおらかで自由な校風が特色で、男女の仲も良く、教室は和やかな雰囲気に包まれています。

スクールライフ

●教育内容

併設小学校からの内進生と中学からの入学生でクラスを編成。各教科とも独自の教材や教師自作のプリントなどを活用して、興味・意欲を引き出す授業を行っています。英語は中1・2で週1時間英会話の授業があり、年に半分は外国人講師とのチームティーチングが行われます。理科では実験・実習の時間を多く取り、体験的な理解を通して基礎学力の定着を図っています。総合学習は、中1・2では自由研究に取り組みます。各自でテーマを決めて、1年かけて調査・研究をし、レポートや作品にまとめます。中3では卒業研究として、作品の制作や論文の執筆に取り組みます。

●部活動

活動日は週2日以内。文化系・体育系で以下のような部があり、ほとんどの生徒が参加しています。
○文化系／美術、合唱、吹奏楽、囲碁・将棋、オムニサイエンス（総合科学）、ケーキクッキング、いろいろ創作、ダンス、ロボット・プログラミング
○体育系／バスケットボール（男子・女子）、サッカー、卓球、バレーボール（男子・女子）、バドミントン、水泳

●行事

校外学習が5月に、3学年一斉に2泊3日で行われます。1年生は長野県菅平にある施設で交流を深め、2年生は長野県白馬に出掛け、体験などを通して多くのことを学びます。3年生の修学旅行は例年、奈良・京都方面へ。文化祭に当たるものとしては11月に文化研究発表会があり、文化系クラブの発表・展示や合唱コンクールなど、生徒が主体的に取り組んでいます。9月の体育祭は、4色対抗リレーなどで盛り上がります。

24年の募集要項

※以下は2024年の募集要項です。2025年の要項は学校の発表をお待ちください。
検 査 日／2月3日
募集人員／男女約85名(男子約45名 女子約40名)
合格発表／2月5日(保護者説明会あり)
手続締切／2月6日
選抜方法／試験科目：国語(30分・50点)、算数(30分・50点)、理科(30分・50点)、社会(30分・50点)、面接、小学校長作成の報告書
※通学区域の指定あり
面　　接／あり
受 検 料／5,000円

公開行事・説明会予定

【学校説明会】
7月13日(土)
11月 3日(祝)
【文化研究発表会(文化祭)】
11月 1日(金)10時30分～15時30分
11月 2日(土) 9時～12時
◆変更・中止の可能性もあります。必ず学校ホームページで確認してください。

サピックスOB・OGの声

●初めは小学校からの内進生たちと仲良くなれるか、少し不安もありましたが、みんなフレンドリーで、すぐに仲良くなれました。みんな興味・関心の幅が広く、勉強以外のことにも一生懸命に打ち込んでいるので、「自分もがんばろう」と刺激を受けています。

横浜国立大学教育学部附属鎌倉 中学校

サピックスからの合格実績（過去3年）	'22	'23	'24
	0名	0名	0名

所在地／〒248-0005　鎌倉市雪ノ下3-5-10
ＴＥＬ／0467-22-2033
学校長／青木 弘
創　立／1947年、神奈川師範学校男子部附属中学校として開校。1980年、海外帰国生受け入れを開始。2017年、現校名に改称。
ＵＲＬ／www.kamachu.ynu.ac.jp

	1年	2年	3年
男子	68名	71名	77名
女子	75名	66名	70名
クラス数	4組	4組	4組

総生徒数／427名(中学校)　併設小から 約60%

〈交通アクセス〉
JR横須賀線、江ノ島電鉄線「鎌倉」駅より徒歩15分

緑豊かな古都で、たくましく、心豊かに生きる人間を育成

横浜国立大学と一体となり、教育の理論と実践に関する研究・実証を行うとともに、豊かな心を持ち、国際社会をたくましく生きる人間の育成に努めています。総合学習を中心に、体験学習を重視。また、合唱活動に力を入れてきた伝統があり、一年中校舎から歌声が絶えることのないのが自慢です。キャンパスは鎌倉の鶴岡八幡宮に隣接し、周辺は古都保存法に守られた風致地区。自然豊かな由緒ある落ち着いた環境のなかで、生徒たちは伸び伸びと学校生活を送っています。

スクールライフ

●教育内容

基礎･基本の定着に力を入れる一方、各教科ともワークシートなど独自の教材を活用して、発展的な質の高い授業を行っています。英語は、全学年で外国人講師によるチームティーチングを実施しています。

総合的な学習の時間では「LIFE」という名称で探究学習に取り組んでいます。クラスやグループ、個人毎に自分たちの興味や関心の中から課題を見つけ、各教科で学んだことを横断的に活用しつつ、実地調査や検証を繰り返しながら課題を解決していきます。「自己実現」と「共生」を意識し、さまざまな人や物事とかかわり合いながら探究を深めていくなかで、多様な資質や能力を育み、将来「自立に向けてたくましく生きてる」人を目指します。

●部活動

文化系・体育系で以下のような部があり、9割以上の生徒が参加しています。市大会で優勝したり、県大会などで活躍したりしている部もあります。

○文化系／吹奏楽、科学、美術
○体育系／サッカー、バスケットボール、陸上競技、野球、バドミントン、剣道、硬式テニス、卓球、柔道

●行事

全校を挙げて合唱活動に力を入れており、毎月の朝会では、各クラスが輪番で合唱を披露するのが恒例となっています。全日本合唱コンクールで金賞を受賞した実績もあり、レベルの高い活動が行われています。毎年10月に開催する合唱祭では、各クラスの日ごろの練習成果が披露されます。

24年の募集要項

※以下は2024年の募集要項です。2025年の要項は学校の発表をお待ちください。
検 査 日／一般 筆記2月3日、面接等2月4日
　　　　　帰国 筆記2月3日、面接等2月4日
募集人員／男女約55名(一般約40名 帰国15名)
合格発表／2月13日(掲示、ホームページとも)
合格者の保護者説明会／2月14日
手続締切／2月16日
選抜方法／試験科目：国語(40分･50点)、算数(40分･50点)、小学校からの報告書、自己PR書
面　　接／あり
受 検 料／5,000円

公開行事・説明会予定

【入試説明会】
10月(予定)
【合唱祭】
10月(予定)
【総合学習発表会】
11月(予定)
◆変更・中止の可能性もあります。必ず学校ホームページで確認してください。

国立　神奈川　共学　よ

横浜国立大学教育学部附属横浜 中学校

サピックスからの合格実績（過去3年）	'22	'23	'24
	6名	2名	2名

所在地／〒232-0061　横浜市南区大岡2-31-3
TEL／045-742-2281
学校長／木村 奨
創　立／1947年、神奈川師範学校女子部附属中学校として発足。1981年、校舎を現在地に移転し、2017年、現校名に変更。
URL／www.yokochu.ynu.ac.jp

	1年	2年	3年
男子	49名	58名	56名
女子	65名	62名	62名
クラス数	3組	3組	3組

総生徒数／352名（中学校）併設小から約50%

〈交通アクセス〉
横浜市営地下鉄「弘明寺」駅より徒歩1分
京急線「弘明寺」駅より徒歩8分

レポート、充実した言語活動、個人研究などを通じて主体的な学びを実現

「柔軟な思考力と行動力で、これからの社会をよりよく生きるための幅広い能力を身に付けた人間」の育成をめざし、横浜国立大学と連携を図りながら、最先端の教育理論に直結した独創的な教育を実践しています。また、国際感覚の育成にも力を入れており、帰国生を積極的に受け入れるとともに、留学生や海外視察団との交流会なども行っています。個性豊かな生徒が多く、学校行事も生徒一人ひとりの自由な発想の下に、主体的に取り組んでいます。神奈川県立光陵高校との中高連携も行っています。

スクールライフ

●教育内容

附属横浜小学校からの進学生や帰国生との混合のクラス編成です。英語は全学年で週1時間、外国人講師によるチームティーチングが行われます。どの教科でも、個やグループで主体的に課題に取り組み、レポートを作成したりプレゼンを行ったりして、調べたことや考えたことを他者に伝えられるような活動を多く行っています。総合学習は、みずからテーマを設定して探究的な学習を行う「TOFY」、職業講話や企業訪問などを行う「CAN」の2つがあります。生徒1人1台のタブレット型PC等を活用して授業を行っています。

●部活動

令和6年後期より「Fy型-Circle活動」という新しい放課後活動を設立します。活動は平日の2日間のみとなります（それぞれの活動日は今後、Circle代表者と顧問が決定した後、決定します）。

〔令和6年度秋設置予定Circle〕

- ・個人種目運動Circle
- ・ゴール型球技Circle
- ・ベースボール型球技Circle
- ・ラケット使用ネット型球技Circle
- ・ラケット不要型ネット競技Circle
- ・身体表現探究Circle
- ・音楽表現探究Circle
- ・自然探究Circle
- ・造形探究Circle
- ・文化交流Circle

●行事

6月に行われる体育祭と、10月に行われる合唱コンクールや展示などが行われる秋の学芸祭（文化祭）が二大行事。校外学習は、中1では昨年度より、クラス作りのための校外学習が実施されています。中2の校外学習では企業訪問などを実施し、中3ではテーマを決定して、県外修学旅行（広島・奈良・京都方面）が実施されています。

※以下は2024年の募集要項です。2025年の要項は学校の発表（学校説明会、ホームページ）をお待ちください。

検査日／一般2月3日 帰国2月3日
募集人員／男女約55名(一般約40名 帰国15名)
合格発表／2月7日(入学手続説明会あり)
手続締切／2月9日
選抜方法／試験科目：国語(40分・100点)、算数(40分・100点)、理科(40分・100点)、社会(40分・100点)、小学校長作成の報告書
※帰国は国語・算数、自己アピール、報告書等
面　接／あり（帰国のみ、保護者）
受検料／5,000円

公開行事・説明会予定

【授業公開】
7月13日(土)
【学校説明会】
7月下旬
※日時については、6月末に学校ホームページに掲載の予定です。
【志願者説明会】
10月下旬
◆変更・中止の可能性もあります。必ず学校ホームページで確認してください。

千葉大学教育学部附属 中学校

サピックスからの合格実績（過去3年）	'22	'23	'24
	4名	2名	1名

所在地／〒263-8522　千葉市稲毛区弥生町1-33
TEL／043-290-2493
学校長／樋口 咲子
創　立／1947年、千葉師範学校附属第一・第二中学校として創立。以後、統合を経て、1965年に現校名に変更。
URL／www.jr.chiba-u.jp

	1年	2年	3年
男子	64名	63名	75名
女子	59名	81名	77名
クラス数	4組	4組	4組

総生徒数／419名(中学校) 併設小から 非公表

至稲毛
至稲毛
みどり台駅
総武本線
千葉大
千葉大正門前
弥生小
西千葉駅
京成千葉線
至千葉
至千葉

〈交通アクセス〉
JR総武本線「西千葉」駅より徒歩11分
京成千葉線「みどり台」駅より徒歩10分

主体的な人格形成をめざし、教育効果の高い先進的授業を展開

千葉大学の広大なキャンパスの一角にある、同大学教育学部の研究校です。教育理論の確立のために実験的授業を実施するとともに、「自己理解、自己決定、自己実現」の3つを教育方針に掲げ、主体的な人格形成をめざしています。この教育方針に基づき、文化祭などの行事は生徒会主催で行うなど、生徒の自主性が重んじられています。自由で開放的な校風が特色で、制服もありません。制度としての受験対策は行われていませんが、卒業生の多くが国公立や私立の難関高校に進学しています。

スクールライフ

●教育内容

授業は、生徒の主体的な学習への取り組みを促進するため、教師自作のプリントや独自の資料集など、教科書以外に多様な教材が活用され、教科ごとに応用や発展的な内容を取り入れながら進められています。英語は各学年週1時間、外国人講師による英会話指導の時間を設けています。また、探究活動を基軸にした選択授業を中2・3で週に1時間設け、10以上の講座から選んで履修できます。オーストラリアの中学生とオンライン交流をする英語など、多様な授業が開設されています。さらに、総合的な学習の時間「探究」では、教員たちの個性あふれるゼミに分かれて、自分の問いを追究します。進路学習として、中1で職業学習、中2で千葉大学の学部訪問を行います。

●部活動

生徒の参加率は約9割です。県大会出場の野球部、ソフトテニス部、卓球部や、各コンクール受賞の科学部、書道部など実力派のクラブがそろっています。
○文化系／美術、科学、技術科、書道、園芸、家庭科、吹奏楽、演劇
○体育系／サッカー、男女バスケットボール、野球、陸上競技、女子バレーボール、卓球、男女ソフトテニス、剣道

●行事

運動会、文化祭、3年生を送る会、校外学習などがあり、それぞれ生徒主体で執り行われる行事となっています。運動会は縦割りの系列で団結して競われます。文化祭はクラス、部活動、選択授業などで文化的な追究を行い、発表します。市で入賞した英語スピーチの発表や中3の趣向を凝らした劇は見応えがあります。3年生を送る会では、中1・2の出し物のほか、中3が伝統歌を披露します。卒業を間近に控えた渾身の合唱は感動を呼びます。

※以下は2024年の募集要項です。2025年の要項は学校の発表をお待ちください。
検 査 日／1次12月24日 2次1月20日 帰国1月20日
募集人員／男女約72名(一般約60名 帰国12名)
合格発表／1月27日
入学予定者保護者会／2月8日
※入学手続含む
選抜方法／1次：総合問題、作文、書類審査(自己アピール申請書、調査書)
2次：プレゼンテーション、集団討論
※帰国は作文、提出書類
※通学区域の制限あり
面　　接／あり（帰国のみ、保護者同伴）
受 検 料／5,000円

【学校説明会】
10月 5日(土)時間未定
【文化祭】
10月26日(土)時間未定
◆変更・中止の可能性もあります。必ず学校ホームページで確認してください。

国立 千葉 共学 ち

埼玉大学教育学部附属 中学校

サピックスからの合格実績（過去3年）	'22	'23	'24
	2名	0名	0名

所在地／〒336-0021　さいたま市南区別所4-2-5
TEL／048-862-2214
学校長／関口 睦
創　立／1947年、埼玉師範学校附属中学校として開校。1951年に現校名に変更。
URL／www.jhs.saitama-u.ac.jp

	1年	2年	3年
男子	75名	75名	77名
女子	70名	72名	74名
クラス数	4組	4組	4組

総生徒数／443名(中学校) 併設小から 約60%

〈交通アクセス〉
JR埼京線「中浦和」駅より徒歩10分　JR宇都宮線、高崎線、京浜東北線「浦和」駅より徒歩20分

進学指導にも力を入れ、多くが県内外の難関高校に進学

「正しい判断力とたくましい実践力を持った自主的人間の形成」を教育目標に掲げ、その実現に向けて、大学と連携を図りつつ、きめ細かい指導が行われています。各教科で、先進的な研究に基づく授業を展開し、学力の向上をめざしています。学校行事や生徒の諸活動も重視され、教師と生徒、あるいは生徒同士の豊かなかかわりのなかで、思いやりやたくましさを育んでいます。進学指導にも定評があり、例年、私立の難関高校や県立のトップ高校に多数の合格者を輩出しています。

スクールライフ

●教育内容

1学年4クラスで、付属小学校からの内進生や帰国生と混合クラスで共に学びます。英語の授業では、各学年とも日本人教師と外国人講師によるチームティーチングを実施。また、言語学習のためのLL教室があり、各学年で英語を聞いたり話したりする活動も多く取り入れられています。国語の授業では、「聞く・話す」力を伸ばすため、1分間スピーチなどが行われたり、書写専任講師による授業が実施されたりしています。社会の授業では、その道に通じたゲストティーチャーを招いて、社会を身近にとらえさせる取り組みを行っています。さらに、十分な実験道具を備えた環境での理科の授業、音楽の合唱や和楽器の授業、保健体育の武道を含めた種目選択の授業など、充実した授業が行われています。各学年で週2時間実施する総合的な学習の時間では、中1で自然、歴史、産業、文化に関する横断的な自由探究、中2で将来の進路や職業について考えを深めていく学習と日本の伝統文化について研究を深める学習、中3で舞台表現についての研究を深める学習や日本文化に関するテーマ別学習が行われています。その学習成果は、職場体験学習や修学旅行、附中祭（文化祭）などの学校行事でも生かされています。

●部活動

文化系、体育系合わせて17の部があります。過去に関東大会出場の剣道部、県大会ベスト8のサッカー部、ロボコン全国大会出場の実績を持つコンピュータ部をはじめ、各部が意欲的に活動しています。

○文化系／吹奏楽、美術、科学、コンピュータ
○体育系／野球、剣道、女子バレーボール、男子卓球、女子卓球、男子陸上競技、女子陸上競技、ソフトボール、男子バスケットボール、女子バスケットボール、男子ソフトテニス、女子ソフトテニス、サッカー

※以下は2024年の募集要項です。2025年の要項は学校の発表をお待ちください。

検 査 日／2月1日 帰国2月1日
募集人員／男女140名(男子70名 女子70名 内進者を含む)、帰国男女15名
合格発表／2月2日
合格者説明会／2月3日
選抜方法／試験科目:国語・算数、集団討論、小学校作成の報告書等
※帰国は作文あり
※通学区域の制限あり
面　　接／帰国のみあり(本人・保護者別)
受 検 料／5,000円

公開行事・説明会予定

【小学生体験授業】5・6年生対象
7月29日(月)
【学校説明会】5・6年生対象
11月16日(土)
【附中祭(文化祭)】
展示発表　8月29日(木)～9月2日(月)
合唱コンクール 9月6日(金)さいたま市文化センター
演劇　9月7日(土)
【体育祭】
10月19日(土)
◆変更・中止する場合があります。必ず学校ホームページで確認してください。

国立 埼玉 共学 さ

大阪教育大学附属池田 中学校

サピックスからの合格実績（過去3年）	'22	'23	'24
	0名	1名	0名

所在地／〒563-0026　大阪府池田市緑丘1-5-1
TEL／072-761-8690
学校長／串田 一雅
創　立／1947年、大阪第二師範学校男子部附属中学校として設立。1957年、現在地に移転。2004年、現在の学校名に改称。
URL／f.osaka-kyoiku.ac.jp/ikeda-j

	1年	2年	3年
男子	59名	63名	72名
女子	85名	80名	73名
クラス数	4組	4組	4組

総生徒数／432名（中学校）

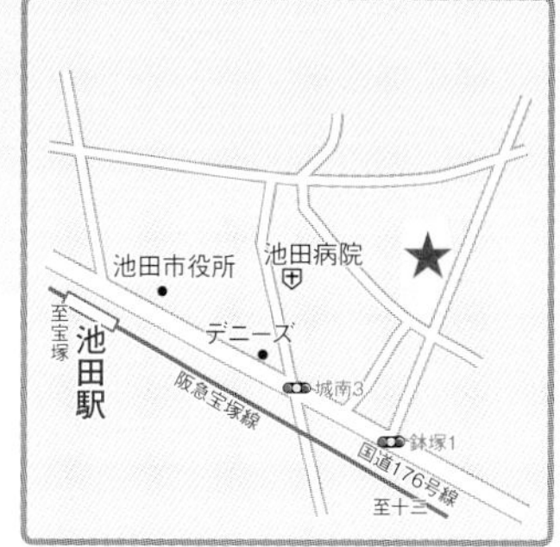

〈交通アクセス〉
阪急電車宝塚線「池田」駅より徒歩20分

国際枠で入学した生徒も同じクラスで学ぶ唯一の国立中学校

一般生徒のほか、帰国生や外国籍生徒、学校災害で兄弟を亡くした生徒も受け入れ、国際標準プログラムと学習指導要領を融合させた教育を実施。自主・自律の精神の下、コミュニケーション力、探究力を重視し、「安全教育」「道徳教育」「地域教育」を通じて、世界や社会の課題に向き合い、多様な人々と共に生きる豊かな心を育んでいます。同校は「セーフティ・プロモーション・スクール（SPS）」であり、「国際バカロレア（IB）・ワールド・スクール」の認定も受けました。

スクールライフ

●教育内容

生徒は100校以上の小学校から集まっています。帰国生や外国籍生徒など、さまざまな文化圏で生活してきた生徒も同じクラスで勉強するのが特徴です。また、2020年1月には、国際バカロレア機構からミドルイヤーズプログラム（MYP）を実施する認定校の指定を受け、グローバル社会のなかで活躍できる人材の育成をめざしています。このため、学習の進度については高校の教育内容を過度に先取りするのではなく、3年生の12月までは中学校の学習内容をしっかりと学習しながら、実社会で活用できる学力を養う教育をめざしています。併設の高校へは約8割の生徒が進学しますが、受験するには学校長の推薦が必要となります。その推薦は、3年生の成績を中心に判定されます。

●部活動

文化系10、体育系10の部があり、原則として平日17時15分まで（冬期は16時45分まで）活動しています。

○文化系／美術、IEE、地理歴史、自然科学、製作、演劇、吹奏楽、パソコン、カルタ、数学

○体育系／バスケットボール、バレーボール、サッカー、卓球、男子テニス、女子テニス、陸上競技、野球、ダンス、ボッチャ

●行事

9月に体育大会、11月に文化祭という二大行事があるほか、1学期に中1の宿泊合宿と中2の研修旅行が実施されています。また、特色のある行事としては、9月に行う「先輩の授業を受けよう」が挙げられます。これは、多方面で活躍している卒業生が、それぞれ自分の専門分野の講義をすることにより、在校生が将来の進路を見つめる機会にするというものです。国際交流としては、毎年7月に2・3年の希望者を対象としたオーストラリア異文化体験研修旅行を実施しているほか、海外の姉妹校からの来校を受け入れる機会もあります。また、3月には2年の希望者を対象としたカナダ研修を行っています。

25年の募集要項

検 査 日／1次1月25日 2次1月28日
国際枠面接1月15日～1月17日 筆記1月25日
募集人員／男女144名(附属小学校からの内部進学生、国際枠〈8名程度〉を含む)
合格発表／1月30日
合格者召集／2月1日
※保護者同伴
事務手続日 2月10日
選考科目／1次：筆記(国語、算数)
2次：筆記(社会・理科から1科目選択)、実技(音楽・図工・体育・家庭から1科目選択)
国際枠の試験／面接：本人・保護者、筆記：国語・算数
受 検 料／5,000円

公開行事・説明会予定

【学校説明会】
9月14日(土)
【体育大会】
9月28日(土)
【文化祭】
11月 2日(土)
◆変更・中止の可能性もあります。必ず学校ホームページで確認してください。

国立　大阪　共学　お

大阪教育大学附属天王寺 中学校

サピックスからの合格実績（過去3年）	'22	'23	'24
	0名	0名	0名

所在地／〒543-0054 大阪市天王寺区南河堀町4-88
TEL／06-6775-6045
学校長／小西 啓之
創　立／1947年、大阪第一師範学校に併設された附属天王寺中学校が開校。2回の校名変更を経て、2004年、現校名に改称
URL／f.osaka-kyoiku.ac.jp/tennoji-j

	1年	2年	3年
男子	75名	70名	72名
女子	69名	72名	72名
クラス数	4組	4組	4組

総生徒数／430名（中学校）

〈交通アクセス〉
JR環状線「寺田町駅」より徒歩2分
JR「大阪」駅より徒歩20分
JR「天王寺」駅より徒歩2分

体験を通じた学びを重視し、生徒の好奇心をかき立てる授業を展開

大阪教育大学に付属する中学として、教育に関する科学的研究に協力すると同時に、同大学生の教育実習の場としても貢献している学校です。「質実剛健」の校風の下、生徒一人ひとりの個性を伸ばし、協調性を養う人間教育を大切にしています。学習面では基礎学力を固めると同時に、生徒の好奇心をかき立てるような体験型の授業を展開。そのため、自由研究発表会など学習活動の一環として行う行事が多いのも特徴です。最寄り駅から近く、立地的にも恵まれています。街中の学校ですが、敷地内には「天王寺学びのもり」があり、緑豊かな憩いの場となる空間もあります。

スクールライフ

●教育内容

体験を通した知識の習得を重視している同校では、教員が一方的に知識を伝達するだけでなく、教科によって「実験・考察」「創作・発表・表現活動」「課題の発見・問題解決」といった、さまざまな学習形態を取り入れています。特に理科では観察・実験を重視した授業を展開。一部で高校の内容を取り入れるなど、中高一貫カリキュラムも開発中です。

●部活動

ほとんどの生徒が部活動に参加。生徒主体で運営し、17時30分（冬季は17時）の下校時間まで密度の濃い活動をしています。

○文化系／映像、情報科学、吹奏楽、美術工芸、地域探求

○体育系／陸上競技、剣道、サッカー、テニス、卓球、バスケットボール、バレーボール

●行事

全生徒が自由研究に取り組み、夏休みに本格的な研究活動をします。その発表会を9月に実施。このほか4月の磯観察（2年）や7月の英語弁論大会（3年）、12月の英語暗唱大会（1・2年）を実施するなど、学習の一環として行う行事が豊富です。40年以上続いている伝統行事としては、富士登山（2年）や長野県乗鞍高原への修学旅行（3年）が挙げられます。また、クラス対抗で行う体育大会（6月）、学芸会（11月）、音楽会（3月）などの行事は教員主導で行うのではなく、生徒が企画運営に携わり、自主性を育てる場となっています。

※以下は2024年の募集要項です。2025年の要項は学校の発表をお待ちください。

検 査 日／1次：1月13日 2次：1月16日
募集人員／男女144名(約60名の内進生を含む)
合格発表／1次：1月15日 2次：1月19日
合格者集会／1月20日
試験科目／1次：国語・算数　2次：検査Ⅰ・Ⅱ・Ⅲ、体育実技
面　　接／なし
受 検 料／5,000円

公開行事・説明会予定

【学校説明会】要予約
8月20日(火)

◆変更・気象条件等による中止の可能性もあります。必ず学校ホームページで日時や場所、開催状況を確認してください。

大阪教育大学附属平野 中学校

サピックスからの合格実績（過去3年）	'22	'23	'24
	0名	0名	0名

所在地／〒547-0032 大阪市平野区流町2-1-24
TEL／06-6709-9600
学校長／石橋 紀俊
創　立／1947年、大阪第一師範学校女子部附属中学校として設置される。2004年、現校名に改称。
URL／www.hirano-j.oku.ed.jp

	1年	2年	3年
男子	51名	44名	47名
女子	57名	62名	60名
クラス数	3組	3組	3組

総生徒数／321名(中学校)　併設小から 約60%

至天王寺
至JR平野駅
内環状線
平野区役所
平野駅
南港通
谷町線
附属平野小
附属幼稚園
常磐会幼稚園
至八尾南

〈交通アクセス〉
大阪メトロ谷町線「平野駅」より徒歩7分

体験を通じた学びを重視し、生徒の好奇心をかき立てる授業を展開

教育方針は、「生徒一人ひとりの個性を尊重し、すべての素質を可能なかぎり最大限に発達させるために周到かつ細心な指導を徹底する」。特に、教員と生徒、生徒相互の緊密な人間関係を確立し、自主的な生活態度と学習意欲を育成しながら、質実剛健な人間教育を期しています。なお、大阪教育大学の附属中学校は3校ありますが、そのなかでは、附属小学校からの内部進学生の割合が7割弱と最も高いため、中学入試は狭き門となります。

スクールライフ

●教育内容

「総合的な学習の時間」に、ユニークな取り組みをしているのが特徴です。中1では「STEP」という名称で、各教科の基礎を学び、必要とされるさまざまなスキルを身につけるための活動をしています。また、附属特別支援学校との交流および共同学習をフィールドワークの場の1つとして設定しています。中2・3では「JOIN」という名称で、個人または小グループで自分の将来の生き方につながるテーマを選び、探究活動を進めます。1年を通じて校内や校外で活動し、生徒自身の手で、何かを周囲や社会全体に還元していくことをめざします。活動の成果は、2学期末に開催する「JOIN発表会」で報告されます。

●部活動

文化系6、体育系8のクラブがあります。

○文化系／吹奏楽、ホームメイキング、科学、アート、演劇、クイズ研究

○体育系／野球、卓球、バドミントン、女子バレーボール、陸上、ダンス、水泳、男子バスケットボール

●行事

「生徒は行事で育つ」という考えから、多彩な学校行事を用意。それぞれの行事には、各教科の授業で身につけた学力や、道徳・学級活動などで身につけた感性とコミュニケーション力、クラブ活動で身につけた精神力などを総合的に発揮できる場がいろいろな場面で設定されています。1学期に磯実習（3年）、林間学舎（1年）、修学旅行（3年）、体育祭、臨海学舎（2年）などがあります。また、2学期には芸術鑑賞会、文化祭などがあります。

24年の募集要項

※以下は2024年の募集要項です。2025年の要項は学校の発表をお待ちください。

検 査 日／1次：1月20日 2次：1月22日
募集人員／男女43名
合格発表／1次：1月21日 2次：1月25日
合格者招集／1月25日
試験科目／1次：国語・算数　2次：社会・理科
面　　接／あり(2次)
受 検 料／5,000円

公開行事・説明会予定

【学校説明会】
10月19日(土)午前
◆変更・中止の可能性もあります。必ず学校ホームページで確認してください。

国立 大阪 共学 お

神戸大学附属 中等教育学校

サピックスからの合格実績（過去3年）	'22	'23	'24
	10名	5名	8名

所在地／〒658-0063 神戸市東灘区住吉山手5-11-1
TEL／078-811-0232
学校長／齋木 俊城
創　立／神戸大学の附属校再編に伴い、2009年、既存の2校の附属中学校を統合。中等教育学校として再出発。
URL／www.edu.kobe-u.ac.jp/kuss-top

	1年	2年	3年
男子	58名	57名	63名
女子	63名	62名	60名
クラス数	3組	3組	3組

総生徒数／712名

〈交通アクセス〉
阪急神戸線「御影」駅より徒歩15分、バス14分　JR神戸線「住吉」駅よりバス20分

生涯を通じて新たな価値を創造し続ける文理融合型人材の育成

今から50年後、本校に在籍する生徒は62歳から68歳を迎えています。人生100年時代と言われる中で本校を卒業していく彼らは、そんな未来にあってもきっと社会の先頭で活躍を続けているはずです。本校は、そのような未来を生きる生徒たちに求められる力の育成、そして卒業後に、より高度な教育を受けるための支援に正面から取り組むことが、中等教育の6年間という貴重な期間を託された学校としての責務であると考えています。

スクールライフ

●教育内容

国立大学附属学校の使命の1つとして，実験的・先導的学校教育への取り組みが挙げられます。本校では過去から現在に至るまでさまざまな研究開発指定を受け、多くの先進的な教育課程の開発を行っています。そのほかにも、校内で研究主題を設定し各教科での教育研究の成果を授業研究会や研究紀要の形で公開したり、所属教員が個々に科研費に採択されるなど、活発な研究開発が行われています。生徒は最先端の研究に基づく教育を受けることができます。

●部活動

○文化系／コーラス、吹奏楽、演劇、家庭科研究、科学研究、ESS、美術、PC

○体育系／バスケットボール、卓球、バレーボール、テニス、陸上、サッカー

●行事

菟原(とげん)祭（文化祭）、体育祭、音楽祭が三大行事です。

25年の募集要項

検 査 日／1月20日
募集人員／120名(連携適性検査含む)
合格発表／1月23日(ホームページ)
入学予定者招集／1月25日
選抜方法／言語表現(50分・100点)、数理探究(50分・100点)、自然環境または市民社会(各50分・各100点)、学びの報告書(40点)
面　　接／なし
検 査 料／5,000円

公開行事・説明会予定

【一般適性検査出願説明会】（神戸大学六甲台講堂）要予約
10月14日(祝)
【オープンスクール】要予約
6月22日(土)
【学校見学会】要予約
7月27日(土)、9月21日(土)
◆変更・中止の可能性もあります。必ず学校ホームページで確認してください。

サピックスOB・OGの声

●授業の特徴は、生徒同士が話し合って、1人ずつ発表する機会が多いことです。夏休みの宿題はほとんどがレポートで、読書感想文は文学作品だけでなく、理科や数学の本について書くものまであります。

東京都立桜修館(おうしゅうかん)中等教育学校

サピックスからの合格実績（過去3年）	'22	'23	'24
	15名	10名	17名

所在地／〒152-0023　目黒区八雲1-1-2
TEL／03-3723-9966
学校長／石崎 規生
創　立／1929年に創立された旧制府立高校を母体に、2006年に開校。都立大学附属高等学校を母体に改編。
URL／www.metro.ed.jp/oshukan-s

	1年	2年	3年
男子	73名	77名	74名
女子	87名	82名	85名
クラス数	4組	4組	4組

総生徒数／933名

〈交通アクセス〉
東急東横線「都立大学」駅より徒歩10分
JR「目黒」駅よりバスあり

論理的な思考力の育成に力を入れ、国際社会を担う人材を育てる

2006年に開校した都立の中等教育学校です。6年一貫教育を通じて、「高い知性、広い視野、強い意志」を身につけ、真理を探究する精神を養うことができるよう努めています。また、将来の夢の実現に向けて、一人ひとりの個性を伸ばすとともに、日本人のアイデンティティーを持って、国際社会を担うことのできるリーダーの育成をめざしています。「論理」の授業や研究論文の作成、国際理解教育、生徒主体の学校行事など特色ある教育が行われます。また、充実した設備を誇る3階建ての総合体育棟もあります。

スクールライフ

●教育内容

主要5教科を中心に、バランスの取れた時間割を組み、基礎学力の充実に力を注いでいます。主要教科の進度は速めで、発展的な内容として、3年次までに高校の内容を学ぶこともあります。教育の特色は、論理的な思考力の育成に力を入れていること。全学年の国語と数学で「論理を学ぶ」時間を週1時間設けています。

総合的な学習の時間は、フィールドワークを中心に、地域や日本の文化を学び、平和学習などを行います。また、論文作成の学習を段階的に行い、5年次研究論文のための基礎を作り上げます。

外国語教育にも力を入れています。2・3年次には英語の少人数授業を実施し、夏休みには希望者対象の英語合宿があります。4年次からは、第二外国語が選択でき、フランス語・中国語・ドイツ語・スペイン語・ハングルのなかから興味があるものを学ぶことができます。課外の学習としては、毎日、朝学習の時間があり、英語の学習や読書などが行われています。補習は必要に応じて行われ、また月2回程度、土曜授業が実施されます。

●部活動

文化系、体育系合わせて20の部があります。希望者が多い場合は、新しい部の新設も検討されます。

○文化系／吹奏楽、フィールドワーク、日本文化、創作、写真、美術、科学、軽音楽（後期課程）

○体育系／バスケットボール(男女)、バレーボール(女子)、サッカー、バドミントン、水泳、硬式テニス（男女）、弓道、剣道、陸上競技、野球（前期軟式、後期硬式）

●行事

5月のクラスマッチ(体育祭)、9月の記念祭(文化祭)、2月の合唱コンクールが三大行事です。宿泊行事では1年は移動教室、2年はブリティッシュヒルズ、3年は関西方面への研修旅行、5年は台湾への修学旅行などを実施。また、希望者を対象に夏休みに語学研修旅行も行っています。

24年の募集要項

※以下は2024年の募集要項です。2025年の要項は学校の発表をお待ちください。

検 査 日／2月3日
募集人員／男女160名(男子80名 女子80名)
合格発表／2月9日
手続締切／2月13日
選抜方法／報告書(160点満点で算出し、総合成績算出時に300点満点に換算)、適性検査Ⅰ(45分・200点)、適性検査Ⅱ(45分・500点)
面　　接／なし
受 検 料／2,200円

公開行事・説明会予定

【学校紹介日】
7月13日(土)、10月12日(土)、10月26日(土)
【授業公開週間】
6月24日(月)～ 6月29日(土)
11月11日(月)～11月16日(土)
◆日程等は変更がありますので、学校ホームページでご確認ください。

公立　東京　共学　お

東京都立大泉高等学校附属 中学校

サピックスからの合格実績（過去3年）	'22	'23	'24
	2名	1名	1名

所在地／〒178-0063 練馬区東大泉5-3-1
TEL／03-3924-0318
学校長／俵田 浩一
創 立／1941年に東京府立第二十中学校として開校した都立大泉高等学校が、2010年に中学を新設。2022年度に高校募集を停止。
URL／www.oizumi-h.metro.ed.jp

	1年	2年	3年
男子	73名	75名	76名
女子	86名	84名	84名
クラス数	4組	4組	4組

中高総生徒数／807名

至所沢
大泉学園駅
西武池袋線
至池袋
自動車教習所
牧野庭園前
東京学芸大学附属小・中・高

〈交通アクセス〉
西武池袋線「大泉学園」駅より徒歩10分

「学」「律」「拓」の精神で、伸び伸びと個々の可能性を育てる

進学校として知られる都立大泉高校の併設型一貫校として、2010年に新設。「学」「律」「拓」を理念に、広い学びと深い思考のできる生徒、自己を律し他者を理解して協力できる生徒、世界的視野に立って国際社会で活躍できる生徒の育成をめざしています。少人数授業（高校では習熟度別授業）など指導の工夫を図るとともに、自主学習支援や情報機器（ICT）の活用など、特色あるカリキュラムを実践。広大な敷地内には、中高が連携しながら学べる新校舎と全面人工芝のグラウンドが広がっています。

スクールライフ

●教育内容

6年間の計画的な学習指導・進路指導のなかで、体系的に発展的な内容を取り扱う結果として高等部の学習内容の一部を中等部で学習しますが、学力の定着を第一に考えています。生徒の興味・関心を高め、主体的に自己の進路を決定する力を育て、能力や適性に応じた進路実現を図ります。教育システムの特徴の1つに、「TIR（ティーチャー・イン・レディネス）」があります。これは放課後、自由に利用できる学習室で生徒が自主的に学習に取り組む仕組みのこと。家庭学習の習慣を身につけ、授業中の疑問解決や学力の定着を図るため、常駐の教員が各自の進度に合わせた学習支援を実施しており、自分の学習についていつでも振り返ることができます。また、土曜日には探究活動や行事前学習をする「土曜授業」や、生徒の興味・関心を高める「課題発掘セミナー」も実施。さまざまな「探究」活動を通して「課題発見力」を養っています。

●部活動

文化系7、体育系13の部があり、広い敷地を利用して高校生と共に活発に活動しています。

○文化系／吹奏楽、合唱、演劇、自然科学、将棋、美術、調理

○体育系／ソフトテニス、サッカー（男女）、バスケットボール（男女）、バドミントン、硬式テニス、水泳、バレーボール（女子）、陸上競技、卓球、ラグビー、軟式野球

●行事

1年次の語学研修のほか、研修旅行、芸術鑑賞教室なども行います。体育祭や文化祭など中高合同での大きな行事は、生徒一人ひとりが主体的に取り組み、協調しながら運営しています。大泉高校の伝統である「文武両道」を継承し、学校行事での活動を通して自主・自律・創造の精神を育みます。

24年の募集要項

※以下は2024年の募集要項です。2025年の要項は学校の発表をお待ちください。

検査日／2月3日
募集人員／男女160名(男子80名 女子80名)
合格発表／2月9日
手続締切／2月13日
選抜方法／適性検査Ⅰ(45分 ・ 200点)、
適性検査Ⅱ(45分 ・ 200点)、
適性検査Ⅲ(45分 ・ 300点)、報告書(300点)
面　接／なし
受検料／2,200円

公開行事・説明会予定

【学校説明会】要予約 6年生対象
10月12日(土) 9時30分〜、11時30分〜、14時〜
【出願手続等説明会】要予約 6年生保護者対象
11月23日(祝) 9時30分〜、11時10分〜、13時〜
【学校見学会】要予約 4年生以上対象
8月21日(水)、8月22日(木)、8月23日(金)
各回9時30分〜、11時30分〜
【授業公開】要予約
6月17日(月)〜21日(金)
10時40分〜12時30分、13時20分〜15時10分
6月22日(土)9時40分〜、10時40分〜、11時40分〜
11月 5日(火)〜8日(金)
10時40分〜12時30分、13時20分〜15時10分
11月 2日(土)、11月9日(土)
9時40分〜、10時40分〜、11時40分〜
【文化祭】
9月 7日(土)10時〜16時
9月 8日(日) 9時〜15時
◆変更・中止の可能性もあります。必ず学校ホームページで確認してください。

千代田区立九段中等教育学校

サピックスからの合格実績（過去3年）	'22	'23	'24
	16名	13名	8名

所在地／〒102-0073 千代田区九段北2-2-1
TEL／03-3263-7190
学校長／野村 公郎
創　立／東京都立九段高等学校が前身。2006年に区立で初めての中高一貫教育校として開校。
URL／www.kudan.ed.jp

	1年	2年	3年
男子・女子	160名	156名	159名
クラス数	4組	4組	4組

総生徒数／918名

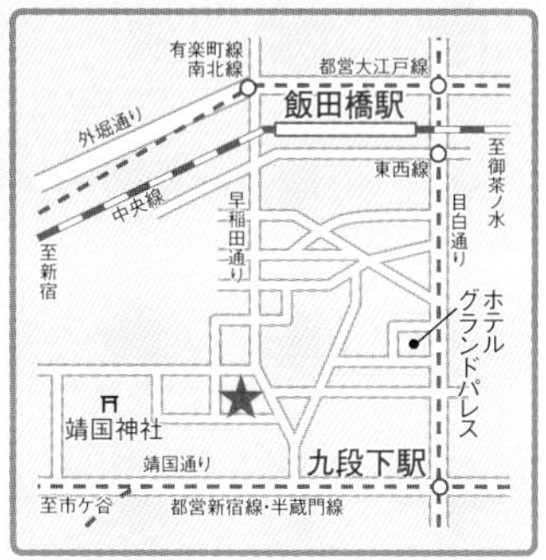

〈交通アクセス〉
東京メトロ東西線・半蔵門線、都営新宿線「九段下」駅より徒歩3分　JRほか「飯田橋」駅より徒歩10分

体験を重視し、本物から学ぶ、国際社会に貢献できるリーダーを育成

6年制の中等教育学校です。中学に相当する前期課程と高校に相当する後期課程から成り、1年間を前期と後期に分ける2学期制を導入。千代田区の教育資源を生かし、企業・団体、大学、大使館の協力を得ながら調査・研究を続け、クラス・学年発表会を行います。さらに、国際社会に貢献できるリーダーの育成を目的としたオーストラリア研修旅行（3学年）、UCLA海外大学派遣研修（4・5学年選抜）、シンガポール研修旅行（5学年）も実施します。国際連合大学との連携や、春と夏に語学研修を実施しています。

スクールライフ

●教育内容

1・2学年は基礎・基本の定着を重視して、英語・数学は習熟度別・少人数指導を実施。充実した理科施設で、観察・実験を重視しています。放課後スタディ（大学生アシスタントによる少人数補習プログラム）、長期休暇中の特別講座も行われます。5学年までは文理分けをせずに、高校で学ぶ内容の大部分を履修させ、5学年終了時に大学入試共通テスト問題に対応できるように育成します。6学年は、難関国公立大や国公立医学部受験にも対応したカリキュラムとなり、生徒は大学進学希望に合わせた選択科目を週12～20時間選択します（必修）。土曜授業も実施しています。4学年後期から「九段探究プラン」のまとめとして、「卒業研究」を行います。

●部活動

勉学と部活動の両立を目標としています。現在、文化系13、体育系12の部が活動中です。

○文化系／吹奏楽、合唱、茶道、書道、天文、文芸、軽音楽（後期）、演劇、生物、囲碁･将棋、美術、放送、マルチメディア

○体育系／硬式テニス、バスケットボール、バレーボール、ダンス、サッカー、軟式野球（前期）、硬式野球（後期）、剣道、バドミントン、卓球、水泳、陸上競技

●行事

1学年ではオリエンテーションプログラム、2学年は福島ブリティッシュヒルズで英語合宿（4日間）、3学年はオーストラリア研修旅行（5日間）、4学年は遠泳合宿（男女別各3日間）、5学年はシンガポール研修旅行（5日間）が行われます。また、4・5学年の選抜者を対象に、UCLA海外大学派遣研修（アメリカ、10日間）を実施します。このほか、体育祭、九段祭（文化祭）、クロスカントリーレースなど、多彩な行事が用意されています。

24年の募集要項

※以下は2024年の募集要項です。2025年の要項は学校の発表をお待ちください。

検査日／2月3日
募集人員／区分A80名
区分B80名
※区分Aは千代田区内に住所を有する者、区分Bは都内に住所を有する者）
合格発表／2月9日
※ホームページ同時発表
手続締切／2月10日
選抜方法／適性検査Ⅰ(45分・200点)、適性検査Ⅱ(45分・300点)、適性検査Ⅲ(45分・300点)、報告書(200点)
面　　接／なし
受検料／2,200円

公開行事・説明会予定

【学校説明会】要予約
6月30日(日)
10月12日(土)
11月 9日(土)
【学校公開】要予約
7月16日(火)～7月20日(土)
【九段祭(文化祭)】
9月14日(土)・15日(日)
◆変更・中止の可能性もあります。必ず学校ホームページで確認してください。

公立　東京　共学　く

東京都立小石川中等教育学校

サピックスからの合格実績（過去3年）	'22	'23	'24
	36名	51名	41名

所在地／〒113-0021　文京区本駒込2-29-29
TEL／03-3946-5171
学校長／鳥屋尾 史郎
創　立／都立小石川高校を母体校に、中等教育学校として2006年に創立。府立第五中学校、小石川高等学校の教育理念を継承する。
URL／www.metro.ed.jp/koishikawa-s/

	1年	2年	3年
男子	78名	85名	67名
女子	82名	76名	93名
クラス数	4組	4組	4組

総生徒数／945名

〈交通アクセス〉
都営三田線「千石」駅より徒歩3分　JR、都営三田線「巣鴨」駅より徒歩10分　JR、東京メトロ南北線「駒込」駅より徒歩13分

理数教育と英語教育を重視。全員参加の海外研修も実施

2006年、都立小石川高校の伝統と実績を継承しつつ、同高校内に中等教育学校として開校されました。教育理念は「立志・開拓・創作」。この教育理念を実現するための方策として「小石川教養主義」「理数教育」「国際理解教育」を推進しています。また、文部科学省からスーパーサイエンスハイスクール(SSH)、東京都教育委員会からGlobal Education Network 20に指定され、科学的思考力、自己学習力、コミュニケーション力を高め、国際社会で活躍するリーダーを育てる教育に力を入れています。

スクールライフ

●教育内容

数学・英語では全学年で少人数・習熟度別授業を実施。週1時間、外国人講師によるコミュニケーション活動があります。理科では自然科学の原理や原則をしっかり理解させることを重視。実験、観察の時間を多く取り、体験的な学習を通して基礎知識を確実に習得していきます。6年間を通して課題探究学習である「小石川フィロソフィー」を各学年週1～4時間取り組みます。文系・理系によるクラス分けを行わず、全員が全教科・科目をバランス良く学ぶことで、広く深い知識に裏づけられた教養を育みます。

●部活動

○文化系／天文、化学、生物、物理、数学、競技かるた、音楽、フォークソング、吹奏楽、軽音楽、小石川フィルハーモニー、美術、華道など

○体育系／サッカー、ラグビー、硬式テニス、ソフトテニス、軟式野球、バレーボール、バスケットボール、バドミントン、陸上競技、水泳、ラクロスなど

●行事

9月に行事週間があり、芸能祭、体育祭、創作展（文化祭）の三大イベントを連続して実施。宿泊行事として、1年次に移動教室、2年次に国内語学研修が行われます。3年次の海外語学研修は、夏休みを利用して、1人1家庭でホームステイをしながら、オーストラリアで2週間、英語の研修を実施。3年生全員が8つの現地公立学校に分かれて学びます。さらに、5年次ではシンガポールで海外研修旅行を実施し、シンガポールの高校生との交流を体験します。

24年の募集要項

※以下は2024年の募集要項です。2025年の要項は学校の発表をお待ちください。

検 査 日／特別枠2月1日 一般枠2月3日
※特別枠は全国規模の科学コンクール上位入賞などが条件

募集人員／160名

合格発表／特別枠2月2日　一般枠2月9日　※ホームページで同時発表

手続締切／特別枠2月2日 一般枠2月13日

選抜方法／適性検査Ⅰ・Ⅱ・Ⅲ(各45分・各100点 ※換算後計600点)、報告書(450点※換算後200点)
※特別枠は作文(45分・400点)、面接(個人25分程度・500点)、報告書(450点※換算後100点)、所定の書類提出

面　　接／特別枠のみあり（個人）

受 検 料／2,200円

公開行事・説明会予定

【学校説明会】要予約
10月12日(土)
11月　9日(土)
【授業公開】
11月16日(土)
【創作展(文化祭)】
9月14日(土)・15日(日)
◆変更・中止の可能性もあります。必ず学校ホームページで確認してください。

公立　東京　共学　こ

東京都立立川国際 中等教育学校

サピックスからの合格実績（過去3年）	'22	'23	'24
	1名	0名	1名

所在地／〒190-0012　立川市曙町3-29-37
ＴＥＬ／042-524-3903
学校長／横田 雅博
創　立／2008年、国際を冠する初の都立中等教育学校として開校。
ＵＲＬ／www.metro.ed.jp/tachikawa-s/

	1年	2年	3年
男子	79名	73名	74名
女子	81名	87名	85名
クラス数	4組	4組	4組

中高総生徒数／908名

〈交通アクセス〉
JR中央線「立川」駅、多摩都市モノレール「立川北」駅より徒歩20分

国際社会のリーダーを育てる都立唯一の国際中等教育学校

2008年4月に開校した、6年一貫教育の中等教育学校です。校名に「国際」を冠し、国際社会で通用するコミュニケーション力、判断力、行動力などを養います。一般の生徒が帰国生や在京外国人生徒と同じクラスで共に学ぶため、身近なところで異文化を理解し、尊重する姿勢が身につきます。カリキュラムでは英語を重点教科とし、文理問わず学ぶリベラルアーツ教育により、理系の進路選択においても強みを発揮します。充実した語学教育、体験重視の国際教育、高度な教養教育によって、国際社会で活躍できる人材の育成をめざします。

スクールライフ

●前期課程の教育内容

重点教科である英語は、習熟度別少人数授業によって基礎力の確実な定着と実践的なコミュニケーション能力を育てます。英検®への挑戦も奨励しており、1・2年次で3級、3年次で準2級、4年次で2級、5・6年次で準1級の獲得をめざしています。このほか国語では、読解力、論理的思考力、表現力の育成に力を入れ、またリーダーに求められる問題解決能力を養成。数学でも、習熟度別少人数授業を実施し、基礎を徹底させ、後期課程で学ぶ内容も発展的に取り入れます。理科では実験や観察の時間を多く設け、体験を通して科学的な見方や思考力を養います。

●後期課程の概要

後期課程は「普通科」として、難関国公立大学への進学を見据えたカリキュラムを用意し、将来どんな分野に進んでも活躍していけるように幅広い高度な教養を身につけます。6年次になると自由選択科目も増え、生徒自身が自分の希望の進路に沿って時間割を組んで学習します。学校における組織的な講習やSTEAM教育（理数教育）の実施により、飛躍的に学力を伸ばしていきます。なお、5年次には、オーストラリア・シンガポール・カンボジア・アメリカへの海外研修旅行が実施されます。

●進学指導の概要

留学なども視野に入れ、生徒一人ひとりの希望や適性に応じた選択ができるよう、進路指導にも注力しています。全学年を対象とした講習も充実しており、国公立難関大学受験に向けて、「志望校をあきらめさせない」手厚くきめ細かい指導体制が特色です。また、大学教授や第一線で活躍する社会人を招いての講演会なども実施しています。

24年の募集要項

※以下は2024年の募集要項です。2025年の要項は学校の発表をお待ちください。

検 査 日／一般2月3日　帰国・在京外国人1月25日
募集人員／160名(帰国・在京外国人男女30名を含む)
合格発表／一般2月9日　帰国・在京外国人1月31日
　※ホームページ同時発表
手続締切／一般2月13日　帰国・在京外国人1月31日
選抜方法／一般：適性検査Ⅰ(45分・100点 ※換算後250点)、Ⅱ(45分・100点 ※換算後500点)、報告書(360点 ※換算後250点)
　帰国・在京外国人：作文(600点)、面接(400点)
面　　接／帰国・在京外国人のみ(20分程度)
受 検 料／2,200円

公開行事・説明会予定

【適性検査説明会】
6月22日(土)
【学校説明会】
10月 5日(土)
10月26日(土)
※各回とも説明会終了後に個別相談あり
【立国EXPO2024】
毎月1回開催。参加者の要望に沿った内容を45分程度で説明。
※対象は6年生、5年生、4年生以下の各学年を対象にプログラムを実施し、対象によって説明内容も異なります。詳細は公式ホームページ、またはX（旧Twitter）をご参照ください。
【授業公開】
10月 5日(土)
10月26日(土)
◆変更・中止の可能性もあります。必ず学校ホームページで確認してください。

東京都立白鷗高等学校附属 中学校

サピックスからの合格実績（過去3年）	'22	'23	'24
	0名	3名	4名

所在地／〒111-0041 台東区元浅草1-6-22
※令和6年9月より校舎改装のため
TEL／03-3843-5678
学校長／池戸 成記
創 立／1888年、東京府高等女学校として創立。1950年、東京都立白鷗高等学校に改称。2005年、都立初の中高一貫校として同校内に開校。
URL／www.metro.ed.jp/hakuo-h/

	1年	2年	3年
男子	92名	91名	73名
女子	108名	108名	87名
クラス数	5組	5組	4組

中高総生徒数／1070名

〈交通アクセス〉
都営大江戸線、つくばエクスプレス「新御徒町」駅より徒歩5分 東京メトロ銀座線「稲荷町」駅2出口より徒歩6分 JR「御徒町」駅より徒歩10分 JR、東京メトロ銀座線・日比谷線、京成線「上野」駅より徒歩15分

136年の伝統を中高一貫教育に生かす

都立初の中高一貫校として2005年に開校した、都立白鷗高校の付属中学校です。白鷗高校は136年に及ぶ歴史を有し、名門校としての伝統と実績を誇ります。中高一貫教育では、その伝統と実績を継承、発展させ、高い志を持ち、さまざまな分野でリーダーとなり得る人材、豊かな知識と教養を身につけ、国際社会でも活躍できる開拓精神に富む人材の育成をめざします。また､帰国生徒や外国人生徒の受け入れを行うなど、国際色豊かな教育環境を整備しつつ､2022年度より「理数研究校｣､2024年度より「東京サイエンスハイスクール」に指定され、理数教育にも重点的に取り組んでいます。

スクールライフ

●教育内容

6年間を見通した系統的なカリキュラムを編成し、毎日の学習では「辞書は友達、予習は命」を合言葉に、個々の学力を最大限に伸ばす授業第一の教育を徹底しています。また、探究活動を通じて、主体的、創造的、協働的に取り組むことのできる生徒を育てます。英語・数学では少人数制授業を展開。英語はスピーチの機会を多く設けるなど、「話す・書く・聞く・読む」の4技能をバランス良く高めます。国語は読書と感想発表に力を入れている点が特色。数学は演習時間を多く取り、問題解決能力の向上をめざします。音楽では三味線を習うなど、伝統・文化に触れる機会も多くあります。

●部活動

高校には文化系18、体育系14の部があります。百人一首や長唄・三味線など、伝統・文化の部が目立ちます。近年は和太鼓や吹奏楽、百人一首などがすばらしい成果を収めています。中学には以下の部があります。
○文化系／演劇、理科、吹奏楽、和太鼓、百人一首など
○体育系／サッカー、軟式野球、バレーボール、バスケットボール、陸上競技、バドミントン、卓球など

●行事

日本の伝統・文化に根ざした、真の国際人を育てることが目標。そのために、多彩な海外交流事業を行って国際理解教育の充実を図っています。夏休みには中3～高2の希望者を対象にオーストラリアへの海外短期留学を実施するほか、中3の3月に全員がアメリカへ。また、海外からの短期留学生の受け入れを積極的に行うなど、生徒たちの交流も活発です。

24年の募集要項

※以下は2024年の募集要項です。2025年の要項は学校の発表をお待ちください。
検査日／特別2月1日 一般2月3日 海外帰国・在京外国人生徒1月25日
募集人員／ 200名(海外帰国・在京外国人生徒30名を含む)
合格発表／特別2月2日 一般2月9日 海外帰国・在京外国人生徒1月31日
※ホームページで同時発表
手続締切／特別2月2日 一般2月13日 海外帰国・在京外国人生徒1月31日
選抜方法／一般：適性検査Ⅰ(45分・250点)、Ⅱ(45分・250点)、Ⅲ(45分・250点)、報告書(250点)
特別(日本の伝統文化〔囲碁・将棋、邦楽、邦舞・演劇〕の上級資格や卓越した能力のある者)：面接(15分・400点)、実技(45分・400点)、報告書(200点)
海外帰国・在京外国人生徒：作文(45分・600点)、面接(20分・400点)
面接／特別、海外帰国・在京外国人生徒のみ(個人)
受検料／2,200円

公開行事・説明会予定

【学校見学会】
6月15日(土)
【学校公開】
7月13日(土)
9月21日(土)
10月 5日(土)
11月16日(土)
12月14日(土)
【学校説明会】
10月12日(土)、11月 2日(土)
【出願方法説明会】
11月23日(祝)
【文化祭】公開予定
9月14日(土)
9月15日(日)
◆変更・中止の可能性もあります。必ず学校ホームページで確認してください。

東京都立富士高等学校附属中学校

サピックスからの合格実績（過去3年）	'22	'23	'24
	2名	5名	3名

所在地／〒164-0013　中野区弥生町5-21-1
TEL／03-3382-0601
学校長／勝嶋 憲子
創　立／1920年、東京府立第五高等女学校として創立。1950年、東京都立富士高等学校と改称し、男女共学校に。2010年、中学校を開設。
URL／www.metro.ed.jp/fuji-s/

	1年	2年	3年
男子	75名	78名	77名
女子	85名	83名	82名
クラス数	4組	4組	4組

中高総生徒数／862名（留学含む）

中野方面
中野車庫
至新宿
西永福方面
中野富士見町駅
中野車庫
京王バス駐車場
北門
神田川
丸ノ内線
富士高校
至方南町
中野通り
幡ヶ谷・笹塚方面

〈交通アクセス〉
東京メトロ丸ノ内線「中野富士見町」駅より徒歩1分

国際競争力の高いトップリーダーを育成

創立100年を超える、伝統のある東京都立富士高等学校の付属校として開校。世界で通用する確かな力を育成し、世界の人々の幸福に貢献するトップリーダーとなり得る人材を育みます。併設型の中高一貫校の長所を生かし、初期指導の充実と学習習慣の定着を図るとともに、2021年に指定を受けたスーパーサイエンスハイスクール（SSH）校として、特色のある理数教育により、高い知性と教養を育成。また、世界のさまざまな場所や、社会のさまざまな分野で活躍できる、個性豊かで協調性に富むバランスの取れた生徒、志が高く、みずから考え判断する生徒を育てます。

スクールライフ

●教育内容

2021年度にスーパーサイエンスハイスクール（SSH）に指定され、世界トップレベルの理数系人材の育成を実現する理数教育に重点を置く理数カリキュラムを展開しています。生徒の「挑戦力」「理数的発見力」「理数的解決力」の育成をめざし、6年間を貫く課題研究「富士未来学」や、最先端の科学技術を学ぶ「富士SSチャレンジプログラム」にすべての生徒が取り組みます。東京大学をはじめ、有数の大学や研究機関で活躍している本校卒業生の研究者が、講演や研究室での実習、研究室訪問などで在校生をサポートしています。また、「Global Education Network 20」として国際理解教育にも力を入れており、英国立のバンガー大学やセント・アンドリュース大学をはじめとした6大学と提携し、生徒の海外大学への進学も実現しています。「Sport-Science Promotion Club」「体育健康教育推進校」として心と体を鍛える教育活動の充実も特色であり、教育理念である「自主自律」「文武両道」の精神の下、科学的グローバルイノベーターを育成しています。

●部活動

現在、19の部活動が開設されていますが、学習習慣の確立のため、中1の前半は活動を週2日としています。なお、多くの部活動に専門指導者を配置しています。

○文化系／管弦楽、科学探究、美術、合唱、茶道、写真、文芸、ESS、演劇

○体育系／女子バレーボール、女子バスケットボール、軟式野球、サッカー、剣道、薙刀、硬式テニス、フラッグフットボール、陸上、バドミントン

●行事

三大行事の文化祭、体育祭、合唱祭をはじめ、SSHの特色あふれる理数セミナーや、球技大会、キャリアセミナー、日本や世界の伝統文化に触れる芸術鑑賞教室など、さまざまな行事があります。

24年の募集要項

※以下は2024年の募集要項です。2025年の要項は学校の発表をお待ちください。

検査日／2月3日
募集人員／160名
合格発表／2月9日　※ホームページで同時発表
手続締切／2月10日
選抜方法／適性検査Ⅰ(45分・100点)、Ⅱ(45分・100点)、Ⅲ(45分・100点)、報告書(450点)
※Ⅰを200点、Ⅱを200点、Ⅲを300点、報告書を300点にそれぞれ換算し、1000点満点で判定
面　接／なし
受検料／2,200円

公開行事・説明会予定

【体験授業・体験部活】要予約
7月31日(水)～8月3日(土)午前
【授業公開週間】
平日8時40分～15時10分、土曜8時45分～12時35分
9月30日(月)～10月 5日(土)
11月 6日(水)～9日(土)
【学校説明会】要予約、各日とも13時30分～
10月 5日(土)
11月 9日(土)
【募集案内配布会】14時～
11月23日(祝)
【土曜授業公開】各日とも8時45分～12時35分
6月15日、6月22日、7月 6日、7月13日
9月14日、10月 5日、10月26日、11月 9日
12月 7日、12月14日、1月25日、2月 8日
2月22日
※6月22日、2月22日は探究発表会です。
【文化祭】
9月 7日(土)、8日(日)
◆変更・中止の可能性もあります。必ず学校ホームページで確認してください。

公立　東京　共学　ふ

東京都立三鷹中等教育学校

サピックスからの合格実績（過去3年）	'22	'23	'24
	9名	4名	2名

所在地／〒181-0004　三鷹市新川6-21-21
TEL／0422-46-4181
学校長／小林 正人
創　立／1949年、東京都立三鷹高等学校が開校。2010年4月、東京都立三鷹中等教育学校として開設。
URL／www.mitakachuto-e.metro.tokyo.jp

	1年	2年	3年
男子	74名	80名	73名
女子	86名	81名	86名
クラス数	4組	4組	4組

中高総生徒数／939名

〈交通アクセス〉
JR中央線「三鷹」駅・「吉祥寺」駅よりバス20分　京王線「仙川」駅よりバス15分ほか

思いやりの心をもった社会的リーダーを育成

都立三鷹高校の伝統と教育実績を踏まえた中高一貫教育校として、2010年に開設されました。母体校である都立三鷹高校の文武両道の精神を継承し、将来日本を担う社会的リーダーとなるべき人材を育成することを基本理念としています。学習活動はもちろん、ボランティア活動や部活動をはじめとする多彩な活動の両立をめざし、高い見識と目標をもって最後まで自主的・意欲的にチャレンジする力を養います。また、自校給食を実施しており、食育指導にも注力しています。

スクールライフ

●教育内容

中高一貫教育の特色を生かし、中学に当たる前期課程から後期課程で扱う内容を発展的に学習します。6年間を3つのステージに分け、各ステージのまとめとして論文作成・発表を行い、具体的な自己実現のためのキャリア教育・進路指導が行われます。特色あるカリキュラムとして、文化科学Ⅰ（国語）、文化科学Ⅱ（公民）、文化科学Ⅲ（英語）、自然科学Ⅰ（数学）、自然科学Ⅱ（理科）、文化一般（芸術）などがあり、豊かな情操・論理的思考力を形成することに重点が置かれています。英語・数学では前期課程から習熟度別の授業を展開。また、5年次までは文系・理系のコース分けは行わず、多様な分野を幅広く深く学ぶことで、高い見識と幅広い視野を身につけます。このほか、特色ある教育活動の一例として、総合的な学習・探究の時間を「人生設計学」と名づけ、前期課程ではボランティア活動や職場体験などの活動を、後期課程では社会における役割と責任を考える法理論などの学習を取り入れています。大学生によるチューター制度があり、個人の力に合った学習支援が受けられます。なお、東京都教育委員会から「情報教育研究校」「理数研究校」「GE-NET20」「国際交流リーディング校」など、多くの指定を受けています。

●部活動

文化系6、体育系14の部があり、同好会も7つあります。
○文化系／音楽、吹奏楽、美術、茶華道、演劇、書道
○体育系／ラグビー、サッカー、野球、陸上競技、水泳、バスケットボール、テニスなど

●行事

セカンドステージ終了までに、1人100冊以上の読破を目標にした「読書マラソン」を行っており、始業前の10分間に朝読書を実施。前期課程の行事は1年次に漁業体験、2年次に農業体験などがあります。合唱祭や鷹校祭（文化祭）、体育祭などは学年の枠を超え一致団結して運営することで、協調性や豊かな人間性を養います。

24年の募集要項

※以下は2024年の募集要項です。2025年の要項は学校の発表をお待ちください。
検 査 日／2月3日
募集人員／男女160名(男子80名 女子80名)
合格発表／2月9日
手続締切／2月13日
選抜方法／適性検査Ⅰ(45分・100点)、Ⅱ(45分・100点)、報告書(640点)
※Ⅰを300点、Ⅱを500点、報告書を200点にそれぞれ換算し、1000点満点で判定
面　　接／なし
受 検 料／2,200円

公開行事・説明会予定

【学校説明会】要予約
10月 5日(土)午後
10月19日(土)午後
11月30日(土)午後（願書配付のみ）
【鷹校祭(文化祭)】
9月14日(土)・15日(日)
◆変更・中止の可能性もあります。必ず学校ホームページで確認してください。

東京都立南多摩中等教育学校

サピックスからの合格実績（過去3年）	'22	'23	'24
	0名	1名	0名

所在地／〒192-8562　八王子市明神町4-20-1
TEL／042-656-7030
学校長／宮嶋 淳一
創立／1908年、東京府立第四高等女学校として創立し、1950年に東京都立南多摩高等学校に改称。2010年、中等教育学校として改編。
URL／www.metro.ed.jp/minamitama-s/

	1年	2年	3年
男子	76名	77名	75名
女子	84名	81名	85名
クラス数	4組	4組	4組

中高総生徒数／915名

〈交通アクセス〉
JR「八王子」駅より徒歩12分
京王線「京王八王子」駅より徒歩3分

人間力を育み、国際社会で活躍するリーダーを育成

「心・知・体」の調和から生まれる人間力を育み、イノベイティブなグローバル人材を育てることを目標に、フィールドワーク（探究学習）を柱に6年間のさまざまな教育活動を展開しています。文部科学省による「WWLコンソーシアム構築支援事業」指定の4年間で得た、国内外の高等学校や大学、企業、国際機関などとの協働による高度な学びをさらに発展させ、世界で活躍できる人材の育成を目標とした教育活動を行っています。

スクールライフ

●教育内容

1年生は「地域調査」、2年生は「モノ語り」、3年生は「科学的検証」、4・5年生は「ライフワークプロジェクト」として、学年ごとにテーマを持ち、系統的な探究活動（フィールドワーク）を実践しています。5年生の4000字論文の取り組みは、各自の研究を深めるとともに、自己理解や社会とのつながりを意識し、進路を考えるキャリア形成につながります。また、文理融合の教科として、技術・家庭に代わる「データ分析」、地理と理科を融合した「地球探究」、数学を英語で学ぶ「MIE」、哲学を学ぶ「Pensee」を教育課程に位置づけ、生徒の思考力をさまざまな面から養い、知識活用型の資質・能力を育成しています。東京都教育委員会から「Global Education Network20」の指定も受けており、オンラインを活用した海外の高校との交流や協働学習、同時双方向性の英会話学習にも取り組んでいます。こうした濃密な学びに加え、盛んな学校行事や多彩な部活動、社会の問題を考え行動する有志活動などによって、「心・知・体」のバランスの取れた人間力を育んでいます。

●部活動

現在、以下の部が活動しています。

○文化系／南多摩フィルハーモニー、科学、日本文化、合唱、美術、太鼓、演劇（後期のみ）、イラストクリエイト（後期のみ）、パソコン同好会、将棋同好会

○体育系／野球（前期は軟式・後期は硬式）、陸上競技、硬式テニス、サッカー、バスケットボール、女子バレーボール、剣道、卓球、なぎなた、水泳（後期のみ）

●行事

全学年実施の南魂祭（5月－体育祭、6月－合唱祭、9月－文化祭）のほか、マラソン大会（2月）、成果発表会（3月）、国内研修旅行（2・3年）、海外研修旅行（4年）、各種講演会などを実施しています。

※以下は2024年の募集要項です。2025年の要項は学校の発表をお待ちください。

検査日／2月3日
募集人員／男女160名(男子80名 女子80名)
合格発表／2月9日
手続締切／2月13日
選抜方法／適性検査Ⅰ(45分・100点)、Ⅱ(45分・200点)
※Ⅰ＋Ⅱを800点に換算 報告書(200点)
面　接／なし
受検料／2,200円

公開行事・説明会予定

【学校説明会】要予約
10月19日(土)14時30分～
【授業公開】要予約
6月22日(土)　9時～
9月28日(土)　9時～
11月16日(土)　9時～
【学校見学会】要予約
6月22日(土)14時30分～
11月16日(土)13時30分～、14時30分～、15時30分～
【文化祭(南魂祭)】
9月　7日(土)・8日(日)
【成果発表会】
3月21日(金)
◆変更・中止の可能性もあります。必ず学校ホームページで確認してください。

公立　東京　共学　み

東京都立武蔵高等学校附属 中学校

サピックスからの合格実績（過去3年）	'22	'23	'24
	15名	9名	6名

所在地／〒180-0022　武蔵野市境4-13-28
TEL／0422-51-4554
学校長／堀江 敏彦
創　立／2007年、校名が正式に決定。2008年、多摩地区初の都立中学校として、都立武蔵高等学校の敷地内に開校。
URL／www.musashi-fuzoku-c.metro.tokyo.jp

	1年	2年	3年
男子	80名	80名	70名
女子	80名	81名	91名
クラス数	4組	4組	4組

中高総生徒数／863名

〈交通アクセス〉
JR・西武多摩川線「武蔵境」駅より徒歩10分
西武新宿線「田無」駅、西武池袋線「ひばりヶ丘」駅よりバス

国際社会に貢献できる知性豊かなリーダーを育てる都立中高一貫校

都立武蔵高等学校を母体として開校した、多摩地区唯一の都立中学校です。6年間の一貫教育でめざすのは、国際社会に貢献できる知性豊かなリーダーの育成。このため、「授業・学校行事・部活動・社会貢献」を教育の4本柱として、バランスの取れた人格形成を行います。特に授業を大切にし、知る楽しみを実感できるように、発展的な内容を含む授業を習熟度別、少人数制などで実施。総合学習に独自の教科「地球学」を設定し、早くから「キャリアデザイン」による進路指導に力を入れるなど、特色ある教育活動を行っています。

スクールライフ

●教育内容

6年間の精選された教育課程の下で、無駄なく体験的かつ発展的な学習を展開します。特に中学では主要5教科をバランス良く設定。数・英では習熟度別、少人数授業を実施し、主要教科の基礎の徹底を図ります。独自の「地球学」は、主に総合的な学習の時間に取り組むもので、さまざまな問題を地球規模で考えながら、環境・地域・人間・生命などについて教科横断的に学んでいきます。授業形態は多様で、中1・2は調査、実験、観察、討論、発表など生徒主体のグループ課題研究を行い、中3からは個人の課題研究に発展させ高1まで継続します。国際社会のリーダーとなるための資質向上をめざし、将来設計を行う「キャリアデザイン」にも力を入れています。なお、2022年度より1コマ45分、7時間授業となり、土曜日は授業を行っていません。

●部活動

文化系、体育系合わせて18の部が設置されており、中高合同で活動する部もあります。

○文化系／吹奏楽、室内楽、合唱、生物、美術、文芸、茶道、パソコン

○運動系／陸上競技、ラグビー、サッカー、バスケットボール（女子）、バレーボール（男子・女子）、硬式テニス（男子・女子）、卓球、剣道

●行事

尾瀬でのサマーキャンプや農村での協働作業を体験する「結い」体験学習、模擬国連、地域でのボランティア活動など、体験学習的な行事の多さが特色となっています。体育祭、文化祭はもちろん、伝統行事である音楽祭も中高合同で行われます。

24年の募集要項

※以下は2024年の募集要項です。2025年の要項は学校の発表をお待ちください。

検 査 日／2月3日
募集人員／男女160名(男子80名 女子80名)
合格発表／2月9日
※校内に掲示および東京都教育委員会が設置するウェブサイトに掲載
手続締切／2月13日
選抜方法／適性検査Ⅰ・Ⅱ・Ⅲ(各45分・各100点 ※換算後計1200点)、報告書(※換算後400点)
面　　接／なし
受 検 料／2,200円

公開行事・説明会予定

【学校説明会】5・6年生対象、地域別に時間を設定
10月26日(土)
10月27日(日)
【応募説明会】6年生保護者対象、地域別に時間を設定
11月23日(祝)
【学校見学会】地域別に時間を設定
7月13日(土)、14日(日)
【文化祭】
9月14日(土)
9月15日(日)
◆変更・中止の可能性もあります。必ず学校ホームページで確認してください。

東京都立両国高等学校附属 中学校

サピックスからの合格実績（過去3年）	'22	'23	'24
	7名	3名	7名

所在地／〒130-0022　墨田区江東橋1-7-14
TEL／03-3631-1878
学校長／金田 裕治
創　立／1901年、東京府第一中学校分校を第三中学校と改称。1950年、都立両国高等学校に。2006年、都立中高一貫校として中学校を開設。
URL／www.ryogoku-fuzoku-c.metro.tokyo.jp

	1年	2年	3年
男子	86名	78名	83名
女子	74名	82名	77名
クラス数	4組	4組	4組

中高総生徒数／813名

〈交通アクセス〉
JR・東京メトロ半蔵門線「錦糸町」駅より徒歩5分
都営新宿線「菊川」「住吉」駅より徒歩各10分

みずから考え、みずから学ぶ「自律自修」を校訓とする伝統校

東京府立第三中学校を前身とする、120年を超える歴史を誇る両国高等学校の付属校で、2006年に中高一貫校として再出発しました。歴史と文化を継承する一方、変化し進化する時代の先を見据え、未来のグローバルリーダーに必要な素養を養うため、言語活動や国際交流、理数教育、キャリア教育にも力を注いでいます。基礎・基本を徹底しながら、生徒と教員が真剣に取り組む授業が展開される一方、学校行事、部活動、委員会活動を通じて、友情を育むことも大切にしています。単に知識を注入するだけでなく、高い「志」を身につけた「リーダー」を育成しています。

スクールライフ

●教育内容

中学の3年間は基礎学力の定着とともに、それを応用する力を養い、発展的な学習も行います。言語能力の育成にも力を入れており、国語では朝読書や漢字テストの実施、論文作成やスピーチ、ディベートの実践など多角的な指導を行い、すべての知的活動の基本となる「言語能力」の向上を図ります。英語の授業は中1からオールイングリッシュで行い、3年間でコミュニケーション力を高めます。数学は中1より計算力を習得させたうえで、数学的な見方・考え方を育成。理科では実験・観察を多く行っています。英語・数学・国語・理科では少人数授業やチームティーチングを導入。土曜日には月2回程度、授業を行っています。

●部活動

現在、文化系7、体育系8の部があり、ほぼ全員が参加。高校には30を超える部があり、9割程度の生徒が参加しています。

○文化系／管弦楽、美術、家庭科、茶華道、演劇、コンピューター、理科

○体育系／サッカー、卓球、硬式テニス、バドミントン、水泳、バレーボール、バスケットボール、軟式野球

●行事

伝統の三大行事、6月の体育祭、9月の両国祭（文化祭）、2月の合唱コンクールは高校と合同開催。体育祭ではリレーや大縄跳びなど、白熱した勝負が繰り広げられます。両国祭はさまざまな演劇や演奏会が人気。合唱コンクールではクラス全員が一体となって歌声を披露。そのほか、中2のイングリッシュキャンプ、中3の海外語学研修などがあります。

24年の募集要項

※以下は2024年の募集要項です。2025年の要項は学校の発表をお待ちください。

検 査 日／2月3日
募集人員／男女160名(男子80名 女子80名)
合格発表／2月9日
手続締切／2月13日
選抜方法／適性検査Ⅰ(45分・独自問題100点) Ⅱ(45分・共同作成問題100点) Ⅲ(45分・独自問題100点)
※換算後1000点[Ⅰ(300点)、Ⅱ(200点)、Ⅲ(300点)、報告書(200点)]
面　　接／なし
受 検 料／2,200円

【学校説明会】
9月21日(土)
10月 5日(土)
【学校見学会】
6月22日(土)
【授業公開】
9月28日(土) 9時40分～
10月26日(土) 9時40分～
【願書配布説明会】
11月23日(祝)
【体験授業】
夏休み中に実施予定
【両国祭(文化祭)】
9月 7日(土)11時～16時
9月 8日(日) 9時40分～14時30分
◆変更・中止の可能性もあります。必ず学校ホームページで確認してください。

神奈川県立相模原 中等教育学校

サピックスからの合格実績（過去3年）	'22	'23	'24
	13名	5名	4名

所在地／〒252-0303 相模原市南区相模大野4-1-1
TEL／042-749-1279
学校長／岡野 正之
創　立／2009年に神奈川県で初めての公立中等教育学校として開校。
URL／www.pen-kanagawa.ed.jp/sagamihara-chuto-ss

	1年	2年	3年
男子	70名	82名	80名
女子	90名	78名	81名
クラス数	5組	5組	4組

総生徒数／935名

相模女子大
中央公園
グリーンホール相模大野
国道16号線
エスカレータ
矢口陸橋
北口
岡田屋
至本厚木
至町田
小田急線
至藤沢
相模大野駅

〈交通アクセス〉
小田急線「相模大野」駅より徒歩10分

次世代を担う人間性豊かなリーダーを育成

6年間を「基礎期」「充実期」「発展期」として、「しっかり学び（学習）」「じっくり育て（生活）」「ゆっくり探る（キャリア教育）」の3つの力を育む教育活動を展開します。また、次世代を担うリーダーに必要な「科学・論理的思考力」「表現コミュニケーション力」「社会生活実践力」を育てます。前期課程ではIT活用、英語コミュニケーション、伝統文化・歴史、地球環境を学ぶ「かながわ次世代教養」というユニークな授業もあり、理科では、実験や観察を通じて課題を発見・解決する力を身につける授業を行っていることも特徴です。

スクールライフ

●教育内容

「読書・暗唱・ドリル」「発表・質疑応答・レポート」「探究・ディベート」の3つのメソッドとした授業により、知識や技能だけではなく、課題を解決するために必要な思考力、判断力、表現力などを身につけ、主体的に学ぶ姿勢を養います。すべての教科において、授業中に話し合う機会や発表する機会を多く取り入れ、年度末には、これらの成果を発表し合う、「成果発表会」を行っています。1・2年生は1クラスを32人×5クラス編成とし、よりきめ細かい指導を行います。国語、数学、英語に重点を置き、課題や宿題も多く出し、6年間の学びの基礎をしっかり定着させます。また、3・4年次の数学では、少人数に編成して習熟度別学習を実施しています。そのほか、英語・数学を中心に後期課程（高校）の学習内容の一部を前期課程に組み込み、5年次で高3までの内容を終了させるカリキュラムを組んでいます。

●部活動

文化系8、体育系13の部があり、後期課程生と一体となって活動しています。前期課程では、平日は週3日程度、土・日曜日はいずれか1日の活動が原則です。
○文化系／吹奏楽、クラシックギター、コーラス、イラスト文芸、英語、美術、料理、茶道
○体育系／サッカー、野球、バスケットボール、ハンドボール、陸上競技、ダンス、テニス（硬式）、卓球、柔道、バドミントン、ダンス、剣道、バレーボール

●行事

1年生の総合的な学習の時間では、社会で活躍する講師を招いて講話やディスカッションを行う「出張授業」などを実施しています。2年生では、宿泊を伴う「農業体験」や地域などと連携した「職場体験」にも力を入れています。3年生以降も、「職業研究」や「自己発見チャレンジ」「分野別学問研究・学部学科研究」など、キャリアプランニングを充実させています。

体育部門と文化部門からなる「蒼碧祭」などの行事や、合唱コンクールや美術系の作品を展示する「芸術祭」を通し、生徒一人ひとりが輝く場を作ります。

24年の募集要項

※以下は2024年の募集要項です。2025年の要項は神奈川県教育委員会の発表をお待ちください。
検査日／2月3日
募集人員／男女160名
合格発表／2月10日
手続締切／2月13日
選抜方法／適性検査Ⅰ・Ⅱ(各45分)
面　接／なし
受検料／2,200円

公開行事・説明会予定

【学校説明会】
7月30日(火)
【蒼碧祭(文化祭)】
9月 7日(土)
9月 8日(日)
◆変更・中止の可能性もあります。必ず学校ホームページで確認してください。

神奈川県立平塚中等教育学校

サピックスからの合格実績（過去3年）	'22	'23	'24
	0名	0名	0名

所在地／〒254-0074　平塚市大原1-13
TEL／0463-34-0320
学校長／松本 靖史
創　立／神奈川県立大原高等学校を母体に、2009年、同校地内に神奈川県初の公立中等教育学校として開校する。
URL／www.pen-kanagawa.ed.jp/hiratsuka-chuto-ss

	1年	2年	3年
男子	75名	89名	61名
女子	85名	71名	99名
クラス数	5組	4組	4組

総生徒数／943名

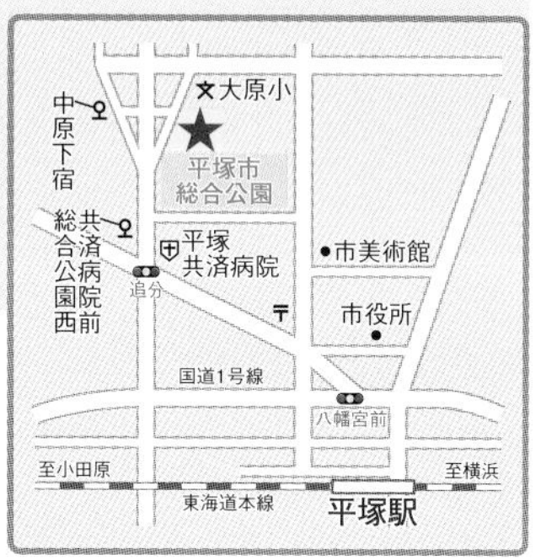

〈交通アクセス〉
JR東海道線「平塚」駅よりバスで「共済病院前総合公園西」下車、徒歩10分

幅広い教養と豊かな人間性を育成し、世界で活躍する人材を育む

神奈川県立の中等教育学校として2009年に誕生。Live（生きる）、Love（慈しむ）、Learn（学ぶ）の「3L」を教育理念として、深い洞察と鋭い感性、高い志と豊かな人間性、幅広い教養と光る知性を持つ生徒の育成をめざします。また、社会観や職業観を養う「キャリア教育」にも力を入れています。神奈川県内の第1次産業や第2次産業にかかわる施設を訪問したり、鎌倉歴史探訪をしたりなど、神奈川県の特性を生かした授業も展開。校舎は緑に恵まれた平塚市総合公園に隣接しているため、伸び伸びとした環境で学習できるのも魅力です。

スクールライフ

●教育内容

前期課程では国語・数学・英語を基本的に毎日学んで基礎を確実に身につけ、後期課程で応用力を養います。また、6年間を基礎・観察期（1・2年）、充実・発見期（3・4年）、発展・伸長期（5・6年）に分けた教育を計画し、効率の良い授業を展開します。1年生では1クラスを32人程度に編成し、生徒一人ひとりの学校生活と学習活動をきめ細かくサポート。リスニングも重視し、1～3年生は週1～2時間、外国人講師と英会話を学びます。そのほか、毎日10分間読書をするモーニングタイムも設定。前期課程の各学年で週2時間行われる「かながわ次世代教養」の授業では、伝統文化・歴史、英語コミュニケーション、地球環境、IT活用の4分野を学びます。職業体験や上級学校訪問といったキャリア教育も行っています。

●部活動

全22の部活動・同好会が活動しています。過去には2019年にダンス部が全国決勝大会へ、囲碁部は2010年から10年連続で全国大会へ出場しました。2022年度は囲碁部と弓道部、テニス部（個人）が関東大会に出場しました。また、吹奏楽部は第29回東関東吹奏楽コンクール、第29回東関東アンサンブルコンテストに出場し金賞を受賞しました。

○文化系／科学、吹奏楽、囲碁、合唱、美術、文芸、家庭科、メディア、演劇、将棋、鉄道研究同好会

○体育系／テニス、卓球、バスケットボール、陸上競技、サッカー、弓道、水泳、バドミントン、剣道、山岳、ダンス

●行事

1年生ではオリエンテーション合宿、2年生ではイングリッシュキャンプ、3年生では広島・奈良・京都への研修旅行などを行います。また、郷土芸能鑑賞や神奈川県内の農林水産業・工業訪問などのほか、体育祭、合唱コンクールなど、多様なイベントを実施。後期課程では、4・5年生の希望者によるオーストラリア語学研修（2週間程度）と、5年生全員参加の国内研修旅行も予定しています。

24年の募集要項

※以下は2024年の募集要項です。2025年の要項は神奈川県教育委員会の発表をお待ちください。

検 査 日／2月3日
募集人員／160名
合格発表／2月10日
手続締切／2月13日
選抜方法／適性検査Ⅰ・Ⅱ(各45分)
面　　接／なし
受 検 料／2,200円

公開行事・説明会予定

【学校説明会】
7月30日(火)　ひらしん平塚文化芸術ホール
【志願説明会】
11月 2日(土)　伊勢原市民文化会館
※開催日の1か月前から受付開始予定
【翠星祭(文化祭)】
10月19日(土)・20日(日)
◆変更・中止の可能性もあります。必ず学校ホームページで確認してください。

横浜市立南高等学校附属 中学校

サピックスからの合格実績（過去3年）	'22	'23	'24
	9名	13名	4名

所在地／〒233-0011　横浜市港南区東永谷2-1-1
TEL／045-822-9300
学校長／遠藤 広樹
創　立／1954年に横浜市立南高校が創立。2012年に附属中学校を開校し、横浜市立として初めての併設型中高一貫校となる。
URL／www.edu.city.yokohama.jp/sch/hs/minami/jhs

	1年	2年	3年
男子	67名	73名	81名
女子	93名	87名	80名
クラス数	4組	4組	4組

中高総生徒数／1050名

〈交通アクセス〉
京急線、横浜市営地下鉄「上大岡」駅より徒歩18分　横浜市営地下鉄「上永谷」駅より徒歩15分　同「港南中央」駅より徒歩18分　「上大岡」駅、「港南中央」駅よりバスあり

国際社会で活躍するリーダーの育成をめざす

横浜市立南高等学校附属中学校がめざす学校像は、6年間の一貫教育により、「国際社会で活躍するリーダーの育成をめざす学校」「質の高い学習により高い学力を習得できる学校」「豊かな人間性を育む学校」「生徒が互いに切磋琢磨し、常に活気にあふれている学校」の4つ。そのために、独自の教育プログラムを編成しています。総合的な学習の時間「EGG」を設定しているのも特色で、多様な活動を通じて豊かな人間性と高い学力を育むほか、9教科の基礎学力をバランス良く身につけることを重視した教育を行っています。

スクールライフ

●教育内容

教育活動の基本的な考え方は、①言語活動・コミュニケーション活動を重視した学習活動を展開し、基礎・基本、思考・判断・表現力を養う、②国際社会で活躍できる語学力、表現力を養う、③バランスの良い学びを実現する、④豊かな人間関係づくりや社会性を育成する、⑤参加型学習、体験的学習を取り入れた能動的な学習活動を展開すること。この考え方をもとに、9教科学習および道徳、EGG（総合的な学習）、特別活動などすべての教育活動を展開し、個々の資質・能力の育成をめざしています。

●学力向上のためのプラン

①1週間の家庭学習を記録する「わたしの週プラン」を活用した家庭学習指導、②ベネッセ学力推移調査を中3の1月まで定期的に実施、③学力の習熟度に沿った補習の実施、④基礎・基本の定着をめざした校内基礎力診断テストの実施、⑤中学卒業までに各種検定試験の上位級の取得、⑥6年間修了後の進路選択への関心を持たせるために、多様な講師を招いてのEGG講座の実施。

●部活動

中学では文化系7、体育系11の部があり、月・水・金曜日を基準に活動しています。
令和5年度の部活動　○文化系／演劇、弦楽、茶道、科学、吹奏楽、書道、美術　○体育系／陸上競技、野球、男女バレーボール、ソフトテニス、男子サッカー、バドミントン、女子硬式テニス、男女バスケットボール、男子ハンドボール

●行事

例年体育祭、合唱コンクール、南高祭（文化祭）を中高合同で行います。EGG学習の一環として、1年を通じて、講師を招いての講座や研修を設定しています。また、中1ではプロジェクトアドベンチャー足柄、中2では2泊3日のイングリッシュキャンプ、中3では研修旅行（令和8年度よりカナダにて実施予定）を行い、コミュニケーション力を伸ばしたり、試したりする機会としています。

24年の募集要項

※以下は2024年の募集要項です。2025年の要項は横浜市教育委員会の発表をお待ちください。
検 査 日／2月3日
募集人員／160名
合格発表／2月10日
手続締切／2月11日
選抜方法／適性検査Ⅰ・Ⅱ(各45分)、調査書
面　　接／なし
受 検 料／2,200円

公開行事・説明会予定

【学校説明会】
7月26日(金)
7月27日(土)
◆変更・中止の可能性もあります。必ず学校ホームページで確認してください。

公立　神奈川　共学　み

横浜市立横浜サイエンスフロンティア高等学校附属 中学校

サピックスからの合格実績（過去3年）	'22	'23	'24
	9名	7名	5名

所在地／〒230-0046　横浜市鶴見区小野町6
TEL／045-511-3654
学校長／藤本 貴也
創　立／横浜市立横浜サイエンスフロンティア高校の附属中学校として、2017年4月に開校。
URL／www.edu.city.yokohama.jp/school/jhs/hs-sf

	1年	2年	3年
男子	50名	39名	40名
女子	30名	41名	40名
クラス数	2組	2組	2組

中高総生徒数／943名

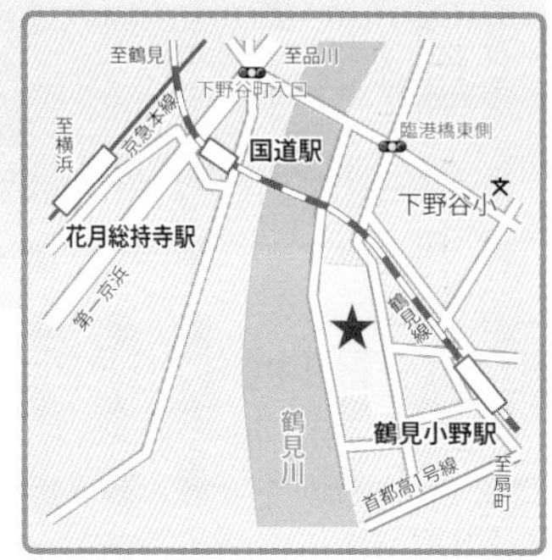

〈交通アクセス〉
JR鶴見線「鶴見小野」駅より徒歩3分
京浜急行線「花月総持寺駅」より徒歩17分
JR京浜東北線「鶴見」駅より徒歩20分

「科学の力」を持つ次代のグローバルリーダーを育成

併設の横浜市立横浜サイエンスフロンティア高校は、スーパーサイエンスハイスクール（SSH）の指定校で、横浜市の進学指導重点校にも名を連ねています。2017年4月に開校した併設型の附属中学校も、論理的思考力を持つグローバルリーダーの育成を目標としています。そのため、広く深く学問に親しむことを大切にし、授業にも先鋭的な科学知識に基づく知恵や技術を活用。同時に人間性や感性、世界に通用するコミュニケーション能力も練磨し、次代を見据えた質の高い教育を行っています。

スクールライフ

●教育内容

中学を「基盤形成期」、高校を「充実発展期」と定義。中学段階では過度な先取りに走るのではなく、授業の内容をより深める「DEEP学習」を行います。これは英語の「考察・討議」「実験」「体験」「発表」の頭文字を取ったもの。名前のとおり、みずからの頭と体を動かしながら、周囲と深く学び合うことを目的としています。さらに、総合的な学習の時間には、自然科学や社会科学を核とした課題探究型の学習「サイエンススタディーズ」を実施し、読解力・情報活用力・課題設定力・課題解決力・発表力の5つの力を育成します。

3年間の授業時間数は、標準時数と比べて国語と数学で140時間、英語で105時間、理科で35時間多く確保。しっかりと学力を養いながら、部活動や行事、講座などを通して高校生と触れ合うことで、組織的に動くことやリーダーシップなどを学びます。

●部活動

横浜サイエンスフロンティア高校にある部活動のなかから、文化部12、運動部6が活動しています。平日は週3回、休日は土・日のどちらか半日で、年間を通して18時までの活動です。部活動は1年ごとに更新するので、毎年同じではありません。

○文化系／音楽、棋道、天文、写真研究、文芸、数学物理、理科調査研究、航空宇宙工学、情報工学、ロボット探究、茶道、美術

○体育系／硬式テニス、バドミントン、バレーボール、水泳、陸上競技、バスケットボール

●行事

高校では5月に体育祭を、9月に蒼煌祭（文化祭）を実施。中学でもこれらのプログラムに参加します。

24年の募集要項

※以下は2024年の募集要項です。2025年の要項は横浜市教育委員会の発表をお待ちください。

検 査 日／2月3日
募集人員／男女80名
合格発表／2月10日
手続締切／2月11日
選抜方法／適性検査Ⅰ・Ⅱ(各45分)、調査書
面　　接／なし
受 検 料／2,200円

公開行事・説明会予定

【学校説明会】
7月20日(土)
7月21日(日)
【志願者説明会】
11月 9日(土)
【蒼煌祭(文化祭)】
9月 7日(土)
9月 8日(日)
【オープンスクール】
11月23日(祝)
◆変更・中止の可能性もあります。必ず学校ホームページで確認してください。

千葉市立稲毛国際 中等教育学校

サピックスからの合格実績（過去3年）	'22	'23	'24
	14名	16名	21名

所在地／〒261-0003 千葉市美浜区高浜3-1-1
TEL／043-270-2055
学校長／工藤 秀昭
創　立／1979年、千葉市立稲毛高等学校開校。2022年、千葉県初となる公立の中等教育学校として開校。
URL／www.city.chiba.jp/school/hs/001/index.html

	1年	2年	3年
男子	54名	61名	63名
女子	106名	99名	95名
クラス数	4組	4組	4組

中高総生徒数／1189名

至東京
至京成稲毛駅
京葉線
稲毛海岸駅
至稲毛
南口
マリンピア
高洲公園
高浜5-1
高洲第三小
至蘇我
高洲3-3
稲浜ショップ
高浜中
高浜6-1
高浜4-1
高浜海浜小
稲毛高校前
稲毛海浜公園

〈交通アクセス〉
JR京葉線「稲毛海岸」駅より徒歩15分
JR総武線「稲毛」駅よりバス10分

稲毛高校・附属中学校の伝統を引き継ぎ、グローバル・リーダーの育成を目指す

2022年4月、稲毛高等学校・附属中学校の教育活動等を引き継ぎながら、すべての生徒が中学校と高等学校の6年間の教育を一つの学校として行う千葉県内の公立初の中等教育学校が開校。「地域・世界・未来を切り拓くグローバル・リーダーの育成」を行う学校として、「高い志を持ち、幅広い教養を身に付け、未来を切り拓いていく生徒」を育成。中高一貫教育の特性を生かせるように、探究活動や海外語学研修など特色ある教育をさらに発展させます。また、2026年度までに大規模改修工事を行い、新しい時代の教育にふさわしい環境を整えます。

スクールライフ

●教育内容

早期に基礎学力を着実に育成し、応用力を育むカリキュラムを編成。前期課程から高等学校の学習内容を取り入れるとともに、後期課程では普通科単位制として、文・理に偏らない各自の興味・関心に応じた幅広い教養を習得させます。稲毛高校国際教養科の教育をもとに、生徒全員が参加する海外研修や、前期課程からの外国人教員単独によるオールイングリッシュの授業、後期課程の第二外国語の授業等を通して、世界に触れることのできる機会の充実や、国際的なコミュニケーション能力の育成を図っています。社会課題・世界的課題を深く考える体系的な探究活動により、千葉市から世界へと視野を広げ、未来を切り拓く力を育成します。改修後の校舎では、最新の設備を備えたアクティブラーニングルームなど、生徒の主体的・協働的な学びを引き出すさまざまな設備を設置する予定です。

●部活動

文化部は基本的に中高合同で活動。運動部のなかには、千葉市の各種大会において上位入賞を果たしている部もあります。中学の参加率は約95%です。

○文化系／弦楽オーケストラ、吹奏楽、ESS、美術、書道、茶華道、工芸など

○体育系／陸上競技、軟式野球、サッカー、ラグビー、硬式テニス、バレーボール、卓球、バスケットボール、剣道、ヨットなど

●行事

6月の飛翔祭（文化祭）、10月の修学旅行（3年次）や10月の体育祭、2月の自然教室（2年次）、百人一首大会と、年間を通じて多彩なイベントを開催。

24年の募集要項

※以下は2024年の募集要項です。2025年の要項は千葉市教育委員会の発表をお待ちください。

検 査 日／一次検査 12月9日 二次検査 1月24日
募集人員／160名
合格発表／2月1日
手続締切／2月5日
選抜方法／適性検査Ⅰ・Ⅱ・Ⅲ(各45分)
面　　接／あり
受 検 料／2,200円

公開行事・説明会予定

【学校説明会】
未定
◆変更・中止の可能性もあります。必ず学校ホームページで確認してください。

公立　千葉　共学　い

千葉県立千葉 中学校

サピックスからの合格実績（過去3年）	'22	'23	'24
	28名	26名	19名

所在地／〒260-0853 千葉市中央区葛城1-5-2
TEL／043-202-7778
学校長／髙梨 祐介
創　立／1878年、千葉県師範学校構内に千葉中学校と称して千葉高等学校創立。2008年、同校の併設校として開校。
URL／cms1.chiba-c.ed.jp/chiba-j/

	1年	2年	3年
男子	41名	40名	39名
女子	39名	40名	40名
クラス数	2組	2組	2組

中高総生徒数／1193名

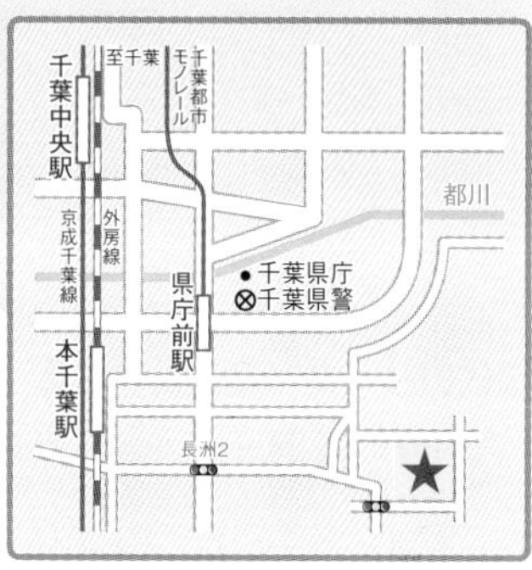

〈交通アクセス〉
JR内房線・外房線「本千葉」駅より徒歩10分
千葉都市モノレール「県庁前」駅より徒歩9分
京成千葉線「千葉中央」駅より徒歩15分

名門、県立千葉高校の一貫校として2008年に開校

140年以上の歴史を持つ千葉県屈指の進学校、県立千葉高校の併設中学校として、2008年に開校しました。教育目標は「高い知性」「豊かな人間性」「高い志」。互いに高め合うことのできる、系統化された一貫教育を通して、揺るぎない学力と豊かな人間性を養うことをめざします。そのためのカリキュラムは、受験教育に偏らず、各教科をバランス良く深く学んでいけるように構成。高校の教員も授業を受け持ち、レベルの高い授業を展開します。

スクールライフ

●教育内容

中高一貫校の利点を生かして、6年間を見据えた教育課程を編成しています。中高や学年の枠にとらわれず、学ぶ順序の入れ替えや学習内容の先取りを従来よりも積極的に行うようにするなど、中高連携を一層推進しています。また、本校の特徴である総合的な学習の時間「ゼミ」では、小グループで討論や意見交換を行いながら、3年間でさまざまなテーマについて研究し、レポートにまとめて発表します。中3では、高校受検がないメリットを生かし、千葉大医学部と連携した特別授業や東大見学会、千葉高校卒業生を中心とした社会人講演会など、今後の生き方を考えるうえで参考となる、さまざまな取り組みを行っています。

●部活動

充実した活動ができるよう、以下の部が開設されています。2023年度より中高合同での活動になり、およそ45の部と同好会があります。部活動は非常に活発です。

○文化系／書道、合唱、オーケストラ、美術、郷土研究、グローバルサイエンスなど

○体育系／陸上競技、柔道、バレーボール、ソフトテニス、剣道、サッカー、卓球など

●行事

千秋祭（文化祭）は9月に、体育大会は10月に、どちらも中高合同で開催されます。総合学習発表会は、中3は2月に、中1・2は3月に行われます。中2では10月に修学旅行、中3では11月に校内語学研修が実施されます。また、中3の希望者は海外異文化学習に出掛けます。

24年の募集要項

※以下は2024年の募集要項です。2025年の要項は千葉県教育委員会の発表をお待ちください。

検 査 日／1次12月9日 2次1月24日
募集人員／男女80名
合格発表／1次12月20日 2次1月31日
手続締切／2月1日
選抜方法／1次：適性検査1-1、1-2(各45分)
　　　　　2次：適性検査2-1、2-2(各45分)
面　　接／あり(2次／グループ)
受 検 料／2,200円

公開行事・説明会予定

【学校説明会】
6月下旬に千葉県教育委員会ホームページ、学校ホームページにて案内予定
【千秋祭(文化祭)】
9月14日(土) 9時30分～15時
9月15日(日) 9時～15時
◆変更・中止の可能性もあります。必ず学校ホームページで確認してください。

千葉県立東葛飾 中学校

サピックスからの合格実績（過去3年）	'22	'23	'24
	11名	9名	13名

所在地／〒277-8570　千葉県柏市旭町3-2-1
TEL／04-7143-8651
学校長／稲川 一男
創　立／1924年に東葛飾中学校として開校。学制改革により1948年に東葛飾高等学校に改称し、2016年に東葛飾中学校を併設。
URL／cms1.chiba-c.ed.jp/tohkatsu-jh

	1年	2年	3年
男子	42名	40名	39名
女子	38名	40名	40名
クラス数	2組	2組	2組

中高総生徒数／1188名

〈交通アクセス〉
JR常磐線・東武野田線「柏」駅より徒歩8分

次代のリーダーの基礎となる「揺るぎない学力」と「自己規律力」を養成

母体は「千葉県立御三家」の一角とされる東葛飾高校。その併設型の中学校で、もともとの校地の北側に新たに中学校舎を建築し、高校と同様に自主自律の精神を重視しています。それを土台に物事の本質を追究し、グローバル社会で未知の課題にも対応しうる「揺るぎない学力」と「自己規律力」の養成をめざしています。そのために基礎力を身につけるのはもちろん、助け合い、学び合う対話型の授業も多く実施。生徒の知的好奇心を刺激し、プレゼンテーションやプロジェクト活動などの機会も設けて、能動的に学び合う環境を整えています。

スクールライフ

●教育内容

一部の授業は高校の教員が行い、先取りよりも深度や発展を重視。学習内容の本質に迫るなかで、高校や大学レベルの学びに踏み込むこともあります。グローバル社会で活躍する人材を輩出するため、英語・数学はクラスを2分割して少人数授業を実施。プレゼンテーションやディベートにも積極的に挑戦し、英語での発信力を養います。その一方、英文法や語彙は、授業の内外で徹底した反復練習を行って身につけます。総合的な学習の時間は、課題解決能力を育み、主体性を伸ばす場とし、自由研究や職場体験のほか、発展的な教養講座「東葛リベラルアーツ講座」にも参加。探究力や社会力を育みます。高入生とは混合クラス。共に刺激を与え合い、「学力」「人間力」「教養」を高めます。

●部活動

一部のクラブは、中高合同で活動しています。活動日は平日2日間と土・日曜のどちらかを合わせた週3日程度です（2024年度から、中学クラブ活動・中高連携部活動として活動）。

○文化系／理科、書道、音楽、演劇
○体育系／バレーボール、バスケットボール、硬式テニス、フェンシング、サッカー、陸上、フラッグ・フットボール、水球

●行事

高校の三大祭は、スポーツ祭、合唱祭、文化祭で、そのうち合唱祭と文化祭には中学生も参加します。スポーツ祭は中学生と高校生の体力差を考慮し、中学では別途、全校レクレーションを行います。また、5月は全校遠足を実施するほか、中2の5～6月に伝統文化学習旅行（奈良・京都）、中3の3月に海外研修を実施しています。

25年の募集要項

検 査 日／一次検査12月7日 二次検査1月24日
募集人員／男女80名
合格発表／一次検査12月18日　二次検査1月31日
手続締切／未定
選抜方法／一次：適性検査1-1、1-2(各45分)
　　　　　二次：適性検査2-1、2-2(各45分)
面　　接／あり(二次／グループ)
受 検 料／2,200円

公開行事・説明会予定

【授業公開】
6月15日(土)
7月 6日(土)
【学校説明会】
8月21日(水)
【文化祭Ⅰ部】
8月26日(月) 高校のみ実施
【文化祭Ⅱ部】
8月31日(土) 中高実施
9月 1日(日) 中高実施
※文化祭の一般公開は未定
◆変更・中止の可能性もあります。必ず学校ホームページで確認してください。

公立 千葉 共学 ひ

茨城県立並木 中等教育学校

サピックスからの合格実績（過去3年）	'22	'23	'24
	1名	1名	2名

所在地／〒305-0044 茨城県つくば市並木4-5-1
TEL／029-851-1346
学校長／柴﨑 孝浩
創 立／地元住民の要望により、1984年に茨城県立並木高校を開校。2008年、同校を改編し、並木中等教育学校が誕生。
URL／www.namiki-cs.ibk.ed.jp

	1年	2年	3年
男子	80名	80名	80名
女子	80名	80名	80名
クラス数	4組	4組	4組

中高総生徒数／944名

〈交通アクセス〉
JR常磐線「荒川沖」駅・「土浦」駅、つくばエクスプレス「つくば」駅（つくばセンター）よりバスで「学園並木」下車、徒歩1分

地元の研究機関と連携した科学教育・体験活動が充実

「Be a top learner!」を校是に掲げ、「人間教育」「科学教育」「国際教育」を柱とした中高一貫教育を行い、グローバルリーダーの育成に取り組んでいます。5年次からは医学コースがあり、スーパーサイエンスハイスクールの指定も受けています。筑波研究学園都市の一角という立地を生かし、近隣の大学や研究機関と連携した最先端の科学に触れる授業・講演・講座などを年間通して実施。さらに、ユネスコスクールとして国際教育にも熱心に取り組み、6年間を見通した多様な体験活動により、課題解決能力を身につけられるのも特徴です。

スクールライフ

●教育内容

授業は1コマ55分。6年間を体系化した教科学習と、物事の本質に迫る体験活動を行っています。前期課程では、中学校学習指導要領より年間140時間多く確保し、基礎・基本の定着と発展的な内容を指導しています。3年次では、ほとんどの教科で後期課程の学習内容の一部を先取りしています。アクティブ・ラーニングや、タブレットなどのICTを取り入れた教科指導を行っており、生徒が主体的に学ぶことのできる活発な雰囲気があります。前期課程ではミニ課題探究、後期課程では課題探究を行い、体系的な探究活動を通して、論理力や探究力、表現力などを養うのもポイントです。受験期は選択科目や課外授業を充実させ、希望進路に応じた確かな学力を身につけさせます。

●部活動

基本的に後期課程と合同で活動するスタイルです。水泳部は近隣でも珍しく、水球にも力を入れています。
○文化系／美術、吹奏楽、演劇、囲碁将棋、茶華道、弦楽アンサンブル、科学研究、英語、文芸
○体育系／陸上競技、水泳（男子）、バスケットボール（男子）、バレーボール（女子）、ハンドボール（女子）、サッカー（男子）、軟式野球（男子）、テニス、剣道、卓球（男子）

●行事

6月のかえで祭（文化祭）、2日間かけて約60kmを踏破するウォークラリー、クラスマッチのスポーツデーが三大行事。1年次には学級づくり合宿、2年次には福島県のブリティッシュヒルズで語学研修、3年次には広島・京都平和研修、4年次には希望制のニュージーランド語学研修、5年次にはアジア方面への修学旅行などを行っています。

24年の募集要項

※以下は2024年の募集要項です。2025年の要項は学校の発表をお待ちください。

検 査 日／1月6日
募集人員／男女160名(男子80名、女子80名)
合格発表／1月18日
手続締切／1月23日
試験科目／適性検査Ⅰ・Ⅱ(各45分・各100点)、調査書(25点)
面　接／あり(グループ)
受 検 料／2,200円

公開行事・説明会予定

【学校説明会】
8月 3日(土) つくば国際会議場
【学校公開】
10月26日(土) 本校
◆変更・中止の可能性もあります。必ず学校ホームページで確認してください。

公立 茨城 共学 な

さいたま市立浦和 中学校

サピックスからの合格実績（過去3年）	'22	'23	'24
	5名	6名	9名

所在地／〒330-0073 さいたま市浦和区元町1-28-17
TEL／048-886-8008
学校長／吉野 浩一
創　立／さいたま市立浦和高校を母体に、さいたま市初の公立併設型中高一貫校として2007年に開校。
URL／www.m-urawa.ed.jp

	1年	2年	3年
男子	40名	40名	40名
女子	40名	40名	40名
クラス数	2組	2組	2組

中高総生徒数／1205名

〈交通アクセス〉
JR京浜東北線「北浦和」駅より徒歩12分

感性や創造性にあふれた、国際社会に貢献できる生徒を育成

埼玉県内で2校目、さいたま市では初の公立中高一貫校（併設型）として開校しました。母体である市立浦和高校の「文武両道」の伝統を踏まえ、学問と部活動を両輪としながら、「高い知性と豊かな感性・表現力を備えた、国際社会に貢献できる生徒の育成」を教育目標に掲げています。5階建ての校舎は、メディア・センターやコミュニティホール、多目的学習室、屋上庭園などを備えるほか、プールも完備。また、自校での完全給食の実施、全教室冷暖房完備など、快適な教育環境が整えられています。

スクールライフ

●教育内容

中高の6年間を3つの課程に分け、「挑戦」「変革」「躍進」と段階ごとにコンセプトを設定して、経験や体験を重視した計画的･継続的な指導が行われます。また、博物館・科学館実習など、体験的学習が充実しています。一方、校内LANの整備など、教育環境の充実にも早くから取り組んでおり、中学生全員に1人1台のノートパソコンを貸与しています。月・木曜日を除く1時限目はこのパソコンを活用して、英・数・国の基礎学力向上のための授業「Morning Skill Up Unit」が行われます（中1）。中2・3では中高の円滑な接続をめざして、高校の教員による授業（つなぎ学習の時間）が英・数・国で設定されています。英・数で少人数制授業を展開するほか、土曜授業（年間12回）など、きめ細かい指導体制が組まれています。

●部活動

文化系4、体育系9の部があります。全員参加制で、中高合同で活動しているクラブもあります。
○文化系／吹奏楽、美術、書道、サイエンス
○体育系／サッカー、バスケットボール、陸上競技、弓道（女子）、ハンドボール（男子）、バドミントン、剣道、硬式テニス、空手道

●行事

4月の新入生歓迎会に始まり、芸術鑑賞会やロードレース大会など多彩な行事があります。中2の修学旅行では、京都・奈良方面に行きます。5月の体育祭と9月の文化祭は中高合同で行います。また、3年次にはオーストラリアでの海外フィールドワークで現地校の生徒との交流なども行います。

24年の募集要項

※以下は2024年の募集要項です。2025年の要項は学校の発表をお待ちください。
検 査 日／1次1月13日　2次1月20日
募集人員／男子40名 女子40名
合格発表／1次1月17日 2次1月24日
手続締切／2月5日
選抜方法／1次：適性検査Ⅰ、Ⅱ(筆記・各45分)
　　　　　2次：適性検査Ⅲ(作文・45分)
面　　接／あり(2次／個人、グループ)
受 検 料／2,200円

【学校説明会】
未定
【募集要項説明会】
未定
◆変更・中止の可能性もあります。必ず学校ホームページで確認してください。

さいたま市立大宮国際 中等教育学校

サピックスからの合格実績（過去3年）	'22	'23	'24
	3名	0名	2名

所在地／〒330-0856　さいたま市大宮区三橋4-96
TEL／048-622-8200
学校長／関田 晃
創　立／1962年に開校したさいたま市立大宮西高校を改編。2019年4月に埼玉県内初の中等教育学校として新たに出発。
URL／www.city-saitama.ed.jp/ohmiyakokusai-h/

	1年	2年	3年
男子	80名	79名	79名
女子	80名	78名	79名
クラス数	4組	4組	4組

総生徒数／925名

〈交通アクセス〉
JR各線・東武野田線「大宮」駅より徒歩30分または同駅よりバスにて「大宮国際中等教育学校」下車、徒歩3分

さいたま市から世界へ飛躍するグローバル人材を育成

埼玉県内初にして唯一の中等教育学校。「よりよい世界を築くことに貢献する地球人の育成」をめざし、「自立した学習者」を育てるため、「Grit（やり抜く力）・Growth（成長し続ける力）・Global（世界に視野を広げる力）」を重視。生徒がみずからテーマを決めて取り組む「3Gプロジェクト」も実施します。また、海外研修はもちろん、朝の時間帯に1～4年生が英語を使う「オールイングリッシュ」や、英語での授業を行うなど、英語を実践的に使う環境を整備。2021年に国際バカロレアのMYP認定校となり、2022年には同DP認定校となりました。

スクールライフ

●教育内容

6年間の一貫教育により、体系的で深い学びを実現します。多くの教科で少人数授業を行うほか、ディスカッションや発表の場も多数用意。蓄えた知識を生かし、課題解決につなげる力を養います。探究活動の「3Gプロジェクト」は、こうした能動的な学習の代表格。生徒はテーマと向き合うなかで思考力や表現力を培う一方、使用言語は日本語だけでなく、英語も想定しています。土曜日に隔週で実施されるLDT（Learner Directed Time）の時間を3Gプロジェクトのリサーチやフィールドワーク、各種のワークショップ、大学や関係機関探訪などに充て、生徒の自主性や学習意欲を伸ばします。さらにICT環境も充実させ、タブレット型コンピューターや電子黒板などを使った授業を展開。1年から4年までのEmpowerment Stage（力をつけるステージ）では、世界的に評価の高い国際バカロレアの認定校として、MYP（ミドルイヤーズプログラム）の枠組みを使って学習しています。5年と6年はAchievement Stage（力を発揮するステージ）と名付け、ディプロマ・プログラム（DP）を導入している「グローバルコース」、幅広い教養を身につける「リベラルアーツコース」、理工系を深く学ぶ「STEMコース」の3コース制とし、生徒の自己実現をサポートします。

●部活動

After School Activities（放課後活動）のなかのClub Activityでは、シーズン制でいろいろな活動を体験することができ、自分の希望する活動を自由に選べます。そのほか、放課後の時間を使って、自分の探究活動を進めることもできます。現在、バドミントン、バスケットボール、野球、サッカー、硬式テニス、ゆるスポーツ、卓球、パソコン、吹奏楽、美術、ダンスの11のクラブが活動しています。そのほか、Service as Action（奉仕活動）を行う生徒や、立ち上げたサークル活動に取り組む生徒など、多様な活動が展開されています。

●行事

宿泊研修として1年生で国内異文化体験、2年生で遠足、3年生で海外語学研修、4年生で国内修学旅行、5年生で海外フィールドワークを実施。また、3月には文化的行事である「大宮国祭」を、5月には体育祭を行います。

※以下は2024年の募集要項です。2025年の要項は学校の発表をお待ちください。
検査日／1次1月14日 2次1月20日
募集人員／男女160名(男子80名、女子80名程度)
合格発表／1次1月17日 2次1月24日
手続締切／2月3日
試験科目／1次：適性検査A(50分)、B(40分)
　　　　　2次：適性検査C(45分)、集団活動
面　接／特別選抜のみあり
受検料／2,200円
※海外からの帰国生向けの9月編入学(後期課程)については、学校ホームページをご確認ください。

公開行事・説明会予定

【学校説明会・個別相談会】要予約
6月22日(土)、7月20日(土)
8月24日(土)、12月 7日(土)
【学校公開】要予約
8月22日(木)、8月23日(金)
【募集要項説明会】要予約
10月19日(土)、10月26日(土)
◆変更の可能性もあります。必ず学校ホームページで確認してください。

公立 埼玉 共学 お

学校索引 50音順

あ行

か行

さ行

た行

な行

は行

ま行

や行

ら行

わ行

広告索引 50音順

中学校

塾・一般

発行　2024年6月10日　初版第1刷

企画・編集　サピックス小学部
発行者　髙宮英郎
発行所　代々木ライブラリー
〒151-0053　東京都渋谷区代々木1-38-9-3階
編集協力　サピックス「さぴあ」編集部
広告協力　株式会社広真アド
表紙デザイン　株式会社TOILO
本文デザイン　小島まゆみ
若松隆
地図　株式会社東京地図研究社
印刷・製本　三松堂印刷株式会社

●問い合わせ先
・編集内容　サピックス小学部　☎0120-3759-50
・広告　株式会社広真アド　☎03(3360)6032
・落丁・乱丁　代々木ライブラリー営業部　☎03(3370)7409

ISBN978-4-86346-346-2　C6037　¥1900E

2024年（令和6年）1月15日 月曜日

朝日小学生新聞

2面 はがき、新聞が値上げ？　5面 はじめて俳句　7面 算数パズル 解けるかな　8面 まんが そらペン

ピックアップ 競技用車いすを作る 3面

日本初の月面着陸 成功なるか

中学受験の必読紙

朝日小学生新聞

毎日発行 8ページ 月ぎめ2,100円（税込み）

新聞を読む子は学力が高い

朝日小学生新聞は、わかりやすいニュース解説はもちろん、楽しい読み物や学習まんがなどが満載。すべての教科に必要な「国語力」が自然と身につきます。

こんな結果が文部科学省の調査で明らかに

新聞を毎日読む小学生は、新聞をほとんど読まない小学生に比べ、国語、算数ともに平均正答率が10ポイント以上高くなっています。

■ほぼ毎日読んでいる　■ほとんど、または、全く読まない

「新聞を読んでいますか」への回答と各教科の平均正答率

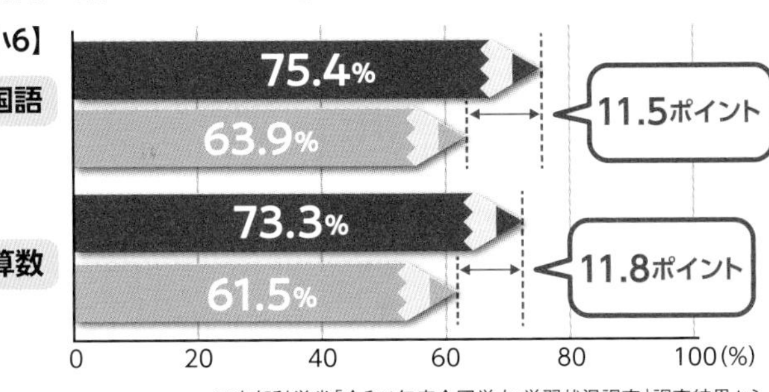

※文部科学省「令和4年度全国学力・学習状況調査」調査結果から

中学受験 朝日小学生新聞が選ばれる3つの理由

その1 毎日届く

毎日届くので、お子さまの読む習慣が身につきます。まずは興味のある記事から読むことで、知らないうちに中学受験に必要な「思考力」「読解力」「表現力」が身につきます。

その2 わかりやすいニュース解説

話題になっているニュースをわかりやすく解説しているので、お子さまの社会への好奇心を育みます。中学受験ではお子さまの社会問題への関心度が合否を左右します。

その3 親子で楽しく読める

最新のニュースを、深く丁寧に解説しています。写真やイラストも豊富だから、ご家族みなさんで楽しめます。

2024年度 合格者の保護者様からのメッセージ

麻布中学校（東京都） 幼稚園から購読

幼稚園のときに大人の新聞を読みたがっていたが、難しかったため朝小の購読を始めました。高学年になると大人向けの新聞と朝小の両方を読んでいました。そのおかげで社会科はかなり得意になりました。

雙葉中学校（東京都） 小学3年生から購読

中学受験では、時事ニュースの出題が必須なので購読を始めました。週末の時事ニュースのまとめや、地理や理科に関する各コーナーは切り抜いてトイレの壁に貼って理解を深めました。

豊島岡女子学園中学校（東京都） 小学5年生を購読

子どもの知見を広げるために購読を始めました。毎日、学校から帰るとポストに入っている朝小を取りに行き、活字を読む習慣がつきました。気になった記事は夢中で読み、自然と知識が増えました。

今、必要な学びを毎日お届け
お申し込みは右記ウェブサイトへ
https://www.asagaku.com